Mark Pieth, Peter Eigen (Hrsg.)
Korruption im internationalen Geschäftsverkehr

Mark Pieth, Peter Eigen (Hrsg.)

Korruption im internationalen Geschäftsverkehr

Bestandsaufnahme
Bekämpfung
Prävention

Luchterhand

Die Deutsche Bibliothek – CIP-Aufnahme
Korruption im internationalen Geschäftsverkehr : Bestandsaufnahme, Bekämpfung, Prävention
/Mark Pieth ; Peter Eigen (Hrsg.). – Neuwied ; Kriftel : Luchterhand ; Basel ; Frankfurt am Main
: Helbing und Lichtenhahn, 1999
  ISBN 3-472-02112-8 (Luchterhand)
  ISBN 3-7190-1779-6 (Helbing und Lichtenhahn)

ISBN 3-472-02112-8 (Hermann Luchterhand Verlag, Neuwied, Kriftel)
ISBN 3-7190-1779-6 (Helbing & Lichtenhahn, Basel)

Projektleitung: Dr. rer. pol. Thomas Hermann

Alle Rechte vorbehalten.
© 1999 by Hermann Luchterhand Verlag GmbH, Neuwied, Kriftel.
Das Werk einschließlich aller seiner Teile ist urheberrechtlich geschützt. Jede Verwertung außerhalb der engen Grenzen des Urheberrechtsgesetzes ist ohne Zustimmung des Verlages unzulässig und strafbar. Das gilt insbesondere für Vervielfältigungen, Übersetzungen, Mikroverfilmungen und die Einspeicherung und Verarbeitung in elektronischen Systemen.
Umschlaggestaltung: Ute Weber, GraphikDesign, München
Satz: Hümmer GmbH, Waldbüttelbrunn
Druck: betz-druck, Darmstadt
Einband: Buchbinderei Fikentscher, Darmstadt
Printed in Germany, Dezember 1998.

∞ Gedruckt auf säurefreiem, alterungsbeständigem und chlorfreiem Papier.

Vorwort

Der angelsächsische Ausspruch »it's a moving target« trifft die Lage genau: Die Regeln zur Prävention und Repression der transnationalen Bestechung ändern sich so schnell, daß es außerordentlich schwerfällt, einen Schlußstrich zu ziehen und ein Buch zum Thema der Druckerei zu übergeben: Letzte Entwicklungen in der OECD und im Europarat konnten berücksichtigt werden, während im Rahmen der Europäischen Union mit dem Thema Privatkorruption eben erst eine neue Ära begonnen hat.

Wir möchten zunächst allen Autoren, jenen, deren Beiträge längst fertig sind und jenen, die ihre Beiträge in letzter Minute noch neuen Entwicklungen anpassen mußten, für ihren Einsatz danken. Unser ganz besonderer Dank gilt aber auch Herrn Dr. Thomas Hermann vom Luchterhand Verlag, Frau Inge Hochreutener vom Verlag Helbing & Lichtenhahn sowie Herrn Carel Mohn und Frau Doris Gothe von Transparency International für ihre tatkräftige Unterstützung.

Peter Eigen, Mark Pieth

Schnellübersicht

Inhaltsverzeichnis XI
    Einführung der Herausgeber 1

I. Theoretische, wirtschaftspolitische und ethische Gesichtspunkte   9
    Einleitung – *Peter Eigen* 11
    1. Internationale Korruption und Globalisierung der Wirtschaft   15
        1.1. Die Bekämpfung der Bestechung im Lichte der Neuen Politischen Ökonomie 17
            Silvio Borner, Christophe Schwyzer
        1.2. Globale Wirtschaft und Korruption 40
            Susan Rose-Ackerman
        1.3. Korruption als mühseliges Geschäft – eine Transaktionskostenanalyse 56
            Johann Graf Lambsdorff
    2. Entwicklungspolitische Gesichtspunkte der Korruption 89
        Dieter Frisch
    3. Wirtschaftsethische Gesichtspunkte der Korruption 101
        3.1. Korruption – die Unterwanderung des Gemeinwohls durch Partikularinteressen. Eine republikanisch-ethische Perspektive 103
            Thomas Maak, Peter Ulrich
        3.2. Hat das Ethos in der Wirtschaft eine Chance? 120
            Hans Küng

II. Formen und Verbreitung der internationalen Korruption 125
    Einleitung – *Mark Pieth* 127
    1. Szenen 129
        1.1. Korruption in Deutschland – Das Ende der Tabuisierung ... 131
            Wolfgang Schaupensteiner
        1.2. Die Rolle der schwarzen Kassen in der Vorbereitung eines Bestechungssystems 148
            Gherardo Colombo
        1.3. Sitzgesellschaften als logistisches Instrument der internationalen Korruption 157
            Erich Diefenbacher

    2. Korruptions-Indizes, Survey-Techniken 167
        2.1. Korruption im Ländervergleich 169
            Johann Graf Lambsdorff
        2.2. Beyond Rule of Law: On Alternative Anti-Corruption Strategies in Emerging Economies 198
            Daniel Kaufmann

III. Internationale Vorstöße 205
    Einleitung – *Mark Pieth* 207
    1. Das OECD-Übereinkommen 1997 über die Bekämpfung der Bestechung ausländischer Amtsträger im internationalen Geschäftsverkehr 212
        Giorgio Sacerdoti
    2. Council of Europe – An Overview of Anti-Corruption Activities from 1994 to 1997 228
        Manuel Lezertua
    3. Internationale Finanzierungsorganisationen (IBRD, IMF, Regionalbanken) 237
        Peter Eigen

IV. Nationale und internationale Wirtschaftsorganisationen 253
    Einleitung – *Peter Eigen* 255
    1. Codes of Conduct auf Branchenebene sind notwendig, aber nicht hinreichend – Beispiel: Die FIDIC 258
        Ernst Hofmann
    2. Nationale Wirtschaftsorganisationen 267
        2.1. Empfehlungen für die gewerbliche Wirtschaft zur Bekämpfung der Korruption 269
            Ludolf-Georg von Wartenberg
        2.2. »Wie halten wir unser Haus sauber?« – Bekämpfung der Korruption aus Sicht der Wirtschaft 275
            Thomas Pletscher

V. Internationale Zivilgesellschaft 291
    Einleitung – *Peter Eigen* 293
    1. Transparency International 297
        Michael Wiehen
    2. EBEN und das DNWE: Eine Inititiative zur Vernetzung der Wirtschaftsethik 315
        Albert Löhr

VI.	**Integritätssysteme**	335
	Einleitung – *Mark Pieth*	337
	1. **Strafrecht**	339
	1.1. Die Strafbarkeit der aktiven Bestechung ausländischer Beamter *Mark Pieth*	341
	1.2. Off-Shore Domizilgesellschaften als Instrument von Bestechung und Geldwäscherei – Zehn neue Empfehlungen gegen den Mißbrauch von Off-shore Domizilgesellschaften *Paolo Bernasconi*	354
	2. **Steuerrechtliche Behandlung der Bestechung** *Wolfgang Joecks*	373
	3. **Transparenz in Buchführung und Revision**	391
	3.1. The Role of Auditors in the Fight against Corrupt Behaviour *Jermyn Brooks*	393
	3.2. The Fight against Business Corruption: Standards for Corporate Governance and Internal Control *Mritunjay Singh*	409
	3.3. Möglichkeiten der Feststellung und Prävention von Bestechungsleistungen aus Sicht des Bestechenden *Hans Joachim Marschdorf*	423
	4. **Die zivilrechtlichen Folgen nationaler und transnationaler Korruption** *Rolf Sethe*	449
	5. **Auftragsvergabe** *Michael Wiehen*	492
VII.	**Die Verantwortung der Wirtschaft**	519
	Einleitung – *Mark Pieth*	521
	1. **Managementstrategien zur Korruptionsbekämpfung** *Jürgen Thomas*	523
	2. **Die Rolle der Privatwirtschaft bei der Bekämpfung der internationalen Korruption** *Fritz F. Heimann, Carel Mohn*	531
	3. **Jenseits der Grenzen – ethisches Handeln von Unternehmen vor neuen Herausforderungen** *Marcus Bierich*	531

Anhang	557
Dokumentarteil	559
Autorenprofile	716
Stichwortverzeichnis	725

Inhaltsverzeichnis

Einführung 1
Peter Eigen, Mark Pieth
    1. Altes Thema – neue Strategie 1
    2. Maßnahmen auf der »Angebotsseite« der Bestechung ... 4
    3. Maßnahmen auf der »Nachfrageseite« der Bestechung .. 4
    4. Maßnahmen gegen das Finanzmanagement der Bestechung 6
    5. Die Gesamtschau, der Beitrag der Zivilgesellschaft 6
    6. Das Buch 7

I. Theoretische, wirtschaftspolitische und ethische Gesichtspunkte   9

Einleitung 11
Peter Eigen

1. Internationale Korruption und Globalisierung der Wirtschaft   15

1.1. Die Bekämpfung der Bestechung im Lichte der Neuen Politischen Ökonomie 17
Silvio Borner, Christophe Schwyzer
    1. Einleitung 17
    2. Untersuchungsgegenstand und Sichtweise der Neuen Politischen Ökonomie 20
    3. Die Bestechung als illegaler Vertrag oder Netzwerk illegaler Verträge 21
        3.1. Zur Tauschdimension der Bestechung 23
        3.2. Zur politischen Dimension der Bestechung 23
        3.3. Zur Legalitätsdimension der Bestechung 23
    4. Politisch-ökonomische Analyse der isolierten Bestechung 25
    5. Politisch-ökonomische Analyse der organisierten Bestechung 29
        5.1. Die Beziehungen zu den »Angestellten« 29
        5.2. Die Beziehungen zu den »Kunden« 32
        5.3. Die Beziehungen zur »Aufsichtsbehörde« 33
    6. Die Bekämpfung der Korruption im Lichte der Neuen Politischen Ökonomie 35
    7. Schlußbemerkung 36

Literaturempfehlungen 37

1.2. Globale Wirtschaft und Korruption 40
Susan Rose-Ackerman
  1. Einleitung 40
  2. »Hochkarätige« Korruption 41
  3. »Importierte« Korruption und die Pflichten multinationaler Unternehmen 45
  4. Korruption bei internationalen Geschäften eindämmen . 50
  5. Schlußbemerkung 54

1.3. Korruption als mühseliges Geschäft – eine Transaktionskostenanalyse 56
Johann Graf Lambsdorff
  1. Einleitung 56
  2. Transaktionskosten korruptiver Vereinbarungen 59
    2.1. Informationssuche und korruptive Verträge 62
    2.2. Korruptive Verträge und ihre Durchsetzung 66
      2.2.1. Gerichtliche Durchsetzung 68
      2.2.2. Private Formen der Vertragsdurchsetzung ... 71
    2.3. Korruptive Verträge und post-enforcement lock-in . 76
  3. Zusammenfassung 83
  Literaturempfehlungen 85

2. Entwicklungspolitische Gesichtspunkte der Korruption 89
Dieter Frisch
  1. Einleitung 89
  2. Argumente, die Korruption zu rechtfertigen versuchen .. 89
    2.1. Korruption als Motor für Wettbewerb und Effizienz 90
    2.2. Korruption als kultureller Aspekt 91
  3. Die negativen Auswirkungen der Korruption auf den Entwicklungsprozeß eines Landes 92
  4. Der Fehlallokation von Ressourcen entgegenwirken 94
  5. Liberalisierungs- und Strukturanpassungsprozesse als Allheilmittel gegen Korruption? 95
    5.1. Reform des öffentlichen Dienstes und des Justizwesens 95
    5.2. Reform des Wirtschaftssystems 96
    5.3. Etablierung einer Demokratie 96
    5.4. Die Diskrepanz zwischen Theorie und Praxis 96
  6. Schlußbemerkung – Entwicklungszusammenarbeit als Chance 98
  Literaturempfehlungen 99

3. Wirtschaftsethische Gesichtspunkte der Korruption 101

3.1. Korruption – die Unterwanderung des Gemeinwohls durch Partikularinteressen. Eine republikanisch-ethische Perspektive 103
Thomas Maak, Peter Ulrich
1. Einleitung 103
2. Ist Korruption unmoralisch? 103
3. Korruption – eine republikanische Perspektive 106
   - 3.1. Freiheit 108
   - 3.2. Korruption 109
   - 3.3. Bürgertugend 111
4. Intelligente Selbstbindung statt Korruption 113
   - 4.1 Grundfordernisse der Korruptionsbekämpfung 114
   - 4.2 Unternehmensethische Selbstbindung 115
   - 4.3 Antikorruptive Globalisierung: Die Zivilisierung des Weltmarktes 117
- Literaturempfehlungen 117

3.2. Hat das Ethos in der Wirtschaft eine Chance? 120
Hans Küng
1. Chancen einer moralischen Geschäftsführung 120
2. Vom Creed zum Cash: der »Singapur Dream« 122
3. Führungskraft aus ethisch-religiöser Grundhaltung 123

II. Formen und Verbreitung der internationalen Korruption 125

Einleitung 127
Mark Pieth

1. Szenen 129

1.1 Korruption in Deutschland – Das Ende der Tabuisierung . 131
Wolfgang J. Schaupensteiner
1. Einleitung – Globale Korruptionskonjunktur 131
2. Lagebild Korruption in Deutschland – »Überall, wo man hingreift, wird man fündig« 132
   - 2.1. Beispiel »Frankfurter Flughafen« 133
   - 2.2. Beispiel »Gesellschaft für technische Zusammenarbeit« 133
3. Was nicht sein darf, das nicht sein kann – der Glaube an das preußische Beamtenethos 134
4. Keine Einzelfälle – das Ende der Theorie von den schwarzen Schafen 135

5. Die Nahtstellen der Korruption 136
6. Am Buffet der Gefälligkeiten 137
7. Bestandteil der Geschäftspolitik 138
8. Materielle und immaterielle Schäden 138
9. Die Spitze des Eisbergs 139
10. Die vier Ursachen der Korruption 140
   10.1. Wertezerfall und fehlendes Unrechtsbewußtsein ... 140
   10.2. Kontrolldefizite 141
   10.3. Defizitäre Strafverfolgung 141
   10.4. Lückenhaftes Strafrecht 141
11. Schlußbemerkung – Gesamtgesellschaftliche Ächtung der Korruption 146

1.2. Die Rolle der schwarzen Kassen in der Vorbereitung eines Bestechungssystems 148
Gherardo Colombo
1. Definition von schwarzen Kassen 148
2. Die Einrichtung schwarzer Kassen 148
3. Gründe für die Schaffung von schwarzen Kassen 150
4. Systemische Korruption 150
5. Bestechung und heimliche Parteifinanzierung 152
6. Der Zusammenhang zwischen schwarzen Kassen und systematischer Korruption 153
   6.1. Geldtransaktionen 153
   6.2. Die Schaffung eines doppelten Marktes 154
   6.3. Die Konsolidierung des Bestechungssystems 155

1.3. Sitzgesellschaften als logistisches Instrument der internationalen Korruption 157
Erich Diefenbacher
1. Einleitung: Korruption – fester Bestandteil des Weltwirtschaftssystems? 157
2. Gängige Praktiken bei der Ausführung und der Vertuschung von Korruption 157
   2.1. Das Schweizerisch-Liechtensteiner Tarnsystem für Fluchtgelder 158
   2.2. Konstruktion und Funktionsweise einer Off-shore-Stiftung 159
   2.3. Beispiel: 14 Milliarden Dollar, die der Marcos-Clan veruntreute 160
3. Schlußbemerkung – Raubgeld und Raubgold 163
Literaturempfehlungen 164

2. Korruptions-Indizes, Survey-Techniken 167

2.1. Korruption im Ländervergleich 169
Johann Graf Lambsdorff
1. Einleitung 169
2. Zum Stand der Forschung 169
3. Die Gültigkeit des Index 177
4. Die Verläßlichkeit des Index 179
5. Datenverarbeitung 180
   - 5.1. Internet Corruption Perception Index 183
   - 5.2. Die Gallup International Umfrage 185
6. Zusammenfassung und Schlußbemerkung 189

Literaturempfehlungen 190
   - Anhang 1: Quellen 192
   - Anhang 2: Corruption Perception Index (CPI) 194

2.2. Beyond Rule of Law: On Alternative Anti-Corruption Strategies in Emerging Economies 198
Daniel Kaufmann
1. The Public Procurement Cost (PPC) Project 198
2. A rigorous and comprehensive »Corruption Perception Data Bank« 201
3. Measuring the wealth of leaders and politicians? 202
4. Monitoring the monitors? 202
5. The power of TV substituting a failed public judiciary: People's courts? 203

III. Internationale Vorstöße 205

Einleitung 207
Mark Pieth

1. Das OECD-Übereinkommen 1997 über die Bekämpfung der Bestechung ausländischer Amtsträger im internationalen Geschäftsverkehr 212
Giorgio Sacerdoti
1. Die Rolle der OECD bei der Bekämpfung der Bestechung im internationalen Handel 212
2. Von der Gründung der OECD-Arbeitsgruppe über Bestechung (1989) zur Ministerempfehlung vom 23. Mai 1997 — 214
3. Verhandlung und Abschluß des Übereinkommens 215
4. Allgemeine Merkmale des Übereinkommens 218

5. Das Delikt der aktiven Bestechung des ausländischen
   Amtsträgers und die Verantwortlichkeit der Unternehmen 220
6. Kriterien der Gerichtsbarkeit, Verjährung und Bekämpfung der Geldwäsche 222
7. Die nichtstrafrechtlichen Pflichten in Bezug auf die Buchhaltung und die Bilanz der Unternehmen 224
8. Gegenseitige Rechtshilfe und Auslieferung 225
9. Inkrafttreten und Überwachung der Umsetzung 226

2. Council of Europe: An Overview of Anti-Corruption Activities from 1994 to 1998 228
Manuel Lezertua

1. Introduction 228
2. The Malta conference (1994) 228
3. The setting-up of the Multidisciplinary Group on Corruption 229
4. The Programme of Action against Corruption (PAC, 1996) 229
5. The Prague Conference (1997) 229
   The European Ministers of Justice specifically recommended to: 230
6. The Strasbourg Summit (1997) 230
7. Implementation of the Programme of Action against
   Corruption 231
8. The Octopus Project 236

3. Internationale Finanzierungsorganisationen (IBRD, IMF, Regionalbanken) 237
Peter Eigen

1. Einleitung und Überblick 237
2. Die Rolle der Weltbank bei der Kontrolle der Korruption 238
   2.1. Die herkömmliche Rolle 238
   2.2. Die neue Rolle der Weltbank 240
   2.3. Korruptionsbekämpfung bei Programmen der Welt-
        bank 241
   2.4. Die Rolle der Weltbank außerhalb ihrer Programme 243
   2.4. Die Weltbank unterstützt internationale Programme 245
3. Die Regionalbanken bei der Korruptionsbekämpfung ... 246
4. Der Internationale Währungsfonds (IWF) gegen Korruption 248
   Literaturempfehlungen 252

IV. Nationale und internationale Wirtschaftsorganisationen 253

Einleitung 255
Peter Eigen

1. Codes of Conduct auf Branchenebene sind notwendig, aber nicht ausreichend – Beispiel: Die FIDIC 258
Ernst Hofmann
    1. Einleitung 258
    2. Was ist die FIDIC? 258
    3. Wie ist die FIDIC mit der Korruption konfrontiert? 259
        3.1. Wie tritt Korruption bei Ingenieurprojekten in Erscheinung? 259
        3.2. Wo liegen die Wurzeln der Korruption? 260
        3.3. Die Auswirkungen der Korruption 260
        3.4. Es muß etwas geschehen 261
    4. Lösungsansätze 262
        4.1. Ein verheißungsvoller Start 262
        4.2. Die FIDIC verlangt ein integres Verhalten ihrer Mitglieder 262
        4.3. Zusammenarbeit mit anderen Organisationen 263
        4.4. Die Weltbank muß ihre Schlüsselrolle im Kampf gegen die Korruption wahrnehmen 263
    5. Führen diese Lösungsansätze zum Ziel? 265
        5.1. Sind die Anforderungen an das Verhalten der Mitglieder zu hoch gesteckt? 265
        5.2. Ein freiwilliger Ehrenkodex? 265
    6. Schlußbemerkung – Ein optimistischer Ausblick 266
    Literaturempfehlungen 266

2. Nationale Wirtschaftsorganisationen 267

2.1. Empfehlungen für die gewerbliche Wirtschaft zur Bekämpfung der Korruption in Deutschland 269
Ludolf-Georg von Wartenberg
    1. Einleitung – Vorbeugen statt Bestrafen 269
    2. Eigeninitiative in Wirtschaft und Verwaltung 270
    3. Gesetze 271
    4. Inhalt der Empfehlungen 271
        4.1. Grundsätze 272
        4.2. Innerbetriebliche Organisationsmaßnahmen 273
        4.3. Kontrolle 274
    5. Schlußbemerkung 274

2.2. »Wie halten wir unser Haus sauber?« – Bekämpfung der
Korruption aus Sicht der Wirtschaft 275
Thomas Pletscher
    1. Einleitung 275
    2. Korruption als vielfältiges und verbreitetes Phänomen .. 275
    3. Beurteilung aus Sicht der Wirtschaft 277
    4. Frage der Nachfrageseite 279
    5. Bestechung unter Privaten 281
    6. Bekämpfung der Korruption 283
        6.1. Rolle des Staates 284
        6.2. Internationale Koordination 286
        6.3. Möglichkeiten von Verbänden 287
        6.4. Aufgaben der Unternehmen 288
    7. Schlußbemerkung 289

V. Internationale Zivilgesellschaft 291

Einleitung 293
Peter Eigen

    1. Transparency International 297
    Michael H. Wiehen

        Auf einen Blick 297
        1. Einleitung 298
        2. Entstehung und Gründung 298
        3. Arbeitsgrundsätze 299
        4. Organisations-Prinzipien und Finanzierung 300
        5. Integritäts-Analyse und Workshop 302
        6. TI-Integritätspakt 304
        7. Index 304
        8. Internationale Anti-Korruptions-Konferenz 305
        9. Das Source Book 305
        10. Andere TI Publikationen 306
        11. TI in den Ländern des Nordens 306
        12. Nationale Sektionen in den Ländern des Nordens 309
        13. Nationale Sektionen im Süden und Osten 310
        14. Schlußbemerkung 314

2. EBEN und das DNWE: Eine Initiative zur Vernetzung der Wirtschaftsethik 315
Albert Löhr
- 1. Einleitung – Das Netzwerk im Überblick 315
  - 1.1. Entstehungshintergrund 315
  - 1.2. Die Institutitonen EBEN und DNWE 316
- 2. Leitsätze des DNWE 318
  - 2.1. Dialog und Dialogbereitschaft 319
  - 2.2. Ethische Grundsätze 320
  - 2.3. Verantwortung in Wirtschaft und Gesellschaft 322
  - 2.4. Rahmenbedingungen der sozialen Marktwirtschaft . 323
- 3. Aktivitäten 324
- 4. Bezüge zur Korruptionsdebatte 328
- 5. Schlußbemerkung 331
- Literaturempfehlungen 332

VI. Integritätssysteme 335

Einleitung 337
Mark Pieth

1. Strafrecht 339

1.1. Die Strafbarkeit der aktiven Bestechung ausländischer Beamter 341
Mark Pieth
- 1. Einleitung 341
- 2. Neue Instrumente der Strafrechtsharmonisierung 342
  - 2.1. Europaratsübereinkommen 342
  - 2.2. Korruptionsrecht der EU 343
  - 2.3. OECD-Übereinkommen 344
  - 2.4. Weitere Instrumente 345
- 3. Detailfragen 346
  - 3.1. Bestechung und Bestechlichkeit? 346
  - 3.2. Tatbestand der aktiven Bestechung ausländischer Amtsträger 347
  - 3.4. Weitere Fragen der Tatbestandskonstruktion 349
  - 3.5. Sanktionen 349
  - 3.6. Haftung von Unternehmen 349
  - 3.7. Anwendbares Recht 350
  - 3.8. Prozeßrechtliche Bestimmungen und internationale Zusammenarbeit 352
- 4. Schlußbemerkung 353

1.2. **Off-Shore Domizilgesellschaften als Instrument der Bestechung und der Geldwäscherei – Zehn neue Empfehlungen gegen den Mißbrauch von Off-Shore Domizilgesellschaften**   354
Paolo Bernasconi
   1. Möglichkeiten des Mißbrauchs von Off-Shore Domizilgesellschaften 354
   2. Schlüsselrolle von nicht verbuchten Vermögenswerten .. 356
   3. Kommentar zu den zehn Empfehlungen gegen den Mißbrauch von Off-Shore Domizilgesellschaften 358
      3.1. Zweck und Stand der neuen Empfehlungen 358
      3.2. Regelungsobjekt 358
      3.3. Struktur der Reglementierung 359
      3.4. Beziehung zu anderen internationalen Regelungssystemen 359
      3.5. Ein System von positiven und negativen Anreizen .. 360
   4. Zehn Empfehlungen gegen den Mißbrauch von Off-Shore Domizilgesellschaften 365
   5. Anhang Rechtszustand in Off-Shore Ländern betreffend Domizilgesellschaften 369

2. **Steuerrechtliche Behandlung der Bestechung** 373
Wolfgang Joecks
   Auf einen Blick 373
   1. Einleitung 373
   2. Die steuerliche Behandlung der Einnahmen 374
   3. Die steuerliche Behandlung der Ausgaben 376
      3.1. Rechtslage bis 31. 12. 1995 376
      3.2. Deutsche Rechtslage vom 1. 1. 1996 bis 20. 8. 1997 . 378
         3.2.1. Modelle der Einschränkung 379
         3.2.2. Die deutsche Lösung 379
      3.3. Rechtslage seit 20. 8. 1997 383
   4. Geplante Änderungen 385
      4.1. EU-Bestechungsgesetz 385
      4.2. Gesetz zur Bekämpfung internationaler Bestechung . 386
      4.3. Wirkungen auf die Steuerrechtslage 386
   5. Sinnvolle Regelungen 387
   6. Schlußbemerkung 387
   Literaturempfehlungen 389

3. Transparenz in Buchführung und Revision ... 391

3.1. The Role of Auditors in the Fight against Corrupt Behaviour ... 393
Jermyn Brooks
1. Introduction ... 393
2. Typical methods of effecting corrupt payments ... 394
3. Effects of corrupt payments on companies' financial statements ... 396
4. The purpose of financial statements ... 398
5. The concepts of truth, fairness, materiality and substance over form ... 399
6. Current duties and rights of auditors ... 402
7. False accounting and misrepresentations to auditors ... 405
8. Desirable changes which would increase auditors' effectiveness ... 406
9. Conclusion ... 407

3.2. The Fight against Business Corruption: Standards for Corporate Governance and Internal Control ... 409
Mritunjay Singh
1. Background ... 409
2. Developing a National Standard for Corporate Governance and Internal Control: United States as a Case Study ... 410
   2.1. The COSO Study ... 412
   2.2. The COSO Report ... 412
   2.3. Corporate Governance ... 412
   2.4. Components of Control ... 413
   2.5. Implementing COSO's Integrated Framework of Control (IFC): Field Results ... 416
   2.6. Post-COSO Developments in the U.S. ... 417
   2.7. Lessons Learned ... 418
3. COSO-Like International Initiatives ... 420
4. Conclusion ... 421
   Suggested Reading ... 422

3.3. Möglichkeiten der Feststellung und Prävention von Bestechungsleistungen aus Sicht des Bestechenden ... 423
Hans Joachim Marschdorf
1. Definition von Korruption ... 423
2. Erscheinungsformen der Gewährung von Vorteilen mit korrupter Absicht ... 423
3. Der Anreiz zur Vermeidung von Korruption: Eine Arbeitshypothese ... 425

4. Wege zur Vermeidung der Korruption 426
  5. Reduzierung von Gelegenheiten zur Gewährung korrupter Vorteile durch interne Kontrolle 426
     5.1. Kontrollumfeld und Korruption 428
     5.2. Risikoanalyse und Korruption 428
     5.3. Kontrollaktivitäten und Korruption 429
  6. Aufklärung von Korruption 431
     6.1. Grenzen der Feststellung von Bestechung und Korruption durch die Jahresabschlußprüfung 431
     6.2. Sonderprüfungen als Methodik zur Ermittlung der Gewährung von Vorteilen mit korrupter Absicht ... 437
          6.2.1. Merkmale von Korruption und Bestechung in den Sphären von Opfern und Tätern 437
          6.2.2. Methodik der Aufklärung 441

4. **Die zivilrechtlichen Folgen nationaler und transnationaler Bestechung** 449
   Rolf Sethe
   1. Einleitung 449
      1.1. Anlaß der Untersuchung 449
      1.2. Gang der Untersuchung 450
   2. Wirksamkeit der Schmiergeldabrede 451
      2.1. Nichtigkeit gemäß §§ 134 BGB, 299 Abs. 2 StGB ... 451
      2.2. Nichtigkeit gemäß §§ 134 BGB i. V. m. Strafgesetzen 455
      2.3. Nichtigkeit wegen Sittenwidrigkeit der Abrede im Sinne von § 138 BGB 455
      2.4. Zwischenergebnis 457
   3. Wirksamkeit des Hauptvertrags 458
      3.1. Einleitung 458
      3.2. Rechtsprechung 458
      3.3. Schrifttum 458
      3.4. Würdigung der Standpunkte in Rechtsprechung und Schrifttum 459
      3.5. Alternative Lösungen? 462
      3.6. Zwischenergebnis 462
      3.7. Anfechtung 462
   4. Auswirkungen der Schmiergeldabrede auf Folgeverträge . 463
      4.1. Die für Folgeverträge maßgeblichen Rechtsgrundsätze 464
      4.2. Auswirkungen der Nichtigkeit des Hauptvertrags auf Sicherungsrechte 467
      4.3. Einwand der unzulässigen Rechtsausübung 471
      4.4. Zwischenergebnis 474

	5.	Ansprüche des Geschäftsherrn	474
		5.1. Abwehransprüche	474
		5.2. Schadensersatzansprüche	476
		5.3. Herausgabe des Schmiergelds	478
	6.	Ansprüche des Vertreters	479
		6.1. Vorbemerkung	479
		6.2. Aufwendungsersatz	480
	7.	Transnationale Bestechung	480
		7.1. Maßgeblichkeit des Vertragsstatuts	480
		7.2. Deutsches Sachrecht	480
		7.3. Ausländisches Sachrecht	486
	8.	Zusammenfassung der Ergebnisse	490

5. Auftragsvergabe ... 492
Michael H. Wiehen

	Auf einen Blick	492
1.	Einleitung und einige Definitionen	493
2.	Schaden durch Korruption bei Auftragsvergabe	494
3.	Vergabe-Regeln	496
	3.1. Deutschland	496
	3.2. Europäische Union	497
	3.3. Der Europa-Rat	497
	3.4. Vereinte Nationen	497
	3.5. Welthandels-Organisation	498
	3.6. Bilaterale Entwicklungshilfe	498
	3.7. Multilaterale Entwicklungshilfe – die Internationalen Finanz-Institutionen (IFIs)	499
4.	Besonders verwundbare Punkte im Beschaffungsprozeß	500
5.	Grundregeln der Auftragsvergabe	501
6.	Vorschläge zur weiteren Absicherung des Vergabeprozesses gegen Korruption	505
	6.1. Der TI-Integritätspakt (TI-IP)	505
	6.2. Pauschalierter Schadensersatz	509
	6.3. Sperrung	510
	6.4. Teilnahme der Zivilgesellschaft an der Angebots-Evaluierung und Auswahl	511
	6.5. Anti-Bestechungs-Maßnahmen bei Durchführung des Auftrags	512
7.	Kontrollinstitutionen	513
	7.1. Staatliche Kontrollorgane	513
	7.2. Rechtshilfeorgane	513
	7.3. Schutz des Informanten	514

8. Selbstkontrolle der Industrie 514
      8.1. Internationale Handelskammer/International
           Chamber of Commerce (ICC) 514
      8.2. Bundesverband der Deutschen Industrie (BDI) 515
      8.3. Die Beratenden Ingenieure (Consulting Engineers) . 516
      8.4. Das Ethik-Management-System 516
   9. Schlußbemerkung 518

VII. Die Verantwortung der Wirtschaft 519

   Einleitung 521
   Mark Pieth

   1. Korruptionsbekämpfung – Aufgabe für den Gesetzgeber oder Herausforderung für das Management? 523
   Jürgen Thomas
      1. Einleitung 523
      2. Sechs Thesen für das Management zur Korruptionsbekämpfung 523
      3. Zusammenfassung der Thesen 527
      4. Schlußbemerkung 528

   2. Die Rolle der Privatwirtschaft bei der Bekämpfung der internationalen Korruption 531
   Fritz F. Heimann, Carel Mohn
      1. Internationale Korruption – eine Einordnung 531
         1.1. Weshalb Korruption so schwer zu bekämpfen ist ... 531
         1.2. Die Notwendigkeit umfassender Gegenmaßnahmen 532
         1.3. Was es zu vermeiden gilt 533
      2. Verhaltensstandards von Unternehmen 535
         2.1. Die neuen Verhaltensregeln der Internationalen
              Handelskammer 535
         2.2. Voraussetzungen für effektive Verhaltensstandards . 539
         2.3. Das Unternehmensinteresse am Verbot von Auslandskorruption 542
      3. Synergie zwischen Unternehmensstandards und Regierungsbemühungen 544
         3.1. Strafvorschriften 544
         3.2. Die steuerliche Absetzbarkeit von Schmiergeldern .. 545
         3.3. Das öffentliche Beschaffungswesen 546
         3.4. Vorschriften über die Buchführung, Rechnungsprüfung und Veröffentlichungspflichten 547

      4. Die Rolle der USA – Stärken und Grenzen 548

3. Jenseits der Grenzen – ethisches Handeln von Unternehmen vor neuen Herausforderungen 551
Marcus Bierich
      1. Einleitung 551
      2. Wahrung der ethischen Prinzipien bei Arbeitssicherheit, Umweltschutz und Vertrieb 551
      3. Internationale Organisationen setzen sich für die Integrität ein 553

Anhang 557

Dokumentarteil 559
– **OECD** – Convention on Combating Bribery of Foreign Public Officials in International Business Transactions (21. 11. 1997) 560
– **OECD** – Commentaries on the Convention on Combating Bribery of Officials in International Business Transactions (21. 11. 1997) 568
– **OECD** – Revised Recommendation of the Council on Combating Bribery in International Business Transactions (23. 05. 1997) 575
– **EU** - Rechtsakt des Rates vom 27. September 1996 über die Ausarbeitung eines Protokolls zum Übereinkommen über den Schutz der finanziellen Interessen der Europäischen Gemeinschaften (96/C 313/01) 585
– **EU** – Rechtsakt des Rates vom 19. Juni 1997 über die Ausarbeitung des zweiten Protokolls zum Übereinkommen über den Schutz der finanziellen Interessen der Europäischen Gemeinschaften (97/C 221/02) 593
– **EU** – Rechtsakt des Rates vom 26. Mai 1997 über die Ausarbeitung des Übereinkommens aufgrund von Artikel K.3 Absatz 2 Buchstabe c) des Vertrags über die Europäische Union über die Bekämpfung der Bestechung, an der Beamte der Europäischen Gemeinschaften oder der Mitgliedstaaten der Europäischen Union beteiligt sind (97/C 195/01) 603
– **Europarat** – Draft Criminal Law Convention on Corruption (29. 10. 1998) 612
– **UNO** – General Assembly – Resolution 51/59 »Action against corruption« and »International Code of Conduct for Public Officials« 663
– **UNO** – General Assembly – Resolution 51/191 »United Nations Declaration against Corruption and Bribery in International Commercial Transactions« 666
– Gesetz zu dem Übereinkommen vom 17. Dezember 1997 über die Bekämpfung der Bestechung ausländischer Amtsträger im internationalen Geschäftsverkehr (Gesetz zur Bekämpfung internationaler Bestechung – **IntBestG**) 672

- Gesetz zu dem Protokoll vom 27. September 1996 zum Übereinkommen über den Schutz der finanziellen Interessen der Europäischen Gemeinschaften (EU-Bestechungsgesetz – **EUBestG**) 683
- **Weltbank** – Guidelines: Procurement under IBRD Loans and IDA Credits 686
- **IMF** – IMF Adopts Guidelines Regarding Governance Issues (04. 08. 1997) 689
- **ICC** – Extortion and Bribery in International Business Transactions, 1996 Revisions to the Rules of Conduct (May 1996) 698
- **FIDIC** – FIDIC Policy Statement on Corruption (June 1996) 707
- The **Lima Declaration** against Corruption (September 1997) 710

Autorenprofile 716
Stichwortverzeichnis 725

Einführung

Peter Eigen, Mark Pieth

Wir erleben gegenwärtig eine radikale Neuorientierung: Grenzüberschreitende Korruption – zumal die Bestechung von Beamten und Politikern in Entwicklungsländern – galt noch vor zehn Jahren als kaum diskussionswürdige Selbstverständlichkeit. Nunmehr wird sie als **ernstzunehmendes gesellschaftliches und wirtschaftliches Problem** sowohl für die Länder des Südens wie des Nordens wahrgenommen. Der Skandalisierung und Denunzierung von Einzelfällen haben in letzter Zeit zuversichtlich vorgetragene Handlungsprogramme auf nationaler und internationaler Ebene Platz gemacht.

1. Altes Thema – neue Strategie

Korruption ist eine alte Technik, die genauso zum Arsenal der Machterhaltung der römischen Kaiser, der absolutistischen Regenten der europäischen Neuzeit wie der Mobutus der Gegenwart gehört. Das plötzliche Interesse am Thema und auch die Überzeugung, es ließe sich nun etwas Entscheidendes gegen das Übel unternehmen, das weite Teile der Erde befallen hat, ist durchaus erklärungsbedürftig. Die **bisherige Apathie** gerade auch vieler Industrieller und Entwicklungshelfer, die unter den Bedingungen der systemischen Korruption gelebt haben, mag daher stammen, daß das Problem als **zu groß**, **zu umfassend** und **zu komplex** für eine Lösung in absehbarer Zeit angesehen wurde. Solange alle Korruptionsformen – von der überlebensnotwendigen Lohnaufbesserung lokaler Polizisten über Beschleunigungszahlungen zur Erlangung eines Telefonanschlusses bis hin zur Millionenzahlung an Minister zur Manipulation eines Ausschreibungsverfahrens – in einen Topf geworfen wurden, und sich die Anstrengungen weitgehend in der gegenseitigen Beschuldigung von Industrie- und Entwicklungsländer erschöpften, konnte nur **Resignation** die Folge sein. Dabei stand – von den Stimmen der funktionalistischen Theorie einmal abgesehen – fest, daß Korruption extrem schädlich ist, daß sie nicht nur zu **Fehlinvestitionen** und **Ressourcenverschleuderung**, sondern auch zu schwerer Gefährdung demokratischer und rechtsstaatlicher Institutionen führt und überdies die Marktbedingungen verfälscht. Trotzdem konnten sich weder die industrialisierte Welt noch die multilateralen Finanzinstitutionen zu einer klaren Antikorruptionspolitik durchringen. Zu sehr waren die individuellen Akteure auf ihr **Einzelinteresse** fixiert: Solange die Ost-West-Spannungen anhielten, wurden nicht nur im Süden, sondern auch in Europa korrupte Regimes aus strategischen Erwägungen international an der Macht gehalten. Auf Unternehmensebene sah man sich meist außerstande, durch klaren Verzicht auf Bestechung eine Schwächung der Marktposition zu riskieren und damit womöglich auch zuhause Arbeitsplätze zu gefährden.

Die heute festzustellende **Zuversicht**, daß es in nächster Zukunft gelingen könnte, etwas Entscheidendes gegen die Korruption zu unternehmen, baut auf einer grundsätzlichen **Veränderung der Weltlage** auf: Die Öffnung des Ostens und die beschleunigte Internationalisierung der Märkte sind Voraussetzungen für die Bildung einer »großen Koalition« gegen die Bestechung. Aus der Sicht der Industriestaaten wurde rasches Handeln im Laufe der neunziger Jahre geradezu notwendig: Korruption schafft irrationale und schwer kontrollierbare Zugangshürden zu den Weltmärkten.

Wirkung entfalten konnten die Initiativen der neunziger Jahre gegen die internationale Bestechung allerdings erst durch einen – auf den ersten Blick – durchaus nicht zwingenden – strategisch motivierten Schritt: Dadurch, daß die »Angebotsseite« (»supply-side«) und die »Nachfrageseite« (»demand-side«) der Korruption fürs erste einmal separat angegangen werden, ist eine **Fokussierung möglich** geworden. Es geht bei dieser Unterscheidung nicht darum, mit der Trennung auch das Verständnis für die funktionalen Zusammenhänge eines komplexen Phänomens zu unterbrechen und nach »einfachen Lösungen« zu suchen; vielmehr soll ein Ausweg aus der Sackgasse der gegenseitigen Beschuldigungen gefunden werden. Diese Strategie erlaubt es den Industriestaaten, sich zunächst auf ihr gegenseitiges Problem zu konzentrieren, ihre Beteiligung an Marktverfremdungen als Exporteure und Investoren zu thematisieren. Daß sie damit gleichzeitig auch ein Stück Verantwortung wahrnehmen können und den traditionellen Empfängerstaaten mit diesem Angebot den Einstieg in eine »große Koalition« erleichtern, ist schon fast als glücklicher Zufall zu bezeichnen, denn natürlich hätte die drastische – auch einseitige – Reduktion des Zuflusses von Bestechungsgeldern erhebliche positive Auswirkungen gerade im Empfängerland, selbst wenn dadurch eine lokale Bestechungskultur noch nicht entscheidend beeinflußt würde: Immerhin würden die Empfänger eines Teils ihrer Liquidität beraubt und könnten ihrerseits nicht mehr so freigiebig Vasallen an sich binden.

Zwischen Angebots- und Nachfrageseite wäre noch eine dritte Tranche auszudifferenzieren, die besondere Maßnahmen erfordert: die Ebene der **Intermediäre** (go-betweens) und des **Finanzmanagements**.

Vollends durchschnitten wurde der lähmende gordische Knoten erst durch die weitere – ebenfalls nicht dogmatisch trennscharf durchzuführende – Unterscheidung von »kleiner« und »großer« Korruption: Mit der »**petty-corruption**« sind vor allem der lokale Filz und die Überlebensstrategien unterbezahlter Beamter gemeint, mit »**grand-corruption**« spricht man gemeinhin Transaktionen in Millionenhöhe zwischen multinationalen Unternehmen einerseits und Staatschefs, Ministern oder Chefbeamten andererseits an.

Angesichts dieser veränderten weltpolitischen Lage und der neuen Einsicht in die Mitverantwortung der Angebotsseite für die internationale Korruption haben in jüngster Zeit vielerorts praktische Initiativen gegen Bestechung eine Chance bekommen, sich zu politisch relevanten Koalitionen zu formieren (etwa in der **OECD**). Sie haben dabei erheblichen **Rückenwind aus den USA** erhalten, die sich ja schon seit Jahren darum bemühen, ihre wichtigsten Handelspartner und Konkurrenten von der Notwendigkeit einer solchen Anti-Korruptions-Koalition zu überzeugen. Regionale Staatenverbände (insbesondere die **EU**, der **Europarat** und die **OAS**) greifen das Thema ihrerseits mit einer etwas anderen Motivation auf. Dort geht es weniger um den unlauteren Wettbewerb als um einen Nichtangriffspakt im Zeichen der politischen Annäherung. Daß die USA mit ihren Vorstößen auch einen eigenen handelspolitischen Zweck verfolgen, versteht sich, allerdings haben die neuesten Entscheidungen der wichtigsten Handelspartner gezeigt, daß sie sich der Logik anschließen können.

Noch entscheidender für den Erfolg neuer Strategien gegen internationale Korruption ist eine andere Dimension der sich formenden Anti-Korruptions-Koalitionen: Wie in vielen anderen Bereichen von Politik und Wirtschaft, in denen die traditionellen Regelungsversuche von Staat und Privatsektor versagen, schaltet sich mit großer Dynamik die Zivilgesellschaft bei der Korruptionsbekämpfung ein. Menschen mobilisieren sich gegen die zerstörerische Wirkung der Bestechung und ihrer Exponenten: Von den aufgebrachten Massen auf den Straßen von Brasilien oder Indonesien, Aktivistengruppen in Argentinien und Pakistan, Berufsverbänden in Panama und Ungarn, Wissenschaftlern in Kolumbien und Nepal, Religionsgemeinschaften in Malawi und Indien – die Zivilgesellschaft hat erkannt, daß sie das eigentliche Opfer der Korruption ist.

Daß es **Transparency International** (TI) in kurzer Zeit gelungen ist, sich mit über siebzig nationalen Sektionen überall in der Welt als schlagkräftige Nicht-Regierungsorganisation zu etablieren, illustriert augenfällig, wie wichtig die Zivilgesellschaft geworden ist. Regierungen und auch Privatunternehmen können auf sich allein gestellt mit der Hydra der internationalen Korruption kaum fertig werden. Ein systematisches Zusammengehen von Staat, Wirtschaft und Zivilgesellschaft zur Bekämpfung der Korruption wird gefordert. Das magische Dreieck einer derartigen Koalition hat sich vielerorts bereits gebildet – oder ist dabei, sich zu bilden – und verspricht der neuen Strategie wesentlich größere Erfolgschancen als bisherige Initiativen gegen die Korruption.

2. Maßnahmen auf der »Angebotsseite« der Bestechung

Auf der Angebotsseite – wenn wir diese zugegebenermaßen etwas künstliche Unterscheidung noch weiterverfolgen wollen – hat die Vergangenheit gezeigt, daß die Unternehmen nicht in der Lage sind, durch Selbstverantwortung und gegenseitige Absprachen allein eine entscheidende Einschränkung zu erreichen. **Verhaltenskodizes** wie jene der Internationalen Handelskammer oder auch branchenspezifische Vereinbarungen setzen einen **Grundkonsens** voraus, der zwischen Staaten vereinbart und dessen Umsetzung überwacht werden muß.

Die Logik solcher zwischenstaatlicher Mindeststandards ist genauso grob wie das Segmentierungsprinzip: Durch harte Sanktionierung soll der Preis der Bestechung – ähnlich wie etwa bei der Bekämpfung der Geldwäsche – so stark angehoben werden, daß sie sich ganz einfach nicht mehr rentiert. Dabei ist Strafbarkeit, einschließlich **Strafbarkeit** des Unternehmens, nur der Ausgangspunkt. Ökonomisch wirksame Sanktionen hängen allerdings von einer klaren und unzweideutigen Verbotsnorm ab. Daran schließen zunächst generelle Regelungen, wie der **Ausschluß der steuerrechtlichen Abzugsfähigkeit**, sowie konkrete zivil- und verwaltungsrechtliche Maßnahmen (etwa der Ausschluß aus Vergabeverfahren, Exportkreditvergaben und Subventionen) an. Das Sanktionsarsenal wird im präventiven Bereich verstärkt durch entsprechende **Buchhaltungs- und Revisionsregeln**. Dadurch werden Unternehmen zur Entwicklung einer längerfristigen Geschäftspolitik motiviert, die staatlichen Sanktionen dienen lediglich der Etablierung vergleichbarer Standards. Zum Leben erweckt werden sie in unternehmens- und eventuellen branchenspezifischen **Umsetzungs-(compliance-) Programmen**.

Bei aller Aufbruchstimmung darf nicht übersehen werden, daß es bereits auf der Angebotsebene erhebliche Probleme zu überwinden gilt: Zum einen bestehen berechtigte Bedenken, ob es gelingen wird, die Maßnahmen weltweit synchron und wettbewerbsneutral in Kraft zu setzen. Zum andern befürchten Unternehmen, von potentiellen Empfängern »erpreßt« zu werden. Beide Vorbehalte sind ernst zu nehmen. Insbesondere die Umsetzung der einschneidenden Sanktionsregimes erfordert eine konsequente gegenseitige Evaluation der Vorkehrungen der Koalitionspartner.

3. Maßnahmen auf der »Nachfrageseite« der Bestechung

Eine Unterscheidung in »Geber«- und »Empfängerstaaten« von Bestechungszahlungen ist angesichts der endemischen Ausmaße lokaler und grenzüberschreitender Bestechung in fast allen Regionen der Welt wenig sinnvoll. Ein erheblicher Teil der Bestechungsgelder wird direkt in den Industrienationen bezahlt. Auf der hier entwickelten konkreten Handlungsebene durchaus relevant bleibt jedoch die getrennte Betrachtung der Maßnahmen von Industrienationen (erweitert um die sogenannten Übergangsökonomien) einerseits und der Entwicklungsländer andererseits: Das Angebot der Industriestaaten, die aktive Bestechung anzugehen, sollte den Staaten des Südens und den Transformationsländern Mut machen, ihrerseits an grundlegenden Veränderungen zu arbeiten.

Dabei spielen sicher die Anstrengungen der internationalen Organisationen, insbesondere der Vereinigten Nationen und der internationalen Finanzinstitutionen (wie der Weltbank, des Internationalen Währungsfonds, aber auch der regionalen Entwicklungsbanken) eine wichtige Rolle. Insbesondere im Bereiche der von diesen Institutionen direkt finanzierten Projekte fällt es in ihre Verantwortung, Korruptionsprävention zu betreiben. Jenseits der direkt finanzierten Projekte üben die Institute allerdings zu Recht eine gewisse Zurückhaltung.

Generell sollte vor einem **Überstrapazieren** des Instrumentariums der **Konditionalität**, das ja nicht nur von den internationalen Finanzinstitutionen, sondern auch den bilateralen Entwicklungshilfe-Organisationen zu Recht gegen die Korruption eingesetzt wird, **gewarnt** werden. Selbstverständlich ist es notwendig und legitim, die Wirksamkeit von Finanzierungshilfe, die ja häufig aus Steuergeldern gefördert wird, gegen Bestechung zu schützen. Doch wäre es für eine weltweite Koalition gegen die Korruption geradezu kontraproduktiv, wenn der Norden – wenn auch indirekt durch die multilateralen Finanzinstitutionen – dem Süden Maßnahmen gegen die passive Bestechung und Erpressung aufzwingen würde: Es ist davon auszugehen, daß weitsichtige Führungskräfte in diesen Ländern sehr wohl erkennen, welche Risiken die Korruption für ihr Land birgt. Taugliche Präventionskonzepte sind in einem lokalen Umfeld endemischer Bestechung und alltäglichem »rent seeking« allerdings äußerst schwer und nur langfristig einzuführen. Die Motivation dazu wird dadurch erhöht, daß sich seriöse Anbieter und Investoren weit weniger leicht bereitfinden, illegale Vorteile zu offerieren. Ja, in extremis werden immer mehr Unternehmen zu einem Desengagement aus einem allzu korrupten Umfeld übergehen. **Der Anstoß zur Reform muß von Kräften im Land selbst** getragen werden. Noch zu deutlich ist uns von den Erfahrungen mit der Konditionalität bei Struktur-Anpassungs-Programmen der Bretton-Woods-Institutionen in Erinnerung, daß von außen aufgedrängte Reformen fast regelmäßig mit großem Geschick von lokalen Entscheidungsträgern umgangen oder hintertrieben werden.

Ebenso sollte man sich vor der **Illusion** schützen, daß durch **Liberalisierung** der Wirtschaftspolitik automatisch **Korruption verschwinde**, wie von manchen Experten der Weltbank oder des Internationalen Währungsfonds gelegentlich behauptet wird. Auch wenn es zutrifft, daß Liberalisierung, »lean administration«

und insbesondere transparente Verfahren der Prävention förderlich sind, kann das Thema Öffnung der Märkte nicht isoliert aus der Sicht der Korruptionsvermeidung betrachtet werden. In einem Forum wie der Welthandelsorganisation hätten die Staaten des Südens die Möglichkeit, Korruptionsvermeidung und Beseitigung von Handelshindernissen im Süden zusammen mit dem Thema Marktzugang im Norden anzusprechen.

4. Maßnahmen gegen das Finanzmanagement der Bestechung

Die dritte Ebene, schließlich, das Finanzmanagement muß gesondert angesprochen werden, weil sich der Kreis der involvierten Staaten nicht mit der Angebots- oder Nachfrageseite deckt: Vielfach suchen sowohl die Zahlenden wie die Empfänger gerade den Schutz eines Finanzplatzes, um der **Kontrolle des Sitzstaates** von Unternehmen beziehungsweise des Empfängerstaates **auszuweichen.** »Grand corruption« ist kein einmaliges Ereignis. Schon die Größe der Summen, aber auch das Bedürfnis nach Wiederholung setzt voraus, daß frühzeitig, ohne die Aufmerksamkeit der Buchprüfung zu erregen, Mittel abgeschöpft und im ausländischen Finanzplatz bereitgestellt werden. Das Management der Korruptionszahlungen und – auf der Empfängerseite – die Bestechungsgeldwäsche wird an den gleichen Orten von den gleichen go-betweens und Finanzintermediären besorgt. Mit Strafbarkeit der Bestechung ausländischer Beamter wird die Motivation noch erhöht, die Anonymität der »offshore resorts« zu suchen. Dadurch, daß die Sanktionsprogramme die Konfiskation der Gewinne aus bestechungsbetroffenen Verträgen vorschreiben, wird das Bedürfnis nach einem »Fluchthafen« noch akuter. Entsprechend wichtig sind **Mindestvorschriften** zur **Buchführung** einerseits und zur Vermeidung der **Bestechungs-Geldwäsche** andererseits.

5. Die Gesamtschau, der Beitrag der Zivilgesellschaft

Es darf nicht außer acht gelassen werden, daß die Dekonstruktion des Themas in eine Angebots- und eine Nachfrageseite nur eine vorläufige, vor allem strategisch motivierte Maßnahme war. Wesentlich ist, daß auch die **Zusammenhänge** gesehen und verstanden werden. Häufig konzentriert sich die Aufmerksamkeit bei der Bekämpfung der Korruption nur auf einzelne Aspekte des **Ganzen**, wie etwa die strafrechtliche Bekämpfung, oder auf einzelne Akteure, wie die Bestechenden aus den Exportländern, oder die bestechlichen Eliten im Süden oder Osten. Der neue Ansatz ist ein **ganzheitlicher**: Zum Schutze der Gesellschaft gegen Korruption braucht sie ein **Integritätssystem** – vergleichbar dem Immunsystem zum Schutze der menschlichen Gesundheit – das sich aus einer Vielzahl von Gesetzen, Institutionen, Regeln und in der Praxis eingeübter Verhaltensweisen zusammensetzt. Das jeweilig anzustrebende Integritätssystem ist stark **gesellschafts- und zeitspezifisch**, wenn es auch einige universale Elemente enthält. Es gilt, die **Gesamtheit dieses Systems** im Auge zu behalten, wenn pragmatisch und realistisch einzelne Aspekte – pars pro toto – verbessert werden sollen, wie etwa die strafrechtliche Behandlung der transnationalen Bestechung.

Eingebettet in diesen ganzheitlichen Ansatz können dann ganz konkrete Maßnahmen für funktionale Teilbereiche entwickelt werden – Transparency International nennt diesen gradualistischen Ansatz die **Bildung von »Inseln der Integrität«**. Zu denken ist beispielsweise an projektspezifische Antikorruptionspakte sämtlicher gefährdeter Beteiligter, etwa der öffentlichen Hand wie auch der Anbieter und der Intermediäre bei der Vergabe größerer Infrastrukturaufträge. Dabei einigen sich die Beteiligten darauf, möglichst alle relevanten Elemente zur Vermeidung der Korruption in einem betroffenen Markt gleichzeitig einzurichten und zu respektieren, unter Androhung empfindlicher Sanktionen. Hierdurch bildet sich **Vertrauen** aller Wettbewerber darauf, jedenfalls nicht durch Korruption ausgestochen zu werden.

Nicht-Regierungsorganisationen spielen eine wichtige Rolle bei der Bildung solcher »Inseln der Integrität«. Die **holistische Perspektive** ist ohnedies die Domäne der Zivilgesellschaft, sei es der Medien, der Wissenschaft, der Nicht-Regierungsorganisationen wie auch der Sozialpartner.

6. Das Buch

Das Buch offeriert in einem ersten Teil (I.) moderne Erklärungsmodelle für die internationale Korruption aus ökonomischer, wirtschaftsethischer und entwicklungspolitischer Sicht. Anschließende Fallstudien und Berichte von deutschen und ausländischen Justizpraktikern (II.) sollen eine Vorstellung vom Alltag der Bestechung und auch einen Begriff von den Schwierigkeiten der Aufdeckung solcher Delikte geben. Neben der praktischen Erfahrung wird der Blick auf die gängigen Methoden der Evaluation der Korruptionsanfälligkeit einer Gesellschaft (der sogenannten Korruptionsindizes) geworfen. Daraufhin kommen die wichtigsten internationalen Vorstöße gegen die Korruption zur Sprache (III.). Im IV. Kapitel stehen die Reaktionen von internationalen und nationalen Wirtschaftsverbänden und Branchenvereinigungen im Zentrum, im V. Kapitel die Perspektive weiterer Organisationen der Zivilgesellschaft.

Das VI. Kapitel ist der rechtlichen Behandlung der transnationalen Korruption gewidmet, es greift die wichtigsten inhaltlichen Themenbereiche der internationalen Initiativen gegen die Korruption auf, insbesondere die strafrechtlichen, steuerrechtlichen, zivilrechtlichen und verwaltungsrechtlichen Maßnahmen zur Prävention und Repression. Im VII. Kapitel ziehen Wirtschaftsvertreter die konkreten Konsequenzen und beschäftigen sich mit der Umsetzung der international koordinierten staatlichen Vorgaben in Codes of Conduct und Compliance-Programmen.

Den Abschluß macht ein breit angelegter **Dokumentarteil** im Anhang, der die wichtigsten internationalen Texte sowie einzelne deutschsprachige Umsetzungsgesetzgebungen vereinigt. Bei den ebenfalls beigefügten Arbeitspapieren des Europarates handelt es sich um die Erstveröffentlichung der Materialien zur Konvention vom November 1998.

Jedem Hauptteil ist eine Einleitung eines der beiden Herausgeber vorangestellt, die dem Leser den schnellen Einstieg in die Materie ermöglicht.

Berlin und Basel, im November 1998   Peter Eigen
                                                                     Mark Pieth

I. Theoretische, wirtschaftspolitische und ethische Gesichtspunkte

Einleitung
1. Internationale Korruption und Globalisierung der Wirtschaft
2. Entwicklungspolitische Gesichtspunkte der Korruption
3. Wirtschaftsethische Gesichtspunkte der Korruption

Theoretische, wirtschaftspolitische und ethische Gesichtspunkte – Einleitung

Peter Eigen

In jüngster Zeit hat das Thema Korruption in der internationalen Diskussion einen prominenten Platz eingenommen. Es ist erstaunlich, daß dieses Thema noch vor ein paar Jahren von einer Mauer des Schweigens umgeben war. Zwar gab es schon seit einiger Zeit vereinzelt Autoren, die fasziniert das Übel der Korruption beobachteten und beschrieben, doch allgemein wurde es in Theorie und Praxis, besonders hinsichtlich seiner internationalen Erscheinungsformen, praktisch totgeschwiegen. Zu Recht nannte Gunnar Myrdal 1967 dieses Thema »fast ein Tabu«[1]. Kein Wunder, denn die Toleranz gegenüber korrupten aber ideologisch gleichgesinnten Politikern in der Geopolitik des Kalten Krieges war groß, und der Wettbewerb um Exportmärkte wurde, gleichsam im rechtsfreien Raum, mit harten Bandagen ausgetragen.

In den Bretton-Woods-Institutionen der Weltbank und des Internationalen Währungsfonds war der Wandel besonders dramatisch. Korruption ist endlich zu einem zentralen Thema geworden. Angesichts der unaufhaltsamen Globalisierung vieler gesellschaftlicher Bereiche fällt die Wichtigkeit dieser Lebensfrage auch den engstirnigsten Technokraten ins Auge. Heute drehen sich zahlreiche Konferenzen, Forschungsprogramme, Vorträge, Resolutionen und Aktionspläne um die internationale Korruption. Ihre Allgegenwärtigkeit, ihr Ausmaß, ihre Ursachen und Wirkung werden erforscht, definiert, quantifiziert. Theoretische und praktische Lösungen werden vorgeschlagen, erprobt, verworfen. Es fällt schwer, Schritt zu halten mit den vielfältigen Aktivitäten. Man kann nur hoffen, daß es sich hierbei nicht um ein Strohfeuer handelt, das in ein paar Jahren ebenso schnell verglüht, wie es in den letzten Jahren aufgeflammt ist.

In diesem Kapitel lassen wir Wissenschaftler und Praktiker zu Wort kommen. Neben dem von **Lambsdorff** gegebenen Überblick über die Möglichkeiten, Korruption im Ländervergleich zu analysieren, sollen die hier versammelten Beiträge einen kurzen Eindruck vermitteln vom Stand der theoretischen Durchdringung unseres Themas, wobei wir uns auf Erkenntnisse konzentrieren wollen, die auch von praktischem Nutzen sind, nicht auf abgehobenen Theorienstreit, der sich auch auf diesem Gebiet zum Vergnügen der Beteiligten entfaltet hat. So läßt sich über die Frage: Was ist Korruption? fast endlos streiten. Wir schlagen eine weitgefaßte, zugleich aber pragmatische Definition vor: *Korruption ist der Mißbrauch*

---
1 Gunnar Myrdal, Asian Drama, Bd. II, New York, 1967, S. 938.

öffentlicher – oder sonst anvertrauter – Macht zu persönlichem Nutzen. Dabei soll aber auch die Bestechung privater Personen mit Machtbefugnis nicht ausgeschlossen werden; die Grenzen zwischen öffentlicher und privater Machtbefugnis sind oft fließend. Uns geht es um eine funktional nützliche Definition. Die theoretischen Einsichten sollen dazu beitragen, **praktische Lösungen** zu erarbeiten und umzusetzen. Damit soll dieses Kapitel auch als **Forum zur Diskussion** besonders umstrittener Lösungsansätze dienen, wie ihn etwa der Vorschlag von Rose-Ackerman zur Einrichtung eines internationalen Schiedsgerichts für Korruptionsfälle darstellt.[2]

Auch bei anderen Reformvorschlägen, die etwa auf die Einbeziehung »korruptionserfahrener« Unternehmen in Präventionsstrategien abzielen, weist dieses Kapitel ein hohes Maß an **Pragmatismus** auf. »Wenn das ein wenig so aussieht, als sollte der Bock zum Gärtner gemacht werden«, so Rose-Ackerman in ihrem Beitrag, ist das nicht weiter schlimm. Oft haben diejenigen mit Erfahrung am meisten Gespür dafür, den Fallstricken bei Reformen aus dem Weg zu gehen. Genau dies ist übrigens auch einer der Arbeitsgrundsätze von Transparency International.

Die praktische Ausrichtung dieses Kapitels stützt sich auf die konkreten **Erfahrungen der Autoren** in der internationalen Entwicklungsarbeit. Nirgendwo sonst ist die verheerende Wirkung der Korruption so augenfällig wie in den Entwicklungs- und Transformationsländern. Entwicklungsprogramme werden pervertiert, Projekte falsch ausgesucht, überdimensioniert, verteuert oder fehlerhaft ausgeführt; falsche Lieferanten und Berater werden ausgewählt, ehrliche Unternehmen geschädigt, Investoren abgeschreckt; Auslands- und Staatsschulden wachsen ohne entsprechende Stärkung der Wirtschaftskraft; die Umwelt wird zerstört, Strategien zur Armutsbekämpfung, zur Erfüllung von Grundbedürfnissen der Menschen zunichtegemacht. All diese Zusammenhänge beschreibt **Rose-Ackerman** detailliert anhand eines besonders drastischen Beispiels, der durch Korruption mitverursachten Vernichtung der tropischen Regenwälder. Ihre genaue Analyse der **Wirkungsmechanismen von Korruption** zeigt zugleich, daß große Unternehmen der Korruption alles andere als hilflos ausgeliefert sind. Noch immer gehört es ja zu den Standardargumenten der Verteidiger des status quo – häufig Vertreter großer, weltweit operierender Konzerne –, im Ausland müsse man sich eben nach den üblichen Sitten und Gebräuchen richten. Wir werden gegenwärtig im Zusammenhang mit der Asienkrise drastisch daran erinnert, wie

---

[2] Gerade europäische Unternehmen lehnen derartige, aus dem amerikanischen Recht hergeleitete Modelle wegen ihrer großen Verfahrensunsicherheit und der Gefahr eines Mißbrauchs ab. Die Internationale Handelskammer hat denn auch ihren 1977 unterbreiteten Vorschlag zur Schaffung einer internationalen Untersuchungs- und Schiedskommission in dem 1996 neu veröffentlichten Bericht »Extortion and Bribery in International Business Transactions. 1996 Revisions to the ICC Rules of Conduct« nicht wieder aufgegriffen.

falsch die Apologeten der Korruption übrigens auch mit ihrem zweiten Standardargument lagen, daß die rasante Entwicklung in den Tigerstaaten doch »ein bißchen Korruption« ganz nützlich erscheinen lasse.

Aus unterschiedlichen Perspektiven werden diese Argumente auch von den Beiträgen **Frischs** und **Lambsdorffs** widerlegt, die facettenreich die Wirkungsmechanismen von Korruption erläutern. Während Frisch dies vor dem Hintergrund seiner jahrzehntelangen Erfahrungen mit der Entwicklungspolitik der Europäischen Gemeinschaft bzw. Union tut, schärft der eher mikroökonomische Ansatz der Transaktionskostenanalyse von Lambsdorff einmal mehr den kritischen Blick auf gängige, allzu gängige Urteile. Diese Analyse zeigt nämlich, daß **Korruption** den beteiligten Unternehmen auch **kurzfristig höhere Kosten** aufbürdet als ein korruptionsfreier Wettbewerb. Allein die Aussichten auf schnellen Gewinn, die Möglichkeit außerhalb des legalen Rahmens zu operieren, scheint betriebswirtschaftliches Denken also immer wieder glatt auszuschalten.

Mit der Ausrichtung dieses Kapitels auch auf anwendungsorientierte Fragen verstehen wir Korruptionsforschung also nicht als *l'art pour l'art*, sondern vielmehr als ein Stück *anwaltliche Forschung*, die eben keinen Widerspruch in sich darstellt.[3] Damit greifen wir auch den Ansatz von **Borner** und **Schwyzer** auf, die mit Myrdal die traditionelle Forschungsdiplomatie (*diplomacy in research*) der Sozialwissenschaften beklagen.

Mit ihrem Beitrag versuchen Borner und Schwyzer dann auch, wirtschaftswissenschaftliche Erkenntnisse für die Bekämpfung der Ursachen von Korruption nutzbar zu machen. Dabei gehen sie mit der **Theorie der Neuen politischen Ökonomie** davon aus, daß sich Individuen auch im öffentlichen Bereich von ökonomischen, also primär eigennutzorientierten Faktoren leiten lassen, auch im öffentlichen Raum also als *homo oeconomicus* agieren.

Schließlich erörtert dieses Kapitel auch die **ethische Seite der Korruption.** Viele Praktiker belegen mit rein utilitaristischen Argumenten die Schädlichkeit der Korruption – schließlich ist Korruption ein Hindernis für eine offene, demokratische und grundrechtsorientierte Politik und ein wirksames Wirtschaftsmanagement, und wenn wir Demokratie und Wohlstand wollen, dann, so die Argumentation, ist sie eben verwerflich. Doch unabhängig davon gibt es ein tieferes moralisches Unwerturteil, das sich aus einem ethischen Wertesystem herleitet. Nicht zufällig enthält die von uns verwendete Definition von Korruption einen Anknüpfungspunkt für Forderungen der Ethik. Wenn vom *Mißbrauch* öffentlicher Macht die Rede ist, dann kommt es eben darauf an, die Abweichung von der

---

[3] Tom Wicker spricht von *advocacy scholarship*, in: F. E. Zimrinh/G. Hawkins: Capital Punishment and the American Agenda, New York: Cambridge University Press 1986, S. XVI f. (Vorwort).

ethischen Norm zu belegen und zu begründen. Borner und Schwyzer geben einen Hinweis darauf, wie diese normative Begründung handhabbar gemacht werden kann, wenn sie schreiben: »Ausgangspunkt der Analyse ist der permanente Wunsch der meisten Menschen, die existierenden Eigentums- und Verfügungsrechtsstrukturen zu modifizieren.« Geht man davon aus, daß die Autoren hier eine *eigennützige* Modifikation meinen, so muß es folglich das Bemühen der um Korruptionseindämmung bemühten Praktiker sein, diesen Wunsch so in Bahnen zu halten, daß dabei ein am Schutz individueller Grundrechte ausgerichtetes Gemeinwohl nicht Schaden nimmt.

Eine ethische Begründung gegen Korruption versucht auch Rose-Ackerman, wenn sie wegen der hohen Kosten für Entwicklungsländer eine Pflicht der multinationalen Unternehmen postuliert, sich der Korruption zu enthalten. Daraus spricht ein Verständnis von der gesellschaftlichen Rolle von Unternehmen, die diese nicht als abgekapselte Einheiten der Renditeerzielung wahrnimmt, sie vielmehr als *entreprise citoyenne* in die Pflicht nimmt.

Weniger eine Pflichtenlehre als eine umfassende Verankerung ethisch verantwortlichen Wirtschaftens in einem **liberalen Republikanismus** unternehmen **Ulrich** und **Maak**. Die beiden Autoren wollen über das scheinbare ethische Dilemma hinaus, das da fragt: »Individuelle Selbstbeschränkung während die anderen sich bereichern?« Erklärtes Ziel beider Autoren ist es, mit ihrer wirtschaftsethischen Betrachtung der Korruption den »*Möglichkeitssinn* im Hinblick auf die Voraussetzungen einer *korruptionsarmen* Wirtschaftswelt zu entwickeln«. Sie setzen ihre Hoffnung dabei auf das **Leitbild einer Bürgerrepublik**, die auch Unternehmen bindet. Beide suchen den »goldenen Brückenschlag zwischen individueller Selbstbestimmung und konstitutiver politischer Gemeinschaft« und sehen die Begründung und Stärkung, vor allem aber auch institutionelle *Ermöglichung* von Bürgertugenden – Montesqieus *Liebe zur Republik* – als Strategie gegen Korruption. Indem sie aus ihren theoretischen Überlegungen zugleich ein veritables Programm zur Demokratisierung von Wirtschaft und Gesellschaft ableiten, zeigen sie, daß die Wirtschaftsethik durchaus praxisrelevante Orientierung vermittelt, eine Orientierung, auf die sich **Hans Küng** in seinem Beitrag bezieht und mit der er letzlich auf die Religion verweist. Jenseits, oder besser diesseits aller weltanschaulichen Fragen, stützt ein Blick auf die Empirie durchaus Küngs Argumentation – denn überall auf der Welt wäre die Bewegung gegen Korruption wesentlicher schwächer, würde sie nicht auch von solchen Menschen und Gruppen getragen, die dies aus ihrem Glauben heraus tun. Wünschenswert wäre es, wenn – um mit Hans Küng zu sprechen – diese weltweite Bewegung gegen den Mißbrauch öffentlicher Macht auch einen Beitrag zu dem großen Vorhaben eines **gemeinsamen Weltethos** leisten könnte.

1. Internationale Korruption und Globalisierung der Wirtschaft

1.1. Die Bekämpfung der Bestechung im Lichte der Neuen Politischen Ökonomie 17
Silvio Borner, Christophe Schwyzer

1.2. Globale Wirtschaft und Korruption................................. 40
Susan Rose-Ackerman

1.3. Korruption als mühseliges Geschäft – eine Transaktionskostenanalyse.. 56
Johann Graf Lambsdorff

1.1. Die Bekämpfung der Bestechung im Lichte der Neuen Politischen Ökonomie
Silvio Borner, Christophe Schwyzer

Im Lichte der Neuen Politischen Ökonomie kann die Bestechung als »illegale Transaktion«, die in »beiderseitigem Interesse« erfolgt und somit direkt keine Opfer fordert, analysiert werden. Die institutionellen Rahmenbedingungen besitzen einen wesentlichen Einfluß auf den Anreiz eines öffentlichen Funktionsträgers und seines privaten Klienten einen solchen Bestechungsvertrag einzugehen, in dem sie den Wert der Gegenleistung für die Bestechungszahlung, das Aufdeckungs- und Ahndungsrisiko, das Strafmaß und die Transaktionskosten der Bestechung bestimmen. Durch Zusammenschlüsse in Netzwerke illegaler Verträge können korrupte Akteure diesen institutionellen Rahmen zu ihren Gunsten abändern. Bei der Bekämpfung der Korruption ist deshalb bei den institutionell bedingten Anreizstrukturen der Bestechung anzusetzen. An erster Stelle sind Maßnahmen zu treffen, welche den direktionären Entscheidungsspielraum bzw. die Monopolstellung staatlicher Instanzen einschränken.

1. Einleitung

Die Haltung gegenüber der Korruption befindet sich zur Zeit in einem Umbruch. Korruption wurde lange als ein menschliches Übel und fester Bestandteil nationaler und internationaler Geschäftspraktiken betrachtet. Als Forschungsgegenstand wurde die Korruption lange Zeit sträflich vernachlässigt.[1] Bestechung wurde von Ökonomen und Politologen lange als entwicklungsfördernd betrachtet und als »**speed money**« verharmlost.[2] Rechtlich wurden (und werden zum Teil heute noch) Bestechungsaktivitäten westlicher Unternehmen in Entwicklungsländern als **Kavaliersdelikte** behandelt.[3]

---

1 Das folgende Zitat von Myrdal (1968) dürfte auch noch heute eine gewisse Berechtigung haben: »*Although corruption is very much an issue in the public debate in all South Asian countries, it is almost taboo as a research topic and is rarely mentioned in scholarly discussions of the problems of government and planning.*« ... »*The explanation lies in the general bias that we have characterized as diplomacy in research. Embarrassing questions are avoided by ignoring the problems of attitudes and institutions, except for occasional qualifications and reservations – which are not based on even the most rudimentary research and do not, of course, after the basic approach.*« (Mydral, 1968, S. 938).
2 Siehe dazu z. B. Leff, 1964.
3 Eine löbliche Ausnahme sind die Vereinigten Staaten, welche seit 1977 Bestechungsaktivitäten von US-Firmen im Ausland strafrechtlich ahnden. In vielen anderen Ländern dagegen sind Bestechungsgelder immer noch steuerlich abzugsfähig.

Sowohl in der Praxis als auch in der Theorie ist jedoch in den letzten Jahren ein deutlicher Wandel festzustellen. Zum einen besteht heute ein Konsens, daß ein funktionierender Rechtsstaat eine notwendige Bedingung für ein nachhaltiges Wachstum und eine gesunde Entwicklung einer Volkswirtschaft darstellt.[4] Wirtschaftssubjekte sind auf allgemeingültige, stabile Regeln angewiesen, um planen und investieren zu können. Allgegenwärtige Korruption, wie sie beispielsweise in vielen Entwicklungsländern vorherrscht, wirkt solchen allgemeingültigen, stabilen Regeln entgegen und zerstört somit die Entwicklungsbasis dieser Länder.[5] Empirische Untersuchungen zu den Auswirkungen der Korruption auf das Wachstum einer Volkswirtschaft belegen die wachstumshemmende Wirkung der Korruption.[6]

Seit dem Zusammenbruch des kommunistischen Systems im Osten scheint sich zudem die Ansicht politisch durchzusetzen, daß der Korruption der Kampf angesagt werden kann und soll.[7] Auf internationaler Ebene sind in verschiedenen Bereichen sinnvolle Initiativen lanciert worden. So wird in jüngster Zeit die multilaterale Entwicklungshilfe an den Staaten der Dritten Welt in zunehmendem Maße mit der Forderung nach »good governance« und einem Abbau der oft chronischen Korruption verbunden.[8] Die OECD-Arbeitsgruppe zur Bekämpfung der Korruption setzt sich dafür ein, daß die in den Vereinigten Staaten geltende Strafbarkeit inländischer Unternehmen, welche ausländische Beamte

---

4 Siehe dazu z. B. Borner/Brunetti/Weder, 1995.
5 Die heftige, lang andauernde Entwicklungskrise in weiten Teilen Afrikas wird von vielen Ökonomen auf das ausgeprägte Staatsversagen in diesen Ländern zurückgeführt. So steht beispielsweise in der Einleitung des Weltentwicklungsberichtes im Jahre 1989: »*A root cause of weak economic performance in the past has been the failure of public institutions. Private sector initiative and market mechanisms are important, but they must go hand-in-hand with good governance – a public service that is efficient, a juridical system that is reliable and an administration that is accountable to the public.*« (Weltbank, 1989, Einleitung).
6 Siehe dazu Mauro (1995). Eine gute Übersicht zu den volkswirtschaftlichen Kosten der Korruption stammt von Rose-Ackermann (1996).
7 »*With the end of the Cold War in Africa international donor agencies have begun to say openly what they could previously only privately mutter – that corruption, rent-seeking, or other such euphemisms, is a major impediment to the economic development of many African countries.*« (Charlick, 1993 a, S. 177).
8 Siehe zu dieser Entwicklung und den offenen Fragen in diesem Bereich Riley (1992). Für die Relevanz dieser Arbeit ist folgendes Zitat beachtenswert: »*It could be argued that aid donors in the 1990's now possess the ability to do more to effect political and administrative reform in Africa.*«...»*But few aid donors have been able to establish clear and easily identifiable criteria and means for the improvement of the quality of governance and its administrative dimensions.*«...»*While there are many policy statements and speeches complaining about corruption, for example, there are few serious attempts to suggest or implement detailed reform strategies which would reduce its impact inside African societies.*« (Riley, 1992, S. 11 f).

bestechen, international breiter abgestützt wird.⁹ Eine weitere vielversprechende Aktion ist die Gründung der international tätigen Nicht-Regierungsorganisation »Transparency International«. Die im Jahre 1993 von einem ehemaligen Weltbankmitarbeiter gegründete Beratungs- und Koordinationsstelle im Bereich der Korruptionsbekämpfung hat äußerst schnell Fuß gefaßt. In sehr vielen verschiedenen Ländern, unter anderem auch in der Schweiz, wurden Zweigstellen errichtet, und die »Muttergesellschaft« in Berlin wächst aufgrund der vielen Aufträge ständig.[10]

Auch im wissenschaftlichen Bereich ist in den letzten Jahren einiges in Bewegung gekommen. Kürzlich sind die ersten internationalen Korruptionsindizes erschienen.[11] Im Bereich der Korruptionsbekämpfung werden vermehrt die Wesensmerkmale erfolgreicher Korruptionsbekämpfungskampagnen untersucht.[12] In der mikroökonomischen Theorie sind in den letzten zehn Jahren verschiedene komplexe Modelle entwickelt worden, welche die Dynamik und Persistenz des Korruptionsphänomens untersuchen.[13] Zudem ist ein Trend in Richtung einer vermehrt interdisziplinären Betrachtung der Korruption festzustellen. Siehe dazu z. B. Borghi/Meyer-Bisch (1995). In diesem Sammelband von Vorträgen einer Tagung der Universität Fribourg (CH) äußern sich Politikwissenschaftler, Soziologen, Ökonomen, Rechtswissenschaftler, Kriminologen und Philosophen zum Korruptionsphänomen.[14]

In diesem Beitrag wird die Bestechung (im internationalen Geschäftsverkehr) im Lichte der Neuen Politischen Ökonomie analysiert. Es soll gezeigt werden, daß mit Hilfe der ökonomischen Methodik wesentliche Erkenntnisse zu den Ursachen und den möglichen Bekämpfungsmethoden der Bestechung gewonnen werden können.

---

9 Dieses Anliegen ist insofern von großer Bedeutung, als daß in den Vereinigten Staaten zunehmend Kritik am unilateralen Vorgehen der Regierung zu vernehmen ist.
10 Zum Gesinnungswandel bezüglich Korruption und der Rolle und Tätigkeiten von »Transparency International« siehe Galtung (1995).
11 Siehe dazu z. B. Mauro (1995) und Ades/DiTella (1995). Der International Corruption Perception Index von Transparency International ist auf dem Internet unter http:/www.transparency.de zu finden.
12 Siehe dazu Klitgaard (1988).
13 Siehe dazu den Übersichtsartikel von Andvig (1991).
14 Siehe dazu den Übersichtsartikel von Andvig (1991).

2. Untersuchungsgegenstand und Sichtweise der Neuen Politischen Ökonomie

Der Begriff »**Neue Politische Ökonomie**« (NPÖ) weist darauf hin, daß er einen Ansatz repräsentiert, der sich auf eine bestimmte Weise von den klassischen Betrachtungsweisen des Zusammenspiels von Wirtschaft iund Staat unterscheidet.

Der Begriff »Neue Politische Ökonomie« wurde ursprünglich als Synonym für Volkswirtschaftslehre verwendet. So verstanden sich denn auch die klassischen Ökonomen, allen voran Adam Smith, als politische Ökonomen – von der Erkenntnis ausgehend, daß die Ökonomie als Grundlage der bürgerlichen Gesellschaft untrennbar mit der Politik verbunden ist. Dabei stand die Frage im Mittelpunkt, auf welche Weise die wirtschaftlichen Aktivitäten in einer Volkswirtschaft organisiert sein sollten, um eine möglichst effiziente Allokation der Produktionsfaktoren und dadurch die bestmögliche Versorgung der Bürger eines Landes mit Gütern gewährleisten zu können.

Im Zuge der Ausdifferenzierung unterschiedlicher wissenschaftlicher Disziplinen löste sich die neoklassische Ökonomie von ihrer gesellschaftspolitischen Basis und entwickelte sich zu einer eigenständigen, von anderen sozialwissenschaftlichen Fachbereichen unabhängigen Wissenschaft, was sich deutlich in Form eines zunehmend mathematisch orientierten Modelldenkens unter Verweisung aller nicht-ökonomischen Daten in den sogenannten Datenkranz äußerte. Unter Anwendung der ceteris-paribus-Klausel »befreiten« die Ökonomen ihre Modelle zusehends von sozialen und politischen Einflüssen. Diese wurden immer komplexer, während sie sich zugleich oft immer weniger zur Erklärung und Vorhersage empirischer Phänomene zu eigenen schienen.

Die NPÖ greift nun den Gedanken der grundsätzlichen Interdependenz von Politik und Markt wieder auf und knüpft damit an die Tradition der klassischen Politischen Ökonomie an. Ihren Vertretern geht es jedoch nicht mehr in erster Linie um die Frage nach der Berechtigung staatlicher Eingriffe in das Wirtschaftssystem. Die NPÖ richtet vielmehr ihr Augenmerk auf die Funktionsweise des politischen Systems an sich. Ihre Grundhypothese besagt, daß **Individuen in ihrer politischen Tätigkeit** in gleicher Weise als **Eigennutzenmaximierer** agieren, wie bei ihrer Betätigung im wirtschaftlichen Bereich.[15] Ausgehend von dieser An-

---

15 Die grundlegende Verhaltensannahme der mikroökonomischen Theorie besagt, daß das betrachtete Wirtschaftssubjekt ein egoistischer, rationaler Nutzenmaximierer ist. Die Entscheidungssituationen des »homo oeconomicus« werden bestimmt durch seine Präferenzen, die seine Wertvorstellungen beinhalten und die für ihn gültigen Restriktionen, die seinen Handlungsspielraum definieren. Aus den zur Verfügung stehenden Möglichkeiten wählt er diejenige Handlungsalternative aus, die ihm den höchsten (Netto-)Nutzen bringt. Zum »homo oeconomicus« siehe ausführlich Kirchgässner (1991).

nahme werden Prozesse und Inhalte politischer Entscheidungen analysiert. Die NPÖ überträgt also das in der Ökonomie verwendete Verhaltenspostulat auf das Gebiet der Politikwissenschaften. Mueller (1989) meint dazu: »*Public choice can be defined as the economics study of nonmarket decision making, or simply the application of economics to political science. The subject matter of public choice is the same as that of political science: the theory of the state, voting rules, voter behavior, party politics, the bureaucracy, and so on. The methodology ist that of economics, however.*«[16]

Die normative Richtung der NPÖ untersucht, ob und wie, ausgehend von den individuellen Präferenzen der Gesellschaftsmitglieder, eine (widerspruchsfreie) Vorstellung von Gemeinwohl erreicht werden kann. Diese Fragen werden in der Regel im abstrakten Kontext einer direkten Demokratie behandelt, in dem die Gesellschaftsmitglieder unmittelbar über Sachfragen abstimmen.[17] Die positive Richtung der NPÖ ist dagegen angewandterer Natur. Hier geht es darum, häufig beobachtet Phänomene der realen Welt zu erklären. Unter Berücksichtigung des politischen Systems und wichtiger Institutionen wie Regierungen, Parteien, Bürokratien wird untersucht, wie sich politische Akteure (z. B. Wähler, Interessenvertreter, Bürokraten, Parlamentarier, Regierungsmitglieder) verhalten und warum bestimmte (wirtschafts-)politische Maßnahmen ergriffen werden.[18] Dieser Ansatz bietet einen analytischen Rahmen, innerhalb dessen die Ursachen und möglichen Bekämpfungsmethoden der Korruption untersucht werden können.

3. Die Bestechung als illegaler Vertrag oder Netzwerk illegaler Verträge

Als korrupt gelten so unterschiedliche Tätigkeiten wie Betrug, Täuschung, Bestechung, Erpressung, zweckwidrige Verwendung öffentlichen Eigentums, Unterschlagung, Duldung von Mißwirtschaft und illegale Veräußerung von Ämtern. Da eine eingehende politisch-ökonomische Analyse aller Korruptionstypen den Rahmen dieses Artikels bei weitem sprengen würde, gilt es, sich auf die Analyse bestimmter korrupter Handlungen zu beschränken.

---

16 Mueller (1989), S. 1 f. Die NPÖ wendet sich gegen die der traditionellen Theorie der Wirtschaftspolitik zugrundeliegende Vorstellung von einem uneigennützigen, ausschließlich der Mehrung der gesamtgesellschaftlichen Wohlfahrt verpflichteten Politiker.
17 Diese Forschungsrichtung wird in der Regel als »Social Choice« bezeichnet. Siehe dazu Bernholzer/Breyer (1994), Band 2, S. 2.
18 Diese positive Variante der NPÖ wird in der Regel als »Public Choice« bezeichnet. Siehe dazu Bernholz/Breyer (1994), Band 2, S. 3.

In diesem Zusammenhang ist zu beachten, daß die genannten Tätigkeiten teils einseitige, teils zwei- oder mehrseitige Handlungen sind. Unterschlagung beispielsweise tritt in verschiedenen Formen auf. Ein Beamter kann sich bereichern, indem er öffentliche Gelder veruntreut, ohne daß weitere Personen davon wissen. Wie Pritzl (1997) zurecht feststellt, ist dieser »Griff in die Kasse« eine einseitige Handlung.[19] Es gilt jedoch zu bedenken, daß (insbesondere in Entwicklungsländern) andere Formen der Unterschlagung weit üblicher sind. Oft weiß der Vorgesetzte, daß seine Beamten Gelder veruntreuen und duldet dieses Verhalten, weil er sich davon einen Vorteil verspricht. Der Beamte kann auch mit einem privaten Klienten kooperieren, indem er beispielsweise bei der Vergabe eines staatlichen Auftrages einen überhöhten Preis aushandelt, und nach erfolgter Bezahlung aus dem öffentlichen Budget einen Teil des abgesprochenen Aufschlages selber einsteckt. Entscheidend ist in diesen Fällen, daß im Gegensatz zum »Griff in die Kasse« eine zwei- oder mehrseitig vorteilhafte Handlung vorliegt – eine Unrechtsvereinbarung.

In diesem Beitrag beschränken wir uns auf den klassischen Fall einer solchen Unrechtsvereinbarung – das Gewähren eines Vorteils gegen die Bezahlung von Schmiergeldern – die Bestechung. Sie dürfte die korrupte Handlung sein, welche im internationalen Geschäftsverkehr am häufigsten auftritt. Es gilt jedoch zu beachten, daß bei dieser Beschränkung die Analyse von Erpressungshandlungen öffentlicher Funktionsträger ausbleibt, da bei einer politischen oder bürokratischen Erpressung der private Gegenpart zu einer für ihn unvorteilhaften Handlung gezwungen wird. Diese Beschränkung hat also zur Folge, daß ein nicht unbedeutender Teil korrupter Handlungen im internationalen Geschäftsverkehr berücksichtigt bleibt.

Das im Rahmen dieser Arbeit untersuchte Bestechungsphänomen besitzt drei konstitutive Elemente:

a) die Tauschdimension: Der öffentliche Funktionsträger erhält materielle oder immaterielle Vorteile und nimmt als Gegenleistung eine begünstigende Handlung für die entlohnende Seite vor, bzw. unterläßt eine nachteilige.

b) die politische Dimension: Bei der Bestechung ist ein Funktionsträger bzw. eine Gruppe von Funktionsträgern im öffentlichen Sektor involviert.

c) die Legalitätsdimension: Des weiteren wird angenommen, daß die im Rahmen der Bestechung stattfindenden Tauschhandlungen beziehungsweise Verträge illegal sind.

---

19 Pritzl (1997), S. 59 f.

3.1. Zur Tauschdimension der Bestechung

In diesem Zusammenhang stellt sich die Frage, ob Bestechungsverträge tatsächlich freiwillig getätigt werden. Unsere Definition der Bestechung geht von einem freiwilligen Austausch von Leistung und Gegenleistung aus. In der Realität ist es jedoch oft schwierig zu eruieren, ob Freiwilligkeit oder Zwang vorliegt. Handelt ein nigerianischer Bauer, der von der Bewässerungsadministration Wasser (nur) gegen Bestechungsgelder zugeteilt bekommt, tatsächlich freiwillig? Zahlt der kolumbianische Autofahrer für seine (angebliche) Übertretung freiwillig eine Buße ohne Quittung? Definitorisch ist eine ganz klare Trennung zwischen der freiwilligen Bestechung und der erzwungenen Erpressung möglich. In der Realität hingegen kaum.

3.2. Zur politischen Dimension der Bestechung

Wir gehen hier davon aus, daß bei der Bestechung ein Funktionsträger bzw. eine Gruppe von Funktionsträgern im öffentlichen Sektor involviert sind. Dieses Wesensmerkmal der Bestechung schließt die Analyse der privaten Wirtschaftskriminalität aus. Sie hat jedoch auch Konsequenzen, die in der Analyse der Korruption bisher wenig zur Kenntnis genommen wurde. Das folgende Zitat von James C. Scott deckt diese Lücke schonungslos auf: »*The usual approach to the study of corruption has, by virtue of its concern with the legal or normative standing of such practices, all too often simply disregarded their political significance. Much of what we call corruption can be appraised as a transaction in which one party exchanges wealth – or trades on more durable assets such as kinship ties – for a measure of influence over the authoritative decisions of government.*«[20]

Angenommen, ein Beamter besitzt einen diskretionären Spielraum bei der Vergabe von Importlizenzen, und er teilt sie Klienten gegen die Entrichtung einer Bestechungssumme zu. Wird die Bestechung als politischer Einflußkanal betrachtet, ergeben sich Fragen des Typs: Handelt der Beamte allein oder wird er von seinem Vorgesetzten gedeckt? Wissen Politiker davon und profitieren mit? Wird die Behörde politisch mißbraucht? Wer erhält den Zuschlag, weshalb und wofür? Gibt es einen Zusammenhang zwischen den politischen Rahmenbedingungen und der Bestechung?

3.3. Zur Legalitätsdimension der Bestechung

Die legale Definition der Bestechung ist sehr umstritten. Um unseren Entscheid nachvollziehen zu können, ist es notwendig, kurz auf die allgemeine Definitionsproblematik der Korruption einzugehen. Sie läßt sich anhand den zwei geläufig-

---

20 Scott (1969), S. 321.

sten sozialwissenschaftlichen Konzeptionen der Korruption veranschaulichen. Der sogenannte **Mißbrauch-Vorteil-Ansatz**[21] spricht von Korruption, wenn Amtsgewalt oder Amtsbefugnisse zum Vorteil einer Person oder einer Gruppe von Personen mißbraucht wird. Hier stellt sich aber die Frage, worin diese Amtsbefugnisse bestehen, welches die relevanten, bindenden Normen sind, denen der Amtsträger unterliegt. Weiter gilt es zu fragen, wer diese Normen festgelegt hat, und inwieweit sie von der Gesellschaft akzeptiert werden. Der **Interessenverletzungsansatz**[22] löst die aufgeworfenen Probleme nur scheinbar, indem nicht ein von Amtspflichten, sondern ein vom öffentlichen Interesse abweichendes Verhalten als korrupt postuliert wird. Offen bleibt jedoch bei diesem Ansatz die Frage, was unter dem öffentlichen Interesse zu verstehen ist.[23]

Wir stellen somit fest, daß weder eine Korruptionsdefinition, welche auf Verstöße gegen bestehende Normen, noch eine Definition, die auf Verletzung des öffentlichen Interesses basiert, vollständig zu befriedigen vermag. Trotzdem ist es unbedingt notwendig, Bestechung von legitimen politischen Einflußnahmen, wie beispielsweise Wahlkampfbeiträge, zu unterscheiden. Dies erfolgt in dieser Arbeit angesichts der mangelnden Operationalisierbarkeit des Kriteriums »öffentliches Interesse« anhand des Legalitätskriteriums.

Es gilt jedoch zu beachten, daß die im Rahmen dieses Artikels verwendete legale Definition der Bestechung nicht immer optimal ist. So meint z. B. Robert Williams in seinem Buch zur Korruption in Afrika: »*Laws are not made by angels and it may be more useful to see the legislative process as an arena for the political competition and conflict in which the winners translate their victories into general rules binding on their political opponents.*«[24] Es ist also anzunehmen, daß unter gewissen Umständen Korruption legalisiert wird oder einst legale Transaktionen plötzlich korrupt sind. Die Gefahr der Manipulation der Rechtsordnung und damit der Bestechungstatbestände ist deshalb stets im Auge zu behalten.

> **Fazit:**
>
> Die Bestechung kann aufgrund der drei konstitutiven Merkmale als illegaler Vertrag (isolierte Bestechung) oder als Netzwerk illegaler Verträge (organisierte Bestechung) analysiert werden. Im folgenden Abschnitt soll zunächst untersucht werden, unter welchen Bedingungen mit einem Bestechungsvertrag zwischen einem Beamten und seinen Klienten zu rechnen ist (Abschnitt 4). Anschließend wird gezeigt, daß die korrupten Akteure einen Anreiz besitzen, die Bestechung zu organisieren und ein Netzwerk illegaler Bestechungs-

---

21 Herberer (1991), S. 17.
22 Herberer (1991), S. 19.
23 Siehe dazu ausführlicher Heidenheimer/Jonston/Le Vine (1989), S. 3–15.
24 Williams (1987), S. 17.

verträge aufzubauen (Abschnitt 5). Zuletzt werden die sich daraus ergebenden Konsequenzen für die Bekämpfung der Bestechung (im internationalen Geschäftsverkehr) kurz erörtert (Abschnitt 6).

4. Politisch-ökonomische Analyse der isolierten Bestechung

*»Most corrupt acts are not crimes of passion
but crimes of calculation.«*
(Klitgaard (1991), S. 123.)

Der Ausgangspunkt der Analyse ist der permanente Wunsch der meisten Menschen, die existierende Eigentums- und Verfügungsrechtsstruktur zu modifizieren. Es stehen ihnen grundsätzlich folgende vier Möglichkeiten zur Verfügung: Sie können erstens die staatlich festgelegte Eigentumsstruktur akzeptieren und auf dem Weg legaler und/oder illegaler Märkte Rechte gegenseitig übertragen. Sie können zweitens in Lobbyingaktivitäten investieren, um den Gesetzgebungsprozeß zu ihren Gunsten zu beeinflussen. Drittens läßt sich eine Veränderung der Verfügungsrechte anhand von Diebstahl herbeiführen. Bestechung, die vierte Alternative, stellt in einem gewissen Sinn eine Kombination von Diebstahl und Lobbying dar; Verfügungsrechte (beispielsweise ein öffentlicher Auftrag oder eine Importlizenz) werden bei einem korrupten öffentlichen Beamten erworben, der diese Verfügungsrechte zwar nicht legal besitzt, aber mit dem Recht ausgestattet ist, sie diskretionär zuzuteilen. Die Bestechung findet also auf einem *»black market for property rights«*[25] statt.[26]

Schwarzmärkte entstehen, wenn der Staat Eigentumsrechte von Wirtschaftssubjekten einschränkt, und sie so daran hindert, Güter marktgerecht anzubieten, respektive nachzufragen. Erklärt der Staat beispielsweise Kauf und Verkauf von Drogen als illegal, tauchen Drogenschwarzmärkte auf, auf denen man das Verbot zu umgehen versucht.

Gleich verhält es sich bei der Bestechung. Greift der Staat in das Marktgeschehen ein, beispielsweise, indem er ein Importgut kontingentiert oder eine Bewilligungspflicht einführt, schränkt er die Eigentumsrechte potentieller Marktteilnehmer ein. Je nachdem sind diese jedoch bereit, für den Erhalt dieser Eigentumsrechte zu zahlen. Dies können sie unter gewissen, im weiteren Verlauf dieses Artikels abzuleitenden Bedingungen tun, indem sie auf »Bestechungsmärkte« gehen und sich die »Rechte« dort erwerben.

---

25 Benson (1981), S. 305.
26 Es ist sinnvoller, von Verfügungsrechten statt von Eigentumsrechten zu sprechen, da die Tauschpartner nicht legale Eigentümer der getauschten Ressourcen sind.

Es gilt nun zu bedenken, daß die Teilnahme an illegalen Märkten immer mit Kosten und Risiken verbunden ist. In Anlehnung an Neugebauer (1977) soll hier anhand eines einfachen Modells das Entscheidungskalkül potentieller Bestechungsakteure, die daraus resultierende notwendige Bedingung für das Auftreten von Bestechung und ein Maß für Bestechungsanreize hergeleitet werden.

Dem Modell liegt die Annahme zugrunde, daß ein »aktiver Korrumpeur« (Klient), welcher nicht Mitglied einer staatlichen Organisation ist, ein »passives« oder »korrumpiertes« Mitglied der Organisation (Beamter) besticht, um dafür eine Gegenleistung, die sogenannte Bestechungsleistung zu erhalten. In Anlehnung an das Grundmodell kriminellen Verhaltens von Becker (1968) ist die Voraussetzung für das Zustandekommen einer Bestechungstransaktion, daß die daraus resultierenden, erwarteten Erträge sowohl für den Klienten als auch für den Beamten die von ihnen erwarteten Bestechungskosten übersteigen.

Was ist nun das Kalkül des Beamten und seines Klienten, wenn sie in Erwägung ziehen, einen Bestechungsvertrag einzugehen?

Kalkül des Klienten:

(1) $r \cdot v \geq (1-r)s^k + t^k + b^k$

Kalkül des Beamten:

(2) $r \cdot b^b \geq (1-r)s^b + t^b$

wobei gilt:

v Wert der Gegenleistung für die Bestechungssumme b^b in Geldeinheiten ausgedrückt (Wert der Bestechungsleistung). Dieser Wert besteht in der Differenz zwischen dem Ertrag, welchen der Klient im Falle des Bestechens realisiert, und dem Ertrag aus der besten legalen Alternative.

r Wahrscheinlichkeit, daß die Bestechung nicht aufgedeckt, verhindert oder geahndet wird (Erfolgswahrscheinlichkeit).

s^k, s^b In Geldeinheiten bewertete, erwartete Strafe für den korrupten Klienten beziehungsweise Beamten, Dazu gehören Haft, Buße, Entlassung, gesellschaftliche Diskriminierung und weitere gesellschaftliche Sanktionen.

t^k, t^b Transaktionskosten der Bestechung für den korrupten Klienten beziehungsweise Bürokraten. Insbesondere Suchkosten des Tauschpartners, Verhandlungskosten und Kosten der Durchsetzung des »korrupten Vertrages«.

b^k Bestechungssumme, die der Klient dem Beamten für die Bestechungsleistung anbietet.

b^b Bestechungssumme, die der Beamte vom Klienten für die Bestechungsleistung fordert.[27]

Die maximale Bestechungssumme, die der Klient zu zahlen bereit ist, lautet nach Umformung von Ungleichung (1):

(3) $b^b_{max} = r \cdot v - (1 - r)s^k - t^k$

Die maximale Bestechungssumme, die der Beamte verlangt, damit Ungleichung (2) noch gilt, lautet:

(4) $b^b_{min} = [(1 - r) / r] \cdot s^b + (1 / r) \cdot t^b$

Hieraus ergibt sich als notwendige Bedingung für Bestechung:

(5) $b^k_{max} \geq b^k_{min}$

und durch Umformung

(6) $v > [(1 - r) / r^2] \cdot s^b + [(1 - r) / r] \cdot s^k + (1 / r^2) \cdot t^b + (1 / r) \cdot t^k$

Übersteigt also der Wert der Gegenleistung für die Bestechungszahlen des Klienten (Bestechungsleistung) eine anhand der Erfolgswahrscheinlichkeit gewichtete Summe aus Straf- und Transaktionskosten, so ist die notwendige Bedingung für Bestechung erfüllt. Es darf dann ausgenommen werden, daß die Bestechungstransaktionen mit einer gewissen Wahrscheinlichkeit eintreten wird.[28]

Anhand von Ungleichung (6) läßt sich der Begriff »Korruptionsanreize« mathematisch operationalisieren. Im Rahmen des Modells liegt also eine Zunahme der Anreize, Bestechungsaktivitäten zu tätigen, dann vor, wenn die Differenz

$\Delta = v - \{[(1 - r) / r^2] \cdot s^b + [(1 - r) / r] \cdot s^k + (1 / r^2) \cdot t^b + (1 / r) \cdot t^k\}$

steigt.

Wir stellen also fest, daß der **Anreiz** eines Bürokraten und seines Klienten, einen korrupten Vertrag einzugehen, ansteigt, wenn der **Wert der Bestechungsleistung** steigt und das **Aufdeckungs- und Ahndungsrisiko**, das **Strafmaß** und die **Transaktionskosten** der Bestechung sinken. Unterschiedliche Behörden und Ämter können nun anhand von diesen Überlegungen auf ihre Bestechungsanfälligkeit hin untersucht werden.

---

[27] Alam (1989) und Benson (1985) untersuchen den Anreiz, einen Bestechungsvertrag einzugehen, anhand eines ähnlichen Ansatzes. Beide Autoren beschränken sich jedoch auf das Kalkül des Bürokraten. Alam berücksichtigt in seiner Arbeit moralische Kosten der Bestechung, welche hier vernachlässigt werden.

[28] Ungleichung (6) ist bloß eine notwendige und nicht eine hinreichende Bedingung für das Auftreten von Bestechung, weil hier insbesondere das Risikoverhalten der beteiligten Akteure nicht untersucht wird.

Verschiedene Autoren heben die ausgeprägte Bestechungsanfälligkeit des Polizeiwesens hervor.[29] Dies vermag im Lichte dieses Ansatzes nicht weiter zu erstaunen. Zum einen ist ein bedeutender Teil der Klienten im illegalen Sektor tätig. Es liegen also staatliche Eingriffe (Verbote) vor und entsprechend große Knappheitsrenten für potentielle Klienten, welche »schwarze Lizenzen« erwerben. Weiter betont Benson (1988) das ausgeprägte Kollektivguthaben des Polizei- und Justizwesens und leitet daraus einen erheblichen diskretionären Spielraum der Polizeibehörden her. Dabei schafft der fast völlig freie Zugang zu Polizei und Justiz, die Tatsache also, daß keine marktgerechten Preise für die Leistungen dieser Behörden verlangt werden, Übernutzungserscheinungen und Engpässe. Diese Engpässe schaffen diskretionäre Spielräume für Entscheide, zu wessen Gunsten/Ungunsten viele Ressourcen aufgewendet werden sollen. Auch in Bezug auf das Transaktionskostenproblem erscheinen Polizeibehörden als äußerst bestechungsanfällig. Polizeibeamte verkehren oft in einem ihnen bestens vertrauten »Milieu«. Diese »wiederholte« Beziehung zwischen Beamten und Klienten dürfte erheblich geringere Such- und Durchsetzungskosten bedeuten als bei anderen Behörden.

Nebst der Bestechungsanfälligkeit bestimmter Behörden lassen sich auch Bestechungsanreize in konkreten Einzelfällen mit Hilfe dieses Ansatzes analysieren. Der »Fall Huber«, welcher in der Schweiz für großen Wirbel gesorgt hat, weil der Ruf der Unbestechlichkeit einheimischer Beamten durch diese Affäre stark an Glaubwürdigkeit verloren hat, belegt dies eindrücklich.[30]

Die Bedürfnisklausel im schweizerischen Gastgewerbe hat zur Folge, daß Klienten, potentielle Wirte, eine Bewilligung brauchen, um einen Gastbetrieb betreiben zu dürfen. Angesichts der strengen staatlichen Eintrittsschranken in den gastronomischen Markt ist eine solche Bewilligung mit einer beträchtlichen, künstlich geschaffenen Knappheitsrente verbunden. Zweitens besaß der Chefbeamte Huber aufgrund seiner breiten Kompetenzen und seiner geringen Aufsicht einen großen diskretionären Spielraum. Zudem operierte auch Huber in einem vertrauten und deshalb transaktionskostensenkenden »Milieu«. Unter diesen Bedingungen ist es denn nicht weiter erstaunlich, daß Bestechungsdelikte auftreten.

---

29 Für Afrika siehe Williams (1987), S. 60 f. Für Lateinamerika siehe Little (1992), S. 44. Für Amerika siehe Benson/Baden (1985). Für Hong Kong siehe Klitgaard (1988), Kapitel 5.
30 Dr. Raphael Huber war Chef der Abteilung Wirtschaftswesen bei der Finanzdirektion des Kantons Zürich. Er erteilte u. a. Bewilligungen für Klein- und Mittelverkaufsbetriebe und persönliche Patente zur Führung von Gastwirtschaften gegen die Entrichtung von Bestechungsgeldern.

5. Politisch-ökonomische Analyse der organisierten Bestechung

Im letzten Abschnitt haben wir gezeigt, daß staatliche Eingriffe und große **diskretionäre Spielräume** von Beamten den Anreiz Bestechungsverträge einzugehen erhöhen. In diesem Abschnitt wird nun untersucht, wie korrupte Akteure ihre illegalen Aktivitäten **organisieren**. Hier gilt es zu beachten, daß das Wirtschaften im illegalen Sektor durch folgende drei Merkmale geprägt ist:

a) Verträge können nicht mit staatlicher Hilfe durchgesetzt werden.
b) Die gehandelten Güter können jederzeit von staatlichen Behörden beschlagnahmt werden. Die illegalen Transaktionen dürfen deshalb nicht aufgedeckt werden.
c) Im Falle der Aufdeckung droht den Tauschpartnern eine Festnahme und strafrechtliche Verfolgung.[31]

Das Verhältnis eines Schwarzmarktunternehmens zu den Angestellten seiner Firma, den Lieferanten, den Kreditgebern, der regulierenden Behörde und den Endabnehmern wird entscheidend durch diese Rahmenbedingungen geprägt.[32]

Ein korrupter Chefbeamter (Unternehmer) in einer staatlichen Behörde wird ebenfalls die Anzahl und das Verhältnis zu den kooperierenden Beamten (Angestellte), die Anzahl und das Verhältnis zu den kooperierenden Klienten (Endabnehmer) und das Verhältnis zu Politikern und Antikorruptionsbehörden (Aufsichtsbehörde) unter Berücksichtigung der genannten Schwarzmarktrahmenbedingungen beeinflussen (Abbildung 1). Dabei wird er abwägen, wie sich verschiedene Maßnahmen auf den Wert der Bestechungsleistung, die Erfolgswahrscheinlichkeit, die Transaktionskosten und das Strafmaß der Bestechungsaktivitäten auswirken.

5.1. Die Beziehungen zu den »Angestellten«

Aus verschiedenen Gründen ist es für den korrupten Unternehmer in einer Behörde sinnvoll, mit mehreren Beamten zusammenzuarbeiten, und das Verhältnis zu den beteiligten, korrupten Beamten zu regeln. Die »optimale Firmengröße« und der »optimale Arbeitsvertrag« dürften von Fall zu Fall verschieden sein. Es

---

31 Siehe dazu Reuter (1991), S. 114.
32 Siehe dazu Reuter (1991). Reuter untersucht den »Mythos« des organisierten Verbrechens am Beispiel des Marktes für Sportwetten und illegaler Kreditvergaben in New York. Dabei kommt er zum Schluß, daß auf diesen Märkten viele kleine Unternehmen konkurrieren. Dieser Befund widerspricht der landläufigen Meinung, daß das organisierte Verbrechen eine komfortable Monopolstellung auf diesen Schwarzmärkten besitzt. Reuter versucht, seinen Befund theoretisch zu erklären, indem er analysiert, welche Auswirkungen die Illegalität der gehandelten Güter auf die optimale Firmengröße besitzt.

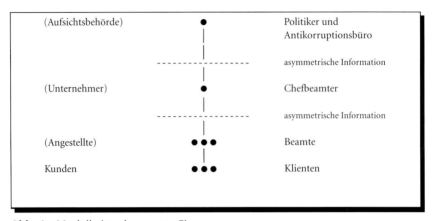

Abb. 1: Modell einer korrupten Firma
Quelle: eigene Darstellung

sollen hier bloß einige allgemeine Zusammenhänge erwähnt werden, die zum Verständnis organisierter Bestechung zentral sind.

❑ Organisation und Wert der Bestechungsleistung

Kanti Dey (1989) weist darauf hin, daß der Wert der Bestechungsleistung isolierter Bestechung oft relativ gering ist. In vielen Behörden sind die angebotenen Güter »unteilbar«. Eine staatliche Bewilligung erfordert in der Regel die Zustimmung verschiedener Stellen. Beim Schmuggeln einer Ware sind verschiedene Kontrollstellen zu »meistern«. Der Wert der Bestechungsleistung für den Klienten kann deshalb in den meisten Fällen drastisch erhöht werden, wenn die verschiedenen zuständigen Stellen innerhalb einer Behörde kooperieren.

Verschiedene empirische Arbeiten bestätigen diese Hypothese. Shermann (1978) bestätigt den Zusammenhang zwischen der organisierten Bestechung und dem Wert der Bestechungsleistungen in korrupten amerikanischen Polizeibehörden.[33]

Carino (1974) zeigt, daß Zollbehörden auf den Philippinen, welche Schmuggel gegen Bestechung zulassen, geprägt sind durch Kooperationsbeziehungen zwischen verschiedenen Kontrollstellen.[34]

---

33 »A regular, dependable income from corruption is not possible for neither police officers nor corrupt politicians controlling police departments without a substantial amount of organization. Cooperative action among police und citizens participating in corruption makes possible, for example, the operation of a gambling joint in a specific location without the financially disruptive interference of police raids and arrests. If there is not enough cooperation within the police department to guarantee that a gambling location will be free from police interference, then the gambling operators will be less likely to pay any money or as much money to any police officer«. (Shermann 1978, S. 53.).
34 Carino (1975), S. 284–288.

❑ Organisation, Erfolgswahrscheinlichkeit und Transaktionskosten

Die Geheimhaltung von Bestechungstransaktionen erfordert in der Regel ebenfalls ein gewisses Maß an Kooperation und Organisation innerhalb einer Behörde. Dabei ist grundsätzlich von zwei gegenläufigen Tendenzen auszugehen. Einerseits ist das Risiko, daß die illegalen Handlungen eines Beamten durch einen nicht beteiligten Mitarbeiter aufgedeckt werden, zu berücksichtigen und eine Kooperation zu erwägen.[35] Andererseits steigt die Wahrscheinlichkeit eines »Informationslecks« mit steigender Anzahl beteiligter Beamter.[36] Um das Aufdeckungsrisiko organisierter Bestechung zu minimieren, wird der korrupte Unternehmer verschiedene Maßnahmen treffen. Er wird Regeln aufstellen, welche vorschreiben, wie die Bestechungsgelder einkassiert werden, welche Summen zu bezahlen sind, und wer welchen Anteil an den Bestechungsgeldern erhält.[37] Er wird Strafen androhen für involvierte Beamte, die ihre Schweigepflicht und/oder obige Regeln verletzen.[38] Zudem ist häufig zu beobachten, daß Verwandte und Parteimitglieder angestellt werden, welche eine persönliche Beziehung zum korrupten Unternehmer haben und ihm gegenüber loyal sind.[39]

Diese Maßnahmen erhöhen nicht bloß die Erfolgswahrscheinlichkeit der Bestechungsaktivitäten einer korrupten Behörde, sondern senken gleichzeitig die Transaktionskosten der Bestechung. Informelle Regeln innerhalb der Behörde senken die Such-, Verhandlungs- und Durchsetzungskosten zwischen dem korrupten Unternehmer und seinen »Angestellten«.[40]

Wir stellen also fest, daß ein korrupter Unternehmer in der Regel mehrere Beamten »anstellen« dürfte, um den Wert der Bestechungsleistungen zu erhöhen. Innerhalb dieser korrupten Gemeinschaft existieren strikte Regeln, welche die

---

35 Kanti Dey (1989), S. 508.
36 »When more than one person participates in the commission of a defiant act, the possibility of a participant passing information about the act to the other people is increased. The more participants, the greater the opportunity of »leakage of information«. »In order to foreclose this possibility, codes of secrecy, punishment for ›leakage‹ of information and ›need to know‹ restrictions on access to information develop in defiant groups«. (Shermann, 1978, S. 18.).
37 Shermann (1978), S. 45 f.
38 Verschiedene Strafen kommen hier in Frage. Oft werden Beamte, die nicht kooperieren, an eine unattraktive Stelle transferiert. Einschüchterung durch Gewaltandrohung ist ebenfalls eine oft verwendete Methode. Siehe dazu Wade (1985) und Shermann (1978).
39 Viele Autoren, die sich mit der Korruption in Entwicklungsländern beschäftigen, unterscheiden in Anlehnung an Scott (1972) »market corruption« von »parochial corruption«. Betrachtet man die Aufdeckungs- und Transaktionskostenproblematik der Bestechung, ist naheliegend, daß diese Unterscheidung wenig Sinn ergibt. Andresky bestätigt dies, wenn er meint: »An interesting point here is that bribery and nepotism are often combined; a man in the position to decide whom to employ will give preferance to his kinsmen, but they still have to hand over to him a part of their pay«. (Andresky, 1978/1968, S. 100).
40 Siehe dazu Jagannathan (1986) und Husted (1994).

Erfolgswahrscheinlichkeit der einzelnen Bestechung erhöhen und die **Transaktionskosten** zwischen korruptem Unternehmen und seinen »Angestellten« senken.

5.2. Die Beziehungen zu den »Kunden«

Der korrupte Unternehmer wird ebenfalls das Verhältnis zwischen seinen »Mitarbeitern« (korrupte Beamte) und seinen »Kunden« (Klienten) regeln. Dabei ist zu beachten, daß die Klienten sowohl die Existenzgrundlage als auch einen ausgeprägten Gefahrenherd der »Bestechungsfirma« darstellen. Der Erfolg organisierter Bestechung hängt deshalb entscheidend davon ab, inwieweit es gelingt, eine solide »Kundenbeziehung« aufzubauen.

Bestechungsmärkte sind in der Regel geprägt durch Markteintrittsschranken, welche einen freien Zugang zu den korrupten Beamten verhindern. Korrupte Beamte werden bloß mit einer kleinen, überschaubaren Anzahl Klienten direkt in Kontakt treten, um das Aufdeckungsrisiko der Bestechung zu minimieren.[41]

Ausgehend von diesem Grundsatz haben sich verschiedene Autoren mit folgenden Fragen beschäftigt: Wie wird der Bestechungsmarkt abgeschottet? Welche Maßnahmen werden getroffen, um ein Vertrauensverhältnis zwischen den korrupten Beamten und ihren Klienten zu schaffen?

In seinem Artikel zur Rolle der Mittelsmänner auf Bestechungsmärkten geht Oldenburg (1987) auf diese beiden Fragen ein. Er zeigt anhand von verschiedenen Beispielen, daß Bestechungstransaktionen in Entwicklungsländern oft über einen oder eine Kette von Mittelsmännern durchgeführt werden.[42] Diese Mittelsmänner haben zum einen die Funktion, den Bestechungsmarkt abzuschotten, zum anderen senken sie die Transaktionskosten (Such-, Verhandlungs- und Durchsetzungskosten) der korrupten Verträge zwischen den Beamten und den Klienten. Oldenburg fertigt eine Typologie von Mittelsmännern in Entwicklungsländern

---

41 »*The corrupt officials desire to limit the risk of detection will lead them to restrict information about and access to their illicit allocation of resources. The reasons for this are largely obvious. Both, free information and free entry will sharply increase political pressure for action against the illicit activity. Officials will seek to minimize such pressure by permitting entry only to a small clique of trusted friends and relatives.*« (Alam, 1990, S. 90).

42 Anhand der Verhältnisse in der Bodenverlegungsbehörde des nordindischen Gliedstaates Uthar Pradesh gelingt es Oldenburg (1987), den Stellenwert von Bestechungsmittelsmännern zu belegen. Er stellt eine große Diskrepanz fest zwischen den tatsächlich vorherrschenden legalen Verhältnissen innerhalb der Behörde und dem durch und durch korrupten Ruf, den die Behörde bei Landsbesitzern hat. Der Grund für diesen Widerspruch sind Mittelsmänner, die im Wissen, daß die Bodenverlegungsbehörde vorschriftsmäßig arbeitet, die Uniformiertheit der Landbesitzer mißbrauchen und angeblich notwendige Bestechungsgelder in deren Interesse verwalten, sie aber tatsächlich selber einbehalten.

(Indien) an. Es gilt zu unterscheiden zwischen Mittelsmännern, welche im Auftrag des Klienten sich »die Hände schmutzig machen«, selbständigen Mittelsmännern, welche über die Verhältnisse auf den Bestechungsmärkten Bescheid wissen und ihre Kunden beraten, und Mittelsmänner, die einen Zugang zu korrupten Staatsangestellten haben.[43]

Jagannathan (1986) und Husted (1994) diskutieren weitere, transaktionskostensenkende Einrichtungen zwischen den korrupten Beamten und Klienten. Ähnlich wie beim Verhältnis zwischen dem korrupten Unternehmer (Chefbeamter) und seinen »Angestellten« (korrupte Beamte) werden Maßnahmen getroffen, damit die Vereinbarungen zwischen den Beamten und ihren Klienten eingehalten werden. Zu erwähnen sind hier die Tauschbeziehungen mit Verwandten und Parteimitgliedern, Beteiligungen der Beamten am Unternehmen des Klienten, feste Verfahrensregeln usw.[44]

Wir kommen somit zum Schluß, daß ein korrupter Unternehmer den **Bestechungsmarkt** abschotten wird. Anhand von Mittelsmännern und festen Regeln zwischen »Angestellten« und »Kunden« kann er das **Aufdeckungsrisiko** und die **Transaktionskosten der Bestechung** senken.

5.3. Die Beziehungen zur »Aufsichtsbehörde«

Der korrupte Unternehmer muß sich nicht bloß um seine »Angestellten« und »Kunden« kümmern, sondern muß auch eine optimale Strategie gegenüber der »Aufsichtsbehörde« verfolgen.

❏ Kooperation und Erfolgswahrscheinlichkeit

Gelingt es dem korrupten Unternehmer, mit externen Kontrolleuren zu kooperieren, ist eine weitere Abnahme des Aufdeckungsrisikos der Bestechung möglich. Shermann (1978) stellt in seiner Analyse der organisierten Korruption in amerikanischen Polizeibehörden fest, daß »*(d)efiant organizations often contract with other organizations and actors who could mobilize social control if information about the organizational defiance ever reached them.*«[45] Pritzl (1997) betont ebenfalls, daß zur Verringerung des Aufdeckungs- und Ahndungsrisikos »*... korrupte Handlungen in einer Gruppe von Politikern, Bürokraten (und möglicherweise Richtern) planmäßig organisiert, systematisch durchgeführt und kollektiv abgesichert werden.*«[46]

---

43 Oldenburg (1987), S. 526–532.
44 Siehe dazu Jagannathan (1986), S. 129 f und Husted (1994), S. 22–24.
45 Shermann (1978), S. 22.
46 Pritzl (1997), S. 147.

❑ Kooperation und Wert der Bestechungsleistung

Verschiedene Autoren betonen den Zusammenhang zwischen den von Politikern geschaffenen Markteingriffen und den Bestechungsleistungen, welche Bürokraten gegen Bezahlung einer Bestechungssumme erbringen. Alam (1989) meint dazu: »*The relationship between politicians and bureaucracy may be a symbiotic one, with politicians creating or maintaining opportunities for corruption revenue on the assurance of receiving some agreed share in the proceeds.*«[47] Cheung (1996)geht noch einen Schritt weiter, wenn er davon ausgeht, daß »*... many controls an regulations are implemented or maintained only with the real purpose in mind: to open up opportunities for corruption.*«[48] Mbaku (1992) und Kurer (1993) zeigen anhand einer Reihe von konkreten Beispielen, wie rentengenerierende Mindestpreise, Importbeschränkungen, Devisenbewirtschaftungsmaßnahmen, staatliche Subventionen und Verstaatlichungen eingeführt, und die daraus resultierenden Bestechungsgelder zwischen Politikern, Bürokraten und Klienten aufgeteilt werden.[49]

Wir stellen also fest, daß eine **Kooperation korrupter Unternehmer mit Politikern** und/oder Antikorruptionsbehörden sich auszahlen kann, weil der Wert der Bestechungsleistungen und die Erfolgswahrscheinlichkeit der Bestechungstransaktionen erhöht werden können.[50]

Fazit:
Berücksichtigt man, daß Bestechungsakteure aktiv sind, ist davon auszugehen, daß korrupte Unternehmer versuchen werden, ihre Bestechungsaktivitäten möglichst lukrativ zu gestalten und geheim zu halten. Es bestehen Anreize, isolierte Bestechungsbeziehungen auszubauen und organisierte »Bestechungsfirmen« zu schaffen. Bei der Analyse der Ursachen und bei der konkreten Bekämpfung der Bestechung gilt es also zu beachten, daß »*... acts of corruption are often found to be joint ventures.*«[51] Im Idealfall sind diese Netzwerke von Bestechungsverträgen beziehungsweise Bestechungsfirmen geprägt

---

47 Alam (1989), S. 443.
48 Cheung (1996), S. 2.
49 Siehe dazu Mbaku (1992), S. 255–260 und Kurer (1993), S. 261–271.
50 Es gilt zu bedenken, daß organisierte Bestechungsbeziehungen zwischen Politikern und Beamten in der Regel von korrupten Politikern ausgehen, da sie in der Lage sind, dem Chefbeamten kritische Ressourcen zu entziehen (z. B. Budgetkürzungen, Entlassungen). Shermann teilt diese Ansicht und stellt fest: »*Corrupt political control seems to be made possible by informal systems that allow politicians to influence personnel decisions within the police department. The most important decision if this nature is the selection of the chief police executive, but promotional decisions at all ranks were subject to political influence in Oakland, Newburgh and Central City prior to their big scandals.*« (Shermann 1978, S. 35.).
51 Kanti Dey (1989), S. 507.

> durch Schweigepflichten, Sanktionen für Fehlverhalten beteiligter Akteure, Zutrittsschranken und fixe Bestechungsverfahren.

6. Die Bekämpfung der Korruption im Lichte der Neuen Politischen Ökonomie

Aus der obigen politisch-ökonomischen Analyse folgt, daß

a) unterschiedliche institutionelle Rahmenbedingungen den Anreiz von Beamten und Klienten, einen Bestechungsvertrag einzugehen, beeinflussen und daß
b) korrupte Unternehmer einen Anreiz besitzen, Bestechungsfirmen zu errichten.

Die von Klitgaard (1988) beschriebenen erfolgreichen Korruptionsbekämpfungskampagnen setzen an dieser Stelle an und treffen:[52]

1. Maßnahmen, welche den Wert der Bestechungsleistungen vermindern, indem der diskretionäre Spielraum bzw. die Monopolstellung der staatlichen Instanzen eingeschränkt wird.

Besonders bewährt haben sich hier Deregulierungsschritte, die Einführung eines Wettbewerbs zwischen Behörden und die Reduktion des diskretionären Spielraumes von Beamten durch transparente Vorschriften und Kompetenzregelungen.[53] Ein eindrückliches Beispiel ist auch die Neuregelung der Paßkontrolle in lateinamerikanischen Ländern. Früher wurden einzelne Passagiere herausgepickt, mit großer Wühlarbeit »gedroht« und gegen ein Entgelt darauf verzichtet. Heute ist es üblich, daß die Kontrollen nach dem Zufallsprinzip erfolgen. (Die Passagiere müssen auf den Knopf drücken: Wenn Lampe grün OK; wenn Lampe rot, dann Kontrolle).

2. Maßnahmen, welche das Aufdeckungs- und Ahndungsrisiko der Bestechung senken.

Erfolgreiche Korruptionsbekämpfungskampagnen sind geprägt durch eine Kombination und Koordination behördeninterner und behördenexterner Kontrollen. In den von Klitgaard diskutierten »Erfolgsstories« ist die Zusammenarbeit zwischen ehrlichen Beamten, behördeninternen Kontrolleuren, unabhängigen Korruptionsbekämpfungsbehörden, Presse und breiter Bevölkerung auffällig.[54] Durch die Errichtung einer Antikorruptionsbehörde wurde die behördeninterne und externe Kontrolle der Korruption koordiniert und die Zusammenarbeit zwi-

---
52 Siehe dazu ausführlich Klitgaard (1991), S. 122–138.
53 Siehe dazu Klitgaard (1988), Kapitel 3–5.
54 Siehe dazu Klitgaard (1988), Kapitel 3–5.

schen ehrlichen Beamten, behördeninternen Kontrolleuren, Presse und den Gerichten gefördert.

3. Maßnahmen, welche das Strafmaß der Bestechung erhöhen

Als besonders erfolgreiche Maßnahmen in diesem Bereich haben sich die Umkehr der Beweislast bei Verdacht sowie drastische Verschärfungen des Strafmaßes und das Recht auf Einsicht in das Vermögen der Beamten erwiesen.[55]

4. Maßnahmen zur Festnahme korrupter Unternehmer (»big fishes«)

Klitgaard betont die Bedeutung der Verfolgung und Festnahme von Beamten in hohen Positionen. Alle »Erfolgsstories« sind geprägt durch das »Frying of big fishes«.[56] In Hong Kong beispielsweise wurde zu Beginn der Antikorruptionskampagne der Polizeipräsident festgenommen.

7. Schlußbemerkung

Die Korruptionsbekämpfung war lange Zeit primär ein Thema für Juristen und Moralisten. Erste verheddern sich leicht in einer Verfolgungsstrategie, die sich weitgehend in einer Ausarbeitung korrupter Tatbestände erschöpft und meistens einen zusätzlichen Bürokratieschub auslöst.[57] Demgegenüber verlieren sich die Moralisten gerne in endlosen Debatten über Abgrenzung zwischen erlaubten und unerlaubten Handlungen und Verhaltensweisen. Man beklagt den ethischen Zerfall der guten Sitten, predigt gegen den Vormarsch materieller Interessen und fordert (wie originell) eine neuere, bessere Gesellschaft auf der Basis von Werten wie Solidarität, Ehrlichkeit und Pflichtbewußtsein.

Für den Ökonomen zählen korrupte Handlungen zu der Gruppe von »illegalen Transaktionen«, die aber im **beidseitigen Interesse** erfolgen und somit direkt keine Opfer fordern. Bei der Analyse des Korruptionsphänomens stehen deshalb die folgenden Fragestellungen im Vordergrund:

a) Was sind die individuellen Anreizstrukturen für den Bestechenden bzw. den Bestochenen?

b) Welches sind die institutionellen Bestimmungsfaktoren für starke Nettoanreize korrupter Transaktionspartner?

---

55 Siehe dazu Klitgaard (1988), Kapitel 3–5.
56 Siehe dazu ausführlich Klitgaard (1995), S. 14.
57 Siehe dazu beispielsweise den im Oktober 1996 erschienenen Schlußbericht der Arbeitsgruppe »Sicherheitsprüfung und Korruption« im Auftrag des Eidgenössischen Justiz- und Polizeidepartments.

c) Worin besteht das gesellschaftliche Interesse an einer Verhinderung der Korruption und wie kann dies vor allem präventiv geschehen?

Unser Beitrag hat gezeigt, daß Korruption dann auftritt, wenn die institutionellen Rahmenbedingungen günstig sind. Zudem haben wir gezeigt, daß korrupte Akteure stets versuchen, diesen institutionellen Rahmen zu ihren Gunsten zu beeinflussen. Bei der Bekämpfung der Korruption ist deshalb bei den institutionell bedingten **Anreizstrukturen** anzusetzen.

»Gelegenheit macht Diebe«, heißt ein Sprichwort. »**Gelegenheit**« **macht auch** »**Korruption**«. Daß der »Fall Huber« in Zürich in einem unübersichtlichen und überregulierten Bewilligungsdschungel, in dem es erst noch um sehr viel Geld geht, angesiedelt ist, ist somit nur folgerichtig. Und wenn die Schweiz weniger korrupt ist als z. B. Kolumbien, dann hat das sehr wenig mit Moral und der formalen Rechtsordnung zu tun, aber sehr viel mit der **Transparenz**, **Qualität** und **Diskretionarität staatlicher Instanzen.**

Literaturempfehlungen

Alam, S. M.: Anatomy of Corruption: An approach to the Political Economy of Under- development, in: American Journal of Economics and Sociology, Vol. 48 (4), 1989, S. 441–456.

Alam, S. M.: Some Economic Costs of Corruption in LDC's, in: Journal of Development Studies, Vol. 27 (1), 1990, S. 89–97.

Andresky, S.: Kleptocracy or Corruption as a System of Government, in: Heidenheimer, A. J. (Hrsg.): Political Corruption: Readings in Comparatives Analysis, Transaction Books, New Brunswick, 1978/1968, S. 346–357. Original: The African Predicament, Atherton, New York.

Becker, G. S.: Crime and Punishment: An Economic Approach, in: Journal of Political Economy, Vol. 76, 1968, S. 169–217.

Benson, B. L.: A Note on Corruption by Public Officials: The Black Market for Property Rights, in: Journal of Libertarian Studies, Vol. 5(3), 1981, S. 305–311.

Benson, B. L.; Baden, J.: The Political Economy of Governmental Corruption: The Logic of Underground Government, in: Journal of Legal Studies, Vol. 14, 1985, S. 391–410.

Bernholz, P.; Breyer, F.: Grundlagen der Politischen Ökonomie, 3. Auflage (in 2 Bänden), Tübingen 1994.

Borghi, M.; Meyer-Bisch, P.: La corruption: L'envers des droits de l'homme, Fribourg, Suisse, 1995.

Borner, S.; Brunetti, A.; Weder, B.: Political Credibility and Economic Development, London 1995.

Carino, L. V.: Bureaucratic Norms, Corruption and Development, in: Philippine Journal of Administration, Vol. 19, 1975, S. 278–292.

Cheung, S. N.: A Simplistic General Theory of Corruption, in: Contemporary Economic Policy, Vol. 14, No. 3, 1996, S. 1–6.

Galtung, F.: Corruption: The Achilles Heel of Development, in: Borghi, M.; Meyer-Bisch, P. (Hrsg.): La corruption, l'envers des droits de l'homme, Imprimerie Saint-Paul, Fribourg, Suisse, 1995, S. 259–270.

Heidenheimer, A. J.; Jonston, M.; Le Vine, V. T.: Political Corruption: A Handbook, Transaction Books, New Brunswick, 1989.
Herberer, T.: Korruption in China: Analyse eines politischen, sozialen und ökonomischen Problems, Westdeutscher Verlag, Opladen, 1991.
Hillmann, A. L.: The Political Economy of Protection, Harwood Academy Publishers, Chur, 1989.
Husted, B. W.: Honor Among Thieves: A Transaction-Cost Interpretation of Corruption in Third World Countries, in: Business Ethics Quaterly, Vol. 4 (1), 1994, S. 18–27.
Jagannathan, V. N.: Corruption, Delivery Systems ans Property Rights in: World Development, Vol. 14 (1), 1986, S. 127–132.
Kanti Dey, H.: The Genesis and Spread of Economic Corruption: A Microtheoretic Interpretation, in: World Development, Vol. 17 (4), 1989, S. 503–511.
Kirchgässner, G.: Homo Oeconomicus, J. C. B. Mohr, Tübingen, 1991.
Klitgaard, R.: Controlling Corruption, University of California Press, Berkley, 1988.
Klitgaard, R.: Adjusting to Reality: Beyond »State Versus Market« in Economic Development, ICS Press, San Francisco, 1991.
Klitgaard, R.: National and International Strategies for Reducing Corruption, paper presented at the OECD International Symposium on Corruption and Good Governance, Paris, 1995.
Kurer, O.: Clientelism, Corruption and the Allocation of Resources, in: Public Choice, Vol. 77, 1993, S. 259–273.
Leff, N. H.: Economic Development through Bureaucratic Corruption, in: American Behavioral Scientist, Vol. 8 (3), 1964, S. 8–14.
Little, W.: Political Corruption in Latin America, in: Corruption and Reform, Vol. 7, 1992, S. 41–66.
Llewellyn, K. N.: What Price Contract? An Essay in Perspectives, in: Yale Law Journal, No. 40, 1931, S. 704–750.
Mauro, P.: Corruption and Growth, in: Quaterly Journal of Economics, Vol. 110, 1995, S. 681–712.
Mbaku, J. M.: Bureaucratic Corruption as a Rent-Seeking Behaviour, in: Konjunkturpolitik, 38. Jhg., Heft 4, 1992, S. 247–265.
Mueller, D. C.: Public Choice II, Cambridge University Press, New York, 1989.
Myrdal, G.: Corruption as a Hindrance to Modernization in South Asia, in: Asian Drama – An Inquiry into the Poverty of Nations, Vol. 2, Penguin, Hamondsworth, 1968, S. 937–958.
Neugebauer, G.: Grundzüge einer ökonomischen Theorie der Korruption, Dissertation, Basler sozialökonomische Studien, Band 9, Schulthess Polygraphischer Verlag, Zürich, 1978.
Oldenburg, P.: Middlemen in Third-World Corruption: Implication of an Indian Case, in: World Politics, Vol. 39, 1987, S. 508–535.
Pritzl, R.: Korruption und Rent Seeking in Lateinamerika – Zur politischen Ökonomie autoritärer Systeme, Nomos Verlag, Baden-Baden, 1997.
Reuter, P.: Disorganized Crime, MIT Press, Massachusetts, 1991.
Rose-Ackermann, S.: When is Corruption Harmful?, Background paper for the World's Bank 1997 World Development Report »The State in a Changing World«, Manuskript, 1996.
Scott, J. C.: The Analysis of Corruption in Developing Nations, in: Comparative Studies in Society and History, Vol. 11 (3), 1969, S. 315–341.
Scott, J. C.: Comparative Political Corruption, Prentice Hall, Englewood Cliffs, New Jersey, 1972.
Schlußbericht der Arbeitsgruppe »Sicherheitsprüfungen und Korruption« erschienen im Auftrag des eidgenössischen Justiz- und Polizeidepartments, 1996.
Schwyzer, C.: Ursachen und Bekämpfung der Korruption – Eine politisch-ökonomische Betrachtung, Dissertationsmanuskript, 1997.

Sherman, L. W.: Scandal and Reform: Controlling Police Corruption, University of California, Berkley, 1978.

Wade, R.: The Market for Public Office: Why the Indian State is Not Better at Development, in: World Development, Vol. 13 (5), 1985, S. 467–497.

Williams, R.: Corruption in Africa, Gower Publishing Company, Hampshire, England, 1987.

World Bank: Sub-Saharan Africa: From Crisis to Sustainable Growth, The World Bank, Washington D. C., 1989.

1.2. Globale Wirtschaft und Korruption[1]
Susan Rose-Ackerman[2]

1. Einleitung

Zur Korruption gehören zwei, wie zu jedem Austausch – ein Käufer und ein Verkäufer. Der Käufer aus dem privaten Sektor zahlt Bestechungsgeld an den Verkäufer aus dem öffentlichen Sektor, um etwas Wertvolles zu erhalten. Bestechung kann dazu dienen, vollkommen legale, aber knappe Vorteile zu vergeben, etwa Devisen, Importlizenzen, Kredite oder staatliche Aufträge. Oder sie kann dem Käufer etwas verschaffen, auf das er kein Recht hat, etwa die Befreiung von einer geltenden Vorschrift, einen unrechtmäßigen Steuervorteil oder die Erlaubnis, ein illegales Geschäft zu betreiben. Bestechung kann sogar eingesetzt werden, um die Behörden auf die Konkurrenz aufmerksam zu machen. Nicht immer werden Beamte bestochen – auch Einkäufer in Privatunternehmen und Kreditspezialisten in Privatbanken waren schon in Korruptionsskandale verwikkelt. Ihnen gemeinsam ist die Befugnis, einen knappen Vorteil an ausgewählte Begünstigte zu vergeben, und sich dabei an anderen Kriterien zu orientieren als deren Bereitschaft zur Bestechung. Korrupte Käufer und Verkäufer entwickeln oft Systeme, die sich gegenseitig verstärken und perpetuieren.

Solche Systeme sind nicht nur effektive Methoden, um Schmiergeldzahlungen zu verstecken und Schwarzgeld unterzubringen – sie können auch so organisiert sein, daß sie beeinflussen können, welche Art Dienstleistungen und Aufträge die öffentliche Hand vergibt. Entscheidungen des Staates, welche öffentlichen Projekte er unterstützt und welche Art von Konzessionen und Privatisierungen er mitfinanziert, können eng mit dem Korruptionssystem zusammenhängen. Da Korruption den Beteiligten auf beiden Seiten nützt, hat keiner von ihnen ein Motiv, die Beziehung einseitig zu beenden. Es ist unmöglich, das Netz zu entwirren und nur einem Beteiligten die Schuld zu geben. Alle sind verantwortlich. Es gibt allerdings **Rechtssysteme**, die zwischen Bestechung und Erpressung unterscheiden. Im ersten Fall verlangt eine Person aus dem privaten Sektor aktiv einen korrupten Vorteil von einem Vertreter des Staates; im zweiten Fall erpreßt der Staatsdiener Geld von der Person aus dem privaten Sektor – als Gegenleistung dafür, daß er ihr Kosten nicht aufbürdet oder einen Vorteil nicht verweigert. Es kann durchaus sinnvoll sein, von Erpressung zu sprechen, wenn ein Normalver-

---

1 Aus dem Englischen übersetzt von Frau Dr. Mara Huber.
2 Ordinaria des Henry R. Luce-Lehrstuhls für Rechts- und Politikwissenschaften, Yale University. Dieser Beitrag stammt von einem Vortrag in einem Workshop des UNDP-PACT und des OECD Development Center mit dem Titel »Corruption an Integrity Improvement Inititative in the Context of Developing Countries«, 24.–25. Oktober 1997, Paris.

braucher mit einem mächtigen Vertreter des Staates zu tun hat, doch für die meisten öffentlichen Projekte ist die Unterscheidung Bestechung/Erpressung nicht relevant. Im Gegensatz dazu unterscheidet das **Strafrecht** in manchen Ländern zwischen aktiver und passiver Bestechung. Der »Bestecher« ist die aktive Seite, der Bestochene die passive. Auch diese Unterscheidung erfaßt nicht die vielfältigen Umstände, unter denen Korruption geschehen kann (Mény 1996, S. 311). Kein korrupter Handel findet statt, wenn nicht beide Seiten zustimmen und vereinbaren, darüber zu schweigen. Dennoch sprechen sowohl internationale Unternehmen als auch hochrangige Beamte häufig von Erpressung und weisen die Verantwortung von sich. Beide argumentieren, die Notwendigkeit zwinge sie, Korruption mitzumachen.

Diese Untersuchung beleuchtet zunächst die Situationen, in denen »hochkarätige« Korruption vorkommen kann, und umreißt die möglichen Kosten für Entwicklungsländer und für die Effizienz ökonomischer Aktivität. Vor diesem Hintergrund argumentiere ich, daß es die Pflicht der multinationalen Unternehmen ist, sich der Korruption zu enthalten. Sie müssen etwas tun, um deren Vorherrschaft im internationalen Handel und bei internationalen Investitionen zu schwächen – trotz der Tatsache, daß zur »hochkarätigen« Korruption zwei Seiten gehören.

2. »Hochkarätige« Korruption [3]

Bestechungsgelder für Großaufträge, Konzessionen und Privatisierungen fließen generell zwischen Großunternehmen und hochrangigen Beamten – auch wenn manchmal niedere Chargen bestochen werden, damit sie Informationen preisgeben, oder wenn manche kleinere Unternehmen Bestechungsgelder zahlen, um an routinemäßige Lieferverträge zu kommen. In den wichtigen Fällen geht es um sehr viel Geld, und diese können weitreichende Auswirkungen auf den Staatshaushalt und die Wachstumschancen eines Landes haben. Diese Geschäfte sind per Definition den höchsten Beamten vorbehalten; oft sind daran multinationale Konzerne beteiligt, allein oder in Konsortien mit einheimischen Partnern. Ein Beobachter nennt dies »**grand corruption**« (Moody-Stuart 1994) – »**hochkarätige Korruption**«.
Wenn der Staat Käufer oder Auftraggeber ist, gibt es mehrere Gründe, Beamte zu bestechen. Erstens kann eine Firma zahlen, um in die Liste der zugelassenen Anbieter aufgenommen zu werden und um den Umfang der Liste zu beschränken. Zweitens kann sie für Insider-Informationen zahlen. Drittens können Beste-

---

[3] Dieser Abschnitt stammt aus einem Teil von Rose-Ackerman 1997 und UNDP Juli 1997 (einem Diskussionspapier, das die Autorin 1997 für die UNDP schrieb).

chungsgelder Beamte motivieren, die Spezifikationen einer Ausschreibung so zu strukturieren, daß die korrupte Firma der einzig qualifizierte Anbieter ist. Viertens kann eine Firma zahlen, um als Auftragnehmer ausgewählt zu werden. Nachdem eine Firma als Auftragnehmer ausgewählt wurde, kann sie schließlich zahlen, um überhöhte Preise festsetzen zu können oder mit schlechter Qualität durchzukommen. Hat die Korruption bei der Vergabe öffentlicher Aufträge und bei Privatisierungen spezifische Merkmale, abgesehen von der Größenordnung der Geschäfte? Sie scheint in gewisser Weise analog zu den Fällen, in denen der Staat knappe Vorteile vergibt; nur ist der Wert des Vorteils hier in Millionen zu messen, nicht in ein paar tausend Dollar. In einer Wettbewerbssituation ist das Unternehmen, das die höchste Bestechungssumme zahlt, das effizienteste; und der Gewinner wird sich ex post effizient verhalten, ob er nun bestochen hat oder nicht, um den Vorteil zu bekommen. Trotzdem kann systemische Korruption zu Ineffizienz führen und damit die Wettbewerbsfähigkeit schwächen. Sie kann die Zahl der Submittenten einschränken, die Kandidaten mit den Insider-Beziehungen statt der effizientesten begünstigen, die für Submittenten verfügbaren Informationen einschränken und zusätzliche Transaktionskosten verursachen.[4]

Doch machen die Größenordnung des korrupten Geschäfts und die Beteiligung hoher Beamter einen Unterschied? Ein wesentlicher Unterschied ist die Wahrscheinlichkeit, daß Machthaber sich wirksam vor Strafverfolgung schützen können. So sind ihre Schmiergeldforderungen eventuell weniger zurückhaltend als bei weniger hohen Beamten, die mehr externen und internen Zwängen unterliegen. Hochrangige korrupte Beamte können einen größeren Anteil der »Beute« bekommen als weniger hochrangige. Da große Aufträge, Konzessionen und Privatisierungen erhebliche Auswirkungen auf den Staatshaushalt und den Wohlstand des Landes insgesamt haben, sind Umfang und Häufigkeit der Bestechung besonders folgenschwer. Zweitens verhalten sich Unternehmen, die Lizenzen und Steuervorteile durch Bestechung niederer Beamter erlangen, selten ineffizient, wenn sie den Vorteil erst einmal haben. Dagegen wird von den hier erwähnten, großen Korruptionsfällen oft das Gegenteil behauptet. Doch trifft das zu? Um diese Frage zu beantworten, müssen wir zunächst die Häufigkeit von Schmiergeldzahlungen betrachten und dann fragen, ob Korruption bei den zahlenden Firmen Ineffizienz zur Folge hat. Als Beispiel nehmen wir, um diese unterschiedlichen Fragen gegeneinander abzugrenzen, eine Konzession zum Abholzen, die ein Unternehmen durch Bestechung trotz höherer Konkurrenzgebote bekommen hat. Setzen wir zunächst voraus, der »Korruptionsmarkt« sei effizient und funktioniere genauso wie ein idealisiertes Ausschreibungsverfahren. Dann können wir zwischen der Wirkung von Schmiergeldzahlungen auf das Verhalten der Behör-

---

4 Lien (1990) untersucht diese Schwierigkeiten und zeigt, daß ein korrupter Beamter, der bestimmte Bieter vorzieht, oft einen ineffizienten Auftragnehmer auswählt. Vgl. auch Rose-Ackermans Modell der Korruption bei der Vergabe öffentlicher Aufträge (1978, S. 121–132).

den und auf die Effizienz des Konzessionsnehmers unterscheiden. Nehmen wir an, der Staat erhalte aufgrund der Korruption weniger als den fairen Marktpreis für die Ressourcen, die er kontrolliert. Wenn die Korruption nicht die Zahl der Bieter beschränkt und wenn der Beamte keinen Einfluß auf den Umfang der Konzession hat, ist das Unternehmen, das am meisten Schmiergeld zahlt, dasjenige, das dem Vorteil den größten Wert beimißt. Es ist das effizienteste Unternehmen, das auch in einer fairen Ausschreibung den höchsten Preis bieten würde.

Die Verluste sind die Netto-Wohlfahrtsverluste der zusätzlichen Steuern, die eingetrieben werden müssen, und der verlorenen Vorteile nicht durchgeführter öffentlicher Programme. Ehrliche Staatsdiener erhalten verfälschte Informationen über den Wert der Konzession und unterstützen künftig vielleicht weniger Projekte dieser Art. Ähnlich ist es mit Bestechung bei Aufträgen und Privatisierungsprojekten. Im **Wettbewerb der Korruption** wird das **effizienteste Unternehmen** selektiert, aber der Nutzen für den Staat wird geschmälert. Im Fall der Auftragsvergabe kann zum Beispiel ein Teil des Bestechungsgeldes im Wert des Auftrages versteckt werden.

Das Bestechungsgeld wird zum Teil von Erträgen abgezweigt, die sonst an den Staat fließen würden, und zum Teil vom Verdienst des Unternehmens, das den Wettbewerb gewinnt. Im Fall des idealen Wettbewerbs ist es dem Gewinner gleichgültig, ob er die Konzession in einem ehrlichen oder unehrlichen Verfahren gewinnt. In manchen Fällen kann der korrupte Beamte jedoch einen längeren Arm haben als der ehrliche und einen größeren Anteil am Verdienst beanspruchen. Dann hat das Unternehmen lieber mit ehrlichen Beamten zu tun. Oder der korrupte Beamte ist in der Lage, das Geschäft so zu strukturieren, daß es für Unternehmen lukrativer ist als ein ehrliches Geschäft. Dann gestaltet er die Konzession so, daß der Verdienst, den Unternehmen und Beamte unter sich aufteilen können, maximiert wird. Dabei opfert er eventuell Werte, die ein ehrlich ausgehandelter Vertrag berücksichtigen würde. Bei einem Vertrag über Holzgewinnung können zum Beispiel Umweltschäden oder Schädigungen eingeborener Völker ignoriert werden. Ähnliche Probleme sind bei Privatisierungsprojekten und Aufträgen möglich. So können korrupte Beamte versprechen, die Monopolstellung eines privatisierten Unternehmens zu erhalten, oder Aufträge für exotische Projekte vergeben, die der volkswirtschaftlichen Entwicklung wenig nützen.

Betrachten wir nun ein Unternehmen, das eine sichere, langfristige Holzkonzession erhalten hat – zu einem Preis, der selbst unter Berücksichtigung des Bestechungsgeldes günstig ist. Wenn es auf dem internationalen Markt operiert, wird sich seine Aktivität von nun an nach dem Holzmarkt richten. Daß es für die Konzession zu wenig bezahlt hat, wird seine Produktionsentscheidungen nicht weiter beeinflussen. Es strebt weiterhin nach Gewinnmaximierung, und die Konzessionskosten sind vergessen – eine Größe der Vergangenheit. **Die Kosten der**

Korruption belasten den Staatshaushalt, aber der internationale Holzmarkt bekommt keine Ineffizienz zu spüren. Selbst wenn die gezahlte Summe insgesamt höher ist, als in einem ehrlichen System zu erwarten wäre, dürfte dies keinen Einfluß haben.

Die Aussage, das Verhalten des Unternehmens werde nicht beeinflußt, ist ein wichtiges Ergebnis, aber sie ist zu simpel, um die Wirklichkeit zu reflektieren. Die rechtswirksamen Konditionen sind sicher und langfristig. Ein korruptes System hingegen erlaubt nicht nur Leuten in Schlüsselpositionen, sich Vorteile auf Kosten des Staates und der einfachen Bürger zu verschaffen: Die Korruptheit des Geschäfts führt außerdem zu **Unsicherheiten im wirtschaftlichen Umfeld**, die zusätzliche Rückwirkungen darauf haben können, wie Privatunternehmen Geschäfte machen. Selbst wenn das effizienteste Unternehmen gewinnt, kann es aufgrund der Korruptheit des Geschäftes zu Schwierigkeiten kommen.[5] Hierfür gibt es zwei Gründe. Erstens kann der Konzessionsnehmer (oder Auftragnehmer oder Käufer eines privatisierten Unternehmens) befürchten, die Position der gegenwärtigen Machthaber sei wegen ihrer Korruption gefährdet. Ein neues Regime würde sich an die Versprechungen des alten möglicherweise nicht gebunden fühlen. Zweitens kann der Gewinner, selbst wenn das gegenwärtige Regime an der Macht bleibt, willkürliche Auflagen und finanzielle Forderungen fürchten, wenn die Investitionen erst einmal getätigt sind. Er kann die Sorge haben, der Markt werde für Konkurrenten geöffnet oder sein Vertrag aus Gründen der Politik oder Habgier gekippt werden.[6] Oder es ist weniger bereit, in unbewegliches Vermögen zu investieren, das bei veränderten Bedingungen schwer außer Landes zu schaffen wäre. Im Zeitalter der Elektrizität sind die schwimmenden Elektrizitätswerke, die vor den Küsten etlicher Entwicklungsländer installiert wurden, damit sie leicht

---

5 Vgl. Coolidge und Rose-Ackerman (1997). Ein Beispiel der kurzfristigen Orientierung korrupter Holzkonzessionen in Malaysia findet sich bei Vincent und Binkley (1992). Deacon (1994, S. 415) berichtet über Studien, die zeigen, daß eine langfristige Vertragssicherheit in einem negativen Verhältnis zur Geschwindigkeit der Entwaldung steht, und er weist auf Fallstudien hin, die erkennen lassen, daß die Entwaldung schneller geschieht, wenn Eigentumsrechte schlecht geschützt sind. Natürlich ist Korruption nur eine der Ursachen für eine kurzfristige Orientierung der Unternehmen. Deacon (1994) zeigt, daß die Geschwindigkeit der Entwaldung in einem Verhältnis zu politischen Variablen steht, die unsichere Besitzverhältnisse reflektieren. Das Erklärungspotential dieses Modells ist allerdings gering. Da das Unternehmen Bestechungsgeld gezahlt hat, ist es gegenüber erpresserischen Forderungen von Personen hilflos, die die illegalen Zahlungen dokumentieren können. Aus diesen Gründen fällt das korrupte Unternehmen, welches die Holzkonzession besitzt, die Bäume eventuell schneller, als es dies in weniger korrupten Ländern täte.
6 In Malaysia haben zum Beispiel Unternehmen, die an der Privatisierung von Stromversorgung und Telekommunikation beteiligt sind, Beschwerde eingelegt, weil der Staat nachträglich zahlreiche weitere Wettbewerber mit starken politischen Verbindungen zugelassen hat. Vgl. Kieran Cooke, »Malaysian Privatization Loses Allure«, Financial Times, 13. Oktober 1995.

und relativ kostengünstig fortzuschaffen sind, die spektakulärsten Beispiele hierfür.

Kurz, sowohl das **Timing** der Produktion als auch der **Input Mix** können wegen der Korruptheit des Systems ineffizient sein.

Zudem beschränkt sich die Korruption kaum auf eine einmalige Zahlung an Spitzenbeamte, um den Handel perfekt zu machen. Vielmehr wird der Gewinner ein Unternehmen sein, das eher bereit ist als andere, sich auf korrupte Dauerbeziehungen mit allen Stufen der Hierarchie einzulassen, um seine Interessen zu schützen. Wenn die Holzkonzession zum Beispiel eine Abgabe pro Stamm beinhaltet, die sich nach der Holzart richtet, kann das Unternehmen Inspektoren dafür bezahlen, das Holz falsch zu klassifizieren. Oder es zahlt Bestechungsgelder, um mehr Stämme fällen zu können, als die Konzession vorsieht. Bei einem Bauprojekt kann das bestechungswillige Unternehmen bereit sein, Abnahmebeauftragte dafür zu bezahlen, daß sie Arbeiten abnehmen, die die Sicherheitsnormen des Landes nicht erfüllen (Park 1995). Die **Aussicht auf eine Dauerbeziehung** kann sogar ein **Teil des Anreizes** bilden, überhaupt mit einem korrupten Unternehmen ins Geschäft zu kommen. Das korrupte Unternehmen wiederum hat die Möglichkeit, versprochene Schmiergelder zurückzuhalten, um sich die Kooperation der Beamten zu sichern. Es unterzeichnet zum Beispiel einen Vertrag über die Lieferung von Zement für den Straßenbau, zahlt aber die Bestechungsgelder erst aus, wenn die Zahlungen vom staatlichen Auftraggeber eingegangen sind. Oft laufen solche Arrangements unter der Bezeichnung »Beratervertrag«.

3. »Importierte« Korruption und die Pflichten multinationaler Unternehmen

Die obigen Ausführungen haben gezeigt, daß Korruption **nicht** wirklich von multinationalen Unternehmen in unschuldige Entwicklungsländer »**importiert**« wird. Nicht viel überzeugender ist die Behauptung, die Kultur der dritten Welt, in der Geschenke und Patronage üblich seien, führe multinationale Unternehmen dazu, ihre kulturelle Sensibilität durch Bestechung zu demonstrieren. Autoren aus der dritten Welt argumentieren überzeugend, es sei eine reichlich beleidigende Annahme, eine traditionelle Kultur des Schenkens unterstütze massive Schmiergeldzahlungen an politische Führer (vgl. z. B. Ayittey 1992). Umfrageergebnisse aus Thailand zeigen zum Beispiel, daß man dort sehr fein zwischen angemessenen und unangemessenen Geschenken unterscheidet. Bestechung zwischen hochrangigen Beamten und wichtigen Investoren wird durchaus nicht mit Toleranz gesehen (Phongpaicht und Piriyangsan 1994).

Manchmal behaupten multinationale Firmen, welche Schmiergeld zahlen, die Antikorruptionsgesetze in ihrem Gastland existieren nur auf dem Papier und hätten keine Bedeutung. Die Gesetze werden selten angewandt, und wenn es geschieht, sind anscheinend politische Gegner des herrschenden Regimes die Zielscheiben. Die Manager dieser Unternehmen fragen sich, warum sie sich an höhere Maßstäbe halten sollen als einheimische Unternehmen. Selbst Vertreter internationaler Hilfsorganisationen und Kreditinstitute argumentieren manchmal, sie würden gar nichts erreichen, wenn sie die offenkundige Korruption nicht ignorierten. Doch selbst angesichts der Tatsache, daß zur Korruption immer zwei Seiten gehören, bin ich der Überzeugung, daß **multinationale Konzerne** dazu verpflichtet sind, bei ihren Geschäften mit Entwicklungs- und Schwellenländern auf Bestechung zu verzichten. Daß internationale Hilfsorganisationen und Kreditinstitute gleichermaßen zurückhaltend sein sollten, dürfte verständlich sein. Grundlage dieser Forderung ist die Marktmacht, die solche Organisationen besitzen – eine Macht, die schwerwiegende Auswirkungen auf die künftige Entwicklung armer Länder haben kann. Die jüngsten Bestrebungen der OECD, in ihren Mitgliedsländern die steuerliche Absetzbarkeit von Schmiergeldzahlungen ins Ausland abzuschaffen und Bestechung im Ausland strafbar zu machen, sollen Konzerne und Institutionen zu verantwortlichem Verhalten motivieren. Doch die grundsätzliche Forderung nach Eindämmung der Korruption hängt nicht vom Erfolg dieser politischen Bestrebungen ab.

Im Gegensatz zu multinationalen Konzernen würden manche Entwicklungsländer vielleicht relativ wenig davon profitieren, die Korruption in ihren internationalen Geschäften einzudämmen. Manches ehrliche System ist kaum besser für das jeweilige Land als ein korruptes. Nehmen wir zum Beispiel an, ein Land hat mit einem einzigen Unternehmen zu tun, welches eine Monopolstellung als Abnehmer seines wichtigsten Rohstoffes oder landwirtschaftlichen Exportprodukts hat. Ein solches Unternehmen muß keine hohen Bestechungsgelder zahlen, weil die Machthaber des Landes keine andere Wahl haben, als mit ihm Handel zu treiben. Als Monopolist kann es ein knallhartes Geschäft machen (Rose-Ackerman 1998). Unter solchen Umständen bewirkt ein Programm zur Beendigung der Korruption wahrscheinlich nur höhere Gewinne für den Multi und keinen Nutzen für die Bürger des Landes. **Wettbewerb tut not** – nicht nur Transparenz. Diese Lektion müssen Entwicklungsländer lernen, wenn sie für mehr Ehrlichkeit bei internationalen Geschäften sorgen wollen. Und sie sollten für ein wettbewerbsfreundlicheres Umfeld sorgen. Eine Methode, um den Druck auf einzelne Unternehmen und Investoren zu mildern, ist »**verantwortungsbewußtes« Handeln**, um ein Umfeld zu schaffen, in dem korruptes Verhalten sich nicht lohnt. Dazu gehört ein wettbewerbsfreundlicheres Umfeld, in dem es für andere Unternehmen interessant ist, die korrupten Geschäfte ihrer Konkurrenten aufzudecken (Rose-Ackerman 1996, 1998). Allerdings ist die Marktmacht multinationaler Unternehmen und Organisationen nicht immer zu brechen. Ihre Position hängt von der Art ihrer Geschäfte mit dem Staat und deren Größenordnung im Verhältnis zur Größe des Staates ab. Unternehmen können Verträge abgeschlossen haben, die ihnen erlauben, feste Mineralien oder Öl zu fördern, Bäume zu fällen oder landwirtschaftliche Erzeugnisse zu produzieren und zu vermarkten. Sie können privatisierte Unternehmen kaufen oder neue Fabriken oder Dienstleistungsunternehmen aufbauen. Wenn das Geschäft einen erheblichen Anteil des Volkseinkommens oder Staatshaushalts darstellt, darf ein Unternehmen sich nicht auf den Standpunkt stellen, es ginge nur um seine eigenen Interessen. Es kann behaupten, man könne es nicht zu einer breiteren Perspektive zwingen, doch es kann nicht behaupten, sein Handeln sei irrelevant für die Bedingungen in dem Entwicklungs- oder Schwellenland.

Der **Kampf um die Verteilung der Gewinne** aus öffentlichen Projekten kann für das wirtschaftliche und politische System eines Entwicklungslandes verheerende Folgen haben. Wenn der Kampf keinen produktiven Nutzen bewirkt und nur ein Verteilungskampf um einen Kuchen von fester Größe ist, nennen Wirtschaftswissenschaftler ihn »**rent seeking**« – »**Rentenstreben**« (Krueger 1974). Es kommt vor, daß talentierte Leute ihre Kräfte für dieses Rentenstreben einsetzen statt für produktive Aktivitäten.[7] Dies kann auf beiden Seiten der korrupten Transaktionen geschehen. Oder potentielle Unternehmer wenden sich vom privaten Sektor ab und werden Beamte, die mit der Vergabe von Renten betraut sind. In einer Demokratie streben manche Menschen nach politischen Ämtern, um sich und ihren Parteigängern möglichst viele Renten zuschanzen zu können – nicht, um irgendeine Vorstellung vom Dienst an der Allgemeinheit zu verwirklichen (Diamond 1993, 1995). Manche privaten Geschäftsleute konzentrieren sich nicht darauf, produktive Firmen auf die Beine zu stellen, sondern auf den Kampf um Vorteile, die der Staat vergibt – seien es Schürfrechte oder Aufträge für humanitäre Hilfe. Besorgniserregende internationale Forschungsergebnisse weisen darauf hin, daß eine starke Basis an natürlichen Ressourcen einem Land oft nicht hilft, sich zu entwickeln, und den untersten Einkommensgruppen nur wenig nützt (Gelb u. a. 1988, Sachs/ Warner 1994). Investitionen bewirken in Entwicklungsländern nur wenig langfristiges Wachstum. Ein Großteil des bisher investierten Kapitals scheint einfach versickert zu sein. Die Ergebnisse über den Nutzen ausländischer Hilfen sind bestenfalls durchwachsen. Eine sichere Quelle ausländischer Hilfsleistungen ist ein wenig wie eine Goldmine oder ein Ölvorkommen. Länder mit Zugang zu solchen Geschenken haben ein Polster, das andere nicht haben – aber

---

7 So sorgt sich Lui (1990, S. 124), daß junge Chinesen ihr reguläres Humankapital vernachlässigen und sich statt dessen darauf konzentrieren werden, »direkt unproduktives Humankapital« auszubauen, zum Beispiel »Fähigkeiten in Machtkämpfen, Verständnis für die Vorlieben von Vorgesetzten und Methoden, ihnen zu schmeicheln, Wissen über die komplexen Verbindungen zwischen einigen mächtige Beamten und so fort«.

diese Geschenke können für gute oder schlechte Zwecke verwendet werden. Schwache Institutionen des öffentlichen Sektors sind ein Grund dafür, daß das Rentenstreben endemisch ist; und Korruption ist ein Symptom eines schlecht funktionierenden Staates. Schwache Staaten können in die paradoxe Situation geraten, daß Wachstum bei ihren Ressourcen die politische Stabilität untergräbt. Solange der Staat arm ist, interessiert sich kaum jemand dafür, an den Schalthebeln der Macht zu sein. Bekommt der Staat jedoch ein großes ausländisches Hilfspaket oder gewinnen Bodenschätze, die er kontrolliert, an Wert, so treten oft neue Politiker auf und versuchen, an dem Segen teilzuhaben oder direkt die Kontrolle über den Staat zu gewinnen.

Die politische Auseinandersetzung wird ein Kampf darum, das Vermögen des Staates für eine Weile zu kontrollieren. Insider versuchen, Outsidern die Vorteile vorzuenthalten – abgesehen von den Schmiergeldern, die nötig sind, um ihre Zustimmung zum Status quo zu kaufen. In solch unglücklichen Situationen bedeutet mehr Wohlstand weniger Stabilität und möglicherweise dann weniger Wohlstand für die einfachen Bürger. Man kann von der »Absorptionsfähigkeit« eines Staates als seiner Fähigkeit sprechen, zusätzliche Ressourcen zum Nutzen der Gesellschaft einzusetzen statt für die private Bereicherung der Machthaber (Coolidge/Rose-Ackerman 1997). Doch diese Erklärungen sind zu einseitig. Sie ignorieren die aktive Rolle, die ausländische Investoren und Hilfsorganisationen spielen. Wenn »Multis« aktiv zu korrupten Systemen beitragen und Hilfsorganisationen **endemische Korruption** dulden, ist es ungerecht, die Schuld allein dem Entwicklungsland und seinen internen Fehlern anzulasten.

Internationale Hilfsorganisationen und Kreditinstitute haben begonnen, das Problem der Korruption in Entwicklungs- und Schwellenländern öffentlich anzuerkennen und auch etwas dagegen zu unternehmen. Die Diskussion über die wirksamsten Techniken ist noch im Gang, doch die Grundrichtung ist deutlich erkennbar (IWF 1997, Weltbank 1997, Vereinte Nationen 1997, UNDP Januar 1997 und Juli 1997). Diese Institutionen sollten keine Hilfsprojekte unterstützen, die es für Einzelpersonen lukrativer machen, die Regierung zu kontrollieren. Auf der konstruktiveren Seite sollten Darlehen und Zuschüsse so eingesetzt werden, daß sie nach Möglichkeit die Leistung staatlicher Institutionen und die Verantwortlichkeit im öffentlichen Sektor stärken. Im Unterschied zu internationalen Hilfsorganisationen haben multinationale Konzerne generell noch nicht über die Folgen ihres Handelns für das Land nachgedacht, in dem sie investieren und Handel treiben. Viele Topmanager und ihre Berater äußern sich noch immer zynisch und resigniert. In einem internationalen Umfeld ohne wirksame Mittel, ineffizientes Verhalten zu regulieren, sind **Großunternehmen** jedoch stärker **in der Pflicht**, verantwortungsvoll zu handeln, als in der entwickelten Welt mit ihrem Netz an Vorschriften und ihren einigermaßen reaktionsfähigen politischen Systemen. In den meisten OECD-Ländern können sich Unternehmen auf das Verdienen konzentrieren, in dem Wissen, daß es andere Institutionen gibt, die sich den Kopf über Monopole, Umweltauswirkungen und unlautere Geschäftspraktiken zerbrechen. Ein Unternehmen, das innerhalb der Gesetze der USA agiert, kann sich auf den Standpunkt stellen, daß die steuerlichen und gesetzlichen Zwänge, denen es unterliegt, ausreichen, um seine Pflicht zu erfüllen. Ein solcher Standpunkt ist selbst in der entwickelten Welt kontrovers, aber er ist immerhin plausibel. Er ist jedoch nicht akzeptabel, wenn es um Investitionen und Handel in Ländern geht, wo gesetzliche Vorschriften entweder zu unspezifisch oder zu restriktiv sind, und wo die Verantwortlichkeit der Spitzenbeamten für den langfristigen Erfolg der volkswirtschaftlichen und gesellschaftlichen Entwicklung in ihrem Land zweifelhaft ist. Natürlich kommt es sehr selten vor, daß ein multinationaler Konzern das Funktionieren eines Staates ganz allein beeinflussen kann. Die Zahl moderner »Bananenrepubliken« ist wahrscheinlich eher klein. Manche Länder wie China, Indien oder Rußland sind so groß, daß sie eigene Marktmacht haben.

Selbst in diesen Ländern haben manche Unternehmen Macht auf nationaler Ebene, und andere Geschäfte haben erhebliche Auswirkungen auf regionaler Ebene. Konsumgüterproduzenten mit starken, weltweit anerkannten Marken können ein solches Symbol für erfolgreiche Entwicklung sein, die es ihnen ermöglicht, sich mit Erfolg gegen korrupte Forderungen zu wehren. Andere Unternehmen mit starker Marktposition in einer bestimmten Sparte können ihre Teilnahme an korrupten Arrangements verweigern.

Selbst wenn sie dann bei korrupten Geschäften das Nachsehen haben, entscheiden sich manche Länder eventuell doch für ein ehrlicheres Geschäftsgebaren, um das Geschäft mit einem großen Unternehmen nicht zu gefährden. Große, stark diversifizierte Konzerne können einen weiteren Vorteil haben, wenn sie glaubhaft damit drohen, sich wegen der Korruption ganz aus einem Land zurückzuziehen. Ein solcher Konzern kann auch genug Macht haben, um Tochtergesellschaften im Land davor zu schützen, korrupten Forderungen nachgeben zu müssen. Unternehmen, die ihre Macht erfolgreich einsetzen, tragen nicht nur zu den langfristigen Wachstumsaussichten des Landes bei, sondern haben generell auch Vorteile für das Land.

Die Gretchenfrage für Unternehmen, die in einem korrupten Umfeld operieren, ist ob sie **aktiv mitmachen**, sich **stillschweigend verweigern** oder die örtlichen Behörden und die **Welt** von der Korruption **in Kenntnis setzen**. Stillschweigen ist wahrscheinlich die schlechteste Lösung. Das Unternehmen verliert nicht nur das Geschäft – es hat überdies nichts getan, um die Gesamtsituation zum Besseren zu verändern. Der Vorteil am Interesse und an der Sorge um die Korruption liegt darin, daß die Offenlegung von Schmiergeldforderungen korrupte Beamte international bloßstellen kann, und dies wiederum kann zu Reformen führen. Unternehmen, die behaupten, Korruption zu verabscheuen, und sie gleichzeitig als notwendiges Übel akzeptieren, handeln widersprüchlich, denn der Druck der internationalen öffentlichen Meinung kann sowohl für bestechliche Beamte als auch für Unternehmen, die bestechen, Folgen haben.

4. Korruption bei internationalen Geschäften eindämmen

Multinational tätige Unternehmen stehen vor einem Dilemma, wenn sie mit korrupten Regimes zu tun haben. Jedes von ihnen glaubt, es müsse Schmiergelder zahlen, um Geschäfte zu machen, und jedes weiß, daß es ihnen allen besser ginge, wenn keines zahlte. Den Vorteil haben die skrupellosen, aber weniger effizienten Unternehmen, die in einem ehrlichen System weniger gut gedeihen würden. Diese Erkenntnis hat die jüngsten internationalen Bestrebungen bestärkt, die Korruption bei internationalen Geschäften einzudämmen. Diese Bestrebungen sollten sich darauf konzentrieren, die Bereitschaft der Multis zur Bestechung zu reduzieren und sie für die Unterstützung der Reformen in der dritten Welt zu gewinnen. Vielleicht könnte sich zwischen dem IWF, der Weltbank oder dem UNDP (Entwicklungsprogramm der Vereinten Nationen) auf der einen und den multinationalen Konzernen auf der anderen Seite eine Zusammenarbeit entwickeln. Es gibt bereits multinationale Bestrebungen, die Korruption einzudämmen, insbesondere in der OECD (Organisation für wirtschaftliche Zusammenarbeit und Entwicklung) und der OAS (Organisation für amerikanische Staaten), sowie Bestrebungen der Wirtschaft, freiwillige Verhaltenskodizes einzuführen. Zusätzlich zu den bereits angelaufenen Maßnahmen verdient ein anderer Vorschlag Beachtung: **die Idee eines internationalen Schiedsgerichts.**

Es wurde auch empfohlen, neue internationale Kapazitäten zu schaffen, die sich mit globaler Korruption befassen. Die Beteiligung der WTO (Welthandelsorganisation) wurde vorgeschlagen, doch angesichts der Sorge, die Handelspolitik zu eng an eine Reihe anderer Fragen zu binden – von Arbeitsbedingungen über Menschenrechte bis hin zur Korruption – wird dies wohl nicht die erste Priorität sein. Die gangbarste Möglichkeit innerhalb der WTO ist eine Neufassung des Abkommens zur staatlichen Auftragsvergabe in einer Form, der sich mehr Länder anschließen. Das jetzige Abkommen ist seit dem 1. Januar 1996 in Kraft, aber nur einige Länder – zumeist Industrieländer – haben seine Vorschriften übernommen. Eine Möglichkeit ist, das Abkommen so zu revidieren, daß die Bekämpfung der Korruption im Vordergrund steht, um mehr Länder anzuziehen.

Die Idee eines Mechanismus zur Entscheidung von Konfliktfällen verdient nähere Betrachtung, um festzustellen, ob es einen gangbaren Weg gibt, ein Forum zu schaffen, das Beschwerden von Firmen anhört, die behaupten, durch Korruption ein Geschäft an Rivalen verloren zu haben. Wenn man ein allgemeines Schiedsgericht einrichtet, erheben sich natürlich einige schwierige Fragen nach Beweisen und Entscheidungsgrundlagen. Doch im internationalen Recht gibt es Modelle, die Ideen hierzu liefern können. Das internationale Zentrum der Weltbank zur Regelung von Investitionskonflikten (ICSID) entscheidet über Konfliktfälle im Zusammenhang mit Verträgen, die es als das Forum der Wahl angeben (Shihata/Parra 1994). ICSID-Schiedsgerichte sind formell keine Gerichte, und die Parteien müssen sich vorab einigen, sie einzuschalten; doch sie verhandeln gelegentlich Fälle, die indirekt mit Korruption zu tun haben. Der Mechanismus hat seine Schwierigkeiten, weil das Prüfverfahren nicht endgültig ist und manchmal zu technisch und formalistisch vorgeht. Diese Schwierigkeiten sind allerdings in den letzten Jahren etwas zurückgegangen (Reisman 1992, S. 46–106). Das ICSID hat jedoch noch keine Fälle verhandelt, in denen schon die Vergabe des Auftrags strittig war, und ist für solche möglicherweise auch nicht zuständig. Seine Verfahrensweise ist außerdem teuer und zeitaufwendig, so daß es zur Zeit nicht in der Lage ist, eine große Zahl von Fällen zu behandeln.

Es gibt auch Schiedsgerichte für Menschenrechte, internationale Arbeitsnormen und Kernenergie, die als Modell dienen könnten (Barratt-Brown 1991). Nichtstaatliche Organisationen können dort Beschwerde einlegen und bei der Beweisaufnahme mitwirken. Jedes der existierenden **Schiedsgerichte** hat seine eigenen Probleme, und **keines** ist ein **perfektes Modell** für die Bekämpfung der Korruption. Trotzdem müssen die Möglichkeiten für eine Art internationales Schiedsgericht weiter ausgelotet werden.

Als Alternative könnte die internationale Gemeinschaft auch ein Forum einrichten, das Fälle untersucht, in denen Verdacht auf Korruption bei Privatisierungen oder Auftragsvergaben besteht, vielleicht in Verbindung mit einem »Rechtschaffenheitspakt« (Integrity Pact). Wenn enttäuschte Bieter oder betrogene Gläubiger solche Fälle publik machten, müßte das betreffende Land auf transparente Weise Rechenschaft über sein Verhalten ablegen. Tatsächliche Schmiergeldzahlungen müßten nicht unbedingt dokumentiert werden; statt dessen würden die Konditionen des Geschäfts geprüft. Bei deutlichen Abweichungen von dem, was in einem ehrlichen Verfahren zu erwarten gewesen wäre, könnte die Lösung darin bestehen, eine neue Ausschreibung für das Projekt zu verlangen. Eine Schwierigkeit dabei ist allerdings, daß die neue Ausschreibung nicht einfach eine transparentere, ehrlichere Neuauflage der ersten wäre. Alle Beteiligten hätten infolge der ersten Runde neue Informationen, die ihr Verhalten in der zweiten Runde beeinflussen würden. Die strategischen Aspekte dieses Vorschlags müssen sorgfältig analysiert werden, um nicht ein noch ungerechteres System zu schaffen.

Ein solches Vorgehen würde freilich manche Projekte ganz verhindern. Erstens muß dies nicht unbedingt negativ sein. Wenn ein Insidergeschäft unvermeidlich scheint, sollte eine Privatisierung verschoben werden, denn eine staatliche Firma ist viel leichter zu überwachen als eine private. Entsprechend wurde ein öffentliches Vorhaben vielleicht im Hinblick auf Schmiergelder statt auf volkswirtschaftliche Entwicklung geplant. Zweitens könnten die Verfahrenskosten im Unterschied zu den Schiedsverfahren des ICSID von der internationalen Gemeinschaft bezuschußt werden, wenn ein beklagtes Entwicklungsland sich erfolgreich gegen eine Klage verteidigt. Drittens könnte die Zuständigkeit des Schiedsgerichts auf Länder beschränkt werden, die ein »Rechtschaffenheitspakt-System« einführen und als Gegenleistung technische Beratung durch die Weltbank oder das UNDP sowie andere Hilfen bei der Durchführung einer Privatisierung oder Auftragsvergabe erhalten.

Dieser Vorschlag ist ein Beispiel für ein allgemeineres Prinzip: Eine Methode des Kampfes gegen die Korruption besteht darin, den **Geschädigten** den **Weg einer Beschwerde zu eröffnen** – ob sie nun einen Auftrag, die Kontrolle über ein privatisiertes Unternehmen oder den Zugang zu Wohnungsbauhilfe für Arme verloren haben (Alam 1995).

Eine andere Methode, um die Effizienz der Politik eines Landes zu überwachen, bestünde darin, daß Unternehmen dem IWF ihre Erfahrungen melden könnten, wenn sie unter Druck gesetzt werden. Der IWF würde nicht einzelnen Beschwerden nachgehen, sondern die Institutionen des Landes unter die Lupe nehmen, wenn die Meldungen ein bestimmtes Muster erkennen ließen. Solche Meldungen könnten ein Teil der Informationen sein, die der IWF im Rahmen seiner neuen Politik verwendet, nämlich Reformen in Institutionen des öffentlichen Sektors und mehr Verfahrenstransparenz zu verlangen. Ihr Ziel ist die Eindämmung der Korruption und die Verbesserung der Wirksamkeit von IWF-Finanzhilfen. Solche Bedingungen waren an die Verhandlungen mit den Philippinen und Thailand geknüpft; Kenias mangelnde Reformbereitschaft führte zum Rückzug der IWF. Indonesien wird ein wichtiger Testfall für diese Politik sein.

Entsprechend könnten auch leitende Beamte, die sich unter Druck fühlen, Schmiergelder oder andere Wohltaten von Auftragsnehmern in spe anzunehmen, im Rahmen des Arrangements mit dem IWF Meldung an ihn erstatten. Wenn solche Meldungen an die Weltbank weitergeleitet würden, könnten sie ein erster Schritt zur Umsetzung der neuen Auftragsvergabepolitik der Weltbank sein. Diese zieht ausdrücklich Maßnahmen in Betracht, um Unternehmen zu disziplinieren, indem sie ihnen den Zugang zu Projekten erschwert, die mit Darlehen der Weltbank unterstützt werden (Shihata 1996, Weltbank 1996). Die Bank, der IWF und die Vereinten Nationen können nicht individuell gegen korrupte Beamte ermitteln. – Das ist Sache der Rechssysteme in den Mitgliedsländern. Sie können jedoch **Zwangsstrategien** für ihre eigenen Hilfen und Darlehen einführen und dabei von der Erfahrung multinationaler Konzerne profitieren.

Ein Clearinghouse für Anschuldigungen zu werden, ist ein Weg, beiden Seiten zu zeigen, daß Korruption ein Spiel ist, bei dem weder das Entwicklungsland der

Verlierer ist und bei dem sich weder die privaten noch die staatlichen Akteure sich von der Verantwortung freisprechen können. Wenn sowohl ein Spitzenbeamter als auch ein Unternehmen sich über den korrupten Druck beschweren, den die jeweils andere Seite ausübt, ist die Situation reif für **sinnvolle Reformen**, die die auslösenden Anreize für solche Geschäfte reduzieren. Ohne nach Sündenböcken zu suchen, könnten die internationalen Organisationen mit den Führern und wichtigen Investoren des Landes in einen Dialog darüber treten, wie die Situation zum Wohl seiner Bürger zu verbessern ist. Eine Eindämmung der Korruption nimmt **beide Seiten** potentiell korrupter Geschäfte **in die Pflicht**, obwohl eigentlich nur eine Seite ehrlich sein muß, um die Korruption auszumerzen. Das Problem sind die Erwartungen. Wenn alle denken, alle anderen seien korrupt, käme nur ein Heiliger nicht in Versuchung. Wenn sich diese Erwartungen durch klare Aussagen auf beiden Seiten ändern ließen, gefolgt von konsequentem Handeln und einer glaubwürdigen Selbstverpflichtung, korrupten Druck zu melden, dann scheint Fortschritt möglich.

Der IWF würde keine individuellen Beschwerden prüfen, sondern ein Muster von Meldungen könnte dazu führen, daß neu verhandelt wird. Die internationale Wirtschaft beginnt, die Kosten der Korruption für das globale Umfeld zu erkennen. Diese Erkenntnis, legt im Zusammenhang mit Reformen in Entwicklungs- und Schwellenländern eine andere Vorgehensweise nahe. Vielleicht könnten internationale Unternehmen selbst dazu beitragen, indem sie reformwilligen Ländern finanzielle und technische Hilfe leisten. Berufsverbände wie die US-Anwaltskammer tun dies bereits, doch das UNDP und andere Hilfsorganisationen könnten die Möglichkeit einer Zusammenarbeit bei bestimmten Projekten in Betracht ziehen. Unternehmen, die selbst in korrupte Netzwerke verstrickt waren, können nützliche Ratschläge zu ihrer Ausmerzung liefern. Natürlich sind reformwillige Länder eventuell nicht begierig, sich von denen helfen zu lassen, die sie zuvor korrumpiert haben; aber vielleicht könnte das UNDP ein neutrales Forum einrichten, in das die Erfahrung dieser Unternehmen einfließt und wo ihre Reformvorschläge geprüft werden. Wenn das ein wenig so aussieht, als sollte der Bock zum Gärtner gemacht werden, ist das nicht weiter schlimm. Oft haben diejenigen mit Erfahrung am meisten Gespür dafür, den Fallstricken bei Reformen aus dem Weg zu gehen.

Viele bestehende internationale Initiativen sind jüngsten Datums, und manche haben nur die Funktion eines erhobenen Zeigefingers. Die nächsten Jahre werden zeigen, ob sie in der internationalen Wirtschaft eine reale Bedeutung haben. Das UNDP, andere Hilfsorganisationen und Kreditinstitute sowie gemeinnützige Institutionen wie Transparency International können eine überwachende Funktion ausüben und Programme zur Entwicklung praktischer Reformvorschläge für einzelne Länder wie auch für die Wirtschaft mitfinanzieren.

5. Schlußbemerkung

Im Gegensatz zur früheren Praxis des Geheimhaltens und Leugnens wird Korruption heute auf höchster Ebene von Staaten, internationalen Organisationen und der Wirtschaft als Problem anerkannt. Es ist eine große Errungenschaft der letzten fünf Jahre, die vor allem Transparency International und vielen Menschen innerhalb und außerhalb dieser Institution zu verdanken ist, daß die Diskussion über Korruption legitim geworden ist. Die nächsten fünf Jahre müssen über den offenen Diskurs hinaus zu konkreten Fortschritten führen. Erfolge (und Mißerfolge) in einem Land müssen anderen reformwilligen Ländern als Anschauungsmaterial zugänglich sein. Obwohl in vielen Ländern Reformen bei Dienstleistungen und bei der Eintreibung von Steuern von Normalbürgern nötig sind, habe ich mich hier auf die Korruption auf höchster staatlicher Ebene konzentriert, an der multinationale Konzerne beteiligt sind. Ich habe vorgetragen, daß angesichts der Gegenseitigkeit hochkarätiger korrupter Geschäfte weder die Machthaber eines Landes noch die multinationalen Investoren als unschuldige Opfer angesehen werden können. Dies legt nahe, daß es die Aufgabe der internationalen Gemeinschaft ist, das gegenwärtige Patt zu durchbrechen, in dem Staaten und Unternehmen einander beschuldigen, korrupte Systeme zu perpetuieren. Ich habe die aktuellen Bestrebungen untersucht und einige eigene Ideen vorgetragen, darunter die Schaffung eines internationalen Schiedsgerichts und die Möglichkeit, multinationale Unternehmen und Entwicklungsländer direkt am Reformprozeß zu beteiligen. Keine dieser Reformen wird einfach sein – doch wenn die Bewegung gegen die Korruption mehr sein soll als eine Reihe rhetorischer Floskeln, sind **Experimente und neue Initiativen gefordert.**

Literaturempfehlungen

Alam, M. S.: »A Theory of Limits on Corruption and Some Applications«, Kyklos 48, 1995, S. 419–435.
Ayittey, G. B. N.: Africa Betrayed, St. Martin's Press, New York 1992.
Barratt-Brown, E. P.: Building a Monitoring and Compliance Regime Under the Montreal Protocol, Yale Journal of International Law 16 ,1991, S. 519–570.
Coolidge, J.; Rose-Ackerman, S.: High-Level Rent Seeking and Corruption in African Regimes: Theory and Cases, Policy Research Working Paper Nr. 1780, Weltbank, Washington, DC, Juni 1997.
Deacon, R. T.: Deforestation and the Rule of Law in a Cross-Section of Countries, Land Economics 70, 1994, S. 414–430.
Diamond, L.: Nigeria's Perennial Struggle Against Corruption: Prospects for the Third Republic, Corruption and Reform 7, 1993, S. 215–225.
Diamond, L.: Nigeria: The Uncivic Society and the Descent into Praetorianism, in: Larry Diamond, L.; Linz, I.; Lipsett, S. M. (Hrsg.): Politics in Developing Countries: Comparing Experiences with Democracy, Lynne Rienner Publishing, Boulder 1995, 2. Aufl., S. 417–491.

Gelb, A. u. a.: Oil Windfalls: Blessing or Curse? Veröffentlicht für die Weltbank, Oxford University Press 1988.
Internationaler Währungsfonds: Guideline on Governance Issues, IWF-Newsbrief Nr. 97/15, 4. August 1997.
Krueger, A. O.: The Political Economy of a Rent-Seeking Society, American Economic Review 64, 1974, S. 291–303.
Lien, D.-H. D.: Corruption and Allocation Efficiency, Journal of Development Economics 33, 1990, S. 153–164.
Lui, F. T.: Corruption, Economic Growth and the Crisis of China, in: Des Forges, R.; Ning, L.; Yen-bo, W. (Hrsg.): China: The Crisis of 1989 – Origins and Implications, Council on International Studies and Programs, State University of New York, Buffalo 1990.
Mény, Y.: Fin de Siècle' Corruption: Change, Crisis and Shifting Values, International Social Science Journal 149, September 1996, S. 309–320.
Moody-Stuart, G.: Grand Corruption in Third World Development, Arbeitspapier, Transparency International, Berlin 1994.
Park, B.-S.: Political Corruption in Non-Western Democracies: The Case of South Korea Party Politics, Entwurf, Kim Dae-Jung Peace Foundation, Seoul 1995.
Phongpaicht, P.; Piriyarangsan, S.: Corruption and Democracy in Thailand, Political Economy Center, Chulalongkorn University, Bangkok 1994.
Reisman, W. Michael: Systems of Control in International Adjudication and Arbitration, Duke University Press, Durham 1992.
Rose-Ackerman, S.: Corruption: A Study in Political Economy, Academic Press, New York 1978.
Rose-Ackerman, S.: Is Leaner Government Cleaner Government? Erschienen auf Spanisch als: Una Administración Reducida Significa una Administración Mas Limpia?, Nueva Sociedad 145, Sept./Okt. 1996, S. 66–79.
Rose-Ackerman, S.: Corruption and Development, in: Stiglitz, J.; Pleskovic, B. (Hrsg.): Annual World Bank Conference on Development Economics, 1997, Weltbank, Washington DC, erscheint 1998.
Sachs, J. D.; Warner, A. M.: Natural Resource Abundance and Economic Growth, Development Discussion Paper Nr. 517a, Harvard Institute for International Development, Cambridge (MA), Oktober 1995.
Shihata, I. F.: Corruption: A General Review with an Emphasis on the Role of the World Bank, Einführungsvortrag, Jesus College, Cambridge (UK), 9. September 1996.
Shihata, I. F. und Parra, A. R.: Applicable Law in Disputes Between States and Private Foreign Parties: The Case of Arbitration under the ICSID Convention, ICSID Review: Foreign Investment Law Journal 9, 1994, S. 183–213.
United Nations Development Program: Governance for Sustainable Human Development, A UNDP Policy Document, New York, Januar 1997.
United Nations Development Program: Abteilung Management Development and Governance: Corruption and Good Governance, Discussion Paper Nr. 3, UNDP, New York, Juli 1997.
Vereinte Nationen, Vollversammlung: Resolution 51/59: Action Against Corruption, A/RES/51/59, 28. Januar 1997.
Vincent, J. R. und Binkley, C. S.: Forest-Based Industrialization: A Dynamic Perspective, in: Sharma, N. S. (Hrsg.): Managing the World's Forests, Kendall/Hunt Publishing, Dubuque, S. 93–139.
Weltbank: Guidelines for Procurement under IBRD Loans and IDA Credits, Washington DC 1996.
Weltbank: Helping Countries Control Corruption: The Role of the World Bank, Washington DC 1997.

1.3. Korruption als mühseliges Geschäft – eine Transaktionskostenanalyse
Johann Graf Lambsdorff

1. Einleitung

Leonard Anzuck, Direktor der Bayerischen Vereinsbank in Potsdam, war 1990 des Residierens in Containern müde geworden. Er träumte stattdessen von einer Filiale in bester Lage auf einem Grundstück, das noch mit Restitutionsansprüchen belastet war. Um diese aus dem Wege zu räumen, bemühte er seinen Duz-Freund und Tennis-Partner Detlef Kaminski, Beigeordneter der Stadt für Bauen und Wohnen. Als Folge erhielt die Bank eine Baugenehmigung noch vor Abschluß des Investitionsvorrangverfahrens und des notariellen Kaufvertrages und wurde gegenüber der Dresdner Bank bevorzugt. Als Gegenleistung erhielt Kaminski von der Vereinsbank einen notariell beglaubigten Optionsvertrag für den Kauf einer exquisiten Maisonette-Wohnung für einen Preis, der weit unter dem üblichen Marktpreis lag. Später drehte sich jedoch der Wind für alle Beteiligten. Die Vereinsbank tauschte das Personal in Potsdam aus und erklärte den Optionsvertrag für null und nichtig. Die Freundschaft der beiden Beteiligten war hierdurch offensichtlich erschüttert. Wie ließe sich sonst erklären, daß wenige Jahre später gerade zwei Freunde von Kaminski Herrn Anzuck beschuldigten, persönliche Gegenleistungen für die Vergabe von Krediten von ihnen verlangt zu haben und dies mit mitgeschnittenen Tonbandaufnahmen belegten? Der so in die Ecke gedrängte Anzuck versuchte nun, durch Aufdeckung des Bestechungsfalles mit Kaminski seinen Kopf wenigstens teilweise aus der Schlinge zu ziehen. Vergeblich: Während Anzuck eine Freiheitsstrafe von 2 Jahren und 6 Monaten verbüßen muß, wurde Kaminski 1998 des Amtes enthoben.[1]

Obwohl dieser geschilderte Verlauf für die Betroffenen besonders unglücklich wirkt, sind die dort enthaltenen Probleme einer korruptiven Vereinbarung alles andere als untypisch. Die Anbahnung und Durchführung von Korruption ist nicht nur ein schwieriges Geschäft, sie birgt auch **Risiken für die Beteiligten**, welche diese nur schwer kontrollieren können. Was mag die beiden Beteiligten dazu bewogen haben, die Gefälligkeit in Form eines vergünstigten Kaufpreises für eine Wohnung zu erweisen? Wieso mag es ferner zur Kündigung dieses Angebotes durch die Vereinsbank gekommen sein? Und wieso könnte gerade dieses Scheitern der beiderseitigen Vereinbarung zur gegenseitigen Denunziation geführt haben? Diese und ähnlich gelagerte Probleme versucht der folgende Beitrag aufzu-

---

[1] Vgl. Main-Echo (13. 1. 1998, »›Potsdams schillerndster Politiker‹ läßt Stadtoberhaupt wanken«), Der Tagesspiegel (16. 12. 1997, »Ex-Bankchef wegen Erpressung verurteilt«) und Der Tagesspiegel (29. 11. 1997, »Staatsanwalt prüft Ermittlung gegen Kaminski«).

greifen. Hiermit soll ein tieferer Einblick in die Schwierigkeiten korruptiver Geschäftsanbahnungen vermittelt werden.

Im Mittelpunkt der folgenden Schilderungen wird dabei der Begriff der **Transaktionskosten** stehen. Dies sind Kosten, welche **beim Tausch von Leistung und Gegenleistung** anfallen, wie z. B. die Suche nach Vertragspartnern, die Festlegung von Vertragsbedingungen und die Durchsetzung der resultierenden Verträge. Der hier gewählte Ansatz erlaubt, die folgenden Schlußfolgerungen zu ziehen:

> 1. **Korruption stellt eine Art des Tausches dar, nämlich den Tausch einer korruptiven Leistung**[2] **im Austausch für eine entsprechende Gegenleistung.** Für solche Tauschvorgänge wurde lange Zeit von Ökonomen ein Modell des vollkommenen Marktes unterstellt, d. h. eines Marktes, bei dem volllkommene Konkurrenz herrscht und keine Transaktionskosten anfallen. Im Gegensatz hierzu versucht der vorliegende Beitrag darzulegen, daß korruptive Vereinbarungen von sehr hohen Transaktionskosten begleitet werden. Diese bewirken, daß korruptive Leistungen gerade nicht über einen vollkommen transparenten Markt mit vielen konkurrierenden Anbietern und Nachfragern ausgetauscht werden, sondern zwischen relativ wenigen Insidern.[3]
> 2. **Das Auftreten von Korruption wird häufig mit einem Niedergang moralischer Werte in Zusammenhang gebracht.**[4] Die Beschreibung von kor-

---

2 Unter einer korruptiven Leistung kann dabei entweder eine solche Leistung eines Beamten oder Politikers verstanden werden, welche gegen die Vorschriften verstößt (z. B. Vergabe einer Lizenz an einen hierzu nicht Berechtigten), oder eine solche, welche zwar den Vorschriften entspricht, nicht aber die Annahme von monetären Vorteilen für diese Leistung (z. B. Beschleunigungsgeldern zur schnelleren Bearbeitung). Dabei kann eine solche Leistung auch mit einer Veruntreuung öffentlicher Gelder einhergehen (z. B. Entgegennahme von Bestechungsgeldern zur Vermeidung von Zollgebühren).

3 In der Literatur ließen sich in der Vergangenheit einzelne Darstellungen finden, nach denen Korruption auch eine Möglichkeit der Vermeidung exzessiver Bürokratie darstellt. Hieraus entwickelte sich eine Kontroverse über die wohlfahrtsökonomischen Auswirkungen der Korruption, bei welcher die klassischen Argumente bezüglich einer Vorteilhaftigkeit von Tauschhandlungen im Gegensatz stand zu Ansätzen, negative externe Effekte korruptiver Vereinbarungen zu betonen. Siehe hierzu die Beschreibungen in Bardhan (1997, S. 1322) und Andvig (1991). Korruption könnte nach der Ansicht mancher Ökonomen helfen, die Effizienz des Marktes dort wiederherzustellen, wo ein Übermaß an Bürokratie und Regulierung anzutreffen ist. Unter Berücksichtigung der Transaktionskosten korruptiver Vereinbarungen erscheint dieser Ansatz unvertretbar. Gerade die Tatsache, daß sich korruptive Vereinbarungen auf wenige Insider beschränken, impliziert, daß mit Hilfe von Korruption eventuell vorhandene politische Ineffizienzen durch andere fragwürdige (und realistischerweise ebenso ineffiziente) Allokationsmechanismen ersetzt werden.

4 Während dieses Argument vulgärökonomisch gerne vertreten wird, ist die Berücksichtigung von moralischen Kosten auch in manchen formalen Modellen aufzufinden. Siehe hierzu z. B.

ruptiven Vereinbarungen mit Hilfe von Transaktionskosten steht hierzu jedoch im Kontrast: Die Moral kann auch bei der Abwicklung korruptiver Vereinbarungen ein nützliches Instrument sein. Sie kann ein notwendiger Baustein sein, um die Erfüllung korruptiver Vereinbarungen zu garantieren. Insofern weist der hier beschriebene Transaktionskostenansatz der Moral eine eher zweideutige Rolle zu.

3. **Dem Ausmaß der Strafen wird von Ökonomen typischerweise eine herausragende Bedeutung bei der Bekämpfung korruptiven Verhaltens zugewiesen.**[5] Zum einen wird dieser Beitrag jedoch zeigen, daß sich im Extremfall Strafen stabilisierend auf korruptive Beziehungen auswirken und dabei die Transaktionskosten senken können. Zum anderen aber kann auch das Justizwesen und die Legislative selbst Zielpunkt korruptiver Aktivitäten sein. Die in manchen Ländern auftretenden Fälle der Bestechung von Richtern oder Staatsanwälten impliziert, daß die abschreckende Wirkung von Strafen gerade bei Korruptionsdelikten nicht unbedingt funktionieren muß. Zumindest wäre es unvertretbar, auf Strafen als alleiniges Instrument zur Bekämpfung der Korruption setzen zu wollen. Dabei entspricht es der persönlichen Auffassung des Autors, daß Transaktionskosten erheblich mehr zur Einschränkung der Korruption beitragen, als Strafen und Anreize.

In zweierlei Hinsicht unterscheiden sich dabei die hier beschriebenen Transaktionskosten korruptiver Vereinbarungen von den sonst im Rahmen einer Transaktionskostenanalyse beschriebenen Aufwendungen. Erstens werden Transaktionskosten typischerweise als wohlfahrtsvermindernd dargestellt.[6] Dies steht im deutlichen Gegensatz zu dem hier vertretenen Ansatz. Da korruptive Vereinbarungen – nach inzwischen fast übereinstimmender Einschätzung – als volkswirtschaftlich schädlich einzuschätzen sind, ist den **Transaktionskosten** in diesem Fall gerade keine wohlfahrtsmindernde Wirkung zuzuschreiben. Im Gegenteil, sie konstituieren den »**Sand im Getriebe**«, welcher schädliche Aktivitäten zu reduzieren hilft. Zweitens stellen Transaktionskosten hierbei nicht per se eine exogene Größe dar. Diese können vielmehr gezielt beeinflußt und ihre Steuerung

---

Andvig/Moene (1990) und Rose-Ackerman (1978, S. 121). Bei prohibitiv hohen moralischen Kosten für manche Personen kann hieraus eine Zweiteilung der Wirtschaftssubjekte in ehrliche und unehrliche resultieren, wie in Besley/McLaren (1993).

5 Die Rolle von Strafen wurde bereits von Becker (1968) und Becker/Stigler (1974) für allgemeine kriminelle Aktivitäten untersucht. Eine Anwendung auf Korruption findet sich hierzu z. B. bei Rose-Ackerman (1978, S. 121 ff.) und (1975, S. 189), Andvig/Moene (1990), Neugebauer (1978, S. 15 ff.), Mookherjee/Png (1995, S. 150) und Gupta/Chaudhuri (1997, S. 333 f.).

6 So unterstellt z. B. Tullock (1971), daß die Kosten, welche beim Transfer von Geldern und Vergünstigungen entstehen, einen zusätzlichen Wohlfahrtsverlust darstellen.

Gegenstand politischer Erwägungen werden. Im Schlußkapitel wird diese Fragestellung erneut aufgegriffen und konkrete **Maßnahmen zur Erhöhung der Transaktionskosten** vorgeschlagen.

Das folgende Kapitel stellt eine systematische Zusammenstellung der Transaktionskosten einer korruptiven Vereinbarung vor und beschreibt die Vielfalt der möglichen Institutionen, die von den Akteuren eingesetzt werden, um die Transaktionskosten einer korruptiven Vereinbarung zu minimieren. Das Instrumentarium welches zur Beschreibung verwendet wird entstammt dabei der **Neuen Institutionenökonomik**, das heißt derjenigen Forschungsrichtung der Ökonomik, welche sich u. a. mit Problemen einer optimalen Vertragsgestaltung beschäftigt. Ein solcher institutionenökonomischer Zugang zu Korruption ermöglicht es, die jeweiligen Schwierigkeiten einer vertraglichen Ausgestaltung korruptiver Transaktionen zu benennen und Methoden zu identifizieren, mit denen sie vermieden werden sollen. Im Schlußkapitel werden hieraus die Konsequenzen für die theoretische Behandlung der Korruption gezogen und mögliche Konsequenzen für Bekämpfungsstrategien formuliert.

2. Transaktionskosten korruptiver Vereinbarungen

Korruption wird typischerweise unterschieden in eine transparente, kompetitive Form der Korruption, die sogenannte **market corruption**, und eine auf wenige Marktteilnehmer beschränkte Form der Korruption, die sogenannte **parochial corruption**.[7] Bei einem vollkommenen, transparenten Marktverhältnis wird unterstellt, daß bei der Informationsbeschaffung über das passende Produkt, der Suche nach dem geeigneten Vertragspartner sowie der Abfassung und Durchsetzung des Tauschvertrages keine Kosten entstehen. Sollte ein solches Marktverhältnis bei der Abwicklung korruptiver Vereinbarungen vorliegen, so würden in diesem Falle also keine Transaktionskosten entstehen. Als empirische Beispiele für *market corruption* lassen sich am ehesten kleinere Korruptionsfälle ausmachen. »Sie treten am ehesten in solchen Bereichen der staatlichen Administration auf, in denen viele kleine Transaktionen notwendig sind: Führerscheine, Verkaufslizenzen, Genehmigungen zur Betreibung eines Kleingewerbes, polizeiliche Festnahmen wegen geringfügiger Vergehen, Zuweisung eines guten Sitzplatzes bei der staatlichen Eisenbahn und ähnliches«.[8] Ein ähnlicher Fall scheint gemäß der Financial Times (1. 7. 1993, S. 5, »Mexico Acts on Wrong Arm of the Law: Anti-Corruption Drive in Law Enforcement Agencies«) in Mexiko vorzuliegen, wo Positionen im höheren Polizeidienst offen an den Höchstbietenden versteigert

---

7 Vgl. Husted (1994).
8 Vgl. Scott (1972), zitiert nach Husted (1994, S. 20, eigene Übersetzung).

wurden. Auch berichtet Husted (1994, S. 21), daß vor mexikanischen Kfz-Behörden Agenten warten, sogenannte »Koyoten«, welche gegen Entgelt die Ausfertigung eines Führerscheins erledigen, inklusive der hierzu erforderlichen Bestechungszahlungen. Dem Nachfrager nach illegalen Leistungen kann sich dabei ein transparentes Preissystem bieten und die Möglichkeit, den billigsten Agenten auszuwählen. In Indien kann demgegenüber eine Versetzung innerhalb des *Irrigation Department* auf angenehmere Positionen erkauft werden. Gemäß Wade (1985) kostet solch ein Transfer je nach Stellung zwischen 10 000 und 50 000 Rupien, bei einem Jahresgehalt von 23 000 Rupien. Auch dieser Markt scheint relativ transparent und kompetitiv zu sein. Diese Art der *market corruption* stellt jedoch die Ausnahme dar. Hierfür ist es entweder notwendig, daß die Strafverfolgungsbehörden von einer Verfolgung bewußt absehen und damit eine öffentliche Duldung oder zumindest eine mißbilligende Hinnahme dieser Praktiken vorliegt. Oder aber es wurden, wie im Beispiel der »Koyoten«, bereits institutionelle Arrangements gewählt, welche eine größtmögliche Transparenz gerade erst herstellen. In den häufigsten Fällen sind korruptive Märkte jedoch durch hohe Geheimhaltung und daher wenig Transparenz sowie durch einen begrenzten Teilnehmerkreis gekennzeichnet. Diese sogenannte *parochial corruption* ist daher mit erheblichen Transaktionskosten verbunden.

Bei der Beschreibung dieser Transaktionskosten möchte ich weniger auf die Kosten der Bereitstellung einer korruptiven Leistung eingehen. Bietet z. B. ein Geschäftsmann einem Beamten eine Bestechungszahlung für die Erteilung eines Auftrages an, so muß dieser unter Umständen ein vorgeschriebenes Ausschreibungsverfahren unterlaufen. Der Beamte kann dabei den Auftrag in kleinere Teile zerlegen, um schärfere bürokratische Auflagen für die Ausschreibung zu vermeiden. Er kann eine Ausschreibung gezielt auf das spezifische Produkt eines Vertragspartners hin konzipieren und dabei Scheinangebote anderer Firmen beifügen, um eine ordnungsgemäße Ausschreibung vorzutäuschen. Er kann auch Informationen über die eigene Zahlungsbereitschaft und die Angebote der Konkurrenz vorab abgeben, um eine optimale Rentenabschöpfung der bestechenden Geschäftsperson zu ermöglichen.[9] Eine andere korruptive Leistung könnte darin bestehen, daß der Beamte das Angebot der bestechenden Firma nachbessert, so daß deren Angebot gerade noch das zweitbeste Gebot übertrifft.[10] Ich möchte diese Kosten der Bereitstellung einer korruptiven Leistung jedoch hier nicht weiter betrachten. Sie können dabei je nach Leistungserfordernis sehr unterschied-

---

9 Vgl. Journal of Purchasing & Supply Management (»Oil Majors Combat Information Leaks«, Oktober 1995, S. 472–474).

10 Früher gerne begangene Fehler wie die falsche Datierung nachgereichter Unterlagen oder eine gegenüber den sonstigen Unterlagen unterschiedliche Lochung werden heute dabei vermieden. Auch über solche Einzelheiten muß sich natürlich ein Anbieter von Korruptionsleistungen informieren.

lich ausfallen und eher den Produktionskosten einer korruptiven Leistung zugerechnet werden, welche vergleichbar bei anderen Dienstleistungen anfallen. Auch die vielfältigen Versuche, sich der Strafverfolgung zu entziehen,[11] will ich hier nicht näher betrachten, sondern vielmehr diejenigen Transaktionskosten, welche unmittelbar beim Austausch von korruptiver Leistung und Gegenleistung zwischen den beiden Vertragsparteien entstehen.

Diese Transaktionskosten korruptiver Vereinbarungen möchte ich gemäß der dargestellten Abbildung in drei zeitlich aufeinanderfolgende Phasen einteilen:

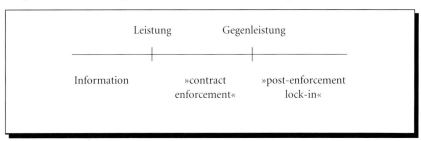

Abb. 1: Zeitliche Einteilung der Transaktionskosten

1. Bevor eine Leistung und Gegenleistung ausgetauscht werden, müssen die notwendigen Informationen zusammengetragen werden. Hierbei entstehen **Suchkosten**.

2. Da oftmals Leistung und Gegenleistung zeitlich auseinanderfallen, bedarf es einer Strategie, welche die Erfüllung des Vertrages sicherstellt. Dies firmiert in der Institutionenökonomik unter der Bezeichnung *contract enforcement*.

3. In der letzten Phase, nach Abwicklung von Leistung und Gegenleistung, weisen korruptive Verträge im Gegensatz zu legalen Verträgen eine Besonderheit auf: Die Marktpartner haben sich voneinander abhängig gemacht. Sie sind Träger von Informationen, welche dem anderen Marktpartner erhebliche Kosten verursachen können. In Ermangelung eines passenden deutschen Wortes möchte ich diese Situation als *post-enforcement lock-in* bezeichnen.

Jede dieser drei Phasen der Geschäftsanbahnung und Geschäftsdurchführung impliziert dabei bestimmte Transaktionskosten sowie bestimmte Institutionen, welche anzutreffen sind, um diese Kosten zu reduzieren.

---

11 Z. B. durch die Auslagerung von Buchungsvorgängen aus der offiziellen Buchführung durch Gründung einer BGB-Gesellschaft mit geringeren Auflagen bei der Offenlegung und internen Revision. Genauso sind Zahlungsvorgänge so zu tätigen, daß sie den Strafverfolgungsbehörden nicht zugänglich sind.

2.1. Informationssuche und korruptive Verträge

Vor einer korruptiven Vereinbarung müssen wichtige Informationen gesammelt werden. Für einen Unternehmer stellt sich z. B. die Frage, welcher Beamte bereit ist, eine gewünschte korruptive Leistung (z. B. die Vergabe eines Auftrags unter Umgehung der Ausschreibungspflichten) gegen Bezahlung zu liefern. Umgekehrt stellt sich für einen Beamten die Frage, welcher Unternehmer bereit wäre, eine solche Leistung nachzufragen. Ferner ist zu bestimmen, in welcher Form die Gegenleistung zu erbringen ist und wie hoch der zu zahlende Preis ist.

Bei der Frage, welcher Beamte für korruptive Vereinbarungen in Frage kommt bzw. welcher Unternehmer zur Bezahlung von Bestechungsgeldern bereit ist, kann festgestellt werden, daß ein transparenter Vergleich von Anbietern bzw. Nachfragern korruptiver Leistungen nicht gegeben ist. Ein *try and error*-Verfahren kann dabei sehr riskant sein: Man könnte an einen ehrlichen Verhandlungspartner geraten, der einen denunziert.

- ❏ Gemäß eines mir geschilderten Falles hatte ein junger Däne in Lettland bei der Beantragung einer Geschäftslizenz auf die Frage nach einer Bestechungssumme mit einer konkreten Summe geantwortet. Die Konversation wurde jedoch von dem Beamten mitgeschnitten und der Geschäftsmann später verurteilt.

- ❏ Von dem Vertreter einer Handelskammer wurde mir ein Fall aus Brasilien berichtet, bei dem ein Unternehmer bei dem Versuch der Bestechung von einem Beamten denunziert wurde. Der Vertreter der Handelskammer führte dies auf eine zu geringe angebotene Bestechungssumme zurück.

- ❏ Gemäß der Kölnischen Rundschau (20. 1. 1998, »Im Kreishaus Anzeigen entwendet und an die Temposünder verkauft«) wird eine Verwaltungsangestellte verdächtigt, über Mittelsmänner Verkehrssündern die Vernichtung der Anzeige gegen Entlohnung angeboten zu haben. Zwei der mit diesem Ansinnen angesprochenen Verkehrssünder teilten diesen Vorgang jedoch der Staatsanwaltschaft mit. Daraufhin wurden die Mittelsmänner bei der Geldübergabe gestellt.

Natürlich besteht bei jeder Geschäftsanbahnung die Möglichkeit, an eine Person zu geraten, welche solche Geschäfte aus Prinzip ablehnt, entweder aus moralischen Gründen oder auch weil sich die Person den Erfordernissen eines solchen Geschäfts nicht gewachsen fühlt. Aber auch ein potentiell zu Korruption bereiter Verhandlungspartner könnte die Denunziation vorziehen, um öffentlich seine Abneigung gegen Korruption darzulegen. Solche Fälle können insbesondere dann vorkommen, wenn die angebotene Bestechungssumme zu klein ist. Bei einer zu geringen Summe kann der Ertrag aus der Imagepflege für einen Beamten oder Politiker höher werden, als der Ertrag aus einer korruptiven Übereinkunft. Die adäquate Bestechungssumme ist somit nicht leicht zu bestimmen. Dem Risiko der Denunziation steht das Risiko entgegen, eine Summe zu bezahlen, die weit über die erforderliche Summe hinausgeht, welche den Begünstigten zu einem korruptiven Verhalten veranlaßt. Genauso kann es auch vorkommen, daß ein potentieller Verhandlungspartner sich als »Agent Provocateur« herausstellt, also als eine Person, die eine Korruptionshandlung nur vorspielt, um die Bereitschaft zu korruptiven Handlungen strafrechtlich zu verwenden.

❑ So ist beispeilsweise der Handel mit Insiderinformationen – einem privatwirtschaftlichen Pendant zur Korruption im öffentlichen Sektor – bei den großen Ölgesellschaften dadurch publik geworden, daß der hierzu tätige »Information Broker« ein Anbahnungsgespräch mit einem Bediensteten von Esso geführt hat, welches der Bedienstete aufgezeichnet hat. (Siehe hierzu: The Wall Street Journal, 6. 1. 1994, »Oil Leaks – Global Spy Networks Eavesdrop on Projects of Petroleum Firms«)

❑ In den USA werden FBI-Agenten mit Tonbändern ausgestattet, um Anbahnungsgespräche bezüglich korruptiver Vereinbarungen zu führen und dabei Bestechungsgelder zu zahlen. Ein Staatsbediensteter hatte 1996 von einem solchen Agenten 500$ angenommen und verlangte später noch größere Summen. Gegen ihn wurde der Prozeß eröffnet.[12]

Um bei der Suche nach Verhandlungspartnern Risiken zu vermeiden, bedarf es einer vorsichtigen Anbahnung, eventuell unter Heranziehung von Insiderinformationen über eine bestimmte Behörde. Fraglich bei der Anbahnung von korruptiven Vereinbarungen ist ferner, ob der Vertragspartner überhaupt in der Lage ist, die Gegenleistung zu erbringen.

❑ In vielen Ländern kann die Bestechung von Polizisten zur Vermeidung von Strafzetteln eine alltägliche Praxis darstellen. Dieses Geschäft kann aber auch für Privatpersonen erträglich sein, welche sich eine Polizeiuniform und die notwendige Ausrüstung zulegen, um hiermit Bestechungsgelder zu erpressen.

❑ Aus dem Emsland wurde mir ein Fall berichtet, bei dem sich Personen als Landvermesser ausgegeben haben und für eine angeblich geplante Bundesstraße den genauen Verlauf von den hiervon betroffenen Grundbesitzern sich haben »entlohnen« lassen.

Weitere Suchkosten ergeben sich, wenn ein abgestimmtes Verhalten mit anderen Personen erforderlich ist, z. B. mit solchen Staatsdienern, welche bei der Vergabe von Aufträgen ebenfalls zustimmen müssen oder die korrekte Ausführung der

---

12 Siehe hierzu und zu weiteren Fällen die Chicago Sun (9. 12. 1997, »Ald. Frias plans to argue entrapment at bribe trial« sowie 12. 12. 1997, »Tape shows Frias approved payoff«).

Auftragsvergabe überwachen.[13] Dadurch entstehen nicht nur Organisationskosten für ein hierzu abgestimmtes Verhalten, sondern es multiplizieren sich auch die Risiken, daß eine der beteiligten Personen die Denunzierung einem Geschäftsabschluß vorziehen könnte.

Vor Abschluß einer korruptiven Vereinbarung ist ferner zu klären, in welcher Form eine Zahlung erfolgen soll. Statt einer direkten Geldzahlung könnte die Gegenleistung auch in Form von großzügigen Geschenken erfolgen. Dies kann dann vorteilhaft sein, wenn sich solche Geschenke als legale und branchenübliche Transaktion deklarieren lassen. Solche Geschenke könnten z. B. in Form von großzügigen Einladungen zu Kongressen und Tagungen erfolgen, bei denen das Freizeitangebot deutlich das themenbezogene Angebot dominiert, oder aber in Einladungen zu aufwendigen Mahlzeiten. Genauso kann ein Stipendium an einen nahen Verwandten eines Begünstigten leicht als legale Transaktion dargestellt werden, da dies in ähnlicher Form oftmals völlig legitim und unbedenklich sein kann.[14] Eine weitere Alternative zum Geben von Geschenken besteht in dem Abschluß von Gegengeschäften, bei denen der Preis in einem Mißverhältnis zur gelieferten Leistung steht.

❑ Einem Wiener Baustadtrat wurde vorgeworfen, die sogenannte interne Mittelpreisliste seiner Behörde an eine Baufirma weitergegeben zu haben. Hierfür soll er als Gegenleistung u. a. ein Auto erhalten haben. Dies bestritt jedoch der Baustadtrat mit der Aussage, er habe das Auto lediglich »günstig gebraucht gekauft«.[15]

---

13 Vgl. auch Shleifer/Vishny (1993). Diese schlußfolgern im Gegensatz zu den hier vertretenen Argumenten, daß die erhöhten Transaktionskosten aufgrund der notwendigen organisatorischen Abstimmung wohlfahrtsmindernd sind. Dieses begründen sie damit, daß die einmalige Bezahlung einer Bestechungssumme günstiger für einen Investor ist, als wiederholte Zahlungen an unabhängig operierende Einzelbehörden. Ihre Einschätzung bezieht sich jedoch vornehmlich auf Rußland und unterstellt dabei, daß eine Bestechungszahlung in jedem Fall erfolgen muß. Jedoch nur für den Fall, daß zur Korruption tatsächlich keine Alternative existiert, ist den Autoren Recht zu geben. Erhöhte Transaktionskosten bedeuten in diesem Fall nur eine Verschwendung von Ressourcen, ohne dabei zu einer Erhöhung legitimer Tauschtransaktionen zu führen.

14 Siehe hierzu beispielsweise die Art und Weise, wie US-amerikanische Firmen mit den strengen Bestimmungen des Foreign Corrupt Practices Act umgehen in Rosenthal (1989) und LeVine (1989) sowie in The Wall Street Journal (29. 9. 1995, »Greasing Wheels – How U. S. Concerns Compete in Countries Where Bribes Flourish«). Während eine Abgrenzung zwischen Geschenken und Bestechungszahlungen sowohl aus juristischer als auch kulturvergleichender Sicht teilweise schwierig ist (vgl. hierzu z. B. die Diskussion in Schuller (1982, S. 18–28)), stellt dies für unsere Betrachtungen keine Schwierigkeit dar: Die Vergabe von Geschenken anstelle von Geld ist lediglich eine Methode, die Transaktionskosten der Gegenleistung zu verringern. Sie ändert jedoch nichts am eigentlichen Charakter der korruptiven Vereinbarung.

15 Vgl. Der Standard (27. 3. 1998, »SBG-Bauaffäre: Zwei Beamte suspendiert«).

❑ Gegen den russischen Finanzminister und 3 weitere Mitarbeiter im Ministerium wurde der Verdacht geäußert, die hohen Honorarzahlungen für ein Buch »Geschichte der Privatisierung in Rußland« stehe im Zusammenhang mit Begünstigungen, welche der Verlag durch Privatisierungen erhalten habe. Die Zuteilung der Gefälligkeiten im Rahmen eines Autorenhonorars konnte in diesem Falle jedoch nicht den Bestechungsvorwurf ausräumen: Der Verdacht der Begünstigung genügte bereits, um die 3 Mitarbeiter aus dem Dienst zu entfernen.[16]

Solche Gegenleistungen können leichter als legale Transaktionen dargestellt werden, und ihr Zusammenhang zu einer korruptiven Vereinbarung kann leicht verschleiert werden. Eventuell gehen sie aber auch mit einer höheren Transparenz einher, da eine monetäre Entlohnung eher geheim gehalten werden kann und die Quellen der Bereicherung weniger leicht nachvollziehbar sind. Bei einer Gegenleistung in Form naturaler Tauschobjekte stellt sich darüber hinaus auch der Nachteil einer fehlenden Teilbarkeit ein, sowie die Schwierigkeit, eine gegenseitige Übereinstimmung der Tauschwünsche zu organisieren.[17]

Bei den Suchkosten muß bedacht werden, daß korruptive Vereinbarungen durch extreme Geheimhaltung gekennzeichnet sind, weshalb Transparenz eine Gefahr darstellt, da sich durch diese die Aufdeckungswahrscheinlichkeit erhöht. Weiterhin sind auch die Anbieter und Nachfrager korruptiver Dienstleistungen auf eine gewisse Eigenwerbung angewiesen. Beamte, die Vergünstigungen annehmen wollen, müssen das in irgend einer Form bekanntmachen. Sie müssen signalisieren, daß sie bereit sind, unerlaubte Leistungen zu erbringen. Nur so können ein Beamter und eine Privatperson einander als potentiell verhandlungsbereite Partner identifizieren. So werden teilweise gezielt Gerüchte gestreut, um hiermit potentielle Interessenten anzulocken. Heymann (1995, S. 51) stellt diese Eigenwerbung und die damit verbundenen Gerüchte als eine wichtige Quelle der Staatsanwaltschaften dar und verdeutlicht somit gleichzeitig das Risiko einer solchen Anbahnung von korruptiven Vereinbarungen. Dies impliziert auch, daß ein vollkommen transparenter Markt für korruptive Leistungen als Extremfall nur dann in Frage kommt, wenn eine effektive Strafverfolgung ausgeschlossen ist. Im Gegensatz zu legalen Vereinbarungen muß hervorgehoben werden, daß die Erhöhung von Transparenz zur Anbahnung korruptiver Vereinbarungen mit zusätzlichen Kosten verbunden ist, nämlich den Kosten der mit höherer Transparenz steigenden Entdeckungswahrscheinlichkeit.

16 Vgl. Die Welt (17. 11. 1997, »Jelzin hält trotz Affäre an Tschubais fest«), Los Angeles Times (16. 11. 1997, »2 More Yeltsin Aides Fired in Bribery Scandal«) und Der Spiegel (48/1997, »Der letzte Fehler«).
17 Vgl. Sturn (1992, S. 521), der auch darauf verweist, daß im Sowjetsozialismus die Tauschmittelfunktion des Geldes stark eingeschränkt war, so daß Privilegien im wesentlichen nur über einen Naturaltausch zu erhalten waren.

Zur leichteren Suche nach geeigneten Kooperationspartnern kann sich ein **indirektes Werben mit Hilfe einer Maklerfirma** als lukrativ erweisen. Ein solcher Makler kann Insiderinformationen über die korruptive Bereitschaft und den entsprechenden Preis einer korruptiven Leistung sammeln und an private Interessenten weitergeben. Gleichzeitig kann er als Ansprechpartner zur Anbahnung fungieren. Insofern er in der Lage ist, sich leichter der Strafverfolgung zu entziehen, oder seine Aktivität mit geringeren Strafen bedroht wird, kann für ihn ein Wettbewerbsvorteil bei der Suche nach kooperierenden Partnern entstehen. Auch können solche Makler ihren Informationsvorsprung dazu nutzen, ihre eigene Provision zu erhöhen. In besonders krassen Fällen könnten sie auch dort die Weiterleitung von Bestechungsgeldern vorgeben, wo diese von keinem Beteiligten verlangt werden. Den Angaben eines solchen Maklers blind zu vertrauen, kann somit einem Auftraggeber teuer zu stehen kommen.

❏ Eine Firma zahlte einem Duisburger Stadtamtmann insgesamt 141 000 Mark für die Hilfe bei der Vermittlung von Aufträgen zum Bau von Pavillons an Schulen. Tatsächlich hatte der Beamte den Namen der Firma aber nur einmal im Hochbauamt erwähnt, gegenüber den Firmenvertretern jedoch weitere Geldforderungen erhoben unter dem Vorwand, er müsse die Schmiergelder an die zuständigen Beamten weiterleiten. (Siehe hierzu: Kölnische Rundschau,12. 3. 1998, »Zweieinhalb Jahre für den Beamten«)

2.2. Korruptive Verträge und ihre Durchsetzung

A man of principle. He accepted the bribe but he wouldn't give me the licence because that would be against the rules.

Laxman, Times of India

Abb. 2: Cartoon

Im Rahmen der ökonomischen Modellbildung wird oftmals unterstellt, daß Bestechungsverträge kostenlos durchsetzbar sind. Eine solche Annahme kann aber nur als Extremlösung auftreten. Der Austausch von Leistung und Gegenleistung erfolgt nur auf vollkommenen Märkten zeitgleich. Solche Fälle können auch bei korruptiven Vereinbarungen, insbesondere bei der Kleinkorruption auftreten. So kann beispielsweise zur Erlangung einer Lizenz uno actu die vereinbarte Summe übergeben werden. Sollte ein solcher Austausch jedoch nicht möglich sein, muß einer der Beteiligten seine Leistung im Vorfeld erbringen und auf die spätere Erbringung der Gegenleistung hoffen. Ein solcher Fall liegt meistens bei größeren Transaktionen vor. Hierbei sind teilweise gewaltige Summen zu zahlen, welche nicht bar übergeben werden können. Ebenso besteht die Gegenleistung unter Umständen in der Manipulation eines komplizierten Genehmigungs- oder Ausschreibungsverfahren, so daß die Gegenleistung nicht unmittelbar bei Zahlung der entsprechenden Summe erbracht werden kann. In diesem Fall ergibt sich die Möglichkeit des opportunistischen Verhaltens: Nach Erhalt der Leistung wird die Gegenleistung verweigert oder eine weitere Zahlung verlangt.

❑ Der World Development Report (1997, S. 34) zitiert hierzu einen Geschäftsmann wie folgt: »There are two kinds of corruption. The first is one where you pay the regular price and you get what you want. The second is one where you pay what you have agreed to pay and you go home and lie awake every night worrying whether you will get it or if somebody is going to blackmail you instead.« Die Tatsache, daß Korruption oftmals mit einer solchen Unsicherheit über die tatsächliche Leistungserbringung einhergeht, veranlaßte die Mitarbeiter des World Development Report dazu, in einem weltweiten Survey von Geschäftsleuten, diese danach zu fragen, ob in Bezug auf korruptive Leistungen die folgenden Aussagen zutreffen: 1) ... *if a firm has to make an ›additional payment‹ it always has to fear that it will be asked for more, e. g. by another official. 2) If a firm pays the required ›additional payment‹ the service is usually also delivered as agreed.«* (Siehe hierzu: Brunetti, Kisunko, Weder, 1997.)

❑ Während des Bürgerkrieges in Kongo, dem früheren Zaire, unterstützte ein Mitarbeiter der America Mineral Field Inc. (AMFI) den Führer der Rebellenbewegung und späteren Präsidenten Laurent Kabila mit der Bereitstellung eines Privatjets. Dies mag im April 1997, Wochen vor dem Sturz Mobutus, die Entscheidung Kabilas zugunsten von AMFI zur Verarbeitung von Kupfer und Kobaltvorkommen im Minenzentrum Kolwezi beeinflußt haben, eines Projektes im Gesamtwert von 8 Milliarden Dollar. Anscheinend schien die Dankbarkeit Kabilas nicht lange zu währen, da die Regierung unter Kabila wenige Monate später eine Neuverhandlung der Vertragskonditionen einforderte. Kurioserweise mutmaßte AMFI, daß dieser Schritt von Geldern des Konkurrenten Anglo American Corp of South Africa Ltd an die Regierung Kabila beeinflußt worden sei. Anstatt dies jedoch gerichtlich zu klären, zog der Präsident von AMFI eine Entschuldigung vor, um die Chancen auf eine Fortsetzung des Projektes nicht durch eine Brüskierung der Regierung Kabila zu gefährden.[18]

---

18 Vgl. Reuters (6. 4. 1998, »America Min says made mistakes in Congo deal«). In der Neuen Zürcher Zeitung (16. 4. 1998, »Umsichtige Minenpolitik in Kongo-Zaire«) wird das Vorgehen der Regierung Kabila in diesem Falle als vernünftig und umsichtig beschrieben.

Es wäre demzufolge zu fragen, wie die Erbringung der Gegenleistung vertraglich abgesichert werden kann und wie bei einer unterlassenen Leistungserbringung die Rückzahlung der Gelder herbeigeführt werden kann. Diese Problematik firmiert in der Literatur als *contract enforcement* oder *enforceability*. Hierzu werden im folgenden verschiedene Formen der Durchsetzung identifiziert, welche im Rahmen der Institutionenökonomik aufgeführt werden.[19]

2.2.1. Gerichtliche Durchsetzung

Zuerst wäre für die Untersuchung der vertraglichen Durchsetzung korruptiver Vereinbarungen zu fragen, inwiefern ordentliche Gerichte hierfür in Anspruch genommen werden können. Natürlich kann dies nur erwogen werden, wenn aufgrund der korruptiven Vereinbarung nicht mit einer strafrechtlichen Verfolgung gerechnet werden muß. Dies kann aber oftmals gerade bei der Bestechung ausländischer Amtsträger der Fall sein, da dies in den meisten OECD-Ländern nicht verfolgt wird.[20] Das erste Problem besteht typischerweise darin, dem Gericht die notwendigen Unterlagen vorzulegen. Für korruptive Vereinbarungen werden oftmals nicht ordnungsgemäße Formen gewählt, wie z. B. Quittungen, Schriftform, Zeugenbeistand, gültige Unterschriften, notarielle Beglaubigungen. Selbst wenn eine Form gewählt wird, die eine Nachprüfung durch einen neutralen Dritten gestattet, so ist eine gerichtliche Durchsetzung eines Anspruchs aus korruptiven Vereinbarungen bei Gerichten in Deutschland im allgemeinen nicht möglich. § 138 BGB lautet hierzu: »**Ein Rechtsgeschäft, das gegen die guten Sitten verstößt, ist nichtig**«. Gemäß laufender Rechtsprechung wird eine Bestechungszahlung als sittenwidrig eingestuft. Hiermit wird eine gerichtliche Durchsetzung von korruptiven Leistungsansprüchen verhindert.[21] Es kann jedoch versucht werden, durch die Einschaltung von Zwischenhändlern eine Art Scheinlegalisierung des Geschäftes vorzutäuschen. Die Idee besteht hierbei darin, Makler einzuschalten, welche eine »ordnungsgemäße« Provision erhalten und im Gegenzug die notwendigen Bestechungszahlungen vornehmen. Die Bezahlung der Maklerfirma kann wiederum auf einem offiziellen Vertrag beruhen und als normales Honorar für eine Geschäftsanbahnung dargestellt werden. Dies bewirkt, daß nun ein Makler die Bestechungszahlungen vornehmen kann und sich nach Erhalt der Gegenleistung auf den Vertrag mit der Firma berufen kann, welcher nun zum Empfang des Maklerhonorars berechtigt und gegebenenfalls einem Gericht vorgelegt werden kann. Es kann alternativ auch versucht werden, einen Makler als *intervening*

---

19 Für einen Überblick vgl. Williamson (1985, S. 163–205), Klein, Crawford, Alchian (1978) sowie Klein (1980).
20 Vgl. Wiehen (1996, S. 116). Eine Ausnahme hierzu stellen insbesondere die USA dar.
21 Dies verhält sich bei manchen ausländischen Gerichten ähnlich. Das französische Recht z. B. hält Abmachungen für ungültig, durch die sich jemand mittels Gegenleistung verpflichtet, seinen Einfluß bei einer öffentlichen Behörde geltend zu machen, um einen Auftrag zu erhalten. Vgl. Jarvin (1986, S. 31).

purchaser einzusetzen. Dies bedeutet, daß der Makler offiziell einen Auftrag für sich selbst akquiriert, diesen danach jedoch an eine Firma weiterveräußert. In diesem Fall könnten vorab offizielle Verträge zwischen der Firma und dem Makler geschlossen werden, und dieser würde daraufhin die notwendigen Bestechungszahlungen arrangieren.[22] Diese genannten vertraglichen Konstruktionen haben sich aber in der Vergangenheit als brüchig oder unvollständig herausgestellt. Dies beruht auf folgenden Problemen: Erstens wird hierbei das Risiko der Vertragserfüllung nur verlagert. Die private Firma tritt das Risiko lediglich an den Korruptionsmakler ab, welcher nun für die Vertragserfüllung sorgen muß indem er z. B. gegen Vorauskasse bestimmte Bestechungszahlungen vornimmt, ohne bereits die Gegenleistung erhalten zu haben. Insoweit bleibt zwischen dem Makler und den bestochenen Beamten oder Politikern das Problem der Durchsetzbarkeit der Vereinbarung weiter bestehen. Zweitens ist aber auch das Vertragsverhältnis zwischen der Firma und dem Makler nicht unbedingt gerichtlich durchsetzbar.

❑ Der Foreign Corrupt Practices Act der USA legt z. B. fest, daß auch Bestechungszahlungen über Drittpersonen illegal sind. Dies beinhaltet dementsprechend die Nichtigkeit eines Maklergeschäftes, welches die Bestechung von Amtsträgern beinhaltet.[23]

❑ In Deutschland wurde eine deutsche Brauerei-Ausrüstungsfirma von einer englischen Maklerfirma auf Bezahlung der fälligen Maklerprovision für die Vermittlung eines Auftrages mit einer nigerianischen Lokalregierung verklagt. Die Klägerin hatte nach eigenen Angaben, zirka 300 000,– DM an Bestechungsgeldern eingesetzt, um das Projekt zu fördern. Die Klage wurde vom BGH 1985 abgewiesen, da der Vertrag wegen Verstoßes gegen §138 BGB nichtig ist. Dies wurde damit begründet, daß die ausschließliche oder hauptsächliche Aufgabe des Vermittlers darin bestand, eine Schmiergeldvereinbarung mit dem oder den zuständigen Beamten herbeizuführen, und das Schmiergeld in der dem Vermittler versprochenen Provision enthalten war.[24] In dieser Form haben sich in der Vergangenheit etliche Unternehmen gegenüber den Vermittlern ihrer Zahlungspflicht entzogen unter Berufung auf die Sittenwidrigkeit des Vermittlervertrages.

---

22 Vgl. The Wall Street Journal (29. 9. 1995,»Greasing Wheels – How U. S. Concerns Compete in Countries Where Bribes Flourish«). Es wäre hierbei jedoch zu prüfen, inwiefern der Weiterverkauf einen Vertragsbruch darstellt, welcher zur Stornierung des Grundgeschäftes berechtigt. In diesem Fall bliebe das Problem der Durchsetzung der Vertragserfüllung bestehen. Gemäß einer Notiz der Botschaft von Singapur ist ein solches Vertragsarrangement für öffentliche Aufträge in Singapur nichtig und sogar mit einem fünfjährigen Bann für die entsprechende Firma bedroht.
23 Vgl. Heimann (1994, S. 326).
24 Vgl. Fikentscher (1987, S. 86) und Knapp (1986, S. 999).

❏ Eine ähnliche Entscheidung erging 1982 durch den Schiedsgerichtshof der Internationalen Handelskammer.[25] Ein iranischer Makler hatte einer griechischen Gesellschaft durch »Informationen, Ratschläge und Handeln« Aufträge von verschiedenen iranischen Verwaltungen beschafft und hierzu eine Provision von mindestens 2% vom Wert der unterschriebenen Verträge ausgehandelt. Nachdem die iranische Revolution das Ende der Geschäftstätigkeit bewirkte, blieb die griechische Gesellschaft einige Provisionszahlungen schuldig. Der iranische Makler verklagte daraufhin die griechische Gesellschaft vor dem Schiedsgericht. Nach Prüfung der Sachlage kam der Schiedsrichter zu der Einschätzung, daß die Tätigkeit des Klägers vornehmlich in einer Beeinflussung der in den iranischen Behörden zuständigen Personen bestanden hatte. Dies veranlaßte ihn dazu, den geschlossenen Vertrag für ungültig zu erklären und die Klage des iranischen Maklers auf Zahlung der Provision abzulehnen.

Aufgrund dieser Darstellungen ist ersichtlich, daß Makler typischerweise keine Bestechungszahlungen gegen Vorauszahlung (mehr) unternehmen, was von Branchenkennern bestätigt wird. Dies bedingt jedoch, daß die Unternehmen die Anbahnungskosten und das damit verbundene Risiko selbst tragen müssen.

❏ So hat z. B. die Firma Siemens bei der Bestechung des Leiters des Singapore Public Utilities Board einen dort ansässigen Makler eingeschaltet. Nach Aufdeckung dieses Falles erklärten Repräsentanten von Siemens, daß der Firma nicht bekannt sei, was der Makler mit den 20 mil. Dollar für »Projektkoordination« gemacht hätte.[26] Nach Aufdeckung der Bestechungszahlung wurde der Vertrag von der Regierung in Singapur storniert und ein fünfjähriger Bann für alle öffentlichen Aufträge für Siemens in Singapur verhängt. Offensichtlich war dies kein lukratives Geschäft für die Firma Siemens.

Im Gegensatz zu den in der Literatur üblichen Erklärungen ist die gerichtliche Durchsetzung eines Vertrages nicht deshalb unmöglich, weil der Vertrag Bestandteile enthält, welche ein neutraler Dritter nicht messen, nachvollziehen oder verifizieren kann. Vielmehr ist in diesem Fall die mangelnde gerichtliche Durchsetzbarkeit Folge der geltenden Rechtsordnung. Im Rahmen der Rechtsordnung wird die Behandlung korruptiver Vereinbarungen abgelehnt. Weiterhin wird bewußt in Kauf genommen, daß die Frage, welche Marktseite die Begünstigte und welche die Geschädigte ist, dem Zufall unterliegt.[27]

---

25 Vgl. Jarvin (1986, S. 31).
26 Vgl. The Straits Times, Singapur (14. 2. 1996) und Frankfurter Allgemeine Zeitung (15. 2. 1996, »Siemens droht der Verlust öffentlicher Aufträge in Singapur«). Rügemer (1996, S. 55) schätzt hierzu, daß 40% der Gelder als Schmiergeld eingesetzt wurden.
27 Vgl. Fikentscher (1987, S. 89).

2.2.2 Private Formen der Vertragsdurchsetzung

In Ermangelung eines gerichtlichen Mechanismus zur Durchsetzung korruptiver Vereinbarungen werden potentielle Kontrahenten nach **privaten Mechanismen** suchen.[28] Verträge müssen so ausgestaltet sein, daß zu jedem Zeitpunkt ein kooperatives Verhalten gegenüber einem opportunistischen Verhalten präferiert wird. Dies wird auch als *self-enforcing* bezeichnet. Opportunistisches Verhalten wird hierbei dadurch unterbunden, daß eine Beendigung des Vertragsverhältnisses droht.

❏ Die Firma Avia bezog Öl aus Saudi Arabien zu einem Preis unterhalb des damaligen Marktwerts und bezahlte dafür alle zwei Wochen 378 000 Dollar an einen deutschen und einen libanesischen Makler, welche die laufenden Verträge gegen Bezahlung lokaler Beamter arrangiert hatten. Die Aussicht auf eine Fortführung dieses Vertragsverhältnisses genügte dabei als Anreiz, um Streitigkeiten über die Anteile am Ertrag rasch beizulegen. (Siehe hierzu: Der Spiegel, 18/1984, S. 79)

Eine Methode, um einen solchen privaten Vertrag herbeizuführen, besteht in der Überlassung eines **Pfandes** durch diejenige Marktseite, welche möglicherweise einen **Anreiz zu opportunistischem Verhalten** haben könnte.[29] Dieses Pfand wird typischerweise als »Geisel« (»hostage«) bezeichnet. Bei einem Fehlverhalten droht in diesem Falle die Einbehaltung des Pfandes. Eine solche »Geisel« kann bei korruptiven Vereinbarungen mit Hilfe einer Vorauszahlung arrangiert werden. So könnten Beamte, welche nach einer Auftragsvergabe befürchten, der Begünstigte könnte die versprochene Bestechungszahlung später verweigern, eine entsprechende Vorauszahlung verlangen.[30] Dies läßt sich am leichtesten anhand des folgenden Falles schildern:

❏ Der Focus (44/1995, S. 65 f.) berichtete über den Kauf von U-Booten der Howaldtswerke Deutsche Werft AG (HDW) durch den Schah von Persien im Jahre 1978. Bei einem Auftragsvolumen in Höhe von ca. 1 Milliarde DM, verlangte der Schah eine »Provision« in Höhe von 109 Millionen DM. Die persische Regierung bezahlte zur Abwicklung des Geschäftes eine Vorauszahlung in Höhe von 231 Millionen DM. Von dieser Zahlung wurde die entsprechende Kommission an den Schah beglichen und eine Überweisung auf sein privates Schweizer Konto getätigt.

---

28 Vgl. Wiggins (1991, S. 634 ff.); Klein, Crawford, Alchian (1978, S. 303 ff.); Klein (1980, S. 358); Klein/Leffler (1981); Klein/Murphy (1988); Klein (1996). In bezug auf kriminelle Aktivitäten wird das Fehlen einer Durchsetzbarkeit durch neutrale Dritte auch von Dick (1995, S. 26 f.) betont.
29 Vgl. Williamson (1983) und Wiggins (1991, S. 640 ff.).
30 Vgl. Moody-Stuart (1994, S. 15 f.).

> He's better than most others. He took a hefty bribe for showing some favour and immediately resigned on moral grounds.
>
> Laxman, Times of India, 28. 4. 1998

Abb. 3: Cartoon

Mit Hilfe der Vorauszahlungen können demnach die zur Geschäftsanbahnung fälligen Bestechungszahlungen beglichen werden. Ein opportunistischer Rückzug aus der Vertragsverpflichtung wird hiermit unwahrscheinlicher, da in diesem Falle der Verlust der Vorauszahlung befürchtet werden muß. Jedoch sind Vorauszahlungen typischerweise auch notwendige Bestandteile zur Absicherung des Grundgeschäftes vor Risiken. Zur Abwicklung sind notwendige auftragsspezifische Investitionen vorzunehmen und gegen ein späteres opportunistisches Verhalten des Kontrahenten oder eine Stornierung des Geschäfts zu sichern. Gemäß Aussage eines Branchenkenners werden deshalb oft harte Verhandlungen zwischen einem Unternehmen und einem Makler darüber geführt, welcher Anteil der Vorauszahlung dem Makler zur Begleichung der fälligen Bestechungszahlungen zusteht, und welcher Anteil zur Sicherung des Grundgeschäfts dem Unternehmen zustehen sollte.[31] Selbst wenn auftragsspezifische Investitionen hinreichend durch die restliche im Unternehmen verbleibende Vorauszahlung abgedeckt sind, kann die Stornierung des Auftrags hierbei zu Risiken führen.

- ❑ Der Kauf der U-Boote durch den Schah von Persien fand kurz vor der iranischen Revolution statt. Die neuen Machthaber stornierten den Kauf und forderten daraufhin die Vorauszahlung zurück. Die HDW hielt dieser Forderung

---

[31] Manche Unternehmen behaupten in öffentlichen Stellungnahmen, über die korruptiven Aktivitäten ihrer jeweiligen Repräsentanten nicht informiert gewesen zu sein. Dies mag tatsächlich in einigen Fällen zutreffen, insbesondere natürlich dort, wo die Mitwisserschaft gewisse Risiken in sich birgt und das Nichtwissen insofern rational begründet ist. Jedoch können Unternehmen nicht nur aus der teilweise horrenden Höhe der Provisionszahlungen auf Bestechung schließen sondern auch aus dem Zahlungsmodus. Während bei normalen Maklertätigkeiten eine Beteiligung des Maklers an der Vorauszahlung nicht notwendig ist, stellt dies für korruptive Vereinbarungen eine unabdingbare Voraussetzung dar. Von einem versierten Geschäftsmann wurde mir hierzu geschildert, daß Firmen versuchen, die Auszahlung des Maklerhonorars Zug um Zug mit dem Eingang der ersten Zahlungen zu vollziehen, während Makler darauf angewiesen sind, bereits aus der Vorauszahlung einen hohen Anteil für ihre korruptiven Auslagen zu bekommen.

entgegen, daß die Anzahlung bereits für den Auftrag verbraucht worden sei. Im Jahre 1991 kam es diesbezüglich zu einem Schiedsverfahren vor der internationalen Handelskammer in Paris. Gemäß dem Schiedsspruch kann die HDW nur direkt anrechenbare Kosten zur Geltung bringen. Die an den Schah bezahlten Gelder werden hierbei nicht als Kosten anerkannt. Dies bedeutet, daß die HDW verpflichtet ist, die Bestechungssumme, über die sie selbst nicht mehr verfügt, an die iranische Regierung zurück zu bezahlen.[32]

Wie obiges Beispiel veranschaulicht, bleibt die Absicherung des Korruptionsgeschäfts mit Hilfe einer Vorauszahlung lückenhaft. Bei einem Wegfall der Geschäftsgrundlage werden nämlich die Vorauszahlung und die Bestechungszahlung gerichtlich sehr unterschiedlich behandelt. Während die Vorauszahlung sich auf ordnungsgemäße und gerichtlich durchsetzbare Verträge gründet und damit eine Rückforderung ermöglicht, gilt das unter Umständen für korruptive Seitenzahlungen nicht.

Abgesehen von »Geiseln« können die beteiligten Personen die Durchsetzung von Verträgen auf der Grundlage ihrer **Reputation** absichern.[33] Beamte, Politiker und sonstige Geschäftsleute, die durch opportunistisches Verhalten aufgefallen sind und dabei eingegangene Leistungsversprechen nicht erfüllen, werden sich hiermit bei korruptiven Vertragspartnern einen schlechten Ruf einhandeln. Ausgehend von früheren Erfahrungen, wird diesen Personen auch für die Zukunft ein opportunistisches Verhalten unterstellt und sie werden deshalb von weiteren korruptiven Vereinbarungen ausgeschlossen. Insoweit kann es für Personen, die korruptive Vereinbarungen anstreben, lukrativ sein, ihre **Reputation** zu pflegen gemäß dem hierzu gängigen Motto: »**I am a man of principle. Once bought, I stay bought**«.[34] Die Pflege einer Reputation als tugendhafte und ehrliche Persönlichkeit ist daher dem korruptiven Milieu nicht fremd.[35] Im Gegenteil, das korruptive Umfeld ist wesentlich stärker auf die Pflege solcher Reputationen angewiesen, als Marktpartner, die sich bei der Durchsetzung ihrer Forderungen auf legale, gerichtliche Instanzen verlassen können. Gerade deshalb ist die Berücksichtigung der Moral zur Einschätzung korruptiver Handlungen schwierig, insofern nämlich

---

32 Vgl. Focus (1995, S. 65 f.). Der Ausgang des Schiedsspruchs wurde bereits bekannt gegeben, die Verkündigung des eigentlichen Schiedsspruchs gemäß der Aussage eines Firmenmitarbeiters aber zurückgehalten, um eine außergerichtliche Einigung weiterhin zu ermöglichen. Dies mag durch diverse Kompensationsgeschäfte erfolgen, aber auch durch den Versuch, die Absicherung des Geschäftes durch die deutsche Exportkreditversicherung nicht zu gefährden. Die Abwicklung des Falles ist dabei noch in der Schwebe, die HDW hat hierzu jedoch bereits entsprechende Rückstellungen gebildet.
33 Vgl. Kreps und Wilson (1982) und Kreps (1990).
34 Dieser Witz unter amerikanischen Politikern ist abgedruckt in Drew (1983, S. 97).
35 Vgl. Husted (1994, S. 24).

die Geschäftsmoral auch darauf gerichtet sein kann, die Einhaltung geschlossener (korruptiver) Verträge als moralisch positiv einzuschätzen.

Für einen Außenstehenden ist es schwer einzuschätzen, ob ein Anbieter korruptiver Leistungen sich tatsächlich an Abmachungen halten wird. Auch an dieser Stelle können korruptive Maklerfirmen einen komparativen Vorteil besitzen. Sie können die Vertragserfüllung eines korruptiven Anbieters über einen längeren Zeitraum kontrollieren und Zuwiderhandlungen dabei dadurch sanktionieren, daß sie eigene Aufträge nicht mehr mit diesen Partnern abschließen und ihr Insiderwissen über die Unzuverlässigkeit dieser Personen auf Anfrage (oder auch aus eigener Initiative – zur Bestrafung der anderen Marktseite) weiter verbreiten. Dagegen sind einzelne anonyme Nachfrager nach korruptiven Leistungen nicht in der Lage, einen einzelnen Staatsbediensteten zu beaufsichtigen und aufgrund fehlender Folgeaufträge können sie eine solche Person nicht sanktionieren. In diesem Zusammenhang kann die Involvierung von Handelskammern und Botschaften vorteilhaft sein, da diese aufgrund ihrer lokalen Präsenz und ihrer Beratungsleistungen die Vergabe von Folgeaufträgen und die Verläßlichkeit lokaler Anbieter korruptiver Leistungen kontrollieren können.

❑ Spanische Medien haben gegen den deutschen Botschafter in Madrid den Vorwurf erhoben, Mittelsmann bei Zahlungen deutscher Unternehmen an spanische Regierungsstellen gewesen zu sein und sich diese Dienste bezahlen zu lassen. In einem konkreten Fall wird dem Botschafter vorgeworfen, Zahlungen in Höhe von 1,8 Mio. DM von Seat an die Kassenwartin der sozialistischen Partei in Empfang genommen zu haben und diese Gelder im Tresor der Botschaft aufbewahrt zu haben.[36]

Will ein korruptiver Anbieter seine Leistungsbereitschaft signalisieren, so muß er gleichzeitig seine Glaubwürdigkeit darlegen. Eine solche Glaubwürdigkeit kann jedoch nur dann erreicht werden, wenn ein eventuelles Fehlverhalten möglichst vielen potentiellen zukünftigen Kontrahenten bekannt würde. Glaubwürdigkeit erhält der Anbieter in diesem Falle dadurch, daß sich ein einmaliges Vergehen aufgrund des drohenden Verlustes an zukünftigen Aufträgen nicht mehr lohnt. Ein solcher Einfluß auf zukünftige Aufträge kann sich dabei auf zwei denkbare Arten einstellen:

1) Entweder herrscht hinreichend Markttransparenz, so daß sich ein solches Vergehen schnell bei anderen potentiellen Kontrahenten herumspricht, oder

2) Folgeaufträge werden immer nur von einigen wenigen Personen vergeben.

---

36 Vgl. Frankfurter Allgemeine Zeitung (1. 4. 1996, »Korruptionsvorwürfe gegen deutsche Firmen in Spanien«).

Im ersten Falle ergibt sich – so wie bei der Beschreibung der Suchkosten – ein Problem aufgrund der mit einer höheren Transparenz steigenden Aufdeckungswahrscheinlichkeit. Um Strafverfolgungsbehörden keine Hinweise auf Straftatbestände zu geben, wird eine solche Marktform die Ausnahme sein. Die Anbieter korruptiver Leistungen sind daher darauf angewiesen, den Kreis ihrer Kontrahenten auf einige wenige zu beschränken, um ihre Glaubwürdigkeit so wie in Variante 2) zu garantieren. Im Extremfall muß sich ein Anbieter korruptiver Leistungen einem einzelnen Makler anvertrauen, welcher das Monopol für die Abwicklung korruptiver Vereinbarungen erhält. Dieser erhält dabei die Gewißheit einer absprachegemäßen Auftragserfüllung aufgrund seiner Macht, Folgeaufträge zu kontrollieren. Erst die hierdurch entstehende dauerhafte Beziehung eröffnet dann die Möglichkeit zur Kooperation.[37] Mit Hilfe dieser Überlegungen kann begründet werden, warum Korruption häufig in **Form von Netzwerken** auftritt und nicht etwa in Form von offenen Wettbewerbsbeziehungen.[38] Solche Netzwerke können sich zu einem entwickelten System von Nepotismus ausweiten, welches – im Gegensatz zu formal in Kraft gesetzten Systemen der Kontrolle – alternative soziale Kontrollelemente bereitstellt. Langfristige Bindungen durch die Familie, die Ethnie, den Stamm oder diverse Geheimbünde oder kriminelle Vereinigungen bieten den Beteiligten Personen eine Vielzahl von Instrumenten, mit denen Sanktionen durchgesetzt werden können. Formelle oder informelle Normen können dabei darauf gerichtet sein, die Reziprozität geschlossener Vereinbarungen sicherzustellen. Die Durchführung korruptiver Vereinbarungen mit einem solcherart Verbündeten ist daher wesentlich weniger der Gefahr eines opportunistischen Verhaltens ausgesetzt. Im Gegensatz zu einem vollkommenen korruptiven Markt ist hierbei die Identität der Vertragsparteien nicht mehr eine Randerscheinung des Marktprozesses, sondern essentiell für den Vertragsabschluß geworden.

Neben den genannten privaten Möglichkeiten der Durchsetzung korruptiver Verträge müssen auch noch sogenannte **unilaterale Lösungen** erwähnt werden.[39] Statt einer einmaligen Bestechungszahlung kann ein Beamter oder Politiker auch dadurch entlohnt werden, daß ihm Anteile an der betreffenden Firma gegeben werden. Wird z. B. ein neues Kraftwerk gebaut, für welches politische Unterstützung mit Hilfe von Bestechungszahlungen eingekauft werden soll, kann einem Zuwendungsempfänger an einem speziell hierzu gegründeten Joint-Venture ein

---

37 Insofern kann sich aus einem sich wiederholenden Verhandlungsspiel eine Kooperation entwickeln, wie von Axelrod (1984) dargelegt. Siehe zu einer Anwendung auf die Organisation krimineller Aktivitäten auch Dick (1993, S. 30 ff.).
38 Schrag und Scotchmer (1997) bringen hierzu einige Beispiele krimineller Netzwerke, führen das Auftreten von Netzwerken jedoch auf Probleme der Strafverfolgung und auftretende multiple Gleichgewichte zurück.
39 Vgl. Klein, Crawford, Alchian (1978); Wiggins (1991, S. 607 ff.) und Williamson (1985, S. 78).

Anteil gegeben werden. Anstatt einer direkten Bestechung erfolgt hierbei die Entlohnung für korruptive Dienstleistungen durch die Beteiligung an den Erträgen der Firma. Abgesehen von einer solchen Erfolgsbeteiligung kann auch die Vergabe von hierarchischen Kontrollrechten an den Begünstigten die Möglichkeit opportunistischen Verhaltens verringern. Wird z. B. die Bezahlung einer hohen Summe einem Staatsdiener für die Zukunft in Aussicht gestellt, so kann diese durch die Vergabe eines Aufsichtsratspostens der bestechenden Firma abgesichert werden. Die Möglichkeit des Opportunismus wird hierbei durch einen direkten Eingriff in die Unternehmenshierarchie vermindert. (Siehe hierzu: Jagannathan, 1986.)

2.3. Korruptive Verträge und post-enforcement lock-in

*»I took my first bribe in my second
term on the city commission ...
It's a terrible thing, like cheating
on your wife for the first time.«*[40]

Typischerweise wird nach Abwicklung von Leistung und Gegenleistung ein Vertrag als beendet betrachtet. Es bestehen keine weiteren Forderungen der Parteien gegeneinander mehr. So werden in der institutionenökonomischen Literatur im zeitlichen Auseinanderfallen von Leistung und Gegenleistung Probleme der Vertragserfüllung gesehen. Nach Abwicklung dieser Forderungen erscheint jedoch das Problem als beendet. Ich möchte hier jedoch darlegen, daß korruptive Vereinbarungen auch nach Abwicklung von Leistung und Gegenleistung ein Nachspiel haben können. Nach korruptivem Vertragsschluß besteht nämlich eine interne Aufdeckungsmöglichkeit. Beide Seiten haben sich in eine **gegenseitige Abhängigkeit** begeben, welche auch als *lock-in* bezeichnet wird. Die Beteiligten können sich gegenseitig einen Schaden zufügen und sich mit der Veröffentlichung ihres Wissens bedrohen oder erpressen. So ergibt es sich, daß tatsächlich einige Hinweise, die zur Aufdeckung von Straftaten führen, von den beteiligten Personen selbst stammen.[41]

❏ So erstatteten hunderte von Unternehmern in Italien Selbstanzeige und standen Schlange vor der Mailänder Staatsanwaltschaft (vgl. Colombo, 1995).

❏ Der Firmenchef eines Zulieferbetriebes legte bei der Konzernrevision der Opel AG ein umfassendes Geständnis darüber ab, daß seine Firma Mitarbeiter der Opel AG bestochen hatte. (Siehe hierzu: Der Spiegel, 24/1995)

40 Diese Einschätzung stammt von dem früheren Bürgermeister von Miami Beach, der von einem Banker monatlich 1 000 $ angenommen hatte und nach einer Verurteilung 1992 wegen Bestechlichkeit und Steuerhinterziehung 17 Monate im Gefängnis zubrachte. Vgl. USA Today (22. 4. 1998, »Miami's corruption endemic, brazen«).
41 In Analogie zur Korruptionsproblematik ist die Aufdeckung eines Versicherungsbetruges zu erwähnen, welche oftmals aus Rache von einem geschiedenen Ehepartner angezeigt wird.

❑ Ein Ehepaar wurde verdächtigt, vier rumänische Kinder in Fußgängerzonen in Nordrhein-Westfalen auf Diebestouren geschickt zu haben. Nach ihrer Festnahme berichtete das Ehepaar, der 1. Botschaftssekretär der Konsularabteilung der rumänischen Botschaft habe diesen Kindern Pässe mit falschen Namen ausgestellt und hierfür Gegenleistungen entgegengenommen. (Siehe hierzu: Kölner Stadt-Anzeiger, 3. 4. 1998, »Kripobeamte aus Rumänien ermitteln«)

❑ Der Staatsanwalt Schaupensteiner, Leiter der Abteilung »Bestechungskriminalität« in Frankfurt am Main, erwiderte auf eine Frage nach den Informationsquellen der Strafverfolgungsbehörden: »Manchmal durch Strafanzeigen, oft durch Insider. Deren Informationen gehen bei uns meist anonym ein. Die bedeutendsten Verfahren der vergangenen Jahre hatten ihren Ausgangspunkt in anonymen Hinweisen.«[42]

Informationen über korruptive Vereinbarungen haben einen Wert für Strafverfolgungsbehörden, eventuell auch für konkurrierende Politiker oder Firmen. Dies hat zur Folge, daß für solche Informationen manchmal eine **Kompensation** angeboten wird. Während Strafverfolgungsbehörden nach Möglichkeit gerne eine Kronzeugenregelung anbieten, sind Konkurrenten bereit, im Austausch für denunziatorische Informationen eine monetäre Entlohnung zu zahlen.

❑ Bei der Untersuchung von Korruptionsvorwürfen gegen die frühere pakistanische Premierministerin Benazir Bhutto haben pakistanische Ermittlungsbehörden umfangreiches Belastungsmaterial über die auf schweizer Konten gelagerten Gelder aus veruntreuten öffentlichen Mitteln und Schmiergeldern für Regierungsaufträge erhalten. Dieses Belastungsmaterial erhielten sie nach eigenen Angaben von einem Gewährsmann in London gegen Zahlung einer großen Summe, siehe hierzu taz, die tageszeitung (»Politintrigen in Pakistan, 18. 11. 1997). Gemäß der Straits Times, Singapur (1. 2. 1998, »Paper trail points to illicit Bhutto hoard«) belief sich nach anfänglichen Forderungen in Höhe von 10 Mio. Dollar der Kaufpreis für die Unterlagen auf 1 Mio. Dollar. Die Identität des Informanden blieb dabei vertraulich. Nach Sichtung der Unterlagen konnte festgestellt werden, daß diese Angaben über einige Konten in der Schweiz und Dubai beinhalteten sowie Briefe mit detaillierten Anbahnungsgesprächen über bezahlte Kommissionen, die für die Vermittlung von Regierungsaufträgen bezahlt werden sollten und ferner die Benennung der Scheinfirmen insbesondere auf den British Virgin Islands über welche diese Gelder fließen sollten.

❑ Manche Zahlungen für denunziatorische Information können dabei ihrerseits in den Verdacht der Zeugenbestechung kommen. So schloß die Staatsanwaltschaft in Miami, USA, über Mittelsmänner eine Vereinbarung mit einem ehe-

---
42 Vgl. Frankfurter Neue Presse (14. 4. 1998, »Korruption: Der Appetit kommt beim Essen«).

maligen panamaischen Diplomaten, damit dieser im Prozeß gegen Manuel Antonio Noriega, den früheren Präsidenten Panamas, wegen des Verdachts des Drogenhandels als Zeuge aussagt. Gemäß der Ausage eines anonymen Informanten gegenüber der *Drug Enforcement Authority* erhielt der Zeuge 1,25 Mio. Dollar des kolumbianischen Drogenkartells in Cali hierfür. Frühere Mitglieder des Cali-Kartells berichteten, Vertreter der Staatsanwaltschaft hätten als Gegenleistung hierfür ihre Bemühungen für eine Reduzierung der Haftstrafe für Luis Santacruz Echeverri zugesagt, den in Miami einsitzenden Halbbruder eines Führers des Cali-Kartells. Die Staatsanwaltschaft bestreitet, von den Zahlungen des Drogenkartells gewußt zu haben. Noriega wurde 1992 zu 40 Jahren Haft verurteilt.[43]

Während bei intakten Beziehungen zwischen den Kontrahenden und funktionierenden Absprachen über die Aufteilung der Erträge typischerweise eine Denunziation nicht vorkommt, sind insbesondere solche Fälle an die Öffentlichkeit getreten, bei denen interne Auseinandersetzungen auftraten:

❏ Zu Zwecken der politischen Finanzierung und Korruption richtete der größte französische Konzern Elf Aquitaine ein eigenes Finanznetz ein – einen engen Zirkel von Freunden und Bekannten des Konzernchefs – welcher »Investitionsausschuß« genannt wurde. Dieses Beziehungsnetz riß jedoch, als eine Verstoßener sich rächte. Weitere Dokumente konnten beschlagnahmt werden, weil ein Mitarbeiter von seiner Buchhalterin wegen angeblicher Schmiergeldzahlungen belastet worden war. (Siehe hierzu: Rheinischer Merkur, 27. 11. 1997, »Schmutzige Geschäfte«)

❏ Den Auftrag zur Nachrüstung belgischer Kampfbomber mit moderner Elektronik gewann die französische Firma Dassault im Jahre 1989. Hierzu wurden später Vorwürfe, diese Aufträge seien mit Hilfe von Schmiergeldzahlungen zustande gekommen, untersucht. Diese Vorwürfe bezogen sich auch auf den Ankauf von 46 Helikoptern der italienischen Firma Agusta. Nachdem sich die Untersuchungen auf die Rolle des belgischen Oberbefehlshabers der Luftwaffe ausgeweitet hatte, beging dieser im März 1995 Selbstmord und hinterließ in Briefen Angaben zu Schmiergeldzahlungen an belgische Parteien. (Siehe hierzu: Frankfurter Allgemeine Zeitung, 28. 11. 1997, S. 7 und Financial Times, 10. 5. 1996)

❏ Die Involvierung des Premierministers von Papua Neu Guinea in die Bestechung eines Parlamentariers wurde neben anderen Vorwürfen von einem frü-

---

43 Vgl. CNN (6. 4. 1998, »Supreme Court denies Noriega bid for new trial; 27. 3. 1996, »Judge: Noriega not entitled to new trial«; 4. 11. 1995, »Witness in Noriega trial may have been bribed by Cali Cartel«), The Times, London (7. 3. 1996, »US struck cartel deal to convict Noriega«) und Miami Herald Tribune (8. 4. 1998, »Noriega loses Supreme Court appeal«).

heren Helfer aufgedeckt. Dieser zeichnete die geheimen Verhandlungen über Bestechungszahlungen auf Video auf und spielte sie später einem Nachrichtensender zu. Der Premierminister mutmaßte, daß es sich hierbei um eine Rachemaßnahme handelte, weil er sich geweigert hatte, den Helfer auf den von ihm gewünschten Posten zu befördern. (Siehe hierzu: Time Magazine, 8. 12. 1997, »Unacceptable Images«)

Aus diesen Darstellungen ergibt sich ein für korruptive Vereinbarungen wichtiger Nebenaspekt: **Ein korruptiver Vertrag endet nicht mit seiner Erfüllung.** Im Gegensatz zu normalen Vereinbarungen beinhalten korruptive Vereinbarungen eine implizite Schweigevereinbarung, welche auch nach Abwicklung von Leistung und Gegenleistung noch gebrochen werden kann. Die Folgen einer solchen Abhängigkeit lassen sich am deutlichsten darstellen, wenn die zu erwartenden Strafen asymmetrisch verteilt sind, so daß im extremen Fall sogar eine Seite von einer Offenlegung profitieren kann.

Nehmen wir dafür den Fall an, daß ein Beamter wegen Ausschreibungsbetruges mit einer hohen Strafe rechnen muß, der beteiligte Unternehmer hingegen die Kronzeugenrelegung für sich in Anspruch nehmen oder aber seine Informationen an die Konkurrenz, die politische Opposition oder die Medien verkaufen könnte, z. B. weil diese Gruppierungen sich aus der Entfernung eines ihnen bisher nicht wohlgesonnenen Beamten oder Politikers einen Vorteil verspricht. Natürlich würde es in diesem Fall nach Vertragsabwicklung für den Unternehmer günstig sein, sein Schweigen zu brechen. Er könnte aber auch den Beamten erpressen. Eine solche Erpressung wäre jedoch typischerweise nicht glaubwürdig, da der Erpresser keine glaubwürdige Bindung eingehen kann, im Falle der Zahlung des erpreßten Geldes die Denunziation tatsächlich zu unterlassen. Insofern die Möglichkeit von weiteren zukünftigen korruptiven Vereinbarungen in Betracht gezogen wird, ändert sich dies. Sobald die Möglichkeit zu Folgeaufträgen existiert, kann auch eine glaubhafte Drohung ausgesprochen werden. Für den Unternehmer könnte nämlich die Fortsetzung der Geschäftsbeziehungen, für welche der Beamte ungeschoren in Amt und Würden bleiben müßte, nützlicher sein als die Denunziation desselben. Dies impliziert zweierlei. Zum einen wird durch die Möglichkeit der Denunziation der Beamte zum Abschluß von Nachfolgeaufträgen gezwungen. Zum anderen wirken nun andere Einflußfaktoren auf die Verteilung des Gewinns. Während bei den anfänglichen Verhandlungen über die Verteilung des gemeinsamen Ertrages beide Seiten mit dem Drohpunkt einer ausbleibenden Einigung, also einem Nullgewinn, konfrontiert waren, besteht nun der Drohpunkt einer ausbleibenden Einigung für den Beamten in seiner zu erwartenden Strafe und für den Unternehmer in seinem zu erwartenden Denunziationsgewinn. Der Unternehmer ist nun also in einer ungleich stärkeren Position.

❑ In Bochum gestand vor dem Landgericht ein Mitarbeiter des Landesstraßen- und Autobahnbauamts Bestechungsgelder von einer Dortmunder Firma, die auf Fahrbahnmarkierungen spezialisiert ist, angenommen zu haben. Im Jahre 1987 hatte der Mitarbeiter aus fachlicher Unsicherheit die Namen der beteiligten Konkurrenz-Firmen einer aktuellen Ausschreibung preisgegeben. Wenig später erhielt er hierfür von dem Geschäftsführer der Dortmunder Firma einen Umschlag mit einem Inhalt von DM 2 000. »Schlagartig war mir bewußt, daß ich mich in seine Abhängigkeit begeben habe«, so erläuterte der Mitarbeiter seine Situation vor dem Landgericht und die Tatsache, daß er sich habe »immer weiter reinziehen lassen in den Sumpf«. (Siehe hierzu: Cityweb, 10. 2. 1998, »Mit jedem Gefallen tiefer in den Sumpf«)

Mit den Aussichten einer solchen Abhängigkeit konfrontiert, wird ein Beamter eventuell von Anfang an auf eine lukrativ wirkende Bestechungszahlung verzichten wollen. Genauso wird bei einer ersten korruptiven Vereinbarung ein Unternehmer, der vielleicht mit einer eher geringen Strafe zu rechnen hat, sich besonders generös zeigen müssen, um eine langfristige Bindung der Gegenseite zu erreichen. Dies führt zu dem **Phänomen des »Anfütterns«**. Hierbei werden anfangs Geschenke ohne jegliche Gegenleistungen vergeben. Sofern ein Staatsdiener die Geschenke aber annimmt, hat er sich in eine erste Abhängigkeit begeben: Die Annahme eines Geschenkes kann seine Kündigung oder andere Konsequenzen nach sich ziehen. Lehnt er nun eine echte Bestechung ab, so kann er mit der Denunziation bedroht werden.

❑ Galeotti und Merlo (1993, S. 14) beschreiben das resultierende strategische Verhältnis für den Fall italienischer Minister:
»... once the first transaction has been acomplished, the equilibrium payoff share of the minister has to decrease as his bargaining power decreases. In other words, acceptance of the first offer brings about fairer gain shares in future transactions as the partners come to be ›hostages‹ to each other. This is the reason why sooner or later the political parties may have incentive to restore the climate of uncertainty... We submit that this is a potential role played by Cabinet crises ... which often simply result in a change of ministers ...«[44]

Hieraus ergibt sich eine unerwartete Wirkung der Bestrafung: Während typischerweise von Ökonomen erwartet wird, daß die mit Strafen verbundenen Ri-

---

44 Hieraus läßt sich darlegen, daß die Rotation von Beamten nicht nur als Instrument zur Eindämmung der Korruption eingesetzt werden kann. Sofern diese Maßnahme von solchen Personen durchgeführt wird, welche hiermit korruptive Einnahmen erzielen können, erlaubt diese Maßnahme unter Umständen auch eine optimale Rentenabschöpfung. Wichtig wäre diesbezüglich, daß alle potentiell korrupten Staatsdiener von der Rotation erfaßt werden, und nicht nur diejenigen in unteren Hierarchieebenen.

siken zu einer erhöhten Bestechungsforderung führen, ergibt sich hier umgekehrt, daß Strafen die **Abhängigkeit** desjenigen erhöhen, der sich einen einmaligen Fehltritt erlaubt hat.[45] Eine Erhöhung der Strafandrohung könnte solche Personen noch stärker in eine Abhängigkeit von der Gegenseite treiben.

Solange beide Seiten mit einer Strafe zu rechnen haben, muß eine solche – dann offensichtlich gegenseitige Abhängigkeit – keine Auswirkungen haben. Tatsächlich kann sich eine gleichmäßige Bedrohung mit Strafe stabilisierend auf eine korruptive Vereinbarung auswirken:

❑ Die Straits Times, Singapur (»Rao's reforms found more favour with foreigners«, 9. November 1997) und CNN (»Former India premier's bribery case opens«, 4. November 1997) berichten von der Prozeßeröffnung gegen den ehemaligen Premierminister von Indien, P. V. Narasimha Rao. Neben zwei anderen Anklagepunkten wird diesem von einem in London ansässigen Gewürzhändler vorgeworfen, im Jahre 1983, vor seiner Amtszeit als Premierminister, als Gegenleistung für eine Bestechungszahlung in Höhe von $ 100 000 einem Freund des Ministerpräsidenten die Vergabe von öffentlichen Aufträgen versprochen zu haben. Dieser Geschäftsmann brachte den Fall selbst zur Anklage, weil Rao die versprochene Gefälligkeit nicht erfüllte.

❑ Die Aerospace Engineering Design Corporation, eine in Panama registrierte Firma, hatte angeblich mit Rolls-Royce einen Vertrag zur Vermittlung von Triebwerken im Wert von 20 Mrd. britischen Pfund an die Saudi Arabische Luftwaffe geschlossen, welcher Provisionszahlungen von bis zu 15% sowie darüber hinausgehende Erfolgshonorare beinhaltete. Die panamaische Firma unterhielt dafür »enge Beziehungen« zu prominenten saudiarabischen Staatsangehörigen, wobei die Verwendung der Kommissionseinnahmen im unklaren blieb. Angeblich blieb Rolls-Royce nach Abschluß des Vertrages Teile der versprochenen Kommissionszahlungen schuldig. Daraufhin strengte die Aerospace Engineering Design Corporation eine gerichtliche Klärung beim Obersten Gerichtshof in Großbritannien an. Die dort eingebrachten Unterlagen konnten dadurch öffentlich eingesehen werden. Rolls-Royce befürchtetet einen Imageverlust, insbesondere deshalb, weil die zur Anbahnung hilfreiche britische Regierung eine Bezahlung von Bestechungsgeldern immer bestritten hatte. Kurz darauf zog die Aerospace Engineering Design Corporation die Klage zurück und die beiden Seiten einigten sich darauf, eine einvernehm-

---

45 Während Mookherjee und Png (1995) eine solche Überwälzung der Kosten unterstellen, berichten Rasmusen und Ramseyer (1994) hier von einem Mißverhältnis zwischen Kosten und Erträgen. Dieser Sachverhalt wird auch als »Tullock Paradoxon« bezeichnet, vgl. Bardhan (1996, S. 1326), Rasmusen/Ramseyer (1994) und Tullock (1980). Die Annahme eines *post-enforcement lock-in* könnte diesbezüglich eine Erklärung für ein solches Mißverhältnis liefern.

liche Lösung zu erzielen. (Siehe hierzu: Financial Times, 20. 12. 1997, »Rolls Royce Silent on Saudi Talks«)

Die geschilderten Fälle haben gemeinsam, daß sich eine Seite bei einer korruptiven Vereinbarung nicht an die geschlossene Abmachung gehalten hat. Aufgrund des vorhandenen Belastungsmaterials hatte sie sich aber in eine Abhängigkeit begeben. Sie wurde von der Gegenseite vor dem Justizwesen denunziert. Kurioserweise konnte im zweiten Fall die Bedrohung mit Denunziation dazu genutzt werden, eine Einhaltung der ursprünglich geschlossenen Vereinbarung zu erreichen. Sofern also eine solche Bedrohung mit Denunziation glaubhaft signalisiert wird, kann sie helfen, opportunistisches Verhalten einer Seite zu vermeiden. In diesem Fall kann eine solche **Denunziationsdrohung** zur Durchführung (*enforceability*) von korruptiven Vereinbarungen und zur **Vermeidung** von **opportunistischem Verhalten** eingesetzt werden.

In diesem Sinne kann eine gegenseitige Bedrohung mit Denunziation ein gewünschter Effekt einer korruptiven Vereinbarung sein. Unzweifelhaft kann dieser Effekt aber auch unerwünscht sein. Die beiden Vertragsparteien binden sich aneinander, ohne vollständig zu wissen, ob eine solche Bindung in der Zukunft immer vorteilhaft sein wird. Werden die Kosten der Denunziation für die Gegenseite diese immer zu kooperativem Verhalten bewegen? Wird die Gegenseite ihre Entscheidungen hinreichend rational treffen? Oder kann es der Gegenseite gelingen, später einen strategischen Vorteil aus der Bedrohung einer Offenlegung zu ziehen? Die Risiken bei der Entscheidung für einen ungünstigen Kontrahenten sind insbesondere dann groß, wenn die Gegenseite aus vielen Mitwissern besteht. Bereits die Möglichkeit des Ausscherens eines dieser Mitwisser könnte dabei ein *post-enforcement lock-in* begründen.

❑ Ein Insider gelangte an Informationen, nach denen der belgische Fußballclub Anderlecht 1984 Bestechungszahlungen an den Schiedsrichter beim Halbfinalspiel zum UEFA-Pokal gegen Nottingham Forest bezahlt hatte sowie Vereinbarungen mit sechs weiteren Schiedsrichter initiiert hatte. Der Insider verlangte 550 000 $ Schweigegeld. (Siehe hierzu: Die Straits Times, Singapore, 11. 12. 1997, »Anderlecht not guilty of match-fixing«)

Die Ungewißheit über eine mögliche Denunziation birgt ein großes Risiko für Personen, welche sich auf korruptive Vereinbarungen einlassen. Sie werden versuchen, mit gewissen Techniken diese Risiken kalkulierbar zu machen. Hierzu werden sie einerseits solche Vertragspartner vermeiden, bei denen viele Mitwisser vorhanden sind, insbesondere solche Mitarbeiter, welche nur mit einer geringen Strafe rechnen müßten. Auch werden sie solche Kontrahenten vermeiden, welche bereits in der Vergangenheit Denunziationsdrohungen ausgesprochen haben oder bei denen sie milieubedingt ein solches Verhalten erwarten.

Als eine weitere Möglichkeit der Lösung von Problemen eines *post-enforcement lock-in* bietet sich der Einbau von organisatorischen Sollbruchstellen an. Hochrangige Firmenangehörige versuchen typischerweise, Risiken aus einer Involvierung in kriminelle Aktivitäten an spezialisierte Personen in unteren Hierarchieebenen abzugeben. Hierdurch setzen sie nicht sich selbst einer möglichen Erpressung aus. So ist es typisch für große Unternehmen, daß der **Vorstand nicht vollständig informiert** ist über die Bestechungszahlungen der Vertriebsabteilung und dieses Wissen auch nicht besitzen will.

- Eingeschalteten Vertrauenspersonen müssen im Zweifelsfall alle Schuld auf sich nehmen und die Unschuld ihres Auftraggebers bezeugen. So überläßt ein japanischer Firmenchef die Abwicklung korruptiver Vereinbarungen einem in der Hierarchie niedriger stehenden Firmenangehörigen, dem sogenannten »Yogore Yaku«. (Siehe hierzu: Impulse, 4/1994, S. 15)

- Von einem Branchenkenner wurde mir berichtet, daß in manchen Ländern insbesondere ausländische Makler gerne zur Abwicklung von korruptiven Vereinbarungen eingesetzt werden. Sie bieten den Vorteil, daß sie bei Schwierigkeiten schnell unter einem Vorwand des Landes verwiesen werden können und damit dem Zugriff der Staatsanwaltschaften entzogen werden.

- Eine Sollbruchstelle hat demgegenüber beim Watergateskandal versagt. Von einem an der Untersuchung Beteiligten wurde mir hierzu mitgeteilt, daß angeblich ein Fonds zur Bezahlung der Hauptbelastungszeugen geplant gewesen sein soll, mit dem diese von ihrer Aussage bezüglich der Involvierung des Präsidenten abgehalten werden sollten. Jedoch kamen diese Pläne zu spät und das notwendige Geld konnte nicht rechtzeitig akquiriert werden.

3. Zusammenfassung

Ausgehend von einer zeitlich gegliederten Dreiteilung der Transaktionskosten korruptiver Vereinbarungen in **Suchkosten, Durchsetzungskosten und Kosten eines post-enforcement lock-in** wurde eine systematische Auflistung der institutionellen Probleme bei der Abwicklung korruptiver Vereinbarungen dargelegt. Es wurde versucht, auf die Methoden und institutionellen Arrangements einzugehen, mit denen korruptive Vertragspartner diese Kostenelemente zu kontrollieren und reduzieren versuchen. Von besonderer Bedeutung bei der Abwicklung korruptiver Vereinbarungen erweist sich hierbei eine eingeschaltete Zwischenperson, ein »**Korruptionsmakler**«. Er kann eingesetzt werden, um die Informationsbeschaffung und eine risikolosere Informationsverbreitung zu ermöglichen. Er kann eine Scheinlegalisierung ermöglichen oder über die Kontrolle von Folgeaufträgen die Zuwendungsempfänger zur Wahrung ihrer Reputation veranlassen.

Ferner kann er als Sollbruchstelle fungieren und die Vertragspartner hierdurch anonymisieren, womit ein *post-enforcement lock-in* vermieden wird.

Als Folge ergibt sich aus dieser Darlegung, daß **Transaktionskosten** teilweise sehr hoch sein können. Ferner konnte dargelegt werden, daß sich korruptive Vereinbarungen typischerweise auf einige wenige **Insider** beschränken. Dies ist u. a. darauf zurückzuführen, daß Transaktionskosten im Falle von langfristigen Beziehungen sinken, da sowohl Suchkosten in geringerem Maße anfallen und die Durchsetzbarkeit einer korruptiven Vereinbarung über die Kontrolle von Folgeaufträgen gelingt. Die Annahme, Korruption könnte einen Marktmechanismus in überregulierte Märkte zurückbringen, erscheint vor diesem Hintergrund wenig plausibel. Vielmehr erscheint die Annahme plausibel, daß Korruption in erheblichem Maße mit einer **Wettbewerbsbeschränkung** einhergeht und damit erhebliche **Ineffizienzen** mit sich bringt. Auch die Rolle von **Strafen** erwies sich in diesem Zusammenhang als ambivalent. Strafen können einen **stabilisierenden Effekt** auf korruptive Beziehungen ausüben, da hierdurch alle Beteiligten in eine gegenseitige Abhängigkeit geraten. Demgegenüber kann eine einseitige Bedrohung mit Strafe sich als effektiver herausstellen, da hierdurch eine korruptive Beziehung mit einer Denunziationsdrohung belastet wird.

In Bezug auf Maßnahmen zur Bekämpfung der Korruption ermöglicht eine institutionenökonomische Sichtweise, die einer korruptiven Vereinbarung inhärenten Schwachstellen zu erkennen. Solche Schwachstellen können gezielt gefördert werden um korruptive Beziehungen zu destabilisieren. Eine wirksame Bekämpfung der Korruption ergibt sich hierbei aufgrund einer **Erhöhung der Transaktionskosten** einer korruptiven Vereinbarung. Die Möglichkeiten hierzu folgen unmittelbar aus dem vorangegangenen:

- ❏ Der Einsatz von Kronzeugen kann maßgeblich helfen, eine Denunziationsdrohung zwischen den Beteiligten glaubwürdig erscheinen zu lassen. Hierdurch kann bereits im Vorfeld der Abschluß einer korruptiven Vereinbarung ungünstig erscheinen.

- ❏ Darüber hinaus sollten Anreize für interne Informanten geschaffen werden, ihr Wissen den Strafverfolgungsbehörden mitzuteilen. Dies beinhaltet nicht nur monetäre Anreize, sondern auch einen hinreichenden Zeugenschutz. Hierfür können auch gezielt Anlaufstellen geschaffen werden, welche sich eine glaubwürdige Reputation bei der strafrechtlichen Verwertung von Insiderinformationen erwerben müssen.

- ❏ Die Rotation von Beamten empfiehlt sich dort, wo langfristige Beziehungen mit Beamten die Sicherung von Folgeaufträgen garantieren könnte.

- ❏ Zur Erhöhung von Transaktionskosten korruptiver Vereinbarungen sind unilaterale Lösungsmechanismen zu bekämpfen. Dies beinhaltet insbesondere eine Kontrolle, Offenlegung oder im extremen Fall ein Verbot von solchen Nebentätigkeiten von Amtsträgern, welche einen Interessenkonflikt herbeiführen könnten.

❏ Durch eine geordnete Buchführung, interne Revision und eine koordinierte Aufgabenteilung (z. B. zwischen Planung, Durchführung und Kontrolle von öffentlichen Ausschreibungen) sollte sichergestellt werden, daß zur Abwicklung korruptiver Tätigkeiten möglichst viele Personen gleichzeitig involviert werden müßten. Jede beteiligte Person erhöht dabei das Aufdeckungsrisiko und die Organisationskosten einer korruptiven Vereinbarung.

❏ Insbesondere sollten jedoch potentielle Korruptionsmakler einer stärkeren Regulierung unterworfen werden, um die Transaktionskosten korruptiver Vereinbarungen zu erhöhen. Solche Makler, welche im Auftrag anderer bei Amtsträgern[46] zur Geschäftsanbahnung tätig werden, sollten hierfür eine Zulassung benötigen. Für diese Makler sollten besondere Standesrichtlinien, besondere Buchführungs- und Offenlegungsvorschriften sowie eventuell besondere Strafvorschriften gelten.

❏ Die Kontrolle von allen Geschäftsbeziehungen einer Firma mit solchen Maklern kann dabei gesellschaftsrechtlich direkt dem Unternehmensvorstand zugeschrieben werden, um den Einbau von Sollbruchstellen zu verhindern.

Literaturempfehlungen

Andvig, J. C.: The Economics of Corruption: A Survey, in: Studi Economici, Jg. 43, 1991, S. 57–94.
Andvig, J. C.; Moene, K.: How Corruption May Corrupt, in: Journal of Economic Behaviour and Organisation, Jg. 13, Nr. 1, 1990, S. 63–76. Norwegian Institute of International Affairs. Nupi rapport Nr. 134, Oslo, September 1989.
Axelrod, R.: The Evolution of Cooperation, New York 1984.
Bardhan, P.: Corruption and Development: A Review of Issues, in: Journal of Economic Literature, Jg. 35, 1997, S. 1320–46.

---

46 Der Amtsträgerbegriff sollte diesbezüglich breit ausgelegt werden und auch Parlamentarier, Parteifunktionäre und leitende Angestellte staatlich dominierter Unternehmen beinhalten. Ferner sollte auch für die Wahrnehmung öffentlicher Aufgaben durch private Unternehmen eine Beschränkung auf zugelassene Makler möglich sein. Auch die mittelbare Vermittlung über weitere eingeschaltete Mittelsmänner kann hierbei mit in die Regulierung eingeschlossen werden.

Becker, G. S.: Crime and Punishment: An Economic Approach. Journal of Political Economy, Jg. 76, 1968, S. 169–217.

Becker, G. S.; Stigler, G. J.: Law Enforcement, Malfeasance, and Compensation of Enforcers, in: Journal of Legal Studies, 1974, Jg. 3, S. 1–19.

Besley, T.; McLaren, J.: Taxes and Bribery: The Role of Wage Incentives, in: The Economic Journal. Jg. 103, Nr. 416, 1993, S. 119–141.

Brunetti. A.; Kisunko, G.; Weder, B.: Institutional Obstacles for Doing Business – Data Description and Methodology of a Worldwide Private Sector Survey. Background paper für den World Development Report 1997. Weltbank, Washington, April 1997.

Colombo, G. : Korruption als Flächenbrand. Bekämpfungsstrategien in Italien. In: Korruption in Deutschland – Ursachen, Erscheinungsformen, Bekämpfungsstrategien. Eine Tagung der Friedrich-Ebert-Stiftung am 16./17. Februar 1995 in Berlin, S. 37–44.

Dick, A. R.: When does Organized Crime Pay? A Transactions Cost Analysis, in: International Review of Law and Economics, Jg. 15, 1995, S. 25–45.

Drew, E.: Politics and Money. The New Road to Corruption, New York 1983.

Fikentscher, W.: Ersatz im Ausland gezahlter Bestechungsgelder, in: Praxis des internationalen Privat- und Verfahrensrechts, Heft 2, 1983, S. 86–90.

Galeotti, G.; Merlo, A.: Political Collusion and Corruption in a Representative Democracy. Unveröffentlichtes Manuskript. Universita'di Roma »La Sapienza« und University of Minnesota, Minneapolis, USA 1994.

Gupta, M. R.; Chaudhuri, S.: Formal Credit, Corruption and the Informal Credit Market in Agriculture: A Theoretical Analysis, in: Economica, Jg. 64, 1997, S. 331–43.

Heimann, F.: Ungestraft bestechen, in: Entwicklung und Zusammenarbeit, Jg. 35, Dezember 1994, S. 326–29.

Heymann, P. B.: Korruption in den USA. Rechtliche, wirtschaftliche und ethische Aspekte. In: Korruption in Deutschland – Ursachen, Erscheinungsformen, Bekämpfungsstrategien. Eine Tagung der Friedrich-Ebert-Stiftung am 16./17. Februar 1995 in Berlin, S. 49–56.

Husted, B. W.: Honor Among Thieves: A Transaction-Cost Interpretation of Corruption in Third World Countries, in: Business Ethics Quarterly, Jg. 4, Nr. 1, 1994, S. 17–27.

Jagannathan, N. V.: Corruption, Delivery Systems, and Property Rights, in: World Development, Jg. 14, 1986, S. 127–32.

Jarvin, S.: Aus der Praxis des ICC Schiedsgerichtshofes, in: Recht und Praxis der Schiedsgerichtsbarkeit der Internationalen Handelskammer. Schriftenreihe des Deutschen Instituts für Schiedsgerichtsverfahren, hrsg. v. K.-H. Böckstiegel, Köln 1986.

Klein, B.: Transaction Cost Determinants of »Unfair« Contractual Arrangements, in: American Economic Review, Papers and Proceedings, Jg. 70, 1980, S. 356–62.

Klein, B.: Why Hold-Ups Occur: The Self-Enforcing Range of Contractual Relationships. In: Economic Inquiry, Jg. 34, 1996, S. 444–463.

Klein, B.; Crawford, R. G.; Alchian, A. A.: Vertical Integration, Appropriable Rents, and the Competitive Contracting Process, in: The Journal of Law and Economics, Jg. 21, 1978, S. 297–326.

Klein, B.; Leffler, K.: The Role of Market Forces in Assuring Contractual Performance, in: Journal of the Political Economy, Jg. 89, 1981, S. 615–41.

Klein, B.; Murphy, K. M.: Vertical Restraints as Contract Enforcement Mechanisms, in: The Journal of Law and Economics, Jg. 31, 1988, S. 265–297.

Knapp, W.: Sittenwidrige Vermittlung von Regierungsaufträgen durch Bestechungsgelder. In: RIW – Recht der Internationalen Wirtschaft, Heft 12, Dezember 1986, S. 999–1001.

Kreps, D. M.: Corporate Culture and Economic Theory, in: Perspectives on Positive Political Economy, hrsg. v. J. Alt und K. Shepsle. Cambridge 1990, S. 90–143.

Kreps, D. M.; Wilson, R.: Reputation and Imperfect Information, in: Journal of Economic Theory, Jg. 27, August 1982, S. 253–79.
LeVine, V.: Transnational Aspects of Political Corruption, in: Political Corruption – A Handbook, hrsg. von A. J. Heidenheimer, M. Johnston und V. T. Levine, 1989, S. 685–699.
Moody-Stuart, G.: Grand Corruption in Third World Development, in: Transparency International (TI) Working Paper. Januar 1994, Berlin
Mookherjee, D.; Png, I. P. L.: Corruptible Law Enforcers: How should they be compensated? in: The Economic Journal, Jg. 105, 1995, S. 145–159.
Rasmusen, E.; Ramseyer, J. M.: Cheap Bribes and the Corruption Ban: A Coordination Game among Rational Legislators, in: Public Choice, Jg. 74, 1994, S. 305–327.
Rose-Ackerman, S.: Corruption – A Study in Political Economy, New York 1978.
Rose-Ackerman, S.: The Economics of Corruption. In: Journal of Public Economics, Jg. 4, 1975, S. 187–203.
Rosenthal, M:, An American Attempt to Control International Corruption, in: Political Corruption – A Handbook, hrsg. von A. J. Heidenheimer, M. Johnston und V. T. Levine, 1989, S. 701–715.
Rügemer, W.: Wirtschaften ohne Korruption, Frankfurt am Main, Oktober 1996.
Schrag, J.; Scotchmer, S.: The Self-Reinforcing Nature of Crime, in: International Review of Law and Economics. Jg. 17, 1997, S. 325–335.
Schuller, W.: Korruption im Altertum. Konstanzer Symposium, München, Wien 1982.
Scott, J.: Comparative Political Corruption. Englewood Cliffs, NJ 1972.
Shleifer, A.; Vishny, R. W.: Corruption. In: Quarterly Journal of Economics, Jg. 108, 1993, S. 599–617.
Sturn, R.: Geld als Medium der Korruption. In: Wirtschaftswissenschaftliches Studium, Oktober 1992, S. 520–524.
Tullock, G.: The Cost of Transfers, in: Kyklos, Jg. 24, 1971, S. 629–43.
Tullock, G.: Rent-Seeking as a Negative-Sum Game. In: Toward a Theory of the Rent-Seeking Society, hrsg. von J. M. Buchanan, R. D. Tollison und G. Tullock, College Station, Texas 1980, S. 16–36.
Wade, R.: The Market for Public Office: Why the Indian State is not Better at Development, in: World Development, Jg. 13, 1985, S. 467–97.
Wiggins: The Economics of the Firm and Contracts: A Selective Survey, in: Journal of Institutional and Theoretical Economics, Jg. 147, 1991, S. 603–661.
Williamson, O.: Credible Commitments: The Use of Hostages to Support Exchange, in: American Economic Review, Jg. 83, 1983, S. 519–40.
Williamson, O.: The Economic Institutions of Capitalism, New York, London 1985.
Wiehen, M. H.: OECD Recommendations and Enquiry, in: Uganda International Conference on Good Governance in Africa – Empowering Civil Society in the Fight Against Corruption, Mweya Lodge, Uganda, April 1996.
World Development Report: Weltbank, Washington D. C. 1997.

2. Entwicklungspolitische Gesichtspunkte der Korruption

Dieter Frisch

1. Einleitung

Im folgenden Beitrag werden die Auswirkungen der Korruption auf den Entwicklungsprozeß untersucht. Das Argument, Korruption fördere die Entwicklung, wird ad absurdum geführt. Auch die Behauptung, Korruption würde in gewissen Kulturen moralisch akzeptiert, wird zurückgewiesen. Die negativen Auswirkungen der Korruption auf die Entwicklung werden in der Überhöhung der Preise, der zusätzlichen Verschuldung, der Verminderung der Qualität von Lieferungen und Leistungen, der negativen Beeinflussung der Projektkonzeption, der falschen Prioritätensetzung und damit der Vernachlässigung der wirklichen Entwicklungsbedürfnisse gesehen. Zudem wirkt generalisierte Korruption abstoßend auf Investoren und Entwicklungshilfepartner, so daß auf Dauer die äußeren Finanzquellen versiegen. Korruption ist somit eine Hauptursache von Unterentwicklung und Armut. Diese verursacht ihrerseits neue Korruption, weil absolut verarmte Menschen mit ehrlichen Mitteln ihre Familien nicht ernähren können. **Angemessene Gehälter** im öffentlichen Dienst sind Grundvoraussetzung für Korruptionsverhütung. **Demokratie und Marktwirtschaft** müßten theoretisch korruptionsmindernd wirken. In einer Übergangsphase nimmt die Korruption jedoch erfahrungsgemäß beträchtlich zu. Längerfristig wird bei entsprechender Politik die politische und wirtschaftliche Liberalisierung hingegen zu einem Abbau der Korruption beitragen. Die Entwicklungszusammenarbeit kann diesen Vorgang unterstützen. Industrieländer sind aber nur glaubwürdig, wenn sie nicht durch zweifelhafte exportfördernde Maßnahmen die Entwicklungspolitik unterlaufen.

2. Argumente, die Korruption zu rechtfertigen versuchen

Wer immer die katastrophalen Auswirkungen der Korruption in Entwicklungsländern beobachten konnte, der kann nur mit Erstaunen die weltfremden, manchmal zynischen Thesen zur Kenntnis nehmen, mit denen namhafte Autoren das Phänomen verniedlichen oder ihm gar positive Wirkungen zuschreiben.

Mit einigen typischen Einwendungen müssen wir uns auseinandersetzen, bevor wir näher begründen, weshalb Korruption eines der gravierendsten Entwicklungshemmnisse darstellt.

2.1. Korruption als Motor für Wettbewerb und Effizienz

Da gibt es zunächst eine Schule, die Korruption für eine dem kapitalistischen System immanente Erscheinung hält, die angeblich Wettbewerb und Effizienz fördert, die in Entwicklungsländern mit normalerweise niedriger Sparquote einen Weg zur Kapitalakkumulation darstellt, die wie Öl die Entwicklungsmaschine schmiert.

Wir werden später untersuchen, ob Korruption ein unvermeidliches Element des marktwirtschaftlichen Systems ist. Hier sei nur festgehalten, daß – rein ökonomisch gesehen, also von ethischen Gesichtspunkten einmal abstrahiert – Korruption den Wettbewerb verfälscht und keineswegs fördert, und zwar sowohl auf makroökonomischer wie auf betrieblicher Ebene.[1] Im Extremfall wird der Preis und Qualitätswettbewerb ersetzt durch das gegenseitige Überbieten in der Höhe des Bestechungsbetrages! Die durch Korruption bewirkte Kapitalakkumulation führt selten zu entwicklungspolitisch nützlichen Investitionen. Die Erfahrung zeigt, daß der unrechtmäßig erlangte Reichtum weitaus mehr zum Konsum, zur politischen Klientelbildung und damit zur Machterhaltung der Eliten und zur Anlage in ausländischen Immobilien und Bankkonten verwendet wird.

Zum eigentlichen »Schmierargument« läßt sich bestenfalls positiv vermerken, daß ein Bakschisch, das heißt ein kleiner Bestechungsbeitrag, einen subalternen Beamten dazu veranlassen kann, einen notwendigen administrativen Vorgang zu beschleunigen. So erscheint es natürlich wünschenswert, daß der Zollbeamte seinen Stempel heute statt nächste Woche anbringt. Wenn er jedoch gegen Bezahlung die Ware unverzollt durchläßt, dann hat dies nichts mit der Beschleunigung zu tun, sondern stellt eine persönliche Bereicherung dar, die den Staat um die ihm zustehenden Einnahmen bringt. Es ist also streng zu trennen zwischen bescheidenen »**acceleration**« oder auch »**facilitation payments**« und **großen Bestechungsbeträgen**, mit denen ein Entscheidungsträger zu einer unsachlichen Entscheidung veranlaßt wird. Es geht uns in diesem Beitrag vor allem um diese den Entwicklungsprozeß pervertierende große Korruption. Moralisch zu verurteilen sind natürlich beide Formen. Und auch hier sollte man der Maxime folgen:

---

[1] Während die volkswirtschaftlich schädlichen Auswirkungen von Korruption vielfältig untersucht worden sind, gibt es vergleichsweise wenig Literatur zu den schädlichen Auswirkungen auf die Akteure selbst. Lambsdorff stellt beispielsweise fest, daß die Anbahnung und Abwicklung korruptiver Geschäfte in der Regel einen deutlichen Mehraufwand erfordert und zugleich eine Reihe unkalkulierbarer Risiken birgt, in: Lambsdorff, J. G.: Transaktionskosten der Korruption (vgl. Kap. I., 1.3.).

»Wehret den Anfängen!« Das Schulkind, das seinen Lehrer »Eintrittsgeld« erheben sah, wird schwerlich später zwischen gut und böse zu unterscheiden wissen.[2]

2.2. Korruption als kultureller Aspekt

Wir können daher im Lichte der Erfahrung dem Argument, Korruption habe eine Art Motorfunktion im Entwicklungsprozeß, keinerlei positive Seiten abgewinnen. Als nächstes treffen wir auf das »**kulturelles Argument**«. Es besagt, daß Korruption in gewissen fernen Kulturen – man meint dabei meist die Entwicklungsländer – üblich und moralisch akzeptiert sei. Dem ist entgegenzuhalten, daß nirgendwo in der Welt die Bereicherung von politischen Führern durch heimliche Zahlung für den Mißbrauch der ihnen anvertrauten öffentlichen Gewalt rechtmäßig oder moralisch akzeptiert ist. Wenn Bestechung ans Licht kommt, werden die Schuldigen rechtlich und politisch sanktioniert. Natürlich bedarf es dazu unabhängiger und mutiger Richter und Staatsanwälte sowie demokratischer Grundstrukturen, die eine politische Sanktion möglich machen. Aber selbst wenn beide Voraussetzungen nicht gegeben sind, bedeutet dies nicht, daß die Gesellschaft Korruption moralisch guthieße! Der frühere Präsident von Nigeria und Gründungsmitglied von »Transparency International«, Olusegun Obasanjo, hat einmal eindrucksvoll dargelegt, wie das Geschenk, das in der afrikanischen Tradition Symbol für Wertschätzung und Gastfreundschaft ist, das stets offen, niemals heimlich überreicht wird, das sogar zurückgegeben wird, wenn es den Beschenkten wegen seiner Unverhältnismäßigkeit in Verlegenheit bringt, wie diese positiven Aspekte einer alten Tradition durch die Korruption in ihr Gegenteil verkehrt wurde. Vieles spricht dafür, daß die Bestechung in Entwicklungsländern ein Importprodukt ist, und daß international operierende Firmen dabei eine große Verantwortung tragen. Jedenfalls besteht keine Rechtfertigung dafür, sich des »kulturellen Arguments« zu bedienen, um sich bei zweifelhaften Exportförderungsmethoden das Gewissen zu entlasten. Und schließlich führen uns die Medien tagtäglich vor Augen, daß Korruption nicht nur in exotischen Gesellschaften blüht.

Jeder möge daher zuerst vor der eigenen Tür kehren!

---

2 Dem Umstand, daß derartige »Beschleunigungszahlungen« häufig unüberwindbar scheinende bürokratische Hindernisse aus dem Weg räumen (scheinen), trugen auch die Vereinigten Staaten mit einer Änderung des *Foreign Corrupt Practises Act* 1988 Rechnung. Die Gesetzesänderung hob das seit dem Erlaß des Gesetzes 1977 bestehende Verbot solcher Zahlungen auf. Die im Dezember 1997 unterzeichnete OECD-Konvention kennt allerdings keine Unterscheidung zwischen »facilitation payments« und »grand corruption« – insofern erfaßt sie alle Arten korruptiver Zahlungen und wird somit auch die Vereinigten Staaten zu einer erneuten Gesetzesänderung veranlassen.

3. Die negativen Auswirkungen der Korruption auf den Entwicklungsprozeß eines Landes

Nachdem wir empirisch weder entwicklungsfördernde Effekte der Korruption noch deren moralische Akzeptanz festzustellen vermögen, sollen jetzt die negativen Auswirkungen auf den Entwicklungsprozeß analysiert werden.

❏ Korruption **verteuert** Lieferungen und Leistungen in erheblichem Maße. Wenn ein Bestechungssatz in der Größenordnung von 5% noch aus der Gewinnmarge des Lieferanten finanziert werden konnte, so werden die heute üblichen Korruptionssätze von 10 bis 20% normalerweise über den Preis auf den Käufer abgewälzt. Somit trägt das Entwicklungsland die Preiserhöhung aus internen oder externen Finanzierungsmitteln. Der Gegenwert geht in die Tasche eines Entscheidungsträgers und ist grundsätzlich für die Entwicklung des Landes verloren.

❏ Da die entsprechenden Lieferungen und Leistungen häufig durch Kredite – bankmäßig oder konzessionell – finanziert werden, erhöht sich die Verschuldung des Entwicklungslandes im Maße der über den Preis abgewälzten Korruptionsbeträge. Obwohl hierüber naturgemäß keine genauen Berechnungen vorliegen, kann man davon ausgehen, daß ein nicht unerheblicher Teil der Verschuldung auf Korruption zurückzuführen ist.

❏ Darüber hinaus führt Korruption häufig zu **Qualitätsminderung** bei Lieferungen und Leistungen. Der Entscheidungsträger kann versucht sein, auf strenge Qualitätskontrollen zu verzichten, wenn ihm dies persönlichen Vorteil bringt. So können beim Straßenbau durch Kollusion zwischen Bauherr und Baufirma die vertraglich vereinbarten Normen unterschritten und die entsprechenden Einsparungen in private Kanäle geleitet werden. Wenn dann noch eine bestechliche Polizei die erlaubte Achslast der Großfahrzeuge überschreiten läßt, braucht das Land nach kurzer Zeit neue Ressourcen, um die Infrastrukturen zu rehabilitieren oder gar völlig neu zu erstellen.

❏ Die entwicklungspolitischen Schäden sind noch größer, wenn die Konzeption eines Projektes durch Korruption beeinflußt wird. Erfahrungsgemäß sind gewisse Technologien »korruptionsergiebiger« als andere. Kapitalintensive Konzeptionen entsprechen den Lieferinteressen des Anbieters natürlich mehr als arbeitsintensive. Er ist deshalb geneigt, eine Entscheidung zugunsten der kapitalintensiven Lösung wenn nötig durch Bestechung herbeizuführen. Je komplizierter die Technologie ist, um so schwerer wird ein objektiver Vergleich verschiedener Angebote, was einen zusätzlichen Anreiz für möglichst hochentwickelte – und unübersichtliche – Konzeptionen schafft. Dies öffnet Raum für Preisüberhöhungen und komfortable Bestechungsmargen. Dabei bleiben die Entwicklungsbedürfnisse der Länder – die normalerweise nach robuster, einfacher Technologie und nach arbeitsintensiven Prozessen fragen – auf der Strecke. Wie viele Maschinen stehen still, wieviele Traktoren rosten vor sich hin, nur weil man keine angepaßte Technologie wählt, und dies, weil allzu häufig Korruption im Spiel war?

❑ Die entwicklungspolitische Perversion erreicht dann ihren Höhepunkt, wenn Korruption bestimmend wird für die Prioritätensetzung und damit für die Auswahl der entsprechenden Projekte. Hier werden dann knappe Ressourcen nicht für die eigentlichen Entwicklungsprioritäten eingesetzt, sondern für Projekte, die den Entscheidungsträgern persönlich Gewinn bringen, zur Entwicklung des Landes jedoch wenig, häufig nichts beitragen. Korruption ist verantwortlich für unzählige Entwicklungsruinen, »Kathedralen in der Wüste«, »weiße Elefanten«, von unrentablen Staudämmen bis zu jenen Fabrikanlagen, die teilweise nie funktionieren, zum großen Teil nie eine wirtschaftlich vertretbare Kapazitätsauslastung erreichen oder zu so exorbitanten Kosten produzieren, daß der Staat sie ständig subventionieren muß. Wenn man dann die Spur zurückverfolgt, so stößt man nicht selten auf Verkäufe schlüsselfertiger Anlagen, die nicht Gegenstand einer Ausschreibung waren – also freihändig ohne Wettbewerb vergeben wurden – die bankmäßig finanziert, jedoch von staatlichen Exportkreditversicherungen abgedeckt wurden. Wenn auch bei Finanzierungen durch öffentliche Mittel Korruption nie ganz ausgeschaltet werden kann, so ist dennoch zugunsten der öffentlichen Entwicklungshilfe festzuhalten, daß ein Großteil der »weißen Elefanten« der Kategorie der privat finanzierten Projekte zuzurechnen ist. Natürlich können fehlerhafte Entscheidungen auch andere Gründe als Korruption haben. Die Vermutung von Bestechung wird jedoch bei ökonomisch absurden Projekten geradezu zur Gewißheit, wenn beispielsweise eine Fabrikanlage erstellt wurde, für die es sowohl am anzuliefernden Rohstoff als auch am Absatzmarkt mangelt.[3]

❑ Nur am Rande sei vermerkt, daß, wenn ein Land sich bei der Finanzierung nicht prioritärer oder gar wirtschaftlich unsinniger Projekte verschuldet, die zusätzliche Verschuldung, der kein wirtschaftliches Ergebnis gegenübersteht, nicht nur den korruptionsbedingter Überpreis, sondern im Grenzfall den gesamten Investitionswert ausmacht. In der Schuldendebatte wird zu wenig über die Mechanismen gesprochen, die zur Überschuldung geführt haben. Diese ist häufig auf unwirtschaftlichen Einsatz der Außenfinanzierungen zurückzuführen, und dabei spielt Korruption eine nicht zu unterschätzende Rolle.

❑ Letztlich wirken korruptionsverseuchte Entwicklungsländer abstoßend auf potentielle Investoren und auf Entwicklungshilfepartner. Die betreffenden

---

[3] Eine Vielzahl von Beispielen sind dokumentiert in der sehr detaillierten Arbeit von Rügemer, W.: Wirtschaften ohne Korruption.

Länder verlieren dabei weitgehend den Zustrom von privaten und öffentlichen Finanzmitteln, die zusammen mit dem damit einhergehenden Technologietransfer für ihre Entwicklung entscheidend sind. Seriöse Investoren – nicht die »hit and run«-Geschäftemacher – suchen überschaubare, berechenbare, möglichst stabile wirtschaftliche und politische Rahmenbedingungen. An solchen Investoren müssen Entwicklungsländer interessiert sein. Aber gerade die werden von generalisierter Korruption abgestoßen. Der häufig nur vermutete Zusammenhang zwischen ausländischen Direktinvestitionen und dem Ausmaß an Korruption ist inzwischen auch empirisch begründet worden. So ergab eine an der Harvard Universität durchgeführte Studie, die sich auf den von Transpareny International herausgegebenen *Corruption Perception Index* stützte, daß der Unterschied zwischen den Korruptionswerten von Singapur (8,8) zu Mexiko (3,3) gleichbedeutend sei mit einer Erhöhung des Grenzsteuersatzes um mehr als 20 Prozentpunkte. Eine Anhebung des Grenzsteuersatzes allein um einen Prozentpunkt bedeutet indes gleichzeitig einen Rückgang der ausländischen Direktinvestitionen um rund fünf Prozent.[4] Jeder Tag, an dem Korruption ignoriert wird, bedeutet somit auch mehr Armut, weniger Bildungsausgaben, weniger Ausgaben für das Gesundheitswesen.

4. Der Fehlallokation von Ressourcen entgegenwirken

Die Entwicklungshilfeorganisationen werden die transparente und verantwortungsvolle Verwaltung aller öffentlichen Mittel – das heißt die »good governance« – und damit auch glaubhafte Initiativen zur Bekämpfung der Korruption seitens der Entwicklungsländer immer stärker als Kriterium für die Hilfeallokation heranziehen. Sie werden sich nicht länger damit begnügen, sicherzustellen, daß ihre eigenen Mittel nicht in falsche Kanäle geraten, sondern von den Entwicklungsländern erwarten, daß sie zuerst einmal ihre eigenen Ressourcen entwicklungspolitisch sinnvoll einsetzen, bevor sie sich um Hilfe nach außen wenden. Und der Zeitpunkt ist abzusehen, an dem flagrante Fälle großer Korruption oder Vergeudung knapper Mittel genauso zur Aussetzung der Kooperation führen werden wie die Verletzung fundamentaler Menschenrechte. Immerhin haben dazu sowohl der Internationale Währungsfonds als auch die Weltbank erste konkrete Schritte unternommen.

Der Zusammenhang wird nicht immer erkannt: Die korruptionsbedingte Fehlallokation knapper Ressourcen ist im großen Maße dafür verantwortlich, daß gegen soziale und wirtschaftliche Menschenrechte verstoßen wird, daß nämlich

---

4 Shang-Jin Wei: How Taxing is Corruption on International Investors? Harvard University, Feb. 1997, e-mail: shang-jin_wei@harvard.edu, home page www.nber.org/~~wei.

Grundbedürfnisse – Ernährung, Trinkwasser, Gesundheitsfürsorge, Ausbildung – nicht befriedigt werden, weil die verfügbaren Mittel für Prestigeprojekte, Entwicklungsruinen, exzessive Militärausgaben oder schlicht zur persönlichen Bereicherung der Eliten vergeudet werden. Korruption ist somit eine Hauptursache der Unterentwicklung und der Armut. Zum Nexus zwischen Korruption und Menschenrechtsverletzungen siehe auch den Beitrag von Laurence Cockcroft im Jahrebericht 1998 von Transparency International sowie Carel Mohn, Korruption und Menschenrechte in Nigeria.

5. Liberalisierungs- und Strukturanpassungsprozesse als Allheilmittel gegen Korruption?

5.1. Reform des öffentlichen Dienstes und des Justizwesens

Armut verursacht ihrerseits neue Korruption; denn wer mit ehrlichen Mitteln seine Familie nicht ernähren kann, ist versucht, zu weniger ehrlichen Mitteln zu greifen. Hier stellt sich die Frage nach der Höhe von Löhnen und Gehältern im öffentlichen Dienst. Zwar zwingen die gesamtwirtschaftlichen Reformen zu Einsparungen bei den Staatsausgaben. Es ist aber am falschen Ende gespart, wenn die staatlichen Bediensteten so wenig verdienen, daß sie zu Nebentätigkeiten gezwungen sind – eine fast normale Erscheinung in vielen Entwicklungsländern – oder eben zu anderen Mitteln wie Bestechlichkeit greifen. Bei den Bemühungen um Reform des öffentlichen Dienstes im Rahmen der sogenannten **Strukturanpassung** muß das Augenmerk gerichtet bleiben auf einen **gut funktionierenden Staat**. Das bedeutet sicher Verschlankung aufgeblähter Verwaltungsapparate. Genauso wichtig ist es jedoch, daß ein qualifizierter, unabhängiger öffentlicher Dienst bestehen bleibt. Und das setzt voraus, daß angemessene Gehälter gezahlt werden. Es erscheint aber wesentlich, daß die internationalen Finanzinstitutionen bei ihren Auflagen im Rahmen von Strukturanpassungsprogrammen nicht einfach global eine Reduzierung der Haushaltsansätze für Löhne und Gehälter im öffentlichen Dienst verlangen – denn dies führt erfahrungsgemäß eher zu weiteren generellen Lohnsenkungen als zum Personalabbau –, sondern darauf achten, daß die nach Verminderung des Personalbestandes verbleibenden Bediensteten leistungsgerecht und in einer Höhe entlohnt werden, die ihnen ein korruptionsfreies Leben möglich macht.[5]

Ähnliches gilt – vielleicht sogar noch entscheidender – im Justizbereich. Ein gut funktionierendes, unabhängiges **Gerichtswesen** ist Grundvoraussetzung für Ent-

---

5 Vgl. hierzu: Administrative Reforms, in : Jeremy Pope (Hrsg.): National Integrity Systems, S. 39–48.

wicklung und vor allem für die Bereitschaft ausländischer Investoren, sich zu engagieren.

5.2. Reform des Wirtschaftssystems

Häufig kommt die Hoffnung zum Ausdruck, daß die fast überall angelaufenen wirtschaftlichen und politischen Reformen in Richtung auf Marktwirtschaft und Demokratie spontan zu einem Abbau der Korruption führen werden.

Die theoretische Überlegung scheint dabei durchaus schlüssig: Marktwirtschaft bedeutet Abbau zahlreicher staatlicher Eingriffsmöglichkeiten. Je mehr dereguliert wird, je mehr die Marktkräfte das Geschehen bestimmen, um so weniger Raum bleibt für Ermessensentscheidungen staatlicher Stellen und damit für Gelegenheiten zur Bestechung. Wenn der Devisenverkehr freigegeben wird, hat der Beamte, der Einfuhrlizenzen zuteilte, seine Macht verloren. Es besteht also kein Grund mehr, ihn zu beeinflussen. Für Theoretiker und Marktideologien ist daher die Antwort einfach: wirtschaftliche Liberalisierung reduziert die Korruption.

5.3. Etablierung einer Demokratie

Eine ähnliche Argumentation läßt sich auf der politischen Seite führen. Demokratie bedeutet Öffnung und Transparenz mit der Entstehung von Mehrparteiensystemen und einer freien Presse. Korruption, die im Dunkeln gedeiht, kann nun öffentlich angeprangert werden. Der Druck auf bestechliche Entscheidungsträger wird daher dank der politischen Liberalisierung zu einem Reinigungsprozeß führen.

Soweit die Theorie. Die Realität ist leider einstweilen eine völlig andere. Seit dem Ende des Kalten Krieges, das heißt seit Einführung marktwirtschaftlicher und demokratischer Reformen in vielen Entwicklungsländern sowie in den sogenannten Transitionsstaaten Zentral- und Osteuropas, hat sich die Korruption sowohl in ihrer geographischen Ausdehnung wie auch in ihrer Intensität gewaltig verstärkt. Neue, aus demokratischen Wahlen hervorgegangene Regierungsmannschaften haben sich manchmal als korrupter erwiesen als die früheren autoritären Regime. In vielen Ländern ist Marktwirtschaft gleichbedeutend geworden mit gnadenloser Ausnutzung des Rechts des Stärkeren, mafiösen Verhältnissen und eben mit wuchernder Korruption.

5.4. Die Diskrepanz zwischen Theorie und Praxis

Es wäre sicher falsch, daraus zu schließen, daß Korruption sozusagen systemimmanent der Demokratie und der Marktwirtschaft anhaftet!

Die Erklärung für den scheinbaren Widerspruch zwischen Theorie und Praxis liegt wohl darin, daß sich die besagten Gesellschaften in einem Übergangsprozeß befinden, daß ein System zu Ende ging und das neue noch nicht wirklich etabliert ist.

Demokratie braucht Zeit, wenn sie mehr sein will als eine schnell errichtete Fassade. Junge Demokraten bleiben fragil und können oft nicht direkt den Kampf mit etablierten parasitären Interessen aufnehmen. Die Rolle der Opposition und der freien Presse muß erlernt sein und geübt werden. Beide müssen über Professionalität und Mittel, vor allem Finanzmittel, verfügen, um ihre demokratische Funktion wahrnehmen zu können. Andernfalls ist die Versuchung groß, daß sie ihre Stimmen und ihre Meinung dem Meistbietenden verkaufen und damit einer neuen Form der Korruption den Weg bereiten. Die Finanzierung politischer Parteien und die Existenzchancen einer wirklich unabhängigen Presse bleiben in armen Ländern ungelöste Schlüsselprobleme. Von ihrer Lösung hängt die Wirksamkeit der Korruptionsbekämpfung weitgehend ab.

Was die wirtschaftlichen Reformen angeht, so scheint ein grundlegendes Mißverständnis über die Rolle des Staates in der Marktwirtschaft zu bestehen. Das Gegenteil eines autoritären Systems ist nicht die Inexistenz des Staates. Das Gegenteil der Planwirtschaft ist nicht die schrankenlose Entfaltung der Marktkräfte. Wenngleich die jeweilige Rolle des Staates und der Privatwirtschaft grundlegend neu zu definieren ist, so braucht die Marktwirtschaft dennoch gut funktionierende staatliche Strukturen. Der Staat muß die gesetzlichen Rahmenbedingungen für das neue Wirtschaftssystem schaffen und eine unabhängige Justiz muß die gesetzlichen Regeln durchsetzen. Rechtsstaatlichkeit kann nicht durch Marktkräfte ersetzt werden!

Marktwirtschaft ohne klare Spielregeln kann zu den übelsten Mißbräuchen des Systems durch zügellose Geschäftemacher und vor allem zu einer Generalisierung der Korruption führen.

Die Marktwirtschaft ist zwar auf dem Grundsatz des individuellen Gewinnerwerbs aufgebaut. Aber nichts schadet der Gesellschaft mehr als die Jagd nach dem »schnellen Geld«, nach dem Gewinn ohne produktive Arbeit, die denjenigen, der ehrlich und durch Leistung seinen Lebensunterhalt verdient, als naiven Tölpel erscheinen lassen. Vom schnellen Geld zur Bestechlichkeit ist es dann nur ein kleiner Schritt. Korruption tötet den Unternehmens- und Entwicklungsgeist. Die gesellschaftszersetzende und entwicklungsfeindliche Wirkung der Korruption kann deshalb nicht ernst genug genommen werden.

Wir möchten die dargestellten Fehlentwicklungen als Kinderkrankheiten einer neuen, wünschenswerten politischen und ökonomischen Öffnung der Gesellschaft werten. Aber um Krankheiten muß man sich kümmern und sie nicht etwa den »selbstheilenden Kräften« des Marktes überlassen.

Man sollte also weder davon ausgehen, daß Marktwirtschaft und Demokratie spontan die Korruption zum Verschwinden bringen, noch unterstellen, Korruption sei notwendigerweise mit diesen Systemen verbunden. Vielmehr gilt es, den Übergangsprozeß beharrlich zu steuern.

Vorübergehend mag Korruption sich ausbreiten, weil Marktwirtschaft und Demokratie noch nicht verwurzelt sind, und die erforderlichen regulativen Mechanismen noch nicht greifen. Längerfristig wird der Demokratisierungsprozeß dank der größeren Transparenz, des Entstehens politischer Gegenkräfte, der tatsächlichen Beteiligung der Bevölkerung am politischen Geschehen zu besserer Regierungsführung (»good governance«) und damit zu einem Abbau der Korruption beitragen. Auch die Konsolidierung der Marktwirtschaft, durch klare Spielregeln flankiert, wird die Gelegenheiten für Korruption vermindern.

Aber es bleibt erforderlich, den Liberalisierungsprozeß durch eine entschiedene Politik der Korruptionsbekämpfung zu begleiten und diesem Thema eine hohe politische Priorität einzuräumen. Es ist erfreulich, daß sich – was die Folgen der Liberalisierung des Wirtschaftslebens betrifft – allmählich ein Paradigmenwechsel weg von neoliberalen Dogmen abzeichnet. Diese Richtungsänderung wurde nicht zuletzt in den Reaktionen auf die Ende 1997 einsetzende Wirtschafts- und Währungskrise in Ost- und Südostasien deutlich. Selbst der Chef des Internationalen Währungsfonds, Michel Camdessus, nannte als eine der Hauptursachen der Asienkrise die mangelnde Transparenz der dortigen Volkswirtschaften und forderte stärkere Kontrollmechanismen.[6]

6. Schlußbemerkung – Entwicklungszusammenarbeit als Chance

Schließlich stellt sich die Frage, ob die Entwicklungszusammenarbeit der Korruption, einem der gefährlichsten Entwicklungshindernisse, entgegenwirken kann. Sie kann dies in der Tat auf mannigfaltige Weise.

Entwicklungszusammenarbeit nimmt heute starken Einfluß auf politische und wirtschaftliche Rahmenbedingungen, von der Förderung des Demokratisierungsprozesses bis hin zur Unterstützung gesamtwirtschaftlicher, marktfreundlicher Reformen. Dabei ergibt sich reichlich Gelegenheit, Kräfte gegen das Korruptionsrisiko zu mobilisieren.

---

6 Vgl. TI Newsletter, März 1998, S. 1, 8 f.

Ferner kann **Beratung** bei der Schaffung korruptionsvermeidender Mechanismen und Institutionen zur Verfügung gestellt werden. Zu denken ist an Bereiche wie Antikorruptionsgesetzgebung, transparente öffentliche Beschaffungssysteme, Finanzkontrolleinrichtungen, Beschwerdeinstanzen für den Bürger (Ombudsman), gezielte Ausbildungsmaßnahmen in korruptionsgefährdeten Berufen.

Schließlich müssen Entwicklungshilfeorganisationen darauf achten, daß beim Einsatz ihrer eigenen Mittel alle denkbaren Vorkehrungen gegen Korruptionsrisiken getroffen werden. Die Modalitäten des Ausschreibungs- und Vertragswesens sind hier von besonderer Relevanz.

Der Entwicklungshilfeausschuß der OECD hat sich diesem Thema in jüngster Zeit angenommen. Nationale und internationale Finanzierungsinstitutionen haben daraufhin die Präventiv- und Sanktionsklauseln zur Korruptionsbekämpfung in ihren Auftragvergabesystemen verschärft. Kritisch bleibt in diesem Zusammenhang allerdings anzumerken, diese Reformschritte oftmals nur auf dem Papier unternommen worden, ihre tatsächliche praktische Umsetzung indes noch auf sich warten läßt. Dies ist umso dringender, als es bereits bei fast allen entwicklungspolitischen Institutionen Antikorruptionsklauseln gab, die allerdings nur selten kontrolliert wurden und somit wirkungslos blieben oder gar kontraproduktiv wirkten.

Insgesamt sind Maßnahmen im Rahmen der Entwicklungszusammenarbeit jedoch nur dann glaubwürdig, wenn die Industriländer ein Minimum an Kohärenz zwischen den verschiedenen Feldern der Außenbeziehungen sicherstellen. Dies ist nicht der Fall, wenn einerseits der Entwicklungspolitiker verantwortungsvolle Mittelverwaltung und Bekämpfung der Korruption von den Entwicklungsländern als Bedingung für die Hilfe einfordert und andererseits Außenwirtschaftspolitiker das gesamte Instrumentarium der Exportförderung, einschließlich der steuerlichen Absetzbarkeit von Bestechungsgeldern, auf den Märkten der gleichen Länder einsetzen. Solange in den Industriländern Gesetze, Regelungen und Praktiken bestehen, die Korruption jenseits der Landesgrenzen tolerieren, ja sogar fördern, müssen wir uns den Vorwurf der flagranten Inkohärenz gefallen lassen. Fortschritte beim Abbau solcher Widersprüche sind erfreulicherweise besonders auf EU- und OECD-Ebene neuerdings erkennbar.

Literaturempfehlungen

Cockcroft, L.: Corruption and human rights, in: Transpareny International (Hrsg.): Combatting corruption. Are lasting solutions emerging? Annual Report 1998, Berlin 1998, S. 96–102.
Lambsdorff, J. G.: Transaktionskosten der Korruption – eine institutionenökonomische Analyse, in: Diskussionsbeiträge aus dem volkswirtschaftlichen Seminar der Universität Göttingen, Nr. 93, Dezember 1997.
Mohn, C.: Korruption und Menschenrechte in Nigeria, in: ai-journal, November 1996.

Moody-Stuart, G.: Grand Corruption. How Business Bribes Damage Developing Countries, Oxford 1997.
Pope, J. (Hrsg.): National Integrity Systems. The TI Source Book, Berlin: Transpareny International 1996, S. 39–48.
Rügemer, W.: Wirtschaften ohne Korruption? Frankfurt/Main 1996.
Shang-Jin W.: How Taxing is Corruption on Internatioanl Investors? Harvard University, Februar 1997, e-mail: shang-jin_wei@harvard.edu, home page: www.nberorg/~wei

3. Wirtschaftsethische Gesichtspunkte der Korruption

3.1. Korruption – die Unterwanderung des Gemeinwohls durch Partikularinteressen. Eine republikanisch-ethische Perspektive........ 103
Thomas Maak, Peter Ulrich

3.2. Hat das Ethos in der Wirtschaft eine Chance?....................... 120
Hans Küng

3.1. Korruption – die Unterwanderung des Gemeinwohls durch Partikularinteressen. Eine republikanisch-ethische Perspektive
Thomas Maak, Peter Ulrich

1. Einleitung

In diesem Beitrag wird das Problem der Korruption aus **wirtschaftsethischer Perspektive** analysiert und im Hinblick auf eine tragfähige Orientierungsperspektive für wirtschaftliches Handeln diskutiert. Es wird sich zeigen, daß Korruption ein genuin normatives Problem darstellt und nur dann wirklich eingedämmt werden kann, wenn es in seiner vollen Tragweite einer ethisch-kritischen Reflexion unterzogen wird. Vor dem Hintergrund eines ideengeschichtlich fundierten, wohlverstandenen Ansatzes republikanischer Ethik werden konkrete Anknüpfungspunkte für ein intelligentes System der Selbstbindung von Wirtschaftsakteuren entwickelt, die, wenn sie zur Anwendung gelangen, Korruption auf ein unschädliches Maß begrenzen.

2. Ist Korruption unmoralisch?

Ist Korruption unmoralisch? Gewiß, aber wird sie wirklich einhellig so empfunden? Oder ist sie teilweise einfach als »normale« Geschäftspraxis in bestimmten Kulturkreisen oder Branchen hinzunehmen? Der Mißbrauch öffentlicher Ressourcen zur privaten Vorteilsgenerierung existiert so lange, wie gesellschaftliches Zusammenleben politischer Ordnung bedarf; er weist kulturspezifische Unterschiede auf und wird in bestimmten Formen geradezu als unvermeidliche Begleiterscheinung des Wirtschaftens betrachtet. Korruption ist ein dialektisches Phänomen: Man zeigt sich angesichts der zahlreichen Affären der letzten Jahre empört, empfindet es aber auch ein Stück weit als Normalität, wenn wieder einmal von Bestechung im Amt die Rede ist oder über unternehmerische Abweichung von den geltenden Normen bzw. Rechtsnormen berichtet wird. Das Ausmaß moralischer Empörung ist um so größer, je unmittelbarer die Übervorteilung empfunden wird. So wird etwa Korruption im regionalen oder nationalen Geschäftsverkehr anders beurteilt als Korruption im internationalen Geschäftsverkehr. Ein weitgehend kulturrelatives Moralempfinden sorgt dafür, daß Bestechlichkeit noch allzu oft dem Bereich kulturspezifischer Geschäftspraktiken zugeschrieben und damit entschuldigt wird. Um im internationalen Wettbewerb zu reüssieren, bedarf es eben – so eine gängige Rechtfertigung – ab und zu bestimmter Sonderzahlungen. Andere Länder, andere Sitten. Überhaupt: korrupt sind meistens die anderen, die Beamten und Funktionäre in den entwickelnden Ländern oder in den Ländern der sogenannten »dritten Welt«, die Politiker und öffentlichen Funktionsträger »da draußen«.

Zu den Befunden der Zeitdiagnostik gehört freilich seit längerem die Feststellung, daß auch »bei uns« in den ausdifferenzierten Industriegesellschaften nicht alles zum Besten steht. Im Gegenteil: die ungelöste ökologische Frage, die in aller Härte aufkommende soziale Frage aufgrund der Krise der Arbeitsgesellschaft, sowie die zunehmende Durchökonomisierung zahlreicher Lebensbereiche, verbunden mit einer fortschreitenden Individualisierung, tragen dazu bei, daß die innergesellschaftlichen Spannungspotentiale zunehmen und die allgemeinen Sitten wie auch die Geschäftspraktiken zunehmend verrohen. Im Klima einer von fortschreitendem Egoismus geprägten, von Raffgier beseelten Gesellschaft wirken dann Aufforderungen zur Einhaltung universeller Normen im Geschäftsverkehr – wie Peter Sloterdijk einmal festgestellt hat – eher »wie Vorschläge zu einer moralischen Richtgeschwindigkeit im sozialen Verkehr; wer es eilig hat, kann sich unmöglich an sie halten. Korruption baut Schnellstraßen zum Erfolg, Privatautobahnen parallel zu den verstopften Amtswegen. Wo Straßenbau aus der öffentlichen Hand in die private fällt, werden Mautgebühren fällig.«[1] Wer die nicht zahlen will – oder kann, gerät ins Hintertreffen. Der Ehrliche, so scheint es allenthalben, ist mehr und mehr der Dumme. Individuelle Selbstbeschränkung, während die anderen sich bereichern? Was bleibt, ist wenig mehr als Selbstverleugnung oder Idealismus – nicht für viele eine wirkliche Option.

Erleichtert wird unmoralisches Verhalten zudem dadurch, daß sich Bestechlichkeit quasi als anthropologische Konstante durch die Menschheitsgeschichte zieht und der Korruption in diesem Sinne ein tradiertes Legitimationspotential innezuwohnen scheint, eine historische Freikarte zur individuellen Souveränitätsmaximierung. Dies mag eine der Ursachen dafür sein, daß der Kampf gegen Korruption erst seit einigen Jahren wieder verstärkt an Bedeutung gewinnt – seit man beispielsweise bei der OECD in der Folge der Globalisierungs- und Liberalisierungsprozesse realisiert, daß Korruption ein Entwicklungshindernis darstellt und auch einer weiteren Liberalisierung der Weltwirtschaft entgegensteht. Bestechungsgelder werden nicht länger als »Schmiermittel« internationaler Geschäftsprozesse betrachtet, sondern mehr und mehr als das, was sie darstellen: ein »schleichendes Gift«, das nicht nur die Stabilität und den Zusammenhalt der politischen Gemeinwesen – auch der Weltgemeinschaft – gefährdet, sondern auf die Dauer auch jede Marktordnung erodieren läßt. Je weiter dieser Erosionsprozeß fortschreitet, desto fraglicher wird die Legitimität der marktwirtschaftlichen Grundordnung.

---

1 Vgl. Sloterdijk, P.: Der neue Sumpf und der alte Staat, in: Tages-Anzeiger (Zürich) vom 15. 1. 1996, S. 2.

Insofern liegt es eigentlich im wohlverstandenen Eigeninteresse eines jeden, dem eine freiheitliche Gesellschaft und eine in sie eingebettete Marktwirtschaft bewahrenswert erscheint, gegen deren »Vergiftung« tätig zu werden. Korruption widerspiegelt eine Mißachtung der Spielregeln des Marktes. Doch haben wir es mit einem typischen »Trittbrettfahrer-Problem« zu tun: würde sich nur ein Einzelner korrupt verhalten und als *free rider* davon profitieren, daß sich die anderen Marktteilnehmer an die Spielregeln hielten, so wären die Folgen wohl zu vernachlässigen. Sobald jedoch vermehrtes *free riding* auftritt, werden die Spielregeln zur bloßen Makulatur. »Spielregeln gelten für alle – oder für niemanden.«[2]

Korruption folgt zwar der ebenfalls marktkonstitutiven Tauschlogik, das heißt sie stellt einen Tauschakt dar, aber eben einen mit umfangreichen Nebenwirkungen. Das konstitutive Prinzip des fairen Wettbewerbs wird ausgehöhlt: Einer kurzfristigen Win-win-Situation der korrupten Tauschpartner stehen Verluste der benachteiligten Marktteilnehmer sowie der Gesellschaft insgesamt in Form nachhaltiger Gemeinwohleinbußen gegenüber, da jeder Korruptionsakt den langfristigen Moralzerfall in Markt und Gesellschaft befördert.

Um zu nachhaltigen Lösungsperspektiven des Korruptionsproblems zu gelangen, ist es aus unserer Sicht unumgänglich, sich wirtschafts*ethisch* »im Denken zu orientieren« (Kant). Korruption ist ein genuin **normatives Problem**; will man bis an dessen Wurzel vordringen, bedarf es einer vorbehaltlosen ethisch-kritischen Analyse. Zwar darf man sich auch diesbezüglich nicht der Illusion hingeben, daß man mit dem gewonnenen Orientierungswissen die Korruption wird »ausrotten« können; der Wirklichkeitssinn und ein kritisches Geschichtsbewußtsein gebieten es, das Faktum der Korruptibilität in seiner Verwurzelung und Tragweite zu berücksichtigen. Aber – um mit Musil zu sprechen – »wenn es Wirklichkeitssinn gibt, muß es auch Möglichkeitssinn geben. (…) Es ist die Wirklichkeit, welche die Möglichkeiten weckt, und nichts wäre so verkehrt, wie das zu leugnen.«[3]

Möglichkeitssinn im Hinblick auf die **Voraussetzungen einer korruptionsarmen Wirtschaftswelt** zu entwickeln ist deshalb eine der Zielsetzungen wirtschaftsethischer Reflexion. Es bedeutet, *grundlagenkritisch* über die sozio-moralischen Voraussetzungen nachzudenken, unter denen es *möglich* werden kann, Korruption nachhaltig einzudämmen, *nicht* allein über das, was voraussetzungslos *machbar* ist. Eine reine Machbarkeitsperspektive wird sich im gängigen Instrumentenkasten rechtlichen und kontraktualistischen Denken und damit in Symptombekämpfung erschöpfen. Die wirtschaftsethische Betrachtung hingegen öffnet den Horizont für weiterführende Überlegungen zur Ursachenbeseitigung,

---

2 Ulrich, P.: Integrative Wirtschaftsethik. Grundlagen einer lebensdienlichen Ökonomie, Bern/Stutgart/Wien, 2. Aufl. 1998, S. 76.
3 Musil, R.: Der Mann ohne Eigenschaften, Reinbek/Hamburg 1987, S. 16 f.

indem sie die Normen- und Werteproblematik der Korruption offenlegt und so von den Fundamenten her in ethisch-politischer Absicht grundlegende Orientierung er*möglicht*. Gerade am Beispiel der Korruption offenbart sich, daß wohlverstandene Wirtschaftsethik immer auch *politische Wirtschaftsethik* ist, d. h. daß das kritische Nachdenken über Sinn, Zweck und Legitimität des Wirtschaftens auch die fortwährende Auseinandersetzung mit politisch-philosophischen Ideen und Leitbildern beinhaltet. Wir werden deshalb nachfolgend zunächst einige Aspekte **republikanischen Denkens** ideengeschichtlich rekonstruieren.

Kennzeichnend für den Republikanismus ist die Tatsache, daß hier das Phänomen der Korruption seit jeher eine zentrale Bedeutung hat und als Ausdruck unzureichenden Bürgersinns begriffen wird. Anschließend wird der Frage nachgegangen, wie die republikanische Perspektive im Hinblick auf die Erfordernisse einer modernen, pluralistischen Gesellschaft als antikorruptive Leitidee einer sinnvollen Integration der Wirtschaft in das politische (Welt-)Gemeinwesen revitalisiert werden kann.

3. Korruption – eine republikanische Perspektive

Die wechselvolle Geschichte des Republikanismus reicht bis zur *polis* der griechischen Antike zurück.[4] Als eigentliche Blütezeit gilt die Renaissance, also die Zeit der bürgerhumanistisch geprägten italienischen Städterepubliken wie Venedig, Florenz oder Siena, auf die sich auch die amerikanischen Gründungsväter bei der Ausarbeitung der Verfassung maßgeblich bezogen haben. Das hat John Pocock in seiner wegweisenden Studie über das »Machiavellian Moment«, die Verbindungslinien zwischen dem florentinischen politischen Denken und der transatlantischen republikanischen Tradition, vor nunmehr über 20 Jahren aufgezeigt.[5]

Der Republikanismus gewinnt als gesamthaftes ethisch-politisches Konzept erst seit kurzem wieder an Orientierungskraft – nach einigen wegweisenden historischen Arbeiten durch maßgebliche Verfassungstheoretiker und Rechtsphilosophen wie Ackerman, Michelman und Sunstein und deren deutschsprachige Rezeption durch Habermas.[6] Zwar ging ein Teil der republikanischen Substanz – vor

---

4 Vgl. Ulrich (1997), S. 289 ff. und Maak, Th.: Republikanische Wirtschaftsethik als intelligente Selbstbindung. Republikanismus und deliberative Demokratie in wirtschaftsethischer Absicht, Beiträge und Berichte des Instituts für Wirtschaftsethik, Nr. 81, St. Gallen 1998.
5 Vgl. Pocock, J. G. A.: The Machiavellian Moment. Florentine Political Thought and the Atlantic Republican Tradition, Princeton 1975.
6 Vgl. Ackerman, B.: The Storrs Lectures: Discovering the Constitution, in: The Yale Law Journal, Vol 93, 1984, S. 1013–1072; ders.: We the People. 1: Foundations, Cambridge, Mass./ London 1991; Michelman, F. I.: The Supreme Court 1985 Term. Foreword: Traces of Self-Government, in: Harvard Law Review Vol. 100: 4, 1986; ders.: Law's Republic, in: The Yale Law

allem des 18. Jahrhunderts – in den Fundus demokratischer Rechtsstaaten über,[7] doch kam die Idee für das republikanische Ganze, das was eine *Republik* im wohlverstandenen Sinne ausmacht, trotz der Wurzeln in der amerikanischen (1776) und der schweizerischen Verfassung (1848) weitgehend abhanden.

Was den Republikanismus auszeichnet und so aktuell macht, ist die Tatsache, daß hier gleichsam der goldene Brückenschlag zwischen individueller Selbstbestimmung und konstitutiver politischer Gemeinschaft gelingt. Der Republikanismus stützt sich auf die sozialintegrative Kraft staatsbürgerlicher Selbstbestimmung im semantischen Feld von Bürgertugend *und* politischer Freiheit. Republikanisch gesinnte Bürger verfolgen autonom ihre je eigenen Interessen *innerhalb* einer Gemeinschaft der Freien und Gleichen; sie beratschlagen dementsprechend in öffentlicher Deliberation über die ethisch-politischen Zwecksetzungen sowie Spielregeln von Staat und Markt. Neben die republikanische Staatsverfassung und den Markt als die Sphäre wirtschaftsbürgerlicher Tätigkeiten tritt auf diese Weise die **solidarische Zivilgesellschaft**, der bürgerschaftliche Zusammenhalt jenseits von Partikularinteressen, als dritte Kraft gesellschaftlicher Integration.[8]

Sucht man nach Gründen für das Verschwinden der republikanischen Ideen, so war es vermutlich der durchschlagende Erfolg der Industrialisierung und des damit einhergehenden besitzbürgerlichen und privatistischen Liberalismusverständnisses, das die republikanischen Errungenschaften umgedeutet bzw. ins Geschichtsarchiv verdrängt hat. Angesichts unbegrenzter Industrialisierungspotentiale wurden die Fesseln und Bremsmechanismen der Ökonomie gelöst, woraufhin diese sich weitgehend verselbständigte. Die nicht-marktlichen Grundlagen marktlicher Ordnung, der **Stiftungszusammenhang**, gerieten aus dem Blick, die sozio-moralischen Integrationsfaktoren wurden aus den Systemen Politik und Markt fortschreitend externalisiert. So wurde eine der elementarsten Erkenntnisse politischer Geschichte systematisch verdrängt, nämlich daß wohlverstandene Freiheit als **politische Freiheit aller Bürger** immer wieder erneuert werden muß. Die Arbeit am Freiheitsbegriff ist denn auch eines der zentralen Elemente des Republikanismus.

Journal, Vol. 97, No. 8, 1988, S. 1493–1537; Sunstein, C. R.: Beyond the Republican Revival, in: The Yale Law Journal, Vol. 97, No. 8, 1988, S. 1539–1590; Habermas, J.: Faktizität und Geltung. Beiträge zur Diskurstheorie des Rechts und des demokratischen Rechtsstaats, 4. Aufl., Frankfurt 1994.

7 Vgl. Isensee, J.: Republik – Sinnpotential eines Begriffs, in: Juristenzeitung, Nr. 1, 1981, S. 8.
8 Vgl. Habermas, J.: Drei normative Modelle der Demokratie. Zum Begriff deliberativer Politik, in: Münkler, H. (Hrsg.): Die Chancen der Freiheit. Grundprobleme der Demokratie, München 1992, S. 12.

3.1. Freiheit

Schon bei den politischen Philosophen der Renaissance ist »wahre« Freiheit *immer politische Freiheit*, die nur dann entsteht, wenn gleichgesinnten Bürgern in partizipativer Selbstregierung und -gesetzgebung die Balance von individueller Selbstbestimmung und öffentlicher Zweckgemeinschaft gelingt. Denn – so eine zentrale Einsicht – »erst in öffentlicher Freiheit kann eine Gesellschaft zu sich kommen«.[9] In der Ausübung öffentlicher Freiheit, so hat Hannah Arendt es in ihrer Analyse der amerikanischen Revolution genannt, erfährt eine Bürgerschaft das »öffentliche Glück«.[10]

In republikanischer Perspektive ist Freiheit weder – wie im ökonomischen Liberalismus – naturgegeben und allein auf die Abwehr äußerer Zwänge gerichtet, noch wird sie – wie im Kommunitarismus – ausschließlich durch eine tradierte Gemeinschaft bestimmt bzw. nur in dieser Gemeinschaft ermöglicht; sie ensteht statt dessen durch das gegenseitige Aufeinanderbezogensein von selbstbestimmten Bürgern in der *res publica*, der öffentlichen Sache guten und gerechten Zusammenlebens. »We first become aware of freedom or its opposite in our intercourse with others, not in intercourse with ourselves.«[11] **Politische Freiheit** kann nur intersubjektiv erfahren werden, sie ist **positive Freiheit**[12], d. h. Freiheit zur Selbstbestimmung *und* Mitgestaltung der res publica. Der republikanische Bürger ist in diesem Sinne mitverantwortlicher *Aktivbürger*, d. h. die Idee einer wohlgeordneten demokratischen Republik ist nur zu verwirklichen mit der **Handlungs- und Kooperationsbereitschaft** aller Bürgerinnen und Bürger, sowie deren *Willen*, das je eigene Handeln einer freiheitskonstituierenden öffentlichen Legitimitätsprüfung zu unterziehen.

Gewährleistet wird diese Handlungsbereitschaft im Republikanismus durch die *Bürgertugend*. Die politische Tugend des Bürgers, so eine republikanische Erkenntnis, ist die Bedingung seiner Freiheit.[13] Zentral für alle republikanischen Denker ist die selbsterhaltende Beziehung zwischen *virtù* und Freiheit. Pocock hat diese wechselseitige Verschränkung von Bürgertugend und politischer Freiheit »the mechanization of virtù«[14] genannt. Es zeigt sich an diesem Punkt in aller

---

9 Frankenberg, G.: Die Verfassung der Republik. Autorität und Solidarität in der Zivilgesellschaft, Frankfurt 1997, S. 134.
10 Vgl. Arendt, H.: Über die Revolution, Neuausgabe, München 1974, S. 91 u. 147 ff. Hannah Arendt rekonstruiert vor allem im dritten Kapitel die Verfolgung »öffentlichen Glücks«, eines Begriffs, der zur Zeit der amerikanischen Revolution im politischen Diskurs relativ verbreitet war.
11 Arendt, H.: Freedom and Politics, in: Miller, D. (Hrsg.): Liberty, Oxford 1991, S. 58–79, hier S. 60.
12 Vgl. Berlin, I.: Freiheit. Vier Versuche, Frankfurt 1995 (Orig.: Oxford 1969).
13 Vgl. auch Isensee (1981), S. 8.
14 Vgl. Pocock (1975), S. 285.

Klarheit, daß sich *Republikanismus* und wohlverstandener *politischer Liberalismus* keineswegs ausschließen, sondern sich im Gegenteil wechselseitig ergänzen – als **liberaler Republikanismus** oder **republikanischer Liberalismus**.[15]

3.2. Korruption

Der erfahrungsnahe Anknüpfungspunkt für die republikanische Ordnungsvorstellung war die als notwendig erachtete Fähigkeit der Bürger, die Republik – und damit ihre individuelle wie kollektive Freiheit – nach außen wie nach innen zu verteidigen. Im Sinne der Freiheitssicherung nach innen war der Fokus der Aufmerksamkeit neben der Vermeidung von Zwietracht und Bürgerstreit auf die Vermeidung der Dominanz von Partikularinteressen und den Kampf gegen die Korruption gerichtet. Korruption ist also von Anfang an ein Kernbegriff im republikanischen Vokabular. Machiavelli beispielsweise hat sich in den *discorsi* eingehend mit dieser Problematik auseinandergesetzt.[16] Er ging davon aus, daß die Bürger trotz aller guten Absichten zur Korruption tendieren; sie seien zögerlich, ihre gemeinwohlförderlichen Fähigkeiten zu kultivieren, weil sie ihrem natürlichen Hang der individuellen Vorteilsmaximierung nachgeben, wenn sich Ansprüche der politischen Gemeinschaft als konfligierend erweisen. Machiavelli war – theoretisch – von einem anthropologischen Pessimismus erfüllt, der ihn veranlasste, von einer permanenten Korruptibilität des Menschen auszugehen.[17] Angesichts der politischen Unordnung seiner Zeit, des Verfalls der Sitten und der Dominanz von Ehrgeiz und Habsucht sah er in einem starken Staat die zuverlässigste Instanz gegen die Korruptionsneigungen der Menschen.[18] Den schlechten Neigungen der Menschen sollte durch eine restriktive, »gute« politische Ordnung ein Riegel vorgeschoben werden. Als Rückendeckung der politischen Ordnung sollte eine Staatsreligion als erzieherisches Mittel gegen die Korruptibilität des Menschen wirksam werden.[19]

Machiavellis Befund beruhte auf historisch-analytischen Überlegungen, die naturgemäß in dieser Form heute nicht mehr greifen können. Seine Analyse hält für uns gleichwohl zwei wichtige Erkenntnisse bereit: *erstens*, daß kein Gemeinwesen ohne eine sinnvolle ethisch-politische Integration auskommt und langfristig Bestand hat; *zweitens*, daß Korruptibilität – geschichtlich betrachtet – eine Art Kon-

---

15 Vgl. dazu Ulrich (1997), S. 295 ff. sowie neuerdings auch Dagger, R.: Civic Virtues. Rights, Citizenship, and Republican Liberalism, Oxford 1997.
16 Vgl. Machiavelli, N.: Discorsi. Gedanken über Politik und Staatsführung, dt. Gesamtausgabe, 2. Aufl., Stuttgart 1997, vor allem Buch I.
17 Vgl. Münkler, H.: Machiavelli. Die Begründung des politischen Denkens der Neuzeit aus der Krise der Republik Florenz, Frankfurt 1984, S. 263 ff.
18 Vgl. Münkler (1984), S. 268.
19 Vgl. Münkler (1984), S. 276 ff.

stante menschlichen Verhaltens darstellt, vor allem im Hinblick auf jene, die machtvolle Positionen bekleiden, und als solche hinsichtlich der Erfordernisse in politischer Bildung und Ordnung in Rechnung zu stellen ist.

Nach Pocock erscheint der Begriff der Korruption in den verschiedenen Abhandlungen der Renaissance allgemein in drei verschiedenen Bedeutungen:[20] Er bezeichnet *erstens* die degenerative Tendenz, zu der alle Regierungsformen neigen, *zweitens* deren Ursache, nämlich daß einzelne Individuen nicht im republikanischen Sinne von der politischen Gesamtheit und damit von sich selbst, sondern von bestimmten Gruppen bzw. Partikularinteressen abhängig sind. Die Abhängigkeit von partikularen Sonderinteressen widerspricht dem republikanischen Ideal der politischen Selbstbestimmung. Schließlich ist *drittens* mit Korruption auch die individuelle moralische Degeneration gemeint, die eine Ausbildung von Bürgertugend verhindert bzw. zu Tugendverfall führt. Das Ausmaß an Korruption ist um so größer, je mehr Einzel- oder Gruppeninteressen sich von der Republik dadurch entkoppeln, daß sie zu Lasten der *res publica* ihre Sonderinteressen verfolgen. Korruption ist, wie Michelman es formuliert, »the subversion, within the political motivation of any participant, of the general good by particular interest.«[21]

Dabei bedeutet »korrupt sein«, wie Quentin Skinner aufgezeigt hat, zu vergessen, daß wir gut daran tun, uns prinzipiell als tugendhafte Bürger zu verhalten und dem Wohl der politischen Gemeinschaft den Vorrang vor unseren Partikularinteressen einzuräumen, sofern es uns wirklich darum geht, soviel Freiheit wie möglich zu genießen. »Corruption, in short, is simply a failure of rationality, an inability to recognize that our own liberty depends on committing ourselves to a life of virtue and public service«.[22] Weil wir dieses vitale Element praktischer Vernunft oftmals außer acht lassen, neigen wir nach Skinner dazu, regelmäßig unsere eigentlichen Ziele zu unterlaufen.[23] Wem es also um die Sicherung »wahrer« Freiheit geht, der wird alles daran setzen, die dazu notwendigen Tugenden auszubilden und zu kultivieren. Diese Einsicht widerspiegelt die fundamentale Differenz zu libertären Vorstellungen, wonach es ausreicht, aus aufgeklärtem

---

20 Vgl. Pocock, J. G. A.: Die andere Bürgergesellschaft. Zur Dialektik von Tugend und Korruption, Frankfurt 1993, S. 42. Vgl. im weiteren für eine interessante ideengeschichtliche Analyse der Korruption im Florenz des 17. und 18. Jahrhunderts Waquet, J.-C. : Corruption. Ethics and Power in Florence, 1600–1700, Cambridge 1991; sowie Thompsons instruktive Abhandlung über den amerikanischen Kongress: Thompson, D. F. : Ethics in Congress. From Individual to Institutional Corruption, Washington 1995. Für eine aktuelle Analyse auf dem Hintergrund der Globalisierung siehe Elliott, K. A. (Hrsg.): Corruption and the Global Economy, Washington 1997.
21 Vgl. Michelman (1986), S. 40.
22 Skinner, Q.: The Paradoxes of Political Liberty, in: Miller, D. (Hrsg.), Liberty, Oxford 1991, S. 183–205, hier S. 198 f.
23 Vgl. Skinner (1991), S. 199.

Eigeninteresse zu handeln, da sich aus dem durch die »unsichtbare Hand« des Marktes koordinierten Zusammenspiel je privater Interessenverfolgung das für alle gleichermaßen beste Ergebnis vermeintlich wie von selbst ergibt. Wer in dieser Sicht auf Bürgertugenden setzt, verhält sich nicht nur töricht, sondern stört auch die evolutive und selbstorganisierende Interessen- und Freiheitsmaximierung. Daß in der Abwesenheit von Bürgertugend die Ursache von Korruption liegen könnte, *will* man von libertärer Seite nicht sehen, man vertraut allein auf das Zusammenwirken von rechtlichen Minimalbedingungen und der Logik des Marktes.

3.3. Bürgertugend

Ohne die »**Liebe zur Republik**«, wie Montesquieu die Bürgertugend emphatisch genannt hat, ist keine *wohlgeordnete Republik* denkbar. Als zentrales Leitmotiv galt den frühen republikanischen Denkern »virtù vince fortuna«: die Bürgertugend triumphiert über die Unwägbarkeiten und Fallstricke von Glück und Zufall. Bürgertugend ist in diesem Sinne effektiv, denn sie dient dem guten Leben, sie gewährleistet *humanitas*, d. h. menschliches, rücksichtsvolles und vorausschauendes Verhalten.

Nun waren sich die Renaissance-Philosophen nicht zuletzt auf dem Hintergrund von Korruption durchaus darüber im klaren, daß der Mensch als politisches Wesen immer unvollkommen bleibt und es auch weniger tugendhafte Menschen bzw. solche gibt, die zu Lasten anderer oder auf Kosten der Gemeinschaft ihren je eigenen Vorteil verfolgen und deren Laster die Tugenden zurückdrängt.[24] Deswegen bettet der Republikanismus – und das macht ihn so zeitlos aktuell – die konkreten Bürgertugenden in ein Gesamtkonzept ethischer Politik ein, in ein **formales Konzept der Bürgertugend**, das über rein individualethische Aspekte hinausgeht und institutionenethische Aspekte im Hinblick auf die Schaffung einer wohlgeordneten Republik einbezieht: Individuelle Bürgertugend ist zu ergänzen durch ein intelligentes institutionelles Design, das *moralische Leitplanken* und *institutionelle Rückenstützen* umfasst, Tugendüberforderung vermeidet und tugendhaftes Verhalten ermöglicht. Pionierhaftes auf diesem Gebiet hat Donato Giannotti bereits 1534 in seiner *Republica fiorentina* geleistet, einer Art Geheimplan zur Wiedererrichtung der Republik Florenz auf der Basis einer republikanischen Mischverfassung und mit Hilfe der Institutionalisierung der Bürgertugend

---

24 Kant hat später in seiner berühmten, aber problematischen Formulierung aufgegriffen, dass das Problem der Staatsgründung auch für ein Volk von Teufeln auflösbar sein müsse. Vgl. Kant: Zum Ewigen Frieden. Ein philosophischer Entwurf, in: Schriften zur Anthropologie, Geschichtsphilosophie, Politik und Pädagogik 1, Werkausgabe Bd. XI, Frankfurt 1977, S. 191–251, hier 224. Kritisch dazu Ulrich (1997), S. 301 f.

in den Strukturen von Selbstregierung und -gesetzgebung.[25] Wir werden hinsichtlich der praktischen Implikationen im dritten Abschnitt aufzeigen, wie eine *republikanische Wirtschaftsethik* im Sinne eines intelligenten institutionellen Design wirksam werden kann.

Wir haben eben von der wechselseitigen Verschränkung von Tugend und Freiheit gesprochen; in dieser Verschränkung widerspiegelt sich der *republikanische* **Dualismus: Bürgertugend** ist **Voraussetzung** und **Ergebnis** des politischen Prozesses, wird also stets aufs neue reflektiert und bestätigt vor dem Hintergrund der konsequenten Rechtsstaatlichkeit einer institutionalisierten und gelebten republikanischen Verfassung, oder wie Quentin Skinner es formuliert: »the opportunities offered to men of talent under a free constitution are said to encourage the development of *virtù*; and the *virtù* thus engendered is in turn said to play a vital role in preserving the freedom of the constitution.«[26]

Deswegen wurde im amerikanischen Republikanismus auch der Begriff der *public virtue* geprägt. In einer modernen, aufgeklärten Weise ließe sich *public virtue* heute vielleicht mit dem umschreiben, was Jürgen Habermas *Verfassungspatriotismus* nennt.[27] Auf der einen Seite ist nach Habermas eine Republik letztlich nur so stabil, »wie die Prinzipien der Verfassung in den Überzeugungen und Praktiken ihrer Bürger Wurzeln schlagen. Eine solche Mentalität kann sich nur im Kontext einer freiheitlichen und streitbaren politischen Kultur herausbilden; sie kommt zustande durch Kritik und Auseinandersetzung in den Arenen einer nichtentmündigten (...) Öffentlichkeit. Ein solches, mit administrativen Mitteln nicht herstellbares Geflecht aus Motiven, Gesinnungen, Kommunikationsformen und Praktiken ist der Gradmesser für die politische Zivilisierung eines Gemeinwesens.«[28] Auf der anderen Seite erfordert die **Multikulturalität** moderner Gesellschaften, die Existenz verschiedener kultureller Narrative innerhalb einer politischen Gemeinschaft, einen nicht-partikularistischen, gemeinsamen politischen Nenner. Beiden Aspekten wird mit einem aufgeklärten Verfassungspatriotismus im Rahmen einer lebendigen Zivilgesellschaft Rechnung getragen.

---

25 Die authentische Ausgabe der »Republik Florenz« wurde erst 1990 veröffentlicht und liegt jetzt vorzüglich kommentiert und editiert auch auf Deutsch vor: Donato Giannotti, Die Republik Florenz (1534), hrsg. v. Alois Riklin und Daniel Höchli, München 1997.
26 Skinner, Q.: The Foundations of Modern Political Thought, Vol. I: The Renaissance, Cambridge 1978, S. 180.
27 Vgl. Habermas, J.: Ist der Herzschlag der Revolution zum Stillstand gekommen? Volkssouveränität als Verfahren. Ein normativer Begriff der Öffentlichkeit?, in: Forum für Philosophie Bad Homburg (Hrsg.), Die Ideen von 1789 in der deutschen Rezeption, Frankfurt 1989, S. 7–36, hier z. B. S. 9 f.; Habermas, J.: Staatsbürgerschaft und nationale Identität. Überlegungen zur europäischen Zukunft, St. Gallen 1990, S. 15 f.
28 Habermas, J.: Die Normalität einer Berliner Republik. Kleine politische Schriften VIII, Frankfurt 1995, S. 169 f.

Während einerseits die Tugend des Bürgers die Bedingung seiner Freiheit ist und diesbezüglich sein Handeln bestimmt, ist sie andererseits an die *Fähigkeit* geknüpft, als Bürger handeln zu *können*. Bildung und Erziehung zur Freiheit, die Ermächtigung, als Gleicher unter Gleichen eine sinnvolle politische Lebensform mitzugestalten, ist deshalb in republikanischer Hinsicht unverzichtbar. Modernes republikanisches Denken bedeutet in diesem Sinne die **Ermächtigung aller zur Teilnahme am öffentlichen Leben,** zugleich aber die allgemeine »Selbstverpflichtung zur Öffnung eines öffentlichen Raumes, in dem alle Mitglieder der Gesellschaft auftreten«.[29] Dieser zentrale Punkt impliziert eine wichtige Erkenntnis: Soll Korruption wirksam und nachhaltig vermieden werden, dann bedarf es der staats- und wirtschaftsbürgerlichen Bildung. Nur so werden die zivilgesellschaftlichen Grundlagen und die bürgerethischen Dispositionen dafür geschaffen, daß sich ein Mindestmaß an Gemeinsinn und damit an intersubjektiv gelebter Bürgertugend entfalten kann.

4. Intelligente Selbstbindung statt Korruption

Fassen wir an dieser Stelle die republikanische Idee kurz zusammen, so können wir feststellen, daß eine wohlgeordnete Gesellschaft ohne Bürgertugenden, ohne moralische Personen, die einen Gerechtigkeitssinn haben und ihr individuelles Wohlergehen an das Wohlergehen der politischen Gemeinschaft knüpfen, nicht zu haben ist. Ohne »zivilisierten Gemeinsinn«, Fairness, Toleranz und ein Streben nach solidarischem Zusammenhalt jenseits von Partikularinteressen und Korruptibilität kann auch eine Industriegesellschaft auf Dauer nicht bestehen. Bürgertugenden bilden in diesem Sinne die nicht-marktliche Grundlage marktlicher Ordnung. Indem ein Mindestmaß an Bürgertugend für die Balance von Privatem und Öffentlichem sorgt, schärft sie das Bewußtsein dafür, daß öffentliches Geld nicht als »Niemandsgeld«[30] wahrgenommen wird und so die Tore zum Mißbrauch der finanziellen Ressourcen der *res publica* weitgehend geschlossen bleiben. Ein republikanisch gesinnter *Wirtschaftsbürger* wird nicht in Versuchung geraten, die individuelle Vorteilsuche zu Lasten der Allgemeinheit vorzunehmen, da sie oder er sich als mitverantwortliche Person innerhalb dieser Allgemeinheit versteht und sich der schädlichen Auswirkungen korrupten Verhaltens für das Gemeinwesen bewußt ist. *Bürgersinn* bedeutet zudem auch, sich den Blick für *das Ganze* zu bewahren und damit die Folgen einer normalitätsinduzierten Korruption abschätzen zu können. Wird Korruption zu einem »normalen« Geschäftsgebaren, dann erleidet das Vertrauen integrer Bürger in die Gerechtigkeit

---

29 Frankenberg (1997), S. 61.
30 Vgl. Sloterdijk (1996).

staatlicher Ordnung einen ebenso schweren Bruch wie das in die Fairness und Gemeinwohlverträglichkeit des marktwirtschaftlichen Wettbewerbs.

4.1. Grunderfordernisse der Korruptionsbekämpfung

Um den Zerfall gesellschaftlicher und marktlicher Ordnung zu verhindern, bedarf es deshalb eines wirksamen Systems **intelligenter Selbstbindung**, das die republikanischen Grundintentionen in eine zeitgemäße Form übersetzt und im Hinblick auf »das Ganze« drei grundlegenden Erfordernissen Rechnung trägt:

1. Öffentlichkeit der politischen und staatlich-administrativen Prozesse,
2. Transparenz des Wirtschaftslebens und
3. konsequente Rechtsstaatlichkeit.

1. Öffentlichkeit aller parteilichen und staatlich-administrativen Prozesse ist als die institutionenethische Grundbedingung dafür zu begreifen, daß die Bürger ihre Mitverantwortung für die »res publica« wahrnehmen können und das Hintanstellen des Gemeinwohls hinter illegitime Bereicherungsinteressen systematisch »entmutigt« wird, indem stets die Ächtung solchen Handelns durch die wachsame kritische Öffentlichkeit droht. Hinzu gehört das Engagement zivilgesellschaftlicher Bürgervereinigungen um die ethische Sensibilisierung für das Thema Korruption – z. B. durch die Arbeit von Organisationen wie *Transparency International* oder Schriften wie den vorliegenden Band. Denn nur selten ist, zumal in »nicht-westlichen« Ländern – gerade im Hinblick auf das Problem der Korruption- ein bereits sensibilisierter Teil der Öffentlichkeit vorhanden. Da aber in einer **offenen, demokratischen Gesellschaft die Öffentlichkeit den zentralen Ort der Moral** repräsentiert, ist deren weitreichende Sensibilisierung unumgänglich, wenn das Problem grundlegend eingedämmt werden soll.

2. Je höher der Grad an **Transparenz** in Geschäftsprozessen ist, desto geringer werden die Möglichkeiten für aktive und passive Korruption. Es ist deshalb wichtig, klare und funktionsfähige Publizitäts- und Kontrollvorschriften zu installieren und diese international zu harmonisieren. Entsprechend der republikanischen Leitidee, daß die kritische Öffentlichkeit aller mündigen Bürgerinnen und Bürger die Legitimationsinstanz wirtschaftlicher Tätigkeit darstellt, repräsentiert im internationalen Geschäftsverkehr die (sich heute in ersten Ansätzen herausbildende) *kritische Weltöffentlichkeit* die Legitimationsinstanz »privaten« Wirtschaftens. Eine ethisch sensibilisierte Weltöffentlichkeit wird auf ein möglichst transparentes, **lebensdienliches** Wirtschaften im Weltmaßstab drängen, damit Korruptionspraktiken weitestgehend unterbunden werden und sozial-ökologische Mindeststandards zur Geltung kommen können. Die »Anti-Nike-Kampagne«, die sich gegen die Mißstände in den asiatischen Fabriken des Sportmultis richtet (Kinderarbeit u. a. m.), ist nur ein Beispiel dafür, daß bereits Netzwerke

kritischer *Weltwirtschaftsbürger* aktiv sind und Weltöffentlichkeit, befördert durch neue Kommunikationsmedien – vor allem das Internet – schon ein Stück weit Wirklichkeit ist. Auch in puncto Korruption ließe sich auf diesem Wege sicher einiges bewegen. Der aufkommende Veränderungsdruck jedenfalls würde disziplinierend wirken. Transparenz bedeutet auch, ein sinnvolles System korruptionshemmender steuer- und strafrechtlicher Bestimmungen zu installieren, dessen Sanktionspotentiale klare Signalwirkungen nach sich ziehen. Daß Korruption nicht mehr länger steuerlich begünstigt werden darf, legt dabei schon der gesunde Menschenverstand nahe.

3. Eine **konsequente Rechtsstaatlichkeit** schließlich ist schon von daher erforderlich, als ein erheblicher Anteil korruptiver Handlungen aus der Verquickung politischer und wirtschaftlicher Interessen erwächst. Die Grenzen zwischen »freundschaftlichen« Gefallen, Vetternwirtschaft und Korruptionssumpf sind fließend, »Amigowirtschaft« ist nur eine andere Bezeichnung für grassierende Korruption im Schnittfeld von Politik und Wirtschaft. Eine saubere Gewaltentrennung mitsamt der Entflechtung wirtschaftlicher und politischer Machtpositionen, stimmige Kontrollmechanismen, demokratische Zugangsmöglichkeiten, Unparteilichkeit bei der Vergabe öffentlicher Aufträge und nicht zuletzt der konsequente, lückenlose Vollzug von geltenden Gesetzen und Spielregeln sind hinsichtlich der Korruptionsverhinderung und -sanktionierung von zentraler Bedeutung.

Der letzte Aspekt verweist auf ein wichtiges republikanisches Element, nämlich die (**ordnungs-)politische Mitverantwortung** der wirtschaftlichen Akteure für sinnvolle, antikorruptive Rahmenbedingungen der Wirtschaft. Denn die politische Rahmenordnung der »Privatwirtschaft« kann angesichts der realpolitischen Machtverhältnisse nie besser sein, als diese sie selbst wirklich will. Die ordnungspolitischen Anreize und »Abreize« sollten so konzipiert sein, daß sie *vernünftiges Wirtschaften* befördern und nicht korruptive Handlungen oder gar »Mafia-Economics«. Darüber hinaus geht es darum, die (welt-) ordnungspolitischen Rahmenbedingungen des Wirtschaftens so auszugestalten, daß sie nicht nur einigen wenigen Akteuren Vorteile verschaffen, sondern wirkliche »Wertschöpfung« für möglichst viele Menschen befördern. Dies impliziert keineswegs, unternehmerische Gewinninteressen per se hintenan zu stellen, wohl aber die vorbehaltlose Bereitschaft der Handlungsträger, sich im Rahmen ethisch-politischer Reflexionsprozesse über die möglicherweise legitimen Ansprüche aller Betroffenen und gerechte Konfliktlösungen zu verständigen.

4.2. Unternehmensethische Selbstbindung

Auf **Unternehmensebene** läßt sich Korruption schon dadurch weitgehend eindämmen, daß Instrumente intelligenter Selbstbindung wirksam werden. Dazu gehören **Ethik-Kodizes**, die Abbild eines republikanischen Verständnisses legitimen Unternehmertums sein sollten und klare Aussagen zur gesellschaftlichen »Mission« des Unternehmens (Wertschöpfungsidee) sowie zu den konkreten Zielen und Grundsätzen des Unternehmens machen, so daß dieses in der kritischen Öffentlichkeit an seiner erklärten Selbstbindung gemessen werden kann. Neben Kodizes spielen **Standesregeln** eine wichtige Rolle. Auch diese dürfen freilich nicht in der Ablage verschwinden, sondern müssen bewußt gelebt und vermittelt werden sowie in regelmäßigen Beratschlagungsprozessen auf ihre normative Tragfähigkeit hin überprüft werden. Das gilt auch für **ethische Branchenvereinbarungen**, die auf der subpolitischen Ebene ein äußerst sinnvolles Instrument nicht nur zur Korruptionsvermeidung bzw. -bekämpfung, sondern auch zur föderativen Wahrnehmung institutioneller Verantwortung für »das Ganze« darstellen. Hier geht es gerade nicht um die lobbyistische Durchsetzung von Sonderinteressen, sondern um die *republikanische Mitverantwortung* von Branchen. Das »**Responsible-Care-Programm**« des internationalen Verbandes der chemischen Industrie oder das »EthikManagementSystem« für die Bauwirtschaft in Deutschland[31] sind wichtige Schritte in diese Richtung.

Intern werden ethisch sensibilisierte Unternehmen im weiteren darangehen, die Abläufe und *Führungssysteme* adäquat auszurichten.[32] Ambiguitäten oder Unklarheiten über die Rangordnung der Wertmaßstäbe des Handelns sind zu vermeiden, indem den Führungskräften und Mitarbeitern aller Ebenen von der Geschäftsleitung niemals nur einseitig hohe Leistungs- und Erfolgsziele, sondern stets zugleich die ethischen Bedingungen und »Grenzwerte« vorgegeben werden, innerhalb derer sie allein erstrebenswert sind. Dazu gehören die Einbeziehung antikorruptiven, wirtschaftsbürgerlichen Wissens im Rahmen der *Aus- und Weiterbildung*; klare *Signalwirkungen* innerhalb der betrieblichen Prozesse, daß Korruption unerwünscht ist und der Zweck niemals alle Mittel heiligt; eine unverzichtbare **Vorbildfunktion der Führung** bzw. Führungskräfte eines Unternehmens und die systematische Ermutigung der Mitarbeiter auf allen Ebenen, **kritische Loyalität** zu praktizieren – kritisch genau in dem Sinn, daß der Vorrang der republikanischen Bürgerverantwortung vor der betrieblichen Rollenverantwortung jederzeit zur Geltung gebracht werden darf und soll. In einem umfassenden Sinne ist so auf die *Professionalisierung des Managements* hinzuwirken, denn Korruption muß als unprofessionelles Verhalten erkannt und sanktioniert werden.

Wenn diese Maßnahmen greifen, dann besteht vermutlich auch keine Gefahr mehr, daß Unternehmen »verpfiffen« werden; *Whistleblowing* als möglicherweise legitimer, wenn auch letzter Ausweg eines Angestellten aus einem moralischen

---

31 Vgl. dazu Ulrich, P./Wieland, J., (Hrsg.): Unternehmensethik in der Praxis. Impulse aus den USA, Deutschland und der Schweiz, Bern/Stuttgart/Wien 1998, S. 239 ff.

32 Vgl. dazu im einzelnen Ulrich, P: Stichwort »Führungsethik«, in: Handwörterbuch der Führung, 2. Aufl., hrsg. v. A. Kieser, G. Reber u. R. Wunderer, Stuttgart 1995, Sp. 562–573.

Dilemma zwischen republikanischer Bürgerverantwortung und innerbetrieblichen Verhaltenszumutungen passiert ja letztlich nur dort, wo die Strukturen keine andere Möglichkeit mehr zulassen, auf ethische Mißtände in einem Unternehmen hinzuweisen. Meist herrscht in solchen Unternehmen eine allgemeine Mißtrauens»kultur« vor – statt einer republikanischen Verantwortungskultur, wie sie mündigen Wirtschaftsbürgern angemessen ist.

4.3. Antikorruptive Globalisierung: Die Zivilisierung des Weltmarktes

Der Fokus dieses Bandes ist auf die internationale Dimension von Korruption gerichtet. Zu einer sinnvollen Vermeidung der Unterwanderung des Gemeinwohls durch Partikularinteressen gehört unseres Erachtens heute auch, daß man darüber nachdenkt, wie eine **konsequente antikorruptive Globalisierung** beschaffen sein muß. Aus wirtschaftsethischer Perspektive besteht hier vor allem im Finanzsektor Handlungsbedarf. Die Mechanismen der globalen Finanzmärkte sollten im Hinblick auf eine *lebensdienliche Weltwirtschaft* endlich auch für die genuin normativen Anliegen genutzt werden, z. B. durch Indexierung von Akteuren, das heißt Erweiterung des Kapitalmarktratings um ethische Aspekte und das Hinarbeiten auf konsequentes ethisches Investment. Die Sanktionspotentiale der Finanzmärkte sind derart groß, daß hier enorme Hebelmechanismen wirksam werden könnten, die im Rahmen eines fortschrittlichen institutionellen Designs nicht nur der organisierten Korruption den Garaus machen könnten.

Es bedarf einer konzertierten globalen Aktion, um die im doppelten Sinne grenzüberschreitenden Grundprobleme des Wirtschaftens zu lösen, und zwar auf supranationaler wie auf nationaler Ebene, auf institutioneller wie auf individueller Ebene. Eine so verstandene Globalisierung reicht weit über eine rein wirtschaftliche Globalisierung hinaus. Auf dem entworfenen republikanischen Weg voranzukommen heißt letztlich, das epochale Projekt einer grenzenlosen, weltbürgerlichen Zivilgesellschaft der Verwirklichung näher zu bringen. Der »Entgiftung« des Wirtschaftslebens kommt dabei, wie wir gesehen haben, eine besondere Bedeutung zu.

Literaturempfehlungen

Ackerman, B.: The Storrs Lectures: Discovering the Constitution, in: The Yale Law Journal, Vol. 93, 1984, S. 1013–1072.
Ackerman, B.: We the People. 1: Foundations, Cambridge, Mass./London 1991.
Arendt, H.: Über die Revolution, Neuausgabe, München 1974.
Arendt, H.: Freedom and Politics, in: Miller, D. (Hrsg.), Liberty, Oxford 1991, S. 58–79.
Berlin, I.: Freiheit. Vier Versuche, Frankfurt 1995 (Orig.: Oxford 1969).
Dagger, R.: Civic Virtues. Rights, Citizenship, and Republican Liberalism, Oxford 1997.

Elliott, K. A. (Hrsg.): Corruption and the Global Economy, Washington 1997.
Frankenberg, G.: Die Verfassung der Republik. Autorität und Solidarität in der Zivilgesellschaft, Frankfurt 1997.
Giannotti, D.: Die Republik Florenz (1534), hrsg. v. Alois Riklin und Daniel Höchli, München 1997.
Habermas, J.: Ist der Herzschlag der Revolution zum Stillstand gekommen? Volkssouveränität als Verfahren. Ein normativer Begriff der Öffentlichkeit?, in: Forum für Philosophie Bad Homburg (Hrsg.), Die Ideen von 1789 in der deutschen Rezeption, Frankfurt 1989, S. 7–36.
Habermas, J.: Staatsbürgerschaft und nationale Identität. Überlegungen zur europäischen Zukunft, St. Gallen 1990.
Habermas, J.: Drei normative Modelle der Demokratie. Zum Begriff deliberativer Politik, in: Münkler, H. (Hrsg.), Die Chancen der Freiheit. Grundprobleme der Demokratie, München 1992, S. 11–24.
Habermas, J.: Faktizität und Geltung. Beiträge zur Diskurstheorie des Rechts und des demokratischen Rechtsstaats, 4. Aufl., Frankfurt 1994.
Habermas, J.: Die Normalität einer Berliner Republik. Kleine politische Schriften VIII, Frankfurt 1995.
Isensee, J.: Republik - Sinnpotential eines Begriffs, in: Juristenzeitung, Nr. 1, 1981, S. 8.
Kant, I.: Zum Ewigen Frieden. Ein philosophischer Entwurf, in: Schriften zur Anthropologie, Geschichtsphilosophie, Politik und Pädagogik 1, Werkausgabe Bd. XI, Frankfurt 1977, S. 191–251.
Maak, Th.: Republikanische Wirtschaftsethik als intelligente Selbstbindung. Republikanismus und deliberative Demokratie in wirtschaftsethischer Absicht, Beiträge und Berichte des Instituts für Wirtschaftsethik, Nr. 81, St. Gallen 1998.
Machiavelli, N.: Discorsi. Gedanken über Politik und Staatsführung, dt. Gesamtausgabe, 2. Aufl., Stuttgart 1977.
Michelman, F. I.: The Supreme Court 1985 Term. Foreword: Traces of Self-Government, in: Harvard Law Review Vol. 100: 4, 1986, S. 4–77.
Michelman, F. I.: Law's Republic, in: The Yale Law Journal, Vol. 97, No. 8, 1988, S. 1493–1537.
Münkler, H.: Machiavelli. Die Begründung des politischen Denkens der Neuzeit aus der Krise der Republik Florenz, Frankfurt 1984.
Musil, R.: Der Mann ohne Eigenschaften, Reinbek/Hamburg 1987.
Pocock, J. G. A.: The Machiavellian Moment. Florentine Political Thought and the Atlantic Republican Tradition, Princeton 1975.
Pocock, J. G. A.: Die andere Bürgergesellschaft. Zur Dialektik von Tugend und Korruption, Frankfurt 1993.
Skinner, Q.: The Foundations of Modern Political Thought, Vol. I: The Renaissance, Cambridge 1978.
Skinner, Q.: The Paradoxes of Political Liberty, in: Miller, D. (Hrsg.), Liberty, Oxford 1991, S. 183–205.
Sloterdijk, P.: Der neue Sumpf und der alte Staat, in: Tages-Anzeiger (Zürich) vom 15. 1. 1996, S. 2.
Sunstein, C. R.: Beyond the Republican Revival, in: The Yale Law Journal, Vol. 97, No. 8, 1988, S. 1539–1590.
Thompson, D. F.: Ethics in Congreß. From Individual to Institutional Corruption, Washington 1995.
Ulrich, P.: Stichwort »Führungsethik«, in: Handwörterbuch der Führung, 2. Aufl., hrsg. v. A. Kieser, G. Reber u. R. Wunderer, Stuttgart 1995, Sp. 562–573.
Ulrich, P.: Integrative Wirtschaftsethik. Grundlagen einer lebensdienlichen Ökonomie, Bern/Stutgart/Wien, 2. Aufl. 1998.

Ulrich, P./Wieland, J. (Hrsg.): Unternehmensethik in der Praxis. Impulse aus den USA, Deutschland und der Schweiz, Bern/Stuttgart/Wien 1988.

Waquet, J.-C.: Corruption. Ethics and Power in Florence, 1600–1700, Cambridge 1991.

3.2. Hat das Ethos in der Wirtschaft eine Chance?[1]
Hans Küng

1. Chancen einer moralischen Geschäftsführung

Ökonomie und Ethik schließen sich gegenseitig **nicht** aus, wie immer wieder propagiert wird.

Doch gerade im Zeitalter der Globalisierung verschärft sich das Problem. »Der Wettbewerb wird härter. Hat die Ethik in der Wirtschaft noch eine Chance?«, fragte man mich auf dem Deutschen Management-Kongress in München 1994. Meine Antwort: Eine moralische Geschäftsführung hat mehr Chancen. Nur wer selber über ein Ethos verfügt, kann anderen, wie es starke Führung erfordert, klare Orientierungsdaten setzen: durch alle verpflichtende Werte, Vorgabe von Zielen, konsequentes Einhalten von Maßstäben sowie das Vorleben einer ganz bestimmten Haltung. Oder wie mir der in der Einleitung zitierte Unternehmer sagte: Ein Unternehmen mag mehr im Stil einer großen Familie oder einer streng rationalen Organisation oder einer monarchischen Hierarchie geführt sein.[2] Entscheidende Voraussetzung für das Überleben und den Erfolg auf Dauer ist Integrität: daß man sich in jeder Hinsicht auf die Firma verlassen kann, daß man nie hinters Licht geführt, belogen, über den Tische gezogen wird, sondern sich bei aller Geschäftstüchtigkeit stets anständig und redlich behandelt und bedient sieht.[3]

Eine unmoralische Geschäftsführung zahlt sich langfristig nicht aus. Warum?

1. Früher oder später droht der Konflikt mit dem Strafgesetz auch denen, die meinen, immer ungeschoren durchzukommen.

2. Bei sich wiederholenden Verstößen wird stets der Ruf nach gesetzlicher Regulierung laut, was dann von der Wirtschaft und jetzt von den Banken beklagt wird.

3. Das Kreditgewerbe gibt ungern Kredit solchen, die nicht kreditwürdig sind, und Kredite werden (einem Schweizer Bankier zufolge) vielfach nach folgenden Kriterien entschieden: in erster Linie Character und erst dann 2. Capacity, 3. Collateral, 4. Capital, 5. Conditions.

---

1 Auszug aus: Küng, H.: Weltethos für Weltpolitik und Weltwirtschaft. Eine Vision. München, Zürich 1997, S. 361–367.

2 Vgl. die interessante Typologie unternehmerischen Verantwortungsbewußtseins (Instrumentalist, Paternalist, Legalist, Idealist...) bei Ulrich, P./Thiedemann, U.: Ethik und Erfolg, Unternehmensethische Denkmuster von Führungskräften – eine empirische Studie. Bern 1992.

3 Von der Bedeutung des Vertrauens – mit der Unterscheidung von »Low Trust Societies« und »High End of History and the Last Man« vgl. Fukuyama, F.: Trust. The Social Virtues and the Creation of Prosperity, New York 1995. Zur Frage des Vertrauens grundsätzlich vgl. Sautter, H.: Was glaubt der »homo oeconomicus«? Marburg 1994.

4. Auch jede Firma ist auf mehr Kredit angewiesen als nur auf den finanziellen: Sie benötigt Kredit im Sinne der Glaubwürdigkeit, und dies in vielfacher Hinsicht:

- ❏ für die Betriebsangehörigen und die Auszubildenden, die gerne in einer angesehenen Firma arbeiten möchten;
- ❏ für die Anwohner und die Ortsgemeinde, auf deren Wohlwollen jede Firma angewiesen ist;
- ❏ für die Financiers, die Zulieferer und die Kunden, welche allesamt ungern Menschen trauen, die keinen moralischen Kredit haben;
- ❏ für die große Öffentlichkeit, vor der sich keine Firma (nicht einmal AT & T oder Shell) auf die Dauer ein schlechtes Image leisten kann.

5. Gesetze haben nur äußere Sanktionen, Ethos aber auch innere: das schlechte Gewissen läßt sich nicht einfach unterdrücken, es macht sich bemerkbar – und sei es auch nur in den Träumen und mit schlechtem Schlaf. Neurotiker, hört man, gibt es auf den Chefetagen mehr, als man gemeinhin annimmt.

Es geht also im Ethos auch auf der Messe- und Mikroebene nicht nur um »moralische Appelle«. Oft wird auch in der Wirtschaft der **Leidensdruck** schließlich **zum Reformdruck** und dieser zur politischen Kraft. Aber kann man eingeschliffene Verhaltensweisen ändern? Ja, wir sahen das bereits: ein Bewußtseinswandel ist mittel- und langfristig möglich. Und statt ständig nur zu diskutieren und problematisieren, sollten wir als Einzelne nach reiflicher Überlegung in unserer kleinen oder größeren Welt besser Taten setzen. Ethische Entscheidungen sind ja zunächst einmal Angelegenheit des Einzelnen. Es ist zum Beispiel eine ganz persönliche ethische Entscheidung des betreffenden Bankers, der schon durch seine bisherigen Aufsichtsratsmandate überfordert ist, ob er auf ein weiteres Mandat verzichtet, oder ob er sich angesichts vieler Skandale und mangelhafter Kontrollstrukturen gegen Kritik durch standardisierte Ausreden schützt.

Angesichts der sich krebsartig ausbreitenden Korruption auch in Ländern mit einer früher weithin integren Beamten –, Richter- und Ärzteschaft und andererseits der Zunahme des organisierten Verbrechens und der Jugendkriminalität – sowohl gegen die Korruption wie gegen das organisierte Verbrechen werden zur Zeit allenthalben die Abwehrmaßnahmen verstärkt – stellt sich noch deutlicher als zuvor die Frage nach der Begründung der Grundwerte und Grundhaltungen. Zumal in der Marktwirtschaft stellt sie sich in einer neuartigen Weise. Warum soll ich mich unbedingt an bestimmte Spielregeln, moralische Standards, ethische Normen halten?

2. Vom Creed zum Cash: der »Singapur Dream«

Das Ethos soll nicht nur hypothetisch (wenn es mit meinem Interesse übereinstimmt) gelten, sondern kategorisch (Kant), unbedingt. Woher aber die unbedingte Geltung bestimmter ethischer Grundwerte und Grundhaltungen begründen? Für die Verfasser der Interfaith-Erklärung stammen sie eindeutig aus ihrer betreffenden Religion, sei sie jüdisch, christlich oder muslimisch. Die Caux-Erklärung aber setzt offensichtlich voraus, daß die von ihr geforderten Grundwerte und Grundhaltungen auch Nicht-Glaubenden und Zweiflern, Agnostikern und Atheisten zugänglich sind. Dies kann nicht bestritten werden. Aber andererseits gerät eine rein säkulare Argumentation für bestimmte Werte und Haltungen leicht in einen Begründungsnotstand.

Da sagt manch einer: Ich muß einmal selber schauen, wie ich in Beruf, Karriere, Geschäft durchkomme und mich durchsetze; da hilft keiner als ich mir selbst. Antwort: So wird leicht jedes Verantwortungsbewußtsein und auf die Dauer auch jedes Rechtsbewußtsein untergraben. Aber wiederum der Einwand: Warum soll ich meine Karriere und meine Geschäfte nicht rücksichtslos betreiben und meine Ellenbogen nutzen? Freie Bahn den Tüchtigen! Antwort: Wenn das Maximum auch immer schon das Optimum sein soll und das Geldverdienen (Kapitalismus) und Lebengenießen (Hedonismus) zum höchsten Wert geworden sind, dann sind die Harmonie und Stabilität einer Gemeinschaft bedroht, aber auch der Lebenssinn und die Identität des Individuums. Ja, dann ist die Demokratie überhaupt gefährdet durch einen Libertinismus, der die moderne Übertreibung jener »liberté« ist, welche der Demokratie ursprünglich zum Durchbruch verholfen hat.

Daß jedoch eine Gesellschaft ohne Spielregeln, Verhaltensnormen, moralische Maximen, ja, ohne ein Minimum verbindender Werte, innerer Haltungen und verpflichtender Maßstäbe nicht überleben kann, findet heute zunehmend Zustimmung. Langsam merken auch säkulare Zeitgenossen, daß sich mit der Modernisierung nicht nur eine unumgängliche Säkularisierung durchsetzte, sondern weithin auch ein keineswegs unumgänglicher ideologischer Säkularismus, in dem alles Transzendente, Transempirische, Autoritative, ja, unbedingt Maßgebende aus dem Leben verbannt erscheint und sich in der Folge so oft Ratlosigkeit und eine beklemmende geistige Leere einstellen. Jeder ist sich selbst das Maß!?

Wie aber – hier kommt die schon im Zusammenhang der Sozialen Marktwirtschaft aufgebrochene Frage radikalisiert zurück – soll den einzelnen Menschen oder Gruppen Maßhalten beigebracht werden, wenn der Mensch selber »das Maß aller Dinge« ist, und dies nicht im ursprünglich griechischen Sinn des Wortes ethisch eingebunden, sondern im modernen libertinistischen oder nihilistischen Sinn ungebunden verstanden wird? Das schon von Nietzsche prognostizierte geistige Vakuum wird, da es der Mensch nicht aushält (»**horror vacui**«), aufgefüllt durch Ersatzwerte: durch etwas Relatives, und sei es auch nur das Geld, das nun anstelle des wahren Absoluten zum Pseudo-Absoluten, zum Götzen wird. Ihm wird freiwillig – oft mit sinnloser Protzerei und Luxus zur Befriedigung persönlicher Eitelkeit – alles aufgeopfert, oft auch die eigene Integrität und Identität, vor allem aber die Solidarität. Eine Freiheit ohne Gleichheit und Brüderlichkeit.

Ob also ein Maßhalten des Menschen letztlich unabweisbar zu begründen ist, wenn der Mensch sich ganz und gar selber Maß sein will und er keinen für sich Maßgebenden anerkennt: keine maßgebliche übermenschliche Instanz? Und ob es den Menschen glücklicher macht, wenn er weder Maß noch Ziel kennt und dann, weil er sich mit seinem Herzen doch gerne an etwas hängt, sich statt einer wahren Religion einer modernen Pseudoreligion verschreibt, wie sie sich etwa in dem (wahrhaftig nicht nur dort geträumten) »Singapur Dream« Ausdruck verschafft:

- ❏ Statt der uralten **fünf C der wahren Religion**: Creed, Cult, Code, Conduct, Community,
- ❏ die mondänen **fünf C der Pseudo-Religion**: Cash, Creditcard, Car, Condominium, Country Club?

Ob solch unverhüllter Materialismus und Egoismus selbst im bisher korruptionsfreiesten Land Asiens mit der Zeit trotz großartiger Wahlergebnisse für die Regierungspartei nicht doch zu einer ebenfalls unfairen, polarisierten, gespaltenen Gesellschaft von Bevorteilten und Benachteiligten führen wird? Die neuesten Kontroversen in Singapur und bestimmte Privilegien der Machthaber deuten dies an. Doch diese Fragen stellen sich nicht nur in der Ferne, sie drängen sich uns auch in unmittelbarer Nähe auf.

3. Führungskraft aus ethisch-religiöser Grundhaltung

Aufklärung im Namen einer – nicht restaurativen, sondern erneuerten – Religion ist eine der großen Aufgaben unserer Zeit. Aufklärung darüber, daß Wohlstand, Fortschritt, Konsum, Vergnügen oder Macht an sich zwar nichts Schlechtes sind, daß aber Menschen sich und anderen möglicherweise schaden, wenn sie diese zum obersten Wert, zum Sinn und Zweck des Lebens verabsolutieren, dem sie alles andere unterzuordnen, gar zu opfern bereit sind. Nein, nichts »Irdisches« soll hier moralisierend schlecht gemacht, es soll nur in den Gesamtzusammenhang menschlichen Lebens eingeordnet werden:

- ❏ vor einem letzten Sinnhorizont,
- ❏ entsprechend einer Skala von Werten,
- ❏ nach unbedingt geltenden Grundnormen, non-negotiable Standards.

Und die Religion selber? Sie kann bei allem Versagen im einzelnen für eine solche letzte Sinnfindung, für personale Identitätserhaltung und für die Legitimation und Konkretion eines grundsätzlich richtigen Handelns hilfreich sein. Was sich schon im Zusammenhang der Politik gezeigt hat: Wenn nicht alles täuscht, stehen wir bei aller Säkularisierung global gesehen mitten in einem Prozeß der Wiederentdeckung jener Größe, die im Paradigma der Moderne aus leider begreiflichen Gründen mehr und mehr verdrängt, ignoriert und oft gewaltsam unterdrückt wurde: die **Wiederentdeckung der Religion** – vor allem wenn wir nicht gefangen bleiben in der eurozentrischen Perspektive, sondern in den Mittleren und Fernen Osten, nach Nord- und Lateinamerika und nach Afrika schauen. Darin liegt das vielleicht deutlichste Symptom für einen Übergang von der Moderne zur postsozialistischen und postkapitalistischen Nach-Moderne.

Selbstverständlich – das sahen wir zur Genüge – gibt es für die Bewältigung der heutigen Weltprobleme und die damit verbundenen Schwierigkeiten keine religiösen Patentlösungen, gibt es keinen religiösen Ersatz für wirtschaftlichen Sachverstand, Fachwissen und Commom Sense. Aber das andere ist auch wahr: Religion kann helfen (...) wieder einen gesellschaftlichen Basiskonsens, ohne den der moderne Pluralismus destruktiv wirkt, zu finden, über das, was letztlich gilt.

Religion wirkt indirekt, gleichsam vom Grund her über die einzelnen Menschen, freilich auch in die aktuellen Tagesfragen und technischen Detailfragen hinein: indem sie nämlich Grundüberzeugungen, Grundhaltungen, Grundwerte ins Spiel bringt, indem sie für konkretes Verhalten und Entscheiden letzte Begründungen, Motivationen, Normen liefert. Insofern also sind Wirtschaft und Religion so wenig zu trennen wie Politik und Religion, sondern konstruktiv aufeinander zu beziehen. Und dies bedeutet für Führungskräfte: wirtschaftlich-politische Führungskraft und ethisch-religiöse Führungskraft sind interdependent, auch wenn die Entscheidung über die persönliche Religiosität immer beim einzelnen bleibt.

Wie immer: Um eine »große Unternehmerpersönlichkeit« zu sein, genügt es heute weniger denn je, über ein Kapital von Millionen und Abermillionen zu verfügen oder über Hunderte von Beziehungen oder über Dutzende von Aufsichtsratsmandaten. Nein, um eine »große Unternehmerpersönlichkeit« zu sein, braucht man – neben aller analytischen Fähigkeit, Entscheidungskraft und Durchsetzungswillen – einen über Branchenkenntnis und Fachkompetenz hinausgehenden Blick über die Gesamtwirklichkeit, ein Verständnis der großen Zusammenhänge, einen **Sinn für die Grundfragen** des Menschen und tief verwurzelte und gut reflektierte ethische Überzeugungen.

II. Formen und Verbreitung der internationalen Korruption

Einleitung
1. Szenen
2. Korruptions-Indizes, Survey-Techniken

Formen und Verbreitung der internationalen Korruption – Einleitung

Mark Pieth

Im Laufe der letzten zehn Jahre wurde die Korruption zunehmend zum Tagesthema. Das liegt wie oben weniger an einer Zunahme der Fälle als am Bruch eines Tabus. Die Enttabuisierung des Themas Korruption erfolgte in Europa praktisch überall nach dem selben Muster: Einzelne Strafuntersuchungen traten lawinenartig Verfahren los, die Medien griffen das Thema auf und recherchierten zum Teil selbst aktiv. Nach einer Phase der Skandalisierung besteht das Bedürfnis, mehr über das Ausmass, die Vorgehensweise und die Ursachen zu erfahren. Im folgenden schildern zunächst Rechtspraktiker, die die Entwicklung maßgebend mitbeeinflußt haben, ihre Erfahrungen mit dem Thema. Daran schließen zwei Aufsätze von Wirtschaftswissenschaftlern zur Frage an, wie der »Korruptionslevel« einer Gesellschaft ermittelt werden kann.

Wolfgang Schaupensteiner, Oberstaatsanwalt in Frankfurt, ist einer der bekanntesten Praktiker, die in den letzten acht Jahren Tausende von Fällen der lokalen Korruption in Deutschland aufgedeckt haben. Er räumt auf mit den Vorstellungen, daß Korruption ein Thema vor allem des Südens sei, nach seiner Erfahrung werde man auch hierzulande überall wo man hingreife fündig und es handle sich durchaus nicht um ein Problem einiger schwarzer Schafe. Auf der Seite der Bestochenen frage – jedenfalls in bestimmten Bereichen der Verwaltung – fast jeder danach, »was für ihn drinliege«; auf der Seite der Bestechenden gehöre Bestechung sowohl im öffentlichen wie im privaten Sektor bisweilen geradezu zur Geschäftspolitik – so nur einige der Thesen Schaupensteiners (1.1.).

Der Mailänder Staatsanwalt **Gherardo Colombo** ist mit Antonio di Pietro und Greco zusammen als einer der Exponenten der norditalienischen mani-pulite-Bewegung bekannt geworden. Wie seine Darlegungen zeigen, spiegeln die Verhältnisse in Frankfurt und München in manchem die Situation in Norditalien wider. Colombo legt seinerseits besonderes Gewicht auf die Bedeutung des Finanzmanagements im Vorfeld der Bestechung, der Bildung »schwarzer Kassen« (1.2.).

Hier setzt der dritte Beitrag von **Erich Diefenbacher** an (1.3.). Er beschäftigt sich mit den Techniken zur Verschleierung von Bestechungstransaktionen, insbesondere unter Einsatz von Bank- und Anwaltsgeheimnis, kombiniert mit Sitzgesellschaften und Stiftungen zumal in der Schweiz und Liechtenstein. Erich Diefenbacher weiß wovon er spricht; er hatte im Rahmen seiner Anwaltstätigkeit in der

Schweiz immer wieder versucht, den Rauchschleier der Geheimnisse zu lüften, zu einer Zeit als dies in der Schweiz noch nicht als öffentliches Interesse anerkannt war und nur allzu oft mit beruflicher und gesellschaftlicher Marginalisierung geahndet wurde.

Sogenannte Korruptions-Indizes – abstrahiert von einzelnen Fällen – sollen die Korruptionsanfälligkeit ganzer Gesellschaften, die Verbreitung der Korruption im Verhältnis der Staaten zueinander messen. Sie sind bei den Medien besonders beliebt, weil sie eine Antwort auf die – oft als simplistisch empfundene – Frage zu geben suchen, wie korrupt wir denn seien. Entsprechend heftig fallen regelmäßig die politischen Reaktionen auf die Publikation eines Korruptionsindex aus. Staatschefs etwa in Lateinamerika nehmen sie zur Kenntnis, sie werden im politischen Diskurs mit »ihren« Ratings konfrontiert, sie drohen im Gegenzug rechtliche Schritte gegen die Autoren an.

Dabei geben die Indizes regelmäßig lediglich auf aggregierte Weise die Perzeption des Korruptionsniveaus durch außenstehende Beobachter (z. B. Geschäftsleute) wider. **Johann Graf Lambsdorff** (2.1.) und **Daniel Kaufmann** (2.2.) gehören zu den bekanntesten Autoren von Korruptionsindizes. Sie erläutern in diesem Band ihre methodischen Ansätze.

1. Szenen

1.1. Korruption in Deutschland – Das Ende der Tabuisierung 131
Wolfgang J. Schaupensteiner

1.2. Die Rolle der schwarzen Kassen in der Vorbereitung
eines Bestechungssystems 148
Gherardo Colombo

1.3. Sitzgesellschaften als logistisches Instrument der internationalen
Korruption 157
Erich Diefenbacher

1.1. Korruption in Deutschland – Das Ende der Tabuisierung
Wolfgang J. Schaupensteiner

1. Einleitung – Globale Korruptionskonjunktur

Wir sind Zeitzeugen einer anhaltenden weltweiten Korruptionskonjunktur, die bis vor kurzem noch für undenkbar gehalten wurde.

Korruption ist zu einem gravierenden Problem gesellschaftlicher und wirtschaftlicher Entwicklung geworden. Sie hat unmittelbare Auswirkungen auf die politische Kultur, auf das Verhältnis der Bürger zu den staatlichen Einrichtungen und die Mechanismen der Marktwirtschaft.

Am 23. 9. 1997 versammelten sich die Vertreter von Industrie- und Entwicklungsländern zur Jahrestagung von Weltbank und Internationalen Währungsfonds (IWF) in Hongkong. In einer Erklärung über die Zunahme globaler Korruption heißt es:

»Korruption führt zur Verschwendung von Steuergeldern, lähmt die öffentliche Verwaltung, treibt die Kosten der Privatwirtschaft in die Höhe und untergräbt das Vertrauen der Bevölkerung in den Staat«.

In vielen Staaten dieser Erde sollen zwischen 2 und 10 % der Auftragssummen an Schmiergeldern gezahlt werden. In Italien und Spanien sollen es zwischen 5 und 15 % sein. International werden jedes Jahr rund 50 Mrd. DM in das Korruptionsgeschäft investiert. An dieser gewaltigen Summe sind bundesdeutsche Unternehmen mit immerhin 5 Mrd. DM beteiligt. Infolge der Globalisierung von Wirtschaft und Politik und nach Öffnung der wirtschaftlichen Grenzen auf dem Gebiet der Mitgliedstaaten der Europäischen Union, können internationale Korruptionspraktiken nicht ohne Rückwirkungen auf den heimischen Markt bleiben. Bei der Frankfurter Staatsanwaltschaft sind die ersten Strafverfahren gegen Firmen im westeuropäischen Ausland wegen Zahlung von Schmiergeldern in Millionenhöhe an deutsche Amtsträger anhängig.

Die Diskussion über Anti-Korruptions-Maßnahmen kann sich also nicht auf den nationalstaatlichen Bereich beschränken. Die Bekämpfung einer weiteren Ausuferung der Korruption als eine grenzüberschreitende, weltweite Kriminalitätsform kann mit einiger Aussicht auf Erfolg nur durch Maßnahmen im internationalen Verbund gelingen.

2. Lagebild Korruption in Deutschland – »Überall, wo man hingreift, wird man fündig«

Als ich Ende 1986 eher zufällig auf meinen ersten Bestechungsfall in der Frankfurter Stadtverwaltung stieß, hatte ich nicht ahnen können, daß damit in den folgenden 10 Jahren, in denen ich mich seitdem ausschließlich mit der Verfolgung von Korruptionsdelinquenz befasse, eine Lawine von über 2050 Verfahren gegen Amtsträger und Firmenangehörige losgetreten wurde.

Überall, wo die Korruptionsfahnder hingriffen, wurden sie fündig. Es stellte sich heraus, daß viele Dutzende von Mitarbeitern in Fachämtern und Behörden vom Bazillus der Korruption infiziert waren. Allein bei dem Frankfurter Straßenbauamt wurden gegen 189 Tatverdächtige in vier Baubezirken und in zahlreiche Unternehmen ermittelt. Ganze Abteilungen wurden leergefegt, Baustellen standen still, es kam reihenweise zu Entlassungen, in allen hessischen Haftanstalten saßen die Beschuldigten aus Gründen der Tätertrennung ein. Das »**Prinzip der offenen Hand**« herrschte nicht nur im Straßenbauamt, sondern auch im Gartenamt und im Stadtreinigungsamt, im Städtischen Fuhrpark ebenso wie im Ordnungsamt, im Wohnungsamt und im Hochbauamt, bei den Stadtwerken und so fort.

Frankfurt steht mittlerweile synonym für flächendeckende Korruption im öffentlichen Dienst. Es ist aber eine ebenso simple wie zutreffende Einsicht, daß die Bediensteten der Frankfurter Stadtverwaltung nicht korruptionsanfälliger sind als andere auch. **Korruptionsbrennpunkte** gibt es **überall in Deutschland** von München bis Kiel, in Berlin, Bochum, Wuppertal, Köln, Düsseldorf, Mainz, Rüsselsheim, Hannover, Hamburg, Bremen, Potsdam etc.

Der Frankfurter Magistrat hat im übrigen seine Lehren aus der Affäre gezogen und gilt heute bundesweit zurecht als Modell für die Entwicklung erfolgreicher, präventiver Anti-Korruptionsmaßnahmen. An diesem energischen Umgang mit dem Korruptionsphänomen hat nicht zuletzt die Einrichtung eines **Korruptionsbeauftragten** ihren Anteil, der in Verdachtsfällen unmittelbarer Ansprechpartner für Mitarbeiter der Verwaltung wie für Externe ist und in engem, kooperativen Kontakt zu ›seiner‹ Staatsanwaltschaft steht.

Nach der Frankfurter Korruptionsaffäre folgten umfangreiche Ermittlungen gegen 280 Amtsträger und Angehörige der Baubranche in Hessischen Staatsbauämtern; ferner die Verfahren gegen 160 Beschuldigte in der Bürgermeister-Affäre im Frankfurter Umland und gegen 167 Tatverdächtige im Komplex Frankfurter Flughafen, denen Korruption und Betrug zur Last gelegt wird. Eine neue Dimension weltweiter Generierung von Bestechungsgeldern hat der jüngste Verfahrenskomplex aufgezeigt, der mit dem Namen der Gesellschaft für Technische Zusammenarbeit verbunden ist.

2.1. Beispiel »Frankfurter Flughafen«

Anonyme Anzeigen, vertrauliche Hinweise und ein enger Informationsaustausch mit der ensprechenden Sonderabteilung zur Korruptionsbekämpfung bei der Staatsanwaltschaft in München legten am Frankfurter Flughafen (FAG) Korruptionsstrukturen offen, die erneut ein Schlaglicht auf das hohe Maß an krimineller Professionalität in der Baubranche werfen. Die Ermittlungen ergaben, daß spätestens seit Anfang der 80iger Jahre – von internen Kontrollen ungestört – durch vorwiegend im Bereich der Kommunikationstechnik tätige Unternehmen im Zusammenwirken mit Mitarbeitern der Bauabteilung ein ausgefeiltes System der gegenseitigen Bereicherung aufgebaut worden war. Für bevorzugte Auftragsvergaben u. a. beim Bau des »Terminal 2«, das ein Investitionsvolumen von 2,5 Mrd DM repräsentiert, und für die Abrechnung überhöhter Preise, zahlten mehr als 30 Firmen von zum Teil internationalen Rang Schmiergelder in Millionenumfang. Zur Verschleierung der Bestechung gründeten die FAG-Angestellten Firmen unter eigenem oder den Namen von Angehörigen und rechneten in Höhe der vereinbarten Schmiergelder fingierte Planungsleistungen ab. In der nach kaufmännischen Grundsätzen betriebenen Schmiergeldschöpfung durch die Stellung von Rechnungen und Gegenrechnungen, unter wechselseitiger und schwer durchschaubarer Beteiligung kleiner bis größter Firmen, Subunternehmen und Planungsbüros, dokumentieren sich die einer kriminellen Organisation nicht unähnlichen Verhaltensmuster der Täter. Die geradezu als konspirativ zu bezeichnende Vorgehensweise der Beteiligten erschwerte eine umfassende Sachverhaltsaufklärung. Dies gilt nicht nur für den Nachweis der Zuwendungen. Auch die immensen Schäden zum Nachteil der FAG werden sich niemals umfassend feststellen lassen.

2.2. Beispiel »Gesellschaft für technische Zusammenarbeit«

Die Gesellschaft für Technische Zusammenarbeit (GTZ) ist eine im Bundesbesitz befindliche gemeinnützige GmbH, die ihren Sitz in Eschborn vor den Toren Frankfurts hat. Ihr alleiniger Unternehmenszweck ist die Erfüllung der Aufgaben der technischen Zusammenarbeit mit Entwicklungshilfeländern im Auftrag der Bundesregierung. Ausgelöst durch eine anonyme Anzeige wurden 1996 die Ermittlungen gegen mehr als 40 Tatverdächtige wegen Bestechung, Betrug, Geldwäsche, Steuerhinterziehung und anderer Delikte aufgenommen, die nach verdeckten Maßnahmen zur Gewinnaufspürung – wie sonst nur bei der traditionellen Organisierten Kriminalität üblich – zur Verhaftung mehrerer Mitarbeiter der GTZ und einer Reihe von Unternehmern führten. Gegenstand des Strafverfahrens waren in erster Linie Schmiergeldzahlungen von in- und ausländischen Unternehmen der Speditions- und Nahrungsmittelbranche in Höhe mehrerer Millionen DM an Angestellte der GTZ als Gegenleistung für bevorzugte Auftragsvergaben im Bereich Transport, Nahrungsmittelhilfe und den Einkauf von Containern, die für die weltweite Verschiffung von Hilfsgütern benötigt werden. Zur Generierung der Schmiergelder erstellten Tochterfirmen und ausländische Geschäftspartner an die Vorteilsgeber Rechnungen über tatsächlich nie angefallene Leistungen, die als angebliche ›Kosten‹ auf die jeweiligen Speditionsaufträge ›ordnungsgemäß‹ verbucht wurden. Die in Höhe der Rechnungsbeträge ausgestellten Schecks wurden über private Girokonten und über Geschäftskonten im In- und Ausland eingelöst. Im Ausland wurden eigens Firmen gegründet, die als Sammelstelle für Schmiergelder dienten. Von Boten in Koffern über die Grenze geschafft, wurden die Schmiergelder entweder den Empfängern persönlich auf Autobahnraststätten oder Nachts an der Haustür übergeben oder auf Nummernkonten im europäischen Ausland transferiert. Die in die Abreden eingebundenen Mitarbeiter der Unternehmen kassierten wiederum als ›kick-back‹ ihren Anteil an den Schmiergeldern. Auf diese Weise bereicherten sich alle Beteiligten und ermöglichten sich so im Ergebnis zu Lasten der Ärmsten der Armen einen aufwendigen Lebensstandard mit Automobilen der Luxusklasse, mit Fernreisen und der Anhäufung von Immobilien.

> Der Korruptionssumpf ist noch lange nicht ausgetrocknet. Ob dies je gelingen wird, ist zweifelhaft, trotz der Verurteilung von mehr als 380 Tätern mit bis zu 7 Jahren Freiheitsstrafe, trotz der Einziehung von kriminellen Gewinnen und der Verhängung von zum Teil erheblichen Geldbußen. Schon sind die ersten vorbestraften white-collar crime Täter rückfällig geworden. Es scheint, daß sie aus ihren Fehlern ›gelernt‹ haben und alte Machenschaften geschickter und vorsichtiger betreiben als bisher. Noch immer fehlt es an effektiven, behördenübergreifenden Ermittlungsmethoden, um der »Pest des Schmierens« einen festen Riegel vorzuschieben. Noch immer sind die internen Kontrollen in Wirtschaft und Verwaltung unzureichend.

3. Was nicht sein darf, das nicht sein kann – der Glaube an das preußische Beamtenethos

Die Frage nach den besten Möglichkeiten, ein weiteres Ausbreiten der Korruption zu verhindern, ist denn auch eines der aktuellsten kriminalpolitischen Themen. Korruption ist in Deutschland heute »kein Thema mehr, das verschämt hinter verschlossenen Türen besprochen wird« (Entwicklungshilfeminister Carl-Dieter Spranger, September 1997). Parteiübergreifend und mit den Verbänden der Privatwirtschaft wird Korruption als »eine ernsthafte Bedrohung der moralischen Grundlagen unserer Gesellschaft« bezeichnet und ihre effektive Bekämpfung angemahnt. Dabei ist es noch gar nicht lange her, daß man in einer den Industriestaaten nicht ganz fremden chauvinistischen Überheblichkeit glaubte, bei Korruption handele es sich um ein exklusives Problem von Staaten mit einem hohen Sonnenstand: Je südlicher, desto korrupt.

Noch Anfang der 90iger herrschte die **selbstgerechte Illusion** vor, der **Deutsche Beamte** sei **korruptionsresistenter** als Staatsdiener anderer Länder: Was nicht sein darf, das nicht sein kann. Das **preußische Beamtenethos**, das Ideal vom unbestechlichen, loyalen und pflichtbewußten Staatsdiener, galt als unverrückbarer Garant gegen ›italienische Verhältnisse‹. Hinter einem Vorhang aus Unkenntnis über das Ausmaß der Durchstecherei und dem Unvermögen, durch frühzeitige Kontrollen das Entstehen von Korruption zu verhindern, konnte sich das Schmiergeldunwesen auch hierzulande metastasenartig ausbreiten und unbemerkt in nahezu alle Bereiche von Staat, Wirtschaft und Gesellschaft eindringen.

4. Keine Einzelfälle – das Ende der Theorie von den schwarzen Schafen

Man reagierte nicht auf die Alarmzeichen der aufgedeckten Bestechungsfälle in der irrigen Annahme, es handele sich allenfalls um Einzelfälle individuellen Versagens. Jahrelang lehnte man sich selbstzufrieden in bequemer Zuschauerrolle zurück bis wir einsehen mußten, daß Korruption kein Fremdwort ist, sondern ›Bakschisch‹ (pers., das Geschenk) sich auch auf deutsch buchstabieren läßt. Es vergeht kaum ein Tag, an dem nicht über neu aufgedeckte Korruptionsfälle mit zum Teil gravierenden Schäden berichtet wird.

Gehen wir an dieser Stelle etwas näher auf das **manus manum lavat**, auf das Prinzip der offenen Hand ein, wobei wir uns im wesentlichen auf die öffentlichen Hände beschränken wollen, ohne die entsprechenden Verhaltensmuster in der Privatwirtschaft zu übersehen. Auch wenn keiner ernsthaft behauptet, daß jeder Angehörige des öffentlichen Dienstes korrupt ist und auch niemand unterstellt, daß diejenigen, die bisher pflichtbewußt und loyal zu ihrem Dienstherrn stehen, nur keine Gelegenheit hatten, ihren Amtssessel zu versilbern, können wir dennoch nicht mehr von Einzelfällen sprechen. Die Schwarze-Schafe-Theorie hat ausgedient. Sie erklärt weder die zunehmende Ausbreitung korruptiver Verflechtungen noch die Professionalisierung der Schmiergeldpraktiken. Die Korruption zählt viele, allzuviele Vettern. Sie ist auf allen Ebenen der Gesellschaft anzutreffen. Korruption ist in der staatlichen Verwaltung ebenso virulent wie in der Privatwirtschaft. Ihre Netze umschließen weitverzweigte Personenkreise in Unternehmen und Behörden, die in Jahrzehnten – ungestört von Justiz und Finanzverwaltung – aufgebaut und stabilisiert werden konnten.

Korruption beschränkt sich auch nicht auf die unterbezahlten Chargen. Korruption ist kein Armutsdelikt. Sie gedeiht auf einem fetten Acker, der viele ernährt. Das Kaleidoskop der Korrupten geht durch die gesamte Hierarchie. Vom ›Bleistiftspitzer‹ bis zum Amtsleiter lautet die Frage: »Was ist für mich drin?« Das Füllhorn der Vorteile ergießt sich auf den technischen Angestellten im Bauamt und den Sachbearbeiter in der Ausländerbehörde ebenso wie auf Bürgermeister und Landräte.

Dabei ist ein in Jahren enger dienstlicher Zusammenarbeit gewachsenes Vertrauensverhältnis nicht notwendige Voraussetzung für die Anbahnung kollusiver Beziehungen. In manchen korruptionsanfälligen Branchen wie etwa der Bauwirtschaft, auch im Speditionswesen, im Druckgewerbe sowie in der pharmazeutischen und der medizintechnischen Industrie und überall dort, wo enge Verzahnungen zwischen staatlichen Einrichtungen und der Privatwirtschaft anzutreffen sind, so scheint es, genügt häufig eine Anspielung, um die Korruptionsgeneigtheit des Geschäftspartners auszutesten. Auf der Suche nach Wegen zur Selbstbereicherung mutieren dabei sonst eher als formalistisch und unbeweglich bekannte Staatsdiener zu kreativen, phantasievollen und engagierten Mitarbeitern. Hochspezialisierte Ingenieure in der Staatsbauverwaltung und Geschäftsführer von bedeutenden Versorgungsunternehmen wissen ihre dienstlichen Kompetenzen in privates Kapital zumünzen. Es sind gerade die leistungsstarken und fachlich anerkannten Mitarbeiter, die den Verlockungen des schnellen Geldes erliegen.

5. Die Nahtstellen der Korruption

Die Methoden der Manipulation fächern immer weiter aus. Ohne Schmiergeld scheint in manchen Bereichen fast nichts mehr zu gehen. An den ›**Nahtstellen**‹ zwischen Verwaltungsangehörigen und Externen stoßen die Ermittler auf korruptionsanfällige Schwachstellen:

Allgemein im Auftrags- und Beschaffungswesen, insbesondere dort, wo die öffentliche Hand eine monopolartige Stellung innehat, etwa im Straßen- und Wasserbau; bei gebührenpflichtigen Amtshandlungen, etwa der Nutzung von kommunalen Mülldeponien; bei der Erteilung von Genehmigungen und Konzessionen, wie zB. im Gaststättengewerbe; bei Kontrollen und überall dort, wo geldwerte Insiderinformationen sprudeln.

Die »chronique scandaleuse« reicht von ›A‹ bis ›Z‹. Alles scheint käuflich:

Abschleppaufträge – Asylantenbeherbergung – Arbeits- und Aufenthaltserlaubnisse – Baugenehmigungen – Wohlwollende Festsetzung der Einkommensteuer – Bereitstellung von staatlichen Fördermitteln – Original-Führerscheine, die vom amtlichen ›Hersteller‹ über eine ›Vertriebskette‹ an den Besteller als ›Endverbraucher‹ geliefert werden – Straßenbeschilderung und Notrufsäulen – Kantinenbelieferung – Kunstobjekte für staatliche Museen – Marktstände im öffentlichen Verkehrsraum – Zügige Rechnungsanweisung – Sozialwohnungen – Sportanlagenbau – Visaerteilung – Sicherheitsausrüstung für die Polizei – Einkauf von medizinischen Geräten – TÜV-Stempel und Zulassung von Kraftfahrzeugen. Bei der Ausübung des staatlichen Gewaltmonopols durch die Polizei wird vereinzelt für die Verdeckung von Straftaten gezahlt, für Informationen über laufende Ermittlungen und für Auskünfte aus polizeilichen Datenbeständen. Korruptionsansätze finden sich allerdings auch – gottlob in bisher verschwindend geringem Umfang – bei der Justiz.

6. Am Buffet der Gefälligkeiten

Im Gegenzug bedienen sich die Staatsdiener bei den Firmen wie in Kaufhäusern ohne Kassen. Die Palette der Vorteile umfaßt alles, was das Herz begehrt:

Häuser, Fernreisen und Automobile, Kleidung, Pelze, Preziosen, Einladungen in Restaurants und Rotlichtmilieu, Opernkarten, Weinproben, Einkaufsvorteile, Gartenpflege, Möbel, Elektronik, Zuchttiere, Segelyachten, Krafträder, Kleinflugzeuge und was es nicht alles sonst noch gibt. Auch wenn sich am Buffet der Gefälligkeiten das Geld-Kuvert nach wie vor besonderen Zuspruchs erfreut, scheinen doch die Zeiten dezenter Übergabe von Barem zu Ende zugehen.

So sinnt man denn auf neue (Ab-)Wege zur Schöpfung von Schmiergeldern und liquidiert die Bestechungslöhne verdeckt. Die Schmiergelder werden auf vielfältige Weise gewaschen: Als gut dotierte Nebentätigkeiten, als Beraterverträge und Privatgutachten, durch Scheinarbeitsverhältnisse, auch zugunsten von Angehörigen des Nehmers, durch die Beteiligung an Patentrechten, Firmen und Immobilien, als ›Provisionen‹ für Auftragsvermittlung oder durch großzügige Entgelte für ›Literaturrecherchen‹ und dilettierende Werke der Kunst.

Amtsträger stellen in Gästezimmern und Küchen Computer auf, die unter dem Briefkopf einer Scheinfirma fleißig Rechnungen über fingierte Leistungen schreiben (»Küchenfirmen«). Planungsfirmen und Designerbüros, Kopiershops und Beratungsunternehmen werden von Strohmännern und -frauen gegründet, um den Schmiergeldfluß zu tarnen.

Die Wirtschaft speist ihre Schwarzgeldtöpfe mit nahezu unbegrenzten Verfügungsmitteln. Unternehmen halten sich offshore-Firmen, Subunternehmen und Stiftungen im In- und Ausland wie Ameisen ihre Blattläuse. Die Blattläuse stellen Gefälligkeitsrechnungen, behalten von der prompt veranlaßten Überweisung eine Bearbeitungsprovision und ggf. den Steueranteild ein. Der große Rest fließt zurück. Aus diesen Quellen werden an Steuer und Staatsanwalt vorbei Tantiemen für die Geschäftsleitung, Überstunden für Mitarbeiter und eben auch Schmiergelder finanziert.

7. Bestandteil der Geschäftspolitik

Bestechung ist als eine Form der organisierten Wirtschaftskriminalität fester Bestandteil der Geschäftspolitik, auch in Chefetagen renommierter deutscher Unternehmen. Korruption begegnet uns als gut organisierte, planmäßig angelegte und kaufmännisch betriebene Methode zur aggressiven Einflußnahme auf Entscheidungsträger in der staatlichen Verwaltung wie in der Privatwirtschaft (strukturelle Korruption). Schmiergeldzahlungen sind fester Bestandteil der Auftragsakquisition und -abwicklung. Sie werden in die Preise einkalkuliert und in der Finanzbuchhaltung auf verschiedenen Konten geschickt versteckt. Die aus Unternehmensethik und den ›guten Sitten‹ errichteten Dämme gegen Wettbewerbsverstöße und Wirtschaftsvergehen sind weggebrochen. Die **Hemmschwelle der Käuflichkeit** ist dramatisch **gesunken.** Nichts wird dem Zufall überlassen. Von langer Hand werden – auch auf privater Ebene – Beziehungen zur Verwaltung, zu Mandatsträgern und zu politischen Parteien aufgebaut, um sich diese Verbindungen in kollusiver Weise zu gegebener Zeit nutzbar zu machen.

8. Materielle und immaterielle Schäden

Insbesondere in der Bauwirtschaft existiert ein Korruptions-Standard von ausgeprägter Organisationshöhe. Hier werden Schmiergelder in Prozentsätzen des Auftragsvolumens gezahlt und Preisabsprachen ebenso wie Aufmaßbetrug durch Bestechung wasserdicht gemacht.

Die durch Korruption und Preisabsprachen jährlich verursachten materiellen Schäden sind enorm. Sie werden allein für die öffentliche Bauwirtschaft auf 5 bis 10 Milliarden geschätzt. Die Schmiergeldzeche zahlt der Steuerbürger: Wenn die Wassergebühren infolge überdimensionierter Klärwerke steigen, wenn die Kosten für Kindergärten, Schulen und Krankenhäuser weit über den Marktpreisen liegen, wenn der Staat die im In- und Ausland gezahlten Schmiergelder steuerlich subventioniert, wenn Investitionen zurückgestellt und Sozialleistungen gekürzt werden, weil die Kassen leer sind. Einmal unterstellt, Korruption und die Verschwendung von Steuergeldern – die Berichte der Rechnungshöfe sind immer wieder Beleg für die dringliche Notwendigkeit eines speziellen Straftatbestandes der Amtsuntreue – würden entscheidend eingedämmt, dann gäbe es auf lange Zeit keinen Grund über die Erhöhung von Steuern zu diskutieren. Die Bekämpfung von Korruption stellt so besehen auch einen wichtigen Beitrag zur Schonung des Fiskus dar.

Die durch Korruption verursachten immateriellen Schäden lassen sich demgegenüber nicht in Geld ausdrücken:

❏ Bestechung verzerrt den freien Leistungswettbewerb und verdrängt den seriösen Mitbewerber.

❏ Auf der Strecke bleibt die Wirtschaftsmoral. ›Weil es ja alle machen‹, darf der Nachahmungseffekt nicht unterschätzt werden. Wer nicht mithält, der wird zwangsläufig in das wirtschaftliche Aus gedrängt.

❏ Die Innovationsbereitschaft der Industrie und damit ihre internationale Wettbewerbsfähigkeit wird tangiert, wenn nicht Qualität und Preis eines Produkts über den Verkaufserfolg entscheiden, sondern die Höhe des Schecks.

❏ Schließlich nimmt der Wirtschaftsstandort Deutschland Schaden, wenn ausländische Investoren befürchten müssen, daß ihnen der Zugang zum korruptiv abgeschotteten inländischen Auftragsmarkt versperrt bleibt.

❏ Der Verlust des Vertrauens in die Integrität der öffentlichen Verwaltung und damit in die Autorität des Staates stehen am Ende der korruptiven Fahnenstange.

9. Die Spitze des Eisbergs

Das Dunkelfeld des öffentlichkeitsscheuen Phänomens ist erheblich. Die bekannt gewordenen Fälle sind nur die Spitze des Eisberges, dessen Ausdehnung und Tiefgang bekanntlich ungewiß sind. Die Schmiergeldgeschäfte werden nicht auf dem Marktplatz ausgehandelt. Korruption gedeiht im Verborgenen. Alle Beteiligten sind Täter. Es gibt keine Opfer, die dem Staatsanwalt als Zeugen zur Verfügung stehen und eine schnelle Sachverhaltsaufklärung ermöglichen. Der Schulterschluß des Schweigens ist schwer zu durchbrechen. Die zumeist intelligenten Täter zeichnen sich durch eine geradezu konspirative, von Anbeginn auf Verschleierung angelegte Vorgehensweise aus.

10. Die vier Ursachen der Korruption

Eine Erklärung für die vielfältigen Ursachen einer zunehmenden Ausbreitung der Durchstecherei in Staat und Gesellschaft fällt schwer. Einfache Antworten gibt es auch hier nicht, einige kurze Hinweise müssen daher an dieser Stelle genügen.

10.1. Wertezerfall und fehlendes Unrechtsbewußtsein

Da ist zunächst das **fehlende Unrechtsbewußtsein** der Beteiligten zu nennen. Der Verlust moralischer Skrupel auf dem Weg zum Erfolg ist das zwangsläufige Ergebnis eines allgemein beklagten Wertezerfalls, der »**Verkehrung der ethischen Grundeinstellung**«. In der heutigen Ellenbogengesellschaft wird dem egoistischen Materialismus applaudiert und nicht der Gemeinwohlorientierung. Produkt-Sponsoring geht vor altruistischem Mäzenatentum. Derjenige gilt als clever und Vorbild, der in den Grauzonen des Rechts seinen Vorteil sucht. Es ist nur ein einziger Buchstabe, der ›findig‹ von ›windig‹ trennt. Der gezielte Regelverstoß erzeugt kein schlechtes Gewissen. Man denke nur an den auf hohem Leistungsniveau betriebenen Volkssport des Versicherungsbetruges und der Steuerhinterziehung. Der Abbau der sogenannte Sekundärtugenden wie Gemeinsinn, Pflichtbewußtsein und Loyalität fördert ein Klima der Korruption. Die in Deutschland trotz aller Dementis nach wie vor grundsätzlich erlaubte steuerliche Absetzbarkeit von Schmiergeldern verleiht der Korruption obendrein eine Aura des Erlaubten.

In der Privatwirtschaft zählt primär das Betriebsergebnis nach der Devise: Umsatz um jeden Preis. Nach Moral wird nicht gefragt: ›**Legal oder illegal – ganz egal**‹. So werden etwa Preisabsprachen als »Akt der Notwehr« gegen einen übermächtigen Staat zur Durchsetzung »auskömmlicher Preise« legitimiert, die sich regelmäßig als übertreuert herausstellen. Kartellbildungen sollen angeblich vor »ruinösem Wettbewerb« schützen und dienen – ganz sozial – der Sicherung von Arbeitsplätzen im Interesse der Beschäftigten und der Kommunen. Und Schmiergeldzahlungen werden gar als ›Nützliche Aufwendungen‹ umschrieben und sind den Kalkulatoren der Bieterfirmen als ›NA-Kosten‹ bekannte Rechengrößen.

Man täusche sich nicht: Es sind nicht etwa die leistungsschwachen ›Krauterer‹, die Kleinstbetriebe, die sich mit rechtswidrigen Praktiken ihren Anteil am Auftragskuchen ergattern wollen. Am Korruptionsrad drehen auch nicht die Akquisiteure, die Aufträge einfahren müssen, oder die Bauleiter vor Ort, die das Projekt in die schwarzen Zahlen bringen wollen. Die **Täter sitzen** vielmehr **oben in den Chefetagen**. Denn die Bestechungsgelder lassen sich schon lange nicht mehr aus der Portokasse finanzieren. Sie werden – anders geht das bei den Summen nicht – von der Unternehmensspitze gebilligt und verantwortet. Bei den Nehmern sieht es mit der Moral nicht besser aus. Amtsträger in Leitungsfunktion leugnen schlicht trotz Vorteilsnachweis, bestechlich zu sein. Sie betrachten die ihnen gewährten ›Aufmerksamkeiten‹ als ein ›Dankeschön für gute Zusammenarbeit‹. Geldgeschenke gelten als ›Vergütung für Mehrleistungen‹, die sie zugunsten der Kommune und schließlich auch im Interesse der Unternehmen erbracht haben wollen.

10.2. Kontrolldefizite

Korruption ist ein Kontrolldelikt, das heißt die Täter profitieren von dem Verzicht auf qualifizierte Kontrollen und dem Fehlen korruptionshemmender Organisationsstrukturen. Die Kontrollsysteme waren und sind regelmäßig nicht auf die Entdeckung krimineller Machenschaften von Mitarbeitern oder Externen angelegt. Seit Jahrzehnten haben die Verantwortlichen untätig Kontrolldefizite hingenommen und ihre Dienst- und Fachaufsicht vielfach nur unzureichend ausgeübt. Wurde die Revisoren einmal fündig, dann blieben ihre Berichte häufig ohne Konsequenzen.

10.3. Defizitäre Strafverfolgung

Neben unzureichend qualifizierten Kontrollen fehlt es an einer effektiven Strafverfolgung. Korruption macht sich (immer noch) bezahlt, weil das **Risiko der Entdeckung gering** ist. Die Personaldecke bei den Polizeibehörden und noch mehr bei der Strafjustiz ist bekanntlich dünn bis löchrig. An allen Ecken und Enden mangelt es an Wirtschaftskriminalisten, nur nicht an Wirtschaftskriminellen. Dabei sollte doch jeder wissen, daß Prävention und Repression sich ergänzen. Ein entscheidender Faktor für eine nachhaltige Verbrechensvorbeugung ist die erfolgreiche Verbrechensverfolgung. Lautet doch der alte kriminalistische Erfahrungsgrundsatz, daß das **Risiko der Entdeckung eher geeignet** ist, den Täter **abzuschrecken als** eine **hohe Strafandrohung**. Wenn also Effizenz der Strafverfolgung von der Intensivierung der Ermittlungen und Spezialisierung der Ermittler abhängig ist, dann sollten sowohl die kriminalpolitischen als auch die personalwirtschaftlichen Konsequenzen auf der Hand liegen.

10.4. Lückenhaftes Strafrecht

Ursächlich für die Ausbreitung der Korruption ist viertens, daß das Strafgesetzbuch die gängigen Korruptionsmethoden nur zum Teil erfaßt hat.

Gedrängt durch ein gewandeltes öffentliches Bewußtsein, das eine schärfere Vorgehensweise gegen Korruption in der Gesellschaft einforderte, und in der Überzeugung von der Notwendigkeit eines verbesserten strafrechtlichen Schutzes gegen das wild wuchernde Korruptionsgeschwür, verabschiedete der Deutsche Bundestag am 26. 6. 1997 in seltener parteienübergreifender Geschlossenheit das

»Gesetz zur Bekämpfung der Korruption« (KBG), das am 20. 8. 1997 in Kraft getreten ist. Das KBG erfüllt weitgehend die Forderungen der Strafverfolger, das Strafgesetz, das sich im Kampf gegen die Korruption häufig als eine stumpfe Waffe erwies, zu schärfen und die Schlupflöcher der Korrupten zu stopfen.

In der Vergangenheit war vielfach der Tatnachweis trotz erheblicher Bereicherung an der engen Verknüpfung von Vorteil und Diensthandlung gescheitert. Denn nach der alten Rechtslage mußte sich das Einverständnis von Nehmer und Geber darauf beziehen, daß der materielle oder immaterielle Vorteil als Gegenleistung für eine konkrete Diensthandlung, das heißt eines »*do ut des*« gewährt wird (sogenannte Unrechtsvereinbarung). Zuwendungen jedoch, die nur ›bei Gelegenheit‹ einer Amtshandlung und nicht ›für‹ eine bestimmte Diensthandlung erbracht wurden, blieben straflos. Danach waren bis zur Verabschiedung des KBG – was zum Glück nicht allgemein bekannt gewesen ist – folgende typische Korruptionspraktiken, eingekleidet in den Schein des ›Üblichen‹, sanktionslos möglich:

- ›Dankeschön für gute Zusammenarbeit‹, also Zuwendungen aus Anlaß der laufenden Geschäftsbeziehung, ohne Bezug zu einem konkreten Auftrag.
- ›Anlaßzahlungen‹, das sind Geschenke und auch Barzahlungen etwa zu Beginn der Bausaison, als »Urlaubsgeld«, zum Geburtstagsfest oder Jubiläum, natürlich zum Weihnachtsfest oder zu sonstigen, wiederkehrenden Anlässen.
- Zahlungen zur ›Klimapflege‹, um sich das allgemeine Wohlwollen und die Geneigtheit des Amtsträgers zu erkaufen.
- ›Motivationszahlungen‹, um die Erledigung von Diensthandlungen zu beschleunigen.
- ›Anfüttern‹, was den planvollen Auf- und Ausbau einer – die Sachlichkeit der Amtsführung gefährdenden – Abhängigkeit durch die Gewährung von zunächst kleineren Aufmerksamkeiten bis hin zu aufwendigen Geschenken und regelmäßigen Geldzahlungen beschreibt. Ziel des Gebers ist die Schaffung eines Nähe- und Abhängigkeitsverhältnisses, um sich die amtliche Funktion des Nehmers nutzbar zu machen, der nicht umhin kann, sich zu gegebener Zeit ›dankbar‹ zu zeigen.

Da zweifellos durch diese verbreiteten Praktiken das geschützte Rechtsgut, die Integrität der staatlichen Verwaltung, verletzt wird, wurden der Grundtatbestand der Vorteilsannahme (331 StGB) und der Vorteilsgewährung (333 StGB) erweitert. Künftig ist bereits jeder »für die Dienstausübung« gewährte Vorteil strafbar, ohne daß die Vereinbarung einer bestimmten Diensthandlung als Gegenleistung erforderlich ist. Das subjektive Tatbestandsmerkmal der ›Unrechtsvereinbarung‹ bleibt in abgeschwächter Form insoweit erhalten, als jetzt die Dienstausübung zum Bezugspunkt der Vereinbarung wird. Die bloße Zugehörigkeit des Nehmers zum öffentlichen Dienst genügt natürlich nicht.

Der schwedischen Regelung vergleichbar schließt die Sozialadäquanz des Vorteils die Tatbestandsmäßigkeit aus. Dies gilt für die Gewährung geringfügiger Aufmerksamkeiten oder Gefälligkeiten, die als der Verkehrssitte entsprechenden Höflichkeit angesehen werden oder auch gewohnheitsrechtlich anerkannt sind, oder die sonst tradierten gesellschaftlichen oder geschäftlichen Gepflogenheiten entsprechen. Eine feste Wertgrenze gibt es nicht, jedoch wird allgemein eine Aufmerksamkeit im Gegenwert bis zu 15,– DM als geringfügig und damit als tolerabel angesehen. In diesem Sinne sind auch sogenannte ›Streugeschenke‹ wie Büroartikel von geringem Wert unbedenklich. Straflos bleiben schließlich auch gemeinnützige Spenden an eine Kommune oder Leistungen zur Förderung der Wissenschaften (die nicht etwa vom Einkauf von Pharmaprodukten abhängig gemacht werden) schon deshalb, weil ihnen das finale Element, den Nehmer in seiner Amtsausübung unredlich beeinflussen zu wollen, fehlt. Die Genehmigung von Zuwendungen ist gem. 331 Abs. 3 StGB selbstverständlich nur bei pflichtgemäßen Diensthandlungen denkbar.

Die Amtsdelikte galten ferner bis zur Novellierung als ›eigennützige Delikte‹, das heißt der Nehmer machte sich nur dann strafbar, wenn er durch den Vorteil unmittelbar oder mittelbar persönlich bessergestellt wurde.

Straflos blieb daher grundsätzlich jede Zuwendung an Dritte, etwa an die Lebensgefährtin des Amtsträgers, eine politische Partei, einen Verein oder an eine dem Amtsträger sonst nahestehende Organisation, obwohl sie (mit) ausschlaggebend für eine im Interesse des Gebers liegende dienstliche Entscheidung war. Umgehungsstrategien zur Verschleierung der Bereicherung des Amtsträgers wurden geradezu herausgefordert. Nach der Neuregelung ist nunmehr jeder dem Amtsträger selbst oder einem Dritten gewährte Vorteil strafbar, womit auch dieses Schlupfloch gestopft worden ist.

Bisher war zudem die **Spiegelbildlichkeit** bei der Bestrafung von passiver Vorteilsannahme und aktiver Vorteilsgewährung nicht gewahrt mit der Folge, daß der Geber bei einer Zuwendung, die zeitlich der Diensthandlung *nach*folgte, nicht zur Verantwortung gezogen werden konnte, während sich der Nehmer in der nämlichen Angelegenheit strafbar machte: ›Anfüttern‹ leicht gemacht! Die Erweiterung des Tatbestandes der **Vorteilsgewährung (§ 333 StGB)** auf nachträglich erbrachte Zuwendungen wird dem Umstand gerecht, daß es sich bei Geben und Nehmen um die Kehrseite ein und derselben Korruptionsmedaille handelt und die Täter dementsprechend gleich zu ahnden sind.

Und noch mehr hat der Gesetzgeber beschlossen: In das StGB wird ein völlig neuer 26. Abschnitt »**Straftaten gegen den Wettbewerb**« **(298–302 StGB)** zum

Schutz des Wettbewerbs vor unzulässigen Preisabsprachen (Wettbewerbsbeschränkende Absprachen bei Ausschreibungen, 298 StGB) und gegen Angestelltenbestechung (Bestechlichkeit und Bestechung im geschäftlichen Verkehr, 299–302 StGB) im Interesse einer funktionierenden sozialen Marktwirtschaft eingerückt.

Wegen der engen Verknüpfung von Korruption und Kartellabsprachen stellt nunmehr der Gesetzgeber in einem neuen Vergehenstatbestand wettbewerbsbeschränkende Absprachen bei Ausschreibungen, die bisher nur als Ordnungswidrigkeiten geahndet werden konnten, wie jeden Betrug auch mit bis zu 5 Jahren unter Strafe (298 StGB). Das Verheimlichen der Absprache ist nicht erforderlich, um gerade die besonders strafwürdigen Fälle zu erfassen, bei denen Mitarbeiter des Veranstalters mit Bieterfirmen kollusiv zusammenarbeiten. Daneben bleiben die Kartellbehörden aufgrund eines neuen 81 a im Gesetz gegen Wettbewerbsbeschränkungen (GWB) ausschließlich zuständig für die Verhängung von Geldbußen gegen juristische Personen und Personenvereinigungen (30 des Gesetz über Ordnungswidrigkeiten, OWiG), wenn eine Straftat nach 38 Abs. 1 Nr. 1, 8 GWB oder eine Ordnungswidrigkeit nach 130 OWiG (Aufsichtspflichtverletzung) verwirklicht wurde.

Auch der Tatbestand der Bestechlichkeit und Bestechung im geschäftlichen Verkehr wurde in das Strafrecht neu aufgenommen (299–302 StGB). Im Vertrauen auf die Selbstreinigungskräfte der Wirtschaft war die bisher in dem Gesetz gegen den unlauteren Wettbewerb (12 UWG) geregelte Angestelltenbestechung als ein reines Antragsdelikt ausgestaltet (22 UWG). Strafanträge wurden jedoch selten gestellt, sitzen die Antragsberechtigten doch meist selbst ›im Glashaus‹.

In der Privatwirtschaft wird die Korruption seit langem als »die Pest des Schmierens« angeprangert. Die Wirtschaft und ihre Verbände haben gleichwohl das Bestechungsunwesen jahrzehntelang geleugnet und nichts Ernsthaftes dagegen unternommen. Da aber die Ausbreitung von Korruption in der Privatwirtschaft auch das Eindringen korruptiver Praktiken in den staatlichen Verwaltungsapparat fördert, kann deren Bekämpfung nicht den betroffenen Wirtschaftsunternehmen überlassen bleiben. Nur durch eine umfassende strafrechtliche Ahndung der Korruption wird das Bewußtsein in der Bevölkerung über deren Sozialschädlichkeit geschärft.

Die Angestelltenbestechung wird daher fortan von Amts wegen verfolgt werden, wenn ein besonderes öffentliches Interesse besteht (301 StGB). Außerdem wird der Strafrahmen von 1 auf 3 Jahre angehoben, in besonders schweren Fällen droht Freiheitstrafe von 3 Monaten bis zu 5 Jahren (300 StGB).

Die in 73 f StGB normierte Gewinnabschöpfung sieht zwar auch den Verfall des Wertersatzes vor (73 a StGB). Wenn der Bestechungslohn etwa für den Kauf einer

Immobilie verwendet wurde, kann statt dessen auf den Grundbesitz zwangsweise Zugriff genommen werden. Diese Regelung hat aber die Staatsanwälte nicht in allen Fällen in die Lage versetzt, die Korruptionsgewinne konsequent abzuschöpfen. Da die wirtschaftliche Entreicherung der Korrupten ein Gebot der Gerechtigkeit ist und der Generalprävention dient (›Straftaten dürfen sich nicht lohnen‹), ist nun bei den professionellen Formen der Amts- und Angestelltenkorruption (302, 338 StGB) die Anordnung des Erweiterten Verfalls (73 d StGB) und die Verhängung der Vermögensstrafe (43 a StGB) möglich.

Durch das KBG wird schließlich klargestellt, daß Private und Beschäftigte von Unternehmen, die dazu bestellt sind, Aufgaben der öffentlichen Verwaltung zu erfüllen, wie Amtsträger bestraft werden können und zwar unbeschadet der zur Aufgabenerfüllung gewählten Organisationsform (11 Abs. 1 Nr. 2 c StGB). Der Gesetzgeber sah sich angesichts zunehmender Privatisierung von Teilbereichen der Verwaltung, insbesondere der korruptionsanfälligen Leistungsverwaltung, und der verbreiteten Rechtsunsicherheit über die strafrechtliche Ahndung, zu dieser Klarstellung veranlaßt.

Da die bisherige Strafandrohung bei dem Grundtatbestand der Vorteilsannahme und der Vorteilsgewährung (331, 333 StGB) als unangemessen niedrig empfunden worden war, hat der Gesetzgeber nunmehr den Strafrahmen für Geber und Nehmer von 2 auf 3 Jahre (331 Abs. 1, 333 Abs. 1 StGB) bzw. 5 Jahre bei Richtern (331 Abs. 2 StGB) angehoben und in besonders schweren Fällen auf mindestens 1 bis zu 10 Jahren, bei einem Richter nicht unter 2 Jahren (335 Abs. 1 StGB), festgesetzt.

Auch wenn es das KBG verdient, als Gesetz von der Praxis für die Praxis bezeichnet zu werden, erfüllt es dennoch nicht alle Wünsche der Korruptionsfahnder. So konnte der Bundesrat mit seinem Vorschlag nicht durchdringen, die Tataufklärung durch die Schaffung einer Kleinen Kronzeugenregelung zu erleichtern, die dem aufklärungsbereiten Täter einen gesetzlichen Anspruch auf Strafmilderung garantiert. Die Telefonüberwachung ist bei Korruptionsdelikten weiterhin unzulässig. Ein generelles Verbot der steuerliche Abzugsfähigkeit von Schmiergeldern, unabhängig davon, ob sie an in- oder ausländische Amtsträger gezahlt werden, läßt auf sich warten. Die Bestechung ausländischer Amtsträger und Angehöriger von supranationalen Organisationen bleibt ebenfalls weiterhin straflos möglich.

11. Schlußbemerkung – Gesamtgesellschaftliche Ächtung der Korruption

Mit dem Gutachter des Deutschen Juristentages von 1996, *Dieter Dölling*, bin ich der Auffassung, daß die Diskussion über die Bekämpfung der Korruption sich nicht auf den engen strafrechtlichen Bereich beschränken darf. Korruption ist allgegenwärtig und zeigt sich in verschiedenen Masken: In undemokratischen, weil nicht transparenten Amigoverhältnissen, in Seilschaften, Ämterpatronagen und in anderen Formen der Klientelwirtschaft, die alle Wegbereiter für das Eindringen der Korruption in die Gesellschaft sind. Ich denke auch an die Formen ›legalisierter Korruption‹, der sogenannten »white corruption«.

Wie kaum ein anderes kriminelles Phänomen stellt die Korruption einen gezielten Angriff auf den demokratischen Rechtsstaat dar. Korruption höhlt den Staat von innen aus! *Paul Noack* hatte bereits 1987 eindringlich auf diese Gefahr in seinem Buch über »*Korruption – Die andere Seite der Macht*« aufmerksam gemacht. Wir sollten daher die Ausbreitung der Korruption als eine massive Herausforderung zur Verteidigung des Rechtsstaates begreifen. Korruption führt zur Zersetzung überkommener Werte, zu einer Erosion der Normen, wie es *Hassemer* formuliert. Die Eindämmung der Korruption kann daher nicht allein durch Paragraphen und verbesserte Kontrollen gelingen. Die Korruptionsbekämpfung ist weder ein rein technisch-administratives Problem noch Aufgabe der Justiz allein. Der Kampf gegen die Korruption wird vielmehr in den Köpfen der Bürger entschieden. Nur durch ihre gesamtgesellschaftliche Ächtung wird die Korruption umfassend und auf Dauer in allen Spielarten zurückgedrängt. In einem korruptionsfeindlichen Klima kann das Schmiergeldunwesen nicht gedeihen. Wir müssen uns Klarheit darüber verschaffen, ob wir zulassen wollen, daß Korruption zu einem Teil der politischen und wirtschaftlichen Kultur wird; ob wir die Gewährung von kleineren und größeren Gefälligkeiten als Läßlichkeit solange untätig hinnehmen wollen bis Korruption zur Alltäglichkeit in Politik, Wirtschaft und staatlicher Verwaltung wird; oder ob wir Korruption in welcher Form und auf welcher Ebene auch immer als eines demokratischen Rechtsstaates unwürdig und in seinem Bestand bedrohend nachgerade puristisch ablehnen.

Wenn eine der Hauptursachen für die Ausbreitung von Korruption der Verlust ethisch-moralischer Grundwerte ist, dann kann die Überwindung des Schmiergeldunwesens nur gelingen, wenn wieder moralisch-ethische Maßstäbe unser Verhalten bestimmen. Die Auseinandersetzung mit dem Korruptions-Phänomen erfordert mithin eine breit angelegte öffentliche Diskussion über die von dieser Gesellschaft noch als verbindlich angesehenen Wert- und Moralvorstellungen.

Zur Stärkung einer gesellschaftlichen Wertediskussion sollten **Politiker, Prominente** und **Wirtschaftsführer** endlich anfangen, sich ihrer **Vorbildfunktion** be-

wußt zu werden und entsprechend vorbildlich handeln. Allerdings verhehle ich nicht meine Skepsis angesichts der ausgeprägten Nehmerqualitäten solcher Personenkreise, die Wasser statt Wein predigen und ungeniert Vergünstigungen, die ihnen Amt und Funktion bieten, für sich privat oder für ihre Klientel in Anspruch nehmen. Das ›Recht‹ der Zu-Kurz-Gekommenen ist die Nachahmung im Rahmen der eigenen, kleinen Möglichkeiten. Es erstaunt daher nicht, wenn der Bürger sein Verhalten nach ›denen da oben‹ richtet und frei nach dem Motto, ›was die können, kann ich schon lange‹, bedenkenlos gegen Gesetze verstößt, wenn er sich davon einen Vorteil verspricht.

> Wundern wir uns also nicht, wenn mit dem Verlust des Vertrauens in die Integrität staatlicher Einrichtungen die Akzeptanz staatlicher Autorität brüchig wird und der Bürger seine Loyalität gegenüber dem Rechtsstaat aufkündigt. Der Kampf gegen Korruption ist folglich auch ein Kampf um das Vertrauen der Bürger in den demokratischen Rechtsstaat.

1.2. Die Rolle der schwarzen Kassen in der Vorbereitung eines Bestechungssystems[1]
Gherardo Colombo

1. Definition von schwarzen Kassen

Schwarze Kassen werden gespeist aus erwirtschafteten Mitteln einer Kapitalgesellschaft, die nicht in deren Bilanz erscheinen. Sie müssen nicht unbedingt aus Geld bestehen, sondern es kann sich auch um Inhaberwertpapiere handeln oder um andere wirtschaftlich wertvolle Güter (Kunstwerke, Juwelen, Freizeitboote usw.). Es genügt, wenn sie ohne nennenswerte Schwierigkeiten zu verwertbar oder auf Dritte übertragbar sind. Besteht der Kasseninhalt aus Geld, ist es nicht einmal nötig, daß er außerhalb der Buchhaltung der Gesellschaft aufgeführt wird, denn er kann hier getarnt erscheinen (ein Posten, auf den häufig zurückgegriffen wird, um Schwarzgelder zu verheimlichen, ist der sogenannte Rechnungsabgrenzungsposten). So gesehen ist es nicht immer richtig, Schwarzgeld als außerbuchhalterische Reserve zu bezeichnen.

2. Die Einrichtung schwarzer Kassen

Um schwarze Kassen einzurichten, wird häufig auf Täuschungen, auf Kunstgriffe oder Fälschungen verschiedenster Art zurückgegriffen.

Meistens werden Kunstgriffe angewandt, die mit dem Bankverkehr zu tun haben; aber auch Kunstgriffe in den Geschäftsbeziehungen und solche, die die Aufstellung der Bilanz oder die Beziehungen zwischen Gesellschaftern und Gesellschaft betreffen. Ein Beispiel zum ersten Fall: Vor einigen Jahren wurden schwarze Kassen mittels eines einfachen Mechanismus mit beträchtlichem Inhalt gefüllt, indem man die Einnahmen der Gesellschaft (oder einen Teil davon) über außerbuchhalterische Bankkonten laufen ließ und die auf diesen Konten fälligen Zinsen unterschlug. Worin bestand der Kunstgriff? Was war der Mechanismus, der die Aufdeckung verhinderte? Die Bank, die hätte belegen müssen, daß die Zahlungen der Gesellschaft A an die Gesellschaft B über diese außerbuchhalterischen Konten liefen, dort eine Zeitlang blieben und dann den in der Buchhaltung erfaßten Konten der Gesellschaft B gutgeschrieben wurden, ließ lediglich eine direkte Überweisung erscheinen. Die nicht vollständig dokumentierte Überweisung verhinderte die Feststellung, daß das Geld zeitweilig auf Konten geparkt wurde, die in der Buchhaltung nicht aufgeführt waren.

---

[1] Aus dem Italienischen von Frau lic. iur. Antonella Bizzini.

Schwarze Kassen in der Vorbereitung eines Bestechungssystems

In den Wirtschafts- und Handelsbeziehungen werden außerbuchhalterische Konten mehrheitlich durch Machenschaften in der Fakturierung geschaffen: Entweder wird eine Rechnung nicht ausgestellt oder es werden nicht getätigte Geschäfte in Rechnung gestellt.

Am häufigsten geschieht dies im Verkehr mit ausländischen Gesellschaften. Typischerweise wird nach folgendem Muster vorgegangen: Ein Vertrag mit einer Gesellschaft, die ihren Sitz im allgemeinen in einem sogenannten Steuerparadies oder off-shore Land hat, wird simuliert. Die Leistung wird nicht erbracht und dennoch zu einem hohen Preis bezahlt. Um allfällige Kontrollen zu erschweren, hat der Vertrag häufig eine Beratungstätigkeit oder eine andere nicht oder nur schwer quantifizierbare Leistung zum Inhalt. Das Geld läuft üblicherweise über ausländische Banken und kehrt entweder als Schwarzgeld zur zahlenden Gesellschaft zurück oder wird (was eher der Fall ist) im Ausland aufbewahrt und von dort aus direkt für die Bedürfnisse verwendet, für die die schwarze Kasse vorgesehen ist.

Ein zweites typisches Vorgehen besteht im Rückgriff auf ein sogenanntes »**back-to-back**«-**Geschäft**. Auch in diesem Fall wird im allgemeinen eine Firma benutzt, bei der das Schwarzgeld untergebracht wird. Bei der »back-to-back«-Transaktion besteht das Geschäft beispielsweise darin, daß die Gesellschaft, die vorhat, Schwarzgeld zusammenzubringen, einer anderen Gesellschaft eine Bankgarantie gewährt. Die Begünstigte wird von der ersten beherrscht und hat ihren Sitz gewöhnlich im Ausland. Die ausländische Gesellschaft wird nun die Finanzierung für Ausgaben der ersten Gesellschaft verwenden, die nicht in deren Buchhaltung auftauchen. Bankschuldnerin für den finanzierten Betrag ist die erste Gesellschaft.

Weiter ist da noch das Verhältnis zwischen Gesellschaft und Gesellschafter; das ist vermutlich das interessanteste aus theoretischer Sicht. Es werden zum Beispiel Obligationen ausgegeben zum vorgetäuschten Zweck, verborgene freie Mittel zu schaffen. Die Mehrheitsgesellschafter zeichnen die Obligationen und verwenden die von der Gesellschaft festgelegten Zinsen für die Zwecke, die üblicherweise mit Schwarzgeld erfüllt werden, das auf andere Weise zusammengebracht worden ist.

Wenn die verborgene Rückstellung in den Spalten der Bilanz versteckt ist, eingefügt zwischen anderen Positionen, wird auch die Verwendung der Rückstellung fälschlicherweise gerechtfertigt werden, indem man sie mit fiktiven Argumenten begründet.

3. Gründe für die Schaffung von schwarzen Kassen

Schwarze Kassen oder heimliche Reserven werden gebildet, um nicht zu rechtfertigende Kosten gleich welcher Art zu bestreiten. Sie können bestimmt sein für die persönliche Bereicherung der Mehrheitsgesellschafter (durch die heimliche Ausschüttung eines Teils der Gewinne), für die persönliche Bereicherung der Geschäftsführer (durch eigentliche Veruntreuungen, von denen die Gesellschafter nichts wissen, oder durch von Mitgesellschaftern angeordnete schwarze Gratifikationen) oder für die persönliche Bereicherung von Betriebsangehörigen. Der Zweck dieser heimlichen Bereicherung kann die Steuerhinterziehung seitens der Gesellschaft, der Gesellschafter, der Geschäftsführer oder der Betriebsangestellte sein. Schwarze Kassen können auch verwendet werden, um Wettbewerbsregeln zu verletzen. Es wird zum Beispiel Dumping unterstützt, indem Joint Venture-Partner heimlich bezahlt werden, die ohne diese versteckte Unterstützung nicht mitmachen würden. Häufiger noch werden aber Klienten geworben, indem ihnen ein Teil der Leistungskosten »schwarz« zurückerstattet wird. So läßt sich versteckte Werbung in Tageszeitungen, Zeitschriften und Fernsehstationen kaufen. Das Schwarzgeld kann auch für Terroristengruppen oder für andere kriminelle Vereinigungen bestimmt sein, um Vandalenakte, Sabotage, Personenentführungen usw. zu vermeiden. Bisweilen wird mit Schwarzgeld auch die Gunst von politischen Exponenten oder Amtsträgern gewonnen, das heißt es dient der Bestechung.

4. Systemische Korruption

Es ist bekannt, daß in einigen Ländern die Beziehungen zwischen öffentlichen und privaten Unternehmen systematisch über Bestechungen laufen. Das heißt, daß der Bürger, sei er Unternehmer oder nicht und übe er seine Tätigkeit durch eine Gesellschaft aus oder nicht, den Amtsträger oder den politischen Exponenten in der Regel belohnt, um dessen Verhalten zu beeinflussen, damit er möglichst schnell und unter geringerer Kontrolle das erhält, was ihm ohnehin zustehen würde, oder damit er als Gegenleistung etwas bekommt, was von Gesetzes wegen verboten ist oder was anderen und nicht ihm zustehen würde. Es kann zum Beispiel sein,

- ❏ daß der Bürger zahlt, um eine Konzession innerhalb einer Woche und nicht erst – wie üblich – nach Monaten zu erhalten,
- ❏ daß er einen Beamten der Steuerfahndung besticht, damit nicht bekannt wird, daß er steuerbares Einkommen nicht deklariert hat,

- daß er einem Richter Geld überweist, um ein Gerichtsverfahren zu gewinnen, in dem er unterliegen würde, oder um von einer Straftat freigesprochen zu werden, die er begangen hat.

Ferner kann es sein,

- daß er dem mit der Vergabe von öffentlichen Aufträgen Beauftragten (zum Beispiel im Baubereich oder im Bereich der Lieferung von Gütern oder Dienstleistungen) Geld gibt, damit ihm dieser geheime Daten mitteilt, durch die er den Zuschlag erhalten kann, oder
- damit dieser die Mängel in seiner Offerte nicht bemerkt,
- daß er einen hohen Amtsträger (und die Politiker, die hinter ihm stehen), der mit der Vorbereitung der Ausschreibung beauftragt ist, besticht, damit dieser Teilnahmebedingungen vorsieht, die nur seine Gesellschaft erfüllt,
- daß er ein Regierungsmitglied bezahlt, damit dieses eine Verordnung zu seinen Gunsten abändert oder
- daß er einem Parlamentsmitglied Geld gibt, damit dieses ein Gesetz vertritt, das ihm Vorteile bringen wird.

Die Gunst eines Amtsträgers oder eines Politikers wird nicht immer mit Bezug auf eine spezifische Amtshandlung hin erworben. Es hat sich vielfach gezeigt, daß diese regelmäßig beträchtliche Beträge im Verborgenen erhalten, in mehr oder weniger langen Intervallen, aber immerhin kontinuierlich, damit sie ihren Einfluß dem Verteiler ständig zur Verfügung stellen, das heißt, damit sie sich bei jeder Gelegenheit für die, die zahlen, einsetzen. Die Korruption ist in einem Land oder Gebiet dann systematisch, wenn solche Verhaltensweisen allgemein praktiziert werden und dadurch den Verkehr mit der öffentlichen Verwaltung besonders undurchschaubar und unberechenbar gestalten. Es ist offensichtlich, daß die systematische Bestechung jede Marktregel verdreht und die Grundlagen der Demokratie untergräbt.

Die dauerhafte und engmaschige Wiederholung von Bestechungsepisoden bewirkt, daß die offizielle Systemordnung durch eine inoffizielle Ordnung überlagert wird, die ihre eigenen Regeln hat. Sie bestimmt die Beziehungen zur öffentlichen Verwaltung für all jene, die von ihr Kenntnis haben und mit ihr umgehen können. Dann geschieht folgendes: Während die institutionelle Ordnung vorsieht, daß das fähigste Unternehmen, das die beste Leistung zum günstigsten Preis anbietet, den öffentlichen Auftrag erhält, bestimmt das ungeschriebene Gesetz, daß das Unternehmen, das den Amtsträger besticht, den Wettbewerb gewinnt. Im Konflikt zwischen diesen beiden Regeln gewinnt die zweite immer die Oberhand und erweist sich als der ersten überlegen. Das gleiche Bild ergibt sich für die Ausübung der Kontrolltätigkeit: Dazu mag das Beispiel von Angehörigen der italienischen Guardia di Finanza genügen, die es infolge von Bestechung unterlassen, Steuerhinterziehungen im Auge zu behalten, oder das Beispiel des Richters, der diejenige Prozeßpartei begünstigt, die ihn bestochen hat. Es ist klar, daß die Korruption dann systematisch wird, wenn Kontrollorgane darin verwickelt sind. Denn wenn die, die kontrollieren, bestechlich sind, gibt es keine Möglichkeit mehr, auf die Bestechung aller anderen hinzuweisen und sie angemessen zu bekämpfen oder sogar zu verhüten.

Gleichermaßen macht die verbreitete Bestechung das gute Funktionieren eines demokratischen Systems unmöglich. Politische Parteien, die sich mehr als andere (oder im Gegensatz zu anderen) der Bestechung bedienen, können – ohne Wissen der Mehrzahl der Bürger – über gewaltige Geldbeträge verfügen. Das verfälscht die Auseinandersetzung unter den verschiedenen politischen Kräften nachhaltig. Überdies verleiten solche Parteien die eigenen Vertreter dazu, ihre Aufgaben nicht nur und nicht allein aus politischen Zwecken auszuüben, sondern auch (und vielleicht vor allem) mit dem Ziel, die finanziellen Mittel zu erhöhen, um mit den anderen Parteien im Stimmenfang unredlich konkurrieren zu können. Im Innern dieser Parteien geschieht es dann öfters, daß Macht nicht so sehr dank politischer und organisatorischer Fähigkeiten erworben wird, sondern wegen der Fähigkeit, Gelder zusammenzubringen. So kommt es oft vor, daß jemand in der Parteihierarchie mit Hilfe von Spenden aufsteigt, die er mit Bestechungserträgen erworben hat. Weil die Anzahl der Spendengelder in der Partei als Zeichen für große Einflußnahme gilt, können die Bestochenen als die Repräsentativsten auftreten und demzufolge als die Mächtigsten.

5. Bestechung und heimliche Parteifinanzierung

Ein weiterer Aspekt muß untersucht werden. Er steht zwar, unter normativen Gesichtspunkten betrachtet, der Bestechung im technischen Sinne fern, im konkreten ist er ihr aber doch sehr ähnlich. Es handelt sich um die heimliche Parteifinanzierung.

Sowohl in Italien als auch in anderen Ländern ist man sich einig, daß Privatunternehmen politische Parteien finanzieren dürfen, solange einige Bedingungen erfüllt werden. Diese Bedingungen sollen Transparenz, das heißt, Erkennbarkeit der Finanzierung, gewährleisten: Damit eine Finanzierung erlaubt ist, muß sie in der Bilanz der Spendergesellschaft aufgeführt sein und das Parlament muß darüber unterrichtet werden. Das Verfahren wäre also sehr einfach. Trotzdem hat sich gezeigt, daß viele Unternehmen zu verdeckten Formen der Finanzierung gegriffen haben, obwohl sie Parteien und politische Exponenten auf legale Weise hätten finanzieren können. Das Geld stammte aus schwarzen Kassen und wurde heimlich gespendet. Warum wurde zu solchen Praktiken gegriffen? Der Grund ist einfach: Mit der Finanzierung bezweckte man eine Gegenleistung, nämlich ein Verhältnis von allgemeinem Wohlwollen. Wenn das nun bei Tageslicht geschehen wäre, wäre der Zusammenhang zwischen dem gespendeten Geld und der empfangenen Hilfe sichtbar geworden und die Konkurrenzunternehmen hätten sich beklagen können. Deshalb ist die heimliche Finanzierung eine Vorläuferin der Bestechung: Sie ist ihr wesensverwandt, auch wenn sie nicht wie die Bestechung qualifiziert ist durch die Erfüllung spezifischer Tätigkeiten in einem bestimmten Zusammenhang (dieser öffentliche Auftrag, jene Lieferung und so weiter). Heimliche Reserven sind in diesem Fall für die Schaffung einer eigentlichen Bestechungskultur bestimmt. Durch die heimliche Parteifinanzierung wird der Boden dafür bereitet, daß die Menschen sich mit Ungleichbehandlung abfinden. Die Bestechung wird kulturell akzeptiert und damit Teil des politischen und wirtschaftlichen Systems. Wir sprechen dann von systemischer Korruption.

6. Der Zusammenhang zwischen schwarzen Kassen und systematischer Korruption

6.1. Geldtransaktionen

Da Kapitalgesellschaften ihre Kosten für Bestechung in Buchhaltung und Bilanz nicht offen darlegen können, müssen sie stille Reserven bilden (diese sind entweder aus wirklich gesonderten Geldern gebildet oder aus in den Bilanzspalten verborgenen freien Mitteln), um Amtsträgern oder politischen Exponenten Schwarzgeld spenden zu können. Wenn die Korruption System hat, ist es wichtig, daß solche stillen Reserven dauernd zur Verfügung stehen, während die Unternehmen für gelegentliche Bestechungen zu Kunstgriffen greifen können wie beispielsweise eine Rechnung für nicht bestehende Darlehen ausstellen, die genau dem Betrag des Schmiergeldes entspricht. Damit können sie eine Ausgabe, mit deren Wiederholung nicht zu rechnen ist, mühelos verschleiern. Die Schaffung von schwarzen Kassen dient dagegen dem Erfordernis, ständig große Geldsummen zur Verfügung zu haben, um Situationen, die nicht immer rechtzeitig vorauszusehen sind, bewältigen zu können. Je umfangreicher und verzweigter das System der Korruption ist, desto zweckmäßiger ist die Führung und Organisation der schwarzen Kassen nach dem Modell der Kontokorrenteinlage; so ist der Vorrat groß genug für eine unbestimmte Anzahl von Transaktionen – auch unvorhergesehenen. Obwohl verschiedene Systeme zum gewünschten Resultat führen (zum Beispiel die Eröffnung von Inhabersparheften oder der Erwerb von Inhaberwertpapieren), hat sich die Praxis, Bankeinlagen zu tätigen, eben Kontokorrente zu führen, immer mehr verfestigt. Die Konten werden getarnt, um die Verbindung zum zugehörigen Unternehmen zu verschleiern. In vielen Fällen wird die Tarnung durch die Gründung einer off-shore Gesellschaft erlangt. Das Konto wird auf diese Gesellschaft oder auf einen Treuhänder eingetragen. In solchen

Fällen wird das Konto im allgemeinen bei einer ausländischen Bank geführt, die ihren Sitz vorzugsweise in einem Land hat, das gleichzeitig eine geringe Durchlässigkeit des Bankgeheimnisses, eine hohe Zuverlässigkeit seines Kreditsystems und Stabilität in Politik und Gesetzgebung garantiert. Während nun die Gesellschaften, die der Tarnung dienen, in irgendwelchen Ländern gegründet werden, deren Gesetzgebung die Anonymität des Eigentums gewährleistet, werden die Kontokorrente in Ländern mit solider Institutions- und Kredittradition - und nur ausnahmsweise in außereuropäischen Ländern - eröffnet. Sollte es nötig werden, die Tarnung zu erhöhen, wird man dafür sorgen, daß die europäischen Banken die Kontoführung an ihre in unzähligen off-shore Ländern verteilten Filialen übertragen, deren Solvenz aber durch das Mutterinstitut garantiert bleibt.

In einem System mit verbreiteter Widerrechtlichkeit, wo es dem Bestechenden passieren kann, daß er mehrmals zahlen muß, um die gewünschten Gefälligkeiten vom Amtsträger oder vom Politiker zu bekommen, häufen diese eine Menge Geld als Gegenleistung für den Verkauf ihrer Funktionen an. Das führt zu einer analogen Finanzorganisation: Der Empfänger sieht sich veranlaßt, ein Kontokorrent in einem Kreditinstitut der gleichen Länder zu eröffnen, an die sich jene wenden, die zahlen. Auch der Empfänger, der Bestochene, muß solche Geldmittel verstecken, und er verwendet dieselben Methoden, allerdings mit einem zusätzlichen Erfordernis. Derjenige, der heimlich illegales Geld empfängt, muß ihm eine legitime Herkunft verschaffen, um es wieder ausgeben zu können; es sei denn, auch die Ausgabe wird illegal oder getarnt getätigt. **Geldwäscherei** im wahrsten Sinne des Wortes wurde zum Beispiel **durch die Börse** getätigt. Es wurden Transaktionen vorgetäuscht, die den Anschein erweckten, als hätte der Bestochene einen Gewinn gemacht. In Wahrheit gab es keine Transaktion und der angebliche Gewinn entsprach dem widerrechtlichen Ertrag, den man legitim erscheinen lassen wollte. Andererseits wird Schmiergeld häufig dazu benutzt, um einen Teil des Kaufpreises für Immobilien zu bezahlen.

6.2. Die Schaffung eines doppelten Marktes

Die Schaffung, die Verwaltung und die Ausgabe von heimlichen Reserven erregt immer mehr das Interesse des internationalen Finanzmarktes. Dazu ist eine Präzisierung nötig. Das Erfordernis, bestehende Schwarzgelder zu verschieben, betrifft nicht nur die Bestechung. Sicherlich macht die Bestechung einen beträchtlichen Teil der versteckten Bewegungen aus, aber diese haben ihren Grund im allgemeinen eher in einem zweifachen Bedürfnis: Transaktionen zu tätigen, die mit widerrechtlichen Aufträgen verbunden sind (z. B. dem Erwerb von großen Mengen Drogen, um sie auf den Markt zu bringen; dem illegalen Waffenkauf), und Gelder zu waschen, die aus Verbrechen stammen, das heißt sie in den offiziellen Markt einzuspeisen. Da es nötig wurde, diese Bedürfnisse zu befriedigen, mußte ein zweiter Finanzmarkt geschaffen werden: Neben dem offiziellen, transparenten und stark reglementierten Markt existiert ein anderer, undurchsichtiger Graumarkt, in dem die Akteure und die Verwendungszwecke der Finanztransaktionen unbekannt bleiben. Die **zwei Märkte** müssen notgedrungen miteinander in Verbindung stehen, weil es sonst unmöglich wäre, den zweiten für die Geldwäsche von Deliktserträgen zu nutzen. Als **Verbindungspunkte** dienen die sogenannten **Steuerparadiese**, die in zwei Kategorien unterteilt werden können: in »Gesellschaftsparadiese« und »Bankparadiese«. Sie werden so genannt, weil die ersten die Anonymität der Gesellschaftsinhaber und die zweiten die Anonymität der Bankverbindungen garantieren.

Obwohl der undurchsichtige Markt nicht ausschließlich der Bestechung dient, nimmt sie darin doch einen bedeutenden Platz ein. Denn dieser Markt wird sowohl für die nationale Korruption (d. h. die Bestechung, die im Bereich des gleichen Landes eintritt), über die wir bis jetzt gesprochen haben, benutzt, als auch für die internationale Korruption, die dadurch charakterisiert wird, daß sich die Zahlung von Schmiergeldern zwischen Akteuren verschiedener Länder abspielt. Die internationale Bestechung ist im wesentlichen aus zwei Gründen besonders schwierig anzugehen. Der eine betrifft die Reglementierung: Die Mehrheit der Staaten stellt die Bestechung eines ausländischen Amtsträgers nicht unter Strafe. Für Italien wie aber auch für die Schweiz und für andere europäische Länder, ist das Verhalten von jemandem, der einen Amtsträger zum Beispiel eines Nahost- oder eines afrikanischen Staates besticht, um eher eine Erdöllieferung zu erhalten, anstatt dort einen Staudamm zu bauen oder gar um ihn als Empfänger von wirtschaftlichen Hilfen auszuwählen, strafrechtlich irrelevant. Das heißt in der Mehrheit der Fälle ist die Bestechung in den Staaten, dem der Bestechende angehört, nicht strafbar.

Der andere Grund betrifft folgende Tatsache: Die Regierungen der Staaten, denen der Bestochene angehört, sind bisweilen in die internationale Korruption involviert. Wegen der beschränkten oder fehlenden Autonomie der Justiz in diesen Ländern ist es deshalb grundsätzlich nicht möglich, die Bestechung von den Behörden des Staates, dem der Bestochene angehört, verfolgen und bestrafen zu lassen.

6.3. Die Konsolidierung des Bestechungssystems

Die Schaffung und der Gebrauch von schwarzen Kassen ist nicht nur praktisch für das Bestechungssystem, sondern trägt wirksam zu dessen Stärkung und Verbreitung bei. Neben der Tatsache, daß sich widerrechtliche, in der Anzahl noch unbestimmte Finanzbewegungen leichter ausführen lassen, wenn ständig Kapital zur Verfügung steht, das für heimliche Transaktionen bestimmt ist, als wenn man immer wieder einen Vorrat schaffen muß, aus dem geschöpft werden kann, hat das Thema Implikationen allgemeinerer Art im Hinblick auf die Verbreitung einer Kultur und von Verhaltensmodellen, die gegen die Grundregeln verstoßen. Ich habe auf die möglichen Nutzungsarten von schwarzen Kassen hingewiesen. Diese sind im allgemeinen illegal, und auch wenn sie in einem gewissen Maß verständlich erscheinen, wie bei jenen Gelegenheiten, in denen das Geld dafür bestimmt ist, ungerechtfertigten Schaden zu vermeiden (wie Aktionen von Terroristengruppen oder von kriminellen Vereinigungen), so tragen sie dazu bei, daß das Vermögen illegaler Gruppierungen vergrößert wird. Der Gebrauch von schwarzen Kassen konkretisiert sich in jedem Fall in Aneignungsdelikten, Veruntreuungen und in untergründiger Unlauterkeit gegenüber der Konkurrenz sowie gegenüber der Gemeinschaft. Die schwarzen Kassen können allerdings auch innerhalb eines Unternehmens verwendet werden, um heimlich die Angestellten zu belohnen, die an der Mehrung und Ausgabe von Schwarzgeld beteiligt sind oder die verzerrte Verwaltung der Unternehmensressourcen dulden. Der Gebrauch von schwarzen Kassen gewöhnt einerseits an die Praktiken der Illegalität. Andererseits trägt er dazu bei, daß ein Ordnungssystem praktiziert und verbreitet wird, das verzerrt und undurchsichtig ist, und das mit dem Rechtssystem in Konflikt steht. Eine solche Einstellung ist die Grundlage der Kultur des Bestechungssystems, die nicht bestehen könnte, wenn sie sich nicht auf einen in gewißer Hinsicht verallgemeinerten Konsens über die versteckten Regeln stützen können, die das System lenken.

1.3. Sitzgesellschaften als logistisches Instrument der internationalen Korruption
Erich Diefenbacher

1. Einleitung: Korruption – fester Bestandteil des Weltwirtschaftssystems?

Korruption als fester Bestandteil und gleichzeitiges Krebsübel der modernen globalisierten Wirtschaft konnte sich quasi als Normalzustand etablieren, da viele Staaten, darunter gerade die Bundesrepublik Deutschland und die Schweiz teils durch gesetzliche Regelungen, teils durch toleriertes »Gewohnheitsrecht« eingefahrenen Praktiken Vorschub leisten.

»In Verbindung mit Korruptionsgeldern ist über Jahrzehnte hinweg ein Netz illegaler und halblegaler Zahlungsströme, Kapitalsammel- und Anlageformen geschaffen worden. Die ursprünglich auf die Schweiz konzentrierte Finanzoase des Weltfinanzsystems ist heute zu einem internationalen Netz ausgebaut. In ihm überschneiden sich Korruptionsgelder mit anderen Geldströmen wirtschaftskriminellen Ursprungs wie »normale« Steuerhinterziehung, Drogen- und Waffenhandel und aus der organisierten Kriminalität; dieses Netz ist mit dem »legalen« Finanzsystem eng verbunden«.[1]

2. Gängige Praktiken bei der Ausführung und der Vertuschung von Korruption

Bei der Tarnung von Korruption, wie generell bei der Kapitalflucht werden oft Briefkastenfirmen und »Off-shore«-Banken eingeschaltet. Was ist »Off-shore Banking?« Brockhaus definiert das **Offshore-Geschäft** zutreffend als »internationales Geldgeschäft, das nicht den nationalen Reglementierungen oder Institutionen unterworfen ist«. Es geht immer um äußerst diskrete Operationen, von denen Dritte und vor allem die Behörden des Heimatstaates keine Kenntnis bekommen sollen, sei es aus fiskalischen Gründen oder weil das Geld krimineller Herkunft ist oder kriminellen Zwecken wie der Bestechung dient. Wesentlich ist u. a. auch, daß in Off-shore-Staaten bei solchen Geschäften keine oder nur nominelle Steuern anfallen und das Gesellschaftsrecht Anonymität garantiert.

Umfangreiche Finanztransaktionen werden zwar de facto im Heimatstaat, formell aber (auf dem Papier und in der Buchhaltung), also fiktiv außerhalb der heimatlichen Staatshoheit abgewickelt – über Banken mit Sitz in kleinen oder unterent-

---

[1] W. Rügemer in Frankfurter Rundschau v. 24. 08. 1996, S. D/R/S.

wickelten Staaten ohne eigene Wirtschaft. Beispiel: Eine deutsche Großbank mit Sitz in Frankfurt oder deren Tochter in der Schweiz wickeln den Korruptionsvorgang (näheres dazu später) über ihre Off-shore-Tochter in Cayman ab. Auf diese Weise werden enorme Summen an der Unterstellung unter die Steuerpflicht-Kontrolle des effektiven Heimatstaates vorbeimanövriert oder dem »Korruptionsnehmer« diskret bedeutende Beträge zugänglich gemacht. Dagegen gibt es bisher weder national noch international ernsthafte Vorkehrungen. Die über Briefkastenfirmen und Off-shore-Banken in einem Jahr gewaschene Geldmenge kriminellen Ursprungs oder mit kriminellen Zielen läßt sich naturgemäß nur schätzen oder erahnen. Man kann allein in der Bundesrepublik davon ausgehen, daß es sich um Milliardenbeträge handelt. Die Unterscheidung zwischen »Korruptionsnehmer« (wozu natürlich auch Bestechungszahlungen gehören) und »Fiskalwäsche« ist äußerst schwierig, wenn nicht unmöglich.

Obwohl die **Schweiz** kein »Mini-Staat« wie Liechtenstein, Monaco, Gibraltar ist, muß man die Eidgenossenschaft doch auch **als Off-shore-Steuer- und Finanzoase** betrachten. Die fortschreitende Konzentration der wirtschaftlichen Tätigkeit auf Dienstleistungen insbesondere auf dem Gebiet Bankgeschäfte, Vermögensverwaltung- und beratung, zeigt das deutlich auf; und vor allem eine spezielle Art von Dienstleistungen erregt trotz des offiziellen Bemühens um absolute Geheimhaltung immer wieder Aufsehen: der Schutz der massiven Kapitalflucht ausländischer Potentaten aller Schattierungen – vom Negus von Abessinien zum Schah des Iran, von »Doc« Duvalier aus Haiti über Mobutu aus Zaire bis zu Ceausescu aus Rumänien und wohl auch der Soeharto-Clan aus Indonesien. Hier bei den kriminellen, aber »diplomatisch« auf Regierungsebene hochgeachteten Räubern von Staats- oder sonstigem Gemeineigentum (der Begriff »Volkseigentum« ist verpönt) und den »privaten« Kapitalflüchtlingen – ich nenne nur die Namen Horten, Thyssen und Zwick – liegt eine der Hauptquellen des Schweizer Bankensystems und ein weites Betätigungsfeld für Korruptionslogistik.

2.1. Das Schweizerisch-Liechtensteiner Tarnsystem für Fluchtgelder

Die Schweiz bildet mit dem Fürstentum Liechtenstein eine Währungsunion, aber zugleich hat Liechtenstein ein eigenes Gesellschaftsrecht zur versteckten Anlage von Vermögen. Daraus ergeben sich hervorragende Möglichkeiten für Transfer und für Anlagen illegalen, Korruptionszwecken gewidmeten Kapitals.

Ein Hauptziel solchen Kapitaltransfers ist es, Vermögenswerte dem Zugriff des Fiskus zu entziehen. Der Heimatstaat des Korruptionsnehmers soll das zur Seite geschaffte Kapital nicht mit dem »Spender« und seinem neuen, wirklichen Eigner in Verbindung bringen können.

Hierzu geeignet ist die Übertragung der Vermögenswerte auf eine juristische Person. Eine sehr häufig gewählte Rechtsform ist die »**Stiftung« nach speziell liechtensteinischem »Rechtsverständnis«**. Im Gegensatz zur Stiftung nach deutschem und auch schweizerischem Recht kann die Liechtensteiner jederzeit aufgelöst werden. Auch darf der Stifter sich selbst begünstigen und als einziges Entscheidungsorgan der Stiftung fungieren, also mit dem Stiftungsvermögen machen, was er will. Es fehlt außerdem jegliche amtliche Stiftungsaufsicht.

Der Korruptions-»Spender« wird regelmäßig nicht als »Stifter« in Liechtenstein in Erscheinung treten, sondern den »Stiftungs«-Auftrag einem der superdiskreten Liechtensteiner Treuhänder, einem Schweizer Berufsgeheimnisträger (Anwalt, Notar, Treuhänder) übertragen, so daß der »Stifter»-Name, oft durch weitere Verschachtelungen mit Liechtensteiner Rechtsträgern und Nummernkonten, auch der Empfänger-Name in der »Stiftungs«-Urkunde **nicht** in Erscheinung tritt. Weil die sogenannten »nicht kaufmännisch tätigen Stiftungen« in der Regel nicht im Öffentlichkeits-Register eingetragen werden, bleiben sie sowohl gegenüber Gläubigern und Angehörigen (auch Erben) als auch gegenüber dem ausländischen Fiskus geheim. Auskünfte kann nur bekommen, wer ein »berechtigtes Interesse« nachweist. Da der Stifter sich selbst begünstigen kann, besteht die Möglichkeit, daß nach dessen Tod niemand weiß, daß ein solches Vermögen existiert. Eine echte Stiftung trennt den Stifter von seinem Vermögen ein für allemal und garantiert dem Nutzer den Genuß. Die nur »hinterlegte Stiftung« ist nicht buchführungspflichtig, damit entfällt die Pflicht zur Vorlage von Bilanzen bei der liechtensteinischen Steuerbehörde und zur Bestellung einer Kontrollstelle. Ein solches Gebilde ist gleichsam luft- und wasserdicht. Oft ist es – und das gilt speziell auch bei den Raubvermögen ausländischer Potentaten – als Holding-System ausgebaut, das heißt als Leitorgan zur Beherrschung und Verwaltung weiterer (Off-shore-)Gesellschaften.

2.2. Konstruktion und Funktionsweise einer Off-shore-Stiftung

In groben Zügen funktioniert ein solches Sitzgesellschaftssystem unter der »sachkundigen« Leitung einer Schweizer oder Liechtensteiner Bank, namentlich auch der hierauf spezialisierten Schweizer »Tochter« einer deutschen Großbank, gewöhnlich wie folgt:

a) Der ausländische Kapitaleigner gründet, in Zusammenarbeit mit einer Bank und/oder einer Treuhandgesellschaft in der Schweiz oder Liechtenstein und/oder einer der beruflichen Schweigepflicht unterworfenen Person (Treuhänder, Rechtsanwalt oder Notar) eine dem Liechtensteiner Gesellschaftsrecht unterliegende Körperschaft mit bloßem juristischem Sitz in Liechtenstein.

b) Im Namen dieser Off-shore-Körperschaft[2] (anstelle des wirklichen Kapitaleigners) werden dann Konten bei einer Liechtensteiner oder Schweizer Bank eröffnet. Bei allen nachfolgenden Banktransaktionen wird ein von der Bank vorgeschlagener »Treuhänder« alle Banktransaktionen durchführen.

c) Durch Verwendung solcher **Briefkastenfirmen**, auch einer »**Stiftung**« oder eines **Trusts** als **Holdinggesellschaft**, kann jede gewünschte bzw. benötigte Anzahl von Untergesellschaften gegründet werden. So lassen sich die Aktivitäten auffächern, wobei die Verteilung der Finanzmittel getarnt bleibt – ideal für Korruption, geraubtes Volksvermögen wie für die Beute von Groß-Steuerhinterziehern. Bei den meisten bedeutenden Vermögen, die in Off-shore-Länder einschließlich Liechtenstein oder in die Schweiz überführt werden, wird auf diese Art und Weise verfahren, natürlich auch mit Hilfen von »Sitz-Gesellschaften« in anderen Off-shore-Staaten. Beispiele für diese Art von »Eigen-Korruption« sind oder waren die Familie Pahlavi (Ex-Schah von Iran), der philippinische Marcos-Clan, Doc Duvalier aus Haiti, Mobutu aus Zaire und, wie nachträglich bekannt wurde, der unter merkwürdigen Umständen verstorbene Medienzar Robert Maxwell. Nicht Zuletzt die deutschen gewerkschaftseigenen Körperschaften »Neue Heimat« und Co op« erregten Aufsehen durch die Verwendung zahlreicher Liechtensteiner und Schweizer Briefkastenfirmen als logistische Korruptionsvehikel, die den Managern dazu dienten, Gewinne und Beteiligungen verschwinden zu lassen. Auch die Devisenmanager der ehemaligen DDR haben die diskreten Institutionen des »Klassenfeindes« auf dem Gebiet des Off-shore-Finanzwesens in der Schweiz zur Fremd- und »Eigen«-Korruption gern und in großem Umfang genutzt, so virtuos, daß, wenn man entsprechenden Meldungen der Medien über die Aktivitäten des betreffenden Bundestagsuntersuchungsausschusses glauben kann, die Strafverfolger von DDR-Regierungskriminalität und die Bundesvermögensverwaltung nach wie vor nicht in der Lage sein sollen, alle DDR-Off-shore-Anlagen aufzuspüren, um die Gelder dem bundesdeutschen Staatssäckel zuzuführen.

2.3. Beispiel: 14 Milliarden Dollar, die der Marcos-Clan veruntreute

Die Schweizerische Kreditanstalt (SKA) – heute »Crédit Suisse Groupe« – half dem philippinischen Diktator Ferdinand Marcos, Hunderte von Millionen Dollar außer Landes zu schaffen und gut getarnt anzulegen. Mag sein, daß der Ruf granitener Diskretion dessen Vorliebe für die Schweizerische Kreditanstalt förderte;

---

2 Es gibt neben der eingetragenen und nicht eingetragenen Stiftung in Liechtenstein eine Anzahl von weiteren diskreten Einrichtungen, »Treuunternehmen«, »Trust«, »Anstalt«, »Gesellschaft ohne Persönlichkeit«, »Treuhänderschaft« sowie die »normale« Art von juristischen Personen wie in anderen Ländern (GmbH, Aktiengesellschaft etc).

kann sein, daß ihn auch die intensiven persönlichen Avancen der SKA-Manager einnahmen. Zahlreiche Hinweise inniger Verbundenheit mit ihnen fanden sich jedenfalls, kaum war der Despot ins Ausland geflüchtet, in Marcos' Schlafzimmersafe in Manila und in seinem Reisegepäck. Mit Akribie gesammelte Visitenkarten in mehrfacher Ausführung zeugten von den regelmäßigen persönlichen Besuchen der SKA-Direktoren beim »lieben Kunden« Marcos. Der Diktator hatte sich handschriftlich die Privatnummern der Zürcher Herren notiert. Über 100 Seiten Briefe, Kontenauszüge, Codewortlisten und Verträge (die der Zeitschrift »Bilanz« vorliegen) belegen die enge geschäftliche und persönliche Liaison.

Marcos hatte den Bankiers einiges zu bieten. Zwanzig Jahre Lang plünderten Marcos und seine Günstlinge die ehemalige US-Kolonie so gründlich aus, daß heute 75 Prozent der Filipinos unter der Armutsgrenze leben und das Vermögen des Marcos-Clans auf 17 Milliarden Dollar geschätzt wird. Etwas mehr als 500 Millionen Franken mußten Schweizer Banken, die die Liechtenstein »Stiftungen« des Marcos-Clans für diesen maßgerecht geschneidert hatten, nach beinahe 20-jährigen juristischen Auseinandersetzungen an den beraubten Staat Philippinen erst kürzlich zurückzahlen. Die Banken hatten bei den gerichtlichen Auseinandersetzungen nota bene mit den Liechtensteiner »Stiftungen« des Räuber-Clans am gleichen Strick gezogen und so die Korruption in großem Stil begünstigt – natürlich um das »System« zu schützen und zu erhalten.

Marcos und seine in- und ausländischen Helfer zweigten skrupellos Gelder direkt aus der Staatskasse und aus Geheimdienstfonds ab, leiteten 15 Prozent von japanischen Kriegsreparationszahlungen auf sein Konto um, unterschlugen Weltbank-Gelder und US-Wirtschaftshilfen, bedienten sich angeblich auch aus den Goldvorräten der Zentralbank und brachten einen beträchtlichen Teil der Wirtschaft im Kriegsrecht unter seine Kontrolle. Neben der SKA verwalteten auch der Schweizerische Bankverein (SBV), die Genfer Privatbank Lombard, Odier & Cie., die (ebenfalls zum Crédit Suisse gehörende) Bank Hofmann, Zürich, die Genfer Paribas und einige weitere Banken Marcos-Gelder.

Beim SBV (Schweizer Bankverein) allein standen einige Dutzend Millionen in Konten, für die auf Vorschlag der SBV-Oberen die etwas abseits der großen Finanzplätze liegende Freiburger Filiale zuständig war. Marcos legte sich für den SBV-Verkehr den Namen John Lewis zu und verwendete eine falsche Unterschrift. Ging es zur Sache, sprach Marcos nie von »Geld« oder »Millionen« sondern immer nur von »Arzneimitteln«. Die Gelder wurden vom Bankverein in den drei Liechtenstein-Stiftungen »Arelma«, »Mahler I« und »Mahler II« versteckt und von zwei SBV-Direktoren direkt verwaltet.

Als das neue Schweizer Rechtshilfegesetz in Kraft trat, schlugen die Banker vor, die Gelder unter neuem »Stiftungs«- und Firmentitel in Panama unterzubringen. Zudem schoben sie einen »unabhängigen Anwalt« zwischen Marcos und die Bank

– der sollte sich im offensichtlich erwarteten Rechtshilfefall auf sein Berufsgeheimnis stützen können.

Die ersten vier Konten bei seiner Schweizer Hausbank SKA eröffnete Marcos schon am 20. März 1968, knapp drei Jahre nach Amtsantritt. Zwei Konten lauteten auf Marcos, ein weiteres auf den Decknamen »William Saunders«, das vierte auf das für Ehefrau Imelda stehende Pseudonym »Jane Ryan«. Alle Korrespondenz über die Konten mußte, so verfügte der Diktator, in doppeltem Umschlag an einen Antonio Martinez, Postfachadresse, gerichtet werden. 1970 wurden die vier Konten in eine eigens gegründete Liechtensteiner »Stiftung Sandy« überführt.

Stiftungsräte wurden die SKA-Vertreter. Um die Camouflage perfekt zu machen, übernahm der SKA-Mann Markus Geel, damals Nummer zwei im Rechtsdienst, persönlich gleich noch die Gründerrolle – als Nachfolger von Marcos. Sein Name war damit gänzlich aus seiner eigenen Stiftung verschwunden. Eine »wasserdichte« (Banker-Jargon) Konstruktion: Finden sich nicht durch Zufall oder eine Nachlässigkeit des »Besitzers« Dokumente, ist der nicht mehr auszumachen.

Für den früheren SKA-Sprecher Jörg Neef und den derzeitigen Konzernpräsidenten Rainer Gut (in einem Brief an den Verfasser!) ist das aufwendige Verstecken von Kundengeldern ein »völlig normaler Vorgang: Wir erbringen eine Dienstleistung, Stiftungen sind vor allem in den 60er und 70er Jahren ein gängiges Vehikel gewesen. Daß wir auch den Nachfolger für den Stifter stellen, ist nur zum Vorteil des Kunden«. Neef und auch Sandy-Stifter Geel bestätigen, daß es heute noch immer »viele Stiftungen zur Verwaltung von Kundengeldern gibt«. Schließlich, so Neef ungerührt, sei Marcos ein »ganz normaler Kunde« gewesen.

Daß die Hunderte von Millionen Schweizer Franken, die der Despot in die Schweiz transferierte, kriminellen, korrupten oder zumindest dubiosen Ursprungs waren, hätten die Banken freilich wissen müssen. Marcos' Praktiken waren seit Beginn seiner Amtszeit umstritten. Amerikanische Nachrichtenmagazine bezeichneten schon die erste Wahl Marcos' als »eine der brutalsten und korruptesten« in der philippinischen Geschichte. Bereits 1968 deckte der damalige philippinische Senator Salonga den »Benguet-Bahamas-Skandal« auf; der Präsident hatte sich widerrechtlich bereichert. Gemäß Berner Zeitung[3] gibt es Anhaltspunkte dafür, daß die SKA vom Reparationsbetrug Marcos' gewußt habe. Ein Zürcher Bankdirektor: »Es scheint zumindest wenig wahrscheinlich, daß die (Banken-)Frontleute über den Ursprung des Vermögens ahnungslos waren«.

Dies sind schwerwiegende Vorwürfe, welche die Banken in den Geruch der Förderung der Korruption, der Hehlerei und der Beihilfe zum Betrug bringen. Doch SKA-Sprecher Neef beteuerte: »Ich bin in langen Gesprächen in die Verantwort-

---

3 Vgl. »Berner Zeitung«, Nr. 282/1986, S. 13.

lichen gedrungen – sie haben von nichts gewußt. Wir kannten immer die Identität des Kunden. Und Marcos war ein Präsident in Amt und Würden, ein starker Verbündeter der USA, ein Ehrenmann erster Güte.« Zweifel am Ehrenmann kamen erst kurz vor dem Sturz. Die SKA soll in den letzten Jahren einmal einen Goldtransfer von selbst für Banker »überraschendem Volumen« abgelehnt haben.[4]

3. Schlußbemerkung – Raubgeld und Raubgold

Berichte über »herrenlose« Konten, die von den Nazis ermordeten Juden gehört hatten und von den Banken sang- und klanglos vereinnahmt worden waren, über die Vernichtung kompromittierender Akten durch die Schweizerische Bankgesellschaft sowie über Goldreserven, die von der Hitler-Regierung während des Zweiten Weltkrieges aus den Staatsbanken Belgiens, der Niederlande, Ungarns und anderer Staaten geraubt und von der Schweiz willig als Sicherheit für Devisenkredite entgegengenommen woden waren, führten zu einem gewaltigen Prestige-Verlust für die Schweiz. So schrieb das Schweizer Nachrichtenmagazin »Facts« (Nr. 39 vom 26. 09. 1996, S. 18 ff.): »Der häßliche Schweizer, geldgierig, unsolidarisch, egoistisch«.

Die Schweiz riskiere, zum Paria Europas zu werden, meinte der britische Parlamentarier Greville Janner. »Was mögen die Schweizer? Käse, Uhren und Nazigold« titelte die große Londoner Abendzeitung »The Evening Standard« maliziös. Die »Daily Mail« formulierte unverblümt: »Im Katalog der Beleidigungen ist es wohl der größte Schimpf, wenn man beschuldigt wird, die Moral eines Schweizer Bankiers zu besitzen.«

Daß bis heute Berichte über Korruptionshilfe und Hehlertätigkeiten der Schweizer Banken unentwegt weitergehen und Bestätigung finden, gehört zur Realität eines verkommenden Finanzplatzes. Der nötige politische Eingriff in der Zukunft ist nicht auszuschließen. Zumal selbst die Neue Zürcher Zeitung zum »Eidgenössischen Bettag« 1996 auf der Frontseite schreibt: »Das Leben und das Gewissen sind wohl zwei verschiedene Gesichtspunkte der Wirklichkeit. Aber sie gehören zusammen: ein Leben ohne Gewissen mündet in die Barberei. Bloße Vitalität ist ein Utopie, ja ein Lüge. Andererseits gilt auch: ein Gewissen ohne Leben versteinert das Dasein. Das Gewissen soll lebendig sein wie das Leben gewissenhaft. Das ist noch kein Sommer, aber eine Schwalbe. Wenn der Schweizer seine Sucht verliert, von allen als Musterknabe betrachtet zu werden, so wird aus dem häßlichen Zwerg vielleicht im nächsten Jahrtausend doch noch ein ansehnlicher Europäer.«

---

4 Ebd.

Inzwischen ist auch Mobutu, der langjährige Diktator des Kongo-Zaire, gestürzt, der viele Milliarden der kongolesischen Volkswirtschaft veruntreut und in Schweizer Banken (natürlich auch unter Liechtensteiner Tarnbezeichnungen) angelegt hatte. Nolens volens hat die Schweizer Regierung unter internationalem Druck »bei Schweizer Banken etwa vorhandene Guthaben« Mobutus gesperrt. Diese lendenlahme Anordnung hat bisher nur zur »Aufdeckung« von vier Millionen Schweizer Franken und zur Sperrung der Mobutu-Villa in Céligny am Genfer See geführt. Und wie steht es mit dem Milliardenraubgut des indonesischen Soeharto-Clans – in welchen »Stiftungen« und »Trusts« müßte es im Interesse der indonesischen Volkswirtschaft aufgestöbert werden[5]?

Literaturempfehlungen

Albisetti, E. u. a.: Banken und Bankgeschäfte in der Schweiz, Berlin 1969.
Bartsch, M. in: Wittenberg, J. H.: Finanzplatz Luxemburg, Landsberg/Lech 1988.
Beck, I.: Anlageberater, Ittigen b. Bern 1991.
Beauchamp, A.: Guide mondial des Paradis fiscaux, 2. Auflage, Paris 1989.
Bernasconi, P.: Finanzunterwelt – gegen Wirtschaftskriminalität und organisiertes Verbrechen, Zürich, Wiesbaden 1988.
Diamond, W.: Tax Havens of the World, 3 Bände, New York.
Diefenbacher, E.: Die Off-shore-Bankenplätze, in: Geldwäsche – Problemanalyse und Bekämpfungsstrategien, Dokumentation FES-Friedrich-Ebert-Stiftung, Berlin, Bonn 1994.
Diefenbacher, E.: in: Council of Europe, Colloquy on International Tax Avoidance and Evasion, AS/Ec/Tax (31)7, Straßburg 1980.
Diefenbacher, E., in: See, H.; Schenk, D. (Hrsg.): Wirtschaftsverbrechen. Der innere Feind der freien Marktwirtschaft, Köln 1992.
Diefenbacher, E. in: See, H.; Spoo, E.: Wirtschaftskriminalität/Kriminelle Wirtschaft, Heilbronn 1997.
Güggi, B.: Gesellschaftsformen und Steuerbelastungen im Fürstentum Liechtenstein, Vaduz 1989.
Güggi, B.: Die Anstalt als privatrechtliche Unternehmenform im Liechtensteinischen Recht, Vaduz 1969.
Gürtler, C.: Fluchthelfer, in: Die Woche, Nr. 12/98 S. 13.
Hassemer, W.: Kennzeichen und Krisen des modernen Strafrechts, in ZRP 1992, 10, S. 378 ff.
Hier, K. J.: Die Unternehmensstiftung in Liechtenstein, Vaduz 1995.
Knapp, R.: Ein Konto im Ausland, 3. Aufl., Zürich, Freiburg/Brsg 1989.
Marxer, L. u. a.: Leitfaden zur Unternehmensgründung in Liechtenstein, Vaduz, o. J.
Marxer, Goop, Kieber: Gesellschaftsrecht und Steuern in Liechtenstein, 9. Aufl., Vaduz 1996.
Matt, A.: Liechtenstein, Vaduz, o. J.
Pieth, M.: Geldwäscherei, Basel 1992.
Richter, H.-E.: Die hohe Kunst der Korruption, Hamburg 1989.
See, H.: Kapitalverbrechen. Die Verwirtschaftung der Moral, Düsseldorf 1990.

---

5 Aber auch in der Schweiz harrt seit 36 Jahren ein gigantischer Korruptionsfall der Klärung; vgl. Schmutzige Erbschaft – eine Staatsaffäre, in: See, H.; Schenk, D. (Hrsg): Wirtschaftsverbrechen – Der innere Feind der freien Marktwirtschaft, Köln 1992, S. 179 ff.

See, H.; Schenk, D. (Hrsg.): Wirtschaftsverbrechen. Der innere Feind der freien Marktwirtschaft, Köln 1992.
See, H.; Spoo, E.: Wirtschaftskriminalität/Kriminelle Wirtschaft, Heilbronn 1997.
Vahlenkamp, W.; Knaus, I.: Korruption – hinnehmen oder handeln, BKA Wiesbaden 1996.
Walser, O.: Buchführungspflicht und Besteuerung der Sitzunternehmen und Holding-Gesellschaften in Liechtenstein, 2. Aufl., Vaduz 1970.
Winteler, E. U.: Geldanlagen in Steueroasen, Wiesbaden 1991.
FES-Friedrich Ebert-Stiftung: Korruption in Deutschland, Berlin 1995.

Sammelbände sowie amtliche Veröffentlichungen:

Geldwäscherei und Sorgfaltspflicht, Schriftenreihe des Schweizerischen Anwaltsverbandes, Bd. 8, Zürich 1991.
Strategien und Gegenstrategien: Organisierte Kriminalität in Deutschland und Italien, Dokumentation FES, Berlin 1993
Geldwäsche, Problemanalyse und Bekämpfungsstrategien, FES, Berlin, Bonn 1994.
Organisierte Kriminalität, Sonderheft 3/93 der Politischen Studien der Hanns Seidel-Stiftung, München 1993.
Eizenstat-Report I u. II der US-Regierung über während des II.Weltkrieges geraubtes Gold, Washington 1997/1998.
Korruption – Ende einer Demokratie, KRIPO International 1996 (BDK-Bund Deutscher Kriminalbeamter).

2. Korruptions-Indizes, Survey-Techniken

2.1. Korruption im Ländervergleich 169
   Johann Graf Lambsdorff
2.2. Beyond Rule of Law: On Alternative Anti-Corruption Strategies in
   Emerging Economies 198
   Daniel Kaufmann

2.1. Korruption im Ländervergleich
Johann Graf Lambsdorff

1. Einleitung

Subjektive Daten über Korruptionsniveaus im Ländervergleich sind in den letzten Jahren vermehrt für die empirische Erforschung der Korruption verwendet worden. Dieser Beitrag präsentiert einen Überblick über den gegenwärtigen Stand der Forschung. Als Ausgangspunkt für die weitere empirische Forschung präsentieren wir darüber hinaus eine Auflistung des Korruptionsniveaus von 101 Ländern, zusammengefaßt aus insgesamt sieben Umfragen und Einschätzungen von Risikoagenturen. Während jede dieser Quellen für sich genommen Nachteile aufweist, wird die Verläßlichkeit untermauert durch die Tatsache, daß die verschiedenen Ansätze zu ähnlichen Ergebnissen führen. Dies erlaubt die Schlußfolgerung, daß die gesammelten subjektiven Einschätzungen einen dahinterliegenden objektiven Sachverhalt widerspiegeln.

2. Zum Stand der Forschung

Die empirische Erforschung der Korruption ist ein relativ neues Unterfangen. Mit dem Ziel, die Ursachen und Konsequenzen der Korruption herauszufinden, haben sich Forscher kürzlich auf Querschnittsanalysen konzentriert, das heißt auf Untersuchungen der Korruption im Ländervergleich. Im Zentrum dieses Ansatzes steht dabei die Verwendung eines **Korruptionsindex**, welcher das Ausmaß der Korruption im Ländervergleich erfaßt. Solche Daten werden teilweise von Agenturen im Rahmen einer Länderrisikoanalyse produziert und an potentielle Investoren verkauft. Weiterhin wurden in den letzten Jahren vermehrt Umfragen durchgeführt, in denen ebenfalls das jeweilige Ausmaß der Korruption bestimmt wurde. Diese Korruptionsindices wurden bisher für die folgenden Forschungsarbeiten verwendet:

❏ Investitionen und Wachstum

Korruption wurde teilweise als hilfreiches, wachstumsförderndes »Schmiermittel« zur Vermeidung bürokratischer Hemmnisse beschrieben. Dem wurde als Gegenposition entgegengehalten, Korruption wirke wie »Sand im Getriebe«, da sie knappe Ressourcen in die falsche Verwendung lenke und die Garantie von Eigentumsrechten unterwandere. Ein möglicher Ansatz zur empirischen Erforschung dieser Kontroverse besteht darin, die Auswirkung der Korruption auf die Investitionsneigung und das Wachstum zu untersuchen. Der erste systematische Ansatz hierfür wurde für eine Auswahl von 67 Ländern von Mauro (1995) durchgeführt. Hierbei stellte sich heraus, daß Korruption die **Investitionsneigung reduziert** und dadurch das Wachstum verlangsamt. Eine Verringerung der Korruption vom Niveau Bangladeschs auf das Niveau von Uruguay erhöht dabei die Investitionen um 5 Prozent des Bruttoinlandsprodukts. Ähnliche Resultate wurden von Keefer und Knack (1995) ermittelt, welche Korruption neben anderen Variablen zu einem allgemeinen Index der institutionellen Qualität kombinierten. Die Resultate von Mauro wurden auch von Brunetti, Kisunko und Weder (1997, S. 23 und 25) bestätigt. Diese verwenden Resultate einer Umfrage der Weltbank bei privaten Geschäftspersonen in 41 Ländern. In den hierzu durchgeführten Regressionsanalysen zeigte sich, daß Korruption einen negativen Einfluß auf die Investitionsquote ausübt, wodurch sich indirekt auch das Wachstum reduziert.[1] Mauro (1997) bestätigt seine früheren Ergebnisse in einer größeren Auswahl von 94 Ländern. Trotz dieser Ergebnisse bleiben Zweifel an den bisherigen Ansätzen angebracht, insbesondere weil das Verhältnis zwischen Korruption und der Investitionsneigung komplizierter ist, als dies bisher angenommen wurde. Korruption könnte nämlich auch zu einem Anstieg der Investitionsquote beitragen, da große Investitionsprojekte bessere Möglichkeiten zur Erzielung korruptiver Nebeneinnahmen bietet als kleinere Arbeitsverhältnisse. Insbesondere bei öffentlichen Investitionen wird diese Form der Fehlallokation vermutet. Insofern weist auch Mauro darauf hin, daß eventuell nur private Investitionen negativ von Korruption beeinflußt werden. Die schädlichen Auswirkungen der Korruption könnten daher nur unzureichend durch den Einfluß der Korruption auf die Investitionen abgeschätzt werden. Ja, sogar ein positiver Zusammenhang zwischen Korruption und Investitionen könnte ein Hinweis auf die Schädlichkeit der Korruption sein, da durch Korruption die »falschen Räder geschmiert werden«. Diese Idee wurde aufgegriffen von Tanzi und Davoodi (1997). Unter Verwendung von Panel-Daten für Korruption, welche vom Political Risk Service seit 1980 erstellt werden, zeigen die Autoren, daß Korruption öffentliche Investitionen erhöht, aber gleichzeitig die **Qualität der resultierenden Infrastruktur**, gemessen durch die Qualität der Straßen und die Anzahl von Stromausfällen, **verringert**. Die Autoren berichten von signifikanten Ergebnissen. Deren Gültigkeit kann aber angezweifelt werden, da Probleme der seriellen Korrelation in den Panel-Daten (d. h. die geringe Variation von Korruptionsniveaus zwischen den Jahren) nicht hinreichend identifiziert worden sind. Eine andere Methode, die Vorteilhaftigkeit von Korruption als Schmiermittel zu widerlegen, stammt von Kaufmann (1997): Er präsentiert eine positive Korrelation zwischen Korruption und der Zeit, welche Manager für Verhandlungen mit Bürokraten aufbringen müssen.

---

1 Genauso wie bei Mauro zeigt sich jedoch auch hier kein direkter, signifikanter Einfluß der Korruption auf das Wachstum.

❏ Die Vorhersehbarkeit der Korruption

Eine Kritik an den Resultaten von Mauro findet sich bei Wedeman (1996). Er argumentiert, daß die Korrelation zwischen Korruption und der Investitionsquote relativ signifikant ist für Länder mit wenig Korruption, daß dieser Zusammenhang jedoch mit steigendem Korruptionsniveau schwächer wird.[2] Seine Schlußfolgerung ist, daß die spezifische Art der Korruption einen wichtigeren Einfluß besitzt als das allgemeine Niveau der Korruption. In einer ähnlichen Perspektive zitiert der (World Development Report, 1997) einen Unternehmer mit den Worten, »*there are two kinds of corruption. The first one where you pay the regular price and you get what you want. The second is one where you pay what you have agreed to pay and you go home and lie awake every night worrying whether you will get it or if somebody is going to blackmail you instead.*« Mit Hilfe eines Index der Vorhersehbarkeit der Korruption (*predictability of corruption*), welche der oben erwähnten Umfrage der Weltbank entstammt, zeigt sich für eine Auswahl von 39 Industrie- und Entwicklungsländern, daß bei gegebenem Korruptionsniveau Länder mit einer leichter vorherzusehenden Korruption höhere Investitionsquoten haben. Die Daten der Weltbank wurden mittlerweile veröffentlicht, so daß eine hierauf aufbauende Forschungsarbeit einsetzen kann.

❏ Staatsausgaben

Mauro (1996 und 1997) untersuchte den Effekt von Korruption auf die Zusammensetzung der Staatsausgaben und fand heraus, daß **Korruption** die **Ausgaben für Erziehung** und **Bildung verringert**. Dies kann darauf zurückgeführt werden, daß andere Ausgabearten bessere Möglichkeiten eröffnen, korruptive Einnahmen zu erzielen. Seine Resultate sind robust gegenüber der Verwendung alternativer Daten und der Einbeziehung verschiedener Kontrollvariablen. Jedoch kann nur ein Bruchteil der länderspezifischen Daten mit Hilfe der von Mauro verwendeten Variablen erklärt werden.[3] So wie bereits vorher erwähnt, könnte Korruption auch zu hohen Staatsausgaben für Investitionsprojekte führen und sogar zu unsinnigen *white-elephant*-Projekten. Gemäß den Regressionen von Mauro ist diesbezüglich jedoch kein signifikanter Einfluß aufzufinden.

---

[2] Statistisch ausgedrückt liegt in diesem Falle Heteroskedastizität bei den Regressionen von Mauro vor. In ähnlicher Weise deuten auch die graphischen Darstellung bei (Brunetti, Kisunko und Weder, 1997) auf Heteroskedastizität hin. Während die Koeffizienten um diesen Einfluß bereinigt werden können, kann dies auch auf eine Fehlspezifikation des Regressionsansatzes hindeuten.

[3] Das R^2 liegt bei etwa 0,13. Dies bedeutet, daß entweder der stochastische Störterm dominant ist, oder daß eventuell weitere Einflußfaktoren nicht berücksichtigt wurden.

❑ Ausländische Direktinvestitionen

In einem ersten Ansatz konnten Wheeler und Mody (1992) keine signifikante Korrelation finden zwischen der Höhe der ausländischen Direktinvestitionen und dem Risiko der Empfängerländer, einer Größe, welche Korruption neben anderen Variablen beinhaltet und insgesamt stark mit dem Ausmaß der Korruption korreliert ist. In einer Untersuchung jüngeren Datums konnte Wei (1997) solch einen Einfluß auffinden. Er untersuchte bilaterale Investitionsströme von 14 Geberländern in 45 Empfängerländer zwischen 1990 und 1991. Hiermit konnte er zeigen, daß ein Anstieg des Korruptionsniveaus von dem Niveau Singapurs auf das Niveau von Mexiko Direktinvestitionen in gleichem Ausmaß abschreckt, wie eine Erhöhung des Niveaus der Besteuerung von über 20 Prozentpunkten. Die Verläßlichkeit seiner Resultate kann jedoch angezweifelt werden: Da sich seine Schlußfolgerungen auf die gesamte Fähigkeit eines Landes beziehen, Direktinvestitionen anzulocken, könnten die der Schätzung zugrundegelegten bilateralen Daten miteinander korreliert sein. Dies kann leicht zu einer Fehleinschätzung des Signifikanzniveaus der Ergebnisse führen. Positiv zu vermerken gegenüber dem Ansatz von Wheeler und Mody (1992) ist jedoch, daß sein Verfahren die Berücksichtigung der geographischen Distanz als Erklärungsvariable gestattet. Ein anderer Forschungsansatz wurde von Hines (1995) unternommen. Er zeigt, daß Investoren der USA im Gegensatz zu denen anderer Länder nach 1977 ihre Investitionen verstärkt in Länder mit geringer Korruption unternommen haben. Hierin zeigt sich die Folge der strengeren amerikanischen Gesetzgebung, dem *Foreign Corrupt Practices Act* (FCPA).

❑ Internationaler Handel

In einem ersten Ansatz haben Beck, Maher und Tschoegl (1991) einen kleinen aber signifikanten Einfluß der Korruption auf die Wettbewerbsfähigkeit der Exporte der USA als Resultat des FCPA gefunden. Eine ähnliche Schlußfolgerung findet sich bei (Hines, 1995), der einen negativen Einfluß der Korruption auf den Anteil der USA an Importen von Flugzeugen nach 1977 im Vergleich zu Vorjahreswerten nachweist. Diese Resultate reichen jedoch nicht aus, um einen Wettbewerbsnachteil der USA als Folge des FCPA zu belegen, da eventuell vor 1977 ein Wettbewerbsvorteil in Ländern mit hoher Korruption bestand, welcher durch den FCPA lediglich kompensiert wurde. Um diese Fragestellung adäquat aufzugreifen habe ich in einem größeren Forschungsprojekt bilaterale Handelsdaten zwischen 1992 und 1995 für die 18 führenden Export- und die 87 größten Importländer untersucht (siehe Lambsdorff, 1998). Hierzu wurden als Einflußgrößen gemeinsame Sprachen, geographische Distanz, die Zusammensetzung der Exportstruktur und die Existenz von Handelsblöcken berücksichtigt. Es stellte sich heraus, daß Belgien/Luxemburg, Frankreich, Italien, die Niederlande und Südkorea Wettbewerbsvorteile in Ländern mit hoher Korruption haben, während für Australien, Schweden und überraschenderweise auch für Malaysia Wettbewerbsnachteile anzutreffen sind. Auch die USA haben signifikant weniger Marktanteile in Ländern mit hoher Korruption als die zuerst erwähnten Länder. Die unterschiedlichen Marktanteile können dabei mit unterschiedlichen Neigungen von Exporteuren erklärt werden, Bestechungszahlungen anzubieten und mit unterschiedlichen Befähigungen, mit Hilfe solcher Zahlungen Aufträge zu akquirieren. Hieraus läßt sich u. a. schließen, daß Exporteure eine Mitverantwortung für das Ausmaß der Korruption in internationalen Geschäftsbeziehungen haben.

❑ Die Auswirkung des Wettbewerbs auf Korruption

In Bezug auf Ursachen der Korruption wurde untersucht, inwiefern sich das Ausmaß der Korruption durch die Höhe der ökonomischen Renten im privaten Sektor erklären läßt. Die Idee ist hierbei, daß Wettbewerb zu einer Reduzierung der Korruption beiträgt, während die hohen ökonomischen Renten, welche durch monopolisierte Märkte entstehen, der Korruption Vorschub leisten, z. B. in Form von Bestechungsgeldern an Politiker, welche ein Monopol vor Wettbewerb abschotten sollen. Ades und Di Tella (1995) zeigen für eine Auswahl von 55 Ländern, daß der Offenheitsgrad (gemessen als Anteil der Importe am Bruttoinlandsprodukt) negativ auf das Ausmaß der Korruption wirkt. Die Resultate sind robust gegenüber der Berücksichtigung weiterer Erklärungsvariablen und die Verwendung alternativer Korruptionsindizes mit einer unterschiedlichen Auswahl von Ländern. Die Autoren schlußfolgern, daß Wettbewerb – gemessen durch den Offenheitsgrad eines Landes – die ökonomischen Renten reduziert, welche von potentiell in Korruption engagierten Akteuren vereinnahmt werden könnten. Dies führt zu einer Reduzierung der Korruption. Jedoch ist diese Argumentation meines Erachtens nicht schlüssig, da größere Länder einen geringen Wettbewerbsdruck bei Importen durch einen hohen Wettbewerb innerhalb des Landes ausgleichen können – ein Einfluß, der von den Autoren übersehen wurde. Ein ähnlicher Einfluß auf das Niveau der Korruption zeigt sich für einen subjektiven Index der Marktdominanz (dieser mißt, inwieweit die Dominanz weniger Firmen der zukünftigen Geschäftsentwicklung im Wege steht) und einen Index der Kartellgesetze (dieser mißt die Effektivität von Kartellgesetzen in der Kontrolle von wettbewerbswidrigem Verhalten). Die Autoren kommen erneut zu dem Schluß, daß fehlender Wettbewerb Staatsdienern die Möglichkeit einräumt, von den entstehenden ökonomischen Renten einen Teil in Form von Bestechungszahlungen für sich selbst einzuwerben. Jedoch wirft dieser Ansatz das Problem der Kausalität auf: Korruption kann auch ein Instrument sein, um Wettbewerb zu verhindern, da korrupte Staatsdiener ein Interesse an hohen Gewinnen der von ihnen kontrollierten Monopole erhalten. Die Autoren sind sich dieser Problematik zwar bewußt, jedoch bleiben die angeführten statistischen Lösungsversuche meines Erachtens unzureichend.

Johann Graf Lambsdorff

❑ Der Einfluß politischer Institutionen auf das Korruptionsniveau

Für eine Auswahl von 32 Ländern verwenden Ades und Di Tella (1997) einen Index über das Ausmaß, inwiefern öffentliche Ausschreibungen offen sind für ausländische Mitbieter. Ferner verwenden sie einen Index über das Ausmaß fiskalischer Gleichbehandlung von Unternehmen. Sie schlußfolgern, daß beide Variablen einen negativen Einfluß auf Korruption besitzen. Jedoch ist die Länderauswahl beschränkt und das Problem der Kausalität nicht hinreichend gelöst.[4] Eine ähnliche Korrelation zwischen Korruption und politisch induzierter Marktverzerrung wird für 39 Ländern im World Development Report (1997, S. 104 und 168) präsentiert. Da hier aber keine weiteren Erklärungsvariablen berücksichtigt wurden, kann der Zusammenhang unecht sein in dem Sinne, daß die dargestellten Größen z. B. gleichermaßen vom Entwicklungsniveau der Länder beeinflußt werden. Fruchtbarer erscheint demgegenüber die Gegenüberstellung von Korruption und der Qualität der Justiz in World Development Report (1997, S. 104 und 168). Während zur Kontrolle weitere Erklärungsvariablen berücksichtigt werden, hat ein Index der Vorhersehbarkeit der Justiz aus der Umfrage der Weltbank einen signifikanten Einfluß auf das Korruptionsniveau in einer Auswahl von 59 Ländern. Eine ähnliche Korrelation zwischen Korruption und der Unabhängigkeit der Justiz wird von Ades und Di Tella (1996) präsentiert.

❑ Einstellungspraxis, Löhne und das Korruptionsniveau

Der Einfluß einer leistungsorientieren Einstellungspraxis auf das Korruptionsniveau wurde in einer Auswahl von 35 Entwicklungsländern von Evans und Rauch (1996) untersucht. Hohe Werte in einem Index über die Leistungsorientierung der Einstellungspraxis stehen dafür, daß ein hoher Anteil der Positionen im höheren Staatsdienst nach einem formalen Prüfungssystem vergeben werden und daß die Positionen, die ohne eigenes Prüfungssystem vergeben werden, zu einem hohen Anteil mit Universitätsabsolventen besetzt werden. In einem Regressionsansatz, bei dem das Pro-Kopf-Einkommen als Kontrollvariable verwendet wird, ist dieser Index negativ mit Korruption korreliert. Inwieweit das Niveau von Löhnen im öffentlichen Sektor zum Ausmaß der Korruption beiträgt wird von Rijckeghem und Weder (1997) untersucht. Sie argumentieren, daß niedrige Löhne Staatsdiener dazu zwingen, ihr Einkommen durch illegale Nebeneinnahmen auf-

---

4 Bei dem Versuch, das Problem der Kausalität zu bewältigen verwenden die Autoren den Index über öffentliche Ausschreibungen der Nachbarländer als Instrumentvariable. Sie argumentieren, daß Industriepolitik im Sinne einer beschränkten Ausschreibung typischerweise unter Hinweis auf das Verhalten der Nachbarländer von Politikern gerechtfertigt wird. Was auch immer Nachbarländer sein sollten in einer Auswahl von 32 über die ganze Welt verteilten Ländern, das Niveau der Korruption könnte ähnliche regionale Übertragungseffekte aufweisen wie die Ausschreibungspraxis und die Exogenität der Instrumentvariablen könnte daher beeinträchtigt sein.

zubessern, wohingegen bei hohen Löhnen das Risiko der Aufdeckung höher bewertet wird. Sie berichten von einem signifikant negativen Einfluß des öffentlichen Lohnniveaus im Verhältnis zum industriellen Lohnniveau auf das Korruptionsniveau in einer Auswahl von 28 Entwicklungsländern. Ein Anstieg des Lohnverhältnisses von 1 auf 2 reduziert hierbei den Korruptionsindex um zwei Indexpunkte.[5] Bei Berücksichtigung von weiteren indirekten Einflußmöglichkeiten, könnte dieser Einfluß sogar größer sein. Die Autoren betonen jedoch das Problem der Kausalität: Umgekehrt zu der hier dargestellten Kausalität könnten in Ländern mit hohem Korruptionsniveau auch die Staatsfinanzen generell zerrüttet sein oder die Ansicht vorherrschen, daß Staatsdiener genug Einkommen aus Korruption beziehen und daher auf legale Einkommen teilweise verzichten könnten.

❑ Sonstiges

Weniger technische Untersuchungen nehmen einen Korruptionsindex als Startpunkt, um den Zusammenhang zwischen politischen Institutionen und Korruption zu illustrieren. Bemerkenswert neben anderen sind die Beiträge von Heidenheimer (1996) und Bardhan (1997). Die in einigen Medien anzutreffenden Darstellungen sind demgegenüber oftmals wissenschaftlich nicht fundiert. Korruption wird dort mit verschiedenen Indizes in Verbindung gebracht, wie z. B. dem Entwicklungsniveau, der Wettbewerbsfähigkeit, der Qualität der Justiz, dem Kreditausfallrisiko oder der Verbreitung von Zeitungen. Zu einer Übersicht siehe Galtung (1997). Da jedoch zumeist wichtige Erklärungsvariablen fehlen, riskieren solche Darstellungen, unechte Zusammenhänge wiederzugeben.

Ein Nachteil des gegenwärtigen Forschungsstandes besteht darin, daß viele unterschiedliche Korruptionsindizes in den verschiedenen Beiträgen verwendet werden. Dies verwirrt nicht nur die Leser, sondern beschränkt die Möglichkeiten eines direkten Vergleichs der verschiedenen Ergebnisse. Während in einigen Beiträgen die 1980 von Business International erstellten Daten verwendet wurden, verwenden andere Untersuchungen neuere Daten des World Competitiveness Yearbook oder des Political Risk Service. Jede dieser Quellen mag jedoch besondere Schwächen haben und läßt dabei Fragen nach ihrer Gültigkeit und Verläßlichkeit aufkommen. Neben den genannten Quellen existieren weitere, welche jedoch eine so kleine Auswahl von Ländern enthalten, daß sie bisher nicht fruchtbar für die empirische Forschung verwendet werden können. Diese Schwierigkeiten können überwunden oder wenigstens reduziert werden, indem die bestehenden Quellen zu einem einzigen Index kombiniert werden. Kleinere Umfragen können so fruchtbar einfließen in die empirische Forschung, die Gültigkeit der Daten kann untermauert und die Verläßlichkeit der Daten verbessert werden.

---

5 Die Autoren berichten von einer Verbesserung um 1 Punkt in einem Index des Political Risk Service. In der angesprochenen Länderauswahl ist die Standardabweichung dieses Index etwa halb so groß wie bei dem hier präsentierten Index.

Diese Vorgehensweise wurde eingeführt für den ersten **Transparency International (TI) Corruption Perception Index** im Jahre 1995[6] und positiv kommentiert in Lancaster und Montinola (1997). Dies mag auch der Grund dafür sein, daß der Index in verschiedenen neueren Untersuchungen gegenüber einzelnen Quellen bevorzugt worden ist. Jedoch umfaßt der TI-Index 1997 mit nur 52 Ländern eine relativ kleine Auswahl – zu klein für diverse empirische Untersuchungen.

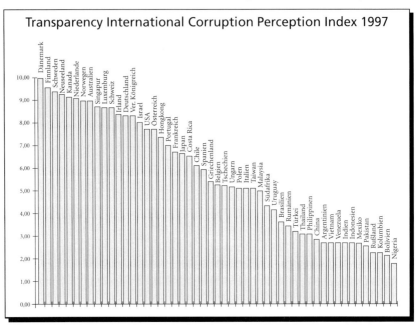

Der Zweck dieses Beitrags ist es, eine verläßliche und umfassende Zusammenstellung von Daten zu präsentieren, welche mit Hilfe von subjektiven Einschätzungen der Korruption einen Indikator für das tatsächliche Ausmaß der Korruption liefern. Dieser Corruption Perception Index (CPI) enthält 101 Länder – eine hinreichende Zahl für verschiedene empirische Forschungsabsichten. Zusätzlich zu den 52 Ländern, welche im TI-Index enthalten sind, wird das Korruptionsniveau von weiteren 49 mit Hilfe derselben Technik bestimmt. Der Grund dafür, daß diese sich nicht in der offiziellen Veröffentlichung von TI finden, liegt in der geringeren Verläßlichkeit: Wenigstens vier Quellen waren nötig zur Berücksichtigung eines Landes im TI-Index. Hier werden auch diejenigen Länder aufgelistet, für die nur zwei oder drei Quellen verfügbar waren. Sicherlich ist die Verläßlichkeit dieser Daten als geringer einzustufen. Aber die Anzahl der Quellen ist nicht das einzige Maß der Verläßlichkeit. Auch die Varianz der Daten kann als Maßgröße der Qualität einer einzelnen Größe fungieren. Darüber hinaus hat jede

---

6 Für eine Beschreibung des Transparency International Corruption Perception Index 1995–1997 siehe Lambsdorff (1995–1997).

empirische Forschung ihre eigenen Anforderungen an die Verläßlichkeit des bestehenden Datenmaterials: Für Länder mit verläßlichen Korruptionszahlen könnten weniger verläßliche Daten anderer Variablen vorhanden sein. Oder sie könnten von geringerem Wert für die spezifische empirische Forschung sein. So könnte z. B. eine Untersuchung über die Rohstofförderung nutzlos sein ohne die Berücksichtigung von Saudi-Arabien und die Verwendung einer etwas weniger verläßlichen Korruptionsgröße für dieses Land ließe sich damit leicht rechtfertigen. Die Darstellung einer vollständigen Tabelle von Korruptionsdaten, so wie sie von Geschäftsleuten, Länderanalysten und der allgemeinen Bevölkerung wahrgenommen wird, soll es hierbei Forschern ermöglichen, die adäquate Auswahl von Ländern selbst zu bestimmen und dabei die größtmögliche Verläßlichkeit der Untersuchung an den besonderen Erfordernissen des Themas auszurichten.

Im Anhang wird der Corruption Perception Index (CPI) dargestellt. Die dort aufzufindenden Werte entsprechen dabei nicht unbedingt meiner persönlichen Meinung, noch der von Transparency International. Vielmehr entsprechen diese Werte der Ansicht von solchen Geschäftspersonen, Länderrisikoanalysten und der allgemeinen Öffentlichkeit, welche in die Umfragen miteinbezogen wurden. Der Index stellt insofern eine Umfrage von Umfragen dar. Er basiert auf sieben Quellen, zwei davon vom Institute for Management Development in Lausanne, Schweiz (World Competitiveness Yearbook), eine von Political & Economic Risk Consultancy Ltd. in Hong Kong (Asian Intelligence Issue #482), eine von Gallup International (50th Anniversary Survey), zwei Länderrisikoeinschätzungen von DRI/McGraw Hill (Global Risk Service) und Political Risk Services, East Syracuse, New York (International Country Risk Guide), sowie eine Umfrage, welche von mir an der Universität Göttingen durchgeführt worden ist (Internet Corruption Perception Index, http://www.uni-goettingen.de/~uwvw) und Teilnehmern die Möglichkeit zur anonymen Abgabe ihrer Einschätzung ermöglicht. Eine komplette Liste der Quellen findet sich im Anhang.

3. Die Gültigkeit des Index

Korruption wird typischerweise definiert als der Mißbrauch von öffentlicher Macht zu privatem Nutzen, z. B. die Bestechung öffentlicher Bediensteter, die Annahme von Gefälligkeiten bei der öffentlichen Auftragsvergabe oder die Unterschlagung öffentlicher Ressourcen. Mit nur geringen Unterschieden entsprechen die von den verwendeten Quellen gemessenen Aktivitäten dieser Definition. Der Index versucht, das Ausmaß der Involvierung von Beamten und Politikern in korruptive Aktivitäten zu bestimmen. Dabei sind die einzelnen Quellen jedoch als subjektive Einschätzung zu bewerten, nicht als objektive Daten. Dies resultiert nicht zuletzt aus der Tatsache, daß sich objektive Daten so gut wie gar nicht ermitteln lassen. Korruption beinhaltet Handlungen, welche im Verborgenen erfolgen und nicht veröffentlicht werden. Objektive Daten können hierbei nur von Publikations- und Untersuchungsorganen stammen, insbesondere der Justiz und den Medien. Diese Daten geben jedoch eher einen Eindruck von der Effektivität der Medien in der Aufdeckung von und Berichterstattung über Korruptionsdelikte und der Unabhängigkeit sowie Qualifikation der Justiz. Eine effiziente und nicht korrumpierbare Justiz würde hierbei hohe Zahlen an Verurteilungen mit sich bringen. Anstatt dieses positiv zu bewerten, würden objektive Daten solch ein Land mit einer schlechten Beurteilung »bestrafen«.

Die Einschätzung dessen, was als Korruption zu bewerten ist, könnte von dem spezifischen kulturellen Hintergrund des Befragten abhängen. Hierzu merkte Bayley (1970) an:

»*The western observer is faced with an uncomfortable choice. He can adhere to the Western definition, in which case he lays himself open to the charge of being censorious... On the other hand, he may face up to the fact that corruption, if it requires moral censure, is culturally conditioned... [and] it may be necessary then to assert in the same breath that an official accepts gratuities but is not corrupt.*«[7]

Ausgehend von solch einer Sichtweise würde die Einschätzung des allgemeinen Korruptionsniveaus lediglich die spezifische Erwartungshaltung gegenüber Politikern und Beamten widerspiegeln. Ein subjektiv hoch eingeschätztes Korruptionsniveau könnte hierbei eher aus einem hohen ethischen Standard (z. B. im Sinne einer hohen Erwartungshaltung gegenüber anderen) resultieren, statt aus einem hohen Niveau an tatsächlichem Fehlverhalten. Ein Ländervergleich von Korruptionsniveaus wäre in diesem Falle mit dem Problem konfrontiert, daß der zugrundeliegende ethische Standard jeweils ein anderer sein könnte. Jedoch haben einige Quellen besonderen Wert auf vergleichende Urteile gelegt, das heißt die Einschätzung des Korruptionsniveaus in einem Land wird im Vergleich zum Niveau in anderen Ländern bestimmt. Dies zwingt Befragte dazu, jeweils die gleiche Definition anzuwenden und auf den gleichen ethischen Standard zurückzugreifen. Insofern verliert der Einwand von Bayley sicherlich an Relevanz.

Die meisten Quellen basieren auf Antworten von Geschäftspersonen und Länderrisikoanalysten, von denen angenommen werden kann, daß sie nah genug am tatsächlichen Geschehen sind und dabei auftretende Fälle von Korruption angemessen wahrnehmen und identifizieren können. Für die Gültigkeit einiger Quellen spricht ferner auch, daß sie an Investoren zum Zweck der Risikoeinschätzung verkauft werden. In diesem Sinne können sie als die Wahl des Marktes für einen guten Indikator der Korruption angesehen werden.[8] Diese angesprochenen Ar-

---

7 Zitiert nach Lancaster und Montinola (1997).
8 Siehe zu dieser Argumentation (Ades und Di Tella, 1996) und (Mauro, 1995, S. 684).

gumente sprechen dafür, daß die gesammelten Einschätzungen ein guter Indikator für das tatsächliche Niveau der Korruption sind.

Die Umfrage von Gallup International unterscheidet sich von den anderen Quellen, da hier die allgemeine Öffentlichkeit befragt worden ist, d. h. Personen, denen teilweise direkte Erfahrungen mit Korruption fehlen und denen insbesondere ein Vergleich mit dem Niveau anderer Länder schwerfallen dürfte. Dies impliziert eine gewisse Skepsis gegenüber der Gültigkeit dieser Umfrage, welche sich jedoch nicht in den Ergebnissen der Umfrage wiederfindet: Die hohe Korrelation dieser Umfrage mit anderen Quellen ist insbesondere hilfreich, um die Gültigkeit des Index zu untermauern. Obwohl die dort gesammelten Einschätzungen sich im wesentlichen auf lokal vorherrschende ethische Standards beziehen dürften, ähneln die Resultate sehr stark den Ergebnissen anderer Quellen. Dies legt die Vermutung nahe, daß die Wahrnehmung dessen was als Korruption zu bezeichnen ist weniger kulturellen Spezifika folgt, als bis jetzt zu vermuten war.

Der Index bezieht sich auf Daten, welche 1996 und 1997 produziert worden sind. Dies impliziert nicht, daß sich auch das tatsächliche Korruptionsniveau auf diesen Zeitraum beziehen läßt. Die Einschätzung von Korruption kann sich auf Erfahrungen beziehen, welche lange zurückliegen. In jedem Fall ist auch die hohe Korrelation mit älteren Korruptionsindikatoren ein Hinweis darauf, daß sich das Korruptionsniveau nicht schnell ändert. Es erscheint daher vertretbar, den CPI auch mit älteren Daten zu korrelieren.

4. Die Verläßlichkeit des Index

Abgesehen vom Durchschnittswert eines einzelnen Landes und der Position in der Veröffentlichung von Transparency International, präsentiert die Tabelle im Anhang die Anzahl von Quellen und die Varianz zwischen diesen Quellen. Je höher die Anzahl an Quellen und je niedriger die Varianz zwischen den Quellen, desto verläßlicher ist der Wert eines Landes. Die hohe Varianz für Südafrika von 3,08 impliziert, daß 66% der Quellen zwischen 3,20 und 6,70 liegen.[9] Für ein Intervall, in dem 95% der Quellen liegen, würden die Grenzwerte sogar bei 1,45 und 8,45 liegen. Offensichtlich ist der Durchschnittswert in diesem Falle nur beschränkt aussagekräftig. Im Gegensatz dazu impliziert die geringe Varianz von Thailand, daß 95% der Werte zwischen 2,30 und 3,80 liegen. Die Einschätzung des Korruptionsniveaus von Thailand ist demzufolge recht homogen.

---

9 Dies kann bestimmt werden, indem die Wurzel der Varianz von dem Durchschnittswert (4,95) abgezogen (hinzuaddiert) wird, um den unteren (oberen) Grenzwert des Intervalls zu bestimmen.

Unterschiedliche Einschätzungen können einerseits aus subjektiven Schwierigkeiten der Befragten resultieren, das angemessene Niveau zu bestimmen, z. B. aufgrund von begrenzten Erfahrungen oder fehlenden Vergleichsmöglichkeiten. Andererseits können sich hierin auch objektive Schwierigkeiten ausdrücken: Eine Einschätzung wird schwierig in Ländern, in denen manche Institutionen sich bereitwillig auf Korruption einlassen während andere vehement dagegen ankämpfen. Eine hohe Varianz könnte in diesem Falle auch den heterogenen Zustand einer Gesellschaft widerspiegeln. Die hohe Varianz von Belgien und Südkorea ist auf jeden Fall bemerkenswert. Nach einer Serie von Skandalen könnte sich hierin auch eine Unsicherheit bei der Neueinschätzung dieser Länder ausdrücken.[10] Die hohe Varianz von Ländern des Mittleren Ostens spiegelt die Einschätzung wieder, daß typischerweise Wohlstand und politische Freiheiten positiv mit Korruption korreliert sind. Da diese Größen jedoch hochgradig widersprüchlich in den Ländern des Mittleren Osten sind, könnte dies eine Quelle von Schwierigkeiten bei der Bestimmung des Korruptionsniveaus sein.

Einschätzungen hängen typischerweise davon ab, wer diese abgibt. Ein Indikator dafür, inwieweit sich diese auf einen tatsächlich vorhandenen Sachverhalt beziehen, kann daraus gezogen werden, inwieweit diese Wahrnehmungen zu den gleichen Ergebnissen kommen. Demzufolge kann ein Indikator für die Verläßlichkeit aus der Korrelation der verschiedenen Quellen ermittelt werden. Die umseitige Tabelle stellt die Korrelationskoeffizienten der verschiedenen Quellen dar.[11]

Die Idee, die verschiedenen Quellen zu einem einheitlichen Index zu kombinieren, verbessert die Verläßlichkeit des Index (siehe hierzu auch Lancaster und Montinola, 1997). Jede einzelne Größe wird dadurch vertrauenswürdiger, daß sie sich auf mindestens zwei Quellen stützt. So kann eine potentielle Fehleinschätzung einer Quelle durch mindestens eine weitere Quelle teilweise ausgeglichen werden.

5. Datenverarbeitung

In der Umfrage des World Competitiveness Yearbook (WCY) wurden im Jahre 1996 und 1997 Geschäftsleute in leitender Position aufgefordert, das Land ihres gegenwärtigen Wohnsitzes zu evaluieren. Mit einer Rücklaufquote nahe 25% erhielten sie hierzu mehr als 3000 Antworten pro Jahr. In einem Teil dieses Frage-

---

10 Die hohe Varianz von Ländern mit niedrigem Durchschnittswert, z. B. Zaire, ist teilweise ein Nebeneffekt der Standardisierung der Daten.
11 Die Tabelle unterscheidet sich marginal von derjenigen in (Lambsdorff, 1995–1997) da die Korrelationen sich hier auf die gesamten 101 Länder beziehen und nicht nur auf die 52 Ländern im TI-Index.

Korrelati-onskoef-fizienten	World Compet. Yearbook 1997	World Compet. Yearbook 1996	Polit.Risk Services 1997	DRI/Mc Graw Hill 1997	Internet Corr. Percep-tion Index 1997	Polit.and Econ. Risk Consul-tancy 1997	Gallup Interna-tional 1997
World Compet. Yearbook 1997	1,00	0,97	0,73	0,80	0,95	0,95	0,89
World Compet. Yearbook 1996		1,00	0,74	0,81	0,97	0,93	0,82
Polit.Risk Services 1997			1,00	0,69	0,75	0,68	0,76
DRI/Mc Graw Hill 1997				1,00	0,87	0,64	0,68
Internet Corr. Percep-tion Index 1997					1,00	0,90	0,88
Polit. and Econ. Risk Consul-tancy 1997						1,00	0,88

bogens, bei dem es um die Qualität der Regierung ging, wurden die Befragten aufgefordert, das Ausmaß an »*Improper Practices (such as bribing and corruption)*« zu bestimmen. Hierzu wurde eine Skala von 1 bis 10 vorgegeben, deren Extrempunkte beschrieben wurden mit »*... prevail in the public sphere*« und »*... do not prevail in the public sphere*«. Von diesen Daten wurden die Durchschnittswerte eines jeden Landes bestimmt.

In ähnlicher Form hat die Political & Economic Risk Consultancy (PERC) in Hong Kong 280 im Ausland lebende, leitende Geschäftspersonen gefragt: »*to what extent does corruption exist in the country in which you are posted in a way that detracts from the business environment for foreign companies*«. Auf einer Skala von

0 bis 10 wurde eine 0 definiert als eine Situation, bei der Korruption nicht existiert, eine 10 hingegen als eine vollständig korrupte Gesellschaft. Um Befragten hierbei einen Referenzpunkt zu geben, wurden sie auch nach dem Ausmaß der Korruption in ihrem Heimatland gefragt. Weitere Bemühungen wurden unternommen, um die Befragten mit einer Definition von Korruption zu versorgen: »*corruption is defined as the need for a company to offer bribes or other improper inducements to bureaucrats, politicians or other government officials, either directly or through intermediaries, in order to secure officials approval or achieve some other specific goal*«.

Die Beiträge von DRI/McGraw Hill und vom Political Risk Services beziehen sich nicht auf Umfragen, sondern auf Einschätzungen durch eigene Firmenmitarbeiter nach einer detaillierten Länderanalyse und späteren Diskussion sowie Abgleichung der Ergebnisse. Sicherlich ist dabei der Prozeß recht intransparent gegenüber Außenstehenden. Dementsprechend muß auch die Kommentierung dieser Quellen hier sehr knapp ausfallen. Die Daten von Gallup International und die Ergebnisse unserer Befragung via Internet werden später genauer beschrieben werden.

Der TI-1996 Index[12] bildete den Startpunkt für die Zusammensetzung des CPI. Jede der sieben Quellen wurde standardisiert, so daß sie den gleichen Mittelwert und die gleiche Standardabweichung aufwies wie die entsprechende Länderauswahl im Index von 1996. Dies bewirkte, daß die Einbeziehung einer Untergruppe von Ländern nur die Positionen dieser Länder untereinander beeinflußte, nicht aber die Einschätzung dieser Untergruppe im Verhältnisse zu anderen Ländern. Jeder dieser sieben Quellen wurde dabei das gleiche Gewicht beigemessen. In Anbetracht der jeweiligen Qualitäten der Quellen erscheint dies plausibel, wobei sicherlich auch andere Gewichtungen vertretbar wären. Diese Gewichtung impliziert, daß der einfache Durchschnitt aus den verschiedenen standardisierten Daten gebildet werden kann.[13]

Die Daten des World Competitiveness Yearbook, der Political & Economic Risk Consultancy und des Political Risk Service bedurften neben der Standardisierung keiner weiteren Bearbeitung. Die Daten von DRI/McGraw-Hill wurden darüber hinaus linearisiert.[14] Die Daten von Gallup International und unsere eigene Um-

---

12 Vgl. Lambsdorff (1995–1997).
13 Da viele Quellen nur eine Untergruppe von Ländern enthalten, ändert sich bei der Durchschnittsbildung erneut der Mittelwert und die Standardabweichung der Daten. Die Resultate wurden daher erneut auf den Mittelwert und die Standardabweichung des Index von 1996 normalisiert.
14 Dies erfolgte, da in einer Regressionsanalyse mit dem TI-1996 Index Heteroskedastizität auftrat. Ein Polynom zweiter Ordnung wurde hierzu mit Hilfe einer Regressionsanalyse angepaßt, so daß die Daten monoton linearisiert wurden.

frage sollen hier genauer dargestellt werden, da hierzu bisher keine Kommentierung in der Literatur erhältlich ist.

5.1. Internet Corruption Perception Index

Zwischen Januar und Juni 197 wurden 246 Antworten zu einem Fragebogen gesammelt. Nutzer des Internets mit Interesse an dem Thema Korruption wurden gebeten, einen interaktiven Fragebogen auszufüllen. Die Auswahl der Teilnehmer spiegelt die typische Struktur von Benutzern des Internet wieder mit einem deutlichen Schwerpunkt auf der westlichen Hemisphäre.[15] Die Rechtfertigung zur Verwendung dieser Quelle ist vielfältig. Zum einen ermöglichte diese Studie die Konstruktion eines Fragebogens, welcher in stärkerem Maße als andere Umfragen die komparative Einschätzung von Ländern ermittelt. Aufgrund der Fragestellung war diese Umfrage deshalb besser geeignet für die Konstruktion des geplanten Index. Weiterhin, obwohl die Form der Auswahl von Teilnehmern immer noch unbefriedigend ist und in Zukunft weiter verfeinert werden wird, zeigte sich eine hohe Korrelation mit den anderen verwendeten Quellen. Nutzern des Internet wurde die folgende Frage gestellt:

»*You enter a public office which is authorized to grant licenses and permits (e. g. the license to conduct business). After you waited for a long time you are expected to pay a bribe and are told that otherwise you will not receive the license. According to your perception, in which countries may this (i. e. the asking for bribes by public officials) happen? On the other hand, where do you consider it to be unlikely?*«

Drei Alternativen, »*often*«, »*sometimes*« und »*rarely*« werden danach aufgezählt, deren dazugehörige Felder mit Ländernamen auszufüllen sind. Im Durchschnitt wurden 7,5 Länder von jedem Befragten angegeben. Hiermit können wir eine Frequenztabelle anfertigen und für jedes Land die prozentualen Anteile von »*often*«, »*sometimes*« und »*rarely*« im Verhältnis dazu bestimmen, wie häufig ein Land erwähnt worden ist. Wenn nur solche Länder berücksichtigt werden, welche wenigsten von fünf Befragten erwähnt worden sind, so erhalten wir Daten für 71 Länder. Das Ergebnis ist mit Hilfe einer Korrespondenzanalyse in untenstehender Graphik dargestellt worden.[16] Da die Häufigkeiten der drei Kategorien

---

15 Die Antworten kamen von Personen mit Wohnsitz in USA (101), Kanada (20), Vereinigtes Königreich (16), Mexiko (16), Australien (11), Deutschland (7), Hong Kong (7), Indonesien (5), Argentinien (4), Südkorea (4) und anderen Ländern (51). Sie waren geboren in USA (91), Mexiko (15), Kanada (14), Vereinigtes Königreich (11), Australien (9), Neuseeland (6), Malaysia (6), Deutschland (5), Argentinien (5), Venezuela (5), Indien (5), Südkorea (4) und anderen Ländern (62). Ihre grobe Berufsbezeichnung war öffentliche Verwaltung (27), Politik (27), Geschäftsperson (73) und anderes (119).

16 In Ergänzung zu den in Fußnote 18 aufzufindenden Abkürungen sind hier die folgenden verwendet worden: Australien (Aul), Kanada (Can), Singapur (Sin), Frankreich (Fra), Tschechische Republik (Cze), Marokko (Mor), Polen (Pol), Malaysia (Mal), Kambodscha

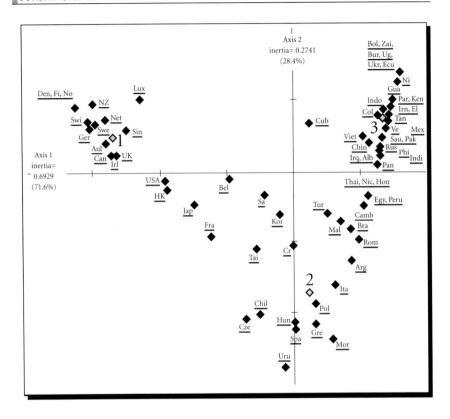

»*often*« (3), »*sometimes*« (2) und »*rarely*« (1) sich zu 100% aufaddieren, können alle drei Kategorien in einer zweidimensionalen Darstellung vollständig erfaßt werden. Dabei zeigt sich, daß die einzelnen Länder sehr unterschiedlich bewertet werden. Eine Maßgröße hierfür ist die sogenannte »*inertia*« (Trägheit), welche um so größer ist, je stärker sich die einzelnen Ländereinschätzungen voneinander unterscheiden. Einige Länder wurden sogar nur in Kategorie »1« erwähnt und andere nur in Kategorie »3«. Die erste Achse zeigt das gesamte Ausmaß der Korruption, da Kategorie »1« auf der linken Seite gegenüber »3« auf der rechten Seite zu finden ist. Auf dieser Achse ist Kategorie »2« relativ nahe an »3« – ein Hinweis darauf, daß die Befragten weniger zwischen diesen Kategorien als zwischen »1« und »2« differenzierten. Die Position der Länder in dieser Graphik bestimmt sich nun als Mittelwert der drei Kategorien, gewichtet mit den Häufigkeiten, mit

(Camb), Ägypten (Egy), Thailand (Thai), Nicaragua (Nic), Honduras (Hon), Irak (Irq), Albanien (Alb), Panama (Pan), Philippinen (Phi), China (Chin), Vietnam (Viet), Saudi-Arabien (SAU), Venezuela (Ve), Mexiko (Mex), Tansania (Tan), Iran (Irn), El Salvador (ElS), Kenia (Ken), Paraguay (Par), Indonesien (Indo), Guatemala (Gua), Zaire (Zai), Ukraine (Ukr), Burma (Bur), Uganda (Ug), Ecuador (Ecu).

denen das Land in den entsprechenden Kategorien erwähnt wurde.[17] Diejenigen Länder, welche als sehr korrupt eingeschätzt werden, erscheinen dabei auf der rechten Seite und Länder, die als sauber eingeschätzt werden, entsprechend auf der linken Seite. Die Position eines Landes auf der ersten Achse bestimmt den Wert, welcher in den CPI eingeht. Auf der zweiten Achse werden immer noch 28,4% der gesamten Information erfaßt. Diese kann interpretiert werden als Varianz der Einschätzungen. Die gleiche Einschätzung bezüglich des Korruptionsniveaus kann durch eine Mischung der Kategorien »1« und »3« entstehen, genauso wie durch eine Nennung von »2«. Obwohl der gleiche Durchschnittswert in beiden Fällen entsteht, deutet die erste Variante auf einen stärkeren Dissens bei den Antworten hin. Bemerkenswert in dieser Hinsicht sind Belgien, Südafrika, Südkorea und Kuba, welcher sich im Vergleich zu anderen Ländern mit ähnlichem Korruptionsniveau weiter oben auf der zweiten Achse befinden. Wie in Anhang 2 zu sehen, zeigt sich eine ähnlich hohe Varianz auch für Belgien, Südafrika und Südkorea als Varianz zwischen den einzelnen Quellen im CPI. Es scheinen insofern wiederholt Schwierigkeiten bei der Bestimmung des Korruptionsniveaus dieser Länder vorzuliegen.

5.2. Die Gallup International Umfrage

Die Umfrage von Gallup International ist eine der interessantesten Beiträge zu dem Index und wird deswegen hier daher genauer beschrieben. In insgesamt 44 Ländern wurden durchschnittlich jeweils 800 Repräsentanten der allgemeinen Öffentlichkeit persönlich oder am Telephon befragt. Diese Untersuchung wurde zwischen April und Mai 1997 durchgeführt.[18] Frage 5 in Teilabschnitt »global« lautete folgendermaßen:

»From the following groups of people, can you tell me for each of them, if there are a lot of cases of corruption given, many cases of corruption, few cases or no cases of corruption at all.«

Danach wurden die folgenden Gruppen von Personen aufgeführt: »*politicians*«, »*trade unionists*«, »*public officials*«, »*policemen*«, »*businessmen*«, »*judges*«, »*ordi-*

---

17 Wie auch bei den Daten von Gallup International werden die Punkte hier in »*principal coordinates*« wiedergegeben, wodurch Länder und Kategorien in der Graphik ähnlich weit verstreut sind.
18 Die hierbei berücksichtigten Länder waren Österreich (Aus), Belgien (Bel), Dänemark (Den), Deutschland (Ger), Finnland (Fi), Griechenland (Gre), Irland (Ire), Italien (Ita), Luxemburg (Lux), Niederlande (Net), Norwegen (No), Portugal (Por), Spanien (Spa), Schweden (Swe), Schweiz (Swi), Türkei (Tur), Vereinigtes Königreich (UK), Weißrußland (Bela), Bulgarien (Bul), Estland (Est), Ungarn (Hun), Lettland (Lat), Rumänien (Rom), Rußland (Rus), Ukraine (Ukr), Jugoslawien (Yu), Argentinien (Arg), Bolivien (Bol), Brasilien (Bra), Chile (Chil), Kolumbien (Col), Costa Rica (CR), Uruguay (Uru), Israel (Isr), Hong Kong (HK), Indien (Indi), Japan (Jap), Südkorea (Kor), Pakistan (Pak), Taiwan (Tai), Nigeria (Ni), Südafrika (SA), Simbabwe (Zim) und Neuseeland (NZ).

nary citizens«, *»clergy/priests«* und *»journalists«*. Für jedes Land wurden die Antworten zu den jeweiligen Kategorien »*A lot*«, »*Many*«, »*Few*«, »*None*« und »*No Answer*«, aggregiert. Wir verwenden hierbei nur die Antworten zu den vier Personengruppen *»politicians«*, *»public officials«*, *»policemen«* und *»judges«*. Die anderen Gruppen passen hierbei nicht in die vorgegebene Definition von Korruption als Mißbrauch öffentlicher Macht.[19] Bei fünf Kategorien für jeweils vier Personengruppen erhalten wir eine Häufigkeitstabelle mit 20 Spalten und 44 Zeilen. Diese Daten können übersichtlich mit Hilfe einer Korrespondenzanalyse in dem folgenden Diagramm dargestellt werden.[20]

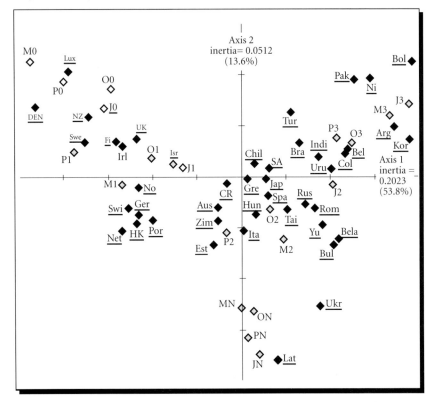

19 Die Ergebnisse für diese Gruppen sind auch qualitativ geringer einzustufen als für die ausgewählten vier Gruppen: 1) Die Unterschiede zwischen den verschiedenen Ländern sind sehr viel geringer bei diesen Gruppen von Personen, da die gesamte »*inertia*« hier geringer ausfällt. 2) Die Gruppen werden weniger in Bezug auf das gesamte Ausmaß der Korruption unterschieden, da sich weniger Information auf der ersten Achse befindet. 3) Die Ansichten über diese Gruppen gehen weiter auseinander, da sich mehr Information auf der zweiten Achse befindet.
20 Die Graphik wurde entwickelt mit Hilfe des Softwareprogramms SimCA von Michael Greenacre.

Eine vollständige Darstellung der Daten würde ein mehrdimensionales Diagramm erfordern.[21] Da wir uns jedoch nicht leicht Punkte in solch einem Raum vorstellen können, ist es notwendig, die Dimensionalität zu reduzieren. Dies impliziert andererseits einen gewissen Informationsverlust. Die Idee der Korrespondenzanalyse besteht darin, daß die verschiedenen Punkte den mehrdimensionalen Raum nicht gleichmäßig ausfüllen, sondern vielmehr hauptsächlich in einem Unterraum niedrigerer Dimension liegen. Dieser Unterraum hat hier zwei Dimensionen, welche so bestimmt wurden, daß der Informationsverlust so gering wie möglich ausfällt.[22] Jeder der Punkte wird dann orthogonal auf diesen Unterraum projiziert. So finden sich auf der ersten Achse 53,8% der gesamten Information und auf der zweiten Achse weitere 13,6%. In der Graphik werden somit insgesamt 67,4% der gesamten Information dargestellt, während 32,6% verloren gegangen sind. Die 20 Kategorien beziehen sich auf *Policemen* (M), *Public Officials* (O), *Politicians* (P) und *Judges* (J) sowie ferner »*A lot*« (3), »*Many*« (2), »*Few*« (1), »*None*« (0) und »*No Answer*« (N). Jeder dieser 20 Punkte kann als Scheitelpunkt eines mehrdimensionalen Raumes aufgefaßt werden, welche auf eine Fläche projiziert wurde. Die Distanzen zwischen den Punkte geben nun wieder, inwieweit die Befragten zwischen den jeweiligen Kategorien differenzieren. Dies erlaubt es uns, die folgenden Schlußfolgerungen zu ziehen:

❑ Die erste Achse kann interpretiert werden als Maß für die gesamte Höhe der Korruption. Während alle Kategorien »3« sich auf der rechten Seite befinden und ebenfalls die Kategorien »2« eher rechts anzutreffen sind, liegen die Kategorien »1« und »0« weiter links. Da sich auf der ersten Achse 53,8% der Informationen befinden, ist das gesamte Ausmaß der Korruption die dominierende Informationsgröße in der Umfrage von Gallup International.

❑ Die Befragten können im Durchschnitt besser zwischen den Kategorien »1« und »2« unterscheiden, da zwischen den entsprechenden Punkten die Distanzen besonders groß sind. Die Distanzen zwischen den Kategorien »0« und »1« sind demgegenüber eher gering, besonders im Falle von »*Politicians*«. Es liegt die Schlußfolgerung nahe, daß Befragte es bei der Bestimmung des gesamten

---

21 Die gesamte Anzahl an Dimensionen wäre 17, da die gesamte Anzahl an Antworten durch die Antworten der ersten Gruppe gegeben ist und sich danach für die drei weiteren Gruppen wiederholt. Diese Wiederholung reduziert die Anzahl unabhängiger Spalten von 20 auf 17. Für Lettland wurden keine Antworten in bezug auf »*Judges*« gegeben aufgrund eines fehlerhaften Fragebogens. Fehlende Daten sind schwer zu handhaben in einer Korrespondenzanalyse. Wir haben die Kategorie »*No Answer*« für »*Judges*« weggelassen, da diese bedeutungslos ist für Lettland. Diese Variable wird lediglich als »supplementary variable« dargestellt. Für die Berechnung des Korruptionsindex wurde eine etwas kompliziertere Methode verwendet, bei der eine Korrespondenzanalyse für jede Gruppe separat durchgeführt wurde – mit zu vernachlässigenden Unterschieden.

22 Für eine detailliertere Beschreibung siehe (Greenacre, 1993).

Ausmaßes der Korruption für weniger wichtig hielten, ob keine oder nur wenige Politiker korrupt sind.

❏ Die zweite Achse beinhaltet 13,6% der gesamten Information. Auf dieser Achse befinden sich die extremen Kategorien »0« und »3« oben, während die Kategorien »1« und »2« weiter unten liegen und »No Answer« noch weiter unten zu liegen gekommen ist. Der gleiche Durchschnittswert für ein Land kann sich entweder errechnen lassen aus einer Mischung der Kategorien »0« und »3« oder aber »1« und »2«. Offensichtlich liegt im ersten Falle ein größerer Dissens der Befragten vor. In diesem Falle liegt das betreffende Land höher auf der zweiten Achse, d. h. näher an den Kategorien »0« und »3«. Diese Achse kann daher als eine Art Varianz der Antworten interpretiert werden, wobei sich ein Dissens der Antworten weiter oben auf der Achse befindet und ein Konsens weiter unten. Da sich die Kategorie »No Answer« weiter unten auf der Achse befindet, könnte für manche Befragte diese Kategorie eine Alternative zur Abgabe der eher durchschnittlichen Werte »1« und »2« gewesen sein.

❏ Es wird teilweise argumentiert, daß verschiedene Arten der Korruption für die empirische Forschung fruchtbarer sein könnten, als Maße des gesamten Ausmaßes der Korruption. Die hier dargestellten Daten von Gallup International geben Aufschluß über das Verhalten von vier verschiedenen Gruppen von Akteuren, welches einen Einblick in unterschiedliche Formen der Korruption erlauben könnte. So könnte z. B. zwischen politischer und administrativer Korruption hiermit differenziert werden. Jedoch offenbaren die Daten nur geringfügige Einsichten in dieser Hinsicht. Die Gruppen »M«, »O«, »P« und »J« werden in ähnlicher Weise von den Befragten beurteilt, da die verschiedenen Kategorien 0, 1, 2 und 3 relativ nahe beieinander liegen (z. B. liegt »O0« nahe an »J0«). Hierin spiegelt sich das Resultat wieder, daß die Ergebnisse für die vier Gruppen stark miteinander korreliert sind.[23] Insofern läßt sich nur schwerlich ein Indikator für die Art der Korruption aus diesen Daten ableiten. Dies bestätigt gleichzeitig die Gültigkeit des CPI in dem Ansatz, nur das allgemeine Niveau der Korruption zu bestimmen und hierbei nicht zwischen verschiedenen Arten zu unterscheiden. Hiermit soll sicherlich nicht ausgeschlossen werden, daß Indikatoren für unterschiedliche Arten der Korruption in Zukunft gefunden werden könnten und diese fruchtbar in empirische Untersuchungen einfließen können.

Die einzelnen Länder können nun in die Graphik eingetragen werden, und zwar als Durchschnitt der Scheitelpunkte (d. h., der Kategorien »P0«, …, »J3«), gewichtet mit der Anzahl von Anworten, die jede Alternative erhalten hat. Um

---

23 Wenn separate Indizes für die vier Gruppen gebildet werden, beträgt der Korrelationskoeffizient zwischen diesen Indizes im Durchschnitt etwa 0,85.

die Graphik jedoch leichter lesbar zu machen, werden Kategorien und Länder in »*principal coordinates*« wiedergegeben. Dies bewirkt, daß sie auf der Graphik ähnlich weit verstreut sind. Die Position eines Landes auf der ersten Achse bestimmt nun das Korruptionsniveau, welches in den CPI eingeht. Stark ausgeprägte Korruption nach Ansicht der allgemeinen Bevölkerung der jeweiligen Länder zeigt sich demnach in Bolivien, Südkorea, Argentinien, Nigeria, Pakistan und Belgien. Die niedrigsten Werte ergeben sich für Dänemark, Luxemburg, Schweden und Neuseeland.

6. Zusammenfassung und Schlußbemerkung

Für die Konstruktion einer gültigen und verläßlichen Datenreihe des Korruptionsniveaus im Ländervergleich wurde eine Zusammenfassung verschiedener Quellen vorgeschlagen. Solch ein »Flickenteppich« hat naturgemäß Nachteile gegenüber einem einheitlichen Ansatz: Jede der verwendeten Quellen wurde zu anderen Zwecken erstellt und bedient sich daher auch anderer Methodologien. Dies wirft Fragen der Vergleichbarkeit auf. Während die Daten des World Competitiveness Yearbook sicherlich sehr wertvoll sind, kann als Nachteil festgestellt werden, daß die Befragten nur ihr Heimatland bewerten. Dies wirft die Frage auf, inwiefern für jedes Land die gleiche Definition und der gleiche Wertmaßstab angesetzt wurde. Dieses Problem trifft zu einem geringeren Maße auf die Umfrage der Political and Economic Risk Consultancy zu aber in viel stärkerem Maße für die Umfrage von Gallup International. Eine globalere Perspektive mit einer vermutlich einheitlicheren Definition von Korruption wird von den Risikoanalysten des Political Risk Services und DRI/McGraw-Hill angestrebt. Jedoch kann die genaue Kenntnis von Länderpraktiken dort beschränkt sein als Resultat der teilweise nur geringen Anzahl an Mitarbeitern. Dies bewirkt einen Nachteil dieser Quellen gegenüber solchen, welche auf Umfragen basieren. Solche Einschätzungen riskieren daher, von anderen sozioökonomischen Daten beeinflußt zu werden, z. B. dem Wohlstandsniveau oder dem Ausmaß politischer Freiheiten. In Bezug auf unsere eigene Umfrage kann als Vorteil vermeldet werden, daß direkt nach der komparativen Einschätzung von Ländern gefragt wird und damit einige Nachteile anderer Quellen vermieden werden. Jedoch ist die Konstruktion der Auswahl von Teilnehmern unbefriedigend.

Diese sehr kritischen Aspekte der verwendeten Daten werden jedoch kompensiert durch die Tatsache, daß die verschiedenen Quellen stark miteinander korreliert sind und damit eine einheitliche Sichtweise von Korruption im Ländervergleich vermitteln. Sicherlich könnten diese Nachteile behoben werden mit Hilfe einer einheitlichen, breit angelegten Umfrage, bei der eine gute Auswahl von informierten Experten nach einem vergleichenden Urteil gefragt wird. Im Vergleich zu einer solchen Methode hat aber auch der hier verwendete Ansatz Vorteile: Die Tatsache, daß wiederholt ähnliche Ergebnisse aus sehr verschiedenen methodologischen Ansätzen resultieren, weist darauf hin, daß die gesammelten subjektiven Einschätzungen einen objektiven Sachverhalt widerspiegeln.

Literaturempfehlungen

Ades, A.; Di Tella, R.: National Champions and Corruption: Some Unpleasant Interventionist Arithmetic, in: The Economic Journal, Jg. 107, Juli 1997, S. 1023–1042.
Ades, A.; Di Tella, R.: The Causes and Consequences of Corruption: A Review of Recent Empirical Contributions, in: Liberalization and the New Corruption, hrsg. v. B. Harris-White; G. White, Institute of Development Studies Bulletin, Jg. 27, Nr. 2, Brighton, April 1996.
Ades, A.; Di Tella, R.: Competition and Corruption. Unveröffentlichtes Manuskript, Keble College, Oxford University, Januar 1995.
Bardhan, P.: Corruption and Development: A Review of Issues, in: Journal of Economic Literature, Jg. 35, 1997, S. 1320–46.
Beck, P. J.; Maher, M. W.; Tschoegl, A. E.: The Impact of the Foreign Corrupt Practices Act on US Exports, in: Managerial and Decision Economics, Jg. 12, 1991, S. 295–303.
Bayley, D. H.: The Effects of Corruption in a Developing Nation, in: Political Corruption: Readings in Comparative Analysis, hrsg. v. A. J. Heidenheimer, New York 1970.
Brunetti, A. G.; Kisunko; Weder, B.: Credibility of Rules and Economic Growth – Evidence from a World Wide Private Sector Survey. Background paper für den World Development Report 1997. Weltbank, Washington, April 1997.
Evans, P. B.; Rauch, J. E.: Bureaucratic Structures and Economic Performance in Less Developed Countries, unveröffentlichtes Manuskript, UC San Diego 1996.
Galtung, F.: The Social and Economic Implications of Corruption, in: Transparency International (TI) Report 1997. Berlin, April 1997, S. 76–78.
Greenacre, M.: Correspondence Analysis in Practice. Academic Press, London 1993.
Heidenheimer, A. J.: The Topography of Corruption: Explorations in a Comparative Perspective, in: International Social Science Journal, Jg. 158, Nr. 3, September 1996, S. 337–347.
Hines, J. R.: Forbidden Payment: Foreign Bribery and American Business after 1977, in: National Bureau of Economic Research Working Paper, Nr. 5266, 1995.
Kaufmann, D.: Economic Corruption: Some Facts. Beitrag zur 8ten Internationalen Anti-Korruptions Konferenz in Lima, Peru, September 1997.
Knack, St.; Keefer; P.: Institutions and Economic Performance: Cross-Country Tests Using Alternative Institutional Measures, in: Economics and Politics, Jg. 7, Nr. 3, November 1996, S. 207–27.
Lambsdorff, J. Graf: An Empirical Investigation of Bribery in International Trade«, in: European Journal of Development Research, Jg. 10, Nr. 1, 1998, S. 40–59.
Lambsdorff, J. Graf: The TI Corruption Perception Index, 1. Ausgabe 1995, in: Transparency International (TI) Report 1996. Berlin, März 1996, S. 51–54. 2. Ausgabe 1996, in: Transparency International (TI) Report 1997. Berlin, April 1997, S. 61–66. 3. Ausgabe, in: Transparency International Newsletter. Berlin, September 1997. Eine Dokumentation ist auch erhältlich über http://www.uni-goettingen.de/~uwvw.
Lancaster T.; Montinola, G.: Toward a Methodology for the Comparative Study of Political Corruption, in: Crime, Law and Social Change. Jg. 27, 1997, S. 185–206.

Mauro, P.: The Effects of Corruption on Growth, Investment, and Government Expenditure: A Cross-Country Analysis, in: Corruption and the Global Economy, Institute for International Economics, Washington D. C. Juni 1997, S. 83–107.

Mauro, P.: The Effects of Corruption on Growth, Investment, and Government Expenditure, in: International Monetary Fund Working Paper 96/98, Dezember 1996.

Mauro, P.: Corruption and Growth, in: Quarterly Journal of Economics, Jg. 110, Nr. 3, August 1995, S. 681–712.

Rijckeghem, C. van; Weder, B.: Corruption and the Rate of Temptation: Do Low Wages in the Civil Service Cause Corruption? in: International Monetary Fund Working Paper 97/73. Mai 1997.

Tanzi, V.; Davoodi, H.: Corruption, Public Investment, and Growth. International Monetary Fund Working Paper 97/139. Oktober 1997.

Wedeman, A.: Looters, Rent-scrapers, and Dividend-collectors: The Political Economy of Corruption in Zaire, South Korea, and the Philippines. Beitrag zur Jahrestagung 1996 der American Political Science Association, San Francisco 1996.

Wei, S.-J.: How Taxing is Corruption on International Investors. National Bureau of Economic Research Working Paper 6030. Februar 1997.

Wheeler, D.; Mody, A.: International Investment Location Decisions: The Case of U. S. Firms«. In: Journal of International Economics, Jg. 33, 1992, S. 57–76.

Anhang 1: Quellen

	Quelle	Jahr	Wer wurde befragt?	Sichtweise: extern oder intern?	Was wurde gefragt?	Verarbeitung der Daten	Anz. Antworten	Anz. Länder
1	World Competitiveness Yearbook Institute for Management Development, Lausanne	1997	Geschäftspers. im oberen und mittleren Management	Einschätzung des eigenen Landes (intern)	»Improper practices (such as bribing or corruption) in the public sphere«	Daten standardisiert: Gleicher Mittelwert und Standardabweichung	> 3000	46
2		1996						
3	Political & Economic Risk Consultancy, Hong Kong, Asian Intelligence Issue #482	1997	Geschäftspersonen in leitender Position	Einschätzung des Aufenthaltsortes gegenüber dem Heimatland (extern)	»To what extent does corruption exist in the country in which you are posted in a way that detracts from the business environment for foreign companies«	Daten standardisiert	280	12 asiatische Länder
4	Gallup International 50th Anniversary Survey	1997	Allgemeine Öffentlichkeit	Einschätzung des eigenen Landes (intern)	»A lot, many, few or no cases of corruption for the following groups of people: politicians, public officials, policeman and judges«	Korrespondenzanalyse. Resultate standardisiert	ca. 800 pro Land	44

5	DRI/McGraw Hill Global Risk Service	1997	Einschätzung durch eigene Mitarbeiter	Extern	»Losses & costs due to corruption«	Daten linearisiert (monoton mit Polynom zweiter Ordnung) und standardisiert	–	106
6	Political Risk Services, East Syracuse, NY, International Country Risk Guide	1997	Einschätzung durch eigene Mitarbeiter	Extern	»Likeliness to demand special and illegal payments in high and low levels of government«	Daten standardisiert	–	129
7	Internet Corruption Perception Index, Universität Göttingen	1997	Nutzer des Internet	Vergleichende Einschätzung von Ländern, mit denen der Befragte vertraut ist (extern)	»Are public officials often, sometimes or rarely asking for bribes?«	Korrespondenzanalyse. Resultate standardisiert	246	71

Anhang 2: Corruption Perception Index (CPI)

TI-Position gibt die Position eines Landes wieder in der Länderliste mit 52 Ländern, welche von Transparency International (TI) am 31. Juli 1997 veröffentlicht wurde (siehe hierzu Lambsdorff, 1995–1997).

Wert-97 ist das allgemeine Korruptionsniveau in der Sichtweise von Geschäftspersonen, Länderrisikoanalysten und der allgemeinen Bevölkerung. Der Wert schwankt zwischen 10 (sehr sauber) und 0 (sehr korrupt). Ein negativer Wert ergab sich aufgrund der Standardisierung der Daten.

Anzahl ist die Anzahl von Quellen, welche für das jeweilige Land verfügbar war. Sieben Quellen wurden verwendet und wenigstens vier Quellen waren notwendig für die Berücksichtigung im TI-Index 1997. Sofern nur zwei oder drei Quellen verfügbar waren, ist die Verläßlichkeit geringer und das Land wurde nicht in den TI-Index aufgenommen.

Varianz kennzeichnet Unterschiede in den Werten der jeweiligen Quellen: Je größer die Varianz, desto stärker liegen die Einschätzungen eines Landes auseinander.

TI-Position	Land	Wert – 97	Anzahl	Varianz
	Ägypten	1,94	3	0,57
	Albanien	1,02	3	2,89
	Algerien	2,95	2	0,32
	Angola	2,57	2	1,13
42	Argentinien	2,81	6	1,24
8	Australien	8,86	5	0,44
	Bahrain	2,84	2	0,50
	Bangladesch	1,80	2	0,68
26	Belgien	5,25	6	3,28
51	Bolivien	2,05	4	0,86
	Botsuana	3,60	2	0,08
36	Brasilien	3,56	6	0,49
	Bulgarien	3,94	3	1,78
23	Chile	6,05	6	0,51
41	China	2,88	6	0,82

Korruption im Ländervergleich

TI-Position	Land	Wert – 97	Anzahl	Varianz
22	Costa Rica	6,45	4	1,73
1	Dänemark	9,94	6	0,54
13	Deutschland	8,23	6	0,40
	Ecuador	3,41	3	3,07
	El Salvador	2,81	2	0,56
	Elfenbeinküste	1,96	2	1,05
	Estland	6,16	2	0,10
2	Finnland	9,48	6	0,30
20	Frankreich	6,66	5	0,60
	Ghana	2,68	2	0,84
25	Griechenland	5,35	6	2,42
	Guatemala	3,87	2	5,04
	Honduras	1,98	2	1,10
18	Hong Kong	7,28	7	2,63
45	Indien	2,75	7	0,23
46	Indonesien	2,72	6	0,18
	Irak	0,81	3	2,69
	Iran	3,02	3	4,46
12	Irland	8,28	6	1,53
	Island	9,65	3	0,16
15	Israel	7,97	5	0,12
30	Italien	5,03	6	2,07
21	Japan	6,57	7	1,09
	Jordanien	4,29	2	2,89
	Jugoslawien	3,46	2	0,01
	Kamerun	2,27	2	2,11
5	Kanada	9,10	5	0,27
	Kenia	2,30	3	0,89
50	Kolumbien	2,23	6	0,61
	Kuba	3,45	3	0,46

TI-Position	Land	Wert – 97	Anzahl	Varianz
	Kuwait	4,65	2	2,72
	Lettland	5,11	2	0,05
	Libanon	0,53	2	4,18
	Libyen	3,47	2	7,67
10	Luxemburg	8,61	4	1,13
32	Malaysia	5,01	6	0,50
	Marokko	3,45	3	0,05
47	Mexiko	2,66	5	1,18
	Myanmar	0,76	3	2,14
4	Neuseeland	9,23	6	0,58
	Nicaragua	4,19	2	3,36
6	Niederlande	9,03	6	0,23
52	Nigeria	1,76	4	0,16
7	Norwegen	8,92	6	0,51
	Oman	3,60	2	0,08
17	Österreich	7,61	5	0,59
48	Pakistan	2,53	4	0,47
	Panama	1,70	3	0,48
	Paraguay	1,68	2	0,44
	Peru	2,90	3	0,17
40	Philippinen	3,05	6	0,51
29	Polen	5,08	5	2,13
19	Portugal	6,97	5	1,02
	Qatar	3,68	2	10,67
37	Rumänien	3,44	4	0,07
49	Rußland	2,27	6	0,87
	Sambia	2,47	2	1,42
	Saudi-Arabien	2,64	3	2,17
3	Schweden	9,35	6	0,27
11	Schweiz	8,61	6	0,26

Korruption im Ländervergleich

TI-Position	Land	Wert – 97	Anzahl	Varianz
	Simbabwe	3,77	3	4,64
9	Singapur	8,66	6	2,32
	Slowakei	3,65	2	0,12
24	Spanien	5,90	6	1,82
	Sri Lanka	4,17	2	3,46
33	Südafrika	4,95	6	3,08
34	Südkorea	4,29	7	2,76
	Syrien	3,73	2	5,93
31	Taiwan	5,02	7	0,76
	Tansania	2,26	3	1,10
39	Thailand	3,06	6	0,14
27	Tschechien	5,20	5	0,22
	Tunesien	4,03	2	0,71
38	Türkei	3,21	6	1,21
	Uganda	1,67	3	0,16
	Ukraine	2,61	3	0,78
28	Ungarn	5,18	6	1,66
35	Uruguay	4,14	4	0,63
16	USA	7,61	5	1,15
	VA Emirate	3,35	2	8,06
44	Venezuela	2,77	5	0,51
14	Ver. Königreich	8,22	6	1,43
43	Vietnam	2,79	4	0,26
	Weißrußland	2,38	2	1,15
	Zaire	-0,11	3	6,52
	Zypern	6,61	2	2,46

2.2. Beyond Rule of Law: On Alternative Anti-Corruption Strategies in Emerging Economies
Daniel Kaufmann

Put bluntly, the mere concept of Rule of Law is an oxymoron in many emerging and transition economies. As we know it in industrialised countries, in many emerging countries the »rule of law« is neither. Often the judiciary, legal enforcement institutions, police, and other such official legal bodies are (the biggest) part of the problem rather than the solution. This is particularly the case where there is systemic corruption. Even if the legal institutions are ubiquitous and fully staffed by trained judges and other personnel, they are often captured by politicians and their corrupt interests.

Under these circumstances it makes sense to design approaches to corruption control which do not rely heavily – or at all – on the official legal system. The broad involvement of civil society, and the efforts of Transparency International in working through local NGOs, are a move in this direction. Some of the proposals in this article are variants of suggestions or initiatives already tabled, yet the emphasis and focus may differ some. These proposals share in common a rather low requirement of probity and sophistication of domestic »rule of law« institutions.

The proposals enumerated below either get around the existing official legal institutions altogether, or would relieve and simplify the work of public rule of law institutions, specifically referring to effective means of data and information gathering, their use and dissemination.

1. The Public Procurement Cost (PPC) Project

Significant inroads have been made regarding raising corruption awareness world-wide, and some important initiatives are already underway, thanks in part to the emerging empirical surveys measuring perceptions about corruption. The TI Corruption Perception Index is a key illustration of the powerful impact that such data can have.

In the incipient new phase of anti-corruption initiatives – now that »graduation« is taking place from awareness-raising to concrete actions –, emphasizing the collection and use of »harder« data will be important, complementing the growing body of »perception« survey data (for the latter see item 2 below). As incipiently carried out in one case in Argentina, implementing a data collection and monitoring project for public procurement costs can reap significant payoffs. The idea would be to select a list of generic public goods which are:

1. not subject to complex technical specification variations;
2. subject to public sector provision in most emerging economies, and
3. typically procured by the public sector in a decentralised fashion via multiple institutions throughout the country.

Generic drugs, such as aspirin equivalent, or other medical supplies, such as dextrose, are cases in point, since hospitals throughout the country need to procure these.

Standard school lunches of primary education are another example. The latter exemplified in Argentina how powerful the collection and dissemination of very simple »hard« data can be: a simple check indicated that in the province of Buenos Aires the average cost paid for a school lunch was a whopping US$ 5 equivalent; while in the province of Mendoza, where a reformist mayor was implementing an anti-corruption campaign, the unit cost was 80 cents to the dollar instead. Within days of such »discovery«, the procurement price for school lunches in Buenos Aires was more than halved. Prospects of further such monitoring and publication of procurement costs for these type of goods and services has led to the expectation of additional decline in mark-ups, thus increasing local public expenditures effectiveness not just in the early focal point – Buenos Aires –, but in many other provinces as well.

Perhaps the single most important advantage of this »hard data« project suggestion is that it does not resort to the legal system. Almost as important is the fact that it lends itself for immediate policy-making action. More generally, it would go a long way to »technocratise« the diagnostics and action-orientation of corruption. This would be done by focusing the real problem on quantifying costs and corrupt processes instead of a much more time consuming and less effective »individualised« legal approach that would concentrate on catching and prosecuting individuals.

Another advantage of this PPC approach is that it is a rather »pure« and objective measure of inefficiency and corruption in the public sector. It is the case that just having the unit cost structure is insufficient to disentangle what proportion of cost escalation is due to incompetence from the share due to corruption. That is not an insurmountable problem, however, for two reasons. First, one of the advantages of this hard cost data approach is that it can be used for reallocation of public expenditures: those localities or institutions exhibiting high costs would get reduced expenditure allocation in the subsequent period, in contrast with effective localities and institutions. Only after cost effective improvements take place (say, through quarterly monitoring) additional funding may be released to

»problem« institutions or localities. For purposes of this particular public policy action (namely budgetary allocation), it is immaterial what the decomposition of cost mark-ups into corruption or incompetence is; the implications for expenditure reallocation would have to be the same. And second, if decomposition of the cost mark-up were to be needed for other purposes (such as measuring the »independent« contribution of corruption), that would be possible through statistical techniques.

A PPC project would require frequent data collection and monitoring for a number of public goods within a country. Some important standard public goods would be in a permanent list and data base to be monitored over time. Other goods would be chosen randomly each quarter, so to avoid a mere shift of corrupt procurement to those goods not on the monitored list. Further, some monitoring on total costs on these items (complementing unit costs) would be needed, to avoid the shift of unduly rents from unit costs to excessive quantity of units procured.

In general, the data requirement for a PPC project within a particular setting is not overly stringent, as long as there is political will by at least a few politicians in government, and/or in conjunction with local NGOs and possibly with the assistance from International Financial Institutions (IFIs) as well. Where IFIs may get involved this approach would need to be integrated into in-depth public expenditure reviews which focus more squarely in waste and embezzlement of public funds than in the past. In fact, the compilation and dissemination of the cost mark-up data would put pressure on conducting more rigorous public expenditure reviews which depart from the age old practice of having large expenditure categories »off limits« from scrutiny. Public expenditure waste, fraud and misappropriation is, after all, an important yet underemphasised aspect of corruption overall. A technocratic empirical focus on numbers and processes may shift the balance somewhat in this area.

An IFI, or a regional/international chapter of TI could play an important role in internationalising such PPC initiatives, creating a cross-country data bank (as well as keeping the monitoring of within-country variations), and ensuring monitoring and dissemination. Cross-country comparisons, with suitable exchange rate and transport cost adjustments, are likely to be useful for a pro-active approach in countries where the overall average compares rather poorly with the rest of the sample.

Indeed, over time such a project could result in a »hard data« equivalent to the TI Corruption Perception Index, where the hard data index could be like (and possibly get as much »play« as) The Economist's »Big Mac Index«-their simple measure of exchange rate misalignment.

As an integral part of the PPC there would be wide dissemination of hard data on costs throughout the media and internet, and with the involvement of NGOs. For instance, in some countries a leading newspaper publishes weekly the up-to-date prices and costs for key construction materials. This has led to cost reductions in procurement.

Increased NGO/civil society access to public meetings on large scale public procurement would be a complementary aspect of this initiative. Such public meetings, if held at a sufficiently early stage in the process, would offer the opportunity to design the procurement and bidding mechanism (and technical specifications) in ways that enhance transparency and allow for meaningful procurement cost comparisons.

2. A rigorous and comprehensive »Corruption Perception Data Bank«

Corruption perception data, with there shortcomings notwithstanding, have played a revolutionary role in sensitising the world on the issue. If well managed, such type of corruption perception survey data can continue to have a significant impact. In the next stage of anti-corruption initiatives, progress in the area of perception data may proceed along the following areas:

1. improved methodology for the TI index (ongoing project);
2. additional (and improved/more specific) survey work to complement the existing data,
3. measuring propensity to bribe by foreign firms; and
4. consolidating the wealth of existing, yet still fairly disparate, survey data into a comprehensive data bank.

A consolidated data bank could have significant payoffs transcending its usefulness for researchers: activists, media and other disseminators of this crucial information could have easy internet access to a comprehensive data set. On average there may be, say, about five or six independent sources per country. Some of these surveys would reflect responses from firms (e. g. World Bank), others from public service users (such as the service delivery surveys carried out by the Economic Development Institute of the World Bank in collaboration with TI and CIAT), others from citizens (such as Gallup polls) or from country experts (risk service agencies such as EIU, ICRG, DRI, etc.). Some of these surveys would quantify monetary value of specific bribes (e. g. World Bank surveys in Ukraine and Russia), most others will be based on intensity of response preferences in ordinal scales.

In terms of quick operational impact (which also ignores the deficiencies of legal institutions), an important initiative worth expanding to many more settings, and following up systematically over time, is akin to the Bangalore report card project. In Bangalore an NGO carries out a survey of quality and access to public local services, where users rate each agency and report on demands for bribe payments for service delivery. Wide dissemination of the results has lead to quick changes and improvements. EDI's service delivery surveys, if replicated periodically, would play a similar role. Keeping a consolidated data base of these surveys would allow benchmarking, and distilling rigorous lessons from empirical experience.

3. Measuring the wealth of leaders and politicians?

The media and local researchers and NGOs can delve much deeper into the accumulated wealth of politicians and leaders than commonly thought. The veil of secrecy surrounding covert wealth accumulation can easily be lifted through much more sophisticated investigative journalist, detective and information technology techniques nowadays. One periodical for Africa, for instance, has given estimates of the vast holdings of many leaders in that continent. Numerical estimates, if based on real evidence (even if within a range), can go a long way to technocratise the issue. The focus may not have to be immediate prosecution and retribution. Instead the point would be that current and prospective leaders and politicians would know that such a data bank is being collected and would be disseminated. Thus, this technocratic approach may be best used as a deterrent rather than necessarily for enforcement purposes.

4. Monitoring the monitors?

NGOs and the media can also be subject to »capture« by vested interests. In one African country an expose was about to break out on the special monopolistic concessions given to a Korean car manufacturer in exchange for bribes to politicians. At the last minute the story was aborted, and the key editors and journalists working on it were observed owning brand new cars from the same manufacturer. Many other such stories exist. The issue in our context would be whether it would be realistic to expect some independent group, or investigative journalists with particularly high credentials, to gather information systematically on this issue. The answer is not obvious and should be left open for discussion.

5. The power of TV substituting a failed public judiciary: People's courts?

The people's court approach, pioneered successfully for commercial TV in the United States, was recently tried with success in Latin America. Yet, realistically it can substitute legal institutions only partially at best. In fact it may prove to be an important complement instead; by generating more efficiently the required information for the public court.

III. Internationale Vorstöße

Einleitung

1. Das OECD-Übereinkommen 1997 über die Bekämpfung der Bestechung ausländischer Amtsträger im internationalen Geschäftsverkehr

2. Council of Europo: An overview of anti-corruption activities from 1994 to 1998

3. Internationale Finanzierungsorganisationen (IBRD, IMF, Regionalbanken)

Internationale Vorstöße – Einleitung

Mark Pieth

Für den unbefangenen Beobachter schießen seit Mitte der neunziger Jahre plötzlich und scheinbar wenig motiviert Vorstöße internationaler Organisationen gegen die Korruption wie Pilze aus dem Boden.

Zwar hat es frühere Versuche gegeben, sich auf multilateraler Ebene des Tabu-Themas Korruption anzunehmen. Im Rahmen der Bretton Woods-Institutionen und der regionalen Entwicklungsbanken scheiterte eine konsequente Haltung gegen die bereits damals – zumal in der dritten Welt – weit verbreitete und auch sichtbare Korruption am Dogma der politischen Neutralität dieser Organisationen. Das Thema im Gespräch mit Regierungsvertretern aufzubringen, mußte notwendigerweise als Kritik an der jeweiligen Administration verstanden werden. Daß aber die Finanzierung von Projekten oder die Stützung einer Währung im Wissen darum, daß mindestens ein Teil der Kredite von den Machthabern veruntreut wurde, auch eine politische Stellungnahme enthielt, wurde offiziell kaum reflektiert.

Weitere Vorstöße der siebziger Jahre gingen aus der damals heftig geführten Kontroverse um die **Rolle von multinationalen Unternehmen** hervor: Insbesondere aus der Sicht der post-kolonialen Entwicklungsländer des Südens wurde den »Multis« Mißbrauch ihrer ökonomischen Macht vorgeworfen. Zur Vermeidung der Kapitalflucht wurde vielfach die Devisenbewirtschaftung eingeführt, die ihrerseits durch die Multis mit »transfer pricing« unterlaufen wurde. Der Machtpoker zwischen Entwicklungsstaaten und Unternehmen wurde überlagert durch die Ost-West-Auseinandersetzung, die immer wieder zu geopolitisch motivierten Interventionen durch Staaten des Nordens, einschließlich der Unterstützung von autoritären Regimes im Süden, führte. Lokale Bestechungsmärkte wurden durch externe Akteure kräftig belebt. Die ersten internationalen Schritte gegen die Korruption wurden im Rahmen der UNO von Entwicklungsstaaten angeregt und hatten vorab zum Ziel, den Machtmißbrauch multinationaler Gesellschaften einzudämmen.[1]

Die Initiative erhielt kurz darauf Unterstützung, aber auch eine andere Ausrichtung: Insbesondere der Lockheed-Skandal, aber auch die Geständnisse von Hunderten von amerikanischen Unternehmen, daß sie regelmäßig ausländische Poli-

---

[1] Recommandation Nr. 3514 of the UN GA of 1975; ECOSOC; Ad Hoc Intergovernmental Working Group on the Problem of Corrupt Practices 1976–1978; Committee on an International Agreement on Illicit Payments 1979.

tiker und Amtsträger bestochen hätten, führten 1977 in den USA zum Erlaß der **Foreign Corrupt Practices Act** (FCPA).[2] Das Gesetz enthielt strenge Buchhaltungsvorschriften für börsenkotierte Gesellschaften und Strafnormen sowohl gegen Individuen wie juristische Personen im Falle der Bestechung ausländischer Politiker und Amtsträger. Die Motive, die zu diesem Gesetz führten, sind sehr heterogen. Zum einen spielt sicher eine moralische Komponente mit,[3] zum andern ging es um binnenamerikanische politische und wirtschaftliche Interessen: Für die Carter-Administration war die Bestechung befreundeter Staatschefs durch US-Unternehmen (Beispiel Japan, Korea, Italien) äußerst unangenehm; langfristig erhoffte man sich überdies von einem Bestechungsverbot die Stärkung der Konkurrenzfähigkeit von US-Unternehmen auf den liberalisierten Weltmärkten, aber auch den Schutz vor unlauterem Wettbewerb amerikanischer Unternehmen untereinander.

Allerdings gelang es nicht, im Rahmen der **UNO** die Kooperation weiterer Länder zu gewinnen. Die UNO-Initiative zu einer Antikorruptions-Konvention scheiterte nicht nur an Gegensätzen zwischen Ost und West und Nord und Süd, sie war 1979 schon im westlichen Lager nicht konsensfähig.

1976 resp. 1977 gelang es auf internationaler Ebene lediglich im Rahmen der »**OECD**-Guidelines for Multinational Enterprises«[4] eine Bestimmung gegen die Korruption einzuführen und die Regeln der **ICC** gegen Erpressung und Bestechung zu erlassen[5]. Ohne die Unterstützung der UN-Konvention blieb allerdings die politische Bedeutung der Instrumente gegen die Korruption gering.

Um so mehr bedarf der Erklärung, weshalb zwanzig Jahre später sowohl die Weltbank wie die übrigen multilateralen Entwicklungsbanken strikte Antikorruptionsprogramme erlassen konnten[6] und weshalb nunmehr Prävention und Repression von transnationaler Korruption in etlichen internationalen Foren plötzlich salonfähig wurde. Eine erste Erklärung ist bereits in der Einführung zu diesem Buch offeriert worden: Mit der Entschärfung des Ost-West-Gegensatzes wird es unnötig, korrupte Regimes künstlich an der Macht zu halten. Statt des »kalten Krieges« dominiert nun die Öffnung der Weltmärkte das Denken aller internationalen Strategen des Nordens: Dadurch wird Bestechung überall auf der Welt

---

2 Foreign Corrupt Practices Act 1977, ref. 1988: 15 USC §§ 78 m, 78 dd-1 ed seq.
3 Vgl. etwa John T. Noonan, Jr., Bribes, The Intellectual History of a Moral Idea, California 1984.
4 Die OECD-Guidelines for Multinational Enterprises 1976 (Nr. VIII 7.) 1976; Newest Update OECD-GD (97)40, Paris 1997.
5 International Chamber of Commerce, Extortion and Bribery in Business Transactions, Report adopted by the 131st Session of the Council of the ICC, 29 November 1977, Paris 1977.
6 The World Bank, Helping Countries Combat Corruption, The Role of the World Bank, September 1997; International Monetary Fund, News Brief, IMF Adopts Guidelines Regarding Governance Issues, August 4, 1997.

zum Wettbewerbshindernis für sämtliche potentiellen Anbieter. Die veränderte Ausgangslage läßt nunmehr auch die wesentlichen Handelspartner der USA erkennen, daß die Bekämpfung der transnationalen Korruption in ihrem eigenen Wirtschaftsinteresse liegt. Dieser Perspektivenwechsel kommt besonders deutlich in den Vorstößen der OECD[7] auch der Neuauflage der ICC »Rules of Conduct« von 1996[8] zum Ausdruck. Die Initiativen der Weltbank und anderer Entwicklungsinstitutionen sind indessen in einem weiteren Zusammenhang zu sehen, sie sind Ausdruck auch einer gewandelten Einstellung, die insbesondere durch starke Impulse aus der Zivilgesellschaft, von Oppositionsbewegungen und Nicht-Regierungsorganisationen (wie Transparency International) ausgehen und von wichtigen Meinungsträgern, wie etwa vom jetzigen Weltbankpräsidenten Wolfensohn vorangetrieben werden.

Regionale Vorstöße gegen die Korruption tragen demgegenüber Wesentliches zur Rechtsharmonisierung bei. Insbesondere der **Europarat** arbeitet bereits seit 1994 an einer Serie von Instrumenten gegen die Korruption. Am Gipfel der Staatschefs vom Oktober 1997 wurden zwanzig Leitprinzipien[9] verankert. Die Arbeiten an einer Strafrechtskonvention[10] des Europarats sind weit fortgeschritten. Funktion des Europarates ist neben der Rechtsharmonisierung in Europa vor allem die Propagierung der Menschenrechte. Der Europarat hat zudem in neuester Zeit eine wichtige Funktion bei der Integration von Osteuropa erlangt. Im Bereiche der Korruption wurden sehr detaillierte Regelungen ausgearbeitet, die über die transnationale Korruption hinaus die lokale aktive und passive Korruption von Beamten, aber auch die Bestechung von Privaten im Geschäftsverkehr und den »Handel mit Einfluß« zum Thema haben. Die Rechtsharmonisierung dürfte zur Erleichterung der Rechtshilfe beitragen. Der Europarat befaßt sich durchaus aber nicht nur mit strafrechtlichen Fragen: Die Arbeiten im Bereiche Verwaltungs- und Zivilrecht sind allerdings noch nicht entscheidungsreif. Schließlich wird das neue Instrumentarium mit einem Evaluationssystem abgesichert[11], das 1999 in Kraft treten soll.

---

7 OECD: Revised Recommendation of the Council on Combating Bribery in International Business Transactions adopted by the OECD-Council on 23 May 1997; Convention on Combating Bribery of Foreign Officials in International Business Transactions, adopted by the Negotiating Conference on 21 November 1997.
8 International Chamber of Commerce, Extortion and Bribery in International Business Transactions, 1996 Revisions to the ICC rules of Conduct.
9 Résolution (97)24 portant sur les vingt Principes directeurs pour la lutte contre la corruption adoptée par le Comité des Ministres lors de sa 101ᵉ session (6 novembre 1997).
10 Groupe Multidisciplinaire sur la Corruption (GMC), projet de Convention Pénal sur la Corruption (approuvé par le GMC lors de sa 13ᵉ Réunion, Strasbourg, 23–27 mars 1998.
11 Conseil de Europe, Accord instituant le Groupe d'Etats contre la Corruption – Greco – GMC (98) 21.

Ein ähnlicher regionaler Vorstoß hatte bereits vor zwei Jahren auf dem amerikanischen Kontinent zur Verabschiedung der »Inter-Amerikanischen Konvention gegen die Korruption« der **OAS** geführt. Diese Konvention konzentriert sich zur Hauptsache auf die strafrechtliche Perspektive, faßt Korruption aber erneut sehr weit. Sie stellt eine Art Kompromiß zwischen den lateinamerikanischen Interessen an den Themen der Rechtshilfe, der Auslieferung von Chefbeamten und flüchtigen Bankiers usw. einerseits und den US-Interessen an der Bestrafung der transnationalen Wirtschaftskorruption andererseits dar. Neben der eigentlichen Korruption erfaßt die Konvention auch die »unzulässige Bereicherung«. Andererseits fehlt der Konvention ein Instrument zur Überprüfung der Umsetzung, das sowohl von der OECD, dem Europarat und auch der EU[12] als besonders wichtig angesehen wird.

Streng regional beschränkt sind die Institute der **EU** gegen die Korruption. Sie sind als Teilschritte hin zu einem vereinheitlichten Wirtschaftsstrafrecht im Rahmen eines supranationalen Gebildes zu sehen, auch wenn sie noch im Kontext der 3. Säule des Maastrichter Vertrages nach völkerrechtlichen Gesichtspunkten verabschiedet wurden. Sie leiten sich ursprünglich aus dem Anliegen des Schutzes der finanziellen Interessen der europäischen Gemeinschaften[13] ab. Das Grundmuster wurde zunächst im Ersten Protokoll zum Übereinkommen über den Schutz der finanziellen Interessen der Europäischen Gemeinschaften entwickelt und anschließend – nun allerdings ohne Bezugnahme auf die Schädigung der Interessen der Gemeinschaft – mit nur geringfügigen Änderungen als selbständiges Übereinkommen der EU verabschiedet. Beide Instrumente haben die Strafbarkeit der aktiven und passiven Bestechung von Amtsträgern der europäischen Gemeinschaften und der Mitgliedstaaten zum Thema (vgl. unten VII. 2.1.). Inzwischen sind die Bestrebungen der Korruptionsbekämpfung im Rahmen der EU weit über die beiden Instrumente hinausgediehen. Ein Bericht der Europäischen Kommission vom 21. Mai 1997 enthält eine breite Palette von Maßnahmen, die sich neben der Kriminalisierung mit dem Verbot der steuerrechtlichen Abzugsfähigkeit, mit schärferen Regeln im Bereiche der Vergabe öffentlicher Aufträge und der Bücherprüfung sowie weitere Antikorruptionsstrategien befaßt.[14] Die »Multidisziplinäre Gruppe zur Bekämpfung des Organisierten Verbrechens« befaßt sich ihrerseits mit der Umsetzung des Anti-Korruptionsprogrammes der EU, soweit sich die Themen Korruption und organisiertes Verbrechen überschneiden. Es zeigt sich, daß das Konzept der EU sich über weite Strecken mit den Anliegen des Europarates und der OECD überschneidet, daß seine Zielsetzung aber ganz auf den geographischen Raum der Europäischen Gemeinschaften bezogen ist.

---

12 Gemeinsame Aktion vom 5. Dezember 1979, L 344/7, 15.12.97.
13 Erstes Protokoll zum Übereinkommen über den Schutz der finanziellen Interessen der Europäischen Gemeinschaften vom 27. September 1996 (96/C 313/01).
14 Com (97) 192 final.

Die **UNO** hat mit den Resolutionen 51/59 und 51/191 der Generalversammlung von 1996 ihrerseits die Arbeit am Thema Korruption wiederaufgenommen. Weitere Impulse sind im Bereiche der Bekämpfung des organisierten Verbrechens und des Mißbrauchs der Finanzparadiese zu erwarten.[15] Im folgenden Kapitel werden die Initiativen der OECD von **Giorgio Sacerdoti** dargestellt, der als Vertreter Italiens und als Präsident einer Subkommission eine wichtige Funktion in den Verhandlungen eingenommen hat. **Manuel Lezertua**, der zuständige Fachsekretär des Europarats, referiert den Stand der Entwicklung der Arbeiten des Europarats. **Peter Eigen**, schließlich, der bereits als Mitarbeiter der Weltbank, vor allem aber als Präsident von Transparency International wesentlich zum Wandel der Politik in den internationalen Finanzierungsorganisationen beigetragen hat, schildert die Neuorientierung in eigenen Worten.

Die wichtigsten Texte der hier angedeuteten internationalen Vorstöße und einige der Umsetzungsgesetze der deutschsprachigen Länder finden sich im Dokumentarteil (im Anhang).

---

15 Vgl. Financial Havens, Banking Secrecy and Money Laundering, UNDCP, Study prepared by Bloom et al.

1. Das OECD-Übereinkommen 1997 über die Bekämpfung der Bestechung ausländischer Amtsträger im internationalen Geschäftsverkehr[1]

Giorgio Sacerdoti

1. Die Rolle der OECD bei der Bekämpfung der Bestechung im internationalen Handel

Das am 17. Dezember 1997 in Paris unterzeichnete OECD-Übereinkommen über die Bekämpfung der Bestechung ausländischer Amtsträger im internationalen Geschäftsverkehr ist auf globaler Ebene das erste greifbare Resultat verschiedener internationaler Initiativen, die sich unter dem Druck von Skandalen und Untersuchungen in transnationalen Korruptionsfällen in den letzen Jahren markant verstärkt haben.

Während in Straßburg weiter an der Ausarbeitung eines Übereinkommens des Europarates über Bestechung in einem weiteren Sinne gearbeitet wird, hat die Europäische Union am 26. Mai 1997 ein Übereinkommen über die Bekämpfung der Bestechung, an der Amtsträger aus der Europäischen Gemeinschaft oder Beamte aus Mitgliedstaaten der Europäischen Union beteiligt sind, verabschiedet.[2]

Auch wenn das Übereinkommen der OECD in bezug auf die sanktionierten Straftaten weniger weit geht als beispielsweise das Übereinkommen der Europäischen Union und nur die aktive, nicht aber die passive Bestechung kriminalisiert, besteht seine große Bedeutung darin, daß es von allen Mitgliedstaaten der OECD unterzeichnet worden ist und jeder andere Staat dem Übereinkommen beitreten kann.

Die OECD hat das Thema der Bestechung ausländischer Amtsträger im Jahre 1989 aufgenommen und mit konkreten Arbeiten zur Bekämpfung der transnationalen Korruption begonnen. Den Anstoß dazu gaben die USA, da die amerikanischen Unternehmen handfeste Nachteile befürchteten, weil sie aufgrund der amerikanischen »Foreign Corrupt Practices Act« von 1977 die einzigen waren, die wegen der Zahlung von Schmiergeldern an ausländische Beamte mit strafrechtlichen Sanktionen rechnen mußten. In praktisch allen anderen Staaten zielte und zielt der Straftatbestand der Bestechung nur auf den Schutz der Integrität eigener

---
1 Aus dem Italienischen von Frau lic. iur. Antonella Bizzini.
2 ABlEG C 195 vom 25. Juni 1997, angenommen gemäß Titel VI des Vertrages über die Europäische Union.

Amtsträger. So fehlen bisher Strafnormen, die die Bestechung von Amtsträgern aus anderen Ländern verbieten, obwohl eine Sanktionierung gerade aufgrund der volkswirtschaftlichen Kosten durch die Verfälschung des Wettbewerbs im Interesse eines jeden Staates liegen müßte.

Doch sind es nicht nur Wettbewerbsgründe, die eine internationale Verstärkung und Harmonisierung der Bestechungsnormen rechtfertigen. Charakteristisch für die heutige Zeit ist einerseits die gegenseitige Abhängigkeit der Wirtschaftssysteme sowie die finanzielle Unterstützung von Entwicklungsländern mit öffentlichen und privaten Mitteln. Andererseits werden Grundwerte wie »good governance«, Demokratie und Transparenz der Verwaltungstätigkeit wieder höher eingeschätzt. Vor diesem Hintergrund erscheint das Desinteresse vieler Staaten an Sanktionsmöglichkeiten gegenüber ihren Unternehmen, die ins Ausland exportieren und dort investieren, schwer nachvollziehbar.

Gleichzeitig wird eingewendet, daß jeder Staat in erster Linie »vor seiner eigenen Haustüre kehren muß« und daß die Praxis und die Sensibilität in bezug auf ein Phänomen, das auf das engste mit der politischen und administrativen Organisation eines jeden Staates verbunden ist, nicht überall gleich sind. Unilaterale Aktionen eines Drittlandes, das Handlungen außerhalb seines Staatsgebietes unter Strafe stellt, werden – auch wenn die Strafnormen natürlich nur auf dessen eigenem Gebiet angewendet werden – leicht als Einmischung kritisiert; dies gilt um so mehr, wenn dabei Spitzenpolitiker eines ausländischen Staates involviert sind. Eine solche unilaterale Handlung kann sich in der Praxis als unwirksam oder gar als kontraproduktiv für die Unternehmen jenes Staates erweisen, der als einziger eine Bestechungszahlung an ausländische Amtsträger sanktioniert. Es ist bekannt, wie eng die rechtlichen und tatsächlichen Grenzen (z. B. was die Beweisaufnahme anbelangt) einer außerterritorialen Strafgerichtsbarkeit sind, vor allem wenn die Bereitschaft zur Zusammenarbeit seitens der Behörden der anderen betroffenen Staaten fehlt. Die Handels- und Investitionsfreiheit, die Benutzung von Tochtergesellschaften in off-shore Zentren und die Inanspruchnahme von Mittelsmännern erlauben den Unternehmen, Verbote zu umgehen, die der Staat, in dem sie ihren Hauptsitz haben, erlassen hat. Tatsächlich wird aus diesen Gründen die amerikanische Gesetzgebung für nicht sehr wirksam und für umgehbar erachtet, obwohl die USA als wirtschaftliche und globale Macht über weit mehr Handlungsmöglichkeiten als der Großteil der übrigen Staaten verfügen, um solche Strafgesetze auch ernsthaft anzuwenden.

> Beim OECD-Übereinkommen über die Bekämpfung der Bestechung ausländischer Amtsträger ging es also darum, eine effektive Zusammenarbeit der in der internationalen Wirtschaft beteiligten Hauptakteure zu organisieren, um so ein wirksames Gesetzesinstrument zu verabschieden, das gegenseitige und

> vergleichbare Verpflichtungen für die Bekämpfung der internationalen Korruption auf rechtlicher Ebene enthalten sollte. Mit dem Übereinkommen konnte der Konsens geschaffen werden, daß es wünschenswert ist, in dieser Richtung zusammenzuarbeiten.[3]

2. Von der Gründung der OECD-Arbeitsgruppe über Bestechung (1989) zur Ministerempfehlung vom 23. Mai 1997

Zunächst hat die ad hoc-eingesetzte Arbeitsgruppe der OECD 1989 die nationalen Gesetzgebungen evaluiert und die verschiedenen Grundkonzepte, die dem Bestechungstatbestand und der innerstaatlichen Gerichtsbarkeit in bezug auf eine ganz oder vorwiegend im Ausland verübte Straftat zugrunde liegen, verglichen.

Die OECD verfügt nur über eine beschränkte Befugnis, für die eigenen Mitglieder bindende Beschlüsse zu fassen; diese müssen einstimmig gefaßt werden. Aus diesem Grund hat man bei der Bekämpfung der internationalen Korruption zunächst ein Instrument des »soft law« gewählt und eine Empfehlung verabschiedet, die die Mitgliedstaaten auffordert, die Bestechung ausländischer Beamter auch mit außerhalb des Strafrechts liegenden abschreckenden Maßnahmen anzugehen. Den Unternehmen sollte so jeder Anreiz genommen werden, solche Praktiken auszuüben. Ein Streitpunkt in diesem Zusammenhang war die Steuerabzugsfähigkeit von Bestechungszahlungen an ausländische Amtsträger: Einige Staaten gewährten (und gewähren) diesen Steuerabzug in unterschiedlicher Form als Gewinnungskosten, als inhärente Kosten des Vertragsabschlusses. Auch wenn der praktische Wert dieser Abzugsfähigkeit diskutiert wird, erscheint es widersprüchlich, Zahlungen, die unter moralischen Gesichtspunkten und unter dem Aspekten der Fairneß sowohl von der Wirtschaftswelt als auch von den Staaten als unangebracht angesehen werden, dennoch als legitime Kosten anzuerkennen. Dieser Aspekt der Abzugsfähigkeit zieht die grundsätzliche Frage der Betriebsbuchführung und der diesbezüglichen Kontrollen nach sich, weil diese Zahlungen gewöhnlich durch Kunstgriffe in der Buchhaltung oder durch den Gebrauch von falschen oder undurchsichtigen Dokumenten und Zahlungsvermerken getarnt sind.

1994 hat der Rat der OECD auf Ministerebene eine erste Empfehlung angenommen, mit der die Mitgliedstaaten aufgefordert wurden, »effective measures to deter, prevent and combat the bribery of foreign public officials in connection with international business transactions« einzuführen. Diese Maßnahmen sollten

---

[3] Dazu generell Small, C. Yannaca: Les paiements illicites dans le commerce international et les actions entreprises pour les combattre, Ann.Fr.droit international, 1994, S. 792 ff.

die Gesetzgebung im Staats- und Zivilrecht betreffen; das heißt das Straf- und Handelsrecht, das Steuersystem in den Bereichen, in denen die Bestechung begünstigt wird sowie die Regelung des öffentlichen Beschaffungswesens. Zudem sollten die Maßnahmen die internationale Zusammenarbeit stärken. Es handelte sich um ein erstes wichtiges Zeichen im Kampf gegen die transnationale Korruption. Diese ersten Bemühungen wurden ergänzt durch die Verlängerung des Mandats der Arbeitsgruppe, die seit Beginn durch Professor Mark Pieth von der Universität Basel wirkungsvoll präsidiert wird und die sich aus Delegierten – meist Experten – aller Mitgliedstaaten zusammensetzt. Die Gruppe wurde beauftragt zu prüfen, ob die Mitgliedstaaten der Empfehlung Folge leisten würden; sie sollten die kritischen Bereiche, in denen energischere Maßnahmen verwirklicht werden könnten, ausmachen und aufeinander abgestimmte Strafnormen formulieren, um die Korruption zu bekämpfen.

Die Frage, ob man ein klassisches internationales Übereinkommen in Strafsachen aushandeln müßte, um die Bestechung ausländischer Amtsträger auf wirksame und koordinierte Art und Weise unter Strafe zu stellen oder ob eine Empfehlung an die Mitgliedstaaten, innerstaatliche autonome Normen in Übereinstimmung mit den von der Arbeitsgruppe erarbeiteten Elementen (als Garantie für eine einheitliche Grundlage) zu erlassen, genügen könnte, blieb zu Beginn noch offen. Die Arbeitsgruppe begann, den Inhalt zu verhandeln, der die oben genannten Rechtsvorschriften kennzeichnen sollte. Dies geschah unabhängig davon, ob diese in ein Übereinkommen münden oder als Modell für landesinterne Gesetze dienen würden. Diese Aufgabe wurde einer aus Experten bestehenden und vom Autor des vorliegenden Beitrags präsidierten Subkommission anvertraut. Der Ausschuß stellte seine Arbeit in drei Sitzungen zwischen Herbst 1996 und Frühling 1997 fertig. Daraus entstand ein Verzeichnis mit acht Abschnitten von »Agreed Common Elements of Criminal Legislation and Related Action«. Inzwischen führte die ordentliche Arbeitsgruppe ihre Arbeiten zum Thema der Nichtabzugsfähigkeit von Bestechungszahlungen (wie dies mit dem OECD-Ausschuß zu Steuerfragen vereinbart worden war), der Betriebsbuchführung und deren Kontrolle sowie der öffentlichen Aufträge weiter.

3. Verhandlung und Abschluß des Übereinkommens

Der Ministerrat der OECD machte sich die Vorschläge der Arbeitsgruppe mit den Revised Recommendation on Combating Bribery in International Business Transactions (a. a. O.) vom 23. Mai 1997 zu eigen. Diese Empfehlung der Arbeitsgruppe (ihr sind auch die genannten *Agreed Common Elements* beigelegt) löste das Problem der Entscheidung zwischen dem Übereinkommen und der Empfehlung als Instrument des Strafrechts mit einem Kompromiß.

Man muß daran erinnern, daß die USA die Entscheidung für eine Empfehlung unterstützt hatten. Da sie bereits eine Gesetzgebung zur Bekämpfung der transnationalen Korruption kannten, drängten sie darauf, daß die anderen Mitgliedstaaten ebenfalls möglichst schnell Strafnormen gemäß den *Agreed Common Elements* erließen. Bei der Entscheidung für ein Übereinkommen hätten sie weitere Verzögerungen befürchtet, da dies entsprechende Verhandlungen wie auch ein langes Warten auf die Ratifikationen und das Inkrafttreten bedingt hätte.

Andere Staaten hingegen, vor allem Frankreich und Deutschland, beharrten auf dem Übereinkommen als einzigem Instrument, da auf bindende Weise garantiert werde, daß die Staaten genau die gleichen Verpflichtungen in dieser Sache übernähmen. Andere Staaten, besonders Italien, stellten sich auf eine mittlere Position: Obwohl sie anerkannten, daß angemessene innerstaatliche Rechtsvorschriften mittels Empfehlung angenommen werden könnten, betonten sie die größere Wirkung eines Übereinkommens in der praktischen Umsetzung wie auch gegenüber den nationalen Parlamenten und der Öffentlichkeit als Zeichen eines konkreten Engagements gegen die transnationale Bestechung.

Der erreichte Kompromiß bestand aus der Empfehlung an die Mitgliedstaaten, bis spätestens Ende 1998 innerstaatliche Rechtsvorschriften zu erlassen, und daneben unverzüglich Verhandlungen für den Abschluß eines Übereinkommens bis Ende 1997 aufzunehmen, damit dieses bis Ende 1998 in Kraft treten könne. Mit der Verwirklichung dieses letzten Programmpunktes wäre der Erlaß von autonomen innerstaatlichen Rechtsvorschriften natürlich überflüssig. Die **Agreed Common Elements** bilden sowohl für eventuelle innerstaatliche Gesetze als auch für das Übereinkommen die erforderliche Grundlage.

Aufgrund der von der Arbeitsgruppe bereits geleisteten Arbeit und des politischen Einsatzes der Mitgliedstaaten im Rat der OECD konnte die Arbeitsgruppe – nunmehr in der Funktion als Verhandlungskonferenz der Mitgliedstaaten – zusammen mit den Nichtmitgliedern, die bereits an den Arbeiten der Gruppe teilgenommen hatten, den Text des Übereinkommens bis November 1997 fertig redigieren. Am 17. Dezember 1997 folgte schließlich die feierliche Unterzeichnung der Konvention.[4]

---

[4] Im Verlauf dieser letzten Verhandlungsphase hat der Rat der Europäischen Union das erste Mal in seiner Geschichte zwei gemeinsame Positionen im Sinne von Art. K3 des Vertrages von Maastricht angenommen, die die Delegationen der Mitgliedstaaten in der Verhandlung im Sinne von Art. K.5 ausgedrückt hatten. Die erste allgemeinere Position ist vom 6. 10. 1997 (ABlEG L 279 vom 13.10.97); die zweite vom 13. 11. 1997 (ABlEG L 320 vom 21.11.97) hat die Positionen dahingehend präzisiert, »daß die Mitgliedstaaten vorhaben«, im Rahmen der Verhandlungen bei der OECD und beim Europarat auf verschiedenen offenen und relevanten Punkten »zu bestehen«, vor allem um die Kompatibilität der Texte in der Ausarbeitungsphase mit den im Rahmen der Union angenommenen Grundsätzen zu sichern. Im Verlaufe der Verhandlung bei der OECD und beim Europarat stellte sich das Problem, wie die Delegatio-

Trotz des Bestehens der *Agreed Common Elements*, die den Inhalt der Materie bestimmten, der in das Übereinkommen aufzunehmen war, wurde die Verhandlung ausgesetzt. Gründe dafür waren einige verbliebene Unstimmigkeiten sowie die gegensätzlichen Auslegungen verschiedener Bestimmungen, zu denen einige Delegationen aufgrund der unterschiedlichen Traditionen – z. B. in Sachen Gerichtsbarkeit und strafrechtliche Haftung von juristischen Personen – gelangten. Die Unterhändler lösten diese Schwierigkeiten teilweise dadurch, daß sie erläuternde Bemerkungen formulierten, die dann in »Commentaries« dem Übereinkommen beigefügt und zusammen mit dem Text des Übereinkommens von der Verhandlungskonferenz angenommen wurden.[5] Diese Kommentare sind jedoch nicht Bestandteil des Konventionstextes und wurden auch nicht unterzeichnet. Außerdem bilden sie keine Einheit, wie das z. B. beim erläuternden Kommentar zum Übereinkommen des Europarates der Fall ist, sondern sie beziehen sich lediglich auf einige Artikel des Übereinkommens oder auf einzelne Bestimmungen.

Die rechtliche Bedeutung dieser *Commentaries* für die Auslegung des Übereinkommens kann zu Diskussionen Anlaß geben. Meiner Meinung nach handelt es sich nicht um Vorarbeiten, auf die man sich als zusätzliches Auslegungsmittel eines Vertrages aufgrund von Art. 32 der Wiener Konvention über das Recht der Verträge von 1969 beziehen kann. Vielmehr handelt es sich um ein Element des »Zusammenhangs« des Vertragsabschlusses, der aufgrund von Art. 31 bei der Auslegung berücksichtigt werden muß. Gemäß Art. 31 gehören zum Zusammenhang die Vereinbarungen, die sich auf den Vertrag beziehen und zwischen allen Parteien in Verbindung mit dem Vertragsabschluß getroffen worden sind. Ich bezweifle, daß die *Commentaries* als eigentliche Vereinbarung in vereinfachter Form betrachtet werden können. Der Wille der Vertragsparteien war vielmehr der, daß das, was in den *Commentaries* formuliert war, nicht in das Übereinkommen aufgenommen werden sollte. Der Zusammenhang des Vertragsabschlusses beschränkt sich jedoch nicht auf eine solche Vereinbarung. Die Commentaries sind demnach eine Hilfe, um in Zweifelsfällen die Bedeutung des Übereinkommens zu präzisieren, auch wenn es sich dabei nicht um eine authentische und bindende Interpretation handelt.

---

nen der Mitgliedstaaten sich die nötige Verhandlungsflexibilität erhalten sollten, um zu einem Vertragsabschluß zu gelangen, wenn sie an eine gemeinsame Position gebunden sind, die einstimmig angenommen worden ist und überdies durch die »Gazzetta ufficiale« offiziell bekannt ist. Siehe dazu Parisi, N.; Rinoldi, D.: Giustizia e affari interni nell'Unione Europea, Torino 1996.

5 Die OECD hat den offiziellen Text des Übereinkommens auf englisch und französisch in einer Broschüre veröffentlicht (DAFFE/IME/BR (97)20) gefolgt von den Kommentaren (vgl. Dokumentarteil im Anhang).

4. Allgemeine Merkmale des Übereinkommens

Das Übereinkommen über die Bekämpfung der amtlichen Bestechung ausländischer Amtsträger im internationalen Geschäftsverkehr kennzeichnet vor allem, daß sich die Herkunftsstaaten von (vorwiegend multinationalen) Unternehmen auf innovative Weise verpflichtet haben, transnationale Bestechungszahlungen ihrer Unternehmen zu verhüten und zu bekämpfen, indem sie die aktive Bestechung gegen Vertragsstaaten und gegen Drittstaaten unter Strafe stellen, und zwar unabhängig davon, ob die letztgenannten die Strafgesetze über passive Bestechung auf ihre Amtsträger anwenden. Die Vertragsstaaten beabsichtigen damit nicht, die passive Bestechung und die eventuelle Toleranz gegenüber ähnlichen Handlungen seitens der zugehörigen Staaten zu akzeptieren. Sie haben lediglich zur Kenntnis genommen, daß die Verfolgung auch des Amtsträgers unlösbare Probleme der Gerichtsbarkeit nach sich gezogen und man sich dem Vorwurf des Eindringens in die Hoheit anderer Staaten ausgesetzt hätte.[6]

Diesem Ansatz liegt auch die handelspolitische Absicht zugrunde, zu vermeiden, daß der internationale Wettbewerb durch die Anwendung von Mitteln, die gemeinhin als unzulässig gelten, verfälscht wird. Die Zielsetzung ist, um einen beliebten englischen Ausdruck zu verwenden, die »levelling of the playing field« zu garantieren, das heißt allgemeine Spielregeln auf den internationalen Märkten für die Unternehmen verschiedener Herkunft durchzusetzen. Die Formulierung von Strafbestimmungen, noch dazu initiiert durch eine Gruppe von Leaderstaaten anstelle einer Organisation mit universellem Charakter, ist nicht üblich. Sie zeigt vielmehr eine neue Richtung in der multilateralen Regelung des internationalen Handels im allgemeinen an, auch wenn es beispielsweise bei der Bekämpfung der Geldwäscherei bereits Vorläufer gibt. Das OECD-Übereinkommen, das – wie Art. 13 Ziff. 2 angibt und wie von der Empfehlung von 1997 verfochten wird – offen ist für den Beitritt anderer Staaten, wird jedenfalls als Beispiel für weitere Initiativen dienen können.

Bevor wir nun auf den Kern des Textes eingehen, muß auf ein anderes allgemeines Merkmal des Übereinkommens hingewiesen werden. In weiten Strecken folgt es dem Modell der multilateralen Übereinkommen in Strafsachen, wie dem des Europarates oder demjenigen gegen den Terrorismus, indem es die Straftat bestimmt, die Grundlagen der Gerichtsbarkeit und die Zusatzbestimmungen festlegt und die gegenseitige Rechtshilfe und Auslieferung in Strafsachen zwischen

---

6 Die Bestechung in den Staaten, die internationale multilaterale Hilfe empfangen, wird nun mit anderen Mitteln bekämpft. So werden entwicklungspolitische Maßnahmen an die Bedingung der Reorganisation der Verwaltung nach dem der »good governance« geküpft, vgl. World Bank: Helping Countries to Combat Corruption, 1997. Für den europäischen Zusammenhang siehe den Bericht der Kommission, Una politica dell'Unione contro la corruzione, COM(97)192 vom 21. Mai 1997.

den Beitrittsstaaten organisiert. Das vorliegende OECD-Übereinkommen weicht jedoch vom traditionellen Modell in vielen Punkten ab. Erstens sind seine Normen nicht self-executing, zumindest die wichtigsten nicht. Dies bedeutet, daß der Straftatbestand der Bestechung eines ausländischen Amtsträgers (Art. 1) im allgemeinen neu formuliert werden muß, damit er in die Strafgesetzbücher der Beitrittsstaaten aufgenommen werden kann. Auch die anderen Normen zu Maßnahmen und Sanktionen, Gerichtsbarkeit und Verjährung sind im Übereinkommen nicht abschließend formuliert, sondern nennen die grundlegenden Inhalte, an die sich die innerstaatlichen Ausführungsnormen halten müssen.

Diese Konzeption ist nicht zufällig. Die Unterhändler mußten zur Kenntnis nehmen, daß sich die Strafrechtssysteme der verschiedenen Staaten in sehr wichtigen Bereichen nach unterschiedlichen Kriterien richten: in Fragen der strafrechtlichen Verantwortlichkeit der juristischen Personen, der Ausweitung der Gerichtsbarkeit auch aufgrund der Nationalität des Täters oder nur aufgrund des Territorialprinzips oder des Bestehens bzw. Nichtbestehens einer Strafverfolgungspflicht. Angesichts des in der Präambel des Übereinkommens erwähnten Zwecks, Bestechung ausländischer Amtsträger mit gleichwertigen Mitteln zu bekämpfen, können die Vertragsstaaten ihren Verpflichtungen durch unterschiedliche Maßnahmen, die ihrer normativen Struktur entsprechen, nachkommen. Vorausgesetzt, diese sind geeignet, das gewünschte Resultat zu erreichen.[7]

Zweitens besteht eine weitere Eigenheit des OECD-Übereinkommens darin, daß es auch Normen nichtstrafrechtlicher Art enthält, insbesondere zur Betriebsbuchführung zu Präventiv- und Transparenzzwecken. Schließlich sieht das Übereinkommen eine multilaterale Überwachung vor, die der Arbeitsgruppe der OECD über transnationale Bestechung obliegt, um die volle Umsetzung des Übereinkommens – durch periodische Prüfungen der getroffenen Maßnahmen und ihrer konkreten Anwendung seitens der Staaten – voranzutreiben. Dieser Ablauf ersetzt das Streiterledigungsverfahren, das in multilateralen Übereinkommen in Strafsachen üblich ist. Er erscheint flexibler und geeigneter, die Einhaltung der gegenseitigen Verpflichtungen und das Erreichen der Ziele des Übereinkommens generell zu sichern. Um es zu wiederholen: Das Übereinkommen bezweckt nicht nur die Einführung von Strafnormen in den einzelnen Vertragsstaaten, viel eher will es von internationaler Bestechung abschrecken, sie verhüten und bekämpfen (»deter, prevent and combat«), und das – angesichts des weitverbreiteten und beunruhigenden Phänomens – mit wirkungsvollen Maßnahmen.

---

7 In dieser Hinsicht gewährt das Übereinkommen keine Vorbehalte, auch wenn dieser Ausschluß nur in der Präambel bestätigt wird.

5. Das Delikt der aktiven Bestechung des ausländischen Amtsträgers und die Verantwortlichkeit der Unternehmen

Das Übereinkommen begründet in Art. 1 vor allem die Pflicht, die Bestechung eines ausländischen Amtsträgers genauso als Straftat anzusehen wie die Bestechung von inländischen Amtsträgern. Weiter wird das Übereinkkommen durch ergänzende Vorschriften präventiver und repressiver Art und durch Anweisungen für die Überwachung durch die OECD vervollständigt. All diese Vorschriften bedingen die Statuierung einer Reihe von Normen mit beachtlicher Tragweite, was de facto eine Neuformulierung auch der Tatbestände der innerstaatlichen Bestechung nötig machen wird. In Übereinstimmung mit der Auflage des »non self-executing«-Charakters des Übereinkommens präzisiert die Erläuterung, daß die Vorschrift auf verschiedene Art umgesetzt werden kann; sowohl aufgrund einer Gesetzesvorschrift, die die Bestechung im allgemeinen unter Strafe stellt, als auch durch Ausweitung der Anwendung des Bestechungstatbestandes für innerstaatliche Amtsträger oder mittels einer ad hoc-Norm, wie dies in den USA der Fall ist.

Art. 1 Ziff. 1 des Textes definiert die Bestechung des ausländischen Amtsträgers als das unmittelbare oder durch einen Mittelsmann vorsätzliche Anbieten, Versprechen oder Gewähren eines unbilligen finanziellen oder sonstigen Vorteils an einen solchen Amtsträger selbst oder einen Dritten, damit dieser in Ausübung seiner Dienstpflichten eine Handlung vornimmt oder unterläßt, um einen Auftrag oder einen anderen unbilligen Vorteil im internationalen Geschäftsverkehr zu erlangen oder zu behalten.[8]

Aufgrund von Art. 1 Ziff. 2 muß die Beteiligung einschließlich der Anstiftung, der Beihilfe und der Ermächtigung zur Bestechung unter Strafe gestellt werden. Die strafrechtliche Erfassung der Ermächtigung z. B. seitens der Muttergesellschaft an eine ausländische Tochtergesellschaft zur Zahlung von Schmiergeldern wird die Ausweitung der Gerichtsbarkeit und der Strafnormen auf die erstgenannte und/ oder ihrer verantwortlichen Angestellten nach sich ziehen.

Der ausländische Amtsträger ist in Art. 1 Ziff. 4 als eine Person definiert, die in einem anderen Staat durch Ernennung oder Wahl ein Amt im Bereich der Gesetzgebung, Verwaltung oder Justiz inne hat oder jedenfalls eine öffentliche Funk-

---

8 Den USA gelang es nicht, die Zustimmung der anderen Staaten für eine Ausdehnung der Strafnorm und des Übereinkommens im allgemeinen auch auf die **illegale Finanzierung von politischen Parteien** zu erreichen; es handelt sich um einen Tatbestand, der auf unterschiedlichste Weise geregelt ist und der nicht immer als strafwürdig angesehen wird. Wenn natürlich die Zahlung an eine Partei oder an ihre Exponenten das Mittel einer eigentlichen Bestechungshandlung ist, wird diese in den Bereich des Übereinkommens fallen. Die Frage bleibt jedenfalls auf der Tagesordnung der Arbeitsgruppe.

tion für einen Betrieb oder ein staatliches Unternehmen ausübt, oder als Person, die Amtsträger von internationalen Organisationen ist. Die Umschreibung ist weit gefaßt und verbindet gemäß dem von vielen Strafgesetzen befolgten Ansatz die subjektive Bezeichnung mit der objektiven Ausübung von öffentlichen Aufgaben. Die Definition will insbesondere dem Umstand Rechnung tragen, daß der Bereich der direkt vom Staat ausgeübten Aufgaben von wirtschaftlicher Bedeutung je nach Land variiert, und daß derzeit – durch das Voranschreiten der Privatisierungen – immer öfter dem privaten Sektor Aufgaben anvertraut werden, die objektiv gesehen öffentlichen Charakter haben.

Die Ausdehnung des Deliktes auf Handlungen von Angestellten von Unternehmen, die rechtlich gesehen privat sind, aber durch den Staat kontrolliert werden, gab zu Diskussionen Anlaß und machte es unmöglich, weitere Präzisierungen in den Text aufzunehmen. Die Erläuterung macht aber deutlich, daß man mit der Bezeichnung »staatlich« auch solche Unternehmen meint, auf die der Staat einen bestimmenden Einfluß ausüben kann. Die Einflußnahme kann dabei auf verschiedene Weise geschehen. Weiter wird erläutert, daß der Verantwortliche eines Unternehmens im allgemeinen keine öffentliche Funktion erfüllt, wenn das Unternehmen auf einer normalen Geschäftsgrundlage, das heißt wie ein privatwirtschaftliches Unternehmen ohne Unterstützung des Staates, tätig ist.

Die Frage nach dem Täter führt zur Frage der Verantwortlichkeit der Unternehmen, die selbst Schmiergelder zahlen oder in deren Interesse gezahlt wird. Das Übereinkommen trägt in Art. 2 und 3 dem Umstand Rechnung, daß nur einige Rechtsordnungen die **strafrechtliche Verantwortlichkeit von Unternehmen** kennen. Diese beiden Artikel schreiben vor, den neuen Straftatbestand jeden Staates mit strengen, auch freiheitsentziehenden Strafen zu versehen, vergleichbar mit denen, die für die Bestechung eigener Amtsträger zur Anwendung kommen. Außerdem sollen nach diesen Artikeln die Maßnahmen und Nebenstrafen der Beschlagnahme und Einziehung zur Anwendung kommen.[9]

Die Staaten, die die strafrechtliche Verantwortlichkeit der Unternehmen nicht kennen, wie z. B. Italien, werden nichtstrafrechtliche Sanktionen, vor allem Geldbußen, einführen müssen, die wirksam, angemessen und abschreckend in bezug auf die transnationale Bestechung sind. Hingegen wird von diesen Staaten nicht verlangt, die strafrechtliche Unternehmenshaftung aufgrund des Übereinkommens einzuführen; dies wäre eine Änderung von zu großer Tragweite. Sicher

---

9 Der Text definiert nicht den »internationalen Geschäftsverkehr«. Art. 1 Ziff. 1 zeigt überdies an, daß die Bestechung erfolgen muß, um ein *business/marché* oder *einen anderen unbilligen Vorteil* im internationalen Geschäftsverkehr zu erlangen oder zu behalten. Es sind also nicht nur die grenzüberschreitenden Anlagegeschäfte, Vergabungen von öffentlichen Arbeiten oder Ausfuhrgeschäfte abgedeckt, sondern auch damit verbundene Verträge und Geschäfte, auch wenn sie nachträglich erfolgen.

ist, daß die gesamte Regelung des Übereinkommens Gefahr läuft, sehr unterschiedlich umgesetzt zu werden, und zwar in den Ländern, in denen Unternehmen dem Strafrecht unterworfen sind, im Vergleich zu jenen Ländern, in denen sie das nicht sind. Ein System der Repression und der Anwendung nichtstrafrechtlicher Sanktionen gegen Unternehmen aufzubauen, wenn dieses System im allgemeinen nicht besteht, ist nicht leicht. Überdies bleiben die Frage der Gerichtsbarkeit in dieser nichtstrafrechtlichen Verwaltungssache und die Frage der Art und Härte der Sanktionen weiterhin offen. Unter diesem letzten Aspekt könnten sich nichtstrafrechtliche Sanktionen wie der Ausschluß von der Beteiligung an Wettbewerben über öffentliche Aufträge oder der Verlust von staatlichen Subventionen für Unternehmen, deren Geschäftsführer auch für unterlassene Aufsicht verantwortlich sind, als wirksamer erweisen als Sanktionen, auch strafrechtlicher Art, die nur zu Lasten der verantwortlichen Geschäftsführer ergriffen werden.[10]

6. Kriterien der Gerichtsbarkeit, Verjährung und Bekämpfung der Geldwäsche

Ein weiterer heikler Punkt bei der Bekämpfung der transnationalen Bestechung ist derjenige der Gerichtsbarkeit. Über diesen Punkt wurde in den Verhandlungen lang debattiert, bis letztendlich unter den Vertragsstaaten ein Gleichmaß an Verpflichtungen und eine ausgewogene und wirksame Anwendung der repressiven Normen erreicht werden konnte. Während zahlreiche Länder mit einem kontinentaleuropäischen Rechtssystem (z. B. Frankreich, Deutschland und Italien) die Nationalität des Täters als Kriterium für die Gerichtsbarkeit kennen und demzufolge unter gewissen Umständen auch die im Ausland begangene Straftat des Staatsbürgers ahnden, wird die Strafgerichtsbarkeit in den USA, Großbritannien und den anderen Ländern des »common law« lediglich aufgrund des Territorialprinzips ausgeübt. Art. 4 des Übereinkommens verpflichtet die Staaten, die Straftat nach den **eigenen traditionellen Gerichtsbarkeitskriterien** zu ahnden. Ein Gleichgewicht in der Repression zwischen Ländern mit unterschiedlichem System müßte meines Erachtens jedoch durch die nichtstrafrechtlichen Sanktionen gegenüber den Unternehmen erreicht werden. Sofern also die Schmiergelder den Unternehmen zuzuschreiben sind, sieht das Übereinkommen von der Anknüpfung an die Territorialität ab; die Unternehmen werden zur Rechenschaft gezogen,

---

10 Das Übereinkommen der Europäischen Union geht die Frage in Art. 6 »Strafrechtliche Verantwortung der Unternehmensleiter« anders an. Darin wird die strafrechtliche Verantwortung von Unternehmensleitern, Entscheidungsträgern oder Trägern von Kontrollbefugnissen in Unternehmen bei Bestechungshandlungen, die eine ihnen unterstellte Person zum Vorteil des Unternehmens begeht, sanktioniert. Der Sachverhalt, der gemäß dem Übereinkommen der OECD erfaßt werden muß, ist auf jeden Fall derselbe.

auch wenn die Schmiergelder durch Tochtergesellschaften, die nicht von eigenen Staatsbürgern geleitet werden, versprochen oder bezahlt worden sind.

Das Übereinkommen schreibt in Art. 6 die **Anpassung der Verjährungsfristen** an die Bedürfnisse der Ermittlungen und der Verfahren für diese Straftaten vor, da diese – auch wegen der Rechtshilfegesuche – mehr Zeit in Anspruch nehmen als vergleichbare innerstaatliche Delikte. Anders als für andere Vorschriften beschränkt sich demnach der Text des Übereinkommens nicht darauf, die Ausweitung der allgemeinen innerstaatlichen Normen auf das neue Delikt zu fordern, sondern verlangt die Einführung wirksamer Normen in einem weiteren Umfang.

Art. 7 des Übereinkommens erklärt die Geldwäschereinormen für anwendbar auf die Bestechung eines ausländischen Amtsträgers, sofern die innerstaatliche Bestechung ebenfalls als Vortat für die Geldwäscherei angesehen wird. Viele Länder, darunter Italien, kennen bereits eine solche Strafnorm. Zahlreiche andere Staaten sind dabei, eine solche Norm ebenfalls einzuführen. Das ist ein fundamentaler Punkt für die wirksame Anwendung des Übereinkommens. Es ist allgemein bekannt, daß regelmäßige Bestechungszahlungen an hohe ausländische Amtsträger über Bankkanäle und Finanzmittelsmänner in Drittländern »von Ausland zu Ausland« getätigt werden. Oftmals werden dazu die Finanzplätze von off-shore Ländern benutzt, die meistens mit einem strengen Bankgeheimnis ausgestattet und zur internationalen Zusammenarbeit wenig bereit sind. Auch wenn das Land, in dem die Bezahlung der Schmiergelder stattfindet, aller Voraussicht nach den Tatbestand der Bestechung eigener Amtsträger kennt, so ist die Zahlung beim jetzigen Stand der Gesetzgebung (so z. B. in der Schweiz) erlaubt, wenn der Betrag einen Bestechungssachverhalt betrifft, der in einem anderen Land erfüllt wurde: Die Geldwäschereinormen sind nicht anwendbar. Mit dem Beitritt zum Übereinkommen von OECD-Staaten wie Luxemburg, der Schweiz und anderen Staaten wird die innerstaatliche Geldwäscherei-Gesetzgebung anwendbar werden, wenn sie bereits auf das Bestechungsdelikt im allgemeinen ausgeweitet ist oder wird. Die Folge davon wird eine beachtliche Stärkung des repressiven Apparates auch im Bereich der internationalen Zusammenarbeit sein.

Die Erläuterungen zum Übereinkommen verdeutlichen, daß man sich auf den Schmiergeldbetrag sowohl vor der Zahlung (das heißt auf den beiseite gelegten Betrag für den illegalen Zweck) als auch nach der Überweisung der Schmiergelder in den Verfügungsbereich des korrupten Empfängers bezieht. Das ist eine vielsagende Präzisierung. Weil das Übereinkommen nur die aktive Bestechung unter Strafe stellt, war es wichtig zu klären, daß nach Erhalt des Vermögens dessen Bewegung seitens des Empfängers nicht der Geldwäscherei-Gesetzgebung entzogen ist, da es sich immer noch um den Ertrag aus einer Straftat handelt, nämlich der aktiven Bestechung eines ausländischen Amtsträgers.

7. Die nichtstrafrechtlichen Pflichten in Bezug auf die Buchhaltung und die Bilanz der Unternehmen

Von eminenter Wichtigkeit im Zusammenhang mit dem Übereinkommen und von großer praktischer und sicherlich innovativer Bedeutung sind die in Art. 8 statuierten Rechnungslegungsvorschriften der Gesellschaften, die vorwiegend präventive Funktion haben. Art. 8 schreibt wörtlich vor: »Jede Vertragspartei trifft zur wirksamen Bekämpfung der Bestechung ausländischer Amtsträger im Rahmen ihrer Gesetze und sonstigen Vorschriften in bezug auf die Führung von Büchern und Aufzeichnungen, die Offenlegung von Jahresabschlüssen und die Grundsätze der Rechnungslegung und Prüfung die erforderlichen Maßnahmen, um Gesellschaften (für die diese Gesetze und sonstigen Vorschriften gelten) zu verbieten, zum Zweck der Bestechung ausländischer Amtsträger oder der Geheimhaltung einer solchen Bestechung Konten einzurichten, die in den Büchern nicht erscheinen, Geschäfte zu tätigen, die in den Büchern nicht oder nur mit unzureichenden Angaben erscheinen, nicht existente Aufwendungen zu verbuchen, das Entstehen von Verbindlichkeiten mit falschen Angaben zu dem betreffenden Vorgang zu verbuchen sowie falsche Belege zu benutzen.« Diese Verpflichtungen müssen durch wirksame zivil-, verwaltungs- oder strafrechtliche Sanktionen in Fällen von Unterlassungen oder Fälschungen in bezug auf Bücher, Aufzeichnungen, Konten oder Finanzverhältnisse dieser Gesellschaften durchgesetzt werden.

Es handelt sich dabei um Pflichten, die in den diesbezüglichen innerstaatlichen Gesetzgebungen und in den anwendbaren Grundsätzen der Rechungslegung bereits vorgesehen sind, wenigstens in bezug auf Aktiengesellschaften, auf Gesellschaften von großem Umfang oder auf solche, die an der Börse kotiert sind. Die Bestimmung des Übereinkommens über die Buchführung müßte jedoch dazu führen, die Wirksamkeit der Kontrollen (der internen und der externen durch die Revisionsstellen) zu überprüfen. Diese Prüfung drängt sich auch auf angesichts von möglichen Verlusten, – so die Erläuterungen –, die sich für die Unternehmen und die Wirtschaftsprüfer ergeben können, falls Kontrollen – auch präventive – unterlassen werden.

Die korrekte Umsetzung dieser Rechnungslegungsvorschriften betrifft nicht nur die zivilrechtlichen Aspekte in Sachen Buchführung und Bilanz sowie die Kriterien der diesbezüglichen Prüfungen (ein Bereich, der in der Europäischen Union größtenteils in der Kompetenz der Gemeinschaft liegt), sondern auch die strafrechtlichen Sanktionen in Fällen von schweren Unterlassungen wie z. B. bei Bilanzfälschungen.

8. Gegenseitige Rechtshilfe und Auslieferung

Da normalerweise internationale Finanzkanäle für die Zahlung von Schmiergeldern benutzt werden, ist die gegenseitige Rechtshilfe für die Durchsetzung des Übereinkommens von grundlegender praktischer Bedeutung. Die **internationale Rechtshilfe** ist in Art. 9 geregelt. In dieser Bestimmung wird die Verpflichtung der Vertragsstaaten bestätigt, eine solche Zusammenarbeit in größtmöglichem Umfang zu gewährleisten. In Art. 9 Ziff. 1 wird festgehalten, daß die Rechtshilfe sowohl in strafrechtlichen als auch in nichtstrafrechtlichen Verfahren unverzüglich und wirksam erfolgen soll. Im weiteren muß der ersuchenden Behörde unverzüglich mitgeteilt werden, wenn weitere Angaben oder Unterlagen benötigt werden, und sie muss auf Anfrage von der um Rechtshilfe ersuchten Behörde über den Stand des Verfahrens unterrichtet werden. Solche verbindlichen Vorschriften werden – sofern sie befolgt werden – für die Strafverfolgungsbehörden der Vertragsstaaten, die in transnationalen Korruptionsfällen um Rechtshilfe ersuchen, sicher wertvoll sein, weil die Rechtshilfe bisher oft durch die mangelnde Zusammenarbeit mit dem Ausland vereitelt worden ist. So muß kritisiert werden, daß die Rechtshilfegesuche in einigen Ländern regelrecht »versanden«, was dazu führt, daß ein Strafverfahren nicht sinnvoll verfolgt werden kann, wenn sich die erforderlichen Unterlagen, insbesondere die von Banken, im Ausland befinden. In diesem Sinn schließt Art. 9 Ziff. 3 die Möglichkeit aus, daß die Rechtshilfe in Strafsachen im ersuchten Staat unter Berufung auf das Bankgeheimnis abgelehnt werden darf.

Das strafrechtliche Instrumentarium zur Bekämpfung der transnationalen Korruption wird durch die üblichen Normen der Auslieferung vervollständigt; enthalten ist auch die Verpflichtung für die um Rechtshilfe ersuchten Länder, wegen Bestechung ausländischer Amtsträger ein Strafverfahren durchzuführen, wenn sie die eigenen Staatsangehörigen nicht ausliefern (Art. 10 Ziff. 3).

Im übrigen verfügt Art. 10 Ziff. 4, daß die beidseitige Strafbarkeit, deren Vorliegen im um Rechtshilfe ersuchten Staat in der Regel Bedingung für die Auslieferung ist, als erfüllt gilt, wenn die Bestechung des ausländischen Amtsträgers, derentwegen um Auslieferung ersucht wird, der innerstaatlichen Bestechung im ersuchten Land entspricht.

Eine weitere Erleichterung der internationalen Rechtshilfe ist in Art. 11 vorgesehen. Damit in Fällen transnationaler Bestechung eine wirksame und fristgerechte Strafverfolgung erfolgen kann, sieht diese Bestimmung die Möglichkeit der direkten, nicht auf diplomatischem Weg erfolgenden Kontaktnahme zwischen den von den Vertragsstaaten zu bestimmenden zuständigen Behörden vor.

Das Übereinkommen enthält überdies innovative Normen zu verschiedenen Fragen, die vom Standpunkt der praktischen Anwendung aus betrachtet gewiß nicht marginal sind. So zielt Art. 5 (Durchsetzung) darauf ab, die Gefahr einer ungleichen

Umsetzung des Übereinkommens in den verschiedenen Vertragsstaaten zu beschränken, da in vielen Staaten die Durchführung von Strafverfahren nicht obligatorisch ist. Mit Art. 5 wird bekräftigt, daß das Strafverfolgungsermessen nicht von nationalen wirtschaftlichen Interessen, internationalen politischen Beziehungen oder von der Identität der beteiligten natürlichen oder juristischen Personen beeinflußt werden darf.

9. Inkrafttreten und Überwachung der Umsetzung

Von besonderer Bedeutung unter den Schlußbestimmungen des Übereinkommens ist diejenige über das Inkrafttreten. In dieser Bestimmung spiegelt sich die diesbezügliche Besorgnis wider, die in den Verhandlungen ausgedrückt worden ist, und verdeutlicht den bereits erwähnten Kompromiß in der Empfehlung des OECD-Rates vom 23. Mai 1997. Sie ist das Resultat einer gedrängten Schlußverhandlung, in der die Länder der Europäischen Union (gemäß der zweiten gemeinsamen Position) und Japan sicherstellen wollten, daß mit Inkrafttreten des Übereinkommens die wichtigsten Exportstaaten daran teilnehmen würden.

Dieses Ziel sollte dadurch erreicht werden, daß das Übereinkommen nur in Kraft treten kann, wenn fünf der zehn größten Exportstaaten der OECD daran teilnehmen. (Eine entsprechende Statistik, die Aufschluß über den jeweiligen Export eines Staates gibt, ist im Anhang des Übereinkommens beigefügt.) Für das Inkrafttreten des Übereinkommens bedeutet diese Bestimmung, daß die USA sicher und von den Staaten Deutschland, Japan, Frankreich, Großbritannien, Italien mindestens vier dem Übereinkommen beitreten müssen.

Ist das nicht der Fall, kann das Übereinkommen **ab 1. Januar 1999** auf bilateraler Ebene zwischen den Staaten in Kraft treten, die ihre jeweilige Ratifikationsurkunde hinterlegt und sich bereit erklärt haben, das Übereinkommen unverändert anzunehmen.

Das Übereinkommen steht auch für den **Beitritt von Nicht-OECD-Staaten offen**. Diese Möglichkeit des Beitritts wurde sowohl vom Rat der Organisation in der Empfehlung vom 23. Mai 1997 wie auch von den Vertragsstaaten beim Abschluß des Übereinkommens angeregt. Als Beitrittserfordernis soll genügen, daß die Nichtmitgliedstaaten in der OECD-Arbeitsgruppe für Bestechungsfragen zur Teilnahme eingeladen worden sind. Mit ihrem Beitritt nehmen sie die allgemeinen Verpflichtungen im Zusammenhang mit der Bekämpfung der Bestechung an und unterliegen zudem der Überwachung durch die Arbeitsgruppe der OECD.[11]

---

11 Die Nichtmitgliedstaaten, die in der Arbeitsgruppe mitarbeiten, an den Verhandlungen teilgenommen und das Übereinkommen unterzeichnet haben, sind: Argentinien, Brasilien, Bulgarien, Chile und die Slowakei.

Eine Schlußbetrachtung der effektiven Tragweite des Übereinkommens im komplexen Bereich der Bestechung ausländischer Amtsträger kann nicht von der Schaffung eines Programms systematischer Folgemaßnahmen zur Überwachung und Förderung der vollständigen Durchsetzung der Konvention absehen. Gemäß Art. 12 wird der Arbeitsgruppe der OECD für Bestechungsfragen im internationalen Geschäftsverkehr ein entsprechendes Mandat anvertraut. Es wird Sache dieses Organs sein, regelmäßig die Umsetzung der von den Vertragsstaaten angenommenen Verpflichtungen und die konkrete Wirksamkeit ihrer Anwendung zu überprüfen, damit der transnationalen Korruption wirklich entgegengetreten und die von allen Industriestaaten der OECD unterzeichnete Verpflichtung, das eigene Umfeld für die Bestechungsvorgänge »off-limits« zu gestalten, durchgesetzt werden kann.

2. Council of Europe: An Overview of Anti-Corruption Activities from 1994 to 1998[1]

Manuel Lezertua[2]

1. Introduction

Five major events (briefly described below) have marked the Council of Europe's activities in the field of the fight against corruption: the Malta Conference (1994), the setting up of the Multidisciplinary Group on Corruption (1995), the adoption of the Programme of Action against Corruption (PAC – 1996), the Prague Conference (1997) and the 2nd Summit of the Heads of State and Government of the member States of the Council of Europe (1997), Moreover, an important contribution to the Council's fight against corruption has been given by the launching of the Joint Council of Europe / European Commission Programme known as »Octopus«.

2. The Malta conference (1994)

It is at the 1994 Malta Conference of the European Ministers of Justice, where the Council of Europe launched its initiative against corruption. The Ministers considered that corruption was a serious threat to democracy, the rule of law and human rights and that the Council of Europe, being the pre-eminent European institution defending these fundamental values, was called upon to respond to that threat.

The Resolution adopted at this Conference endorsed the need of a multidisciplinary approach and recommended the setting up of a Multidisciplinary Group on Corruption with the task of examining what measures could be included in a programme of action at international level and of examining the possibility of drafting model laws or codes of conduct, including international conventions, on

---

1 Erstveröffentlichung erfolgte in: Transparency International (Hrsg.): Combating corruption. Are lasting solutions emerging? Transparency International Report 1998, Berlin, S. 21–24.
2 Principal Administrative Officer, Head of the Organised and Ecomomic Crime Unit, Division of Crime Problems, Directorate of Legal Affairs, Council of Europe, F – 67075 Strasbourg Cedex. The opinions expressed in this document are those of the author and do not reflect necessarily those of the Council of Europe.

this subject. The importance of elaborating a follow-up mechanism to implement the undertakings contained in such instruments was also underlined.

3. The setting-up of the Multidisciplinary Group on Corruption

In the light of these recommendations, the Committee of Ministers agreed, in September 1994, to set up the Multidisciplinary Group on Corruption (GMC) under the joint responsibility of the European Committee on Crime Problems (CDPC) and the European Committee on Legal Co-operation (CDCJ) and invited it to examine what measures would be suitable to be included in a programme of action at international level against corruption, to make proposals on priorities and working structures, taking due account of the work of other international organisations and to examine the possibility of drafting model laws or codes of conduct in selected areas, including the elaboration of an international convention on this subject and a follow-up mechanism to implement undertakings contained in such instruments. The GMC started operating in March 1995.

4. The Programme of Action against Corruption (PAC, 1996)

The Programme of Action against Corruption, prepared by the GMC in the course of 1995 and adopted by the Committee of Ministers at the end of 1996, is an ambitious document, an attempt to cover all the aspects of the international fight against this phenomenon. It defines the areas in which action is necessary and provides for a number of measures, which need to be followed in order to realise a global, multidisciplinary and comprehensive approach in tackling corruption. The Committee of Ministers instructed the GMC to implement this programme before the end of the year 2000 (see further below for details).

5. The Prague Conference (1997)

At their 21st Conference (Prague 1997), the European Ministers of Justice adopted Resolution No1 on the links between corruption and organised crime. The Ministers emphasised that corruption represents a major threat to the rule of law, democracy and human rights, fairness and social justice, hinders economic development and endangers the stability of democratic institutions and the moral foundations of society. They further underlined that a successful strategy to combat corruption requires a firm commitment by States to join their efforts, share their experience and take common actions.

The European Ministers of Justice specifically recommended to:

1. speed up the implementation of the PAC;

2. intensify the efforts with a view to an early adoption of a framework agreement defining common principles in the fight against corruption to be implemented through national legislation and complemented, where appropriate by additional international instruments and structures; a criminal law convention providing for a co-ordinated criminalisation of corruption offences and for enhanced co-operation in the prosecution of such offences;

3. pursue the work concerning the preparation of an international civil law instrument as well as the preparation of a Model Code of Conduct for Public Officials;

4. consider, in the framework of the preparation of the 2 nd Summit of Heads of State and Governments of the Council of Europe (Strasbourg, 10–11 October 1997), the best means of promoting a dynamic process towards effectively preventing and combating corruption.

6. The Strasbourg Summit (1997)

On 10 and 11 October 1997, the 2 nd Summit of the Heads of State and Governments of the member States of the Council of Europe took place in Strasbourg. The Heads of State and Government, in order to seek common responses to the challenges posed by corruption throughout Europe and to promote co-operation among Council of Europe member states in the fight against corruption, instructed the Committee of Ministers to:

1. adopt, before the end of the year (1997), guiding principles to be applied in the development of domestic legislation and practice;

2. secure the rapid completion of international legal instruments pursuant to the Council of Europe's Programme of Action against Corruption;

3. establish, without delay, an appropriate and efficient mechanism for monitoring observance of the guiding principles and implementation of the international legal instruments pursuant to the PAC.

7. Implementation of the Programme of Action against Corruption

In conformity with its terms of reference, the GMC has started drawing up various international instruments against corruption in the fields of criminal, administrative and civil law.

❑ The Criminal Law Convention on Corruption

This draft Convention, which is currently in the final stage of negotiation and is likely to be opened for signature during 1998, represents one of the most comprehensive treaties in this field. It aims at aligning national legislation concerning certain corruption offences and at improving international co-operation for the prosecution of such offences.

The current draft of the Convention provides for the criminalisation of:

- active and passive corruption of national public officials;
- active and passive corruption of foreign public officials;
- active and passive corruption in the business sector;
- active and passive corruption of members of national, international and supranational Assemblies;
- active and passive corruption of judges and staff of international or supranational courts;
- trading in influence involving national and foreign public officials;
- corruption of international officials;
- laundering of corruption proceeds;
- corruption in auditing.

In addition, the draft Convention deals with other substantial or procedural issues, such as jurisdiction, sanctions and measures, liability of legal persons, setting up of specialised authorities for the fight against corruption, co-operation among authorities responsible for law enforcement and control, and protection of witnesses and persons co-operating with the judicial authorities. Finally, with regard to international co-operation, the text includes a general duty of co-operation in the prosecution of corruption offences, in particular regarding extradition, mutual judicial assistance and spontaneous information.

❑ The Model Code of Conduct for Public Officials

The purpose of this text, which is currently being negotiated within the Working Group on Administrative Law (GMCA) of the GMC is threefold: to define the ethical climate that should prevail in the public service, to spell out the standards of ethical conduct expected of public officials and to inform members of the public of what to expect of public officials in conduct and attitude when dealing with them.

The Model Code, which is both a public document and a message addressed to every individual public official, should reflect and reinforce the basic standards set out in the criminal legislation dealing with dishonesty and corruption; this legislation in turn provides the basis for the Code.

This text should be capable of stating the guiding principles for public officials, while at the same time, providing sufficiently specific rules to be of practical use in the given situation.

❑ The International Instrument on civil remedies for compensation for damage resulting from acts of corruption

A feasibility study on the drawing up of a convention on civil remedies for compensation for damages resulting from acts of corruption was adopted by the Committee of Ministers in February 1997. The study gives as complete a picture as possible of all aspects related to civil law and corruption and shows that it is possible to conceive a number of scenarios where use of civil law remedies might be useful against given forms of corruption. On the basis of this study, the Working Group on Civil Law (GMCC) of the GMC, is currently negotiating an international instrument on civil remedies for compensation for damage resulting from acts of corruption. This text deals with substantive and procedural provisions including, among others, questions relating to compensation for damage, evidence, liability, non-pecuniary remedies, validity and effect of contracts, transparency and protection of whistle blowers, rights for groups to participate in judicial proceedings, access to documents, retrieval of evidence abroad, jurisdiction and enforcement of judgements.

❑ Resolution (97) 24 on the 20 guiding principles for the fight against corruption

Following intensive work by the GMC during 1997 with regard to the definition of a *common framework for national strategies against corruption*, the Committee of Ministers, at its 101st Session at Ministerial level, adopted on 6 November 1997, Resolution (97) 24 on the *20 Guiding Principles* for the fight against corruption.

The first part of Resolution (97) 24 contains the 20 fundamental principles that Council of Europe member States are requested to apply at a national and international level to fight corruption phenomena.

These principles deal with the need to:

> ❑ adopt effective measures for the prevention of corruption and, in this connection, to raise public awareness and promote ethical behaviour;
> ❑ provide appropriate measure for the seizure and confiscation of the proceeds of corruption offenses;

- ❏ limit immunity from investigation, prosecution or adjudication of corruption offenses to the degree necessary in a democratic society;
- ❏ ensure that the organisation, functioning and decision-making processes of public administration take into account the need to combat corruption, in particular by ensuring as much transparency as is consistent with the need to achieve effectiveness;
- ❏ ensure that appropriate auditing procedures apply to the activities of public administration and the public sector;
- ❏ endorse the role that audit procedures can play in preventing and detecting corruption outside public administration;
- ❏ encourage the adoption, by elected representatives, of codes of conduct and promote rules for the financing of political parties and election campaigns which deter corruption; ensure that the media have freedom to receive and inspect information on corruption matters, subject only to limitations or restrictions that are necessary in a democratic society;
- ❏ ensure co-ordinated criminalisation of national and international corruption;
- ❏ ensure that civil law takes into account the need to fight corruption and in particular provides for effective remedies for those whose rights and interests are affected by corruption;
- ❏ encourage research on corruption.

Moreover, Resolution (97) 24 requires the GMC to prepare without delay international legal instruments in pursuance of the PAC (see Section 111 above) and submit to the Committee of Ministers without delay a draft text proposing the establishment of an appropriate and efficient mechanism, under the auspices of the Council of Europe for monitoring observance of the *20 Guiding Principles* and the implementation of the international legal instruments to be adopted pursuant to the PAC.

- ❏ Resolution (98) 7 authorising the Partial and Enlarged Agreement establishing the »Group of States against Corruption – GRECO« – a monitoring mechanism

The Committee of Ministers of the Council of Europe, at its 102nd Session on 5 May 1998, taking into account in particular the Final Declaration and Action Plan adopted by the Heads of State and Government of the Council of Europe following their 2nd Summit (see above) and Resolution (97)24 on the 20 Guiding Principles for the fight against corruption (see above), adopted Resolution (98)7 authorising the Partial and Enlarged Agreement establishing the »Group of States against Corruption« – GRECO«.

Indeed, GRECO aims at improving the capacity of its member States to fight corruption by following up, through a dynamic process of mutual evaluation and peer pressure, compliance with their undertakings in this field and, in particular, with the 20 Guiding Principles for the fight against corruption and the implementation of the international legal instruments to be adopted in pursuance of the PAC.

GRECO is opened to the participation of member States and non-member States of the Council of Europe on an equal footing. Indeed, for the international fight against corruption to be effective, there is a need for as many States as possible to be committed against this blight of society. In order to ensure the principle of the »equal footing«, GRECO's highest body will be the Statutory Committee, which will be composed of the representatives on the Committee of Ministers of the member States of the Council of Europe which are also members of GRECO and of representatives specifically designated to that effect by the other members of GRECO (which are not member States of the Council of Europe).

In order to carry out its tasks, GRECO will proceed to evaluation procedures in respect of each of its members. For each evaluation round, it will start by selecting specific provisions on which the evaluation procedure will be based. GRECO will also adopt a questionnaire for each evaluation round, which will be addressed to all members concerned by the evaluation. Moreover, GRECO will appoint a team of experts for the evaluation of each member. Indeed, this team will examine the replies given to the questionnaire, will request, where appropriate, additional information from the member undergoing the evaluation. The team of experts may also visit the member concerned, for the purpose of seeking additional information concerning its law or practice, which is useful for the evaluation.

The team of experts will prepare a draft evaluation report on the state of the law and the practice in relation to the provisions selected for the evaluation round. After having received any comments by the member undergoing the evaluation, this draft report will be discussed and adopted by GRECO.

These reports will be confidential. They may contain specific recommendations addressed to the member concerned, with a view to improving its domestic laws and practices to combat corruption. However, the Statutory Committee may issue a public statement when it believes that a member remains passive or takes insufficient action in respect of the recommendations addressed to it by GRECO.

GRECO will start functioning as soon as the Secretary General of the Council of Europe receives the 14th notification from a member State of its wish to participate in it.

❑ Annual Conferences of Specialised Services in the fight against corruption

The *Programme of Action Against Corruption* stresses the need for exchanges of practical experience among services (e. g. police, prosecutors, senior members of civil service) involved in the fight against corruption, both at national and international level, and considers it necessary to organise conferences of specialised services in the fight against corruption on an annual basis. These Conferences of specialised services constitute a useful opportunity for exchanging up-to-date information on national techniques and experiences among those who are in the front line in the fight against corruption.

The first European Conference of Specialised Services in the Fight against corruption, organised in Strasbourg in 1996, dealt with the setting up and the functioning of specialised authorities, special features of the investigation and the prosecution of corruption cases, as well as the improvement of international co-operation.

The Second such Conference was held in Tallinn (Estonia) from 27 to 29 October 1997. The Conference organised by the Council of Europe in co-operation with the Ministry of Justice of Estonia, dealt with the topic of »Corruption in Public Procurement« and gathered a significant number of specialists which unanimously adopted a series of 17 conclusions of particular importance given that public procurement mobilises very significant financial resources (e.g.: up to 11% of the Gross Domestic Product totalling 720 billion ECU in the EU countries) where corruption, not only hinders free competition, but it is also tremendous source of waste of public expenditure which can run up to 30% of total procurement costs.

The Third European Conference of Specialised Services in the Fight against Corruption will be held in Madrid, 28–30 October 1998. It is currently being organised in co-operation with the Ministry of Justice of Spain and it will deal with the topic of »Trading in influence and illegal financing of political parties«. This is an area to which the Council of Europe attaches very significance importance, as it touches one of the crucial elements of democracy. Indeed, political parties are channels for the citizen's participation in political life. However, political parties are confronted with a number of serious difficulties, the most pressing and complicated of which is perhaps their financing. States have responded to the need to ensure financing of political parties in different ways. Yet a number of issues regarding funding have not found a solution: disclosure of contributions, transparency, alternative methods of income, role of external funding. Moreover, financing of political campaigns is an issue which attracted the attention of the media and resulted in public distrust and apathy about political parties. Trade in influence – an offence included in the Council of Europe criminal law convention on corruption – often serves the purposes of raising funds for financing political parties and in this connection, it introduces a serious distortion in the proper functioning of the democratic system. It also contributes to the perception of an endemic corruption that erodes the moral basis of democratic institutions.

8. The Octopus Project

The Octopus Project is a joint initiative between the Council of Europe and the European Commission, aimed at the fight against corruption and organised crime in sixteen countries in transition.[3] It began in June 1996 and allowed for an evaluation of the problem of corruption and organised crime and of the efficiency of counter-measures already taken by the Governments of the 16 member States concerned. Provisional recommendations and guidelines were formulated by Council of Europe experts for each of the States involved. Expert missions were carried out to determine the extent to which the proposed measures were appropriate to the particular circumstances of the country in question, their feasibility and an identification of potential obstacles to their implementation. The findings were presented at a conference held in Strasbourg on 1–3 December 1997 which led to the formulation of final recommendations and guidelines, including complementary measures, for each individual country involved.

The Council of Europe is now organising a number of activities aimed at facilitating the implementation of the above-mentioned recommendations. These activities deal with subjects like prevention of corruption, organisation and co-ordination of departments responsible for fighting corruption and organised crime, handling of corruption, organised crime and business crime cases, tax evasion and money laundering and, of course, international co-operation. The 11th Quadripartite meeting Council of Europe/European Union, held in Strasbourg on 1 st April 1998, considered co-operation possibilities in the continuation of the Octopus project.

The Council of Europe and the European Commission are currently negotiating a wide-ranging extension of the Octopus project for the years 1999–2000.

---

3 The following 16 countries were invited to participate in the project: Albania, Bulgaria, Croatia, Czech Republic, Estonia, Hungary, Latvia, Lithuania, Moldova, Poland, Romania, Russian Federation, Slovakia, Slovenia, »the former Yugoslav Republic of Macedonia« and Ukraine.

3. Internationale Finanzierungsorganisationen (IBRD, IMF, Regionalbanken)

Peter Eigen

»Die internationale Gemeinschaft muß sich einfach mit dem Krebsgeschwür der Korruption befassen, denn sie ist ein schweres Hindernis für nachhaltige und gerechte Entwicklung. ... Die Weltbank-Gruppe ist bereit, alles zu tun was wir können, um unseren Mitgliedstaaten und Partnern zu helfen, ihre Bemühungen im Kampf gegen die Korruption zu verstärken. Die Zeit zum handeln ist jetzt.«

James D. Wolfensohn, Präsident der Weltbank[1]

1. Einleitung und Überblick

Für die Kontrolle der internationalen Korruption spielen die internationalen Finanzierungsorganisationen, unter ihnen insbesondere Weltbank und Internationaler Währungsfond, eine zentrale Rolle. Bis vor kurzem war für beide das Thema Korruption noch praktisch tabu.

Zwar wurden wichtige Instrumente zur Korruptionsbekämpfung, über Buchhaltung und Rechnungslegung für Entwicklungsprogramme, und ganz besonders auch über Verfahren für die Auftragsvergabe bei Weltbankprojekten eingerichtet. Doch war die Realität klar von der Absicht geprägt, möglichst Konflikte zu vermeiden, wenn Korruptionsfälle auftauchten. Man versteckte sich offiziell hinter der formalen Verantwortung der Partnerländer und wurde allenfalls hinter den Kulissen tätig, oder wenn sich Anbieter aus Mitgliedstaaten darüber beschwerten, von ihren Mitbewerbern zu eklatant ausgestochen worden zu sein.

Dies hat sich jetzt gründlich geändert. Unter der Führung ihres neuen Präsidenten **James D. Wolfensohn** hat die **Weltbank** sich ausdrücklich zum Kampf **gegen die Korruption** bekannt.

Dabei setzt sie auf drei Komponenten:

1. Im Bereich ihrer eigenen Programme und ihres unmittelbaren wirtschaftspolitischen Umfelds wird sie mit strikter Konditionalität gegen jede Art von Korruption vorgehen.

---

1 Weltbank: Corruption 1997, S. 2.

2. Außerhalb dieser Programme wird sie auf Wunsch der Partnerländer die Verbesserung von deren Integritätssystemen technisch unterstützen; dabei will sie eng mit der Zivilgesellschaft zusammenarbeiten.

3. Sie wird internationale Programme zur Kontrolle von aktiver Bestechung fördern, die häufig von Exporteuren ausgeht.

Der Internationale Währungsfond (IWF) hat ebenfalls ausdrücklich auf die verheerende Wirkung der Korruption hingewiesen und ein konkretes Progamm zu ihrer Bekämpfung eingeläutet. Dies wird besonders deutlich in den klaren Richtlinien für die Rolle des IWF bei Fragen der Regierungsführung, die im Juli 1997 vom Verwaltungsrat des IWF erlassen wurde.[2]

Die regionalen Entwicklungsbanken haben sich mehr oder weniger gleichzeitig zu vergleichbaren Anti-Korruptionsstrategien bekannt. Dabei muß vermerkt werden, daß die Interamerikanische Entwicklungsbank (IDB) einzelne Anti-Korruptions-Initiativen schon vor der Weltbank unterstützt hat, und damit eine prägende Rolle in der Organisation Amerikanischer Staaten (OAS) übernommen hat, die dann zur OAS-Konvention von 1996 beitrug.

Im folgenden werde ich die wichtige Rolle der Weltbank und des IWF beschreiben.

Dabei werde ich der Beschreibung der neuen Arbeitsweise der Weltbank besonders breiten Raum einräumen, da sie noch weitgehend unbekanntes Terrain betritt. Die regionalen Banken, und andere Entwicklungsinstitutionen, werden sich weitgehend in den Konsens einfügen, der von der Weltbank führend artikuliert wird.

2. Die Rolle der Weltbank bei der Kontrolle der Korruption

2.1. Die herkömmliche Rolle

Die Weltbank war schon immer darauf bedacht, Betrug und Korruption in ihren eigenen Programmen zu bekämpfen. Klar definierte Verfahren bei der Auszahlung von Krediten, bei der Vergabe von Aufträgen für von ihr finanzierte Projekte, Vorschriften über Buchführung und Rechnungsprüfung, gepaart mit sorgfältiger Projektvorbereitung und Durchführungsüberwachung, haben dazu beigetragen, innerhalb der Weltbankprogramme die Korruption stark einzuschränken. Dies trifft auch für das wirtschaftspolitische Umfeld dieser Projekte zu, auf das die Weltbank seit langem großen Wert legt.

---

2 IWF: The Role of the IMF in Governance Issues: Guidance Note, Washington D. C. 1997.

Doch wurde die Wirkung dieses Instrumentariums weitgehend überschätzt. Schon bald lernten bestechliche Beamte und Politiker in den Partnerländern, oft in unheiliger Allianz mit korrupten Lieferanten und ihren Mittelsmännern aus dem Norden, diese Spielregeln zu unterlaufen. Heute sind sich viele Vertreter der Privatwirtschaft, der Partnerländer und auch der Entwicklungsorganisationen darin einig, daß durch die herkömmlichen Verfahrensregeln der Weltbank, die übrigens weitgehend von anderen Organisationen übernommen worden sind, die Korruption keinesfalls ausgeschlossen wird.

Dementsprechend hat in den letzten Jahren die Korruption zugenommen. Eine Umfrage bei 3 600 Unternehmen in 69 Ländern, die für den Weltentwicklungsbericht der Weltbank 1997 durchgeführt wurde, hat ergeben, »daß Korruption ein wichtiges und weitverbreitetes Problem für den Privatsektor darstellt. Über 40 Prozent der Unternehmer berichteten, daß sie quasi als Selbstverständlichkeit Bestechungsgelder zu bezahlen haben, um bürokratische Hürden zu überwinden.«[3]

Die nur **lückenhafte Kontrolle der Korruption durch die Weltbank** wurde durch zwei Tendenzen gefördert: Zum einen haben ihre Experten für das wichtige Anschaffungswesen sich zu lange von ihrem Wunschdenken tragen lassen, daß Korruption praktisch ausgeschlossen ist, wenn sich Darlehensnehmer und Anbieter nur an die vertraglich vereinbarten Ausschreibungsrichtlinien hielten. Der Augenschein sprach dagegen.

Andererseits war bei der Weltbank bis Ende der achtziger Jahre die direkte Konfrontation von Korruption tabu. Sie wurde vor allem in Entwicklungsländern als Teil der politischen Realität angesehen, und damit dem Verbot der politischen Einmischung mitunterstellt, das ja ausdrücklich in der Satzung der Weltbank vorgegeben ist.[4] Entsprechend wurden Fälle von Bestechungsverdacht etwa in Ausschreibungen für von der Bank finanzierte Projekte nur mit größter Zurückhaltung verfolgt, es sei denn ein benachteiligter Mitbewerber beschwere sich durch seinen Vertreter im Verwaltungsrat.

Rechtlich versteckte man sich hinter der Tatsache, daß für die Vermeidung der Korruption die Regierung des Partnerlandes verantwortlich ist. Diese ist in der Regel als Darlehnsnehmer auch für die Durchführung der Projekte zuständig. Das gilt auch das gesamte Ausschreibungsverfahren; dafür war in den Anschaffungsrichtlinien vorgeschrieben, daß bei Korruptionsverdacht dies dem Darlehensnehmer mitzuteilen sei. Weitere Sanktionen versagte sich die Weltbank, bis der Bestechungsvorgang vor einem Gericht des betreffenden Staates rechtskräftig abge-

---

3 Weltbank, Weltentwicklungsbericht 1997.
4 Weltbank, Memorandum of the General Counsel, 21. 12. 1990.

urteilt war – ein langes Warten in Ländern wie etwa Brasilien, Indonesien oder Zaire.

Die Tatsache, daß viele der reichen Mitgliedstaaten der Weltbank die Korruption durch ihre Exportunternehmen im Ausland bis heute rechtlich dulden, und in vielen Fällen sogar steuerlich begünstigen, wurde völlig vernachlässigt.

2.2. Die neue Rolle der Weltbank

Seit 1996 hat sich die Politik der Weltbank bezüglich der Korruptionsbekämpfung gründlich verändert. 1996 berief der Präsident der Weltbank eine Arbeitsgruppe, die im Herbst 1997 einen Bericht mit den Rahmenbedingungen für einen grundlegend neuen Ansatz bei der Korruptions-bekämpfung vorlegte.[5] Schon während der Arbeit an diesem Bericht hatte James D. Wolfensohn seine Entschlossenheit zur Korruptionsbekämpfung bei wichtigen Anlässen verkündet und einzelne Reformen, zum Beispiel beim Ausschreibungsverfahren in Weltbankprojekten, eingeführt.

Getragen war diese Richtungsänderung von der Einsicht, daß Korruption weit verbreitet ist, und ein fast unüberwindbares Hindernis für wirtschaftliche und soziale Entwicklung darstellt.[6]

Entsprechend wurden auch die früheren rechtlichen Bedenken der Weltbank gegen eine aktivere Bekämpfung der Korruption überwunden. Denn obwohl die Korruption in vielen Ländern ein politisch sensibler Problembereich ist, erlaubte die Satzung der Weltbank ihr doch, diese innerhalb bestimmter Grenzen in Angriff zu nehmen. So kommt der *General Counsel* der Weltbank zu dem Schluß, daß »die Weltbank sich kaum den wichtigsten Bereichen der internationalen Entwicklungspolitik verschließen kann. Korruption ist ein solcher Bereich. Ihr Vorkommen in einem gegebenen Land beeinflußt zunehmend den öffentlichen und privaten Kapitalfluß für Investitionen in diesem Land.... Meines Erachtens kann die Weltbank viele Maßnahmen durchführen, um gegen Korruption zu kämpfen.... Die einzige rechtliche Schranke ist diesbezüglich, daß die Bank und ihre Mitarbeiter sich mit den wirtschaftlichen Ursachen und Wirkungen befassen und sich der Einmischung in die politischen Angelegenheiten des Landes enhalten müssen«.[7]

---

5 Weltbank: Helping Countries Combat Corruption, The Role of the World Bank, September 1997.
6 Vgl. Frisch, Kapitel I in diesem Sammelband.
7 Shihata: Prohibiton of Political Activities in the Bank's Work, July 11, 1995.

2.3. Korruptionsbekämpfung bei Programmen der Weltbank

Im Bereich ihrer eigenen Programme will die Weltbank mit strenger Disziplin jegliche Korruption ausschalten. Sie begründet dies mit ihrer treuhänderischen Verantwortung, die ihr zur Finanzierung der Wirtschaftentwicklung aufgetragen wurde.

Die wohl augenfälligste **Reform** bezieht sich dabei auf die **Beschaffungsrichtlinien für Weltbankprojekte.** Diese Richtlinien werden in der Form von *Procurement Guidelines* als Bestandteil der Darlehensverträge bindend für die Vergabe von Aufträgen vorgeschrieben.[8] Sie wurden seit 1996 mehrfach geändert, insbesondere durch das Einfügen eines Paragraphen 1.15 mit dem Titel: Betrug und Korruption. Er sieht vor, daß ein Unternehmen entweder für immer oder für eine gewisse Zeit von Projekten der Weltbank ausgeschlossen werden kann, wenn sie feststellt, daß es sich bei der Bewerbung um einen von ihr finanzierten Auftrag korrupter oder betrügerischer Praktiken schuldig gemacht hat.

Zur Umsetzung dieser neuen Richtlinie ernennt der Präsident der Weltbank ein Kommittee, das ihm eine Empfehlung über eine angemessene Sanktion unterbreitet. Vorgesehen ist, daß der *General Counsel* nach vorläufiger Untersuchung von Korruptionsvorwürfen durch einen Rechtsberater den zuständigen Geschäftsführer (*Managing Director*) rät, ob eine Untersuchung durchgeführt werden soll. Je nach Sachlage wird diese von Mitarbeitern der Weltbank (in einfachen Fällen), von der betroffenen Regierung oder von unabhängigen Spezialisten durchgeführt, wobei gleichermaßen die Interessen des beschuldigten Unternehmens und des Beschwerdeführers fair zu schützen sind. Das Ergebnis dieser Untersuchung unterbreitet der Geschäftsführer dem Kommittee, das dann seine Empfehlung über den Ausschluß des Unternehmens[9] dem Präsidenten zur Entscheidung vorlegt.

Weitere Reformen des Verfahrens bei Ausschreibungen sind ebenfalls vom Verwaltungsrat der Weltbank beschlossen worden. So müssen künftig alle Zahlungen durch die Lieferanten an Vertreter und Mittelsmänner offengelegt werden. Derartige Zahlungen, über die vom Auftraggeber häufig keinerlei Rechnungslegung verlangt werden, sind wohl der üblichste Mechanismus für Bestechungszahlungen. Es ist zu erwarten, daß deren Offenlegung einen bedeutenden Beitrag zur Transparenz der Anschaffungsverfahren leisten wird.

---

8 Weltbank: Guidelines: Procurement under IBRD Loans and IDA Credits, Washington D. C., January 1995; ähnlich auch für Beraterverträge: Guidelines: Selection and Employment of Consultants by World Bank Borrowers, Washington D. C., January 1997.

9 Unter Umständen auch ein Mehrheitseigner des Unternehmens oder ein ihm mehrheitlich gehörendes Unternehmen.

Ebenso soll es in der Zukunft auf Initiative der Darlehensnehmer möglich sein, in den Ausschreibungsrichtlinien Selbstverpflichtungen der Anbieter vorzuschreiben, auf jede Art von Bestechung zu verzichten. Durch derartige vertragliche Selbstbindung aller Anbieter für ein bestimmtes Projekt und ihre rigorose Überwachung, wird es für solche Unternehmen, die nur aus Furcht vor der Korruption ihrer Mitbewerber selbst bestechen wollen möglich, von diesen Praktiken Abstand zu nehmen, ohne dabei wirtschaftlichen Schaden zu nehmen. Inzwischen haben einige Länder in Lateinamerika solche Integritätspakte abgeschlossen[10], und eine Reihe von afrikanischen Regierungen hat gegenüber der Weltbank die Absicht bekundet, diese Reformen einzuleiten.[11]

Um die neue **Bedeutung der Korruptionskontrolle in Beschaffungsverfahren** in die Praxis umzusetzen, hat die Weltbank die Zahl von Fachkräften in diesem Bereich erhöht, um ihren Kollegen bei der Vorbereitung und Durchführung von Projekten zu helfen. Vermehrt werden Länderuntersuchungen über Anschaffungsverfahren durchgeführt und Verbesserungsprogramme eingeleitet.

Intensive Untersuchungsmissionen, die überraschend in einigen ausgesuchten Projekten oder Ländern durchgeführt wurden, sollten Schwächen im Beschaffungswesen aufdecken und beheben helfen. Außerdem sollen unabhängige Prüfer durch ex post Untersuchungen solcher Beschaffungsentscheidungen, die nicht einer vorherigen Bewilligung der Weltbank unterliegen – also normalerweise kleinere Verträge – zu besserer Rechnungslegung bei den Darlehensnehmern beitragen.

Neben der erhöhten Aufmerksamkeit bei Beschaffungsverfahren, ist das Verfahren bei der Auszahlung von Weltbankdarlehen für die Korruptionskontrolle besonders wichtig. Früher, als der überwiegende Teil der Weltbankdarlehen für große Infrastrukturprojekte ausgegeben wurde, war das einfacher: Die Beträge wurden weitgehend direkt an die Lieferanten ausgezahlt. In den letzten Jahren wurde die Kontrolle dadurch erschwert, daß erstens die Projekte komplexer und diverser wurden, und zweitens zunehmend Wert auf die Stärkung der lokalen Institutionen gelegt wurde.

Daher, und auch um Kosten zu sparen, verließ die Bank sich immer mehr auf Spezialkonten bei den Darlehensnehmern, aus denen sie in eigener Verantwortung Projektzahlungen leisten konnten, über die dann nur aufgrund von Kostenaufstellungen (*statements of account*) abgerechnet wurde. Etwa die Hälfte aller Auszahlungen der Bank wurden auf diese Weise routinemäßig abgewickelt. Die Überprüfung der Kostenaufstellungen blieb aus vielen Gründen lückenhaft.

---

10 Argentinien, Ecuador und Panama.
11 Äthiopien, Benin, Malawi, Tanzania und Uganda.

Dies soll sich jetzt ändern. Anstatt für einzelne Projektausgaben einzelne Auszahlungen vorzunehmen und abzurechnen, soll das finanzielle Management- und Buchhaltungssystem der Darlehensnehmer so gestärkt werden, daß die Auszahlungen aufgrund eines integrierten »Finanziellen Projektmanagementberichts« (*Project Financial Management Report*) vierteljährlich erfolgen können. Bisher ist dieser Auszahlungsmodus noch in einer Versuchsphase und soll bei Erfolg nach und nach zu einer stärkeren Korruptionskontrolle bei allen Weltbankprojekten eingesetzt werden.

2.4. Die Rolle der Weltbank außerhalb ihrer Programme

Die Weltbank ist entschlossen, ihren Partnern auch außerhalb ihrer eigenen Programme zu helfen, wenn sie dazu aufgefordert wird.[12] Sie hat über die Jahre gelernt, daß wirklich nachhaltige Reformen nur möglich sind, wenn sie nicht von außen aufgedrängt werden, sondern wenn sie aus der Gesellschaft selbst definiert und vorwärts getrieben werden. Dies gilt ganz besonders auch für die Bekämpfung der Korruption, die ja in jeder Gesellschaft, in jeder Kultur, eine andere Gestalt annimmt.

Dabei spielt die Zivilgesellschaft eine überrragende Rolle. Ein Dilemma der Weltbank ist natürlich, daß sie als internationale Regierungsorganisation weitgehend eine Gefangene der Wünsche der Regierungen ist. Sie ist daher rechtlich gehalten, alle Maßnahmen in einem Partnerland mit der dortigen Regierung abzustimmen. Die Regierungen sind aber bei der Korruptionsbekämpfung häufig eher das Problem als die Lösung. Um so beachtlicher ist es, wie sehr die Weltbank sich bemüht die Zivilgesellschaft an ihren Strategien zur Korruptionsbekämpfung zu beteiligen.[13]

Die Bank sieht ihre Hauptaufgabe in der Unterstützung bei Entwurf und Umsetzung von Regierungsprogrammen. Dies kann darin bestehen, daß auf Wunsch der Regierung spezielle Maßnahmen gegen Korruption unternommen werden, wenn diese im Rahmen ihres Mandates und Erfahrung liegen. Dabei wird die Bank mit anderen Organisationen, insbesondere mit internationalen Institutionen und bilateralen Geberorganisationen, zusammenarbeiten.

Häufig bedient sich die Bank dabei ihres Wirtschaftentwicklungsinstituts (*Economic Development Institute – EDI*), das schon frühzeitig mit Transparency International (TI) bei der Ausbildung von Journalisten und Parlamentariern Pionierarbeit geleistet hat.

---

12 Weltbank: Helping Countries Combat Corruption, The Role of the World Bank, September 1997, S. 25–27.
13 Ebd., S. 44–45.

In manchen Ländern sind die Programme der Bank mehr indirekt auf eine Eindämmung der Korruption gerichtet, indem nämlich Wirtschaftsreformen und Stärkung der Institutionen vorangetrieben werden, wodurch dann eine effektivere Verwaltung und höhere Transparenz erreicht werden. Dabei kommt es je nach den Bedürfnissen des jeweiligen Landes darauf an, einen lokal relevanten, praktischen Ansatz zu finden.

Das mag in einem Land eine umfassende gesamtwirtschaftliche Reform, in einem anderen eine gezielte Intervention etwa in der Steuer- oder Zollverwaltung, im Beschaffungswesen oder bei der Besoldung des öffentlichen Dienstes erfordern. In manchen Situationen kann die Reform nur schrittweise, graduell ansetzen, in anderen ist unter Umständen eine grundlegende Reform nötig und möglich; letzteres setzt eine starke politische Führung voraus, und ist gelegentlich nach dramatischen Veränderungen der politischen Machtverhältnisse gefordert.

Die Weltbank will aktiv mithelfen, die historischen Möglichkeiten für mehr Transparenz und Offenheit bei ihren Mitgliedsländern zu nutzen. In Lateinamerika ist die Zivilgesellschaft eingebunden in einen Prozeß der Modernisierung des Staates, welcher die Korruptionskontrolle als integralen Bestandteil enthält. Die Bank weist immer wieder darauf hin, wie sehr sie dazu beigetragen hat, die Korruption einzudämmen, indem sie durch Privatisierung, Deregulierung und Befreiung des privaten Sektors für offene Märkte und weniger staatliche Gängelung gesorgt hat.[14]

Dabei ist es wichtig daran zu erinnern, daß die **Transformationsprozesse** selbst **besonders anfällig für Korruption** sind. Sie müssen daher gezielt von Antikorruptionsprogrammen begleitet werden. Andernfalls etablieren sich gleichzeitig mit der Liberalisierung korrupte Strukturen und Systeme, die den Menschen den Genuß der neuen politischen und wirtschaftlichen Offenheit von Anfang an und dauerhaft verwehren. Diese Gefahr besteht augenscheinlich in zahlreichen Transformationsländern, in denen der Wegfall der ehemaligen zentralen Planungsinstrumente zu einem institutionellen Vakuum geführt hat. Die Bank beteiligt sich dort am Aufbau institutioneller Kapazitäten, die als Elemente des Integritätssystems einen wachsenden Schutz gegen Korruption darstellen können.

In einigen ostasiatischen Ländern war der Eindruck entstanden, daß weitverbreitete Korruption mit wirtschaftlichem Wachstum und Stabilität koexistieren könnte. Die Bank hat sich weitgehend darauf konzentriert, ihre eigenen Programme korruptionsfrei zu halten, und zudem durch Beratung und institutionelle Hilfe die Regierungsarbeit zu verbessern.[15] Nach der jüngsten Asienkrise ist

---

14 Ebd., S. 35.
15 Ebd., S. 27.

der Mythos von der »wohlstandsverträglichen Korruption« endgültig ad acta gelegt worden. Die Bretton Woods-Institutionen haben unmißverständlich klargestellt, daß die Korruption etwa in Indonesien, Südkorea und Thailand eine der zentralen Ursachen für diese Krise war.[16]

In Afrika hat sich die Weltbank hinter den Kulissen schon seit Jahren aktiv gegen die Korruption gewandt. So hat sie ihre Unterstützung des Mobuto-Regimes in Zaire schon in den siebziger Jahren eingestellt. In Kenia war die Korruption einer der Hauptgründe, warum 1991 auf dem Gebertreffen in Paris fast alle Entwicklungshilfe eingestellt wurde. Dabei wurde auf höchster Ebene durchaus Klartext geredet – allerdings nicht in aller Öffentlichkeit. Die Zeit war noch nicht reif für offene Konfrontation.

Das hat sich heute geändert. Dabei ist es gerade eine neue afrikanische Führungsschicht, die die verheerenden Folgen der Korruption für ihren Kontinent anprangert. Dabei hat insbesondere die **Global Coalition for Africa (GCA)** eine **bahnbrechende** Rolle gespielt. Im November 1997 hat die GCA ihre Jahrestagung in Mosambik fast vollständig dem Thema der Korruptionsbekämpfung gewidmet. Im Beisein von Staatsoberhäuptern und Regierungsmitgliedern von über fünfzig Staaten wurden Strategien zum Kampf gegen die Korruption vorgestellt. Die Weltbank, die von Anfang an die GCA stark unterstützt hat, wurde aufgefordert ihre technischen und finanziellen Mittel in den Kampf gegen die Korruption in Afrika einzubringen.

Bei dieser wichtigen Konferenz berichtete die GCA auch über ein Konzept, das sie gemeinsam mit Transparency International und mit Unterstützung der Weltbank in einigen Ländern in Afrika initiiert hat: Dabei sollen auf Antrag der Regierungen in einzelne Ausschreibungen für öffentliche Entwicklungsprojekte Nichtbestechungspakte aufgenommen werden. Diese sollen so gestaltet werden, daß sich jeder Anbieter auf die Ehrlichkeit seiner Mitbeweber verlassen kann.[17] Der Konsensus der in Maputo versammelten Führungsschicht war so einhellig, daß auch die Weltbank sich ermutigt fühlte, ihre neue Antikorruptionspolitik in Afrika voll umzusetzen.

2.4. Die Weltbank unterstützt internationale Programme

Die Weltbank hat jetzt auch klar ausgesprochen, daß internationale Korruption ein globales Problem ist, welches zwei Seiten hat, und daher eine internationale Lösung verlangt. »Um erfolgreich zu sein, müssen Bemühungen, diese Art von Korruption zu vermindern, ebenso bei ihrer Quelle in den kapitalexportierenden

---

16 Vgl. Camdessus: Vortrag auf der TI-Konferenz in Paris, am 21. 1. 1998.
17 McNamara: Presseerklärung, Washington D. C., November 1997.

Ländern ansetzen wie in den Entwicklungsländern«.[18] Diese Zuweisung von Verantwortung für die internationale Korruption an ihre reichen Mitgliedstaaten ist völlig neu.

In der Tat ist es ja so, daß die meisten Industriestaaten ihren **Exporteuren** die **auswärtige Korruption** nicht nur nicht verbieten, sondern sie auch noch **steuerlich fördern**. Seit einiger Zeit gibt es bedeutende internationale Bemühungen, diesen Mißstand zu beenden;[19] die gewichtige Stimme der Weltbank hat sicherlich zu den greifbaren Erfolgen beigetragen, die in der globalen Arena zu verzeichnen sind. Insbesondere die Arbeitsgruppe gegen Bestechung bei der OECD hat mit der Unterzeichnung ihrer Konvention zur Strafbarkeit der Internationalen Korruption einen dramatischen Durchbruch geschafft.

Die Weltbank unterstützt aber auch mit Rat und Tat eine Reihe von regionalen Anstrengungen zur Korruptionskontrolle, wie die Konvention der Organisation der Amerikanischen Staaten (OAS), die umfassende Politik der Europäischen Union gegen Korruption, das Aktionsprogramm des Europarats gegen Korruption, die Deklaration der Generalversammlung der Vereinten Nationen gegen Korruption, die Revidierten Verhaltensregeln der Internationalen Handelskammer (IHK) und Nicht-Regierungsorganisationen wie Transparency International (TI).

Diese Unterstützung umfaßt eine enge Zusammenarbeit, mit dem IWF, mit regionalen und bilateralen Entwicklungsorganisationen und den zuständigen Institutionen der UN-Familie und anderen Organisationen[20] sowie mit internationalen Berufsverbänden, dem privaten Sektor und der Zivilgesellschaft. Ebenso beteiligt sie sich an der öffentlichen Vermittlung der Signifikanz einer systematischen Korruptionsbekämpfung durch Konferenzen und Medienarbeit. Die Weltbank leistet außerdem einen wichtigen Beitrag durch wissenschaftliche Untersuchungen und die empirische Erforschung von Ursachen und Wirkungen der Korruption auf ausländischen Investitionen, Handel und internationale Preisstrukturen.

3. Die Regionalbanken bei der Korruptionsbekämpfung

Die regionalen Finanzierungsorganisationen stimmen sich regelmäßig miteinander und mit der Weltbank ab. Dabei werden wichtige technische Bereiche, wie

---

18 Weltbank: Helping Countries Combat Corruption, The Role of the World Bank, September 1997, S. 58.
19 siehe Kapitel III in diesem Sammelband.
20 UNDP, UN Drug Control Program, UN Center for Crime Prevention and Control, World Customs Organization, World Trade Organization, Commonwealth Secretariat.

etwa die Beschaffungsrichtlinien und Auszahlungsverfahren, weitgehend aneinander angepaßt. Wegen verschiedener Mandate und Mitgliederstrukturen werden gelegentlich Akzente verschieden gesetzt. Doch setzen sich neue Entwicklungen, wie etwa die Entschlossenheit der Weltbank gegen die Korruption vorzugehen, mit gewissen Phasenverschiebungen auch bei den Regionalbanken durch. Insofern gilt das oben in größerer Breite über die Weltbank gesagte *mutatis mutandis* auch für sie.

Dabei ist interessant zu beobachten, daß in der **Inter-Amerikanischen Entwicklungsbank (IDB)** die Bemühungen um die Modernisierung des Staates, und mit ihr die Stärkung unabhängiger Gerichte und wirksamer Rechnungshöfe, schon seit Jahren angelaufen sind. Entsprechend hat die IDB schon diagnostische Antikorruptions-Missionen von Transparency International und ihre Idee der Nichtbestechungspakte schon zu einer Zeit unterstützt, als die Weltbank noch skeptisch Abstand hielt. Dennoch ist es auch heute noch in der IDB verpönt, über »Korruption« zu sprechen; wie in der Weltbank vor fünf Jahren, zieht man weniger kantige Euphemismen vor.

Dennoch, in der Sache hat auch die IDB neue Regeln für die Anschaffungsrichtlinien eingeführt, die denen der Weltbank in nichts nachstehen.[21]

Die **Asiatische Entwicklungsbank (ADB)** hat schon im Herbst 1995 eine Resolution des Verwaltungsrats erlassen, nach der sie sich künftig mit großer Aufmerksamkeit der Kontrolle der Korruption widmen will.[22] Ähnlich wie bei der Weltbank soll eine Kombination von neuen Instrumenten innerhalb der treuhänderischen Verantwortung der ADB für absolute Transparenz sorgen, und auf Wunsch der Mitgliedstaaten sollen pro-aktive Strategien zur Korruptionsbekämpfung entwickelt und umgesetzt werden.

Die **Afrikanische Entwicklungsbank (AfDB)** folgt weitgehend dem Konsens, der im Forum der *Global Coalition for Africa* artikuliert wurde. Der Präsident der AfDB hat sich klar für eine wirksame Politik gegen Bestechung und Korruption ausgesprochen. Auch die Organisation für Afrikanische Einheit (OAU) und die Wirtschafts-Kommission für Africa (ECA) der Vereinten Nationen drängen auf konkrete Strategien gegen Korruption. Neue Richtlinien für Beschaffungs- und Auszahlungsverfahren sind in Vorbereitung. [23]

Die **Osteuropa Bank (European Bank for Reconstruction and Development – EBRD)** hat seit einigen Jahren versucht, dem Korruptionsproblem in ihren eigenen Investitionen beizukommen. Durch rigorose Beschaffungsrichtlinien, und die Einführung geschäftsethischer Verhaltensstandards versucht sie bei ihren

---

21 Inter-Amerikanische Entwicklungbank, Procuremenet Guidelines, Washington D. C. 1997.
22 Asiatische Entwicklungsbank, Governance, Manila 1995.
23 Afrikanische Entwicklungsbank, Memorandum, Abidjan 1997.

Partnern Transparenz und Integrität durchzusetzen.[24] Während ihrer Jahrestagung in London 1997 organisierte diese Bank eine ganztätige Seminarveranstaltung, um ihre Kunden mit dieser Strategie vertaut zu machen.

Auch die bilateralen Entwicklungsorganisationen haben sich in den letzten Jahren zunehmend um die Korruptionsbekämpfung gekümmert. Dabei ging es in der Vergangenheit vor allem um das Ziel, in den Partnerländern für erhöhte Integrität und Transparenz zu sorgen. Dies wurde häufig durch strikte Konditionalität bewehrt. Neuerdings kümmern sich diese Organisationen im Sinne der Kohärenz ihrer nationalen Entwicklungspolitik auch zunehmend um die Quellen der internationalen Korruption, die ja häufig bei ihren eigenen Exporteuren liegen.

Von besonderer Bedeutung ist hier die fast flächendeckende Einführung einer Antikorruptionsklausel in die Verträge zwischen den Gebern und den Partnerländern, in der die absolute Vermeidung von Korruption bei der Verwendung der Mittel festgeschrieben wird. Diese nützliche Klausel ist allen Mitgliedern des OECD-Entwicklungsausschuß (OECD-DAC) nahegelegt worden.[25] Sie ist nicht zu verwechseln mit dem oben erwähnten Nichtbestechungspakt, der auf Initiative der Regierung einen korruptionsfreien Raum für alle Wettbewerber auf einem bestimmten Markt schafft; die Antikorruptionsklausel in den Verträgen mit bilateralen Gebern ist ein Instrument der Konditionalität, die dem Partner auferlegt wird. Diese vertraglichen Klauseln ergänzen sich jedoch gegenseitig zwanglos.

4. Der Internationale Währungsfonds (IWF) gegen Korruption

Der Internationale Währungsfonds (IWF) hat in der internationalen Front gegen Korruption eine Schlüsselrolle eingenommen. Auf der Jahrestagung im Herbst 1996 verkündeten der Geschäftsführer des IWF Michael Camdessus und das Interimskommittee die verschärfte Gangart im Kampf gegen Korruption.[26] In einigen anschließenden Treffen haben die Exekutivdirektoren des IWF **im Juli 1997 bahnbrechende Richtlinien** für die Behandlung von Fragen der Regierungsführung einschließlich der Korruption erlassen, die einen klaren Rahmen darstellen.[27]

Schon seit langem hat der IWF durch Beratung und technische Hilfe gute Regierungsführung (*good governance*) gefördert. Seine Zielrichtung war dabei, seinen Partnern zu helfen, volkswirtschaftliche Ungleichgewichte zu korrigieren, Infla-

---

24 EBRD, Business Ethics, London 1997.
25 Vgl. OECD, Revised Recommendation of the Council on Combating Bribery in International Business Transactions, 23 May 1997, VI iii.
26 IWF: Partnership for Sustainable Global Growth, Washington D. C., 29. 9. 1996.
27 IWF: The Role of the IMF in Governance Issues: Guidance Note, Washington D. C. 1997.

tion zu vermindern und wichtige Reformen in Handels- und Wechselkurspolitik voranzubringen. Dies wird auch weiterhin seine Hauptaufgabe bleiben; doch sind sich die Mitglieder darin einig, daß Fragen der guten Regierungsführung einschließlich Korruptionskontrolle zunehmend zur Grundvoraussetzung für eine nachhaltige Wirtschaftsentwicklung werden.

Daher wurde beschlossen, diesen Fragen größere Aufmerksamkeit zu widmen. Zwar sieht der IWF auch weiterhin die Hauptverantwortung für gute Regierungsführung bei den Regierungen der Partnerländer. Doch in der Wirtschaftspolitik kann er durch Beratung und technische Zusammenarbeit besonders in zwei Bereichen helfen, nämlich wenn für eine bessere Verwaltung staatlicher Mittel Reformen öffentlicher Institutionen nötig sind (z. B. Steuerbehörde, Zentralbank, Staatsunternehmen, öffentlicher Dienst und statistische Dienste), und beim Aufbau und Unterhaltung klarer und stabiler wirtschaftlicher und rechtlicher Rahmenbedingungen für einen gut funktionierenden und produktiven privaten Sektor.

Dabei beabsichtigt der IWF natürlich nicht, die Rolle einer Strafverfolgungsbehörde oder des Garanten der finanziellen Sauberkeit in seinen Mitgliedstaaten zu übernehmen. Doch sind die Mitarbeiter des IWF gehalten, auch Einzelfälle von Korruption immer dann mit den Regierungen zu erörtern, wenn die Gefahr besteht, daß sie bedeutende gesamtwirtschaftliche Folgen haben, selbst wenn diese nicht genau meßbar sind. Diese Folgen können darauf beruhen, daß die betroffenen Beträge sehr groß sind, oder daß die Korruption symptomatisch ist für ein allgemeineres Problem in der Regierungsführung.

Als Beispiele für folgenschwere Fälle von Korruption nennen die Richtlinien die Fehlleitung von öffentlichen Mitteln durch falsche Haushaltsführung, Steuer- und Zollbetrug unter Mitwirkung von Beamten, den Mißbrauch von Devisenreserven, oder Machtmißbrauch bei der Bankenaufsicht, der zu großen künftigen Kosten für Haushalt und öffentliche Finanzinstitutionen führen kann. Fälle von Korruption, die weniger schwerwiegend sind, sollen im Rahmen der generellen Unterstützung von Reformen der Wirtschaftsführung im jeweiligen Land behandelt werden. Dadurch sollen dann Gelegenheit und Anreize für korruptes Verhalten vermindert werden.[28]

Behandlung der Korruption »Artikel IV Konsultationen«

Bei Diskussionen im Zusammenhang mit *Artikel IV-Konsultationen des IFW* sollen Mitarbeiter auf die Bedeutung besserer Regierungsführung für eine günstigere Wirtschaftsentwicklung hingewiesen werden und die Gelegenheit zur Korruptionsbekämpfung nutzen (z. B. durch verminderte Gelegenheit zur Selbsbereiche-

---

28 Tanzi: Corruption Governmental Activities and Markets, Washington D. C. 1994, S. 15.

rung, größere Transparenz bei Entscheidungsprozessen und Haushaltsführung, Verminderung von Steuerbefreiungen und Subventionen, Verbesserung von Rechnungsführung und Kontrollsystemen, Straffung von öffentlichen Investitionsplänen, Beschleunigung von Reformen des öffentlichen Dienstes).

Bei den *Konsultationen* sollen den Regierungen die Risiken schlechter Regierungsführung, häufig z. B. Vertrauensschwund und Behinderung von Kapitalzufluß und Investitionen, deutlich gemacht werden. Die weltweite Erfahrung anderer Ländern mit anerkannten Methoden transparenter, einfacher, gerechter Wirtschaftsführung soll dabei vermittelt werden. Bemerkenswert ist, daß der IWF (wie auch die Weltbank in seinen jüngsten Verlautbarungen) in seinen Richtlinien auf die Verantwortung der Geberstaaten für die internationale Korruption hinweist:

»*Im Fall internationaler Transaktionen, bei denen Korruption vorkommt, müssen die Mitarbeiter beiden Seiten des korrupten Geschäftes gleiche Aufmerksamkeit widmen und empfehlen, daß diese Praktiken eingestellt werden müssen, wenn sie wirtschaftliche Ergebnisse beträchtlich verzerren können (z. B. die Steuerabzugsfähigkeit von Bestechungsgeldern in manchen Mitgliedstaaten oder bestimmte Praktiken staatlicher Behörden).*«[29]

Behandlung der Korruption in IWF Beistandsprogrammen

Beim Einsatz finanzieller Mittel des IWF im Rahmen seiner Beistandsprogramme, geht die Kontrolle der Korruption weiter als bei den *Artikel IV-Konsultationen*. Hier geht es um den Schutz der IWF-Mittel selbst, indem der Entwurf von Volkswirtschaftsprogrammen und ihre Umsetzung gegen Korruption gesichert werden sollen. Hier setzt der IWF auf das Instrument der Konditionalität.

Wie traditionell bei seinen Programmen für gesamtwirtschaftliche Strukturreformen, besteht der IWF auch bei der Korruptionsbekämpfung auf seinem bewährten Arsenal von Bedingungen für seine Hilfe: Maßnahmen zur Verbesserung der Regierungsführung werden im Hilfsprogramm definiert als im voraus zu erfüllende Maßnahmen, Beurteilungskriterien für die Erfüllung von Programmen, Bemessungsmarken und Bedingungen für den Erfolg einer Abschlußprüfung.

Dabei beabsichtigt der IWF wie bisher, sich auf die besondere Erfahrung und den Sachverstand anderer Institutionen zu verlassen (z. B. der Weltbank bei der Reform von Staatsunternehmen), doch wird er auch in diesen Bereichen selbständig Bedingungen aufstellen, wenn dies für den Erfolg eines Hilfsprogramms notwendig ist.

---

29 IWF: The Role of the IMF in Governace Issues: Guidance Note, Washington D. C. 1997, Paragraph 13.

Es ist vorgesehen, Probleme der Regierungsführung frühzeitig in Angriff zu nehmen. Finanzielle Unterstützung im Zusammenhang mit der Abschlußprüfung eines Hilfsprogramms oder die Bewilligung eines neuen IWF-Programms können wegen schlechter Regierungsführung suspendiert oder verzögert werden, wenn anzunehmen ist, daß sie beachtliche volkswirtschaftliche Auswirkungen haben könnte, die den Erfolg des Programms oder das Ziel der Verwendung von IWF-Mitteln in Frage stellen.

In solchen Fällen verlangt der IWF, daß zumindest mit Maßnahmen zur Kontrolle dieser Mißstände begonnen wird, entweder als Vorausleistung für die Wiederaufnahme von Auszahlungen, oder als vereinbarte Erfolgskriterien oder Bemessungsmaßstäbe bei der Umsetzung des Programms. Beispiele solcher Maßnahmen sind das Eintreiben von vernachlässigten Einnahmen, oder Änderungen in der Steuer- oder Zollverwaltung.

Dabei haben die Mitarbeiter des IWF einen erheblichen Beurteilungsspielraum. Wenn die Erfahrungen in einem Land Zweifel an der Ernsthaftigkeit der Reformpläne rechtfertigen, ist es unter Umständen angemessen, eine Beobachtungsfrist einzulegen, bevor Auszahlungen wieder aufgenommen werden. Dabei kann auch die Führung von öffentlichen Institutionen ausgewechselt oder können Persönlichkeiten von der Beteiligung bei bestimmten Geschäftsvorgängen entfernt werden, bei denen Korruption aufgefallen ist.

Technische Hilfe bei der Kontrolle der Korruption

Traditionell trägt der IWF durch sein Programm der technischen Hilfe zur Verbesserung der Regierungsführung bei. Dies trifft inbesondere zu auf die Bereiche seiner speziellen Erfahrung und seines Sachverstands wie Haushaltsführung und -kontrolle, Steuer- und Zollverwaltung, Zentralbankgesetze und -organisation, Devisenvorschriften, und Systeme für gesamtwirtschaftliche Statistiken und ihre Verbreitung. Schwachstellen in diesen Bereichen sollen durch technische Hilfe behoben werden.

Verfahren bei Problemen der Regierungsführung

Wenn Mitarbeitern des IWF bei *Artikel IV-Konsultationen*, bei der Verhandlung von Beistandsprogrammen oder bei der technischen Zusammenarbeit Mängel in der Regierungsführung, einschließlich Korruption, auffallen, sollen sie diese ausdrücklich mit ihren Ansprechpartnern in der Regierung erörtern. Dabei sollen sie sich auch in speziellen Fällen von möglicher Korruption auf erhebliche Spannungen in den Beziehungen zu den betroffenen Behörden einstellen. Wenn nötig sollen auch Informationen von dritter Seite eingezogen werden, die dann mit Sorgfalt und Vertraulichkeit behandelt werden sollen.

Der IWF will eng mit anderen Entwicklungshilfeorganisationen zusammenarbeiten, besonders mit der Weltbank. Doch soll die Position des IWF unabhängig sein, auch wegen der zum Teil verschiedenen Mandate und Interessen der jeweiligen Parteien. Insbesondere bei der Zusammenarbeit mit bilateralen Geberorganisationen soll zwischen wirtschaftlichen und nicht-wirtschaftlichen Aspekten der Probleme in der Regierungsführung unterschieden werden. Entscheidend für den IWF soll sein, ob diese Probleme in absehbarer Zeit einen direkten und bedeutenden Einfluß auf die volkswirtschaftliche Entwicklung eines Landes haben.

Der Verwaltungsrat des IWF, also die Vertreter der Mitgliedstaaten, ist über aufkommende Korruptionsdiskussionen immer auf dem Laufenden zu halten, und gegebenenfalls sind auch die anderen Geber zu unterrichten. Denn der IWF geht mit Recht davon aus, daß seiner Möglichkeit, in den Mitgliedsländern zu einer wirklichen Verbesserung der Regierungsführung beizutragen, ohne die aktive Beteiligung der internationalen Gemeinschaft, klare Grenzen gesetzt sind.

Dabei erwähnt der IWF in seinen Richtlinien allerdings nicht ausdrücklich die zentrale Rolle der Zivilgesellschaft bei dieser globalen Koalition gegen Korruption. Ihr wichtiger Beitrag gerade zur Lösung von Problemen der internationalen Korruption in einer künftig zunehmend globalisierten Wirtschaft wird zunehmend erkannt.

Literaturempfehlungen

Camdessus M.: Vortrag bei Konferenz von TI-Frankreich, siehe TI Newsletter März 1998, S. 7 f.
McNamara, R. S.: Presseerklärung, Washington D. C., November 1997.
Internationaler Währungsfonds: Good Governance, The IMF's Role, Washington D. C. 1997.
Shaihata, I.: Issues of Governance in Borrowing Members. The Extend of Their Relevance under the Bank's Articles of Agreement, Legal Memorandum of the Genereal Counsel, Washington D. C., December 1990 (SecM91–131, February 5 1991).
Tanzi, V.: Corruption, Governmental Activities, and Markets, Washington D. C. 1994
Weltbank: Helping Countries Combat Corruption. The Role of the World Bank, Washington D. C. 1997.
Weltbank: World Development Report, Washington D. C. 1997.
Weltbank: Guidelines, Procurement under IBRD Loans and IDA Credits, Washington D. C. 1995 (Revised 1996).

IV. Nationale und internationale Wirtschaftsorganisationen

Einleitung

1. Codes of Conduct auf Branchenebene sind notwendig, aber nicht ausreichend – Beispiel: Die FIDIC

2. Nationale Wirtschaftsorganisationen

Nationale und internationale Wirtschaftsorganisationen – Einleitung

Peter Eigen

Die Wirtschaft hofft in komplexen Regelungsbereichen stark auf Selbstregulierung. So hat die **Internationale Handelskammer** (*International Chamber of Commerce/ICC*) schon im Jahre 1977 durch wichtige Verhaltensregeln gegen Bestechung und Erpressung versucht, die internationale Korruption in den Griff zu bekommen.[1] Dort heißt es in Artikel 2: »Kein Unternehmen darf, direkt oder indirekt, bestechen, um Aufträge zu bekommen oder zu erhalten, und jede Forderung solcher Bestechung muß zurückgewiesen werden«. Doch wie jeder Eingeweihte weiß: Diese edle Regel wird im internationalen Geschäftsgebrauch nur von wenigen Unternehmen eingehalten. Systematische Bestechung wurde weitgehend zur Norm, und wird selbst heute noch vielerorts als unangenehme aber notwendige Begleiterscheinung eines dynamischen Exportgeschäfts verteidigt.

Es ist jedoch erfreulich zu sehen, daß diese Haltung sich in den letzten Jahren grundsätzlich geändert hat. Heute kann man von einem weitgehenden Konsens sprechen, daß die Korruption auch im internationalen Markt abgeschafft werden muß. Die Wirtschaftsverbände haben bei diesem Sinneswandel eine führende Rolle gespielt. Eine neue Initiative der *ICC* zur Verbesserung ihrer Anti-Bestechungs-Richtlinien hat dabei wichtige Signale gesetzt. Die Richtlinien wurden völlig überarbeitet und verbessert und im März 1996 in Paris veröffentlicht.[2] Sie reflektieren nicht nur wegweisende Erfahrungen mit Verhaltenskodizes in Privatunternehmen, sondern empfehlen systematische Umsetzungsverfahren, die zu einer verbesserten Selbstregulierung im Privatsektor führen können.

Es ist interessant anzumerken, daß manche Verbände mit größerer Weitsicht Reformen angestrebt haben, als Regierungsstellen, die den vermeintlich industriefreundlichen *status quo* weiter verteidigten. So hat der **Schweizerische Handels- und Industrieverein** ebenso eine Vorreiterrolle übernommen wie der **Bundesverband der Deutschen Industrie (BDI)**, der bereits im Oktober 1995 einen ähnlichen Modellkodex für seine Mitglieder veröffentlichte, einen Kodex, wie er dann von der *ICC* erst Monate später erarbeitet wurde. Der Hauptgeschäftsführer des BDI, **Ludolf-Georg von Wartenberg**, wird in diesem Kapitel näher auf

---

1 Rules of Conduct to Combat Extortion and Bribery in Business Transactions, Publication No. 135, ICC, 29. 11. 1997.
2 Exortion and Bribery in International Business Transactions, Do. No. 193/15, ICC, 26. 3. 1996.

die BDI-Empfehlungen eingehen. Einzelne Weltfirmen in Deutschland haben sich ebenso wirkungsvoll in die Gruppe der Korruptionsgegner eingereiht – einige unter dem Druck internationaler Skandale, andere weil sie schon immer nach der Einsicht handelten, daß Korruption schädlich ist, insbesondere für ehrliche und wettbewerbsfähige Unternehmen.

Daß bei der Bekämpfung der Korruption der Schwerpunkt auf der Prävention und nicht auf der Strafverfolgung liegen muß, vertritt engagiert **Ludolf-Georg von Wartenberg**. Er knüpft damit übrigens an eine strategische Grundentscheidung bei der Korruptionsbekämpfung an, die sich in so unterschiedlichen Ländern wie Hongkong, dem australischen Bundesstaat New South Wales oder Uganda als richtig erwiesen hat.

Einzelne Berufsbranchen sind von Korruption besonders betroffen beziehungsweise besonders exponiert. Zu diesen gehören neben Wirtschaftsprüfern, Rechtsanwälten, Handelsvertretern oder Einkäufern die beratenden Ingenieure, welche deshalb in ihren Berufsverbänden schon seit Jahren eine ernsthafte Diskussion über den Umgang mit der internationalen Korruption führen. Mit dem **früheren Präsidenten des Weltverbandes der beratenden Ingenieure (FIDIC), Ernst Hofmann**, soll in diesem Kapitel einer der hervorragenden Befürworter einer aktiven Rolle der Wirtschaftsorganisationen auf Branchenebene zu Wort kommen. Was dieses Engagement beispielhaft macht: Die klare Linie des FIDIC mußte auch gegen innere Widerstände innerhalb des Verbands und von seiten einflußreicher Mitgliedsunternehmen durchgesetzt werden.

Hofmann beschreibt anschaulich das Dilemma, in dem sich viele Ingenieurfirmen befinden: In einem harten Markt Aufträge an korrupte Konkurrenten zu verlieren oder daran mitzuwirken, den gerade für Ingenieurfirmen offenen, fairen, über Kompetenz gesteuerten Wettbewerb zu zerstören. Hofmanns Text ist deshalb so erhellend, weil er auf mikroökonomischer Ebene die scheinbar unbedeutenden Korruptionsverwicklungen von Ingenieurfirmen beschreibt, die ganze Volkswirtschaften beeinträchtigen können.

Aber – und das ist für die Arbeit von FIDIC wie von Transparency International gleichermaßen wichtig – es gibt Auswege aus diesem Dilemma, es läßt sich gewissermaßen aufheben. Der FIDIC hat mit seinem »*Code of Ethics*« die Suche nach diesen Auswegen ernsthaft begonnen. Was diese Suche erfolgversprechend macht, ist beispielsweise der Umstand, daß der FIDIC-Kodex auch Sanktionsmechanismen vorsieht, sofern einzelne Mitgliedsverbände dagegen verstoßen. Damit geht er etwa über die als Signal unabdingbaren, aber eben doch unverbindlichen BDI-Empfehlungen hinaus. Die Bestrebungen des FIDIC zeigen nicht zuletzt auch, wie wichtig es ist, quer zum Handeln von Regierungen, bei den Bemühungen gegen Korruption auch am Ethos einzelner Berufsstände anzusetzen.

Aus den Beiträgen **von Wartenbergs, Hofmanns** und **Pletschers** ergibt sich eindeutig, daß den Wirtschaftsorganisationen bei der Bewältigung des internationalen Korruptionsproblems eine Schlüsselrolle zukommt, indem sie weitsichtig als Partner von Regierung und Zivilgesellschaft auch die *langfristigen* Interessen ihrer Mitglieder artikulieren. Insbesondere könnten ihre Bemühungen um Selbstregulierung einen wichtigen Beitrag dazu leisten, die Hauptquellen der hochkarätigen Korruption[3], für die gerade Entwicklungs- und Transformationsländer so anfällig sind, weitgehend zum Versiegen zu bringen.

---

3 Die Fachliteratur unterscheidet die schwer übersetzbaren Termini »grand corruption« und »petty Corruption« (»Alltagskorruption«).

1. Codes of Conduct auf Branchenebene sind notwendig, aber nicht ausreichend – Beispiel: Die FIDIC

Ernst Hofmann

1. Einleitung

Das Ausmaß der Korruption bei der Abwicklung international ausgeschriebener öffentlicher Infrastrukturprojekte in Entwicklungsländern ist vielerorts beängstigend.

Die FIDIC setzt sich konsequent dafür ein, daß Aufträge an Beratende Ingenieure auf Grund von Qualitätskriterien vergeben werden. Korrupte Praktiken unterlaufen diese Bestrebungen. Die Folge davon sind enorme wirtschaftliche Schäden. Diese Praktiken unterlaufen auch die großen Anstrengungen der FIDIC, in Entwicklungsländern lokale Ingenieurkapazität aufzubauen und zu erhalten.

Die FIDIC setzt sich der Korruption mit drei Hauptmaßnahmen entgegen: Sie verpflichtet ihre Mitglieder zu integrem Verhalten, sie arbeitet mit anderen Organisationen zusammen, und sie wird nicht müde, auf die Weltbank einzuwirken, damit diese entschiedener gegen die Korruption auftritt.

Die vom Vorstand eingeschlagene Politik ist innerhalb der FIDIC-Mitgliederverbände nicht unumstritten. Verhaltensvorschriften werden als hinderlich empfunden, sind schwer zu kontrollieren, und Sanktionen zu erlassen ist unbequem. Da stellt sich die Frage, wie integres Verhalten zum Marktvorteil werden kann. Ist ein freiwilliger Ehrenkodex, verbunden mit dem Konzept »Inseln der Integrität« von »Transparency International«, eine mögliche Antwort?

2. Was ist die FIDIC?

> Die »Fédération International Des Ingénieurs-Conseils« – gegründet 1913 – ist der Dachverband von 76 nationalen Verbänden, deren Mitglieder Beratende Ingenieure sind. Diese erbringen Dienstleistungen im Bereich des ganzen Ingenieurwesens, der Umwelttechnik und des Projektmanagements. Mitglieder der FIDIC-Verbände sind maßgebend beteiligt bei der Projektierung, Ausschreibung und Bauleitung öffentlicher Infrastrukturaufgaben. Weltweit vertritt die FIDIC die Interessen von 20 000 Firmen mit zusammen rund 440 000 Mitarbeiterinnen und Mitarbeitern.

3. Wie ist die FIDIC mit der Korruption konfrontiert?

3.1. Wie tritt Korruption bei Ingenieurprojekten in Erscheinung?

Anläßlich eines Workshops unter dem Titel »Korruption – was wird von der FIDIC erwartet?« hat ein Mitglied einer unserer afrikanischen Mitgliederverbände Klartext gesprochen:

»Wenn ein großes öffentliches Infrastrukturprojekt begonnen werden soll, geht es für den Beratenden Ingenieur zuerst einmal darum, an die nötigen Informationen heranzukommen, damit er sich um den Projektierungsauftrag bewerben kann. Dann muß er als zweiten Schritt ein Präqualifikationsverfahren bestehen, um auf die Liste von normalerweise sechs Bewerbern zu kommen, die eingeladen werden, eine Offerte einzureichen. In der Offerte hat er darzulegen, wie er die Projektierungsaufgabe angehen will und welche besondere Erfahrung und welche Mitarbeiter er dafür einsetzen kann. Die Offerte wird dann gemäß einer vorher bekanntgegebenen Kriterienliste bewertet. Der Auftrag soll dem Bewerber übertragen werden, welcher diese Kriterien am besten erfüllt.

Dieses von der Weltbank empfohlene Auswahlverfahren wird durch korrupte Beamte völlig verzerrt: Wer Informationen über ein neues Projekt bekommen will, hat dem dafür zuständigen Beamten rund 500 USD zu stecken. Es kostet um die 5 000 US$, um auf die Liste qualifizierter Bewerber zu gelangen. Ein Schmiergeldbetrag von mindestens 25 000 US$ ist nötig, um den Wettbewerb zu gewinnen.

Wenn der Ingenieurauftrag auch die Ausschreibung der Bauarbeiten, die Auswahl der Unternehmer und die Bauleitung umfaßt, hat der Ingenieur nur dann eine Chance, den Auftrag zu erhalten, wenn er sich verpflichtet, die dabei angewendeten Praktiken widerspruchslos zu dulden. Es wird von ihm verlangt, nicht im Wege zu stehen, wenn die öffentlichen Entscheidungsträger Beträge bis zu 25 % des Projektkredites in eigene Kanäle fließen lassen.«

International tätige Ingenieurfirmen aus westlichen Industrieländern werden etwas subtiler in den Prozeß einbezogen. Um im lokalen Markt eine Chance zu haben, kommen sie kaum darum herum, einen lokalen Agenten beizuziehen, welcher Land und Leute kennt. In einigen Ländern sind solche Mittelsmänner sogar gesetzlich verlangt. Diese Agenten, die ihr lokales Wissen in die Akquisition von Aufträgen und in die Vertragsverhandlungen einbringen, werden meist durch eine Kommission entschädigt.

Kritisch dabei sind Erfolgskommissionen in Prozenten der Auftragssumme, welche ins Angebot für die zu erbringenden Ingenieurleistungen einzurechnen sind. Erfolgskommissionen in der Größenordnung von 10 % der Auftragssumme mögen bei kleineren Aufträgen durchaus angemessen sein, um die Arbeit des Agenten zu entschädigen. Wenn die Auftragssumme beim gleichen Prozentsatz aber in die Millionen geht, dann müßte die Alarmglocke läuten. Eine an Gewißheit grenzende Vermutung liegt nahe, daß der größte Teil solcher Kommissionen in die Tasche korrupter Entscheidungsträger fließt.

Die FIDIC hat sich schon vor 30 Jahren mit der Frage des ethischen Umgangs mit Agenten beschäftigt. Damals waren aber Korruptionsfälle Ausnahmeerscheinungen, und die Bemühungen der FIDIC dienten dazu, den Anfängen zu wehren. Heute sind im Zusammenhang mit international finanzierten Entwicklungsprojekten korrupte Praktiken leider eher die Regel als die Ausnahme.

3.2. Wo liegen die Wurzeln der Korruption?

Unsere afrikanischen Kollegen wehren sich vehement gegen die bequeme Vermutung, die Wurzeln der Korruption seien grundsätzlich in der Kultur vieler Entwicklungsländer zu suchen und Vertreter der westlichen Welt hätten dieser kulturellen Eigenart unter dem Motto »Andere Länder – andere Sitten« Rechnung zu tragen.

Die Entwicklungsländer haben nach unserer Beurteilung wesentlich dazu beigetragen, daß sich die Korruption derart weit ausbreiten konnte. Auf dem Weg von der Stammes- bzw. Feudalherrschaft zur Demokratie nach westlichem Muster ist es den meisten Ländern nicht gelungen, auf Regierungs- und Verwaltungsebene zu einer Kultur des Dienstes an der Gemeinschaft zu gelangen. Die Befriedigung von Machtansprüchen und das Streben nach materiellen Gütern stehen bei vielen Vertretern von Regierung und Verwaltung noch im Vordergrund. Dazu kommt, daß die Beamten in den meisten Entwicklungsländern einen Lohn erhalten, der für ein der Stellung angemessenes Leben nicht genügt. Das macht sie für die Korruption anfällig.

International tätige Ingenieurfirmen aus den Industrieländern sind einem steigenden Konkurrenzdruck ausgesetzt. Sie glauben, es sich nicht mehr leisten zu können, beim Kampf um Aufträge nicht alle »üblichen« Mittel einzusetzen. Es ist ja in den meisten Ländern immer noch gesetzlich zulässig, Schmiergelder an ausländische Personen als legalen Beschaffungsaufwand auszuweisen. Zunehmende Korruptionsaffären in westlichen Demokratien sind ein Indiz dafür, daß auch »im Norden« die Hemmung gegenüber unlauteren Praktiken abnimmt.

3.3. Die Auswirkungen der Korruption

Die enormen materiellen Verluste, welche die Korruption den betroffenen Volkswirtschaften zufügt, und ihr verheerender Einfluß auf das internationale Geschäftsklima, auf die politische Kultur und auf den sozialen Zusammenhalt in den Entwicklungsländern werden an anderer Stelle in diesem Buch dargestellt.

Wir wollen hier zwei Bereiche nennen, wo Korruption der Politik der FIDIC diametral zuwiderläuft:

Die FIDIC unterstützt weltweit offene Märkte und den freien Wettbewerb auf marktwirtschaftlicher Grundlage. Sie legt größten Wert auf hohe Qualität der Ingenieurleistungen, welche von ihren Mitgliedern angeboten werden. Dies im Bewußtsein, daß die Arbeit des Ingenieurs in der Konzept- und Entwicklungsphase von Projekten einen entscheidenden Einfluß ausübt auf deren Gebrauchsnutzen und deren Lebenszykluskosten. Die FIDIC folgert daraus, daß bei der Auswahl von Ingenieuren die Qualität ihres Angebots und nicht der Preis im Vordergrund stehen sollte. Korruption unterläuft nicht nur solche auf Qualität ausgerichtete Auswahlverfahren, sondern bedroht die Marktwirtschaft an sich.

Die FIDIC unternimmt erhebliche Anstrengungen, um den Berufsstand der Beratenden Ingenieure in den Entwicklungsländern zu fördern. Dabei geht es in erster Linie darum, daß unsere lokalen Kollegen an den international ausgeschriebenen Infrastrukturprojekten mitarbeiten können. Im Hinblick auf den Betrieb und den Unterhalt dieser Projekte ist bei deren Entstehung die Mitwirkung ortsansässiger Ingenieure von größter Bedeutung. Es zeigt sich nun aber, daß lokale Ingenieure nicht zuletzt deshalb gegenüber der internationalen Konkurrenz mit kürzeren Spießen kämpfen, weil ihre Schmiergeldkapazität klein und ihre Mitwisserschaft unerwünscht ist. Korruption behindert damit den Aufbau lokaler Ingenieurfähigkeiten und damit auch die Möglichkeit, die teuren Infrastrukturanlagen durch einheimische Fachleute effizient zu betreiben und fachkundig zu unterhalten.

3.4. Es muß etwas geschehen

Bei der Realisierung international ausgeschriebener Infrastrukturprojekte sind hohe Geldbeträge im Spiel. Die Versuchung öffentlicher Entscheidungsträger, ihre Macht zu mißbrauchen, um von diesem Geldfluß etwas auf ihre private Mühle umzuleiten, ist groß. Beratende Ingenieure als Verfasser solcher Projekte und als Baufachorgane, welche im Auftrag des Bauherrn die Vergabe der Bauarbeiten und Lieferungen vorbereiten und die Ausführungsarbeiten überwachen, wirken da an einer ganz empfindlichen Stelle.

Die FIDIC fühlt sich deshalb verpflichtet, dahin zu wirken, daß ihre Mitglieder bei dieser äußerst verantwortungsvollen Aufgabe in einer Schlüsselstellung nicht als Werkzeuge für korrupte Praktiken mißbraucht werden.

4. Lösungsansätze

4.1. Ein verheißungsvoller Start

Im Rahmen der FIDIC-Jahreskonferenz im August 1995 in Istanbul hat der Vorstand einen Workshop organisiert unter dem Titel »Korruption: Was wird von der FIDIC erwartet?« Je ein Vertreter von Transparency International, der Internationalen Handelskammer, der Internationalen Bar Association, der OECD und der FIDIC beleuchtete die Korruption aus dem Blickwinkel seines Erfahrungsbereiches. Sie stellten Ansätze zur Diskussion, wie diesem weltweit verbreiteten »Krebsgeschwür« begegnet werden könnte. Erwartungsgemäß stieß das Thema auf großes Interesse. 120 Delegierte von FIDIC-Mitgliederverbänden aus allen Teilen der Welt nahmen an den engagiert geführten Diskussionen teil. Die Empfehlungen, auf die sich die Workshop-Teilnehmer einigen konnten, sind vom FIDIC-Vorstand positiv aufgenommen worden: Der »**FIDIC Code of Ethics**« wird durch Artikel ergänzt, die vom Beratenden Ingenieur eine klare Haltung gegen korrupte Praktiken verlangen. In einem Grundsatzpapier »**FIDIC Policy Statement on Corruption**« wird zudem dargestellt, welchen Beitrag die FIDIC zu leisten gewillt ist, um die Korruption einzudämmen (siehe Dokumentarteil im Anhang). Die wichtigsten Aussagen dieser beiden Dokumente sind in den Abschnitten 4.2. bis 4.4. zusammengefaßt.

4.2. Die FIDIC verlangt ein integres Verhalten ihrer Mitglieder

Die folgenden Verhaltensanforderungen richten sich an die Mitglieder der nationalen FIDIC-Mitgliederverbände, an die »Beratenden Ingenieure«. Sie beziehen sich auf die Tätigkeit des Beratenden Ingenieurs als Auftragnehmer von Regierungen und öffentlichen Verwaltungen für den Entwurf und die Ausarbeitung von Projekten. Meist hat der Beratende Ingenieur auch die Aufgabe, die Vergabe von Leistungen und Lieferungen für diese Projekte vorzubereiten und die Ausführungsarbeiten zu überwachen.

Dabei sollen folgende Verhaltensregeln gelten:

- ❏ Der Beratende Ingenieur hat bei der Ausführung der von ihm betreuten Projekte darauf hinzuwirken, daß der Auftraggeber objektive und transparente Beschaffungsabläufe für Leistungen und Lieferungen anwendet.

- ❏ Er verpflichtet sich, geeignete Maßnahmen zu treffen, damit nicht Teile der für das Projekt gesprochenen Mittel von den zuständigen Entscheidungsträgern für private Zwecke mißbraucht werden können.

- ❏ Der Beratende Ingenieur hat die kreditgebenden Internationalen Finanzinstitute laufend über die Beschaffungsschritte für Leistungen und Liefe-

Codes of Conduct auf Branchenebene sind notwendig, aber nicht ausreichend

> rungen zu informieren. Unregelmäßigkeiten hat er unverzüglich zu melden, damit die Kreditgeber rechtzeitig die notwendigen Maßnahmen anordnen können.
>
> ❏ Der Beratende Ingenieur muß die einschlägige örtliche Gesetzgebung kennen. Er hat kriminelles Verhalten von Personen, die am Projekt beteiligt sind, den zuständigen Organen unverzüglich zur Kenntnis zu bringen.
>
> ❏ Er arbeitet offen zusammen mit legitimierten Instanzen, welche die Abwicklung von Verträgen für Leistungen und Lieferungen auf ihre Korrektheit hin überprüfen.
>
> ❏ FIDIC-Mitgliederverbände müssen gegenüber Mitgliedern, die den »FIDIC Code of Ethics« erwiesenermaßen verletzt haben, Disziplinarmaßnahmen treffen. Diese können beispielsweise den Ausschluß aus dem Verband und die Orientierung der interessierten öffentlichen Instanzen beinhalten. Dazu sind von den Mitgliederverbänden Regeln aufzustellen, die gesetzlich einwandfreie, speditive und vertraulich geführte Verfahren gewährleisten.

Verhaltensregeln sind notwendig; sie müssen aber von weiteren Maßnahmen begleitet sein.

4.3. Zusammenarbeit mit anderen Organisationen

Der Workshop in Istanbul hat folgendes gezeigt: Nachhaltigen Erfolg bringt letztlich nur das Zusammenwirken der FIDIC mit anderen Organisationen, die Korruption ebenso entschieden bekämpfen, so zum Beispiel die Internationale Handelskammer, die Internationale Bar Association und Transparency International. Die FIDIC wird diese Zusammenarbeit ausbauen und ermuntert die Mitgliederverbände dazu, auf nationaler Ebene dasselbe zu tun. Den Beratenden Ingenieuren wird empfohlen, sich nur mit Ingenieurfirmen zu assoziieren, welche die Verhaltensregeln mit Bezug auf die Korruption einhalten.

4.4. Die Weltbank muß ihre Schlüsselrolle im Kampf gegen die Korruption wahrnehmen

Die FIDIC pflegt mit den Beschaffungsorganen der Weltbank seit ihrer Gründung ein ausgesprochenes Vertrauensverhältnis. Die Weltbank schätzt die Grundphilosophie der FIDIC, die von ihren Mitgliedern verlangt, daß sie sich bei der Ausübung ihrer Mandate ausschließlich von den legitimen Interessen des Auftraggebers leiten lassen. Die Statuten, der »Code of Ethics« und die klaren Stellungnahmen der FIDIC zu aktuellen Problemen laufen alle darauf hinaus, daß sich unter den Beratenden Ingenieuren weltweit eine recht einheitliche Berufsauffassung herausgebildet hat. Diese unterstützt die Weltbank und die regionalen Entwicklungsbanken kräftig in ihrem Bestreben nach effizienter und korrekter Abwicklung der von ihnen finanzierten Entwicklungsprojekte.

Im Frühjahr 1994 hat der FIDIC-Vorstand den für die Beschaffung Verantwortlichen der Weltbank ein Konzept vorgelegt, wie Beratende Ingenieure in den Entwicklungsländern unterstützt und gefördert werden sollten. Im Maßnahmenkatalog wurde auch vorgeschlagen, eine gemeinsame Arbeitsgruppe zu bilden mit der Aufgabe, Wege aufzuzeigen, wie die Korruption durch gemeinsame Anstrengungen wirksam bekämpft werden könnte. Denn für die FIDIC ist es offensichtlich, daß Korruption den Aufbau lokaler Ingenieurkapazitäten in den Entwicklungsländern stark hemmt. Leider haben die Verantwortlichen der Weltbank eher verärgert auf den Vorstoß der FIDIC reagiert; er ist offenbar als Einmischungsversuch in ihre Arbeit empfunden worden. Die gewünschte Arbeitsgruppe konnte nicht gebildet werden. Ein Lichtblick allerdings ist die Tatsache, daß dieselben Vertreter der Weltbank am oben erwähnten Workshop über Korruption in Istanbul im Herbst 1995 teilgenommen und engagiert mitdiskutiert haben. Es ist ganz offensichtlich, daß die in Abschnitt 4.2 beschriebenen Verhaltensregeln von Beratenden Ingenieuren nur dann befolgt werden können, wenn sie dabei von den kreditgebenden Internationalen Finanzinstituten volle Unterstützung erhalten. Die FIDIC wird nicht müde im Bestreben, diese absolut notwendige Unterstützung auch zu erlangen. Die Weltbank und mit ihr alle Internationalen Finanzinstitute müßten klare Zeichen setzen, daß sie Korruption nicht dulden. Es genügt nicht, nur Regeln für den transparenten internationalen Wettbewerb aufzustellen (**International Competitive Bidding**). Vielmehr sind die Internationalen Finanzinstitute unserer Meinung nach verpflichtet, dafür zu sorgen, daß diese Regeln auch eingehalten werden. Das bedingt, daß sie unbürokratisch, aber wirksam überprüfen, ob die Kreditnehmer die zur Verfügung gestellten Mittel ihrem Zweck entsprechend verwenden. Konsequente Sanktionen sind dort angezeigt, wo Korruptionsfälle entdeckt werden. **Kreditsperre** für Länder, deren öffentliche Entscheidungsträger korrupt handeln, oder Ausschluß von weiteren Aufträgen an Ingenieure, Unternehmer und Lieferanten, welche Korruption begünstigen, sind denkbare Maßnahmen.

5. Führen diese Lösungsansätze zum Ziel?

5.1. Sind die Anforderungen an das Verhalten der Mitglieder zu hoch gesteckt?

Die Vorschläge des FIDIC-Vorstandes haben einen Meinungsstreit innerhalb der FIDIC-Mitgliedschaft ausgelöst. Der weltweit äußerst hart geführte wirtschaftliche Konkurrenzkampf und die damit verbundene Neigung, kurzfristig zu denken, wirken den Bemühungen des Vorstandes entgegen.

Maßgebende Mitglieder von Mitgliederverbänden der FIDIC empfinden die vom Vorstand postulierte Politik als eine zu starke Einschränkung ihrer Handlungsfreiheit. Sie sehen sich benachteiligt gegenüber andern Bewerbern, die diesen strikten Verhaltensregeln nicht unterworfen sind. Sie argumentieren, die FIDIC müßte alles daran setzen, ihren Mitgliedern Wettbewerbsvorteile zu verschaffen, statt sie im Wettbewerb zu behindern. Einige erwägen den Austritt aus der FIDIC, falls der Vorstand seine Absichten auch wirklich durchsetzen sollte. Da scheiden sich die Geister!

Es ist offensichtlich, daß laues Verhalten nichts bringen kann. Nur absolute Konsequenz führt zum Ziel. Wie kann ein Beratender Ingenieur, der durch Bestechung zu seinem Auftrag gekommen ist, später seine Stimme erheben, wenn er im Laufe der Projektabwicklung weitere Unregelmäßigkeiten feststellt? Aber nur eine starke Marktstellung – kombiniert mit dem Willen zu absolut sauberer Geschäftsführung – ermöglicht die notwendige Konsequenz. Machen wir uns keine Illusionen. Nur eine Minderheit der Mitglieder ist zu solch konsequentem Verhalten fähig und gewillt. Und die Sanktionsbereitschaft und die Sanktionsmöglichkeiten der Mitgliederverbände gegenüber anders Handelnden sind beschränkt.

5.2. Ein freiwilliger Ehrenkodex?

Die bereitwillige Minderheit ist doch beträchtlich. Sie muß mit allen Mitteln unterstützt werden. Die FIDIC sollte die Möglichkeit prüfen, für diese Minderheit einen strikten Ehrenkodex gegen Korruption zu formulieren. Mitglieder einer solchen FIDIC-Untergruppe, bei der ein freiwilliger Beitritt möglich wäre, müßten ihre Zugehörigkeit auch vermarkten können. Falls Zweifel darüber bestehen sollten, ob die Mitgliederverbände auch wirklich bereit sind, Verstösse gegen die in Abschnitt 4.2. formulierten Verhaltensanforderungen an ihre Mitglieder zu ahnden, wäre die auf Freiwilligkeit basierende Lösung glaubwürdiger und der Sache dienlicher.

Die Initiative von Transparency International, sogenannte »Inseln der Integrität« zu bilden, muß deshalb unterstützt werden. Der heutige Marktnachteil integrer Firmen würde auf solchen Inseln zum Marktvorteil umschlagen!

6. Schlußbemerkung – Ein optimistischer Ausblick

Korruption ist ein Thema, über das man heute offen spricht. Vielerorts, nicht zuletzt auch innerhalb der Weltbank, hat man das Wort und die damit zusammenhängenden Erscheinungen zu lange verdrängt. Wo ein Problem offen auf den Tisch gebracht wird, besteht berechtigte Aussicht darauf, daß man auch nach Lösungen sucht.

Korruption ist eine äußerst **komplexe** Erscheinung. Es gibt keine Patentlösungen dagegen. Nur wenn man sie von allen Seiten angeht, kann sie erfolgreich bekämpft werden.

Die FIDIC kommt nicht darum herum, ihren Beitrag dazu zu leisten. Der Vorstand hat erkannt, daß Korruption allen Grundsätzen zuwiderläuft, welche die FIDIC seit über 80 Jahren vertritt. Er wird klar unterscheiden müssen zwischen den kurzfristigen Geschäftsinteressen der Mitglieder und dem Einstehen für transparente, faire und qualitätsbezogene Wettbewerbsregeln und -verfahren, die für das langfristige Gedeihen des Berufsstandes entscheidend sind. Der FIDIC-Vorstand wird auch da seine Führungsrolle gegenüber den Mitgliedern wahrnehmen.

Literaturempfehlungen

Die erwähnten Publikationen: »FIDIC Code of Ethics« und »FIDIC Policy Statement on Corruption« sind erhältlich beim:
FIDIC Secretariat
Tel. +41 21 654 44 15
P. O. Box 86
Fax +41 21 653 54 32
CH-1000 Lausanne 12, Switzerland   E-Mail: fidic.pub@pobox.com

2. Nationale Wirtschaftsorganisationen

2.1. Empfehlungen für die gewerbliche Wirtschaft zur Bekämpfung der Korruption in Deutschland.................................... 269
Ludolf-Georg von Wartenberg

2.2. »Wie halten wir unser Haus sauber?« – Bekämpfung der Korruption aus Sicht der Wirtschaft 275
Thomas Pletscher

2.1. Empfehlungen für die gewerbliche Wirtschaft zur Bekämpfung der Korruption in Deutschland
Ludolf-Georg von Wartenberg

1. Einleitung – Vorbeugen statt Bestrafen

Spektakuläre Berichte über einzelne Korruptionsfälle erregen Aufmerksamkeit und lenken davon ab, daß Millionen Kaufleute, Unternehmen und Angestellte Waren produzieren, Dienstleistungen erbringen und Aufträge erfüllen, ohne in Konflikt mit Gesetzen oder in die Grauzone des Undurchsichtigen zu geraten. Einzelne Korruptionsfälle schaden nicht nur den Unternehmen, die in sie verwickelt sind, sondern beeinträchtigen auch das Ansehen der deutschen Wirtschaft insgesamt. Es liegt daher im Interesse der Kaufleute, sowohl der Korruption als auch ihren negativen Begleiterscheinungen entgegenzutreten. Die Seriosität des Geschäftsverkehrs hat ihren eigenen Wert, der Wirkungen auf die Ertragskraft der Unternehmen hat. Fairer Wettbewerb ist genauso wichtig wie die Integrität des Staates, die durch die Bestechung seiner Amtsträger sowie durch die Annahme von unzulässigen Geschenken und Zahlungen unterminiert wird. Der Wirtschafts- und Industriestandort Deutschland kann sich Korruptionsskandale nicht leisten. Sie beeinträchtigen auch das Bild der deutschen Unternehmen in anderen Ländern. Gerade das Auslandsgeschäft ist für deutsche Unternehmen wichtig, wie das hohe Exportvolumen von Waren und Dienstleistungen zeigt.

Es ist notwendig und richtig, das rechtliche Instrumentarium einschließlich des Strafrechts zur Bekämpfung der Korruption einzusetzen. Den Unternehmen ist jedoch mehr daran gelegen, korruptem Verhalten vorzubeugen als nachträgliche Schadensbegrenzung zu betreiben. Die spätere Bestrafung von Tätern gleicht den durch Korruption verursachten Ansehens- oder Geschäftsverlust ohnehin nicht wieder aus. Bestehende Schadenersatzansprüche sind nicht realisierbar. Folglich müssen die Unternehmen selbst Maßnahmen ergreifen oder intensivieren, um den Schadenseintritt zu verhindern. Der Bundesverband der Deutschen Industrie e. V. (BDI) hat daher bereits 1995 eine Empfehlung für die gewerbliche Wirtschaft zur Bekämpfung der Korruption in Deutschland ausgearbeitet und veröffentlicht. Sie enthält nicht nur Vorschläge zu innerbetrieblichen Schutz- und Kontrollmaßnahmen, sondern auch Grundsätze zum einwandfreien Geschäftsverkehr. Vertragspartner und Wettbewerber müssen ethische Grundsätze beachten und sich selbst anspruchsvolle Wertmaßstäbe setzen, die die Rechtsregeln ergänzen.

2. Eigeninitiative in Wirtschaft und Verwaltung

Bei der Erarbeitung der Empfehlungen hat der BDI bereits vorhandene Ethik-Kataloge und Kenntnisse aus der Praxis verwertet. Die Empfehlungen haben breite Resonanz gefunden. Nicht nur Unternehmen haben sie aufgegriffen, sondern auch Behörden. Auf der Grundlage der BDI-Vorschläge haben Unternehmen eigene Verhaltenskodizes geschaffen und vorhandene ergänzt. Damit haben sie sich unabhängig von ihrer Größe, ihrer Struktur und ihrer Stellung als Auftragnehmer oder Auftraggeber klar von unlauteren Geschäftspraktiken abgegrenzt und mit ihrem Verhalten gezeigt, daß sie der Bekämpfung aller Arten von Bestechung und Bestechlichkeit einen hohen Rang einräumen und daß ethische Anforderungen auch in der Wirtschaft Gültigkeit haben. Sie haben nicht auf Maßnahmen des Staates verwiesen, sondern selbst die Bekämpfung der Korruption in die Hand genommen.

Es ist klar, daß der Staat auf der Grundlage der weitreichenden gesetzlichen Bestimmungen gegen Korruption und gegen unlauteren Wettbewerb mit Behörden und Gerichten starke Instrumente im Kampf gegen die Korruption einsetzen kann. Es ist jedoch nicht angezeigt, diese Aufgabe dem Staat allein zu überlassen. Vielmehr muß innerhalb einer Gesellschaft durch Vorbild, Erziehung und Überzeugungsarbeit ein Klima geschaffen werden, das den Verfall von Wertvorstellungen stoppt. Gleichzeitig muß die allgemeine Überzeugung gefestigt werden, daß der Wettbewerb um Aufträge und Kunden durch Leistung gewonnen werden muß, nicht durch Geschenke und Sonderzahlungen. Der Bruch ethischer Grundsätze, die Begehung strafbarer Handlungen und Wettbewerbsverzerrungen dürfen nicht toleriert werden. Durch die Korruption werden darüber hinaus Mittel verschwendet und überflüssige Kosten verursacht. Auf das Kostenargument will und soll sich die Wirtschaft jedoch nicht beschränken. Es ist ihr daran gelegen zu verdeutlichen, daß die Korruption als wirtschaftliches Hilfsmittel nicht akzeptabel ist und von der Gesellschaft abgelehnt wird.

Inzwischen sind auch im Bereich der Verwaltung Richtlinien und Verwaltungsanweisungen ergangen, die sich an den Empfehlungen des BDI orientieren. In den Behörden wird aufgefordert, Handlungs- und Prüfungsfunktionen zu trennen, in sensiblen Bereichen wechselnde Kontrollmechanismen anzuwenden und die Beschäftigten durch Information und Schulung zum fairen Verhalten innerhalb der Behörde sowie im Verhältnis zum privaten Auftragnehmer anzuhalten. Ethikmanagements mit Verhaltensstandards und Werteprogrammen werden auch in der öffentlichen Verwaltung praktiziert.

3. Gesetze

Gesetze sind wichtig, Fairneß ist besser. Gesetzliche Regelungen tragen in Deutschland ganz wesentlich dazu bei, daß die Zahl der Korruptionsfälle gering ist und trotz aller Befürchtungen kein über die sonstige Kriminalität hinausgehender Anstieg zu verzeichnen ist. Dennoch hat die Regierung ein umfangreiches Programm zur Verschärfung der bestehenden Sanktionen im öffentlichen und privaten Sektor vorgelegt:

- Gesetze zur Verschärfung der Korruptionstatbestände, zur Kontrolle der Nebentätigkeiten und Einkünfte von Beamten sowie für zusätzliche Strafverfolgungsmaßnahmen sind 1997 verabschiedet worden.

- Unzulässige Preisabsprachen werden jetzt ebenfalls als Straftaten und nicht nur als Ordnungswidrigkeiten verfolgt.

- Durch die Änderungen im Dienstrecht der Beamten und durch neue Begrenzungen der bezahlten Tätigkeit von Beamten neben ihren dienstlichen Aufgaben sind zusätzliche Kontrollen im öffentlichen Dienst eingeführt worden.

- Europäische und internationale Übereinkommen gegen die Korruption werden in Deutschland zügig ratifiziert.

Dies alles hat das Staatsinstrumentarium verschärft. Die neuen Instrumente werden auch bereits eingesetzt. Dennoch sei unterstrichen, daß die Formulierung von fairen Verhaltensweisen im Umgang mit Geschäftspartnern und Behörden und die Information hierüber weiter von Unternehmen betrieben wird, damit es im alltäglichen Geschäftsleben nicht zu Fehlverhalten kommt und korrupte Aktivitäten verhindert oder schnell erkannt und ausgeschaltet werden.

4. Inhalt der Empfehlungen

Die Unternehmen in Deutschland wollen den Leistungswettbewerb auf lautere Art und Weise gewinnen. In der sozialen Marktwirtschaft, die die freie unternehmerische Tätigkeit zusammen mit sozialem Ausgleich garantiert, müssen ethische Grundsätze und fairer Wettbewerb herrschen. Die Rechtsordnung muß strikt beachtet werden. Korruption darf sich nicht in den Wettbewerb einschleichen. Dies ist gemeinsame Auffassung der Unternehmen, so daß dies der Ausgangspunkt der BDI-Empfehlungen ist.

Es folgen der Aufruf, sieben Grundsätze einzuhalten sowie Vorschläge zur internen betrieblichen Organisation und zu Kontrollen, die der Korruption keine Chance geben sollen. Ergänzend können Verhaltenskodizes die Maßnahmen des Unternehmens zur Korruptionsbekämpfung verdeutlichen. Auf die Beschreibung des komplexen Bereichs der Zusammenarbeit von Wirtschaft und Sicherheitsbehörden bei Prävention und Strafverfolgung verzichtet das Empfehlungspapier, obwohl sie in der Praxis eine Rolle spielen. Es bleibt jedem Unternehmen überlassen, hierzu die für sich brauchbaren Handlungsanweisungen für den Fall des Falles vorzusehen.

4.1. Grundsätze

❑ **Moral und Gesetz sind einzuhalten**

Das Unternehmen und seine Beschäftigten leben vom Gewinn. Der unternehmerische Erfolg ist ihr Ziel. Er spornt zu neuen Leistungen an. Eine moralische Einstellung wird hierbei genauso verlangt wie in anderen Bereichen. Es ist selbstverständlich, daß die geltenden Gesetze im In- und Ausland bei geschäftlichen Entscheidungen und bei ihrer Verwirklichung zu berücksichtigen sind. Es muß klargestellt werden, daß jeder Beschäftigte bei bewußten Verstößen – ungeachtet strafrechtlicher Folgen – im Unternehmen zur Verantwortung gezogen wird und daß ihn arbeitsrechtliche Maßnahmen bis zur fristlosen Entlassung treffen können.

❑ **Vorbild der Unternehmensleitung**

Die Unternehmensleitung muß mit gutem Beispiel vorangehen. Sie muß selbst klare Regeln einhalten und auf diese Weise das Verhalten der Beschäftigten positiv prägen. Auch wer vor Rechtsbrüchen und Umgehungen die Augen verschließt, wird kaum erwarten können, daß Richtlinien oder Anordnungen mit Sanktionen und Kontrollen im Unternehmen akzeptiert werden. Das persönliche Engagement der Geschäftsleitung gegen die Korruption wird dagegen als deutlicher Hinweis für alle übrigen Personen im Unternehmen wirken, die Regeln des fairen Wettbewerbs einzuhalten.

❑ **Umgang mit Zulieferern und Abnehmern**

Der Zulieferer muß auf wettbewerblicher Basis ausgewählt werden. Preis, Leistung, Qualität und die Eignung des Produkts oder der Dienstleistung müssen für den Zuschlag entscheidend sein. Schmiergelder machen das Produkt nicht besser. Sie sind ein grober Wettbewerbsverstoß, der nicht toleriert werden darf. Notfalls muß der Vertragspartner gewechselt werden.

❑ **Geschenke und sonstige Zuwendungen**

Geschenke und Zuwendungen gehören zum menschlichen Zusammenleben und sind damit auch im Geschäftsleben vorhanden. Wo die Grenzen der zulässigen Geschenke liegen, muß das Unternehmen jedoch deutlich klarmachen. Wertmäßig sollen sie so gestaltet sein, daß ihre Annahme vom Empfänger nicht verheimlicht werden muß und daß er nicht in eine verpflichtende Abhängigkeit gedrängt wird. Beim Geber und Nehmer muß jede Unredlichkeit und Unkorrektheit schon dem Anschein nach vermieden werden. Soweit Verhaltenskodizes Grenzwerte angeben, können sie nur äußerst niedrig sein. Dies gilt sowohl für Geschäftspartner aus anderen Unternehmen als auch für öffentliche Auftraggeber, also für Geschäftspartner aus Behörden.

❑ **Trennung zwischen geschäftlichen und privaten Aufwendungen**

Geschäftliches und Privates immer zu trennen, ist schwierig. Dennoch sollte jeder Geschäftspartner Vermischungen vermeiden und vor allem die Kosten für Geschenke oder Bewirtungen privat übernehmen. Je höher die Position im Unternehmen, desto mehr wird dies zur Pflicht.

❑ **Keine privaten Aufträge an Geschäftspartner**

Die Beauftragung eines Geschäftspartners für private Zwecke kann zu Interessenkollisionen führen. Deswegen sollten Unternehmensangehörige auch hier klar trennen und von solchen Aufträgen im Privatbereich Abstand nehmen.

❑ **Nebentätigkeiten oder Kapitalbeteiligungen**

Unternehmensangehörige müssen vertraglich verpflichtet werden, daß Nebentätigkeiten und Kapitalbeteiligungen nicht zum Nachteil des Unternehmens ausgenutzt werden, soweit dies nicht schon kraft Gesetzes gilt. Das Unternehmen muß hier eine klare Übersicht haben. Vertrauliches Insiderwissen darf nicht mißbraucht werden.

4.2. Innerbetriebliche Organisationsmaßnahmen

Vorübergehende Maßnahmen gegen Korruption müssen nicht nur in Verträgen und betrieblichen Verhaltenskodizes festgelegt werden, sondern auch durch **Aus- und Fortbildungsmaßnahmen** intensiviert werden. Das Empfinden für korrektes Verhalten im Geschäftsleben muß bei den Betriebsangehörigen durch Informations- und Schulungsveranstaltungen gestärkt werden. Deutliche schriftliche Hinweise und Belehrungen sind in korruptionsgefährdeten Bereichen wie Einkauf und Vertrieb ein wichtiges Mittel. Die Personalrotation kann in diesen gefährdeten Bereichen Korruption im Ansatz verhindern. Sie muß aber mit Vorsicht praktiziert werden. Ferner muß klargemacht werden, daß die Versetzung ein Organisationsmittel und keine Diskriminierung des Versetzten ist. Mit Hilfe lückenloser Dokumentation, der Mitwirkung mehrerer Personen an einer Aufgabe sowie mit der Trennung von Handlungs- und Prüfungsfunktionen können Unkorrektheiten im Auftrags- und Lieferwesen vermieden oder frühzeitig erkannt werden. Einseitige Abhängigkeiten gegenüber Vertragspartnern sind weniger wahrscheinlich, wenn regelmäßig unterschiedliche Angebote eingeholt werden. Dies ist schon aus wirtschaftlichen Erwägungen zweckmäßig. Die mögliche Lieferantenalternative erleichtert aber auch eine Trennung vom Vertragspartner, wenn es wegen unlauterer Geschäftspraktiken unumgänglich wird.

4.3. Kontrolle

Eigenverantwortung und vertrauensvolle Zusammenarbeit fördern die Produktivität. Der Kriminelle nutzt aber gerade Vertrauen und Gutgläubigkeit aus. Deswegen sind Kontrollen notwendig. Um die Kosten gering zu halten, kann mit stichpunktartigen Kontrollen gearbeitet werden. Die **Interne Revision** kann auch dazu beitragen, rechtswidrige Handlungen wie Bestechung, Bestechlichkeit, Vorteilsannahme, Betrug oder Untreue aufzudecken. Sie sollte gestärkt und zur präventiven Prüfung eingesetzt werden, damit diese Straftaten gar nicht erst begangen werden können. Neben ihren Prüfungsaufgaben sollte sie auch Beratungsaufgaben wahrnehmen und dadurch die Beschäftigten des Unternehmens konstruktiv unterstützen. Mit dem Werkschutz sollte sie sinnvoll zusammenarbeiten. Zur besseren Effektivität kann eine Anbindung der Internen Revision an die Unternehmensleitung erfolgen. Dies unterstreicht die Verantwortlichkeit dieses Personenkreises für das Unternehmen. Schließlich könnten durch eine betriebsinterne Freistellung von arbeitsrechtlichen Konsequenzen im Unternehmen Anreize zur Offenbarung von Unkorrektheiten und damit zur Schadensbegrenzung geschaffen werden.

5. Schlußbemerkung

Der Bundesverband der Deutschen Industrie e. V. (BDI) ist bereits 1995 an die Öffentlichkeit getreten und hat deutlich gemacht, daß die deutschen Unternehmen Korruption in jeder Form ablehnen. Sie schadet dem Wirtschafts- und Industriestandort Deutschland und muß verhindert werden. Noch bevor weitere Antikorruptionsgesetze konzipiert und verabschiedet wurden, hat der BDI Geschäftsführungen und Vorständen der gewerblichen Wirtschaft Maßnahmen zur Bekämpfung der Korruption in Deutschland empfohlen. Es sollen nicht nur die gesetzlichen Regeln beachtet werden, sondern auch faire Spielregeln. Sie sind in den Betrieben und im Umgang mit Geschäftspartnern unverzichtbar und wesentlich für den guten Ruf und den Erfolg der Unternehmen. Daher werden auch Grundsätze zum vorbildlichen Verhalten im Geschäftsverkehr aufgestellt, Vorschläge zur innerbetrieblichen Organisation gegen korruptes Verhalten gemacht und Kontrollen gegen unlautere Praktiken empfohlen. Die Unternehmen haben in großer Zahl die Empfehlungen angefordert und bei sich umgesetzt.

2.2. »Wie halten wir unser Haus sauber?« – Bekämpfung der Korruption aus Sicht der Wirtschaft
Thomas Pletscher[1]

1. Einleitung

Unbestrittenermaßen ist die Korruption ein Übel im Wirtschaftsverkehr und leider – nicht nur in der Dritten Welt – sehr weit verbreitet. Für eine adäquate Bekämpfung aber sind Moralismus oder Fanatismus schlechte Ratgeber. Gefragt sind vielmehr eine nüchterne Analyse und ein koordiniertes Vorgehen aller involvierten Kreise. Der absehbar lange Weg zu konkreten Resultaten darf nicht entmutigen. Es wäre aber ein gravierender Irrtum, zu meinen mit einigen demonstrativen Handlungen, gleichsam mit dem Umschlagen einer Seite, eine heile Welt zu erreichen. Entscheidend ist vielmehr eine gesamtheitliche Betrachtungsweise. Völlig verfehlt und keineswegs der Lösung des Problems dienlich wäre es, wenn man nur vom Bild des »bösen« Unternehmens oder des »finsteren« Geschäftsmannes ausgehen würde, der nichts anderes im Sinne hat, als möglichst viel Bestechungsgelder zu verteilen. Die Unternehmen haben vielmehr ein ureigenes Interesse, »ihr Haus« (das heißt ihre Betriebe) und ihr »Umfeld« (das heißt die Staaten und Gesellschaftssysteme, in denen sie operieren) korruptionsfrei zu halten.

2. Korruption als vielfältiges und verbreitetes Phänomen

Korruption gehört zu den ältesten Wirtschaftsproblemen und tritt in den vielfältigsten Formen auf. Entsprechend breit sind die Definitionen. Es geht aber immer um den Mißbrauch einer – oft nur sehr punktuellen – Machtposition zur Erlangung eines privaten bzw. persönlichen ungerechtfertigten Gewinnes oder unlauteren (in der Regel materiellen) Vorteils zu Lasten eines Dritten oder der Allgemeinheit ohne Erbringung einer entsprechenden eigenen Leistung. Letztlich verletztes Rechtsgut ist das Allgemeinwohl. Das Phänomen der Korruption ist dabei keineswegs nur auf Entwicklungsländer oder auf den Mißbrauch einer öffentlichen Stellung beschränkt. Vielmehr tritt es auch in Industrieländern und zwischen privaten Unternehmen auf.

Richtigerweise wird zwischen verschiedenen Arten der Korruption unterschieden. Dabei sind die Grenzen zwischen den einzelnen Kategorien fließend. Alle

---

[1] Der vorliegende Artikel gibt die persönliche Meinung des Autors und nicht notwendigerweise diejenige der angeführten Organisationen wieder.

Formen sind verwerflich, wenn sie auch in ihren Auswirkungen unterschiedlich sind und die Ansätze für die Bekämpfung differenziert angegangen werden müssen. Andererseits muß aber auch vermieden werden, den Begriff Korruption allzuweit auszudehnen und bereits alle Transaktionen miteinzubeziehen, welche nicht auf objektiven Kriterien, sondern etwa aufgrund genereller Beziehungen getätigt werden. Dies führt zu einer Verwässerung des Begriffs und erschwert eine zielgerichtete Bekämpfung.

> Unterschieden werden etwa folgende Arten der Korruption im engeren Sinne:
>
> ❑ »Große Korruption«
> Hier geht es um die Zahlung großer Beträge oder die Gewährung erheblicher Vorteile für den Erhalt eines Großauftrages. Teilweise ist es dabei sogar fraglich, ob der bezahlende Auftraggeber, d. h. meist letztlich die Öffentlichkeit eines Landes, tatsächlich ein echtes Interesse am entsprechenden Auftrag hat oder ob er nicht nur der Befriedigung der persönlichen Interessen oder des Prestiges der mit dem Auftrag verbundenen Personen dient.
>
> ❑ »Schmiergeldzahlungen«
> Ein Beamter oder ein Angestellter verlangt für die Erlangung einer geschuldeten und legalen Leistung eine – vergleichsweise – kleine Zahlung oder Gegenleistung.
>
> ❑ »Für den Erhalt von Geschäften«
> Teilweise wird die Definition von Korruption auf den Erhalt von Geschäften, d. h. der Schaffung von Umsatz durch den Bestechenden, beschränkt. Diese Definition schließt sowohl Schmiergeldzahlungen wie auch die Justiz- oder Steuerbestechung aus.[2]
>
> ❑ »Privatbestechung«
> Die Bestechung erfolgt im Zusammenhang mit einer Transaktion zwischen zwei Privatunternehmen. Geschädigte sind die Eigentümer der betroffenen Unternehmen wie auch deren Geschäftspartner inklusive der Arbeitnehmer.
>
> ❑ »Parteien- oder Wahlfinanzierung«
> Als Bestechung wird teilweise auch die Verletzung von Vorschriften über Parteien- oder Wahlfinanzierung aufgefaßt. Inwieweit dies zu Recht zum Phänomen der Korruption zu zählen ist, hängt auch von den betreffenden politischen Systemen ab. Korruption ist vor allem dann gegeben, wenn auf diesem Wege ein tatsächlicher, namhafter Einfluß auf einzelne Aufträge oder auf spezifische Handlungen genommen werden kann.

---

2 So etwa bei der OECD-Konvention von 1997.

Sehr häufig tritt Korruption im Verbund mit anderen Delikten wie Urkundenfälschung, Verletzung von Buchführungspflichten, Betrug oder Steuervergehen auf. Besonders große Ausmaße nimmt sie im Verbund mit dem organisierten Verbrechen an. Die Gründe für die Korruption sind im Einzelfalle ebenfalls vielfältig. Sie lassen sich aber auf vier sich gegenseitig beeinflussende Hauptursachen zurückführen:

- ❏ den individuellen Bereicherungswillen
- ❏ die Gelegenheiten durch Schaffung von Machtpositionen
- ❏ ungenügende Kontrollen und Sanktionen
- ❏ gegenseitige Abhängigkeiten

Effiziente Bekämpfung von Korruption muß somit parallel auf all diesen Ebenen ansetzen. Nur ein koordiniertes Vorgehen auf der zahlenden (Angebotsseite) wie auf der empfangenden Seite (Nachfrageseite) mit Einbezug aller Intermediäre und Verfahren kann langfristig zum Ziel führen. Alle anderen Bemühungen erschöpfen sich letztlich in Symptombekämpfung.

3. Beurteilung aus Sicht der Wirtschaft

Die Wirtschaft ist seit alters mit dem Phänomen der Korruption konfrontiert. Die Absicht, sich persönlich zu bereichern und seinen eigenen Wohlstand zu mehren ist letztlich ein menschliches Phänomen, welches auf den individuellen Überlebenstrieb im Wettbewerb zurückgeführt werden kann. Fehlt es an der notwendigen wirtschaftlichen Eigenkontrolle, pervertiert dieser Wettbewerbsgedanke.[3] Die grenzüberschreitenden Tätigkeiten – nicht erst eine Erscheinung der letzten Jahre – haben dazu geführt, daß unterschiedliche Kulturen mit unterschiedlichen Usanzen und Gebräuchen eng miteinander konfrontiert werden und die großen Unterschiede gerade in den Wirtschaftspotentialen häufiger zu Mißbräuchen führen.

Aus Sicht der Unternehmen bedeutet Korruption zunächst eine Erhöhung der Marktzugangskosten. Schon aus diesem betriebsökonomischen Grund ist das Phänomen abzulehnen. Wichtiger als dieser sehr enge Aspekt sind aber die grundsätzlichen Gesichtspunkte. Aus Sicht der Wirtschaft ist Korruption – verstanden als Machtmißbrauch zu ungerechtfertigtem persönlichen Gewinn oder Vorteil – vor allem aus folgenden Aspekten in allen Fällen und ungeachtet allfälliger Usan-

---

3 Vgl. zur wirtschaftsethischen Beurteilung Ulrich, P.: Integrative Wirtschaftsethik, 2. Aufl., Bern 1998, S. 322 ff.

zen und unterschiedlicher Kulturen problematisch und muß daher entschieden bekämpft werden:

> ❏ Korruption **verzerrt den Wettbewerb**. An die Stelle des Leistungskriteriums wird eine finanzielle oder andere ungerechtfertigte Leistung für die Wahl eines Produktes oder einer Dienstleistung entscheidend. Die Nutzer bezahlen einen zu hohen Preis und erhalten ein schlechteres Produkt oder eine schlechtere Leistung. Die Differenz fließt als ungerechtfertigter Profit in die private Tasche des Bestochenen, ohne daß er eine äquivalente eigene Leistung erbracht hätte. Der Marktzutritt für leistungsfähigere Konkurrenten wird drastisch behindert. Diese Mißwirtschaft kann in extremen Fällen zum Zusammenbruch ganzer Wirtschaftszweige oder gar Volkswirtschaften führen.[4]
>
> ❏ Korruption **zerstört das Vertrauen** in alle betroffenen Strukturen. Die gefestigten und allgemein gültigen Regeln werden im Einzelfalle gebrochen, um einen ungerechtfertigten Entscheid zu erlangen. Dies gilt insbesondere für den öffentlichen Bereich, namentlich die Verwaltung aber auch Behörden. Drittparteien kommen sich betrogen vor und fühlen sich ungerecht und willkürlich behandelt. Investitionen in korruptem Umfeld sind risikobehaftet und werden gemieden. Korruption zerstört aber auch das Vertrauen innerhalb der Unternehmen, sowohl derjenigen welche bestochen werden wie letztlich auch derjenigen welche bestechen.
>
> ❏ Korruption kann das **Ansehen** eines Unternehmens in der **Öffentlichkeit** und bei den Geschäftspartnern nachhaltig **schädigen**, selbst wenn die Vorwürfe bei einer näheren Prüfung nicht standhalten. Besonders negativ wirkt sich dies auf Unternehmen aus, welche in besonderem Maße auf das Vertrauen in ihre Leistungen angewiesen sind, wie Prüfungsgesellschaften, Berater oder Finanzinstitute.
>
> ❏ Korruption bedeutet langfristig für Unternehmen eine unproduktive **Verschwendung** von eingesetzten Mitteln, selbst wenn kurzfristig dadurch Umsätze gesteigert werden können.

Diese negativen Aspekte treten bei allen Formen der Korruption ein. Besonders negativ wirkt sich allerdings die »große« Korruption aus. Entsprechend muß bei dieser der erste Hebel für die Bekämpfung angesetzt werden.

Ein Unternehmen kann sich aber nicht alleine gegen dieses Phänomen stellen, wenn sich korrupte Praktiken in seinen Geschäftsfeldern etabliert haben.

---

4 So ist die sogenannte »Asienkrise« von 1997 nicht zuletzt auf Korruptionsverhältnisse in den besonders betroffenen Ländern zurückzuführen.

Für die Unternehmen ist entscheidend, daß nicht durch die Bekämpfung der Korruption neue Ungleichheiten entstehen. Entsprechend müssen sich alle Bemühungen für die wichtigsten Konkurrenten – gerade auch solchen aus anderen Ländern – gleich auswirken, da sonst die nicht betroffenen Unternehmen einen Konkurrenzvorteil genießen würden. Ferner muß auch die Verhältnismäßigkeit gewahrt werden. Bei allem Verständnis für angemessene Schritte gegen die Korruption darf eine normale Geschäftsabwicklung nicht ungebührlich behindert werden. Dies betrifft vor allem die Forderung nach zusätzlichen Kontrollmechanismen oder neuen Transparenz- oder Meldepflichten.[5]

4. Frage der Nachfrageseite

Die Nachfrage nach Bestechungsgeldern ist sehr groß. In zahlreichen Fällen, wenn nicht in praktisch allen Korruptionsfällen, ist die mehr oder minder explizite Forderung von Bestechungsgeldern seitens des späteren Empfängers die Wurzel der Bestechung.[6] Dabei darf der Blick nicht zu eng auf explizite Erpressungen im strafrechtlich juristischen Sinne gerichtet werden. Vielmehr erfolgen solche »Forderungen« in aller Regel sehr verhüllt. Besonders häufig ist dies in Verbindung mit einem großen Wohlstandsgefälle. Hier findet sich verbreitet auch eine »moralische Rechtfertigung« gerade in der Dritten und Vierten Welt: *Die reichen Unternehmen sollen mit der Leistung zusätzlicher Zahlungen an – schlecht entlöhnte – Beamte zur Mitfinanzierung des Staates beitragen.*

Die Bekämpfung der Nachfrageseite muß prioritär in die Strategie miteinbezogen werden, will man dem Phänomen Korruption effektiv und nicht nur symbolisch des guten Images wegen beikommen. Dabei kann es nicht darum gehen, Bestechenden im Sinne einer Entschuldigung Entlastung und Schutz vor strafrechtlicher Verfolgung zu bieten. Notwendig ist es aber, Mechanismen aufzubauen, um der Forderung wie der Entgegennahme von Bestechungsgeldern einen Riegel vorzuschieben. Präventiv müssen Ansatzpunkte für Korruption auf der Empfängerseite dauerhaft minimiert und letztlich beseitigt werden.

Gestärkt wird die Nachfrageseite namentlich durch die Schaffung von Machtpositionen ohne adäquate Kontrollmechanismen. Daraus ergeben sich auch die wirkungsvollsten Ansatzpunkte für die Bekämpfung auf der Nachfrageseite:

❑ Alle tatsächlichen oder möglichen Machtpositionen müssen kritisch hinterfragt werden. Ein Beispiel ist die Elimination von Bewilligungs- und Geneh-

---

5 Diese dürfen etwa Geschäftsgeheimnisse offenlegen oder die Abwicklung von Transaktionen lähmen.

6 In einzelnen Branchen oder Aktivitäten haben sich eigentliche »Tarife« herausgebildet.

migungsverfahren, die nur einen geringen Nutzen bringen, die aber den entscheidenden Instanzen einen Entscheidungsspielraum ermöglichen. Deregulierung kann in diesem Sinne einen wichtigen Beitrag zur Eliminierung von Korruption bringen.

> ❑ Wirkungsvolle **interne Kontrollmechanismen**, aber auch Rotationsprinzipien erschweren die unentdeckte Entgegennahme von Bestechungsgeldern. Von großer Bedeutung sind der Wille und die Fähigkeiten der Justiz, gegen die Nachfrageseite vorzugehen.
>
> ❑ Effiziente **Meldemechanismen innerhalb von Verwaltungen** und Betrieben mit Einbezug von »whistle-blowers« fördern die Aufdeckung von Bestechungsfällen und wirken willkürlichen Entscheiden entgegen. In diesem Bereiche kommt einer freien Presseberichterstattung ein besonderes Gewicht zu.
>
> ❑ Gerade im heutigen internationalen Umfeld kommt der internationalen Zusammenarbeit bei Bekämpfung auf der **Nachfrageseite** vielleicht ein noch größeres Gewicht zu als bei der Verfolgung von bestechenden Unternehmen.

Viele dieser Maßnahmen sind in den mit »good governance« umschriebenen Bemühungen enthalten. Erfreulicherweise legen die internationalen Finanzinstitute vermehrtes Gewicht auf diesen Aspekt.[7] Hingegen ist die Zusammenarbeit unter den Staaten in diesem Bereich noch sehr unterentwickelt, da solche Bemühungen als Eingriff in die Souveränität abgelehnt werden. Notwendig ist es daher, die Staaten zu einer solchen Zusammenarbeit zu zwingen.

In der Wirtschaft wurde den notwendigen staatlichen Maßnahmen auf der Nachfrageseite in »Empfängerländern« noch wenig Aufmerksamkeit gewidmet. Solange die Bestechung ausländischer Beamter und Funktionäre nicht unter Strafe stand, bestand weniger Bedarf für besondere neue Mechanismen, sondern man stellte sich auf die Marktbesonderheiten ein. Anders ist dies etwa in den USA, welche mit dem FCPA seit zwanzig Jahren externe Bestechungen im eigenen Land verfolgen. Dort besteht ein eigentliches Schutzdispositiv für die eigenen Unternehmen.[8] Dieser Zusammenhang scheint in den übrigen Industrieländern – wenn überhaupt – nur sehr mangelhaft erkannt worden zu sein.

---

7 Etwa die Bemühungen der Weltbank und des Internationalen Währungsfonds; vgl. The World Bank: Helping Countries Combat Corruption, The role of the World Bank, September 1997.
8 Unternehmen können sich noch eine Bestätigung geben lassen, daß durch eine beabsichtigte Handlung so der FCPA nicht verletzt wird. In zahlreichen Fällen werden weniger die eigenen Unternehmen von der Strafverfolgung anvisiert als die ausländischen offiziellen, welche eine Bestechung fordern.

Mit der Einführung der Strafbarkeit der Bestechung ausländischer Beamter werden die Unternehmen auf ein ausgebautes Schutzdispositiv angewiesen sein. Dazu gehören

- ein Mechanismus, der über die Zulässigkeit einzelner Handlungen Klarheit schafft und
- eine **Unterstützung des Staates gegen erpressungsähnliche Forderungen** ausländischer Instanzen.

Gerade kleinere Staaten werden beim Aufbau solcher Instrumente auf eine enge Abstimmung mit andern Ländern angewiesen sein, da sie etwa anders als große Industrieländer in der Ausübung eines notwendigen wirtschaftlichen und politischen Druckes auf Empfängerstaaten nur sehr begrenzte Möglichkeiten haben. Es ist unverständlich, daß etwa in der OECD dieser Aspekt nur sehr zögerlich aufgenommen wird.[9]

Der Aufbau solcher Instrumente ist zugestandenermaßen sehr heikel. Besondere Schwierigkeiten bereitet der notwendige Schutz von Unternehmensgeheimnissen, aber auch der Nachweis von Handlungen auf der Nachfrageseite. Diese Schwierigkeiten dürfen aber kein Grund für Passivität in diesem Bereich sein.

5. Bestechung unter Privaten[10]

In der jüngsten Vergangenheit haben verschiedene Skandale von effektiver oder behaupteter Bestechung das Augenmerk der Öffentlichkeit darauf gelenkt, daß Korruption nicht auf den öffentlichen Bereich beschränkt ist. Allein schon die Privatisierung von bislang öffentlichen Betrieben zeigt, daß unter Privaten ein sehr großes Mißbrauchspotential besteht. Dessen sind sich auch die Unternehmen bewußt. Verschiedene betriebsinterne Richtlinien drohen bei Entgegennahme von Bestechungsgeldern ernsthafte Sanktionen an.[11]

Es ist aber nicht sachgerecht, die Bestechung unter Privaten einfach der Bestechung im öffentlichen Bereich gleichzustellen. Dies verbietet schon die unterschiedliche Rechtslage. Zudem sind die »Geschädigten« in differenzierter Art betroffen. Wohl geht es bei der Korruption im öffentlichen wie im privaten Bereich darum, daß finanzielle Mittel für private Gewinnsucht fehlgeleitet und miß-

---

9 In der Strafrechtskonvention von 1997 fand dieser Aspekt erst nach wiederholten Interventionen von Wirtschaftsseite und in der Präambel einen gewissen Niederschlag.
10 Entscheidend für die Unterscheidung ist nicht die juristische Rechtsform, sondern eine funktionale Betrachtungsweise.
11 Nicht selten wird ein Verstoß als ernsthafter Bruch der Treuepflichten gewertet und mit fristloser Entlassung geahndet.

braucht werden. In beiden Fällen wird das Vertrauen in ein ordnungsgemäßes Funktionieren der vorgesehenen Strukturen unterminiert. Dennoch bestehen klare und entscheidende Unterschiede:

> ❑ Im Gegensatz zum öffentlichen Bereich bestehen bei den Beziehungen unter Privaten weniger klar definierte und umschriebene **Pflichten**. Namentlich die Treuepflicht ist unterschiedlich. Hinter dem Handeln staatlicher Organe steht letztlich die Staatsmacht mit Sanktionsmöglichkeiten, Private hingegen können zur Erfüllung ihrer Aufgaben keine staatlichen Machtmittel beiziehen (andernfalls sind sie unter funktionalen Aspekten im Rahmen der vorliegenden Diskussion dem öffentlichen Bereich zuzuordnen), und mindestens theoretisch verfügt der Geschäftspartner über eine volle Freiheit, ein Geschäft zu tätigen oder nicht.
>
> ❑ Verschiedene versteckte Leistungen unter Privaten, wie etwa Rückvergütungen an Versicherungsmakler oder Werbeagenturen, aber auch übliche Trinkgelder etwa im Gastgewerbe können zwar unter dem Kriterium einer absoluten Transparenz kritisiert werden, sind aber berechtigte Abgeltungen für tatsächlich geleistete Dienste und entsprechen keiner unlauteren Beeinflussung.
>
> ❑ Bei Bestechung unter Privaten sind die direkt Geschädigten in aller Regel ein enger umschriebener Kreis. Zu den potentiell Geschädigten zählen insbesondere die Eigentümer (Aktionäre) eines Unternehmens, auch die Gläubiger inklusive der Arbeitnehmer. Bei einer Bestechung von Beamten ist grundsätzlich immer die gesamte Öffentlichkeit zusätzlich zu allenfalls direkt besonders betroffenen Geschäftskonkurrenten geschädigt.

Aus Sicht der Wirtschaft muß die Bestechung unter Privaten ebenfalls als schädliches Problem bekämpft werden. Auch hier wird Vertrauen in die Strukturen zerstört, das Spiel der Marktkräfte unterlaufen und tritt der private Eigennutz einzelner Angestellter oder einzelner Unternehmensorgane vor das Gesamtinteresse. Die freie Gestaltung privater Wirtschaftsbeziehungen, inklusive der Art der Leistungsabgeltung, ist aber ein Kernelement der Marktwirtschaft und darf nicht aufgegeben werden.

Die Bekämpfung muß aber den unterschiedlichen Problemkreisen Rechnung tragen. Die unterschiedliche Rechtslage und die Art des Phänomens sind im Gegensatz zur Bestechung im öffentlichen Bereich noch nicht genügend aufgearbeitet. Erst nach Erledigung dieser Hausaufgaben kann über die weiteren Schritte befunden werden. Voreilige Rufe nach zusätzlichen staatlichen Kriminalsanktionen[12] sind daher verfehlt.

6. Bekämpfung der Korruption

Nachdem es sich bei der Korruption um ein sehr altes und sehr vielschichtiges Anliegen handelt, können keine raschen umfassenden Resultate der Bekämpfungsmaßnahmen erwartet werden. Dauerhafte Ergebnisse können nur in geduldiger und abgestimmter Arbeit erwartet werden.

Wichtige Elemente für einen nachhaltigen Erfolg sind:

❑ **Schrittweises Vorgehen**

Nur mit einem schrittweisen Vorgehen ist sichergestellt, daß über unterschiedliche Ausgangslagen hinweg alle Beteiligten oder unrealistische Gewaltschritte sich an den Bemühungen ehrlich und dauerhaft beteiligen.

❑ **Internationale Zusammenarbeit**

Die Komplexität und die Vernetztheit des Phänomens setzt – vor allem, aber nicht erst – in der heutigen globalisierten Wirtschaft eine konsequente internationale Abstimmung und Zusammenarbeit, nicht nur unter Staaten und internationalen Organisationen, sondern vor allem auch zwischen staatlichen und privaten Kräften, namentlich seitens der Wirtschaft, voraus.

❑ **Große Probleme prioritär behandeln**

Ohne stete Erfolge drohen die Bemühungen unter Verweis auf andere ungelöste analoge Fälle zu erlahmen. Die vorrangige Konzentration auf die große Korruption im öffentlichen Bereich ist nicht nur wirtschaftlich sinnvoll, sie erlaubt auch, rascher konkrete Erfolge zu zeigen. Kleine Korruption oder die Korruption unter Privaten sollen daher in nächsten Schritten angegangen werden.

Ziel der Bekämpfung der Korruption sollen nicht primär möglichst viele aufgedeckte spektakuläre Fälle sein. Vielmehr geht es darum, einen Mentalitätswechsel bei allen Beteiligten zu bewirken und damit präventiv einzuwirken. Eine gewandelte Unternehmens- und Verwaltungskultur muß auf einem neuen ethischen

---

12 In der Schweiz wird etwa nach geltendem Recht die Privatkorruption im Rahmen des unlauteren Wettbewerbes als Antragsdelikt behandelt. Eine Umwandlung in ein Offizialdelikt würde hier die Privatautonomie aufheben. Der Entscheid, wie ein Vertrauensbruch im Arbeitsverhältnis zu lösen ist, wird der Disposition der betroffenen Parteien entzogen.

Verständnis beruhen. Dieser hohe Anspruch zeigt, daß eine völlige Ausrottung der Korruption in der realen Welt wohl utopisch bleibt. Eine drastische Verbesserung des Zustandes ist aber innerhalb der überblickbaren Fristen und bei konstantem Willen und Einsatz der Entscheidungsträger sehr wohl zu erreichen.

6.1. Rolle des Staates

Der Staat muß vor allem auf zwei Ebenen aktiv werden. In erster Linie muß er den Nährboden für die Korruption austrocknen. Dazu gehört eine konsequente Deregulierung, die Schaffung von Transparenz in allen Bereichen, namentlich auch bei den öffentlichen Aufträgen[13] und die Einführung von straffen internen Kontrollen. Diese wirkungsvolle, aber mühsame Arbeit wird nur ungenügend angegangen. Nur wenige staatliche Aufgaben werden einer unabhängigen Revision unterzogen. Auch Sicherheitsanalysen werden vorwiegend intern erledigt. Nur Länder, welche auf Finanzmittel internationaler Institutionen angewiesen sind, müssen sich externen intensiven Kontrollen stellen. Die Einführung von Mechanismen des »good governance« sind in allen Staaten notwendig. Erste Priorität muß daher die Schaffung von klaren Rahmenbedingungen haben, die dem Entstehen der Korruption entgegenwirken.

Die Durchsetzung des Rechtes mit Hilfe strafrechtlicher Mechanismen ist die klassische Domäne des Staates. Gerade in einem heiklen Gebiet wie der Korruption muß das Recht durch den Staat durchgesetzt werden. Dies setzt auch die entsprechenden Mittel voraus. Soll die grenzüberschreitende Korruption miterfaßt werden, bedeuten die komplexeren Verhältnisse auch einen höheren Mitteleinsatz. Es bleibt noch abzuwarten, inwieweit alle Länder dazu bereit sind und sich nicht nur auf Erklärungen statt Taten beschränken. Strafverfolgung kann und darf jedoch nicht an Private delegiert werden. Bezeichnenderweise war der Einrichtung eines Panels im Rahmen der Internationalen Handelskammer in den siebziger Jahren diesbezüglich kein Erfolg beschieden.

Bei der strafrechtlichen Verfolgung der Korruption darf sich der Staat aber nicht nur auf die zahlende Seite beschränken. Gerade im Zuge der neuen Verpflichtungen im Rahmen der OECD-Strafrechtskonvention muß er auch bereit sein, ein wirkungsvolles Dispositiv zur Unterstützung seiner Unternehmen bereitzustellen, welche sich erpresserischen Forderungen (im weiteren Sinne) gegenübergestellt sehen. Dies bedeutet einerseits, daß etwa die Unternehmen sich unbüro-

---

13 Meist denkt man dabei an große Beschaffungen, etwa im Rüstungssektor. Für die Bekämpfung dürfen aber auch die unzähligen Beratungsaufträge im Dienstleistungssektor, welche nur zu oft ohne transparente Bedingungen (vielfach auch ohne klare Zielsetzungen) sehr häufig an dem öffentlichen Auftraggeber nahestehende Berater vergeben werden, nicht außer Acht gelassen werden.

kratisch und unter notwendiger Wahrung der Vertraulichkeit über Zulässigkeit eines bestimmten Verhaltens vergewissern können.[14] Ferner muß auch ein Mechanismus etabliert werden, der eine wirkungsvolle Unterstützung bei problematischem Umfeld bietet. Gerade kleinere Länder sind dazu auf eine gegenseitige Unterstützung angewiesen. Die bloße Warnung vermag jedenfalls unter den neuen Sanktionsdrohungen nicht zu genügen.[15] Die strafrechtliche Rechtsdurchsetzung kann mit weiteren sekundären Maßnahmen flankiert und die Effizienz gesteigert werden. Dazu sind etwa Transparenzvorschriften oder auch die Frage der steuerlichen Abzugsfähigkeit zu zählen, die in der letzten Zeit besondere Aufmerksamkeit gewonnen hat.[16] Die Wirkung einer Änderung der Prinzipien der Abzugsregeln im Steuerrecht darf allerdings nicht überschätzt werden. Seit der Verabschiedung der neuen OECD-Prinzipien zur Frage der steuerlichen Abzugsfähigkeit ist dieser Punkt allerdings geklärt und soll nicht mehr zur Diskussion gestellt werden. Das Hauptproblem in dieser Beziehung liegt allerdings in der Identifizierung von Bestechungszahlungen, die praktisch nur im Rahmen eines Strafverfahrens erfolgen kann. Dann ist aber die Steuerfrage im Vergleich zu den Maßnahmen des Strafrechtes und der Publizitätseffekte von untergeordneter Bedeutung. Somit wird sich die beschlossene Änderung nicht im Sinne einer verbesserten Prävention auswirken.

Ein größeres Gewicht können Sanktionen in Ergänzung zu strafrechtlichen Maßnahmen haben. So besteht etwa die Möglichkeit, Unternehmen vom öffentlichen Beschaffungswesen auszuschließen (sog. »black-listing«), wenn sie in in Korruptionsfälle verwickelt sind. Auch der Ausschluß von Exportförderungs- oder Exportabsichungsprogrammen wird diskutiert. Bei derartigen Maßnahmen muß berücksichtigt werden, daß ihre wirtschaftliche Wirkung unter Umständen wesentlich über die direkten strafrechtlichen Sanktionen hinausgehen. Entsprechend müssen die Rechte der betroffenen Unternehmen im gleichen Umfange gewahrt bleiben (u. a. Verteidigungsrechte, Unschuldsvermutung und Verhältnismäßigkeit). Nachdem derartige Maßnahmen von Administrativbehörden verhängt werden können, sind die verfahrensmäßigen Garantien nicht a priori gewährleistet. Diese müssen von Einführung derartiger Praktiken aufgebaut werden.

---

14 Dies ist etwa in den USA nach dem FCPA möglich.
15 So hat etwa die Schweizer Botschaft in Kenia Unternehmen vor einer Tätigkeit im Lande gewarnt, wenn sie die häufig auftretenden Willkürfälle und das Korruptionsumfeld nicht verkraften können.
16 Nach klassischen steuerlichen Mechanismen werden Einnahmen wie Aufwendungen ohne Rücksicht auf deren moralische Begründung steuerlich erfaßt (so muß etwa auch der Prostituiertenlohn voll versteuert werden). Entsprechend etablierten Mechanismen können alle geschäftlich begründeten Aufwendungen abgezogen werden.

6.2. Internationale Koordination

Unterschiedliche Strategien der einzelnen Länder bei der Bekämpfung führen unweigerlich zu einer erheblichen Wettbewerbsverzerrung. Eine internationale Abstimmung ist somit Voraussetzung, damit die entsprechende Politik von der Wirtschaft akzeptiert und getragen wird. Gerade im heutigen vernetzten Wirtschaftsumfeld sind ungleiche »Spielfelder« in der harten Konkurrenz nicht akzeptabel. Diese Bestrebungen wurden mittlerweile auf verschiedenen Ebenen eingeleitet und beschlossen, allerdings im heutigen Zeitpunkt erst ansatzweise umgesetzt.

Unumgänglich ist, daß angemessene Überwachungsmechanismen zur Durchsetzung der international vereinbarten Regeln eingesetzt werden.[17] Aus Sicht der international operierenden Wirtschaft muß dabei nicht nur nach Lücken bei der Umsetzung sondern auch nach »überschießender« Umsetzung, das heißt nationalen Regelungen, welche über das vereinbarte Maß hinausgehen, geachtet werden. Die Analysen dürfen sich nicht auf Studien von Gesetzestexten beschränken, sondern müssen die Praxis miteinbeziehen. Entsprechend muß sowohl auf Seiten des Kontrollteams wie auch bei den kontrollierten Mitgliedstaaten die Wirtschaft miteinbezogen sein.

Die Zusammenarbeit darf sich nicht auf die »Angebotsseite« beschränken, wie dies heute leider immer noch der Fall ist. Gerade für Maßnahmen auf der »Nachfrageseite«, der Durchsetzung von »good governance« und bei transparenten Vergabevorschriften ist die Kooperation von vielleicht noch größerer praktischer Bedeutung.

Entscheidend ist, daß die Wirtschaft in die internationalen Aktivitäten voll miteinbezogen wird. Dies ist für die OECD-Arbeiten weitgehend der Fall.[18] Offen ist zur Zeit noch, ob und wie die Wirtschaft auch beim Überwachungsprozeß beteiligt sein wird. Dies wäre für eine volle Verankerung unbedingt notwendig. Hingegen finden die Verhandlungen des Europarates praktisch ausschließlich hinter verschlossenen Türen statt.

Problematisch ist auch die mangelnde Abstimmung verschiedener internationaler Institutionen. Wohl nehmen gegenseitig Vertreter der Sekretariate an den Verhandlungen teil. Dies schlägt sich leider nicht in einem koordinierten Vorgehen nieder. Die Definitionen und damit die erfaßten Tatbestände differieren bei den verschiedenen Institutionen in entscheidendem Ausmaße. Noch beunruhigender ist, daß parallele Überwachungsmechanismen aufgestellt werden.[19] Dies bedeutet, daß sich die Kontrolleure die Klinken in die Hand geben und in Serie die gleichen Fragen

---

17 So insbesondere im Rahmen der OECD.
18 So finden regelmäßige Konsultationen der zuständigen Arbeitsgruppe zusammen mit den Wirtschaftsorganisationen BIAC, ICC und UNICE statt.
19 Eklatante Doppelspurigkeiten und störende Differenzen zeigen etwa die Arbeiten der OECD und diejenigen des Europarates.

stellen. Es ist angesichts der auf breiter Seite immer eingeschränkteren öffentlichen Mittel unverständlich, daß hier offensichtlich kein Wille zur Abstimmung besteht!

6.3. Möglichkeiten von Verbänden

Entsprechend ihrer üblichen Aktivität bringen Wirtschaftsverbände bei der Ausarbeitung der nationalen wie internationalen Regeln ihr Fachwissen mit ein. Sie haben sich in diesem Zusammenhang auch klar gegen ein Tolerieren der Korruption ausgesprochen. Damit setzen Wirtschaftsverbände auch wichtige Signale gegenüber der Öffentlichkeit wie auch gegenüber den ihnen angeschlossenen Unternehmen.

Leitsätze des Schweizerischen Handels- und Industrie-Vereins (Vorort) für die Korruptionsbekämpfung

❏ Korruptionspraktiken sind grundsätzlich abzulehnen, da sie den Wettbewerb verzerren und aufgebautes Vertrauen mit einem Schlag zerstören können.

❏ So unbestritten es ist, daß Korruption wirksam und breit bekämpft werden muß, darf man sich nicht der Illusion hingeben, die Korruption könne quasi über Nacht auf der ganzen Welt beseitigt werden. Vielmehr muß schrittweise vorgegangen werden.

❏ Es ist darauf zu achten, daß die Rahmenbedingungen zur Bekämpfung der Korruption »wettbewerbsneutral« gestaltet werden, d. h. für alle Marktteilnehmer in gleicher Weise gelten.

❏ Staatliche und private Maßnahmen müssen aufeinander abgestimmt sein. Keinesfalls kann es Aufgabe der ICC oder anderer privater Organisationen sein, als Ankläger oder Schiedsrichter in Einzelfällen zu amten.

❏ Entscheidend für die Bekämpfung der Korruption sind transparente gesetzliche Regelungen, etwa bei Ausschreibungen, Verzicht auf schikanöse administrative Auflagen oder verbesserte verwaltungsinterne Kontrollen.

❏ Dem Schließen von Lücken im Rahmen des Strafrechtes, der Rechtshilfe und der Geldwäscherei kann zugestimmt werden, sofern dabei die üblichen Regeln beachtet werden.

❏ Die Unternehmen sind zu ermutigen, in Anlehnung an die ICC-Richtlinien geeignete interne Maßnahmen zur Minderung der Korruption durchzuführen.

Wirtschaftspolitisches Jahrbuch 1996,
Schweizerischer Handels- und Industrie-Verein (Vorort), Zürich 1997

Die Hauptaufgabe der Wirtschaftsverbände liegt daher in ihrem Beitrag zu einer realistischen und effizienten Gesetzgebung und zu den internationalen Regelwerken. Eine besondere Bedeutung nehmen in diesem Zusammenhang die *Internationale Handelskammer in Paris (ICC)*, das *Business Advisory Committee bei der OECD in Paris (BIAC)* und die *Union of Industrial and Employers' Confederations of Europe in Brüssel (UNICE)* wahr. Während die OECD und die Europäische Kommission gewohnt und bereit sind, diesbezüglich einen offenen Dialog zu pflegen, tun sich andere Organisationen, insbesondere etwa der Europarat mit dem offenen Einbezug von Wirtschaftsorganisationen wie erwähnt sehr schwer. Ohne diesen Dialog steigt aber das Risiko, daß praxisfremde Vertreter von Verwaltungsbehörden sachlich unangemessene Regelungen beschließen, welche wenig zur echten Problemlösung beitragen. Ferner wird durch den mangelnden Dialog auch verhindert, daß sich die Unternehmen selbst aktiv mit den im Entstehen befindlichen Regelungen auseinandersetzen und mit dem Anpassungsprozeß beginnen, bevor die Normen formell gelten.

Einzelne Organisationen sind auch dazu übergegangen, Verhaltenskodices aufzustellen, deren Einhaltung sie den ihnen angeschlossenen Unternehmen empfehlen.[20] Dies kann insbesondere für solche Verbände in Frage kommen, welche die Ihnen angeschlossenen Unternehmen letztlich auch verpflichten können.[21] Die Mehrzahl der Wirtschaftsverbände ist aber auf die Durchsetzung von ordnungspolitischen oder allenfalls von Brancheninteressen ausgerichtet.

6.4. Aufgaben der Unternehmen

Alle Bemühungen zur Bekämpfung der Korruption scheitern, wenn sie nicht in der Unternehmenspraxis verankert sind. Bei den Erwartungen an die Unternehmen darf aber nicht übersehen werden, daß die Fragen der Korruption im Rahmen der Gesamtpolitik in aller Regel nur ein untergeordnetes Problem im Vergleich zu anderen Herausforderungen darstellt. Ferner darf der Erfolgsdruck für die Unternehmen insgesamt, aber insbesondere auch für ihre einzelnen Mitarbeiter, nicht mißachtet werden.

Ungeachtet dieser Einschränkungen ist es Aufgabe der Unternehmensleitungen, den Problemkreis der Wirtschaftsethik im allgemeinen und der Korruption im Besonderen in ihre Unternehmensstrategien und vor allem in die Unternehmenspraxis miteinzubeziehen. Dazu gehören klare Weisungen von der Unternehmens-

---

20 Beispiele sind insbesondere die Internationale Handelskammer(ICC) in Paris (Recommendations »Extortion and Bribery in International Business Transactions«, Paris 1996, aber auch der Bundesverband der Deutschen Industrie (BDI) in Köln (»Empfehlung für die gewerbliche Wirtschaft zur Bekämpfung der Korruption in Deutschland«).
21 Etwa mit Sanktionsmöglichkeiten wie Verbandsausschluß.

spitze, aber auch das Aufstellen von angemessenen Kontrollmechanismen. Glaubhaft und wirkungsvoll sind derartige Bemühungen nur, wenn sie von der Unternehmensspitze veranlaßt, verantwortet und durchgesetzt werden. Dezentrale Entscheidungskompetenzen und moderne autonome Organisationsformen sind für derartige Zeichen keine Einschränkungen. Es wäre verfehlt, unter dem Titel der Korruptionsbekämpfung diesbezüglich den Unternehmen unnötige und geradezu schädliche Feßeln aufzuerlegen.

Entscheidend ist, daß die Korruptionsbekämpfung auf Betriebsebene in die Unternehmenspolitik integriert wird. Maßstab für ein angemessenes Verhalten der Unternehmung als Ganzes ist das Verhalten und die Führung der Unternehmensleitung, der Umfang und die Tiefe der von der entsprechenden Schulung betroffenen Mitarbeiter und last but not least die Durchsetzung durch Compliance-Programme inklusive der Etablierung informeller Kanäle.[22]

7. Schlußbemerkung

Die Wirtschaft hat gute mikro- wie makroökonomische Gründe für die wirkungsvolle Bekämpfung der Korruption. Sie hat sich klar für diesen Kampf ausgesprochen und leistet ihren Beitrag dazu. Sie ist aber nicht bereit, unsachliche Auflagen hinzunehmen, welche ihre unternehmerische Freiheit beeinträchtigen, ohne daß die Probleme tatsächlich gelöst werden, und sie wehrt sich gegen eine einseitige Schuldzuweisung. Sie ist überzeugt, daß der Kampf gegen die Korruption als wettbewerbsverzerrendes und vertrauenszerstörendes Phänomen nur mit geduldigem, konsequentem und maßvollem Bestreben gewonnen werden kann.

---

22 Ein wirkungsvolles Beispiel sind die Möglichkeiten für sogenannte »whistle-blowers«.

V. Internationale Zivilgesellschaft

Einleitung

1. Transparency International
2. EBEN und das DNWE: Eine Initiative zur Vernetzung der Wirtschaftsethik

Internationale Zivilgesellschaft – Einleitung

Peter Eigen

Auf der Weltbühne ist seit einiger Zeit ein erstaunlich dynamischer Akteur ins Rampenlicht getreten: *die Zivilgesellschaft.* Dieser recht abstrakte Begriff, übrigens vor allem von der osteuropäischen Bürgerrechtsbewegung der siebziger Jahre geprägt, läßt sich relativ leicht definieren. Wir verstehen darunter alle Gruppen oder freiwilligen Zusammenschlüsse von Menschen, die gemeinsam gesellschaftliche beziehungsweise politische Ziele verfolgen, jedoch nicht staatsgebunden und nicht kommerziell operieren. Bürgerinitiativen gehören ebenso dazu wie berufsständische Vereinigungen und Wohltätigkeitsorganisationen. Politische Parteien nehmen eine Zwitterstellung ein, jedenfalls immer dann, wenn sie an der Regierung beteiligt sind.

Keine der großen Debatten läßt sich heute ohne aktive Beteiligung der Zivilgesellschaft vorstellen; von Umwelt- und Klimafragen, Bevölkerungspolitik, Armutsbekämpfung, Kinderarbeit, Landminen – überall sind Nichtregierungsorganisationen (NROs) dabei. Sie sind häufig wohl vorbereitet, weit vernetzt, geographisch unabhängig, flexibel und somit in der Lage, viele Menschen und Institutionen zu mobilisieren, um mit Hilfe von aufgeschlossenen Medien ihre Anliegen zu propagieren oder auch Druck zu machen.[1]

Das schlafende Potential der NROs, sich gestaltend in den Gang der Dinge einzuschalten, scheint immer dann zu erwachen, wenn herkömmliche Regelungsmechanismen nicht greifen, zum Beispiel, wenn nationalstaatliche Gewalt nicht ausreicht, globale Probleme zu beherrschen, wenn das Gewinninteresse von Unternehmen mit Gemeinwohlinteressen in Konflikt gerät, wenn undemokratische Regierungen nicht auf die Bedürfnisse der Menschen reagieren, oder wenn traditionelle Institutionen zu langsam auf Wechsel und neue Anforderungen eingehen.

Einige dieser Voraussetzungen für ein Engagement zivilgesellschaftlicher Organisationen sind auch beim Phänomen der Korruption gegeben. Im internationalen Bereich haben herkömmliche Regelungsversuche durch die Vereinten Nationen und durch andere staatliche Organisationen bislang versagt. Die meisten natio-

---

[1] Einen hervorragenden Überblick über das Potential der NROs gibt Jessica Tuchman Mathews: Power Shift, in Foreign Affairs, Vol. 76, Nr. 1, January/February 1997, S. 50–66. Eine kritische Einschätzung der Möglichkeiten einer *internationalen*, kosmopolitischen Zivilgesellschaft gibt Rudolf Walther: Weltbürger gebt den Staat nicht auf!, in: Die Zeit, Nr. 31, 23. Juli 1998, S. 35.

nalen Regierungen haben bei ihrer Korruptionskontrolle die internationale Flanke völlig vernachlässigt – oder in merkantilistischer Manier die aktive Bestechung ihrer Exporteure sogar stillschweigend gefördert. Das Ergebnis war ein Regelungsdefizit im internationalen Markt, dessen sich weder Regierungen noch Privatunternehmen systematisch annehmen konnten oder wollten.

Andererseits wurde es allen Beteiligten zunehmend klar, daß der grassierenden, fast allgegenwärtigen Korruption dringend Einhalt geboten werden mußte. Gerade nach dem Ende des Ost-West-Konflikts war in vielen Ländern die Situation reif für das Eintreten der Zivilgesellschaft in diese Arena, und ein starkes Anwachsen einer zivilgesellschaftlichen Bewegung, die sich voll auf die internationale Korruptionsbekämpfung konzentriert.

Transparency International (TI) trat 1993 auf den Plan. Die Arbeitsweise von TI wird im Folgenden von **Michael Wiehen** beschrieben (Kapitel 1.). Aber auch andere Initiativen spielten eine Rolle bei dem Bemühen, das Tabu um dieses wichtige Thema zu brechen. Die wirtschaftsethische Dimension darf bei aller Praxisnähe, bei allem Pragmatismus des internationalen Kampfes gegen die Korruption nicht vernachlässigt werden und ein speziell auf ethische Fragen ausgerichtetes Netzwerk in der Zivilgesellschaft – das *European Business Ethics Network EBEN* – wird ebenfalls in diesem Kapitel von **Albert Löhr** vorgestellt (Kapitel 2.).

In der internationalen Diskussion wird zunehmend anerkannt, daß die Zivilgesellschaft, wenn sie sich als schlagkräftiger Partner für Staat und Wirtschaft formiert, durch vielfältige Instrumente Aufgaben der globalen Gesellschaft lösen helfen kann, die sich der herkömmlichen Regelung entziehen. In anderen Gesellschaften, wie zum Beispiel in Nordamerika, ist die zentrale Rolle und Legitimität der Zivilgesellschaft schon viel klarer erkannt worden. Sie gilt gleichsam als drittes Standbein für eine **neuartige Regierungsführung** (*governance*) der globalisierten Politik und Wirtschaft. Die notwendige Beteiligung der Zivilgesellschaft bei nachhaltigen Antikorruptionsstrategien zeigt dies besonders augenfällig.

Regierungen allein sind häufig nicht in der Lage, der oft systemischen Korruption in ihren Ländern Herr zu werden. Zu oft sind sie überwiegend Teil des Problems statt Teil der Lösung. Jedenfalls ist ihre Glaubwürdigkeit oft angeschlagen. Ebensowenig können Privatunternehmen allein gravierende Korruptionsprobleme lösen; sie sind meist gleichzeitig Opfer und Täter der Korruption. Eine aktive Beteiligung der Zivilgesellschaft bietet den Ausweg aus diesem Dilemma.

Dabei werden sich Konfrontationen mit den anderen Akteuren nicht vermeiden lassen und sind – gemäß einem pluralistischen Demokratieverständnis – durchaus auch notwendig und wünschenswert. So ist ein Teil des Erfolges von Transparency International auch darauf zurückzuführen, daß die Organisation das starke Interesse vieler Unternehmen an einem korruptionsfreien Wettbewerb konstruktiv aufgreifen konnte.

Bislang nämlich konnte Transparency International in einer Konstellation arbeiten, in der es über das Ziel und auch über wesentliche Instrumente einer Überwindung von Korruption zwischen Privatwirtschaft, Staat und Zivilgesellschaft keine Differenzen gab. Besonders deutlich wird dies etwa am Beispiel hoch wettbewerbsfähiger Anlagenbauer aus den Industriestaaten, für die eine Bekämpfung internationaler Korruption bei allen praktischen Schwierigkeiten eine »*win-win*«-Situation darstellt. Für andere Branchen stellt sich die Lage anders dar. Wenn – um nur ein Beispiel zu nennen – gleichermaßen wettbewerbsfähige multinationale pharmazeutische Unternehmen Medikamente von fragwürdigem medizinischen Nutzen auf ebenso fragwürdige Weise in einen hochgradig intransparenten Markt zu drücken versuchen, stellt sich die Frage, ob hier ebenso leicht ein Ausgleich zwischen kommerziellen und Gemeinwohlinteressen zu erzielen ist.

Dennoch scheint es den meisten Erfolg zu versprechen, wenn zwischen den Antikorruptionskräften in Regierung, Privatsektor und Zivilgesellschaft Koalitionen gebildet werden können, die in einzelnen Bereichen gemeinsam das Korruptionsproblem definieren, Lösungsstrategien und Aktionspläne entwerfen und gemeinsam umsetzen.

Um diese Rolle im »magischen Dreieck« der Antikorruptionskoalition spielen zu können, bedarf es einer strukturierten Beteiligung der Zivilgesellschaft. Dabei sollen alle gesellschaftlichen Kräfte mobilisiert und einbezogen werden: Wissenschaftler, Medien, Berufsverbände, NROs, Religionsgemeinschaften, Gewerkschaften, Unternehmen, Parteien, Politiker und Beamte (in ihrer Eigenschaft als Staatsbürger). Wegen der technischen Komplexität der Materie sollte ein hoher Sachverstand und möglichst parteipolitische Neutralität angestrebt werden. Das Ausforschen und Anprangern von einzelnen Korruptionsskandalen ist zwar auch wichtig; doch sollte das primäre Ziel der Koalition gegen Korruption die Verbesserung von Integritätssystemen sein, die es dann den dazu Berufenen – Journalisten, Staatsanwälten, Polizisten etc. – ermöglicht, Einzelfälle zu bekämpfen.

Um diesem Kapitel einen Schuß Realismus, wenn nicht gar Skepsis, hinzuzufügen: Die Rolle der NROs, der Beteiligung des »informellen Sektors« wird häufig überschätzt. Vor allem muß bedacht werden, daß NROs selbst nicht völlig gegen Korruption, undemokratische und parasitäre Erscheinungen gefeit sind. Auch die inneren Strukturen von NROs müssen nicht immer den Idealbildern von Demokratie, Partizipation und Transparenz entsprechen, für die sie mit ihrem Programm einstehen. Häufig haben NROs im Inneren einen Konflikt zwischen Effektivität und Professionalität einerseits und demokratischer Legitimation andererseits auszuhalten. Daher soll bei aller Wertschätzung der möglichen Leistung der Zivilgesellschaft daran gedacht werden, daß die Arbeit für eine erfolgreiche

Korruptionskontrolle ein langer und steiniger Weg sein wird. Dennoch ist eine ernstgemeinte Einbeziehung und Ermutigung der Zivilgesellschaft bei dieser schwierigen Aufgabe unerläßlich.

Das ist von vielen inzwischen erkannt worden. Die Weltbank, die Vereinten Nationen und andere internationale Organisationen, aber auch große Weltfirmen bemühen sich um eine partnerschaftliche Zusammenarbeit mit der Zivilgesellschaft. Seitens der Zivilgesellschaft haben sich zahlreiche Gruppen organisiert, die bereit und fähig sind, mitzuwirken. Die beiden Beispiele dieses Kapitels zeigen, wie die Bemühungen in der Praxis aussehen. Vor allem beweisen sie, daß der Einsatz nicht vergebens ist, daß es auch nicht genügt, eine unerträgliche Situation und »die da oben« anzuprangern – sondern daß es für jeden von uns durchaus möglich ist, im Kampf gegen die Korruption gemeinsam mit Gleichgesinnten aktiv zu werden.

1. Transparency International

Michael H. Wiehen

Auf einen Blick:

❏ Transparency International (TI), die einzige internationale Nichtregierungs-Organisation, die weltweit gegen die Korruption kämpft, mit Sekretariat in Berlin und ca. 70 Nationalen Sektionen in ebenso vielen Ländern, wurde 1993 gegründet und hat sich seither zu einer effektiven und ernstgenommenen Institution entwickelt.

❏ TI sucht Korruption einzudämmen durch die Mobilisierung von nationalen und internationalen Koalitionen zwischen Regierungen, der Zivilgesellschaft, der Wirtschaft und unter Umständen den nationalen und multilateralen Kapitalhilfe-Institutionen. Schwerpunkt von TI's Arbeit ist Prävention durch strukturelle Reform. TI deckt keine Einzelfälle von Korruption auf und ist parteipolitisch unabhängig. Die Mitarbeiter von TI sind aus ethischen, humanitären, gesamtwirtschaftlichen und rechtlichen Gründen im Kampf gegen die Korruption engagiert.

❏ TI und seine Sektionen erheben Mitgliedsbeiträge, aber die weltweite Arbeit von TI wird bisher im wesentlichen durch finanzielle Förderung durch staatliche und multilaterale Institutionen, Stiftungen und Wirtschaftsorganisationen ermöglicht.

❏ Die ca. 70 Nationalen Sektionen sind mit TI affiliiert und teilen TI's Arbeitsgrundsätze und -ziele, sind aber ansonsten sowohl finanziell als auch in ihrer Prioritätensetzung weitgehend selbständig.

❏ Zu den erfolgreichsten Instrumenten, die TI entwickelt hat, gehören:

– die **Integritätsanalyse** aller zum Integritätssystem eines Landes gehörenden Institutionen;

– der **Integrity Workshop**, normalerweise mit öffentlicher Integritätsverpflichtung aller Teilnehmer, normalerweise Politiker, Regierungs- und Justizbeamte, Zivilgesellschaft und Medienvertreter;

– der **Integritätspakt** bei Vergabe vor allem größerer öffentlicher Bau- oder Lieferaufträge, mit dem Ziel der vertraglichen Einbindung des Auftraggebers, aller Anbieter und unter Umständen der Finanzierungs-Institution in einen bestechungsfreien Prozeß;

- der **Korruptions-Wahrnehmungs-Index** (CPI);
- die zwei-jährliche **Internationale Anti-Korruptions-Konferenz** (IACC); und
- das **Handbuch für Nationale Integritätssysteme** (»Source Book«).

❑ TI's Aktivitäten sind vielfältig und von Land zu Land verschieden. Im Norden hat sich TI zunächst vor allem auf die Verabschiedung gesetzlicher und administrativer Regelungen konzentriert, die die transnationale Bestechung kriminalisieren und die steuerliche Absetzbarkeit von Bestechungsgeldern abschaffen, und Bestechung und Bestechlichkeit allgemein erschweren sollen. Im Süden und Osten stehen Integritätsanalysen, Integrity Workshops und die Anwendung des Integritätpaktes im Mittelpunkt der Anstrengungen.

1. Einleitung

Transparency International (TI) ist die einzige internationale Nichtregierungs-Organisation, die weltweit im Kampf gegen die Korruption engagiert ist. TI hat sein internationales Sekretariat in Berlin, wo es 1993 in der Rechtsform eines deutschen eingetragenen Vereins gegründet wurde. TI arbeitet global durch heute ca. 70 sogenannte »National Chapters« (Nationale Sektionen), die mit TI affiliiert, aber ansonsten rechtlich und finanziell selbständig sind.

2. Entstehung und Gründung

Gründer und bis heute Vorsitzender von TI ist *Peter Eigen*. Eigen, deutscher Jurist und langjähriger Manager bei der Weltbank, zuletzt Direktor des Regionalen Weltbank-Büros in Nairobi (Kenia), hatte besonders bei seinen Auslandsaufenthalten immer wieder die schädliche Wirkung von Korruption erlebt. In den frühen 90 er Jahren begann er, mit Freunden aus aller Welt zu überlegen, wie man dieses weltweite Problem angehen und eindämmen könnte. Er fand damals innerhalb des Weltbank-Managements keine Unterstützung für seine Pläne und ließ sich deshalb auch 1992 vorzeitig pensionieren, um sich ganz dieser neuen Arbeit widmen zu können. Er bekam dann umso mehr Rückenwind von so profilierten Persönlichkeiten aus Süd und Nord wie *Oscar Arias Sanchez*, dem damaligen Präsidenten von Costa Rica und Träger des Friedens-Nobelpreises; *Johan Galtung*, Friedensforscher aus Norwegen und Inhaber des Alternativ-Nobelpreises; *Quett Masire*, Präsident von Botswana; *Ian Martin*, ehem. Generalsekretär von Amnesty International; *Kamal Hosain*, ehemaliger Justizminister von Bangladesh; *Olusegun Obasanjo*, ehem. Staatspräsident von Nigeria; *Ronald MacLean Abaroa*, ehem. Außenminister von Bolivien; *Hans Matthöfer*, ehem. Finanzminister Deutschlands; *Devendra Raj Panday*, ehem. Finanzminister von Nepal; und *Dieter Frisch* aus Deutschland, ehem. Generaldirektor Entwicklungshilfe der Europäischen Kommission.

Im Mai 1993 wurde TI in der Villa Borsig in Berlin aus der Taufe gehoben. Die im vorstehenden Absatz genannten Personen gehörten alle zu den Gründungsmitgliedern. TI erfreute sich früher finanzieller Unterstützung durch eine Reihe von staatlichen Institutionen, Stiftungen und privaten Unternehmen aus vielen Ländern.

3. Arbeitsgrundsätze

TI arbeitet gemäß der folgenden Grundsatzerklärung (»*Mission Statement*«):

»Korruption gehört zu den größten Herausforderungen unserer Zeit. Korruption unterhöhlt verantwortliche Regierungsführung, schädigt das Gemeinwohl zum Nutzen weniger, führt zur Verschwendung von Ressourcen, schädigt die Privatwirtschaft und trifft besonders die Armen.

Korruption kann nur mit einer breiten Koalition von Teilhabern eingedämmt werden, von denen der Staat, die Zivilgesellschaft und die Privatwirtschaft besonders wichtig sind. Internationalen Organisationen kommt dabei eine Schlüsselrolle zu.

Das Ziel von TI ist es, Korruption durch die Mobilisierung einer internationalen Koalition einzudämmen, welche nationale und internationale Integritätssysteme fördert und stärkt.

TI verfolgt folgende Grundsätze:

- ❏ Für Korruption gibt es eine gemeinsame Verantwortung aller Nationen.
- ❏ Der Schwerpunkt der Arbeit von TI sind Prävention und strukturelle Reformen. TI deckt keine Einzelfälle von Korruption auf.
- ❏ TI ist überzeugt, daß der Einsatz gegen Korruption global ist und politische, soziale, wirtschaftliche und kulturelle Grenzen überschreitet.
- ❏ Intern achtet TI die Prinzipien der Beteiligung, der Dezentralisierung, der Demokratie und der Transparenz und wahrt den Gleichheitsgrundsatz.
- ❏ TI ist parteipolitisch unabhängig.

> ❑ TI geht davon aus, daß es sowohl wichtige ethische als auch praktische Gründe gibt, die Korruption einzudämmen.
>
> TI bildet nationale, regionale und globale Koalitionen mit staatlichen Stellen, der Zivilgesellschaft und der Privatwirtschaft, um Korruption auf nationaler wie internationaler Ebene zu bekämpfen.
>
> TI unterstützt und koordiniert die Arbeit seiner Nationalen Sektionen bei der Umsetzung der gemeinsamen Ziele.
>
> TI arbeitet an der Entwicklung Überwachung effektiver Präventionssysteme gegen Korruption.
>
> TI sammelt, analysiert und verbreitet Informationen und schärft das öffentliche Bewußtsein für die Schäden durch Korruption für die menschliche Entwicklung, insbesondere in Entwicklungsländern.
>
> (…)
>
> TI will die wichtige Rolle der Zivilgesellschaft im Kampf gegen Korruption stärken.«

4. Organisations-Prinzipien und Finanzierung

Unter den Gründungsmitgliedern von TI bestand von Anfang an Einigkeit über das Ziel, eine Organisation aufzubauen, die durch die Initiativen ihrer Mitglieder selbst getragen wird und sich nicht auf Direktiven aus einer Zentrale verläßt. So entstanden National Chapters (oder Nationale Sektionen), die mit dem Internationalen Sekretariat affiliiert, aber sowohl in ihrer Führung wie auch ganz besonders in ihrer Prioritätensetzung weitgehend selbständig sind. Nur die Grundprinzipien von TI muß jede Sektion akzeptieren. Als Resultat dieser Unabhängigkeit gibt es heute unter den rund 70 aktiven Sektionen große Unterschiede, sowohl was ihre Mitgliedschaft angeht wie auch ihre Arbeitsziele und -methoden. Durch vierzehntägige Rundbriefe und eine Vielzahl direkter Kontakte sind sie untereinander und mit Berlin verbunden und können so als aktive Mitglieder einer weltweiten Bewegung agieren. Seit einiger Zeit gibt es auch Ansätze, die Arbeit der Sektionen auf regionaler Ebene zu vernetzen und gemeinsame Aktionspläne zu verwirklichen (zum Beispiel in Lateinamerika, Südasien, Europa und Afrika).

TI wie auch alle Sektionen haben individuelle und korporative Mitglieder. Jede Sektion ernennt einen ihrer gewählten Mandatsträger zum stimmberechtigten Mitglied von TI. Damit haben die Nationalen Sektionen einen starken Einfluß auf die zentrale Meinungsbildung.

Wie bei allen Nichtregierungs-Organisationen ist die Finanzierung der Aktivitäten von TI und seinen Sektionen ein immerwährendes Problem. Im Prinzip sollten Mitgliedsbeiträge, insbesondere der korporativen Mitglieder, die notwendigen Mittel aufbringen. Das wird sich in voller Höhe aber erst in einigen Jahren verwirklichen lassen. In der Vergangenheit hat sich das Sekretariat in Berlin daher weitgehend auf die Unterstützung einzelner Aktivitäten durch meist nationale und multilaterale öffentliche Institutionen verlassen müssen, mit der (nicht ungewöhnlichen) Folge, daß die Unterhaltung des Sekretariats in Berlin oft schwieriger war als einzelne Aktivitäten wie Vortrags-Reisen oder Seminare zu finanzieren. Willkommene Unterstützung hat TI dabei u. a. von folgenden Organisationen erhalten: Internationalen Organisationen wie United Nations Development Programme, Europäische Kommission; den staatlichen Entwicklungshilfe-Organisationen aus Australien, Dänemark, Deutschland, Finnland, Großbritannien, Kanada, Niederlanden, Österreich, Schweden, Schweiz und USA; Stiftungen wie der Nuffield Stiftung und dem Rowntree Trust (beide Großbritannien) sowie der MacArthur und der Ford Foundation (USA), und von vielen Wirtschaftsunternehmen. Das Sekretariat mußte sich mit einem Minimum an Stab begnügen und sich weitgehend auf freiwillige Mitarbeiter verlassen.

Dies hat sich kürzlich grundlegend geändert: Mehrere private Förderer wie das Open Society Institute unter George Soros (USA) und die AVINA Stiftung unter Stephan Schmidheiny (Schweiz) haben gemeinsam mit staatlichen Förderern wie der United States Agency for International Development (USAID), dem United Kingdom Ministry of Overseas Development, der Schweizerischen Entwicklungs-Kooperation und der Weltbank Unterstützung gerade für die Stärkung des internationalen Sekretariats selbst zur Verfügung gestellt. Mit Hilfe dieser Zusagen hat TI seit Beginn 1998 vier Exekutiv-Direktoren und mehrere Programm-Mitarbeiter neu einstellen und damit seine Kapazität, die Nationalen Sektionen zu unterstützen, deutlich stärken können. Neben den genannten gab und gibt es viele andere staatliche und private Förderer.

Das Internationale Sekretariat in Berlin hat damit heute einen Stab von fünfzehn bezahlten Mitarbeitern, wird sich aber auch in Zukunft auf die Mitarbeit vieler freiwilliger Freunde verlassen können. Der dreiköpfige geschäftsführende Vorstand des »Vereins« wird von einem erweiterten Vorstand unterstützt, dem zur Zeit insgesamt 12 Mitglieder (aus neun verschiedenen Ländern) angehören, sowie einem Beirat mit 31 Mitgliedern und einem Wissenschaftlichen Beirat (»Council on Governance Research«).

TI hat inzwischen weltweit bei Bürgern, Regierungen, Organisationen und der Zivilgesellschaft, denen es ein Anliegen ist, dem Mißbrauch öffentlicher Macht zu privatem Nutzen Einhalt zu gebieten, breites Interesse hervorgerufen. In immer mehr Ländern verlangen Medien, Nichtregierungs-Organisationen und Führungspersönlichkeiten des politischen Lebens nach staatlichen Reformen, verstärkter Verantwortlichkeit von Politikern und Beamten und größerer Transparenz bei Entscheidungsprozessen.

TI verfolgt ein ethisches, humanitäres und wirtschaftspolitisches Anliegen. TI hat zu Beginn den Kampf gegen die »große Korruption in internationalen Geschäftsbeziehungen« aufgenommen, und das ist weiterhin ein Schwerpunkt. Aber gerade einige der Sektionen haben gezeigt, daß der Kampf gegen Wirtschafts-Korruption wenig Aussicht auf Erfolg hat, solange die politische Korruption im Lande nicht eingeschränkt worden ist. Auf der anderen Seite des Spektrums haben einige Sektionen sich auf die Aufdeckung und Einschränkung der alltäglichen »kleinen« oder »petty« Korruption konzentriert, aus dem Gedanken heraus, daß für die meisten Bürger eines Landes die »kleinen« Beträge, die von allen Repräsentanten des Staates vor der Erfüllung auch routinemäßiger Aktivitäten gefordert werden, nicht unbedingt »klein« sind, und gerade in ihrer Summierung einen hohen finanziellen, aber auch sozialen Schaden zur Folge haben. Eine Verwaltung, die sich jeden Handgriff und jede Tätigkeit durch Schmiergelder extra bezahlen läßt, verliert sehr schnell den Respekt der Bevölkerung, und damit ihre politische Legitimation.

TI befaßt sich auch mit Problemen der Strafverfolgung und der sonstigen Ahndung von Korruptionstaten, aber konzentriert sich mehr auf die Seite der Prävention: Koalitionen zu bilden zwischen Regierung, Geschäftswelt und Zivilgesellschaft, auf nationaler wie auch auf internationaler Ebene, mit dem Ziel, Systeme, Gesetze, Regeln und Anschauungen zu ändern, so daß schließlich Korruption nicht mehr möglich ist, oder zumindest ein höheres Risiko beinhaltet, und nicht mehr rentabel genug ist. Ein wichtiger Ansprechpartner für TI ist immer die Öffentlichkeit, um deren Bewußtsein und Kenntnisse der Schäden durch Korruption, und die Möglichkeiten sie zu beeinflussen, zu schärfen.

5. Integritäts-Analyse und Workshop

Vielleicht die wertvollste Dienstleistung, die TI erbringen kann, ist die sogenannte Integritäts-Analyse. In der Vergangenheit hat TI solche Analysen in vielen Ländern des Südens und Ostens durchgeführt. Die Veröffentlichung von immer mehr Korruptionsskandalen in den Industriestaaten legt es jedoch nahe, daß eine solche Arbeit auch in den Industriestaaten nützlich sein könnte. Ausgangspunkt ist die Erfahrung, daß sich Korruption durch staatlich verordnete Kampagnen oder Korruptionsbekämpfungsgesetze allein nicht wirksam angehen läßt. Vielmehr bedarf es eines **ganzheitlichen Ansatzes**, der die jeweilige Aufgabe jeder einzelnen gesellschaftlichen Institution im Integritätssystem einbezieht. Hier sind die klassischen staatlichen Instrumente – Polizei, Justiz, Rechnungshöfe – ebenso wichtig wie eine freie und unabhängige Presse und sozial verantwortliche Unternehmen. Insofern muß jeder Versuch, Korruption in einem Land zu unterbinden, damit beginnen, die Elemente dieses Systems auf Schwachstellen zu untersuchen. TI hat in einer Reihe von Ländern eine solche Analyse des Integritätssystems entweder selbst durchgeführt oder organisiert. Normalerweise werden die folgenden Gebiete abgedeckt:

- Mechanismen, die die Verantwortlichkeit und Transparenz des demokratischen Prozesses unterstützen, einschließlich Wahl- und Parlamentsrecht und -regeln und Parteien- und Wahlfinanzierung;
- Zuverlässigkeit und Transparenz der Verwaltungssysteme und des Beamtenrechts, einschließlich der finanziellen Regeln und Verantwortlichkeit der Entscheidungsträger;
- das Bestehen adäquater und zuverlässiger Kontroll- und Überwachungs-Organe wie Rechnungshof und parlamentarischer Haushaltsausschuß;
- Unabhängigkeit der Rechtsprechung und Rechtsstaatlichkeit;
- Das Bestehen eines transparenten und verantwortlichen öffentlichen Beschaffungssystems;
- Freiheit der Medien sowie Informationsfreiheit;
- das Bestehen unabhängiger Institutionen (Ombudsstelle, Kommission) zur Ahndung von Korruptionsvergehen; und
- die Bildung einer kreativen Partnerschaft zwischen Regierung, Wirtschaft und Zivilgesellschaft.

Das bisher erfolgreichste Instrument zur Erarbeitung und Verarbeitung einer solchen Integritätsanalyse ist der »Integrity Workshop«, an dem über mehrere Tage hinweg repräsentative Vertreter aller Gruppen und Bürger eines Landes teilnehmen, gemeinsam Vorschläge für die Stärkung der Institutionen und Systeme entwerfen und diese dann durch die Medien der Öffentlichkeit vorstellen. Häufig enden solche Workshops mit einer konkreten Integritätsverpflichtung, der sich die Teilnehmer des Workshops freiwillig und öffentlich unterwerfen. Besonders effektiv – weil politisch verpflichtend – sind solche Zusagen, wenn sie kurz vor nationalen Wahlen stattfinden und sich unter den Teilnehmern des Workshops auch prominente Politiker befinden.

6. TI-Integritätspakt

In Anbetracht der Tatsache, daß große Investitions- und Bauvorhaben zu signifikanten internationalen Kapitalflüssen führen und damit besonders korruptionsgefährdet sind, hat TI das Konzept der »**Islands of Integrity**« und des »**Integritätspaktes**« entwickelt: Regierungen, die ihr gesamtes Integritätssystem verstärken wollen, dazu aber mehr Zeit brauchen, können für ausgewählte Projekte (»Islands of Integrity«) mit den Anbietern einen »Integritätspakt« abschließen, durch den sich der Auftraggeber ebenso wie alle Anbieter zu einem bestechungsfreien Verhalten verpflichten und sich für den Fall von Verstössen spezifischen Vertragsstrafen wie Schadensersatz und Aussperrung unterwerfen. Dieses Konzept ist in Entwicklungsländern ebenso anwendbar wie in Industriestaaten. Es ist bisher nur wenige Male voll getestet worden, aber seine Anwendung hat jeweils dazu geführt, daß Unternehmen die Sicherheit hatten, in einem korruptionsfreien Wettbewerb anzutreten, und daß öffentlich finanzierte Großprojekte von den negativen Folgen von Korruption unberührt blieben. Die Anwendung in mehreren afrikanischen Ländern steht unmittelbar bevor.

Der Integritätspakt ist ein wichtiges Beispiel für die Koalitionsbildung, wie sie von TI allgemein angestrebt wird: Der Staat als Auftraggeber kooperiert mit der Wirtschaft, der Zivilgesellschaft und unter Umständen auch den Finanzierungs-Institution(en), um gemeinsam die Bestechung und Bestechlichkeit zu verhindern.

7. Index

Eines der bekanntesten Produkte von TI ist der Korruptions-Wahrnehmungs-Index (»Corruption Perceptions Index« oder CPI). Seit seinem ersten Erscheinen 1995 wird der CPI jährlich von Johann Graf Lambsdorff (Universität Göttingen) zusammengestellt und von TI veröffentlicht (siehe auch Kapitel II, 2.1. in diesem Sammelband). Der CPI stellt die Gesamtwertung verschiedener Umfragen und Analysen zur Korruptionslage in einer Reihe von Ländern dar. Dabei gibt er wieder, wie die Korruption in diesen Ländern von international tätigen Geschäftsleuten, Risikoanalysten und der Öffentlichkeit allgemein eingeschätzt wird – denn weltweit vergleichbare empirische Daten gibt es gegenwärtig nicht. Der CPI beruht auf Quellenmaterial, das von den folgenden fünf Institutionen regelmäßig zusammengetragen wird: World Competitiveness Report, herausgegeben vom Institute for Management Development, Lausanne (WCR); Political and Economic Risk Consultancy, HongKong (PERC); DRI/McGraw-Hill Global Risk Service (MGH) und Political Risk Services, East Syracuse, NY (IRIS). Zusätzliche Daten stammen bzw. stammten aus einer Umfrage von Gallup International, aus einem kleinen einmaligen Survey von Peter Neumann, veröffentlicht in Impulse

(1994), und aus dem Internet Corruption Ranking (ICR) der Universität Göttingen. Die Gesamtliste (1997: 52 Länder, 1998: 85 Länder) wird dadurch beeinflußt, daß nur solche Länder aufgenommen werden, für die es in dem jeweiligen Jahr mindestens vier verschiedene Quellen gibt. Der Autor des CPI und eine Arbeitsgruppe von TI arbeiten zur Zeit an einer Verfeinerung der Index-Methodologie und an einem zweiten Index, in dem die Bereitschaft der Industrie in verschiedenen Exportländern, Geschäfte durch Bestechung zu erkaufen, miteinander verglichen wird.

Wegen des Vergleichs einzelner Staaten und der konkreten Bewertung des Korruptionsgrades hat der Index weltweit für öffentliches Aufsehen gesorgt und erhebliche politische Folgen gezeitigt. Während sich einige Länder wegen ihres vergleichsweise schlechten Abschneidens veranlaßt sahen, ihre Anstrengungen gegen die Korruption zu intensivieren, soll der Index andererseits etwa zum Sturz des notorisch korrupten Bhutto-Regimes in Pakistan beigetragen haben.

8. Internationale Anti-Korruptions-Konferenz

Seit 1997 besorgt TI das Sekretariat des Rates für die Internationalen Anti-Korruptions-Konferenzen (IACC). Die IACC bringt Fachleute auf dem Gebiet der Korruptionsbekämpfung aus aller Welt im Zweijahres-Rhythmus zusammen. Die Achte IACC, die vom 7. bis 11. September 1997 in Lima/Peru stattfand, hatte mehr als 1000 Teilnehmer aus 93 Ländern. Während frühere IACCs vorwiegend Themen aus der Strafverfolgung gewidmet waren, brachte die Achte IACC eine begrüßenswerte Öffnung und Ausweitung auf Themen der Prävention und die ökonomischen, sozialen, ethischen und moralischen Aspekte der Korruption, und die volle Einbeziehung der Zivilgesellschaft. Die Achte IACC endete mit der Verabschiedung der »**Lima-Deklaration gegen Korruption**«, die einen breiten Katalog von Empfehlungen für Regierungen, internationale Organisationen und Bürger der ganzen Welt enthält (siehe Dokumentationsteil).

9. Das Source Book

Ein anderes Produkt des TI Sekretariats, das weltweite Akzeptanz und Interesse gefunden hat, ist das »Handbuch für nationale Integritätssysteme« (»National Integrity Systems – Source Book«), das heute bereits in sieben verschiedenen Sprachen vorliegt (arabisch, chinesisch, englisch, französisch, russisch, spanisch und ungarisch) und ständig aktualisiert wird. Das Source Book ist eine Darstellung aller nationalen und internationalen Institutionen und Systeme, die zusammen das Integritätssystem eines Landes bestimmen. Es zeigt auf, welche Rolle diese Institutionen und Systeme bei der Absicherung der Integrität im öffentlichen Leben haben, und wo die neuralgischen Punkte sind, an denen Bestechung und Bestechlichkeit, und Korruption im allgemeinen, am häufigsten und leichtesten die Integrität untergraben und in Frage stellen. Eine umfassende Datenbank von »best practice«-Dokumenten ergänzt das Source Book.[1]

10. Andere TI Publikationen

Der vierteljährliche Newsletter (der im Abonnement erhältlich ist) und der sehr ausführliche Jahresbericht sind die wichtigsten anderen Publikationen. Außerdem werden Berichte über Integrity Workshops sowie in loser Folge Working Papers veröffentlicht. Alle diese Publikationen sind über das TI-Sekretariat zu beziehen.

11. TI in den Ländern des Nordens

In den Industrie- und Exportländern des Nordens haben sich TI und seine dort angesiedelten Nationalen Sektionen bisher im wesentlichen um die »**Angebotsseite**« (supply side) der Korruption gekümmert, aus der Einsicht, daß ein großer Teil der »großen Wirtschaftskorruption« (»grand corruption«) von Unternehmen der Exportländer in die Länder des Südens und Ostens mit-exportiert wird. In den Importländern (sowohl den Entwicklungsländern wie in den osteuropäischen Transformationsstaaten) haben TI und seine dortigen Sektionen die jeweils schlimmsten Manifestationen der Korruption bekämpft, ob sie auf der »anbietenden« oder der »**nachfragenden Seite**« (demand side) zu finden waren. Erst in jüngster Zeit beginnen auch die Sektionen im Norden sich der internen »Nachfrageseite« zu widmen, insbesondere seitdem immer mehr Fälle bekannt werden, bei denen staatliche Auftraggeber, vorwiegend im Baubereich, wegen Bestechlichkeit angeklagt und zunehmend auch verurteilt werden.

Obwohl es nicht möglich ist, ein vollständiges Bild aller vom TI Sekretariat und den Sektionen durchgeführten Aktivitäten zu geben, soll hier jedenfalls versucht werden, einen repräsentativen Querschnitt zu vermitteln.

Da die Bestechung von Amtsträgern jenseits der eigenen Grenzen in allen Ländern des Nordens (mit Ausnahme der USA) bis zu Beginn des Jahres 1999 strafrechtlich nicht verboten war, und darüberhinaus die meisten dieser Länder auch noch die

---

1 Im Internet unter http://www.transparency.de/documents/source-book/

steuerliche Absetzung der Bestechungsgelder erlaubten, hat TI sich zunächst darauf konzentriert, diese Situation in der Öffentlichkeit zu thematisieren und alle Initiativen zur Änderung dieser Rechtslage zu unterstützen.

Vor allem ist hier die Arbeit der OECD zu erwähnen, die sich über eine Reihe von Jahren erstreckt und im Dezember 1997 zur Unterzeichnung einer internationalen Konvention zur Strafbarkeit der transnationalen Bestechung geführt hat. TI hat formell und informell zu diesem Prozeß wesentlich beigetragen. Formell durch:

1. Stellungnahmen des Vorsitzenden und anderer Mitarbeiter von TI bei einer Reihe von Anhörungen der OECD-Arbeitsgruppe,

2. die Erstellung von Gutachten und Vorschlägen, insbesondere auf dem Gebiet der Auftragsvergabe, und

3. Interventionen der Nationalen Sektionen bei ihren eigenen Regierungen und Parlamenten in Vorbereitung auf wichtige Entscheidungen bei der OECD.

Besonders wirksam ist hier ein von TI und der Internationalen Handelskammer gemeinsam koordinierter gleichlautender Brief gewesen, den führende Unternehmensvertreter aus mehreren europäischen Ländern kurz vor der kritischen Sitzung des OECD-Ministerrats im Mai 1997 an ihre Wirtschaftsminister gerichtet haben, mit der Aufforderung, die Vorschläge der OECD zu unterstützen, da die Industrie mit diesen Gesetzesänderungen leben und sie mittragen könne. Informell haben zahllose Einzelgespräche zwischen TI-Mitgliedern und Regierungs- und Parlamentsmitgliedern stattgefunden, mit dem Ziel, diese zu sensibilisieren und sie davon zu überzeugen, daß Korruption weder unvermeidlich ist noch von der Industrie unbedingt verteidigt wird. Außerdem sind sowohl das TI-Sekretariat wie alle Sektionen in den entscheidenden Monaten besonders aktiv mit ihrer Pressearbeit gewesen. Die Empfehlungen der OECD vom Mai 1997 zu einem breiten Kreis von Reformmaßnahmen, einschließlich der Abschaffung der steuerlichen Absetzbarkeit, und die OECD-Konvention zur Strafbarkeit vom Dezember 1997 repräsentieren eine sehr bedeutende gemeinsame Willensentscheidung der 29 OECD-Mitglieder und fünf weiterer Signatar-Staaten[2] gegen die Korruption, die man noch wenige Monate vorher nicht zu erhoffen gewagt hätte.

Auch an der Vorbereitung der von der Organization of American States (OAS) ausgearbeiteten Caracas-Konvention gegen Korruption, die im Dezember 1996 von 23 Staaten aus der westlichen Hemisphäre verabschiedet wurde und die bereits 1997 nach der Ratifizierung durch acht Signatarstaaten in Kraft getreten ist, waren TI und seine Nationalen Sektionen intensiv beteiligt.

---

2 Argentinien, Brasilien, Chile, Bulgarien, Slowakei.

Auch an der Sensibilisierung der Institutionen der Europäischen Union – Europaparlament, Europäische Kommission, Ministerrat, Wirtschafts- und Sozialausschuß – zu Fragen der Korruption waren TI und federführend die Sektion in Belgien maßgeblich beteiligt. Es bestand bei der EU ursprünglich die Tendenz, das Thema Korruption auf der nationalen Ebene zu belassen oder es im OECD-Rahmen zu behandeln. TI hat dann in einem Memorandum (November 1995) dargelegt, daß die EU über politische, vor allem aber auch über rechtliche Mittel verfügt, sich konkret mit der Korruptionsbekämpfung zu befassen. 1997 brachte dann den Durchbruch. Die Europäische Kommission erstellte im Mai 1997 eine formelle Mitteilung an Ministerrat und Parlament mit dem Titel »Eine Politik der Union zur Korruptionsbekämpfung«. Dieses Dokument enthält, in Anlehnung an die OECD-Agenda, Aktionsvorschläge zu praktisch allen korruptionsrelevanten Bereichen. Im selben Monat unterzeichneten die 15 Justizminister eine Konvention, die die Korruption jenseits der staatlichen Grenzen, aber nur innerhalb des EU-Territoriums, zur strafbaren Handlung macht. Der Ratifizierungsprozeß ist angelaufen. Die Ratifizierung durch alle 15 Mitgliedsstaaten gilt als gesichert. Schließlich hat der Europäische Rat (Regierungschefs) in Amsterdam im Juni 1997 einen »Aktionsplan gegen das organisierte Verbrechen« gebilligt, der der Korruptionsbekämpfung gebührenden Stellenwert einräumt. Auch hier kann also TI mit Genugtuung auf die bisherigen Erfolge hinweisen.

Bei der Weltbank und den anderen Internationalen Finanz-Institutionen (Internationaler Währungsfonds, Asiatische Entwicklungsbank, Inter-Amerikanische Entwicklungsbank und Europäische Bank für Wiederaufbau und Entwicklung) war das Wort »Korruption« bis vor zwei oder drei Jahren praktisch tabu. Die Leiter dieser Institutionen waren damals der Meinung, daß ihre eigenen Aktivitäten selbstverständlich nicht von Korruption berührt seien, nicht berührt sein konnten, weil sie so gute Regeln hatten; und ihr erst langsam erwachendes Interesse an »good governance« hatte noch nicht den Kampf gegen die Korruption ins Visier genommen. Das hat sich gründlich geändert, und wiederum hat TI maßgeblich zu dieser Sinnesänderung beigetragen, zumindest sehr effektiv die Initiativen neuer Manager in diesen Institutionen unterstützt.

Die Weltbank hat 1996 und 1997 ihre Beschaffungsrichtlinien (»Procurement Guidelines«, siehe Dokumentarteil) mehrfach geändert und expressis verbis den Schutz gegen »Betrug und Korruption« bei Auftragsvergabe und -durchführung, und die Anwendung von Sanktionen bei Verfehlungen, eingeführt. Zu den Sanktionen gehören Zurückweisung des Vorschlags zur Auftragsvergabe an den für korrupt befundenen Anbieter, Annullierung (ganz oder teilweise) des entsprechenden Weltbank-Darlehens, und zeitweilige Aussperrung eines solchen Anbieters von Weltbank-finanzierten Aufträgen rund um die Welt. Im September 1997 hat die Weltbank sogar das von TI propagierte Konzept des Integritätspaktes im Prinzip akzeptiert (siehe Kapitel VI., 3.5.). Außerdem hat TI informell auch zur

Erstellung der Bank-Veröffentlichung »Helping Countries Combat Corruption – The Role of the World Bank« vom September 1997 beigetragen. Weltbankpräsident James Wolfensohn läßt keine Gelegenheit aus, das »Krebs-Übel« Korruption anzuprangern, besonders eindrucksvoll bei der Jahresversammlung der Weltbank in Hongkong im September 1997; er weist häufig auf die gute Zusammenarbeit der Bank mit TI hin.

Die Asiatische Entwicklungsbank hat zunächst mit der Erstellung eines Policy-Papers zur Korruption gezögert, aber schließlich im Sommer 1997 TI zu einem Vortrag über die Möglichkeiten der Korruptionsbekämpfung eingeladen und Ende 1997 TI offiziell zu einer Stellungnahme zum Entwurf eines Policy-Papers aufgefordert.

Die wichtigste Industrie-Initiative gegen die Korruption stammt von der Internationalen Handelskammer (International Chamber of Commerce oder ICC) in Paris. Im Frühjahr 1996 hat sie neue Richtlinien und Empfehlungen für ihre Mitgliedsorganisationen veröffentlicht. TI arbeitet eng mit der ICC zusammen und hat vor allem die jeweiligen Interventionen bei der OECD-Arbeitsgruppe zur Korruption mit der ICC koordiniert.

TI arbeitet auch eng mit dem European Business Ethics Network (EBEN) zusammen.

12. Nationale Sektionen in den Ländern des Nordens

Viele der oben dargestellten TI Aktivitäten sind vom Sekretariat und den Sektionen gemeinsam durchgeführt worden, insbesondere die Kampagne im Zusammenhang mit den Vorbereitungen zur OECD-Konvention und den anderen Empfehlungen der OECD-Arbeitsgruppe gegen Korruption. Im folgenden sollen darüber hinaus einige exemplarische Aktivitäten von Nationalen Sektionen genannt werden. Diese Aufstellung soll vor allem einen Eindruck von der Bandbreite der Arbeit vermitteln, kann aber nur einen Ausschnitt wiedergeben.

- ❑ Die Sektion in **Belgien** ist besonders bei der Sensibilisierung der Europäischen Kommission und der Mitglieder des Europaparlaments zum Problem der Korruption aktiv gewesen und hat einen detaillierten Katalog von Vorschlägen zur Änderung europäischer Gesetze und Regeln erarbeitet und weit verbreitet.

- ❑ Die Sektion in **USA** war nicht nur bei der Beschaffung finanzieller Mittel für die Gesamtarbeit von TI besonders engagiert, sondern auch im Zusammenhang mit den Arbeiten der OECD, der ICC, der OAS und der Weltbank.

❑ Die Sektion in **Großbritannien** hat zusätzlich zur Unterstützung der OECD-Initiativen besonders intensive Öffentlichkeitsarbeit gemacht, mit regelmäßigen öffentlichen Vorträgen prominenter Sprecher zum Thema Korruption.

❑ Die Sektion in **Italien** hat sich besonders auf öffentliche Informationen und Meinungsbildung und auf Kurse zur Ausbildung von Lehrern zum Thema Korruption konzentriert. Sie arbeitet eng sowohl mit den vier Universitäten in Mailand als auch mit dem Präsidenten der Parlamentskommission mit Zuständigkeit für bessere Gesetze gegen die Korruption zusammen.

❑ Neben vielen anderen Aktivitäten hat die **Deutsche** Sektion auch versucht, bei den Vorbereitungen zum Bau des neuen Großflughafens Berlin-Schönefeld die Anwendung des von TI entwickelten Konzepts des Integritätspaktes zu erreichen, aber leider ist dieser Versuch gescheitert. Während die Vorsitzende des Aufsichtsrats der mit dem Flughafenbau befaßten öffentlichen Gesellschaft den TI-Vorschlag vorbehaltlos unterstützte, stieß das Konzept bei anderen Politikern in den Aufsichtsgremien wohl aus parteitaktischen Gründen auf Ablehnung. Diese Erfahrung zeigt, wie wichtig eine deutliche politische Unterstützung und der feste politische Wille für die Realisierung des Integritätspaktes sind.

❑ Entsprechend der Bedeutung der **Schweiz** als internationaler Finanzplatz und Anlageort auch für Korruptionsgelder widmet sich die dortige Sektion zur Zeit dem Problem dieser Fluchtgelder und den Möglichkeiten, diese zurückzuführen. Vor diesem Hintergrund arbeiten Mitglieder der Schweizer Sektion an einem Handbuch über das Bankgeheimnis.[3] Es soll vor allem solchen Ländern helfen, die durch Korruption ihrer Regierungen große finanzielle Verluste erlitten haben und später feststellen müssen, daß es außerordentlich schwierig ist, an die Bankkonten dieser Potentaten und ihrer Agenten bei internationalen Banken heranzukommen.

13. Nationale Sektionen im Süden und Osten

Unter den heute ca. 45 Nationalen Sektionen im Süden und Osten gibt es große Unterschiede in Bezug auf Größe, Arbeitsweise, Aktivität und politisches Gewicht. Ein wichtiges Indiz ist normalerweise, ob sich eine Sektion eine solide eigene finanzielle Basis hat schaffen können. Gerade in den Entwicklungs- und Transformationsländern sind die Mitglieder selbst oft nicht in der Lage, finanzielle Beiträge in einer Höhe zu leisten, die die Einrichtung und Unterhaltung eines eigenen Büros ermöglicht. In dieser Situation kommen dann mitunter staat-

---

3 Im Internet unter http://www.transparency.de/documents/work-papers/

liche oder private Institutionen zu Hilfe. Die Erfahrung zeigt, daß Nationale Sektionen, die sich eine solche logistische Infrastruktur aufbauen, viel leichter auch wirklich effektive Arbeit leisten können.

Angesichts der großen Zahl und Verschiedenheit von Aktivitäten kann man auch für die Sektionen in diesen Regionen nur einige typische Beispiele geben und hoffen, damit einen fairen, zutreffenden Gesamteindruck zu vermitteln.

- ❏ In einer Reihe von afrikanischen Ländern sind Integritäts-Workshops abgehalten worden, etwa in **Malawi, Tansania, Uganda** und **Zimbabwe**, die alle mit einer Integritäts-Verpflichtung beendet wurden.

- ❏ In **Tansania** und **Uganda** wurden bei Folge-Workshops die Realisierung der Aktionspläne überprüft und weitere Maßnahmen vereinbart. Dort hat sich auch eine enge Zusammenarbeit mit den staatlichen Antikorruptionsbehörden entwickelt. Die Medien sind ebenfalls intensiv beteiligt und berichten jetzt regelmäßig über wichtige Aktivitäten der Sektionen.

- ❏ Die Sektion in **Uganda** versucht – nach dem Vorbild sehr erfolgreicher Aufklärungskampagnen gegen AIDS – mit Hilfe von Theaterproduktionen, auch die Landbevölkerung zu erreichen. Posters, T-Shirts und Demonstrationen werden als öffentlichkeitswirksame Aktivitäten genutzt.

- ❏ In **Südafrika** hat die Sektion eine Telephon-Hotline zur Beratung der Bürger eingerichtet, und ein nationaler Korruptionsindex ist in Vorbereitung. Bewundernswerte Aktivitäten hat die Sektion in Nigeria entwickelt, obwohl sie unter äußerst schwierigen Bedingungen arbeitet (Olusegun Obasanjo, der Beirats-Vorsitzende von TI, war während der Alacha-Diktatur fast drei Jahre in Nigeria eingekerkert): Mit Hilfe des internationalen Netzwerks von TI wurde eine große öffentliche Gründungsveranstaltung durchgeführt und eine Konvention gegen Korruption von Geschäftsleuten in aller Öffentlichkeit unterzeichnet.

- ❏ In fünf der sechs afrikanischen Länder, in denen die Staats- oder Regierungschefs die Weltbank aufgefordert haben, in Zukunft bei passenden Bank-finanzierten Projekten das Integritätspakt-Konzept anzuwenden (**Benin, Malawi, Mali, Tansania** und **Uganda;** in Äthiopien gibt es noch keine Sektion), werden die Nationalen Sektionen sehr wahrscheinlich intensiv an den Vorbereitungen, aber insbesondere als Vertreter der Zivilgesellschaft in der Überwachung der Vereinbarungen, tätig sein.

- ❏ In **Indien** hat die TI-Sektion es sich als erste Aufgabe gesetzt, ein Ombudsmann-Gesetz im Parlament verabschiedet zu sehen, das seit Indiens Unabhängigkeit 1947 von allen führenden Parteien vor allen Wahlen versprochen, und nach den Wahlen regelmäßig verschoben worden war. Ohne dieses Gesetz gibt es kein Instrument, um den Ministerpräsidenten und Mitglieder des Bundeskabinetts zur Verantwortung zu ziehen, falls sie der Korruption verdächtig sind. Daß trotzdem in den vergangenen Jahren eine Reihe von Ministern und Ministerpräsidenten zum Rücktritt gezwungen werden konnten, beruht allein auf der Courage einiger weniger Richter des höchsten Gerichts. Das Ombudsmann-Gesetz (»Lok Pal«), das zugleich das Recht der Bürger auf Akteneinsicht und Transparenz staatlichen Handelns gesetzlich regeln soll, würde eine solide rechtliche Grundlage schaffen.

- ❏ Die Sektion in **Argentinien** (die über 3000 Mitglieder zählt) schickt von Zeit zu Zeit ihre Mitglieder aus, vor städtischen Behörden, die besonders häufig mit Schmiergeldzahlungen in Verbindung gebracht werden, alle Besucher vor und nach ihrem Besuch in der Amtsstelle zu fragen, was ihr Anliegen war, ob sie um Schmiergelder gefragt worden sind, was sie daraufhin getan haben, ob ihr Anliegen erfüllt wurde etc. Die Resultate dieser Umfragen werden der Behördenleitung zugestellt und, wenn keine Abhilfe erfolgt, veröffentlicht. Diese Sektion führt auch Aufsatz-Wettbewerbe in den Schulen durch, ebenso wie viele andere innovative Methoden, um die gesamte Bevölkerung, einschließlich der Schüler und Studierenden, für Korruption zu sensibilisieren, und ihnen zu zeigen, daß man Korruption nicht stillschweigend hinnehmen muß, sondern etwas dagegen tun kann.

- ❏ In **Papua New Guinea** fand kurz vor den letzten Wahlen 1997 ein von der Öffentlichkeit stark beachteter Integrity Workshop statt; einige der führenden Politiker unterschrieben eine sehr konkrete Integritätsverpflichtung und legten ihr Vermögen offen. Seither spielt es in der politischen Debatte eine wichtige Rolle, ob ein Politiker dieses Versprechen unterschrieben hat oder nicht, und ob er das Versprechen einhält oder nicht. Integrität ist damit zu einem wichtigen Bestandteil des politischen Dialogs geworden, und die Verpflichtung hat das Thema konkretisiert.

- ❏ Die Sektion in **Bangladesh** hat kürzlich eine Meinungsumfrage durchgeführt, die höchst eindrucksvolle Daten zustande gebracht hat; unter anderem:
  - 96% aller befragten Haushalte sagten, daß sie die Polizei »schmieren« müssen, um Hilfe irgendwelcher Art zu bekommen;
  - 3% aller mit Gerichtsverfahren befaßten Haushalte sagten, daß sie Beamte des Gerichts und Anwälte »schmieren« müssen, um ihre Rechte durchzusetzen;
  - 74% sagten, daß es »außergewöhnlicher« Methoden bedürfe, ihre Kinder in Schulen ihrer Wahl unterzubringen;

- 40% sagten, daß sie »extra« bezahlen müssen, um in ein Krankenhaus aufgenommen zu werden;
- 41% sagten, sie bekämen ihre Medikamente im Krankenhaus nur gegen »extra« Bezahlung;
- 85% aller an Grundstückskäufen oder -verkäufen Beteiligten sagten, daß sie Sonderzahlungen leisten mußten, um die Transaktionen registriert zu bekommen;
- 47% gaben zu, daß sie ihre Steuerbescheide durch Bestechung des Steuerbeamten verringern; und
- 32% verringern ihre Strom- und Wasserrechnungen durch Bestechung der Kassierer.

Hochinteressant sind auch die Antworten auf die Frage nach den »vermuteten Gründen der Korruption« (Mehrfachantworten waren möglich):

- »Schnell reich werden wollen« (76%)
- »Moralische Verwerflichkeit« (58%)
- »Abwesenheit von Verantwortlichkeit« (51%)
- »Unzureichende Gehälter« (32%)

Wenn Bangladeshis selbst das unzureichende Gehalt eines Amtsträgers nicht als überzeugende Erklärung/Entschuldigung für Bestechlichkeit ansehen, dann wird es auch für ausländische Beobachter schwieriger sein, die hohe Bestechlichkeit in einem Land – und damit ihre eigene aktive Bestechungstätigkeit – weiter mit diesem Argument zu rechtfertigen.

Die Sektion in Bangladesh geht mit diesen Umfrageergebnissen jetzt an die Medien, aber auch direkt zur Präsidentin des Landes, und unterstützt damit ihre Kampagnen für Reform. Jährliche Wiederholungen der Umfrage sind vorgesehen.

❑ In den Ländern des Ostens arbeitet TI besonders eng mit den »Phare« und »Tacis« Programmen der Europäischen Kommission, mit den nationalen Organisationen des Open Society Instituts (Soros Stiftung) und mit USAID zusammen. Aktive Sektionen gibt es erst in **Ungarn, Polen** und der Tschechischen Republik und neuerdings auch in **Russland**, aber TI hat viele Kontakte in Bulgarien, Rumänien und der Slowakei, der Ukraine, und in Estland und Litauen hergestellt, und in mehreren dieser Länder werden im Laufe des Jahres 1998 neue Sektionen gegründet werden.

❏ In **Russland** hat TI auf Wunsch einiger Mitglieder der Duma eine Analyse eines Gesetzentwurfs zur Korruptionsbekämpfung angefertigt. Ein Workshop zur Umsetzung des Source Book in das russische Rechtssystem ist in Vorbereitung.

14. Schlußbemerkung

Diese Darstellung der unterschiedlichen Aktivitäten von TI und seinen Nationalen Sektionen ist notwendigerweise unvollständig, sollte aber einen Eindruck des breiten Spektrums der Aktivitäten und Programme geben. Die TI-Bewegung ist eine ungemein lebendige, aktive, engagierte Organisation, die weltweit den Menschen, die gegen das Erzübel der Korruption angehen wollen, eine Plattform und einen intellektuellen Rahmen gibt und eine globale Zusammenarbeit ermöglicht.

2. EBEN und das DNWE: Eine Initiative zur Vernetzung der Wirtschaftsethik

Albert Löhr

1. Einleitung – Das Netzwerk im Überblick

1.1. Entstehungshintergrund

Die wirtschaftsethische Diskussion in Europa hat zwar schon zu allen Zeiten mehr oder weniger bemerkenswerte Konjunkturen erlebt, Bemühungen um ihre Institutionalisierung außerhalb eines kirchlich gebundenen Kontextes sind allerdings relativ jung und eng verknüpft mit dem Aufkommen einer öffentlichen Diskussion über fragwürdige Geschäftspraktiken in den 80er Jahren. Neben zahlreichen Umweltskandalen (man denke etwa an die Rheinverschmutzung, das Bhopal-Desaster oder die Altlastenprobleme) und Boykottinitiativen gegen bestimmte Vermarktungstechniken (z. B. in der Pharma- oder Lebensmittelindustrie) stand dabei immer auch die Kritik an Schmiergeldzahlungen in der vordersten Linie des Interesses.

Zu dieser Zeit begannen einige wagemutige europäische Hochschulen nach dem Vorbild einer in den USA schon weit verbreiteten Tendenz damit, Lehrstühle für Wirtschafts- und Unternehmensethik einzurichten.[1]

Mittlerweile hat sich in den USA neben einer voll ausdifferenzierten Forschungslandschaft, die ihre Ergebnisse in spezifischen Fachzeitschriften und Journalen publiziert (z. B. Business Ethics, Business Ethics Quarterly, Business and Society Review, Journal of Business Ethics, Economics and Philosophy), auch eine weitreichende Debatte über die Frage der Lehrbarkeit des Faches »business ethics« an Hochschulen und in der Weiterbildung entwickelt. Exemplarisch sei hier nur auf die Erfahrungen an der Harvard Business School verwiesen, die ihr wirtschaftsethisches Lehrprogramm durch Mittelzuweisungen aus Wirtschafts-Strafprozessen in Höhe von 23 Mio.US $ in Gang bringen konnte (vgl. Piper / Gentile / Daloz Parks, 1993). Der erste europäische Lehrstuhl entstand im Jahre 1983 an der damals noch staatlichen, heute voll privatisierten Universität Nijenrode (The Netherlands School of Business). Sein Inhaber, Henk van Luijk, sah es als eine vorrangige Herausforderung an, die in Europa nur sehr vereinzelt und zersplittert

---

[1] In den Vereinigten Staaten konnte man zu diesem Zeitpunkt schon auf eine fast 15-jährige Erfahrung im Aufbau mit wirtschaftsethischen Institutionen zurückblicken, wie zum Beispiel Forschungs- und Dokumentationszentren oder Professuren, die Pflichtkurse zum Ausbildungsprogramm der Business Schools beitragen. Vgl eingehend DeGeorge (1991).

vorliegenden Initiativen im Bereich der Wirtschaftsethik aufzuspüren und zusammenzuführen. Mit Unterstützung der European Foundation for Management Development (EFMD) in Brüssel gelang es, interessierte Praktiker und Vertreter europäischer Wirtschaftsfakultäten ausfindig zu machen und mit ihnen zusammen im November 1987 die Gründung des European Business Ethics Network als formellem Verein in die Wege zu leiten.[2]

1.2. Die Institutitonen EBEN und DNWE

Das European Business Ethics Network (EBEN) ist eine gemeinnützige Initiative von Wissenschaftlern und Praktikern unterschiedlichster professioneller Herkunft mit dem Ziel, den Gedankenaustausch über ethische Fragen des Wirtschaftens zu fördern und die Entwicklung ethischer Orientierungen für das wirtschaftliche Handeln voranzubringen. In dem 1987 gegründeten Netzwerk, das derzeit etwa 800 Mitglieder umfaßt, sind auch zahlreiche Unternehmungen als institutionelle Mitglieder zusammengeschlossen.[3] Die Geschäftsstelle von EBEN befindet sich an der Universität Nijenrode in Holland,[4] wo auch der ehrenamtliche Vorstand regelmäßig tagt und der Sitz der Vereinigung eingetragen ist.

Seit einigen Jahren werden unter dem Dach der Philosophie von EBEN auch dezentrale, in der Regel national ausgerichtete Unterorganisationen ins Leben gerufen, so unter anderem das Deutsche Netzwerk Wirtschaftsethik (DNWE), das mit seinen mittlerweile rund 400 persönlichen und institutionellen Mitgliedern den stärksten nationalen Verband darstellt.[5] Mit dem Beitritt in das nationale Netzwerk wird man nach dem Prinzip der Doppelmitgliedschaft zugleich auch als Mitglied von EBEN registriert und erhält dadurch Anschluß an die internationale Diskussion. Das deutsche Netzwerk wurde 1993 mit Sitz in Bad Homburg gegründet und wird ebenfalls von einem ehrenamtlichen Vorstand geführt, dem ein Beirat mit exponierten Persönlichkeiten aus Wissenschaft und Praxis zur Seite steht. Die Geschäftsstelle des DNWE befindet sich zur Zeit in Konstanz.[6]

---

2 Vgl. van Luijk (1990).
3 Aus dem internationalen Kontext bekannt sind zum Beispiel Barclays Bank, Electricité de France,. Heineken, KPMG, Levi Strauss Europe, oder die National Westminster Bank.
4 EBEN, c/o Nijenrode University, Straatweg 25, NL – 3621 BG Breukelen (Tel ++31/346-291 290; Fax: ++31/346-291 296; email: eben@nijenrode.nl).
5 Zu den deutschen Firmenmitgliedern zählen etwa die Bayerische Hypotheken- und Wechselbank, Robert Bosch GmbH, Daimler-Benz AG, DG Bank, Procter & Gamble, Siemens AG, KPMG, C+L Deutsche Revision, Lufthansa AG oder Vorwerk.
6 DNWE, c/o FH Konstanz, Brauneggerstr. 55, D-78462 Konstanz (Tel ++49/7531-206 385; Fax: ++49/7531-206 187; email: dnwe@fh-konstanz.de).

EBEN und das DNWE: Eine Initiative zur Vernetzung der Wirtschaftsethik

Durch die Vernetzung der wirtschaftsethischen Diskussion wird in mehrfacher Hinsicht ein *Brückenschlag* in der kritischen Auseinandersetzung mit den herrschenden Normen und Werten im Wirtschaftsleben angestrebt.

- ❏ Dem Netzwerk geht es vor allem um die Vermittlung zwischen Praxis und Wissenschaft. Gerade die Wirtschaftsethik, für die traditionellerweise in einem spannungsgeladenen Verhältnis zwischen »abgehobener Theorie« und »bloßer Gewinnmaximierung« gar kein Platz zu sein schien, muß als eine praxisorientierte Herausforderung verstanden werden, will sie sich nicht in belanglosen Diskussionen erschöpfen. Obgleich in bestimmten Veranstaltungen die normativen Grundlagen des Wirtschaftens auch Gegenstand prononciert theoretischer Erörterungen sind, versteht sich das Netzwerk deshalb nicht als rein akademischer Disputierzirkel, sondern sieht seinen Auftrag in der Diskussion der konkreten moralischen Konfliktfelder in der Wirtschaft – und zwar mit den Praktikern, nicht über sie.

- ❏ Das Netzwerk ist nicht auf ein bestimmtes Thema festgelegt. Der Gedankenaustausch spannt sich in einem betont weiten Bogen von fundamentalen Fragen der Legitimation marktwirtschaftlicher Wettbewerbsordnungen bis hin zur Analyse und Diskussion konkreter wirtschaftsethischer Probleme, wie z. B. auch den Fragen der Korruption, die bereits wiederholt Gegenstand einschlägiger Veranstaltungen gewesen sind. Der Brückenschlag zwischen verschiedenen Theman und Disziplinen soll auch helfen, in der komplex und nahezu unüberschaubar gewordenen Welt der Wirtschaft keine voreiligen Schuldzuweisungen und einseitigen Verantwortlichkeiten zu unterstellen.

- ❏ Das Netzwerk versteht sich als Sammelbewegung aller ernsthaften Positionen und Initiativen in dem noch als jung zu bezeichnenden und im Entstehen begriffenen Arbeitsfeld der Wirtschafts- und Unternehmensethik. Es soll so ein Brückenschlag unternommen werden zwischen den verschiedensten Wertsystemen und kulturellen Hintergründen, die sich mit den normativen Grundlagen des Wirtschaftens auseinandersetzen. Das betrifft natürlich zum einen eine Offenheit gegenüber allen Positionen, die sich am Prozeß ethisch-politischer Willensbildung im demokratischen Sinne beteiligen wollen, als auch den Anspruch, zwischen den wirtschaftsethischen Ansprüchen unterschiedlicher Kulturen zu vermitteln.

Es geht dem Netzwerk also insbesondere nicht um die missionarische Verbreitung bestimmter Lösungen und Ratschläge, sondern in erster Linie um die Bereitstellung von Foren für den offenen Gedankenaustausch zwischen allen Interessierten und Betroffenen und um die Entwicklung von zweckmäßigen Rahmenbedingungen für die wirtschaftsethische Diskussion (»frameworks not formulas«). Dies schließt zwar nicht aus, daß im Einzelfall inhaltliche Stellungnahmen zu speziellen wirtschaftsethischen Fragestellungen abgegeben werden,[7] aber das Netzwerk betrachtet es nicht als seine eigentliche Aufgabe, im Stile eines Interessenvertretungsorgans nur bestimmte Fragestellungen aufzugreifen oder nur für bestimmte ethische Positionen einzutreten. Insbesondere sollten EBEN und das DNWE auch nicht verstanden werden als quasi-gutachterliche Institutionen, die in moralischen Streitfragen angerufen werden können, um qua Autorität eine gebotene Lösung zu verkünden.

Kernaufgabe des Netzwerks ist so gesehen das Anstoßen und Unterstützen selbstreflexiver Prozesse, denn moralisch gebotenes Handeln läßt sich in einer demokratischen Gesellschaft nicht erzwingen, sondern ist immer auf die freie Einsicht aller Betroffenen angewiesen.

2. Leitsätze des DNWE

Das Deutsche Netzwerk Wirtschaftsethik hat im Jahre 1996 einen längeren Diskussionsprozeß über die eigene Identität und die Zielsetzungen der Initiative mit der Verabschiedung von Leitsätzen zum Abschluß gebracht.[8] Diese Leitsätze sollen für Mitglieder und Interessenten Klarheit darüber schaffen, für welche Grundwerte das Netzwerk eintritt. Damit soll der Initiative auch eine Orientierung im normativen Sinne gegeben werden, also ein Zielvorstellung, auf die man sich im Rahmen der Aktivitäten schrittweise hin entwickeln möchte. Durch die auch im internationalen Kontext bemerkenswerte und zustimmende Resonanz auf die Leitlinien darf man davon ausgehen, daß diese durchaus als Handlungsgrundlage für weite Teile des gesamten EBEN-Netzwerks betrachtet werden können.

Zwei Bemerkungen zum Charakter solcher Leitsätze müssen zur Vermeidung von Mißverständnissen immer wieder hervorgehoben werden. Zum einen müssen Leitsätze, die sich an eine pluralistische Mitgliederschaft richten, notwendigerweise relativ allgemein gehalten sein, um als verbindende Klammer dienen zu können. Genau genommen zeichnet sich eine pluralistische Vereinigung ja gerade dadurch aus, daß ein inhaltlicher Grundkonsens nicht unbedingt gegeben ist und deshalb vielfach erst hergestellt werden muß. Leitlinien müssen in dieser Situation eher *Verfahrensregeln* als eine inhaltliche Orientierung definieren. Dieser prozes-

---

7 So wurden bereits zweimal von Tagungsteilnehmern Memoranden zur Unterstützung des Kampfes gegen die internationale Korruption verabschiedet; vgl. Abschnitt 4.
8 Vgl. zum folgenden Deutsches Netzwerk Wirtschaftsethik (Hrsg.): Leitsätze und Handlungsprogramm, Bad Homburg 1996 (engl. Übersetzung: Principles and Action Plan, 1996). Eine Neuauflage wurde soeben verabschiedet und erscheint in Kürze unter Konstanz 1999.

suale Charakter ist insbesondere auch deshalb notwendig, weil die Arbeits- und Problemfelder der Mitglieder äußerst unterschiedlich und ständig in der Entwicklung begrifffen sind. Eine allzu spezifische, inhaltliche Fassung von Leitlinien könnte angesichts dieser Komplexität gar nicht geleistet werden. Die konkrete Ausgestaltung und Umsetzung der Leitlinien – wenn man so will: das Erfüllen der abstrakten Prinzipien mit Leben – ist daher genuine Aufgabe der jeweils Verantwortlichen in Wirtschaft, Politik und Gesellschaft an ihrem spezifischen Wirkungsort.

Zum anderen muß der Anspruch von Leitsätzen als normative Orientierung richtig interpretiert werden. Entscheidend ist es dabei zunächst zu sehen, daß Leitsätze immer ein Stück weit *richtungsgebend* über die herrschenden Verhältnisse hinausweisen müssen. Wollten sie die bestehenden Praktiken bloß beschreibend auf den Punkt bringen, so wäre das für eine Orientierungshilfe nicht hinreichend. Leitsätze sollen ja unser Bewußtsein dafür schärfen, daß die bestehenden Verhältnisse *verbessert* werden sollen. Es geht allerdings nicht darum, bestimmte Idealvorstellungen umstandslos als kritische Meßlatte für korrektes wirtschaftliches Handeln heranzuziehen. Leitsätze dokumentieren kein radikales Anliegen, das man entweder nur verfehlen oder erreichen kann. Sie sollen vielmehr die Ziele und die Richtung von ethisch orientierten Bemühungen klären, um so einen *schrittweisen Lernprozeß* in Gang zu bringen, der Ziele in dem Bewußtsein verfolgt, daß schon kleine Fortschritte ein bemerkenswerter *Ausdruck ethischer Lernkultur* sein können. Leitsätze wollen einen ethischen Prozeß stimulieren, kein Richterurteil darstellen.

In diesem Sinne hat sich das Deutsche Netzwerk Wirtschaftsethik vier thematische Leitsätzen verpflichtet, die im folgenden näher vorgestellt werden sollen, um einen genaueren Eindruck von der »corporate identity« der Initiative zu vermitteln.[9]

2.1. Dialog und Dialogbereitschaft

> *»Das Deutsche Netzwerk Wirtschaftsethik ist ein Forum für offene Dialoge über moralische Orientierungen bei der Gestaltung der marktwirtschaftlichen Ordnung und für das unternehmerische Handeln. Das Netzwerk ist nicht Sachwalter eines bestimmten Interesses, sondern will den wechselseitigen Gedanken- und Meinungsaustausch aller interessierten Personen und Institutionen aus Wissenschaft und Praxis fördern.«*[10]

---

9 Vgl. ebd., S. 6 ff.
10 Ebd., S. 9.

Diese Forderung nach Dialogbereitschaft zielt nicht einfach auf eine Plattform für belanglosen »Meinungsaustausch« ab, um den heute herrschenden Pluralismus persönlicher Anschauungen unverbindlich kennenzulernen. Konstruktive Gestaltung der wirtschaftlichen Verhältnisse muß mehr bedeuten, als sich wechselseitig die eigene Meinung zur Kenntnis zu geben. Bei Dialogen geht es auch um mehr als bloßes »Diskutieren«, das in seiner strategischen Form heute ja nur allzu oft auf rhetorische Wortgefechte hinausläuft, mit denen eigene Interessen geschickt in Szene gesetzt und machtpolitisch mehrheitsfähig gemacht werden sollen. Institutionen zur Beförderung von Schaukämpfen dieser Art gibt es in der heutigen Gesellschaft zwar reichlich – man denke hier nur an bestimmte Veranstaltungen in den Medien. Sie sind aber völlig ungeeignet, um die wachsenden Wertkonflikte in unserer pluralistischen Gesellschaft dauerhaft und friedlich zu lösen. Der Grund ist einfach: Machtpolitische Rhetorik erzeugt nur Sieger und Verlierer, die dann danach trachten, möglichst schnell selbst ein Sieger zu werden. Strategisches Diskutieren führt so allenfalls zu labilen Ergebnissen, zu Kompromissen.

Das Netzwerk will hier dezidiert eine Alternative für die Form des Ringens um grundlegende Wertorientierungen des Gemeinwesens bieten. Die Leitvorstellung eines ernsthaften und offenen Dialoges setzt dabei gleichberechtigte Partner voraus, die in rational nachvollziehbaren Argumentationen ihre eigenen Ansprüche transparent machen und begründen, dabei aber immer auch offen bleiben für neue Einsichten, d. h. für überzeugendere Argumente anderer. Nur selbständig gewonnene Einsichten sind stabil. In diesem Sinne geht es dem Netzwerk um die Entwicklung einer offenen Verständigungskultur zwischen Betroffenen – im Gegensatz zu den landläufigen Auseinandersetzungen in verbalen Machtkämpfen. Mit dieser Leitlinie soll zum Ausdruck gebracht werden, daß sich eine friedliche Lösung gesellschaftlicher Wertkonflikte nur noch im Rahmen einer rationalen Verständigungskultur ereichen läßt – trotz aller Schwierigkeiten, die sich diesem Projekt in unserer heutigen Welt ohne jeden Zweifel entgegenstellen.

2.2. Ethische Grundsätze

> *»Das Deutsche Netzwerk Wirtschaftsethik strebt an, politisches und unternehmerisches Handeln in der Wettbewerbswirtschaft nach dem Grundsatz der Folgenverantwortung gegenüber allen Betroffenen zu gestalten. Dies schließt die Verantwortung für die Natur und die Menschenwürde in der Gegenwart und in der Zukunft ein. Für das Netzwerk sind die Grundsätze der Gerechtigkeit, der Fairneß, der Partizipation und der Solidarität verbindlich. Sie sind die Grundlage für den inneren und äußeren Frieden jeder menschlichen Gemeinschaft.«*[11]

---

11 Ebd., S. 11.

Mit dieser Formulierung ethischer Grundsätze soll zum Ausdruck kommen, daß das Netzwerk die Sicherung des inneren und äußeren Friedens als eine entscheidende Voraussetzung für die Möglichkeit zur freien wirtschaftlichen Betätigung betrachtet. Wo durch wirtschaftliche Aktivitäten der soziale Frieden nachhaltig gefährdet wird, leidet notwendigerweise die gesellschaftliche Akzeptanz freier wirtschaftlicher Betätigung. Damit werden nicht nur die – moralischen – Legitimationsgrundlagen der Wettbewerbswirtschaft brüchig, sondern es werden die gesamten Handlungsgrundlagen für freie unternehmerische Aktivitäten beeinträchtigt. Es werden deshalb alle Betroffenen in unserer pluralistischen Gesellschaft aufgefordert, sich in *Solidarität* um eine friedliche Lösung der unvermeidlichen Interessenkonflikte zu bemühen. Solche Lösungen können nicht erzwungen werden. Sie bedürfen vielmehr der freien Einsicht und Zustimmung aller Betroffenen, einer auf Verständigung und Solidarität gerichteten Kultur. Nur dann läßt sich die Freiheit des Einzelnen mit der Einheit des Ganzen versöhnen.

Welche ethischen Grundsätze müssen aber konkret befolgt werden, um den gesellschaftlichen Frieden herzustellen und zu sichern? Der Philosoph Paul Lorenzen brachte die Zusammenhänge auf den einfachen Nenner: »Frieden ist das Werk der Gerechtigkeit, Gerechtigkeit ist das Werk der Vernunft.«[12] Was bedeutet dies? Über unser Verständnis von *Gerechtigkeit* als ethischem Grundwert ist bekanntlich eine weitreichende Diskussion entbrannt, die sich insbesondere an den Überlegungen von John Rawls orientiert.[13] Vereinfacht ausgedrückt geht es darum, gesellschaftliche Verhältnisse zu schaffen, die jedem die gleichen fairen Entwicklungs- und Einflußchancen einräumen. Es ist gemeinsam zu bestimmen, was jedem unter den gegebenen Umständen zusteht bzw. zuzumuten ist. Gerechte Ansprüche und Zumutbarkeiten in gemeinsamer Anstrengung zu klären ist dann zugleich der Versuch, den abstrakten Begriff der unantastbaren Menschenwürde konkret werden zu lassen.

Dieser Prozeß des Herstellens von Gerechtigkeit ist grundsätzlich auf *Partizipation* und *Öffentlichkeit* angewiesen. Vernunft hat in einer modernen, säkularisierten Gesellschaft keine bestimmte Autorität für sich gepachtet, sondern sie muß sich in partizipativen Willensbildungsprozessen konstituieren. Ohne öffentlichen Dialog gibt es deshalb keine vernünftigen Verhältnisse; er muß deshalb auch die Leitvorstellung für alle Bemühungen im Rahmen des Netzwerkes darstellen. Die ethischen Grundsätze der Gerechtigkeit, Fairneß, Partizipation und Solidarität bilden in diesem Sinne eine zentrale Orientierung für die Initiativen des Netzwerkes.

---

12 Lorenzen (1991), S. 61.
13 Vgl. Rawls (1971, dt. 1975).

2.3. Verantwortung in Wirtschaft und Gesellschaft

»*Das Deutsche Netzwerk Wirtschaftsethik läßt sich von der Idee leiten, daß das Handeln aller Akteure in der Marktwirtschaft und die Gestaltung der rechtlich-politischen Rahmenordnung von ethischen Grundsätzen geleitet sein sollte. Der Verwirklichung und Erarbeitung solcher Grundsätze in den Unternehmungen gilt die besondere Aufmerksamkeit. Das Netzwerk bemüht sich, im Rahmen ethischer Prinzipien freiheitliche, menschenwürdige Werte in der Wirtschaft zu vertiefen und zu verbreiten. Die moralische Phantasie bei der Entdeckung des wirtschaftsethisch Möglichen und zugleich situatives Augenmaß bei dessen Verwirklichung sollen durch den Dialog innerhalb des Netzwerks gefördert werden.*«[14]

Mit diesem Leitsatz soll hervorgehoben werden, daß unter zunehmend komplexer werdenden Wettbewerbsbedingungen die Verantwortung für ethische Grundsätze nicht an eine bestimmte Adresse delegiert werden kann, sondern auf *viele Schultern* verteilt werden muß. Der Staat, Unternehmungen, Interessenverbände und schließlich die Gesellschaft als Ganzes im Sinne einer echten »Zivilgesellschaft« sind gleichermaßen gefordert. Nur in gemeinsamer Anstrengung können die eminenten Herausforderungen erfolgversprechend angegangen werden. Die Unternehmungen sind also bei weitem nicht der einzige Ort in der Gesellschaft, der sich den Herausforderungen stellen muß, sie rücken nur in das besondere Blickfeld des Netzwerkes. Sie sind nämlich derjenige Ort, an dem sich im geschäftlichen Alltag moralische Konfliktsituationen zuerst zeigen. Unternehmungen müssen deshalb in besonderer Weise dazu angehalten werden, moralische Herausforderungen zur Sprache zu bringen und gangbare Wege zur Konfliktlösung vorzuschlagen.

In diesem Sinne wird insbesondere im Hinblick auf die umbruchartigen Entwicklungen im Zuge der *Globalisierung* immer deutlicher, daß den Unternehmungen eine besondere Rolle bei der Initiative für moralische Standards zukommt. Herausforderungen wie die Zukunft der Arbeit, grenzüberschreitende Umweltgefährdung und internationale Korruption lassen nämlich Zweifel daran aufkommen, ob unsere klassischen Vorstellungen von nationalen Zuständigkeiten, Rechtsordnungen und Wirtschaftssystemen überhaupt noch geeignet sind, das Problem der Verantwortung für moralische Werte zweckmäßig zu verorten. Unternehmungen entwachsen ja diesen herkömmlicherweise nationalstaatlich ausgerichteten Ordnungskräften immer mehr, ohne daß eine adäquate – und insbesondere durchsetzungsfähige – Wettbewerbsordnung im globalen Maßstab bereits abzusehen wäre.

---

14 Deutsches Netzwerk Wirtschaftsethik (1996), S. 13.

Praktische Lösungen für diese Herausforderungen moralischer Art gedeihen freilich nicht in einem Klima der utopischen Möglichkeitsschwärmerei, die die beteiligten Akteure überfordert. Es kommt vielmehr immer auf ein abgewogenes Urteil darüber an, was in einer bestimmten Situation auch im Hinblick auf die Leistungsfähigkeit der Unternehmungen möglich ist. Damit soll jedoch nicht den üblichen Ausreden Vorschub geleistet werden (»Ethik kann man sich nicht leisten.«) Es wird vielmehr nachdrücklich dazu angeregt, *moralische Phantasie* zu entwickeln und dadurch neue Wege zu beschreiten, um die Verhältnisse auch »von unten« zu verbessern. Dies ist nicht zuletzt deswegen wichtig, weil sich moralische Innovationskraft auf lange Sicht sowohl für den Einzelnen als auch für die Gemeinschaft als vorteilhaft erweisen kann. Es ist Initiative gefragt, und das Netzwerk will sie befördern.

2.4. Rahmenbedingungen der sozialen Marktwirtschaft

> *»Das Deutsche Netzwerk Wirtschaftsethik hält die marktwirtschaftliche Wettbewerbsordnung in einem demokratischen Rechtsstaat für die geeignete Basis zur Organisation wirtschaftlicher Aktivitäten. Wirtschaftliches Handeln im Wettbewerb darf nicht einseitig am Gewinnstreben orientiert sein, sondern muß unter umfassender Verantwortung stehen. Die Leitvorstellung ist eine an ethischen Prinzipien orientierte öko-soziale Marktwirtschaft. Ethik in der Wirtschaft ist maßgeblich auf eine Rahmenordnung und eine Wirtschaftspolitik angewiesen, die sich an einem ethisch gerechtfertigten Fortschrittsideal orientiert. Der Entwurf und die Fortentwicklung einer solchen Rahmenordnung ist fortdauernde Gestaltungsaufgabe für verantwortungsbewußte Personen in der Wirtschaft, in der Politik und in der Gesellschaft.«*[15]

Mit diesem letzten Leitsatz wird ein klares Plädoyer für die marktwirtschaftliche Wettbewerbsordnung abgegeben, die zwar nicht alternativenlos sein mag, sich historisch aber (bislang) als die beste aller möglichen Ordnungslösungen herausgestellt hat. Ihre Leistungsfähigkeit beruht darauf, daß die wirtschaftenden Akteure in Freiheit und Wettbewerb eine effiziente Bedarfsdeckung der Bürger erzeugen, was für sich selbst als eine Errungenschaft von moralischer Qualität gewertet werden kann.

Fairer Wettbewerb ist allerdings ohne *Ordnungspolitik* nicht zu haben. Die Wirtschaftspolitik muß von daher immer wieder versuchen, die Einhaltung und Fortschreibung bestimmter Spielregeln sicherzustellen. Um moralisch agierende Akteure davor zu schützen, durch defektierende Konkurrenten in nachteilige Positionen manövriert zu werden, kann deshalb grundsätzlich zu Recht verlangt wer-

---

15 Deutsches Netzwerk Wirtschaftsethik (1996), S 15.

den, daß in der Rahmenordnung eine wettbewerbsneutrale Ausgestaltung von moralischen Anreizen verankert wird, zum Beispiel im Umweltrecht, der Arbeitsplatzgestaltung – oder eben auch in Regelungen zum Verbot von Korruption. Man wird diese Ausgestaltung der Rahmenordnung zwar niemals perfektionieren können, insbesondere im Hinblick auf globale Erscheinungen, aber sie bleibt nach wie vor ein wichtiger Ort der Moral, denn sie ist eine sanktionsbewehrte Quelle von Restriktionen.

Mit der Rechtfertigung der Marktwirtschaft ist auch die Gewinnerzielung von Unternehmungen grundsätzlich legitimiert. Nicht *daß* Gewinn erzielt wird, ist ein moralisches Problem, sondern mit welchen *Mitteln* dies geschieht – und möglicherweise auch, in welchem *Ausmaß*. Nicht selten kommt es bei unternehmerischen Entscheidungen zum Zielkonflikt zwischen Moralität und Wirtschaftlichkeit. Solche Konflikte bereits im Rahmen der Strategieformulierung zu vermeiden, oder gegebenenfalls durch angemessene Maßnahmen zu lösen, ist das Kernproblem der *Unternehmensethik*. Unternehmensethik ist deshalb ein notwendiger Bestandteil der unternehmerischen Verantwortung. Nur dann ist die unternehmerische Freiheit durch eine korrrespondierende Verantwortung gebunden und unternehmerisches Handeln hinreichend legitimiert.[16]

3. Aktivitäten

Das vor dem Hintergrund dieser Leitsätze entwickelte Aktivitätenportfolio des deutschen Netzwerks hat seine Schwerpunkte zwar deutlich im nationalen Kontext, spiegelt dabei von seiner Struktur her aber auch die Angebote der europäischen Initiative wieder. Im einzelnen bieten sich folgende Aktivitäten zur Diskussion und konkreten Umsetzung wirtschaftsethischer Konzepte an:

❏ **Informationsvernetzung und Beratung**

Das Netzwerk unterstützt seine Mitglieder bei der Suche nach moralischen Problemlösungen für Konflikte in der Unternehmenspraxis und bei der Einführung spezifischer Ethikprogramme in gesellschaftlichen Institutionen. Hierzu dient die Möglichkeit der Vermittlung von einschlägigen Informationen, Erfahrungen und spezifischem Beratungswissen. Man kann davon ausgehen, daß die derzeit in der Wissenschaft verfügbare wirtschaftsethische Kompetenz vollständig im Netzwerk versammelt und damit für die Mitglieder vereinfacht zugänglich gemacht ist. Auch im Hinblick auf spezifischen Beratungsbedarf findet man so leicht eine gute Adresse.

---

16 Vgl. dazu auch näher Steinmann / Löhr (1994).

Primäre Quellen für diese Venetzungsinformation sind die regelmäßig erscheinende Mitgliederliste, der EBEN newsletter und die entsprechenden Hinweise im deutschen »Forum Wirtschaftsethik«.[17] Die Informationsvernetzung wird des weiteren ermöglicht durch email-Adressen, mit denen Anfragen an das Netzwerk gerichtet, gezielt weitergegeben und beantwortet werden können.[18] EBEN und die nationalen Netzwerke bauen für ihre Mitglieder im World Wide Web (WWW) auch kontinuierlich Informationsseiten zu zentralen Bereichen auf, insbesondere mit Veranstaltungs- und Publikationshinweisen.[19] Daneben kann ein elektronisches Diskussionsforum genutzt werden (eben-l@nijenrode.nl). All dies soll helfen, den nationalen und den internationalen Kontakt auf eine möglichst breite Basis zu stellen und die Mitglieder selbst zum »networking« zu motivieren.

❏ **Jahreskonferenzen**

EBEN und das DNWE veranstalten jeweils eine eigene Jahrestagung unter einem bestimmten Leitthema, die das zentrale Kommunikationsforum für interessierte Praktiker und Wissenschaftler darstellt. Nicht-Mitglieder sind herzlich willkommen. Die Konferenzen des europäischen Netzwerks eröffnen überdies wichtige internationale Kontaktmöglichkeiten mit der amerikanischen Business-Ethics-Bewegung und Fachvertretern aus allen Kontinenten. Die Konferenzschwerpunkte und Veranstaltungsorte der europäischen Tagungen wechseln jährlich; in der Regel erscheint ein Konferenzband mit ausgewählten Vorträgen, um die Diskussion auch einem breiteren Publikum zugänglich zu machen.[20] Für die kommenden Jahre sind Veranstaltungen in Leuven (1998), Amsterdam (1999), Cambridge (2000) und Valencia (2001) geplant.

Leitthemen für die deutschen Jahrestagungen, deren Vorträge kurz zusammengefaßt in der Mitgliederzeitschrift besprochen werden, waren bisher: »Ethik in der Wirtschaftskrise« (1994), »Ethik in der Wettbewerbswirtschaft« (1995), »Working Across Cultures« (1996, zus. mit EBEN), »Gerechtigkeit, Globalisierung, Zukunft der Arbeit« (1997), und »Unternehmerische Freiheit, Selbstbindung und gesellschaftliche Verantwortung« (1998).[20a]

---

17 Zur Spezifikation der beiden Newsletter vgl. die Literaturempfehlungen.
18 Für EBEN: eben@nijenrode.nl / für das DNWE: dnwe@fh-konstanz.nl
19 Einen einfachen und übersichtlichen Zugang mit vielen links zu anderen Homepages findet man über den Deutschen Server Wirtschaftsethik (http://dsw.uni-marburg.de/duwe/).
20 Vgl. Enderle/Almond/Argandona (1990), Harvey/van Luijk/Corbetta (1991), Mahoney/Vallance (1992), von Weltzien Hoivik/Føllesdal (1995), Ulrich/Sarasin (1995), Lange/Löhr/Steinmann (1998).
20a Die Tagungsbeiträge von 1998 wurden veröffentlicht von Ulrich/Löhr/Wieland (1999).

❏ **Seminare, Workshops und regionale Arbeitskreise**

Das Netzwerk hat sehr schnell erkannt, daß insbesondere Praktiker es schätzen, sich in dezentralen und spezifisch auf ihre Interessen zugeschnittenen Arbeitskreisen zur Diskussion wirtschaftsethischer Themen zu treffen. Es wurden deshalb verschiedene Formen von Workshops, Arbeitskreisen und Regionalgruppen ins Leben gerufen, die in besonderem Maße dazu beitragen, in persönlichen Gesprächen die traditionellen Grenzen zwischen Wissenschaft und Praxis zu überwinden. Häufig werden solche Veranstaltungen auch in Zusammenarbeit mit bestimmten Mitgliedsorganisationen unternommen. Die Fokussierung auf ausgewählte Probleme erleichtert es dabei, in vertrauensvoller Zusammenarbeit gemeinsam getragene Problemlösungen anzudenken und zu entwickeln. In diesem Sinne wurden etwa bereits Veranstaltungen mit Banken, mit PR-Agenturen oder mit der Bauindustrie erfolgreich durchgeführt. Immer bedeutsamer im internationalen Kontext wird die Vermittlung von wirtschaftsethischen Grundlagen und konkreten Instrumenten im Rahmen von Weiterbildungsseminaren. Man erkennt immer deutlicher, daß die Einhaltung ethischer Werte integraler Bestandteil einer vernünftigen Unternehmensführung sein muß.[21]

❏ **Studentische Bildungsarbeit**

Speziell in Deutschland ist die Vermittlung wirtschafts- und unternehmensethischer Inhalte an Hochschulen bislang vergleichsweise stark unterentwickelt. Während in anderen Ländern, insbesondere den USA, Kurse in »business ethics« vielfach schon zum Pflichtprogramm der Wirtschaftsstudenten gehören, sperren sich hierzulande gerade die Wirtschaftsfakultäten gegen solche Tendenzen. Das DNWE veranstaltet deshalb jährlich eine Herbstakademie zur Wirtschafts- und Unternehmensethik, für Dank der Hilfe von Sponsoren für eine ausgewählte Anzahl von qualifizierten Studierenden Stipendien vergeben werden können. Auf dieser einwöchigen Akademie präsentieren führende Hochschullehrer und Praktiker ihre Konzepte und stehen für ausführliche Diskussionen zur Verfügung.

❏ **Europäische Institutstreffen**

EBEN veranstaltet regelmäßig Treffen europäischer Wissenschaftler an ausgewählten Forschungsinstituten, um die internationale und interdisziplinäre Vernetzung der Forschung anzustoßen. Gastgeber waren bisher Nijenrode University (NL), Catholic University of Leuven (B), Forschungsinstitut für Philosophie Hannover (D), Stockholm School of Economics (S), Manchester Business School (GB), Czech Academy of Sciences Prague (CZ), IESE Barcelona (E), University of Siena (I).[22] Anläßlich dieser workshopartigen Treffen konnten sich insbesondere

---

21 Vgl. dazu näher Wieland (1993).
22 Von einigen dieser Veranstaltungen sind Tagungsbände erschienen, etwa de Geer (1993).

auch diejenigen nationalen Institute mit ihrer Arbeit dem europäischen Fachkollegium näher bekannt machen, die in der Vergangenheit wegen der bekannten Sprachbarrieren eher auf eine nationale Resonanz beschränkt blieben. Daneben annoncieren natürlich zahlreiche EBEN-Mitgliedsinstitute ihre Veranstaltungen über das Netzwerk mittlerweile einem breiterem Publikum.

❑ **Newsletter**

Eines der profiliertesten Produkte des deutschen Netzwerks ist mit Sicherheit das vierteljährlich erscheinende »Forum Wirtschaftsethik« – ein Organ, das ursprünglich als ein relativ einfach hergestellter Newsletter konzipiert war, sich aber mittlerweile zu einer attraktiven Fachzeitschrift entwickelt hat mit thematischen Berichten aus Wissenschaft und Praxis, bibliographischen Hinweisen, Rezensionen und Veranstaltungsberichten. Ein Graphikbüro unterstützt die Zeitschrift durch die komplette Gestaltung des Layouts, durch das gerade für Praktiker ein »Liesmich«-Anreiz geschaffen wurde. Die wichtigste Zielgruppe der Zeitschrift, die Praxis selbst, wird so erreicht. Zusätzlich zum deutschen »Forum« erhalten die Mitglieder auch dreimal jährlich den EBEN newsletter mit Informationen über die Entwicklungen und Veranstaltungen auf internationaler Ebene. Wer Interesse hat, kann sich natürlich auch um einen Bezug der zahlreichen anderen nationalen oder institutsgebundenen Newsletter-Editionen bemühen.

❑ **Publikationen**

Neben der regelmäßigen Herausgabe von Newsletters und den speziellen Publikationen der einzelnen Mitglieder und Mitgliedsinstitute sind als spezifische Netzwerkprodukte insbesondere die oben bereits erwähnten Konferenzbände der EBEN-Tagungen zu erwähnen. In Deutschland wird die Publikation von Arbeiten zur Wirtschafts- und Unternehmensethik durch eine seit 1995 herausgegebene Schriftenreihe des DNWE unterstützt.[23] Des weiteren informieren bibliographische Sonderausgaben des Forum Wirtschaftsethik über die wichtigsten Diskussionslinien und das einschlägige, mittlerweile sehr umfangreiche Literaturangebot zum Thema Wirtschafts- und Unternehmensethik.

Das Netzwerk hat sich mittlerweile aber auch als eine unverzichtbare Quelle von Kontakten etabliert, um ambitionierte Projekte im Rahmen der wirtschafts- und unternehmensethischen Diskussion zu realisieren. Hierzu zählen etwa das »Lexikon der Wirtschaftsethik«,[24] Sammelbände zur wirtschafts- und unternehmensethischen Grundlagendiskussion[25] oder ein »European Casebook on Business Ethics«.[26] Im Hinblick auf Publikationen ist schließlich zu bemerken, daß EBEN

---

23 Vgl. Habisch (1995), Brown (1996); weitere Publikationen sind derzeit in Vorbereitung.
24 Vgl. Enderle et al (1993).
25 Vgl. Forum für Philosophie Bad Homburg (1994).
26 Vgl. Harvey / van Luijk / Steinmann (1994).

mit den führenden internationalen Fachzeitschriften eng kooperiert und für Mitglieder bei deren Bezug zum Teil Vorzugskonditionen gelten.

4. Bezüge zur Korruptionsdebatte

Das Phänomen der Korruption ist ohne jeden Zweifel von hoher ethischer Relevanz. Von daher liegt es auf der Hand, daß sich das Netzwerk in der Vergangenheit schon mehrfach intensiv mit der Korruptionsproblematik befaßt hat. Dank einer äußerst fruchtbaren Kooperation mit der Initiative »Transparency International« konnte dabei die intime Sachkenntnis mit wirtschaftsethischen Reflexionskonzepten zusammengeführt werden.[27] Sieht man einmal von einzelnen und verstreuten Beiträgen im Rahmen von Netzwerkaktivitäten ab, so sind für den deutschen Sprachraum vielleicht die folgenden drei Schnittstellen besonders erwähnenswert.

1. Das Heft 3/1995 der Mitgliederzeitschrift »Forum Wirtschaftsethik« hatte die Diskussion über Korruptionsfragen zum Leitthema gemacht und stellte in diesem Zusammenhang auch das TI-Konzept der »Inseln der Integrität« näher vor.[28] Neben weiteren thematischen Artikeln wurde auch sehr kritisch auf eine aktuelle Stellungnahme des Jesuitenpaters Rupert Lay eingegangen, der im Deutschen Allgemeinen Sonntagsblatt vom 17. 2. 1995 behauptete, die um sich greifende Bestechungspraxis sei nicht unbedingt moralisch verwerflich, da sie als kulturvariante Konvention häufig – z. B. in Indonesien – quasi zum guten Ton gehöre.[29] Das Deutsche Netzwerk Wirtschaftsethik lehnt diese relativistische Position rundweg ab und verabschiedete gemeinsam mit Transparency International eine Presseerklärung, in der die Verantwortlichen in Wirtschaft und Gesellschaft dazu aufgefordert wurden, endlich effektive Maßnahmen gegen die Korruption einzuleiten.

2. Einen vorläufigen Höhepunkt der thematischen Auseinandersetzung bildete nach einhelliger Meinung die schwerpunktartige Behandlung der internationalen Korruption anläßlich der 9. Jahreskonferenz des European Business Ethics Network vom 18.-20. September 1996 in Seeheim an der Bergstraße (Lufthansa-Bildungszentrum).[30] Die rund 200 Teilnehmer aus 30 Ländern waren insbesondere

---
27 Neben Beiträgen zu den jeweiligen Veranstaltungen der beiden Organisationen bestehen gewisse personelle Verflechtungen, z. B. im Zuge wechselseitiger Mitgliedschaften in den Beiräten oder durch persönliche Mitgliedschaften in beiden Organisationen.
28 Vgl. Eigen / Staroselska (1995).
29 Vgl. Lay (1995).
30 Die internationale Korruption bildete einen von drei thematischen Schwerpunkten, die in Plenarveranstaltungen behandelt wurden. Daneben wurde das Problem noch in mehreren Workshops durch Referenten vorgestellt und diskutiert.

tief beeindruckt vom Eröffnungsvortrag der Sprecherin des Südafrikanischen Parlamentes, The Hon. Dr. Frene Ginwala.[31]

Dr. Ginwala räumte darin schonungslos mit der in den reichen Industrieländern verbreiteten Vorstellung auf, daß die Ursachen für internationale Korruption hauptsächlich in den Entwicklungsländern zu suchen seien, quasi als eine Folge schwacher Regierungen, anfälliger Institutionen oder bestimmter kultureller Gepflogenheiten. Dies seien alles nur vordergründige und selbstgefällige Behauptungen, um sich von der eigenen Pflicht zur politischen Initiative zu entlasten. Die internationale Korruption sei ein multidimensionales Problem und müsse daher auf diversen nationalen und internationalen Ebenen bekämpft werden. Dabei werde immer noch viel zu wenig beachtet, daß zur Korruption immer zwei Parteien gehören. In der Regel werde die Schuld aber nur derjenigen angelastet, die nehme und sich bereichere; von der bestechenden Seite werde vermutet, sie stehe unter Handlungszwang. Diese Unterstellungen seien natürlich bequem für die reichen Länder, die es sich vielleicht leisten könnten, Entwicklungshilfe an korrupte Regime zu zahlen und auf Steuereinnahmen infolge der Abzugsfähigkeit von Bestechungsgeldern zu verzichten. Für die Entwicklungsländer seien dagegen die Kosten und sozialen Folgen der Korruption unerträglich hoch. Warum, so fragte Ginwala, handeln die entwickelten Länder angesichts dieser Situation nicht?

Die sich anschließenden Vorträge und Diskussionen auf der Veranstaltung zeigten schließlich die aktuellen Bemühungen zur Bekämpfung der Korruption im Zuge internationaler, staatlicher und unternehmerischer Initiativen auf und hinterließen bei den Teilnehmern den Eindruck, daß es durchaus vielschichtige Konzepte und Vorschläge zur schrittweisen Eindämmung des Übels gibt.[32] Vor diesem Hintergrund erschien den Teilnehmern die damalige Einstellung der deutschen Bundesregierung zur Korruptionsfrage so zurückhaltend, daß sie sich auf der Abschlußveranstaltung dazu entschlossen, in einer weiteren Presseerklärung konkrete und entschlossene Schritte zur Umsetzung der mittlerweile vorliegenden internationalen Empfehlungen anzumahnen.

> **Memorandum der 9. EBEN-Jahreskonferenz in Seeheim (20. 9. 1996)[33]**
>
> »Das European Business Ethics Network (EBEN) befaßte sich auf seiner 9. Jahrestagung über »Working across cultures« in mehreren Veranstaltungen mit dem Thema internationale Korruption.

---

31 Vgl. Ginwala (1998), sowie einen Beitrag im Handelsblatt vom 27./28. 9. 1996, S. 8.
32 Vgl. dazu die im Konferenzband von Lange / Löhr / Steinmann (1998) publizierten Beiträge von Eigen, Draetta, Pieth, Leisinger und Paschke, sowie Argandona (1997).
33 Dieser Beschluß wurde von rund 150 Personen (EBEN Mitglieder und Nicht-Mitglieder) auf der Abschlußsitzung nach eingehender Diskussion in englischer Sprache verabschiedet und der Presse in der deutschen Version zugeleitet.

EBEN-Mitglieder aus verschiedenen Ländern begrüßen die Bemühungen einzelner Persönlichkeiten, von Verbänden einschließlich der Internationalen Handelskammer ICC, einigen Politikern und Regierungen, mit gezielten Maßnahmen und Gesetzesinitiativen gegen derartige Praktiken vorzugehen.

Sie weisen auf die verheerenden Schäden hin, die aktive und passive Bestechung, besonders auch im internationalen Waren- und Kapitalverkehr, einzelnen Unternehmungen, ganzen Volkswirtschaften und der politischen Kultur im Ganzen zufügen.

Sie fordern von den Verantwortlichen in Wirtschaft und Politik die rasche Umsetzung der Beschlüsse des Ministerrats der OECD und der Staatschefs der G7-Länder auf ihrem Treffen in Lyon, Bestechung durch Firmen aus OECD-Ländern zu verbieten und die Steuerabzugsfähigkeit von Bestechungsgeldern abzuschaffen.

Während die Konferenzteilnehmer besonders die wichtige Initiative von Bundesregierung und Bundesrat in ihrem Gastland[34] im Kampf gegen die Korruption begrüßten, äußerten sie ihre Enttäuschung darüber, daß in den verbesserten Gesetzen und Maßnahmen die internationale Dimension der Korruption ausgeblendet wird.

EBEN bietet durch seine Mitglieder Beratung und Unterstützung auf diesem wichtigen Feld der Unternehmensethik an.«

3. Die Bedeutung der Korruptionsbekämpfung wurde schließlich nochmals unterstrichen anläßlich der folgenden Jahrestagung des Deutschen Netzwerks Wirtschaftsethik, die vom 4.-5. April 1997 wiederum in Seeheim stattfand. Weit über 100 Teilnehmer aus Wirtschaft, Wissenschaft, Verbänden, Medien und Kirchen diskutierten über Gerechtigkeit, Globalisierung und die Zukunft der Arbeit. Auf der Abschlußsitzung wurde an das Memorandum der EBEN-Konferenz 1996 erinnert und in Anbetracht der zwischenzeitlichen Entwicklung eine weitere Stellungnahme durch die Teilnehmer verabschiedet.

Memorandum der DNWE-Jahreskonferenz in Seeheim (7. 4. 1997)

DNWE-Erklärung zur Internationalen Korruption:
»*Korruptionsbekämpfungsgesetz muß ergänzt werden*«

»Das Deutsche Netzwerk Wirtschaftsethik hat mit großer Sorge auf den Umgang mit der ausländischen Korruption durch europäische Exporteure hingewiesen. Die Teilnehmer der Jahrestagung 1997 des DNWE forderten eine Um-

---

34 Diese Wendung erklärt sich durch den Umstand, daß Teilnehmer aus fast 30 Ländern anwesend waren, die hier ein Urteil über die Politik der Bundesrepublik abgeben.

> setzung der im Herbst 1996 verabschiedeten Erklärung des European Business Ethics Network (EBEN) auch in Deutschland. EBEN hatte die Vorzugsbehandlung der Bestechung ausländischer Beamter durch europäische Exporteure als unhaltbar bezeichnet. Dieses Thema ist gegenwärtig noch immer höchst aktuell, da in dem umfassenden Anti-Korruptions-Paket, das gegenwärtig dem Bundestag vorliegt, wiederum die ausländische Korruption durch deutsche Exporteure nicht berührt wird. Auch die Steuerabzugsfähigkeit im Ausland gezahlter Bestechungssummen ist weder im aktuellen Regierungsentwurf noch in der Vorlage des Bundesrates eingeschränkt.
>
> Dies ist umso besorgniserregender, als der Stand der Empfehlungen der OECD, der im Mai 1997 wiederum dem Ministerrat der OECD vorliegen wird, eine wegweisende Orientierung zum gemeinsamen Handeln wäre. Die Umsetzung dieser OECD-Empfehlung bietet eine einmalige Gelegenheit, die internationale Korruption in einem weltweit abgestimmten Verfahren in den Griff zu bekommen. Die Konferenzteilnehmer appellieren daher mit großer Mehrheit und nachdrücklich an die beteiligten Regierungen, diese Gelegenheit einer Reform und moralisch gebotenen Korrektur wahrzunehmen.«

5. Schlußbemerkung

Die Anschlüsse der wirtschaftsethischen Diskussion an die Korruptionsdebatte sind also sowohl auf der nationalen als auch auf internationalen Ebene des Netzwerks prägnant hergestellt und werden auch weiterhin ausgebaut. Natürlich darf man dabei nicht übersehen, daß die Korruption bei weitem nicht das einzige aktuelle wirtschaftsethische Thema darstellt und sie insofern innerhalb der Netzwerkaktivitäten immer auch mit anderen Problemfeldern um Dringlichkeit und Aufmerksamkeit konkurriert. Allerdings wird sie angesichts ihrer unstrittigen ethischen Relevanz und eminenten praktischen Bedeutung mit Sicherheit noch länger als eines der Paradebeispiele für die Notwendigkeit wirtschaftsethischer Diskussionen gelten. Die Korruptionsproblematik steht sozusagen ganz oben auf der Agenda der Wirtschaftsethik und wird beständig zu einschlägigen Stellungnahmen führen.[35]

Welchen Charakter die Zusammenarbeit von EBEN und dem DNWE mit den spezifisch auf Korruptionsbekämpfung ausgerichteten Institutionen dabei grundsätzlich hat, kann man wohl am besten mit dem Stichwort der »Legitimationsdiskussion« umreißen. Die Anti-Korruptionsdebatte soll insbesondere in ihrer normativen Dimension unterstützt und abgesichert werden. Durch wirt-

---

35 Vgl. z. B. Homann (1996).

schafts-*ethische* Beiträge soll also gezeigt werden, daß sich die Bekämpfung der Korruption nicht nur ein als technisches, möglicherweise sogar bloß machtpolitisch motiviertes Problem darstellt, das nur von bestimmten Interessengruppen vertreten wird, sondern daß aktive Korruptionsbekämpfung auch und gerade bei ethischer Betrachtung dringend geboten ist.

Literaturempfehlungen

Argandona, A.: The 1996 ICC Report on Extortion and Bribery in International Business Transactions, in: Business Ethics: A European Review, Vol. 6 1997, pp. 134- 146.

Brown, M.: Der ethische Prozeß. Strategien für gute Entscheidungen, München und Mering 1996.

De Geer, H. (Ed.): Business Ethics in Progress? Berlin 1994.

De George, R.: The Status of Business Ethics: Past and Future, in: Steinmann, H; Löhr, A. (Hrsg.): Unternehmensethik, 2. Aufl., Stuttgart 1991, S. 491–508.

Deutsches Netzwerk Wirtschaftsethik (Hrsg.): Forum Wirtschaftsethik, 6. Jgg. 1998, Bad Homburg.

Deutsches Netzwerk Wirtschaftsethik (Hrsg.): Leitsätze und Handlungsprogramm, Bad Homburg 1996 (engl. translation: Principles and Action Plan, Bad Homburg 1996).

Eigen, P. ; Staroselska, A.: Korruption – was tun? Inseln der Integrität – ein Modell von Transparency International, in: Deutsches Netzwerk Wirtschaftsethik (Hrsg.): Forum Wirtschaftsethik, 3. Jgg. 1993, S. 1–5.

Enderle, G. ; Almond, B. ; Argandona, A. (Eds.): People in Corporations. Ethical Responsibilities and Corporate Effectiveness, Dordrecht 1990.

Enderle, G. u. a.: Lexikon der Wirtschaftsethik, Freiburg i. Br. 1993.

European Business Ethics Network (Ed.): EBEN Newsletter, Vol. 12, 1998.

Forum für Philosophie Bad Homburg (Hrsg.) : Markt und Moral. Die Diskussion um die Unternehmensethik, Bern/Stuttgart 1994.

Ginwala, F.: The Role of Governments in International Corruption, in: Lange, H. ; Löhr, A. ; Steinmann, H. (Eds.): Working Across Cultures. Ethical Perspectives for Intercultural Management, Dordrecht 1998, pp. 59–72.

Habisch, A. (Hrsg.): Familienorientierte Unternehmensstrategie. Beiträge zu einem zukunftsorientierten Programm, München und Mering 1995.

Harvey, B. ; van LUIJK, H.; Steinmann, H. (Eds.): European Casebook on Business Ethics, Englewood Cliffs 1994.

Harvey, B.; van Luijk, H.; Corbetta, G. (Eds.): Market Morality and Company Size, Dordrecht 1991.

Homann, K.: Unternehmensethik und Korruption, in: Zeitschrift für betriebswirtschaftliche Forschung, Jgg. 49, 1997, S. 187–209.

Lange, H.; Löhr, A.; Steinmann, H. (Eds.): Working Across Cultures. Ethical Perspectives for Intercultural Management, Dordrecht 1998.

Lay, R.: Einem Stern folgen, in: Das Sonntagsblatt, 17. 2. 1995, S. 18.

Lorenzen, P.: Philosophische Fundierungsprobleme einer Wirtschafts- und Unternehmensethik, in: Steinmann, H. / Löhr, A. (Hrsg.): Unternehmensethik, 2. Aufl., Stuttgart 1991, S. 35–67.

Mahoney, J.; Vallance, E. (Eds.): Business Ethics in a New Europe, Dordrecht 1992.

O. V. : Der Kampf gegen die internationale Korruption ist zäh, in: Handelsblatt, 27./28. 9. 1996, S. 8.

Piper, T. R.; Gentile, M. C.; Daloz Parks, S.: Can Ethics Be Taught? Perspectives, Challenges, and Approaches at Harvard Business School, Boston/Mass. 1993.

Rawls, J.: A Theory of Justice, Cambridge/Mass. 1971 (dt.: Eine Theorie der Gerechtigkeit, Frankfurt/M. 1975).

Steinmann, H.; LÖHR, A.: Grundlagen der Unternehmensethik, 2. Aufl., Stuttgart 1994.

Ulrich, P.; Sarasin, Ch. (Eds.): Facing Public Interest. The Ethical Challenge to Business Policy and Corporate Communications, Dordrecht 1995.

van Luijk, H.: Recent Developments in European Business Ethics, in: Journal of Business Ethics, Vol. 7, 1990, pp. 537–544.

Ulrich, P.; Löhr, A.; Wieland, J. (Hrsg.): Unternehmerische Freiheit, Selbstbindung und politische Mitverantwortung. Perspektiven republikanischer Unternehmensethik, München/Mering 1999.

von Weltzien Hoivik, H.; Føllesdal, A. (Eds.): Ethics and Consultancy: European Perspectives, Dordrecht 1995.

Wieland, J.: Formen der Institutionalisierung von Moral in amerikanischen Unternehmungen. Die amerikanische Business Ethics-Bewegung: Why and how they do it, Bern/Stuttgart 1993.

VI. Integritätssysteme

Einleitung

1. Strafrecht
2. Steuerrechtliche Behandlung der Bestechung
3. Transparenz in Buchführung und Revision
4. Die zivilrechtlichen Folgen nationaler und transnationaler Korruption
5. Auftragsvergabe

Integritätssysteme – Einleitung

Mark Pieth

Sowohl die internationalen Instrumente wie die nationalen Maßnahmenpakete gegen die Korruption setzen traditionellerweise primär auf das **Strafrecht**. International liegt dieser Weg nahe, weil sich so – jedenfalls auf dem Papier – eine relativ leicht feststellbare Rechtsangleichung erzielen läßt. Zudem liegt es in der gegenwärtigen Tendenz – vor allem unter US-amerikanischem Einfluß –, Fehlverhalten im Wirtschaftsbereich systematisch durch ein Aufrüsten von Strafrecht zu bekämpfen. Auch vielen nationalen Gesetzgebern ist es zu beschwerlich, korruptionsanfällige Verfahren – etwa die Vergabe öffentlicher Aufträge oder die Privatisierung von Staatsbetrieben – systematisch zu analysieren, korruptionsresistent auszugestalten und entsprechende Kontrollsysteme einzurichten. Das Strafrecht erscheint vielfach als der billigere und einfachere Weg. Das Risiko ist allerdings hoch, daß es bloß deklamatorische Bedeutung erlangt, daß bloß symbolisches Recht geschaffen wird.

Gerade im Bereich der Bekämpfung der transnationalen Korruption hat es sich indessen gezeigt, daß auf Strafnormen, die klarstellen, was erlaubt und was verboten ist, nicht verzichtet werden kann. Ökonomisch wirksame Sanktionen wie etwa das Verbot der steuerrechtlichen Abzugsfähigkeit von Bestechungszahlungen werden in vielen Ländern gerade von der Strafbarkeit des Verhaltens abhängig gemacht.

In der neueren Diskussion ist aber sowohl auf der Angebots- wie der Nachfrageseite deutlich geworden, daß nur **integrale Präventions- und Repressionskonzepte** eine Chance auf Erfolg haben. Auf der Angebotsseite erzielen die amerikanischen Bemühungen um klare Buchhaltungs- und Revisionsvorschriften (vgl. die Normen der Foreign Corrupt Practices Act (FCPA), die Verordnungen und Weisungen der Securities and Exchange Commission (SEC) und die privat ausgearbeiteten Berufstandards, insbesondere der internen Revision[1]) eine beachtliche Präventionswirkung. Ferner zeigt das US-Beispiel, daß die Sanktionierung durch staatliches Recht einen starken Impuls zum Aufbau von funktionierenden unternehmensinternen »Compliance«-Strukturen auslöst. Auch auf der Nachfrageseite wirkt nichts so präventiv wie klar und transparent geregelte Verfahren.

Nicht-strafrechtliche ökonomisch wirksame Sanktionen gegen Unternehmen, wie etwa die befristete Aussperrung von öffentlichen Aufträgen oder staatlicher

---

1 Committee of Sponsoring Organisations of the Treadway Commission, COSO.

Exportrisikoversicherung können, zumal wo eine eigentliche Verbandstrafe noch nicht eingeführt ist, mindestens so wirksam sein wie Strafrecht. Allerdings werfen sie durchaus vergleichbare rechtsstaatliche Probleme auf.

In Europa bestehen erhebliche Hemmungen, sich mit den zivilrechtlichen Konsequenzen der transnationalen Bestechung auseinander zu setzen, obwohl sie in mancherlei Hinsicht dem strafrechtlichen überlegen sein könnten. Allerdings wird auch für das Zivilrecht die klare Benennung des unzulässigen Verhaltens die Entwicklung beschleunigen.

In diesem Kapitel werden die einzelnen Präventions- und Repressionsmaßnahmen zur Beschränkung der transnationalen Korruption erörtert. Auf einen Beitrag zu den technischen Fragen der **Strafbarkeit der aktiven Bestechung ausländischer Beamter** von **Mark Pieth** (1.1.) folgt ein Text des ehemaligen Tessiner Staatsanwalts **Paolo Bernasconi** zur Beschränkung des **Mißbrauchs von Off-Shore-Domizilgesellschaften** (1.2.), sozusagen als Antwort auf den Beitrag von Erich Diefenbacher im Kapitel II., 1.3. **Wolfgang Joecks**, Professor für Strafrecht und Spezialist für Steuerstrafrecht, vertieft anschließend die bisher sehr oberflächlich geführte Debatte zur **steuerrechtlichen Abzugsfähigkeit** von Bestechungszahlungen (2.). Im Unterkapitel zu den Buchführungs- und Revisionsregeln sind zunächst zwei Originaltexte eingerückt, die der OECD bei der Ausarbeitung ihrer Empfehlung von 1997 als Materialien vorlagen. **Jermyn Brooks**, damals Chairman von Price Waterhouse Europe, äußert sich generell zu den Möglichkeiten, die den Bücherprüfern zur Entdeckung von Bestechungsvorgängen zur Verfügung stehen. **Mritunjay Singh** von Coopers & Lybrand, USA, geht dem Thema für die interne Revision nach und stellt sie in den wesentlich weiteren Kontext der »Corporate Governance«. **Hans Joachim Marschdorf** packt die Fragen von Feststellung und Prävention von Bestechungsleistungen aus der Sicht des Unternehmers noch konkreter an; sein Beitrag ist besonders wichtig im Kontext des oft gehörten Einwandes, Provisionen, Kommissionen und Bestechungszahlungen ließen sich in der Praxis ohnehin nicht unterscheiden (3.3.). **Rolf Sethe** behandelt anschließend die zu Unrecht bisher noch kaum erörterte Fragestellung der zivilrechtlichen Folgen von lokaler und transnationaler Bestechung (4.), während **Michael Wiehen** das Kapitel der konkreten präventiven und repressiven Maßnahmen gegen die Korruption mit einem Beitrag zu den Grundregeln, Kontrollmechanismen und Sanktionen im Bereiche der Auftragsvergabe abschließt (5.).

1. Strafrecht

1.1 Die Strafbarkeit der aktiven Bestechung ausländischer Beamter 343
   Mark Pieth

1.2. Off-Shore Domizilgesellschaften als Instrument der Bestechung und der Geldwäscherei – Zehn neue Empfehlungen gegen den Mißbrauch von Off-Shore Domizilgesellschaften 356
   Paolo Bernasconi

1.1. Die Strafbarkeit der aktiven Bestechung ausländischer Beamter
Mark Pieth

1. Einleitung

Im III. Kapitel sind die Vorstösse internationaler Organisationen zur Eindämmung der grenzüberschreitenden Bestechung vorgestellt worden. Meist enthalten die Programme neben strafrechtlichen Mindeststandards eine ganze Palette von Präventivmaßnahmen (z. B. das Verbot der steuerrechtlichen Absetzbarkeit von Bestechungszahlungen oder spezifische Buchführungsvorschriften) und nichtstrafrechtlichen Sanktionen (z. B. den Ausschluß von der Vergabe öffentlicher Aufträge). Hier sollen die strafrechtlichen Standards einer näheren Betrachtung unterzogen werden. Für **Europa** sind gegenwärtig **drei Initiativen** von Bedeutung: Strafrechtliche Harmonisierungskonzepte entwickeln das OECD-Übereinkommen über die Bekämpfung der Bestechung ausländischer Amtsträger im Internationalen Geschäftsverkehr[1], die **EU**-Instrumente zum Schutz der finanziellen Interessen der Europäischen Gemeinschaften[2] sowie der Entwurf eines Strafrechtsübereinkommens zur Korruption des Europarats.[3] Owohl sich all diese Texte mit der Strafbarkeit der Bestechung befassen, weichen die Konzepte doch bereits aufgrund der unterschiedlichen Aufgaben der betreffenden Organisationen erheblich voneinander ab. Zunächst werden daher die Ansätze kurz charakterisiert und in ihren weiteren Kontext gestellt (2.), um dann im Querschnitt einzelnen zentralen Fragen der Strafbarkeit nachzugehen (3.).

---

1 OECD-Übereinkommen vom 17. Dezember 1997 über die Bekämpfung der Bestechung ausländischer Amtsträger im internationalen Geschäftsverkehr, vgl. den Dokumentarteil im Anhang.
2 EU: Übereinkommen über den Schutz der finanziellen Interesse der Gemeinschaften (95/C 316/03); Erstes Protokoll zum Übereinkommen über den Schutz der finanzielle Interessen der Gemeinschaften vom 27. September 1996 (96/C 313/01); Zweites Protokoll zum Übereinkommen über den Schutz der finanziellen Interessen der Gemeinschaften vom 19. Juni 1997 (97/C 221/02); Übereinkommen über die Bekämpfung der Bestechung von Amtsträgern der Europäischen Gemeinschaften oder Amtsträgern von Mitgliedsstaaten der Europäischen Gemeinschaften vom 26. Mai 1997 (97/C 95/01).
3 Conseil de l'Europe: Groupe Multidisciplinaire sur la Corruption (GMC), Projet de Convention Pénal sur la Corruption, approuvé par le GMC lors de sa 13 e réunion, Strasbourg, 23–27 mars 1998.

2. Neue Instrumente der Strafrechtsharmonisierung

2.1. Europaratsübereinkommen

Seit der Tagung der Europäischen Justizminister von 1994 in Malta arbeitet der Europarat an verschiedenen Instrumenten gegen die Korruption. Im Oktober 1997 verabschiedeten die Staats- und Regierungschefs der Europaratsstaaten Zwanzig Leitprinzipien gegen die Korruption. Weitere Arbeiten im Rahmen der »Groupe Multidisciplinaire sur la Corruption« (GMC) vertieften straf-, verwaltungs- und zivilrechtliche Instrumentarien, wobei bisher lediglich die Strafrechtskonvention fertiggestellt wurde. Der Entwurf wurde am 27. März 1998 von der Arbeitsgruppe verabschiedet und im November 1998 vom Ministerrat verabschiedet.

Dem Europarat kommt traditionellerweise eine Dienstleistungsfunktion in der Strafrechtsharmonisierung in Europa zu. Er hat zu vielen Strafrechtsthemen Empfehlungen und Übereinkommen ausgearbeitet, bisher aber noch von ambitiöseren Projekten, wie der Ausarbeitung eines europäischen Modellstrafgesetzbuches Abstand genommen[4]. Die Arbeiten stehen in engem Zusammenhang mit dem Ziel der **Förderung der Zusammenarbeit** in Strafsachen einerseits und der Garantie eines bestimmten **Menschenrechtsstandards** andererseits. In neuester Zeit hat der Europarat eine zentrale Funktion in der rechtlichen Integration von Osteuropa übernommen.

Die Strafrechtskonvention zur Korruption greift denn auch äußerst weit aus, sie erfaßt Regelungsmaterien traditioneller nationaler Gesetzgebung, wie die lokale aktive und passive Bestechung und den »Handel mit Einfluß«. Hinzu tritt die aktive und passive Bestechung Privater im Geschäftsverkehr. Schließlich enthält der Entwurf diverse Normen zur Bestechung ausländischer und internationaler Amtsträger, dabei fällt die differenzierende Behandlung nach Beamten, Abgeordneten und Richtern auf. Ergänzt wird die Palette der Strafnormen durch die akzessorischen Tatbestände der Korruptions-Geldwäsche und der Verletzung von Buchführungsvorschriften sowie die Haftung der juristischen Person.

Bereits vor Verabschiedung der Konvention haben sich die Mitgliedsstaaten zudem auf ein Evaluationsverfahren geeinigt[5].

---

[4] Nach einem negativen Entscheid des Europarates aufgrund eines Memorandums von Ch. Enschede der Universität von Amsterdam wurde das Anliegen eines europäischen Model Penal Code vorerst zurückgestellt. 1996 hat er zur erneuten Prüfung der Frage bei Ulrich Sieber ein neues Gutachten in Auftrag gegeben. Vgl. Council of Europe, Parliamentary Assembly. Committee on Legal Affairs and Human Rights, A Model European Code, Memorandum by Prof. Dr. U. Sieber, Strasbourg 5. Februar 1997, Publ. European Journal of Law Reform 1/99.

[5] Conseil de l'Europe, Accord instituant le Groupe d'Etats contre la Corruption-Greco-GMC (98)21.

Insgesamt strebt der Europarat weitgehende Rechtsangleichung an, die allerdings durch eine Vielzahl von Vorbehaltsmöglichkeiten wieder in Frage gestellt wird (vgl. Art. 37). Da zum einen Rechtshilfe eine Identität der Rechtsnormen keineswegs voraussetzt, zum andern Supranationalität und Schutz gemeinsamer Rechtsgüter nicht das primäre Ziel des Europarats ist, bleibt die Frage nach dem Sinn der weitgehenden Rechtsangleichung in diesem Forum unbeantwortet.

2.2. Korruptionsrecht der EU

Bekanntlich ist die EU für den Erlaß von Strafrecht im Prinzip nicht zuständig. Trotzdem zeichnet sich im Rahmen des Schutzes der finanziellen Interessen der Gemeinschaften ein kollektives Kernstrafrecht ab. Die Organe der EU verfügen bereits heute über eine Reihe von nicht-strafrechtlichen Kompetenzen. Im Rahmen der 3. Säule des Maastrichter Unionsvertrags wurden nun zusätzlich strafrechtliche Instrumente gegen den EU-Betrug und auch Sonderbestimmungen gegen die Bestechung erarbeitet. Das Erste Protokoll vom 27. September 1996 zum Übereinkommen zum **Schutze der finanziellen Interessen** der Europäischen Gemeinschaften verlangt von den Vertragsstaaten Strafnormen gegen die aktive und passive Bestechung von Amtsträgern anderer Mitgliedstaaten zu erlassen. Allerdings sind die Bestimmungen vorerst eng an den Kontext des Schutzes des EU-Budgets gebunden. Die Strafbarkeit beschränkt sich auf Bestechung, die »geeignet ist, die finanziellen Interessen der Europäischen Gemeinschaften zu beeinträchtigen« (Art. 2 und 3 Prot. I). In einer weiteren Konvention im Rahmen der 3. Säule, im Übereinkommen vom 26. Mai 1997 wird die Bestechung von Gemeinschaftsfunktionären und Amtsträgern der EU-Staaten schlechthin kriminalisiert. Damit erheben die EU-Staaten bestimmte Rechtsgüter der Mitgliedländer zu Gemeinschaftsinteressen. Daß damit ein Schritt auf einen mindestens sektoriell gemeinsamen Rechtsraum unternommen wurde, zeigt sich auch am Kooperationskonzept der Art. 9 und 10 der Konvention vom 26. Mai 1997: Sie sollen Kompetenzkonflikte gemeinsam lösen und eine Verletzung von »ne bis in idem« auch transnational vermeiden.

Weitere Schritte einer thematisch beschränkten Rechtsvereinheitlichung zum Schutze der finanziellen Interessen der Gemeinschaften sind bereits absehbar. Der Vorschlag einer Gruppe von Wissenschaftlern zu einem Kernstrafrecht gegen den EU-Betrug mit allgemeinen Bestimmungen, Straftatbeständen und Verfahrensnormen mag vielen noch futuristisch erscheinen, er stößt aber auf erhebliches politisches Interesse nicht nur im Europäischen Parlament[6]. Als besonders weitreichend empfunden wird nicht nur der Ansatz der eigentlichen Vereinheitli-

---

6 Vgl. die nun erschienene deutsche Fassung des »Corpus Iuris« herausgegeben von Mireille Delmas-Marty mit einer Einführung von U. Sieber, u. a., Köln 1998.

chung anstelle der Angleichung, sondern vor allem die Einführung einer Europäischen Strafverfolgungsbehörde (Art. 18 und 19 Corpus Iuris). In der theoretischen Debatte wirft der Ansatz des »Corpus Iuris« prinzipielle Fragen nach den Methoden der Rechtsvereinheitlichung auf: Soll ein bestimmtes traditionelles Modell aus einer der Rechtsordnungen übernommen werden oder trifft man sich auf der Basis des größten gemeinsamen Nenners?

2.3. OECD-Übereinkommen

Der Ansatz der OECD unterscheidet sich erheblich von den regionalen Übereinkommen[7]. Er konzentriert sich auf ein relativ beschränktes Thema, die transnationale Bestechung im Geschäftsverkehr und befaßt sich zunächst (abgesehen von der Geldwäsche und der Verletzung von Buchhaltungsvorschriften) lediglich mit der Strafbarkeit der aktiven Bestechung fremder Amtsträger. Demgegenüber ist sein geographisches Einzugsgebiet viel weiter als bei den regionalen Vorstössen: Zum einen sind sämtliche Industriestaaten der Welt angesprochen. Darüber hinaus sind weitere Länder eingeladen, der Konvention beizutreten. Sie ist bisher von 33 Staaten unterzeichnet worden und weitere 3 Staaten haben das entsprechende Verfahren eingeleitet. Insgesamt repräsentieren die Unterzeichnerstaaten über 70 % der weltweiten Exporte und über 90 % der Direktinvestitionen ins Ausland. Darin kommt zum Ausdruck, daß es Ziel dieses Übereinkommen ist, die wichtigsten Handelsnationen zu veranlassen, Regeln des **fairen Wettbewerbs auf den Weltmärkten** festzuschreiben. Soweit die in der Übereinkunft angesprochenen Zuständigkeitsregeln es zulassen, wird zum andern auch die Bestechung von Beamten von Nicht-Vertragsstaaten erfaßt. Allerdings beschränkt sich die OECD-Konvention ganz auf die Strafbarkeit des Bestechenden, die Bestrafung des Bestochenen ist Sache des verletzten Staates resp. der verletzten Organisation, soweit sie über Strafkompetenzen verfügt. Schließlich erfaßt die Konvention lediglich die Bestechung fremder Amtsträger und Magistratspersonen. Die Bestechung Privater wird im Rahmen des weiteren Arbeitsprogrammes der OECD-Arbeitsgruppe gegenwärtig diskutiert.

Die Entstehungsgeschichte ist in der Einleitung zum III. Kapitel geschildert worden. Mit der Umsetzung der OECD-Konvention schützten die Vertragsstaaten zum einen eigene Interessen an einem »level playing field of commerce«, an ausgeglichenen Wettbewerbsbedingungen auf Gegenseitigkeit gerade auch zugunsten der eigenen Wirtschaft. Zum anderen wird die Beschränkung des Zuflusses von Bestechungszahlungen insbesondere in Staaten der Dritten Welt Wirtschaft,

---

7 Pieth, Internationale Harmonisierung von Strafecht als Antwort auf transnationale Wirtschaftskriminalität , ZStW 109 (1997) S. 147 ff.; Small, La lutte contre la corruption dans le commerce internationale, in: Maulny/Caillaud, Europe/Etats-Unis: Coopération et competition dans le domaine des systèmes des défense et des hautes téchnologie, Paris 1997.

Administration und Demokratie vor Destabilisierung schützen. In diesem Sinne nehmen die Industriestaaten ihren Anteil an der Verantwortung für die Welt der Korruption wahr.

Dieser spezielle Zugang zum Thema schlägt sich auch im technischen Ansatz nieder: Anders als die beschriebenen regionalen Instrumente verweist die Konvention der OECD für die Definition der Amtsträger und die Umschreibung der tatbestandsmässigen Handlung (Pflichtverletzung) nicht einfach auf das Recht des verletzten Staates. Vielmehr strebt sie die Entwicklung **autonomer** Grundsätze an (siehe unten 3.2).

Ebenfalls in Abweichung von den Konventionen der EU und des Europarates geht es der OECD nicht um Rechtsangleichung im klassischen Sinne. Wie im offiziellen Kommentar in Note 2 festgehalten wird, verpflichtet die Konvention lediglich zu »**funktionaler Äquivalenz**«. Nur dadurch konnte eine schnelle Einigung von Staaten mit ganz unterschiedlichen Rechtsordnungen erwirkt werden. »Funktionale Äquivalenz« stellt indessen hohe Anforderungen an den von den OECD-Staaten ausgehandelten Evaluationsprozeß (Art. 12 Konv.): Nicht der Weg muß gleich, sondern das Ergebnis vergleichbar sein. Im übrigen ist Vergleichbarkeit, ermittelt im Rahmen einer sogenannten »peer review« unter Staaten ohnehin ein komplexer, gemischt rechtlich-politischer Vorgang. Die enge thematische Begrenzung und auch die ursprüngliche Einschränkung auf Industriestaaten erlaubte der OECD einen unüblich raschen Prozeß: Die unterzeichnenden Regierungen haben sich politisch verpflichtet, alles zu tun, damit die entsprechende nationale Umsetzungsgesetzgebung bis Ende 1998 vom nationalen Parlament verabschiedet werden kann.

2.4. Weitere Instrumente

Lediglich zur Abgrenzung wird auf weitere Instrumente hingewiesen: Für Europa nicht direkt relevant ist die »Interamerikanische Konvention gegen die Korruption« der Organisation Amerikanischer Staaten (**OAS**) von 1996[8].

Abgesehen von lediglich angedeuteten nicht-strafrechtlichen Bestimmungen zu Beginn (Art. III.) handelt es sich um eine regionale Kriminalisierungskonvention. Ähnlich wie die Europaratskonvention umfaßt sie sowohl die lokale wie die transnationale aktive wie passive Korruption. Allerdings beschränkt sie sich auf die Bestechung von öffentlichen Amtsträgern. Hinzu kommt eine Bestimmung, die durch erhebliche Beweiserleichterung bereits das Vorfeld erfassen: Strafbar soll gemäß Art. IX auch die »ungerechtfertigte Bereicherung« sein, d. h. der nicht

---

8 OAS/OEA: Convención Interamericana contra la Corrupción, aprobada el 29 de marzo de 1996: cf. Njaim (Ed.), Perspectiva y proyecciones de la Convención Interamericana contra la Corrución, Caracas 1997.

erklärbare Vermögenszuwachs während der Amtszeit. Daß sowohl die Kriminalisierung der transnationalen Bestechung wie der ungerechtfertigten Bereicherung von der Konvention explizit von den verfassungsmäßigen Rechten und den Grundprinzipien der Vertragsstaaten abhängig gemacht wurde, zeigt, daß es sich bei diesen beiden Normen um einen Kompromiß zwischen den lateinamerikanischen Staaten einerseits und den USA andererseits handelt. Die OAS verfügt **nicht** über ein Evaluationsverfahren.

Schließlich hat sich die **UNO** mit ihren Resolutionen von 1996[9] neuerdings im Bereiche Korruption wieder zu Wort gemeldet.

3. Detailfragen

Im folgenden sollen einige der wichtigsten Detailfragen im Querschnitt vertieft werden:

3.1. Bestechung und Bestechlichkeit?

Der OECD-Ansatz erfaßt – wie erwähnt – lediglich die **aktive** Bestechung fremder Amtsträger. Die Bestrafung des Amtsträgers selbst ist Sache des verletzten Staates. Da die OECD-Konvention – im Sinne eines »kollektiven Unilateralismus« – auch auf **Bestechung zum Nachteil von Nicht-Mitgliedstaaten** anwendbar ist, wird besonderes Gewicht auf die Vermeidung einer Einmischung in lokale Angelegenheiten des verletzten Staates gelegt. Extraterritorialität in diesem Sinne soll vermieden werden. Demgegenüber erfaßt das Konzept der EU durchaus auch die Bestechlichkeit, die die Interessen der Gemeinschaft resp. der einzelnen Mitgliedstaaten gefährdet. Der Europarat, dem es zwar um Rechtsangleichung, nicht aber um Verzicht auf Souveränität geht, nimmt zu dieser Frage eine offenere Haltung ein: Zwar soll prinzipiell auch das Verhalten des fremden Amtsträgers unter Strafe gestellt werden, die Vertragsparteien können aber darauf per Vorbehalt verzichten. Bereits heute kennen einzelne Mitgliedstaaten des Europarates – mindestens theoretisch – die Möglichkeit, die transnationale Bestechung zu bestrafen[10]. Daß etwa das britische Recht auch die Strafbarkeit des fremden Beamten vorsieht, hängt aber wohl mit den Entstehungsbedingungen der betreffenden Gesetze zu Beginn des 20. Jahrhunderts zusammen. Die bestochenen Amtsträger auch im Ausland waren damals regelmäßig Beamte ihrer Majestät. Die Konvention der OAS folgt wiederum ganz dem US-amerikanischen Ansatz, der lediglich die aktive transnationale Bestechung unter Strafe stellt, da es den USA primär um den

---

9 General Assembly Resolutions 51/59 und 51/191, 1996 (siehe Dokumentarteil im Anhang).
10 So Großbritannien und Schweden.

Erhalt der Konkurrenzfähigkeit der eigenen Wirtschaft und nicht so sehr um den Schutz von Interessen ausländischer Staaten geht. Im übrigen reagieren die lateinamerikanischen Staaten ohnehin sehr sensibel auf mögliche Einmischungsversuche der USA.

3.2. Tatbestand der aktiven Bestechung ausländischer Amtsträger

❑ Definition des Amtsträgers

Abermals stark auseinander gehen die Umschreibungen des Amtsträgers. Im EU-Kontext besonders wichtig ist die Erfassung auch der supranationalen Organe, allerdings erstrecken sich die Regeln der OECD und des Europarats durchaus auch auf Vertreter internationaler Organisationen. Im OECD-Rahmen ist dieser Zusatz von Bedeutung, weil Vertreter von internationalen Finanzierungsorganisationen oder auch etwa der UNO oder der EU bei der Vergabe großer Aufträge durchaus in Versuchung geraten könnten. Strafbarkeitslücken können sich im OECD-Konzept indessen ergeben, wo der Bestochene weder vom Sitzstaat noch vom Heimatstaat zur Rechenschaft gezogen werden kann.

Sowohl die Instrumente der EU wie des Europarates verweisen für die Definition des Amtsträgers prinzipiell auf das innerstaatliche Recht des verletzten Staates. Zusätzlich können Staaten darauf verzichten, die Bestechung von Personen zu verfolgen, die nach ihrem eigenen Recht nicht als Amtsträger angesehen würden, um zu verhindern, daß für transnationale Sachverhalte ein weiterer Amtsträgerbegriff als zu Hause gilt. Demgegenüber bemüht sich die OECD – im Sinne ihres Anliegens der universalen Wettbewerbsgleichheit – um eine **autonome und möglichst weltweit einheitliche** Amtsträgerdefinition: Die Konvention selbst nennt die Kriterien der Amtsträgereigenschaft in Art. 1 Ziff. 4 lit. a und im offiziellen Kommentar N. 12–16. Die Konvention stellt einerseits auf einen institutionellen Amtsträgerbegriff ab, ergänzt ihn aber gleich durch eine **funktionale** Komponente. Entscheidend ist die Wahrnehmung einer öffentlichen Aufgabe im Bereiche Gesetzgebung, Verwaltung oder Justiz, sei es daß der Amtsträger ernannt oder gewählt wurde. Aber auch Personen, die lediglich für bestimmte Aufgaben beigezogen werden oder für öffentliche Unternehmen tätig sind, werden von der Definition erfaßt. Im Kommentar (N. 14) versucht die OECD den **Begriff des öffentlichen Unternehmens** weiter einzugrenzen: Sie geht davon aus, daß öffentlich beherrschte Unternehmen öffentliche Aufgaben wahrnehmen, es sei denn, sie treten ohne Vorzugsbehandlung als gewöhnliche Konkurrenten auf dem Markt auf. Natürlich verweist auch diese »autonome« Definition letztlich auf das Recht des fremden Staates, wenn es darum geht, zu klären, ob die betreffende Person die dargelegten Kriterien erfüllt, also überhaupt Mitglied der Exekutive, Legislative oder Judikative ist oder ob ihr eine öffentliche Aufgabe im Sinne der OECD-Kriterien in concreto delegiert wurde.

❏ Vorteilsversprechen, Vorteilsvergabe

Die Definitionen des Grundtatbestandes der transnationalen Bestechung folgen den klassischen Modellen der Unrechtsvereinbarung und setzen ein »quid pro quo« voraus.

Auf Seiten des Bestechenden wird mindestens ein der Gegenleistung vorangehendes Vorteilsversprechen vorausgesetzt. Nicht erfaßt wird von den internationalen Texten daher regelmäßig die nachträgliche Belohnung. Wie in den meisten nationalen Gesetzen kommen Vorteile jeder Art in Frage (explizit EU, Europarat). Die OECD hält fest, daß der Vorteil ungerechtfertigt sein muß – im Grunde eine Selbstverständlichkeit. Alle Instrumente stellen klar, daß auch Vorteilszuwendungen an Dritte (Freunde oder Fremde, aber auch etwa politische Parteien) erfaßt sind.

❏ Erwartete Gegenleistungen

Bezüglich der erwarteten Gegenleistung gehen die Formulierungen auseinander. Als Mindestvoraussetzung wird der Bezug zu einem zumindest bestimmbaren Tun oder Unterlassen im Rahmen der dienstlichen Tätigkeit gefordert. **Nicht alle Instrumente setzen allerdings – wie der EU-Text – voraus, daß eine Dienstpflichtverletzung** angestrebt wird, auch wenn beispielsweise der OECD-Text ausdrücklich zugesteht, daß in der nationalen Umsetzung eine Formel zulässig wäre, die auf die Begünstigung einer Dienstpflichtverletzung abstellte. Kommentar N. 3 zur OECD-Konvention hält freilich fest, daß als Dienstpflichtverletzung zumindest auch Ermessensfehler bzw. Voreingenommenheit zu werten wären. Insgesamt führt die Formel nicht zu wesentlich anderen Ergebnissen als das EU-Modell, das ebenfalls eine Vorzugsbehandlung verbietet (Prot. I Art. 2). Daß der Entwurf des Europarates nicht auf die Verletzung einer bestimmten Amtspflicht abstellt, hängt damit zusammen, daß in der hier rezipierten französischen Rechtstradition die Bestechung/Bestechlichkeit und die Vorteilsvergabe/-annahme nicht im Tatbestand, sondern erst in der Strafzumessung unterschieden werden.

Sowohl die EU- wie die OECD-Texte enthalten weitere Besonderheiten: Das Prot. I der EU steht im Kontext des Schutzes der finanziellen Interessen der Europäischen Gemeinschaften und verlangt daher in Art. 2 und 3, daß durch die Tathandlung die finanziellen Interessen der Europäischen Gemeinschaften mindestens geschädigt werden könnten. Das Parallel dazu entwickelte selbständige Übereinkommen verzichtet auf diesen Zusatz. Die OECD fordert demgegenüber lediglich das Verbot der Bestechung, »um im internationalen Geschäftsverkehr einen Auftrag oder einen sonstigen unbilligen Vorteil zu erlangen oder zu behalten«.

3.4. Weitere Fragen der Tatbestandskonstruktion

Sämtliche Vorlagen stellen lediglich die vorsätzliche Bestechung (allerdings einschließlich Eventualdolus) unter Strafe. Eine besondere Versuchsstrafdrohung wird häufig für entbehrlich gehalten, weil mit dem Versprechen regelmäßig eine materielle Vorbereitungs- oder Versuchskonstellation zum formell vollendeten Delikt erklärt wird. Bezüglich der Tatbeteiligung und der Beteiligung an kriminellen Vereinigungen, die sich systematisch der Korruption bedienen, gehen die lokalen Traditionen zu weit auseinander, daß eine Rechtsharmonisierung möglich wäre; die Texte gewähren entweder Vorbehalte (Europarat) oder sie enthalten Verweise auf die bisherige innerstaatliche Behandlung der Korruption (OECD).

3.5. Sanktionen

Je nach Ziel des internationalen Textes werden die Kriterien der Sanktionsbemessung im Detail genannt (Europarat) oder aber dem innerstaatlichen Recht überlassen. Die Texte der EU und mit ihnen auch die OECD greifen eine Formel auf, die vom EuGH im berühmten »griechischen Maisentscheid«[11] entwickelt worden ist; danach sind mindestens »**effektive, verhältnismässige und abschreckende Sanktionen**« erforderlich. Wenn beide Konzepte in schweren Fällen Gefängnisstrafen vorsehen, dann geht es der OECD (Art. 3 Ziff. 1) im wesentlichen darum, Rechtshilfe und Auslieferung sicherzustellen.

3.6. Haftung von Unternehmen

Etliche internationale Texte äußern sich zur Frage der Haftung von Kollektivpersonen, seien es juristische Personen oder – nach einem anderen Ansatz – Unternehmungen. Allerdings lassen sie alternativ zur eigentlichen kriminalrechtlichen Sanktionierung von juristischen Personen auch verwaltungsrechtliche oder verwaltungsstrafrechtliche Sanktionen zu. Die Details der Haftungsmodalitäten werden zudem weitgehend den einzelnen Staaten oder weiteren internationalen Instrumenten überlassen. So legen sich auch jene Texte, die primär eine kriminalrechtliche Haftung von Unternehmen fordern, **nicht** auf ein **bestimmtes Konzept** – sei es eine aus der strafrechtlichen Verantwortlichkeit des Individuums abgeleitete Haftung, sei es eine autonome Haftung des Unternehmens aufgrund eines Organisationsverschuldens oder auch gar eine simple Kausalhaftung – fest. Auch zu den näheren Konstruktionsfragen der ersten Variante, des Einstehens für das Fehlverhalten von Vertretern wird meist offengelassen, ob über den Kreis der eigentlichen Organe hinaus auch Fehler der faktischen Organe, des »middle managment« oder gar aller Angestellter haftungsbegründend wirken sollen. Gemäß

---

11 EuGH vom 21. 09. 1998; vgl. OECD Art. 3 Ziff. 1 und 2, EU Prot. I Art. 5.

Europarat Art. 18 Ziff. 1 soll die Tatbegehung eines Organs oder eines anderen Vertreters die Haftung der juristischen Person auslösen. Ziff. 3 ergänzt, daß die Haftung des Unternehmens Sanktionen gegen das Individuum nicht ausschließe. Sowohl die EU-Texte (Prot. II Art. 3 Ziff. 2) wie die Konvention des Europarats (Art. 18 Ziff. 2) enthalten allerdings eine Passage nach der Kontrolldefizite, die das Delikt ermöglicht haben, separat unter Strafe zu stellen sind.

Angesichts des Anliegens der internationalen Instrumente, mindestens funktionale Äquivalente herzustellen, müssen die Haftungsnormen als sehr flexibel erscheinen. Die OECD (Art. 3 Ziff. 3) erlaubt gar jenen Staaten, die sich mit der Idee der Einziehung von Unternehmensvermögen schwer tun, via Unternehmensstrafe zu einem einziehungsähnlichen Ergebnis zu gelangen. Dabei wird in Kauf genommen, daß die Haftungsprinzipien von Strafe (Schuld) und von Einziehung (deliktische Herkunft von Vermögenswerten) vermengt werden. Das ist im Kontext einer Haftung, die mit Einzeltatschuld ohnehin wenig mehr zu tun hat, gar nicht so abwegig. Minimalerfordernis ist im OECD-Kontext auch für Sanktionen gegen Unternehmen allerdings, daß sie »effektiv, verhältnismäßig und abschreckend« wirken (Art. 3 Ziff. 2).

3.7. Anwendbares Recht

Für Instrumente der regionalen Strafrechtsharmonisierung wird die Frage der Jurisdiktion sowohl in den Instrumenten der EU, des Europarates wie der OAS erstaunlich defensiv geregelt. Alle Ansätze stimmen zwar darin überein, daß sie das **Territorialitätsprinzip** statuieren. Das ist indessen eher banal. Interessant ist diesbezüglich, daß sowohl die EU, der Europarat wie die OECD bereits eine Teilverwirklichung der Tat zur Begründung der Zuständigkeit genügen lassen. Der Kommentar zum EU-Protokoll I[12] stellt klar, daß nicht nur der Ort der Absprache, sondern auch der Ort der Erfüllung (Vorteilsgewährung) einen selbständigen Anknüpfungspunkt begründet. Analoges gilt auch für die OECD (N. 25 zu Art. 4). Zu denken ist beispielsweise daran, daß als Zahlungsort einer Bestechung ein internationaler Finanzplatz vereinbart wird. Sein Recht ist anwendbar, seine Gerichte sind zuständig, nicht bloß weil er der Ort möglicher Geldwäsche, sondern bereits weil er Tatort der Bestechung ist.

Nicht ganz selbstverständlich dürfte diese Regelung sein für Staaten, die bisher Bestechung prinzipiell als abstraktes Gefährdungsdelikt definiert haben (und keinen selbständigen Tatbestand der Erfüllung der Unrechtsvereinbarung kennen). Möglicherweise muß dort per Gesetzesrevision klargestellt werden, daß auch die bloße Erfüllung im Inland die Jurisdiktion zu begründen vermag.

---

12 Erläuternder Bericht zu dem Protokoll zum Übereinkommen über den Schutz der finanziellen Interessen der Europäischen Gemeinschaften, 15. 01. 1998, C 11/11.

Jenseits des Territorialitätsprinzips lassen die unterschiedlichen Instrumente ein uneinheitliches Bild erkennen. Soweit die innerstaatliche passive Bestechung mitgeregelt ist, versteht sich das Staatsschutzprinzip resp. das passive Personalitätsprinzip (Nationalitätsprinzip) von selbst. Bezüglich der aktiven transnationalen Bestechung wird **nicht überall** zwingend das (aktive) **Personalitätsprinzip** vorgeschrieben. Die EU-Instrumente sehen das Prinzip zwar vor, lassen aber zu, daß es bei der Notifizierung ganz oder teilweise wegbedungen wird (Prot. I Art. 6 Ziff. 1 lit. b in Verbindung mit Ziff. 2). Während die OAS-Konvention (Art. V) Nationalität als Anknüpfungspunkt lediglich als Option vorsieht, fordert die OECD dazu auf, den Grundsatz anzuwenden, wenn das Land das Prinzip bei anderen Auslandstaten seiner Staatsangehörigen kennt. Überdies sollen sämtliche Vertragsparteien überprüfen, ob ihre gegenwärtigen Jurisdiktionsregeln genügen (Art. 4 Ziff. 2 und 4).

Mühe bekunden mit dem aktiven Personalitätsprinzip die angelsächsischen Länder. In Großbritannien wird dieses Prinzip bisher erst in ganz vereinzelten Ausnahmefällen anerkannt (z. Bsp. bei Sexualdelikten im Ausland[13]). Die USA haben es demgegenüber in Umsetzung der OECD-Konvention eingeführt.[14] Kontinentaleuropa tut sich weniger schwer, auch wenn in Deutschland seit dem 2. Weltkrieg grundsätzlich Bedenken gegen das Prinzip bestehen[15]. Im Kontext der transnationalen Korruption erfüllt das Prinzip der aktiven Personalität eine wichtige Auffangfunktion in Fällen, in denen auch eine noch so extensiv interpretierte Territorialität versagt. Zwar handelt es sich um eine Form der extraterritorialen Strafrechtsanwendung, allerdings bestehen gute Gründe für die Übernahme der Verantwortung eines Staates für »seine eigenen« Staatsangehörigen gerade in Bereichen, in denen die ausländische lokale Justiz sich aus Gründen der Machtverteilung praktisch nicht in der Lage sieht, effizient einzugreifen (Beispiele organisiertes Verbrechen, Sextourismus, systematische Korruption[16]).

Als weiteres Auffangprinzip bedarf es der stellvertretenden Strafrechtspflege. Sämtliche hier diskutierten internationalen Instrumente fordern die Umsetzung des Prinzips »aut dedere aut iudicare« in Fällen der aktiven Bestechung ausländischer Amtsträger: Wer nicht bereit ist, seine Staatsangehörigen an den verletzten Staat auszuliefern, muß die Täter zu Hause vor Gericht stellen (OECD Art. 10 Ziff. 3, OAS Art. V Ziff. 3, Europarat E Art. 27 Ziff. 5).

---

13 Home Office, Review of Extra-Territorial Jurisdiction, Steering Committee, July 1996.
14 Anti-Bribery Provisions of the Foreign Corrupt Practices Act, Proposed amendments to implement OECD-Convention, United States Code Annotated Title 15. Commerce and Trade Chapter 2b-Securities Exchanges, §§ 78 dd-1. Prohibited foreign trade practices by issuers, June 1998.
15 Jescheck/Weigend, Lehrbuch des Strafrechts, Allgemeiner Teil, 5. Auflage, Berlin 1996, S. 172 ff.
16 Zu diesem Gedanken vgl. auch Pieth (siehe Fußnote 7), S. 771 ff.

Probleme bereiten schließlich Straftaten von Unternehmen. Die Entwürfe des Europarates sprechen klar an, was auch andernorts gelten könnte: Neben dem Territorialitätsprinzip ist auch die Anwendung des Nationalitätsprinzips bei Unternehmen (Sitzprinzip) denkbar. Dieser Ansatz löst allerdings nicht ohne weiteres die schwierige Frage der Haftung für **Straftaten ausländischer Tochterfirmen**, ein Thema, das derzeit durch den Fall IBM-Argentinien[17] besonders deutlich gemacht wird. In Anwendung der ordentlichen Prinzipien wäre über die individuelle Haftung des lokalen Personals und der Filiale selbst hinaus zunächst an eine Individualhaftung der Manager der Muttergesellschaft zu denken, sofern sie von den Bestechungsvorgängen wußten und dazu (mindestens implizit) ihre Einwilligung erteilten. An der Tat des Vertreters der Muttergesellschaft oder auch an deren Desorganisation kann schließlich die Unternehmenshaftung im Domizilland der Muttergesellschaft anknüpfen.

3.8. Prozeßrechtliche Bestimmungen und internationale Zusammenarbeit

Verschiedene internationale Instrumente enthalten auch prozeßrechtliche Bestimmungen, auf die hier nicht im einzelnen eingegangen werden kann. Insbesondere die Europaratskonvention beschäftigt sich mit Fragen des Zeugenschutzes in- und außerhalb des Verfahrens sowie des Kronzeugenprivilegs. Daneben enthalten die Instrumente Regeln über spezialisierte und zentralisierte Behörden, denen (gerade auch der spontane) Austausch von Informationen auf Polizeiebene obliegt. In allen Texten finden sich schließlich Bestimmungen zur Rechtshilfe.

Bemerkenswert ist, daß die OECD über eine Rechtsvereinheitlichung hinaus vor allem eine **Angleichung der Praxis** anstrebt. Mit Blick auf das relativ frei angewandte Opportunitätsprinzip insbesondere im angelsächsischen und im französischen Rechtsraum sieht Art. 5 vor, daß auch bei aktiver Bestechung ausländischer Amtsträger die ordentlichen professionellen strafprozessualen Einstellungsgründe gelten sollen. Das mag im Einzugsbereich des prozessualen Legalitätsprinzips oder des Klagerzwingungsverfahrens im französisch-rechtlichen Sinne potentielle Straftäter beunruhigen: Unzulässig wäre es nach der OECD-Regelung insbesondere, sich in diesem stark politisch und ökonomisch besetzten Feld von nationalen Wirtschaftsinteressen, von besonderen Beziehungen zu einzelnen Staaten oder zu Staatschefs beeinflussen zu lassen. Da ein erheblicher Teil der transnationalen Bestechung bei großen Infrastrukturauslagen und im Rüstungsbereich anfällt – Branchen, in denen auf beiden Seiten des Vertrags erhebliche staatliche Interessen involviert sind – ist diese Regel für eine Konvention zur Sicherung der internationalen Wettbewerbsgleichheit besonders wichtig.

---

17 La Nación vom 10./16. März und 28. April/4. Mai 1998.

Die Bestimmungen zur **Rechtshilfe** im weiteren Sinne unterscheiden sich je nachdem, ob sie für den Quasi-Staatenzusammenschluß der EU, für den erweiterten Europaratsraum mit seinen bereits längst etablierten Rechtshilfe- und Auslieferungsinstrumenten oder ob sie als weltweiter Mindeststandard (OECD) entworfen wurden. Immerhin sind übereinstimmende »moderne« Tendenzen erkennbar: Die Texte der EU verweisen explizit auf das Prinzip des »ne bis in idem«[18]. Der OECD-Text fordert die Vertragsstaaten bei konkurrierender Zuständigkeit auf, sich – auf Verlangen eines Staates – über den geeigneten Ort der Strafverfolgung abzusprechen (Art. 4 Ziff. 3). Die zur Rechtshilfe im weiteren Sinne zuständigen Behörden werden dem Generalsekretär gemeldet (Art. 11). Auf weitere Details des Rechtshilferechts, das ein komplexes Thema für sich darstellt, soll hier nicht weiter eingegangen werden.

4. Schlußbemerkung

Insgesamt greift die internationale strafrechtliche Regelung der Thematik der transnationalen Korruption vielerorts auf Strukturen zurück, die im Kontext der Bekämpfung des Betäubungsmittelhandels, des organisierten Verbrechens und der Geldwäsche entwickelt worden sind. Auch wenn Querbezüge zur Problematik des organisierten Verbrechens und anderer Formen der Makrokriminalität (Terrorismus, Staatsdelinquenz) bestehen – so etwa wenn kriminelle Organisationen sich auch der Bestechung über die Landesgrenzen hinweg bedienen oder wenn kriminelle Organisationen und im übrigen legal operierende Unternehmen ähnliche Finanzkanäle benützen[19] – dürfen die Themen nicht einfach gleich behandelt werden, wenn nicht einer **umfassenden strafrechtlichen Kontrolle des internationalen Wirtschaftslebens** das Wort geredet werden soll. Daß gewisse angelsächsische Rechtsordnungen das Strafrecht viel weitergehend zur Wirtschaftsregulierung einsetzen als wir, ist bekannt. Bevor sich kontinentaleuropäische Gesetzgeber weiter auf Strafrecht als Instrument einer »global governance«, als Ersatz für die schwindende nationale Kontrolle von Wirtschaftsvorgängen einlassen, sollten sie sich die Frage zumindest in ihrer ganzen Tragweite bewußt machen.[20]

---

18 Prot. I Art. 7 i. V. m. Art. 7 des Übereinkommens zum Schutze der finanziellen Interessen der Gemeinschaften vom 26. Juli 1995.

19 Siehe den Aufsatz von Diefenbacher (Kapitel II, 1.3.) und den Beitrag von Bernasconi (Kapitel VI., 1.2.).

20 Tiedemann, GA 49. DJT, 1972, C 33 ff.; Herzog, Gesellschaftliche Unsicherheiten und stafrechtliche Daseinsvorsorge, Heidelberg 1991; Hassemer, NStZ 1989, S. 553 ff., ders., ZRP 1992, S. 378 ff.; Prittwitz, in: Institut für Kriminalwissenschaften Frankfurt (Hrsg.), Vom unmöglichen Zustand des Strafrechts, S. 387 ff.: Pieth (siehe Fußnote 7), S. 756 ff.

1.2. Off-Shore Domizilgesellschaften als Instrument der Bestechung und der Geldwäscherei – Zehn neue Empfehlungen gegen den Mißbrauch von Off-Shore Domizilgesellschaften[1]

Paolo Bernasconi

1. Möglichkeiten des Mißbrauchs von Off-Shore Domizilgesellschaften

Korruption, staatliche Ineffizienz, fehlende Transparenz auf den Finanzmärkten, unkontrollierte Vermischung von Tätigkeiten staatlicher Körperschaften und der Privatwirtschaft, mangelnde Regelung von Interessenkonflikten sowie die Verbreitung der organisierten Kriminalität bilden Hindernisse für die wirtschaftliche Entwicklung und für das Wohlergehen eines Staates. Die Auswirkungen dieser oftmals zusammentreffender Faktoren zeigen sich in häufigen Finanzkrisen. In den letzten Jahren neigt man dazu, zur Illustration Beispiele aus Asien, Afrika oder Osteuropa zu wählen, obwohl ebenso zahlreiche und schwerwiegende Fälle in früheren Jahren auch auf allen anderen Kontinenten anzutreffen waren.

Ein gemeinsamer Nenner der oben genannten negativen Faktoren ist die Heimlichkeit von Wirtschaftstätigkeiten: Denn in der Tat entziehen sich Wirtschaftsvorgänge, die im Untergrund stattfinden, nicht nur dem Fiskus, sondern verhindern auch die Wirksamkeit des Bewilligungs- und Aufsichtssystems; dies jedoch ist für ein gutes Funktionieren des Industrie-, Handels- und Finanzmarktes unerläßlich. Die **Heimlichkeit** bildet auch den gemeinsamen Nenner krimineller Handlungen, vor allem wenn es darum geht, den rechtswidrigen Ertrag aus einer solchen Tätigkeit zu verbergen. Die Erfahrungen der Justiz-, Aufsichts- und Steuerbehörden zeigen, daß als auf dem Weltmarkt zur Verheimlichung von Wirtschaftsvorgängen bevorzugtes Instrumentarium sogenannte Off-Shore Ländern benutzt werden, das heißt, Länder, die versuchen, Kapital, das aus anderen Ländern stammt, mit allen Mitteln anzuziehen. So bieten zahlreiche off-shore Länder den ausländischen Investoren und Händlern ein Maß an Vertraulichkeit an, das häufig mit einer völligen Anonymität sowohl gegenüber dem Markt als auch gegenüber den ausländischen nationalen Behörden gleichzusetzen ist.

Es darf deshalb nicht verwundern, daß in allen wichtigeren Fällen von internationaler Wirtschaftskriminalität und internationaler Geldwäscherei *Domizilgesellschaften aus Off-Shore Ländern* benutzt worden sind. Im Wesentlichen handelt es sich dabei um Domizilgesellschaften, die weder eine industrielle noch eine kommerzielle Tätigkeit ausüben, die weder über Lokalitäten noch über Personal

---

[1] Aus dem Italienischen übersetzt von Frau lic. iur. Antonella Bizzini.

verfügen, sondern gemäß der Definition der Financial Action Task Force on Money Laundering (FATF) Empfehlung Nr. 11 lediglich eine Adresse vorweisen können (daher der Ausdruck »Briefkasten-Gesellschaften«, »sociétés de domicile«, »tax shelters« u. ä.), und die ausschließlich dazu gegründet werden, um die **Identität der natürlichen oder juristischen Person**, die effektiv eine oder mehrere Handels- oder Finanztransaktionen tätigt, zu **verheimlichen**. Diese Gesellschaftsform wird mit Vorliebe von jenen gewählt, die Vermögensdelikte begehen, Amtsträger bestechen, illegalen Handel betreiben – wie zum Beispiel Betäubungsmittelhandel, unerlaubten Waffenhandel, Frauen- und Kinderhandel zu Prostitutionszwecken –, wie auch generell von Mitgliedern der organisierten Kriminalität bevorzugt. Ein ideales Instrument ist diese Gesellschaftsform für die kriminellen Handlungen, die in großem Umfang, systematisch und über lange Zeit hinweg ausgeführt werden. Zu denken ist auch an kriminelle Aktivitäten, die zur Liquidation oder zum Konkurs von Unternehmensgruppen, von Industrie-, Handels- oder Finanzunternehmen führen können. Der Konkurs dieser Unternehmen kann zu einer Kettenreaktion von Liquidationen und Konkursen führen, so daß ein gesamter Wirtschaftssektor eines Staates bedroht sein kann, was wiederum zur Folge hat, daß seine wirtschaftliche Stabilität und seine Währungsstabilität, letzten Endes auch seine politische Stabilität auf dem Spiel steht.

Daraus folgt, daß eine direkte Kausalitätsbeziehung zwischen dieser off-shore Gesellschaftsform und den spezifischen Faktoren einer wirtschaftlichen Krise besteht: »The off-shore countries render good offices to bad governance«.

In diesem Bereich war die internationale Gemeinschaft bislang nicht in der Lage, wirkungsvoll zu reagieren. Die bisher wichtigste Maßnahme wurde im Rahmen der OECD, genaugenommen von der Financial Action Task Force on Money Laundering (FATF) ergriffen, die in ihren Vierzig Empfehlungen vom 28. Juni 1996[2] folgendes vorgesehen hat:

> »Bewältigung des Problems in Ländern, die keine oder unzureichende Maßnahmen zur Bekämpfung der Geldwäscherei haben:
>
> 20. Die Finanzinstitute haben dafür zu sorgen, daß die vorerwähnten Grundsätze ebenso von ihren ausländischen Zweigniederlassungen und Tochtergesellschaften, in denen sie Mehrheitsbeteiligungen halten, befolgt werden, besonders in Ländern, welche die vorliegenden Empfehlungen nicht oder ungenügend beachten, soweit die lokalen Gesetze und Vorschriften dies zulassen. Falls die lokalen Gesetze und Vorschriften der Anwendung dieser Grundsätze entgegenstehen, sollen die Finanzinstitute die zuständigen Behörden mit Sitz

---

[2] Financial Action Task Force on Money Laundering, »The Forty Recommendations of The Fiancial Action Task Force on Money Laundering«, 28 June 1998.

> der Muttergesellschaft informieren, daß sie diese Empfehlungen nicht anwenden können.
>
> 21. Die Finanzinstitute sollen bei Geschäftsbeziehungen und Transaktionen mit Personen, Domizilgesellschaften und Finanzinstituten aus Ländern, welche die vorliegenden Empfehlungen nicht oder nur ungenügend befolgen, besonders aufmerksam sein. Wenn diese Transaktionen keinen offensichtlichen wirtschaftlichen oder erkennbar rechtmäßigen Zweck haben, sind ihr Hintergrund und Zweck soweit als möglich abzuklären; die Ergebnisse dieser Prüfung sind schriftlich festzuhalten und sollen zur Unterstützung der Aufsichtsbehörden, Revisoren und Strafverfolgungsbehörden verfügbar sein.«

Bis jetzt deutet wenig darauf hin, daß die Behörden oder das Wirtschaftssystem derjenigen Ländern, an die sich die Vierzig Empfehlungen richten, konkrete Maßnahmen getroffen hätten, um die genannten Empfehlungen umzusetzen. Dasselbe gilt auch für die sogenannte »interpretative note to recommendations 12, 13, 16–19 concerning the utilisation in money laundering schemes of accounts in the name of customers who are not natural persons«, welche im Anhang Nr. 1 des FATF-Jahresberichtes 1993/1994 vom 16. Juni 1994 enthalten war.

Aus den oben genannten Gründen und mit dem Ziel, schärfere und wirksamere Initiativen anzuregen, werden hier zehn neue Empfehlungen vorgelegt, die im Anhang aufgelistet sind und in der Folge kurz kommentiert werden.

2. Schlüsselrolle von nicht verbuchten Vermögenswerten

Betriebe, die illegale Geschäfte tätigen wollen, benützen dazu finanzielle Mittel, die vorher akkumuliert, jedoch nicht in die Buchhaltung und nicht in die Bilanz aufgenommen worden sind. Auf diese Weise entziehen sich die Mittel der Kontrolle der Organe des Betriebes (vor allem der Revisoren) und der Kontrolle der Verwaltungs- und Steuerbehörden. Das ist der Grund, weshalb sie »schwarze Kassen« (slush funds, caisses noires) genannt werden.

Um diese nicht deklarierten Guthaben zu speisen, werden verschiedene Systeme angewandt, z. B. die Vortäuschung von Verlusten im Aktien- und Devisenhandel oder die Vortäuschung von Kosten durch Ausstellung gänzlich oder teilweise fingierter Rechnungen, die auch von externen Revisoren manchmal ohne Beanstandung angenommen wurden.

In vielen von den Justizbehörden aufgedeckten Fällen hat sich gezeigt, daß so gebildete Vermögenswerte unter anderem benützt werden;

- ❏ um Mitglieder von in- und ausländischen öffentlichen Organen oder um Organe von anderen Betrieben zu bestechen;
- ❏ um Aktien unter Umgehung der von den Verwaltungsbehörden gesetzten Schranken, wie z. B. anti trust Gesetzen oder Normen über die obligatorische Anzeige von Aktienkäufen von Domizilgesellschaften, die an der Börse kotiert sind, zu kaufen.

Die Nichtverbuchung dieser Mittel ist – aufgrund des Strafgesetzbuches generell – als **Urkundenfälschung** oder - aufgrund besonderer Vorschriften – als **Bilanzfälschung** strafbar. Es sind jedoch relativ leichte Straftaten. Das Strafmaß ist derart niedrig, daß Strafen sie eine geringe abschreckende Wirkung haben. Die **Straftäter** sind meistens **mittlere Führungskräfte**, die der Betrieb schnell und ohne Schwierigkeiten ersetzen kann. Sind Sanktionen gegen den Betrieb vorgesehen, sind diese leicht zu verkraften. Im übrigen erfordert die Strafverfolgung Sachkenntnisse, die den Behörden oft fehlen, so daß es selten gelingt, die von den Angeklagten erhobenen rechtlichen Einwände zu widerlegen. Nehmen wir das Beispiel von fünf Millionen Dollar, die einer Unternehmensgruppe gehören, deren Muttergesellschaft ihren Sitz in Paris hat: der Betrag taucht in keiner Bilanz der Unternehmensgruppe auf, da er versteckt auf einer englischen Bank in Guernsey unter dem Namen einer Anstalt mit Sitz in Liechtenstein hinterlegt ist. Mit folgenden Einwänden würde man versuchen, das vom Pariser Staatsanwalt einzuleitende Strafverfahren scheitern zu lassen:

- ❏ die fehlende territoriale Zuständigkeit zur Ahndung der Nichtverbuchung von Vermögenswerten, die auf dem Konto einer Off-Shore Gesellschaft hinterlegt sind;
- ❏ die Tatsache, daß die off-shore Gesellschaft nicht an die Buchführungspflicht gebunden ist;
- ❏ die fehlende territoriale Zuständigkeit zur Ahndung der Nichtverbuchung eines Vermögenswertes in der von einer Unternehmensgruppe konsolidierten Bilanz, deren Muttergesellschaft ihren Sitz außerhalb des Landes des Strafverfahrens hat;
- ❏ die Tatsache, daß die nationale Gesetzgebung und Rechtsprechung den Tatbestand der Fälschung einer Bilanz noch immer nicht auf die von einer ganzen Unternehmensgruppe konsolidierte Bilanz anwendet.

Deshalb muß jede Norm, die die Korruption, den Betrug und ähnliche Straftaten sowie die Geldwäsche der daraus stammenden Erträge ahnden und einschränken will, die Möglichkeit vorsehen, die Schaffung, die Anhäufung und die Verwaltung von nicht verbuchten Vermögenswerten, die Dank der Benutzung von Off-Shore Domizilgesellschaften ermöglicht wurde, zu verhindern und zu sanktionieren.

3. Kommentar zu den zehn Empfehlungen gegen den Mißbrauch von Off-Shore Domizilgesellschaften

3.1. Zweck und Stand der neuen Empfehlungen[3]

Der Zweck der neuen Empfehlungen ist die Beschränkung, wenn nicht sogar die Verhinderung des Mißbrauchs von off-shore Domizilgesellschaften.

Die gesetzliche Regelung der Off-Shore Domizilgesellschaften erfolgt durch nationales Recht, das von Land zu Land variiert. Schon aus diesem Grund kann die Reglementierung von off-shore Domizilgesellschaften nur mittels Rechtsnormen erfolgen, die auf internationaler Ebene erlassen werden. Dafür sprechen weitere Gründe: Da die Off-Shore Domizilgesellschaften im Ausland gerade zur Umgehung von Bestimmungen und Kontrollen im Inland gegründet werden, kann eine Regelung sinnvollerweise nur über ein international abgestimmtes Instrumentarium erfolgen.

Es versteht sich, daß im übrigen gerade einzelstaatliche Maßnahmen, wenn sie sich auf steuerrechtliche Tatbestände beschränken, ihren Zweck nur teilweise erreichen können.

Die Reglementierung mit internationalem Charakter ist auch gegenüber jenen off-shore Ländern unerläßlich, die im Verlaufe der letzten Jahre Gesetzesnormen analog zu denen anderer Länder erlassen haben, z. B. in bezug auf die Strafbarkeit der Geldwäscherei und in bezug auf die Pflicht, den wirtschaftlich Berechtigten eines jeden Rechtsgebildes zu identifizieren. Denn diese nationalen Normen sind praktisch von dem Moment an wirkungslos, in dem die überwiegende Mehrheit der Aktivitäten der in den Off-Shore Ländern gegründeten Domizilgesellschaften nicht auf dem Staatsgebiet ausgeübt wird, wo sich der Sitz befindet, sondern im Ausland; somit können die im off-shore Land erlassenen Normen kaum auf den Großteil der effektiven Aktivität angewendet werden, da diese eben außerhalb der Grenzen ausgeübt wird.

3.2. Regelungsobjekt

Falls eine Regelung zur Milderung der internationalen Konkurrenz in Steuerfragen geplant würde, müßte sie sich auf sämtliche Domizilgesellschaften aller sogenannten off-shore Länder erstrecken. Beschränkt man sich hingegen darauf, die von seiten der kriminellen Organisationen bevorzugten Möglichkeiten des Mißbrauchs zu verhindern, genügt es, all jene Rechtsgebilde der Off-Shore Länder – aber auch von jenen Ländern, die nicht typischerweise in diese Kategorie fallen –

---

[3] Der vollständige Text der zehn Empfehlungen gegen den Mißbrauch von Off-Shore Domizilgesellschaften findet sich nachstehend unter 4.

zu reglementieren, die weder eine industrielle noch eine kommerzielle Tätigkeit ausüben; das heißt also jene Domizilgesellschaften, die ausschließlich dazu gegründet worden sind, den Anschein eines anderen Rechtsgebildes zu vermitteln als jenes der natürlichen oder juristischen Personen, die sich ihrer zu bedienen gedenken. Im Wesentlichen handelt es sich um Domizilgesellschaften, die weder über Räumlichkeiten noch über Personal verfügen und denen eine Anschrift genügt, das heißt ein Briefkasten bei einer Geschäftsstelle, die für zahllose andere Domizilgesellschaften dieser Art als Adresse fungiert.

3.3. Struktur der Reglementierung

Bei der Reglementierung geht es darum, einen äußerst heterogenen Sektor zu erfassen, weshalb sie sich darauf beschränken muß, einige Grundprinzipien aufzustellen. Diese Prinzipien betreffen vier verschiedene Sektoren, die sich jedoch gegenseitig ergänzen:

1. die Rechtsordnung des einzelnen Landes, die international harmonisiert werden muß;
2. die internationale Zusammenarbeit, die zu verstärken ist;
3. die Kooperation seitens des privaten Finanzsystems, die keine besondere Diskretion zugunsten von Domizilgesellschaften mehr gewährt, so daß sich deren Gebrauch nicht mehr lohnen wird;
4. die Zusammenarbeit seitens der off-shore Länder.

3.4. Beziehung zu anderen internationalen Regelungssystemen

Die zehn vorgeschlagenen Regeln sollten primär schon existierende internationale Regeln unterstützen und deren Anwendung fördern, insbesondere das OECD Übereinkommen über die Bekämpfung der Bestechung ausländischer Amtsträger im internationalen Geschäftsverkehr vom 21. November 1997 und die Vierzig Empfehlungen der FATF gegen die Geldwäscherei vom 28. Juni 1996.

Die zehn vorgeschlagenen neuen internationalen Regeln könnten jedoch die Anwendung auch von anderen zukünftigen internationalen Instrumenten unterstützen, z. B. die Konkretisierung der Förderung der »good governance«, in Ländern, welche wirtschaftliche Unterstützung von internationalen Organisationen – wie z. B. der Weltbank, des International Monetary Fund -sowie von EU-Organen beantragen.

3.5. Ein System von positiven und negativen Anreizen

Die Schaffung und der Gebrauch von Domizilgesellschaften sollen sich nicht mehr lohnen. Daher bezwecken die hier vorgeschlagenen Regeln gemäß dem FATF- Muster eine zeitlich abgestimmte Intervention durch Maßnahmen staatlicher Behörden und Maßnahmen privatwirtschatlicher Institutionen. Domizilgesellschaften, welche die Verheimlichung von Vermögenswerten fördern, sollen dank dieser Maßnahmen den off-shore Ländern keine wirtschaftlichen Vorteile mehr gewähren. Im Gegenteil werden Länder, die weiterhin Instrumente zur Begünstigung der Vertraulichkeit zur Verfügung stellen, seitens internationaler Organisationen und der ausländischen Privatwirtschaft Nachteile zu erwarten haben.

Zu diesem Zweck sollen die Off-Shore Länder internationalen Organisationen jährlich Statistiken und Berichte zur Verfügung stellen. Sollte sich aus diesen Daten eine signifikante Entwicklung abzeichnen, die der wirtschaftlichen Entwicklung des Landes nicht entspricht, werden die nationalen Behörden sowie die internationale Gemeinschaft in die Lage versetzt, rechtzeitig angepaßte Gegenmaßnahmen zu treffen.

Aufgrund von Verfahren zur Selbstkontrolle und gegenseitigen Evaluation nach dem FATF-Modell wird die beauftragte internationale Oganisation in die Lage versetzt, eine jährliche Rangliste zu erstellen. Die Off-Shore Länder, deren Reglementierung und Praxis den minimalen Anforderungen nicht oder nur ungenügend entsprechen, sollen von internationalen Programmen der Wirtschaftshilfe ausgeschlossen werden. Die Prüfung des Rechtszustandes betreffend die Domizilgesellschaften in einem Off-Shore Land kann nicht nur anhand eines Kriteriums beurteilt werden. Zudem muß bei einer Überprüfung nicht nur untersucht werden, ob die international geltenden Regeln im inländischen Recht gesetzlich verankert sind, sondern auch ob in der Praxis Verletzungen infolge mangelhafter oder unwirksamer Aufsichts- und Sanktionensysteme toleriert werden. Zu diesem Zweck könnte ein einheitliches Analyseraster (siehe Anhang) verwendet werden.

Gesetzlich verankerte Verpflichtungen sind erforderlich geworden, da die privaten Verhaltenskodizes der Unternehmen unentbehrliche Normen nicht enthielten: so z. B. die Regel, daß alle Vorgesetzten das Personal eines Unternehmens über die Einhaltung der gesetzlichen Vorschriften im Rahmen der geschäftlichen Tätigkeit, insbesondere betreffend Geldwäscherei und Bestechung, zu beaufsichtigen und gesetzliche Verstösse an die obersten Unternehmensorgane zu melden haben. In der Praxis konnte festgestellt werden, daß **ohne staatliche Normen** entsprechende »**Codes of Conduct**« **vielfach unwirksam** ausfielen.

Off-Shore Domizilgesellschaften als Instrument der Bestechung

Zu Empfehlung 1

Diese Empfehlung verfolgt das allgemeine Ziel, Transparenz zu schaffen und sicherzustellen, daß dem Kredit, den eine Gesellschaft in der Öffentlichkeit genießt, ein bestimmter Finanzwert entspricht. Diese Empfehlung beabsichtigt:

❑ die Möglichkeiten einzuschränken, Domizilgesellschaften zu gründen, die über kein Eigenkapital verfügen oder die über ein Kapital verfügen, das geradezu unverhältnismäßig und unzureichend ist im Verhältnis zum eigenen Vermögen und den Verbindlichkeiten gegenüber Dritten. Tatsächlich sieht die Gesetzgebung der meisten off-shore Länder keine **Bilanzpflicht** vor. Diejenigen Off-Shore Länder aber, die eine solche kennen, statuieren mehrheitlich keine Verpflichtung, die Bilanz jährlich durch einen externen unabhängigen Revisor prüfen zu lassen. In vielen off-shore Ländern hat dieselbe Person hunderte und manchmal sogar tausende von Domizilgesellschaften zu verwalten, deren Buchhaltung zu führen und gegebenenfalls deren Revisionsbericht zu verfassen. In der Regel bekommen solche Personen vom tatsächlichen Verwalter dieser Domizilgesellschaften alljährlich nur einige Zahlen, um eine rudimentäre »Bilanz« zu verfassen, die aber keine Information über die Tätigkeit der Gesellschaft vermittelt;

❑ zu verhindern, daß die Tätigkeit der Gesellschaft ausgeübt wird, ohne eine Spur zu hinterlassen und ohne daß sie irgendeiner Überprüfung unterzogen wird. Zu diesem Zweck muß jede Gesellschaft eine *Bilanz erstellen*. Eine Kontrolle durch das Handelsregisteramt erfolgt durch die Verpflichtung, die Jahresbilanz bei diesem Amt zu hinterlegen. Überdies muß die Bilanz selbst geprüft werden. Zu diesem Zweck wird das Handelsregisteramt beauftragt sicherzustellen, daß jeder Jahresbilanz ein Revisionsbericht (auditors report) beigelegt ist.

Zu Empfehlung 2

Auch diese Empfehlung beabsichtigt, Transparenz zu gewährleisten. Das ermöglicht der Öffentlichkeit vor, während und nach einer Geschäftsbeziehung Informationen zu erhalten. Die Justiz- und Verwaltungsbehörden müssen ebenfalls über ausreichende, schnell und vollständig zugängliche Informationen bezüglich einer Gesellschaft verfügen können. Deswegen muß jede Gesellschaft in jedem Land durch Gesetzesnormen verpflichtet werden, folgendes im Handelsregister eintragen zu lassen:

❑ nicht nur die Namen der Personen, die eine rechtliche Funktion ausüben, sondern auch aller Personen, die faktisch an der Verwaltung und Führung der Gesellschaft teilhaben, seien sie im Besitz einer General- oder Spezialvollmacht;

- ❏ diese Regel muss auch für den Fall angewendet werden, daß für die Verwaltung der Domizilgesellschaft nicht natürliche Personen, sondern eine andere Gesellschaft beauftragt wurde, zumal diese Variante die Erfassung der tatsächlichen Verantwortlichkeiten und des »Paper Trail« besonders erschwert;

- ❏ nicht nur die Daten über jede Gesellschaft, die auf dem Gebiet des betreffenden Staates gegründet worden ist, sondern auch die Daten jeder Gesellschaft, die auf dem Gebiet eines anderen Staates gegründet worden ist, aber ihre Tätigkeit auf nationalem Gebiet ausübt, indem hier beispielsweise das eigene Vermögen verwaltet wird. Eine solche Regel soll nicht nur in Off-Shore Ländern, sondern auch in allen Ländern vorgesehen und angewendet werden, in denen eine Filiale oder eine Tochtergesellschaft einer Off-Shore Gesellschaft ihren Sitz, ihren Nebensitz hat oder in denen sie tätig ist. Solche Länder, welche z. B. heute OECD-Mitglieder sind, dürfen die Tätigkeiten von off-shore Domizilgesellschaften nicht bewilligen, solange die geforderten Daten nicht verfügbar sind, welche die nationale Gesetzgebung betreffend die nationalen Domizilgesellschaften verlangt. Zum Beispiel die Behörden der Vereinigten Staaten, von Großbritannien, von Luxemburg, von Irland und der Schweiz sollten die Tätigkeiten von off-shore Domizilgesellschaften auf ihrem Territorium nicht bewilligen, solange diese nicht bewiesen haben, daß sie über ein tatsächlich voll liberiertes Aktienkapital verfügen und daß sie jährlich eine von außenstehenden unabhängigen Revisoren geprüfte Bilanz erstellen, und solange sie nicht eine vollständige Auflistung derjenigen Personen zur Verfügung gestellt haben, welche tatsächlich für die Tätigkeit der Gesellschaft verantwortlich sind.

Zu Empfehlung 3

Diese Empfehlung will die Lücken im nationalen Strafverfahrensrecht und im Rechtshilferecht (mutual assistance in criminal matters) auf folgende Weise schließen:

- ❏ im Fall einer Beschlagnahmeverfügung oder Einziehung wird dem wirtschaftlich Berechtigten einer off-shore Gesellschaft die Beweislast bezüglich des Ursprungs der Vermögenswerte dieser Gesellschaft auferlegt;

- ❏ im Fall einer Herausgabe- oder Beschlagnahmeverfügung betreffend Dokumente über Vermögen und finanzielle Transaktionen einer off-shore Gesellschaft ist ausschließlich der wirtschaftlich Berechtigte zur Beschwerde legitimiert;

- ❏ im Fall einer Zeugenbefragung betreffend finanzielle Auskünfte oder Identität des wirtschaftlich Berechtigten einer off-shore Gesellschaft ist der Zeuge nicht berechtigt, seine Aussage zu verweigern, auch wenn er als Anwalt, Notar, Bankier, Broker, Vermögensverwalter oder Revisor tätig ist.

Off-Shore Domizilgesellschaften als Instrument der Bestechung

Nicht nur Steuerbetrüger, sondern auch organisierte Kriminelle setzen zur Verhinderung von Ermittlungen und von Erlösbeschlagnahmen vorzugsweise Berufsgeheimnisträger als Scheinverwaltungsräte ein. Das inländische Recht von mehreren Off-Shore Ländern fördert diesen Mißbrauch des Berufsgeheimnisses, weil diesen Berufsleuten das Aussageverweigerungsrecht gewährt wird, auch wenn sie über Umstände befragt werden, die sie nicht im Rahmen ihrer berufsspezifischen Tätigkeit erfahren haben. Dazu trägt die Praxis verschiedener offshore Länder bei, die toleriert, daß Scheinverwaltungsräte auf die Einholung von Auskünften über die Gesellschaftstätigkeit bei den Geschäftsführern verzichten.

Zu Empfehlung 4

Die Erfahrung hat gezeigt, daß sich die Mindestregeln zur Identifikation des wirtschaftlich Berechtigten einer Off-Shore Gesellschaft als unzureichend erwiesen haben. Daher müssen die Banken und Finanzinstitute die Prüfung der Identität des wirtschaftlich Berechtigten mit folgenden Informationen vervollständigen:

- einer offiziellen Erklärung, mit der bestätigt wird, daß das Kapital der off-shore Gesellschaft effektiv liberiert worden ist;
- der letzten Bilanz samt dem Bericht des Revisors;
- der jährlichen Aktualisierung der Informationen und der bei der Kontoeröffnung bestehenden Dokumente, insbesondere indem der wirtschaftlich Berechtigte jedes Jahr eine Deklaration seiner Kompetenzen in bezug auf das Gesellschaftsvermögen unterschreiben muß. Das Geldwäschereiabwehrsystem beruht auf dem Prinzip der Identifikation des wirtschaftlich Berechtigten. Allerdings beschränkt sich die Identifikation in der Regel auf eine Erklärung der Kundschaft gegenüber einer Bank oder einer Finanzgesellschaft, ohne daß der angegebene wirtschaftlich Berechtigte eine Erklärung zu unterschreiben hätte. Dazu kommt, daß der Kunde sowie der wirtschaftlich Berechtigte nicht verpflichtet ist, die Bank oder die Finanzgesellschaft über den Wechsel der wirtschaftlichen Eigentumsverhältnisse zu benachrichtigen. Daher sollen die Bank sowie die Finanzdomizilgesellschaft verpflichten werden, jährlich die unterzeichnete Erklärung des wirtschaftlich Berechtigten zu verlangen, welche die aktuellen Eigentumsverhältnisse wiedergibt.

Zu Empfehlung 5

Diese Empfehlung soll die systematische Ausstellung von tausenden von Rechnungen einschränken, die ganz oder teilweise namens von off-shore Domizilgesellschaften erfolgen. Deswegen sieht diese Empfehlung die Einführung einer Pflicht für den Revisor vor, von den Off-Shore Domizilgesellschaften Listen mit den tatsächlich erbrachten Leistungen, der jährlich ausgestellten Rechnungen und der Personalien des Ausstellers der Rechnungen (die immer unterschrieben sein müssen) zu fordern. Das Erstellen von ganz oder teilweise fiktiven Rechnungen ist immer noch weit verbreitet. Es dient dem Verbergen von Vermögenswerten von Unternehmen, welche auch für die Zahlung von bestochenen Beamten und Politikern im In- und Ausland sowie für die Bezahlung von korrumpierten Organmitgliedern und Angestellten von anderen Privatdomizilgesellschaften verwendet werden. Die Empfehlung Nr. 5 bezweckt insbesondere die Sicherstellung der Einhaltung von Artikel 8 der OECD Bestechungskonvention vom 1. Oktober 1997 betreffend die Pflichten der Buchhalter und Revisoren.

Zu Empfehlung 6

Diese Empfehlung auferlegt den Banken und Finanzinstituten die Pflicht, besondere Sorgfalt gegenüber jeder Tätigkeit einer Off-Shore Gesellschaft walten zu lassen. Die Verwendung einer Off-Shore Gesellschaft muß als Indiz für Geldwäscherei betrachtet werden. Deshalb sollen Banken und Finanzdomizilgesellschaften die Tätigkeit und die Transaktionen von Off-Shore Domizilgesellschaften mit erhöhter Sorgfalt prüfen. Nur so kann die Vermutung entkräftet werden, daß gerade die Wahl einer Off-Shore Domizilgesellschaft von wirtschaftlich Berechtigten allein dazu getroffen wurde, um in den Genuß einer erhöhten Intransparenz zu gelangen.

Zu Empfehlung 7

Diese Empfehlung sieht für die off-shore Länder die Pflicht vor, jährlich dem Sekretariat der OECD eine Statistik zu übergeben, aus der die Anzahl der neu gegründeten Domizilgesellschaften sowie der Umfang der verwalteten Vermögenswerte ersichtlich wird. Aufgrund dieser objektiven Daten ist es möglich, auf diesem Sektor die Entwicklung in jedem Land zu verfolgen. Für den Fall, daß sich eine irreguläre Entwicklung beobachten läßt, die durch die wirtschaftliche Situation des Landes nicht zu rechtfertigen wäre, wären sowohl die Behörden dieses Landes als auch die internationale Gemeinschaft in der Lage, rechtzeitig und angemessen einzugreifen.

Zu Empfehlung 8

Aufgrund dieser Empfehlung sollen die off-shore Länder Gesetzesnormen erlassen, die erlauben, folgende Zwecke zu verfolgen:

a) jede in einem Off-Shore Land gegründete Gesellschaft muß über ein Mindestkapital verfügen, das vollständig liberiert ist und in einem vernünftigen und angemessenen Verhältnis zum Umfang der von der Gesellschaft ausgeübten Tätigkeit oder zum Umfang des von der Gesellschaft verwalteten Vermögens und seiner Verbindlichkeiten Dritten gegenüber steht;

b) die effektive Liberierung des Gesellschaftskapitals bei der Gründung einer Gesellschaft oder bei einer Erhöhung des Gesellschaftskapitals muß mittels Überweisung auf die Nationalbank garantiert sein. Die Nationalbank erläßt daraufhin eine Bescheinigung, ohne die das Handelsregisteramt keine neu gegründete Gesellschaft und keine Kapitalerhöhung eintragen darf.

Zu Empfehlung 9

Gemäß dieser Empfehlung soll jede Gesellschaft durch Gesetz verpflichtet werden, eine aktuelle Liste der Personen zu erstellen, die mit ihrer Verwaltung und Geschäftsführung beauftragt sind sowie der Personen, die über eine General- oder Spezialvollmacht oder eine andere Zeichnungsberechtigung verfügen und der Personen, die eine faktische Verwaltungsbefugnis ausüben. Tatsächlich fördern zahlreiche Länder Domizilgesellschaften, indem sie den Verzicht auf eine Handelsregistereintragung von denjenigen Personen, die die Gesellschaft tatsächlich führen, zulassen. Auf diese Weise wird auch jede Schadenersatz- und Verantwortlichkeitsklage seitens von Investoren und Gläubigern der Gesellschaft erschwert. Diese Liste muß beim Handelsregister eingereicht werden, damit sie durch Verwaltungs- und Justizbehörden sowie durch jede andere Person, die ein legitimes Interesse nachweist, eingesehen werden kann.

Zu Empfehlung 10

Diese Empfehlung verfolgt folgende Ziele:

❑ jede Gesellschaft soll verpflichtet werden, eine jährliche Bilanz und eine Erfolgsrechnung zu erstellen, die dem Handelsregisteramt eingereicht werden müssen;

❑ die Buchhaltung sowie die jährliche Bilanz und die Erfolgsrechnung müssen durch eine unabhängige Revisionsstelle, die ihre berufliche Tätigkeit aufgrund einer staatlichen Zulassung ausübt, geprüft werden.

4. Zehn Empfehlungen gegen den Mißbrauch von Off-Shore Domizilgesellschaften

Präambel

Die folgenden Maßnahmen dienen der Durchführung der Empfehlung Nr. 25 der Financial Action Task Force (FATF) vom 28. Juni 1996, die bestimmen:

> »Die Länder sollten den Möglichkeiten einer mißbräuchlichen Verwendung von Briefkastendomizilgesellschaften durch Täter von Geldwäschereitransaktionen Rechnung tragen und sie sollten auch in Betracht ziehen, ob man zusätzliche Maßnahmen treffen soll, um einem Mißbrauch dieser Domizilgesellschaften vorzubeugen.«

Nach der Empfehlung Nr. 11 der FATF fallen unter der Definition von Domizilgesellschaften: Institutionen, Unternehmen, Stiftungen, Trusts usw., die im Land, in dem sie über einen eingetragenen Sitz verfügen, keine kommerzielle oder industrielle Tätigkeit ausüben und keine kommerziellen Transaktionen irgendwelcher Art ausführen.

A. Die Rolle der nationalen Rechtsordnungen

1. Jedes Land trifft die notwendigen gesetzgeberischen Maßnahmen, damit auch Domizilgesellschaften;

   a) das Aktienkapital liberieren, indem sie Einzahlungen tätigen, welche durch eine staatliche Behörde geprüft werden;

   b) über ein Aktienkapital verfügen, das im Verhältnis zu ihrem Vermögen, zu ihren Verpflichtungen gegenüber Dritten und zu ihrer Tätigkeit steht;

   c) eine jährliche Bilanz erstellen, welche beim Handelsregister zusammen mit dem Bericht eines unabhängigen Rechnungsprüfers zu hinterlegen ist.

2. Jedes Land trifft die notwendigen gesetzgeberischen Maßnahmen, damit im Handelsregister eingetragen werden:

   a) die Namen aller Unterschriftsberechtigten sowie aller Personen die eine rechtliche Verwaltungsmacht – namentlich aufgrund einer Vollmacht – oder eine faktische Verwaltungsmacht bezüglich einer Gesellschaft ausüben, auch wenn diese Gesellschaft ihre Tätigkeit ganz oder teilweise im Ausland ausübt und/oder auch wenn für die Verwaltung eine andere Gesellschaft beauftragt wurde;

   b) die Daten in bezug auf jede Domizilgesellschaft, die im Gebiet des betreffenden Landes eine Tätigkeit ausübt oder dort ihre Vermögenswerte verwalten läßt, auch wenn diese Gesellschaft ihren Sitz im Ausland begründet hat, namentlich in einem Off-Shore Land.

B. Stärkung der internationalen Zusammenarbeit

3. Jedes Land trifft die notwendigen gesetzgeberischen Maßnahmen, damit im Rahmen eines nationalen Strafverfahrens oder eines Rechtshilfeverfahrens;

   a) im Fall der Beschlagnahme oder der Einziehung von Vermögenswerten einer Domizilgesellschaft bei einer Bank, Treuhand- und Finanzgesellschaft und bei ähnlichen Institutionen, der Beweis des rechtmäßigen Ursprungs dieser Vermögenswerte dem wirtschaftlich Berechtigten der betreffenden Domizilgesellschaft obliegt;

   b) ausschließlich der wirtschaftlich Berechtigte legitimiert ist, gegen eine Herausgabe- oder Beschlagnahmeverfügung in Bezug auf Dokumente betreffend das Vermögen oder die finanziellen Transaktionen einer Domizilgesellschaft, Beschwerde zu erheben;

c) im Falle einer Zeugenanhörung in bezug auf Auskünfte über die finanziellen Belange sowie die Identität des wirtschaftlich Berechtigten einer Domizilgesellschaft, kein Aussageverweigerungsrecht besteht, auch wenn sich der Zeuge als Anwalt, Notar, Banquier, Treuhänder, Broker, Vermögensverwalter oder als Revisor auf sein Berufsgeheimnis beruft.

C. Rolle der Finanzbranche

4. Um den Anforderungen betreffend die **Identifikation der Domizilgesellschaften** nachzukommen, fordern die Finanzinstitute:

a) die offizielle Bestätigung bezüglich der effektiven Liberierung des Aktienskapitals;

b) die letzte Bilanz mit dem Bericht des Rechnungsprüfers;

c) die jährliche Aktualisierung der anläßlich der Eröffnung der Geschäftsbeziehung gelieferten Dokumente, namentlich der unterschriebenen Erklärung seitens des wirtschaftlich Berechtigten.

5. Die Rechnungsprüfer verlangen die detaillierte Liste der durch eine Domizilgesellschaft erbrachten Leistungen und der durch sie erstellten Rechnungen, sowie die Angabe der Personalien und die Unterschrift ihrer Verfasser.

6. Die Finanzinstitute betrachten die Verwendung von Domizilgesellschaften, die ihren Sitz in einem off-shore Land haben, als Indiz für Geldwäscherei. Folglich muß jede durch eine solche Gesellschaft oder im Interesse einer solchen Gesellschaft vorgenommene Transaktion mit besonderer Sorgfalt geprüft werden.

D. Zusammenarbeit durch Off-Shore Länder

7. Die Off-Shore Länder übergeben dem Sekretariat der (zu bestimmenden) internationalen Organisation jährlich:

❏ die Statistik der im Laufe des Jahres gegründeten Domizilgesellschaften sowie die Statistik betreffend den Umfang der Vermögenswerte, welche durch diese Domizilgesellschaften mit Sitz in den betreffenden Land verwaltet werden;

❏ einen Bericht über den Stand der Ausführung und der Anwendung der allgemein anerkannten Normen, einschließlich diese zehn Regeln.

8. Die Off-Shore Länder treffen die notwendigen gesetzgeberischen Maßnahmen damit;

- jede in den betreffenden Länder gegründete Gesellschaft ein minimales Gesellschaftskapital einbezahlt, deren Höhe im Verhältnis zu der durch die Gesellschaft ausgeübten Tätigkeit, zum Umfang der durch die Gesellschaft selbst verwalteten Vermögenswerte und deren Verpflichtungen gegenüber Dritten steht;

- die tatsächliche Liberierung des Aktienskapitals anläßlich der Gründung oder der Kapitalerhöhung durch Einbezahlung bei der Nationalbank sichergestellt ist. Das Handelsregisteramt darf ohne entsprechende Bestätigung der Nationalbank die Gründung der Gesellschaft beziehungsweise die Kapitalerhöhung nicht eintragen.

9. Die Off-Shore Länder treffen die notwendigen gesetzgeberischen Maßnahmen, damit jede Gesellschaft eine aktuelle Liste erstellt von;

- den Personen, die mit deren Verwaltung beauftragt sind;

- den Personen, die über eine Vollmacht oder eine Zeichnungsberechtigung verfügen;

- den Personen, die eine faktische Verwaltungsbefugnis in der betreffenden Gesellschaft ausüben.

Diese Liste muß beim Handelsregister eingereicht werden, so daß sie von Gerichts- und Verwaltungsbehörden sowie von jeder interessierten Person eingesehen werden kann.

10. Die Off-Shore Länder treffen die notwendigen gesetzgeberischen Maßnahmen damit:

a) jede Gesellschaft eine jährliche Bilanz und eine jährliche Erfolgsrechnung erstellt, die dem Handelsregister zur Verfügung gestellt werden müssen;

b) die Buchhaltung sowie die jährliche Bilanz und die jährliche Erfolgsrechnung durch eine unabhängige Revisionsgesellschaft bestätigt werden, welche ihre gewerbliche Tätigkeit aufgrund einer staatlichen Bewilligung beruflich ausübt.

Off-Shore Domizilgesellschaften als Instrument der Bestechung

5. Anhang
Rechtszustand in Off-Shore Ländern betreffend Domizilgesellschaften

(40 Bonus – Malus Punkteskala)

		gesetzlich nicht vorgesehen	gesetzlich ungenügend vorgesehen	Verstösse gegen Gesetz toleriert
	I. Normen von internationalen Organisation			
1.	40 Geldwäscherei Empfehlungen d. FATF			
2.	Übereinkommen gegen Bestechung (insbes. OECD und Europarat Ueberein.)			
3.	Übereinkommen über internationale Rechts- und Amtshilfe			
4.	Regeln d. BIZ (Basle Statement of Principles) zu Voraussetzungen zur Bankbewilligung, Bankaufsicht, internationalen Amtshilfe usw.			
5.	IOSCO- Normen (Empfehlungen und Richtlinien im Börsenhandel)			
6.	Übereinkommen Nr. 141 des Europarates über Geldwäscherei			
7.	Haager Übereinkommen betr. internationale Rechtshilfe in Zivil- und Handelssachen			
8.	Übereinkommen gegen besondere Straftaten wie z. B. Drogenhandel, Menschenhandel, Waffenhandel, Handel von harter Pornographie u. a.			
	II. Handelsrecht			
9.	Pflicht eines Mindestkapitals			
10.	Pflicht eines Aktienkapitals entsprechend dem Umfang der Tätigkeiten und der Verpflichtungen der Gesellschaft gegenüber Dritten			
11.	Pflicht zur Liberierung des Aktienkapitals durch die Nationalbank			
12.	Bilanzpflicht			

		gesetzlich nicht vorgesehen	gesetzlich ungenügend vorgesehen	Verstösse gegen Gesetz toleriert
13.	Revisionspflicht			
14.	Pflicht zur Revision durch externe staatl. zugelassene Revisoren			
15.	Pflicht zur Eintragung ins Handelsregister			
16.	Pflicht zur Eintragung der Namen aller Unterschriftsberechtigten sowie der Personen mit rechtlicher oder faktischer Verwaltungsbefugnis			
17.	Zivilrechtliche Verantwortung auch des tatsächlichen Verwalters			
	III. Verwaltungsrecht			
18.	Identifikationspflicht des wirtschaftlich Berechtigten			
19.	Pflicht zur schriftlichen Erklärung des wirtschaftlich Berechtigten			
20.	Pflicht, die Erklärung des wirtschaftlich Berechtigten jährlich neu unterzeichnen zu lassen			
21.	Wahrheits- und Vollständigkeitspflicht auch betr. Buchhaltungsbelege inklusive Rechnungen			
22.	Bewilligungspflicht zur Ausübung der Tätigkeit als Bank, Broker, Treuhänder, Versicherer, Finanzintermädiare u. ä.			
23.	Meldepflicht gegenüber der Aufsichtsbehörde betreffend Straftaten und Insolvenzgefahr			
24.	Anzeigepflicht der Aufsichtbehörde im Fall von Straftaten			
	IV. Strafrecht			
25.	Pflicht zur Eröffnung des Strafverfahrens nach Feststellung eines Verdachtsgrundes		.	

Off-Shore Domizilgesellschaften als Instrument der Bestechung

		gesetzlich nicht vorgesehen	gesetzlich ungenügend vorgesehen	Verstösse gegen Gesetz toleriert
26.	Zeugenaussagepflicht auch zu Lasten von Anwälten, Notaren, Treuhändern, Bankiers, Brokern die zum Schein oder tatsächlich als Gesellschaftsorgane tätig sind			
27.	Herausgabepflicht von Beweismitteln, auch wenn sie sich im Gewahrsam vom Dritten und nicht beim Angeklagten befinden.			
28.	Anzeigepflicht für Finanzintermediäre bei Verdachtsgründen betr. der Herkunft von Vermögenswerten			
29.	Beschlagnahme und Einziehung von Deliktserlös, auch wenn sich dieser im Gewahrsam von Dritten befinden			
30.	Strafbarkeit der folgenden Straftaten:			
	❏ Betrug			
	❏ Veruntreuung			
	❏ Betrügerischer Konkurs			
	❏ Bestechung von inländ. Beamten			
	❏ Bestechung von ausländ. Beamten			
	❏ Bestechung von Privatpersonen (UWG)			
	❏ Herstellung von fiktiven Rechnungen			
	❏ Insider Trading			
	❏ Kursmanipulation			
	❏ Geldwäscherei			
	❏ Geldwäscherei vom Erlös aus allen schweren Straftaten und verbotenen Handlungen			
	❏ Geldwäscherei bei Auslandstaten			
	❏ Teilnahme an der organisierten Kriminalität			
	❏ Steuer- und Abgabebetrug			
	❏ Betrug zum Nachteil der EU-Interessen			

		gesetzlich nicht vorgesehen	gesetzlich ungenügend vorgesehen	Verstösse gegen Gesetz toleriert
	V. Internationale Amts- und Rechtshilfe			
31.	Pflicht zum Nachweis des Paper Trail			
32.	Spontane Meldepflicht betr. Straftaten im Ausland			
33.	Auslieferungspflicht von Beweismitteln und Vermögenswerten von auszuliefernden Personen			
34.	Nichtanerkennung poltischer Einrede bei Bestechung			
35.	Zeugenaussagepflicht zulasten von Bankiers und Finanzintermediären			
36.	Zeugenaussagepflicht für Anwälte und Notare (ausserhalb ihrer berufspezifischen Tätigkeit)			
37.	Teilnahmerecht zugunsten der ausländischen Behörden an der Durchführung der Rechtshilfe			
38.	Verkürzung des Beschwerdewegs (Beschränkung der Beschwerdemöglichkeiten auf eine Rekursinstanz)			
39.	Kooperationspflicht beim Steuerbetrug			
40.	Keine Bedingung der doppelten Strafbarkeit als Voraussetzung für die Auslieferung			

2. Steuerrechtliche Behandlung der Bestechung
Wolfgang Joecks

Auf einen Blick

Die steuerrechtliche Behandlung von Bestechung und Bestechlichkeit ist neben der zivil- und strafrechtlichen Sanktionierung ein zentrales Moment der Bekämpfung von Korruption. Ob Schmiergelder den steuerlichen Gewinn mindern dürfen, entscheidet ggf. über die Höhe oder gar das Vorhandensein eines Gewinns aus einem solchen Geschäft.

Das deutsche Recht sieht in **empfangenen Bestechungsgeldern** regelmäßig **steuerpflichtige Einkünfte.**

Für das korrespondierende Moment der steuerlichen Behandlung des Aufwands durch Bestechungsgeldern stehen theoretisch verschiedene Modelle zur Verfügung.

> Modell 1: Schmiergeldern wird der Abzug generell versagt.
>
> Modell 2: Schmiergelder sind nicht abzugsfähig, wenn ihre Zahlung und/oder ihr Empfang sich als Straftat darstellen.
>
> Modell 3: Schmiergelder sind nicht abzugsfähig, wenn ihre Zahlung und/oder ihr Empfang sich als Straftat darstellen und diese Strafbarkeit in einer Entscheidung der Justiz festgestellt worden ist.

Das vom deutschen Gesetzgeber (noch) favorisierte 3. Modell, ist praktisch in einer Vielzahl von Fällen unbrauchbar. Auch die Veränderungen, die sich mittelbar demnächst durch veränderte strafrechtliche Rahmenbedingungen ergeben werden, bewirken nicht, daß die steuerliche Irrelevanz von solchen Aufwendungen sichergestellt ist.

1. Einleitung

In bestimmten Geschäftsbereichen erlangt Aufträge nur, wer neben dem offiziellen Kaufpreis Zahlungen an den Vertragspartner bzw. für ihn Handelnde zahlt; ebenso erreicht Umsätze im Großanlagenbau nur, wer Teile des Werklohns an Personen in der Sphäre des Auftraggebers zurückfließen läßt.[1] Ist dies allgemeine

---
1 Beispiele bei Piehl, S. 17 ff.

Praxis, kann sich auch der solchen Usancen nicht entziehen, der diese ablehnt. Er erleidet sonst Wettbewerbsnachteile. Korruption hat insoweit eine **Sogwirkung**.

Wer unter Zahlung von Schmiergeldern den begehrten Auftrag erlangt, erzielt Umsätze und Gewinne. Diese Gewinne sind steuerpflichtig. Wenn – wie etwa in Deutschland – dabei eine Besteuerung von Erträgen unter dem Aspekt der Leistungsfähigkeit erfolgt, liegt es nicht fern, daß der Steuerpflichtige gezahlte Bestechungsgelder als Aufwand bei der Bemessung seines Gewinns in Abzug bringen möchte. Immerhin war ein Erlös in dieser Höhe nur möglich, weil neben den üblichen Kosten zusätzlicher »Aufwand« nötig war, der tatsächlich den Gewinn minderte.

Beispiel: Einnahmen des Unternehmens 100, Ausgaben vor Bestechungslohn 85, Bestechungsgelder 10. Muß der Steuerpflichtige nicht den ökonomischen Überschuß von 5, sondern den Überschuß vor Bestechungsgeldern versteuern und beträgt der Steuersatz 50 %, bleibt ihm aus diesem Geschäft nicht nur nichts übrig, sondern es kommt nach Steuern zu einer Unterdeckung.

Die Rechtsordnungen behandeln das Phänomen des Bestechungsaufwands unterschiedlich. Während etwa in den USA die Abzugsfähigkeit gänzlich versagt wird, tut sich (nicht nur) das deutsche Steuerrecht mit Restriktionen in diesem Bereich sehr schwer. Regelmäßig befürchtet man bei Restriktionen Wettbewerbsnachteile für die eigene Wirtschaft; deshalb ist eine harmonisierte Reaktion nicht nur bei der Strafbarkeit der Bestechung im internationalen Wirtschaftsverkehr, sondern auch bzgl. deren steuerlicher Behandlung nötig, will man der Korruption entgegentreten.

Im folgenden soll zunächst die steuerliche Behandlung auf Seiten des Zahlungsempfängers erörtert werden. Sodann erfolgt eine Darstellung der steuerlichen Abzugsfähigkeit von Schmier- und Bestechungsgeldern. In diesem Kontext sollen zunächst verfassungsrechtliche Aspekte erörtert werden, bevor unter Einbeziehung ausländischer Modelle die Rechtslage in Deutschland dargestellt wird. Ein Ausblick auf geplante Änderungen schließt die Darstellung ab.

2. Die steuerliche Behandlung der Einnahmen

Nicht nur das deutsche Steuerrecht ist von gewissen Leitprinzipien geprägt.

❑ Für die Besteuerung der Erträge ist die Anknüpfung an die wirtschaftliche Leistungsfähigkeit typisch.[2] Wer mehr verdient, ist leistungsfähiger als andere. Wer leistungsfähiger ist, kann mehr zu den Einnahmen des Staates beitragen.

---

2 Vgl. zu einigen ausländischen Staaten die Beiträge in der Tipke-Festschrift, 1995, S. 511 ff.

❑ Daneben tritt das sogenannte »Prinzip der Wertneutralität der Besteuerung«. Nach § 40 der Abgabenordnung (AO) ist es für die Besteuerung unerheblich, »*ob ein Verhalten, das den Tatbestand eines Steuergesetzes ganz oder zum Teil erfüllt, gegen ein gesetzliches Gebot oder Verbot oder gegen die guten Sitten verstößt.*«

Noch zu Beginn des Jahrhunderts lehnten die Gerichte die Besteuerung unsittlicher und verbotener Vorgänge unter Hinweis auf die Einheit der Rechtsordnung ab.[3] Veränderungen deuteten sich dann im zweiten Jahrzehnt des Jahrhunderts an, als das Reichsgericht in Strafsachen und der Reichsfinanzhof etwa Forderungen aus wucherischen Geschäften für steuerlich relevant hielten.[4] Seitdem ist das **Prinzip der Wertneutralität** im wesentlichen anerkannt und heute in § 40 AO kodifiziert. Konsequenz ist, daß etwa ein Hehler, der systematisch Diebesgut aufkauft und veräußert, mit seinen Umsätzen und Erträgen der Besteuerung unterliegt. Es handelt sich hier um gewerbliche Einkünfte.

Ebenso liegen steuerpflichtige Einkünfte vor, wenn etwa ein Arbeitnehmer im Zusammenhang mit einer Auftragserteilung Schmiergelder erhält. Dabei ist es steuerlich nach deutschem Recht unerheblich, ob die Vereinnahmung der Gelder den Tatbestand der Angestelltenbestechlichkeit erfüllt oder gar die Nichtabführung der Beträge eine Untreue darstellt. Umstritten ist in der steuerrechtlichen Literatur allein, ob es sich hier um Einkünfte aus nichtselbständiger Arbeit (§ 19 des Einkommensteuergesetzes – EStG) oder aber um sonstige Einkünfte i. S. d. § 22 Nr. 3 EStG handelt.[5]

Da (nicht nur) das deutsche Steuerrecht vom Prinzip der Wertneutralität der Besteuerung ausgeht, wird ein **Schmiergeld rechtlich** im Ergebnis nicht anders behandelt, als das **Trinkgeld**, das der Kellner eines Restaurants von zufriedenen Kunden bekommt.[6]

Muß der bestechliche Angestellte den Bestechungslohn an seinen Geschäftsherrn im Jahr des Zuflusses auskehren, entstehen bei ihm Werbungskosten, die das Bestechungsgeld steuerlich neutralisieren. Erfolgt die Zahlung an den Arbeitgeber später, entstehen im Jahr der Zahlung **Werbungskosten**, die steuerlich wirksam sind.

Trotz aller Bestrebungen, die steuerliche Behandlung von Schmiergeldern zu modifizieren, wird es – nicht nur aus haushaltsrechtlichen Gründen – in diesem Zusammenhang sicherlich auch keine Veränderungen geben.

Bestechungslohn gehört in Deutschland zu den steuerpflichtigen Einkünften.

---

3 Vgl. Tipke/Kruse, § 40 Anm. 1; Kruse, NJW 1970, 2185, 2186.
4 RGSt vom 25. 11. 1919, RGSt 54, 68; RFH 3, 173 vom 28. 4. 1920.
5 Vgl. etwa FG Berlin vom 25. 11. 1977, EFG 1978, 280.
6 Ausnahme: die lohnsteuerliche Seite.

3. Die steuerliche Behandlung der Ausgaben

Die steuerliche Behandlung solcher Ausgaben ist in den verschiedenen Staaten äußerst unterschiedlich.

Gegenwärtig sind Schmier- und Bestechungsgelder (noch) in Belgien, Niederlande, Dänemark, Frankreich, Japan, Luxemburg, Österreich und der Schweiz grundsätzlich als **Betriebsausgaben** abzugsfähig. In Kanada und in den USA bestehen Abzugsverbote für Zahlungen, die an Angehörige des öffentlichen Dienstes oder vergleichbare Institutionen mit dem Zweck geleistet werden, den Empfänger zur Verletzung seiner dienstlichen Pflichten zu verleiten, sowie für Zahlungen, die gegen das Strafgesetz verstoßen. Nur in Großbritannien sind Schmiergeldzahlungen seit dem 11. 6. 1993 allgemein nicht mehr abzugsfähig.[7]

Das deutsche Steuerrecht hat in den letzten zwei Jahren in diesem Zusammenhang deutliche Veränderungen erfahren, die zugleich die Problematik einer »Ächtung« von Schmiergeldern deutlich machen.

3.1. Rechtslage bis 31. 12. 1995

Die deutsche Steuerrechtslage war bis zum 31. 12. 1995 praktisch das genaue Gegenstück zu der Rechtslage in den USA.

In den **Vereinigten Staaten** gibt es bereits seit 1977 den Foreign Corrupt Practises Act (FCPA), der die Bestechung ausländischer Amtsträger unter Strafe stellt. In der Erkenntnis, daß dann ggf. die Firmen Zahlungen außerhalb der normalen Buchführung leisten, stellt die Regelung auch das falsche oder irreführende Eintragen in Firmenunterlagen unter Strafe[8]. Steuerlich wird diese Maßnahme dadurch flankiert, daß nach dem **Internal Revenue Code** (IRC) die steuerliche Absetzbarkeit illegaler Zahlungen an ausländische Amtsträger verwehrt wird. Der dadurch der amerikanischen Wirtschaft entstandene Schaden wird in einem von der US-Regierung in Auftrag gegebenen Gutachten allein in den letzten beiden Jahren auf etwa 45 Milliarden Dollar beziffert.[9]

Die Rechtslage in der **Bundesrepublik Deutschland** war bis zum 1. 1. 1996 gänzlich anders. In einem wertneutralen Steuerrecht stellen sich weniger ethische als technische Fragen. So gab § 160 AO der Finanzverwaltung die Möglichkeit, den Betriebsausgabenabzug zu versagen, wenn nicht der Empfänger der Zahlungen benannt wurde).[10]

---

7 Übersichten in Bundestags-Drucksache 12/7043, S. 4–7; Bundestags-Drucksache 12/8468, S. 4–6 ; Kirchhof-Söhn § 4 Rdn. Q 22 Fn. 50.
8 Vgl. Nietzer, IStR 1998, 187.
9 Nietzer a. a. O. S. 187. Zur »Entschärfung« des FCPA im Jahre 1988 vgl. Piehl, S. 100 ff.
10 Vgl. *Tipke/Kruse* 12 zu § 160 AO.

Für steuerliche Zwecke tritt neben die oben angesprochenen Kriterien der Wertneutralität und der Leistungsfähigkeit das objektive Nettoprinzip: Leistungsfähigkeit wird nicht durch die Summe der Einnahmen ausgedrückt, sondern durch damit zusammenhängende Ausgaben gemindert. Nur das »Netto« kann Bezugsgröße für Leistungsfähigkeit und damit für die Bemessung der Steuer sein.

Für »*nützliche Verwendungen*« ergibt sich für den deutschen Finanzbeamten dann folgendes Prüfschema:

❑ Zunächst war zu prüfen, ob eine Zahlung »**Betriebsausgabe**« war. Nach § 4 Abs. 4 EStG sind Betriebsausgaben »*die Aufwendungen, die durch den Betrieb veranlaßt sind*«. Herkömmlich wird eine solche betriebliche Veranlassung angenommen, wenn die Aufwendungen *objektiv* mit dem Betrieb zusammenhängen und *subjektiv* dem Betrieb zu dienen bestimmt sind.[11] Der Begriff soll betrieblichen Aufwand von der steuerlich nicht bedeutsamen privaten Lebenssphäre des Steuerpflichtigen abgrenzen. Betriebsausgabe in diesem Sinne ist der Blumenstrauß zum Geburtstag eines Kunden ebenso wie das wertvolle Gemälde, das man einem Politiker im Zusammenhang mit dem Auftrag für einen Großauftrag im Anlagenbau zukommen läßt.

❑ Handelte es sich in diesem Sinne um eine Betriebsausgabe, war festzustellen, ob es sich um ein bloßes »*Geschenk*« handelte. Unter Durchbrechung des objektiven Nettoprinzips waren Geschenke vom Abzug grundsätzlich ausgenommen.[12] Ein Geschenk setzt aber eine unentgeltliche Zuwendung voraus. Dies ist nur der Fall, wenn der »Schenkende« nicht im unmittelbaren zeitlichen oder wirtschaftlichen Zusammenhang eine Gegenleistung erhält. Das wertvolle Gemälde, das man einem Politiker im Zusammenhang mit dem Auftrag für einen Großauftrag im Anlagenbau zukommen läßt, ist kein Geschenk, sondern Belohnung für die »Bemühungen« um die Vergabe des Auftrags. Dann griff § 4 Abs. 5 Satz 2 Nr. 1 EStG nicht ein.

❑ Sperrte insoweit § 4 Abs. 5 EStG den Abzug nicht, hatte der Finanzbeamte ggf. noch zu prüfen, ob der **Empfänger** der Zahlung **ordnungsgemäß benannt** war. § 160 AO gibt der Finanzverwaltung die Möglichkeit, den Abzug einer Betriebsausgabe zu versagen, wenn der Steuerpflichtige trotz Aufforderung den Empfänger der Zahlung nicht benannte. Dabei richtet sich diese Vorschrift nicht gegen Korruption, sondern erfaßt unterschiedlichste Varianten steuermindernden Aufwands.

---

11 Vgl. Blümich/Wacker, EStG, § 4 Rdnr. 252 m. w. N.
12 Dies gilt schon seit 1960; mit Wirkung ab 1975 war das Abzugsverbot noch verschärft worden (vgl. Kirchhof/Söhn § 4, Rdn. G 1 f). Lediglich geringwertige Zuwendungen müssen steuerlich berücksichtigt werden (Grenze heute: 75 DM).

Da es hier nur darum ging sicherzustellen, daß der Aufwand des einen Steuerpflichtigen auch bei einem anderen Steuerpflichtigen als Einnahme erfaßt wird, gab es dieses Bedürfnis nach einer Empfängerbenennung dann nicht, wenn der Empfänger der Betriebsausgabe erkennbar im Ausland ansässig war. War dies der Fall, bliebt als Problem nur noch, ob tatsächlich »Aufwand« in der behaupteten Höhe entstanden war oder Teile davon bei den Verantwortlichen verblieben. Da ausländische Beamte solche Zahlungen nicht unbedingt quittieren, hatten die deutschen Unternehmer hier Schwierigkeiten. Die Verwaltung war insoweit aber aus »volkswirtschaftlichen Gründen« großzügig. Dies ging so weit, daß man bestimmte Prozentsätze des Auftragsvolumens als abzugsfähige Betriebsausgabe ohne Nachweise akzeptierte, wenn es um wirtschaftliche Aktivitäten in den früheren Ostblockstaaten und bestimmten Entwicklungsländern ging.[13]

Steuerliche Schwierigkeiten gab es allein bei Bestechungszahlungen an *inländische* Amtsträger. Der Bundesfinanzhof hat jedoch Schmier- und Bestechungsgelder durchweg als abzugsfähige Betriebsausgaben behandelt[14]. Lediglich zur Zeit des Nationalsozialismus gab es eine Phase, in der die Abzugsfähigkeit von Schmier- und Bestechungsgeldern als »mit der nationalsozialistischen Weltanschauung unvereinbar« angesehen wurde.[15]

Bestechungsgelder waren in Deutschland bis zum 31. 12. 1995 praktisch unbeschränkt als Betriebsausgabe abzugsfähig. Dies galt namentlich für grenzüberschreitende Sachverhalte.

3.2. Deutsche Rechtslage vom 1. 1. 1996 bis 20. 8. 1997

Die Bundesrepublik Deutschland war vor diesem Hintergrund erheblicher Kritik ausgesetzt. Vorgeworfen wurde ihr unter anderem, man würde in diesem Zusammenhang Bestechung begünstigen oder bevorzugen, solche Zahlungen »steuerlich subventionieren«. Die deutsche Steuerrechtsdogmatik verwies auf die Steuersystematik und auf die Systemkonformität der Abzugsfähigkeit, die das sogenannte objektive Nettoprinzip verwirklicht.[16] Verfassungsrechtliche Bedenken gegen eine Einschränkung dieses objektiven Nettoprinzips wurden erhoben. Dennoch hat der deutsche Gesetzgeber mit Wirkung ab **1. 1. 1996** in das EStG ein **Abzugsverbot für Bestechungsgelder** eingeführt, das freilich halbherzig wirkt und eine Reihe von Konstellationen nicht erfaßt.

---

13 Vgl. Tipke/Kruse § 160 AO Anm. 12 m. w. N.
14 Nachweise bei Kirchhof/Söhn, § 4 Rdn. Q 3.
15 Kirchhof/Söhn a. a. O. Rdn. Q 2.
16 Vgl. Müller-Franken, StuW 1997, 3, 6.

Die sogleich zu erörternde Regelung hat in Deutschland erhebliche verfassungsrechtliche Diskussionen ausgelöst. Immerhin ist man sich einig, daß eine Durchbrechung des objektiven Nettoprinzips und dessen Überspielung durch Lenkungsnormen nur möglich ist, wenn dies durch einen gewichtigen sachlichen Grund gerechtfertigt wird.[17] Unter diesem Aspekt bestehen aus der Sicht des deutschen Verfassungsrechts keine grundsätzlichen Bedenken gegen die Einschränkung des Abzugs von Schmiergeldern; auch mit dem Begriff der Steuern läßt sich vereinbaren, daß die Erzielung von Einnahmen nur Nebenzweck ist.[18] Bedenken gibt es aber gegen die Ausgestaltung des Abzugsverbots im Detail. Beanstandet wurde insbesondere, daß die Regelung nicht folgerichtig ist, weil sie letztlich – wie zu zeigen sein wird – nur bestimmte Fälle von Korruption erfaßt und Zahlungen in das Ausland letztlich schlechthin vernachlässigt.

3.2.1. Modelle der Einschränkung

Will man Korruption mit Mitteln des Steuerrechts bekämpfen, dann stehen hierfür verschiedene Modelle zu Wahl.

> Modell 1: Schmiergeldern wird der Abzug generell versagt. Dies setzt eine eindeutige Definition des Begriffs voraus. Umfaßt er nur Ausgaben? Will man auch die Minderung von Einnahmen erfassen?
>
> Modell 2: Schmiergelder sind nicht abzugsfähig, wenn ihre Zahlung und/oder ihr Empfang sich als Straftat[19] darstellen.
>
> Modell 3: Schmiergelder sind nicht abzugsfähig, wenn ihre Zahlung und/oder ihr Empfang sich als Straftat darstellen und diese Strafbarkeit in einer Entscheidung der Justiz festgestellt worden ist.

3.2.2. Die deutsche Lösung

Erste Entwürfe in Deutschland sahen das Modell 2, also eine Anknüpfung an die Strafbarkeit vor.[20] Im Vermittlungsausschuß hat man sich aber auf eine Regelung geeinigt, bei der die Versagung der steuerlichen Abzugsfähigkeit der Zahlung von der förmlichen Mißbilligung nach dem Straf- oder Ordnungswidrigkeitenrecht abhängt. Nicht als Betriebsausgabe abzugsfähig ist

---

17 Müller-Franken, StuW 1997, 3, 18, 21; Kirchhof-Söhn § 4 Rdn. Q 18.
18 So ausdrücklich § 3 Abs. 1 S. 2 AO.
19 Die Einordnung als Ordnungswidrigkeit kann in diesem Zusammenhang (zunächst) vernachlässigt werden.
20 Vgl. etwa Bundestags-Drucksache 13/1686, S. 17.

»die Zuwendung von Vorteilen sowie damit zusammenhängende Aufwendungen, wenn wegen der Zuwendung oder des Empfangs der Vorteile eine rechtskräftige Verurteilung nach einem Strafgesetz erfolgt ist oder das Verfahren gemäß den §§ 153 bis 154e der Strafprozeßordnung eingestellt worden ist, oder wenn wegen der Zuwendung oder des Empfangs der Zuwendung ein Bußgeld rechtskräftig verhängt worden ist. ...« (§ 4 Abs. 5 Satz 2 Nr. 10 EStG).

Die Anknüpfung an die bloße Strafbarkeit wurde u. a. mit dem Argument abgelehnt, die Finanzbehörden seien gar nicht in der Lage, über die Strafbarkeit einer Vorteilszuwendung zu entscheiden.[21].

Da die Versagung der Abzugsfähigkeit von einer förmlichen Entscheidung der Justiz bzw. einer Verwaltungsbehörde (im Ordnungswidrigkeitenverfahren) abhängt, muß die Finanzverwaltung die Möglichkeit haben, solche Entscheidungen zu initiieren. Ein Satz 2 verpflichtet daher die Finanzverwaltung, den Verdacht solcher Straftaten der Staatsanwaltschaft mitzuteilen.

Die Regelung hat zum Teil massive Kritik hervorgerufen,[22] wurde gar als »Windei« bezeichnet[23]. Die Kritik bezieht sich auf eine Vielzahl von Details, am gravierendsten sind folgende Einwände:

a) Die Regelung erfaßt nur Zuwendungen, die sich als Betriebs*ausgaben* ausgewirkt haben. Nicht erfaßt sind also solche Fälle, in denen das Schmiergeld darin besteht, daß der Bestochene ein bestimmtes Wirtschaftsgut zu einem »Vorzugspreis« erhält, also auf Seiten des Zuwendenden bestimmte Gewinne nicht realisiert werden.[24] Rabatte werden insoweit nicht erfaßt, obwohl sie die nämlichen Wirkungen auf Erlöse und damit auf den Gewinn, und auf die Korrumpierbarkeit des Bestochenen haben.

b) Das Abzugsverbot setzt voraus, daß es »wegen der Zuwendung oder des Empfangs der Vorteile« zu einer rechtskräftigen Verurteilung gekommen ist. Dies setzt logisch voraus, daß das Zuwenden oder das Empfangen des Vorteils die Voraussetzungen einer Straftat oder Ordnungswidrigkeit erfüllt. Welche Straftatbestände damit gemeint sein könnten, ist umstritten. Im wesentlichen besteht Einvernehmen, daß damit die Bestechungsdelikte des Strafgesetzbuchs (§§ 331 ff. StGB) sowie der Tatbestand der Angestelltenbestechung (§ 12 UWG, jetzt § 299 StGB) gemeint waren.[25]

---

21 Vgl. Meurer a. a. O. § 4 Rdn. 770.
22 Vgl. Müller-Franken, StuW 1997, 3 ff.; Rieß wistra 1997, 137 ff.; Joecks DStR 1997, 1023 ff.
23 Vgl. Salzberger/Theisen, DB 1996, 396.
24 Joecks, DStR 1997, 1025, 1026; zustimmend Kirchhof-Söhn § 4 Rdn. Q 41; anderer Meinung Meurer, in: Lademann/Söffing/Brockhoff, EStG, § 4 Rdn. 757.
25 Kirchhof/Söhn, § 4 Rdn. Q 70 bis 72; Joecks, DStR 1997, 1025, 1027; anderer Meinung Wakker, in: Blümich, EStG, § 4 Rdn. 238 d.

Die entsprechenden Regelungen differenzieren bei der Einwirkung auf Amtsträger wie folgt:

	Strafbarkeit des Empfängers	Strafbarkeit des Zuwendenden
Diensthandlung rechtmäßig	§ 331 Abs. 1 Vorteilsannahme	§ 333 Abs. 1 Vorteilsgewährung (nur bei Ermessensentscheidungen)
Diensthandlung rechtswidrig	§ 332 Abs. 1 Bestechlichkeit	§ 334 Bestechung

Hinzu treten Straftaten nach dem Wehrstrafgesetz (§ 48 Abs. 1, Abs. 2 WStG) sowie der Tatbestand der Abgeordnetenbestechlichkeit nach § 108 e StGB.[26] Diese Anknüpfung an die formale Strafbarkeit (bzw. Bestrafung) nach nationalem Recht hat bzw. hatte zwei massive Konsequenzen.

1. Nach dem damals geltenden Strafrecht setzte die Strafbarkeit voraus, daß einer konkreten Person ein Vorteil zugewendet wurde. Vorteil wird dabei verstanden als jede unentgeltliche Leistung materieller oder immaterieller Art, die den Täter besserstellt und auf die er keinen rechtlich begründeten Anspruch hat.[27] Hierzu gehörte neben Geldzuwendungen auch die Lieferung von Waren zum »Vorzugspreis«. Probleme gab es dann, wenn nicht etwa der Amtsträger einen Beratungsvertrag mit dem Unternehmer hatte, sondern ein naher Angehöriger des Amtsträgers. Hier behalf man sich teilweise mit der Erkenntnis, daß auch mittelbare Vorteile ausreichen können, soweit diese wirtschaftlich auch beim Amtsträger in irgendeiner Form zu Buche schlagen. Wurde also die Ehefrau des Amtsträgers gegen ein fürstliches Salär auf der Gehaltsliste des Unternehmers geführt, konnte man eventuell zu einer Strafbarkeit wegen Vorteilsannahme oder Bestechlichkeit kommen. Das Strafrecht versagte aber in solchen Fällen, in denen der Vorteil tatsächlich Dritten zugewendet wurde. Hauptfall war etwa die Zuwendung an eine Vereinigung, zu der der Amtsträger eine gewisse Nähe aufwies, etwa eine politische Partei.[28]

2. Gravierender war aber, daß mit einer solchen Regelung Auslandstaten nicht erfaßt werden. Das Abstellen auf die Bestrafung und damit die Strafbarkeit nach deutschem Recht setzt insoweit voraus, daß auch die Bestechung ausländischer Amtsträger nach dem nationalen Recht strafbar ist. Der Begriff des Amtsträgers, wie er im Strafgesetzbuch zum Zeitpunkt des Inkrafttretens des § 4 Abs. 5 Satz 2 Nr. 10 EStG vorhanden war, erfaßte aber nur denjenigen, der nach deutschem Recht Beamter oder Richter war usw. Zuwendungen an ausländische Amtsträger wurden also durch dieses mittelbare Abzugsverbot überhaupt nicht berührt, hier

---

26 Kirchhof-Söhn, § 4 Rdn. Q 69.
27 Schönke/Schröder/Cramer, § 331 Rdn. 17.
28 Vgl. BGHSt 33, 340; 35, 135; Schönke/Schröder/Cramer, § 331 Rdn. 20.

verblieb es bei der Rechtslage, die auch sonst bis zum 1. 1. 1996 galt[29]. Gleiches galt letztlich für die Angestelltenbestechung (§ 12 UWG; jetzt § 299 StGB). Nach Auffassung des Bundesgerichtshofs werden regelmäßig nur die Interessen inländischer Mitbewerber des Vorteilsgebers tangiert.[30]

3. Ein weiterer Kritikpunkt war, daß nicht an die bloße Strafbarkeit des Verhaltens angeknüpft werden sollte, sondern an die förmliche Verurteilung durch ein Gericht. Das dafür angeführte Argument, die Finanzbehörden seien gar nicht in der Lage, über die Strafbarkeit einer Vorteilszuwendung zu entscheiden, ist erstaunlich, da Satz 2 derselben Vorschrift die Finanzbehörden immerhin verpflichtet, die Staatsanwaltschaft von dem Verdacht einer solchen Straftat zu unterrichten, also gerade voraussetzt, daß die Finanzbeamten den Inhalt einer Norm nachvollziehen können. Weiter wurde angeführt, daß ein solches Verfahren eine abweichende strafrechtliche/bußgeldrechtliche Bewertung durch die Finanzbehörden vermeide und ein gewisses Maß an Rechtssicherheit schaffe.[31] Letzteres ist zwar richtig, schafft aber zugleich ein relativ starres System, das aber andererseits immerhin das Interesse der Finanzverwaltung fördert, auf eine strafrechtliche Verurteilung der Betreffenden hinzuwirken.

4. Angegriffen wurde die Bezugnahme der Vorschrift auf die Einstellung des Strafverfahrens nach den §§ 153 bis 154 e der Strafprozeßordnung (StPO). Die Regelung verweist auf eine Vielzahl von Einstellungsvorschriften, die teilweise offenbar nicht einschlägig sein können. Wieso die Ermessensentscheidung in Fällen von Nötigung oder Erpressung (§ 154 c StPO) oder in Fällen einer falschen Verdächtigung oder Beleidigung (§ 154 e StPO) etwas mit dem Betriebsausgabenabzug zu tun haben, verrät die Gesetzgebungsgeschichte nicht.[32] Überdies ist es bedenklich, daß die Regelung an Einstellungsvorschriften anknüpft, die einen Rechtsschutz des Beschuldigten nicht ermöglichen.[33]

---

29 Kirchhof/Söhn weist allerdings zu Recht darauf hin, daß die Regelung in begrenztem Umfange auch auf Auslandssachverhalte Anwendung finden kann (§ 4 Rdn. Q 90 ff.). Dies betrifft aber nur Auslandsaufenthalte deutscher Amtsträger, Soldaten und Beamte der Truppen der nicht deutschen Vertragsstaaten der NATO, einige Fälle der Schiedsrichterbestechung und eine Angestelltenbestechung, die sich auf den Wettbewerb in Deutschland auswirkt (Söhn a. a. O. unter Hinweis auf Bundestags-Drucksache 13/642).
30 Vgl. Erbs/Kohlhaas/Fuhrmann, § 12 UWG Rdn. 2; BGHZ 40, 391; BGH NJW 1968, 1572; OLG Düsseldorf, NJW 1974, 417. Vor dem Hintergrund einer Internationalisierung des Wettbewerbs wird sich dies kaum halten lassen.
31 Vgl. Rieß, wistra 1997, 137 f.
32 Vgl. Joecks, DStR 1997, 1025, 1028.
33 Vgl. Rieß, wistra 1997, 137 ff. Vor dem Hintergrund des § 4 Abs. 5 S. 2 Nr. 10 EStG mag sich dies ändern; wegen der Vorschrift könnte man dem Beschuldigten ein Rechtsschutzinteresse zugestehen, etwa eine Einstellung nach § 153 StPO wegen geringer Schuld mit der Beschwerde anzufechten.

5. § 4 Abs. 5 Satz 2 Nr. 10 statuiert in seinem zweiten Satz eine Unterrichtungspflicht der Finanzbehörde in Verdachtsfällen. Vor dem Hintergrund der verfassungsrechtlichen Rahmenbedingungen scheint mittlerweile Einigkeit darüber zu bestehen, daß eine Unterrichtungspflicht der Finanzbehörde jedenfalls in solchen Fällen nicht eingreifen kann, in denen Erkenntnisse über die Zahlung von Bestechungsgeldern sich erst daraus ergeben, daß der Bestochene die insoweit erhaltenen Beträge ordnungsgemäß erklärt und versteuert.[34] Bei der Überprüfung der steuerlichen Angelegenheiten des Zuwendenden gewonnene Erkenntnisse dürfen und müssen mitgeteilt werden, aber nur dann, wenn sie in der Buchhaltung des Zuwendenden als Betriebsausgaben geltend gemacht worden sind.[35]

---

c) Faßt man einmal diese Rechtslage zusammen, dann zeigt sich, daß der deutsche Steuergesetzgeber eine Regelung gewählt hat

❑ in der nur ein Teil der inländischen Bestechungsfälle erfaßt wird – nämlich die Fälle, in denen Betriebsausgaben vorliegen und als solche gebucht werden, nicht jedoch die Fälle nichterzielter Einnahmen,

❑ in denen die Bestechungsgelder an ausländische Amtsträger regelmäßig nicht erfaßt sind

❑ und bei der an eine strafgerichtliche Verurteilung o. ä. angeknüpft wird.

Andererseits wird durch die Anbindung an die Einstellungsgründe eine Vielzahl von Sachverhalten erfaßt, in denen etwa eine Entscheidung der Staatsanwaltschaft keine Richtigkeitsgarantie in sich trägt und überdies vom Betroffenen grundsätzlich nicht angefochten werden kann.

3.3. Rechtslage seit 20. 8. 1997

Das Abzugsverbot für Bestechungsgelder hat mit Wirkung vom 20. 8. 1997 mittelbar eine Veränderung erfahren. Da das Abzugsverbot an eine strafgerichtliche Verurteilung und damit an die Strafbarkeit der Zuwendung bzw. des Empfangs von Vorteilen anknüpft, wirkt sich eine Veränderung in der Strafrechtslage mittelbar auch auf die Abzugsfähigkeit der Betriebsausgabe aus. Durch das **Korruptionsbekämpfungsgesetz vom 13. 8. 1997** hat der Gesetzgeber erhebliche Veränderungen in den Bestechungstatbeständen des deutschen Strafrechts vorgenommen.

---

34 Joecks, DStR 1997, 1025, 1030 f.; zustimmend Kirchhof/Söhn, § 4 Rdn. Q 128.
35 Joecks, DStR 1997, 1025, 1030 f.; Kirchhof/Söhn, § 4 Rdn. Q 125; vgl. auch Korn/Kupfer, KÖSDI 1995, 10443 (10451); Wacker, in: Blümich § 4 Rdn. 298 e.

1. Bei der Angestelltenbestechung ist diese Änderung eher formaler Art: Der bisher in § 12 UWG geregelte Tatbestand wurde als § 299 StGB in einen neuen 29. Abschnitt »Straftaten gegen den Wettbewerb« eingestellt. Die Verfolgung ist nicht mehr absolut von einem Strafantrag abhängig; die Staatsanwaltschaft kann die Tat bei einem besonderen öffentlichen Interesse auch von Amts wegen verfolgen.

2. Materielle Änderungen sind in erheblichem Umfange im Rahmen der sog. Amtsdelikte erfolgt. So erfassen die §§ 331 ff. seit 20. 8. 1997 auch solche Fälle, in denen Vorteile (unmittelbar oder mittelbar) nicht dem Amtsträger, sondern Dritten zugewendet werden. Entfallen ist teilweise[36] auch das Erfordernis der sogenannten »Unrechtsvereinbarung«.

Nach der alten, bis zum 20. 8. 1997 geltenden Rechtslage mußte der Vorteil in allen einschlägigen Tatbeständen »als Gegenleistung« für »eine Diensthandlung« gefordert, versprochen oder angenommen bzw. angeboten, versprochen oder gewährt werden. Seit 20. 8. 1997 genügt es für die Tatbestände der Vorteilsannahme und -gewährung, daß ein Amtsträger »für die Dienstausübung« einen Vorteil für sich oder einen Dritten fordert. Damit soll die Zuwendung von Vorteilen in der sogenannten »Anfütterungsphase« bzw. Klimapflege erfaßt werden. Anders als nach altem Recht ist es nicht mehr nötig, daß eine »hinreichende Konkretisierung« der bereits vorgenommenen oder künftig vorzunehmenden Diensthandlung im Hinblick auf den Vorteil durchgeführt wird. Damit wird der Anwendungsbereich dieser Straftatbestände erheblich erweitert.

Schließlich ist mit dem Gesetz der Begriff des Amtsträgers (§ 11 Abs. 1 Nr. 2 StGB) erheblich verändert worden. Schwierigkeiten hatte die deutsche Justiz insbesondere in solchen Fällen, in denen die Verwaltung nicht mehr in der klassischen öffentlich-rechtlichen Form tätig war, sondern Aufgabenbereiche auf private – etwa Kapitalgesellschaften – ausgelagert hatte (Organisationsprivatisierung).[37] Die für solche Kapitalgesellschaft Verantwortung Tragenden konnten im Prinzip unter den § 11 Abs. 1 Nr. 2 c StGB fallen. Dies setzte voraus, daß sie dazu bestellt waren, »bei einer Behörde oder bei einer sonstigen Stelle oder in deren Auftrag Aufgaben der öffentlichen Verwaltung wahrzunehmen.« Probleme gab es etwa im Zusammenhang mit Planungsingenieuren.[38] Eine Gesetzesänderung zum 20. 8. 1997 erweitert diese Bestimmung um den Halbsatz »unbeschadet der zur Aufgabenerfüllung gewählten Organisationsform« und erfaßt damit auch Privatleute, die staatliche Aufgaben, z. B. bei der Vergabe öffentlicher Aufträge, wahrnehmen. Dem Gesetzgeber schien es geboten, daß für die Frage der Amtsträgereigenschaft die Art einer Aufgabe maßgeblich ist und es nicht darauf an-

---

36 Bei den §§ 331, 333 StGB.
37 Vgl. BGH vom 19. 12. 1997, wistra 1998, 143, 144.
38 Vgl. BGH vom 15. 5. 1997, wistra 1997, 336; vom 19. 12. 1997, wistra 1998, 143; siehe auch BGH vom 29. Januar 1992, BGHSt 38, 203 (Banken).

kommt, in welcher Organisationsform, z. B. im Rahmen einer Kapitalgesellschaft, eine Aufgabe wahrgenommen wird[39].

> Insgesamt hat die Änderung der (Straf-)rechtslage zum 20. 8. 1997 letztlich nur geringfügige Auswirkungen auf das Abzugsverbot. Erweitert wird es letztlich bei Bestechungen im Inland, weil bestimmte Restriktionen in den Straftatbeständen entfallen und der Amtsträgerbegriff weiter gefaßt wurde. Nach wie vor ist eine Verurteilung Voraussetzung für die Versagung des Betriebsausgabenabzugs, nach wie vor sind Zahlungen an ausländische Amtsträger grundsätzlich nicht erfaßt.

4. Geplante Änderungen

Vor dem Hintergrund internationaler Bestrebungen[40] hat die Bundesregierung mit Beschluß vom 27. 3. 1998 verschiedene Gesetzentwürfe beschlossen, die mittlerweile dem Bundestag bzw. Bundesrat vorliegen.[41] Sämtliche Entwürfe betreffen das Strafrecht und über die dynamische Verweisung des § 4 Abs. 5 Satz 2 Nr. 10 EStG mittelbar auch die Abzugsmöglichkeit für Betriebsausgaben.

4.1. EU-Bestechungsgesetz

Ein EU-Bestechungsgesetz[42] soll Verpflichtungen aus dem Übereinkommen vom 26. Mai 1997 über die Bekämpfung der Bestechung, an der Beamte der Europäischen Gemeinschaften oder der Mitgliedstaaten der Europäischen Union beteiligt sind, umsetzen. Primär geht es dabei um die **Ausdehnung der Strafvorschriften** über Bestechlichkeit und Bestechung insbesondere auf Bestechungshandlungen von und gegenüber Gemeinschaftsbeamten und Amtsträgern der EU-Mitgliedsstaaten und um Erweiterungen der für Auslandstaten geltenden Vorschriften. Da weitere Änderungen im Hinblick auf Vorgaben des Europarates nötig werden (dazu 4.2.), ist zunächst vorgesehen, die entsprechenden Änderungen außerhalb des Strafgesetzbuches vorzunehmen. Art. 2 § 1 stellt ausländische mit inländischen Amtsträgern gleich. Art. 2 § 2 erstreckt den Anwendungsbereich der §§ 332, 334 bis 336 StGB auch auf Taten, die außerhalb des Geltungsbereichs des StGB begangen werden, wobei der Fall erfaßt ist, daß der Täter zur Zeit der Tat Deutscher ist oder die Tat gegenüber einem Deutschen begangen wird oder aber

---

[39] Gesetzentwurf vom 24. 09. 1996 – BT-Drucks. 13/5584 – Zu Nummer 1 – § 11 (Person- und Sachbegriffe).
[40] Dazu Pieth, oben S. 888.
[41] Bundestags-Drucksache 13/10425, 10426 und 10428.
[42] Bundestags-Drucksache 13/10424 = Bundesrats-Drucksache 270/98).

der Täter Ausländer ist, und die Voraussetzungen des Amtsträgerbegriffs (§ 11 Abs. 1 Nr. 2 StGB) erfüllt.

4.2. Gesetz zur Bekämpfung internationaler Bestechung

Der Entwurf eines Gesetzes zur Bekämpfung internationaler Bestechung[43] soll die deutschen Verpflichtungen aus dem auf OECD-Ebene von den OECD-Mitgliedsstaaten und von weiteren Staaten (Argentinien, Brasilien, Chile, Bulgarien, Slowakei) Ende November in Paris verhandelten und am 17. 12. 1997 unterzeichneten weltweit wirkenden Übereinkommen zur Bekämpfung internationaler Korruption umsetzen. Die Konvention geht auf die Initiative der USA zurück, die damit die Wettbewerbsnachteile aus ihrem eigenen FCPA ausgleichen will. Auch hier soll eine Ausweitung des deutschen Strafrechts einstweilen außerhalb des StGB erfolgen. Die **Gleichstellungsregelung** führt zu einer Ausdehnung des § 334 StGB. Auslandstaten von Deutschen sollen zur Vermeidung von Umgehungen ohne Rücksicht auf das Tatortrecht verfolgt werden können.

4.3. Wirkungen auf die Steuerrechtslage

Eine Änderung des § 4 Abs. 5 Satz 2 Nr. 10 EStG ist nach einer Auskunft des BMF vom 26. 5. 1998 zur Zeit nicht geplant. Man will es bei der mittelbaren Erweiterung der Vorschrift durch die veränderten strafrechtlichen Rahmenbedingungen bewenden lassen.

Die geplante Umsetzung völkerrechtlicher Verträge wird zwar zu einer erweiterten Anwendbarkeit des deutschen Strafrechts führen, die Abzugsfähigkeit solcher Zahlungen aber nur in begrenztem Umfange beeinflussen. Wie bereits erwähnt, wurde im Zusammenhang mit der Anbindung des Abzugsverbots an eine strafgerichtliche Verurteilung angeführt, der deutsche Finanzbeamte sei kaum in der Lage, die Strafbarkeit nach den entsprechenden Bestimmungen zu beurteilen. Dieses Argument wird durch die entsprechenden Erweiterungen außerhalb des Strafgesetzbuchs letztlich nur verstärkt, weil angesichts der Vielzahl von Vorfragen des Gemeinschaftsrechts oder des ausländischen Rechts in der Tat die Strafbarkeit kaum noch mit den in einem Finanzamt vorhandenen sachlichen Mitteln geprüft werden kann. Andererseits läuft damit auch die verfassungsrechtlich problematische[44] Anzeigepflicht der Finanzbehörde leer, da diese kaum von den veränderten rechtlichen Rahmenbedingungen Kenntnis erlangen wird.

---

43 Bundestags-Drucksache 13/10428 = Bundesrats-Drucksache 267/98).
44 Joecks DStR 1997, 1025, 1028; Kirchhof-Söhn § 4 Rdn. Q 88.

- Die Erweiterung der Strafbarkeit durch das EU-Bestechungsgesetz erfaßt nicht die Fälle der Vorteilsannahme und -gewährung, sondern lediglich Bestechlichkeit und Bestechung.
- Die Erweiterung durch das IntBestG erfaßt nur die Fälle der Bestechung.

Art. 8 IntBestG[45] verpflichtet die Vertragsstaaten, eine **verschleiernde Buchführung** in diesem Zusammenhang zu **unterbinden**. Gemäß Art. 8 Abs. 2 müssen insoweit »wirksame, angemessene und abschreckende zivil-, verwaltungs- oder strafrechtliche Sanktionen« vorgesehen werden. Nach der Denkschrift trägt das deutsche Recht diesem Artikel bereits Rechnung.[46] Wo dies der Fall ist, wird leider nicht verraten.

Nach wie vor ist daher folgendes Geschehen möglich:

Unternehmer U zahlt im Jahr 01 an einen Amtsträger ein Bestechungsgeld in Höhe von 100 000 DM. In 03 gibt er seine Steuererklärungen ab; die Veranlagung erfolgt, da der U Großunternehmer ist, unter dem Vorbehalt der Nachprüfung gem. § 164 AO. Eine Überprüfung des Jahres 01 beginnt im Jahre 07. Da die Bestechung verjährt ist (Verjährungsfrist: 5 Jahre; § 78 Abs. 2 Nr. 4), kann U nunmehr gefahrlos das Schmiergeld steuerlich geltend machen. Es ist auch zu berücksichtigen, da es an einer strafgerichtlichen Verurteilung fehlt und steuerlich noch keine Verjährung eingetreten ist (§ 169 Abs. 2, § 171 Abs. 4 AO). Da kein Verdacht einer (verfolgbaren) Straftat (mehr) besteht, kann auch die Staatsanwaltschaft nicht unterrichtet werden.[47]

5. Sinnvolle Regelungen

Betrachtet man vor diesem Hintergrund, welche Regelungen sich im steuerlichen und strafrechtlichen Bereich anböten, dann deuten sich folgende Aspekte an:

- Die Regelung erfaßt nur Zuwendungen, die sich als Betriebsausgaben ausgewirkt haben. Rabatte werden insoweit nicht erfaßt, obwohl sie die nämlichen Wirkungen auf den Erlös/Gewinn und auf die Korrumpierbarkeit des Bestochenen haben. Abhilfe könnte hier eine § 1 des Außensteuergesetzes (AStG) entsprechende Regelung schaffen. Die Vorschrift ermöglicht bei Transaktionen über die Grenze Gewinnkorrekturen, wenn »unter Na-

---

[45] BT-Drucks. 13/10428 S. 13.
[46] aaO S. 21.
[47] Anders mag es bei Sachverhalten sein, bei denen eine wiederholte Tatbegehung im Raum steht. Allerdings wird man aus der Tat im Jahre 01 nicht ohne weiteres auf eine Tat im Jahre 02 oder später schließen können.

> hestehenden« die Geschäftsbeziehungen nicht so gestaltet werden, wie es unter fremden Dritten üblich ist. Anders als bei § 4 Abs. 5 S. 2 Nr. 10 EStG geht es nicht nur um die Beschränkung des Abzugs von Betriebsausgaben, sondern auch um die nachträgliche Erfassung nichtrealisierter Einnahmen.
>
> ❑ Eine anläßlich der Überprüfung festgestellte Zahlung neben der Gewinn- und Verlustrechnung löst eine Anzeigepflicht nicht aus. Abhilfe könnte hier allein eine Regelung schaffen, wie sie die USA bereits seit mehr als zwanzig Jahren mit dem Foreign Corrupt Practises Act hat.[48] Danach ist bereits strafbar, wer falsche oder irreführende Einträge in Firmenunterlagen vornimmt. Jedenfalls ist sicherzustellen, daß (zunächst) nicht gebuchte Aufwendungen nicht später – nach Eintritt der strafrechtlichen Verjährung – den Gewinn mindern dürfen.[49]
>
> ❑ Eine Befugnis – nicht: Pflicht – zur Unterrichtung der Strafjustiz gehört nicht in den § 4 Abs. 5 EStG, sondern in den § 30 Abs. 4 Nr. 5 AO. Diese Bestimmung regelt die Durchbrechung des Steuergeheimnisses bei dem Verdacht einer gravierenden Straftat. Es bestünden keine Bedenken, wenn dort Korruptionsdelikte als »schwere Verbrechen gegen den Staat« definiert würden.

6. Schlußbemerkung

Deutschland kommt nicht umhin, in Erfüllung völkerrechtlicher Verträge Maßnahmen zur Bekämpfung grenzüberschreitender Korruption zu ergreifen. Das gewählte Modell ist sicherlich unter den zur Verfügung stehenden eines der schwächsten. Dies gilt nicht so sehr deshalb, weil Deutschland sich im Zusammenhang mit der Kriminalisierung grenzüberschreitender Bestechung darauf beschränkt hat, nur gravierendere Fälle zu erfassen. Entscheidend ist, daß die Beschränkung der Abzugsfähigkeit sich nicht mit der Anknüpfung an die materielle Strafbarkeit eines Verhaltens begnügt, sondern die formelle Aburteilung des Zuwendenden oder Zuwendungsempfängers voraussetzt. Daß die deutsche Regelung dabei eine Anzeigepflicht der Finanzbehörde gegenüber der Staatsanwaltschaft vorsieht, wenn der Verdacht eines Korruptionsdelikts im Raume steht, hilft

---

48 Vgl. Nietzer IStR 1998, 187.
49 Hierfür müßte das Gesetz geändert werden. In Fällen des Vorbehalts der Nachprüfung kommt es nach geltendem Recht – anders als bei der Änderung eines Steuerbescheids wegen neuer Tatsachen gem. § 173 Abs. 1 Nr. 2 AO- nicht darauf an., warum der Steuerpflichtige diesen Aufwand erst jetzt geltend macht.

in diesem Zusammenhang wenig. Zum einen ist die Verfassungsmäßigkeit einer solchen Unterrichtungspflicht zweifelhaft, zum anderen differieren die Verjährungsbestimmungen in diesem Zusammenhang ganz erheblich, so daß ein Steuerpflichtiger das **Schmiergeld** noch als **Betriebsausgabe** absetzen kann, wenn die Straftat bereits **verjährt** ist.

Ein weiterer eklatanter Schwachpunkt ist, daß mit der geltenden deutschen Bestimmung Zahlungen in einer »**Nebenbuchführung**« **nicht verhindert** werden. Da Schmiergelder zur »Förderung« von geschäftlichen Beziehungen gezahlt werden, haben schon während der Geltung des alten Rechts viele Unternehmer solche Zahlungen nicht aus offiziellen Kassen, sondern aus versteuertem Einkommen gezahlt: Es drohte nämlich bei jeder steuerlichen Prüfung des Unternehmens eine Unterrichtung des Finanzamts des Zahlungsempfängers, was regelmäßig die Geschäftsbeziehung zu diesem erheblich getrübt hätte. Die geltende Regelung verhindert nicht die Bildung solcher Nebenkassen. Auch die Unterrichtungspflicht greift im Zweifel nicht ein, wenn die Zahlung nicht als Aufwand, d. h. als Betriebsausgabe, gebucht ist.[50] »Zufallserkenntnisse« im Rahmen einer Überprüfung können allenfalls eine Unterrichtung der Justiz nach Maßgabe des § 30 Abs. 4 Nr. 5 AO rechtfertigen.

Die Regelung erfaßt nicht solche Fälle, in denen keine Betriebsausgaben geltend gemacht werden, sondern lediglich Gewinnchancen nicht realisiert wurden, etwa Wirtschaftsgüter zum Vorzugspreis überlassen wurden. Die Anzeigepflicht erfaßt nur solche Fälle, in denen eine Buchung als Betriebsausgabe vorliegt.

Der deutsche Gesetzgeber täte gut daran, seine Position im steuerlichen Bereich noch einmal zu überdenken. Hilfreich wäre ein Abzugsverbot, das an die materielle Strafbarkeit der Zuwendung bzw. des Empfanges von Vorteilen anknüpft, wobei nicht die Abzugsfähigkeit allein als Betriebsausgabe in Rede stehen dürfte, sondern auch Gewinnkorrekturen entsprechend dem zu § 1 AStG entwickelten möglich sein sollten. Eine Befugnis – nicht: Pflicht – zur Unterrichtung der Strafjustiz gehört nicht in den § 4 Abs. 5 EStG, sondern in den § 30 Abs. 4 Nr. 5 AO. Es bestünden keine Bedenken, wenn dort Korruptionsdelikte als »schwere Verbrechen gegen den Staat« definiert würden.

Literaturempfehlungen

Blümich: Einkommensteuergesetz, Kommentar Loseblatt, Stand: 1998.

Joecks: Abzugsverbot für Bestechungs- und Schmiergelder (§ 4 Abs. 5 S. 1 Nr. 10 EStG), DStR 1997, 1025.

Kirchhof/Söhn: Einkommensteuergesetz, Kommentar Loseblatt, Stand: 1998

---

50 Joecks, DStR 1997, 1025, 1030 f.; Kirchhof/Söhn § 4 Rdn. Q 125.

Kruse: Steuerdruck und Steuergerichte, NJW 1970, 2185.
Müller-Franken: Das Verbot des Abzugs der »Zuwendung von Vorteilen« nach dem Jahressteuergesetz 1996, StuW 1997, 3
Nietzer: Die rechtliche Behandlung von Schmiergeldzahlungen in den USA (»Foreign Corrupt Practises Act«) und Deutschland, IStR 1998, 187.
Piehl: Bestechung im internationalen Wirtschaftsverkehr, 1992.
Tipke/Kruse: Abgabenordnung/Finanzgerichtsordnung, Kommentar Loseblatt, Stand: 1998.

3. Transparenz in Buchführung und Revision

3.1. The Role of Auditors in the Fight against Corrupt behaviour 393
Jermyn Brooks

3.2. The Fight Against Business Corruption: Standards For Corporate Governance And Internal Control 411
Mritunjay Singh

3.3. Möglichkeiten der Feststellung und Prävention von Bestechungsleistungen aus Sicht des Bestechenden 425
Hans Joachim Marschdorf

3.1. The Role of Auditors in the Fight against Corrupt Behaviour[1]
Jermyn Brooks

1. Introduction

1. This paper describes the contribution which auditors could make in the fight against corruption. I use the word »could« deliberately since, as I will explain, the current environment in virtually all countries of the world does not empower or obligate auditors sufficiently to enable them to make an effective and meaningful contribution in the fight against corruption.

2. Whilst recognising that corruption is not confined to the public sector, I have restricted the scope of this paper to address auditors' current and potential contributions in detecting and assisting in the prevention of payments made, whether overtly or covertly, by companies to government officials in return for favours which assist in winning contracts or maintaining markets.

3. Whilst recognising that the separation of responsibilities as between internal and external auditors is of secondary importance as compared with the importance of the need to deter effectively the making of corrupt payments, I have prepared this background paper from the viewpoint of an external auditor.

4. The most significant frustration in the fight against corruption derives from the inadequacies of definition of the phenomenon itself in the legislation of many countries. The statute books usually prescribe punishments both for government officials of that country who are in receipt of corrupt payments and for persons and companies within that country which make corrupt payments to government officials of that country. With few exceptions, the legislation of most countries is, at best, vague as to whether it is an offence for its citizens and corporations to make corrupt payments to officials of foreign governments, especially in circumstances where no decision is taken nor act committed within the jurisdiction of the country concerned.

5. These inadequacies of definition, combined with the ease with which the true nature, and indeed the very existence, of corrupt payments may be disguised, create severe difficulties for auditors and others alike in the fight against corruption. Nevertheless, whilst recognising that there will always be an inclination on the part of some to circumvent the rules, auditors with sufficient powers and obligations would be able to make a meaningful contribution in the fight against corrupt behaviour.

---
1 Copyright OECD, 1996.

6. In preparing this paper I have described certain methods of effecting corrupt payments and the effect of these payments on companies' financial statements. As requested, I have also included a short section on the purpose of companies' financial statement and, again as requested, I discuss the concepts of truth, fairness, materiality and substance over form. I then conclude this paper by discussing the current duties and rights of auditors, and the offences of false accounting and misrepresentation, prior to suggesting certain changes which would increase auditors' effectiveness in the fight against corruption.

2. Typical methods of effecting corrupt payments

7. Research previously undertaken into the scale and nature of corruption suggests that a substantial proportion of all corrupt payments to government officials world-wide emanates from organisations such as drug producing and trafficking cartels. Such organisations are, not surprisingly, not subject to audit. Consequently, there is no effective action which auditors can take to assist in the prevention of such payments and, because organisations of this nature are inherently corrupt, procedures to detect corruption must focus on the recipients of such payments and, more importantly, on the conduits through which those payments are made. The volume of corrupt payments emanating from entities engaged in organised crime is reportedly so significant that the services of the international banking community are necessarily required to facilitate transfers of funds, and consequently there is an increasing need to place reliance on the vigilance of the banking community in detecting and preventing corrupt payments.

8. That having been said, a significant proportion of corrupt payments emanate, directly or indirectly, from corporate entities which are subject to audit. On occasions, such payments are made directly by the company which is subject to audit although mechanisms are frequently used to »distance« the company in question from the recipient of the corrupt payment.

9. These mechanisms include, for example, the involvement of an intermediary which purports to receive a »legitimate« commission the majority of which is transmitted in a less than entirely legitimate form to a government official, or the use of monies under the control of the company subject to audit which do not feature in its accounting records or financial statements. The task of detecting corrupt payments made by companies is easier when the payments are made directly using the company's »on balance sheet« funds, although problems of definition are encountered as to the precise characteristics of a corrupt payment. The task of detecting such payments is significantly more difficult when intermediaries or »off balance sheet« monies feature in the mechanics of the remittance process.

10. There is a wide variety of methods which are used by companies to create »off balance sheet« monies, or »slush funds«, from which to make corrupt payments in a manner designed to avoid detection. In addition to concealing the payments themselves, some of these techniques can have the effect of mitigating illegitimately corporate tax liabilities in countries which have legislated to make the amounts of corrupt payments disallowable for corporate tax assessment purposes. Three typical methods known to have been used to establish »slush funds« are briefly described below.

– Members of the senior management team of a company establish a bank account, usually outside the jurisdiction in which the company operates. The bank account is maintained in the name of an offshore company which is beneficially owned by the members of the management team in question. The offshore company's shares are held in nominee names and its affairs are managed by an administrator who acts solely on the instruction of the members of the senior management team. Arrangements are made for the company to make payments to the bank account of the offshore company and documentation is prepared to »support« the payments made, usually in the form of invoices for consultancy or similar services the purported nature of which usually enables the amounts involved to be deducted for tax purposes. Corrupt payments are made from the offshore company's bank account on the instructions of the senior management team. This method is usually only vulnerable to discovery if it can be demonstrated that the company never received the services for which the payments were made.

– Arrangements are made by the senior management of a company for one of its customers to remit monies to an offshore bank account which is controlled by senior management and from which corrupt payments are made. The outstanding receivable in the company's accounting records is written down, such write down usually being deductible for corporate tax purposes. This method is vulnerable to discovery should the company's auditors correspond directly with the customer seeking confirmation of the amounts receivable by the company, though it is not unknown for misleading confirmations to be received by auditors as a result of collusion between the senior managers of the company being audited and representatives of the customer in question.

– Company monies are deposited overtly in an offshore bank account maintained in the company's name supposedly for reasons of tax efficiency. The amount of the deposit is included among the company's assets as reported on its balance sheet which makes this method attractive to managements seeking artificially to maintain earnings and net assets. Covertly, the deposit is used to secure borrowings, usually from another bank, the proceeds of which are used to make corrupt payments. This method is vulnerable to discovery should the deposit holding bank disclose to the auditors that the deposit is encumbered as security for a loan though, again, it is not unknown for auditors to receive confirmations which omit to reveal such encumbrances.

11. Whilst companies making corrupt payments may attempt to conceal the true nature of the transactions, significantly greater efforts are made by recipients of such payments to conceal their source and their true nature. Seldom would a government official receive such payments directly into a bank account used for his or her regular personal financial transactions. Instead, arrangements would be made for such payments to be received, for example, into an account maintained at a bank in a country other than the government official's own country in the name of a company the disguised beneficial owner of which is the government official in question. Arrangements such as these make the task of establishing the true substance of suspicious payments all the more difficult thanks, primarily, to the ease with which beneficial ownership of companies can be concealed through the use of nominee and similar services provided by the »offshore« financial services industry designed to assure confidentiality.

12. The extent of the difficulties inherent in detecting corrupt payments made in this way perhaps serves to illustrate the need for all the mechanical administration of governments' tendering and supplier payment processes to be entirely divorced from the functions of supplier selection and similar procurement decision making. This strict segregation, at a minimum, would make it more difficult for prospective suppliers to identify the real decision makers thereby creating greater uncertainty as to whether the making of a corrupt payment would be »worthwhile« in terms of securing a contract. Furthermore, the segregation of duties as between the supplier selection and related procurement decision making processes such as tender specification would make it more difficult for prospective suppliers to identify clearly a »target« at which to aim offers of corrupt payments. Equally, well supervised management of all the processes of tendering should succeed in restricting the risk of details of tenders already lodged being transmitted to »preferred« suppliers whose tenders are submitted later and should help to avoid performance criteria and conditions which are deliberately designed to favour a »preferred« supplier.

3. Effects of corrupt payments on companies' financial statements

13. There is no requirement for the effects of corrupt payments to be separately disclosed in companies' published financial statements, a circumstance which leads to shareholders having no knowledge of the conduct of the company's management as regards corruption.

14. Because of the large number of different means by which companies can make corrupt payments, they may have a variety of latent effects on company's published financial statements, some of which may have no distorting effect on the financial statements.

15. For example, corrupt payments which result in the amounts of such payments being included in the company's cost of sales figure have no distorting effect on the company's gross profit and profit before tax. Furthermore, in jurisdictions in which the amounts of corrupt payments are deductible for corporate tax purposes, there would be no distortion of the company's reported tax charge or profit after tax. However, in jurisdictions in which the amounts of corrupt payments are not deductible for corporate tax purposes, the tax charge and profit after tax reported in the company's earnings statement will be overstated if deductions are claimed in respect of corrupt payments, yet the notion that the company's tax charge and liability are overstated rather presumes that the tax authorities will subsequently discover the true nature of the corrupt payments and disallow their deduction.

16. Other types of corrupt payments may not distort the company's profit before tax, but may distort the components of costs deducted in arriving at profit before tax. For example, the amounts of corrupt payments made from a »slush fund« created by diverting customer remittances would feature as the write down of a receivable rather than as part of the company's cost of sales. Again, whether there is any distorting effect on the company's tax charge or associated liability would depend on the relevant country's tax rules for corrupt payments and whether or not the company sought deductions in respect of the amounts paid.

17. Other types of corrupt payments may distort a company's earnings statement as a result of the company omitting to deduct the amounts of such payments in arriving at the amount of its profit before tax. In these situations the net assets of the company reported in its balance sheet would also be overstated through the inclusion of non-existent assets or the exclusion of liabilities. These circumstances would be likely to arise, for example, where corrupt payments are made from the proceeds of borrowings covertly secured on the company's assets. Financial statement distortions of this nature are more significant than those previously described since both the company's net earnings and net assets would be overstated in its published financial statements and consequently auditors would seek to plan and execute their work to detect distortions of this nature.

18. A further distortion of a company's published financial statements may arise from failure of the company's management to reveal contingent liabilities to which the company is exposed as a result of making corrupt payments. In some jurisdictions, the company itself may be found criminally liable for making corrupt payments and fines may be imposed on the company by the criminal courts.

However, in most jurisdictions there is no corporate criminal liability associated with the making of corrupt payments such that the company would only be contingently liable in respect of civil actions for damages brought by parties disadvantaged by the company having made corrupt payments. In any event, in most countries there is no obligation to disclose contingent liabilities in a company's published financial statements if the opinion of the company's senior management is that the triggering events are so remote that it is unlikely that any actual liability will crystallise.

4. The purpose of financial statements

19. The primary purpose for which a company publishes financial statements is to provide relevant and intelligible information to its shareholders on the financial performance and position of the company, and on the stewardship of management. Secondary objectives of financial statements include the provision of information to employees, lenders, suppliers, customers, regulators and government agencies.

20. Today, the form and content of companies' published financial statements are governed by the requirements of company laws, stock exchanges and accounting standards, and the accelerating trend toward globalisation is creating pressure for greater consistency of such requirements as between different jurisdictions. Nevertheless, whilst the fundamental purpose of companies' financial statements may be the same, the form and content of financial statements still differ markedly between jurisdictions as a consequence of the application of different accounting measures and disclosure requirements. As a result, comparisons between the financial performance of companies preparing financial statements under the regimes of different jurisdictions remain less than straightforward for many shareholders.

21. Whilst differences between jurisdictions remain as to the disclosures required to be made in financial statements, greater consistency is being achieved in the application of accounting measures and techniques thanks primarily to the work of the International Accounting Standards Committee (»IASC«) in developing International Accounting Standards which many countries use as a benchmark for national accounting requirements.

22. The IASC was established in 1973 as an autonomous body to develop and publish authoritative International Accounting Standards. It has a membership of over 100 organisations from more than 80 countries. The business of the IASC is conducted by a Board comprising representatives of accountancy bodies in some thirteen countries and of various other organisations having an interest in finan-

cial reporting. Its activities are supported by the International Federation of Accountants (»IFAC«), the International Organisation of Securities Commissions (»IOSC«) and stock exchanges world-wide. Whilst the majority of the efforts of IASC to date have focused on the need to apply accounting measures and techniques in a consistent manner on a world-wide basis, IASC is currently developing an International Accounting Standard on »Presentation of Financial Statements« which is likely to provide more uniformity in the disclosures required to be made in companies' financial statements.

23. Traditionally, a company's financial statements contained predominantly quantitative information on the results of the company's operations though more recently there is increasing emphasis placed on qualitative measures, particularly in connection with corporate governance and stewardship. In the United Kingdom, for example, directors of listed companies are required to report to shareholders on the effectiveness of the company's system of internal control, and in the United States many corporations now publish literature explaining the ethics policies and codes of conduct with which they strive to comply.

24. Whilst one of the purposes of financial statements is to enable their users to assess the stewardship of a company's management, the nature of such stewardship is currently confined to the commercial accountability of management for the resources entrusted to it. There are no requirements in force at present which require disclosures in financial statements of information which would permit users to assess the »moral stewardship« of a company's management, such as a positive statement by management, endorsed by the auditors, that none of the company's resources has been used to make, or to facilitate the making of, payments to government officials of any nation to win contracts or maintain markets.

25. The management of a company is responsible for the preparation and presentation of the company's financial statements and it is the auditor's responsibility to carry out an independent examination of those financial statements and to express an opinion thereon.

5. The concepts of truth, fairness, materiality and substance over form

26. The legislation of many countries requires corporate entities registered in its jurisdiction to have their financial statements audited on a periodic basis, and holding companies are usually required to have the consolidated financial statements of the group audited. In such jurisdictions, auditors are normally required to express opinions as to whether the financial statements of the company/group give a true and/or fair view of the financial position of the company/group at its

accounting reference date and of its financial performance and cash flows for the period then ended. The auditors are often required also to opine on whether the company's/group's financial statements have been prepared in accordance with prevailing legislation governing the presentation of financial statements.

27. Auditors are responsible for planning, performing and evaluating their work so as to have a reasonable expectation of detecting material misstatements in financial statements whether such misstatements may be caused by fraud, irregularities or errors. In planning their work, auditors direct their efforts to those areas of companies' operations which are perceived as being more likely to give rise to misstatements and frequently auditors choose to gain assurance that balances generated by companies' accounting systems are free from material misstatements by seeking evidence that companies' internal control systems have been operating satisfactorily throughout the period under review. Auditors are most unlikely to examine every transaction to which a company has been a party during the course of an accounting reference period except possibly in the case of the very smallest of enterprises. Whilst an auditor is able to gain satisfaction, without examining every transaction, that a company's financial statements are free from material error such that they give a true and fair view of the company's financial position and performance, it should be appreciated that because the auditor has not examined every transaction of the company during the period under review the auditor's ability to detect corrupt payments made by the company is reduced, especially when attempts have been made to disguise the true substance of such payments. Nevertheless, providing the auditor is able to identify the risk that corrupt payments may have been made, the auditor should be able to design audit procedures so as to have a reasonable expectation of detecting such payments. However, as explained above, the mere existence of such payments may not give rise to any distortion in a company's financial statements and, even if such payments were to distort a company's financial statements, the auditor would only be concerned if such distortion were material.

❑ **Truth and fairness**

28. In most jurisdictions, auditors are required to express opinions on financial statements in terms of whether they give a true and/or fair view of the company's financial performance and position. Unqualified audit reports in the United States refer to a company's financial statements presenting »fairly, in all material respects,« the financial position and results of the company, and in the United Kingdom such reports refer to financial statements giving »a true and fair view« of a company's financial position and performance.

29. In certain jurisdictions such as the United Kingdom, »true and fair view« is a legal concept insofar as it is a requirement of company law that financial statements give such a view. In consequence, the ultimate opinion as to whether fi-

nancial statements give a »true and fair view« is a matter for a court such that the concept may be said to vary from one jurisdiction to another no matter how similar the language of the relevant legislation may be. Nevertheless, courts generally decide whether financial statements give a true and fair view by the extent to which the financial statements in question have been prepared in compliance with generally accepted accounting principles. These, in turn, are governed primarily by the pronouncements made by various national accountancy bodies which, through their recognition of International Accounting Standards, are developing standards which are increasingly consistent and comparable. Because accounting standards evolve over time to reflect changes in business practices and economic needs, the attributes of financial statements which give a »true and fair view« will also change over time.

30. Attributes of financial statements which contribute to their giving a true and fair view include accuracy and comprehensiveness. Financial statements which contain insufficient information in terms of quality and quantity to satisfy the reasonable expectations of the readers to whom they are addressed (primarily shareholders) are unlikely to provide a view which may be said to be true and fair. However, because the application of the concept of a »true and fair view« involves judgement in questions of degree, there is an element of imprecision of measurement associated with the concept, as there is with all qualitative measures. This is most simply illustrated by the observation that there may exist two equally valid accounting methods, either of which is permissible and appropriate for adoption in the circumstances, such that there may be said to be more than one »true and fair view« of the same financial position.

❑ **Materiality**

31. In the context of the financial statements of a company, a matter may be said to be material if knowledge of the matter would be likely to influence those to whom the financial statements are addressed (i. e. shareholders). Materiality is a relative concept, not an absolute one, such that whether an item is material to the true and fair view required to be given by a company's financial statements can only be assessed in the particular circumstances of that item in the context of the financial statements in question.

32. The process of preparing a company's financial statements involves the measurement, aggregation, classification and presentation of all relevant financial consequences of the operations of the company so as to provide shareholders with summary information of manageable volume and in meaningful form. The process of condensing all available information involves a company's management deciding whether an item needs to be disclosed and, if so, what margin of error, if any, is acceptable.

33. On the question of disclosure, the management of a company will need to decide which of the many facts available are the ones which are likely to influence the intended users of the financial statements. In a small company, ECU 1,000 may be material, whereas ECU 10 million may not be material in classifying the expenditure of a very large group of companies, especially as too much detail and elaboration could result in failure to communicate a clear overall picture.

34. On the question of the degree of accuracy required, a difference of 10% may be acceptable in the measurement of amounts which require the formulation of assumptions and the exercise of judgements such that there may be a range of figures which would not be regarded as incorrect. However, in other circumstances, anything but the slightest inaccuracy may be unacceptable particularly where the amount in question is capable of precise measurement and is required to be disclosed separately in the company's financial statements.

❑ **Substance over form**

35. Generally accepted accounting standards in virtually all territories require that companies' financial statements should reflect the commercial substance of transactions rather than their legal form. International Accounting Standard number 1 requires that companies select and apply accounting policies which are governed by various considerations, one of which is that transactions should be accounted for in accordance with their commercial substance such that companies' financial statements reflect the commercial effects of those transactions.

36. This general principle is sound in terms of providing guidance on the accounting measurements to be applied in circumstances where the commercial substance and legal form of a transaction or series of transactions differ from one another as would be the case, for example, with certain types of leasing arrangements. However, in the context of corrupt payments, which are likely to be disguised in some way so as to conceal their true nature, the principle of »substance over form« would offer the auditor some additional authority to insist on separate disclosure of such payments (whatever their purported legal form) in a company's financial statements should any such disclosure requirement exist.

6. Current duties and rights of auditors

37. The primary duty of auditors is to examine the financial statements of companies and to express opinions thereon to shareholders. Following their examination of a company's financial statements, the auditor usually meets with the management of the company to discuss his findings and his proposed audit opinion. Meetings of this nature provide a forum for an auditor to express any con-

cerns and to recommend to management any adjustments which the auditor believes to be required to be made to the company's financial statements, adjustments both by way of changes to accounting measurements and by way of changes to the nature and extent of disclosures.

38. It is important to appreciate that a company's management alone is responsible for the preparation and presentation of a company's financial statements and that the company's auditor has no authority to make adjustments to those financial statements. The auditor is able to recommend that management makes adjustments to the company's financial statements and, if management declines to implement such recommendations, the auditor has the right to qualify his opinion by using language which enables its readers to appreciate, wherever possible, the nature and extent of the adjustments which, in the auditor's opinion, should be made to the company's financial statements.

39. Occasions do arise, however, where there is no disagreement between the auditor and the company's management and yet the auditor is nevertheless required to qualify his opinion because circumstances affecting the company are so uncertain that the eventual outcome may have a material effect on the company's financial statements. In these circumstances there is usually no action which management can take to remove the uncertainty, and hence remove the qualification in the auditor's report, because the outcome of the uncertainty is usually only determinable by reference to future events. However, in other circumstances, a company's management is nearly always willing to accept the auditor's recommendations for adjustments to the company's financial statements so as to prevent the auditor being in a position where he needs to give consideration to qualifying his opinion.

40. In very exceptional cases, which are usually confined to private (i.e. non public) companies, the extent of disagreements between a company's management and its auditor may be insoluble to the extent that management declines to finalise and formalise the company's financial statements with the result that the auditor has nothing upon which to express an opinion to shareholders.

41. The auditor's opinion to shareholders on a company's financial statements is the auditor's primary reporting channel to parties external to the company. Auditors, particularly of companies engaged in the provision of financial services, are usually required to report to industry regulators appointed under national statutes on the extent of the company's compliance with the relevant regulator's rules, and reports of the nature are usually discussed between the auditor and the management of the company in question prior to their being submitted to the regulator. However, auditing guidelines in some countries now require auditors to report to such regulators, normally without the knowledge of the company, any matter which the auditor believes to be material to the regulator. In these coun-

tries, auditors of companies in regulated industries should report to regulators apparent breaches of regulations if the auditor has reasonable cause to believe that the apparent breaches are of material significance to the regulator. Should there be no rule in such regulations against the making of corrupt payments, it is unlikely that an auditor discovering such a payment would have reasonable cause to believe the matter to be materially significant to the regulator in question. The rule books of industry regulators in most countries are silent on the topic of corruption and, even then, the majority of companies undertaking business internationally fall outside the scope of such statutory national regulation.

42. Under the anti-money laundering laws introduced in many countries over the last few years, auditors are compelled to report to the authorities details of any suspicions, which arise in the course of their professional duties, that the proceeds of serious crime are being laundered. Whilst the primary purpose of the anti-money laundering legislation is to detect and deter the mobility of proceeds of drug trafficking and activities relating to terrorism, the statute of European Union countries extends to the proceeds of any serious crime. This obligation, on the face of it, may appear sufficient to compel auditors to report their suspicions of corrupt payments, but in practice difficulties of definition and jurisdiction are currently encountered.

43. In some countries uncertainty exists as to the meaning of parts of the anti-corruption statute. Whilst statute generally appears to make clear that it is an offence for a public official of that country to receive corrupt payments and for persons and companies within that country to make corrupt payments to public officials of that country, the term »public official« is occasionally defined insufficiently clearly such that there is uncertainty whether the term refers only to officials in that country's government or whether it extends to officials of any government.

44. Until there is greater certainty as to whether it is an offence for a corrupt payment to be made to an official of a foreign government, auditors are unlikely to be suspicious of such payments and, if this is the case, they have no grounds under the anti-money laundering legislation to report details to the authorities.

45. The other channels of external communication available to a company's auditor exist only in exceptional circumstances and the use of such channels is occasionally hampered by the competing forces of the »public interest« on the one hand and confidentiality on the other, confidentiality being an implied term of the auditor's contract with his client. In most countries, an auditor who becomes aware that his client has committed a default or an unlawful act is normally under no legal obligation to disclose what he knows to anyone other than the management of his client. The auditor is able to make disclosures to a third party with the approval of his client's management, but is otherwise only able to over-

ride his duty of confidentiality to his client if, and only if, it is in the »public interest« to report apparent irregularities or illegal acts to the appropriate authority.

46. Whilst the concept of »public interest« is recognised by the courts of most countries, no definition of »public interest« has been given by the courts in many countries. This, in itself, creates uncertainty for auditors contemplating the disclosure of apparent irregularities but this uncertainty is compounded for the auditor considering cross-border transactions because he has to give consideration to the question »whose public interest?«.

47. In most jurisdictions, auditors are afforded a degree of protection from the risks of breach of confidence and defamation in these circumstances, but only if the auditor can persuade his client, those who stand to be harmed by his disclosures, and possibly a court, that he made the disclosures to the appropriate authority in the public interest and without any malicious motivation. Clearly, where there is no statutory duty for an auditor to disclose apparent irregularities, it is significantly safer for an auditor to make no disclosures rather than face the risk of litigation for breaching his client's confidence.

7. False accounting and misrepresentations to auditors

48. The statute books of many countries make it an offence for an officer of a company to consent to or to connive at false accounting and in most countries it is an offence for such a person to make a false, misleading or deceptive statement to the company's auditor. These provisions in the statute books are of potential importance to the auditor in the fight against corruption, particularly in circumstances where a company has sought to conceal the true nature of corrupt payments.

49. In most countries, the offence of false accounting is drafted in very broad terms. For example, under the laws of England and Wales, the Theft Act of 1968 makes it an offence, punishable by imprisonment, for any person to dishonestly destroy, deface, conceal or falsify any record or document made or required for any accounting purpose. The falsification of a document may take the form of making an entry or not making an entry in an accounting record so as to render that record false, misleading or deceptive. It is also an offence to use for any purpose a document which the person furnishing the document knows to be false, misleading or deceptive in a material particular.

50. On the face of it, the offence of false accounting would appear to cater adequately for situations in which transactions are wrongly described in a company's accounting records and documents in order to conceal their true substance.

51. As regards the making of false, misleading or deceptive statements to auditors, the description of the circumstances giving rise to this offence is again drafted in very broad terms in the majority of statute books. For example, in England and Wales the presence of dishonest intent is not required to create the offence since an oral or written statement made recklessly by a company official to the auditor will render that official culpable if the statement is false, misleading or deceptive. Again, the offence of making misrepresentations to auditors appears to cater satisfactorily for circumstances in which a company official makes misleading oral or written statements to the auditor in connection with the substance of the transaction.

52. The creation of these or similar offences appears to assist the auditor in the fight against corruption but their practical effectiveness is dependent upon the auditor being able to establish the true nature of a corrupt payment. The true nature of such a payment is likely to be known only to the recipient and to senior members of the management of the company making the payment, both of whom have an interest in the continuing concealment of the true nature of the transaction in question. The only other means by which the auditor may discover the true nature of such a payment is by tracing the flows of monies to their ultimate beneficiary, although this means of discovery is usually thwarted by the auditor being inadequately empowered to obtain all the information required to trace the funds in question.

8. Desirable changes which would increase auditors' effectiveness

53. In my view, there are two principal changes required to the legislation of most countries to increase the effectiveness of auditors who discover payments of a corrupt nature.

54. First, the legislation of virtually every country needs to be clarified and/or expanded so as to make it a serious offence in all countries for companies to transfer value, in whatever form, for the direct or indirect benefit of any official of any recognised government. Provided the language of the anti-corruption legislation were to be unambiguous, and the offence were to be within the category of offences suspicion of which compels a person to notify the relevant authorities under anti-money laundering legislation, the auditor would be able to report suspicions of corrupt payments without risk of litigation for breach of client confidentiality. Needless to say, in those countries where anti-money laundering

legislation still does not exist, further legislative change would be required to compel those who suspect corrupt payments to report their suspicions to the relevant authorities.

55. Legislative changes of this nature alone, however, are unlikely to lead to auditors detecting more corrupt payments, partly because such legislation would create even greater incentives to disguise the true nature of such payments and partly because auditors have no incentive to discover the true nature of such payments unless the making of corrupt payments by a company is likely to have a material effect on that company's financial statements. The introduction of legislation which requires separate disclosure of corrupt payments in companies' financial statements would provide auditors with the incentive actively to search out such payments, although difficulties of definition would no doubt be encountered. Alternatively, such incentive could be provided by making companies which make corrupt payments criminally liable for their actions.

56. In the majority of countries where anti-corruption legislation currently exists, it is the individual who authorises or makes a corrupt payment who is culpable. In few jurisdictions is there criminal corporate liability for companies whose resources are used to effect corrupt payments. If legislation were to be enacted which made companies criminally liable for the making of corrupt payments, and if the financial penalties which were able to be imposed upon such companies were sufficiently large, auditors would have greater incentive to identify the existence and nature of such payments for the purposes of considering the adequacy of the company's contingent liability disclosures in its financial statements. This additional incentive, combined with the compulsion to report suspicions of corrupt payments, would assist auditors in the fight against corruption.

57. In addition to legislative changes, there may also be scope for improving the awareness of auditors in relation to corruption by means of an International Auditing Guideline. The International Federation of Accountants issues International Auditing Guidelines and national accountancy bodies have agreed to incorporate the principles on which International Auditing Guidelines are based into their own auditing standards and guidelines to the extent practicable. An International Auditing Guideline which sets out guidance for auditors in connection with corrupt practices may assist the various national accountancy bodies in developing guidance for auditors in the context of national anti-corruption laws.

9. Conclusion

58. Whilst changes of this nature would help auditors detect and report payments which they suspected to be corrupt, certain limitations will remain such that

auditors will not be able to be certain that they have detected all corrupt payments made by a company. For example, auditors do not examine all transactions to which a company has been a party during the course of an accounting reference period and, even if auditors were to do so, auditors may not be sufficiently empowered to unearth enough information so as to arouse their suspicions of individual transactions. Nevertheless, with the legislative changes described above, company auditors would be able to make a more effective and meaningful contribution in the fight against corruption.

3.2. The Fight against Business Corruption: Standards for Corporate Governance and Internal Control
Mritunjay Singh

1. Background

Recent initiatives related to fighting corruption have focused on required changes to criminal, civil, and tax laws of various countries and on the sufficiency of bookkeeping and auditing standards to detect corrupt corporate behavior. While all this is necessary, it is not sufficient to ensure responsible corporate behavior. Experience shows that violations of laws, regulations, rules, standards, and policies are generally a result of deficiencies in corporate governance. Compliance requirements and punitive deterrence for violators are well and good, but unless some major pre-requisites for ensuring corporate adherence to those requirements are addressed, compliance breakdowns will not significantly abate. What is needed is an attitude of ›zero defect‹ to compliance, top-level accountability, clear definition of roles and responsibilities, and hiring, training, performance evaluation, compensation, and incentive programs that encourage and support compliance.

The 1996 Coopers & Lybrand Survey of Internal Control in Corporate America, conducted by Louis Harris & Associates, provides some insights. For instance:

- Despite nearly universal agreement that internal control is important, eight in ten executives agree that »even though most companies stress control, when it comes to compensation, ›making the numbers‹ is what really counts«.
- 42% of middle managers say their companies are doing a poor job in providing mechanisms to encourage employee reporting of suspected violations of the company's code of conduct.
- Two in five CEOs and 50% of all middle managers surveyed think their companies are doing a poor job of (i) invoking and publicizing significant penalties for improper employee behavior, and (ii) of providing ongoing training and education to employees.
- 45% of middle managers said that they can ignore policies and guidelines if they feel that there are valid reasons for doing so.
- While only 11% of CEOs and 19% of CFOs say that employees are taking some risk in reporting bad news, 36% of middle managers and 48% of non-management employees believe they take some risk in reporting bad news in their companies.

Our aim here is to provide an overall framework for ›good‹ corporate governance and internal control and show how some countries, particularly the U.S., are going about implementing it. As will be seen, these standards have often resulted in changes to laws and regulations and caused new accounting and auditing standards and guidelines to be developed.

2. Developing a National Standard for Corporate Governance and Internal Control: United States as a Case Study

It was in the 1940's that the beginning definitions and evaluation methods for internal control first appeared in U.S. audit literature and practice. Typically, the focus was on accounting and financial controls. The period 1973–76 saw the Watergate scandal unfold and the ensuing scrutiny by the Securities and Exchange Commission (SEC) related to corrupt payments contributed greatly to the enactment in 1977 of the Foreign Corrupt Practices Act (FCPA) which focuses on illegal payments/bribes.

There was still a feeling that much more needed to be done in the area of internal control and during the period 1978–80, both the SEC and the American Institute of Certified Public Accountants (AICPA) made calls for management reporting on the condition of internal control in publicly held companies. The next five years saw a number of Statements on Auditing Standards (SAS) pronouncements from the AICPA, which related to internal control (SAS Nos. 30, 43, 48, and eventually, SAS No. 55 in 1988)

During the same period, however, Corporate America was replete with headlines about frauds and corruption in major corporations, ›surprise‹ losses, business failures, lawsuits from the investing public against boards of directors and senior management, and debates in the Senate and Congress about enacting laws to bring companies back under control.

In response, a private-sector initiative, the National Commission on Fraudulent Financial Reporting (commonly known as the Treadway Commission) was formed in October, 1985. The Commission was jointly sponsored and funded by the AICPA, the American Accounting Association (AAA), the Financial Executives Institute (FEI), the Institute of Internal Auditors (IIA), and the National Association of Accountants (NAA). The Commission issued its report in October, 1987 and made numerous recommendations and pointed out the need for continued efforts. A key recommendation was that the Commission's sponsoring organizations should cooperate in developing additional, integrated guidance on internal control. To quote, »The Commission recommends that the organizations sponsoring the Commission work together to integrate the various internal control concepts and definitions and to develop a common reference point. This guidance would build on the Commission's recommendation, and thus help public companies improve their internal control systems.«

Consequently, the Committee of Sponsoring Organizations of the Treadway Commission (COSO) was formed and it commissioned Coopers & Lybrand to study the issues and author the report. A number of separate and unrelated events underscored the importance of such a framework. In 1991, Congress passed the Federal Deposit Insurance Corporation Improvement Act requiring management of large financial institutions under FDIC oversight to issue annual

reports on the effectiveness of their internal control systems. That same year, the U.S. Federal Sentencing Commission adopted guidelines for use in assessing criminal penalties for organizations found guilty of so-called ›white collar‹ crimes. The Federal Sentencing Guidelines for Organizations permit significant reduction in penalties for entities, which have in place an effective system for detecting and preventing violations of law. During the same period, there were various legislative and regulatory proposals for broad-based management reporting on internal control. Shareholder and public expectations and sensitivity to corporate governance, including the accountability of boards of directors and external auditors, also underwent a dramatic shift. These events pointed to the need for a consensus on internal control.

In fact, as the study progressed, it became obvious that internal control meant different things to different people. This caused confusion among business people, legislators, regulators, investors, and others. Resulting miscommunication and different expectations caused problems within an enterprise. Problems were compounded when the term, if not clearly defined, was written into law, regulation, or rule. Furthermore, there appeared to be no acceptable standard against which entities – large or small, in public or private sector, for profit or not – could assess their control systems and determine how to improve them.

Thus, even as Corporate America experienced a barrage of laws, regulations, and professional standards and guidelines on internal control, the spate of control failures and corporate embarrassments continued to escalate rather than diminish. While corporate management was attempting to comply with these directives, it was often caught unaware with sensational instances of corruption, bribery, unethical and illegal conduct of employees, or sudden collapse of their entities. Something was out of kilter. A piece-meal approach to corporate governance and internal control was not working; it was time for a paradigm shift.

2.1. The COSO Study

The study took more than three years and thousands of hours of research and discussion with corporate leaders, legislators and regulators, auditors, academics, outside directors, lawyers, and consultants. Numerous drafts were circulated for comments, public hearings were held, and consensus was developed. The project was significant in several respects. One is the cooperative nature of the project: the sponsors represent a wide range of special, and sometimes opposing, interests that came together to take pre-emptive action to solve a common problem. Another noteworthy feature is the comprehensive nature of the final report, which synthesizes input from hundreds of participants, and reflects the results of lengthy analysis and comprehensive due process.

2.2. The COSO Report

The COSO Report entitled Internal Control – Integrated Framework was issued in September 1992. It presents a common definition of internal control to meet the needs of diverse users and provides a framework against which entities can assess and improve their internal control systems.

COSO broadly defines internal control as a process, effected by an entity's board of directors, management and other personnel, designed to provide reasonable assurance regarding the achievement of objectives in the following categories:

- Effectiveness and efficiency of operations
- Reliability of financial reporting
- Compliance with applicable laws and regulations

This definition goes well beyond financial reporting to include all controls, which help management run the enterprise. As simple as this definition may sound, it is a radical departure from the conventional views of internal control.

To illustrate, the issue of corruption and bribery cuts across all three categories. That is, anti-bribery objectives must be built into operational objectives, financial reporting objectives, and compliance objectives. It is useful to note that accounting and auditing guidelines, in general, would address the objectives under the second category only.

2.3. Corporate Governance

The COSO report urges that all participants in the internal control process understand their roles and responsibilities. While everyone in the organization has some responsibility for internal control, it is management, and the chief executive in particular, who have primary responsibility for the internal control system. The other roles laid out in the report are:

- Financial and accounting officers are central to the way management exercises control; but all management personnel play important roles, especially in controlling their own unit's activities.
- Internal auditors contribute to the on-going effectiveness of the internal control system; but they do not have the primary responsibility for establishing and maintaining it.
- The board of directors oversees the internal control system.
- External parties, such as auditors, often provide information useful to effective internal control.

2.4. Components of Control

According to the report, five interrelated components comprise internal control: 1) **the control environment, 2) risk assessment, 3) control activities, 4) information and communication**, and **5) monitoring**. These components are linked with the manner in which management operates its business and are integral to the managing process. Because organizations' internal control needs differ – depending upon size, management philosophy, industry, and culture – no two enterprises will have identical control systems. Furthermore, internal control systems may operate at different levels of effectiveness in different units of an organization or at different times. A system covering one or more of the three broad areas – operations, financial reporting, and compliance – can be deemed to be effective when an entity's board of directors and management have reasonable assurance that:

- They understand the extent to which operational objectives are being met
- Published financial statements are being prepared reliably, and
- Applicable laws and regulations are being observed.

The process permits directors and management to examine one, two, or all three areas, depending on their focus. In order to conclude a system is effective, all five components must be present.

Control Environment. The control environment defines the tone of an organization and the way it operates. As such, it is the foundation for all other components of control, providing both discipline and structure. Organizations with effective control environments set a positive 'tone at the top', hire and retain competent people, and foster integrity and control consciousness. They set formalized and clearly communicated policies and procedures, resulting in shared values and teamwork.

The control environment is influenced by an entity's history and culture, and conversely, it influences the control consciousness of its people. The factors that make up the control environment include the integrity, ethical values, and competence of the people in the organization; the manner in which management assigns authority and responsibility and the way in which it organizes and develops its human resources; and the attention and direction provided by the board of directors.

It should be apparent from this discussion that without a conducive control environment, no anti-corruption/bribery program can be truly successful.

Risk Assessment. Risk assessment is the process through which management decides how it will deal with the risks that pose a threat to achieving its objectives. Thus, while the objective setting process is not part of the internal control process, it is a necessary prerequisite. Once risks have been identified, sourced, and measured, steps must be taken to avoid, transfer, or otherwise reduce the risk to acceptable level. Since there is no practical way to eliminate all risk, management must decide how much risk it is willing to tolerate and determine how those tolerance levels must be maintained.

To drive business risk assessment and control down through the organization, an entity must adopt a horizontal process view in addition to a vertical organization view. Since processes link functions to achieve an objective, such as procurement linking engineering, finance, accounting, and purchasing, control gaps can be overlooked when controls are viewed only from a vertical perspective. Employees in a well-controlled organization understand the overall corporate strategy, their unit's specific objectives, their individual responsibilities and related objectives, the major risks associated with accomplishing their objectives, and how those risks are being controlled.

Thus to prevent and detect bribery and corruption in business transactions, each business process in an organization must be analyzed to see what could go wrong, the likelihood of occurrence, and the resulting consequences. As an example, to evaluate the risks of bribery and corruption in the procurement process, one might analyze how engineering may create specifications, which favor specific vendors, how purchasing may unfairly award contracts, and how accounting may record kickbacks.

Control Activities. Control activities are the policies and procedures put in place to assure that management's directives are carried out. They are based on management's evaluation of the control environment, the assessment of risks to the achievement of business and process-level objectives, and tolerance level for those risks. Such activities permeate the entire organization, at all levels and in all functions, and include a range of activities as diverse as approvals, authorizations, verifications, reconciliations, reviews of operating performance, security of assets, and segregation of duties.

Essentially, these activities can be grouped by the three categories of objectives to which they relate: operations, financial reporting, and compliance. However, they often overlap and interrelate. Regardless of the activity, each solidly rests upon a foundation of people, because it is people who carry out these activities.

It should be obvious that for control activities to be effective, organizations cannot simply copy policies and procedures from each other; these must be customized in the light of each entity's specific control environment, objectives, and tolerance for risks.

Information and Communication. Systems for capturing and communicating relevant information in a timely manner are an essential component of the internal control process. These systems are essential to running an enterprise because they produce reports containing operational, financial, and compliance information. They contain internally generated data as well as information about external events, developments, and conditions required for informed decisions.

There must also be clear and open channels of communication which allow information to flow through an organization. These channels must reinforce the message to all personnel that internal control responsibilities are a priority and must be taken seriously. In addition, these communication channels should make each individual's role in the internal control system clear, as well as provide an understanding of how those activities relate to the work of others in the organization. These systems must provide a means for moving important information to the very top of the organization and for receiving inputs from external parties.

In short, internal and external information must be identified, captured, and communicated in a form and time frame that enables people to carry out their responsibilities.

Monitoring. The rapid pace of change requires evaluating all systems – and particularly, internal control systems – to ensure that they are performing as intended. Such monitoring can be accomplished in two ways: through on-going monitoring, which occurs during normal operations, and separate evaluations by management, often with the assistance of the internal audit function. The degree of on-going monitoring lessens the need for separate evaluations. When deficiencies in internal control are discovered, they should be reported immediately to higher echelons in the organization, including management, and, for very significant matters, the board of directors, and appropriate remedial action undertaken. Although management should obtain input from third parties, such as the external auditor, parties external to the entity are not part of the internal control system.

2.5. Implementing COSO's Integrated Framework of Control (IFC): Field Results

Over the last few years, Coopers & Lybrand has completed hundreds of engagements helping large corporations, not-for-profit organizations, government bodies, universities, cities, and privately owned businesses evaluate their internal control against the COSO framework and/or implement the IFC in their organizations. In many instances, we were called in after a highly publicized control failure had occurred.

We soon began to see a recurring pattern in our findings:

- Entities experiencing control failures, highly publicized scandals, or severe judicial and regulatory actions were often world-class companies with highly-rated management, which had recently received ›clean‹ external audits and/or regulatory examinations.
- Most had well documented policies and procedures, a code of ethics, and a compliance function.

However, when we began to look at their internal control through COSO's IFC lens, we invariably found that:

- Ownership of internal control was delegated down, usually to the Controller, Internal Auditor or the Compliance Officer.
- Risk assessment across all objectives was not routine, if it existed at all.
- Control activities were not consistent with attendant risks; there were too many or too few controls and, often, they were not relevant or appropriate. (In many instances, we found that this was the result of corporate downsizing, reorganization, or a major business process reengineering effort.)
- There was a tendency to add-on controls piece-meal in reaction to problems or changing conditions – by creating committees or task forces, hiring more internal auditors, or adding on activities. The focus was on fixing the problem without thoroughly analyzing the root causes.
- Bad news did not travel upstream.
- Personnel practices, including incentives and rewards, did not support control and compliance.

- There was over-reliance on support functions, such as, Internal Audit, Controller's department, and Compliance department; line management did not necessarily feel accountable for internal control.
- There was no shared language; internal control meant different things to different people, their perceptions somewhat colored by their functional role in the organization.
- Often, there was a significant gap between written policies and procedures (including codes of conduct) and actual practice.

When we began to apply the COSO framework to develop an IFC for our clients, we found that it was only possible through full support and ownership of the new paradigm by senior management (and usually, the board). Often, such leadership only developed after a major control crisis that nearly ruined the company. However, once that acceptance had been achieved, several tangible benefits accrued from the implementation:

- By linking business objectives to an analysis and understanding of associated risks and the consequences of failure, the IFC was found to be a powerful »management« tool rather than simply a »control« tool.
- Significant cost savings were realized from eliminating redundant and irrelevant controls and by building-in controls into business processes.
- The board and management had a much greater level of assurance and confirmation that their directives were being carried out as intended throughout the organization.
- The IFC proved robust and flexible enough to adapt to changes (e. g., downsizing, decentralization, technological changes, regulatory changes, new products and services, new markets, etc.) since it provided an integrated process to control the business.

2.6. Post-COSO Developments in the U. S.

Relatively quickly, COSO was accepted as the U. S. standard for internal control. The first to embrace it were the banking regulators who began incorporating the IFC concepts in their regulations (FDIC Improvement Act, BC 277, etc.) and examination guidelines (the new »Supervision by Risk« approach of the Federal Reserve Bank and Office of Comptroller of Currency to examining and rating banks). Most regulatory agencies, as well as the Government Accounting Office (GAO), have now endorsed COSO. In the meantime, many companies began to implement COSO in their organizations (e. g. Ford Motor Company, The World

Bank, The Federal Reserve Banks, The Prudential Insurance Company, etc.). Now COSO is generally accepted as the national standard across all industries.

In accordance with this reality, the accounting and auditing professions have also incorporated COSO in their guidelines and standards. Thus, the recently released SAS 78 endorses the COSO concepts of internal control for Generally Accepted Auditing Standards (GAAS), while Statements on Standards for Attestation Engagements (SSAE) nos. 2, 3, 4, and 6 provide guidance to independent auditors on attesting to management's assertion on the effectiveness of an entity's internal control structure over financial reporting.

2.7. Lessons Learned

The most obvious benefit of COSO was to provide managers with a comprehensive and integrated approach to assessing and controlling business risks in an era when the pace of change – commercial, political, social, and regulatory – had begun to overwhelm their ability to cope with the rapidly evolving risks in their environment.

But there were other major benefits as well. COSO greatly expanded the concept of internal control, and by providing a ›common language‹ facilitated dialogues on this important topic between different areas of an organization, among companies in the same industries, between one industry and another, between industry representatives and legislators and regulators, among legislators and regulators, and among professional bodies. The common understanding that has begun to evolve is already having an impact on legislative, regulatory, and professional standards and guidelines in the U. S.

This is a refreshing change from much of the legislative, regulatory, and professional efforts in the past, which were reactive. They usually followed a 'crisis ... legislative/regulatory action ... professional guidelines ... implementation' cycle. And while organizations honestly tried to comply, there were spectacular failures because of the piece-meal and often intuitive approach to compliance and control. This reactive approach burdened companies with onerous, conflicting, and intrusive requirements which ultimately were not always helpful in avoiding the next crisis.

As COSO has caused thousands of U. S. companies to rethink their approach to managing and controlling risk, new basic principles of management are emerging, setting off a paradigm shift in how corporate governance is effected. These principles recognize that large, multi-faceted organizations cannot simply will themselves into compliant organizations. Ethical, high-integrity, law abiding corporate citizens do not come into being as a result of well meaning boards and senior management simply hiring the right people and »trusting« them to do the right thing. Anyone who has attended a modern-day ethics course has seen how honest, well meaning people can come to the wrong conclusions without appropriate support systems for establishing ethical standards and complying with an organization's interpretation of them.

Traditional management techniques are giving way to best practice processes, which include action beyond merely hoping for compliance. These include:

- Establishing audit committees of the board of directors which take proactive measures on control and compliance.

- Adopting an integrated framework for control and providing learning and education support so that a common language and common understanding of the basic principles of risk and control are embedded entity-wide.

- Establishing an Ethics and Business Conduct Program, including a Code of Business Conduct, training in ethical concepts, defined channels of communication (e. g., hotlines for riskless reporting of wrongdoing observed anywhere in the organization, as well as for seeking guidance and counsel on difficult and complex issues), and procedures for determining appropriate actions.

- Requiring annual acknowledgement from all employees that they are complying with the entity's Code of Business Conduct.

- Requiring legal staff to add a corporate conscience to their traditional transactional role.

- Giving headquarters personnel in legal, human resources, finance, internal audit, compliance, risk management, and the like, the authority to establish and monitor minimum standards and best practices for their respective functional specialties across the organization.

With hindsight, one could make a case that if the U. S. had developed a COSO-like framework earlier, among other things, we might have had more ›rational‹ and integrated commercial laws, regulations, and standards. It is bad enough when business people misunderstand terms and concepts, but when legislators, regulators, and other rule-making bodies begin to pass mandatory requirements based on these misunderstood terms and concepts, the results can often be unintended, and, sometimes, disastrous.

3. COSO-Like International Initiatives

The U. S. is not alone in establishing a national standard for corporate governance and internal control. Other countries have taken similar initiatives, albeit with varying scopes and emphasis.

For example, in the U. K., the Committee on the Financial Aspects of Corporate Governance was set up in May, 1991 by the Financial Reporting Council, the London Stock Exchange, and the accounting profession to address the financial aspects of corporate governance. The Committee published its final report in December, 1992. Commonly known as the Cadbury Report, it set forth a Code of Best Practices and made several recommendations relative to the applicability and implementation of the Code.

The Cadbury Report gained acceptance as the standard for corporate governance in the U. K. and ›listed‹ companies were required to make a statement in their report and accounts about their compliance with the Code and identify and give reasons for any areas of non-compliance. Their statements of compliance were to be reviewed by external auditors before publication. The publication of a statement of compliance, reviewed by the auditors, was a continuing obligation of listing by the London Stock Exchange. The guidance for implementing Cadbury, put out by the UK accounting profession, was based on COSO.

On June 25, 1998, the London Stock Exchange issued the final version of the Principles of Good Governance and Code of Best Practice drafted by the Committee on Corporate Governance chaired by Sir Ronald Hampel. The Committee's recommendations have been implemented by way of new Listing Rules that apply to all publicly held companies incorporated in the United Kingdom for accounting periods ending on or after Dec. 31, 1998.

A key requirement imposed by the Hampel report relates to internal control. Directors are required, at least annually, to conduct a review of the company's system of internal controls and report to shareholders that they have done so. The review is to cover all controls, including financial, operational, and compliance controls and risk management.

Following on the heels of COSO and the Cadbury Report, the Institute of Directors (IoD) in South Africa recognized a similar need and the King Committee was formed, with the IoD taking a leading role. The King Committee's terms of reference were wider than those of Cadbury as they included matters investigated by Cadbury as well as a Code of Ethics for business enterprises in South Africa. The Committee was also charged with having to take into account the special circumstances prevailing in South Africa, more particularly the emergence of entrepreneurs from disadvantaged communities.

The King Report was published in November, 1994 and is applicable to:

- Banks, financial and insurance entities as defined in the Financial Services Act
- Companies listed on the main board of the Johannesburg Stock Exchange
- Large public entities as defined in the Public Entities Act
- Large (total shareholders' equity of R50 million or more) unlisted public companies
- Large quasi-state entities, e. g., control boards and co-operatives

While the King Report requires the Directors to report on the fact that an effective system of internal controls is being maintained by the company, it does not provide any specific guidance or lay down criteria to be used by Directors when reviewing internal controls. Subsequently, in 1995, the IoD endorsed a Coopers & Lybrand publication Corporate Governance – Effective Internal Control, which is based on the COSO concepts, to supplement the King Report.

In Canada, the Toronto Stock Exchange sponsored a Committee in 1993 to develop guidelines for improved corporate governance in Canada. The Committee released its final report in December, 1994. Similar to South Africa, this was supplemented by another report – Guidance on Control – issued by The Committee on Criteria of Control (CoCo) of the Canadian Institute of Chartered Accountants, which provides detailed guidance for assessing the effectiveness of internal controls. The CoCo Report is very closely based on COSO.

In France, COSO has been translated into French and adopted as a standard by the accounting and auditing profession.

In Australia, New South Wales Treasury issued a report in June, 1995 entitled »Statement of Best Practices on Internal Control and Internal Audit«, which is largely based on the COSO framework. Coopers & Lybrand in Australia are working with NSW Treasury to implement it in the public sector.

So far, COSO has been translated into seven languages and there are plans for it to be translated into several others, including Italian and Japanese.

4. Conclusion

The concept of establishing national standards for corporate governance and internal control is going global. Clearly, many countries are finding compelling logic in 'starting at the beginning' by establishing clearly understood and accepted goals, objectives, and norms for governance and control of businesses. Their expectation is that this understanding and acceptance will, among other things, be the glue, which will link and integrate corporate practices with legislative and regulatory requirements, professional rules and codes, and public mores and values.

Suggested Reading

1. Report of the National Commission on Fraudulent Financial Reporting (October, 1987): Treadway Commission report, available from the American Institute of Certified Public Accountants, Harborside Financial Center, 201 Plaza Three, Jersey City, NJ 07311-3881, U.S.A.

2. Internal Control – Integrated Framework, Report by the Committee of Sponsoring Organizations of the Treadway Commission (COSO): Authors – Coopers & Lybrand L. L. P., available from the American Institute of Certified Public Accountants, Harborside Financial Center, 201 Plaza Three, Jersey City, NJ 07311-3881, U.S.A.

3.3. Möglichkeiten der Feststellung und Prävention von Bestechungsleistungen aus Sicht des Bestechenden
Hans Joachim Marschdorf

1. Definition von Korruption

Unter dem Begriff Korruption versteht man direkte oder indirekte Gewährungen, Angebote oder Versprechen von Vorteilen im Sinne der Zuwendung von Geld, Gütern oder sonstiger Leistungen als Gegenleistung dafür, daß der Empfänger der Vorteile den oder die Vorteilsgeber oder Dritte in unlauterer Weise bevorzugt oder eine Diensthandlung vornimmt, die seine Dienstpflichten verletzt.

2. Erscheinungsformen der Gewährung von Vorteilen mit korrupter Absicht

Grundsätzlich kann man Vorteile, die in korrupter Absicht gewährt werden, in folgende Erscheinungsformen einteilen, die sich oft auch in dieser folgenden Reihenfolge entwickeln:[1]

❑ Geschenke, Reisen und Bewirtung

❑ Bargeldzahlungen

❑ Zahlungen durch Schecks und andere Finanzinstrumente

❑ Versteckte Interessen – Kollusion

❑ Gewährung von Transaktionen zu Preisen, die vom Marktwert abweichen

❑ Gewährung bevorzugter Behandlung

1. Geschenke, Reisen und Bewirtung

Typische Ausprägungen dieser Form von Korruption, die oft am Anfang einer längerfristigen Korruptionsbeziehung stehen, sind

❑ Kleine Geschenke wie Wein oder andere hochwertige Getränke, also Verbrauchsgüter

---

[1] Die folgende Darstellung entspricht der Systematik, die von der Association of Certified Fraud Examiners vertreten wird; vgl.: Association of Certified Fraud Examiners, Documentation of the Toronto Fraud Symposium, April 25–29, 1994, Toronto/Austin 1994, Section: Financial Transactions S. 30–34.

- ❏ Aufwendige Bewirtungen
- ❏ Kleider und Juwelen und Schmuck für den Empfänger oder seine Lebensgefährten
- ❏ Sexuelle Leistungen
- ❏ Urlaubsreisen
- ❏ Freiflüge in Firmenflugzeugen
- ❏ Freie Leistungen aus der Produkt und Dienstleistungspalette der Bestechenden wie zum Beispiel die Durchführung von Renovierungen oder Gebäudeerweiterungen durch einen Bauunternehmer

2. Bargeldzahlungen

Der nächste Schritt einer Korruptionsbeziehung beinhaltet häufig Bargeldzahlungen. Solche Zahlungen sind jedoch oft unpraktisch, wenn die Bestechungsleistungen größeren Umfang einnehmen sollen, weil es schwierig ist, größere Bargeldsummen unauffällig zu generieren, wenn es keinen Schwarzgeldkreislauf gibt. Außerdem lenkt die Verwendung größerer Bargeldbeträge oft Aufmerksamkeit auf sich.

3. Zahlungen durch Schecks und andere Finanzinstrumente

Mit zunehmendem Umfang der Bestechungszahlungen kommt es vermehrt zu Zahlungen durch Schecks und Überweisungen. Solche Zahlungen werden oft im Buchwerk der Bestechenden als Formen legaler Geschäftsausgaben, z. B. in Form von Beraterhonoraren oder Zahlungen für nicht existente Mitarbeiter deklariert. Solche Zahlungen können direkt oder über Mittelsleute erfolgen.

4. Versteckte Interessen – Kollusion

Im fortgeschrittenen Stadium einer Korruptionsbeziehung kann der Bestechende nicht offengelegte Interessen wie Anteile an Gemeinschaftsunternehmen (Joint Ventures) oder anderen gewinnzielenden Unternehmen gewähren. Dabei kann das Interesse der Bestochenen durch die Einschaltung von Treuhändern verdeckt werden.

5. Gewährung von Transaktionen zu Preisen, die vom Marktwert abweichen

Korruption kann auch dadurch erfolgen, daß der Bestechende Vermögen an den Bestochenen zu einem Preis verkauft oder vermietet, der unter dem Marktpreis liegt; andererseits kann der Bestechende Vermögen von dem Bestochenen zu einem Preis erwerben oder anmieten, der über dem Marktpreis liegt.

Möglichkeiten der Feststellung und Prävention von Bestechungsleistungen

6. Gewährung bevorzugter Behandlung

Typische Varianten bevorzugter Behandlung als Form der Korruption sind:

- Das Versprechen lukrativer Beschäftigung nach Abschluß der Tätigkeit für den bisherigen Arbeitgeber – sei es für staatliche Angestellte oder Mitarbeiter von Unternehmen
- Das Versprechen lukrativer Pensionszahlungen nach Abschluß der Tätigkeit für den bisherigen Arbeitgeber – sei es für staatliche Angestellte oder Mitarbeiter von Unternehmen
- Beschäftigung von Lebensgefährten zu überhöhten Gehältern ohne oder bei nur geringer tatsächlicher Tätigkeit

3. Der Anreiz zur Vermeidung von Korruption: Eine Arbeitshypothese

In vielen Ländern ist Korruption selbst auf nationaler Ebene **nicht** generell mit **strafrechtlichen Sanktionen** belegt. Verbote grenzüberschreitender Korruption gibt es in der Regel noch nicht. Nur wenige Länder kennen in ihren Strafrechtsnormen das Konzept der Bestrafung von juristischen Personen (Criminal Corporate Liability). In vielen Ländern ist grenzüberschreitende Korruption gegenwärtig auch noch steuerlich abzugsfähig.

Der Status quo der gesetzlichen Regelungen zum Verbot von Bestechung und Korruption soll für die folgenden Ausführungen jedoch nicht beachtet werden. Vielmehr lautet die Arbeitshypothese für die Beschreibung möglicher Mechanismen von Detektion und Prävention der Korruption wie folgt:

»Es gibt einen Konsens unter den Unternehmensleitungen, in nationalen und internationalen Gemeinschaften, sei es auf Grund gesetzlicher Vorschriften, privatrechtlicher Vereinbarungen oder ethischer Erwägungen, Korruption durch das eigene Unternehmen unterbinden zu wollen und dazu entsprechende Kontroll- und Prüfungsmechanismen zu etablieren. Auf Basis dieses Konsenses unterwerfen sich die Unternehmensleitungen Sanktionssystemen, die folgende Varianten annehmen können:

- Partieller oder vollständiger Marktausschluß für bestimmte oder unbestimmte Zeit für diejenigen, die gegen den Konsens verstossen oder
- Geldstrafen und/oder Freiheitsstrafen gegen handelnde Individuen oder
- Bestrafung juristischer Personen.«

4. Wege zur Vermeidung der Korruption

Vier Faktoren beeinflussen grundsätzlich, ob eine Tat begangen wird, die gegen einen Gruppenkonsens, sei es gesellschaftlicher Art in Form von Gesetzen oder sei es auf Grund von Vereinbarungen, verstößt:

- ❏ Motiv für die Tat
- ❏ Gelegenheit, die Tat zu begehen
- ❏ Risiko der Entdeckung einer Tat
- ❏ Existenz, Art und Umfang von Sanktionsmechanismen

Ohne an dieser Stelle auf die betriebswirtschaftlich-ethische Frage nach den Motiven für Korruption und die Vielzahl von Theorien über Funktion und Funktionsfähigkeit von Strafen zur Vermeidung von unerwünschten Handlungen einzugehen, soll in diesem Beitrag dargelegt werden, wie die Gelegenheiten zur Korruption reduziert werden können und ob bzw. wie Korruption aufgeklärt werden kann.

Die Aufgabe der Reduzierung von Gelegenheiten zur Gewährung korrupter Vorteile kommt der zielgerichteten Ausgestaltung von internen Kontrollen zu.

Die Möglichkeit der Aufklärung von tatsächlichen Verstössen setzt voraus, daß es Methoden der Ermittlung korrupter Handlungen gibt und daß diese Methoden systematisch angewandt werden. In diesem Beitrag sollen folgende Mechanismen betrachtet werden, die der Ermittlung korrupter Handlungen dienen könnten: **Jahresabschlußprüfung und Sonderprüfungen.**

5. Reduzierung von Gelegenheiten zur Gewährung korrupter Vorteile durch interne Kontrolle

Interne Kontrolle ist nach der Definition des Committee of Sponsoring Organizations of the Treadway Commission (COSO) ein Prozeß der angemessene Sicherheit hinsichtlich der Erreichung folgender Zielsetzungen gewähren soll:[2]

- ❏ Effektivität und Effizienz des Geschäftsgangs
- ❏ Verlässlichkeit des Finanzberichtswesens
- ❏ Einhaltung der auf ein Unternehmen zutreffenden Gesetze und Regeln

---

2 Die folgenden Ausführungen beinhalten eine Zusammenfassung des Berichts der COSO, veröffentlicht in: Committee of Sponsoring Organizations of the Treadway Commission: Internal Control – Integrated Framework, July 1994 Edition in Two Volumes, Jersey City 1994.

Bestechung und Korruption sind insbesondere mit Blick auf die Einhaltung von Gesetzen und Regeln von Bedeutung. Mittelbar ergeben sich allerdings – wegen der möglichen Konsequenzen von Verstössen gegen Gesetze und andere Regelwerke – auch Auswirkungen auf die Effektivität und Effizienz des Geschäftsgangs und die Verlässlichkeit des Finanzberichtswesens.

Interne Kontrolle umfaßt fünf Komponenten:

- Kontrollumfeld
- Einschätzung der Risikokomponenten
- Kontrollaktivitäten
- Information und Kommunikation
- Beobachtung

Das **Kontrollumfeld** definiert den Verhaltensrahmen einer Organisation. Effiziente Kontrollumfelder führen dazu, daß kompetente Mitarbeiter eingestellt und beschäftigt werden. Sie fördern Integrität und Kontrollbewußtsein. Sie umfaßen formalisierte und klar kommunizierte Grundsätze und Verfahrensregeln. Die Faktoren, welche zum Kontrollumfeld beitragen sind: Integrität, ethische Werte und Kompetenz der Mitarbeiter.

Die Einschätzung der **Risikokomponenten** umfaßt den Prozeß, durch den sich das Management entscheidet, wie es mit Risiken umgehen will, die die Erreichung der Unternehmensziele bedrohen. In Anbetracht der Tatsache, daß es praktisch unmöglich ist, alle Risiken zu eliminieren, muß sich das Management entscheiden, wieviel Risiko es zu tragen bereit ist, und festlegen, wie die so festgelegten Toleranzniveaus eingehalten werden. Es bedarf insbesondere einer Analyse dessen, was fehlschlagen kann, der Wahrscheinlichkeit eines Fehlschlagens, der daraus resultierenden Konsequenzen und der Kosten die mit unterschiedlichen Risikotoleranzen verbunden sind.

Kontrollaktivitäten umfassen die Richtlinien und Verfahren, welche etabliert werden um sicherzustellen, daß die Entscheidungen und Anweisungen des Managements ausgeführt werden. Solche Kontrollaktivitäten umfassen mit Blick auf den Schutz einer Organisation vor der Verletzung von Regeln gegen die Gewährung von Vorteilen mit korrupter Absicht: **Funktionstrennung**, Autorisierungserfordernisse von bestimmten Transaktionen oder Transaktionsvolumina und die physische Kontrolle des Vermögens.

Information und Kommunikation müssen schnell und verständlich erfolgen. Dazu ist es erforderlich, daß interne und externe Informationen in einer Form und innerhalb eines zeitlichen Rahmens identifiziert, erfaßt und kommuniziert werden, die es den Mitarbeitern ermöglichen, Ihre Aufgaben auszuüben.

Die Notwendigkeit der **Beobachtung der Kontrollsysteme** zur Beurteilung und Gewährleistung ihrer Leistungsfähigkeit ergibt sich aus dem raschen Wechsel des wirtschaftlichen Umfelds. Beobachtung kann laufend erfolgen und durch gesonderte Evaluierungen gewährleistet werden.

Schwächen der internen Kontrolle sind grundsätzlich wesentliche Faktoren, die dazu beitragen, daß sich Gelegenheiten zu Verstössen gegen Gesetze und Regelwerke, hier gegen Anti-Korruptionsregelungen, ergeben.

5.1. Kontrollumfeld und Korruption

Das Kontrollumfeld eines Unternehmens kann durch schriftlich fixierte und eindeutig kommunizierte Ethikgrundsätze (**Corporate Ethics Policy**) beeinflußt werden. In solchen Grundsätzen können die Erwartungen an das ethische Verhalten von Mitarbeitern niedergelegt werden. Solche Richtlinien sind als Medium zur Kommunikation angestrebter Verhaltensmuster geeignet.

»Schriftlich kommunizierte Ethikgrundsätze stellen die Grundlage der Betrugsprävention dar. Jeder Mitarbeiter sollte einmal jährlich verpflichtet sein, die Ethikgrundsätze zu unterzeichnen und die jährliche Aktion sollte an hervorgehobener Form im Unternehmen publiziert werden. Schriftlich kommunizierte Ethikgrundsätze richten sich an den Teil der menschlichen Psyche, die versucht, unlauteres Verhalten rational zu begründen.«[3]

Ausgeschlossen werden dadurch Entschuldigungen wie etwa »Ich habe das nur zum Wohle des Unternehmens getan« – ein typisches Entschuldigungsmuster enttarnter Bestecher.

Der einfache Akt der Unterzeichnung einer Erklärung, die akzeptables von nicht akzeptablem Verhalten beschreibt, entzieht den am weitesten verbreiteten Rationalisierungsmustern den Boden und verursacht zumindest, daß ein potentieller Täter zweimal nachdenkt, bevor er einen Verstoß begeht.[4]

5.2. Risikoanalyse und Korruption

Kontrollsysteme bewegen sich wie alle betrieblichen Systeme grundsätzlich im Spannungsfeld zwischen **Kosten und Nutzen**.

---

[3] Dopp, P.: Human Behavior: Fraud's forgotten factor, in: The White Paper, Vol. 10, Nr. 1, S. 23 ff.
[4] Ebd. S. 25.

Möglichkeiten der Feststellung und Prävention von Bestechungsleistungen

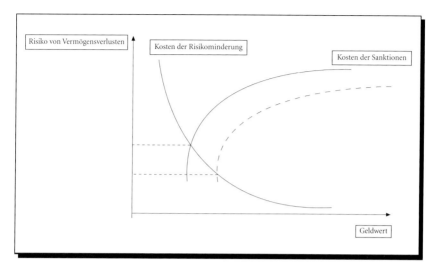

Je geringer das Risiko von Verstössen gegen Korruptionsverbote sein soll, desto höher sind die Kosten, die mit der Qualität der für das jeweilige Toleranzniveau erforderlichen Kontrollsysteme verbunden sind. Andererseits steigen die Kosten für Verstösse tendenziell mit dem Ausmaß des tolerierten Risikos für Vermögensverluste, was sowohl durch die Anzahl der Verstösse als auch den Wert der Sanktionskosten im Einzelfall begründet sein kann. Das **betriebliche Optimum** ist in dem Fall erreicht, in dem die **Grenz-Kosten der Qualität von Kontrollsystemen** den **Grenz-Kosten der Sanktionen** entspricht.

Sanktionsmechanismen, welche monetäre Konsequenzen bei Verstössen gegen Übereinkommen gegen die Gewährung von Vorteilen mit korrupter Absicht durchsetzen, verändern die Kosten, welche durch Verstösse gegen solche Übereinkommen verursacht werden: Die »Sanktionskosten-Kurve« wird tendenziell flacher und verschiebt sich nach rechts (gestrichelte Linie). Dies wiederum hat tendenziell zur Folge, daß sich das betriebswirtschaftliche Optimum verschiebt zu einer Situation, in der das betriebswirtschaftliche Optimum interne Kontrollsysteme mit besser ausgeprägten Kontrollen zur Vermeidung von Verstössen beinhaltet.

5.3. Kontrollaktivitäten und Korruption

Gerade in Bezug auf Korruption ist in den meisten Unternehmen eine Art »natürliche Funktionstrennung« vorhanden. Der Unternehmensbereich »Verkauf« hat in aller Regel keinen Zugriff auf Geldmittel oder die Gewährung komplexer Vorteilsstrukturen wie etwa die Beteiligung an Joint Ventures. Insofern stellt sich die Frage nach der Möglichkeit der Vermeidung von Korruption durch interne Kontrollen innerhalb eines Unternehmens nur in solchen Fällen, wo wegen geringer Unternehmensgröße die Bereiche Verkauf und Einkauf oder Verkauf und Finanzen unter einheitlicher Leitung geführt werden. Kleinunternehmen haben wegen der geringen Auftragsvolumina jedoch ohnehin kaum Anreize zu Korruption in bedeutendem Ausmaß.

Die Grenzen von Kontrollsystemen bestehen darin, daß Kontrollaktivitäten nicht mehr funktionieren, wenn Vorgesetzte sie außer Kraft setzen (Management-Override). Darüber hinaus sind Kontrollen wirkungslos, wenn es zu einer Zusammenarbeit von Funktionen kommt, die grundsätzlich unabhängig voneinander auf Grund eigenständiger Kriterien operieren sollten, wenn es also zur Zusammenarbeit von Kontrolliertem und Kontrolleur kommt.

Konsequenz der vorstehenden Ausführungen ist: Korruption ist insbesondere dann möglich, wenn die Unternehmensleitung sie toleriert, indem sie übliche Kontrollmechanismen außer Kraft setzt, oder die Korruption selbst genehmigt. Wenn Korruption auf Ebene der Unternehmensleitung nicht gewollt ist, kann sie durch verhältnismäßig günstig zu etablierende Mechanismen, die ohnehin zum Zwecke des Vermögensschutzes angebracht sind, unterbunden werden.

Die vorstehenden Aussagen betrachten ausschließlich Unternehmen als isolierte Einheiten. Sie vermögen die Problematik der Steuerung von Unternehmensgruppen nicht zu erfassen. Unternehmensgruppen sind unter anderem dadurch charakterisiert, daß eine ultimative Muttergesellschaft betriebswirtschaftlich die Lenkungsfunktion für die alle Unternehmen der Gruppe übernimmt. Rechtlich sind jedoch die Komponenten der Gruppe selbständig, und die Gruppengesellschaften verfügen jeweils über eigene Geschäftsleitungen. Routinemäßige Kontrollaktivitäten finden ihre Grenzen in der rechtlichen Selbständigkeit und Verantwortung der Gruppengesellschaften. Nimmt man die zwar regelmäßig, aber nicht routinemäßig in den täglichen Geschäftsverkehr eingreifende Institution von Verwaltungsräten oder Aufsichtsräten aus, gibt es keine laufenden Kontrollaktivitäten über Handlungen von Geschäftsleitungen selbständiger Gruppengesellschaften. Die Praxis zeigt, daß genau an diesem Punkt die Schwachstelle der Kontrollaktivitäten liegt. Kontrollaktivitäten innerhalb von Gruppenunternehmen können durch die jeweiligen Unternehmensleitungen außer Kraft gesetzt werden, wodurch es in Konzernen zu Korruption kommen kann, obwohl die jeweilige Konzernleitung Korruption ablehnt und die einzelnen Unternehmen adäquate Kontrollaktivitäten etabliert haben. Als denkbare Kontrollaktivität im Konzern ist die regelmässige Prüfung von Gruppengesellschaften durch die interne Revision als Konzernrevision zu nennen. Im Sinne von COSO ist dies jedoch keine Kontrollaktivität, weil die interne Revision nur Verstösse gegen Kontrollaktivitäten durch Management-Override aufzudecken vermag; eine Vermeidung der Korruption ist dadurch nicht möglich.

6. Aufklärung von Korruption

6.1. Grenzen der Feststellung von Bestechung und Korruption durch die Jahresabschlußprüfung

Soweit die folgenden Ausführungen einen Bezug zu einem Rechtssystem benötigen, wird Bezug auf das deutsche und das schweizer Recht genommen.

❑ Der Jahresabschluß als Konglomerat von Aussagen

Der Jahresabschluß einer Gesellschaft setzt sich zusammen aus einer Vielzahl einzelner Aussagen. Sie geben u. a. Auskunft über die Höhe des Vermögens sowie seine Zusammensetzung, die Höhe der Schulden sowie ihre Zusammensetzung, die Höhe des Eigenkapitals sowie seine Zusammensetzung und die Höhe des Jahresergebnisses sowie seine Komponenten. Der Anhang als Bestandteil des Jahresabschlusses enthält Einzelaussagen unter anderem zu den angewandten Bilanzierungsmethoden und Einzelangaben, die das Handelsgesetzbuch und andere Gesetze vorschreiben.

Der Hauptzweck einer Jahresabschlußprüfung besteht in der Verifikation dieser Einzelangaben, für die die gesetzlichen Vertreter verantwortlich zeichnen. Maßstab für die **Jahresabschlußprüfung** ist die Beachtung der gesetzlichen Vorschriften, ergänzt durch die Grundsätze ordnungsmäßiger Buchführung, und die zutreffende Berücksichtigung der ergänzenden Bestimmungen des Gesellschaftsvertrages und der Satzung.

❑ Stand der berufsrechtlichen Regelungen zur Thematik »Wirtschaftsstraftaten und Jahresabschlußprüfung« in Nordamerika, Deutschland und der Schweiz

Das Fachgutachten 1/1988 des Instituts der Wirtschaftsprüfer (D) sowie die Stellungnahme des Hauptfachausschusses des Instituts der Wirtschaftsprüfer 7/1997 führen ebenso wie die Empfehlung Nr. 9 der Treuhand-Kammer (CH) zur Frage der Pflichten des Jahresabschlußprüfers aus, daß die Jahresabschlußprüfung nicht auf die Aufdeckung strafrechtlicher Tatbestände ausgerichtet ist. Der Jahresabschlußprüfer hat eine Nichtaufdeckung solcher Tatbestände nur dann zu vertreten, wenn er sie bei ordnungsmäßiger Durchführung der Abschlußprüfung mit berufsüblichen Methoden hätte feststellen müssen. [5]

Diese sehr kurzen Ausführungen bedürfen der Auslegung, weil sie durchaus nicht einen Freibrief für die Nichtfeststellung von Wirtschaftsstraftaten enthalten. Vielmehr ergibt sich allein aus dem bereits erläuterten Zweck der Jahresabschlußprü-

---

[5] FG 1/1988 Abschn. C.1. Anm. 3; Stellungnahme HFA 7/1997: Zur Aufdeckung von Unregelmässigkeiten im Rahmen der Abschlussprüfung, in IDW-Fachnachrichten Nr. 1–2/1998, S. 7–14, Tz. 7–14; Revisionshandbuch der Schweiz 1992, Tz. 3.133.

fung, daß die Prüfungshandlungen unter Beachtung des Grundsatzes der Wesentlichkeit und mit der Einschränkung der Akzeptanz ex ante festgelegter Fehlerwahrscheinlichkeiten aus der Anwendung statistischer Stichprobenverfahren so gestaltet werden müssen, daß sie alle Tatsachen erfassen, die Auswirkungen auf den Jahresabschluß einer Gesellschaft haben.

Die Auswirkungen von Straftaten stellen erfassungspflichtige Tatsachen in diesem Sinne dar.

Der Jahresabschlußprüfer ist dagegen aufgrund der zitierten Regelung des Fachgutachtens 1/1988 und der Empfehlung Nr. 9 der Treuhand-Kammer nicht verpflichtet, spezifisch nach den Ursachen Jahresabschluß-relevanter Tatbestände zu forschen. So sollte beispielsweise eine durch überhöhten Ausweis von Forderungen verdeckte widerrechtliche Entwendung von Zahlungseingängen im Rahmen der Jahresabschlußprüfung durch Saldenbestätigungen zu einer Korrektur der Forderungen aus Lieferungen und Leistungen führen, ohne daß die Straftat als solche notwendigerweise festgestellt wird. Eine positive Konkretisierung dessen, was mit berufsüblichen Methoden feststellbar ist, vor allem aber was sich der Prüfung auf Basis berufsüblicher Methoden entzieht, findet sich in den Verlautbarungen des deutschen und des schweizerischen Berufsstandes nicht.

Die Statements of Auditing Standards (im folgenden SAS) Nummern 82 und 54 des American Institute of Certified Public Accountants sowie die Sektionen 5135 und 5136 des kanadischen Handbuchs des Canadian Institute of Chartered Accountants (CICA) haben zu der Frage der Verantwortung des Jahresabschlußprüfers für die Feststellung von Wirtschaftsstraftaten detailliert Stellung bezogen. SAS 82 sowie CICA Handbook Section 5135 enthalten Ausführungen zu den Pflichten und Grenzen des Jahresabschlußprüfers zur Feststellung von Falschdarstellungen und Verschweigen wesentlicher Tatsachen im Jahresabschluß einer Gesellschaft. SAS 54 und CICA Handbook Section 5136 befassen sich dagegen mit den Pflichten und Grenzen des Jahresabschlußprüfers zur Feststellung von Verstössen der Unternehmen, vertreten durch ihre Organe, gegen Gesetze.

❑ Die Aufgaben des Jahresabschlußprüfers zur Aufdeckung von Verstössen der Organe der Gesellschaft gegen Gesetz, Gesellschaftsvertrag und Satzung im Rahmen der Jahresabschlußprüfung

Nach § 321 Abs. 2 HGB(D) und Art. 729 b Abs. 1 OR(CH) hat der **Jahresabschlußprüfer** die **Pflicht zum Bericht über Verstösse** der Geschäftsführung gegen Gesetz, Gesellschaftsvertrag oder Satzung. Mit bedeutenderen Auswirkungen behaftet als die Berichterstattung nach § 321 Abs. 2 HGB(D) und Art. 729 b Abs. 1 OR(CH) ist mit Blick auf Gesetzesverstösse die Frage nach den Konsequenzen für die Bildung von Rückstellungen für Sanktionen finanzieller Art. Während die Berichterstattung nach § 321 Abs. 2 HGB(D) und Art. 729 b Abs. 1 OR(CH)

Möglichkeiten der Feststellung und Prävention von Bestechungsleistungen

nur eintritt, wenn bei Gelegenheit der Jahresabschlußprüfung solche Verstösse festgestellt werden und damit die Prüfung nicht auf die Aufdeckung solcher Verstösse zugeschnitten werden muß, ist die Prüfung der Rückstellungen aus Anlaß der Jahresabschlußprüfung durchzuführen.

In Abhängigkeit von den zu etablierenden Sanktionsmechanismen ergeben sich folgende Konsequenzen für das Erfordernis zur Bildung von Rückstellungen im Jahresabschluß einer Gesellschaft:

Ein partieller oder vollständiger Marktausschluß für bestimmte oder unbestimmte Zeit für diejenigen, die gegen den Konsens verstoßen, führt nur dann zum Erfordernis der Rückstellungsbildung, wenn durch die Sanktionen eine Betriebsschließung oder Betriebsverkleinerung zu erwarten ist; für die mit der Betriebsschließung oder Betriebsverkleinerung verbundenen Kosten wären Rückstellungen zu bilden. Gegebenenfalls muß sogar in Erörterung gezogen werden, ob die Erstellung des Jahresabschlusses noch unter der »Going-Concern-Prämisse« erfolgen darf. Eine solche Datenkonstellation dürfte eher unwahrscheinlich sein. Ein vollständiger Marktausschluß auf den Märkten aller Länder, in denen ein Unternehmen bis zur Aufdeckung eines Verstosses tätig war, würde zu einer solchen Konsequenz führen.

Geldstrafen und/oder Freiheitsstrafen gegen handelnde Individuen hätten keine finanzielle Konsequenzen für ein Unternehmen zur Folge und würden daher auch nicht zum Erfordernis von Rückstellungen des Unternehmens führen. Im Fall solcher Sanktionsmechanismen können Jahresabschlußprüfer nur im Rahmen ihrer Verpflichtungen zur Aufdeckung von Verstössen der Organe der Gesellschaft gegen Gesetz, Gesellschaftsvertrag und Satzung aktiv werden.

Die Bestrafung juristischer Personen führt unmittelbar zu finanziellen Belastungen eines Unternehmens, die im Jahresabschluß zu einer Rückstellungspflicht führen würden.

Das American Institute of Certified Public Accountants hat mit dem SAS 54 ausführlich zu den Möglichkeiten und notwendigen Prüfungsschritten zur Aufdeckung solcher Verstösse Stellung bezogen. Danach muß die Einhaltung gesetzlicher Vorschriften nicht per se geprüft werden, sondern nur insoweit, als die Vorschriften eine bekannte Beziehung zum Prüfungszweck haben. Die Kernaussage lautet:

»Auch wenn Gesetzesverstösse wesentliche Konsequenzen für den Jahresabschluß haben, besteht die Möglichkeit, daß der Jahresabschlußprüfer nicht von solchen Gesetzesverstössen Kenntnis erlangt, es sei denn, er wird vom Mandanten hierüber informiert.«[6]

---
6 SAS 54, Abschn. C.4.1.

»Eine Jahresabschlußprüfung in Übereinstimmung mit den Grundsätzen ordnungsmässiger Durchführung von Jahresabschlußprüfungen führt nicht zu abschließender Sicherheit, daß Gesetzesverstösse der Gesellschaft durch ihre Organe aufgedeckt werden.....«[7]

Die Ausführungen in Tz. P 410 des WP-Handbuchs 1996 zur Prüfung von Rückstellungen implizieren ähnliche Aussagen. Dort heißt es:

»In vielen Fällen wird er (Anm. d. Verf.: der Prüfer) auf Auskünfte des Vorstandes oder der zuständigen Sachbearbeiter angewiesen sein.«

Wenn allerdings spezifische Informationen über mögliche Gesetzesverstöße der Gesellschaft durch ihre Organe vorliegen, muß der Jahresabschlußprüfer auf die Problematik zugeschnittene Prüfungshandlungen durchführen, um festzustellen, ob Gesetzesverstöße eingetreten sind. Dazu führt das Revisionshandbuch der Schweiz 1992 aus:[8]

»Schöpft der Abschlußprüfer Verdacht betreffend möglicher deliktischer Handlungen, beurteilt er, ob die ihm bekannt gewordenen Tatsachen irgendwelche Änderungen bezüglich Art und Umfang seiner Prüfungshandlungen erfordern. Er teilt seine Feststellungen der Geschäftsleitung oder allenfalls der ihr übergeordneten Stelle mit. Kommt der Prüfer zum Schluß, daß er nur durch eine Ausdehnung seiner Prüfungshandlungen die Vermutung bestätigen oder zerstreuen kann, bespricht er dies und das weitere Vorgehen mit der Geschäftsleitung oder der ihr übergeordneten Stelle, damit er seinen geschäftlichen Auftrag erfüllen kann.«

Im Verlauf der Prüfung anderer Komponenten des Jahresabschlusses können sich jedoch Anhaltspunkte für Verstöße der Gesellschaft gegen Gesetze ergeben. Als Beispiele seien genannt:[9]

- ❏ Ermittlungen staatlicher Institutionen, Zahlungen ungewöhnlich hoher Bußgelder;
- ❏ Berichte über Prüfungen staatlicher Institutionen, die Gesetzesverstöße aufführen;
- ❏ Hohe Zahlungen für nicht genau bezeichnete Leistungen von Beratern, Partnern oder Angestellten (Hinweise auf Erpressungen oder Verwendung der Mittel für nicht gesetzeskonforme Zwecke);
- ❏ Händlerprovisionen, die im Vergleich zum geschäftsüblichen Provisions-

---

7 SAS 54, Abschn. C.4.2.
8 Revisionshandbuch der Schweiz 1992, Tz. 3.133, S. 355.
9 SAS 54, Abschn. C.4.2.2.

Möglichkeiten der Feststellung und Prävention von Bestechungsleistungen

rahmen für gleiche oder ähnliche Geschäfte atypisch hoch sind (Hinweise auf Verwendung der Mittel für nicht gesetzeskonforme Zwecke);
- ❑ Ungewöhnlich hohe Barzahlungen oder Kauf von bankbestätigten Schecks, Geldtransfer auf Nummernkonten oder ähnliches;
- ❑ Nicht erklärte Zahlungen an Beamte oder Angestellte des öffentlichen Dienstes.

Im Fall der Entdeckung und vertieften Prüfung möglicher illegaler Handlungen der Gesellschaft durch ihre Organe bedarf es der Abwägung der finanziellen Risiken aus etwaigen Gesetzesverstößen, um das Ausmaß erforderlicher Rückstellungen zu ermitteln. Auch wenn Rückstellungserfordernisse nicht bestehen, ist zu analysieren, ob es sich um schwerwiegende Verstöße handelt, die eine Berichtspflicht nach § 321 Abs. 2 HGB(D) und Art. 729 b Abs. 1 OR(CH) auslösen.

Wenn dem Jahresabschlußprüfer nach Entdeckung von Anhaltspunkten für Gesetzesverstöße vertiefende Informationen verwehrt werden, wird im Einzelfall die Einschränkung oder Versagung des Bestätigungsvermerks in Betracht zu ziehen sein.

- ❑ Die Aufgaben des Jahresabschlußprüfers zur Aufdeckung von Wirtschaftsstraftaten gegen die Gesellschaft ohne Auswirkungen auf Prüfungsfeststellungen zum Jahresabschluß

Als Wirtschaftsstraftaten ohne Auswirkungen auf Prüfungsfeststellungen zum Jahresabschluß werden solche Wirtschaftsstraftaten bezeichnet, die im Verlauf des Geschäftsjahres begangen wurden, die aber zum Stichtag des Jahresabschlusses bereits soweit vollendet sind, daß auch Tarnmaßnahmen in der Bilanz nicht mehr erforderlich sind.

Als Beispiel dafür sei die Auswirkung der Sanktionen in Form eines partiellen oder vollkommenen Marktausschlusses genannt. Wenn dieser Marktausschluß nicht monokausal zum Erfordernis einer Betriebsschließung oder Betriebsverkleinerung führt, besteht keine Verpflichtung des Unternehmens, eine solche Sanktion im Jahresabschluß zu erfassen. Entsprechend entzieht sich die mit Sanktionen belegte Handlung der zielgerichteten Prüfbarkeit durch Prüfungshandlungen, die an Bilanzposten anknüpfen. Die Prüfung der Gewinn- und Verlustrechnung, in der sich die mit Sanktionen belegte Handlung – im Beispielsfall als sonstige betriebliche Aufwendung – niederschlägt, richtet sich nicht auf die Rechtfertigung von Aufwendungen und Erträgen, sondern darauf, daß die Aufwendungen und Erträge vollständig und periodengerecht ausgewiesen sind, und darauf, daß die Aufwendungen und Erträge unter den richtigen Bezeichnungen ausgewiesen sind.[10] Auch die Prüfung der Gewinn- und Verlustrechnung kann daher nicht zur zielgerichteten Aufdeckung der Gewährung von Vorteilen mit korrupter Absicht dienen.

Sofern Korruptionszahlungen einer Gesellschaft das Jahresergebnis der Gesellschaft nicht unwesentlich im Sinne des § 321 Abs. 1 Satz 4 HGB beeinflussen, besteht unter Umständen eine Pflicht für den Jahresabschlußprüfer, im Prüfungsbericht darüber durch ausreichende Erläuterung zu berichten. Die sich hieraus ergebende Analysepflicht bezieht sich jedoch nur auf die Herausarbeitung von Verlustkomponenten. Die Erläuterungspflicht beschränkt sich auf nachprüfbare Fakten; der Jahresabschlußprüfer hat sich aller Vermutungen und Hypothesen zu enthalten. Ein einfaches Beispiel könnte die Zahlung von Bestechungsgeldern über einen Mittelsmann sein, der nach außen als Beratungsgesellschaft auftritt. In einem solchen Fall könnte es der Feststellung bedürfen, daß das Jahresergebnis unter anderem durch Aufwendungen für Beratungsleistungen im Umfang eines zu nennenden Betrages beeinflußt wurde. Wenn keine Gegenleistung, nicht einmal ein qualitativ unzureichender Bericht über die Ergebnisse der Beratungstätigkeit vorgelegt werden können, erscheint dies eine Tatsache zu sein, über die zu berichten ist. Liegt jedoch ein Bericht in irgendeiner Form vor, wäre eine Stellungnahme zur Qualität des Berichtes als Vermutung oder Hypothese anzusehen, die nicht in die Erläuterungspflicht eingeht. In jedem Fall muß sich der Jahresabschlußprüfer der strafrechtlichen Würdigung seiner Erkenntnisse enthalten; diese obliegt ausschließlich den Institutionen der Rechtspflege.

❑ Graphische Übersicht über die Möglichkeiten und Grenzen des Jahresabschlußprüfers, Korruption im Verlauf der Jahresabschlußprüfung aufzuklären

Die folgende Übersicht zeigt eine differenzierte Betrachtung der Problematik.[11]

---

10 WP-Handbuch 1996, Textziffer P 435.
11 Vgl. Marschdorf, H. J.: Möglichkeiten, Aufgaben und Grenzen des Jahresabschlussprüfers zur Aufdeckung von Wirtschaftsstraftaten im Rahmen der Jahresabschlussprüfung, in: DSTR 3-4/1995 S. 111–114 und 149–154.

Möglichkeiten der Feststellung und Prävention von Bestechungsleistungen

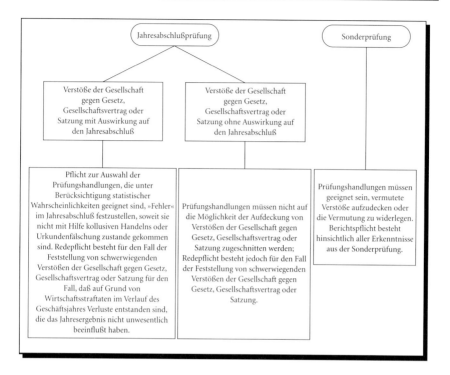

6.2. Sonderprüfungen als Methodik zur Ermittlung der Gewährung von Vorteilen mit korrupter Absicht

6.2.1. Merkmale von Korruption und Bestechung in den Sphären von Opfern und Tätern

Die Entwicklung einer Methodik zur Ermittlung von Verstössen gegen ein Verbot der Gewährung von Vorteilen mit korrupter Absicht setzt voraus, daß die Situationen, in denen durch die Gewährung von Bestechungsleistungen kompetitive Vorteile erlangt werden können, bekannt sind. Während eingangs in Kapitel 2. die unterschiedlichen Arten gewährter Vorteile klassifiziert wurden, ist Ziel der folgenden Ausführungen, die Merkmale für die »Gegenleistungen« darzulegen.

Üblicherweise werden Aufträge vergeben und Verträge geschlossen, nachdem mehrere Angebote eingeholt und verhandelt wurden; im Idealfall erfolgt die Auftragserteilung an den Anbieter mit den für den Nachfragenden besten Konditionen. Man spricht in diesem Fall auch von einer Auftragsvergabe im Ausschreibungsverfahren.

a) Verzicht auf Ausschreibungen

Ein Angebotsvergleich ist ex definitionem immer dann außer Kraft gesetzt, wenn es gar nicht erst zur Einholung von Angeboten kommt, sondern nur ein bestimmter Anbieter zur Abgabe eines Angebotes aufgefordert wird oder einen Auftrag ohne detaillierte Auftragsspezifikation und insbesondere Preisinformation erhält. Solche Situationen können durchaus legaler Natur bei langjährig gewachsenen Kunden- und Vertrauensbeziehungen sein. Sie können jedoch auch durch die Gewährung von Vorteilen mit korrupter Absicht zustande kommen.

Typische Merkmale für **Kundenbeziehungen**, die sich durch den **Verzicht auf Ausschreibungen** auf Grund der Gewährung von Vorteilen mit korrupter Absicht auszeichnen, sind:

❑ Schlechte Qualität der Lieferungen und Leistungen ohne Sanktionen

❑ Verspätete Lieferungen oder Leistungserbringung ohne Sanktionen

❑ Preise, die wesentlich über den Marktpreisen liegen

❑ Ungewöhnlich hohes Auftragsvolumen

❑ Regelmäßige Änderungen der Auftragsspezifikationen und dazugehörige Preiserhöhungen

b) Ausschreibungsbetrug

Auch wenn Auftragsvergaben auf Basis von Ausschreibungen erfolgen, besteht die Möglichkeit, die Entscheidungsprozesse durch die Gewährung von Vorteilen mit korrupter Absicht zu beeinflussen. Folgende Ausprägungen (Schemata) des Ausschreibungsbetruges sind dabei zu unterscheiden:[12]

Manipulation der Ausschreibungsspezifikationen

Typische Beispiele für die Manipulation von Ausschreibungsspezifikationen sind:

❑ Der Einkäufer bevorzugt den Anbieter bei der Bereitstellung von Informationen oder Ratschlägen zu dem Auftragsgegenstand.

❑ Der Einkäufer verwendet Spezifikationen oder Arbeitsunterlagen, die vom oder in Zusammenarbeit mit dem korrupten Anbieter entwickelt wurden, welcher an der Ausschreibung teilnimmt.

❑ Der Einkäufer erlaubt es Beratern, die bei der Erarbeitung von Spezifikationen oder Arbeitsunterlagen mitgewirkt haben, als Unterauftragnehmer oder Berater an dem ausgeschriebenen Auftrag mitzuwirken.

---

12 Die folgenden Darstellungen erfolgen in Anlehnung an das von der Association of Certified Fraud Examiners herausgegebene Fraud Examiners Handbook, Volume I, S. 1.11716–1.1724.

- Gewerke werden in unterschiedliche Kategorien aufgespalten, um die Verständlichkeit und Nachprüfbarkeit zu erschweren.
- Auftragsspezifikationen werden so gestaltet, daß sie im Vergleich mit vergangenen ähnlichen Ausschreibungen inkonsistent sind.

Manipulationen der Submissionen

Durch Manipulation der Submissionen können Anbieter Informationsvorteile erzielen, die es ihnen ermöglichen, ihre Preisangebote auf Basis der Konkurrenzangebote und nicht auf Basis eigener Kalkulation zu unterbreiten. Dies kann geschehen durch:

- vorzeitige Öffnung von Angeboten und Information eines bevorzugten Anbieters über die Angebote der anderen Wettbewerber
- Änderung von Angeboten, nachdem die Preise anderer Anbieter bekannt sind
- ungerechtfertigte Verlängerungen der Submissionsfristen, so daß der bevorzugte Anbieter ein auf die Wettbewerbssituation zugeschnittenes Angebot unterbreiten kann
- Akzeptanz verspäteter Angebote
- Fälschung von Dokumenten und Belegen, um ein verspätet eingegangenes Angebot zu akzeptieren
- Kontrolle über die Öffnung der Angebote
- Fälschung von Angebotslisten und Dokumenten

Manipulation der Bieterstruktur

Von Manipulationen der Anbieterstruktur ist zu sprechen, wenn sich Bieter untereinander abstimmen. Varianten dieses Schemas sind:

- **Anbieterrotation:** Sie beinhaltet, daß eine Gruppe möglicher Anbieter Informationen über Ausschreibungen austauschen und abwechselnd das »niedrigste Angebot« unterbreiten.
- **Angebotsunterdrückung:** Sie beinhaltet ein Schema, bei dem einer oder mehrere Anbieter mit mindestens einem Anbieter übereinkommen, kein Angebot abzugeben oder früher abgegebene Angebote zurückzuziehen.
- **Schattenangebote:** Sie beinhalten, daß Wettbewerber abgesprochene Angebote einreichen, die zu teuer sind, um akzeptiert werden zu können.
- **Phantomangebote:** Sie kommen dadurch zustande, daß Anbieter Mantelgesellschaften gründen, die vordergründig Angebote abgeben, die den Eindruck ernsthaften Wettbewerbs erwecken sollen.

Berechnung unzutreffender Preise

Zur Berechnung unzutreffender Preise kann es während der Auftragsdurchführung kommen, wenn der Auftragnehmer zutreffende Informationen über Kosten und Preisermittlung im Angebot nicht offenlegt, obwohl Preisanpassungsvereinbarungen bestehen, und es dadurch zu überhöhten Abrechnungen kommt.

Produkt-Substitutions-Schemata

Zum Zweck der Gewinnerhöhung kann der Auftragnehmer Produkte substituieren, was dazu führt, daß er die vertraglichen Spezifikationen bezüglich Quantität und/oder Qualität nicht einhält.

Beispiele für Produkt-Substitutions-Schemata umfassen:

❑ Lieferung von minderwertigen Materialien, die dem in der Ausschreibung aufgeführten Standard nicht entsprechen

❑ Lieferung nicht getesteter Materialien

❑ Fälschung von Testergebnissen

❑ Lieferung gebrauchter, überschüssiger oder überarbeiteter Teile

❑ Lieferung von gefälschten Produkten

❑ Übergabe falscher Zertifikate, die die Originalität oder den Herstellungsort bezeichnen oder Auskunft darüber geben, ob die quantitativen und qualitativen Maßstäbe der vertraglichen Vereinbarungen eingehalten sind

❑ Lieferung von Ersatzprodukten

❑ Prüfung von speziell produzierter Gütern, die dem Qualitätsniveau der Gesamtproduktion nicht entsprechen

❑ Heimliche Übertragung von Prüfsiegeln auf nicht geprüfte Waren

❑ Substitution durch ähnlich aussehende Waren

Manipulation von Abrechnungen

Abrechnungen können manipuliert werden durch:

❑ Kostenrechnerische Belastung nicht abrechenbarer Kosten an den Käufer, indem solche Kosten als abrechenbare Kosten deklariert werden oder in Konten verbucht werden, die üblicherweise nicht intensiv geprüft werden.

❑ Fehlbelastung von Materialkosten, welche allerdings normalerweise auf Roh- Hilfs- und Betriebsstoffe beschränkt sind, die für verschiedene Produkte oder persönliche Verwendung geeignet sind.

- Fehlbelastung von Personalkosten auf unzutreffende Aufträge durch
  - Transfer von Arbeitskosten zwischen verschiedenen Aufträgen
  - Rechnungsstellung, die nicht mit den Zeit- und Kostenaufschreibungen des Auftragnehmers abstimmt
  - Fälschung von Zeitaufschreibungen

6.2.2. Methodik der Aufklärung

a) Ermittlung von Verstößen im Unternehmen des potentiellen Täters

Die Ermittlung von Verstößen erfolgt in einer Vielzahl einzelner Ermittlungsschritte. Zu Beginn einer Ermittlung bedarf es der Entwicklung von Arbeitshypothesen. Die Ermittlungstätigkeit beginnt basierend auf bekannten Fakten mit Annahmen, darüber, was vorgefallen sein könnte. Dann werden die Hypothesen getestet um festzustellen, ob sie beweisbar sind. In der Reihenfolge ihrer Abarbeitung sind folgende Schritte zu durchlaufen:

1. Analyse der verfügbaren Daten
2. Erstellung einer Arbeitshypothese
3. Testen der Arbeitshypothese
4. Verfeinerung und Ergänzung der Arbeitshypothese

In den weiteren Ausführungen geht es darum aufzuzeigen, wie die Ermittlungsschritte 1. und 2., also die Analyse von Daten und die Entwicklung von Arbeitshypothesen auf die Ermittlung der einzelnen Situationen, in denen es zur Gewährung von Vorteilen mit korrupter Absicht kommen kann, zugeschnitten werden kann. Ziel solcher Analysen ist es, durch Erkenntnisse über bestimmte Datenmuster, Korrelationen und/oder außergewöhnliche Datenkonstellationen Hinweise für die Erstellung von Arbeitshypothesen zu bekommen.

b) Datenmuster, die auf Verzicht auf Ausschreibungen verursacht durch Gewährung von Vorteilen mit korrupter Absicht hinweisen

Eine Prüfung, ob Hinweise auf die Gewährung von Vorteilen mit korrupter Absicht im Zusammenhang mit Exklusiv-Lieferbeziehungen vorliegen, erfordert die Einsichtnahme in das Rechnungswesen, die Lagerbestandsführung und eine Durchsicht der Korrespondenz. Dabei ist zu untersuchen,

- ob es einen hohen Prozentsatz von Retouren wegen Qualitätsmängeln gibt,
- ob die Produkte, für die Exklusiv-Lieferbeziehungen bestehen, eine bemerkenswert hohe Profitabilität haben und ob die Preise für Kunden mit Exklu-

siv-Lieferbeziehungen besser sind als die Preise, die mit anderen Kunden erzielt werden,

❏ ob die Produkte, für die Exklusiv-Lieferbeziehungen bestehen, von anderen Marktteilnehmern zurückgewiesen werden,

❏ ob regelmäßige Änderungen der Auftragsspezifikationen und damit verbunden Preiserhöhungen vorkommen.

c) Datenmuster, die auf Ausschreibungsbetrug hinweisen

Manipulation der Ausschreibungsspezifikationen

Zur Analyse, ob eine Manipulation von Ausschreibungsspezifikationen stattgefunden haben könnte, bedarf es einer Prüfung der Korrespondenz und der technischen Auftragsunterlagen, um festzustellen, inwieweit es zu einer Kooperation zwischen Einkäufer und Auftragnehmer gekommen sein könnte. Zu achten ist dabei insbesondere auf die Existenz von Spezifikationen des Einkäufers in den Unterlagen des Auftragnehmers, auf Korrespondenz mit Spezifikationsdaten an den Einkäufer und damit zusammenhängend die Analyse, wann solche technischen Daten ausgetauscht wurden.

Manipulation der Submissionen

Auch Hinweise auf Manipulationen hinsichtlich der Submissionen sollten in erster Linie durch Prüfung von Korrespondenz und technischer Auftragsunterlagen und der Dokumentation zu Öffnung und Auswertung der Angebote erfolgen. Zu achten ist dabei besonders auf Abweichungen zwischen Preiskalkulation und Preisofferte, den Zeitpunkt der Offerte im Vergleich zum Submissionsstichtag und die zeitliche Folge der Angebotsentwicklung.

Manipulation der Bieterstruktur

Hinweise auf Manipulationen der Bieterstruktur, also die Zusammenarbeit zwischen Wettbewerbern sind in erster Linie an Hand einer Einsichtnahme in Korrespondenz und Tätigkeitserfassung (Agenden) derjenigen festzustellen, die in leitender Funktion für die Gestaltung von Angeboten zuständig sind. Im übrigen bietet sich auch hier die Prüfung der Auftragskalkulation auf Hinweise von Diskrepanzen zwischen kalkuliertem und tatsächlich angebotenem Preis an.

Hinweise auf Manipulationen können darin bestehen, daß

❏ »nicht erfolgreiche« Bieter später als Unterauftragnehmer auftreten,

❏ große Disparitäten der Preise erkennbar sind,

❏ die Struktur der Anbieter bei allen Ausschreibungen gleich ist,

Möglichkeiten der Feststellung und Prävention von Bestechungsleistungen

- andere Wettbewerber existieren, die keine Angebote abgeben,
- Auftragsspezifikationen aufgegliedert werden, so daß jeder zum Bieterkreis gehörende Wettbewerber einen Anteil an dem Projekt bekommt,
- ein Rotationsmuster für die jeweils den Zuschlag erhaltenden Bieter ersichtlich wird,
- ein geographisches Muster der erfolgreichen Bieter erkennbar wird,
- Joint-Venture-Angebote durch Unternehmen unterbreitet werden, die auch selbständig zur Unterbreitung eines Angebotes fähig wären.

Berechnung unzutreffender Preise

Hinweise auf die Berechnung unzutreffender Preise können durch Vergleich der Angebotsgrundlagen über Einkaufspreise mit den tatsächlichen Einkaufspreisen gewonnen werden. Dazu bedarf es einer detaillierten Analyse der Auftragsspezifikationen und Preisberechnungsgrundlagen und den aus der Finanzbuchhaltung und Lagerbestandsführung ersichtlichen Informationen zu Zulieferern, Einstandspreisen für Waren und Dienstleistungen sowie Restmengen verwendeter Materialien.

Hinweise auf die Notwendigkeit zur Prüfung unzutreffender Preisstellung sind:

- Die Verwendung von anderen Zulieferern als im Angebot vorgeschlagen
- Fehlende Offenlegung von Rabatten durch Zulieferer
- Änderung von Entscheidungen über Eigenfertigung oder Zukauf
- Fehlende Offenlegung übriggebliebener Roh- Hilfs- und Betriebsstoffe
- Die Inflationierung von Kosten im Wege der Durchleitung von Arbeitsprozessen durch Mantelgesellschaften
- Fehlende Offenlegung von Informationen über Abnahme von Losen

Produkt-Substitutions-Schemata

Die Prüfung von Hinweisen auf Produkt-Substitutions-Schemata erfordert detaillierte Analysen der Kostenrechnung sowie der Lagerbewegungen und Produktionsmeldungen. Hinweise darauf, daß die geprüfte Gesellschaft unlautere Vorteile durch Substitution von Produkten im Vergleich zu Ausschreibungen zieht sind:

- Hoher Prozentsatz von Retouren wegen Nichterfüllung von Produktspezifikationen
- Fehlende Produktzertifikate

- ❑ Produktzertifikate, die von Mitarbeitern auf niedrigem Verantwortungsbereich unterzeichnet sind, die keine Verantwortung für Qualitätssicherheit haben
- ❑ Die Durchführung von Materialtests durch den Auftragnehmer unter Verwendung seiner eigenen Mitarbeiter und Geräte
- ❑ Berichte über Labortests, die mit den Musterbeschreibungen identisch sind und Testresultate, die nur im Hinblick auf Daten und Losbezeichnungen variieren
- ❑ Die Produktlinien mit der höchsten Profitabilität haben die höchste Anzahl von Rücklieferungen oder Zurückweisungen bei der Endkontrolle

Manipulation von Abrechnungen

Die Prüfung von Hinweisen auf Abrechnungsmanipulationen erfordert vertiefte Analysen in der Kostenrechnung und im Finanzrechnungswesen einer Gesellschaft. Hinweise auf Abrechnungsmanipulationen ergeben sich

- ❑ aus einer Übertragung von Kostenelementen von öffentlichen Aufträgen auf privatwirtschaftliche Aufträge oder vice versa,
- ❑ aus einer Übertragung von Kostenelementen von sonstigen Kostenkonten auf Kostenträgerkonten,
- ❑ aus einer Übertragung von Kostenelementen von Aufträgen, die in nächster Zukunft nicht ausgeliefert werden auf laufende Aufträge,
- ❑ aus einer Übertragung von Kostenelementen von früheren Kostenträgern auf laufende oder künftige Kostenträger,
- ❑ aus einer Übertragung von Kostenelementen auf Vorratsabwertungskonten,
- ❑ aus einer Übertragung von Kostenelementen auf Verschrottungskonten,
- ❑ wenn Roh-, Hilfs- und Betriebsstoffe über die vertraglichen Notwendigkeiten hinaus bestellt und dem Auftrag belastet wurden,
- ❑ durch die Belastung von scheinbar nicht zum Arbeitsprodukt gehörenden Materialien auf Arbeitsbegleitscheinen,
- ❑ aus signifikanten Abweichungen zwischen angebotenen und tatsächlichen Preisen von Zulieferern,
- ❑ durch spezifische Arbeitskostenbelastung im Bereich Forschung und Entwicklung,
- ❑ aus signifikanten Erhöhungen von Belastungen von Gemeinkostenkonten,

- bei Reklassifizierung oder Reorganisation von Mitarbeitern, die zu Modifikationen der Kostenzurechnung von indirekter auf direkte Kostenzurechnung führt,
- bei Änderungen im Verhältnis der Belastung von Personalkosten zwischen verschiedenen Arten von Arbeitsvorgängen oder Arten von Aufgaben,
- bei genereller Abnahme von indirekten Kosten,
- bei Erhöhung der Arbeitskosten ohne korrespondierende Erhöhung von Materialkosten oder Liefervolumen,
- wenn der tatsächliche Stundenaufwand regelmäßig dem budgetierten Stundenaufwand entspricht.

d) Test der Arbeitshypothesen durch Ermittlungstätigkeit

Nachdem die zuvor erläuterten Prüfungshandlungen vorgenommen wurden, wird es Arbeitshypothesen geben, die aussagen, ob es Anhaltspunkte für die Erlangung unlauterer Vorteile durch Korruption gibt. Wenn keine Anhaltspunkte bestehen, kann die Prüfung beendet werden. Wenn Anhaltspunkte für die bevorzugte Behandlung des geprüften Unternehmens bestehen, so sind die Kundenbeziehungen, hinsichtlich derer Anhaltspunkte für unlautere Vorteile bestehen, genauer zu analysieren. Dabei geht es insbesondere darum, den Empfänger möglicher Vorteile mit korrupter Absicht zu identifizieren und nach allen möglichen Formen der Vorteilsgewährung (s. Kapitel 2.) zu ermitteln.

Solche Analysen können das ganze Spektrum der Ermittlungstechnik im Falle von Wirtschaftsstraftaten umfassen, die in folgende vier Grundkategorien eingeteilt werden können:[13]

- Chemisch-Physikalische Beweise
- Beweise durch Aussagen von Personen
- Beweise aufgrund von Beobachtungen
- Beweise durch Dokumente

Chemisch-Physikalische Beweise umfassen die Beweiserhebung mittels Methoden der Physik und der Chemie. Grundsätzlich können chemisch-physikalische Beweise in vier unterschiedliche Typen unterteilt werden:

1. Gegenstände wie z. B. aufgebrochene Schlösser;
2. Substanzen wie z. B. Fett;

---

13 Association of Certified Fraud Examiners, Documentation of the Toronto Fraud Symposium April 25–29, 1994, Toronto/Austin 1994, Section: Financial Transactions S. 3–4.

3. Spuren wie z. B. Farbe, die auf Ausrüstungsgegenständen hinterlassen wurde,
4. Ab- und Eindrücke wie Reifenspuren oder Fingerabdrücke.

Ein Beispiel für die Nutzung chemisch-physikalischer Beweise im Rahmen der Ermittlung von Korruption ist die Nutzung der Analyse von Fingerabdrücken. Mit Hilfe von Fingerabdrücken kann unter Umständen bewiesen werden, welchen Personen bestimmte Dokumente zur Kenntnis gelangt sind.

Beweise durch Aussagen von Personen umfassen Vernehmungen von Opfern, Zeugen – insbesondere Mitarbeitern verdächtiger Personen, Informanten und Experten. Die erfolgreiche Durchführung von Vernehmungen bedarf besonderer Kenntnisse in der Technik der Gesprächsführung, die auf die Vernehmungssituation zugeschnitten ist.

Beweise aufgrund von Beobachtungen ergeben sich sowohl aus der Beobachtung von Verhaltensmustern wie auch aus der Beobachtung von Prozessen wie der Verarbeitung von Informationen im Rechnungswesen eines Unternehmens. Angestellte sind diejenigen, die mit größter Wahrscheinlichkeit die unterschiedlichen Phasen krimineller Handlungen im Zusammenhang mit Korruption durch ein Unternehmen, insbesondere die Konversion der Erbringung von Bestechungsleistungen in scheinbar übliche Geschäftstransaktionen und andere Tarnmaßnahmen beobachten.

Dokumente sind auch für die Ermittlung von Korruption die **wesentliche Beweisquelle.** Sie können unterschieden werden in Dokumente, die sich im Rechnungswesen des Unternehmens befinden und Dokumente, die sich außerhalb des Rechnungswesens befinden. Dokumente, die sich im Rechnungswesen des Unternehmens befinden, erlauben das Vorgehen auf Basis eines Prüfungspfades. Dokumente außerhalb des Rechnungswesens hinterlassen keine prüfbare Sequenz von Anhaltspunkten. Mit fortschreitender »Reife« der Methoden von Wirtschaftsstraftaten können sich die Konzepte ändern. »Bestechungszahlungen« beispielsweise ereignen sich in ihren Anfangsphasen oft sowohl für den Zahlenden als auch für den Zahlungsempfänger außerhalb des Rechnungswesens. Mit wachsender Höhe der Zahlungen kommt es vor, daß die Zahlungen im Rechnungswesen des Zahlenden unter dem Deckmantel fiktiver Transaktionen erfaßt werden.

e) EDV-gestützte Ermittlungsschritte

Computer können den Ermittler bei der Ermittlung ungewöhnlicher Datenmuster unterstützen. Mit Einschränkungen können sie die in den Unterabschnitten b) und c) dieses Kapitels beschriebenen Analysefunktionen im Rechnungswesen eines Unternehmens und in der Lagerbestandsführung übernehmen und sogar laufend automatisiert durchführen. Man spricht in diesem Zusammenhang auch vom »Datamining«. Computer sind selbstverständlich nicht dazu geeignet, automatisierte Prüfungen von Textdokumenten durchzuführen, also Korrespondenz, Ausschreibungsspezifikationen, Zertifikate oder technische Auftragsspezifikationen zu analysieren. Sofern solche Dokumente jedoch in Form von EDV-Dateien existieren, etwa weil sie zur Archivierung eingescannt werden, besteht technisch die Möglichkeit, sie in laufende Routineprüfungen durch Anwendung von Digital-Imaging-Technologie einzubeziehen; die Kosten solchen Vorgehens sind allerdings zur Zeit noch sehr hoch.

4. Die zivilrechtlichen Folgen nationaler und transnationaler Bestechung[1]

Rolf Sethe

1. Einleitung

1.1. Anlaß der Untersuchung

Während das Strafrecht Korruption eingehend regelt und mehrere ausgefeilte Tatbestände enthält, vermißt man im Zivilrecht eine detaillierte Regelung dieses Phänomens. Der Rechtsanwender ist deshalb gezwungen, auf Generalklauseln zurückzugreifen. Auch wenn das zivilrechtliche Fallmaterial nicht annähernd so reichhaltig ist, wie das des Strafrechts[2], haben Rechtsprechung und Schrifttum diese Generalklauseln in Korruptionsfällen inzwischen ausreichend präzisiert. Man kann daher von einem gesicherten Bestand zivilrechtlicher Regelungen der Korruption sprechen. Diese darzustellen, ist Anliegen des nachfolgenden Beitrags.[3]

Eine solche zusammenhängende Darstellung erweist sich aus mehreren Gründen als notwendig. Die strafrechtlichen Reformen der letzten Zeit haben auch einige der Vorschriften zur Bekämpfung der Korruption und des unlauteren Wettbewerbs erfaßt, an die die zivilrechtlichen Normen anknüpfen. Neben das Ziel einer deshalb gebotenen Aktualisierung tritt ein weiterer Gesichtspunkt. Es werden vermehrt Bestechungen im Zusammenhang mit Bankgeschäften bekannt. Die sich daraus ergebenden zivilrechtlichen Folgen, insbesondere der Einfluß von Bestechungen auf Sicherungsgeschäfte, sind – im Gegensatz zu dem sonst gesicherten Bestand rechtlicher Regeln – keineswegs geklärt, da höchstrichterliche Rechtsprechung in diesem Bereich weitgehend fehlt und auch das Schrifttum noch keine Lösung gefunden hat, die alle in Betracht kommenden Interessenkonstellationen angemessen erfaßt. Im folgenden werden daher vor allem Beispiele aus dem Baurecht gewählt, um die auftretenden rechtlichen Probleme zu erörtern.

---

1 Nachdruck aus WM 1998, 2309 ff. Der Autor und der Verlag danken den Wertermittlungen für die freundliche Genehmigung zum Abdruck des Textes.

2 Zahlenangaben zur Bestechung von Entscheidungsträgern in Unternehmen finden sich bei *Bottke*, ZRP 1998, 215, 218.

3 Nicht eingegangen werden kann auf Strategien zur Prävention der Korruption bei Verwaltung und Unternehmen. Sie sind beschrieben bei *D. Schneider*, DÖV 1998, 578 ff.; *Dieners*, JZ 1998, 181 ff.

1.2. Gang der Untersuchung

Die Darstellung der zivilrechtlichen Folgen von Korruption[4] steht vor der Schwierigkeit, die verschiedenen Regelungsebenen zu trennen und die komplexen Rechtsbeziehungen der an Bestechungsfällen Beteiligten in möglichst überschaubare Einheiten zu gliedern. Korruption setzt mindestens drei Beteiligte voraus: Der Bestechende bietet einer Person, die als Angestellter, Vertreter oder sonstige Vertrauensperson für einen Geschäftsherrn handelt, einen Vorteil an, mit dem Ziel, diesen Vertreter zu einem für den Geschäftsherrn nachteiligen Verhalten zu veranlassen. Typischerweise werden Schmiergelder gezahlt, um einen Vertragsabschluß herbeizuführen oder zu beeinflussen.

Dieser äußere Geschehensablauf gibt die Struktur der Darstellung zivilrechtlicher Folgen vor. Zunächst ist fraglich, ob die Schmiergeldabrede selbst wirksam ist (dazu unter 2.). Da das Zivilrecht an strafrechtliche Tatbestände anknüpft, wird als Beispiel die im Bereich der Bankgeschäfte wichtige Bestechung von Angestellten gewählt (§ 299 StGB). An die Prüfung der Wirksamkeit der Schmiergeldabrede schließt sich die Frage an, ob ein aufgrund einer Schmiergeldabrede geschlossenes Rechtsgeschäft (im folgenden Hauptvertrag) Gültigkeit beanspruchen kann (dazu unter 3.). Schließlich ist die Wirksamkeit von mit dem Hauptvertrag zusammenhängenden Rechtsgeschäften (Folgeverträge), wie Bürgschaften durch Dritte, zu untersuchen (nachfolgend 4.). Die Kapitel 2–4 widmen sich also dem vom Schmiergeldgeber verfolgten Ziel einer unlauteren Beeinflussung der Verträge des Geschäftsherrn und der Frage, wie die Rechtsordnung hierauf reagiert.

In Kapitel 5 erfolgt ein Perspektivenwechsel und es wird der Thematik nachgegangen, welche Ansprüche dem Geschäftsherrn gegenüber dem Schmierer und gegenüber dem eigenen Angestellten, Vertreter oder Organmitglied zustehen. Kapitel 6 beschäftigt sich mit der Frage, welche Ansprüche einem Angestellten oder Beauftragten zustehen, der auf Weisung Schmiergelder leistet. Angesichts des ohnehin großen Umfangs dieses Beitrags wird auf die arbeits- und verbandsrechtlichen Folgen der Korruption nur eingegangen, soweit dies zur Darstellung der einzelnen Anspruchsgrundlagen unbedingt nötig ist. Sodann wird auf die Problematik der transnationalen Korruption eingegangen (unter 7.). Abschließend werden die Ergebnisse zusammengefaßt (Kapitel 8).

---

[4] Sie beschränkt sich auf das deutsche Recht; zum österreichischen Recht siehe *Krejci*, Privatrechtliche Aspekte des Schmiergeldphänomens, in: Brünner (Hrsg.), Korruption und Kontrolle, Graz 1981, S. 529 ff.; zum schweizerischen, englischen und US-amerikanischen Recht siehe *Nienstedt*, Haftungsrechtliche Sanktionen bei der Annahme und Zahlung von Schmiergeldern, Diss. Freiburg i. Br. 1996, S. 50 ff., 83 ff., 122 ff.

2. Wirksamkeit der Schmiergeldabrede

2.1. Nichtigkeit gemäß §§ 134 BGB, 299 Abs. 2 StGB

a) Verbotsgesetz

Nach § 134 BGB sind Rechtsgeschäfte, die gegen ein gesetzliches Verbot verstoßen, nichtig. Die ganz herrschende Meinung ordnet § 299 StGB, der inhaltlich dem früheren § 12 UWG entspricht[5], als Verbotsgesetz im Sinne des § 134 BGB ein[6] und hält dementsprechend alle Abreden, die den Tatbestand von § 299 StGB erfüllen, für nichtig. Zur Begründung dieser Ansicht wird auf das Schutzgut des § 299 StGB verwiesen, der die Erhaltung des lauteren und fairen Wettbewerbs zum Ziele hat und des weiteren dem Zweck dient, im öffentlichen Interesse das »Schmiergeldunwesen« in jeder Form zu bekämpfen.[7] Dies wiederum setzt voraus, daß die von § 299 StGB unter Strafe gestellten Versprechen über die Vorteilsgewährung keinen rechtlichen Bestand haben. Unter Verstoß gegen § 299 StGB zustande gekommene Abreden über Vorteilsgewährungen sind deshalb gemäß § 134 BGB nichtig. Um die Reichweite des Verbotsgesetzes zu beschreiben, ist es notwendig, dessen einzelne Tatbestandselemente darzustellen.

b) Verletzung des objektiven Tatbestands des § 299 Abs. 2 StGB

Die vom früheren § 12 Abs. 1 UWG und heutigen § 299 Abs. 2 StGB umschriebene Tathandlung besteht im Anbieten, Versprechen oder Gewähren von Vorteilen an einen Angestellten oder Beauftragten eines geschäftlichen Betriebs für eine künftige unlautere Bevorzugung des Täters oder eines Dritten beim Bezug von Waren oder gewerblichen Leistungen.

---

5 § 299 StGB wurde durch das Gesetz zur Bekämpfung der Korruption vom 13. 8. 1997 (BGBl. I, S. 2038) eingeführt, das am 20. 8. 1997 in Kraft getreten ist (vgl. im einzelnen *Korte*, NJW 1997, 2556 ff.; *Bottke*, ZRP 1998, 215, 218 ff.). Die Norm entspricht inhaltlich § 12 UWG, wobei die Reihenfolge der Absätze geändert und der Strafrahmen erhöht wurde (zu Einzelheiten vgl. die Reg.-Begr. in BR-Drucks. 553/96, S. 18 f., 32 f.). Außerdem sind jetzt die sogenannten Drittzuwendungen erfaßt, also Vorteile, die nicht an den Geschmierten selbst bezahlt werden, sondern etwa an Vereinigungen, deren Mitglied der Geschmierte ist. Wegen der inhaltlichen Entsprechung wird bei der folgenden Erläuterung des § 299 StGB die Rechtsprechung und Literatur zu § 12 UWG verwertet. Abgeschafft wurde der Anspruch aus §§ 12, 13 Abs. 1 UWG, da die dort gewährten Ansprüche dem Geschädigten schon über das allgemeine Zivilrecht und das Wettbewerbsrecht zustanden (vgl. die Reg.-Begr. in BR-Drucks. 553/96, S. 39 f.). Die Änderung des StGB durch das 6. StrRG vom 26. 1. 1998, BGBl. I, S. 164, hat die §§ 298 ff., 331 ff. StGB unberührt gelassen.

6 Vgl. etwa *Sack*, in: Staudinger, Kommentar zum Bürgerlichen Gesetzbuch, 13. Bearb. 1993 ff., § 134 Rdn. 299 m. w. N.; *Köhler/Piper*, Gesetz gegen den unlauteren Wettbewerb, 1995, § 12 Rdn. 26; *Piehl*, Bestechungsgelder im internationalen Wirtschaftsverkehr, 1991, S. 61 f. jeweils m. w. N.

7 BGHSt 10, 358, 367; 31, 207, 211 f.; *Pfeiffer*, Das strafrechtliche Schmiergeldverbot nach § 12 UWG, in: Festschr. v. Gamm, 1990, S. 129, 130 f., jeweils zu § 12 UWG.

aa) Eine solche Handlung ist nur tatbestandsmäßig, wenn sie *im Rahmen des geschäftlichen Verkehrs* zu Zwecken des Wettbewerbs erfolgt. Dem Begriff des *geschäftlichen Verkehrs* unterfällt jede Tätigkeit, die der Förderung eines beliebigen Geschäftszwecks dient. Erfaßt wird jede selbständige, wirtschaftliche Zwecke verfolgende Tätigkeit, in der eine Teilnahme am Erwerbsleben zum Ausdruck kommt. Mit diesem Tatbestandsmerkmal sollen private oder amtliche Betätigungen aus dem Tatbestand ausgegrenzt werden.[8]

bb) § 299 Abs. 2 StGB verlangt sodann, daß die Tathandlung *zu Zwecken des Wettbewerbs* erfolgt. Das ist immer dann der Fall, wenn in objektiver Hinsicht ein Tun vorliegt, das geeignet ist, den eigenen Absatz oder Bezug zum Nachteil einer anderen in einem Wettbewerbsverhältnis stehenden Person (Unternehmen) zu fördern.[9] Zwischen dem geförderten und dem benachteiligten Unternehmen muß demnach ein Wettbewerbsverhältnis bestehen. Dies ist anzunehmen, wenn zwischen den Vorteilen, die jemand durch eine Maßnahme für sein Unternehmen zu erreichen sucht, und den Nachteilen, die ein anderer erleidet, eine Wechselbeziehung in dem Sinne besteht, daß der eigene Wettbewerb gefördert und der fremde benachteiligt werden kann.[10]

cc) Bei demjenigen, dem ein Vorteil gewährt wird, muß es sich des weiteren um einen *Angestellten oder Beauftragten eines geschäftlichen Betriebs* handeln. Der Begriff des Beauftragten ist weit zu fassen[11]. In Betracht kommen aber nur solche Personen, die auf den Geschäftsbetrieb Einfluß nehmen können[12], also etwa ein entscheidungsbefugter Kreditsachbearbeiter.

dd) Dem Angestellten oder einem Dritten[13] muß ferner ein *Vorteil angeboten, versprochen oder gewährt* worden sein.

ee) § 299 Abs. 2 StGB setzt weiterhin voraus, daß der gewährte Vorteil eine *Gegenleistung für künftige unlautere Bevorzugung* darstellt (sog. Unrechtsvereinbarung). Das Vorteilsversprechen oder die Vorteilsgewährung einerseits und die zukünftige unlautere Bevorzugung andererseits müssen also im Verhältnis »do ut des« stehen.[14]

---

8 *Baumbach/Hefermehl*, Wettbewerbsrecht, 20. Aufl. 1998, Einl. UWG Rdn. 208; *Pfeiffer*, a. a. O. (Fn. 7), S. 131 f.
9 Siehe dazu etwa *Pfeiffer*, a. a. O. (Fn. 7), S. 132 f.; *v. Gamm*, Wettbewerbsrecht, Bd. I 1, 5. Aufl. 1987, § 17 Rdn. 29 f.
10 *Baumbach/Hefermehl*, a. a. O. (Fn. 8), Einl. UWG Rdn. 216.
11 BGH GRUR 1968, 587, 588–Bierexport.
12 *Baumbach/Hefermehl*, Wettbewerbsrecht, 19. Aufl. 1996, § 12 Rdn. 4.
13 Dazu Fn. 5 m. w. N.
14 Zu dieser Voraussetzung, die durch das EGStGB vom 2. 3. 1974 in § 12 UWG eingefügt und jetzt in § 299 StGB übernommen wurde, vgl. BT-Drucks. 7/550, Art. 124 Nr. 7, S. 393; BGHSt 15, 239 (249–zu § 332 StGB); *Pfeiffer*, a. a. O. (Fn. 7), S. 136; *Baumbach/Hefermehl*, a. a. O. (Fn. 12), § 12 Rdn. 7.

In der Praxis wird der dem Angestellten versprochene Vorteil sehr oft als »Vermittlungsprovision« oder »Aufwandsentschädigung« bezeichnet, um den Anschein zu erwecken, der Vorteil stelle eine Gegenleistung für eine eigenständige Leistung des Versprechensempfängers dar, die gerade keine unlautere Bevorzugung des Versprechenden zum Gegenstand hat. Entscheidend ist aber nicht die Bezeichnung eines Vorteils, sondern dessen materiellrechtliche Einordnung. Der Versprechensempfänger müßte eine zulässige Vermittlertätigkeit wahrgenommen haben, um den versprochenen Vorteil tatsächlich als bloße Vermittlungsprovision betrachten zu können.

Von einer Vermittlertätigkeit kann jedoch nur dann ausgegangen werden, wenn der Vermittler von beiden Parteien des zu vermittelnden Geschäfts unabhängig ist und seiner Pflicht zur Unparteilichkeit[15] nachkommen kann. Ist er dagegen Angestellter und hat er eine Vertrauensstellung inne, fehlt es schon an dieser Voraussetzung der Vermittlertätigkeit. Weiterhin kann eine Vermittlung nur dann angenommen werden, wenn die Vermittlertätigkeit beiden Seiten offengelegt wird. Ist dies nicht der Fall, liegt ein kollusives Zusammenwirken zwischen dem Vermittler und der einen oder anderen Vertragspartei vor, welches zur Nichtigkeit des vermittelten Vertrags führt.[16]

Von der soeben beschriebenen Fallgruppe mit drei Personen ist die Konstellation zu unterscheiden, bei der ein externer Vermittler beauftragt wird, einen Angestellten eines anderen Unternehmens zu schmieren. Es handelt sich also um eine Vier-Personen-Fallgruppe, bestehend aus Schmierer, Vermittler, Angestelltem und Unternehmen. Beansprucht der Vermittler Honorar, führt die Schmiergeldabrede zur Nichtigkeit des gesamten Rechtsgeschäfts[17], es sei denn, der Vermittlungsvertrag wäre auch ohne den nichtigen Teil geschlossen worden.

ff) Zusätzlich ist es nach § 299 Abs. 2 StGB erforderlich, daß die mit dem Vorteilsversprechen angestrebte unlautere Bevorzugung eine solche ist, die sich auf den *Bezug von Waren oder gewerblichen Leistungen* richtet. Dabei besteht Einigkeit, daß die Begriffe der Ware bzw. der gewerblichen Leistung in ihrem weitesten Sinne zu verstehen sind.[18] Insbesondere gilt als Leistung im Sinne der Bestimmung jede geldwerte Leistung auf dem Gebiet einer gewerblichen Tätigkeit. Dazu

---

15 *Staudinger/Reuter,* a. a. O. (Fn. 6), §§ 652, 653 Rdn. 194. Dies verkennt LG Kassel NJW-RR 1995, 1063, 1064 f.
16 BGH WM 1986, 1389, 1390 = NJW-RR 1987, 42; WM 1991, 1086, 1087 = NJW 1991, 1819, 1820 mit zust. Anm. *Siegburg,* EWiR § 276 BGB 5/91, 871; *Dilcher,* in: Staudinger, Kommentar zum Bürgerlichen Gesetzbuch, 12. Aufl. 1980 ff., § 138 Rdn. 54; *Staudinger/Reuter,* a. a. O. (Fn. 6), §§ 652, 653 Rdn. 48.
17 BGHZ 94, 268, 273 = WM 1985, 830 = WuB IV A. § 138 BGB *Krämer*; BGH WM 1986, 209, 211 m. krit. Anm. *Schwerdtner*; EWiR § 652 BGB 3/86, 253.
18 *Baumbach/Hefermehl,* a. a. O. (Fn. 12), § 12 Rdn. 8, § 2 Rdn. 2.

gehört etwa auch die gewerbliche Gewährung von Krediten, so daß auch die Schmiergeldabrede mit einem Kreditsachbearbeiter einer Bank erfaßt wird.

gg) Hinzu kommt noch, daß die *Bevorzugung* gegenüber den Mitbewerbern *in der Zukunft* liegen muß, wohingegen die Belohnung für bereits ausgeführte Leistungen den Tatbestand des § 299 Abs. 2 StGB nicht erfüllt.[19]

hh) Die Bevorzugung durch den Vorteilsnehmer muß schließlich unlauter sein. Der Begriff der Unlauterkeit entspricht dem der Sittenwidrigkeit des § 1 UWG.[20] Eine unlautere Bevorzugung liegt danach vor, wenn der Vorteilsgeber mit der Zuwendung die Erwartung verbindet, der Vorteilsnehmer werde ihn bevorzugen. Werden einem Angestellten ohne Wissen seines Vorgesetzten oder Arbeitgebers Zahlungen versprochen, ist es evident, daß der Vorteilsgeber mit der Unlauterkeit des Vorteilsnehmers rechnet.[21] Dies ist insbesondere für den Fall anzunehmen, daß beträchtliche Vorteile versprochen werden.

c) Erfüllung des subjektiven Tatbestands des § 299 Abs. 2 StGB

§ 299 Abs. 2 StGB verlangt, daß sämtliche der vorgenannten objektiven Tatbestandsmerkmale vom Vorsatz des Vorteilsversprechenden umfaßt werden.

In subjektiver Hinsicht muß des weiteren die Absicht vorgelegen haben, den eigenen oder fremden Wettbewerb zum Nachteil eines anderen im Wettbewerb stehenden Mitbewerbers zu fördern. Darüber hinaus muß der den Vorteil Versprechende in der Absicht gehandelt haben, durch sein Handeln zu der von ihm bezweckten Vereinbarung zu gelangen. Der Versprechende muß sich also vorstellen oder zumindest damit rechnen, daß der Vorteilsnehmer durch das gewährte Versprechen eines Vorteils zu einer Gegenleistung veranlaßt wird.[22] Sehr oft werden die Einzelheiten der Vereinbarung zwischen dem Versprechenden und dem Versprechensempfänger nicht in allen Details bekannt sein. In diesen Fällen kann man ggf. aus dem äußeren Geschehensablauf ableiten, ob das Vorteilsversprechen nur deshalb gewährt wurde, um überhaupt und/oder unter günstigen Bedingungen zum Abschluß eines für den eigenen Wettbewerb dienlichen Geschäfts zu gelangen. Entscheidend kann auch die Höhe der versprochenen Zahlung sein.

d) § 299 Abs. 1 StGB

Während Absatz 2 die aktive Bestechung erfaßt, regelt § 299 Abs. 1 StGB die passive Bestechung (sich schmieren lassen). Seine objektiven und subjektiven

---

19 BGH GRUR 1968, 587, 588–Bierexport; *Baumbach/Hefermehl*, a. a. O. (Fn. 12), § 12 Rdn. 9; *Köhler/Piper*, a. a. O. (Fn. 6), § 12 Rdn. 11.
20 BGH GRUR 1977, 619, 620 – Eintrittsgeld; *Baumbach/Hefermehl*, a. a. O. (Fn. 12), § 12 Rdn. 12; *Köhler/Piper*, a. a. O. (Fn. 6), § 12 Rdn. 13.
21 *Baumbach/Hefermehl*, a. a. O. (Fn. 12), § 12 Rdn. 14.
22 *Pfeiffer*, a. a. O. (Fn. 7), S. 139 f.; *Köhler/Piper*, a. a. O. (Fn. 6), § 12 Rdn. 14.

Tatbestandsmerkmale entsprechen – bis auf den Perspektivenwechsel – denen des Absatz 2.

2.2. Nichtigkeit gemäß §§ 134 BGB i. V. m. Strafgesetzen

Auch die sonstigen Strafvorschriften, die Bestechungsdelikte regeln (vgl. §§ 331 ff StGB, § 48 Militärstrafgesetzbuch) werden als Verbotsgesetze i. S. d. § 134 BGB begriffen mit der Folge, daß Schmiergeldabreden ebenfalls nichtig sind. Eine Darstellung dieser Strafvorschriften im Detail erübrigt sich angesichts der Zielsetzung dieses Beitrags.

2.3. Nichtigkeit wegen Sittenwidrigkeit der Abrede im Sinne von § 138 BGB

Schmiergeldabreden können weiterhin als sittenwidrige Vereinbarung zu betrachten und nach § 138 BGB nichtig sein.

a) Grundlage des Sittenwidrigkeitsvorwurfs

Unter einer »Schmiergeldvereinbarung« ist eine Übereinkunft zu verstehen, dem Vertreter einer Partei hinter deren Rücken einen Vermögensvorteil dafür zu versprechen oder zu gewähren, daß er den angestrebten Vertragsabschluß zwischen dem Geschäftsherrn und dem »Schmierenden« ermöglicht oder inhaltlich beeinflußt.[23] »Schmiergeldzahlungen« oder »Schmiergeldversprechen« werden von der Rechtsprechung und ganz herrschenden Meinung als sittenwidrig eingeordnet: Sofern der Empfänger des Vermögensvorteils oder Adressat des Vorteilsversprechens mit seinem Handeln gegen § 299 StGB verstößt, ergibt sich die Rechtsfolge aus § 138 BGB in Verbindung mit der Wertung dieser Norm.[24] Aber auch soweit diese Tatbestände nicht unmittelbar einschlägig sind oder es an der Erfüllung einzelner Tatbestandsmerkmale der speziellen Vorschriften mangelt (z. B. Schmieren außerhalb eines Wettbewerbs), werden »Schmiergeldgeschäfte« oder Absprachen hinter dem Rücken des Geschäftsherrn als sittenwidrig im Sinne von § 138 BGB und damit als nichtig behandelt.[25]

Der an Inhalt, Beweggrund und Zweck der Vereinbarung ausgerichtete Vorwurf der Sittenwidrigkeit ergibt sich daraus, daß die Gefahr einer mißbräuchlichen

---

23 Siehe dazu *Staudinger/Sack,* a. a. O. (Fn. 6), § 138 Rdn. 469.
24 OLG Hamburg MDR 1970, 47 (zu § 12 UWG i. V. m. § 138 BGB)*; Staudinger/Sack,* a. a. O. (Fn. 6), § 138 Rdn. 469.
25 RGZ 86, 146, 148; 136, 359, 360; 161, 229, 230 ff.; BGH NJW 1962, 1099; NJW 1989, 26 f.; OLG Köln NJW-RR 1992, 623, 624; BFHE 74, 165, 170; *Krüger-Nieland/Zöller,* in: Reichsgerichtsräte-Kommentar, Das Bürgerliche Gesetzbuch, Bd. I, 12. Aufl. 1982, § 138 Rdn. 177; MünchKomm/*Mayer-Maly,* BGB, 3. Aufl. 1993 ff., § 138 Rdn. 110; *Palandt/Heinrichs,* BGB, 57. Aufl. 1998, § 138 Rdn. 63; *Baumbach/Hefermehl,* a. a. O. (Fn. 8), Vor § 12 Rdn. 2.

Ausnutzung der Vertrauensstellung zur heimlichen Erlangung von eigenen Vorteilen des Vertreters besteht, d. h. treubruchfördernd wirken kann.[26] Es ist deshalb unerheblich, ob der durch die Vereinbarung vermittelte Vertrag tatsächlich eine Benachteiligung des vertretenen Vertragspartners enthält oder solche Nachteile beabsichtigt waren. Bereits die bloße Gefährdung der Interessen des Vertretenen wird als ausreichend angesehen.[27]

b) Voraussetzungen des Sittenwidrigkeitsvorwurfs

aa) Die Zahlung oder das Versprechen eines Vorteils[28] muß an den Vertreter des Vertragspartners erfolgen. Der Begriff des Vertreters ist weit zu fassen. Angestellte oder Organmitglieder des Vertragspartners sind in gleicher Weise als Vertreter zu qualifizieren wie im Einzelfall durch Rechtsgeschäft Bevollmächtigte oder mittelbare Stellvertreter[29]. Vertreter im Sinne der vorgenannten Definition können also solche Personen sein, die die Pflicht haben, fremde Interessen zu wahren.[30]

bb) Weiterhin muß dem Vertreter ein Vorteil versprochen werden. Unerheblich ist, ob der Vorteil oder die Zahlung unmittelbar an die mit der Interessenwahrnehmung betraute Person oder an Dritte (z. B. Angehörige) geleistet oder versprochen wird[31], solange ein unmittelbarer sachlicher und zeitlicher Zusammenhang mit dem abzuschließenden Rechtsgeschäft besteht.

cc) Die Zahlung muß eine einseitige Berücksichtigung der Interessen des Zahlenden bezwecken[32] und hat deshalb vor Abschluß des Hauptvertrages zu erfolgen. Eine bloße Belohnung für bereits ausgeführte Leistungen ist nicht ausreichend,

---

26 RGZ 161, 229, 231; BGH NJW 1962, 1099; WM 1973, 305, 1390 = NJW 1973, 363; WM 1986, 1389, 306 = NJW-RR 1987, 42; WM 1991, 1086 = NJW 1991, 1819, 1820; OLG Köln NJW-RR 1988, 144; NJW-RR 1992, 623, 624; *Staudinger/Sack,* a. a. O. (Fn. 6), § 138 Rdn. 470; *Damm,* in: Alternativkommentar zum BGB, 1. Aufl. 1979, § 138 Rdn. 176; *Schneider,* JbFSt 1983/84, 176.

27 RGZ 161, 229, 231; BGH NJW 1962, 1099; WM 1973, 305, 306 = NJW 1973, 363; OLG Hamburg MDR 1970, 47; MünchKomm/*Mayer-Maly,* a. a. O. (Fn. 25), § 138 Rdn. 110; *Staudinger/Sack,* a. a. O. (Fn. 6), § 138 Rdn. 470. Dies übersah LG Kassel NJW-RR 1995, 1063, 1064 f.

28 Der Begriff des Vorteils ist weit zu verstehen, vgl. im einzelnen *Nienstedt,* a. a. O. (Fn. 4), S. 11.

29 *Staudinger/Sack,* a. a. O. (Fn. 6), § 138 Rdn. 469; *Nienstedt,* a. a. O. (Fn. 4), S. 11 f. So auch schon die Rechtsprechung des Reichsgerichts, etwa RGZ 136, 359, 360.

30 BGHZ 95, 81, 83 ff. = WM 1985, 1071, 1072 ff. BGH WM 1973, 305 f. = NJW 1973, 363; WM 1986, 1389 = NJW-RR 1987, 42; WM 1991, 1086, 1087 = NJW 1991, 1819 f.; *Staudinger/Sack,* a. a. O. (Fn. 6), § 138 Rdn. 469.

31 *Staudinger/Sack,* a. a. O. (Fn. 6), § 138 Rdn. 470.

32 *Staudinger/Dilcher,* a. a. O. (Fn. 16), § 138 Rdn. 54. Geschenke von Geschäftspartnern, die aus sonstigen Gründen erfolgen (etwa Jubiläumszuwendungen), sind daher unbedenklich, solange sie keine Beeinflussung künftiger Entscheidungen bezwecken, vgl. *Schneider,* JbFSt. 1983/84, 176.

um den Vorwurf einer Schmiergeldzahlung zu rechtfertigen[33]; dies ändert am Ergebnis jedoch nichts. Eine solche Zahlung oder ein Zahlungsversprechen nach Abschluß des Hauptvertrages wird nämlich, da es hinter dem Rücken des Vertretenen erfolgt, von der Rechtsprechung als kollusives Zusammenwirken eingeordnet und unterfällt damit ebenfalls § 138 BGB[34].

dd) Die Geldleistung darf keine Gegenleistung für eine rechtmäßig erbrachte Maklertätigkeit darstellen. Bereits im Zusammenhang der Erörterung des § 299 StGB[35] wurden die Abgrenzungsmerkmale zwischen einer echten Vermittlertätigkeit und einer Schmiergeldabrede dargestellt (unabhängige Stellung des Vermittlers und Offenlegung seiner Vermittlertätigkeit); hierauf kann verwiesen werden.

ee) Die Geldleistung muß außerhalb des Rahmens sozialüblicher Geschenke liegen. Die Bestimmung dieses Rahmens erfolgt anhand der Verkehrsauffassung[36].

2.4. Zwischenergebnis

Die Schmiergeldabrede ist nach §§ 134 BGB i. V. m. den einschlägigen Strafvorschriften bzw. nach § 138 BGB nichtig. Während §§ 134 BGB 299 StGB das Schmieren im Wettbewerb verbieten, erfaßt der soeben dargestellte § 138 BGB auch das Schmieren außerhalb des Wettbewerbs und sonstige Fälle des kollusiven Zusammenwirkens eines Vertragspartners mit Angestellten des anderen Vertragspartners. Wegen der Nichtigkeit der Abrede steht dem Geschmierten kein Anspruch auf das Schmiergeld zu. Ist die Schmiergeldzahlung bereits erfolgt, wird eine Rückforderung des Schmiergelds nach § 812 Abs. 1 Satz 1, 1. Alt. BGB durch § 817 Satz 2 BGB analog ausgeschlossen[37]; derjenige, der sich außerhalb der Rechtsordnung stellt, kann von ihr keinen Rechtsschutz erwarten[38].

---

33 BGH NJW 1989, 26; WM 1990, 516, 517 = WuB IV A. § 138 BGB 1.90 *Emmerich* = NJW-RR 1990, 442, 443; *Schneider*, JbFSt. 1983/84, 176.
34 BGH NJW 1989, 26 f.; OLG Köln NJW-RR 1992, 623, 624; *Nienstedt*, a. a. O. (Fn. 4), S. 8.
35 Siehe vorstehend 2.1. b) ee).
36 *Schneider*, JbFSt. 1983/84, 168 ff.; *Nienstedt*, a. a. O. (Fn. 4), S. 10.
37 OLG Hamburg MDR 1970, 47; OLG Köln ZMR 1977, 148 m. zust. Anm. *Weimar*; *Staudinger/Sack*, a. a. O. (Fn. 6), § 138 Rdn. 471; *Blomeyer, in:* Münchener Handbuch Arbeitsrecht, 1992, § 51 Rdn. 90; *Schneider*, JbFSt. 1983/84, 177. Die entgegenstehende Entscheidung des AG Offenbach NJW-RR 1991, 1204 war eine Einzelfallentscheidung und ist nicht verallgemeinerungsfähig.
38 *Weimar*, ZMR 1977, 148 m. w. N.

3. Wirksamkeit des Hauptvertrags

3.1. Einleitung

Diente die Schmiergeldabrede dem Ziel, einen Vertragsschluß zu fördern oder zu beeinflussen, stellt sich die Frage, ob die Nichtigkeit der Schmiergeldabrede auch die Nichtigkeit dieses Hauptvertrages zur Folge hat. Die Beantwortung dieser Frage bestimmt zugleich auch das Schicksal von akzessorischen Sicherheiten. Als Beispiel für die nachfolgende Erörterung dient deshalb ein durch Schmiergelder erwirktes Darlehen, das durch eine Bürgschaft gesichert ist. Die Wirksamkeit des Hauptvertrags, bei dessen Abschluß eine Schmiergeldabrede im Spiel war, ist in Rechtsprechung und Schrifttum umstritten.

3.2. Rechtsprechung

Nach Ansicht der Rechtsprechung ist ein Vertrag nicht schon deshalb nichtig, weil er mit sittenwidrigen Mitteln zustande kam; vielmehr wird es als erforderlich angesehen, daß sein Inhalt als solcher sittenwidrig ist. Dies wurde vom Reichsgericht zunächst für den Fall angenommen, daß die »Schmiergeldzahlung« zu einem höchst unbilligen Vertrag führte, bei dem die Leistung in einem auffälligen Mißverhältnis zur Gegenleistung stand.[39] Später hat das Reichsgericht und ihm folgend der Bundesgerichtshof den Standpunkt eingenommen, die Sittenwidrigkeit des Hauptvertrages sei bereits dann gegeben, wenn dieser infolge der »Schmiergeldabrede« bzw. einer entsprechenden kollusiven Vereinbarung einen für den Geschäftsherrn des Vorteilsempfängers nachteiligen Inhalt habe.[40] Hierbei gingen die Gerichte davon aus, daß bei »Schmiergeldzahlungen« oder entsprechenden kollusiven Vereinbarungen der Beweis des ersten Anscheins dafür spreche, daß sich die jeweiligen Absprachen auf den Inhalt des Hauptvertrages in einer für den Geschäftsherrn nachteiligen Weise ausgewirkt haben.[41]

3.3. Schrifttum

Während ein Teil des Schrifttums der von der Rechtsprechung entwickelten Linie folgt[42], vertritt die überwiegende Ansicht den Standpunkt, eine Benachteiligung

---

39 RGZ 86, 146, 148.
40 RGZ 134, 43, 56; 136, 359, 360; BGH NJW 1989, 26, 27; WM 1990, 516, 517 = WuB IV A. § 138 BGB 1.90 *Emmerich* = NJW-RR 1990, 442, 443; OLG Köln NJW-RR 1992, 623, 624 sowie jüngst OLG Hamm NJW-RR 1997, 737 (Kollusion bei Darlehensvergabe).
41 RGZ 136, 359, 360 f.; 161, 229, 233; BGH NJW 1962, 1099, 1100; WM 1988, 1380 = NJW 1989, 26, 27.
42 *Hefermehl*, in: Soergel, Bürgerliches Gesetzbuch, Bd. 1, 12. Aufl. 1987, § 138 Rdn. 183; *Baumbach/Hefermehl*, a. a. O. (Fn. 12), § 12 Rdn. 25; *Nienstedt*, a. a. O. (Fn. 4), S. 29. Noch

des hintergangenen Geschäftsherrn sei oft nicht nachzuweisen. Es müsse diesem deshalb überlassen bleiben, das Geschäft analog § 177 BGB zu genehmigen[43]. Zudem lasse sich auf diese Weise vermeiden, daß Verträge, die der Geschäftsherr auch nach Kenntniserlangung von der »Schmiergeldabrede« noch für günstig halte, automatisch nichtig seien.

Noch weiter geht eine dritte von *Hopt/Mülbert* vertretene Ansicht. Sie argumentieren, daß die Rechtsfolge der Nichtigkeit sich bei Darlehensverträgen gerade zu Lasten des schutzwürdigen Geschäftsherrn auswirke. Denn wenn der Darlehensnehmer und ein Kreditsachbearbeiter sittenwidrig zusammenwirkten, stünde der Bank bei Annahme der Nichtigkeit nur ein Konditionsanspruch gegen den Kreditnehmer zu. Die Bank verliere unter Umständen die für die vertraglichen Ansprüche bestellten Sicherheiten, da es sich bei dem Konditionsanspruch um eine andere Art des Anspruchs handele und die für das Darlehen bestellten Sicherheiten sich nur auf den Konditionsanspruch erstreckten, wenn dies vereinbart sei und der Bürge auch für diese Ansprüche haften wollte. Aus diesem Grund kommen sie zu dem Ergebnis, daß Sittenwidrigkeit des gesamten Darlehensvertrages »dabei kaum einmal angenommen werden könne«.[44] Im Falle der von *Hopt/Mülbert* vertretenen Ansicht fehlt es daher regelmäßig an der Sittenwidrigkeit des Darlehensvertrags, so daß nach Auszahlung der Darlehensvaluta von einem wirksamen Vertrag auszugehen ist. Diese Ansicht verlangt also nicht einmal eine ausdrückliche oder stillschweigende Genehmigung des durch eine Schmiergeldabrede zustande gekommenen Darlehensvertrags.

3.4. Würdigung der Standpunkte in Rechtsprechung und Schrifttum

Die von der Rechtsprechung abweichenden Ansichten sind von dem Bestreben geleitet, den Vertragspartner zu schützen, hinter dessen Rücken die Schmiergeldabsprachen oder kollusiven Vereinbarungen getroffen wurden. Der Geschäftsherr solle nicht noch dadurch bestraft werden, daß der Hauptvertrag als sittenwidrig behandelt werde und an seine Stelle lediglich ein möglicherweise nicht mehr durchsetzbarer Konditionsanspruch trete. Diese Argumentation leuchtet ein,

---

weiter geht *Köhler/Piper*, a. a. O. (Fn. 6), § 12 Rdn. 26, der eine regelmäßige Nichtigkeit des Hauptvertrags annimmt, wenn die Benachteiligung des Geschäftsherrn bezweckt war.
43 *Staudinger/Sack*, a. a. O. (Fn. 6), § 134 Rdn. 299; § 138 Rdn. 473; *Brox*, in: Erman, BGB-Handkommentar, Bd. 1, 9. Aufl. 1993, § 138 Rdn. 68, AK BGB/*Damm*, a. a. O. (Fn. 26), § 138 Rdn. 176; *Palandt/Heinrichs*, a. a. O. (Fn. 25), § 138 Rdn. 63; für ein Wahlrecht auch *Schneider*, JbFSt. 1983/84, 178, der dies allerdings nicht auf die Analogie zu § 177 BGB, sondern auf den Einwand unzulässiger Rechtsausübung stützen will; offen gelassen bei *Staudinger/Dilcher*, a. a. O. (Fn. 16), § 138 Rdn. 54.
44 *Hopt/Mülbert*, Kreditrecht: Sonderausgabe von Staudinger, Kommentar zum Bürgerlichen Gesetzbuch, 1989, § 607 Rdn. 295; ähnlich eng formuliert *Baumbach/Hefermehl*, a. a. O. (Fn. 12), § 12 Rdn. 25 a. E.

solange man nur die Interessen der am Hauptvertrag Beteiligten betrachtet. Hier erscheint der Geschäftsherr, hinter dessen Rücken die anderen Beteiligten kollusiv und sittenwidrig zusammenwirkten, als allein schutzwürdige Partei. Die Interessenlage ändert sich jedoch in dem Moment, in dem man schützenswerte Interessen Dritter in die Betrachtung einbezieht.

Vom Schrifttum nur unzureichend berücksichtigt bleibt zunächst das Interesse der Allgemeinheit an der Unterdrückung und Sanktionierung des »Schmiergeldunwesens«. Dieses Schutzgut wird von der Rechtsprechung stets hervorgehoben und seine Berechtigung wird auch vom Schrifttum nicht geleugnet. Will man Korruption nachhaltig bekämpfen, so liegt es nahe, sämtlichen in Zusammenhang mit Korruption stehenden Rechtsgeschäften die Wirksamkeit zu versagen. Demgegenüber müssen die Interessen des Geschäftsherrn zurücktreten[45]. Denn dieser ist, anders als offenbar vom überwiegenden Schrifttum unterstellt, kein unbeteiligter Dritter. Immerhin beruht der Vertrag auf dem sittenwidrigen Handeln seines Vertreters oder Sachwalters, der Einfluß auf die Gestaltung der in seinem Betriebe zustandekommenden Verträge hat. Das Handeln dieser Personen fällt also durchaus in den Risiko- und Verantwortungsbereich des Geschäftsherrn.

Neben den Interessen der Allgemeinheit an der Unterdrückung des »Schmiergeldunwesens« sind aber vor allem die Interessen der Sicherungsgeber, wie etwa Bürgen, zu berücksichtigen. Sofern sie von der »Schmiergeldabsprache« oder dem kollusiven Zusammenwirken keine Kenntnis hatten, werden sie gerade nur für solche Verbindlichkeiten bürgen wollen, die unter vernünftigen kaufmännischen Erwägungen und ohne Rechtsverstoß zustande gekommen sind. Man könnte natürlich argumentieren, der Bürge gebe seine Bürgschaftserklärung auf der Grundlage einer ihm in ihrem Inhalte bekannten Schuld oder auf dem Boden eines ihm vorgelegten fertigen Vertrags ab. Er wisse demnach genau, für was er bürge. Es brauche ihn daher nicht zu interessieren, wie die Hauptschuld zustande gekommen sei. Diese Argumentation übersieht jedoch, daß der von »Schmiergeldabsprachen« beeinflußte Abschluß des Hauptvertrages auf Umständen beruhen kann und regelmäßig sogar beruht, die sich negativ auf die Abwicklung des Hauptvertrages und damit auf sein Bürgenrisiko auswirken können. Oft kommt der Hauptvertrag überhaupt nur zustande, weil einer der Vertreter des Geschäftsherrn »geschmiert« wurde. Der Bürge trägt in diesem Fall ein erhöhtes Risiko, daß sich gerade die Umstände auswirken, bei deren Kenntnis der hintergangene Geschäftsherr den Vertrag nicht geschlossen hätte.

---

45 Im Ergebnis ebenso BFHE 74, 165, 170 sowie OLG Düsseldorf BauR 1997, 122, das bei einem Anspruch aus §§ 823 Abs. 2 BGB, 266 StGB ein tatbestandsausschließendes Einverständnis des geschädigten Geschäftsherrn verneinte, da Schmiergeldabreden immer sittenwidrig seien. Auch bei § 299 StGB kann es kein tatbestandsausschließendes Einverständnis des Geschäftsherrn geben, da diese Norm nicht nur den Geschäftsherrn, sondern auch Wettbewerber schützt, vgl. *Nienstedt*, a. a. O. (Fn. 4), S. 9 m. w. N.

Dieser Fall macht zugleich ein Weiteres deutlich. Die Gründe, die einen Geschäftsherrn zum Festhalten an einem »schmiergeldbeeinflußten« Hauptvertrag oder zu dessen Genehmigung veranlassen können, beseitigen keineswegs das Risiko des Bürgen, das diesem mit den ihm unbekannten Umständen des Zustandekommens des Hauptvertrages angelastet wird. Denn der Geschäftsherr wird selbst an einem für ihn erheblich nachteiligen Vertrag festhalten, wenn die Rückabwicklung des Vertrags nach Bereicherungsrecht höhere Ausfallrisiken aufwirft als die Aufrechterhaltung oder Genehmigung des Vertrags, die zumindest die Inanspruchnahme von Sicherungsgebern ermöglicht. Die Bevorzugung der Interessen des Bürgen bedeutet in dieser Situation allerdings die Benachteiligung des ebenfalls von einer »Schmiergeldabsprache« oder einer kollusiven Vereinbarung benachteiligten Geschäftsherrn. Dies ist jedoch sachgerecht, stammt doch einer der an der Korruption Beteiligten aus seiner Unternehmens- und Risikosphäre.

Aus alledem folgt, daß die von Rechtsprechung und Schrifttum vertretenen Positionen rechtlich ganz erheblichen Bedenken unterliegen. Macht man die Aufrechterhaltung des Hauptvertrages ausschließlich vom möglichen nachteiligen Inhalt für den Geschäftsherrn oder von der Genehmigung des Geschäftsherrn abhängig, bleiben die genannten Drittinteressen gänzlich unberücksichtigt. Sind für die Forderungen aus dem Hauptvertrag Sicherheiten bestellt, ist nicht mehr die Gewähr dafür gegeben, daß es zu einer vertretbaren Risikoverteilung unter den drei Parteien kommt. Denn die Interessen des Dritten werden beim Abstellen auf den eventuell nachteiligen Inhalt des Vertrags (so die Rechtsprechung) oder bei den Erwägungen des Geschäftsherrn im Hinblick auf eine Genehmigung des Vertrags (so das überwiegende Schrifttum) bislang nicht einbezogen. Soweit das Schrifttum dem Geschäftsherrn eine Genehmigungsoption einräumt, übersieht es zudem, daß gerade die Existenz von Sicherungsrechten die Entscheidung des Geschäftsherrn sachwidrig beeinflussen kann. Denn ggf. wird der Geschäftsherr einen ihm objektiv nachteiligen Vertrag – zugleich zum gesamtwirtschaftlichen Schaden – genehmigen.

Demgegenüber erlaubt der Standpunkt der Rechtsprechung immerhin noch die Beurteilung der Nachteiligkeit des Hauptvertrages unter objektiven Gesichtspunkten. Denn der Ansatz schließt aus, daß der Geschäftsherr nur deshalb an einem nachteiligen Vertrag festhält, weil er sich vorhandener Bürgen bedienen kann. Der Bürge kann die Sittenwidrigkeit des Hauptvertrags bei seiner Inanspruchnahme einwenden. Auch wenn die Rechtsprechung bislang Drittinteressen nicht ausdrücklich einbezogen hat, ist ihr Ansatz aufgrund vorstehender Überlegungen demjenigen des Schrifttums überlegen und vorzugswürdig.

3.5. Alternative Lösungen?

Ein weiterer Weg, auf dem sich die Interessen der als Sicherungsgeber an einem Hauptvertrag beteiligten Dritten einbeziehen ließen, könnte darin bestehen, Sicherungsrechte für Verbindlichkeiten aus Verträgen, die auf der Basis sittenwidriger »Schmiergeldabreden« oder kollusiver Vereinbarungen zustande gekommen sind, als unwirksam zu betrachten. Dies würde, wenn man der Rechtsprechung folgt, die Beurteilung nachteiliger Auswirkungen der sittenwidrigen Absprachen auf den Hauptvertrag erleichtern und objektivieren. Folgt man hingegen dem Schrifttum, böte dieser Weg den Vorteil, daß eine rechtlich und ökonomisch akzeptable Anreizstruktur bei der Genehmigung des Vertrags bestünde, da sich die Beurteilung des Geschäftsherrn ganz auf die Bedingungen des Hauptvertrages selbst konzentrieren müßte. Dieser Vorschlag stellt jedoch einen zu weitgehenden Eingriff in die Vertragsfreiheit dar. Denn sehr oft werden Sicherungsrechte gerade auch für den Fall gewährt, daß sich der Hauptvertrag später als nichtig erweist. Die Sicherungsrechte erfassen dann mögliche Kondiktionsansprüche. Wollte man die Nichtigkeit automatisch auf diese Sicherungen erstrecken, würde man sich über den Willen der Parteien hinwegsetzen und ein Geschäft erfassen, das von der Schmiergeldabrede gerade unbeeinflußt war.

3.6. Zwischenergebnis

Als Zwischenergebnis ist damit festzuhalten, daß die Ansicht der Rechtsprechung zu den Auswirkungen von »Schmiergeldabreden« oder kollusiven Vereinbarungen auf den Hauptvertrag den im Schrifttum vertretenen Ansichten vorzuziehen ist. Der Beweis des ersten Anscheins spricht für die nachteiligen Auswirkungen der sittenwidrigen Absprache auf den Hauptvertrag. Gelingt dem Vertragspartner, der an der Schmiergeldabrede beteiligt war, die Entkräftung des Anscheinsbeweises nicht, ist der Hauptvertrag als sittenwidrig und damit als nichtig anzusehen. Gelingt die Entkräftung, ist der Vertrag wirksam.

Allerdings ist eine weitere Einschränkung dieses Zwischenergebnisses geboten, auf die im folgenden Abschnitt noch näher einzugehen sein wird: Die Annahme der Sittenwidrigkeit des Hauptvertrags gerade im Interesse der Allgemeinheit und der Rechtsordnung an einer nachhaltigen Bekämpfung des »Schmiergeldunwesens« darf nicht dazu führen, daß eine der unmittelbar an der Korruption beteiligten Parteien aus der Sanktion der Nichtigkeit Vorteile zieht.

3.7. Anfechtung

Aus dem soeben Dargelegten folgt, daß der Hauptvertrag regelmäßig nichtig sein wird. Gelingt es dem Schmierer ausnahmsweise zu beweisen, daß das Schmiergeld keine nachteiligen Auswirkungen auf den Hauptvertrag hatte, kommt eine Nichtigkeit nach § 138 BGB nicht in Betracht.

Möglich ist jedoch eine Anfechtung wegen arglistiger Täuschung gemäß § 123 Abs. 1 BGB. Dabei wird man eine Pflicht zur Offenbarung der Tatsache annehmen können, daß der Vertragspartner dem Angestellten des Geschäftsherrn eine Belohnung verspricht[46]. Wenn schon die Tatsache, daß ein Makler dem Vertragspartner verschweigt, daß er von beiden Seiten entlohnt wird[47], offenbarungspflichtig ist, muß dies erst recht für den Fall gelten, daß ein den Vertragsschluß anbahnender Angestellter und der Vertragspartner kollusiv zusammenwirken. In diesem Fall sind beide offenbarungspflichtig[48]. Da der Beauftragte kein neutraler Dritter, sondern Vertreter einer Vertragspartei ist, kommt § 123 Abs. 1 BGB und nicht dessen Absatz 2 zur Anwendung[49].

4. Auswirkungen der Schmiergeldabrede auf Folgeverträge

Unterstellt man, daß es nicht gelingt, den Anscheinsbeweis für die nachteiligen Auswirkungen der kollusiven Vereinbarung auf den Hauptvertrag zu entkräften oder gar den Gegenbeweis anzutreten, ist der Hauptvertrag nichtig. Es stellt sich die Frage, welche Konsequenzen die Nichtigkeit auf mögliche Folgeverträge hat. Als Beispiel soll zunächst die Absatzkette dienen (sogleich unter 4.). Sodann wird auf mögliche Sicherungsrechte zurückzukommen sein. Dabei soll wiederum die Bürgschaft als Beispiel dienen (nachfolgend unter 4.). Anschließend wird auf den Einwand der unzulässigen Rechtsausübung eingegangen, der auch im Hinblick auf andere Vertragstypen relevant ist (nachfolgend unter 4.)

---

46 RGZ 107, 208, 211; BGH WM 1991, 1086, 1087 = NJW 1991, 1819 f.; mit zust. Anm. *Siegburg*, EWiR § 276 BGB 5/91, 871; *Köhler/Piper*, a. a. O. (Fn. 6), § 12 Rdn. 26; *Schneider*, JbFSt. 1983/84, 178; a. A. *Baumbach/Hefermehl*, a. a. O. (Fn. 8), Vor § 12 Rdn. 3, wonach den Schmierer keine Pflicht zur Offenbarung der Bestechung treffe.

47 MünchKomm/*Kramer*, a. a. O. (Fn. 25), § 123 Rdn. 17 m. w. N.

48 Ob eine generelle Offenbarungspflicht von Schmiergeldangeboten an Arbeitnehmer besteht, ist streitig, vgl. *Blomeyer*, a. a. O. (Fn. 37), § 51 Rdn. 85 m. w. N. Davon zu unterscheiden ist jedoch der Fall, daß der Arbeitnehmer eine Pflichtverletzung begangen und das Schmiergeldangebot angenommen hat. In diesem Fall ist er m. E. offenbarungspflichtig.

49 RGZ 107, 208, 211; *Köhler/Piper*, a. a. O. (Fn. 6), § 12 Rdn. 26; a. A. *Baumbach/Hefermehl*, a. a. O. (Fn. 12), Vor § 12 Rdn. 3, § 12 Rdn. 24, wonach § 123 Abs. 2 BGB einschlägig sei. Die von ihm als Beleg zitierte Entscheidung RGZ 134, 43 ff., betraf aber den Fall, daß ein Angestellter bestochen wurde, der nicht unmittelbar in die Vertragsverhandlungen eingeschaltet war und nur deshalb vom RG als Dritter i. S. d. Abs. 2 eingeordnet werden konnte. Offen gelassen bei *Schneider*, JbFSt. 1983/84, 178.

4.1. Die für Folgeverträge maßgeblichen Rechtsgrundsätze

a) Selbständigkeit der Rechtsgeschäfte

Die Praxis zeigt, daß der Hauptvertrag nur selten ein isoliertes Geschäft darstellt. Korruption betrifft sehr oft Unternehmen, bei denen der von einer Schmiergeldabrede betroffene Vertrag Teil eines komplexen Systems von Rechtsbeziehungen ist. Es stellt sich damit die Frage, ob die Nichtigkeit des von einer Schmiergeldabrede betroffenen Vertrags auch Auswirkungen auf die übrigen wirtschaftlich zusammenhängenden Verträge hat. Als Beispiel soll ein Unternehmen dienen, das in eine Kette von Zuliefer- und Abnehmerverträge eingebunden ist und bei dem eine Schmiergeldabrede im Hinblick auf einen Zuliefervertrag entdeckt wird.

Die Wirksamkeit separat geschlossener Verträge ist grundsätzlich für jeden Vertrag gesondert zu prüfen. Es handelt sich rechtlich gesehen um eigenständige Schuldverhältnisse, mögen diese auch wirtschaftlich eng zusammenhängen. Infolge dessen hat die Nichtigkeit des einen Vertrags nicht automatisch die Nichtigkeit oder Anfechtbarkeit des anderen zur Folge. Insbesondere berechtigt die Tatsache, daß ein zeitlich früherer Vertrag sich als durch Schmiergelder beeinflußt entpuppt, nicht zur Anfechtung späterer Verträge, die mit anderen Vertragspartnern geschlossen wurden. Denn die Wirksamkeit des früheren Vertrags ist ein unbeachtliches Motiv für das später geschlossene Geschäft[50]. Kommt es infolge der Nichtigkeit des früheren Vertrags zu einer Leistungsstörung in einem der späteren Verträge, findet insoweit das allgemeine Leistungsstörungsrecht Anwendung, auf das hier nicht näher einzugehen ist.

b) Ausnahmen

Der soeben dargestellte Grundsatz erfährt gewisse Durchbrechungen, sofern mehrere Verträge inhaltlich so eng miteinander zusammenhängen, daß die Nichtigkeit des einen auch die Nichtigkeit des anderen Geschäfts zur Folge haben soll. Die Vertragspartner können eine solche Rechtsfolge im Wege der Vereinbarung einer auflösenden Bedingung erreichen. Auch bei Fehlen einer solchen ausdrücklichen Verklammerung der Geschäfte können die Umstände auf einen entsprechenden Willen der Parteien schließen lassen. Insoweit kann auf die zu § 139 BGB entwickelten Maßstäbe zurückgegriffen werden. Nach § 139 BGB kann die Nichtigkeit eines Teils eines Rechtsgeschäfts dazu führen, daß das Rechtsgeschäft insgesamt nichtig ist, wenn nicht anzunehmen ist, daß die Parteien es auch ohne den nichtigen Teil geschlossen hätten. Um eine Gesamtnichtigkeit zweier Verträge

---

50 Anders gelagert ist dagegen der Fall, daß die Schmiergeldabrede auch für die Folgeverträge in der Lieferkette unmittelbar relevant war, also die Schmiergeldabrede der Beeinflussung sowohl der Haupt- wie der Folgeverträge diente. Streng genommen handelt es sich dann aber nicht mehr um Haupt- und Folgevertrag, sondern um zwei Hauptverträge, die nach den dafür oben entwickelten Grundsätzen zu beurteilen sind.

annehmen zu können, ist die Einheitlichkeit der Rechtsgeschäfte und die fehlende Abtrennbarkeit des nichtigen vom restlichen Teil erforderlich.

aa) Einheitlichkeit

Das Rechtsgeschäft muß trotz seiner Teilbarkeit ein einheitliches sein. Dies ist bei Abschluß eines einzigen Vertrags ohne weiteres anzunehmen. Beim Abschluß mehrerer Rechtsgeschäfte in verschiedenen Verträgen ist die Einheitlichkeit dagegen im Einzelfall festzustellen. Ein bloßer zeitlicher, wirtschaftlicher oder persönlicher Zusammenhang zwischen mehreren Rechtsgeschäften reicht allein nicht aus, um die Einheitlichkeit zu begründen. Notwendig ist, daß mehrere Rechtsgeschäfte zu einem wirtschaftlich einheitlichen zusammengefaßt werden. Entscheidend ist der Wille der Parteien. Dieser muß zum Zeitpunkt des Vertragsschlusses darauf gerichtet sein, daß die äußerlich zwar getrennten, innerlich aber zusammenhängenden Geschäfte miteinander stehen oder fallen sollen[51].

Für die Annahme eines solchen Zusammenhangs ist es nicht nötig, daß die Verträge durch rechtsgeschäftliche Bedingungen aneinander gekoppelt wurden. Dies ist nur eine denkbare Möglichkeit zur Begründung der Einheitlichkeit. Vielmehr reicht der bereits erwähnte Einheitlichkeitswille der Parteien zum Zeitpunkt des Vertragsschlusses, der unter Berücksichtigung der Interessen der Parteien und der Verkehrssitte zu ermitteln ist[52].

Der Wille braucht nur bei einer Partei vorhanden zu sein, wenn er für die andere erkennbar war und von ihr gebilligt oder zumindest hingenommen wurde[53]. Dabei bildet die wirtschaftliche Zusammengehörigkeit ein wichtiges Indiz[54]. Ist ein Einheitlichkeitswille nicht festzustellen, kann sich die Einheitlichkeit aus dem Sinn und Zweck der getrennten Rechtsgeschäfte ergeben. Einheitlichkeit liegt dann vor, wenn sich ergibt, daß zwischen den Rechtsgeschäften ein solcher sachlicher Zusammenhang besteht, daß die Geschäfte jeweils für sich allein keine Selbständigkeit besitzen und nur als Einheit eine vernünftige Regelung gewährleisten[55].

Die Beurkundung in einem Vertragsdokument ist keine Voraussetzung für die Annahme der Einheitlichkeit. Die Zusammenfassung in einer Urkunde begründet die Vermutung, daß beide Geschäfte zusammengehören. Dagegen begründet die

---

51 BGHZ 50, 8, 13 = WM 1968, 441; BGH LM Nr. 34 zu § 139; *Soergel/Hefermehl*, a. a. O. (Fn. 42), § 139 Rdn. 17.
52 *Soergel/Hefermehl*, a. a. O. (Fn. 42), § 139 Rdn. 17.
53 BGH LM Nr. 46 zu § 139 BGB; *Soergel/Hefermehl*, a. a. O. (Fn. 42), § 139 Rdn. 17.
54 *Soergel/Hefermehl*, a. a. O. (Fn. 42), § 139 Rdn. 17.
55 *Larenz/Wolf*, Allgemeiner Teil des deutschen bürgerlichen Rechts, 8. Aufl. 1997, § 45 Rdn. 8; MünchKomm/*Mayer-Maly*, a. a. O. (Fn. 25), § 139 Rdn. 14; *Soergel/Hefermehl*, a. a. O. (Fn. 42), § 139 Rdn. 17.

getrennte oder nur teilweise Beurkundung einen Anscheinsbeweis dafür, daß die Geschäfte nach dem Parteiwillen voneinander unabhängig sein sollten[56]. Dieser wird noch nicht dadurch entkräftet, daß die Geschäfte wirtschaftlich zusammenhängen und gleichzeitig vereinbart wurden oder das eine in der Erwartung geschlossen wurde, auch das andere werde zustandekommen. Entscheidend ist das schon erwähnte Kriterium des sachlichen Zusammenhangs, der so stark sein muß, daß die Geschäfte nur als Einheit eine vernünftige Regelung gewährleisten.

Auch die Tatsache, daß an den Rechtsgeschäften verschiedene Personen beteiligt waren, spricht nicht gegen die Einheitlichkeit[57].

bb) Teilbarkeit der einheitlichen Rechtsgeschäfte

Eine Nichtigkeit des als einheitlich zu qualifizierenden Rechtsgeschäfts kann nur angenommen werden, wenn sich der nichtige Teil nicht abtrennen läßt. Anders formuliert: Um eine bloße Teilnichtigkeit i. S. d. § 139 BGB begründen zu können, ist weitere Voraussetzung, daß das Rechtsgeschäft ohne den nichtigen Teil für sich bestehen kann. Ohne Teilbarkeit kann auch keine Teilnichtigkeit vorliegen, sondern das Geschäft ist insgesamt nichtig[58]. Ist das Geschäft allein aufgrund des Parteiwillens zu einer Einheit verbunden, wird es sich in den meisten Fällen trennen lassen. Dies gilt insbesondere im Hinblick auf zwei äußerlich getrennte, aber einheitliche Geschäfte, von denen eines sittenwidrig ist und das andere nicht[59].

cc) Hypothetischer Parteiwille

Läßt sich das einheitliche Geschäft trennen, kommt es auf die Frage an, ob die Parteien den wirksamen Teil auch ohne den nichtigen Teil geschlossen hätten. Bei einer Lieferkette haben alle Beteiligten der Kette ein Interesse daran, daß die Unwirksamkeit eines Vertrags nicht die ganze Kette erfaßt. Die Beteiligten kennen nur ihre jeweiligen Vertragspartner und werden deshalb nicht die Risiken aus ihnen inhaltlich unbekannten Geschäften übernehmen wollen. Im Ergebnis wird sich die Gesamtnichtigkeit von Zuliefer- und Abnahmevertrag nur in seltenen Ausnahmefällen begründen lassen.

---

56 *Staudinger/H. Roth*, a. a. O. (Fn. 6), § 139 Rdn. 41; *Soergel/Hefermehl*, a. a. O. (Fn. 42), § 139 Rdn. 18.
57 BGH WM 1955, 690; 1966, 899; *Soergel/Hefermehl*, a. a. O. (Fn. 42), § 139 Rdn. 22.
58 *Soergel/Hefermehl*, a. a. O. (Fn. 42), § 139 Rdn. 23.
59 BGH LM Nr. 8 zu § 139 BGB; *Staudinger/H. Roth*, a. a. O. (Fn. 6), § 139 Rdn. 62; *Soergel/Hefermehl*, a. a. O. (Fn. 42), § 139 Rdn. 24.

4.2. Auswirkungen der Nichtigkeit des Hauptvertrags auf Sicherungsrechte

a) Fragestellung und Meinungsstand

Im Gegensatz zur Lieferkette sind Sicherungsrechte wirtschaftlich und oft auch rechtlich wesentlich enger mit dem Hauptvertrag verbunden. Im folgenden sollen die Auswirkungen der Nichtigkeit des Hauptvertrags auf Folgeverträge daher am Beispiel der – akzessorischen – Bürgschaft untersucht werden. Die Bürgschaft setzt das Bestehen der besicherten Hauptschuld voraus. Ist diese unwirksam, so ist auch die Bürgschaft unwirksam[60]. Wurde die Darlehensvaluta bereits ausgezahlt, tritt an die Stelle des vertraglichen Rückzahlungsanspruchs ein Konditionsanspruch aus § 812 Abs. 1 S. 1 BGB. Das wirft die oben schon angedeutete Frage auf, ob dieser Kondiktionsanspruch von der Bürgschaft mitumfaßt ist.

Rechtsprechung und Schrifttum stimmen darin überein, daß sich eine Bürgschaft nicht in jedem Fall und automatisch auch auf den Bereicherungsanspruch erstreckt, der dem Darlehensgeber im Falle eines nichtigen Darlehensvertrages gegen den Darlehensnehmer zusteht.[61] Dafür spricht schon der Umstand, daß sich die Forderung aus einem Kondiktionsanspruch nach Rechtsnatur und Inhalt von der ursprünglichen vertraglichen Forderung aus dem Hauptvertrag unterscheidet[62]. Maßgeblich ist der Inhalt der Bürgschaftserklärung. Ergibt sich aus dieser, daß sie Bereicherungsansprüche mitumfaßt, so haftet der Bürge ungeachtet der Nichtigkeit der Hauptschuld.[63] Die an den Inhalt der Bürgschaftserklärung zu stellenden Anforderungen sind jedoch umstritten. Ein Teil des Schrifttums[64] und das OLG Stuttgart[65] verlangen eine ausdrückliche Erklärung, wonach die

---

60 MünchKomm/*Habersack,* a.a.O. (Fn. 25), § 765 Rdn. 62.
61 Siehe BGH JZ 1987, 883, 885; OLG Stuttgart WM 1985, 349, 357 = WuB I E 1. – 9.85 *Münstermann* = NJW 1985, 498 m. Anm. Lindacher; *Schmitz,* in: Schimansky/Bunte/Lwowski (Hrsg.), Bankrechts-Handbuch, 1997, § 91 Rdn. 47; *Reifner,* Handbuch des Kreditrechts, 1991, § 42 Rdn. 131 m. w. N., spricht sogar davon, die h. M. ginge davon aus, daß den »üblicherweise gegebenen Bürgschaftsversprechen« nicht entnommen werden könne, sie sollten »auch für den Bereicherungsanspruch bei Sittenwidrigkeit des Hauptvertrages gelten«. Zur Hypothek *Reinicke/Tiedtke,* Kreditsicherung, 3. Aufl. 1994, S. 294; *Erman/Brox,* a.a.O. (Fn. 43), § 138 Rdn. 68.
62 RG JW 1911, 653, 654; *Tiedtke,* JZ 1987, 853, 856; a. A. *Rimmelspacher,* Kreditsicherungsrecht, 2. Aufl. 1987, Rdn. 714 f.
63 RGZ 95, 125, 126; BGH JZ 1987, 883, 885; im Ergebnis auch OLG Stuttgart WM 1985, 349, 357 = WuB I E 1. – 9.85 *Münstermann* = NJW 1985, 498 m. zust. Anm. *Lindacher; Staudinger/Horn,* a.a.O. (Fn. 16), § 765 Rdn. 30; § 767 Rdn. 13; MünchKomm/*Habersack,* a.a.O. (Fn. 25), § 765 Rdn. 62; *Reinicke/Tiedtke,* a.a.O. (Fn. 61), S. 25 f.; *Tiedtke,* JZ 1987, 853, 856; *Bülow,* Recht der Kreditsicherheiten, 4. Aufl. 1997, Rdn. 820.
64 *Tiedtke* JZ 1987, 853, 856 ff.; *Reinicke/Tiedtke,* a.a.O. (Fn. 61), S. 25 ff.
65 Das OLG Stuttgart WM 1985, 349, 357 = WuB I E 1. – 9.85 *Münstermann* = NJW 1985, 498 n. Anm. Lindacher, ging davon aus, der BGH habe diese spezielle Frage bislang nicht entschieden. Die zeitlich spätere Entscheidung des BGH vom 12. 2. 1987 (JZ 1987, 883, 885) spricht

Bürgschaft auch Kondiktionsansprüche erfasse. Der BGH will dagegen eine solche Erstreckung auch dann annehmen, wenn sie sich im Wege der Auslegung der Bürgschaftserklärung[66] oder im Wege der ergänzenden Vertragsauslegung[67] ergebe.

Bei der Auslegung der Bürgschaftsvereinbarung ist nach der Ansicht des BGH unter anderem danach zu unterscheiden, ob sich der Bürge eher gefälligkeitshalber mitverbürgte oder ob er mit der Bürgschaft wirtschaftliche Zwecke verfolgte. Solche Zwecke lägen etwa vor, wenn der Darlehensnehmer die besicherte Darlehenssumme für die Erfüllung einer gegenüber dem Bürgen bestehenden Schuld verwende.[68] Bei der ergänzenden Vertragsauslegung soll die Erstreckung der Bürgschaft auf Kondiktionsansprüche jedenfalls nicht allein auf den Gedanken gestützt werden können, der Darlehensgeber und Bürgschaftsgläubiger habe »keinerlei Risiko laufen wollen«; vielmehr liege es nahe, bei der mit der ergänzenden Vertragsauslegung verbundenen Risikoverteilung die Gründe der Nichtigkeit der Hauptschuld im Einzelfall mitzuberücksichtigen[69].

Weiterhin ist bei der Auslegung der Bürgschaftserklärung die Tatsache einzubeziehen, daß es sich bei der Bürgschaft um ein äußerst risikoreiches Geschäft handelt. Es darf deshalb verlangt werden, daß sich die Hauptschuld eindeutig identifizieren läßt. Ist dies nicht der Fall, so muß dies zu Lasten des Bürgschaftsgläubigers und Darlehensgebers gehen. Dies gilt erst recht, wenn der Bürgschaftsvertrag formularmäßig von dem Bürgschaftsgläubiger und Darlehensgeber vorformuliert wurde[70]. Die gleiche Überlegung folgt auch aus § 5 AGBG,[71] wonach Zweifel bei der Auslegung der Allgemeinen Geschäftsbedingungen zu Lasten des Verwenders gehen.

In der Praxis sehr oft anzutreffen sind Bürgschaftserklärungen, in denen der Bürge auf die Einreden aus § 770 BGB verzichtet und die Bürgschaft damit auch auf den Fall erstreckt wird, daß die Hauptschuld noch durch Anfechtung beseitigt

---

sich eindeutig gegen diesen Standpunkt aus, weshalb es fraglich ist, ob das OLG an seiner Rechtsprechung festhalten würde.
66 BGH JZ 1987, 883, 885 m. w. N.
67 BGH JZ 1987, 883, 884 li. Sp., letzter Abs. Kritisch vor allem dazu *Tiedtke*, JZ 1987, 853, 856 ff.
68 BGH JZ 1987, 883, 885.
69 BGH JZ 1987, 883, 884 li. Sp., letzter Abs.
70 Siehe BGHZ 76, 187, 189 f. = WM 1980, 741 = NJW 1980, 1459; OLG Hamm WM 1987, 1277, 1278 = WuB I F 1 a. – 1.88 *Schröter* = NJW 1987, 2521 f. m. w. N.; a. A. wohl *Wagenknecht*, in: Hellner/Steuer, Bankrecht und Bankpraxis, Rdn. 4/1063. Zu Recht weist *Reifner*, a. a. O. (Fn. 61), § 42 Rdn. 132, auch darauf hin, daß jede »extensive Auslegung ... mit dem Grundsatz der Bestimmtheit und dem Erfordernis deutlicher Verankerung im schriftlichen Vertragstext ... nicht vereinbar« sei.
71 Die Anwendung dieser Vorschrift ist nach § 24 AGBG selbst dann nicht ausgeschlossen, wenn die Bedingungen gegenüber einem Kaufmann verwendet werden (§ 24 Nr. 1 AGBG).

werden oder der Hauptschuldner aufrechnen kann. Aus einer solchen Vertragsbedingung folgt jedoch noch nicht, daß die Urkunde weit auszulegen ist: Selbst für den Fall, daß die Bürgschaftserklärung sich kraft ausdrücklicher Formulierung auch auf »vertragliche Sekundäransprüche« erstreckt, hat es die Rechtsprechung abgelehnt, dadurch Bereicherungsansprüche als von der Bürgschaft miterfaßt anzusehen.[72] Die an die Bürgschaftserklärung zu stellenden Anforderungen sind also nach beiden Ansichten so hoch, daß sich in der Praxis keine nennenswerten Unterschiede aus der Position der Rechtsprechung und der des Schrifttums ergeben dürften.

b) Ergänzende Vertragsauslegung

Damit stellt sich die abschließende Frage, ob eine Erstreckung der Bürgschaft auf Kondiktionsansprüche im Wege der ergänzenden Vertragsauslegung begründet werden kann. Diesen Weg hatte der BGH in dem bereits genannten Urteil[73] aufgezeigt.

Die ergänzende Vertragsauslegung setzt eine Regelungslücke voraus. Die Rechtsprechung sieht eine solche Lücke bereits darin, daß die Parteien bei Vertragsschluß nicht mit der Möglichkeit der Nichtigkeit des Darlehensvertrages rechneten und deshalb mit ihren Vereinbarungen auch keine abschließende Regelung hätten treffen wollen.[74] Dies mag für Bürgschaften unter Privatleuten zutreffen. Bei einem Bankhaus, dessen Geschäfte zu einem erheblichen Teil in der Vergabe von Krediten besteht, muß es jedoch bezweifelt werden, daß die Bank nicht die Möglichkeit der Nichtigkeit des Darlehensvertrages in die Gestaltung ihrer Sicherungsgeschäfte einbezieht. Eine Regelungslücke wird daher nur schwerlich anzunehmen sein.

Unterstellt man den gegenteiligen Standpunkt und folgt der Linie Rechtsprechung, die trotz der Professionalität des Kreditgewerbes noch Raum für eine ergänzende Vertragsauslegung läßt, kommt man dennoch zu einem vergleichbaren Ergebnis.

Denn die Rechtsprechung bezieht, wie oben dargelegt, auch die Gründe der Nichtigkeit ein. Sie nimmt bei der ergänzenden Vertragsauslegung eine Risikoverteilung vor, in dem sie berücksichtigt, aus wessen Sphäre die Nichtigkeitsgründe stammen. So soll beispielsweise die Risikoverteilung zu Lasten der kreditgebenden Bank ausfallen, wenn diese die Nichtigkeit des Hauptvertrags zu verantworten hat, weil sie »bei der Ausgestaltung der Kreditkonditionen einseitig ihre eigenen Interessen zu Lasten der Kreditnehmer verfolgt hat«.[75]

---

72 OLG Hamm WM 1987, 1277, 1278 = WuB I F 1 a. – 1.88 *Schröter* = NJW 1987, 2521 f. m. w. N.
73 BGH JZ 1987, 883, 884; a. A. *Tiedtke*, JZ 1987, 853, 856.
74 BGH JZ 1987, 883, 884 li. Sp., letzter Abs.
75 BGH JZ 1987, 883, 884 r. Sp., 1. Abs.

Überträgt man diesen Grundsatz auf den Fall der Schmiergeldabrede zwischen Kreditsachbearbeiter und Darlehensnehmer, so stammen die Sittenwidrigkeitsgründe teilweise aus der Sphäre der Bank und nicht aus der des Bürgen. Der Bürge ist hinsichtlich der Sittenwidrigkeitsgründe als gänzlich unbeteiligter Dritter zu betrachten. Insoweit ist es unvertretbar, dem Bürgen die Folgen eines Verhaltens anzulasten, die aus dem kollusiven Zusammenwirken von Kreditnehmer mit Vertretern oder Angestellten des Kreditgebers resultieren. Die Rechtsprechung würde dies bei der ergänzenden Vertragsauslegung berücksichtigen. Denn ein an der Schmiergeldabrede unbeteiligter Bürge wird sich kaum für solche Forderungen verbürgen wollen, die aus einem Fehlverhalten der Angestellten oder Vertreter der kreditgebenden Bank resultieren; ein solch hypothetischer Parteiwille läßt sich schwerlich behaupten. In der Praxis wird sehr häufig ein zweites Argument hinzutreten, das bereits oben im Zusammenhang mit der Auslegung der Bürgschaftserklärung erwähnt wurde. Hat der Bürge kein eigenes wirtschaftliches Interesse an der Vergabe des Darlehens[76], ist der Vertrag eng auszulegen. Dies muß auch im Rahmen der ergänzenden Vertragsauslegung Berücksichtigung finden.

c) Zwischenergebnis

Aus alledem folgt, daß im Wege der ergänzenden Vertragsauslegung die Bürgschaft nur dann auf Kondiktionsansprüche erstreckt werden wird, wenn der Bürge an der kollusiven Absprache beteiligt war oder zumindest Kenntnis von ihr hatte[77]. Im übrigen wird die ergänzende Vertragsauslegung zu dem Ergebnis führen, daß die kreditgebende Bank das Risiko der Nichtigkeit des Darlehensvertrags zu tragen hat, wenn die Nichtigkeit auf dem sittenwidrigen Verhaltens eines ihrer Mitarbeiter beruht.

Als Konsequenz aus dem Urteil des BGH vom 12. 2. 1987[78] haben manche Banken ihre formularmäßigen Bürgschaftsverträge ausdrücklich auf Kondiktionsansprüche erstreckt[79], eine Praxis, die der BGH in seinem Urteil vom 21. 11. 1991[80] als AGB-rechtlich unbedenklich eingestuft hat. Ob sich dieses Urteil in einer Änderung der Bürgschaftsbedingungen der Banken niedergeschlagen hat, läßt sich derzeit nicht mit Sicherheit feststellen. Gängige Vertragsmuster enthalten jedenfalls bis heute keine derartige ausdrückliche Erstreckung der Bürgschaft auf Kondiktionsansprüche[81].

---

76 Ein solches läge etwa vor, wenn die Darlehensvaluta dazu dient, Schulden des Kreditnehmers beim Bürgen zu tilgen.
77 So im Ergebnis auch RG HRR 1935, Nr. 838.
78 BGH JZ 1987, 883.
79 Vgl. den Sachverhalt von BGH WM 1992, 135 f. = WuB I F 1 a. – 6.92 *Hammen* = NJW 1992, 1234 und *Graf Lambsdorff/Skora*, Handbuch des Bürgschaftsrechts, 1994, Rdn. 182 a. E.
80 BGH WM 1992, 135 ff. = WuB I F 1 a. – 6.92 *Hammen* = NJW 1992, 1234, 1235 f.
81 Vgl. etwa *Wagenknecht*, a. a. O. (Fn. 70), Rdn. 4/1063, 4/1244, 4/1245; *Lwowski*, in: Bankrechts-Handbuch, a. a. O. (Fn. 61), Anhang zu § 91.

4.3. Einwand der unzulässigen Rechtsausübung

Folgeverträge teilen – wie oben gezeigt – nicht automatisch das Schicksal des Hauptvertrags, der im Regelfall nichtig ist. In den meisten Fällen erweisen sich die Folgeverträge trotz wirtschaftlicher Zusammenhänge als rechtlich unabhängig, so daß die Sittenwidrigkeit von Schmiergeldabrede und Hauptvertrag nicht auf sie durchschlägt. Im folgenden ist daher zu untersuchen, ob die Schmiergeldabrede Anlaß zur Erhebung anderer Einreden oder Einwendungen in bezug auf Folgeverträge sein kann. Diese Frage stellt sich insbesondere im Hinblick auf Sicherungsgeschäfte. Denn als Folge einer sich möglicherweise ändernden Praxis der Banken werden sich Bürgen, die formularmäßige Bürgschaftsverträge unterzeichnet haben, nicht mehr darauf berufen können, die Bürgschaft erfasse keine Kondiktionsansprüche. Infolge dessen gewinnt für Bürgen die Frage an Bedeutung, ob ihm andere Einwände gegen seine Inanspruchnahme zustehen können. In Betracht kommt der Einwand der unzulässigen Rechtsausübung, der am Beispiel der Bürgschaft untersucht wird. Die gefundenen Ergebnisse lassen sich aber sinngemäß auch auf andere Formen der Kreditsicherung übertragen.

aa) Verletzung von Sorgfaltspflichten

Der Bürge könnte den Einwand der unzulässigen Rechtsausübung erheben, mit dem Argument, der Gläubiger habe seine gegenüber dem Bürgen bestehenden Sorgfaltspflichten verletzt. Deshalb stehe dem Bürgen ein Anspruch aus positiver Forderungsverletzung zu, so daß der Gläubiger die ihm aus der Bürgschaft zustehende Leistung unmittelbar als Schadensersatz zurückgewähren müsse (»dolo agit, qui petit, quod statim rediturus est«).

Dieser Einwand setzt einen Anspruch des Bürgen aus positiver Forderungsverletzung voraus und damit das Bestehen von Sorgfaltspflichten des Gläubigers gegenüber dem Bürgen. Während die Rechtsprechung solche Sorgfaltspflichten unter Hinweis auf die Motive grundsätzlich verneint, im Einzelfall aber durchaus Ausnahmen akzeptiert hat, ist es im Schrifttum anerkannt, daß den Gläubiger ein Mindestmaß an Rücksichtnahme- und Sorgfaltspflichten treffen kann.[82] Vor allem ist man sich darin einig, daß der Gläubiger nicht arglistig die Interessen des Bürgen beeinträchtigen darf.[83]

Läßt sich ein Angestellter einer Bank von einem Kreditnehmer ein »Schmiergeld« versprechen, beeinträchtigt dies die Interessen des Bürgen. Denn die Schmiergeldabrede bedingt die Gefahr einer – unsorgfältigen oder sachfremden Erwägungen folgenden – Prüfung der Kreditwürdigkeit des Kreditnehmers. Dadurch wird das Risiko des Eintritts des Bürgschaftsfalls nachhaltig erhöht. Grundsätzlich

---

82 MünchKomm/*Habersack*, a. a. O. (Fn. 25), § 765 Rdn. 84 f.
83 *Staudinger/Horn*, a. a. O. (Fn. 16), § 765 Rdn. 47.

dient die Bonitätsprüfung durch den Gläubiger nur dessen eigenen Interessen. Gerade im Geschäftsleben soll eine Bürgschaft sehr oft die fehlende Kreditwürdigkeit des Schuldners ausgleichen. Die von der Bank aufgewendete Sorgfalt dient daher grundsätzlich den eigenen Interessen und soll nicht den Bürgen schützen.[84] Dem Bürgen kann jedoch im Einzelfall der Einwand des Rechtsmißbrauchs gegenüber der Bank zustehen.[85] Ein solcher spezieller Fall läge etwa dann vor, wenn es sich bei einer unbefangenen Prüfung der Verhältnisse des Darlehensnehmers geradezu aufgedrängt hätte, daß dieser kreditunwürdig ist. Da die Anforderungen an die Gläubiger nicht überspannt werden sollten, dürfte dieser Einwand allerdings nur unter außergewöhnlichen Umständen greifen. Falls sich solche Verhältnisse nachweisen ließen, müßte der Kreditgeber sich über § 278 BGB das Verhalten seines Angestellten zurechnen lassen.

Kann der Bürge solche außergewöhnlichen Umstände nicht beweisen, dürfte ihm angesichts der restriktiven Haltung der Rechtsprechung und des Schrifttums der Einwand des Rechtsmißbrauchs nicht zustehen. So reicht die bloß unsorgfältige durchgeführte Bonitätsprüfung nicht aus, um den Einwand zu begründen. Dies ist sachgerecht, da andernfalls nicht nur das durch Schmiergeldabreden gesteigerte, sondern auch das mit jeder Bürgschaft verbundene »normale« Risiko auf den Darlehensgeber abgewälzt würde. Mit anderen Worten, nur wenn der Zusammenhang zwischen einem Fehlverhalten bei der Darlehensvergabe durch den Darlehensgeber (und seine Angestellten) und der Schmiergeldabrede offensichtlich ist, greift der Einwand[86].

bb) Geltendmachung einer durch unerlaubte Handlung erlangten Forderung

Der Bürge könnte den in § 853 BGB niedergelegten Einwand der unzulässigen Rechtsausübung geltend machen, falls der Darlehensgeber den Anspruch gegen den Bürgen durch eine unerlaubte Handlung erlangt hätte. Ein Schadensersatzanspruch des Bürgen gegen den Darlehensgeber käme in Betracht, wenn dessen Angestellte oder Organmitglieder an der Schmiergeldabrede beteiligt waren und dem Darlehensgeber dieses Verhalten zuzurechnen ist.

Als Anspruchsgrundlage kommt § 823 Abs. 2 BGB i. V. m. § 299 StGB in Betracht. Letzterer ist zwar als Schutzgesetz anerkannt; sein Schutzbereich erfaßt jedoch nur Mitbewerber[87]. Da der Bürge gerade nicht in einem Wettbewerbsverhältnis

---

84 *Staudinger/Horn*, a. a. O. (Fn. 16), § 765 Rdn. 47.
85 *Palandt/Sprau*, a. a. O. (Fn. 25), § 765 Rdn. 9; *Staudinger/Horn*, a. a. O. (Fn. 16), § 765 Rdn. 47, § 776 Rdn. 3.
86 Daneben können dem Bürgen Ansprüche aus positiver Forderungsverletzung zustehen, falls ihm ein über die Pflicht zur Erfüllung des Folgevertrags hinausgehender Schaden entstanden sein sollte.
87 *Baumbach/Hefermehl*, a. a. O. (Fn. 12), § 12 Rdn. 23; *Köhler/Piper*, a. a. O. (Fn. 6), § 12 Rdn. 25.

steht, kann er sich nicht auf diese Norm berufen. Auch der Anspruch aus § 1 UWG kommt ihm deshalb nicht zugute.

Es könnte eine vorsätzliche sittenwidrige Schädigung des Bürgen nach § 826 BGB vorliegen. Dazu müßte der »geschmierte« Angestellte zumindest damit gerechnet haben, daß der Kreditnehmer seine Verpflichtungen nicht werde erfüllen können und es billigend in Kauf genommen haben[88], daß der Bürge für die Erfüllung der Darlehensschuld mitaufkommen muß. Zwar trägt der Bürge stets das Risiko einer Inanspruchnahme; es ist dem Angestellten jedoch als sittenwidriges und zumindest bedingt vorsätzliches Verhalten vorzuwerfen, wenn er es von vornherein für höchst wahrscheinlich hielt, daß der Darlehensschuldner seinen Forderungen nicht werde nachkommen können, die Kreditvergabe aber wegen des Schmiergelds dennoch beeinflußte oder ermöglichte.

Ein entsprechender bedingter Vorsatz des Angestellten oder Organmitglieds ist nicht ohne weiteres nachzuweisen, doch schließt die Rechtsprechung mitunter zum Nachweis vorsätzlichen Handelns von den objektiven Umständen auf die subjektive Einstellung. Die äußeren Umstände bei Schmiergeldabsprachen im Kreditgeschäft lassen einen derartigen Rückschluß durchaus zu. Derjenige, der ein »Schmiergeld« akzeptiert, um eine Kreditvergabe auf den Weg zu bringen, muß davon ausgehen, daß der Kreditnehmer unter normalen Umständen nicht kreditwürdig ist oder einen Kredit nicht in der fraglichen Höhe oder zu akzeptablen Konditionen erhielte. Wer angesichts solcher Umstände eine Kreditvergabe herbeiführt, die durch Bürgschaften gutgläubiger Dritter abgesichert ist, nimmt den Schaden des Bürgen billigend in Kauf. Ein Anspruch aus § 826 BGB kann damit vorliegen. Entscheidend ist in jedem Fall, daß der Empfänger des Schmiergelds einen maßgeblichen Einfluß auf die Kreditvergabe hatte und der Kredit ohne ihn nicht gewährt worden wäre.

Dem Darlehensgeber wird das widerrechtliche Verhalten seiner Angestellten zugerechnet. Er kann die Haftung dadurch abwenden, daß er den Entlastungsbeweis gemäß § 831 Abs. 1 Satz 2 BGB antritt. Dieser Beweis ist in den meisten Fällen nicht schwer zu führen. Er könnte nur daran scheitern, daß der Darlehensgeber schon vor der aktuellen Schmiergeldabrede Anhaltspunkte für unredliches und/oder untreues Verhalten des Angestellten hatte und deshalb möglicherweise seine Überwachungspflichten verletzt hat. Handelt es sich bei dem Darlehensgeber um eine Handelsgesellschaft, wird ihr das Verhalten ihrer Organmitglieder gemäß § 31 BGB zugerechnet, ohne daß die Möglichkeit eines Entlastungsbeweises offenstünde.

---

88 Zur Verwirklichung des Tatbestandes des § 826 BGB genügt bedingt vorsätzliches Handeln; siehe etwa MünchKomm/*Mertens*, a. a. O. (Fn. 25), § 826 Rdn. 61.

Dem Bürgen kann also im Einzelfall der Einwand der unzulässigen Rechtsausübung zustehen[89].

4.4. Zwischenergebnis

Wie die Beispiele der Lieferkette und der Bürgschaft gezeigt haben, dürften in der Praxis die allermeisten Folgeverträge trotz einer Schmiergeldabrede in bezug auf den Hauptvertrag wirksam sein. Nur in Ausnahmesituationen erfaßt die Sittenwidrigkeit auch den Folgevertrag. Sofern die Schmiergeldabrede auch zu einer Verletzung der Sorgfaltspflichten gegenüber dem Vertragspartner des Folgevertrags geführt hat oder ihm gegenüber eine unerlaubte Handlung begangen wurde, steht dem Geschädigten der Einwand unzulässiger Rechtsausübung zu. Dieser Einwand wird ihm dann nützen, wenn er aus dem Folgevertrag in Anspruch genommen werden soll, obwohl dieser Vertrag für ihn wegen der Schmiergeldabrede nicht mehr von Interesse oder gar nachteilig ist. Die akzessorischen Sicherungen sind Beispiel für eine solche Interessenlage. Allerdings sei nochmals betont, daß die Anforderungen an den Nachweis einer unzulässigen Rechtsausübung nur recht schwer darzulegen sein werden. Ob der spezielle Einwand, Kondiktionsansprüche seien von der Bürgschaft bzw. der Hypothek nicht erfaßt, geltend gemacht werden kann, hängt von der Formulierung der Bedingungen der Sicherung ab.

5. Ansprüche des Geschäftsherrn

5.1. Abwehransprüche

a) § 1 i. V. m. § 13 Abs. 2 UWG

aa) Schmiergeldversprechen erfüllen den Tatbestand des § 1 UWG. Während § 299 StGB das Schmieren eines Angestellten oder Beauftragten eines geschäftlichen Betriebs verbietet, erfaßt § 1 UWG nicht nur dieses Verhalten, sondern zusätzlich das Schmieren von Privaten. Wer beispielsweise im geschäftlichen Verkehr zu Zwecken des Wettbewerbs Geschenke an Angestellte eines Privaten macht, versucht, einen *Vorteil durch Rechtsbruch* zu erlangen und verstößt damit gegen § 1 UWG[90].

Bei einem Verstoß gegen § 1 UWG besteht gegen den Schmierer und gegen den Geschmierten ein (verschuldensunabhängiger) Anspruch auf Unterlassung der

---

89 Daneben können ihm Ansprüche aus Delikt zustehen, falls ihm ein Schaden entstanden sein sollte, der über die reine Pflicht zur Erfüllung des Folgevertrags hinausgeht.
90 *Baumbach/Hefermehl*, a. a. O. (Fn. 8), Vor § 12 Rdn. 2.

Angestelltenbestechung bzw. auf Entgegennahme von Schmiergeldern sowie ein entsprechender Beseitigungsanspruch[91]. Der Anspruch gegen den Schmierer steht den in § 13 Abs. 2 UWG genannten Gewerbetreibenden, Verbänden und Kammern zu. Daneben ist der unmittelbar verletzte Mitbewerber aktivlegitimiert[92].

bb) § 13 Abs. 4 UWG dehnt den Anwendungsbereich des Unterlassungsanspruchs nach § 1 UWG aus. Während § 13 Abs. 2 i. V. m. § 1 UWG nur den Anspruch gegen die Person des Bestechenden selbst regelt, gewährt Abs. 4 einen zusätzlichen Anspruch gegen den Betriebsinhaber, dessen Angestellter schmiert. Hintergrund dieser Erweiterung ist die Tatsache, daß Verstöße der Angestellten zu Zwecken des Wettbewerbs dem sie beschäftigenden Betrieb zugute kommen. Ohne § 13 Abs. 4 UWG stünde dem Verletzten gegenüber dem Betriebsinhaber nur ein deliktischer Anspruch in den Grenzen des § 831 BGB zu. Der Inhaber könnte relativ leicht den Entlastungsbeweis führen, wenn er die sorgfältige Auswahl und Überwachung des Angestellten darlegt. Im Ergebnis wäre er in der Lage, sich bei ihm günstigen Wettbewerbsverstößen leicht hinter dem Angestellten zu verschanzen[93]. Um dies zu verhindern, erfaßt Absatz 4 daher auch solche Verstöße, die die Angestellten ohne sein Wissen und gegen seinen Willen begangen haben. Dabei wird der Begriff des Angestellten oder Beauftragten weit ausgelegt[94].

cc) Ob Wiederholungsgefahr vorliegt, wird sich danach richten, welche Einstellung der Täter zeigt[95].

b) § 1004 BGB

Neben dem wettbewerbsrechtlichen Anspruch steht dem Verletzten der verschuldensunabhängige quasinegatorische Abwehranspruch aus § 1004 Abs. 1 BGB analog gegen den Schmiergeldgeber und den Geschmierten zu, da Schmiergelder einen Eingriff in den eingerichteten und ausgeübten Gewerbebetrieb darstellen[96].

§ 13 Abs. 2 UWG gewährt den dort Genannten keine Aktivlegitimation im Hinblick auf den Anspruch aus § 1004 BGB[97]. Denn dieser zivilrechtliche Anspruch dient allein der Durchsetzung individualrechtlicher und nicht wettbewerblicher

---

91 Bis August 1997 bestanden derartige Ansprüche gegen den Schmierer und gegen den Geschmierten zusätzlich aus §§ 12, 13 Abs. 1 und 4 UWG. Da diese Ansprüche sich auch auf § 1 UWG stützen ließen, hat der Gesetzgeber diese Doppelung der Ansprüche durch eine Änderung des § 13 UWG abgeschafft, vgl. Fn. 5 m. w. N.
92 *Baumbach/Hefermehl*, a. a. O. (Fn. 8), § 1 Rdn. 912.
93 BGH GRUR 1980, 116, 117–Textildrucke; 1990, 1039, 1040 – Anzeigenauftrag; *Baumbach/ Hefermehl*, a. a. O. (Fn. 8), § 13 Rdn. 60 m. w. N.; *Köhler/Piper*, a. a. O. (Fn. 6), § 13 Rdn. 29.
94 Einzelheiten bei *Baumbach/Hefermehl*, a. a. O. (Fn. 8), § 13 Rdn. 64 ff. m. w. N.
95 *Baumbach/Hefermehl*, a. a. O. (Fn. 12), § 12 Rdn. 22 m. w. N.; generell zur Wiederholungsgefahr *ders.*, Einl. UWG Rdn. 262 ff. sowie *Köhler/Piper*, a. a. O. (Fn. 6), Vor § 13 Rdn. 3 ff.
96 *Baumbach/Hefermehl*, a. a. O. (Fn. 12), § 12 Rdn. 24.
97 *Baumbach/Hefermehl*, a. a. O. (Fn. 8), § 13 Rdn. 3.

Belange und steht daher nur dem Verletzten zu[98]. Die in § 13 Abs. 2 UWG genannten Verbände können daher Ansprüche aus § 1004 BGB nur geltend machen, soweit sie selbst geschädigt sind, nicht aber auch, soweit ihre Mitglieder Opfer der Schmiergeldabrede sind[99].

5.2. Schadensersatzansprüche

a) Vertragliche Ansprüche

Bestehen zwischen dem Bestechenden und dem Geschäftsherrn vertragliche Beziehungen, stellt die Schmierung eines Angestellten des Geschäftsherrn eine schuldhaft begangene positive Vertragsverletzung dar. Der Schmierende macht sich schadensersatzpflichtig. Sind die vertraglichen Beziehungen nur angebahnt (oder sind sie aufgrund der Schmiergeldabrede nichtig, s. o. 3.), kommt ein Anspruch aus culpa in contrahendo in Betracht[100].

Auch der Geschmierte begeht regelmäßig eine positive Vertragsverletzung, da er die Pflichten aus seinem Arbeitsvertrag[101] oder aus dem ihm erteilten Auftrag verletzt. Ist er Organmitglied einer juristischen Person, verletzt er seine Organpflichten[102].

b) Deliktische Ansprüche

Die Bestechung eines Angestellten stellt einen Eingriff in den eingerichteten und ausgeübten Gewerbebetrieb nach § 823 Abs. 1 BGB dar[103]. Daneben verwirklicht sie den Tatbestand des § 823 Abs. 2 BGB; als Schutzgesetze kommen die §§ 263, 266, 299 StGB in Betracht. Wie oben bereits gezeigt wurde, kann zusätzlich auch ein Anspruch aus § 826 BGB gegeben sein[104]. Daneben steht dem Verletzten ein Anspruch aus § 1 UWG zu[105].

§ 13 Abs. 2 UWG gewährt den dort Genannten keine Aktivlegitimation im Hinblick auf die Ansprüche aus §§ 823, 826 BGB[106]. Diese dienen allein der Durch-

---

98 BGH GRUR 1959, 244–Versandbuchhandlung; GRUR 1962, 315, 319 – Miederwoche.
99 *Baumbach/Hefermehl*, a. a. O. (Fn. 8), § 13 Rdn. 3.
100 BGH WM 1991, 1086 ff. = NJW 1991, 1819 ff. mit zust. Anm. *Siegburg*, EWiR § 276 BGB 5/91, 871.
101 Vgl. statt vieler *Zöllner/Loritz*, Arbeitsrecht, 5. Aufl. 1998, § 13 I 3; *Krause*, AR-Blattei SD 220.2.1. Rdn. 145 jeweils m. w. N.
102 Kölner Komm/*Mertens*, Aktiengesetz, 2. Aufl. 1988, § 93 Rdn. 62; *Schneider*, in: Scholz, GmbHG, 8. Aufl. 1993, § 43 Rdn. 148; *ders.*, JbFSt 1983/84, 184 f.
103 *Baumbach/Hefermehl*, a. a. O. (Fn. 12), § 12 Rdn. 24.
104 Ebenso MünchKomm/*Mertens*, a. a. O. (Fn. 25), § 826 Rdn. 189.
105 Der früher in §§ 12, 13 Abs. 6 Nr. 2 UWG niedergelegte Schadensersatzanspruch wurde gestrichen, vgl. Fn. 5 m. w. N.
106 *Baumbach/Hefermehl*, a. a. O. (Fn. 8), § 13 Rdn. 3.

setzung individualrechtlicher Belange und stehen daher nur dem Verletzten zu[107]. Die in § 13 Abs. 2 UWG genannten Verbände können solche Ansprüche nur geltend machen, soweit sie selbst geschädigt sind, nicht aber auch, soweit ihre Mitglieder Opfer der Schmiergeldabrede sind[108].

c) Gesamtschuld, Schaden, Mitverschulden und Beweislast

Der Schmierer und der geschmierte Angestellte haften dem Geschäftsherrn als Gesamtschuldner. In bezug auf vertragliche Ansprüche ergibt sich das aus der Tatsache ihrer Tatbeteiligung, denn nur durch ihr Zusammenwirken kam es zu der Pflichtverletzung[109]. Die für eine Gesamtschuld nötige Gleichstufigkeit liegt also in der Mitverursachung des Schadens[110]. Bei den deliktischen Ansprüchen sind die §§ 830, 840 BGB einschlägig.

Als Schäden kommen etwa Mindereinnahmen in Betracht, weil der Angestellte in Vertretung des Geschäftsherrn nachteilige Konditionen vereinbart hat. Lassen sich diese nicht genauer feststellen, kann der Geschäftsherr einen Mindestschaden in Höhe des Vorteils geltend machen, der dem Angestellten gewährt wurde. Denn der Schmierende wird den Vorteil nur gewähren, wenn er sich von dem Verhalten des Angestellten eine Ersparnis verspricht, die größer ist, als das Schmiergeld[111].

Der Schädiger könnte den Einwand des Mitverschuldens erheben, da der Angestellte des Geschäftsherrn sich hat bestechen lassen und dieses Fehlverhalten dem Geschäftsherrn über § 278 BGB zuzurechnen sein könnte. Dieser Einwand übersieht jedoch, daß der Bestechende gerade das Fehlverhalten des Angestellten in die Wege geleitet hat und hierin die Pflichtverletzung des Bestechenden besteht. Die Pflichtverletzung selber kann den Schädiger nicht entlasten.

Die Beweislast liegt beim Geschädigten, doch spricht der Beweis des ersten Anscheins dafür, daß das Bestechungsgeld den gewünschten Erfolg hatte und der Geschäftsherr daher einen Schaden erlitten hat[112].

---

107 BGH GRUR 1959, 244–Versandbuchhandlung; GRUR 1962, 315, 319 – Miederwoche.
108 *Baumbach/Hefermehl*, a. a. O. (Fn. 8), § 13 Rdn. 3.
109 Ebenso *Nienstedt*, a. a. O. (Fn. 4), S. 49.
110 BGHZ 43, 227, 230 = WM 1965, 427, 428; 59, 97, 101; BGH WM 1991, 599, 601 = NJW 1991, 1683, 1685.
111 BGH NJW 1962, 1099; WM 1991, 1086, 1088 = NJW 1991, 1819, 1820; mit zust. Anm. *Siegburg*, EWiR § 276 BGB 5/91, 871; MünchKomm/*Mertens*, a. a. O. (Fn. 25), § 826 Rdn. 75; wohl auch *Baumbach/Hefermehl*, a. a. O. (Fn. 12), § 12 Rdn. 24.
112 *Nienstedt*, a. a. O. (Fn. 4), S. 30 ff. m. w. N.; wohl auch *Baumbach/Hefermehl*, a. a. O. (Fn. 12), § 12 Rdn. 23 (»tatsächliche Vermutung«). Das OLG Düsseldorf, BauR 1997, 122, 123, will sogar die Beweislast umkehren; der Geschmierte müsse beweisen, daß dem Geschäftsherrn kein Nachteil entstanden sei.

5.3. Herausgabe des Schmiergelds

Ob der Geschäftsherr von seinem Vertreter oder einem durch die Schmiergeldabrede begünstigten Dritten die Herausgabe des Schmiergeldes verlangen kann, ist streitig[113]. Das Reichsgericht und ihm folgend der BGH haben einen solchen Anspruch auf §§ 675, 667 BGB gestützt[114], da der Geschäftsherr die Gefahren der Geschäftsführung trage und ihm daher auch alle Vorteile aus ihr zustehen müßten. Ein Teil des Schrifttums kritisiert diesen Ansatz, da die Bestechung nur *anläßlich* der Geschäftsbesorgung erfolge[115]. Sie leitet den Anspruch aus §§ 687 Abs. 2 S. 1, 681 S. 2, 667 BGB her, da der Beauftragte oder Angestellte sich einen Vorteil anmaße, der eigentlich dem Geschäftsherrn zustehe[116]. Denn der Schmierer wolle gerade günstigere Konditionen im Vertrag mit dem Geschäftsherrn erreichen; der finanzielle Vorteil des Angestellten reduziere also die Verpflichtungen des Schmierers gegenüber dem Geschäftsherrn und führe zu einer Umverteilung zu Lasten des letzteren[117]. Eine dritte Ansicht lehnt auch diesen Weg ab[118], da das Schmiergeld nicht objektiv zum Rechtskreis des Geschäftsherrn gehöre.

Das Argument, Schmiergelder würden nur anläßlich der Geschäftsführung erlangt, überzeugt schon deshalb nicht, weil der Beauftragte das Schmiergeld gerade

---

113 Nach § 73 Abs. 1 Satz 2 StGB geht der Anspruch des Verletzten dem strafrechtlichen Verfall vor. Dem trägt § 111 k StPO im Strafverfahren Rechnung. Anders kann die Situation beim erweiterten Verfall nach §§ 302, 73 d StGB sein, auf dessen Kommentierung verwiesen wird, vgl. *Eser*, in: Schönke/Schröder, StGB, 25. Aufl. 1997, § 73 d Rdn. 6 f.
114 RGZ 99, 31, 32; BGHZ 38, 171, 175; OLG Hamm DB 1978, 2215; ebenso *Palandt/Thomas*, a. a. O. (Fn. 25), § 667 Rdn. 3; *Staudinger/Dilcher*, a. a. O. (Fn. 16), § 138 Rdn. 54; *Staudinger/Wittmann*, a. a. O. (Fn. 6), § 667 Rdn. 9; *Soergel/Hefermehl*, a. a. O. (Fn. 42), § 138 Rdn. 182; *Steffen*, in: Reichsgerichtsräte-Kommentar, Das Bürgerliche Gesetzbuch, Bd. II. 4, 12. Aufl. 1978, § 667 Rdn. 7; *Zöllner/Loritz*, a. a. O. (Fn. 101), § 13 I 3.
115 *Baumbach/Hefermehl*, a. a. O. (Fn. 12), § 12 Rdn. 26; offenbar auch *Staudinger/Martinek*, a. a. O. (Fn. 6), § 675 Rdn. A 68.
116 BAG AP Nr. 1 und 4 zu § 687 BGB jeweils mit zust. Anm. *Isele*; BAG Nr. 5 zu § 687 BGB; *Rietschel*, LM Nr. 16 zu § 667 BGB; *Baumbach/Hefermehl*, a. a. O. (Fn. 12), § 12 Rdn. 26; *Dilcher*, JZ 1963, 510; *Blomeyer*, a. a. O. (Fn. 37), § 51 Rdn. 94; a. A. BGB-RGRK/*Steffen*, a. a. O. (Fn. 114), § 687 Rdn. 12. Unrichtig ist die Entscheidung BGHZ 39, 1, 3 = GRUR 1963, 320 – Ladeneinrichtung = AP Nr. 2 zu § 687 m. Anm. *Isele*, die sowohl den Anspruch aus §§ 675, 667 BGB als auch den aus §§ 687 Abs. 2, 681, 667 BGB bejaht. Diese Wege bestehen jedoch nur alternativ, vgl. *Dilcher*, JZ 1963, 510.
117 Dies ist unstreitig für den Fall, daß das Schmiergeld geringer als die Ersparnis des Schmierers ist. Ist das Schmiergeld höher, soll der Arbeitnehmer den Überschuß nach Ansicht von *Blomeyer*, a. a. O. (Fn. 37), § 51 Rdn. 94 behalten dürfen. Dies überzeugt nicht, denn ansonsten würde man ein rechtswidriges Verhalten des Angestellten belohnen und gleichsam eine geltungserhaltende Reduktion einführen; kritisch auch *Nienstedt*, a. a. O. (Fn. 4), S. 19 f.
118 MünchKomm/*Seiler*, a. a. O. (Fn. 25), § 667 Rdn. 17 m. w. N., § 687 Rdn. 16 m. w. N. Diese Ansicht übersieht *Baumbach/Hefermehl*, a. a. O. (Fn. 12), § 12 Rdn. 26, der deshalb dem Meinungsstreit keine große praktische Bedeutung zumißt.

nur deshalb erhält, weil er Vertreter des Geschäftsherrn ist und ohne diese Position das Geld nicht bekommen hätte. Der Begriff »anläßlich der Geschäftsführung« suggeriert, daß das Zusammentreffen von Geschäftsführung und Schmiergeld zufällig ist und der notwendige innere Zusammenhang zwischen dem Erlangten und der Geschäftsführung[119] fehle. Gerade dies ist nicht der Fall. Andernfalls müßte es auch Schmiergeldzahlungen außerhalb von Auftragsverhältnissen und Geschäftsbesorgungen geben. Da die Vertrauensstellung des Vertreters oder Angestellten jedoch gerade begriffsnotwendig für Schmiergeldabreden ist (s. o.), gibt es keine Schmiergeldabreden außerhalb derartiger Vertrauensstellungen. Auch aus Sicht des Bestechenden ist das Bestehen einer Geschäftsführerstellung des Beauftragten notwendig, da andernfalls das Schmiergeld nutzlos investiert würde. Die Schmiergeldzahlung ist also ein Vorteil, der wegen der Geschäftsführung erlangt wird.

Der Geschäftsführer maßt sich auch kein objektiv fremdes Geschäft i. S. d. § 687 BGB an; vielmehr verletzt er seine Pflichten aus einem bestehenden Vertragsverhältnis, wenn er Schmiergeld annimmt. Verletzungen des vertraglichen Innenverhältnisses aber führen nicht dazu, daß der gesamte Vertrag gleichsam automatisch zu einem objektiv fremden Geschäft wird[120]. Ansonsten wäre die Rechtsfigur der positiven Forderungsverletzung eines Auftrags in weiten Bereichen überflüssig. Da die Schmiergelder wegen der Geschäftsbesorgung erlangt wurden, sind sie dem Geschäftsherrn also nach §§ 675, 667 BGB herauszugeben[121]. Wurde das Schmiergeld herausverlangt, muß dies bei der Berechnung des Schadens im Hinblick auf die oben geschilderten Schadensersatzansprüche gegen den Angestellten angerechnet werden.

6. Ansprüche des Vertreters

6.1. Vorbemerkung

Während im vorangegangenen Kapitel der Fall untersucht wurde, welche Ansprüche dem Geschäftsherrn zustehen, dessen Beauftragter geschmiert wurde, ist nun der Fall zu untersuchen, daß ein Angestellter oder Vertreter im Auftrag des Vertretenen aktiv schmiert. Handelt der Vertreter auf Weisung seines Auftraggebers, kann letzterer sich nicht auf eine Verletzung der Pflichten aus dem Innenverhältnis berufen, da der Vertreter auftragsgemäß tätig wurde.

---

119 Dazu MünchKomm/*Seiler*, a. a. O. (Fn. 25), § 667 Rdn. 9.
120 BGB-RGRK/*Steffen*, a. a. O. (Fn. 114), § 687 Rdn. 6; a. A. aber *Isele* AP Nr. 4 zu § 687 unter Hinweis auf *Nipperdey*, Festschr. Böhm, 1965, S. 163 ff.
121 Zur Rechtsprechung im Hinblick auf die Herausgabepflicht bei Beamten und Angestellten des öffentlichen Dienstes siehe *Nienstedt,* a. a. O. (Fn. 4), S. 21 f. m. w. N.

6.2. Aufwendungsersatz

Fraglich ist, ob dem Vertreter ein Anspruch auf Ersatz eines verauslagten Schmiergelds nach §§ 675, 670 BGB zusteht. Dies lehnt die ganz herrschende Meinung ab, da Aufwendungen des Vertreters sich innerhalb der Rechtsordnung halten müssen. Wer schmiert, handelt auf eigenes Risiko. Diese Wertung deckt sich mit der des § 817 S. 2 BGB[122]. Auch dort kann ein Schmierer nicht die Rückzahlung des Schmiergelds verlangen, wenn die Nichtigkeit der Schmiergeldabrede offenbar wird. Der Aufwendungsersatzanspruch des Angestellten oder Vertreters ist daher abzulehnen[123], selbst wenn durch das Bestechungsgeld ein für den Auftraggeber günstiges Geschäft erreicht wurde.

7. Transnationale Bestechung

7.1. Maßgeblichkeit des Vertragsstatuts

Bestechungen und Schmiergelder sind gerade im internationalen Wirtschaftsverkehr häufig anzutreffen. Es ist daher der Frage nachzugehen, ob Schmiergeldzahlungen ins Ausland oder vom Ausland ins Inland wirksam sind[124].

Ob und inwieweit ein transnationales Rechtsgeschäft wegen Sittenwidrigkeit nichtig ist und welche Rechtsfolgen sich daran knüpfen, beurteilt sich nach dem Vertragsstatut[125].

7.2. Deutsches Sachrecht

Kommt man aufgrund einer Rechtswahlklausel oder nach Prüfung des Art. 28 EGBGB zu dem Ergebnis, daß die Bestechung eines Angestellten im Ausland sich nach deutschem Sachrecht beurteilt, gelten die in den Kapiteln 2.-6. dargelegten

---

122 *Esser/Weyers*, Schuldrecht Bd. II, 7. Aufl. 1991, § 35 III 2; *Fikentscher/Waibl*, IPRax 1987, 86, 90 m. w. N.
123 BGH NJW 1965, 293, 294; *Staudinger/Wittmann*, a. a. O. (Fn. 6), § 670 Rdn. 9; BGB-RGRK/*Steffen*, a. a. O. (Fn. 114), § 670 Rdn. 28; MünchKomm/*Seiler*, a. a. O. (Fn. 25), § 670 Rdn. 10; *Fikentscher/Waibl*, IPRax 1987, 86, 89 f.; *Esser/Weyers*, a. a. O. (Fn. 122), § 35 III 2; *Schneider*, JbFSt 1983/84, 193 f.
124 Nicht vertieft werden deliktsrechtliche oder wettbewerbsrechtliche Fragen, insbesondere, ob im Ausland erfolgte Schmiergeldzahlungen eines Inländers an ausländische Amtsträger gegen § 1 UWG verstoßen, dazu *Wurm*, Verbotene Zuwendungen im internationalen Wirtschaftsverkehr und die aktienrechtliche Haftung des Vorstands einer Aktiengesellschaft, Diss. Bonn 1989, S. 214 ff.; *Baumbach/Hefermehl*, a. a. O. (Fn. 8), Einl UWG Rdn. 176, die dies zu Recht ablehnen.
125 v. *Hoffmann*, in: Soergel, Bürgerliches Gesetzbuch, Bd. 10, 12. Aufl. 1996, Art. 31 Rdn. 23; MünchKomm/*Spellenberg*, a. a. O. (Fn. 25), Vor Art. 11 EGBGB Rdn. 153 m. w. N.

Grundsätze. Sie erfahren aufgrund der Auslandsberührung gewisse Modifikationen, die im folgenden darzustellen sind.

a) Wahl der Rechtsordnung und Sonderanknüpfung

Um Umgehungen bei Fällen ohne Auslandsbezug zu verhindern, bestimmt Art. 27 Abs. 3 EGBGB, daß auf reine Binnensachverhalte trotz der Wahl einer ausländischen Rechtsordnung das jeweils zwingende inländische materielle Recht anwendbar ist. Ob ein objektiv hinreichender Auslandsbezug vorhanden ist, wird im Wege des Rückgriffs auf die in Art. 28 EGBGB niedergelegten Kriterien (z. B. gewöhnlicher Aufenthalt, Niederlassung, Abschluß- und Erfüllungsort) ermittelt[126]. Hängt der zu beurteilende Vertrag eng mit einem zweiten Vertrag zusammen, der seinerseits einen hinreichenden Auslandsbezug aufweist, stellt dies zugleich für den ersten Vertrag den hinreichenden Auslandsbezug her[127].

Da Art. 27 Abs. 3 EGBGB eine allseitige Kollisionsnorm ist, kann sie zur Anwendung zwingenden ausländischen Rechts führen[128]. Für Schmiergeldabreden bedeutet dies, daß bei Anwendung deutschen Sachrechts anhand der genannten Kriterien der hinreichende Bezug zur deutschen Rechtsordnung zu prüfen ist. Weist die »Provisionsabrede« selbst einen solchen Bezug auf, findet das zwingende ausländische Recht keine Anwendung. Fehlt der Provisionsabrede der Bezug zum deutschen Recht, ist im nächsten Schritt zu prüfen, ob dies in bezug auf den Hauptvertrag der Fall ist. Hat dieser Vertrag eine hinreichende Verbindung zur deutschen Rechtsordnung, erfaßt dieser Bezug auch eine »Provisionsabrede«, die im Hinblick auf die Vermittlung des Hauptvertrags geschlossen wurde. Weist demgegenüber der Sachverhalt außer der Rechtswahlklausel nur Bezüge zum ausländischen Recht auf, finden dessen zwingende Normen Anwendung, also ggf. ein zwingendes Verbot der Schmiergeldzahlung.

Daneben kann sich eine Anwendung derartiger Verbote aufgrund einer Sonderanknüpfung ergeben[129]. Kommt man zu dem Ergebnis, daß keine derartigen ausländischen Regelungen einschlägig sind, stellen sich die folgenden Fragen bei der Anwendung des deutschen Sachrechts.

---

126 *Soergel/v. Hoffmann*, a. a. O. (Fn. 125), Art. 27 Rdn. 87; MünchKomm/*Martiny*, a. a. O. (Fn. 25), Art. 27 Rdn. 78.
127 MünchKomm/*Martiny*, a. a. O. (Fn. 25), Art. 27 Rdn. 78.
128 Vgl. dazu etwa *Martiny*, IPRax 1987, 277, 278.
129 Hierauf kann aus Platzgründen nicht im Detail eingegangen werden. Ob auch nach der Reform des Art. 34 EGBGB und der Nichtumsetzung des Art. 7 Abs. 1 EVÜ Sonderanknüpfungen an drittstaatliche Verbote möglich sind, ist streitig, vgl. dazu MünchKomm/*Sonnenberger*, a. a. O. (Fn. 25), Einl. Rdn. 60, 393; MünchKomm/*Martiny*, a. a. O. (Fn. 25), Art. 34 Rdn. 42 ff.; *ders.*, IPRax 1987, 277, 278 ff. sowie *Piehl*, a. a. O. (Fn. 6), S. 37 ff., der dies ablehnt und die Verbote im Rahmen des § 138 BGB berücksichtigt.

b) Anwendung von § 134 BGB?

Nach § 134 BGB ist ein Vertrag nichtig, der gegen ein gesetzliches Verbot verstößt. Es stellt sich daher die Frage, ob bei der Bestechung eines ausländischen Angestellten eine ausländische Verbotsnorm im Rahmen des §134 BGB zu berücksichtigen ist. Die Rechtsprechung und der überwiegende Teil der Literatur gehen unter Hinweis auf Art. 2 EGBGB davon aus, daß hierunter nur inländische Gesetze zu verstehen seien[130]; sie berücksichtigen die Wertung der ausländischen Verbotsnorm jedoch im Rahmen des § 138 BGB. Die Gegenansicht will auch ausländische Verbotsgesetze anwenden, soweit diese den Schutz der gleichen Interessen bezwecken wie das deutsche Verbotsgesetz (»shared values«)[131]. Da beide Ansichten auch ein ausländisches Verbot der Korruption und damit die Wertung des ausländischen Rechts berücksichtigen, ergeben sich keine praktischen Unterschiede und die Entscheidung der Kontroverse kann dahinstehen.

Auch eine Anwendung der §§ 299, 331 ff StGB scheidet aus, da diesen Strafnormen keine exterritoriale Wirkung zukommt[132]. § 299 StGB bezweckt nicht den Schutz ausländischer Märkte[133].

c) Beurteilung der Sittenwidrigkeit

Bei der Feststellung der Sittenwidrigkeit des Verhaltens ist zu beachten, daß in Fällen mit Auslandsberührung eine andere Bewertung des Verhaltens der Beteiligten gerechtfertigt sein kann[134], sofern im jeweiligen Land andere Rechts- und Moralvorstellungen gelten als in Deutschland. Denn die Einordnung eines Verhaltens als sittenwidrig setzt eine Gesamtwürdigung seines Inhalts und Zwecks[135] unter Einbeziehung der Motive der Beteiligten voraus[136]. Bei dieser Würdigung können ausländische Verbotsnormen berücksichtigt werden[137], soweit der Sach-

---

130 RGZ 161, 296, 299 f.; BGHZ 59, 82, 85; *Erne*, Vertragsgültigkeit und drittstaatliche Eingriffsnormen, Zürich 1985, S. 26 f. (Überblick über die Rechtsprechung); *Staudinger/Sack*, a. a. O. (Fn. 6), § 134 Rdn. 48; *Palandt/Heinrichs*, a. a. O. (Fn. 25), § 134 Rdn. 2; *Fikentscher/Waibl*, IPRax 1987, 86; *Hönn*, in: Gedächtnisschr. Geck, 1989, S. 330; im Ergebnis auch *Piehl*, a. a. O. (Fn. 6), S. 48 ff.
131 *Kegel*, Internationales Privatrecht, 7. Aufl. 1995, S. 851; *Großfeld/Rogers*, I. C. L. Q. 32 (1983), 941, 943 (am Beispiel des antitrust law und des Bankgeheimnisses).
132 *Piehl*, a. a. O. (Fn. 6), S. 50 ff.; *Fikentscher/Waibl*, IPRax 1987, 86.
133 BGH GRUR 1968, 587, 589–Bierexport (zum damaligen § 12 UWG).
134 *Staudinger/Sack*, a. a. O. (Fn. 6), § 138 Rdn. 491; MünchKomm/*Spellenberg*, a. a. O. (Fn. 25), Vor Art. 11 EGBGB Rdn. 154 m. w. N. Zur Schmiergeldpraxis US-amerikanischer Unternehmen siehe *Hopt*, in: Tradition und Fortschritt im Recht, Festschrift gewidmet der Tübinger Juristenfakultät zu ihrem 500 jährigen Bestehen 1977, 1977, S. 299 ff.
135 BGHZ 94, 268, 272 f. = WM 1985, 830, 831 f. = WuB IV A. § 138 BGB 2.85 *Krämer*.
136 *Fikentscher/Waibl*, IPRax 1987, 89; insoweit a. A. BGHZ 94, 272 f.
137 So wohl auch MünchKomm/*Spellenberg*, a. a. O. (Fn. 25), Vor Art. 11 EGBGB Rdn. 155, 137 ff.

verhalt zu dieser Rechtsordnung eine hinreichend enge Verbindung aufweist und das Verbot inhaltlich mit dem deutschen ordre public vereinbar ist. Zu berücksichtigen ist ferner, ob das ausländische Verbotsgesetz mittelbar auch deutsche Interessen schützt oder seine Umgehung gegen allgemein zu achtende Interessen der Völker verstößt[138].

Betrachtet man die nach diesen Kriterien in Literatur und Rechtsprechung entwickelten Positionen, zeigen sich drei Fallgruppen. Die Zahlung eines »Schmiergelds« wird dann nicht für sittenwidrig gehalten, wenn sie sich nur auf ausländische Märkte auswirkt[139] und im Empfängerstaat kein Verbot der Schmiergeldzahlung besteht[140]. Dieser Gruppe gleichgestellt wird der Fall, daß das Verbot der Schmiergeldzahlung nur auf dem Papier besteht[141], weil derartige Zahlungen vor Ort üblich sind und von den Behörden geduldet werden. Sittenwidrig ist dagegen eine Schmiergeldabrede, die gegen ein gesetzliches Verbot verstößt, das im betreffenden Staat auch faktisch durchgesetzt wird. Zu dieser Fallgruppe zu rechnen sind nicht nur Abreden über die Zahlung von Schmiergeldern, sondern auch Verträge, mit denen die Schmiergeldzahlung angebahnt wird (Vermittlungsverträge)[142].

Konnte diese Dreiteilung über lange Zeit auch als gefestigte Rechtsprechung gelten, ist dies nun fraglich. In seinem jüngsten Urteil zur Problematik hat der BGH einen anderen Maßstab angelegt und festgestellt, daß die Bestechung eines ausländischen Amtsträgers immer gemäß § 138 BGB nichtig sei, auch wenn in dem betreffenden Staat Aufträge überhaupt nur durch Bestechung der zuständigen Stellen zu erlangen seien[143]. Diesem Urteil ist ein Teil der Lehre gefolgt[144], während die übrige Literatur dem Urteil zu Recht kritisch gegenübersteht[145], weil der BGH gerade nicht hinterfragt habe, ob das Verbot der Bestechung im betreffenden Staat

---

138 *Fikentscher/Waibl*, IPRax 1987, 86; *Hönn*, a. a. O. (Fn. 130), S. 330 ff.
139 Dazu BGH GRUR 1968, 587, 589–Bierexport; *Schneider*, JbFSt. 1983/84, 180.
140 BGH GRUR 1968, 587, 588 – Bierexport; VersR 1982, 92, 93 f.; OLG Düsseldorf NJW 1974, 417; *Piehl*, a. a. O. (Fn. 6), S. 63 f.; *Erman/Brox*, a. a. O. (Fn. 43), § 138 Rdn. 68.
141 BGH GRUR 1968, 587, 588 – Bierexport; VersR 1982, 92, 93 f.; *Piehl*, a. a. O. (Fn. 6), S. 64 ff.; *Staudinger/Sack*, a. a. O. (Fn. 6), § 138 Rdn. 491; MünchKomm/*Spellenberg*, a. a. O. (Fn. 25), Vor Art. 11 EGBGB Rdn. 155; *Schneider*, JbFSt. 1983/84, 180; *Wurm*, a. a. O. (Fn. 124), S. 303.
142 BGHZ 94, 268, 273 = WM 1985, 830, 832 = WuB IV A. § 138 BGB 2.85 *Krämer*; MünchKomm/*Spellenberg*, a. a. O. (Fn. 25), Vor Art. 11 EGBGB Rdn. 155.
143 BGHZ 94, 268, 271 f. = WM 1985, 830, 831 = WuB IV A. § 138 BGB 2.85 *Krämer*; ebenso OLG Hamburg WM 1992, 1553 = NJW 1992, 635; zuvor schon *Schneider*, JbFSt. 1983/84, 181.
144 *Palandt/Heinrichs*, a. a. O. (Fn. 25), § 138 Rdn. 43; *Hönn*, a. a. O. (Fn. 130), S. 336; *Soergel/Hefermehl*, a. a. O. (Fn. 42), § 138 Rdn. 181.
145 MünchKomm/*Mayer-Maly*, a. a. O. (Fn. 25), § 138 Rdn. 14 Fn. 56; *Fikentscher/Waibl*, IPRax 1987, 86 ff.; MünchKomm/*Spellenberg*, a. a. O. (Fn. 25), Vor Art. 11 EGBGB Rdn. 155; *Brüning*, Die Beachtlichkeit des fremden ordre public, 1997, S. 146 ff., 149.

faktisch auch durchsetzt wird. Handele es sich bei dem Verbot lediglich um einen Papiertiger, wäre die Sittenwidrigkeit nicht ohne weiteres anzunehmen gewesen. Der BGH hätte deshalb den Fall zur weiteren Aufklärung des Sachverhalts zurückverweisen müssen[146].

Gerade diese Fallgruppe erweist sich in der Praxis als problematisch. Wird das Verbot der Schmiergeldzahlung effektiv durchgesetzt und verstoßen nur einzelne dagegen, ist die Sittenwidrigkeit zu bejahen. Nimmt die Zahl der Schmiergeldfälle dagegen so sehr zu, daß von einer effektiven Durchsetzung keine Rede mehr sein kann, ist schnell die Grenze erreicht, ab der man nur noch von einem Papiertiger sprechen kann[147]. Will man verhindern, daß die Rechtsverstöße einzelner im jeweiligen Staat vor unseren Gerichten als Basis für die Behauptung genutzt werden, das Schmiergeldverbot bestehe nur auf dem Papier, muß man zumindest demjenigen die Beweislast aufbürden, dem diese Behauptung nützt[148]. Außerdem birgt die Anerkennung dieser »Papiertiger-Fallgruppe« die Gefahr, daß ein illegaler Zustand sich verfestigt, den der jeweilige Staat an sich abschaffen möchte. Um dies zu verhindern, darf man bei der Beurteilung der Frage, ob das Schmiergeldverbot auf dem Papier steht, nicht allein auf die Wirtschaftspraxis im jeweiligen Staat abstellen. Sofern das ernsthafte Bemühen des Staates zur Eindämmung der Korruption erkennbar ist, muß man dies berücksichtigen und vom Bestehen eines Schmiergeldverbots ausgehen[149].

Die Anerkennung einer »Papiertiger-Fallgruppe« erweist sich auch noch aus anderen Gründen als problematisch, worauf *Rohe* zutreffend hinweist[150]. Es sei sicherlich legitim, die eigene Wirtschaft nicht durch im internationalen Vergleich zu strenge Maßstäbe überproportional zu belasten. Mittelfristig aber könne der so erlangte Exportvorteil zum Nachteil für die heimische Wirtschaft werden, wenn deutsche Unternehmen sich im Ausland nicht mehr um Aufträge bemühten, weil die Kosten wegen der Schmiergelder nicht mehr kalkulierbar seien und das Unternehmen deshalb die etwa bei Großprojekten hohen Vorlaufkosten scheue. Auch werde der Exportvorteil dann eingebüßt, wenn sich Mitbewerber einfänden, deren Wettbewerbssitten noch rüder seien. Schließlich weist *Rohe* noch auf den

---

146 *Fikentscher/Waibl*, IPRax 1987, 88; MünchKomm/*Spellenberg*, a. a. O. (Fn. 25), Vor Art. 11 EGBGB Rdn. 155. Seit der jüngst erfolgten Verabschiedung des Gesetzes zur Bekämpfung der internationalen Korruption (siehe Fn. 154) kommt es bei der Bestechung ausländischer Amtsträger auf die effektive Durchsetzung des Verbots im Ausland allerdings nicht mehr an.
147 Auf diese Schwierigkeit weist der BGH in einem früheren Urteil selbst hin, BGH VersR 1982, 92, 93 r. Sp.
148 BGH WM 1986, 209, 211; *Piehl*, a. a. O. (Fn. 6), S. 65 f.
149 Diesen Gedanken verdanke ich Herrn Prof. Dr. *Rohe*, Erlangen.
150 *Rohe*, Zu den Geltungsgründen des Deliktsstatuts, 1994, S. 263 ff.; im Ergebnis a. A. *Piehl*, a. a. O. (Fn. 6), S. 69 ff.

Aspekt des Re-Imports eines verbotenen Verhaltens hin. Wer im Ausland Schmiergelder gewöhnt sei, lege eine solche Praxis im Inland nicht automatisch ab, so daß der Exportvorteil sich langfristige zu einem Schaden für die inländische Wirtschaft wandeln könne.

Offen ist, ob das jüngste Urteil des BGH grundsätzliche Bedeutung beansprucht und damit eine Abkehr von der bisherigen Rechtsprechung darstellt oder ob es nur die Bestechung von Amtsträgern erfaßt, die Rechtsprechung zur Bestechung von Angestellten aber unberührt läßt[151]. Sollte es sich um eine grundsätzliche Änderung der Rechtsprechung handeln, wäre die Fallgruppe des nur auf dem Papier stehenden Verbots der Schmiergeldzahlung bzw. der Bestechung obsolet, was mit Blick auf die langfristigen Folgen auch für die deutsche Wirtschaft sicherlich zu begrüßen wäre. Langfristig läßt sich diese Problematik ohnehin nur über ein entsprechendes internationales Abkommen regeln[152], das gleiche Ausgangsbedingungen für alle Wettbewerber schafft und dem Exportargument den Boden entzieht. Der Bundestag hat die von der Bundesregierung insoweit ergriffenen Schritte gebilligt und weitere Maßnahmen empfohlen[153]. Mittlerweile hat der Bundestag zwei Gesetze verabschiedet, die die Bestechung ausländischer Amtsträger und Amtsträger der EU unter Strafe stellen[154].

d) Zwischenergebnis

Ist im Falle transnationaler Korruption deutsches Sachrecht anwendbar, kann nach Art. 27 Abs. 3 EGBGB zwingendes ausländisches Recht zu berücksichtigen sein. Im Rahmen des § 134 BGB sind nach herrschender Ansicht ausländische Verbotsnormen nicht anzuwenden. Bei der Bewertung der Sittenwidrigkeit einer Schmiergeldabrede im Ausland nach § 138 BGB sind drei Fallgruppen zu trennen. Die Zahlung eines »Schmiergelds« wird dann nicht für sittenwidrig gehalten, wenn in dem Empfängerstaat kein Verbot der Schmiergeldzahlung besteht. Dieser Gruppe gleichgestellt wird der Fall, daß das Verbot der Schmiergeldzahlung nur auf dem Papier besteht, weil derartige Zahlungen vor Ort üblich sind und von den Behörden geduldet werden. Sittenwidrig ist dagegen eine Schmiergeldabrede, die

---

151 Letzteres nimmt *Hönn*, a. a. O. (Fn. 130), S. 336 an.
152 Ein solcher Weg würde außerdem das Vorgehen einzelner Staaten überflüssig machen, die ihre Strafgesetze mit exterritorialer Wirkung ausstatten und damit ihre Wertvorstellungen exportieren. Kritisch zu einem derartigen Vorgehen am Beispiel der US-security laws *Hopt*, a. a. O. (Fn. 134), S. 320 ff. und am Beispiel der US antitrust laws *Großfeld/Rogers*, I. C. L. Q. 32 (1983), 931 ff.
153 BT-Drucks 13/8082 und 13/8085 = BR-Drucks. 482/97.
154 Gesetz zu dem Protokoll vom 27. September 1996 zum Übereinkommen über den Schutz der finanziellen Interessen der Europäischen Gemeinschaften (EUBestG), BGBl. 1998 II, S. 2340, sowie Gesetz zu dem Übereinkommen vom 17. Dezember 1997 über die Bekämpfung der Bestechung ausländischer Amtsträger im internationalen Geschäftsverkehr (IntBestG), BGBl. 1998 II, S. 2327.

gegen ein gesetzliches Verbot verstößt, das im betreffenden Staat auch faktisch durchgesetzt wird. In diese Fallgruppen einzuordnen sind nicht nur Abreden über die Zahlung von Schmiergeldern, sondern auch Verträge, mit denen die Schmiergeldzahlung angebahnt wird.

7.3. Ausländisches Sachrecht

Im folgenden wird der vor einem deutschen forum anhängige Fall untersucht, bei dem ausländisches Sachrecht auf die Schmiergeldabrede anwendbar ist. Da das deutsche Recht – je nach Lage des Einzelfalls – auch Schmiergeldabsprachen im Ausland als sittenwidrig einordnet, kann dies das entscheidende Motiv für die Parteien seien, die Schmiergeldabrede einem solchen ausländischen Recht zu unterstellen, das sie als wirksam betrachtet oder in dem ein Schmiergeldverbot faktisch nicht durchgesetzt wird.

a) Wahl der Rechtsordnung

Die Parteien eines Vertrags unterliegen – wie oben bereits dargestellt – nach Art. 27 Abs. 1 Satz 1 EGBGB bei der Rechtswahl grundsätzlich keinen Schranken und können daher die Anwendung ausländischen Rechts vereinbaren. Schmiergeldabreden, oft auch als Provisionsanspruch bezeichnet, sind als schuldvertraglich zu qualifizieren. Sie unterliegen Art. 27 EGBGB.

Um Umgehungen bei Fällen ohne Auslandsbezug zu verhindern, bestimmt Art. 27 Abs. 3 EGBGB, daß auf reine Binnensachverhalte trotz der Wahl einer ausländischen Rechtsordnung das jeweils zwingende inländische materielle Recht anwendbar ist. Maßgebend sind die bereits genannten Kriterien[155]. Weist der Sachverhalt außer der Rechtswahlklausel nur Bezüge zum inländischen Recht auf, finden dessen zwingende Normen Anwendung. Bezogen auf Deutschland würde dies also zur Anwendung des § 138 BGB führen.

b) Zwingendes Recht i. S. d. Art. 34 EGBGB

Weiterhin ist zu untersuchen, ob auf den hier im Mittelpunkt stehenden Fall einer Schmiergeldabrede, die einem ausländischen Vertragsstatut unterliegt, über Art. 34 EGBGB zwingende Vorschriften des deutschen Rechts anzuwenden sind. Art. 34 EGBGB soll gewährleisten, daß bestimmte Regelungsbereiche nach deutschem Recht beurteilt werden, sofern die einschlägigen Normen einen Sachverhalt ohne Rücksicht auf das Vertragsstatut zwingend regeln wollen[156]. Es kann sich dabei um Normen handeln, die selbst eine entsprechende kollisionsrechtliche Regelung enthalten oder die aus dem öffentlichen Recht stammen. Hintergrund des Art.

---

155 Vgl. 7. 2 a.
156 Hierzu und zum folgenden *Piehl*, a. a. O. (Fn. 6), S. 87 f. m. w. N.

34 EGBGB ist der Gedanke der Einheit der Rechtsordnung, da das internationale Privatrecht dem Rechtsunterworfenen nicht Rechtspositionen zugestehen darf, die das öffentliche Recht gerade verwehrt. Vorliegend kämen die zwingenden Vorschriften der § 134 BGB i. V. m. § 299 StGB in Betracht. Sie erfassen jedoch nur Fälle inländischer Korruption und sind daher nur zu berücksichtigen, wenn sich jemand in der ausländischem Recht unterliegenden Vereinbarung verpflichtet hat, an einen Inländer Schmiergelder zu bezahlen, oder die Schmiergeldzahlung den inländischen Markt beeinflussen soll, nicht dagegen, wenn die Korruption im Ausland stattfinden soll[157].

c) Verstoß gegen den ordre public

Das deutsche forum muß weiterhin prüfen, ob die Durchsetzung der Schmiergeldabrede[158] gegen den ordre public verstößt (Art. 6 EGBGB)[159]. Während Art. 34 EGBGB einer inländischen Norm Geltung verschafft, auch wenn ausländisches Recht anwendbar ist, versagt Art. 6 EGBGB einer an sich einschlägigen ausländischen Norm die Anwendung im Inland. Die Frage eines Verstoßes gegen den ordre public stellt sich also nur insoweit, als nicht schon Art. 34 EGBGB eingreift[160] und ein mit den wesentlichen Grundsätzen des deutschen Rechts nicht unvereinbares Ergebnis herbeiführt.

Zu den wesentlichen Grundsätzen des deutschen Rechts zählen die guten Sitten, denen eine Ergänzungsfunktion zum kodifizierten Recht zukommt[161]. Begriff und Inhalt der guten Sitten in Art. 6 EGBGB entsprechen denen des § 138 BGB[162]. Wie eingangs schon erörtert, verstoßen Schmiergeldabreden in Deutschland gegen die guten Sitten, da sie das Vertrauen der Vertragsparteien stören, Anreize zu kollusivem Verhalten schaffen und den Wettbewerb verzerren.

---

157 Ebenso *Piehl*, a. a. O. (Fn. 6), S. 88; *Wurm*, a. a. O. (Fn. 124), S. 202 ff. (zu § 12 UWG).
158 Sofern es um die Frage der Anerkennung ausländischer Urteile oder Schiedssprüche geht, ist Art. 6 EGBGB ebenfalls relevant (§§ 328 Abs. 1 Nr. 4, 1044 Abs. 2 Nr. 2 ZPO). Dabei kommt es nicht darauf an, ob der Schiedsspruch oder das Urteil gegen den ordre public verstoßen, sondern ob deren Anerkennung eine Verletzung wesentlicher Rechtsgrundsätze bedeuten würde, vgl. dazu BGH VersR 1982, 92, 93.
159 Unproblematisch ist der umgekehrte Fall, daß das anzuwendende ausländische Recht Schmiergelder verbietet. Die Anwendung dieses Verbots verstößt nicht gegen den deutschen ordre public, da es mit den wesentlichen Grundsätzen des deutschen Rechts gerade übereinstimmt, vgl. OLG Hamburg WM 1992, 1553, 1555; einschränkend *Wurm*, a. a. O. (Fn. 124), S. 296 f., der das ausländische Verbot nur durchsetzen will, wenn es im jeweiligen Staat auch beachtet werde, da das deutsche Gericht nicht berufen sei, ausländische Normen strenger anzuwenden als der ausländische Staat selbst.
160 *Soergel/v. Hoffmann*, a. a. O. (Fn. 125), Art. 34 Rdn. 11.
161 *MünchKomm/Sonnenberger*, a. a. O. (Fn. 25), Art. 6 Rdn. 63.
162 *Piehl*, a. a. O. (Fn. 6), S. 89; *MünchKomm/Sonnenberger*, a. a. O. (Fn. 25), Art. 6 Rdn. 64.

Die ausländische Norm verstößt jedoch nur dann gegen den deutschen ordre public, wenn sie mit wesentlichen Grundsätzen des deutschen Rechts offensichtlich unvereinbar ist. Ähnlich formuliert Art. 16 EVÜ, der inhaltlich Art. 6 EGBGB entspricht[163] (offensichtliche Unvereinbarkeit mit der inländischen öffentlichen Ordnung). Die gesetzliche Formulierung zeigt, daß nicht jeder Verstoß gegen Gesetze oder gute Sitten geeignet ist, die Rechtsfolge des Art. 6 EGBGB auszulösen. Vielmehr muß das Ergebnis der Anwendung ausländischen Rechts für die deutsche Rechtsordnung schlechthin untragbar sein.

Dies setzt zunächst voraus, daß der Sachverhalt eine hinreichende Inlandsbeziehung aufweist. Eine Bestechung im Ausland unter Ausländern und ohne Bezug zum inländischen Markt berührt das deutsche Recht nicht. Anders ist die Lage etwa, wenn das Schmiergeld an einen Deutschen oder durch einen Deutschen gezahlt wird.

Weiterhin muß der Verstoß gegen die Grundsätze deutschen Rechts erheblich sein. Anhaltspunkte dafür, ob Schmiergelder in jedem Fall zu einem schlechthin untragbaren Ergebnis für die deutsche Rechtsordnung führen, ergeben sich aus dem Steuerrecht. Während im Inland gezahlte Schmiergelder nicht mehr als Werbungskosten bzw. Betriebsausgaben abzugsfähig sind (vgl. § 4 Abs. 5 Nr. 10 EStG[164] bzw. § 8 Abs. 1 KStG), gilt dies für im Ausland gezahlte Schmiergelder gerade nicht. Der Anwendungserlaß zu § 160 Abgabenordnung[165] bestimmt in seiner Nr. 4, daß derartige Ausgaben anerkannt werden dürfen, wenn sie übliche Handelspraxis sind und der Empfänger nicht dem deutschen Steuerrecht unterliegt. Grund für diese Differenzierung ist die Sorge der Bundesregierung, daß die exportorientierte deutsche Wirtschaft ihre internationale Wettbewerbsfähigkeit verlieren könnte[166].

Daraus folgt, daß das deutsche Recht mit zweierlei Maß mißt. Zahlungen im Inland oder ins Inland werden in jedem Fall als mit der deutschen Rechtsordnung unvereinbar eingestuft[167]. Dagegen verstoßen ausländischem Recht unterliegende Schmiergeldzahlungen nicht gegen den deutsche ordre public[168], solange sie im Ausland und an einen ausländischen Empfänger erfolgen[169]. Gestützt wird dieses

---

163 MünchKomm/*Sonnenberger,* a. a. O. (Fn. 25), Art. 6 Rdn. 103.
164 Eingefügt durch das Jahressteuergesetz 1996 vom 11. 10. 1995 (BGBl. 1995 I, S. 1250).
165 Anwendungserlaß zur AO vom 24. 09. 1987 (BStBl. 1987 I, S. 664) mit nachfolgenden Änderungen, dazu etwa *Nietzer,* IStR 1998, 187, 189.
166 BT-Drucks. 12/8468, S. 3. Ein von der SPD-Fraktion eingebrachter Gesetzentwurf, wonach die Absetzbarkeit von Bestechungsgeldern im Ausland verboten werden soll (BT-Drucks. 13/742), fand am 24.6.98 im Bundestag keine Mehrheit. Der Bundestag nahm jedoch eine Entschließung an, die Abschaffung der Absetzbarkeit im Zuge der Umsetzung der von der OECD ergriffenen Maßnahmen baldmöglichst zu realisieren, vgl. Fn. 153.
167 Wie dargelegt, werden sie bereits von Art. 34 EGBGB erfaßt, so daß Art. 6 EGBGB nicht mehr relevant wird (siehe vorstehend Text zu Fn. 160 m. w. N.).

Ergebnis durch die Überlegung, daß in Fällen mit internationalem Bezug ein höheres Maß an Abweichungen gegenüber den Normen und Prinzipien der deutschen Rechtsordnung zu tolerieren ist[170].

Allerdings ist insoweit eine Einschränkung geboten. *Sobotta*[171] hält die Differenzierung von in- und ausländischen Schmiergeldern für eine europarechtlich unzulässige Differenzierung. Sie verschaffe besonders exportorientierten Unternehmen innerhalb der EU eine Steuererleichterung, die als Beihilfe i. S. d. Art. 92 f EGV einzuordnen sei. Das Verbot der Abzugsfähigkeit müsse im Wege gemeinschaftskonformer Auslegung auf alle Schmiergelder in der EU ausgeweitet werden. Folgt man dieser Ansicht, sind Schmiergeldzahlungen in der EU steuerlich wie inländische Schmiergelder zu behandeln; sie dürften nicht als Betriebsausgaben berücksichtigt werden. Da das primäre Gemeinschaftsrecht unmittelbar geltendes Recht ist und damit als Teil der deutschen Rechtsordnung einzuordnen ist, sind die wesentlichen aus dem Gemeinschaftsrecht folgenden Pflichten gleichzeitig zu den wesentlichen Grundsätzen deutschen Rechts zu rechnen (nationaler ordre public gemeinschaftsrechtlichen Ursprungs)[172]. Die Regelung der Art. 92 f EGV gehören zu diesen wesentlichen Pflichten. Damit stellen auch Schmiergeldzahlungen in der EU einen Verstoß gegen den deutschen ordre public dar. Da die Mitgliedstaaten Maßnahmen gegen die Bestechung innerhalb der EU beschlossen haben[173], kann die in Deutschland vorgenommene Unterscheidung von in- und ausländischen Schmiergeldern ohnehin nicht unverändert beibehalten werden.

d) Zwischenergebnis

Als Zwischenergebnis kann damit festgehalten werden, daß die Wahl ausländischen Rechts nicht zur Umgehung zwingender inländischer Vorschriften führen darf. Gemäß Art. 27 Abs. 3 EGBGB findet daher in Fällen mangelnden Auslandsbezugs § 138 BGB Anwendung, so daß eine ausländischem Recht unterliegende Schmiergeldabrede nichtig wäre. Über Art. 34 EGBGB ist die Wertung der §§ 134 BGB i. V. m. 299, 331 ff StGB zu berücksichtigen, so daß Schmiergeldzahlungen ins Inland oder an Inländer nichtig sind. Zahlungen an Ausländer und im Ausland

---

168 Ausgenommen sind allerdings jetzt Zahlungen an ausländische Amtsträger (vgl. Fn. 154). Auch die steuerliche Absetzbarkeit derartiger Zahlungen entfällt aufgrund von § 4 Abs. 5 Nr. 10 EStG, dessen Anwendungsbereich nicht auf inländische Sachverhalte beschränkt ist.
169 Ebenso BGH VersR 1982, 92 f.; *Piehl*, a. a. O. (Fn. 6), S. 89 ff.
170 BGH VersR 1982, 92 f. Vgl. auch *Wurm*, a. a. O. (Fn. 124), S. 211 f., der zur Begründung nicht nur auf das Steuerrecht, sondern auch auf das Straf-, Kartell- und Wettbewerbsrecht abstellt, das ausländische Sachverhalte nicht den gleichen strengen Regelungen unterwerfe wie inländische.
171 *Sobotta*, EuZW 1997, 305 ff.
172 MünchKomm/*Sonnenberger*, a. a. O. (Fn. 25), Art. 6 Rdn. 67; grundlegend zum »europäischen ordre public« *Völker*, Zur Dogmatik des ordre public, 1998, S. 286 ff. m. w. N.
173 Vgl. die Nachweise *Sobotta*, EuZW 1997, 309 und Fn. 153.

mit Bezug auf ausländische Märkte unterliegen dagegen nicht Art. 34 EGBGB. Bei Art. 6 EGBGB ist zu differenzieren. Zahlungen, die den Inlandsmarkt oder den Markt in der EU betreffen, stellen einen Verstoß gegen den ordre public dar, Zahlungen an sonstige Ausländer oder mit Bezug auf sonstige ausländische Märkte dagegen nicht.

8. Zusammenfassung der Ergebnisse

❑ Schmiergeldabreden verursachen einen Interessenkonflikt bei dem geschmierten Vertreter. Er wird die Interessen seines Geschäftsherrn bei späteren Vertragsschlüssen nicht mehr angemessen berücksichtigen. Schmiergeldabreden und andere kollusive Vereinbarungen zum Nachteil des Geschäftsherrn verstoßen gegen die gesetzlichen Verbote der §§ 299, 331 ff StGB und sind deshalb gemäß § 134 BGB nichtig. Sie sind zudem sittenwidrig und daher auch nach § 138 BGB nichtig.

❑ Die Sittenwidrigkeit der Schmiergeldabrede erfaßt sämtliche Verträge, die der geschmierte Vertreter unter dem Einfluß der Schmiergeldabrede für den Geschäftsherrn geschlossen hat (Hauptverträge). Die Folgen dieser »Sittenwidrigkeitserstreckung« sind streitig. Im Ergebnis erweist sich die Position der Rechtsprechung als zutreffend. Sie nimmt eine Nichtigkeit des Hauptvertrags an, es sei denn, es gelingt dem Schmierer, den Beweis des ersten Anscheins dafür zu entkräften, daß die Schmiergeldabrede keine nachteiligen Auswirkungen auf den Hauptvertrag hatte.

❑ Mit dem Hauptvertrag wirtschaftlich zusammenhängende Verträge sind grundsätzlich wirksam. Die Wirksamkeit eines Vertrags ist nur ein unbeachtliches Motiv für später geschlossene Folgeverträge. Von diesem Grundsatz sind Ausnahmen möglich. Soweit die Folgeverträge über eine Bedingung an die Wirksamkeit des Hauptvertrags gekoppelt wurden oder im Wege der Anwendung von § 139 BGB eine Einheitlichkeit der Verträge angenommen werden kann, sind die Folgeverträge unwirksam bzw. nichtig.

❑ Handelt es sich bei dem Folgevertrag um eine akzessorische Sicherheit, können die Vertragsparteien individuell oder durch AGB vereinbaren, daß die Sicherheit sich im Falle der Nichtigkeit des Hauptvertrags auch auf Kondiktionsansprüche erstreckt. Fehlt eine solche ausdrückliche Vereinbarung, ist im Wege der (ergänzenden) Vertragsauslegung zu klären, ob sie sich auch auf Kondiktionsansprüche erstreckt, wenn der Hauptvertrag nichtig ist.

❑ Sofern die Schmiergeldabrede auch zu einer Verletzung der Sorgfaltspflichten gegenüber dem gutgläubigen Vertragspartner des Folgevertrags geführt hat oder ihm gegenüber eine unerlaubte Handlung begangen wurde, steht dem Geschädigten der Einwand unzulässiger Rechtsausübung zu. Daneben können ihm Ansprüche aus positiver Forderungsverletzung bzw. Delikt zustehen, falls ihm ein über die Pflicht zur Erfüllung des Folgevertrags hinausgehender Schaden entstanden sein sollte.

❑ Dem Geschäftsherrn stehen Ansprüche auf Unterlassung des »Schmierens« und Beseitigung, Schadensersatz und Herausgabe des Schmiergelds zu.

❑ Ist im Falle transnationaler Korruption deutsches Sachrecht anwendbar, sind ausländische Verbotsnormen im Rahmen des § 134 BGB nicht zu berücksichtigen. Bei der Bewertung der Sittenwidrigkeit einer Schmiergeldabrede im Ausland nach § 138 BGB trennt die bislang herrschende Meinung drei Fallgruppen. Die Zahlung eines »Schmiergelds« wird dann nicht für sittenwidrig gehalten, wenn in dem Empfängerstaat kein Verbot der Schmiergeldzahlung besteht. Dieser Gruppe gleichgestellt wird der Fall, daß das Verbot der Schmiergeldzahlung nur auf dem Papier besteht, weil derartige Zahlungen vor Ort üblich sind und von den Behörden geduldet werden. Sittenwidrig sei dagegen eine Schmiergeldabrede, die gegen ein gesetzliches Verbot verstoße, das im betreffenden Staat auch faktisch durchgesetzt werde.

❑ In Fällen transnationaler Korruption darf die Wahl ausländischen Rechts nicht zur Umgehung zwingender inländischer Vorschriften führen. Gemäß Art. 27 Abs. 3 EGBGB findet daher in Fällen mangelnden Auslandsbezugs § 138 BGB Anwendung, so daß eine ausländischem Recht unterliegende Schmiergeldabrede nichtig wäre. Über Art. 34 EGBGB ist die Wertung der § 134 BGB i. V. m. §§ 299, 331 ff StGB zu berücksichtigen, so daß Schmiergeldzahlungen ins Inland oder an Inländer nichtig sind. Zahlungen an Ausländer und im Ausland mit Bezug auf ausländische Märkte unterliegen dagegen nicht Art. 34 EGBGB. Bei Art. 6 EGBGB ist zu differenzieren. Zahlungen, die den Inlandsmarkt oder den Markt in der EU betreffen, stellen einen Verstoß gegen den ordre public dar, Zahlungen an sonstige Ausländer oder mit Bezug auf sonstige ausländische Märkte dagegen nicht.

5. Auftragsvergabe

Michael H. Wiehen

Auf einen Blick

Der Prozeß der Auftragsvergabe bietet viele Ansatzpunkte für Bestechung, Bestechlichkeit und Korruption ganz allgemein. Die Versuchung, zu bestechen, sich bestechen zu lassen oder Bestechungsgelder gar zu fordern, wird immer groß sein, besonders solange die Strafgesetze kein eindeutiges Verbot der transnationalen Korruption postulieren. Aber auch wenn die in der OECD-Konvention von 1997 vereinbarten Gesetzgebungsschritte von den 34 Signatarstaaten erfolgreich vorgenommen worden sind, ist weiterhin mit menschlichem Fehlverhalten zu rechnen. Es ist deshalb notwendig, aber auch möglich, den Auftragsvergabeprozeß durch konkrete Maßnahmen abzusichern, so daß Verstösse oder auch nur Versuche schnell entdeckt, unterbunden und geahndet werden können.

Die Hauptinstrumente hier sind mehr Transparenz im Vergabeprozeß, mehr Verantwortlichkeit der korrupten Entscheidungsträger, und bessere Rechtshilfe-Institutionen.

Öffentliche Auftraggeber und nationale wie multilaterale Finanzinstitute haben komplexe Vergaberegeln entwickelt, die zwar auch die Vermeidung von Bestechung und Bestechlichkeit zum Ziel haben. Aber entweder werden

1. die in den Regeln gegebenen Möglichkeiten nicht voll ausgenutzt, oder

2. die Beteiligung am Prozeß ist, mit Argumenten der Notwendigkeit von »Vertraulichkeit«, auf einen kleinen Kreis von Eingeweihten beschränkt und damit für alle Formen der Manipulation verwundbar, oder

3. erkannte Regelverstösse werden nicht adäquat geahndet, weil es an kompetenten und entschlossenen Institutionen fehlt, oder weil die Verantwortlichkeiten nicht klar genug geregelt sind.

Die Sauberkeit des Vergabeprozesses kann durch Verbesserungen des nationalen Integritätssystems abgesichert werden, insbesondere durch Maßnahmen, die mehr Transparenz in den Prozeß bringen, die der Zivilgesellschaft eine Überwachungsrolle zubilligen, und die die Rechtshilfeinstitutionen kompetent und schlagkräftig machen. Da eine landesweite und nachhaltige Stärkung des Integritätssystems Zeit braucht, hat Transparency International (TI) das Konzept des »Integritätpaktes« entwickelt, das von reformwilligen Auftraggebern jederzeit bei der Durchführung von Einzelprojekten verwendet werden kann, um damit zunächst einzelne »Inseln der Integrität« zu schaffen. Unter diesem Konzept schließen Auftraggeber, Anbieter und unter Umständen die Finanzinstitution einen Pakt, bei diesem Projekt bestechungsfrei zu arbeiten, und unterwerfen sich bestimmten Sanktionen für den Fall von Fehlverhalten. Andere, bereits erprobte, aber nicht genügend verwendete Sicherungsinstrumente sind der »pauschalierte Schadensersatz« und die Sperrung (»Blacklisting«) korrupter Unternehmen für zukünftige Ausschreibungen.

Unterstützung und allgemeinere Verwendung verdienen auch die verschiedenen Initiativen der Industrie zur Selbstkontrolle: Die von der Internationalen Handelskammer (ICC) und dem Bundesverband der Deutschen Industrie (BDI) herausgegebenen Verhaltensregeln gegen Korruption, die von der weltweiten Föderation der Beratenden Ingenieure FIDIC beschlossene Grundsatzerklärung zur Korruption, und schließlich das Ethik Management System des Bayerischen Bauindustrieverbandes.

Der durch Korruption angerichtete Schaden finanzieller, konstitutioneller und ethischer Art, der gerade bei der Vergabe großer öffentlicher Aufträge enorm hoch sein kann, kann signifikant reduziert werden. Erprobte und neue Instrumente zu diesem Zweck gibt es genug. Notwendig ist der politische Wille zur Säuberung, und das Engagement der Zivilgesellschaft.

1. Einleitung und einige Definitionen

In jedem Integritätssystem sollten Bemühungen um die Sauberhaltung der Auftragsvergabe einen hohen Stellenwert haben. Aufträge zur Lieferung von Waren oder zur Erbringung von Bau- oder anderen Dienstleistungen haben häufig einen Vertragswert von vielen Millionen Mark. Je höher der Vertragswert, desto größer ist die Versuchung des Anbieters, den Zuschlag zu seinen Gunsten durch Bestechung zu beeinflußen, und des Auftraggebers, sich seine Entscheidung zugunsten eines Anbieters von diesem durch Bestechungs-Geschenke oder andere Vergünstigungen bezahlen zu lassen.

»Aufträge« können von Auftraggebern der öffentlichen Hand an private Unternehmen, aber auch von privaten Auftraggebern an private Unternehmen vergeben werden. Die traditionellen Formen der Strafbarkeit von Bestechung und Bestechlichkeit beziehen sich auf einen »Amtsträger«, d. h. den Repräsentanten eines öffentlich-rechtlichen Auftraggebers, aber seit dem deutschen Gesetz zur Bekämpfung der Korruption vom 13. 8. 1997 ist auch die Bestechung/Bestechlichkeit im geschäftlichen Verkehr, das heißt zwischen zwei privaten Unternehmen, ein Kerntatbestand des deutschen Strafrechts und nicht länger durch das Gesetz gegen den Unlauteren Wettbewerb geregelt. In den folgenden Ausführungen wird im wesentlichen auf die Bestechung/Bestechlichkeit von Amtsträgern abgestellt, aber dieselben Regeln gelten weitgehend auch für Bestechung bei privat-privater Auftragsvergabe.

Bestechung und Bestechlichkeit bei der Vergabe von Liefer- und Leistungsverträgen (wie auch »wettbewerbsbeschränkende Absprachen bei Ausschreibungen«, auch »price fixing« genannt) sind in allen Regionen der Welt verbreitet, gleich ob es sich um hochentwickelte Industriestaaten, Schwellenländer, Länder in Transformation oder Entwicklungsländer handelt. Auch in Deutschland kommen immer wieder Bestechungs-Skandale ans Licht, besonders häufig bei der Vergabe öffentlicher Bauaufträge (Flughäfen, Straßenbau, Wasserwerke etc.), aber auch beim Einkauf von Waren oder Maschinen in der Privatwirtschaft. Allein im Bereich des Landgerichts München hat es seit 1991 über 1600 Strafverfahren wegen Korruption gegeben, und mehr als 240 Firmen-Manager und Beamte sind wegen Bestechung oder Bestechlichkeit verurteilt worden.

Empfänger und Begünstigte von Bestechungshandlungen im Zusammenhang mit öffentlicher Auftragsvergabe müssen nicht unbedingt Beamte/Vertreter des (öffentlichen) Auftraggebers selbst, sondern können auch Agenten, Familienangehörige, Freunde, gewählte nationale oder kommunale Abgeordnete, politische Parteien oder ihre Funktionäre oder andere Dritte sein. Vor diesem Hintergrund ist es außerordentlich bedauerlich, daß die im Dezember 1997 unterzeichnete OECD-Konvention über die Strafbarkeit internationaler Bestechung die Bestechung/ Bestechlichkeit von politischen Parteien und deren Funktionären weiterhin von der Strafbarkeit ausschließt.

2. Schaden durch Korruption bei Auftragsvergabe.

Der Schaden durch Korruption bei der Auftragsvergabe kann immens hoch sein. Finanzieller Schaden kann auf vielerlei Weise entstehen: durch überhöhte Preise bei der Auftragsvergabe (etwa nach Ausschaltung des Wettbewerbs durch Preisabsprachen), durch ungerechtfertigte Preiserhöhungen bei der Durchführung des Auftrags, durch minderwertige Qualität der gelieferten Waren oder der erbrachten Leistungen (z. B. Ausführung der Bauarbeiten zu einem Qualitäts- standard, der unter den in den technischen Spezifikationen festgelegten Werten liegt), oder durch Verspätungen bei der Erbringung der Leistungen.

Schätzungen des finanziellen Schadens sind schwierig, nicht unbedingt zuverlässig und sollten eher als Größenordnung angesehen werden. Trotzdem seien hier ein paar Schätzungen genannt:

Auftragsvergabe

- ❑ Der Präsident des Hessischen Rechnungshofes, Prof. Udo Mueller, hat im Jahre 1996 den Schaden durch Korruption bei öffentlichen Bauvorhaben in Deutschland auf ca. DM 5 Milliarden pro Jahr geschätzt.

- ❑ Der Frankfurter Oberstaatsanwalt Schaupensteiner schätzt (nach einer Meldung der Bild am Sonntag vom 28. Dezember 1997), daß bei der Hälfte aller öffentlichen Bauten in Deutschland Korruption im Spiel ist und sich durch sie die Leistungen um etwa 30% verteuern.

- ❑ Die Weltbank hat 1997 den Betrag, der jährlich in der Form von Bestechungsgeldern in Entwicklungsländer fließt, auf ca. 5 % der Direkt-Investitionen und Importe in diese Länder geschätzt; das entspricht für 1997 der gigantischen Summe von 80 Milliarden $. Bezieht man auch die Industrieländer ein, dann kommt man leicht auf eine Schadenssumme von mehr als 200 Milliarden DM im Jahr.

- ❑ In Mailand sind nach Abschluß der Mani Pulite Prozesse in den späten neunziger Jahren die Kosten für mehrere öffentliche Groß-Bauvorhaben (Untergrundbahn, Stadtbahn und Flughafen) um bis zu 50% von den vor Mani Pulite vereinbarten Preisen zurückgegangen: Der Bau der Untergrundbahn sollte nach dem 1991 abgeschlossenen Vertrag 227 Millionen $ pro Kilometer kosten; 1995 betrugen die tatsächlichen Kosten 97 Millionen $. Für eine innerstädtische Eisenbahnverbindung gingen die Kosten im selben Zeitraum von 54 auf 27 Millionen $ pro Kilometer herunter. Der neue Flughafen war 1991 mit 3.2 Milliarden $ budgetiert worden; der jüngste Kostenanschlag kommt auf 1.3 Milliarden $. Selbst wenn nur ein Teil dieser Ersparnisse auf vermiedene Bestechungszahlungen zurückgehen sollte, so ist das Resultat doch höchst signifikant. Ebenso interessant ist die Tatsache, daß die Stadt Mailand seither ihre Auslagen für die Unterhaltung von Schulen, Straßen und sozialen Einrichtungen ganz wesentlich hat erhöhen können.

Die (finanziellen) Kosten der Korruption bei öffentlichen Aufträgen werden generell vom Steuerzahler getragen - im Land der Auftragsausführung durch überhöhte Preise und oft entsprechend höhere (Devisen-) Darlehen, erhöhte Unterhaltungskosten wegen schlechter Bauausführung und fehlende Mittel für soziale Investitionen; im Land des bestechenden Anbieters durch die steuerliche Absetzbarkeit von Bestechungsgeldern und häufig auch durch die Absicherung durch Export-Garantie-Kredite, die auch für durch Bestechung erworbene Aufträge gewährt werden (zum Beispiel von Hermes).

Unter den nicht-finanziellen Schäden durch Korruption seien hier nur die Nichtbeachtung von Umweltschutz- oder sozialen Richtlinien genannt, die Erosion demokratischer Spielregeln, Zerstörung der konstitutionellen Autorität und Legitimität der Regierung, die soziale und moralische Disintegration und schließlich immer häufiger der Einzug der Organisierten Kriminalität.

3. Vergabe-Regeln

Die meisten Staaten und staatlichen Verwaltungseinheiten (wie die Bundesländer in Deutschland oder Kantone, Regierungsbezirke und Kommunen), deren staatseigene Organisationen und viele multi- und bilaterale Entwicklungshilfe-Organisationen haben Beschaffungsregeln / Regeln für die Auftragsvergabe entwickelt, die oft komplex und kompliziert sind, und die manchmal gerade wegen ihrer Komplexität mehr oder weniger leicht zu umgehen und zu manipulieren sind. Je mehr Entscheidungsbefugnisse den mit der Anwendung der Beschaffungsregeln betrauten Stellen gegeben werden und je weniger transparent dieser Entscheidungsprozeß ist, desto größer die Möglichkeit und die Versuchung, den Prozeß zu manipulieren und im eigenen Interesse zu mißbrauchen. Daher lautet das oberste Gebot für jede Institution, die die Korruption verhindern oder eindämmen und wieder Integrität im Vergabeprozeß haben will: Mehr Transparenz und mehr Verantwortlichkeit der zuständigen Amtsträger.

Viele der heute geltenden Beschaffungsregeln enthalten Ansätze zur Transparenz, sehen aber weiterhin gerade für besonders verwundbare Schnittpunkte im Vergabeverfahren »Geheimhaltung« und »Vertraulichkeit« vor. Hier gibt es weiten Raum für Verbesserungen.

3.1. Deutschland

In Deutschland wird die Vergabe von öffentlichen Aufträgen von der »**Verdingungsordnung für Bauleistungen**« (VOB) und der »**Verdingungsordnung für Lieferungen**« (VOL) geregelt. In diesem Kapitel wird über die VOB gesprochen; die Regeln der VOL sind denen der VOB jedoch weitgehend parallel. Für Verträge auf den Gebieten der Wasser-, Energie- und Verkehrsversorgung und dem Telekommunikationssektor sind seit 1990 zusätzliche »Sektor-Richtlinien« der Europäischen Union (»SKR«) anzuwenden, die vor allem das Verbot der Diskriminierung von Anbietern aus anderen Mitgliedsländern der EU eindeutig festlegen.

Gemäß den Haushaltsordnungen des Bundes, der Bundesländer und der Gemeinden sind alle öffentlichen Auftraggeber verpflichtet, Verträge über einem bestimmten Schwellenwert gemäß der VOB zu vergeben. Die VOB sieht Wettbewerb zwischen mehreren Anbietern (im Gegensatz zur freihändigen Auftragsvergabe) als die Regel vor, läßt den Auftraggebern aber einen relativ weiten Spielraum. Wichtigste Dokumente sind die »Verdingungsunterlagen« mit der Leistungsbeschreibung und dem Leistungsverzeichnis. Praktisch alle Verträge enthalten seit einigen Jahren in den sogenannten »zusätzlichen Vertragsbedingungen« eine »pauschalierte Schadensersatz-Vereinbarung«. In Paragraph 25 der VOB wird festgelegt, daß Anbieter bei Vorliegen bestimmter Gründe von der Angebotsabgabe ausgeschlossen werden können (Aussperrung oder Blacklisting). Mehrere deutsche Bundesländer haben Regelungen eingeführt, nach denen korrupte Unternehmen automatisch von der Auftragsvergabe ausgeschlossen werden.

3.2. Europäische Union

Leitlinien der Kommission der Europäischen Gemeinschaften (CEC) sehen die Aussperrung solcher Unternehmen von zukünftigen Auftragsvergabe-Verfahren vor, die

1. aus Gründen, die ihre professionelle Zuverlässigkeit in Frage stellen, verurteilt worden sind, oder

2. in der Ausübung ihrer professionellen Tätigkeiten sich einer vom Auftraggeber dokumentierten wesentlichen Verfehlung schuldig gemacht haben, oder

3. auf Anfrage eines Auftraggebers signifikant falsche Auskünfte gegeben haben.

3.3. Der Europa-Rat

Auf der Zweiten Europäischen Konferenz der Nationalen Sonderdienste im Kampf gegen die Korruption (in Tallinn, Estland, 27.-29. Oktober 1997) zum Thema »Korruption in der öffentlichen Auftragsvergabe«, veranstaltet vom Europa-Rat in Kooperation mit der Regierung von Estland, wurde ein Katalog von Empfehlungen erarbeitet, der viele der in diesem Beitrag besprochenen Möglichkeiten enthält.

3.4. Vereinte Nationen

Im Rahmen der Vereinten Nationen sind zwei Modell-Beschaffungsregeln erarbeitet worden, die reform-orientierten Regierungen helfen könnten, adäquate Regeln einzuführen:

❑ Anleitung No. 23 des International Trade Center UNCTAD/GATT von 1993 mit dem Titel: »Zur Stärkung öffentlicher Beschaffungs-Systeme«;

❑ »Anleitung zur Abfassung des UNCITRAL Modell-Gesetzes zur Beschaffung von Gütern, Bau- und anderen Dienstleistungen«, herausgegeben 1995 von der United Nations Commission on International Trade Law (UNCITRAL).

Beide Modelle enthalten viele nützliche Vorschläge, die die Effizienz, Fairneß, Integrität, Transparenz und Verantwortlichkeit des öffentlichen Beschaffungsprozesses stärken würden.

3.5. Welthandels-Organisation

Im Rahmen der World Trade Organization (WTO) ist das sogenannte »Government Procurement Agreement« (GPA) entwickelt worden, das die GATT-Vereinbarungen aus der Tokio Runde von 1979 ersetzt hat. Das GPA ist wirksam seit dem 1. Januar 1996. Das GPA schreibt Nicht-Diskriminierung und »Transparenz« vor, aber der letztere Begriff scheint nichts weiter zu bedeuten als die Veröffentlichung der Ausschreibungs-Dokumente und ähnliches. Das GPA ist komplex und läßt zahlreiche Ausnahmen zu. Bisher sind nur ca. 25 Staaten dem GPA beigetreten, einschließlich der EU-Staaten, USA, Japan, Kanada, der Schweiz, Israel und Südkorea. Die Komplexität des GPA scheint viele andere Staaten eher abzuschrecken.

3.6. Bilaterale Entwicklungshilfe

Viele Industriestaaten haben neben den Regeln, die sie für öffentliche Beschaffung im eigenen Land entwickelt haben, Sonderregeln für Beschaffung im Rahmen der von ihnen gewährten Entwicklungshilfe eingeführt. Die Regelungen unterscheiden sich, je nachdem ob Aufträge, die von einem Staat als Entwicklungshilfe finanziert werden nur unter Unternehmen des Geberstaates ausgeschrieben werden (liefergebundene Entwicklungshilfe) oder ob eine allgemeine Beteiligung von Anbietern aus aller Welt (oder zumindest aus anderen Entwicklungsländern) erlaubt ist.

Entsprechend einer Empfehlung des Entwicklungshilfekomitees der OECD (DAC) haben einige Geberstaaten neuerdings spezifische Anti-Korruptionsklauseln in ihre Entwicklungshilfeverträge eingebaut (Deutschland, Schweiz und Australien sind drei jüngere Beispiele).

> Die Bundesregierung benutzt seit kurzem eine Klausel folgenden Inhalts:
>
> »Die Bundesregierung und die Regierung von ... sind sich einig in ihrer Einschätzung der negativen Effekte der Korruption:
>
> – Sie untergräbt »good governance«;
>
> – Sie führt zur Verschwendung knapper Mittel und hat einen weitreichenden negativen Einfluß auf die ökonomische und soziale Entwicklung des Landes;

- Sie untergräbt die Glaubwürdigkeit der Entwicklungszusammenarbeit und die öffentliche Unterstützung für sie, und kompromittiert die Bemühungen aller derjenigen, die sich für nachhaltige Entwicklung einsetzen;
- Sie kompromittiert offenen und transparenten Wettbewerb auf der Basis von Preis und Qualität.

Beide Regierungen werden eng miteinander kooperieren mit dem Ziel, Transparenz, Verantwortlichkeit und Ordnungsgemäßheit in der Verwendung öffentlicher Mittel sicherzustellen und alle Möglichkeiten für korrupte Praktiken in ihrer Entwicklungs-Kooperation zu eliminieren.«

Die **Australische Agency for International Development** benutzt die folgende, sehr viel konkretere und aktions-betontere Klausel:

»*Der Unternehmer wird kein Geschenk, Zahlung, Angebot oder andere Zuwendung gleich welcher Art direkt oder indirekt an irgendeine Person machen oder durch Dritte machen lassen, als Aufforderung oder Belohnung im Zusammenhang mit der Durchführung dieses Vertrages, wenn dies als ein korrupter oder illegaler Akt konstruiert werden könnte. Jede Handlung solcher Art ist ausreichender Grund für die Annullierung dieses Vertrages.*«

Bisher scheinen solchen Klauseln allerdings wirksame Sanktionsmöglichkeiten weitgehend zu fehlen. Erst die Zukunft wird zeigen, ob solche Klauseln mehr wert sind als das Papier, auf dem sie geschrieben sind.

3.7. Multilaterale Entwicklungshilfe – die Internationalen Finanz-Institutionen (IFIs)

Besonders hervorzuheben sind hier die Beschaffungsregeln der Internationalen Finanz-Institutionen, insbesondere der Weltbank, die nicht nur für alle von der jeweiligen Institution finanzierten Aufträge gelten, sondern von vielen Entwicklungsländern auch für andere Beschaffungsvorhaben benutzt werden. Die »Guidelines for Procurement under World Bank Loans and IDA Credits« bieten kurze, knappe und relativ klare und praktische Regeln, die die Möglichkeiten für Korruption und Manipulation einschränken, aber nicht eliminieren. Die »Procurement Guidelines« der Weltbank sind erst 1996 und 1997 um spezifische Anti-Korruptions-Klauseln erweitert und mit wirksamen Sanktionen versehen worden, u. a. der Möglichkeit, Anbieter, die bei Bestechung erwischt worden sind, für eine angemessene Zeit von allen Weltbank-finanzierten Aufträgen rund um die Welt auszuschließen.

Die Tatsache, daß die (bilateralen und multilateralen) Geber von Entwicklungshilfe den Empfängerländern ihre eigenen Regeln auferlegen, führt oft zu komplexen und gelegentlich widersprüchlichen Resultaten, wenn sich mehrere Geber bei der Finanzierung eines größeren Investitions-Vorhabens zusammentun und entweder »joint financing« oder auch »parallel financing« anbieten. Hier ist eindeutig mehr Flexibilität und Pragmatismus gefordert, und natürlich oft auch mehr Transparenz.

4. Besonders verwundbare Punkte im Beschaffungsprozeß

Im Beschaffungsprozeß gibt es eine Reihe von Punkten, die besonders leicht verwundbar sind und an denen nur ein gutes System Mißbrauch verhindern kann:

❏ **Auswahl des Beratenden Ingenieurs:**

Bei vielen Entscheidungen öffentlicher Auftraggeber über Investitionsprojekte, vor allem bei größeren Bauvorhaben, zieht die Behörde einen Beratenden Ingenieur hinzu, sowohl zur Vorbereitung der technischen Entwürfe und detaillierten Spezifikationen wie auch zur Überwachung der Auftragsvergabe und der Durchführung des Projekts. Der ausgewählte Beratende Ingenieur muß natürlich technisch kompetent und erfahren sein; aber er muß auch absolut unabhängig sein und insbesondere nicht mit irgendeinem der potentiellen Anbieter rechtliche, tatsächliche oder auch nur persönliche Verbindungen haben. Die Kriterien und der Prozeß, nach denen der Beratende Ingenieur ausgewählt wird, müssen objektiv, fair und transparent sein.

❏ **Anfertigung des technischen Entwurfs, der Leistungsbeschreibung und des Leistungsverzeichnisses mit den technischen Spezifikationen:**

Entwurf und Spezifikationen müssen nicht nur technisch angemessen und richtig sein, sondern auch breit genug, damit sie von einer Reihe von Anbietern erfüllt werden können (und dadurch Wettbewerb schaffen); insbesondere dürfen sie nicht einen oder mehrere Anbieter bevorzugen oder einen oder mehrere Anbieter, oder Gruppen von Anbietern, diskriminieren. Außerdem sollten die in der Ausschreibung festgelegten technischen Spezifikationen, die von allen Anbietern erfüllt werden müssen, so vollständig, eindeutig und klar sein, daß es bei der Evaluierung der Angebote möglichst keine Zweifel (und damit die Notwendigkeit einer behördlichen Ermessensentscheidung) gibt.

❏ **Auswahl des Lieferanten/der Baufirma:**

Wenn der Auftraggeber mit einem von ihm selbst freihändig (d. h. ohne Wettbewerb) ausgewählten Lieferanten/Baufirma direkt verhandelt, dann sind Preise und Qualitätsansprüche besonders leicht zu manipulieren. Aber auch, wenn mehrere Anbieter zum Wettbewerb auf lokaler, nationaler oder internationaler

Ebene eingeladen werden (bei Bauvorhaben oft nach einer Vor-Qualifikations-Runde, in der die technische Kompetenz der zur zweiten Runde zuzulassenden Anbieter festgestellt wird), kann man nur mit Transparenz verhindern, daß die Auswahl-Entscheidung durch Bestechung beeinflußt und manipuliert wird. Nur wenn die Anbieter glauben, daß der Prozeß fair ist, werden sie mit fairen Preisangeboten kommen und nicht mit versteckten Kosten und defensiven Preisangeboten arbeiten.

❑ **Öffnung und Evaluierung der Angebote:**

Während die Öffnung der eingegangenen Angebote immer häufiger »öffentlich« stattfindet (obwohl »die Öffentlichkeit« oft weder ausreichend über den Öffnungsakt informiert noch physisch in der Lage ist, etwa wegen mangelnden Raumes, an der Öffnung auch wirklich teilzunehmen), gehen die Prüfung der abgegebenen Angebote, ihr Vergleich miteinander und die Entscheidung über die Auswahl des Gewinners meistens hinter verschlossenen Türen vor sich und bieten damit der Manipulation breiten Raum.

❑ **Durchführung des Auftrags/Bauvorhabens:**

Während der Durchführung können durch Preiserhöhungen, durch Gebrauch von Teilen oder Materialien minderer Qualität oder durch zu schnelle oder nicht sachgemäße Arbeiten die Kosten des Projekts und seine Qualität und damit die später erforderlich werdenden Unterhaltsaufwendungen und die Lebensdauer beeinflußt und in Frage gestellt werden, normalerweise zugunsten des Auftragnehmers. Diese Strategie wird häufig von solchen Unternehmen verfolgt, die artifiziell niedrige Angebote abgegeben haben oder die die Zusatzkosten für Bestechungszahlungen wieder hereinholen wollen. Kollusion zwischen den mit der Durchführungs-Überwachung beauftragten Vertretern des Auftraggebers und dem Auftragnehmer wird leicht gemacht, außer wenn der Auftraggeber ein gutes, transparentes Entscheidungs- und Überwachungssystem eingerichtet hat und tatsächlich auch durchführt. Dazu gehört auch, daß die Überwachungsabteilung ausreichende finanzielle und personelle Ressourcen zur Verfügung hat, so daß sie ihren Auftrag adäquat erfüllen kann.

5. Grundregeln der Auftragsvergabe

❑ **Fairneß**

Der Beschaffungsprozeß sollte fair, effizient, wirtschaftlich und transparent sein. Das angebotene Produkt sollte den technischen Spezifikationen voll entsprechen und der angebotene Preis (einschließlich möglicher, oft durchaus legitimer Preiserhöhungen während der Durchführung) sollte so niedrig wie möglich, aber noch wirtschaftlich vertretbar und einhaltbar sein. Angebote zu einem Preis, der eindeutig unter den zu erwartenden Kosten zuzüglich einem angemessenen Profit liegt, machen es wahrscheinlich, daß spätere Manipulationen geplant sind.

Zur Fairneß des Prozesses gehört auch, daß alle Anbieter absolut gleich behandelt werden, was z. B. die Vertraulichkeit des Angebots (bis zur Öffnung der Angebote), Fristabläufe, die zu hinterlegenden Biet-Sicherheiten oder Formfehler in den Angeboten angeht.

❏ **Effizienz**

Zur Effizienz des Prozesses gehört es, daß die Beschaffungsregeln dem Wert und den technischen Gegebenheiten (etwa erforderliche Kompatibilität mit bereits bestehenden Anlagen), aber auch den Zeitbedürfnissen gerecht und angemessen sind. **Wettbewerb** sollte für praktisch alle Auftragsvergaben mit einem Wert über einer recht geringen Schwelle die tatsächliche Regel sein. Wert, technische Komplexität und Kapazität der einheimischen Industrie (oder die Bestimmungen des Finanziers) sollten dann darüber entscheiden, ob der Wettbewerb auf lokale/nationale Anbieter begrenzt oder international ausgeschrieben wird. Der Wettbewerb kann öffentlich ausgeschrieben werden oder (z. B. in Situationen, in denen es bekannt ist, daß nur eine kleine Zahl von Unternehmen das gewünschte Produkt liefern kann) der Auftraggeber kann eine begrenzte Zahl von potentiellen Lieferanten national oder weltweit zur Abgabe eines Angebots auffordern. Die Erfahrung lehrt eindeutig, daß die angebotenen Preise umso niedriger sind, je größer und geographisch weitgestreuter der Kreis der berechtigten oder eingeladenen Anbieter ist.

In diesem Zusammenhang ist ein Beispiel aus Berlin interessant: Im Frühjahr 1996 war die Schwelle für nationale Ausschreibung und damit völlig freien Wettbewerb bei öffentlichen Bauvorhaben von DM 400 000 auf DM 200 000 herabgesetzt worden, auch um die Korruption besser bekämpfen zu können. Im Frühjahr 1998 erwägt der Senat ernsthaft (laut Tagesspiegel vom 19. Januar 1998), die Schwelle auf 1 Million DM heraufzusetzen und alle darunterliegenden Bauvorhaben nur unter Berliner Firmen zu vergeben. Dies ist ein bedauerlicher Rückschritt, der durch die »notwendige Erhaltung Berliner Arbeitsplätze« motiviert wird, aber den Vergabeprozess sicherlich korruptionsanfälliger machen würde. Es ist auch alles andere als sicher, daß dadurch die Berliner Wirtschaft wirklich gestärkt wird.

Zur selben Zeit erwägt der Stadtrat in Ingelheim/Rhein, die Schwelle für öffentliche Außschreibungen von gegenwärtig 100 000 DM auf 50 000 DM oder gar 30 000 DM herabzusetzen. Dies sorge für Transparenz, befreie die Vergabegremien vom »Ruch der Bestechbarkeit« und stärke den Wettbewerb unter den mittelständischen Unternehmen. Im benachbarten Bingen liegt die Schwelle bereits bei DM 15 000. Selbstverständlich muß die Größe einer Gemeinde, und damit die durchschnittliche Größe von Aufträgen, bei der Festsetzung der Schwelle berücksichtigt werden, um sich nicht einer Flut von Ausschreibungen auszusetzen. Aber man kann sich nur wundern, wie unterschiedlich diese Gemeinden den Effekt von Ausschreibungen sehen.

Eine internationale Ausschreibung »kostet« natürlich mehr Zeit als eine nationale oder nur örtliche Ausschreibung. Der schnellste Prozeß ist die freihändige Direktauswahl eines Vertragspartners, ohne Ausschreibung und Wettbewerb, aber man sollte letztere Methode nur anwenden, wenn wirklich überzeugende Gründe dafür sprechen. Die »Dringlichkeit eines Projekts« als Rechtfertigung für den Verzicht auf **Wettbewerb** wird oft künstlich hergestellt, durch Bummelei oder gewollte Manipulation. »Wettbewerb« sollte nicht nur rechtlich, sondern tatsächlich der **normale Auswahlprozeß bei Auftragsvergabe** sein. Auch die Durchführung insbesondere größerer Projekte durch Behörden-eigene Baukolonnen (das sogenannte »construction by force account«) ist in der Regel weniger effizient als eine Auftragsvergabe nach Wettbewerb.

Im »Grünbuch: Das öffentliche Auftragswesen in der Europäischen Union – Überlegungen für die Zukunft« vom 27. November 1996 (XV/5576/96-DE) findet sich folgender interessante Kommentar (paragraph 3.15): »*Doch mehrere von der Kommission auf Grund von Verstössen eingeleitete Verfahren wie auch Urteile des [Europäischen] Gerichtshofes belegen, daß die Auftraggeber dieses [freihändige statt Wettbewerbs-] Verfahren weit über die genau festgelegten Grenzen hinaus in Anspruch genommen haben, indem sie Gründe äusserster Dringlichkeit anführten, die aus der Luft gegriffen oder ihnen selbst zuzuschreiben waren, oder das fadenscheinige Argument vorbrachten, daß nur ein einziger Unternehmer den betreffenden Auftrag ausführen könne.*«

Zur Effizienz des Prozesses gehört es auch, daß alle Entscheidungen auf der niedrigstmöglichen Ebene getroffen werden, daß aber eine zuverlässige und kompetente Kontrollinstanz besteht. Die Entscheidungsbefugnis für größere Verträge sollte einem Auswahlgremium mit Vertretern mehrerer Disziplinen und Institutionen (wie einem Central Tender Board) vorbehalten sein. Ansonsten sollten alle Interventionsmöglichkeiten durch die Bürokratie minimiert werden. Alle Entscheidungen sollten nach einem vorbestimmten Zeitplan getroffen werden; wenn längere Verzögerungen eintreten, dann ist normalerweise die Wahrscheinlichkeit recht groß, daß Manipulationsversuche im Gange sind.

❑ **Transparenz**

Der Prozeß sollte transparent sein: Alle technischen, finanziellen und verfahrensmäßigen Voraussetzungen und Bedingungen sowie die Auswahlkriterien müssen allen Anbietern vor Abgabe ihres Angebots bekannt sein; diese Bedingung ist am ehesten erfüllt, wenn alle diese Regeln und Kriterien in der Einladung zur Abgabe des Angebots niedergelegt sind. Die eingehenden Angebote müssen bis zur Öffnung absolut vertraulich behandelt werden und vor allem den Mitbewerbern auf gar keinen Fall zugänglich sein. Die Öffnung der Angebote ebenso wie deren Evaluierung und die begründete Entscheidung über den Gewinner dagegen sollten der Öffentlichkeit einschließlich der Medien, zumindest aber allen interessierten Mitbewerbern zugänglich sein. Kopien der geöffneten Angebote sollten sofort nach der Verlesung an einem sicheren Platz verwahrt werden, so daß bei einem Verdacht nachfolgender Manipulation eine Verifizierung des Originalangebots möglich ist. Alle Entscheidungen, insbesondere über die Bewertung der konkurrierenden Angebote und die Wahl des Gewinners, sollten schriftlich niedergelegt werden, mit Offenlegung der Gründe, so daß keine späteren Manipulationen möglich sind. Auch wichtige Entscheidungen während der Durchführung des Projekts sollten schriftlich fixiert werden.

Ein sehr nützliches Instrument der Transparenz, das immer häufiger von Auftraggebern verwendet und neuerdings auch von einigen Finanzierungsinstitutionen vorgeschrieben wird, ist die Offenlegung durch den Anbieter, im Angebot selbst, aller Provisionszahlungen, die der Anbieter im Zusammenhang mit diesem Angebot bereits gemacht hat oder zu machen beabsichtigt. Die Definition der »Provisionszahlung« hier muß natürlich sehr weit gefaßt werden, so daß alle Zahlungen, Geschenke, Vergünstigungen, Zuweisungen und anderen Vorteile erfaßt werden, die entweder an den Entscheidungsträger des Auftraggebers selbst oder zu seinen Gunsten an einen Agenten, an Familienangehörige oder Freunde oder an andere Dritte geleistet werden.

Transparenz wird auch dadurch erhöht, daß man Zuständigkeiten und Entscheidungsbefugnisse für die verschiedenen Stadien des Projekts trennt, so daß verschiedene Abteilungen des Auftraggebers zuständig sind für Entscheidungen für die Planung/Vorbereitung eines Projekts, für die Auftragsvergabe und für die Überwachung der Durchführung. Weitere Sicherungsvorkehrungen, die sich in der Praxis sehr bewährt haben, sind das Vier-Augen-Prinzip, nach dem alle wichtigen Entscheidungen von mindestens zwei Personen getroffen werden müssen, und das Rotationsprinzip, nach dem kritische Entscheidungsträger relativ häufig ausgewechselt werden, um so die Entstehung von enger Familiarität zwischen Auftraggeber und Anbietern zu verhindern. Rotation ist notwendig und effizient, auch wenn dadurch immer wieder neue Personen in manchmal schwierige Sachverhalte eingeführt werden müssen.

❑ **Verantwortlichkeit**

Alle drei Kriterien – Fairneß, Effizienz und Transparenz – werden gestärkt durch ein **System der Verantwortlichkeit** aller Entscheidungsträger. Wenn die obigen Empfehlungen angewendet werden und trotzdem ein Mißbrauch oder eine Verletzung der Regeln stattfindet, dann müssen die schuldigen Entscheidungsträger prompt identifiziert und zur Verantwortung gezogen werden. Vertreter des Auftraggebers sollten durch Versetzung in ein anderes Büro, Geldbußen, Abschöpfung des Gewinns, Entlassung aus dem Dienst oder Strafverfolgung bestraft werden, je nach Schwere ihrer Verfehlung. Anbieter, die bestochen oder zu bestechen versucht haben, sollten selbstverständlich nicht den Auftrag ausführen dürfen; sie sollten schadensersatzpflichtig gemacht werden und, bei schwereren Verfehlungen, vom Auftraggeber für eine angemessene Zeit von allen Ausschreibungen ausgeschlossen werden.

Das Bestehen von Integrität und Transparenz bei der Auftragsvergabe spornt Anbieter an, preiswerte Angebote zu machen. Auftraggeber, die weniger hohe Standards von Integrität, Fairneß und Verantwortlichkeit setzen und anwenden, werden von der Geschäftswelt sehr schnell als riskante und kostentreibende Geschäftspartner (bei denen man das Risiko durch überhöhte Preisangebote zur Kompensation für Verzögerungen oder andere Probleme abdeckt) oder gar als Partner identifiziert, die man bestechen, und bei denen man den Prozeß auf andere Weise manipulieren kann oder muß.

6. Vorschläge zur weiteren Absicherung des Vergabeprozesses gegen Korruption

6.1. Der TI-Integritätspakt (TI-IP)

TI hat ein Konzept entwickelt, nach dem reformwillige Regierungen oder Regierungsstellen nicht abwarten müssen, bis die Beschaffungsregeln des Landes insgesamt bestechungsresistent gemacht worden sind, sondern für ein oder mehrere ausgewählte Projekte durch die Einführung eines Integritätspaktes (TI-IP) zwischen Auftraggeber und Anbietern sogenannte »**IntegritätsInseln**« schaffen und mit diesen die Wirksamkeit gezielter Anti-Korruptions-Maßnahmen demonstrieren können. Das Konzept ist anwendbar unabhängig davon, ob der Auftraggeber ein zentrales (Bundes- oder Landes-) Ministerium, eine Abteilung einer Gebietskörperschaft oder Kommune oder eine Institution ist, die staatliche Funktionen ausübt, auch wenn sie auf privater Rechtsgrundlage arbeitet.

TI geht davon aus, daß man sich in der Politik wie in der Wirtschaft immer mehr der hohen Kosten von Bestechung und Bestechlichkeit im öffentlichen Auftragswesen bewußt wird und daß viele nationale und internationale Akteure nach Wegen suchen, die Korruption einzudämmen und zu überwinden. Viele führende Wirtschaftsvertreter wollen aus dem Kreislauf der Korruption aussteigen, wagen diesen Schritt jedoch nicht allein, aus Furcht davor, Aufträge an Mitbewerber zu verlieren, die weiterhin Schmiergelder bezahlen.

> Der TI-IP hat zwei Ziele:
>
> 1. Er soll es Unternehmen ermöglichen, nicht mehr zu bestechen, indem ihnen die Sicherheit gegeben wird, daß ihre Mitbewerber ebenfalls nicht bestechen und daß der Auftraggeber zusagt, jede Form von Korruption, einschließlich Bestechlichkeit seitens der Vertreter des Auftraggebers, zu verhindern und zu diesem Zweck transparente Verfahren einzuführen.
>
> 2. Daneben soll der TI-IP es der öffentlichen Hand ermöglichen, die hohen Kosten und andere schädliche Folgen der Korruption zu reduzieren.
>
> Der Integritäts-»Pakt« stellt ein Vertragsverhältnis nicht nur zwischen Auftraggeber und Anbietern, sondern auch zwischen den Anbietern her.

Der TI-IP funktioniert folgendermaßen: Der Auftraggeber eines im Wege der Ausschreibung zu vergebenden öffentlichen Auftrags (für die Lieferung von Investitions- oder Konsumgütern oder für die Erbringung von Bau- oder anderen Dienstleistungen) informiert die potentiellen Anbieter im Rahmen der Ausschreibung darüber, daß jedes Angebot eine vom Vorstand des Anbieters persönlich unterzeichnete Verpflichtungserklärung enthalten muß, daß im Rahmen der Ausschreibung keine Schmiergelder bezahlt oder angeboten werden. Im Gegenzug verpflichtet sich der Auftraggeber, Bestechlichkeit auf seiten seiner Mitarbeiter entgegenzuwirken und insgesamt transparente Beschaffungsverfahren anzuwenden.

Das Konzept ist auch auf andere staatliche Vergabeentscheidungen anwendbar, etwa bei der Vergabe von Telekommunikations-, Stromversorgungs-, Fischerei- oder Holzeinschlagslizenzen oder von Bergbau- und Schürfrechten, oder bei der Privatisierung staatlicher Unternehmen.

Anbieter, die ihre Nicht-Bestechungs-Verpflichtung verletzen, setzen sich unter dem Integritätspakt einem Katalog von Sanktionen oder Vertragsstrafen aus, die eine starke Abschreckungswirkung haben sollten:

1. Widerruf/Verlust des Auftrags (falls die Bestechungshandlung zum Zuschlag an das bestechende Unternehmen geführt hat);

2. Verlust der vom Anbieter hinterlegten Angebots-Sicherheiten;

3. eine Schadensersatzverpflichtung gegenüber dem Auftraggeber wie auch gegenüber geschädigten Mitbewerbern; letztere könnte entweder vor den ordentlichen Gerichten oder vor einem vereinbarten Schiedsgericht verhandelt werden;

4. Ausschluß von zukünftigen Ausschreibungsverfahren des Auftraggebers für eine der Schwere der Verletzung entsprechende Zeit, etwa zwischen sechs Monaten und fünf Jahren.

Unter diesen Sanktionen löst die Schadensersatzverpflichtung gegenüber Mitbewerbern vielleicht rechtliche Bedenken aus; und man muß natürlich auch verhindern, daß Mitbewerber aus der bloßen Absicht, das Verfahren zu stören, Ansprüche gegen ihre Mitbewerber erheben. Man sollte aber davon ausgehen können, daß die Gerichte oder Schiedsgerichte solche Ansprüche angemessen behandeln werden. Ein Schaden kann Mitbewerbern durchaus entstehen, wenn sie (bei Groß-Projekten manchmal sehr hohe) Kosten für die Vorbereitung ihres Angebots eingehen und anschließend feststellen müssen, daß ein Mitbewerber den Vergabeprozeß durch Korruption manipuliert hat. Nicht-Erfolg bei einer Ausschreibung aus sachlichen Gründen ist ein einkalkulierbarer Faktor, der allgemein akzeptiert wird; Nicht-Erfolg wegen strafbarer Tätigkeit eines Mitbewerbers kann ein »Schaden« im Sinne dieser Sanktion sein.

Die Aussperrung oder das »Blacklisting« von Firmen, die bestochen oder sich an einer Preisabsprache beteiligt haben, ist erfahrungsgemäß ein besonders wirksames Mittel.

In diesem Zusammenhang muß auch gesagt werden, daß das Bestehen einer Kronzeugenregelung die Bereitwilligkeit von Tatzeugen, die selbst in die Bestechung verwickelt gewesen sind, Fälle von Korruption offenzulegen selbstverständlich stark positiv beeinflußt.

Die TI-IP Verpflichtungserklärung des Anbieters muß vom Vorsitzenden des Vorstands oder einem anderen zuständigen Vorstandsmitglied unterschrieben werden. Da ein an der Ausschreibung beteiligtes Unternehmen normalerweise durch viele Angestellte (auf allen Ebenen) und Repräsentanten/Agenten vertreten sein wird, kann nur auf diese Weise sichergestellt werden, daß ein Unternehmen sich nicht durch das Argument herausreden kann, die höhere Leitungsebene hätte nicht gewußt, was das Personal auf der Verkaufsebene getan habe. Um dieser Verpflichtung der Unternehmensspitze allerdings auch wirkliche Bedeutung zu geben (d. h. um dem Personal im Verkauf das Argument zu entziehen, sie hätten von dieser Verpflichtung nichts gewußt), muß das Unternehmen ein unternehmensweites Programm durchführen, durch das jeder Mitarbeiter über die Unternehmenspolitik der Nicht-Bestechung und alle dazu ausgegebenen Richtlinien aufgeklärt wird und sich regelmäßig durch seine eigene Unterschrift verpflichtet, sich an diese Richtlinien zu halten.

Der Integritätspakt enthält auch die Verpflichtung der Anbieter,

1. alle im Zusammenhang mit dieser Ausschreibung bezahlten, formell zugesagten oder informell versprochenen Provisionen, Geschenke, Zuwendungen, Vergünstigungen etc. im Angebot selbst offenzulegen und

2. an Agenten und andere Mittelspersonen nur solche Provisionen zu bezahlen, die geschäftsmäßig angemessen sind und diese für legitime Dienstleistungen kompensieren.

Das gilt für Zuwendungen direkt an den oder die Entscheidungsträger des Auftraggebers ebenso wie Zuwendungen an Agenten oder andere Mittelspersonen, Familienmitglieder der Entscheidungsträger, Freunde etc. Die vollständige Erfüllung dieser Offenlegungsverpflichtung ist ebenfalls vom Vorstand des Anbieters zu versichern und dadurch von ihm unmittelbar zu verantworten.

Der TI-IP enthält eine Verpflichtung des erfolgreichen Anbieters, auch während der gesamten Vertragsausführung alle Provisionszahlungen offenzulegen. In diesem Fall sollte man regelmäßige (vielleicht vierteljährliche) Bescheinigungen des Unternehmens verlangen.

Ein solcher Vorschlag eines staatlichen Auftraggebers für einen Integritätspakt mit den Anbietern vermittelt natürlich einen höheren Grad an Glaubwürdigkeit, wenn er in ein umfassendes Anti-Korruptions- oder Integritäts-Programm der Regierung eingebettet ist. Aber auch wenn ein solches Programm (noch) nicht existiert, dann kann ein solcher Integritätspakt einen Kommunikationsprozeß zwischen Auftraggeber und den privaten Anbietern in Gang setzen, der zur Annahme eines Verfahrens führt, welches das Vertrauen des Privatsektors genießt. Es ist deshalb wichtig, daß eine Regierung nicht versucht, dieses Konzept einseitig und ohne vorherige Beratung mit den Anbietern durchzusetzen. Es gibt zuverlässige Hinweise dafür, daß verantwortliche Unternehmensvertreter den Integritätspakt als ein brauchbares Instrument zur Korruptionsreduzierung ansehen und bereit sind, das Konzept zu erproben.

Der Auftraggeber sollte sich gleichzeitig verpflichten, als Teil der vertrauensbildenden Maßnahmen die Einhaltung der Regeln des Integritätspaktes auf beiden Seiten selbst streng zu überwachen und geeignete Vertreter der Zivilgesellschaft einzuladen, bei dieser Überwachung verantwortlich mitzuwirken. Alle Mitglieder des Evaluierungs- und Auswahlgremiums sollten verpflichtet sein, eine Integritäts- oder Nicht-Bestechungs-Erklärung abzugeben. Es ist ebenfalls wichtig, daß eine Institution im Land existiert, an die sich ein Anbieter um Rat oder Hilfe wenden kann, wenn er von Vertretern des Auftraggebers zu Bestechungszahlungen aufgefordert wird oder Informationen über Bestechungshandlungen eines Mitbewerbers erhält. Diese Institution könnte ein Ombudsman sein, eine unabhängige Kommission gegen Korruption, ein Rechnungsprüfungsamt oder Rechnungshof oder zumindest eine Stelle der Polizei oder Staatsanwaltschaft, die mit solchen Verfehlungen Erfahrung hat und bereit und dafür ausgestattet ist, aktiv zu werden.

Integritätspakte sind in ein paar Fällen mit Erfolg angewendet worden (Ekuador, Panama, Argentinien). Eine systematische Anwendung in sechs afrikanischen Staaten (Äthiopien, Benin, Malawi, Mali, Tanzania und Uganda) bei multilateral finanzierten Projekten ist in Vorbereitung. Wenn die Erfahrungen bei solchen durch die Weltbank oder andere multilaterale Geldgeber finanzierten Projekten positiv verlaufen, dann ist anzunehmen, daß alle multilateralen und zumindest die größeren nationalen Darlehensgeber zumindest in diesen sechs Entwicklungsländern das Konzept anwenden werden.

6.2. Pauschalierter Schadensersatz

Öffentliche Auftraggeber in Deutschland haben mit dem sogenannten »pauschalierten Schadensersatz« gute Erfahrungen gemacht. Bei dem zunächst angewandten Verfahren wurde dem erfolgreichen Anbieter bei Auftragsvergabe die Zusicherung, daß er weder bestochen noch mit anderen Anbietern den Auftrag abgesprochen habe oder bestechen bzw. den Vertrag absprechen werde, abverlangt. Im Vertrag war dann ferner festgelegt, daß der Unternehmer, wenn ihm später entweder eine Bestechungshandlung oder ein Gespräch mit Mitbewerbern nachgewiesen werden konnte, ohne Nachweis eines konkreten Schadens einen pauschalierten Schadensersatz in Höhe eines Betrages von X% (oft bis zu 5%) der Auftragssumme zu erbringen hatte, es sei denn, es konnte ein höherer Schaden nachgewiesen werden. Dieses Modell einer reinen Vertragsstrafe, bei der jedenfalls nach unten hin der wirkliche Schaden nicht ausschlaggebend ist, ist allerdings vom Bundesgerichtshof abgelehnt worden.

Stattdessen enthalten praktisch alle Aufträge der öffentlichen Hand in Deutschland heute eine ähnliche Klausel, nach der allerdings sowohl ein höherer als auch ein niedrigerer Schaden als der vereinbarte Pauschalsatz nachgewiesen werden kann, mit folgendem Wortlaut:

»*Wenn der Auftragnehmer aus Anlaß der Vergabe nachweislich eine Abrede getroffen hat, die eine unzulässige Wettbewerbsbeschränkung darstellt, hat er X (3–5) % der Auftragssumme an den Auftraggeber zu zahlen, es sei denn, daß ein Schaden in anderer Höhe nachgewiesen wird«.*

Dieses Modell hat sich hervorragend bewährt. Öffentliche Auftraggeber, die die Korruptionsbekämpfung zu einem wichtigen Thema gemacht und Antikorruptionsbeauftragte eingesetzt haben, wie etwa die Stadt München, haben aus pauschaliertem Schadensersatz und aus Einzelnachweis eines höheren Schadens in den vergangenen Jahren sehr namhafte Einnahmen erzielt und damit wahrscheinlich ein hohes Maß an Abschreckung erreicht.

6.3. Sperrung

Das bei weitem wirksamste Abschreckungsmittel ist die Sperrung oder das »Blacklisting« von Unternehmen. Als fünf große internationale Konzerne (BICC/Großbritannien, Marubeni und Tomen/Japan, Pirelli/Italien und Siemens/Deutschland) 1995 von Singapur wegen erwiesener Bestechung für fünf Jahre auf die »Schwarze Liste« gesetzt wurden, wurde sehr schnell bekannt, daß der Verlust dieser fünf Konzerne durch Nicht-Teilnahme an Ausschreibungen während dieser Aussperrungsfrist ein Vielfaches des durch Bestechung erhaltenen Auftrages ausmacht.

Eine Sperrung wird normalerweise von einem einzelnen Auftraggeber verfügt, kann aber bei Bestehen eines »Korruptions-Registers« mit verbindlicher oder wenigstens »empfehlender« Wirkung landes- oder bundesweite Wirkung haben. Sperrung wird für einen der Schwere der Tat entsprechenden Zeitraum, der normalerweise zwischen sechs Monaten und fünf Jahren liegt, im Extremfall aber auch unbegrenzt sein kann, ausgesprochen. Diese Sanktion ist besonders gravierend, wenn sie sich auf einen ganzen Konzern bezieht und nicht nur auf die besondere Abteilung oder »Division«, die bei der Bestechung erwischt worden ist.

Manche Auftraggeber haben Bedenken, Unternehmen zu sperren, außer wenn eine rechtskräftige Verurteilung wegen Bestechung vorliegt. Da erfahrungsgemäß die strafrechtliche Aburteilung, wenn es überhaupt dazu kommt, nur mit langer Verzögerung erfolgt, wäre die Sperrung, wenn man auf eine rechtskräftige Verurteilung abstellte, kein wirksames Instrument. Es ist Auftraggebern nicht zumutbar, mit Unternehmen zusammenzuarbeiten, gegen die ein begründeter Tatverdacht besteht. Aus diesem Grunde haben staatliche Auftraggeber mit Erfahrung in der Sperrung auf das Vorliegen von »wesentlichen Tatmerkmalen« der Bestechung oder der Preisabspache abgestellt (z. B. Aufzeichnungen, Belege, Schriftstücke, Aussagen von für zuverlässig gehaltenen Zeugen). Unternehmen, gegen die solche »wesentlichen Tatmerkmale« bekannt werden, werden vom Auftraggeber zu diesen Anschuldigungen gehört und haben die Gelegenheit, etwaige Mißverständnisse aufzuklären. Wenn solche Unternehmen dann doch gesperrt werden, dann legen sie in der Regel nicht Rechtsmittel gegen den Beschluß ein, sondern interessieren sich im wesentlichen dafür, was sie tun müssen, um so schnell wie möglich wieder von der Sperr-Liste herunterzukommen.

Zu den Bedingungen für die Wiederzulassung ausgeschlossener Unternehmen sollten auf alle Fälle die Entrichtung eines angemessenen Schadensersatzes (mindestens 3–5% der Vertragssumme), die Entlassung der kriminell tätig gewordenen Angestellten/Arbeitnehmer und interne administrative Verbesserungen wie die Einführung von Trainingsmaßnahmen und des **Vier-Augen-Prinzips** gehören.

Die VOB sieht die Möglichkeit vor, Anbieter von der Angebotsabgabe auszuschließen, »die nachweislich eine schwere Verfehlung begangen haben, die ihre Zuverlässigkeit... in Frage stellt« (Paragraph 8 Nr. 5 Abs.1). Zu den allgemein akzeptierten Gründen gehören die vollendete oder versuchte Beamtenbestechung, Vorteilsgewährung, Beteiligung an Absprachen über Preise, oder an Empfehlungen oder Absprachen über die Abgabe oder Nichtabgabe von Angeboten. Nach der Rechtsprechung müssen zumindest konkrete Anhaltspunkte vorliegen; ein rechtskräftiges Urteil oder Bußgeldbescheid ist nicht erforderlich.

Besonders effektiv wäre in diesem Zusammenhang die Führung eines **Korruptionsregisters**, in dem bundesweit alle gesperrten Unternehmen aufgeführt werden, so daß alle öffentlich-rechtlichen Auftraggeber sich an die Sperrungs-Entscheidung anderer öffentlicher Auftraggeber anhängen könnten. Ein solches bundesweites Register ist immer wieder vorgeschlagen worden, hat aber bisher keine Mehrheit gefunden. In mehreren Bundesländern in Deutschland existiert allerdings ein landesweites Register mit verbindlicher Ausschlußwirkung, das von allen öffentlichen Auftraggebern vor Auftragsvergabe konsultiert werden muß.

6.4. Teilnahme der Zivilgesellschaft an der Angebots-Evaluierung und Auswahl

Die Transparenz in der Evaluierung aller Angebote und der Auswahl des erfolgreichen Anbieters kann nicht nur dadurch erhöht werden, daß die Evaluierung und das Entscheidungsdokument offengelegt oder zumindest den Mitbewerbern zugänglich gemacht werden, sondern ganz besonders durch Teilnahme von Vertretern der Zivilgesellschaft an dem Evaluierungs- und Entscheidungsprozeß. Der Auftraggeber sollte ausgewählte Organisationen der Zivilgesellschaft, die sich durch ihr Engagement für Integrität in der öffentlichen Verwaltung profiliert haben (und dazu könnten etwa die jeweiligen Nationalen Sektionen von Transparency International gehören, aber der Auftraggeber könnte selbstverständlich auch andere Organisationen wählen), einladen, zwei oder drei zuverlässige und vertrauenswürdige Personen zu benennen, die an den entscheidenden Sitzungen teilnehmen und Zugang zu allen Angeboten und anderen wichtigen Dokumenten bekommen. Diese Vertreter der Zivilgesellschaft würden sich nicht an der Evaluierungs-Arbeit selbst beteiligen, sondern als Beobachter tätig sein, die bei Verdacht auf Manipulation des Prozesses den Auftraggeber und, wenn dieser keine Abhilfe schafft, die Justizbehörden oder die Öffentlichkeit informieren, und ansonsten lediglich die Korrektheit des Prozesses für die Öffentlichkeit bezeugen. Diese Beobachter müßten natürlich ebenso wie die offiziellen Mitglieder des Evaluierungs- und Entscheidungsgremiums zur Verschwiegenheit bezüglich der ihnen zur Kenntnis kommenden Informationen verpflichtet werden, insbesondere über unternehmens-interne technische Details der Angebote. Die Bestellung solcher Beobachter würde der Öffentlichkeit Vertrauen in die Korrektheit des Prozesses geben, wo heute oft größte Skepsis herrscht.

6.5. Anti-Bestechungs-Maßnahmen bei Durchführung des Auftrags

Obwohl im strengen Sinne nicht Teil der »Auftragsvergabe« soll hier doch kurz auf die absolute Notwendigkeit ausreichender Sicherungsmaßnahmen gegen korrupte Handlungen während der Auftragsdurchführung eingegangen werden. Die Durchführungsphase bietet dem korrupten Unternehmer die Möglichkeit, Ausgaben zu »sparen« und dadurch die als Bestechung gezahlten Beträge wieder hereinzuholen. Die übliche Methode ist es, bei der Qualität von Bauteilen oder Materialien wie Zement, Stahl etc., oder bei der Qualität des Endproduktes selbst, etwa der Dicke einer Straßendecke, zu sparen, d. h. unter den vorgeschriebenen Spezifikationen zu bleiben. Effektive Kontrollmaßnahmen erfordern, daß der Auftraggeber technisch kompetente und integre Personen mit der Kontrolle beauftragt, entweder aus dem eigenen Personal (allerdings sollten sie auf gar keinen Fall aus der Abteilung sein, die für die technische Vorbereitung oder die Auftragsvergabe zuständig war) oder einen Beratenden Ingenieur. Wichtig ist auch, daß diese Kontrollingenieure ausreichende personelle und finanzielle Ressourcen zur Verfügung haben, so daß sie ihren Auftrag zuverlässig ausführen können.

Bei allen Projekten, insbesondere bei solchen, die in einem geographisch großen Gebiet ausgeführt werden, wie z. B. Straßenbau- oder Bewässerungsprojekten, sollte man auch an die Bestellung eines unabhängigen Qualitäts-Kontrolllabors denken, etwa einer technischen Universität oder eines zuverlässigen Privat-Labors, mit der Aufgabe, durch häufige unangemeldete Kontrollen die Einhaltung der technischen Spezifikationen sicherzustellen.

Ein anderer wunder Punkt während der Auftragsdurchführung, an dem korrupte Unternehmer und Vertreter des Auftraggebers dem Auftraggeber häufig finanziellen Schaden zufügen, sind die sogenannten »Change Orders« – Änderungen entweder der Spezifikationen (z. B. in der Tiefe von Betonfundamenten einer Brücke, in Anbetracht unvorhergesehener Bodenprobleme) oder der Preise (z. B. wegen Preissteigerungen, weil Materialeinkäufe teurer wurden als vorhergesehen, oder weil unvorhergesehene Mehrarbeiten erforderlich wurden). Solche Change Orders sind üblich und oft legitim, aber sie werden auch sehr oft zur persönlichen Bereicherung mißbraucht. Man hört immer wieder, daß Aufträge, die zu einem akzeptablen Preis zugeschlagen wurden, durch eine Häufung von oft kleineren Preiserhöhungen Gesamtkosten erreichen, die um ein zwei- oder dreifaches über dem Zuschlagspreis liegen.

Die Zustimmung zu Change Orders sollte man nicht routinemäßig dem Bauleiter des Auftraggebers überlassen, sondern dem Wert der Änderung entsprechend in die Entscheidungshierarchie einbeziehen. Ebenso sollte man nicht nur den Wert der einzelnen, aktuellen Change Order berücksichtigen, sondern auch den Wert aller vorhergegangenen Änderungen, und die Entscheidung des Auftraggebers dort in seiner Hierarchie ansiedeln, wo es dem kumulativen Wert der Change Orders entspricht. Das bedeutet z. B., daß man alle Preisänderungen, die kumulativ mit früher genehmigten Preisänderungen den Zuschlagspreis um, sagen wir, 15% des Auftragswertes übersteigen, wieder demselben Gremium zur Entscheidung vorlegt, das über die Auswahl des erfolgreichen Angebots entschieden hat, also etwa dem Central Tender Board. Ohne eine solche Regelung kann es leicht passieren, daß der Bauleiter, der vielleicht korrupt ist, eine Vielzahl von individuell jeweils unbedeutenden Change Orders genehmigt, die kumulativ den budgetierten Finanzierungsrahmen um ein Mehrfaches übersteigen.

Sehr wichtig in diesem Zusammenhang ist auch, daß alle Entscheidungen, die hinsichtlich solcher Änderungsvorschläge getroffen werden, schriftlich niedergelegt und begründet werden sollten, um eine spätere Nachprüfung zu ermöglichen und Manipulation zu verhindern.

7. Kontrollinstitutionen

7.1. Staatliche Kontrollorgane

Eine besonders wichtige Rolle im Kampf gegen die Korruption bei der Auftragsvergabe fällt den unabhängigen staatlichen Institutionen zur Kontrolle öffentlicher Ausgaben zu: Den Rechnungshöfen und Auditor Generals, und natürlich den Parlamentsausschüssen mit der Verantwortung für die Kontrolle staatlicher Ausgaben. Es ist notwendig, daß diese Organe mit den notwendigen Kompetenzen, Vollmachten, Finanzen und Personal ausgestattet sind, um ihre Aufgaben erfüllen zu können.

7.2. Rechtshilfeorgane

Es ist unabdingbar, daß derjenige, der sich bei der Auftragsvergabe durch die Korruption eines Mitbewerbers oder eines Vertreters des Auftraggebers in seinen Rechten verletzt fühlt, oder ein Dritter, der Kenntnis von einer Korruptionshandlung erhält, effektive Rechtshilfeinstrumente zur Verfügung hat:

❑ Polizei und Staatsanwaltschaft müssen genügend personelle und finanzielle Ressourcen und die notwendige fachliche Kompetenz haben, einer begründeten Beschwerde nachgehen zu können. Dort, wo Staatsanwaltschaften Sonderdezernate für Korruption eingerichtet und bereits eine Reihe von Korruptionsfällen erfolgreich bearbeitet haben, ist natürlich das öffentliche Vertrauen größer, daß eine Beschwerde auch ernstgenommen und bearbeitet wird.

❏ Eine Unabhängige Kommission zur Bekämpfung der Korruption (wie die »Independent Commission Against Corruption«, oder ICAC, in HongKong oder in Singapur), die normalerweise weder der Regierung noch dem Staatspräsidenten, sondern dem Parlament selbst verantwortlich sind, ist normalerweise eine große Hilfe.

❏ Ein Ombudsman kann eine ähnlich positive Rolle spielen.

❏ Die Unabhängige Kommission und der Ombudsman müssen natürlich ebenfalls ausreichende personelle und finanzielle Ressourcen zur Verfügung haben, damit sie effektiv arbeiten können.

Obwohl kein Instrument der Rechtshilfe sind hier auch die Medien zu nennen: Wer bei den offiziellen Rechtshilfeinstitutionen keine Hilfe findet, sollte sich jedenfalls darauf verlassen können, daß unabhängige Medien in der Lage und bereit sind, ihre Beschwerden der Öffentlichkeit mitzuteilen.

7.3. Schutz des Informanten

Ebenso wichtig ist es, daß der Staat den Informanten schützt (etwa gegen Entlassung, Strafversetzung oder andere Jobdiskriminierung durch Vorgesetzte), weil sonst nicht erwartet werden kann, daß Informationen über korruptives Verhalten an den Staat gegeben werden.

8. Selbstkontrolle der Industrie

In der Erkenntnis, daß Korruption teuer, unzuverlässig und unethisch ist, gibt es schon seit Jahren Versuche innerhalb verschiedener Industrieverbände, eine gemeinsame Position gegen Bestechung zu erarbeiten.

8.1. Internationale Handelskammer/International Chamber of Commerce (ICC)

Die ICC, der internationale Zusammenschluß der wichtigsten nationalen Industrieverbände, hatte schon 1977 Verhaltensregeln für den Kampf der Industrie gegen Bestechung und Bestechlichkeit herausgegeben, aber sie blieben ohne durchschlagenden Erfolg. 1996 hat die **ICC** nun ein stark verbessertes Dokument herausgegeben, das sowohl Empfehlungen an Regierungen und internationale Organisationen enthält wie auch neugefaßte »Verhaltensregeln für den Kampf gegen Bestechung und Bestechlichkeit«, mit **detaillierten Verhaltensgrundsätzen für Unternehmen**, einschließlich der folgenden:

> - Niemand darf direkt oder indirekt eine Bestechung anbieten oder geben;
> - Provisionszahlungen an Agenten, Makler oder Vermittler dürfen nicht mehr als eine »angemessene Vergütung für legitime Dienste des Agenten« sein;
> - Agenten dürfen von dieser Vergütung keinen Teil als Bestechung oder in anderer Weise weitergeben, die gegen diese Verhaltensmaßregeln verstößt;
> - Unternehmen müssen eine Aufstellung aller Agenten, die in Transaktionen mit staatlichen Stellen tätig geworden sind, und der mit ihnen getroffenen vertraglichen Vereinbarungen, unterhalten und diese Aufstellung unternehmensinternen oder Regierungsinspektoren offenlegen;
> - alle finanziellen Transaktionen müssen ordnungsgemäß verbucht werden; es darf keine »Geheimkonten« geben.

Diese neuen Grundsätze werden zur Zeit von den Mitgliedsorganisationen der ICC propagiert und man muß abwarten, wieviele zumindest der großen internationalen Unternehmen sich diese Grundsätze zu eigen machen. In Deutschland arbeitet eine Arbeitsgruppe im Rahmen des Bundesverbandes der Deutschen Industrie (BDI) an der Umsetzung dieser Grundsätze.

8.2. Bundesverband der Deutschen Industrie (BDI)

Der BDI hat 1995 »Empfehlungen an Geschäftsführungen und Vorstände der gewerblichen Wirtschaft zur Bekämpfung der Korruption in Deutschland« herausgegeben. In diesem Dokument gibt der BDI »Anregungen zur Aufstellung/ Ergänzung von Verhaltenskodices und für interne betriebliche Organisationsmaßnahmen«. Im Kapitel »Grundsätze« findet man hier nützliche Anregungen betreffend u. a. die »strikte Einhaltung von Gesetzen und sonstigen Bestimmungen«, die »Vorbildfunktion der Unternehmensleitung«, den »Umgang mit Zulieferern und Abnehmern«, die Vergabe und Annahme von »Geschenken und sonstigen Zuwendungen«, und »Interessenkonflikte durch Nebentätigkeiten und Kapitalbeteiligungen«. Das Kapitel »Interne betriebliche Organisationsmaßnahmen« enthält hervorragende Empfehlungen zu den Themen »Aus- und Fortbildung«, »Personalrotation in sensiblen Bereichen«, das »Vier-Augen-Prinzip, Funktionstrennung und lückenlose Dokumentation« und schließlich »Lieferanten-Alternativen«. Das Dokument wird abgerundet durch wichtige Empfehlungen zur Einrichtung effektiver Kontrollmaßnahmen im einzelnen Betrieb. Diese

Empfehlungen des BDI sind ausgezeichnet, aber leider ausschließlich auf innerdeutsche Geschäftstätigkeit bezogen. Im Abschnitt »Geschenke und sonstige Zuwendungen« steht unverständlicherweise folgender Passus:

»*Im Ausland kann es der üblichen Sitte und Höflichkeit entsprechen, Geschenke geben zu müssen. Deshalb müssen Ausnahmen zur vorstehenden Regelung zulässig sein, insbesondere wenn ein Markt dies von allen Wettbewerbern verlangt. Die Entscheidung darüber ist in Zweifelsfällen mit der vorgesetzten Ebene abzustimmen.*«

Hier hat der **BDI** leider eine **Gelegenheit verpaßt**, eine **Vorreiterrolle** bei der Durchsetzung höherer Integritätsgrundsätze zu spielen. Spätestens mit dem Inkrafttreten der OECD-Konvention von 1997 muß diese Empfehlung geändert werden. Man kann dem BDI nur »empfehlen«, nicht bis zum letzten Moment zu warten, bis das Gesetz keine andere Wahl mehr läßt, sondern eine grundsätzliche Position gegen die transnationale Korruption so bald wie möglich einzunehmen.

8.3. Die Beratenden Ingenieure (Consulting Engineers)

Eine besonders wichtige Rolle bei der Vergabe vor allem öffentlicher Bauaufträge kommt den Beratenden Ingenieuren zu. Sie sind maßgeblich an der Erstellung der technischen Entwürfe und Spezifikationen, an der Evaluierung der Angebote und an der Überwachung der Projektdurchführung beteiligt (einschließlich der Ausstellung von Zahlungsanweisungen für Unternehmer und bei der Entscheidung über Ansprüche der Unternehmer) und können korrupte Handlungen oft besser erkennen und verhindern als der Auftraggeber selbst; aber in gleicher Weise können sie Korruption auch erleichtern und verdecken. Angesichts dieser vielen Möglichkeiten und Versuchungen der Beratenden Ingenieure hat die International Federation of Consulting Engineers (FIDIC), der heute die große Mehrzahl aller Beratenden Ingenieure aus aller Welt angehört, im Sommer 1996 eine Grundsatzerklärung zur Korruption verabschiedet, in der Korruption in all ihren Formen abgelehnt und verurteilt wird. In ihr heißt es u.a.: »**Korruption** ist mehr als Diebstahl von Geld; es ist **Diebstahl von Vertrauen**«. Diese bemerkenswerte Erklärung trifft viele klare Aussagen darüber, inwiefern der Beratende Ingenieur sich schuldig machen kann und verurteilt Korruption als »unethisch und unwürdig«. Als Sanktionen innerhalb der eigenen Organisation werden der Ausschluß von der Auftragsvergabe und die Benachrichtigung öffentlicher Stellen empfohlen.

8.4. Das Ethik-Management-System

Im Mai 1996 hat der Bayerische Bauindustrieverband ein sehr interessantes Instrument der Selbstorganisation für die deutsche Bauindustrie vorgestellt, das mit

Hilfe der Ethik-Professoren Karl Homann (Ingolstadt) und Josef Wieland (Konstanz) entwickelt wurde. Die Aufgabe des Ethik-Management-Systems ist, »die Handlungsbedingungen in der Bauwirtschaft so zu gestalten, daß die einzelnen im Handlungsvollzug die Integrität, Fairneß und Transparenz, die sie praktizieren wollen, ohne Nachteile auch praktizieren können«. Es wurde ein Verein »Ethikmanagement der Bauwirtschaft e. V.« (EMB) gegründet, dem Baufirmen beitreten können, die sich einem gründlichen »Werteprogramm« unterwerfen und sich insbesondere zu Integrität gegenüber öffentlichen und/oder privaten Auftraggebern verpflichten wollen. Dazu gehören u. a. Verpflichtungen

- ❏ zur Einhaltung aller maßgeblichen Gesetze und Vorschriften;
- ❏ sich nicht an kartellrechtswidrigen Preisabsprachen zu beteiligen;
- ❏ keine Zuwendungen an Auftraggeber zu machen, die direkt oder indirekt in Bezug auf das Amt gemacht werden; und
- ❏ Ehrlichkeit und Transparenz bei der Vertrags-, Preis- und Rechnungsgestaltung zu achten.

Mitgliedsfirmen, die sich einem solchen Werteprogramm erfolgreich unterwerfen, erhalten ein **Zertifikat des »EMB«,** mit dem sie auch werben können. Wenn bei späteren Kontrollen Verstösse festgestellt werden, kann das Zertifikat wieder aberkannt werden. Entscheidungen über die Zu- und Aberkennung des Zertifikats werden von einem Zertifizierungsausschuß getroffen, von dessen drei Mitgliedern eines eine »angesehene, vereinsexterne unabhängige Persönlichkeit« sein muß.

Obwohl von der bayerischen Industrie entwickelt, steht der Beitritt allen deutschen Baufirmen offen. Bisher sind 26 Firmen Mitglied geworden; neun Firmen haben das Zertifikat erhalten und fünf weitere befinden sich im Zertifizierungs-Prozeß.

Wenn sich dieses Instrument durchsetzt und auch die großen, weltweit und bundesweit arbeitenden Baufirmen Mitglieder geworden sind, dann können Auftraggeber überlegen, ob sie in Zukunft nur solche Firmen für die Auftragsvergabe in Betracht ziehen sollen, die ein solches Zertifikat besitzen. Das wäre dann ein gutes Beispiel für eine sogenannte »White List«.

Obwohl den Initiatoren dieser Versuche der gute Wille nicht abgesprochen werden kann, haben diese Vereinbarungen und Erklärungen bisher wenig praktische Änderung bewirkt, im wesentlichen wohl, weil gemäß der nationalen Gesetzgebung (in praktisch allen Staaten außer den USA) die transnationale Bestechung strafrechtlich (noch) nicht verboten und sogar die steuerliche Absetzbarkeit von

Bestechungszahlungen erlaubt ist. Obwohl nationale Bestechung strafbar ist, ist die steuerliche Absetzbarkeit nationaler Bestechungszahlungen in Deutschland ebenfalls weitgehend steuerlich absetzbar, außer wenn es zu einer strafrechtlichen Verurteilung (oder einer Bußgeldverhängung) gekommen ist. Dies ist der Natur der Straftat entsprechend allerdings nur bei einem verschwindend geringen Prozentsatz aller Bestechungshandlungen der Fall. Entsprechend den Ankündigungen von Bundeswirtschaftsminister Rexroth und Bundesjustizminister Schmidt-Jorzig ist zu befürchten, daß diese unzureichende Regelung nach Inkrafttreten der OECD-Konvention auch auf transnationale Bestechungshandlungen ausgeweitet wird. Die Bundesregierung würde damit den von ihr selbst unterstützten OECD-Empfehlungen zur Abschaffung der steuerlichen Absetzbarkeit von Bestechungszahlungen klar zuwiderhandeln. Unter solchen Bedingungen ist es nicht verwunderlich, daß viele Unternehmer wenig Vertrauen in die Umsetzung dieser Erklärungen durch ihre Mitbewerber haben und lieber gleich selbst bestechen, »da es die anderen ja auch tun, und ich deshalb Wettbewerbsnachteile hätte, wenn ich allein mit Bestechung aufhörte«. Diese Argumentation wird erst in Zukunft mit der Umsetzung der OECD-Konvention von 1997 schwieriger.

9. Schlußbemerkung

Im Laufe der Zeit sind viele korruptive Systeme und Seilschaften aufgebaut worden, und diejenigen, die in der Vergangenheit von Korruption profitiert haben, werden sich gegen jeden Säuberungsversuch sträuben und alle Maßnahmen zu unterlaufen versuchen. Dennoch – die Öffentlichkeit, die Steuerzahler, die öffentliche Verwaltung haben ein Anrecht darauf, daß die durch Korruption bedingte Verschwendung von öffentlichen Mitteln eingedämmt wird und lassen immer häufiger und deutlicher erkennen, daß sie die Geduld verlieren und Änderungen verlangen. Viele der bereits existierenden Möglichkeiten der Korruptionsbekämpfung können mit mehr Energie und Systematik angewendet werden. In diesem Beitrag werden eine Reihe von zusätzlichen Möglichkeiten aufgezeigt, durch die Einbringung von mehr Transparenz in den Vergabeprozeß die Bestechung und Bestechlichkeit immer mehr von einem Akt mit hoher Rentabilität und geringem Risiko zu einem Akt mit hohem Risiko und geringer Rentabilität zu machen.

VII. Die Verantwortung der Wirtschaft

Einleitung

1. Korruptionsbekämpfung – Aufgabe für den Gesetzgeber oder Herausforderung für das Management?

2. Die Rolle der Privatwirtschaft bei der Bekämpfung der internationalen Korruption

3. Jenseits der Grenzen – ethisches Handeln von Unternehmen vor neuen Herausforderungen

Einleitung

Mark Pieth

Staatliche Maßnahmen, auch wenn sie international koordiniert werden, sind alleine nur unzureichend in der Lage, die Praxis der aktiven Bestechung zu beeinflussen. Staaten können auch kein Interesse an der Bestrafung möglichst vieler Unternehmer und Unternehmen haben. Funktion der staatlichen Maßnahmen ist es vor allen Dingen Klarheit über verbotenes Verhalten zu schaffen, motivierend zu wirken und für Wettbewerbsgleichheit zu sorgen. Korruptionsvermeidung auf der »Angebotsseite« (wie auf der »Nachfrageseite«) ist nur im synergetischen Zusammenwirken von Staat, Wirtschaft und Zivilgesellschaft zu bewältigen.

Den Unternehmen fällt dabei die Aufgabe zu, intern für klare Verhältnisse zu sorgen. Erfahrene Wirtschaftspraktiker, die an verantwortlicher Stelle die Politik von multinationalen Unternehmen mitgeprägt haben, erläutern in diesem Kapitel, wie notwendig eine konsequente Haltung des Managements ist, sie deuten zugleich aber auch an, wie aufwendig solche Umsetzungsprogramme (Compliance-Programme) im Detail sein können.

Jürgen Thomas, Anwalt und ehemaliger Syndikus eines Weltunternehmes stellt u. a. klar, daß sich die Ernsthaftigkeit der Anti-Korruptions-Strategie gerade dort zeigt, wo die klare Haltung sich auf die Gewinnzahlen auswirken kann. Er skizziert, welche Schritte im Unternehmen auf den verschiedenen Entscheidungsebenen zu treffen sind, wenn es eine glaubwürdige Haltung und eine entsprechende Praxis entwickeln will.

Fritz Heimann, Justitiar von General Electric-USA, setzt seinerseits bei der Notwendigkeit einer integrierten Strategie an. In seinem zusammen mit Carel Mohn von TI-Berlin verfaßten Text berichtet er von den Anstrengungen der »Internationalen Handelskammer« (ICC) zur Entwicklung von internationalen Mindeststandards für unternehmensinterne Richtlinien (»corporate codes of conduct«).

Marcus Bierich, Aufsichtsratsvorsitzender von Bosch, gehört zu einer Gruppe von weitsichtigen europäischen Unternehmen, die sich im Mai 1997 in einem gemeinsam mit der Internationalen Handelskammer und Transparency International veröffentlichten offenen Brief für ein koordiniertes Vorgehen gegen die Korruption ausgesprochen haben. In seinem Beitrag stellt er das Thema der Globalisierung der Wirtschaft ins Zentrum und betont die Notwendigkeit, daß Unternehmen weltweit die gleichen ethischen Standards anwenden sollten wie in ihrem Stammhaus – ein Prinzip, das zur Sicherstellung eines einheitlichen Qualitätsniveaus selbstverständlich erscheint.

1. Korruptionsbekämpfung – Aufgabe für den Gesetzgeber oder Herausforderung für das Management?

Jürgen Thomas

1. Einleitung

Die Häufung von Korruptionsfällen in Wirtschaft und Verwaltung in der jüngsten Zeit hat die Aufmerksamkeit einer breiten Öffentlichkeit auf dieses Feld der Wirtschaftskriminalität gelenkt. Aufsehen erregten dabei vor allem die Namen großer Industrieunternehmen, deren Management in Straftatbestände der Bestechung, Untreue und des Betrugs verwickelt war. Die Reaktion der Medien und der Gesellschaft auf das Bekanntwerden dieser Fälle scheint darauf hinzudeuten, daß man nicht mehr bereit ist, Korruption als Kavaliersdelikt hinzunehmen. Offenbar ist jedoch das Unrechtsbewußtsein differenziert, je nachdem, ob man das Management der potentiell betroffenen Unternehmen oder die außenstehende Öffentlichkeit befragt.

Worum dreht sich die aktuelle Diskussion? Juristen diskutieren darüber, ob eine Änderung der Strafgesetze eine rechtspolitisch geeignete Maßnahme darstellen könnte, die Flut von Korruptionsfällen einzudämmen. Gefordert wird eine Ausdehnung des Strafrahmens, die damit verbundene automatische Anhebung der Verjährungsfrist, die Einführung eines Korruptionsregisters und eine Anzeigepflicht für Amtsträger. Diese Überlegungen sind nicht Gegenstand des folgenden Beitrags.

In der *Wirtschaftspraxis* besteht auf weitem Feld Ratlosigkeit über wirkungsvolle Strategien, mit denen Korruptionsdelikte erschwert oder unmöglich gemacht werden können. Kann die Unternehmensleitung selbst dazu einen Beitrag leisten? Auf diese Frage sollen die folgenden Überlegungen thesenartig Antworten geben.

2. Sechs Thesen für das Management zur Korruptionsbekämpfung

> These 1: *Die Verhinderung von Wirtschaftskriminalität in den Unternehmen muß zur Chefsache erklärt werden.*

Das bedeutet in der Praxis: Die oberste Firmenleitung darf ihre Richtlinienkompetenz auf diesem Gebiet nicht auf den Unternehmens-Syndikus, die Rechtsabteilung, die Interne Revision oder die Verantwortlichen im Vertrieb abgeben. Verantwortung kann grundsätzlich überhaupt nicht delegiert werden.

> These 2: *Die Haltung der Unternehmensleitung zur Ablehnung jeder Form von Korruption muß vorbildhaft und glaubwürdig sein.*

Hier geht es um das persönliche Beispiel und die Integrität der Führungsebene. Zwar gelten für einen Teil der betriebswirtschaftlichen Berater Appelle an die Beispielfunktion der Leitung als wirkungslos und unmodern. Selbst wenn dem so ist, sollten die folgenden Überlegungen mitbedacht werden.

Die Unternehmensleitung trägt selbst ein erhebliches **Haftungsrisiko.** Im schlimmsten Fall wird der Firmenchef zur Verantwortung gezogen, wenn er sich an Bestechungspraktiken aktiv beteiligt. Die strafrechtlichen Folgen sind jedoch nicht minder gravierend, wenn der Führung »nur« eine Unterlassung zum Vorwurf gemacht werden muß, also unvollständige Instruktion und lückenhafte Überprüfung. In diesen Fällen ist dem Management ein Organisationsmangel unterlaufen. Wenn ein solches Organisationsverschulden ursächlich für den Gesetzesverstoß an irgendeiner Stelle im Unternehmen ist, werden der Vorgesetzte und in letzter Konsequenz die Firmenleitung strafrechtlich so zur Verantwortung gezogen, als hätten sie den Straftatbestand persönlich erfüllt.

Dies erklärt, weshalb die Strafverfolgungsbehörden bei den Ermittlungen »downstream« vorgehen. Gleichzeitig verdeutlichen diese Zusammenhänge die These, daß Verantwortung nicht delegierbar ist. Das alte Schrankenwärterprinzip hat heute keine Bedeutung mehr. Im übrigen gilt nach der neueren Rechtsprechung der **Grundsatz der Allzuständigkeit** und der **Gesamtverantwortung** der Leitung, auch und gerade bei mehrköpfigen Vorständen.

Die Hinweise auf das Haftungsrisiko der Leitung dürfen nicht den Anschein erwecken, die Veröffentlichung von Richtlinien zur Korruptionsbekämpfung habe nur eine Alibifunktion, diene also der persönlichen Rechtfertigung des Managements. Das unterstreicht die These von der Beispielfunktion der Führung.

> These 3: *Die Unternehmensleitung muß zur Bekämpfung der Korruption eine eindeutige Haltung einnehmen und sie unmißverständlich zum Ausdruck bringen.*

Das bedeutet: Die Firmenleitung muß bekanntgeben, daß Gesetzesverstöße im Unternehmen nicht geduldet werden und daß jeder Mitarbeiter, der dagegen verstößt, mit arbeitsrechtlichen Konsequenzen zu rechnen hat, äußerstenfalls mit fristloser Kündigung. »Unmißverständlich« bedeutet: nicht augenzwinkernd und Schlupflöcher offenlassend.

Mit dieser Klarstellung muß auch der geringste Zweifel beseitigt werden, daß die Unternehmensführung Schmiergeldzahlungen und andere Formen unerlaubter Vorteilsgewährung als notwendiges Übel stillschweigend duldet. Das heißt auch, daß mit der Androhung der arbeitsrechtlichen Sanktionen ernst gemacht werden muß, falls sich ein Mitarbeiter an die Richtlinien der Leitung nicht hält.

Damit kann sich im Falle der Aufdeckung eines Gesetzesverstoßes auch vor dem Strafrichter niemand mehr darauf berufen, er habe im vermeintlichen Firmeninteresse gehandelt. Vor allem aber kann kein Mitarbeiter mehr damit rechnen, daß die Firma im Notfall einen »Regenschirm« aufspannen werde, selbst wenn das möglich sein sollte (dazu im folgenden Abschnitt näheres).

Klarheit auf diesem Felde wird von den Mitarbeitern auch begrüßt werden, nicht zuletzt wegen der Entlastung vom persönlichen strafrechtlichen Haftungsrisiko. Es gibt wohl keinen verantwortungsbewußten Mitarbeiter, der Bestechung als ein Mittel des vertrieblichen Erfolges mit gutem Gewissen einsetzt. Ich widerspreche aufs schärfste der Auffassung des katholischen Sozialethikers Pater Rupert Lay, die moralische Grundauffassung auf diesem Gebiet habe einen Wandel vollzogen.

> These 4: *Die Firmenleitung trägt gegenüber den Mitarbeitern die Informationspflicht über Inhalt und Tragweite des Wirtschaftsstrafrechts.*

Wer Schmiergelder zahlt und annimmt, darf sich im Falle der Strafverfolgung nicht mit Erfolg darauf berufen können, er habe sein Verhalten für rechtmäßig gehalten. Der Kern des Straftatbestandes der Bestechung ist bekannt. Unklarheiten bestehen im wirtschaftlichen Alltag über die Grenzen und die Tragweite des Strafrechts. Die Mitarbeiter im Vertrieb müssen wissen, welche Wertgrenzen für Werbegeschenke und Gelegenheitsgeschenke des gesellschaftlichen Anstands gelten, in welchen Fällen Einladungen von Kunden oder Behördenangehörigen zulässig sind und wo die unerlaubte Vorteilsgewährung beginnt. Darüber sollte die Unternehmensleitung alle potentiell betroffenen Mitarbeiter fachlich kompetent und umfassend informieren.

Methodisch und thematisch gut geplante Schulungsveranstaltungen sind die geeignete Maßnahme hierfür. Zum Programm solcher Schulungen gehört die Aufklärung über das nicht zu unterschätzende Risiko der Erpressbarkeit und der Entdeckung. Bestechung ist ein Kollusivdelikt, d. h. es müssen immer mindestens zwei Personen zusammenwirken – die aktive und die passive Partei. Daraus ergibt sich zwangsläufig Mitwisserschaft zwischen Tätern, die nur vorübergehend Komplizen sind, in Wirklichkeit jedoch natürliche Kontrahenten auf verschiedenen Seiten eines Geschäfts mit den daraus resultierenden unterschiedlichen Interessen. Auffälliges Verhalten auf der Empfängerseite, Mißgunst und die Wachsamkeit der Wettbewerber sind weitere Gründe für eine Strafanzeige und die Anklage.

Die Beweisführung wird der Staatsanwaltschaft dadurch erleichtert, daß Korruption stets mit Geldflüssen verbunden ist. Wo Zahlungsvorgänge im Wirtschaftsleben vorkommen, sind Kostenstellen, Buchungen und Kassen im Spiel. Wenn die »innerbetriebliche Geldwäsche« nicht perfekt gelingt, ist die Rückverfolgung der Zahlung zum Täter sichergestellt. Aufgabe des Managements ist es, im gesamten Unternehmen ein Klima zu schaffen, in dem konspirative Praktiken zwischen den betroffenen Stellen des Betriebes – Rechnungswesen, Vertrieb, unmittelbare Vorgesetzte – unmöglich sind.

Schließlich gelten für die Durchführung der Informationsveranstaltungen die generellen Grundsätze der Organisation und des Controlling: Sie müssen planmäßig stattfinden, auch neu eintretende Mitarbeiter erfassen, ein follow up enthalten und dokumentiert werden.

Zusammenfassend läßt sich damit die Schulung als Maßnahme auf der Basis der generellen Informationsinstrumente im Unternehmen verstehen. In der persönlichen Kommunikation zwischen Vorgesetzten und Mitarbeitern muß die Problematik der Korruption weiter thematisiert werden.

> These 5: *Ziel der Managementmaßnahmen muß primär die Vermeidung von Korruption sein, nicht die Korrektur von Fehlern.*

Für den Ausschluß von Wirtschaftsdelikten im Unternehmen gilt der Grundsatz des Qualitätsmanagements: Fehlerverhütungskosten werden als Investition betrachtet, während Fehlerkosten Verluste sind. Das Risiko der Strafverfolgung kann das Unternehmen dem Mitarbeiter ohnehin nicht abnehmen. Versicherungsschutz gibt es nicht. Die Betriebshaftpflichtversicherung bietet keine Deckung, weil sie strafrechtliche Risiken nicht erfaßt. Rechtsschutz bei Vorsatztaten ist ausgeschlossen.

Es bleibt die Frage, ob das Unternehmen aus Gründen der arbeitsrechtlichen Fürsorgepflicht dem Mitarbeiter die Kosten der Strafverteidigung abnehmen darf, eine diffizile Frage, deren Antwort von den konkreten Umständen des Einzelfalles abhängt. Im Zweifel sollte die arbeitsrechtliche Fürsorgepflicht präventiv ausgelegt werden, sich also eher auf die Bewahrung des Mitarbeiters vor strafrechtlichen Haftungsrisiken konzentrieren als auf »Reparaturmaßnahmen«, wenn es zu spät ist.

Zusammenfassend beschrieben bildet damit die Schulung einen integralen Bestandteil im Bündel der Lenkungs- und Organisationsmaßnahmen, Richtlinien, Kommunikation und Prüfung.

> These 6: *Ausnahmen von der Leitlinie gegen Korruption dürfen nicht zugelassen werden.*

Dies gilt auch für die Vertriebspolitik im Ausland. Bestechung ist nahezu in jedem Land ein Straftatbestand, mit marginalen Unterschieden im Strafrahmen. Es ist bekannt, mit welcher Schärfe in jüngster Zeit auch im Ausland die Strafverfolgungsbehörden gegen Korruption vorgehen.

Es kann aber auch nicht bestritten werden, daß es Länder gibt, in denen Aufträge ohne Schmiergelder praktisch nicht hereinzuholen sind oder in denen Beamte, etwa im Zoll oder beim Fiskus, nur gegen persönliche Zuwendungen tätig werden. Hier ist eine unternehmenspolitische Grundsatzentscheidung zu treffen: Will das Unternehmen unter diesen Bedingungen tätig werden oder bleiben? Es gibt eine interessante dritte Möglichkeit: Die Firma bleibt in dem Land präsent und gibt öffentlich ihre Absage an die Praktiken der Korruption bekannt. Der Fall ist in der Praxis erprobt. Das Ergebnis war: Das betreffende Unternehmen erlitt den erwarteten und in Kauf genommenen Einbruch im Auftragseingang, jedoch nur kurzfristig; nach zwölf Monaten war das Tal durchschritten, und die Umsatzentwicklung verlief nach den gleichen Kriterien wie bei den Wettbewerbern, ohne daß die ausgebliebenen Schmiergelder eine Meßgröße darstellten.

3. Zusammenfassung der Thesen

Die Maßnahmen des Managements zur innerbetrieblichen Bekämpfung der Korruption sollten ein System bilden, dessen Kern im Aufbau folgender Normenhierarchie besteht:

❑ **Oberste Ebene:** Formulierung des Unternehmensleitbildes als »Grundgesetz« der Firma. Darin sollte – neben den gesellschaftspolitischen Zielen, der Verantwortung für die Umwelt und den unternehmerischen Aufgaben – auch die Verpflichtung zur unbedingten Einhaltung der Gesetze als »ethisches Minimum« zum Ausdruck gebracht werden.

❑ **Mittlere Ebene:** Publikation von Richtlinien als verbindliches »innerbetriebliches Gesetz«. Darin sollten neben der Beschreibung aller einschlägigen Rechtsnormen mit strafrechtlicher oder ordnungswidrigkeitsrechtlicher Relevanz wie z. B. Umweltschutz, Arbeitssicherheit, Datenschutz, Kartellrecht, Produkthaftung, Steuerrecht etc. auch die Tatbestände der Vorteilsgewährung und -annahme wiedergegeben werden. Die gesamte Materie kann in einem Handbuch oder Leitfaden zusammengefaßt und kontinuierlich aktualisiert werden.

❑ **Unterste Ebene:** Vermittlung von praxisbezogener Information für die »Anwender«, also die potentiell am ehesten Betroffenen, in top down durchgeführten Schulungsveranstaltungen, flankiert von Mitarbeitergesprächen der unmittelbaren Vorgesetzten nach Einführung des Basiswissens auf allen Ebenen.

Dieses Normengefüge sollte vollständig dokumentiert und durch planmäßige Prozesse des Controlling, Audits und der Internen Revision abgesichert werden. Das Gesamtsystem kann in die Beschreibung der Unternehmenspolitik und -organisation integriert werden und damit einen Bestandteil des Total Quality Managements oder einer anderen Führungsmethode des jeweiligen Unternehmens bilden. Umgekehrt dürfte jedes System des Qualitätsmanagements unvollständig sein, das dieses Element nicht enthält, auch wenn sich aus dem Wortlaut der Begriffsnorm DIN ISO 8402 und der Darlegungsnormen DIN ISO 9000 ff diese Forderung nicht *unmittelbar* ergibt.

4. Schlußbemerkung

Es wäre praxis- und lebensfremd anzunehmen, mit diesen Strategien könnte das Management *allein* die Problematik der Korruption in den Griff bekommen. Dazu ist dieses Gebiet der Wirtschaftskriminalität zu komplex. Schon die Einordnung verschiedener Straftatbestände unter den juristisch untechnischen Begriff der Korruption trägt nicht zur Klarheit bei. Als »korruptes Verhalten« werden in der Öffentlichkeit kriminelle Begehungsformen verstanden, die mit Bestechung im strafrechtlichen Sinn nichts zu tun haben, z. B. die Inanspruchnahme von Leistungen des Unternehmens oder der Zulieferer für private Bedürfnisse des Managements oder des Firmenchefs. Die Interne Revision hat für diese Formen kriminellen Verhaltens den Begriff der **dolosen Handlung** geprägt. Eine Klärung und eine Abgrenzung zu strafrechtlich nicht relevantem, wohl aber unternehmensethisch verwerflichem Verhalten wäre hier wünschenswert.

Eingewandt wird vor allem auch, die einzelne Firma sei mit der Aufgabe der Korruptionsbekämpfung überfordert, wenn nicht die Wettbewerber, die Zulieferer, die Behörden und vor allem auch die Kunden an einem Strang ziehen. Ein Unternehmen könne noch soviel Energie und Idealismus im eigenen Betrieb aufwenden, wenn aber die unredlichen Forderungen von den Kunden nicht aufhören und die Wettbewerber nicht das gleiche Verhalten zeigen, sei die Versuchung für den Mitarbeiter im vertrieblichen Alltag schlicht zu groß. Dieser Einwand muß ernst genommen werden. Konzertierte Aktionen und abgestimmtes Verhalten können hier möglicherweise Abhilfe schaffen. Das Kartellrecht jedenfalls dürfte dem nicht im Wege stehen. Vielleicht können auch die Spitzenverbände mit Aufklärungsarbeit und der Vorlage eines verbindlichen Verhaltenskodex gute Dienste leisten. Damit wird aber die Verpflichtung jeder Unternehmensleitung, im eigenen Hause für Ordnung zu sorgen, keineswegs obsolet.

Damit kann zumindest der zweite Teil der Frage im Titel dieses Beitrags positiv beantwortet werden: Eine Herausforderung für das Management ist die Bekämpfung der Korruption mit Gewißheit. Nach dem Abschluß und Resultat der rechtspolitischen Diskussion wird die Antwort dann möglicherweise umfassend lauten: Korruptionsbekämpfung – eine Aufgabe für den Gesetzgeber *und* eine Herausforderung für das Management.

2. Die Rolle der Privatwirtschaft bei der Bekämpfung der internationalen Korruption

Fritz F. Heimann, Carel Mohn

1. Internationale Korruption – eine Einordnung

1.1. Weshalb Korruption so schwer zu bekämpfen ist

Um die Rolle von Unternehmen bei der Bekämpfung von Korruption einschätzen zu können, müssen wir zunächst verstehen, warum Korruption so schwer zu bekämpfen ist. Korruption ist eindeutig ein weltweites Phänomen. Sie berührt fortgeschrittene Industriestaaten ebenso wie Entwicklungsländer, Markwirtschaften ebenso wie staatlich gelenkte Wirtschaftssysteme, Staaten mit langer demokratischer Tradition ebenso wie autoritäre Regime oder Staaten im Übergang zur Demokratie. Skandale in Europa, Japan und Südkorea haben die Vorstellung zerstört, Korruption sei vorrangig eine Plage der Entwicklungsländer.

Man muß weiterhin verstehen, daß die Vorteile von Korruption für die Beteiligten häufig immens sind. Korrupte Beamte können durch die Annahme von Schmiergeldern wesentlich mehr Geld verdienen als durch Ehrlichkeit. Für korrupte Unternehmen ist das Zahlen von Schmiergeldern ein effektiver Weg, um Aufträge zu erlangen. Bestechung eröffnet einen Weg, Wettbewerber mit besserer Technologie oder niedrigeren Preisen auszustechen. Häufig lassen sich die Kosten der Bestechung in die Verkaufspreise einrechnen. In den Herkunftsländern vieler multinationaler Unternehmen können die Ausgaben für Bestechungsgelder von der Steuer abgesetzt werden. Die durch Korruption hervorgerufenen Schäden treffen andere, nicht die Teilnehmer daran – zumindest glauben dies die Beteiligten.[1] Das Risiko entdeckt zu werden, ist gewöhnlich niedrig. Schmiergelder werden immer unter Ausschluß der Öffentlichkeit gezahlt, gewöhnlich mit Unterstützung von Mittelsmännern und Agenten. Regierungen, deren Mitglieder große Bestechungssummen annehmen, gehen selten gegen diejenigen vor, die Schmiergelder zahlen. Und die Heimatstaaten korrupter Unternehmen haben bislang ignoriert, was diese Firmen im Ausland tun – ob die OECD-Konvention gegen Auslandskorruption hier Abhilfe schafft, wird abzuwarten sein. Doch selbst wenn es künftig innerhalb der

---

[1] Lambsdorff zeigt in seiner Transaktionskostenanalyse der Korruption auf, daß gerade Unternehmen häufig falschen Vorstellungen über die Kosten bzw. den Nutzen von Korruption unterliegen. Offenbar läßt die Aussicht auf schnellen Gewinn dabei die sonst übliche umfassende Kostenanalyse als überflüssig erscheinen. Vgl. Lambsdorff Kapitel I, 1.3. in diesem Buch.

OECD eine wirksame Strafverfolgung von Korruption im Ausland geben sollte, kann von effektiven internationalen rechtlichen Rahmen gegen Korruption noch längst nicht die Rede sein: Schmiergelder werden auch dort angelegt werden, wo Bankgeheimnis und Steuerfreiheit dies erleichtern. Die bestehenden rechtlichen Mechanismen sind untauglich für ein globale Wirtschaft, in der ein Unternehmen aus dem Land A einen Beamten in Land B unter Zuhilfenahme eines Vermittlers aus dem Land besticht, und die Gewinne dann in Land D anlegt.

Schließlich ist anzuerkennen, daß das Greshamsche Gesetz auch für die Moralbegriffe des Weltmarktes gilt: Ohne ernsthafte Abschreckung werden die Regeln des Wettbewerbs durch das Verhalten derjenigen mit den geringsten Skrupeln bestimmt.

1.2. Die Notwendigkeit umfassender Gegenmaßnahmen

Da die Bekämpfung von Korruption ein solch komplexes Unterfangen ist, gibt es auch keine einfachen Gegenstrategien. Um Fortschritte zu erzielen, kommt es vielmehr auf Maßnahmen an vielen Stellen zugleich an. Sowohl die Angebots- als auch die Nachfrageseite von Korruption müssen angegangen werden: durch Initiativen der Privatwirtschaft, wie etwa Verhaltensstandards von Unternehmen; durch Reformen im öffentlichen Dienst, wie beispielsweise durch ein klareres Beschaffungswesen, durch transparente Privatisierungen ausgewählter Unternehmen und gezielte Deregulierung; durch die striktere Anwendung bestehender Gesetze gegen die Bestechung inländischer Amtsträger sowie durch die Kriminalisierung der Bestechung ausländischer Amtsträger; durch die Abschaffung der etwa in **Deutschland** und den **Niederlanden** noch immer bestehenden steuerlichen Absetzbarkeit von Schmiergeldzahlungen; durch striktere Vorschriften bezüglich der Buchführung, Rechnungsprüfung und Bilanzierung; durch Gesetzesänderungen beim Bankgeheimnis; durch die gerade in **Deutschland** und der **Schweiz** seit langem überfällige Schaffung eines Rechtsanspruchs auf Einsicht in öffentliche Unterlagen (wie vom Europäischen Parlament und der EU-Kommission gefordert und zum Teil bereits seit Jahrzehnten in vielen anderen europäischen Staaten und Nordamerika praktiziert); und durch klarere Ethikrichtlinien und Verhaltensnormen bei Interessenkonflikten.

Die Liste der notwendigen Schritte gegen Korruption wirkt überwältigend. Allerdings verstärkt sich die positive Wirkung einzelner Reformen gegenseitig, wie ich unten aufzeigen werde. Sobald mehrere Reformmaßnahmen in Kraft getreten sind, ergeben sich Synergieeffekte, welche die Bedingungen selbst in solchen Gesellschaften rasch verbessern können, in denen Korruption allgegenwärtig war. Dies veranschaulicht etwa das Beispiel der in den siebziger Jahren gegründeten Unabhängigen Anti-Korruptions-Kommission von Hongkong (*Independent Commission Against Corruption, ICAC*). Nach einem sehr schwierigen Anfang konnten die kumulativen

Wirkungen der Reformen in einer Weise aufeinander aufbauen, daß ein korruptes Regierungssystem in ein sauberes verwandelt werden konnte. Anscheinend gibt es etwas vergleichbares wie das Phänomen des Umschlagpunktes bei Epidemien. Bemühungen, eine Seuche zu bekämpfen, ist häufig für lange Zeit nur wenig Erfolg beschieden, bis plötzlich ein solcher Umschlagpunkt erreicht ist – danach geht die Ausbreitung der Seuche rapide zurück.[2] Um eine solche umfassende Reformagenda ausführen zu können, bedarf es einer **breiten Koalition** aus Regierungen, Unternehmen und internationaler Organisationen wie der Organisation für wirtschaftliche Zusammenarbeit und Entwicklung (OECD), der Weltbank und regionaler Organisationen wie der Europäischen Union, des Europarates und der Organisation amerikanischer Staaten (OAS). Auch auf die Unterstützung durch Initiativen der Zivilgesellschaft und der Medien wird es ankommen.

1.3. Was es zu vermeiden gilt

Da nun die Vielzahl der Schritte einer effektiven Strategie gegen Korruption genannt sind, sind zugleich zwei Dinge zu benennen, die es zu vermeiden gilt: Debatten über die »Erbsünde« oder über kulturelle Vielfalt führen ins Leere. Wer ein Interesse an wirksamen Reformen hat, sollte beide Themen meiden.

Die Auseinandersetzung darüber, wer für Korruption verantwortlich ist, hat ihren Ursprung in zwei unvereinbaren Glaubenssätzen. Laut einem dieser Glaubenssätze waren die Entwicklungsländer rein und unschuldig bis multinationale Konzerne Bestechlichkeit in diesen Garten Eden einschleppten. Der andere Glaubenssatz sieht bisher unbefleckte Unternehmen den Erpressungen verderbter Beamter in Entwicklungsländern unterliegen. Aber eine Debatte darüber, ob Bestechlichkeit Bestechung hervorruft oder umgekehrt, ignoriert schlicht das Offenkundige – Korruption bedarf immer zweier Parteien, die dazu bereit sind. Solange nicht beide Seiten einwilligen, wird der unerlaubte Akt nicht vollzogen. Schuldzuweisungen gibt es zur Genüge. Solche Debatten sind nicht nur eine Zeitverschwendung, sie sind auch kontraproduktiv. Sie ergeben ein polarisiertes Meinungsklima und es wird unmöglich, einen Konsens über Reformmaßnahmen zu entwickeln, wie es etwa geschah, als Ende der siebziger, Anfang der achtziger Jahre die Vereinten Nationen das Thema Korruption zu behandeln versuchten.

---

2 Das Programm der Hongkonger Kommission traf anfangs auf heftigen Widerstand und einen weitverbreiteten Zynismus. Erst nachdem ein Aufruhr innerhalb der Polizei ausgestanden war und mehrere Strafverfahren erfolgreich durchgeführt wurden, konnte das öffentliche Vertrauen gewonnen werden. Dies führte zu einer größeren Bereitschaft, Fehlverhalten anzuzeigen, was wiederum zu einer verbesserten Strafverfolgung führte (Vgl. B. E. D. de Speville: Vortrag bei der Jahresversammlung von Transparency International in Mweya Lodge, Uganda, 23. April 1996).

Der zweite schwerwiegende **Fehler** ist es, Korruption mit dem Hinweis auf **kulturelle Eigenarten** zu rechtfertigen oder zu entschuldigen – ein Argument, das übrigens ironischerweise gerade von solchen Apologeten des status quo vorgebracht wird, die sonst nicht gerade zu den Bannerträgern der Multikulturalität gehören. So wird häufig auch von Vertretern der Privatwirtschaft argumentiert, ein Verbot der Bestechung ausländischer Beamter stelle einen irregeleiteteten Versuch dar, Ländern anderer Kultur und Tradition westliche Werte aufzuzwingen.[3] Aber der angebliche Respekt vor kultureller Andersartigkeit ist normalerweise nur ein Vorwand, um korrupte Praktiken weiter betreiben zu können, vorgebracht von denen, die davon profitieren. So gibt es denn auch kein Land der Erde, in dem Bestechung legal oder moralisch akzeptiert wäre. Überall müssen Schmiergelder im Geheimen gezahlt werden; Beamte treten in Unehren zurück, wenn bekannt wird, daß sie Schmiergelder angenommen haben. Korruption verletzt die moralischen Standards in Afrika und Lateinamerika ebenso eindeutig wie in Europa oder den Vereinigten Staaten. Daß dies insbesondere auch für Asien gilt, hat die jüngste verheerende Wirtschaftskrise in aller Deutlichkeit gezeigt. So war immer wieder argumentiert worden, die asiatischen »Tigerstaaten« hätten ihren enormen wirtschaftlichen Boom trotz oder gerade wegen der – zugegeben weit verbreiteten – Korruption erfahren. Gerade der ausgeprägte soziale Zusammenhalt, im Westen als Nepotismus und Günstlingswirtschaft fehlinterpretiert, so die Argumentation, habe das asiatische Wirtschaftswunder ermöglicht und zugleich westliche Vorstellungen über die Trennung von Öffentlichem und Privatem ad absurdum geführt. Der wirtschaftliche Kollaps einer ganzen Region hat nun drastisch veranschaulicht, was bereits empirisch nachzuweisen war: Korruption ist *immer und in jedem* Fall **volkswirtschaftlich schädlich**.[4] Zugleich haben der Sturz des Suharto-Regimes in Indonesien, die Durchsetzung einer vorbildlich demokratischen Verfassung in Thailand, der Bruch mit der Vergangenheit in Südkorea gezeigt, daß die Mehrheit der Menschen zu dem als »asiatische Werte« verbrämten Nepotismus der bislang Regierenden auf Distanz geht.[5]

Eine Variation über das Thema der kulturellen Andersartigkeit ist das Argument, daß die Vorstellungen darüber, was als Geschenk und was bereits als Bestechung

---

3 Auch in Fragen des Menschenrechtsschutzes wird insbesondere in Asien das Argument vorgebracht, westlich geprägte Menschenrechte und die Werte anderer Kulturen (»asiatische Werte«) müßten zu einem unterschiedlichen Standard beim Schutz der Menschenrechte führen.

4 Aus der Fülle der Literatur sei hier verwiesen auf Shang-Jin Wei: Why is corruption so much more taxing than tax ? Arbitrariness kills, in: National Bureau of Economic Research, Inc. (ed.): Working Paper Series, No. 6255, Cambridge, Mass. 1997 (http:www.nber.org/papers/w6255).

5 Eine kritische Bestandsaufnahme des Begriffs der »asiatischen Werte« findet sich bei Eun Jeung Lee: Eine Herrschaftslehre aus dem Westen. Das fernöstliche Wirtschaftswunder und die Instrumentalisierung des Konfuzianismus, in: Blätter für deutsche und internationale Politik, Nr. 7/1995, S. 853–862.

einzustufen sei, weltweit stark differierten, und daß die Grenze zwischen sozial adäquatem Schenken und illegitimer Bestechung schwer zu definieren sei. Dies ist teilweise richtig, geht indes am Kern der Sache vorbei. Der Wert akzeptabler Geschenke ist in der Tat unterschiedlich hoch (Beamten des Pentagons etwa ist es nicht länger erlaubt, einfache Taschenkalender von Auftragnehmern anzunehmen!). Dennoch ist nach der Feststellung von Olusegun Obasanjo, dem früheren nigerianischen Staatspräsidenten und Vorsitzenden des Beirats von Transparency International, der Unterschied zwischen Geschenken und Schmiergeldern leicht auszumachen: Ein Geschenk kann in aller Öffentlichkeit angenommen werden; Bestechung dagegen muß verheimlicht werden.[6]

2. Verhaltensstandards von Unternehmen

Es gibt unterschiedliche Auffassungen über den Wert unternehmerischer Verhaltensstandards und -Kodizes. In der Privatwirtschaft ist die Meinung verbreitet, daß freiwillige Selbstkontrolle die richtige Lösung und staatlichen Eingriffen vorzuziehen sei. Wirtschaftskritische Gruppierungen argumentieren hingegen, daß Verhaltensstandards und Selbstkontrolle eine Täuschung darstellten und daß allein staatliches Handeln Korruption eindämmen könne.

Meiner Ansicht nach stellen Unternehmenskodizes ein wichtiges Element in einer umfassenden Strategie gegen Korruption dar, können allerdings keinen Ersatz für staatliche Kontrollen sein. Beides ist wichtig, beide Elemente verstärken sich gegenseitig.

2.1. Die neuen Verhaltensregeln der Internationalen Handelskammer

Im selben Jahr, in dem im Gefolge der Lockheed-Affäre in den Vereinigten Staaten durch den *Foreign Corrupt Practices Act* die Bestechung ausländischer Amtsträger zur Straftat wurde – 1977 –, veröffentlichte die Internationale Handelskammer (ICC) einen Bericht mit dem Titel »Bestechung und Bestechlichkeit in den Geschäftsbeziehungen«.[7] Dies war das Arbeitsergebnis einer Kommission unter dem Vorsitz von Lord Sawcross, einem früheren britischen Generalstaatsanwalt und Ankläger bei den Nürnberger Prozessen; Lloyd Cutler war der US-amerikanische Vertreter. Der Report forderte Maßnahmen auf drei Ebenen:

1. einen internationalen, von den Vereinten Nationen auszuarbeitenden Vertrag;

2. Maßnahmen einzelner Regierungen;

---

6 Olusegun Obasanjo: Vortrag bei der Jahresversammlung von Transparency International in Quito, Equador, 27. Februar 1994.
7 Der englische Originaltitel lautet »Extortion and Bribery in Business Transactions«.

3. sowie Verhaltensregeln als Grundlage für eine freiwillige Selbstkontrolle der Privatwirtschaft.

Der Bericht gab einen ehrgeizigen Zeitplan zur Realisierung vor, der indes zum großen Teil auch noch nach zwei Jahrzehnten gültig bleibt.

In einem Punkt war der Bericht von 1977 allerdings zu ambitioniert, forderte er doch die Einrichtung eines Ausschusses durch die Internationale Handelskammer, der mutmaßliche Verstöße gegen die Verhaltensregeln untersuchen sollte. Dieser Vorschlag führte zu heftigen Kontroversen, und der Ausschuß wurde nie ins Leben gerufen. Die Auseinandersetzung hierüber, sowie das allgemein nachlassende Interesse am Thema in den achtziger Jahren, beschränkten den Einfluß, den die Arbeit der Internationalen Handelskammer hatte.

Als Reaktion auf die Welle der Bestechungsskandale der neunziger Jahre, setzte die Internationale Handelskammer 1994 eine Kommission ein, die den früheren Bericht überarbeiten und neue Empfehlungen vorlegen sollte. Vorsitzender war der Justitiar der belgischen Firma Petrofina, François Vincke; Charles Levy von Wilmer, Cutler & Pickering sowie ich selbst vertraten den *US Council for International Business*, die amerikanische Zweigorganisation der Internationalen Handelskammer. Die Empfehlungen der Kommission wurden am 26. März 1996 vom Exekutivausschuß der Internationalen Handelskammer angenommen.

Der Bericht von 1996 bekräftigt den bereits 1977 vorgeschlagenen Grundansatz: die Notwendigkeit umfassender Maßnahmen internationaler Organisationen, einzelner Regierungen sowie von Unternehmen. In wesentlichen Punkten wurden die Empfehlungen präzisiert und verschärft. Der Schwerpunkt bei internationalen Maßnahmen sieht die Internationale Handelskammer statt bei den Vereinten Nationen nun bei der OECD. Die Internationale Handelskammer ruft alle Regierungen dann auch dazu auf, die Empfehlung der OECD vom Mai 1994 umgehend zu befolgen, Schritte zur Bekämpfung der internationalen Korruption zu unternehmen. Der Bericht stellt fest, daß Maßnahmen zur Beendigung der steuerlichen Absetzbarkeit von Schmiergeldzahlungen von besonderer Dringlichkeit seien. Er empfiehlt, daß die OECD eng mit der Welthandelsorganisation zusammenarbeite. Der Bericht von 1996 ruft außerdem die Weltbank sowie andere internationale Finanzorganisationen dazu auf, eine aktive Rolle bei der Eindämmung von Korruption zu spielen.[8] Die Internationale Handelskammer fordert in ihrem Bericht transparentere Verfahren bei öffentlichen Ausschreibungen, einschließ-

---

8 Insbesondere die Weltbank hat unter ihrem Präsidenten James Wolffensohn inzwischen umfassende Reformen begonnen, um Korruption sowohl bei Weltbank-finanzierten Projekten einzudämmen als auch um ganz generell das Entwicklungshindernis Korruption anzugehen. Parallel dazu hat der Internationale Währungsfonds wiederholt Darlehen an Regierungen unter Hinweis auf Korruption eingefroren. Vgl. hierzu der Beitrag von Peter Eigen in diesem Buch, Kapitel III, 3.

lich der Veröffentlichung von Zahlungen an Vermittler. Sie empfiehlt, daß die Teilnehmer an öffentlichen Ausschreibungen Garantien leisten, daß sie sich korrupter Praktiken enthalten und sich an unternehmerische Verhaltensstandards halten, die Bestechung untersagen. Die Regierungen werden außerdem aufgerufen, die Bedingungen, unter denen Parteispenden geleistet werden können, gesetzlich zu regeln – in vielen Staaten bislang ein völlig rechtsfreies Terrain. Soweit die Zahlungen zulässig sind, sollte es gesetzliche Bestimmungen zur Offenlegung der Zahlungen durch den Spender und zur ordnungsgemäßen Verbuchung durch den Empfänger geben.

Zur Frage der Extraterritorialität bezieht der Bericht von 1996 eine flexiblere Position. Das Papier von 1977 hatte nationale Regierungen gedrängt, »innerhalb der Grenzen ihrer territorialen Zuständigkeit zu handeln«. Der überarbeitete Bericht fordert die Regierungen nunmehr dazu auf, »in Übereinstimmung mit ihren Zuständigkeitsbestimmungen und anderen grundsätzlichen rechtlichen Prinzipien zu handeln«. Dies gleicht die Aussagen des Bericht den Empfehlungen der OECD vom Mai 1994 an.

Die überarbeiteten Verhaltensregeln verbieten Bestechung und Bestechlichkeit zu jeglichem Zweck. Dies ist eine Veränderung gegenüber den Regeln von 1977, die Zahlungen lediglich in Zusammenhang mit dem »Erlangen und Sichern von Aufträgen«[9] untersagten. Sie geht damit noch über den Geltungsbereich der OECD-Konvention hinaus, die in Artikel I lediglich solcherlei Zahlungen unter Strafe stellt, die getätigt werden, um »einen Auftrag oder einen sonstigen unbilligen Vorteil zu erlangen oder zu behalten«. Folglich ist Korruption in juristischen Angelegenheiten, in Steuerfragen und in Umwelt- und anderen Genehmigungsverfahren in dem ICC-Berichts von 1996 nunmehr eindeutig durch die Bestimmungen gedeckt.

Das Verbot von Bestechung wurde dementsprechend ausgeweitet, um nicht allein geheime Provisionszahlungen sondern auch andere Techniken auszuschließen, wie beispielsweise die Einschaltung von Subunternehmern oder Beraterverträge, über die Zahlungen an Beamte, deren Angehörige oder deren Geschäftspartner geleistet werden. Die den Einsatz von Vermittlern (*agents*) betreffende Vorschrift ist dahingehend verschärft worden, daß Zahlungen an solche Vermittler auf eine »angemessene Vergütung für rechtmäßige Leistungen« zu beschränken sind.[10] Die Beschränkung der Vergütung von Vermittlern ist deshalb wichtig, weil überhöhte Provisionen und Vermittlungsgebühren der am häufigsten genutzte Kanal sind, um Beamten Schmiergelder zufließen zu lassen. Unternehmen haben außer-

---

9 Der englische Originaltext spricht hier von »obtaining and retaining business«.
10 »Appropriate remuneration for legitimate services«.

dem sicherzustellen, daß von ihnen in Anspruch genommene Vermittler keine Schmiergelder zahlen.

Die finanztechnischen Bestimmungen der Regeln untersagen die Verwendung von »schwarzen Kassen« und geheimer Konten und fordern die Einführung einer unabhängigen Rechnungsprüfung, um jegliche den Verhaltensregeln zuwiderlaufende Transaktionen aufzudecken. Unternehmensvorstände sollen geeignete Kontrollsysteme einführen und aufrechterhalten, regelmäßig die Einhaltung der Verhaltensregeln prüfen und angemessene Schritte gegen jeden Mitarbeiter unternehmen, der gegen die Bestimmungen verstößt. Die Regeln führen außerdem im einzelnen an, daß Parteispenden nur in Übereinstimmung mit den jeweiligen gesetzlichen Bestimmungen geleistet werden dürfen, daß alle Vorschriften über die Offenlegung solcher Zahlungen eingehalten werden und die Zahlungen der Unternehmensleitung mitgeteilt werden müssen.

Die Internationale Handelskammer hat einen Ständigen Ausschuß eingerichtet, um eine möglichst weite Anwendung dieser Regeln zu fördern und die Zusammenarbeit zwischen Regierungen und dem Privatsektor anzuregen. Der Ausschuß wird darüber hinaus mit den 62 Nationalkomitees der Internationalen Handelskammer kooperieren, um deren Mitgliedsunternehmen zu bestärken, die Verhaltensregeln anzuerkennen. Der Ausschuß wird außerdem als Clearingstelle für Informationen dienen und Seminare zur Förderung und praktischen Umsetzung der Verhaltensregeln durchführen. Der Ständige Ausschuß wird mit der OECD, der Welthandelsorganisation und anderen internationalen Organisationen kooperieren. Er wird außerdem die nationalen Sektionen der Internationalen Handelskammer in der Zusammenarbeit mit den jeweiligen nationalen Regierungen unterstützen, um bessere und schärfere Gesetze gegen Korruption zu erlassen.

Die neuen Verhaltensregeln tilgen allerdings die nie verwirklichte Forderung des Berichts von 1977 nach einem Ausschuß zur Untersuchung mutmaßlicher Verstöße. Die Kommission, welche die Überarbeitung vorlegte, kam zu dem Ergebnis, daß eine solche Funktion nicht wirksam von einer nichtstaatlichen Organisation erfüllt werden könne.

Durch ihre Unterstützung für eine weitverbreitete Anwendung der Verhaltensregeln kann die Internationale Handelskammer einen entscheidenden Beitrag im Kampf gegen Korruption leisten. Wirtschaftsvertreter überall auf der Welt wollen ein Ende der Korruption. Solange sie indes annehmen, ihre Wettbewerber zahlten weiterhin Schmiergelder, solange zögern viele Unternehmen, sich einseitigen Anti-Korruptions-Bestimmungen zu unterwerfen. Aus diesem Grund sind die Anstrengungen der Internationalen Handelskammer für eine durchgängige Befolgung der Verhaltungsregeln von entscheidender Bedeutung. Nur indem ein breiter Konsens erzielt wird, kann die Zurückhaltung einzelner Unternehmen überwunden werden.

2.2. Voraussetzungen für effektive Verhaltensstandards

Die Verhaltensregeln der Internationalen Handelskammer beschreiben die Kernelemente unternehmerischer Verhaltensstandards. Die Internationale Handelskammer erkennt an, daß einzelne Unternehmen Standards ausarbeiten müssen, die auf ihre jeweiligen Umstände, auf die Form und Größe des Unternehmens, die Branche und die betreffenden Gesetze zugeschnitten sind. Vor diesem Hintergrund hat die amerikanische Sektion von Transparency International eine Untersuchung über die besten Modelle für Verhaltensstandards und Umsetzungsprogramme amerikanischer Unternehmen durchgeführt. Meine folgenden Ausführungen basieren auf dieser Untersuchung.[11] Ein wesentlicher Punkt ist hierbei hervorzuheben. Ob ein Verhaltenskodex Alibicharakter hat oder aber das Verhalten eines Unternehmens wirksam prägt, hängt davon ab, wie das Unternehmen den abstrakten Kodex in die konkrete Praxis überträgt. Die vorbehaltlose Verpflichtung der Unternehmensleitung ist wesentlich. Das Verbot von Bestechung muß mehr sein, als allein Praxis der Finanz- oder Rechtsabteilung. Und ohne die engagierte Beteiligung des Vorstandsvorsitzenden wird eine solche Unternehmenspolitik durch die Haltung von Zynikern untergraben. Diese ziehen es vor zu glauben, daß es sich allein um eine Übung mit dem Zweck handele, die Unternehmensleitung davor zu schützen, Verantwortung bei Bestechungsfällen tragen zu müssen.

❏ **Verbot von Bestechung**

Kern der Unternehmenspolitik muß eine eindeutige Erklärung sein, daß das Unternehmen seinen Mitarbeitern untersagt, öffentlichen Amtsträgern irgendwelche geldwerten Vorteile direkt oder indirekt anzubieten, um diese zu beeinflussen oder für ihr Verhalten zu belohnen. Dies muß auch für Dritte gelten, die das Unternehmen nach außen vertreten

❏ **Geschenke und Bewirtung**

Die Unternehmenspolitik sollte detaillierte Richtlinien über Geschenke und Bewirtung vorsehen. Diese sollten mit den jeweils anwendbaren gesetzlichen Normen übereinstimmen, inklusive der Bestimmungen der Organisation des Empfängers sowie der Institutionen, welche die Leistungen bezahlen. Geschenke und Ausgaben für Bewirtung sollten einem anerkannten Maß der »Üblichkeit und Angemessenheit« entsprechen. Dieser wird von verschiedenen Kategorien von Kunden abhängen. Ein nutzliches Beurteilungskriterium ist der Zeitungstest: Wie würde ein Bericht über das Geschenk als Aufmacher einer Zeitung aussehen?

---

11 Diese Initiative wurde von Howard Abel geleitet, dem langjährigen früheren Justitiar von ITT. Weiterhin beteiligt waren Mritunjay Singh von Coopers & Lybrand; Don Zarin von Dechert, Price & Rhoads, einem führenden Experten zum *Foreign Corrupt Practices Act* sowie Scott Gilbert von General Electric.

❑ **Reisekosten**

Ausschließlich angemessene, in gutem Glauben getätigte Reisekosten von öffentlichen Amtsträgern sollten erstattet werden. Sie müssen unmittelbar mit der Tätigkeit zu tun haben und mit den jeweils anwendbaren gesetzlichen Bestimmungen übereinstimmen. Auch hier bietet der Zeitungstest einen wichtigen Filter, um Lustbarkeiten und Zerstreuungen wie Vergnügungstrips und Kasinobesuche auszusieben.

❑ **Parteispenden**

Ausgangspunkt muß die strikte Achtung der jeweiligen gesetzlichen Bestimmungen über Parteispenden von Unternehmen sein, inklusive Bestimmungen zur Offenlegung solcher Zahlungen. Diese sind ohne Frage von Land zu Land unterschiedlich. Darüber hinaus sollte die Unternehmenspolitik auch solche an sich *legalen* Parteispenden untersagen, die ein besonderes Verhalten der Regierung beeinflussen oder belohnen sollen. Zeitpunkt und Umstände derartiger Spenden werden dabei von besonderer Bedeutung sein.

❑ **Beschleunigungszahlungen**

Der wegweisende amerikanische *Foreign Corrupt Practices Act (FCPA)* verbietet keine sogenannten Beschleunigungszahlungen, *(facilitation payments)*, also kleinere Zahlungen an untergeordnete Beamte, um routinemäßige Verwaltungsvorgänge zu beschleunigen (mithin Schmiergelder im eigentlichen Wortsinn). Die meisten nationalen Anti-Korruptions-Gesetze machen für solche Zahlungen indes keine Ausnahme, was übrigens bis zu einer Gesetzesänderung beim FCPA im Jahre 1988 ebenfalls so war. Allerdings gibt es vielerorts eine weite Kluft zwischen Rechtslage und tatsächlicher Praxis. Dies bedeutet für den Gesetzgeber ein Dilemma. Es gibt nämlich stichhaltige Argumente für eine Haltung, die keinerlei Ausnahmen zuläßt. Andererseits ist es fraglich, ob die Befolgung einer solchen Rechtslage realistischerweise erwartet werden kann. Wo Beschleunigungszahlungen zur üblichen Praxis gehören, mag es sinnvoller sein, ein gewisses Maß administrativer Flexibilität zu schaffen, als das Problem mit der Bürokratie zu ignorieren.

In diesem Stadium des Kampfes gegen Korruption sollte es das Hauptziel sein, Korruptionszahlungen *großen* Stils an Politiker und hohe Beamte zu unterbinden. Sobald Bestechung und Bestechlichkeit auf den Führungsetagen eingedämmt sind, kann von Regierungen auch erwartet werden, gegen die »kleine« Korruption (*petty corruption*) vorzugehen. Ganz sicher gilt aber ohnedies, daß die gegen kapitale Korruption wirksamen Maßnahmen – mehr Transparenz, bessere Kontrolle durch Justiz und Medien, Demokratisierung staatlichen Handelns – zumindest indirekt auch der eher alltäglichen Korruption der kleinen Beamten entgegenwirken. Und schließlich ist es aus der Sicht einer um Reformen bemühten Politik allemal sinnvoller, die Ursachen für Beschleunigungszahlungen und Genehmigungskorruption wie etwa Bürokratisierung, Überregulierung, Intransparenz und Inkompetenz des öffentlichen Dienstes anzugehen, als die vermeintlich »kleine« Korruption mit dem Hinweis auf angebliche Traditionen und Usancen zu entschuldigen.

❏ **Innenrevision und Aufbewahrungspflichten**

Die Unternehmenspolitik sollte eine Innenrevision sowie die Aufbewahrung von Dokumenten vorsehen, um sicherzustellen, daß die Unternehmensunterlagen alle Transaktionen in vollem Maße widerspiegeln. Ein Rechnungsprüfungsausschuß mit externen Mitgliedern sollte die Strukturen interner Kontrollmechanismen, die Innenrevision sowie die Beschäftigung externer Prüfer überwachen.

❏ **Unternehmensrepräsentanten und andere Vertreter**

Da Schmiergeldzahlungen gewöhnlich durch Mittelsmänner abgewickelt werden, gehört der Prozeß der Auswahl, der Schulung und Überwachung der Tätigkeit ausländischer Unternehmensrepräsentanten zu den kritischsten Punkten in der Unternehmenspolitik gegen Korruption. Da Vertreter und Vermittler schwieriger als Angestellte überwacht werden können, sollte die erste Frage zunächst sein: Ist es wirklich notwendig, einen auf eigene Rechnung arbeitenden Unternehmensvertreter zu beschäftigen? Diese Frage ist nicht zuletzt wegen des derzeitigen Trends zum »outsourcing« und »downsizing« außerordentlich relevant. Sofern die Frage bejaht wird, sollten mit großer Sorgfalt qualifizierte und reputierte Vertreter ausgewählt werden.

❏ **Schriftliche Vereinbarungen**

Diese sollten von den Vermittlern und Handelsvertretern unterschrieben werden und Bestechung ausdrücklich untersagen. Häufig ist es schwer, die Botschaft zu vermitteln, daß das Unternehmen tatsächlich voll hinter seinen offiziell deklarierten Verhaltensstandards steht. Viele im Ausland tätige Vermittler haben die Denkweise, der Verhaltenskodex des Unternehmens sei eine bloße Inszenierung und meinen, das Unternehmen wolle sich durch papierene Verlautbarungen dagegen wappnen, für Korruption verantwortlich gemacht zu werden; es sei eben Aufgabe des Vermittlers das »Notwendige« zu tun, um den Auftrag zu bekommen. Es ist unabdingbar, solche Einstellungen zu überwinden.

❏ **Vergütungen**

Dies ist ein Schlüsselfaktor. Exzessive Zahlungen an Vermittler sind ein allgemein üblicher Weg, Schmiergelder zu finanzieren. Wie bereits erwähnt, sollte Bewertungskriterium die Frage sein, ob die Vergütung des Vermittlers eine angemessene Bezahlung rechtmäßiger Leistungen darstellt. Wo eine Kommission als fester Prozentsatz des Auftragsvolumens berechnet wird, sollte eine flexible Skala benutzt werden. So stellt eine fünf-prozentige Provision bei einem Auftrag von einer Million Dollar sicher einen angemessenen Prozentsatz dar; bei einem Milliardenauftrag sollte es bei einer fünf-prozentigen Provision hingegen die rote Karte geben. Größere Zahlungen an Vermittler sollten der Überprüfung und Abzeichnung durch die Unternehmensleitung bedürfen. Mit Ausschreibungen befaßte Stellen können einem Mißbrauch entgegenwirken, indem sie eine Offenlegung aller an Vermittler und Agenten gezahlten Provisionen vorschreiben.[12]

❏ **Meldungspflichten**

Mitarbeiter eines Unternehmens sollten ermutigt werden, jeden möglichen Verstoß gegen die Anti-Korruptions-Vorschriften zu melden. Dies muß mit einem wirksamen Schutz gegen eventuelle Repressalien verbunden sein. Zwar sind diejenigen, die Korruption anzeigen oder aufdecken, bei Öffentlichkeit und Medien beliebt, innerhalb ihrer eigenen Organisation meist aber alles andere als populär.

❏ **Entscheidungsprozesse**

Selbst eine gut entwickelte Regelung wird nicht alle Fragen beantworten können. Unausweichlich werden schwierige Zweifelsfälle zu entscheiden sein. Im Zeichen eines modernen Managementstils sollten solche Fragen – soweit es Vertraulichkeit und Geschäftsgeheimnisse zulassen – innerhalb des Unternehmens offen und auf möglichst allen Hierachieebenen diskutiert werden. Gleichzeitig muß klar sein, daß sich die Unternehmensleitung nicht vor der Verantwortung bei schwierigen Entscheidungen drücken will.

2.3. Das Unternehmensinteresse am Verbot von Auslandskorruption

Auslandskorruption läuft dem Eigeninteresse von Unternehmen zuwider, denn eine Duldung der Bestechung ausländischer Amtsträger hat einen schleichenden Verfall der Sitten im eigenen Unternehmen zur Folge.[13] Selbst wenn die Bestechung von Beamten im Ausland im Mutterland des Unternehmens nicht strafbar ist, so ist sie es doch in jedem Fall in dem Land, dessen Beamte bestochen werden. Die Bestechungszahlung muß aus diesem Grund verheimlicht werden, weshalb wiederum Verschleierungstaktiken wie verfälschte Buchungen oder Geheimkassen angewandt werden müssen.

---

12 Die Weltbank verlangt nunmehr beispielsweise die Offenlegung sämtlicher Provisionen bei allen von ihr finanzierten Projekten.
13 Ein deutliches Beispiel hierfür mögen die 1997 bekanntgewordenen Vorgänge im Volkswagenkonzern sein, vgl. Schmiergeldvorwürfe bei VW und ABB, in: Süddeutsche Zeitung, 18. 01. 1997; Lopez's legacy, in: Financial Times, 27. 02. 1997; Schmiergeldaffäre zieht Kreise, in: Der Tagesspiegel, 16. 05. 1997.

Die Bestechung verlangt nach jeder erdenklichen Art ethischer Kompromisse und Irreführung. Wer in der Unternehmensleitung hat Anteil an dem Entscheidungsprozeß und wer wird bewußt im Unklaren gelassen? Was erfahren leitende Angestellte, die Hausjuristen oder die Buchhaltung, was wird den externen Buchprüfern erzählt? Weil die normale Unternehmenspolitik normalerweise umgangen wird, werden auch Fälle von Mißbrauch wahrscheinlicher, wie etwa die Unterschlagung von Geldern durch Vermittler oder selbst durch Mitarbeiter des eigenen Unternehmens.

Es besteht außerdem das Risiko, daß die Unterscheidung zwischen Bestechung im Ausland und im Inland ignoriert wird und Geheimfonds für Auslandskorruption im eigenen Land verwendet werden. Der Watergate-Skandal führte in den siebziger Jahren zur Aufdeckung einer weitverbreiteten Nutzung solcher ausländischer Geheimfonds durch amerikanische Firmen in den Vereinigten Staaten selbst. Dies war dann der Beweggrund für die Verabschiedung des *FCPA*. Ähnliches ist auch in Deutschland nach der Aufdeckung des Abwasserskandals in Bayern bekanntgeworden.[14] Über die Risiken einzelner Transaktionen hinaus, ergeben sich häufig unangenehme Folgeeffekte, wie etwa Erpressungsversuche. Kann ein Unternehmen die Beziehung mit einem Verkaufsvertreter beenden, der ein Schmiergeld bezahlt hat? Können die beteiligten Mitarbeiter noch entlassen oder auch nur von einer Beförderung ausgenommen werden?

Die rasche Umsetzung der für alle OECD-Staaten bevorstehenden Kriminalisierung von Auslandskorruption in die konkrete Praxis einzelner Unternehmen dient also nicht nur dem Schutz vor illegitimer Konkurrenz auf ausländischen Märkten – sie dient im eigenen Interesse jeder Firma auch der Integrität der Unternehmenskultur, dem Schutz vor Betrug, Unterschlagung und Erpressung.

Die Welle öffentlich bekannt gewordener Bestechungsskandale in den zurückliegenden Jahren zeigt, daß das Risiko erwischt zu werden, größer geworden ist. Manager und Politiker, die sich einst über dem Recht wähnten, sind entdeckt und zum Rücktritt gezwungen worden. Korruption ist nicht länger ein Feld, auf dem es sich auszahlt, Risiken einzugehen – vielmehr obliegt es verantwortlichen Unternehmen, Unternehmensstandards gegen Korruption einzuführen und anzuwenden.

---

14 Vgl. Rügemer, Werner: Wirtschaften ohne Korruption, Frankfurt am Main: Fischer 1996, der auch die Hintergründe der Watergate- und Lockheed-Affäre in den Vereinigten Staaten dokumentiert.

3. Synergie zwischen Unternehmensstandards und Regierungsbemühungen

Um die Rolle von Unternehmensstandards gegen Korruption einschätzen zu können, muß auch ihr Zusammenwirken mit dem Handeln der Regierung betrachtet werden. Die Wirksamkeit von Verhaltenskodizes wird durch Maßnahmen der Regierung verstärkt. In gleicher Weise steigern die Verhaltensregeln von Unternehmen die Effektivität von Anti-Korruptions-Programmen der Regierung.

Einschlägige Regierungsprogramme beinhalten solche Einzelpunkte wie die Kriminalisierung der Bestechung ausländischer Amtsträger, die Beendigung der steuerlichen Absetzbarkeit von Schmiergeldzahlungen, eine schärfere Strafverfolgung und striktere Anwendung bestehender Bestimmungen gegen Korruption und Reformen bei öffentlichen Ausschreibungen. Ebenso wichtig sind Reformen bei internationalen Finanzinstitutionen oder bei der Exportversicherung, eine Reform geltender Buchführungs- und Rechnungsprüfungsvorschriften sowie die Rolle der Medien.

3.1. Strafvorschriften

In den Vereinigten Staaten ist die Bestechung ausländischer Amtsträger vor mehr als 20 Jahren zur Straftat gemacht worden. Die weitverbreitete Einführung unternehmensinterner Verhaltenskodizes gegen Korruption war die direkte Folge des Inkrafttretens des *FCPA*. Die Unternehmensprogramme wiederum haben eine Multiplikatorwirkung auf die Strafverfolgung. Auf jeden Mitarbeiter des Justizministeriums, der mit der Anwendung des *FCPA* befaßt ist, kommen Scharen von Anwälten und Wirtschaftsprüfern, die an Unternehmensmaßnahmen arbeiten.

Jeder, der mit der Umsetzung gesetzlicher Verbote in unternehmerisches Handeln vertraut ist, weiß, welch enormen Einfluß die Androhung von Strafen hat. Selbst zynische Manager sorgen sich um das Risiko hoher Geldbußen oder Haftstrafen. In jedem Unternehmen gibt es Spannungen zwischen denjenigen, deren Aufgabe es ist, den nächsten Auftrag zu beschaffen und denjenigen, deren Aufgabe es ist, das Unternehmen vor unannehmbaren Risiken zu bewahren. Die Stellung der letzten Gruppe wird durch die Existenz strafrechtlicher Sanktionsmechanismen gegen Korruption eindeutig gestärkt.

Das Bestehen des *FCPA* gibt amerikanischen Firmen außerdem einen glaubwürdigen Grund, Aufforderungen zur Bestechung zurückzuweisen. Dies zu tun, mag den Verlust eines Auftrages zur Folge haben. Allerdings sind ausländische Amtsträger, die Geschäfte mit amerikanischen Unternehmen abschließen wollen, auch bereit zu akzeptieren, daß die nach amerikanischem Recht vorgesehenen Strafen die Zahlung von Schmiergeldern effektiv ausschließen.

Die Synergie zwischen Strafverfolgung einerseits und Unternehmensprogrammen andererseits, wird noch durch die Richtlinien des amerikanischen Justizministeriums zur Anwendung des *FCPA* verstärkt. Diese Richtlinien sehen bei einem Gesetzesverstoß eine mildere Bestrafung von Unternehmen vor, die geeignete Anti-Korruptions-Programme haben. Dies wiederum bedeutet einen starken Anreiz für Unternehmen, derartige Programme einzuführen.

3.2. Die steuerliche Absetzbarkeit von Schmiergeldern

Die steuerliche Behandlung von Schmiergeldzahlungen kann das Verhalten von Unternehmen ebenfalls erheblich beeinflussen. Wenn die Steuervorschriften – wie gegenwärtig noch in Deutschland und den Niederlanden – Schmiergelder als absetzbare Geschäftsausgaben behandeln, bedeutet dies sowohl ein moralisches als auch ein finanzielles Signal an Unternehmen.

Die **moralische Botschaft** der steuerlichen Absetzbarkeit ist, daß Schmiergeldzahlungen als legitime Geschäftsausgaben zu betrachten sind. Vom finanziellen Standpunkt betrachtet, bedeutet die Absetzbarkeit eine *de facto* Subventionierung von Korruption durch die Steuerzahler. Die finanzielle Bedeutsamkeit der steuerlichen Absetzbarkeit wurde auch bei einer Anhörung deutlich gemacht, an der ich im Juni 1995 in Bonn teilnahm. Ein prominenter deutscher Steueranwalt argumentierte, es wäre nicht fair, deutschen Unternehmen die Absetzbarkeit von Schmiergeldzahlungen zu versagen, da die Unternehmenssteuersätze in Deutschland viel höher seien als in den Vereinigten Staaten und anderen Industriestaaten. Von der Vorstellung, eine 65-prozentige Subventionierung durch den Finanzminister zu verlieren, war er sehr bestürzt. Diese Episode veranschaulicht, daß es ohne eine steuerliche Subventionierung weniger Schmiergeldzahlungen gäbe.

Ein Ende der steuerlichen Absetzbarkeit brächte auch heilsame unternehmensinterne Zwänge mit sich. Die Steuererklärungen von Unternehmen müssen gewöhnlich durch den Finanzvorstand unterzeichnet sein; die Abgabe einer unwahren Steuererklärung würde sowohl das Unternehmen als auch den Finanzvorstand wegen Steuerbetruges haftbar machen. Dies bedeutet, daß die Buchhaltung eines Unternehmens genau zwischen wirklichen, angemessenen Geschäftsausgaben und Schmiergeldzahlungen unterscheiden muß. So müßte sie beispielsweise Zahlungen an ausländische Repräsentanten und Vermittler genauestens darauf überprüfen, ob die Beträge als legitime geschäftliche Aufwendungen zu rechtfertigen sind.

Die seit 1996 in Deutschland geltende Rechtslage sieht bei inländischen Korruptionszahlungen vor, daß die steuerliche Absetzbarkeit lediglich dann versagt wird, wenn es wegen der Zahlung zu einer strafrechtlichen Verurteilung gekommen ist. Sie zielt also nicht auf die bloße Strafbarkeit der Zahlung ab, wie dies in den meisten anderen OECD-Staaten der Fall ist.[15] Diese Rechtslage würde automatisch auch auf im Ausland vorgenommene Zahlungen ausgeweitet, sobald derartige Zahlungen strafrechtlich geahndet werden können. Dies wäre mit dem Inkrafttreten der OECD-Konvention gegen Auslandskorruption der Fall. Eine derartige Aufhebung der Absetzbarkeit nicht etwa im Falle der bloßen Strafbarkeit der Zahlung, sondern allein im extrem selten eintretenden Falle der tatsächlichen strafrechtlichen Ahndung, wird mit dem Argument verteidigt, die Trennlinie zwischen legitimen Ausgaben und Bestechung sei schwer zu bestimmen und könne von den Steuerbehörden nicht gezogen werden. Dies ist ein Scheinargument, das dennoch seitens des Bundeswirtschaftsministeriums beharrlich wiederholt wird.[16] Die Steuerbehörden treffen ständig Unterscheidungen zwischen legitimen und unrechtmäßigen Geschäftsausgaben, wie etwa in der eng verwandten Frage der Behandlung von Bewirtungskosten. Wenn ein Unternehmen für einen Vertragsabschluß an einen Vermittler zahlt und nur ein kleiner Teil davon als tatsächliche Ausgaben für legitime Geschäftszwecke nachgewiesen werden kann, sind die Folgerungen offenkundig. Das Argument, nur ein Strafverfahren könne zwischen einer unerlaubten Zahlung und einer legitimen Provision unterscheiden, ist darüber hinaus auch deshalb nicht stichhaltig, weil die OECD gegenwärtig Handbücher für die nationalen Steuerbehörden ihrer Mitgliedsstaaten erarbeitet, die es den Finanzbeamten ermöglichen, derartige Unterscheidungen zu treffen. Ähnliche Handbücher sind auf nationaler Ebene in vielen Staaten bereits seit langem in Gebrauch.

Die Dinge liegen klar auf der Hand: Die Absetzbarkeit billigt die Korruption, das Versagen der Absetzbarkeit mißbilligt sie. Die Empfehlung des OECD-Ministerrates vom 22. Mai 1996, die Erklärung des Rates aus Anlaß der Unterzeichnung der OECD-Konvention am 17. Dezember 1997, die Erklärungen der G7-Gipfel von 1996, 1997 und 1998, mit der alle Mitgliedstaaten zu einer *tatsächlichen* Abschaffung der steuerlichen Absetzbarkeit aufgefordert werden, gehen in die richtige Richtung. sie müßten nur noch auf nationaler Ebene umgesetzt werden.[17]

3.3. Das öffentliche Beschaffungswesen

Es gibt eine enge wechselseitige Verbindung zwischen Verhaltensstandards von Unternehmen und den Vorschriften über das öffentliche Beschaffungswesen.

---

15 Vgl. dazu eine Stellungnahme des Frankfurter Steuerrechtlers Dieter Feddersen fÿr Transparency International vom 14. 07. 1998.

16 So etwa auf einer Anhörung von Transparency International, Germanwatch, der Stiftung Umverteilen und dem Deutschen Industrie- und Handelstag zur Umsetzung der OECD-Konvention in deutsches Recht am 2. Mai 1998 in Bonn.

17 Die neue rot-grüne Bundesregierung hat angekündigt, die steuerliche Absetzbarkeit vollständig abschaffen zu wollen. Die konkrete Umsetzung wird allerdings abzuwarten sein.

Wenn Verhaltenskodizes und Programme zu deren innerbetrieblicher Umsetzung angewandt werden, führt dies zu weniger Korruption bei der Vergabe öffentlicher Aufträge. Dies führt zu erheblichen Einsparungen bei der öffentlichen Hand und zur Beschaffung besserer Güter und Leistungen. Andererseits können die öffentlichen Beschaffungsstellen die Zahl derjenigen Unternehmen, die sich Verhaltensstandards unterwerfen, dadurch erhöhen, daß sie derartige Standards zur Voraussetzung für eine Teilnahme an Ausschreibungen machen.

3.4. Vorschriften über die Buchführung, Rechnungsprüfung und Veröffentlichungspflichten

Da Bestechung nur unter Geheimhaltung praktiziert werden kann, kommt Buchführungs- und Rechnungsprüfungsvorschriften eine Schlüsselrolle bei der Bekämpfung von Korruption zu. Nach amerikanischem Recht, kann bereits das Versäumnis, eine korrekte Buchführung und Revision zu betreiben, Anlaß für eine strafrechtliche Verfolgung sein. Nach deutschem Recht gilt dies nur im Falle der Zahlungsunfähigkeit oder im Konkursfall. Wie bereits erwähnt, verlangen auch die Regeln der Internationalen Handelskammer, daß alle Finanztransaktionen einwandfrei belegt werden und verbietet insbesondere Geheimkonten. Außerdem gibt es zunehmende Forderungen privater nichtkommerzieller Organisationen nach einer unabhängigen Rechnungsprüfung, um die öffentliche Transparenz zu vergrößern. Und schließlich fordert auch das OECD-Übereinkommen zur Bekämpfung der Bestechung ausländischer Amtsträger in Artikel VIII: »... jede Vertragspartei [trifft]... in Bezug auf die Führung von Büchern und Aufzeichnungen, die Offenlegung von Jahresabschlüssen und die Grundsätze der Rechnungslegung und -prüfung die erforderlichen Massnahmen, um Gesellschaften ... zu verbieten, zum Zweck der Geheimhaltung einer solchen Bestechung Konten einzurichten, die in den Büchern nicht erscheinen, Geschäfte zu tätigen, die in den Büchern nicht oder nur mit unzureichenden Angaben erscheinen, nicht existente Auwendungen zu verbuchen, das Entstehen von Verbindlichkeiten mit falschen Angaben zu ihrem Grund zu verbuchen sowie falsche Belege zu benutzen.«

Buchführungs- und Offenlegungsvorschriften berühren eindeutig die Angebotsseite der Korruptionsgleichung. Sie veranlassen Buchhalter und Rechnungsprüfer zu größerer Sorgfalt und interner Disziplin. Und sie erleichtern auch eine potentielle Strafverfolgung, da die Transaktionen klarere Buchführungsspuren hinterlassen.

4. Die Rolle der USA – Stärken und Grenzen

Bei der Bekämpfung der Korruption sind die Vereinigten Staaten weiter gegangen als jeder andere Staat. Die steuerliche Absetzbarkeit von Bestechungszahlungen wurde 1958 abgeschafft, die Bestechung ausländischer Amtsträger 1977 zur Straftat. Amerikanische Beschaffungsstellen wenden ausgefeilte Systeme an, um Korruption zu verhindern. Diese Schritte wurden im nationalen Alleingang unternommen, um das Verhalten amerikanischer Unternehmen zu regeln. Obwohl amerikanischen Unternehmen dadurch Jahr für Jahr Aufträge im Milliardenwert an ausländische Wettbewerber verlorengehen, die weiterhin Schmiergelder zahlen, gab es in der Vergangenheit keinen Rückhalt für eine Aufhebung des FCPA. Vielmehr ist die OECD-Konvention wesentlich auf amerikanischen Druck hin zustandegekommen.

Eine Ironie dieser einseitig in Angriff genommenen Reformen ist es, daß unsere Motive angezweifelt werden, wenn wir uns im Ausland für ähnliche Reformen einsetzen. Angeblich sei es das wahre Motiv, die Interessen amerikanischer Unternehmen dadurch zu befördern, daß eine ebene Spielfläche für alle Spieler geschaffen wird. In der Tat ist dies ein Antrieb. Allerdings stehen noch wesentlich wichtigere Interessen auf dem Spiel – nämlich zu vermeiden, daß Korruption die Entwicklung demokratischer Institutionen und der Marktwirtschaft auf der ganzen Welt untergräbt. Die Gegner von Anti-Korruptions-Initiativen argumentieren außerdem, daß die Vereinigten Staaten einen Moralimperialismus betreiben und bemüht seien, die puritanischen amerikanischen Werte Menschen aufzuzwängen, die tolerantere Traditionen hätten und es schätzen, wertvolle Geschenke auszutauschen. Einige europäische *Befürworter* von Maßnahmen gegen Korruption fürchten vor diesem Hintergrund sogar um ihre politische Glaubwürdigkeit, wenn sie als eng mit amerikanischen Interessen verbunden wahrgenommen werden.

Ohne Zweifel gibt es eine Reihe von Beweggründen hinter der europäischen Sorge über die Rolle der Vereinigten Staaten im Kampf gegen internationale Korruption. Wenn allerdings ernsthafte *Verfechter* von Reformen Besorgnis äußern, so ist dies ein Problem, das nicht ignoriert werden sollte. So gibt es etwa die durchaus legitime Befürchtung, die Vereinigten Staaten seien etwa im Rüstungsgeschäft nicht im gleichen Maße wie ihre Konkurrenten auf Korruption »angewiesen«, weil sie sich im Zweifelsfall auf politischen Druck und ihre Supermachtstellung verlassen könnten, wenn sie ihre Systeme verkaufen wollten. Die Vereinigten Staaten sollten im Kampf gegen Korruption weiterhin an der Spitze stehen. Aber sie sollten zugleich zurückhaltend agieren und sorgsam gewichten, welche Schritte internationale Reformen tatsächlich voranbringen und welche kontraproduktiv wirken.

Zentraler Punkt ist, daß Korruption ein globales Problem darstellt, daß des Handelns vieler Staaten bedarf. Fortschritte werden dabei nur erzielt werden, wenn andere Staaten einsehen, daß es in ihrem eigenen Interesse ist, aktiv zu werden. Dadurch, daß Politiker und Wirtschaftsvertreter anderen ihre Klage um die Ohren hauen, wieviele Aufträge amerikanische Firmen verlieren, amerikanisieren sie das Problem. Nur durch eine Internationalisierung des Problems können die Vereinigten Staaten aber einer Lösung näherkommen.

Die wichtigsten Reformen, einschließlich der Kriminalisierung von Auslandskorruption und der Abschaffung der steuerlichen Absetzbarkeit, verlangen Gesetzesänderungen der einzelnen Regierungen in den wichtigsten Exportnationen. Diese können am besten durch eine Kombination multilateraler Initiativen von Organisationen wie der OECD, der OAS oder der Weltbank und der aktiven Unterstützung lokaler Gruppen wie etwa der nationalen Sektionen von Transparency International erreicht werden. Die zunehmende Anwendung von Verhaltenskodizes durch Unternehmen kann ebenfalls besser durch die Internationale Handelskammer als durch einseitige Aktionen der Vereinigten Staaten propagiert werden.

Das Dilemma besteht darin, daß international koordinierte Aktionen ihrer Natur entsprechend Zeit brauchen – Geduld indes ist keine hervorragende Tugend der amerikanischen politischen Kultur. Die Unfähigkeit, schnelle Erfolge vorzuweisen, erzeugt dann häufig den Druck, nationale Alleingänge zu unternehmen, um die Länder zu bestrafen, die nichts unternehmen. Einige Vorschläge, wie der einer aktiveren Rolle des CIA, werden ganz sicher kontraproduktiv sein.[18] Gegner von Reformen im Ausland werden Meldungen über eine Beteiligung des CIA dazu benutzen, um die Debatte von der Notwendigkeit des Kampfes gegen Korruption auf Anschuldigungen der Einmischung in innere Angelegenheiten abzulenken. Ausländische Befürworter wirksamer internationaler Anti-Korruptions-Maßnahmen – die in der Regel aus fortschrittlichen, sozialdemokratischen, kirchlichen oder akademischen Kreisen kommen – würden außerdem ganz sicher durch eine CIA-Beteiligung abgeschreckt.

In gleicher Weise würde die Einführung neuer rechtlicher Bestimmungen, die extraterritorial anwendbar wären, dem Stich in ein Wespennest gleichkommen, wie dies auch im Zusammenhang mit dem Helms-Burton-Gesetz über Investitionen in Kuba geschehen ist. Schaffen wir dadurch Rechte, die praktisch vor amerikanischen Gerichten durchgesetzt werden können? Und was für Gegenmaßnahmen könnten gegen amerikanische Firmen ergriffen werden?

---

18 Vgl. Richard S. Ehrlich: Corruption monitors eye up the Kingdom, in: Bangkok Post, 27. 02. 1998.

Erfolgreiche internationale Bemühungen, Korruption einzudämmen werden politisches Können, Ausdauer und Geduld verlangen. Allerdings sind bei der OECD, der OAS, der EU und anderswo Fortschritte erzielt worden, die ermutigen. Das Problem ist wirksam internationalisiert worden. Anders als die Korruptionsskandale der 70er, die durch Enthüllungen amerikanischer Medien ans Tageslicht kamen, sind die verbreiteten Skandale der 90er das Ergebnis lokaler Recherchen in vielen Ländern.

Die Veränderung der Ursprünge der Korruptionsskandale spiegelt einen fundamentalen Wandel der Welt nach Ende des kalten Krieges. Es ist diese Veränderung, die auch außerhalb der Vereinigten Staaten den Druck verstärkt, gegen Korruption vorzugehen:

- ❑ Die Stärkung einer unabhängigen Justiz hat Untersuchungsrichter mit der Macht hervorgebracht, korrupte Minister, Wirtschaftsbosse und Parteiführer zu verfolgen.
- ❑ Der Zusammenbruch rigide kontrollierter politischer Systeme hat zu Enthüllungen geführt, die früher unterdrückt worden wären.
- ❑ Für die ehemaligen Gegner des kalten Krieges ist es nicht länger notwendig, korrupte Regime nur deshalb zu unterstützen, weil sie im Ost-West-Konflikt auf der richtigen Seite standen.
- ❑ Die Pressefreiheit und ein damit zusammenhängender investigativer Journalismus sind viel weiter verbreitet.
- ❑ Die Bewegung für eine größere gesellschaftliche Verantwortlichkeit von Unternehmen gewinnt auch außerhalb der Vereinigten Staaten an Stärke – sie macht Druck auf die Konzerne.
- ❑ Bürger mit Zivilcourage, die Korruptionsfälle anzeigen, sind nicht länger auf Nordamerika beschränkte Ausnahmeerscheinungen.
- ❑ Innerhalb von nur fünf Jahren ist Transparency International zu einer weltweiten Organisation mit mehr als 70 nationalen Sektionen geworden.
- ❑ Und vielleicht am wichtigsten – die Zivilgesellschaft ist in vielen Ländern der Korruption überdrüssig und verlangt Reformen.

Dies sind die Gründe, weshalb es eine realistische Chance für bleibende Reformen gibt. Diese Chance sollten wir nicht dadurch vertun, indem wir zu einem Kreuzzug Amerikas machen, was von seiner Natur her eine Anstrengung aller Staaten sein muß.

3. Jenseits der Grenzen – ethisches Handeln von Unternehmen vor neuen Herausforderungen[1]

Marcus Bierich

1. Einleitung

Daß die Grenzen klassischen staatlichen Handelns längst erreicht, vielfach auch bereits überschritten sind, gehört inzwischen beinahe zu den Gemeinplätzen der Diskussion um die Folgen der Globalisierung. Unbestritten ist ebenfalls, daß es die Privatwirtschaft ist, die nationale Grenzen längst überwunden hat und die Globalisierung immer weiter vorantreibt.

Dieser Prozeß birgt unausweichlich auch ethische Probleme. Nicht immer treten sie so offensichtlich zutage, wie in der Frage, ob ein in einem Entwicklungsland operierendes westliches Unternehmen bei Arbeits- und Umweltschutz die jeweiligen Ethikstandards des Ursprungs- oder des Ziellandes befolgen soll.

2. Wahrung der ethischen Prinzipien bei Arbeitssicherheit, Umweltschutz und Vertrieb

Bei der Arbeitssicherheit und dem Umweltschutz kommt es darauf an, die Regeln des westlichen Stammhauses anzuwenden und keine niedrigeren örtlichen Maßstäbe zu akzeptieren. Und auch hier gelten die gleichen Gründe wie bei der Ausbildung, nämlich allgemein-ethische Prinzipien und die Sicherstellung eines einheitlichen Qualitätsniveaus der Produkte, die weltweit austauschbar sein müssen und keine umweltbedingten Abweichungen aufweisen dürfen.

Unser nächstes Thema ist der Vertrieb in der ausländischen Region im Rahmen der dort herrschenden Marktbedingungen. Er setzt Kenntnisse, Erfahrungen und häufig auch Beziehungen voraus, die nur der regionale Partner in das Gemeinschaftsunternehmen einbringen kann. Auf vielen ausländischen Märkten sieht sich der westliche Partner mit Praktiken konfrontiert, die seinen Prinzipien der Geschäftsethik widersprechen. Dabei ist zu bedenken, daß verbreitete Korruption keinesfalls ein kulturelles Phänomen darstellt, dem es sich anzupassen oder das es gar zu respektieren gilt. Tatsächlich gelten Korruption und Bestechung in allen Kulturen als geächtet, was sich beispielsweise in der universellen Intransparenz

---

[1] Grundlage: Handbuch der Wirtschaftsethik, Band III, Abschnitt 3.2.12, Seite 1, 17 ff. ergänzt und bearbeitet von Carel Mohn.

ausdrückt, die derlei Praktiken umgibt. Die entscheidenden Kriterien zur Unterscheidung zwischen Korruption und den in der Tat häufig von westlichen Praktiken abweichenden regionalen Sitten bei Geschenken und Gastfreundschaft liegen in der Angemessenheit und Offenheit – solange Geschenke offen, für die Öffentlichkeit nachvollziehbar ausgetauscht werden und als vor allem *symbolische* Gaben einen angemessenen Wert nicht übersteigen, ist die Grenze zur Bestechung eindeutig definiert.

Die von einem Unternehmen verfolgten ethischen Grundsätze können dessen ungeachtet natürlich in Gefahr geraten, sobald Vertrieb und Auftragsvergabe in einzelnen Märkten von Korruption dominiert werden, der Wettbewerb von Qualität und Innovation durch einen Wettbewerb der Bestechung ausgehebelt wurde. Wie verhalten wir uns in einer solchen Situation?

Ich gehe davon aus, daß der westliche Partner die Mitarbeiter seines Hauses zur strikten Einhaltung des Legalitätsprinzips verpflichtet hat und eine Überschreitung mit strengen Sanktionen verfolgt – in der Regel mit der Auflösung des Arbeitsverhältnisses. Welche Konsequenzen ergeben sich daraus für die Mitarbeiter eines Gemeinschaftsunternehmens im Ausland? Ist eine solche Verpflichtung auf Länder übertragbar, in denen keine entsprechenden gesetzlichen oder ethischen Voraussetzungen bestehen?

Ein deutsches Stammhaus, das sich zum Legalitätsprinzip bekennt, wird diese Frage positiv beantworten. Dies muß allerdings im Gesellschaftsvertrag des Gemeinschaftsunternehmens oder in Gesellschafterbeschlüssen ausdrücklich angesprochen und vom ausländischen Partner mitgetragen werden. Die in einem solchen Fall unvermeidliche Diskussion über Vor- und Nachteile der Einhaltung des Legalitätsprinzips muß also ganz am Anfang und vor Abschluß der gesellschaftsrechtlichen Verträge geführt werden. Dagegen dürfte die Durchsetzung unserer Prinzipien bei Minderheitsbeteiligungen schwieriger sein als bei Majoritäts- oder Paritätsverhältnissen. Aber auch hier gilt, daß die prinzipielle Frage vor dem Eingehen einer gesellschaftsrechtlichen Bindung geklärt werden muß, und daß wir kein Gemeinschaftsunternehmen begründen sollten, wenn keine Einigung in unserem Sinne erzielbar ist.

Häufig ist auch festzustellen, daß ein klares Bekenntnis zum Legalitätsprinzip von den ausländischen Partnern mit großer Bereitschaft akzeptiert wird, weil es ihnen eine klare Grundlage bietet, sich von den sowohl betriebs- wie auch volkswirtschaftlich schädlichen Praktiken der Korruption fernzuhalten. Das Argument, ein westliches Unternehmen dürfe ganz einfach keine Bestechungszahlungen leisten, weil dies rechtswidrig sei, wird in erstaunlich hohem Ausmaß akzeptiert und stärkt denjenigen ausländischen Partnern den Rücken, die bereit sind, aus korruptiven Praktiken auszusteigen.

3. Internationale Organisationen setzen sich für die Integrität ein

In den letzten Jahren haben sich verschiedene internationale Organisationen mit dem Thema Bestechung und Korruption befaßt. Die OECD hat die »OECD Guidelines for Multinational Enterprises« erarbeitet, die sie den Regierungen der Mitgliedsländer zur Umsetzung in nationales Recht zugeleitet hat. Sie empfiehlt ihren Mitgliedsregierungen, der internationalen Korruption durch ihre Staatsangehörigen Einhalt zu gebieten, indem sie Reformen in sechs Bereichen überprüft:

1. Strafrecht
2. Zivil-, Handels- und Verwaltungsrecht
3. Steuerrecht
4. Buchhaltungs- und Buchprüfungsstandards
5. Bankenrecht
6. Regelungen bezüglich öffentlicher Subventionen, Lizenzen, Auftragsvergabe

Eine Arbeitsgruppe nahm im Sommer 1994 die Arbeit auf, diese Empfehlungen weiterzuentwickeln. Im Frühjahr 1996 legte sie konkretisierte Empfehlungen für die Bestrafung ausländischer Korruption und die Abschaffung der Steuerabzugsfähigkeit von Bestechungszahlungen vor. Diese mündeten schließlich – nach kontroversen Diskussionen im Vorfeld – in den im Mai 1997 vom OECD-Ministerrat gefaßten Beschluß, das Verbot der Bestechung ausländischer Amtsträger mittels einer völkerrechtlich verbindlichen Konvention festzuschreiben. Vor allem Deutschland und Frankreich hatten im Gegensatz zu den Vereinigten Staaten darauf gedrängt, dieses Verbot in einem rechtsverbindlichen Vertrag zu verankern, um sicherzustellen, daß die jeweiligen Exporteure auf ausländischen Märkten von einem wirksamen Verbot der Korruption ausgehen können und insofern keine Wettbewerbsnachteile fürchten müssen.

In einer für internationale Konventionen rekordverdächtigen Zeitspanne von einem halben Jahr wurde die »*Convention on Combating Bribery of Foreign Public Officials in International Business Transactions*« von der OECD ausgearbeitet und im Dezember 1997 von den 29 Mitgliedsstaaten sowie fünf weiteren Staaten[2] in Paris unterzeichnet (siehe Dokumentarteil im Anhang).

Die Konvention sieht die Verpflichtung aller Signatarstaaten vor, die Bestechung ausländischer Amtsträger im Rahmen der Geschäftätigkeit unter Strafe zu stellen und durch »effektive, verhältnismäßige und abschreckende Strafen«[3] zu ahn-

---

2 Argentinien, Brasilien, Bulgarien, Chile, Slowakei.
3 Art. 3 I.

den. Diese Strafen sollen ausdrücklich auch juristische Personen erfassen und sollen auch für die ausländischen Töchter eines Unternehmens gelten.

Nach dem Beschluß des OECD-Ministerrats soll die Konvention bis Ende 1998 von den nationalen Parlamenten ratifiziert werden und noch 1998 in Kraft treten, sobald sie von mindestens fünf der zehn größten OECD-Exportnationen ratifiziert ist, die wiederum selbst mindestens 60 Prozent der OECD-Exporte stellen.[4]

Die Frage des Inkrafttretens wie auch der Kontrolle der Einhaltung der sich aus der Konvention ergebenden Verpflichtungen ist natürlich deshalb von so herausragender Bedeutung, als die Konvention insgesamt nur dann greifen wird, wenn sie Exporteuren die hinreichende Sicherheit gibt, daß Korruption auch auf Seiten der konkurrierenden Unternehmen aus anderen Signatarstaaten verfolgt und geahndet wird. Dies ist auch der Grund, warum sich im Mai 1997 eine Reihe hochrangiger Vertreter europäischer Großunternehmen in einem gemeinsam von der Internationalen Handelskammer (ICC) in Paris und Transparency International veröffentlichten offenen Brief für eine international koordinierte Bekämpfung der Korruption eingesetzt haben. Die in diesem Zusammenhang essentielle – und für auf ausländischen Märkten operierende Unternehmen lebenswichtige – Kontrolle der Einhaltung der Konvention wird künftig der OECD obliegen. Die OECD kann sich dabei auf Erfahrungen etwa bei der Bekämpfung der Geldwäsche stützen. Wie auch immer diese Kontrolle in der Praxis aussehen wird – Zivilgesellschaft wie Privatwirtschaft sind aufgerufen, diese Praxis kritisch und wachsam zu begleiten.

Während mit der Konvention also ein Teil des OECD-Maßnahmenkatalogs von 1996 umgesetzt werden wird, wird sie keinen unmittelbaren Einfluß auf die Frage der steuerlichen Absetzbarkeit von Schmiergeldzahlungen haben. So hat zwar das französische Parlament beschlossen, die steuerliche Absetzbarkeit mit Inkrafttreten der OECD-Konvention automatisch abzuschaffen. Und auch die Bundesregierung hat angekündigt, daß mit der Konvention die Frage der Abzugsfähigkeit geklärt sein werde. Im Klartext bedeutet dies allerdings lediglich, daß die seit 1996 geltende unzureichende Regelung für die steuerliche Behandlung von Inlandszahlungen auch auf Auslandszahlungen ausgeweitet wird. So werden in Zukunft Schmiergeldzahlungen im In- oder Ausland *lediglich dann nicht absetzbar* sein, wenn es wegen dieser Zahlung zu einer rechtskräftigen Verurteilung gekommen

---

4 Die genaue Klausel lautet: »This convention shall enter into force on the sixtieth day following the date upon which five of the ten countries which have the ten largest export shares..., and which represent by themselves at least sixty per cent of the combined total exports of those ten countries, have deposited their instruments of acceptance, approval, or ratification.«, in: Commentaries on the Convention on Combating Bribery of Foreign Public Officials in International Business Transactions, Artikel 15.

ist.⁵ Eine lückenhafte Regelung also insofern, wenn man bedenkt, daß sich die Zahl der Korruptionsdelikte, die zu einem rechtskräftigen Urteil führen, im Promillebereich bewegt.

Eine ebenfalls 1996 eingeführte Regelung, die dem Abzug »nützlicher Aufwendungen« vom zu versteuernden Einkommen Einhalt gebieten sollte, hat bislang in der Praxis keinerlei Bedeutung – so sind die Steuerbehörden zwar »im pflichtgemäßen Ermessen« berechtigt, den Ermittlungsbehörden von diesen Korruptionszahlungen Mitteilung zu machen.⁶ Allerdings hat diese Regelung keine entsprechende praktische Umsetzung gefunden, geben die Steuerbehörden bislang doch keine Mitteilungen an die Staatsanwaltschaften weiter.

Um auch Unternehmen klarere Rahmenbedingungen zu geben und gleichzeitig die Verpflichtungen zu erfüllen, die Deutschland gegenüber der OECD eingegangen ist und die auch auf höchster politischer Ebene mehrfach bekräftigt wurden, wäre es sinnvoll die Frage der steuerlichen Absetzbarkeit so klar zu regeln, wie es auch die übrigen OECD-Partner tun: durch eine eindeutige Abschaffung der steuerlichen Vergünstigung von Schmiergeldzahlungen.

Daß nur ein abgestimmtes Vorgehen Unternehmen vor der verzerrenden Konkurrenz durch korrupte Mitbewerber schützen kann, ist auch die Erfahrung der in Berlin ansässigen internationalen Nichtregierungsorganisation »Transparency International« (TI). Die 1993 gegründete Organisation mit Sektionen in mehr als 60 Staaten hat sich das Ziel gesetzt, konkrete Schritte zur Überwindung der Korruption in den internationalen Geschäftsbeziehungen zu unternehmen. So hat sie etwa das Modell der »Inseln der Integrität« entwickelt, das bei Ausschreibungen die Verpflichtung aller Wettbewerber auf einen Integritätspakt vorsieht. Dies soll dem »Gefangenendilemma« entgegenwirken, dem sich Unternehmen in korrupten Märkten gegenübersehen: Nur wenn alle Wettbewerber auf Korruption verzichten, kann ein einzelnes sauberes Unternehmen sicher sein, daß es nicht Verlierer in einem hoffnungslosen Wettbewerb wird.

In dem von TI entwickelten Integritätspakt verpflichten sich alle Wettbewerber durch ihre verantwortlichen Repräsentanten, für ein konkretes Projekt von allen korrupten Praktiken Abstand zu nehmen. Für den Fall der Mißachtung sieht der Pakt hohe Vertragsstrafen und Sanktionen wie etwa den Ausschluß von künftigen öffentlichen Aufträgen vor. Er soll gemeinsam von der Regierung und der Zivilgesellschaft auf seine Einhaltung überprüft werden.

Dieses Modell ist bei verschiedenen Projekten inzwischen in mehreren lateinamerikanischen Ländern erfolgreich angewandt worden. In Afrika haben bereits eine

---

5 EStG (1990) §4 V Nr. 10.
6 Anwendungserlaß des Bundesministers der Finanzen zu § 160 AO.

Reihe von Staaten ihr Interesse bekundet, dieses Modell generell bei Ausschreibungen anzuwenden, und auch die Weltbank hat ihre Ausschreibungsrichtlinien derart geändert, daß der Integritätspakt von den jeweiligen Regierungen auch bei Weltbank-finanzierten Projekten angewandt werden kann.

In jedem Fall gibt es – den politischen Rückhalt der jeweiligen ausschreibenden Regierung bzw. Behörde vorausgesetzt – Unternehmen die Sicherheit, sich auf die Qualität ihrer Produkte verlassen zu können. Somit ist es eine sinnvolle und notwendige Ergänzung des von der OECD errichteten rechtlichen Rahmenwerks.

Die USA sind mit dem »Foreign Corrupt Practices Act« und den »Federal Sentencing Guidelines« einen anderen Weg gegangen. Sie legen hohe Sanktionen für Bestechung fest, aber mildern diese Sanktionen, wenn präventive Anstrengungen in der Korruptionsbekämpfung nachgewiesen werden können. Damit schaffen sie Anreize für die Unternehmen, eigene Codes of Conducts zu entwickeln, d. h. Verhaltensrichtlinien zur Stärkung einer eigenen Unternehmensethik. (...)

Anhang

- Dokumentarteil
- Autorenprofile

Dokumentarteil – Übersicht

- **OECD** – Convention on Combating Bribery of Foreign Public Officials in International Business Transactions (21. 11. 1997) — 560

- **OECD** – Commentaries on the Convention on Combating Bribery of Officials in International Business Transactions (21. 11. 1997) — 568

- **OECD** – Revised Recommondation of the Council on Combating Bribery in International Business Transactions (23. 05. 1997) — 575

- **EU** - Rechtsakt des Rates vom 27. September 1996 über die Ausarbeitung eines Protokolls zum Übereinkommen über den Schutz der finanziellen Interessen der Europäischen Gemeinschaften (96/C 313/01) — 585

- **EU** – Rechtsakt des Rates vom 19. Juni 1997 über die Ausarbeitung des zweiten Protokolls zum Übereinkommen über den Schutz der finanziellen Interessen der Europäischen Gemeinschaften (97/C 221/02) — 593

- **EU** – Rechtsakt des Rates vom 26. Mai 1997 über die Ausarbeitung des Übereinkommens aufgrund von Artikel K.3 Absatz 2 Buchstabe c) des Vertrags über die Europäische Union über die Bekämpfung der Bestechung, an der Beamte der Europäischen Gemeinschaften oder der Mitgliedstaaten der Europäischen Union beteiligt sind (97/C 195/01) — 603

- **Europarat** – Draft Criminal Law Convention on Corruption (29. 10. 1998) — 612

- **UNO** – General Assembly – Resolution 51/59 »Action against corruption« and »International Code of Conduct for Public Officials« — 663

- **UNO** – General Assembly – Resolution 51/191 »United Nations Declaration against Corruption and Bribery in International Commercial Transactions« — 666

- Gesetz zu dem Übereinkommen vom 17. Dezember 1997 über die Bekämpfung der Bestechung ausländischer Amtsträger im internationalen Geschäftsverkehr (Gesetz zur Bekämpfung internationaler Bestechung – IntBestG) — 672

- Gesetz zu dem Protokoll vom 27. September 1996 zum Übereinkommen über den Schutz der finanziellen Interessen der Europäischen Gemeinschaften (EU-Bestechungsgesetz – EUBestG) — 683

- **Weltbank** – Guidelines: Procurement under IBRD Loans and IDA Credits — 686

- **IMF** – IMF Adopts Guidelines Regarding Governance Issues (04. 08. 1997) — 689

- **ICC** – Extortion and Bribery in International Business Transactions, 1996 Revisions to the Rules of Conduct (May 1996) — 698

- **FIDIC** – FIDIC Policy Statement on Corruption (June 1996) — 707

- The **Lima Declaration** against Corruption (September 1997) — 710

Convention on Combating Bribery of Foreign Public Officials in International Business Transactions[1]

> On 21 November 1997, OECD Member countries and five non-member countries, Argentina, Brazil, Bulgaria, Chile and the Slovak Republic, adopted a Convention on Combating Bribery of Foreign Public Officials in International Business Transactions. Signature of the Convention took place in Paris on 17 December 1997.

Preamble

The Parties,

Considering that bribery is a widespread phenomenon in international business transactions, including trade and investment, which raises serious moral and political concerns, undermines good governance and economic development, and distorts international competitive conditions;

Considering that all countries share a responsibility to combat bribery in international business transactions;

Having regard to the Revised Recommendation on Combating Bribery in International Business Transactions, adopted by the Council of the Organisation for Economic Co-operation and Development (OECD) on 23 May 1997, C(97)123/FINAL, which, *inter alia*, called for effective measures to deter, prevent and combat the bribery of foreign public officials in connection with international business transactions, in particular the prompt criminalisation of such bribery in an effective and co-ordinated manner and in conformity with the agreed common elements set out in that Recommendation and with the jurisdictional and other basic legal principles of each country;

Welcoming other recent developments which further advance international understanding and co-operation in combating bribery of public officials, including actions of the United Nations, the World Bank, the International Monetary Fund, the World Trade Organisation, the Organisation of American States, the Council of Europe and the European Union;

Welcoming the efforts of companies, business organisations and trade unions as well as other non-governmental organisations to combat bribery;

Recognising the role of governments in the prevention of solicitation of bribes from individuals and enterprises in international business transactions;

---

1 Copyright OECD, 1997.

Recognising that achieving progress in this field requires not only efforts on a national level but also multilateral co-operation, monitoring and follow-up;

Recognising that achieving equivalence among the measures to be taken by the Parties is an essential object and purpose of the Convention, which requires that the Convention be ratified without derogations affecting this equivalence;

Have agreed as follows:

Article 1 – The Offence of Bribery of Foreign Public Officials

1. Each Party shall take such measures as may be necessary to establish that it is a criminal offence under its law for any person intentionally to offer, promise or give any undue pecuniary or other advantage, whether directly or through intermediaries, to a foreign public official, for that official or for a third party, in order that the official act or refrain from acting in relation to the performance of official duties, in order to obtain or retain business or other improper advantage in the conduct of international business.

2. Each Party shall take any measures necessary to establish that complicity in, including incitement, aiding and abetting, or authorisation of an act of bribery of a foreign public official shall be a criminal offence. Attempt and conspiracy to bribe a foreign public official shall be criminal offences to the same extent as attempt and conspiracy to bribe a public official of that Party.

3. The offences set out in paragraphs 1 and 2 above are hereinafter referred to as »bribery of a foreign public official«.

4. For the purpose of this Convention:
a. »foreign public official« means any person holding a legislative, administrative or judicial office of a foreign country, whether appointed or elected; any person exercising a public function for a foreign country, including for a public agency or public enterprise; and any official or agent of a public international organisation;
b. »foreign country« includes all levels and subdivisions of government, from national to local;
c. »act or refrain from acting in relation to the performance of official duties« includes any use of the public official's position, whether or not within the official's authorised competence.

Article 2 – Responsibility of Legal Persons

Each Party shall take such measures as may be necessary, in accordance with its legal principles, to establish the liability of legal persons for the bribery of a foreign public official.

Article 3 – Sanctions

1. The bribery of a foreign public official shall be punishable by effective, proportionate and dissuasive criminal penalties. The range of penalties shall be comparable to that applicable

to the bribery of the Party's own public officials and shall, in the case of natural persons, include deprivation of liberty sufficient to enable effective mutual legal assistance and extradition.

2. In the event that, under the legal system of a Party, criminal responsibility is not applicable to legal persons, that Party shall ensure that legal persons shall be subject to effective, proportionate and dissuasive non-criminal sanctions, including monetary sanctions, for bribery of foreign public officials.

3. Each Party shall take such measures as may be necessary to provide that the bribe and the proceeds of the bribery of a foreign public official, or property the value of which corresponds to that of such proceeds, are subject to seizure and confiscation or that monetary sanctions of comparable effect are applicable.

4. Each Party shall consider the imposition of additional civil or administrative sanctions upon a person subject to sanctions for the bribery of a foreign public official.

Article 4 – Jurisdiction

1. Each Party shall take such measures as may be necessary to establish its jurisdiction over the bribery of a foreign public official when the offence is committed in whole or in part in its territory.

2. Each Party which has jurisdiction to prosecute its nationals for offences committed abroad shall take such measures as may be necessary to establish its jurisdiction to do so in respect of the bribery of a foreign public official, according to the same principles.

3. When more than one Party has jurisdiction over an alleged offence described in this Convention, the Parties involved shall, at the request of one of them, consult with a view to determining the most appropriate jurisdiction for prosecution.

4. Each Party shall review whether its current basis for jurisdiction is effective in the fight against the bribery of foreign public officials and, if it is not, shall take remedial steps.

Article 5 – Enforcement

Investigation and prosecution of the bribery of a foreign public official shall be subject to the applicable rules and principles of each Party. They shall not be influenced by considerations of national economic interest, the potential effect upon relations with another State or the identity of the natural or legal persons involved.

Article 6 – Statute of Limitations

Any statute of limitations applicable to the offence of bribery of a foreign public official shall allow an adequate period of time for the investigation and prosecution of this offence.

Article 7 – Money Laundering

Each Party which has made bribery of its own public official a predicate offence for the purpose of the application of its money laundering legislation shall do so on the same terms for the bribery of a foreign public official, without regard to the place where the bribery occurred.

Article 8 – Accounting

1. In order to combat bribery of foreign public officials effectively, each Party shall take such measures as may be necessary, within the framework of its laws and regulations regarding the maintenance of books and records, financial statement disclosures, and accounting and auditing standards, to prohibit the establishment of off-the-books accounts, the making of off-the-books or inadequately identified transactions, the recording of non-existent expenditures, the entry of liabilities with incorrect identification of their object, as well as the use of false documents, by companies subject to those laws and regulations, for the purpose of bribing foreign public officials or of hiding such bribery.

2. Each Party shall provide effective, proportionate and dissuasive civil, administrative or criminal penalties for such omissions and falsifications in respect of the books, records, accounts and financial statements of such companies.

Article 9 – Mutual Legal Assistance

1. Each Party shall, to the fullest extent possible under its laws and relevant treaties and arrangements, provide prompt and effective legal assistance to another Party for the purpose of criminal investigations and proceedings brought by a Party concerning offences within the scope of this Convention and for non-criminal proceedings within the scope of this Convention brought by a Party against a legal person. The requested Party shall inform the requesting Party, without delay, of any additional information or documents needed to support the request for assistance and, where requested, of the status and outcome of the request for assistance.

2. Where a Party makes mutual legal assistance conditional upon the existence of dual criminality, dual criminality shall be deemed to exist if the offence for which the assistance is sought is within the scope of this Convention.

3. A Party shall not decline to render mutual legal assistance for criminal matters within the scope of this Convention on the ground of bank secrecy.

Article 10 – Extradition

1. Bribery of a foreign public official shall be deemed to be included as an extraditable offence under the laws of the Parties and the extradition treaties between them.

2. If a Party which makes extradition conditional on the existence of an extradition treaty receives a request for extradition from another Party with which it has no extradition treaty,

it may consider this Convention to be the legal basis for extradition in respect of the offence of bribery of a foreign public official.

3. Each Party shall take any measures necessary to assure either that it can extradite its nationals or that it can prosecute its nationals for the offence of bribery of a foreign public official. A Party which declines a request to extradite a person for bribery of a foreign public official solely on the ground that the person is its national shall submit the case to its competent authorities for the purpose of prosecution.

4. Extradition for bribery of a foreign public official is subject to the conditions set out in the domestic law and applicable treaties and arrangements of each Party. Where a Party makes extradition conditional upon the existence of dual criminality, that condition shall be deemed to be fulfilled if the offence for which extradition is sought is within the scope of Article 1 of this Convention.

Article 11 – Responsible Authorities

For the purposes of Article 4, paragraph 3, on consultation, Article 9, on mutual legal assistance and Article 10, on extradition, each Party shall notify to the Secretary-General of the OECD an authority or authorities responsible for making and receiving requests, which shall serve as channel of communication for these matters for that Party, without prejudice to other arrangements between Parties.

Article 12 – Monitoring and Follow-up

The Parties shall co-operate in carrying out a programme of systematic follow-up to monitor and promote the full implementation of this Convention. Unless otherwise decided by consensus of the Parties, this shall be done in the framework of the OECD Working Group on Bribery in International Business Transactions and according to its terms of reference, or within the framework and terms of reference of any successor to its functions, and Parties shall bear the costs of the programme in accordance with the rules applicable to that body.

Article 13 – Signature and Accession

1. Until its entry into force, this Convention shall be open for signature by OECD members and by non-members which have been invited to become full participants in its Working Group on Bribery in International Business Transactions.

2. Subsequent to its entry into force, this Convention shall be open to accession by any non-signatory which is a member of the OECD or has become a full participant in the Working Group on Bribery in International Business Transactions or any successor to its functions. For each such non-signatory, the Convention shall enter into force on the sixtieth day following the date of deposit of its instrument of accession.

Article 14 – Ratification and Depositary

1. This Convention is subject to acceptance, approval or ratification by the Signatories, in accordance with their respective laws.

2. Instruments of acceptance, approval, ratification or accession shall be deposited with the Secretary-General of the OECD, who shall serve as Depositary of this Convention.

Article 15 – Entry into Force

1. This Convention shall enter into force on the sixtieth day following the date upon which five of the ten countries which have the ten largest export shares (see annex), and which represent by themselves at least sixty per cent of the combined total exports of those ten countries, have deposited their instruments of acceptance, approval, or ratification. For each signatory depositing its instrument after such entry into force, the Convention shall enter into force on the sixtieth day after deposit of its instrument.

2. If, after 31 December 1998, the Convention has not entered into force under paragraph 1 above, any signatory which has deposited its instrument of acceptance, approval or ratification may declare in writing to the Depositary its readiness to accept entry into force of this Convention under this paragraph 2. The Convention shall enter into force for such a signatory on the sixtieth day following the date upon which such declarations have been deposited by at least two signatories. For each signatory depositing its declaration after such entry into force, the Convention shall enter into force on the sixtieth day following the date of deposit.

Article 16 – Amendment

Any Party may propose the amendment of this Convention. A proposed amendment shall be submitted to the Depositary which shall communicate it to the other Parties at least sixty days before convening a meeting of the Parties to consider the proposed amendment. An amendment adopted by consensus of the Parties, or by such other means as the Parties may determine by consensus, shall enter into force sixty days after the deposit of an instrument of ratification, acceptance or approval by all of the Parties, or in such other circumstances as may be specified by the Parties at the time of adoption of the amendment.

Article 17 – Withdrawal

A Party may withdraw from this Convention by submitting written notification to the Depositary. Such withdrawal shall be effective one year after the date of the receipt of the notification. After withdrawal, co-operation shall continue between the Parties and the Party which has withdrawn on all requests for assistance or extradition made before the effective date of withdrawal which remain pending.

Annex

Statistics on OECD Exports

	1990–1996 US$ million	1990–1996 % of total OECD	1990–1996 % of total 10
United States	287 118	15.9	19.7
Germany	254 746	14.1	17.5
Japan	212 665	11.8	14.6
France	138 471	7.7	9.5
United Kingdom	121 258	6.7	8.3
Italy	112 449	6.2	7.7
Canada	91 215	5.1	6.3
Korea (1)	81 364	4.5	5.6
Netherlands	81 264	4.5	5.6
Belgium-Luxembourg	78 598	4.4	5.4
Total 10	**1 459 148**	**81.0**	**100**
Spain	42 469	2.4	
Switzerland	40 395	2.2	
Sweden	36 710	2.0	
Mexico (1)	34 233	1.9	
Australia	27 194	1.5	
Denmark	24 145	1.3	
Austria*	22 432	1.2	
Norway	21 666	1.2	
Ireland	19 217	1.1	
Finland	17 296	1.0	
Poland (1) **	12 652	0.7	
Portugal	10 801	0.6	
Turkey *	8 027	0.4	
Hungary **	6 795	0.4	
New Zealand	6 663	0.4	

	1990–1996 US$ million	1990–1996 % of total OECD	1990–1996 % of total 10
Czech Republic ***	6 263	0.3	
Greece *	4 606	0.3	
Iceland	949	0.1	
Total OECD	**1 801 661**	**100**	

Notes: * 1990–1995; ** 1991–1996; *** 1993–1996

Source: OECD, (1) IMF

Concerning Belgium-Luxembourg: Trade statistics for Belgium and Luxembourg are available only on a combined basis for the two countries. For purposes of Article 15, paragraph 1 of the Convention, if either Belgium or Luxembourg deposits its instrument of acceptance, approval or ratification, or if both Belgium and Luxembourg deposit their instruments of acceptance, approval or ratification, it shall be considered that one of the countries which have the ten largest exports shares has deposited its instrument and the joint exports of both countries will be counted towards the 60 percent of combined total exports of those ten countries, which is required for entry into force under this provision.

Organisation for Economic Co-operation and Development

Updated 30 March 1998

Commentaries on the Convention on Combating Bribery of Officials in International Business Transactions[1]

Adopted by the Negotiating Conference on 21 November 1997

General:

This Convention deals with what, in the law of some countries, is called »active corruption« or »active bribery«, meaning the offence committed by the person who promises or gives the bribe, as contrasted with »passive bribery«, the offence committed by the official who receives the bribe. The Convention does not utilise the term »active bribery« simply to avoid it being misread by the non-technical reader as implying that the briber has taken the initiative and the recipient is a passive victim. In fact, in a number of situations, the recipient will have induced or pressured the briber and will have been, in that sense, the more active.

This Convention seeks to assure a functional equivalence among the measures taken by the Parties to sanction bribery of foreign public officials, without requiring uniformity or changes in fundamental principles of a Party's legal system.

Article 1. The Offence of Bribery of Foreign Public Officials:

Re paragraph 1:

Article 1 establishes a standard to be met by Parties, but does not require them to utilise its precise terms in defining the offence under their domestic laws. A Party may use various approaches to fulfil its obligations, provided that conviction of a person for the offence does not require proof of elements beyond those which would be required to be proved if the offence were defined as in this paragraph. For example, a statute prohibiting the bribery of agents generally which does not specifically address bribery of a foreign public official, and a statute specifically limited to this case, could both comply with this Article. Similarly, a statute which defined the offence in terms of payments »to induce a breach of the official's duty« could meet the standard provided that it was understood that every public official had a duty to exercise judgement or discretion impartially and this was an »autonomous« definition not requiring proof of the law of the particular official's country.

It is an offence within the meaning of paragraph 1 to bribe to obtain or retain business or other improper advantage whether or not the company concerned was the best qualified bidder or was otherwise a company which could properly have been awarded the business.

---

1 Copyright OECD, 1997.

»Other improper advantage« refers to something to which the company concerned was not clearly entitled, for example, an operating permit for a factory which fails to meet the statutory requirements.

The conduct described in paragraph 1 is an offence whether the offer or promise is made or the pecuniary or other advantage is given on that person's own behalf or on behalf of any other natural person or legal entity.

It is also an offence irrespective of, inter alia, the value of the advantage, its results, perceptions of local custom, the tolerance of such payments by local authorities, or the alleged necessity of the payment in order to obtain or retain business or other improper advantage.

It is not an offence, however, if the advantage was permitted or required by the written law or regulation of the foreign public official's country, including case law.

Small »facilitation« payments do not constitute payments made »to obtain or retain business or other improper advantage« within the meaning of paragraph 1 and, accordingly, are also not an offence. Such payments, which, in some countries, are made to induce public officials to perform their functions, such as issuing licenses or permits, are generally illegal in the foreign country concerned. Other countries can and should address this corrosive phenomenon by such means as support for programmes of good governance. However, criminalisation by other countries does not seem a practical or effective complementary action.

Under the legal system of some countries, an advantage promised or given to any person, in anticipation of his or her becoming a foreign public official, falls within the scope of the offences described in Article 1, paragraph 1 or 2. Under the legal system of many countries, it is considered technically distinct from the offences covered by the present Convention. However, there is a commonly shared concern and intent to address this phenomenon through further work.

Re paragraph 2:

The offences set out in paragraph 2 are understood in terms of their normal content in national legal systems. Accordingly, if authorisation, incitement, or one of the other listed acts, which does not lead to further action, is not itself punishable under a Party's legal system, then the Party would not be required to make it punishable with respect to bribery of a foreign public official.

Re paragraph 4:

»Public function« includes any activity in the public interest, delegated by a foreign country, such as the performance of a task delegated by it in connection with public procurement.

13. A »public agency« is an entity constituted under public law to carry out specific tasks in the public interest.

A »public enterprise« is any enterprise, regardless of its legal form, over which a government, or governments, may, directly or indirectly, exercise a dominant influence. This is deemed to be the case, inter alia, when the government or governments hold the majority of the enterprise's subscribed capital, control the majority of votes attaching to shares issued by the enterprise or can appoint a majority of the members of the enterprise's administrative or managerial body or supervisory board.

An official of a public enterprise shall be deemed to perform a public function unless the enterprise operates on a normal commercial basis in the relevant market, i. e., on a basis which is substantially equivalent to that of a private enterprise, without preferential subsidies or other privileges.

In special circumstances, public authority may in fact be held by persons (e. g., political party officials in single party states) not formally designated as public officials. Such persons, through their *de facto* performance of a public function, may, under the legal principles of some countries, be considered to be foreign public officials.

»Public international organisation« includes any international organisation formed by states, governments, or other public international organisations, whatever the form of organisation and scope of competence, including, for example, a regional economic integration organisation such as the European Communities.

»Foreign country« is not limited to states, but includes any organised foreign area or entity, such as an autonomous territory or a separate customs territory.

One case of bribery which has been contemplated under the definition in paragraph 4.c is where an executive of a company gives a bribe to a senior official of a government, in order that this official use his office – though acting outside his competence – to make another official award a contract to that company.

Article 2. Responsibility of Legal Persons:

In the event that, under the legal system of a Party, criminal responsibility is not applicable to legal persons, that Party shall not be required to establish such criminal responsibility.

Article 3. Sanctions:

Re paragraph 3:

The »proceeds« of bribery are the profits or other benefits derived by the briber from the transaction or other improper advantage obtained or retained through bribery.

The term »confiscation« includes forfeiture where applicable and means the permanent deprivation of property by order of a court or other competent authority. This paragraph is without prejudice to rights of victims.

Paragraph 3 does not preclude setting appropriate limits to monetary sanctions.

Re paragraph 4:

Commentaries on the Convention on Combating Bribery

Among the civil or administrative sanctions, other than non-criminal fines, which might be imposed upon legal persons for an act of bribery of a foreign public official are: exclusion from entitlement to public benefits or aid; temporary or permanent disqualification from participation in public procurement or from the practice of other commercial activities; placing under judicial supervision; and a judicial winding-up order.

Article 4. Jurisdiction:

Re paragraph 1:

The territorial basis for jurisdiction should be interpreted broadly so that an extensive physical connection to the bribery act is not required.

Re paragraph 2:

Nationality jurisdiction is to be established according to the general principles and conditions in the legal system of each Party. These principles deal with such matters as dual criminality. However, the requirement of dual criminality should be deemed to be met if the act is unlawful where it occurred, even if under a different criminal statute. For countries which apply nationality jurisdiction only to certain types of offences, the reference to »principles« includes the principles upon which such selection is based.

Article 5. Enforcement:

Article 5 recognises the fundamental nature of national regimes of prosecutorial discretion. It recognises as well that, in order to protect the independence of prosecution, such discretion is to be exercised on the basis of professional motives and is not to be subject to improper influence by concerns of a political nature. Article 5 is complemented by paragraph 6 of the Annex to the 1997 OECD Revised Recommendation on Combating Bribery in International Business Transactions, C(97)123/FINAL (hereinafter, »1997 OECD Recommendation«), which recommends, inter alia, that complaints of bribery of foreign public officials should be seriously investigated by competent authorities and that adequate resources should be provided by national governments to permit effective prosecution of such bribery. Parties will have accepted this Recommendation, including its monitoring and follow-up arrangements.

Article 7. Money Laundering:

In Article 7, »bribery of its own public official« is intended broadly, so that bribery of a foreign public official is to be made a predicate offence for money laundering legislation on the same terms, when a Party has made either active or passive bribery of its own public official such an offence. When a Party has made only passive bribery of its own public officials a predicate offence for money laundering purposes, this article requires that the laundering of the bribe payment be subject to money laundering legislation.

Article 8. Accounting:

Article 8 is related to section V of the 1997 OECD Recommendation, which all Parties will have accepted and which is subject to follow-up in the OECD Working Group on Bribery in International Business Transactions. This paragraph contains a series of recommendations concerning accounting requirements, independent external audit and internal company controls the implementation of which will be important to the overall effectiveness of the fight against bribery in international business. However, one immediate consequence of the implementation of this Convention by the Parties will be that companies which are required to issue financial statements disclosing their material contingent liabilities will need to take into account the full potential liabilities under this Convention, in particular its Articles 3 and 8, as well as other losses which might flow from conviction of the company or its agents for bribery. This also has implications for the execution of professional responsibilities of auditors regarding indications of bribery of foreign public officials. In addition, the accounting offences referred to in Article 8 will generally occur in the company's home country, when the bribery offence itself may have been committed in another country, and this can fill gaps in the effective reach of the Convention.

Article 9. Mutual Legal Assistance:

Parties will have also accepted, through paragraph 8 of the Agreed Common Elements annexed to the 1997 OECD Recommendation, to explore and undertake means to improve the efficiency of mutual legal assistance.

Re paragraph 1:

Within the framework of paragraph 1 of Article 9, Parties should, upon request, facilitate or encourage the presence or availability of persons, including persons in custody, who consent to assist in investigations or participate in proceedings. Parties should take measures to be able, in appropriate cases, to transfer temporarily such a person in custody to a Party requesting it and to credit time in custody in the requesting Party to the transferred person's sentence in the requested Party. The Parties wishing to use this mechanism should also take measures to be able, as a requesting Party, to keep a transferred person in custody and return this person without necessity of extradition proceedings.

Re paragraph 2:

Paragraph 2 addresses the issue of identity of norms in the concept of dual criminality. Parties with statutes as diverse as a statute prohibiting the bribery of agents generally and a statute directed specifically at bribery of foreign public officials should be able to co-operate fully regarding cases whose facts fall within the scope of the offences described in this Convention.

Article 10. Extradition

Re paragraph 2:

A Party may consider this Convention to be a legal basis for extradition if, for one or more categories of cases falling within this Convention, it requires an extradition treaty. For example, a country may consider it a basis for extradition of its nationals if it requires an extradition treaty for that category but does not require one for extradition of non-nationals.

Article 12. Monitoring and Follow-up:

The current terms of reference of the OECD Working Group on Bribery which are relevant to monitoring and follow-up are set out in Section VIII of the 1997 OECD Recommendation. They provide for:

i) receipt of notifications and other information submitted to it by the [participating] countries;

ii) regular reviews of steps taken by [participating] countries to implement the Recommendation and to make proposals, as appropriate, to assist [participating] countries in its implementation; these reviews will be based on the following complementary systems:

– a system of self evaluation, where [participating] countries' responses on the basis of a questionnaire will provide a basis for assessing the implementation of the Recommendation;

– a system of mutual evaluation, where each [participating] country will be examined in turn by the Working Group on Bribery, on the basis of a report which will provide an objective assessment of the progress of the [participating] country in implementing the Recommendation.

iii) examination of specific issues relating to bribery in international business transactions;

...

v) provision of regular information to the public on its work and activities and on implementation of the Recommendation.

The costs of monitoring and follow-up will, for OECD Members, be handled through the normal OECD budget process. For non-members of the OECD, the current rules create an equivalent system of cost sharing, which is described in the Resolution of the Council Concerning Fees for Regular Observer Countries and Non-Member Full Participants in OECD Subsidiary Bodies, C(96)223/FINAL.

The follow-up of any aspect of the Convention which is not also follow-up of the 1997 OECD Recommendation or any other instrument accepted by all the participants in the OECD Working Group on Bribery will be carried out by the Parties to the Convention and, as appropriate, the participants party to another, corresponding instrument.

Anhang

Article 13. Signature and Accession:

The Convention will be open to non-members which become full participants in the OECD Working Group on Bribery in International Business Transactions. Full participation by non-members in this Working Group is encouraged and arranged under simple procedures. Accordingly, the requirement of full participation in the Working Group, which follows from the relationship of the Convention to other aspects of the fight against bribery in international business, should not be seen as an obstacle by countries wishing to participate in that fight. The Council of the OECD has appealed to non-members to adhere to the 1997 OECD Recommendation and to participate in any institutional follow-up or implementation mechanism, i. e., in the Working Group. The current procedures regarding full participation by non-members in the Working Group may be found in the Resolution of the Council concerning the Participation of Non-Member Economies in the Work of Subsidiary Bodies of the Organisation, C(96)64/REV1/FINAL. In addition to accepting the Revised Recommendation of the Council on Combating Bribery, a full participant also accepts the Recommendation on the Tax Deductibility of Bribes of Foreign Public Officials, adopted on 11 April 1996, C(96)27/FINAL.

Organisation for Economic Co-operation and Development

Updated 30 March 1998

Combating Bribery in International Business Transactions[1]

RECOMMENDATION OF THE COUNCIL adopted on 23 May 1997
- Preamble
- General
- Criminalisation of bribery of public officials
- Tax dedictibility
- Accounting requirements, external audit and internal company controls
- Public procurement
- International co-operation
- Follow-up and institutional arrangements
- Co-operation with non-OECD members
- Relations with international govermental an non-govermental organisations
- *Annex* Agreed common elements of criminal legislation an related action

The Council,

Having regard to Articles 3, 5 a) and 5 b) of the Convention on the Organisation for Economic Co-operation and Development of 14 December 1960;

Considering that bribery is a widespread phenomenon in international business transactions, including trade and investment, raising serious moral and political concerns and distorting international competitive conditions;

Considering that all countries share a responsibility to combat bribery in international business transactions;

Considering that enterprises should refrain from bribery of public servants and holders of public office, as stated in the OECD Guidelines for Multinational Enterprises;

Considering the progress which has been made in the implementation of the initial Recommendation of the Council on Bribery in International Business Transactions adopted on 27 May 1994, C(94)75/FINAL and the related Recommendation on the tax deductibility of bribes of foreign public officials adopted on 11 April 1996, C(96)27/FINAL; as well as the Recommendation concerning Anti-corruption Proposals for Bilaterel Aid Procurement, endorsed by the High Level Meeting of the Development Assistance Committee;

Welcoming other recent developments which further advance international understanding and co-operation regarding bribery in business transactions, including actions of the Uni-

---
1 Copyright OECD, 1997.

ted Nations, the Council of Europe, the European Union and the Organisation of American States;

Having regard to the commitment made at the meeting of the Council at Ministerial level in May 1996, to criminalise the bribery of foreign public officials in an effective and coordinated manner;

Noting that an international convention in conformity with the agreed common elements set forth in the Annex, is an appropriate instrument to attain such criminalisation rapidly.

Considering the consensus which has developed on the measures which should be taken to implement the 1994 Recommendation, in particular, with respect to the modalities and international instruments to facilitate criminalisation of bribery of foreign public officials; tax deductibility of bribes to foreign public officials; accounting requirements, external audit and internal company controls; and rules and regulations on public procurement;

Recognising that achieving progress in this field requires not only efforts by individual countries but multilateral co-operation, monitoring and follow-up;

General

I. **RECOMMENDS** that Member countries take effective measures to deter, prevent and combat the bribery of foreign public officials in connection with international business transactions.

II. **RECOMMENDS** that each Member country examine the following areas and, in conformity with its jurisdictional and other basic legal principles, take concrete and meaningful steps to meet this goal:
i) criminal laws and their application, in accordance with section III and the Annex to this Recommendation;
ii) tax legislation, regulations and practice, to eliminate any indirect support of bribery, in accordance with section IV;
iii) company and business accounting, external audit and internal control requirements and practices, in accordance with section V;
iv) banking, financial and other relevant provisions, to ensure that adequate records would be kept and made available for inspection and investigation; and
v) public subsidies, licences, government procurement contracts or other public advantages, so that advantages could be denied as a sanction for bribery in appropriate cases, and in accordance with section VI for procurement contracts and aid procurement; and
vi) civil, commercial, and administrative laws and regulations, so that such bribery would be illegal.
vii) international co-operation in investigations and other legal proceedings, in accordance with section VII.

Criminalisation of bribery of foreign public officials

III. **RECOMMENDS** that Member countries should criminalise the bribery of foreign public officials in an effective and co-ordinated manner by submitting proposals to their legislative bodies by 1 April 1998, in conformity with the agreed common elements set forth in the Annex, and seeking their enactment by the end of 1998.

DECIDES, to this end, to open negotiations promptly on an international convention to criminalise bribery in conformity with the agreed common elements, the treaty to be open for signature by the end of 1997, with a view to its entry into force twelve months thereafter.

Tax deductibility

IV. **URGES** the prompt implementation by Member countries of the 1996 Recommendation which reads as follows: »that those Member countries which do not disallow the deductibility of bribes to foreign public officials re-examine such treatment with the intention of denying this deductibility. Such action may be facilitated by the trend to treat bribes to foreign officials as illegal.«

Accounting requirements, external audit and internal company controls

V. **RECOMMENDS** that Member countries totake the steps necessary so that laws, rules and practices with respect to accounting requirements, external audit and internal company controls are in line with the following principles and are fully used in order to prevent and detect bribery of foreign public officials in international business.

A. Adequate accounting requirements

i) Member countries should require companies to maintain adequate records of the sums of money received and expended by the company, identifying the matters in respect of which the receipt and expenditure takes place. Companies should be prohibited from making off-the-books transactions or keeping off-the-books accounts.

ii) Member countries should require companies to disclose in their financial statements the full range of material contingent liabilities.

iii) Member countries should adequately sanction accounting omissions, falsifications and fraud.

B. Independent external audit

i) Member countries should consider whether requirements to submit to external audit are adequate.

ii) Member countries and professional associations should maintain adequate standards to ensure the independence of external auditors which permits them to provide an objective assessment of company accounts, financial statements and internal controls.

iii) Member countries should require the auditor who discovers indications of a possible illegal act of bribery to report this discovery to management and, as appropriate, to corporate monitoring bodies.

iv) Member countries should consider requiring the auditor to report indications of a possible illegal act of bribery to competent authorities.

C. Internal company controls

i) Member countries should encourage the development and adoption of adequate internal company controls, including standards of conduct.

ii) Member countries should encourage company management to make statements in their annual reports about their internal control mechanisms, including those which contribute to preventing bribery.

iii) Member countries should encourage the creation of monitoring bodies, independent of management, such as audit committees of boards of directors or of supervisory boards.

iv) Member countries should encourage companies to provide channels for communication by, and protection for, persons not willing to violate professional standards or ethics under instructions or pressure from hierarchical superiors.

Public procurement

VI. RECOMMENDS:

i) Member countries should support the efforts in the World Trade Organisation to pursue an agreement on transparency in government procurement;

ii) Member countries' laws and regulations should permit authorities to suspend from competition for public contracts enterprises determined to have bribed foreign public officials in contravention of that Member's national laws and, to the extent a Member applies procurement sanctions to enterprises that are determined to have bribed domestic public officials, such sanctions should be applied equally in case of bribery of foreign public officials[2].

iii) In accordance with the Recommendation of the Develompment Assitance Committee, Member countries should require anti-corruption provisions in bilateral aid-funded procurement, promote the proper implementation of anti-corruption provisions in international development institutions, and work closely with development partners to combat corruption in all development co-operation efforts[3].

---

2 Member countries' systems for applying sanctions for bribery of domestic officials differ as to whether the determination of bribery is based on a criminal conviction, indictment or administrative procedure, but in all cases it is based on substantial evidence.

3 This paragraph summarises the DAC recommendation, which is addressed to DAC members only, and addresses it to all OECD Members and eventually non-member countries which adhere to the Recommendation.

International co-operation

VII. **RECOMMENDS** that Member countries, in order to combat bribery in international business transactions, in conformity with their jurisdictional and other basic legal principles, take the following actions:

i) consult and otherwise co-operate with appropriate authorities in other countries in investigations and other legal proceedings concerning specific cases of such bribery through such means as sharing of information (spontaneously or upon request), provision of evidence and extradition;

ii) make full use of existing agreements and arrangements for mutual international legal assistance and where necessary, enter into new agreements or arrangements for this purpose;

iii) ensure that their national laws afford an adequate basis for this co-operation and, in particular, in accordance with paragraph 8 of the Annex.

Follow-up and institutional arrangements

VIII. **INSTRUCTS** the Committee on International Invenstement and Multinational Enterprises, through its Working Group on Bribery in International Business Transactions, to carry out a programme of systematic follow-up to monitor and promote the full implementation of this Recommendation, in co-operation with the Committee for Fiscal Affairs, the Development Assistance Committee and other OECD bodies, as appropriate. This follow-up will include, in particular:

i) receipt of notifications and other information submitted to it by the Member countries;

ii) regular reviews of steps taken by Member countries to implement the Recommendation and to make proposals, as appropriate, to assist Member countries in its implementation; these reviews will be based on the following complementary systems:

- ❑ a system of self evaluation, where Member countries' responses on the basis of a questionnaire will provide a basis for assessing the implementation of the Recommendation;

- ❑ a system of mutual evaluation, where each Member country will be examined in turn by the Working Group on Bribery, on the basis of a report which will provide an objective assessment of the progress of the Member country in implementing the Recommendation.

iii) examination of specific issues relating to bribery in international business transactions;

iv) examination of the feasibility of broadening the scope of the work of the OECD to combat international bribery to include private sector bribery and bribery of foreign officials for reasons other than to obtain or retain business;

v) provision of regular information to the public on its work and activities and on implementation of the Recommendation.

IX. **NOTES** the obligation of Member countries to co-operate closely in this follow-up programme, pursuant to Article 3 of the OECD Cenvention.

X. **INSTRUCTS** the Committee on International Investment and Multinational Enterprises to review the implementation of Sections III and, in co-operation with the Committee on Fiscal Affairs, Section IV of this Recommendation and report to Ministers in Spring 1998, to report to the Council after the first regular review and as appropriate there after, and to review this Revised Recommendation within three years after its adoption.

Co-operation with non-members

XI. **APPEALS** to non-member countries to adhere to the Recommendation and participate in any institutional follow-up or implementation mechanism.

XII. **INSTRUCTS** the Committee on International Investemen and Multinational Enterprises through its Working Group on Bribery, to provide a forum for consultations with countries which have not yet adhered, in order to promote wider participation in the Recommendation and its follow-up.

Relations with international governmental and non-governmental organisations

XIII. **INVITES** the Committee on International Invenstment and Multinational Enterprises through its Working Group on Bribery, to consult and co-operate with the international organisations and international financial institutions active in the combat against bribery in international business transactions and consult regularly with the non-governmental organisations and representatives of the business community active in this field.

ANNEX

Agreed common elements of criminal legislation and related action

1) *Elements of the offence of active bribery*

   i) *Bribery* is understood as the promise or giving of any undue payment or other advantages, whether directly or through intermediaries to a public official, for himself or for a third party, to influence the official to act or refrain from acting in the performance of his or her official duties in order to obtain or retain business.

   ii) *Foreign public official* means any person holding a legislative, administrative or judicial office of a foreign country or in an international organisation, whether appointed or elected or, any person exercising a public function or task in a foreign country.

   iii) *The offeror* is any person, on his own behalf or on the behalf of any other natural person or legal entity.

2) Ancillary elements or offences

The general criminal law concepts of attempt, complicity and/or conspiracy of the law of the prosecuting state are recognised as applicable to the offence of bribery of a foreign public official.

3) Excuses and defences

Bribery of foreign public officials in order to obtain or retain business is an offence irrespective of the value or the outcome of the bribe, of perceptions of local custom or of the tolerance of bribery by local authorities.

4) Jurisdiction

Jurisdiction over the offence of bribery of foreign public officials should in any case be established when the offence is committed in whole or in part in the prosecuting State's territory. The territorial basis for jurisdiction should be interpreted broadly so that an extensive physical connection to the bribery act is not required.

States which prosecute their nationals for offences committed abroad should do so in respect of the bribery of foreign public officials according to the same principles.

States which do not prosecute on the basis of the nationality principle should be prepared to extradite their nationals in respect of the bribery of foreign public officials.

All countries should review whether their current basis for jurisdiction is effective in the fight against bribery of foreign public officials and, if not, should take appropriate remedial steps.

5) Sanctions

The offence of bribery of foreign public officials should be sanctioned/punishable by effective, proportionate and dissuasive criminal penalties, sufficient to secure effective mutual legal assistance and extradition, comparable to those applicable to the bribers in cases of corruption of domestic public officials.

Monetary or other civil, administrative or criminal penalties on any legal person involved, should be provided, taking into account the amounts of the bribe and of the profits derived from the transaction obtained through the bribe.

Forfeiture or confiscation of instrumentalities and of the bribe benefits and the profits derived from the transactions obtained through the bribe should be provided, or comparable fines or damages imposed.

6) Enforcement

In view of the seriousness of the offence of bribery of foreign public officials, public prosecutors should exercise their discretion independently, based on professional motives. They should not be influenced by considerations of national economic interest, fostering good political relations or the identity of the victim.

Complaints of victims should be seriously investigated by the competent authorities.

The statute of limitations should allow adequate time to address this complex offence.

National governments should provide adequate resources to prosecuting authorities so as to permit effective prosecution of bribery of foreign public officials.

7) Connected provisions (criminal and non-criminal)

❑ Accounting, recordkeeping and disclosure requirements

In order to combat bribery of foreign public officials effectively, states should also adequately sanction accounting omissions, falsifications and fraud.

❑ Money laundering

The bribery of foreign public officials should be made a predicate offence for purposes of money laundering legislation where bribery of a domestic public official is a money laundering predicate offence, without regard to the place where the bribery occurs.

8) International co-operation

Effective mutual legal assistance is critical to be able to investigate and obtain evidence in order to prosecute cases of bribery of foreign public officials.

Adoption of laws criminalising the bribery of foreign public officials would remove obstacles to mutual legal assistance created by dual criminality requirements.

Countries should tailor their laws on mutual legal assistance to permit co-operation with countries investigating cases of bribery of foreign public officials even, including third countries (country of the offeror; country where the act occurred) and countries applying different types of criminalisation legislation to reach such cases.

Means should be explored and undertaken to improve the efficiency of mutual legal assistance.

RECOMMENDATION OF THE COUNCIL
on the tax deductibility of bribes to foreign public officials
(Adopted by the OECD Council on 11 April 1996)

The Council:

I. **RECOMMENDS** that those Member countries which do not disallow the deductibility of bribes to foreign public officials re-examine such treatment with the intention of denying this deductibility. Such action may be facilitated by the trend to treat bribes to foreign officials as illegal.

II. **INSTRUCTS** the Committee on Fiscal Affairs, in co-operation with the Committee on International Investment and Multinational Enterprises, to monitor the implementation of this Recommendation, to promote the Recommendation in the context of contacts with non-member countries and to report to the Council as appropriate.

Organisation for Economic Co-operation and Development

Updated: 31 March 1998

Anlage
DAFFE/IME/BR(97)18/FINAL
Statistiken über Exporte der OECD

	Exporte der OECD		
	1990–1996 in Millionen US-$	1990–1996 in % der OECD insgesamt	1990–1996 n % der OECD der 10 größten
Vereinigte Staaten	287 118	15,9 %	19,7 %
Deutschland	254 746	14,1 %	17,5 %
Japan	212 665	11,8 %	14,6 %
Frankreich	138 471	7,7 %	9,5 %
Vereinigtes Königreich	121 258	6,7 %	8,3 %
Italien	112 449	6,2 %	7,7 %
Kanada	91 215	5,1 %	6,3 %
Korea (1)	81 364	4,5 %	5,6 %
Niederlande	81 264	4,5 %	5,6 %
Belgien/Luxemburg	78 598	4,4 %	5,4 %
die 10 größten insgesamt	1 459 148	81 %	100 %
Spanien	42 469	2,4 %	
Schweiz	40 395	2,2 %	
Schweden	36 710	2,0 %	
Mexiko (1)	34 233	1,9 %	
Australien	27 194	1,5 %	
Dänemark	24 145	1,3 %	
Österreich*)	22 432	1,2 %	
Norwegen	21 666	1,2 %	
Irland	19 217	1,1 %	
Finnland	17 296	1,0 %	
Polen (1)**)	12 652	0,7 %	
Portugal	10 801	0,6 %	
Türkei*)	8 027	0,4 %	

Anhang

	Exporte der OECD		
	1990–1996 in Millionen US-$	1990–1996 in % der OECD insgesamt	1990–1996 n % der OECD der 10 größten
Ungarn**)	6 795	0,4 %	
Neuseeland	6 663	0,4 %	
Tschechische Republik***)	6 263	0,3 %	
Griechenland*)	4 606	0,3 %	
Island	949	0,1 %	
OECD insgesamt	1 801 661	100 %	

Anmerkungen: *) 1990–1995
**) 1991–1996
***) 1993–1996

Quelle: OECD, (1) IMF

In bezug auf Belgien/Luxemburg gilt: Handelsstatistiken für Belgien und Luxemburg liegen nur als gemeinsame Statistiken für beide Länder vor. Hinterlegt entweder Belgien oder Luxemburg seine Annahme-, Genehmigungs- oder Ratifikationsurkunde oder hinterlegen sowohl Belgien als auch Luxemburg ihre Annahme-, Genehmigungs- oder Ratifikationsurkunden, so wird im Sinne von Artikel 15 Absatz 1 des Übereinkommens davon ausgegangen, daß eines der Länder mit den zehn größten Exportanteilen seine Urkunde hinterlegt hat, und die gemeinsamen Exporte beider Länder werden auf die für das Inkrafttreten nach dieser Bestimmung erforderlichen 60 Prozent der zusammengerechneten Gesamtexporte dieser zehn Länder angerechnet.

> **RECHTSAKT DES RATES**
> **vom 27. September 1996**
> **über die Ausarbeitung eines Protokolls zum Übereinkommen über den Schutz der finanziellen Interessen der Europäischen Gemeinschaften**
> **(96/C 313/01)**

Der Rat der Europäischen Union –

gestützt auf den Vertrag über die Europäische Union, insbesondere auf Artikel K.3 Absatz 2 Buchstabe c),

in Erwägung nachstehender Gründe:

Die Mitgliedstaaten betrachten zur Verwirklichung der Ziele der Union die Bekämpfung der Kriminalität zum Nachteil der finanziellen Interessen der Europäischen Gemeinschaften als Angelegenheit von gemeinsamem Interesse, die unter die in Titel VI des Vertrags verankerte Zusammenarbeit fällt.

Der Rat hat mit Rechtsakt vom 26. Juli 1995 als ein erstes Vertragswerk das Übereinkommen über den Schutz der finanziellen Interessen der Europäischen Gemeinschaften fertiggestellt, das insbesondere auf die Bekämpfung des Betrugs zum Nachteil dieser Interessen abzielt.

Dieses Übereinkommen ist in einem zweiten Schritt durch ein Protokoll zu ergänzen, das insbesondere auf die Bekämpfung von Bestechungshandlungen abzielt, an denen nationale oder Gemeinschaftsbeamte beteiligt sind und wodurch die finanziellen Interessen der Europäischen Gemeinschaften geschädigt werden oder geschädigt werden können –

BESCHLIESST, daß die Ausarbeitung des im Anhang enthaltenen Protokolls abgeschlossen ist, das heute von den Vertretern der Regierungen der Mitgliedstaaten der Union unterzeichnet wird;

EMPFIEHLT den Mitgliedstaaten, das Protokoll gemäß ihren verfassungsrechtlichen Vorschriften anzunehmen.

Geschehen zu Brüssel am 27. September 1996.

Im Namen des Rates

Der Präsident

M. LOWRY

Protokoll aufgrund von Artikel K.3 des Vertrags über die Europäische Union zum Übereinkommen über den Schutz der finanziellen Interessen der Europäischen Gemeinschaften

Die Hohen Vertragsparteien dieses Protokolls, die Mitgliedstaaten der Europäischen Union sind –

unter Bezugnahme auf den Rechtsakt des Rates der Europäischen Union vom 27. September 1996,

in dem Wunsch sicherzustellen, daß ihre Strafrechtsvorschriften in wirksamer Weise zum Schutz der finanziellen Interessen der Europäischen Gemeinschaften beitragen,

in Anerkennung der Bedeutung des Übereinkommens über den Schutz der finanziellen Interessen der Europäischen Gemeinschaften vom 26. Juli 1995 zur Bekämpfung des Betrugs zum Nachteil der gemeinschaftlichen Einnahmen und Ausgaben,

in dem Bewußtsein, daß die finanziellen Interessen der Europäischen Gemeinschaften durch andere Straftaten geschädigt oder gefährdet werden können, insbesondere diejenigen, die Bestechungshandlungen von oder gegenüber nationalen wie Gemeinschaftsbeamten darstellen, die für die Erhebung, die Verwaltung oder die Bewilligung der ihrer Kontrolle unterliegenden Gemeinschaftsmittel verantwortlich sind,

in der Erwägung, daß Personen unterschiedlicher Staatsangehörigkeit, die bei den verschiedenen staatlichen Stellen oder Einrichtungen beschäftigt sind, an solchen Bestechungshandlungen beteiligt sein können und daß es im Interesse eines wirksamen Vorgehens gegen derartige Handlungen, die internationale Bezüge aufweisen, wichtig ist, daß hinsichtlich der Strafbarkeit dieser Handlungen im Strafrecht der Mitgliedstaaten eine Annäherung in der Bewertung besteht,

in Anbetracht dessen, daß die Strafvorschriften mehrerer Mitgliedstaaten bei Straftaten im Zusammenhang mit der Wahrnehmung eines öffentlichen Amtes im allgemeinen und bei Bestechung im besonderen nur auf Handlungen von oder gegenüber ihren nationalen Beamten abheben und Verhaltensweisen von Gemeinschaftsbeamten oder von Beamten anderer Mitgliedstaaten nicht oder nur in Ausnahmefällen erfassen,

in der Überzeugung, daß die einzelstaatlichen Rechtsvorschriften insoweit angepaßt werden müssen, als sie Bestechungshandlungen, mit denen die finanziellen Interessen der Europäischen Gemeinschaften geschädigt werden oder geschädigt werden können und an denen Gemeinschaftsbeamte oder Beamte anderer Mitgliedstaaten beteiligt sind, nicht unter Strafe stellen,

in der Überzeugung ferner, daß eine solche Anpassung der einzelstaatlichen Rechtsvorschriften hinsichtlich der Gemeinschaftsbeamten nicht auf Akte der aktiven und passiven Bestechung beschränkt werden darf, sondern auch sonstige Delikte erfassen muß, wodurch die Einnahmen oder die Ausgaben der Europäischen Gemeinschaften beeinträchtigt werden oder beeinträchtigt werden können, einschließlich der Delikte von oder gegenüber Personen, denen höchste Verantwortlichkeiten übertragen sind,

in der Erwägung, daß ferner geeignete Regeln für die Gerichtsbarkeit und die gegenseitige Zusammenarbeit aufgestellt werden sollten, und zwar unbeschadet der rechtlichen Bedingungen für die Anwendung dieser Regeln in konkreten Fällen, einschließlich gegebenenfalls derjenigen für die Aufhebung von Immunitäten,in der Erwägung schließlich, daß die einschlägigen Bestimmungen des Übereinkommens über den Schutz der finanziellen Interessen der Europäischen Gemeinschaften vom 26. Juli 1995 auch für die in diesem Protokoll genannten strafbaren Handlungen gelten sollten –

sind wie folgt übereingekommen:

Artikel 1
Definitionen

Für die Zwecke dieses Protokolls

1. a) bezeichnet der Ausdruck »Beamter« sowohl einen Gemeinschafts- als auch einen nationalen Beamten, einschließlich eines nationalen Beamten eines anderen Mitgliedstaats;

    b) bezeichnet der Ausdruck »Gemeinschaftsbeamter«

      – jede Person, die Beamter oder durch Vertrag eingestellter Bediensteter im Sinne des Statuts der Beamten der Europäischen Gemeinschaften oder der Beschäftigungsbedingungen für die sonstigen Bediensteten der Europäischen Gemeinschaften ist;

      – jede Person, die den Europäischen Gemeinschaften von den Mitgliedstaaten oder von öffentlichen oder privaten Einrichtungen zur Verfügung gestellt wird und dort Aufgaben wahrnimmt, die den Aufgaben der Beamten oder sonstigen Bediensteten der Europäischen Gemeinschaften entsprechen.

      Die Mitglieder der gemäß den Verträgen zur Gründung der Europäischen Gemeinschaften geschaffenen Einrichtungen sowie das Personal dieser Einrichtungen werden den Gemeinschaftsbeamten gleichgestellt, sofern auf sie nicht das Statut der Beamten der Europäischen Gemeinschaften oder die Beschäftigungsbedingungen für die sonstigen Bediensteten der Europäischen Gemeinschaften Anwendung findet;

    c) wird der Ausdruck »inationaler Beamter« entsprechend der Definition für den Begriff »Beamter« oder »Amtsträger« im innerstaatlichen Recht des Mitgliedstaats ausgelegt, in dem der Betreffende diese Eigenschaft für die Zwecke der Anwendung des Strafrechts dieses Mitgliedstaats besitzt.

    Handelt es sich jedoch um ein Verfahren, das ein Mitgliedstaat wegen einer Straftat einleitet, an der ein Beamter eines anderen Mitgliedstaats beteiligt ist, braucht ersterer die Definition für den Begriff »nationaler Beamter« jedoch nur insoweit anzuwenden, als diese mit seinem innerstaatlichen Recht im Einklang steht;

2. bezeichnet der Ausdruck »Übereinkommen« das am 26. Juli 1995 aufgrund von Artikel K.3 des Vertrags über die Europäische Union fertiggestellte Übereinkommen über den Schutz der finanziellen Interessen der Europäischen Gemeinschaften[1].

Artikel 2
Bestechlichkeit

(1) Für die Zwecke dieses Protokolls ist der Tatbestand der Bestechlichkeit dann gegeben, wenn ein Beamter vorsätzlich

unmittelbar oder über eine Mittelsperson für sich oder für einen Dritten Vorteile jedweder Art als Gegenleistung dafür fordert, annimmt oder sich versprechen läßt, daß er unter Verletzung seiner Dienstpflichten eine Diensthandlung oder eine Handlung bei der Ausübung seines Dienstes vornimmt oder unterläßt, wodurch die finanziellen Interessen der Europäischen Gemeinschaften geschädigt werden oder geschädigt werden können.

(2) Jeder Mitgliedstaat trifft die erforderlichen Maßnahmen, um sicherzustellen, daß die in Absatz 1 genannten Handlungen Straftaten sind.

Artikel 3
Bestechung

(1) Für die Zwecke dieses Protokolls ist der Tatbestand der Bestechung dann gegeben, wenn eine Person vorsätzlich einem Beamten unmittelbar oder über eine Mittelsperson einen Vorteil jedweder Art für ihn selbst oder für einen Dritten als Gegenleistung dafür verspricht oder gewährt, daß der Beamte unter Verletzung seiner Dienstpflichten eine Diensthandlung oder eine Handlung bei der Ausübung seines Dienstes vornimmt oder unterläßt, wodurch die finanziellen Interessen der Europäischen Gemeinschaften geschädigt werden oder geschädigt werden können.

(2) Jeder Mitgliedstaat trifft die erforderlichen Maßnahmen, um sicherzustellen, daß die in Absatz 1 genannten Handlungen Straftaten sind.

Artikel 4
Assimilation

(1) Jeder Mitgliedstaat trifft die erforderlichen Maßnahmen, um sicherzustellen, daß in seinem Strafrecht die Umschreibungen der Straftaten, die eine Handlung im Sinne des Artikels 1 des Übereinkommens sind und von seinen nationalen Beamten bei der Ausübung ihres Dienstes begangen werden, in der gleichen Weise für die Fälle gelten, in denen die Straftaten von Gemeinschaftsbeamten bei der Ausübung ihres Dienstes begangen werden.

---

1 ABl. Nr. C 316 vom 27. 11. 1995, S. 49.

(2) Jeder Mitgliedstaat trifft die erforderlichen Maßnahmen, um sicherzustellen, daß in seinem Strafrecht die Umschreibungen der Straftaten im Sinne des Absatzes 1 dieses Artikels und der Artikel 2 und 3, die von oder gegenüber Ministern seiner Regierung, gewählten Vertretern seiner parlamentarischen Versammlungen, Mitgliedern seiner obersten Gerichte oder Mitgliedern seines Rechnungshofs bei der Wahrnehmung ihrer Aufgaben begangen werden, in der gleichen Weise für die Fälle gelten, in denen die Straftaten von oder gegenüber Mitgliedern der Kommission der Europäischen Gemeinschaften, des Europäischen Parlaments, des Gerichtshofs und des Rechnungshofs der Europäischen Gemeinschaften bei der Wahrnehmung ihrer Aufgaben begangen werden.

(3) Hat ein Mitgliedstaat besondere Rechtsvorschriften für Handlungen oder Unterlassungen erlassen, für die Minister der Regierung aufgrund ihrer besonderen politischen Stellung in dem betreffenden Mitgliedstaat verantwortlich sind, so gilt Absatz 2 dieses Artikels nicht für diese Rechtsvorschriften, sofern der Mitgliedstaat gewährleistet, daß die Strafvorschriften, mit denen die Artikel 2 und 3 sowie Artikel 4 Absatz 1 umgesetzt werden, auch die Mitglieder der Kommission der Europäischen Gemeinschaften erfassen.

(4) Die Absätze 1, 2 und 3 berühren nicht die in jedem Mitgliedstaat geltenden Bestimmungen über das Strafverfahren und die Bestimmung des jeweils zuständigen Gerichts.

(5) Dieses Protokoll findet Anwendung unter voller Einhaltung der einschlägigen Vorschriften der Verträge zur Gründung der Europäischen Gemeinschaften, des Protokolls über die Vorrechte und Befreiungen der Europäischen Gemeinschaften, der Satzung des Gerichtshofs sowie der dazu jeweils erlassenen Durchführungsvorschriften, was die Aufhebung der Befreiungen betrifft.

Artikel 5
Sanktionen

(1) Jeder Mitgliedstaat trifft die erforderlichen Maßnahmen, um sicherzustellen, daß die in den Artikeln 2 und 3 genannten Handlungen sowie die Beihilfe zu diesen Handlungen oder die Anstiftung dazu durch wirksame, verhältnismäßige und abschreckende Strafen geahndet werden können, die zumindest in schweren Fällen auch Freiheitsstrafen umfassen, die zu einer Auslieferung führen können.

(2) Absatz 1 läßt die Ausübung der Disziplinargewalt der zuständigen Behörden gegenüber nationalen oder Gemeinschaftsbeamten unberührt. Bei der Strafzumessung können die nationalen Gerichte Disziplinarmaßnahmen, die gegenüber derselben Person wegen derselben Handlung ergriffen worden sind, entsprechend den Grundsätzen ihres innerstaatlichen Rechts berücksichtigen.

Artikel 6
Gerichtsbarkeit

(1) Jeder Mitgliedstaat trifft die erforderlichen Maßnahmen, um seine Gerichtsbarkeit über die in Übereinstimmung mit den Artikeln 2, 3 und 4 umschriebenen Straftaten in den Fällen zu begründen, in denen

a) die Straftat ganz oder teilweise in seinem Hoheitsgebiet begangen worden ist,

b) es sich bei dem Täter um einen seiner Staatsangehörigen oder einen seiner Beamten handelt,

c) die Straftat sich gegen eine in Artikel 1 genannte Person oder ein Mitglied der in Artikel 4 Absatz 2 genannten Organe richtet, das eines seiner Staatsangehörigen ist,

d) es sich bei dem Täter um einen Gemeinschaftsbeamten eines Organs der Europäischen Gemeinschaften oder einer gemäß den Verträgen zur Gründung der Gemeinschaften geschaffenen Einrichtung, die ihren Sitz in dem betreffenden Mitgliedstaat hat, handelt.

(2) Jeder Mitgliedstaat kann bei der Notifizierung gemäß Artikel 9 Absatz 2 erklären, daß er eine oder mehrere Bestimmungen über die Gerichtsbarkeit gemäß Absatz 1 Buchstaben b, c und d nicht oder nur in bestimmten Fällen oder unter bestimmten Umständen anwendet.

Artikel 7
Verhältnis zu dem Übereinkommen

(1) Artikel 3, Artikel 5 Absätze 1, 2 und 4 sowie Artikel 6 des Übereinkommens gelten so, als enthielten sie eine Bezugnahme auf Handlungen im Sinne der Artikel 2, 3 und 4 dieses Protokolls.

(2) Folgende Bestimmungen des Übereinkommens gelten auch für dieses Protokoll:

- Artikel 7 mit der Maßgabe, daß Erklärungen im Sinne des Artikels 7 Absatz 2 des Übereinkommens auch für dieses Protokoll gelten, sofern bei der Notifizierung nach Artikel 9 Absatz 2 dieses Protokolls keine anderslautende Erklärung abgegeben wird,

- Artikel 9,

- Artikel 10.

Artikel 8
Gerichtshof

(1) Streitigkeiten zwischen Mitgliedstaaten über die Auslegung oder Anwendung dieses Protokolls werden zunächst im Rat nach dem Verfahren des Titels VI des Vertrags über die Europäische Union mit dem Ziel ihrer Beilegung erörtert.

Ist die Streitigkeit nach Ablauf von sechs Monaten nicht beigelegt, so kann der Gerichtshof der Europäischen Gemeinschaften von einer Streitpartei befaßt werden.

(2) Der Gerichtshof der Europäischen Gemeinschaften kann mit Streitigkeiten zwischen einem oder mehreren Mitgliedstaaten und der Kommission der Europäischen Gemeinschaften über Artikel 1, außer Nummer 1 Buchstabe c, sowie über die Artikel 2, 3 und 4 sowie Artikel 7 Absatz 2 dritter Gedankenstrich dieses Protokolls befaßt werden, die nicht im Wege von Verhandlungen beigelegt werden konnten.

Artikel 9
Inkrafttreten

(1) Dieses Protokoll bedarf der Annahme durch die Mitgliedstaaten nach Maßgabe ihrer jeweiligen verfassungsrechtlichen Vorschriften.

(2) Die Mitgliedstaaten notifizieren dem Generalsekretär des Rates der Europäischen Union den Abschluß der Verfahren, die nach ihren jeweiligen verfassungsrechtlichen Vorschriften für die Annahme dieses Protokolls erforderlich sind.

(3) Dieses Protokoll tritt neunzig Tage nach der Notifizierung gemäß Absatz 2 durch den Staat in Kraft, der im Zeitpunkt der Annahme des Rechtsaktes über die Ausarbeitung dieses Protokolls durch den Rat Mitglied der Europäischen Union ist und der diese Förmlichkeit als letzter vornimmt. Ist das Übereinkommen zu dem betreffenden Zeitpunkt jedoch noch nicht in Kraft, tritt das Protokoll zum Zeitpunkt des Inkrafttretens des Übereinkommens in Kraft.

Artikel 10
Beitritt neuer Mitgliedstaaten

(1) Dieses Protokoll steht allen Staaten, die Mitglied der Europäischen Union werden, zum Beitritt offen.(2) Der vom Rat der Europäischen Union erstellte Wortlaut dieses Protokolls in der Sprache des beitretenden Staates ist verbindlich.

(3) Die Beitrittsurkunden werden beim Verwahrer hinterlegt.

(4) Dieses Protokoll tritt für jeden Staat, der ihm beitritt, neunzig Tage nach der Hinterlegung seiner Beitrittsurkunde oder aber zum Zeitpunkt des Inkrafttretens dieses Protokolls in Kraft, wenn dieses beim Ablauf des genannten Neunzig-Tage-Zeitraums noch nicht in Kraft getreten ist.

Artikel 11
Vorbehalte

(1) Vorbehalte sind mit Ausnahme der in Artikel 6 Absatz 2 vorgesehenen Vorbehalte nicht zulässig.

(2) Jeder Mitgliedstaat, der einen Vorbehalt eingelegt hat, kann diesen jederzeit ganz oder teilweise durch entsprechende Notifizierung an den Verwahrer zurückziehen. Die Rücknahme wird zum Zeitpunkt des Eingangs der Notifizierung beim Verwahrer wirksam.

Artikel 12
Verwahrer

(1) Verwahrer dieses Protokolls ist der Generalsekretär des Rates der Europäischen Union.

Anhang

(2) Der Verwahrer veröffentlicht im Amtsblatt der Europäischen Gemeinschaften den Stand der Annahmen und Beitritte, die Erklärungen und Vorbehalte sowie alle sonstigen Notifizierungen im Zusammenhang mit diesem Protokoll.

Zu Urkund dessen haben die Bevollmächtigten ihre Unterschriften unter dieses Protokoll gesetzt.

Geschehen in einer Urschrift in dänischer, deutscher, englischer, finnischer, französischer, griechischer, irischer, italienischer, niederländischer, portugiesischer, schwedischer und spanischer Sprache, wobei jeder Wortlaut gleichermaßen verbindlich ist; die Urschrift wird im Archiv des Generalsekretariats des Rates der Europäischen Union hinterlegt.

Erklärungen der Mitgliedstaaten bei der Annahme des Rechtsaktes über die Fertigstellung des Protokolls

1. Erklärung der deutschen Delegation

»Die Regierung der Bundesrepublik Deutschland erklärt ihre Absicht, für das Protokoll zum Übereinkommen zum Schutz der finanziellen Interessen (Beamte) dieselbe Einigung über die Zuständigkeit des Gerichtshofs der Europäischen Gemeinschaften für Vorabentscheidungsverfahren und bis zu dem gleichen Zeitpunkt zu erreichen, wie sie für das Übereinkommen über den Schutz der finanziellen Interessen der Europäischen Gemeinschaften angestrebt wird.«

2. Gemeinsame Erklärung der belgischen, der luxemburgischen und der niederländischen Delegation

»Die Regierung des Königreichs Belgien, des Königreichs der Niederlande und des Großherzogtums Luxemburg sind der Auffassung, daß, um das Inkrafttreten des jetzigen Protokolls zu ermöglichen, bis Ende November 1996 eine zufriedenstellende Lösung der Frage der Zuständigkeit des Gerichtshofs der Europäischen Gemeinschaften für die Auslegung dieses Protokolls gefunden werden muß, und zwar vorzugsweise im Rahmen der laufenden Erörterungen über eine Zuständigkeit des Gerichtshofs für Vorabentscheidungen zur Auslegung des Übereinkommens über den Schutz der finanziellen Interessen der Europäischen Gemeinschaften.«

3. Erklärung der österreichischen Delegation

»Österreich geht davon aus, daß die Zuständigkeit des EuGH im Vorabentscheidungsverfahren in absehbarer Zeit positiv geregelt wird, wobei es sich in Zukunft auch hierfür einsetzen wird.«

RECHTSAKT DES RATES
vom 19. Juni 1997
über die Ausarbeitung des zweiten Protokolls zum Übereinkommen über den Schutz der finanziellen Interessen der Europäischen Gemeinschaften
(97/C 221/02)

Der Rat der Europäischen Union –

gestützt auf den Vertrag über die Europäische Union, insbesondere auf Artikel K.3 Absatz 2 Buchstabe c),

in Erwägung nachstehender Gründe:

Die Mitgliedstaaten betrachten zur Verwirklichung der Ziele der Union die Bekämpfung der Kriminalität zum Nachteil der finanziellen Interessen der Europäischen Gemeinschaften als Angelegenheit von gemeinsamem Interesse, die unter die in Titel VI des Vertrags verankerte Zusammenarbeit fällt.

Der Rat hat mit Rechtsakt vom 26. Juli 1995 (1) als ein erstes Vertragswerk das Übereinkommen über den Schutz der finanziellen Interessen der Europäischen Gemeinschaften ausgearbeitet, das insbesondere auf die Bekämpfung des Betrugs zum Nachteil dieser Interessen abzielt.

Der Rat hat mit Rechtsakt vom 27. September 1996 (2) in einem zweiten Schritt ein Protokoll zu diesem Übereinkommen ausgearbeitet, das insbesondere auf die Bekämpfung von Bestechungshandlungen abzielt, an denen nationale oder Gemeinschaftsbeamte beteiligt sind und wodurch die finanziellen Interessen der Europäischen Gemeinschaften geschädigt werden bzw. geschädigt werden können.

Das Übereinkommen bedarf einer weiteren Ergänzung durch ein zweites Protokoll, das insbesondere die Verantwortlichkeit der juristischen Personen, die Einziehung, die Geldwäsche sowie die Zusammenarbeit zwischen den Mitgliedstaaten und der Kommission zum Schutz der finanziellen Interessen der Europäischen Gemeinschaften und zum Schutz der diesbezüglichen personenbezogenen Daten betrifft –

BESCHLIESST, daß die Ausarbeitung des zweiten Protokolls, das heute von den Vertretern der Regierungen der Mitgliedstaaten der Union unterzeichnet wird, in der im Anhang enthaltenen Fassung abgeschlossen ist;

EMPFIEHLT den Mitgliedstaaten, das Protokoll gemäß ihren verfassungsrechtlichen Vorschriften anzunehmen.

Geschehen zu Luxemburg am 19. Juni 1997.

Anhang

Im Namen des Rates

Der Präsident

M. DE BOER

(1) ABl. Nr. C 316 vom 27. 11. 1995, S. 48.(2) ABl. Nr. C 313 vom 23. 10. 1996, S. 1.
FXAC97221DEC/0012/01/00

Anhang
**ZWEITES PROTOKOLL
aufgrund von Artikel K.3 des Vertrags über die Europäische Union zum
Übereinkommen über den Schutz der finanziellen Interessen der
Europäischen Gemeinschaften**

DIE HOHEN VERTRAGSPARTEIEN dieses Protokolls, die Mitgliedstaaten der Europäischen Union sind –

UNTER BEZUGNAHME auf den Rechtsakt des Rates der Europäischen Union vom 19. Juni 1997,

IN DEM WUNSCH sicherzustellen, daß ihre Strafrechtsvorschriften in wirksamer Weise zum Schutz der finanziellen Interessen der Europäischen Gemeinschaften beitragen,

IN ANERKENNUNG der Bedeutung, die das Übereinkommen über den Schutz der finanziellen Interessen der Europäischen Gemeinschaften vom 26. Juli 1995«für die Bekämpfung des Betrugs zum Nachteil der gemeinschaftlichen Einnahmen und Ausgaben hat,

IN ANERKENNUNG der Bedeutung, die das Protokoll vom 27. September 1996 zu diesem Übereinkommen für die Bekämpfung von Bestechungshandlungen hat, mit denen die finanziellen Interessen der Europäischen Gemeinschaften geschädigt werden bzw. geschädigt werden können,

IN DEM BEWUSSTSEIN, das die finanziellen Interessen der Europäischen Gemeinschaften durch Handlungen, die im Namen von juristischen Personen begangen werden, und Handlungen im Zusammenhang mit Geldwäsche geschädigt oder gefährdet werden können,

IN DER ÜBERZEUGUNG, daß die einzelstaatlichen Rechtsvorschriften erforderlichenfalls dahin gehend angepaßt werden müssen, daß sie vorsehen, daß juristische Personen in Fällen von Betrug oder Bestechung sowie Geldwäsche, die zu ihren Gunsten begangen werden, und mit denen die finanziellen Interessen der Europäischen Gemeinschaften geschädigt werden oder geschädigt werden können, verantwortlich gemacht werden können,

IN DER ÜBERZEUGUNG, daß die einzelstaatlichen Rechtsvorschriften erforderlichenfalls angepaßt werden müssen, damit die Wäsche von Erträgen aus betrügerischen Handlungen oder Bestechungshandlungen, die die finanziellen Interessen der Europäischen Gemeinschaften schädigen oder schädigen können, unter Strafe gestellt wird und die entsprechenden Erträge eingezogen werden können,

IN DER ÜBERZEUGUNG, daß die einzelstaatlichen Rechtsvorschriften erforderlichenfalls angepaßt werden müssen, damit die Rechtshilfe nicht allein aus dem Grund abgelehnt wird, daß es sich bei einer unter dieses Protokoll fallenden Straftat um ein Abgaben- oder Zolldelikt handelt oder daß eine derartige Straftat als ein solches Delikt angesehen wird,

IN ANBETRACHT des Umstands, daß die Zusammenarbeit zwischen den Mitgliedstaaten bereits im Übereinkommen über den Schutz der finanziellen Interessen der Europäischen Gemeinschaften vom 26. Juli 1995 geregelt ist, daß aber auch die Zusammenarbeit zwischen den Mitgliedstaaten und der Kommission – unbeschadet der sich aus dem Gemeinschaftsrecht ergebenden Verpflichtungen – in geeigneter Weise geregelt werden muß, um ein wirksames Vorgehen gegen Betrug, Bestechung und Bestechlichkeit und die damit zusammenhängende Geldwäsche, die die finanziellen Interessen der Europäischen Gemeinschaften schädigen oder schädigen können, zu gewährleisten, und zwar einschließlich des Informationsaustausches zwischen den Mitgliedstaaten und der Kommission,

IN DER ERWÄGUNG, daß es zur Förderung und Erleichterung des Informationsaustausches notwendig ist, einen angemessenen Schutz der personenbezogenen Daten zu gewährleisten,

IN DER ERWÄGUNG, daß der Informationsaustausch laufende Untersuchungen nicht behindern darf und daß es deshalb notwendig ist, den Schutz des Untersuchungsgeheimnisses vorzusehen,

IN DER ERWÄGUNG, daß geeignete Bestimmungen über die Zuständigkeit des Gerichtshofs der Europäischen Gemeinschaften ausgearbeitet werden müssen,

IN DER ERWÄGUNG schließlich, daß die einschlägigen Bestimmungen des Übereinkommens über den Schutz der finanziellen Interessen der Europäischen Gemeinschaften vom 26. Juli 1995 auch für bestimmte unter dieses Protokoll fallende Handlungen gelten sollten –

SIND WIE FOLGT ÜBEREINGEKOMMEN:

Artikel 1
Definitionen

Im Sinne dieses Protokolls bezeichnet der Ausdruck

a) »Übereinkommen« das am 26. Juli 1995 aufgrund von Artikel K.3 des Vertrags über die Europäische Union ausgearbeiteten Übereinkommen über den Schutz der finanziellen Interessen der Europäischen Gemeinschaften (1);

b) »Betrug« die in Artikel 1 des Übereinkommens genannten Handlungen;

c) – »Bestechlichkeit« die Handlungen im Sinne des Artikels 2 des am 27. September 1996 aufgrund von Artikel K.3 des Vertrags über die Europäische Union ausgearbeiteten Protokolls zum Übereinkommen über den Schutz der finanziellen Interessen der Europäischen Gemeinschaften (2),

– »Bestechung« die Handlungen im Sinne des Artikels 3 des vorgenannten Protokolls;

d) »juristische Person« jedes Rechtssubjekt, das diesen Status nach dem jeweils geltenden innerstaatlichen Recht besitzt, mit Ausnahme von Staaten oder sonstigen Körperschaften des öffentlichen Rechts in der Ausübung ihrer hoheitlichen Rechte und der öffentlich-rechtlichen internationalen Organisationen;

e) »Geldwäsche« die Handlungen im Sinne des dritten Gedankenstrichs von Artikel 1 der Richtlinie 91/308/EWG des Rates vom 10. Juni 1991 zur Verhinderung der Nutzung des Finanzsystems zum Zwecke der Geldwäsche (3) bezogen auf Erträge aus Betrug, zumindest in schweren Fällen, sowie aus Bestechung und Bestechlichkeit.

Artikel 2
Geldwäsche

Jeder Mitgliedstaat trifft die erforderlichen Maßnahmen, um die Geldwäsche unter Strafe zu stellen.

Artikel 3
Verantwortlichkeit von juristischen Personen

(1) Jeder Mitgliedstaat trifft die erforderlichen Maßnahmen, um sicherzustellen, daß eine juristische Person für den Betrug, die Bestechung und die Geldwäsche, die zu ihren Gunsten von einer Person begangen werden, die entweder allein oder als Teil eines Organs der juristischen Person gehandelt hat und die eine Führungsposition innerhalb der juristischen Person aufgrund

(1) ABl. Nr. C 316 vom 27. 11. 1995, S. 49.(2) ABl. Nr. C 313 vom 23. 10. 1996, S. 2.(3) ABl. Nr. L 166 vom 28. 6. 1991, S. 77.- der Befugnis zur Vertretung der juristischen Person oder

– der Befugnis, Entscheidungen im Namen der juristischen Person zu treffen, oder

– einer Kontrollbefugnis innerhalb der juristischen Person

innehat, sowie für die Beihilfe oder Anstiftung zu einem solchen Betrug, einer solchen Bestechung oder einer solchen Geldwäsche oder für die versuchte Begehung eines solchen Betrugs verantwortlich gemacht werden kann.

(2) Neben den in Absatz 1 bereits vorgesehenen Fällen trifft jeder Mitgliedstaat die erforderlichen Maßnahmen, um sicherzustellen, daß eine juristische Person verantwortlich gemacht werden kann, wenn mangelnde Überwachung oder Kontrolle seitens einer der in Absatz 1 genannten Personen die Begehung eines Betrugs, einer Bestechungshandlung oder einer Geldwäschehandlung durch eine dieser unterstellten Person zugunsten der juristischen Person ermöglicht hat.

(3) Die Verantwortlichkeit der juristischen Person nach den Absätzen 1 und 2 schließt die strafrechtliche Verfolgung natürlicher Personen als Täter, Anstifter oder Gehilfe in dem Betrugs-, Bestechungs- oder Geldwäschefall nicht aus.

Artikel 4
Sanktionen für juristische Personen

(1) Jeder Mitgliedstaat trifft die erforderlichen Maßnahmen, um sicherzustellen, daß gegen eine im Sinne des Artikels 3 Absatz 1 verantwortliche juristische Person wirksame, angemessene und abschreckende Sanktionen verhängt werden können, zu denen strafrechtliche oder nichtstrafrechtliche Geldsanktionen gehören und andere Sanktionen gehören können, beispielsweise:

a) Maßnahmen des Ausschlusses von öffentlichen Zuwendungen oder Hilfen;

b) Maßnahmen des vorübergehenden oder ständigen Verbots der Ausübung einer Handelstätigkeit;

c) richterliche Aufsicht;

d) richterlich angeordnete Auflösung.

(2) Jeder Mitgliedstaat trifft die erforderlichen Maßnahmen, um sicherzustellen, daß gegen eine im Sinne des Artikels 3 Absatz 2 verantwortliche juristische Person wirksame, angemessene und abschreckende Sanktionen oder Maßnahmen verhängt werden können.

Artikel 5
Einziehung

Jeder Mitgliedstaat trifft die erforderlichen Maßnahmen, um die Beschlagnahme und, unbeschadet der Rechte gutgläubiger Dritter, die Einziehung oder Entziehung der Tatinstrumente und Erträge aus dem Betrug, der Bestechung, der Bestechlichkeit und der Geldwäsche oder der Vermögensgegenstände, deren Wert diesen Erträgen entspricht, zu ermöglichen. Der Mitgliedstaat verfügt über beschlagnahmte oder eingezogene Tatinstrumente, Erträge oder andere Vermögensgegenstände nach Maßgabe der nationalen Rechtsvorschriften.

Artikel 6
Abgaben- und Zolldelikte

Ein Mitgliedstaat darf Rechtshilfe in einem Fall von Betrug, Bestechung und Bestechlichkeit sowie Geldwäsche nicht allein aus dem Grund ablehnen, daß es sich um ein Abgaben- oder Zolldelikt handelt oder daß der betreffende Fall als ein solches Delikt angesehen wird.

Artikel 7
Zusammenarbeit mit der Kommission der Europäischen Gemeinschaften

(1) Die Mitgliedstaaten und die Kommission arbeiten bei der Bekämpfung von Betrug, Bestechung, Bestechlichkeit und Geldwäsche zusammen.

Zu diesem Zweck leistet die Kommission die technische und operative Hilfe, die die zuständigen nationalen Behörden gegebenenfalls zur besseren Koordinierung ihrer Untersuchungen benötigen.

(2) Die zuständigen Behörden der Mitgliedstaaten können Informationen mit der Kommission austauschen, um die Feststellung des Sachverhalts zu erleichtern und ein effektives Vorgehen gegen Betrug, Bestechung und Bestechlichkeit sowie Geldwäsche sicherzustellen. Die Kommission und die zuständigen nationalen Behörden tragen den Erfordernissen des Untersuchungsgeheimnisses und des Datenschutzes in jedem einzelnen Fall Rechnung. Zu diesem Zweck kann ein Mitgliedstaat, wenn er der Kommission Informationen liefert, spezifische Bedingungen für die Verwendung dieser Informationen durch die Kommission oder durch einen anderen Mitgliedstaat, an den die Informationen übermittelt werden dürfen, festlegen.

Artikel 8
Verantwortung der Kommission für den Datenschutz

Die Kommission trägt dafür Sorge, daß sie im Zusammenhang mit dem Austausch von Informationen nach Artikel 7 Absatz 2 bei der Verarbeitung personenbezogener Daten ein Schutzniveau einhält, das dem in der Richtlinie 95/46/EG des Europäischen Parlaments und des Rates vom 24. Oktober 1995 zum Schutz natürlicher Personen bei der Verarbeitung personenbezogener Daten und zum freien Datenverkehr (1) vorgesehenen Schutzniveau gleichwertig ist.

Artikel 9
Veröffentlichung der Datenschutzvorschriften

Die im Zusammenhang mit den Verpflichtungen nach Artikel 8 erlassenen Vorschriften werden im Amtsblatt der Europäischen Gemeinschaften veröffentlicht.

Artikel 10
Übermittlung von Daten an andere Mitgliedstaaten und Drittstaaten

(1) Vorbehaltlich etwaiger Bedingungen nach Artikel 7 Absatz 2 darf die Kommission personenbezogene Daten, die sie in Wahrnehmung ihrer Aufgaben nach Artikel 7 von einem Mitgliedstaat erhalten hat, an einen anderen Mitgliedstaat übermitteln. Die Kommission unterrichtet den Mitgliedstaat, der die Informationen geliefert hat, darüber, daß sie eine derartige Übermittlung beabsichtigt.

(2) Die Kommission kann unter den gleichen Bedingungen personenbezogene Daten, die sie in Wahrnehmung ihrer Aufgaben nach Artikel 7 von einem Mitgliedstaat erhalten hat, an einen Drittstaat übermitteln, sofern der Mitgliedstaat, der die Information geliefert hat, einer solchen Übermittlung zugestimmt hat.

Artikel 11
Kontrollstelle

Jede Stelle, die für die Zwecke der Ausübung einer unabhängigen Datenschutzkontrolle über die personenbezogenen Daten, die die Kommission in Wahrnehmung ihrer Aufgaben nach dem Vertrag zur Gründung der Europäischen Gemeinschaft verarbeitet hat, benannt oder eingerichtet worden ist, nimmt die gleichen Aufgaben in bezug auf diejenigen personenbezogenen Daten wahr, die die Kommission nach diesem Protokoll verarbeitet hat.

Artikel 12
Beziehung zu dem Übereinkommen

(1) Die Artikel 3, 5 und 6 des Übereinkommens finden auch auf die in Artikel 2 dieses Protokolls genannten Handlungen Anwendung.

(2) Folgende Bestimmungen des Übereinkommens finden auch auf dieses Protokoll Anwendung:

(1) ABl. Nr. L 281 vom 23. 11. 1995, S. 31. – Artikel 4 mit der Maßgabe, daß Erklärungen im Sinne des Artikels 4 Absatz 2 des Übereinkommens auch für dieses Protokoll gelten, sofern bei der Notifizierung nach Artikel 16 Absatz 2 dieses Protokolls keine anderslautende Erklärung abgegeben wird;

– Artikel 7 mit der Maßgabe das das »ne bis in idem« – Prinzip auch auf juristische Personen Anwendung findet und daß Erklärungen im Sinne des Artikels 7 Absatz 2 des Übereinkommens auch für dieses Protokoll gelten, sofern bei der Notifizierung nach Artikel 16 Absatz 2 dieses Protokolls keine anderslautende Erklärung abgegeben wird;

– Artikel 9;

– Artikel 10.

Artikel 13
Gerichtshof

(1) Streitigkeiten zwischen Mitgliedstaaten über die Auslegung oder Anwendung dieses Protokolls werden zunächst im Rat nach dem Verfahren des Titels VI des Vertrags über die Europäische Union mit dem Ziel ihrer Beilegung erörtert.

Ist die Streitigkeit nach Ablauf von sechs Monaten nicht beigelegt, so kann der Gerichtshof von einer Streitpartei befaßt werden.

(2) Der Gerichtshof kann mit Streitigkeiten zwischen einem oder mehreren Mitgliedstaaten und der Kommission über die Anwendung des Artikels 2 in Verbindung mit Artikel 1 Buchstabe e), der Artikel 7, 8 und 10 sowie des Artikels 12 Absatz 2 vierter Gedankenstrich dieses Protokolls, die nicht im Wege von Verhandlungen beigelegt werden konnten, nach Ablauf von sechs Monaten befaßt werden, gerechnet von dem Datum des Tages an, an dem die eine Partei der anderen eine Mitteilung gemacht hat, aus der sich das Vorhandensein einer Streitigkeit ergibt.

(3) Das am 29. November 1996 aufgrund von Artikel K.3 des Vertrags über die Europäische Union ausgearbeitete Protokoll über die Auslegung des Übereinkommens über den Schutz der finanziellen Interessen der Europäischen Gemeinschaften durch den Gerichtshof der Europäischen Gemeinschaften im Wege der Vorabentscheidung (1) findet auf das vorliegende Protokoll mit der Maßgabe Anwendung, daß eine Erklärung eines Mitgliedstaats nach Artikel 2 dieses Protokolls auch für das vorliegende Protokoll gilt, es sei denn, der betreffende Mitgliedstaat gibt bei der Notifizierung nach Artikel 16 Absatz 2 des vorliegenden Protokolls eine anderslautende Erklärung ab.

(1) ABl. Nr. C 151 vom 20. 5. 1997, S. 1.

Artikel 14
Außervertragliche Haftung

Für die Zwecke dieses Protokolls bestimmt sich die außervertragliche Haftung der Gemeinschaft nach Artikel 215 Absatz 2 des Vertrags zur Gründung der Europäischen Gemeinschaft. Artikel 178 desselben Vertrags ist anwendbar.

Artikel 15
Gerichtliche Kontrolle

(1) Der Gerichtshof ist für Klagen von natürlichen oder juristischen Personen zuständig, mit denen diese sich gegen eine ihnen gegenüber ergangene oder sie unmittelbar und individuell betreffende Entscheidung der Kommission wegen eines Verstoßes gegen Artikel 8 oder eine hierzu erlassene Vorschrift oder wegen Ermessensmißbrauch richten.

(2) Artikel 168 a Absätze 1 und 2, Artikel 173 Absatz 5, Artikel 174 Absatz 1, Artikel 176 Absätze 1 und 2 sowie die Artikel 185 und 186 des Vertrags zur Gründung der Europäischen Gemeinschaft sowie die Satzung des Gerichtshofs der Europäischen Gemeinschaften gelten entsprechend.

Artikel 16
Inkrafttreten

(1) Dieses Protokoll bedarf der Annahme durch die Mitgliedstaaten nach Maßgabe ihrer jeweiligen verfassungsrechtlichen Vorschriften.

(2) Die Mitgliedstaaten notifizieren dem Generalsekretär des Rates der Europäischen Union den Abschluß der Verfahren, die nach ihren jeweiligen verfassungsrechtlichen Vorschriften für die Annahme dieses Protokolls erforderlich sind.

(3) Dieses Protokoll tritt 90 Tage nach der Notifizierung gemäß Absatz 2 durch den Staat in Kraft, der zum Zeitpunkt der Annahme des Rechtsakts über die Ausarbeitung dieses Protokolls Mitglied der Europäischen Union ist und diese Förmlichkeit als letzter vornimmt. Ist das Übereinkommen zu dem betreffenden Zeitpunkt jedoch noch nicht in Kraft getreten, so tritt dieses Protokoll zum Zeitpunkt des Inkrafttretens des Übereinkommens in Kraft.

(4) Die Anwendung des Artikels 7 Absatz 2 wird jedoch ausgesetzt, soweit und solange das zuständige Organ der Europäischen Gemeinschaften seiner Verpflichtung nach Artikel 9, die Datenschutzvorschriften zu veröffentlichen, nicht nachgekommen ist oder die Bestimmungen des Artikels 11 betreffend die Kontrollstelle nicht eingehalten werden.

Artikel 17
Beitritt neuer Mitgliedstaaten

(1) Dieses Protokoll steht allen Staaten, die Mitglied der Europäischen Union werden, zum Beitritt offen.

(2) Der vom Rat der Europäischen Union erstellte Wortlaut dieses Protokolls in der Sprache des beitretenden Staates ist verbindlich.

(3) Die Beitrittsurkunden werden beim Verwahrer hinterlegt.

(4) Dieses Protokoll tritt für jeden Staat, der ihm beitritt, 90 Tage nach der Hinterlegung seiner Beitrittsurkunde oder aber zum Zeitpunkt des Inkrafttretens dieses Protokolls in Kraft, wenn dieses bei Ablauf des genannten Zeitraums von 90 Tagen noch nicht in Kraft getreten ist.

Artikel 18
Vorbehalte

(1) Jeder Mitgliedstaat kann sich das Recht vorbehalten, die Geldwäsche bezogen auf Erträge aus Bestechung und Bestechlichkeit nur in schweren Fällen von Bestechung und Bestechlichkeit unter Strafe zu stellen. Ein Mitgliedstaat, der einen derartigen Vorbehalt einlegt, unterrichtet den Verwahrer unter Angabe der Einzelheiten des Umfangs des Vorbehalts bei der Notifizierung nach Artikel 16 Absatz 2. Ein derartiger Vorbehalt gilt für einen Zeitraum von fünf Jahren nach der genannten Notifizierung. Er kann einmal für einen weiteren Fünfjahreszeitraum erneuert werden.

(2) Die Republik Österreich kann bei der Notifizierung nach Artikel 16 Absatz 2 erklären, daß sie nicht an die Artikel 3 und 4 gebunden ist. Eine solche Erklärung verliert fünf Jahre nach Annahme des Rechtsakts über die Ausarbeitung dieses Protokolls ihre Gültigkeit.

(3) Andere Vorbehalte sind mit Ausnahme der in Artikel 12 Absatz 2 erster und zweiter Gedankenstrich vorgesehenen Vorbehalte nicht zulässig.

Artikel 19
Verwahrer

(1) Verwahrer dieses Protokolls ist der Generalsekretär des Rates der Europäischen Union.

(2) Der Verwahrer veröffentlicht im Amtsblatt der Europäischen Gemeinschaften den Stand der Annahmen und Beitritte, die Erklärungen und Vorbehalte sowie alle sonstigen Notifizierungen im Zusammenhang mit diesem Protokoll.

Gemeinsame Erklärung zu Artikel 13 Absatz 2

Die Mitgliedstaaten erklären, daß die in Artikel 13 Absatz 2 enthaltene Bezugnahme auf Artikel 7 des Protokolls nur für die Zusammenarbeit zwischen der Kommission einerseits und den Mitgliedstaaten andererseits gilt und das freie Ermessen der Mitgliedstaaten bei der Bereitstellung von Informationen im Zuge strafrechtlicher Untersuchungen nicht berührt.

Erklärung der Kommission zu Artikel 7

Die Kommission akzeptiert die Aufgaben, die ihr in Artikel 7 des Zweiten Protokolls zum Übereinkommen über den Schutz der finanziellen Interessen der Europäischen Gemeinschaften übertragen werden.

RECHTSAKT DES RATES
vom 26. Mai 1997
über die Ausarbeitung des Übereinkommens aufgrund von Artikel K.3 Absatz 2 Buchstabe c) des Vertrags über die Europäische Union über die Bekämpfung der Bestechung, an der Beamte der Europäischen Gemeinschaften oder der Mitgliedstaaten der Europäischen Union beteiligt sind
(97/C 195/01)

DER RAT DER EUROPÄISCHEN UNION –

gestützt auf den Vertrag über die Europäische Union, insbesondere auf Artikel K.3 Absatz 2 Buchstabe c),

in Erwägung nachstehender Gründe:

Die Mitgliedstaaten betrachten die Verbesserung der justitiellen Zusammenarbeit als Angelegenheit von gemeinsamem Interesse, die unter die durch Titel VI des Vertrags eingeführte Zusammenarbeit fällt.

Hierfür ist ein Übereinkommen über die Bekämpfung der Bestechung, an der Beamte der Europäischen Gemeinschaften oder der Mitgliedstaaten der Europäischen Union beteiligt sind, unter Berücksichtigung der Bestimmungen des Protokolls zum Übereinkommen über den Schutz der finanziellen Interessen der Europäischen Gemeinschaften (1) auszuarbeiten –

BESCHLIESST, daß die Ausarbeitung des beigefügten Übereinkommens, das heute von den Vertretern der Regierungen der Mitgliedstaaten der Europäischen Union unterzeichnet wird, abgeschlossen ist;

EMPFIEHLT den Mitgliedstaaten, das Übereinkommen gemäß ihren verfassungsrechtlichen Vorschriften anzunehmen.

Geschehen zu Brüssel am 26. Mai 1997.

Im Namen des Rates

Der Präsident

W. SORGDRAGER

(1) ABl. Nr. C 313 vom 23. 10. 1996, S. 2.

ÜBEREINKOMMEN
aufgrund von Artikel K.3 Absatz 2 Buchstabe c) des Vertrags über die Europäische Union über die Bekämpfung der Bestechung, an der Beamte der Europäischen Gemeinschaften oder der Mitgliedstaaten der Europäischen Union beteiligt sind

DIE HOHEN VERTRAGSPARTEIEN dieses Übereinkommens, die Mitgliedstaaten der Europäischen Union –

UNTER BEZUGNAHME auf den Rechtsakt des Rates der Europäischen Union vom 26. Mai 1997,

in Erwägung nachstehender Gründe:

Die Mitgliedstaaten betrachten die Verbesserung der justitiellen Zusammenarbeit bei der Bekämpfung der Bestechung als eine Angelegenheit von gemeinsamem Interesse, die unter die durch Titel VI des Vertrags eingeführte Zusammenarbeit fällt.

Der Rat hat mit Rechtsakt vom 27. September 1996 ein Protokoll erstellt, das insbesondere auf die Bekämpfung von Bestechungshandlungen abzielt, an denen nationale oder Gemeinschaftsbeamte beteiligt sind und durch die die finanziellen Interessen der Europäischen Gemeinschaften geschädigt werden oder geschädigt werden können.

Zur Verbesserung der justitiellen Zusammenarbeit der Mitgliedstaaten in Strafsachen ist über das genannte Protokoll hinauszugehen und ein Übereinkommen zu erstellen, das generell auf die Bekämpfung von Bestechungshandlungen abzielt, an denen Gemeinschaftsbeamte oder Beamte der Mitgliedstaaten beteiligt sind,

IN DEM BESTREBEN, eine kohärente und wirksame Anwendung dieses Übereinkommens in der gesamten Europäischen Union sicherzustellen –

SIND WIE FOLGT ÜBEREINGEKOMMEN:

Artikel 1
Definitionen

Für die Zwecke dieses Übereinkommens

a) bezeichnet der Ausdruck »Beamter« sowohl einen Gemeinschafts- als auch einen nationalen Beamten, einschließlich eines nationalen Beamten eines anderen Mitgliedstaats;

b) bezeichnet der Ausdruck »Gemeinschaftsbeamter«

– eine Person, die Beamter oder durch Vertrag eingestellter Bediensteter im Sinne des Statuts der Beamten der Europäischen Gemeinschaften oder der Beschäftigungsbedingungen für die sonstigen Bediensteten der Europäischen Gemeinschaften ist;

– eine Person, die den Europäischen Gemeinschaften von den Mitgliedstaaten oder von öffentlichen oder privaten Einrichtungen zur Verfügung gestellt wird und dort Aufgaben wahrnimmt, die den Aufgaben der Beamten oder sonstigen Bediensteten der Europäischen Gemeinschaften entsprechen.

Mitglieder von Einrichtungen, die gemäß den Verträgen zur Gründung der Europäischen Gemeinschaften errichtet wurden, und die Bediensteten dieser Einrichtungen werden als Gemeinschaftsbeamte behandelt, soweit das Statut der Beamten der Europäischen Gemeinschaften oder die Beschäftigungsbedingungen für die sonstigen Bediensteten der Europäischen Gemeinschaften nicht für sie gelten;

c) wird der Ausdruck »nationaler Beamter« entsprechend der Definition für den Begriff »Beamter« oder »Amtsträger« im innerstaatlichen Recht des Mitgliedstaats, in dem der Betreffende diese Eigenschaft für die Zwecke der Anwendung des Strafrechts dieses Mitgliedstaats besitzt, ausgelegt.

Handelt es sich jedoch um ein Verfahren, das ein Mitgliedstaat wegen einer Straftat einleitet, an der ein Beamter eines anderen Mitgliedstaats beteiligt ist, braucht ersterer die Definition für den Begriff »nationaler Beamter« jedoch nur insoweit anzuwenden, als diese mit seinem innerstaatlichen Recht im Einklang steht.

Artikel 2
Bestechlichkeit

(1) Für die Zwecke dieses Übereinkommens ist der Tatbestand der Bestechlichkeit dann gegeben, wenn ein Beamter vorsätzlich unmittelbar oder über eine Mittelsperson für sich oder einen Dritten Vorteile jedweder Art als Gegenleistung dafür fordert, annimmt oder sich versprechen läßt, daß er unter Verletzung seiner Dienstpflichten eine Diensthandlung oder eine Handlung bei der Ausübung seines Dienstes vornimmt oder unterläßt.

(2) Jeder Mitgliedstaat trifft die erforderlichen Maßnahmen, um sicherzustellen, daß die in Absatz 1 genannten Handlungen Straftaten sind.

Artikel 3
Bestechung

(1) Für die Zwecke dieses Übereinkommens ist der Tatbestand der Bestechung dann gegeben, wenn eine Person vorsätzlich einem Beamten unmittelbar oder über eine Mittelsperson einen Vorteil jedweder Art für ihn selbst oder für einen Dritten als Gegenleistung dafür verspricht oder gewährt, daß der Beamte unter Verletzung seiner Dienstpflichten eine Diensthandlung oder eine Handlung bei der Ausübung seines Dienstes vornimmt oder unterläßt.

(2) Jeder Mitgliedstaat trifft die erforderlichen Maßnahmen, um sicherzustellen, daß die in Absatz 1 genannten Handlungen Straftaten sind.

Artikel 4
Assimilation

(1) Jeder Mitgliedstaat trifft die erforderlichen Maßnahmen, um sicherzustellen, daß in seinem Strafrecht die Umschreibungen der Straftaten im Sinne der Artikel 2 und 3, die von oder gegenüber Ministern seiner Regierung, gewählten Vertretern seiner parlamentarischen Versammlungen, Mitgliedern seiner obersten Gerichte oder Mitgliedern seines Rechnungshofs bei der Wahrnehmung ihrer Aufgaben begangen werden, in der gleichen Weise für die Fälle gelten, in denen die Straftaten von oder gegenüber Mitgliedern der Kommission der Europäischen Gemeinschaften, des Europäischen Parlaments, des Gerichtshofs und des Rechnungshofs der Europäischen Gemeinschaften bei der Wahrnehmung ihrer Aufgaben begangen werden.

(2) Hat ein Mitgliedstaat besondere Rechtsvorschriften für Handlungen oder Unterlassungen erlassen, für die Minister der Regierung aufgrund ihrer besonderen politischen Stellung in dem betreffenden Mitgliedstaat verantwortlich sind, so gilt Absatz 1 dieses Artikels nicht für diese Rechtsvorschriften, sofern der Mitgliedstaat gewährleistet, daß die Strafvorschriften, mit denen die Artikel 2 und 3 umgesetzt werden, auch die Mitglieder der Kommission der Europäischen Gemeinschaften erfassen.

(3) Die Absätze 1 und 2 berühren nicht die in jedem Mitgliedstaat geltenden Bestimmungen über das Strafverfahren und die Bestimmung des jeweils zuständigen Gerichts.

(4) Dieses Übereinkommen findet Anwendung unter voller Einhaltung der einschlägigen Vorschriften der Verträge zur Gründung der Europäischen Gemeinschaften, des Protokolls über die Vorrechte und Befreiungen der Europäischen Gemeinschaften, der Satzung des Gerichtshofs sowie der dazu jeweils erlassenen Durchführungsvorschriften, was die Aufhebung der Befreiungen betrifft.

Artikel 5
Sanktionen

(1) Jeder Mitgliedstaat trifft die erforderlichen Maßnahmen, um sicherzustellen, daß die in den Artikeln 2 und 3 genannten Handlungen sowie die Beihilfe zu diesen Handlungen oder die Anstiftung dazu durch wirksame, verhältnismäßige und abschreckende Strafen geahndet werden können, die zumindest in schweren Fällen auch Freiheitsstrafen umfassen, die zu einer Auslieferung führen können.

(2) Absatz 1 läßt die Ausübung der Disziplinargewalt der zuständigen Behörden gegenüber nationalen oder Gemeinschaftsbeamten unberührt. Bei der Strafzumessung können die nationalen Gerichte Disziplinarmaßnahmen, die gegenüber derselben Person wegen derselben Handlung ergriffen worden sind, entsprechend den Grundsätzen ihres innerstaatlichen Rechts berücksichtigen.

Artikel 6
Strafrechtliche Verantwortung der Unternehmensleiter

Jeder Mitgliedstaat trifft die erforderlichen Maßnahmen, damit die Leiter, Entscheidungsträger oder Träger von Kontrollbefugnissen von Unternehmen bei Bestechungshandlungen gemäß Artikel 3, die eine ihnen unterstellte Person zum Vorteil des Unternehmens begeht, nach den Grundsätzen des innerstaatlichen Rechts für strafrechtlich verantwortlich erklärt werden können.

Artikel 7
Gerichtsbarkeit

(1) Jeder Mitgliedstaat trifft die erforderlichen Maßnahmen, um seine Gerichtsbarkeit für Straftaten, deren Tatbestände er aufgrund der Verpflichtungen aus den Artikeln 2, 3 und 4 geschaffen hat, in den Fällen zu begründen, in denen

a) die Straftat ganz oder teilweise in seinem Hoheitsgebiet begangen worden ist;

b) es sich bei dem Täter um einen seiner Staatsangehörigen oder einen seiner Beamten handelt;

c) die Straftat sich gegen eine in Artikel 1 genannte Person oder ein Mitglied der in Artikel 4 Absatz 1 genannten Organe der Europäischen Gemeinschaften richtet, das zugleich eines seiner Staatsangehörigen ist;

d) es sich bei dem Täter um einen Gemeinschaftsbeamten eines Organs der Europäischen Gemeinschaften oder einer gemäß den Verträgen zur Gründung der Gemeinschaften geschaffenen Einrichtung, die ihren Sitz in dem betreffenden Mitgliedstaat hat, handelt.

(2) Jeder Mitgliedstaat kann bei der Notifizierung gemäß Artikel 13 Absatz 2 erklären, daß er eine oder mehrere Bestimmungen über die Gerichtsbarkeit gemäß Absatz 1 Buchstaben b), c) und d) nicht oder nur in bestimmten Fällen oder unter bestimmten Umständen anwendet.

Artikel 8
Auslieferung und Verfolgung

(1) Liefert ein Mitgliedstaat nach seinem Recht seine eigenen Staatsangehörigen nicht aus, so trifft er die erforderlichen Maßnahmen, um seine Gerichtsbarkeit für Straftaten, deren Tatbestände er aufgrund der Verpflichtungen aus den Artikeln 2, 3 und 4 geschaffen hat, in den Fällen zu begründen, in denen diese Straftaten von seinen Staatsangehörigen außerhalb seines Hoheitsgebiets begangen worden sind.

(2) Jeder Mitgliedstaat befaßt, wenn einer seiner Staatsangehörigen beschuldigt wird, in einem anderen Mitgliedstaat eine Straftat, deren Tatbestand aufgrund der Verpflichtungen aus den Artikeln 2, 3 oder 4 geschaffen wurde, begangen zu haben, und er den Betreffenden allein aufgrund von dessen Staatsangehörigkeit nicht ausliefert, seine zuständigen Behörden mit diesem Fall, damit gegebenenfalls eine Verfolgung durchgeführt werden kann. Zu

diesem Zweck sind die die Straftat betreffenden Akten, Unterlagen und Gegenstände nach den Verfahren des Artikels 6 des Europäischen Auslieferungsübereinkommens vom 13. Dezember 1957 zu übermitteln. Der ersuchende Mitgliedstaat ist über die eingeleitete Verfolgung und über deren Ergebnisse zu unterrichten.

(3) Für die Zwecke dieses Artikels ist der Begriff »Staatsangehörige« eines Mitgliedstaats im Sinne der gegebenenfalls von dem betreffenden Mitgliedstaat gemäß Artikel 6 Absatz 1 Buchstabe b) des Europäischen Auslieferungsübereinkommens abgegebenen Erklärung und entsprechend Absatz 1 Buchstabe c) des genannten Artikels auszulegen.

Artikel 9
Zusammenarbeit

(1) Betrifft ein Verfahren hinsichtlich einer Straftat, deren Tatbestand aufgrund der Verpflichtungen aus den Artikeln 2, 3 und 4 geschaffen wurde, zwei oder mehr Mitgliedstaaten, so arbeiten diese Staaten bei den Ermittlungen, der Strafverfolgung und der Strafvollstreckung wirksam zusammen, zum Beispiel durch Rechtshilfe, Auslieferung, Übertragung der Strafverfolgung oder der Vollstreckung in einem anderen Mitgliedstaat ergangener Urteile.

(2) Steht mehreren Mitgliedstaaten die Gerichtsbarkeit und die Möglichkeit zu, eine Straftat, die auf denselben Tatsachen beruht, wirksam zu verfolgen, so arbeiten die betreffenden Mitgliedstaaten zusammen, um darüber zu entscheiden, welcher von ihnen den oder die Straftäter verfolgt, um die Strafverfolgung nach Möglichkeit in einem einzigen Mitgliedstaat zu konzentrieren.

Artikel 10
Ne bis in idem

(1) Die Mitgliedstaaten wenden in ihrem inerstaatlichen Strafrecht das »Ne-bis-in-idem"-Prinzip an, dem zufolge jemand, der in einem Mitgliedstaat rechtskräftig abgeurteilt worden ist, in einem anderen Mitgliedstaat wegen derselben Tat nicht verfolgt werden darf, sofern im Fall einer Verurteilung die Sanktion vollstreckt worden ist oder derzeit vollstreckt wird oder nach dem Recht des verurteilenden Staats nicht mehr vollstreckt werden kann.

(2) Ein Mitgliedstaat kann bei der Notifizierung gemäß Artikel 13 Absatz 2 erklären, daß er in einem oder mehreren der folgenden Fälle nicht durch Absatz 1 gebunden ist:

a) wenn die Tat, die dem ausländischen Urteil zugrunde lag, ganz oder teilweise in seinem Hoheitsgebiet begangen wurde. Im letzteren Fall gilt diese Ausnahme jedoch nicht, wenn diese Tat teilweise im Hoheitsgebiet des Mitgliedstaats begangen wurde, in dem das Urteil ergangen ist;

b) wenn die Tat, die dem ausländischen Urteil zugrunde lag, eine gegen die Sicherheit oder andere gleichermaßen wesentliche Interessen des betreffenden Mitgliedstaats gerichtete Straftat darstellt;

c) wenn die Tat, die dem ausländischen Urteil zugrunde lag, von einem Amtsträger des betreffenden Mitgliedstaats unter Verletzung seiner Amtspflicht begangen wurde.

(3) Wird in einem Mitgliedstaat eine erneute Verfolgung gegen eine Person eingeleitet, die bereits in einem anderen Mitgliedstaat wegen derselben Tat rechtskräftig abgeurteilt wurde, so wird jede in dem zuletzt genannten Mitgliedstaat wegen dieser Tat erlittene Freiheitsentziehung auf eine etwa zu verhängende Sanktion angerechnet. Soweit das innerstaatliche Recht dies erlaubt, werden andere als freiheitsentziehende Sanktionen ebenfalls berücksichtigt, sofern sie bereits vollstreckt wurden.

(4) Ausnahmen, die Gegenstand einer Erklärung nach Absatz 2 waren, finden keine Anwendung, wenn der betreffende Mitgliedstaat den anderen Mitgliedstaat wegen derselben Tat um Verfolgung ersucht oder die Auslieferung des Betroffenen bewilligt hat.

(5) Zwischen den Mitgliedstaaten geschlossene einschlägig bilaterale oder multilaterale Übereinkünfte und die Erklärungen dazu werden von diesem Artikel nicht berührt.

Artikel 11
Innerstaatliche Rechtsvorschriften

Dieses Übereinkommen hindert die Mitgliedstaaten nicht daran, innerstaatliche Rechtsvorschriften zu erlassen, die über die Verpflichtungen aus diesem Übereinkommen hinausgehen.

Artikel 12
Gerichtshof

(1) Streitigkeiten zwischen Mitgliedstaaten über die Auslegung oder Anwendung dieses Übereinkommens, die bilateral nicht beigelegt werden konnten, werden zunächst im Rat nach dem Verfahren des Titels VI des Vertrags über die Europäische Union mit dem Ziel ihrer Beilegung erörtert. Ist die Streitigkeit nach Ablauf von sechs Monaten nicht beigelegt, so kann der Gerichtshof der Europäischen Gemeinschaften von einer Streitpartei befaßt werden.

(2) Streitigkeiten in bezug auf Artikel 1 – mit Ausnahme des Buchstabens c) – und die Artikel 2, 3 und 4 zwischen einem oder mehreren Mitgliedstaaten und der Kommission der Europäischen Gemeinschaften, die eine Frage des Gemeinschaftsrechts oder der finanziellen Interessen der Gemeinschaften betreffen oder an denen Mitglieder oder Beamte von Gemeinschaftsorganen oder von gemäß den Verträgen zur Gründung der Europäischen Gemeinschaften errichteten Einrichtungen beteiligt sind und die auf dem Verhandlungswege nicht beigelegt werden konnten, können von einer Streitpartei dem Gerichtshof vorgelegt werden.

(3) Die Gerichte der Mitgliedstaaten können eine die Auslegung der Artikel 1 bis 4 und 12 bis 16 betreffende Frage, die in einem vor ihnen anhängigen Rechtsstreit aufgeworfen wurde, an dem Mitglieder oder Beamte von Gemeinschaftsorganen oder von gemäß den Verträgen zur Gründung der Europäischen Gemeinschaften errichteten Einrichtungen be-

teiligt sind, die in Ausübung ihres Amtes gehandelt haben, dem Gerichtshof zur Vorabentscheidung vorlegen, wenn sie diese Entscheidung zum Erlaß ihres Urteils für erforderlich halten.

(4) Die Zuständigkeit des Gerichtshofs nach Absatz 3 ist daran gebunden, daß der betreffende Mitgliedstaat bei der Notifizierung nach Artikel 13 Absatz 2 oder zu einem späteren Zeitpunkt eine Erklärung abgibt, nach der er Entscheidungen des Gerichtshofs anerkennt.

(5) Ein Mitgliedstaat, der eine Erklärung nach Absatz 4 abgibt, kann die Möglichkeit der Vorlage von Vorabentscheidungsersuchen an den Gerichtshof auf diejenigen seiner Gerichte beschränken, deren Entscheidungen selbst nicht mehr mit Rechtsmitteln des innerstaatlichen Rechts angefochten werden können.

(6) Die Satzung des Gerichtshofs der Europäischen Gemeinschaft und seine Geschäftsordnung finden Anwendung. Gemäß dieser Satzung können die Kommission sowie jeder Mitgliedstaat unabhängig davon, ob er eine Erklärung nach Absatz 4 abgegeben hat oder nicht, in Rechtssachen nach Absatz 3 beim Gerichtshof Schriftsätze einreichen oder schriftliche Erklärungen abgeben.

Artikel 13
Inkrafttreten

(1) Dieses Übereinkommen bedarf der Annahme durch die Mitgliedstaaten nach Maßgabe ihrer jeweiligen verfassungsrechtlichen Vorschriften.

(2) Die Mitgliedstaaten notifizieren dem Generalsekretär des Rates der Europäischen Union den Abschluß der Verfahren, die nach ihren jeweiligen verfassungsrechtlichen Vorschriften für die Annahme dieses Übereinkommens erforderlich sind.

(3) Dieses Übereinkommen tritt 90 Tage nach der in Absatz 2 genannten Notifizierung durch den Mitgliedstaat, der diese Förmlichkeit zuletzt vornimmt, in Kraft.

(4) Bis zum Inkrafttreten dieses Übereinkommens kann jeder Mitgliedstaat bei der Notifizierung gemäß Absatz 2 oder zu einem späteren Zeitpunkt erklären, daß dieses Übereinkommen mit Ausnahme des Artikels 12«für ihn in seinen Beziehungen zu den Mitgliedstaaten Anwendung findet, die dieselbe Erklärung abgegeben haben. Dieses Übereinkommen gilt für den Mitgliedstaat, der eine solche Erklärung abgegeben hat, ab dem ersten Tag des Monats, der auf einen Zeitraum von 90 Tagen nach dem Zeitpunkt der Hinterlegung der Erklärung folgt.

(5) Hat ein Mitgliedstaat keine Erklärung nach Absatz 4 abgegeben, so kann er dieses Übereinkommen mit anderen vertragschließenden Mitgliedstaaten aufgrund von bilateralen Übereinkünften anwenden.

Artikel 14
Beitritt neuer Mitgliedstaaten

(1) Dieses Übereinkommen steht allen Staaten, die Mitglied der Europäischen Union werden, zum Beitritt offen.

(2) Der vom Rat der Europäischen Union erstellte Wortlaut dieses Übereinkommens in der Sprache des beitretenden Staates ist verbindlich.

(3) Die Beitrittsurkunden werden beim Verwahrer hinterlegt.

(4) Dieses Übereinkommen tritt für jeden Staat, der ihm beitritt, 90 Tage nach dem Tag der Hinterlegung seiner Beitrittsurkunde oder am Tag des Inkrafttretens dieses Übereinkommens in Kraft, wenn dieses bei Ablauf des genannten 90-Tage-Zeitraums noch nicht in Kraft getreten ist.

(5) Falls dieses Übereinkommen bei der Hinterlegung der Beitrittsurkunde noch nicht in Kraft ist, gilt Artikel 13 Absatz 4«für die beitretenden Staaten.

Artikel 15
Vorbehalte

(1) Vorbehalte sind mit Ausnahme der in Artikel 7 Absatz 2 und Artikel 10 Absatz 2 vorgesehenen Vorbehalte nicht zulässig.

(2) Jeder Mitgliedstaat, der einen Vorbehalt eingelegt hat, kann diesen jederzeit ganz oder teilweise durch entsprechende Notifizierung an den Verwahrer zurückziehen. Die Rücknahme wird zum Zeitpunkt des Eingangs der Notifizierung beim Verwahrer wirksam.

Artikel 16
Verwahrer

(1) Verwahrer dieses Übereinkommens ist der Generalsekretär des Rates der Europäischen Union.

(2) Der Verwahrer veröffentlicht im Amtsblatt der Europäischen Gemeinschaften den Stand der Annahmen und Beitritte, die Erklärungen und Vorbehalte sowie alle sonstigen Notifizierungen im Zusammenhang mit diesem Übereinkommen.

DRAFT CRIMINAL LAW CONVENTION ON CORRUPTION[1]

Committee of Ministers
Comité des Ministres
103rd Session
(Strasbourg, 3–4 November 1998)
Strasbourg, 29 October 1998
Restricted
CM(98)181

Preamble

The member States of the Council of Europe, and the other States having participated in the elaboration of this Convention,

Considering that the aim of the Council of Europe is to achieve a greater unity between its members;

Recognising the value of fostering co-operation with the other States signatories to this Convention;

Convinced of the need to pursue, as a matter of priority, a common criminal policy aimed at the protection of society against corruption, including the adoption of appropriate legislation and preventive measures;

Emphasising that corruption threatens the rule of law, democracy and human rights, undermines good governance, fairness and social justice, distorts competition, hinders economic development, and endangers the stability of democratic institutions and the moral foundations of society;

Believing that an effective fight against corruption requires increased, rapid and well-functioning international co-operation in criminal matters;

Welcoming recent developments which further advance international understanding and co-operation in combating corruption, including actions of the United Nations, the World Bank, the International Monetary Fund, the World Trade Organisation, the Organisation of American States, the OECD and the European Union;

Having regard to the Programme of Action against Corruption, adopted by the Committee of Ministers of the Council of Europe in November 1996, following the recommendations of the 19th Conference of European Ministers of Justice (Valletta, 1994);

---

1 Copyright by Europarat, 1998.

Recalling in this respect the importance of the participation of non-member States in the Council of Europe's activities against corruption and welcoming their valuable contribution to the implementation of the Programme of Action against Corruption;

Further recalling that Resolution N(1 adopted by the European Ministers of Justice at their 21st Conference (Prague, 1997) recommended the speedy implementation of the Programme of Action against Corruption, and called, in particular, for the early adoption of a criminal law Convention providing for the co-ordinated incrimination of corruption offences, enhanced co-operation for the prosecution of such offences as well as an effective follow-up mechanism open to member States and non-member States on an equal footing;

Bearing in mind that the Heads of State and Government of the Council of Europe decided, on the occasion of their Second Summit held in Strasbourg on 10 and 11 October 1997, to seek common responses to the challenges posed by the growth in corruption and adopted an Action Plan which, in order to promote co-operation in the fight against corruption, including its links with organised crime and money laundering, instructed the Committee of Ministers, inter alia, to secure the rapid completion of international legal instruments pursuant to the Programme of Action against Corruption;

Considering moreover that Resolution (97) 24 on the 20 Guiding Principles for the Fight against Corruption, adopted on 6 November 1997 by the Committee of Ministers at its 101st Session, stresses the need rapidly to complete the elaboration of international legal instruments pursuant to the Programme of Action against Corruption,

In view of the adoption by the Committee of Ministers, at its 102nd Session on 4 May 1998, of Resolution (98) 7 authorising the partial and enlarged Agreement establishing the »Group of States against Corruption – GRECO«, which aims at improving the capacity of its members to fight corruption by following up compliance with their undertakings in this field,

Have agreed as follows:

CHAPTER I USE OF TERMS

Article 1 – Use of terms

Definitions

For the purposes of this Convention:

a. »public official« shall be understood by reference to the definition »official«, »public officer«, »mayor«, »minister« or »judge« in the national law of the State in which the person in question performs that function and as applied in its criminal law;

b. the term »judge« referred to in littera a above shall include prosecutors and holders of judicial offices;

c. in the case of proceedings involving a public official of another state, the prosecuting State may apply the definition of public official only insofar as that definition is compatible with its national law;

d. »legal person« shall mean any entity having such status under the applicable national law, except for States or other public bodies in the exercise of State authority and for public international organisations«.

CHAPTER II
MEASURES TO BE TAKEN AT NATIONAL LEVEL

Article 2 – Active bribery of domestic public officials

Each Party shall adopt such legislative and other measures as may be necessary to establish as criminal offences under its domestic law, when committed intentionally, the promising, offering or giving by any person, directly or indirectly, of any undue advantage to any of its public officials, for himself or herself or for anyone else, for him or her to act or refrain from acting in the exercise of his or her functions.

Article 3 – Passive bribery of domestic public officials

Each Party shall adopt such legislative and other measures as may be necessary to establish as criminal offences under its domestic law, when committed intentionally, the request or receipt by any of its public officials, directly or indirectly, of any undue advantage, for himself or herself or for anyone else, or the acceptance of an offer or a promise of such an advantage, to act or refrain from acting in the exercise of his or her functions.

Article 4 – Bribery of members of domestic public assemblies

Each Party shall adopt such legislative and other measures as may be necessary to establish as criminal offences under its domestic law, the conduct referred to in Articles 2 and 3, when involving any person who is a member of any domestic public assembly exercising legislative or administrative powers.

Article 5 – Bribery of foreign public officials

Each Party shall adopt such legislative and other measures as may be necessary to establish as criminal offences under its domestic law, the conduct referred to in Articles 2 and 3, when involving a public official of any other State.

Article 6 – Bribery of members of foreign public assemblies

Each Party shall adopt such legislative and other measures as may be necessary to establish as criminal offences under its domestic law, the conduct referred to in Articles 2 and 3, when involving any person who is a member of any public assembly exercising legislative or administrative powers in any other State.

Article 7 – Active bribery in the private sector

Each Party shall adopt such legislative and other measures as may be necessary to establish as criminal offences under its domestic law, when committed intentionally in the course of business activity, the promising, offering or giving, directly or indirectly, of any undue advantage to any persons who direct or work for, in any capacity, private sector entities, for themselves or for anyone else, for them to act, or refrain from acting, in breach of their duties.

Article 8 – Passive bribery in the private sector

Each Party shall adopt such legislative and other measures as may be necessary to establish as criminal offences under its domestic law, when committed intentionally, in the course of business activity, the request or receipt, directly or indirectly, by any persons who direct or work for, in any capacity, private sector entities, of any undue advantage or the promise thereof for themselves or for anyone else, or the acceptance of an offer or a promise of such an advantage, to act or refrain from acting in breach of their duties.

Article 9 – Bribery of officials of international organisations

Each Party shall adopt such legislative and other measures as may be necessary to establish as criminal offences under its domestic law, the conduct referred to in Articles 2 and 3, when involving any official or other contracted employee, within the meaning of the staff regulations, of any public international or supranational organisation or body of which the Party is a member, and any person, whether seconded or not, carrying out functions corresponding to those performed by such officials or agents.

Article 10 – Bribery of members of international parliamentary assemblies

Each State Party shall adopt such legislative and other measures as may be necessary to establish as criminal offences under its domestic law the conduct referred to in Article 4 when involving any members of parliamentary assemblies of international or supranational organisations of which the Party is a member.

Article 11 – Bribery of judges and officials of international courts

Each Party shall adopt such legislative and other measures as may be necessary to establish as criminal offences under its domestic law, the conduct referred to in Articles 2 and 3 involving any holders of judicial office or officials of any international Court whose jurisdiction is accepted by the Party.

Article 12 – Trading in influence

Each Party shall adopt such legislative and other measures as may be necessary to establish as criminal offences under its domestic law, when committed intentionally, the promising, giving or offering, directly or indirectly, of any undue advantage to anyone who asserts or confirms that he or she is able to exert an improper influence over the decision-making of any person referred to in Articles 2, 4 to 6 and 9 to 11 in consideration thereof, whether the undue advantage is for himself or herself or for anyone else, as well as the request, receipt or the acceptance of the offer or the promise of such an advantage, in consideration of that influence, whether or not the influence is exerted or whether or not the supposed influence leads to the intended result.

Article 13 – Money laundering of proceeds from corruption offences

Each Party shall adopt such legislative and other measures as may be necessary to establish as criminal offences under its domestic law, the conduct referred to in the Council of Europe Convention No 141, Article 6, paragraphs 1 and 2, under the conditions referred to therein, when the predicate offence consists of any of the criminal offences established in accordance with Articles 2 to 12 of this Convention, to the extent that the Party has not made a reservation to these offences or does not consider such offences as serious ones for the purpose of their money laundering legislation.

Article 14 – Account offences

Each Party shall adopt such legislative and other measures as may be necessary to establish as offences liable to criminal or other sanctions under its domestic law the following acts or omissions, when committed intentionally, in order to commit, conceal or disguise the offences referred to in Articles 2 to 12, to the extent the Party has not made a reservation:

a) creating or using an invoice or any other accounting document or record containing false or incomplete information;

b) unlawfully omitting to make a record of a payment.

Article 15 – Participatory acts

Each Party shall adopt such legislative and other measures as may be necessary to establish as criminal offences under its domestic law aiding or abetting the commission of any of the criminal offences established in accordance with this Convention.

Article 16 – Immunity

The provisions of this Convention shall be without prejudice to the provisions of any Treaty, Protocol or Statute, as well as their implementing texts, as regards the withdrawal of immunity.

Article 17 – Jurisdiction

1. Each Party shall adopt such legislative and other measures as may be necessary to establish jurisdiction over a criminal offence established in accordance with Articles 2 to 14 of this Convention where:

   a) the offence is committed in whole or in part in its territory;

   b) the offender is one of its nationals, one of its public officials, or a member of one of its domestic public assemblies;

   c) the offence involves one of its public officials or members of its domestic public assemblies or any person referred to in Articles 9 to 11 who is at the same time one of its nationals.

2. Each Party may, at the time of signature or when depositing its instrument of ratification, acceptance, approval or accession, by a declaration addressed to the Secretary General of the Council of Europe, declare that it reserves the right not to apply or to apply only in specific cases or conditions the jurisdiction rules laid down in paragraphs 1 b) and c), of this Article or any part thereof.

3. If a Party has made use of the reservation possibility provided for in paragraph 2 of this Article, it shall adopt such measures as may be necessary to establish jurisdiction over a criminal offence established in accordance with this Convention, in cases where an alleged offender is present in its territory and it does not extradite him to another Party, solely on the basis of his nationality, after a request for extradition.

4. This Convention does not exclude any criminal jurisdiction exercised by a Party in accordance with national law.

Article 18 – Corporate liability

1. Each Party shall adopt such legislative and other measures as may be necessary to ensure that legal persons can be held liable for the criminal offences of active bribery, trading in influence and money laundering established in accordance with this Convention, committed for their benefit by any natural person, acting either individually or as part of an organ of the legal person, who has a leading position within the legal person, based on:

   ❏ a power of representation of the legal person, or

   ❏ an authority to take decisions on behalf of the legal person, or

   ❏ an authority to exercise control within the legal person,

   as well as for involvement of such a natural person as accessory or instigator in the above-mentioned offences.

2. Apart from the cases already provided for in paragraph 1, each Party shall take the necessary measures to ensure that a legal person can be held liable where the lack of supervision or control by a natural person referred to in paragraph 1 has made possible the commission of the criminal offences mentioned in paragraph 1 for the benefit of that legal person by a natural person under its authority.

3. Liability of a legal person under paragraphs 1 and 2 shall not exclude criminal proceedings against natural persons who are perpetrators, instigators of, or accessories to, the criminal offences mentioned in paragraph 1.

Article 19 – Sanctions and measures

1. Having regard to the serious nature of the criminal offences established in accordance with this Convention, each Party shall provide, in respect of those criminal offences established in accordance with Articles 2 to 14, effective, proportionate and dissuasive sanctions and measures, including, when committed by natural persons, penalties involving deprivation of liberty which can give rise to extradition.

2. Each Party shall ensure that legal persons held liable in accordance with Article 18 paragraphs 1 and 2, shall be subject to effective, proportionate and dissuasive criminal or non-criminal sanctions, including monetary sanctions.

3. Each Party shall adopt such legislative and other measures as may be necessary to enable it to confiscate or otherwise deprive the instrumentalities and proceeds of criminal offences established in accordance with this Convention or property, the value of which corresponds to such proceeds.

Article 20 – Specialised authorities

Each Party shall adopt such measures as may be necessary to ensure that persons or entities are specialised in the fight against corruption. They shall have the necessary independence in accordance with the fundamental principles of the legal system of the Party, in order for them to be able to carry out their functions effectively and free from any undue pressure. The Party shall ensure that the staff of such entities has adequate training and financial resources for their tasks.

Article 21 – Co-operation with and between national authorities

Each Party shall adopt such measures as may be necessary to ensure that public authorities, as well as any public official co-operate, in accordance with national law, with those of its authorities responsible for investigating and prosecuting criminal offences:

a) by informing the latter authorities, on their own initiative, where there are reasonable grounds to believe that any of the criminal offences established in accordance with Articles 2 to 14 has been committed, or

b) by providing, upon request, to the latter authorities all necessary information.

Article 22 – Protection of collaborators of justice and witnesses

Each Party shall adopt such measures as may be necessary to provide effective and appropriate protection for:

i. those who report the criminal offences established in accordance with Articles 2 to 14 or otherwise co-operate with the investigating or prosecuting authorities;

ii witnesses who give testimony concerning these offences.

Article 23 – Measures to facilitate the gathering of evidence and the confiscation of proceeds

1. Each Party shall adopt such legislative and other measures as may be necessary, including those permitting the use of special investigative techniques, in accordance with national law, to enable it to facilitate the gathering of evidence related to criminal offences established in accordance with Article 2 to 14 of this Convention and to identify, trace, freeze and seize instrumentalities and proceeds of corruption or property, the value of which corresponds to such proceeds, liable to measures set out in accordance with paragraph 3 of Article 19 of this Convention.

2. Each Party shall adopt such legislative and other measures as may be necessary to empower its courts or other competent authorities to order that bank, financial or commercial records be made available or be seized in order to carry out the actions referred to in paragraph 1 of this Article.

3. Bank secrecy shall not be an obstacle to measures provided for in paragraphs 1 and 2 of this Article.

CHAPTER III
MONITORING OF IMPLEMENTATION

Article 24 – Monitoring

The Group of States against Corruption (GRECO) shall monitor the implementation of this Convention by the Contracting Parties.

CHAPTER IV
INTERNATIONAL CO-OPERATION

Article 25 – General principles and measures for international co-operation

1. The Parties shall co-operate with each other, in accordance with the provisions of relevant international instruments on international co-operation in criminal matters, or arrangements agreed on the basis of uniform or reciprocal legislation, and in accordance with their national law, to the widest extent possible for the purposes of investigations and proceedings concerning criminal offences established in accordance with this Convention.

2 Where no international instrument or arrangement referred to in paragraph 1 is in force between Parties, Articles 26 to 31 of this chapter shall apply.

3. Articles 26 to 31 of this chapter shall also apply where they are more favourable than those of the international instruments or arrangements referred to in paragraph 1.

Article 26 – Mutual assistance

1. The Parties shall afford one another the widest measure of mutual assistance by promptly processing requests from authorities that, in conformity with their domestic laws, have the power to investigate or prosecute criminal offences established in accordance with this Convention.

2. Mutual legal assistance under paragraph 1 of this Article may be refused if the requested Party believes that compliance with the request would undermine its fundamental interests, national sovereignty, national security or ordre public.

3. Parties shall not invoke bank secrecy as a ground to refuse any co-operation under this chapter. Where its domestic law so requires, a Party may require that a request for co-operation which would involve the lifting of bank secrecy be authorised by either a judge or another judicial authority, including public prosecutors, any of these authorities acting in relation to criminal offences.

Article 27 – Extradition

1. The criminal offences established in accordance with this Convention shall be deemed to be included as extraditable offences in any extradition treaty existing between or among the Parties. The Parties undertake to include such offences as extraditable offences in any extradition treaty to be concluded between or among them.

2. If a Party that makes extradition conditional on the existence of a treaty receives a request for extradition from another Party with which it does not have an extradition treaty, it may consider this Convention as the legal basis for extradition with respect to any criminal offence established in accordance with this Convention.

3. Parties that do not make extradition conditional on the existence of a treaty shall recognise criminal offences established in accordance with this Convention as extraditable offences between themselves.

4. Extradition shall be subject to the conditions provided for by the law of the Requested State or by applicable extradition treaties, including the grounds on which the Requested State may refuse extradition.

5. If extradition for a criminal offence established in accordance with this Convention is refused solely on the basis of the nationality of the person sought, or because the requested Party deems that it has jurisdiction over the offence, the requested Party shall submit the case to its competent authorities for the purpose of prosecution unless otherwise agreed with the requesting Party, and shall report the final outcome to the requesting Party in due course.

Article 28 – Spontaneous information

Without prejudice to its own investigations or proceedings, a Party may without prior request forward to another Party information on facts when it considers that the disclosure of such information might assist the receiving Party in initiating or carrying out investigations or proceedings concerning criminal offences established in accordance with this Convention or might lead to a request by that Party under this chapter.

Article 29 – Central authority

1. The Parties shall designate a central authority or, if appropriate, several central authorities, which shall be responsible for sending and answering requests made under this chapter, the execution of such requests or the transmission of them to the authorities competent for their execution.

2. Each Party shall, at the time of signature or when depositing its instrument of ratification, acceptance, approval or accession, communicate to the Secretary General of the Council of Europe the names and addresses of the authorities designated in pursuance of paragraph 1 of this article.

Article 30 – Direct communication

1. The central authorities shall communicate directly with one another.

2. In the event of urgency, requests for mutual assistance or communications related thereto may be sent directly by the judicial authorities, including public prosecutors, of the requesting Party to such authorities of the requested Party. In such cases a copy shall be sent at the same time to the central authority of the requested Party through the central authority of the requesting Party.

3. Any request or communication under paragraphs 1 and 2 of this article may be made through the International Criminal Police Organisation (Interpol).

4. Where a request is made pursuant to paragraph 2 of this article and the authority is not competent to deal with the request, it shall refer the request to the competent national authority and inform directly the requesting Party that it has done so.

5. Requests or communications under paragraph 2 of this Article, which do not involve coercive action, may be directly transmitted by the competent authorities of the requesting Party to the competent authorities of the requested Party.

6. Each Party may, at the time of signature or when depositing its instrument of ratification, acceptance, approval or accession inform the Secretary General of the Council of Europe that, for reasons of efficiency, requests made under this chapter are to be addressed to its central authority.

Article 31 – Information

The requested Party shall promptly inform the requesting Party of the action taken on a request under this chapter and the final result of that action. The requested Party shall also promptly inform the requesting Party of any circumstances which render impossible the carrying out of the action sought or are likely to delay it significantly.

CHAPTER V
FINAL PROVISIONS

Article 32 – Signature and entry into force

1. This Convention shall be open for signature by the member States of the Council of Europe and by non-member States that have participated in its elaboration. Such States may express their consent to be bound by:

   a) signature without reservation as to ratification, acceptance or approval; or

   b) signature subject to ratification, acceptance or approval, followed by ratification, acceptance or approval.

2. Instruments of ratification, acceptance or approval shall be deposited with the Secretary General of the Council of Europe.

3. This Convention shall enter into force on the first day of the month following the expiration of a period of three months after the date on which 14 States have expressed their consent to be bound by the Convention in accordance with the provisions of paragraph 1. Any such State, which is not a member of the Group of States against Corruption (GRECO) at the time of ratification, shall automatically become a member on the date the Convention enters into force.

4. In respect of any signatory State which subsequently expresses its consent to be bound by it, the Convention shall enter into force on the first day of the month following the expiration of a period of three months after the date of the expression of their consent to be bound by the Convention in accordance with the provisions of paragraph 1. Any signatory State, which is not a member of the Group of States against Corruption (GRECO) at the time of ratification, shall automatically become a member on the date the Convention enters into force in its respect.

Article 33 – Accession to the Convention

1. After the entry into force of this Convention, the Committee of Ministers of the Council of Europe, after consulting the Contracting States to the Convention, may invite the European Community as well as any State not a member of the Council and not having participated in its elaboration to accede to this Convention, by a decision taken by the majority provided for in Article 20.d. of the Statute of the Council of Europe and by the unanimous vote of the representatives of the Contracting States entitled to sit on the Committee of Ministers.

2. In respect of the European Community and any State acceding to it under paragraph 1 above, the Convention shall enter into force on the first day of the month following the expiration of a period of three months after the date of deposit of the instrument of accession with the Secretary General of the Council of Europe. The European Community and any State acceding to this Convention shall automatically become a member of the GRECO, if it is not already a member at the time of accession, on the date the Convention enters into force in its respect.

Article 34 – Territorial application

1. Any State may, at the time of signature or when depositing its instrument of ratification, acceptance, approval or accession, specify the territory or territories to which this Convention shall apply.

2. Any State may, at any later date, by a declaration addressed to the Secretary General of the Council of Europe, extend the application of this Convention to any other territory specified in the declaration. In respect of such territory the Convention shall enter into force on the first day of the month following the expiration of a period of three months after the date of receipt of such declaration by the Secretary General.

3. Any declaration made under the two preceding paragraphs may, in respect of any territory specified in such declaration, be withdrawn by a notification addressed to the Secretary General. The withdrawal shall become effective on the first day of the month following the expiration of a period of three months after the date of receipt of such notification by the Secretary General.

Article 35 – Relationship to other Conventions and agreements

1. This Convention does not affect the rights and undertakings derived from international multilateral Conventions concerning special matters.

2. The Parties to the Convention may conclude bilateral or multilateral agreements with one another on the matters dealt with in this Convention, for purposes of supplementing or strengthening its provisions or facilitating the application of the principles embodied in it.

3. If two or more Parties have already concluded an agreement or treaty in respect of a subject which is dealt with in this Convention or otherwise have established their relations in respect of that subject, they shall be entitled to apply that agreement or treaty or to regulate those relations accordingly, in lieu of the present Convention, if it facilitates international co-operation.

Article 36 – Declarations

Any State may, at the time of signature or when depositing its instrument of ratification, acceptance, approval or accession, declare that it will establish as criminal offences the active and passive bribery of foreign public officials under Article 5, of officials of international organisations under Article 9 or of judges and officials of international courts under

Article 11, only to the extent that the public official or judge acts or refrains from acting in breach of his duties.

Article 37 – Reservations

1. Any State may, at the time of signature or when depositing its instrument of ratification, acceptance, approval or accession, reserve its right not to establish as a criminal offence under its domestic law, in part or in whole, the conduct referred to in Articles 4, 6 to 8, 10 and 12 or the passive bribery offences defined in Article 5.

2. Any State may, at the time of signature or when depositing its instrument of ratification, acceptance, approval or accession declare that it avails itself of the reservation provided for in Article 17, paragraph 2.

3. Any State may, at the time of signature or when depositing its instrument of ratification, acceptance, approval or accession declare that it may refuse mutual legal assistance under Article 26, paragraph 1, if the request concerns an offence which the requested Party considers a political offence.

4. No State may, by application of paragraphs 1, 2 and 3 of this Article, enter reservations to more than 5 of the provisions mentioned thereon. No other reservation may be made. Reservations of the same nature with respect to Articles 4, 6 and 10 shall be considered as one reservation.

Article 38 – Validity and review of declarations and reservations

1. Declarations referred to in Article 36 and reservations referred to in Article 37 shall be valid for a period of three years from the day of the entry into force of this Convention in respect of the State concerned. However, such declarations and reservations may be renewed for periods of the same duration.

2. Twelve months before the date of expiry of the declaration or reservation, the Secretariat General of the Council of Europe shall give notice of that expiry to the State concerned. No later than three months before the expiry, the State shall notify the Secretary General that it is upholding, amending or withdrawing its declaration or reservation. In the absence of a notification by the State concerned, the Secretariat General shall inform that State that its declaration or reservation is considered to have been extended automatically for a period of six months. Failure by the State to notify its intention to uphold or modify its declaration or reservation before the expiry of that period, shall cause the declaration or reservation to lapse.

3. If a Contracting Party makes a declaration or a reservation in conformity with Articles 36 and 37, it shall provide, before its renewal or upon request, an explanation to the GRECO, on the grounds justifying its continuance.

Article 39 – Amendments

1. Amendments to this Convention may be proposed by any Party, and shall be communicated by the Secretary General of the Council of Europe to the member States of the

Council of Europe and to every non-member State which has acceded to or has been invited to accede to this Convention in accordance with the provisions of Article 33.

2. Any amendment proposed by a Party shall be communicated to the European Committee on Crime Problems, which shall submit to the Committee of Ministers its opinion on that proposed amendment.

3. The Committee of Ministers shall consider the proposed amendment and the opinion submitted by the CDPC and, following consultation of the non-member States Parties to the Convention, may adopt the amendment.

4. The text of any amendment adopted by the Committee of Ministers in accordance with paragraph 3 of this article shall be forwarded to the Parties for acceptance.

5. Any amendment adopted in accordance with paragraph 3 of this article shall come into force on the thirtieth day after all Parties have informed the Secretary General of their acceptance thereof.

Article 40 – Settlement of disputes

1. The European Committee on Crime Problems of the Council of Europe shall be kept informed regarding the interpretation and application of this Convention.

2. In case of a dispute between Parties as to the interpretation or application of this Convention, they shall seek a settlement of the dispute through negotiation or any other peaceful means of their choice, including submission of the dispute to the European Committee on Crime Problems, to an arbitral tribunal whose decisions shall be binding upon the Parties, or to the International Court of Justice, as agreed upon by the Parties concerned.

Article 41 – Denunciation

1. Any Party may, at any time, denounce this Convention by means of a notification addressed to the Secretary General of the Council of Europe.

2. Such denunciation shall become effective on the first day of the month following the expiration of a period of three months after the date of receipt of the notification by the Secretary General.

Article 42 – Notification

The Secretary General of the Council of Europe shall notify the member States of the Council and any State which has acceded to this Convention of:

a) any signature;

b) the deposit of any instrument of ratification, acceptance, approval or accession;

c) any date of entry into force of this Convention in accordance with Articles 32 and 33;

d) any declaration or reservation made under Article 36 or Article 37;

e) any other act, notification or communication relating to this Convention.

In witness whereof the undersigned, being duly authorised thereto, have signed this Convention.

Done at Strasbourg, the ... day of ....199../200.., in English and in French, both texts being equally authentic, in a single copy which shall be deposited in the archives of the Council of Europe. The Secretary General of the Council of Europe shall transmit certified copies to each member State of the Council of Europe, to the non-member States which have participated in the elaboration of this Convention, and to any State invited to accede to it.

DRAFT EXPLANATORY REPORT ON THE DRAFT CRIMINAL LAW CONVENTION ON CORRUPTION

I. INTRODUCTION

Corruption has existed ever since antiquity as one of the worst and, at the same time, most widespread forms of behaviour which is inimical to the administration of public affairs. Naturally, over time, customs as well as historical and geographical circumstances have greatly changed public sensitivity to such behaviour, in terms of the significance and attention attached to it. As a result, its treatment in laws and regulations has likewise changed substantially. In some periods of history, certain »corrupt« practices were actually regarded as permissible, or else the penalties for them were either fairly light, or generally not applied. In Europe, the French Napoleonic Code of 1810 may be regarded as a landmark at which tough penalties were introduced to combat corruption in public life, comprising both acts which did not conflict with one's official duties and acts which did. Thus, the arrival of the modern State-administration in the 19th century made public officials' misuse of their offices a serious offence against public confidence in the administration's probity and impartiality.

Notwithstanding the long history and the apparent spread of the phenomenon of corruption in today's society, it seemed difficult to arrive at a common definition and it was rightly said that »no definition of corruption will be equally accepted in every nation«. Possible definitions have been discussed for a number of years in different fora but it has not been possible for the international community to agree to on a common definition. Instead international fora have preferred to concentrate on the definition of certain forms of corruption, e. g. »illicit payments« (UN), »bribery of foreign public officials in international business transactions« (OECD), »corruption involving officials of the European Communities or officials of Member States of the European Union« (EU).

Even if no common definition has yet been found by the international community to describe corruption as such, everyone seems at least to agree that certain political, social or commercial practices are corrupt. The qualification of some practices as »corrupt« and their eventual moral reprobation by public opinion vary however from country to country and do not necessarily imply that they are criminal offences under national criminal law.

More recently, the deepening interest and concern shown in such matters everywhere have produced national and international reactions. From the beginning of the 90 s corruption has always been in the headlines of the press. Although it had always been present in the history of humanity, it does appear to have virtually exploded across the newspaper columns and law reports of a number of States from all corners of the world, irrespective of their economic or political regime. Countries of Western, Central and Eastern Europe have been literally shaken by huge corruption scandals and some consider that corruption now represents one of the most serious threats to the stability of democratic institutions and the functioning of the market economy.

This illustrates that corruption needs to be taken seriously by Governments and Parliaments. The fact that corruption is widely talked of in some States and not at all in others, is in no way indicative that corruption is not present in the latter because no system of government and administration is immune to corruption. In such countries corruption may be either non existent (which seems in most cases rather improbable), or so efficiently organised as not to give rise to suspicion. In some cases silence over corrupt activities is merely the result of citizen's resignation in face of widespread corruption. In such situations corruption is seen no longer not as unacceptable criminal behaviour, liable to severe sanctions, but as a normal or at least necessary or tolerated practice. The survival of the State is at stake in such extreme cases of endemic corruption.

II. THE PREPARATORY WORK

At their 19th Conference held in Valletta in 1994, the European Ministers of Justice considered that corruption was a serious threat to democracy, to the rule of law and to human rights. The Council of Europe, being the pre-eminent European institution defending these fundamental values, was called upon to respond to that threat. The Ministers were convinced that the fight against corruption should take a multidisciplinary approach and that it was necessary to adopt appropriate legislation in this area as soon as possible. They expressed the belief that an effective fight against corruption required increased cross-border co-operation between States, as well as between States and international institutions, through the promotion of co-ordinated measures at European level and beyond, which in turn implied involving States which were not members of the Council of Europe. The Ministers of Justice recommended to the Committee of Ministers the setting up of a Multidisciplinary Group on Corruption, under the responsibility of the European Committee on Crime Problems (CDPC) and the European Committee on Legal Co-operation (CDCJ), with the task of examining what measures might be suitable to be included in a programme of action at international level as well as examining the possibility of drafting model laws or codes of conduct, including international conventions, on this subject. The Ministers expressly referred to the importance of elaborating a follow-up mechanism to implement the undertakings contained in such instruments.

In the light of these recommendations, the Committee of Ministers set up, in September 1994, the Multidisciplinary Group on Corruption (GMC) and gave it terms of reference to examine what measures might be suitable to be included in an international programme of action against corruption. The GMC was also invited to make proposals to the Committee of Ministers before the end of 1995 as to appropriate priorities and working structures, taking due account of the work of other international organisations. It was furthermore invited to examine the possibility of drafting model laws or codes of conduct in selected areas, including the elaboration of an international convention on this subject, as well as the possibility of elaborating a follow-up mechanism to implement undertakings contained in such instruments.

The GMC started work in March 1995 and prepared a draft Programme of Action against Corruption, an ambitious document covering all aspects of the international fight against this phenomenon. This draft Programme was submitted to the Committee of Ministers, which, in January 1996, took note of it, invited the European Committee on Crime Problems (CDPC) and the European Committee on Legal Co-operation (CDCJ) to express their opinions thereon and, in the meantime, gave interim terms of reference to the GMC, authorising it to start some of the actions contained in the said Programme, such as work on one or several international instruments.

The Committee of Ministers finally adopted the Programme of Action in November 1996 and instructed the GMC to implement it before 31 December 2000. The Committee of Ministers welcomed in particular the GMC's intention to elaborate, as a matter of priority, one or more international Conventions to combat corruption and a follow-up mechanism to implement undertakings contained in such instruments or any other legal instrument in this area. According to the terms of reference given to the GMC, the CDPC and CDCJ were to be consulted on any draft legal text relating to corruption and their views taken into account.

The GMC's terms of reference are as follows:

»Under the responsibility of the European Committee on Crime Problems (CDPC) and the European Committee on Legal Co-operation (CDCJ),

- ❏ to elaborate as a matter of priority one or more international conventions to combat corruption, and a follow-up mechanism to implement undertakings contained in such instruments, or any other legal instrument in this area;

- ❏ to elaborate as a matter of priority a draft European Code of Conduct for Public Officials;

- ❏ after consultation of the appropriate Steering Committee(s) to initiate, organise or promote research projects, training programmes and the exchange at national and international level of practical experiences of corruption and the fight against it;

- ❏ to implement the other parts of the Programme of Action against Corruption, taking into account the priorities set out therein;

- ❏ to take into account the work of other international organisations and bodies with a view to ensuring a coherent and co-ordinated approach;

- ❏ to consult the CDCJ and/or CDPC on any draft legal text relating to corruption and take into account its/their views.«

Draft Criminal Law Convention on Corruption

The Ministers participating in the 21st Conference of European Ministers of Justice, held in Prague in June 1997, expressed their concern about the new trends in modern criminality and, in particular, by the organised, sophisticated and transnational character of certain criminal activities. They declared themselves persuaded that the fight against organised crime necessarily implies an adequate response to corruption and emphasised that corruption represents a major threat to the rule of law, democracy, human rights, fairness and social justice, that it hinders economic development and endangers the stability of democratic institutions and the moral foundations of society. Therefore, the Ministers recommended to speed up the implementation of the Programme of Action against Corruption and, with this in mind, to intensify the efforts with a view to an early adoption of, inter alia, a criminal law Convention providing for the co-ordinated criminalisation of corruption offences and for enhanced co-operation in the prosecution of such offences. They further recommended the Committee of Ministers to ensure that the relevant international instruments would provide for an effective follow-up mechanism open to member-States and non-member States of the Council of Europe on an equal footing.

At their Second Summit, held in Strasbourg on 10–11 October 1997, the Heads of State and Government of the member States of the Council of Europe decided to seek common responses to the challenges posed by the growth in corruption and organised crime. The Heads of State and Government adopted an Action Plan in which, with a view to promoting co-operation in the fight against corruption, including its links with organised crime and money laundering, they instructed the Committee of Ministers, inter alia, to adopt guiding principles to be applied in the development of domestic legislation and practice, to secure the rapid completion of international legal instruments pursuant to the Programme of Action against Corruption and to establish without delay an appropriate and efficient mechanism, for monitoring observance of the guiding principles and the implementation of the said international instruments.

At its 101st Session on 6 November 1997 the Committee of Ministers of the Council of Europe adopted the 20 Guiding Principles for the Fight against Corruption. Firmly resolved to fight corruption by joining their countries' efforts, the Ministers agreed, inter alia, to ensure co-ordinated criminalisation of national and international corruption (Principle 2), to ensure that those in charge of prevention, investigation, prosecution and adjudication of corruption offences enjoy the independence and autonomy appropriate to their functions, are free from improper influence and have effective means for gathering evidence, protecting the persons who help the authorities in combating corruption and preserving the confidentiality of investigations (Principle 3), to provide appropriate measures for the seizure and deprivation of the proceeds of corruption offences (Principle 4), to prevent legal persons being used to shield corruption offences (Principle 5), to promote the specialisation of persons or bodies in charge of fighting corruption and to provide them with appropriate means and training to perform their tasks (Principle 7) and to develop to the widest extent possible international co-operation in all areas of the fight against corruption (Principle 20).

Moreover, the Committee of Ministers instructed the GMC rapidly to complete the elaboration of international legal instrument pursuant to the Programme of Action against Corruption and to submit without delay a draft text proposing the establishment of an appropriate and efficient mechanism for monitoring the observance of the Guiding principles and the implementation of the international legal instruments to be adopted.

At its 102nd Session (5 May 1998), the Committee of Ministers adopted Resolution (98) 7 authorising the establishment of the »Group of States against Corruption- GRECO« in the form of a partial and enlarged agreement. In this Resolution the Committee of Ministers invited member States and non-member States of the Council of Europe having participated in the elaboration of the Agreement to notify to the Secretary General their intention to join the GRECO, the agreement setting up the GRECO being considered as adopted as soon as fourteen member States of the Council of Europe made such a notification.

The agreement establishing the GRECO and containing its Statute was adopted on 5 May 1998. GRECO is a body called to monitor, through a process of mutual evaluation and peer pressure, the observance of the Guiding Principles in the Fight against Corruption and the implementation of international legal instruments adopted in pursuance of the Programme of Action against Corruption. Full membership of the GRECO is reserved to those who participate fully in the mutual evaluation process and accept to be evaluated.

The GRECO has been conceived as a flexible and efficient follow-up mechanism, which will contribute to the development of an effective and dynamic process for preventing and combating corruption. The agreement provides for the participation in the GRECO, on an equal footing, of member States, of those non-member States which have participated in the elaboration of the agreement, and of other non-member States that are invited to join.

In accordance with the objectives set by the Programme of Action and on the basis of the interim terms of reference referred in paragraph 8 above, the Criminal Law Working Group of the GMC (GMCP) started work on a draft criminal law convention in February 1996. Between February 1996 and November 1997, the GMCP held 10 meetings and completed two full readings of the draft Convention. In November 1997 it transmitted the text to the GMC for consideration.

The GMC started the examination of the draft submitted by the GMCP at its 11th (November 1997) plenary meeting. It pursued its work at its 12th (January 1998), 13th (March 1998) and 14th meetings (September 1998). In February 1998, the GMC consulted the CDPC on the first reading version of the draft Convention. The Bureau of the CDPC, having consulted in writing the heads of delegation to the CDPC, formulated an opinion on the draft in March 1998 (see Appendix II, document CDPC-BU (98) 3). The GMC took account of the views expressed by the CDPC at its 13th meeting (March 1998) and finalised the second reading on that occasion. In view of the wish expressed by the CDPC to be consulted again on the final version, the GMC agreed to transmit the second reading version of the draft Convention to the CDPC. Moreover, in view of the request made by the President of the Parliamentary Assembly on 11 February 1998 to the Chairman-in-office of the Minister's Deputies, the GMC transmitted the second reading text to the Committee of Ministers with a view to enabling it to accede to that request. At the 628th meeting of the Ministers' Deputies (April 1998), the Committee of Ministers agreed to consult the Parliamentary Assembly on the draft Convention and instructed the GMC to examine the opinions formulated by the Assembly and by the CDPC.

Draft Criminal Law Convention on Corruption

At its 47th Plenary Session, the CDPC formulated a formal opinion on the draft Convention. The Parliamentary Assembly, for its part, adopted its opinion in the third part of its 1998 Session in June 1998. In conformity with its terms of reference the GMC considered both opinions at its 14th plenary meeting in September 1998. On that occasion it approved the final draft and submitted it to the Committee of Ministers. At its 103rd Session at ministerial level (November 1998) the Committee of Ministers adopted the Convention, decided to open it for signature on <:_ and authorised the publication of the present explanatory report.

III. THE CONVENTION

The Convention aims principally at developing common standards concerning certain corruption offences, though it does not provide a uniform definition of corruption. In addition, it deals with substantive and procedural law matters, which closely relate to these corruption offences and seeks to improve international co-operation. Recent practice shows that international co-operation meets two kinds of difficulties in the prosecution of transnational corruption cases, particularly that of bribery of foreign public officials: one relates to the definition of corruption offences, often diverging because of the meaning of »public official« in domestic laws; the other relates to means and channels of international co-operation, where procedural and sometimes political obstacles delay or prevent the prosecution of the offenders. By harmonising the definition of corruption offences, the requirement of dual criminality will be met by the Parties to the Convention, while the provisions on international co-operation are designed to facilitate direct and swift communication between the relevant national authorities.

The European Union Convention on the fight against corruption involving officials of the European Communities or officials of Member States of the European Union (Council Act of 26 May 1997) defines active corruption as »the deliberate action of whosoever promises or gives, directly or through an intermediary, an advantage of any kind whatsoever to an official for himself or for a third party for him to act or refrain from acting in accordance with his duty or in the exercise of his functions in breach of his official duties« (Article 3). Passive corruption is defined along the same lines.

The Convention on Combating Bribery of Foreign Public Officials in International Business Transactions (adopted within the OECD on 17 December 1997) defines, for its part, active corruption, as the act by any person of »intentionally to offer, promise or give any undue pecuniary or other advantage, whether directly or through intermediaries, to a foreign public official, for that official or for a third party, in order that the official act or refrain from acting in relation to the performance of official duties, in order to obtain or retain business or other improper advantage in the conduct of international business«.

The GMC started its work on the basis of the following provisional definition: »Corruption as dealt with by the Council of Europe's GMC is bribery and any other behaviour in relation to persons entrusted with responsibilities in the public or private sector, which violates their duties that follow from their status as a public official, private employee, independent agent or other relationship of that kind and is aimed at obtaining undue advantages of any kind for themselves or for others«.

The purpose of this definition was to ensure that no matter would be excluded from its work. While such a definition would not necessarily match the legal definition of corruption in most member States, in particular not the definition given by the criminal law, its advantage was that it would not restrict the discussion to excessively narrow confines. As the drafting of the Convention's text progressed, that general definition translated into several common operational definitions of corruption which could be transposed into national laws, albeit, in certain cases, with some amendment to those laws. It is worth underlining, in this respect, that the present Convention not only contains a commonly agreed definition of bribery, both from the passive and active side, which serves as the basis of various forms of criminalisation but also defines other forms of corrupt behaviour, such as private sector corruption and trading in influence, closely linked to bribery and commonly understood as specific forms of corruption. Thus, the present Convention has, as one of its main characteristics, its wide scope, which reflects the Council of Europe's comprehensive approach to the fight against corruption as a threat to democratic values, the rule of law, human rights and social and economic progress.

IV. COMMENTARY

CHAPTER I – USE OF TERMS

Article 1 – Use of terms

Only three terms are defined under Article 1, as all other notions are addressed at the appropriate place in the Explanatory Report.

The drafters of this Convention wanted to cover all possible categories of public officials in order to avoid, as much as possible, loopholes in the criminalisation of public sector bribery. This, however, does not necessarily mean that States have to redefine their concept of »public official« in general. In reference to the »national law« it should be noted that it was the intention of the drafters of the Convention that Contracting parties assume obligations under this Convention only to the extent consistent with their Constitution and the fundamental principles of their legal system, including, where appropriate, the principles of federalism.

The term »public official« is used in Articles 2 and 3 as well as in Article 5. Littera a. of Article 1 defines the concept of »public official« in terms of an official or public officer, a mayor, a minister or judge as defined in the national law of the State, for the purposes of its own criminal law. The criminal law definition is therefore given priority. Where a public official of the prosecuting State is involved, this means that its national definition is applicable. However, the term »public official« should include »mayor« and »minister«. In many countries mayors and ministers are assimilated to public officials for the purpose of criminal offences committed in the exercise of their powers. In order to avoid any loopholes that could have left such important public figures outside the scope of the present Convention, express reference is made to them in Article 1 littera a.

Also, the term »public official« encompasses, for the purpose of this Convention, »judges«, who are included in point (b) as holders of judicial office, whether elected or appointed. This notion is to be interpreted to the widest extent possible: the decisive element being the functions performed by the person, which should be of a judicial nature, rather than his or her official title. Prosecutors are specifically mentioned as falling under this definition, although in some States they are not considered as members of the »judiciary«. Members of the judiciary -Judges and, in some countries, prosecutors- are an independent and impartial authority separated from the executive branch of Government. It is obvious that the definition found in Article 1, littera a is solely for the purpose of the present Convention and only requires Contracting Parties to consider or treat judges or prosecutors as public officials for the purposes of the application of this Convention..

Where any of the offences under the Convention involves a public official of another State, Article 1 littera © applies. It means that the definition in the law of the latter State is not necessarily conclusive where the person concerned would not have had the status of public official under the law of the prosecuting State. This follows from point © of Article 1, according to which a State may determine that corruption offences involving public officials of another State refer only to such officials whose status is compatible with that of national public officials under the national law of the prosecuting State. This reference to the law of the public official's State means that due account can be taken of specific national situations regarding the status of persons exercising public functions.

The term »legal person« appears in Article 18 (Corporate liability). Again, the Convention does not provide an autonomous definition, but refers back to national laws. Littera d. of Article 1 thus permits States to use their own definition of »legal person«, whether such definition is contained in company law or in criminal law. For the purpose of active corruption offences however, it expressly excludes from the scope of the definition the State or other public bodies exercising State authority, such as ministries or local government bodies as well as public international organisations such as the Council of Europe. The exception refers to the different levels of government: State, Regional or Local entities exercising public powers. The reason is that the responsibilities of public entities are subject to specific regulations or agreements/treaties, and in the case of public international organisations, are usually embodied in administrative law. It is not aimed at excluding the responsibility of public enterprises. A contracting State may, however, go further as to allow the imposition of criminal law or administrative law sanctions on public bodies as well. It goes without saying that this provision does not restrict, in any manner, the responsibility of individuals employed by the different State organs for passive corruption offences under Articles 3 to 6 and 9 to 12 of the present Convention.

CHAPTER II – MEASURES TO BE TAKEN AT NATIONAL LEVEL

Article 2 – Active bribery of domestic public officials

Article 2 defines the elements of the active bribery of domestic public officials. It is intended to ensure in particular that public administration functions properly, i. e. in a transparent, fair and impartial manner and in pursuance of public interests, and to protect the confidence of citizens in their Administration and the officials themselves from possible manoeuvres against them. The definition of active bribery in Article 2 draws its inspiration from national and international definitions of bribery/corruption e. g. the one contained in the Protocol to the European Union Convention on the protection of the European Communities' financial interests (Article 3). This offence, in current criminal law theory and practice and in the view of the drafters of the Convention, is mirrored by passive bribery, though they are considered to be separate offences for which prosecutions can be brought independently. It emerges that the two types of bribery are, in general, two sides of the same phenomenon, one perpetrator offering, promising or giving the advantage and the other perpetrator accepting the offer, promise or gift. Usually, however, the two perpetrators are not punished for complicity in the other one's offence.

The definition provided in Article 2 is referred to in subsequent provisions of the Convention, e. g. in Articles 4, 5, 6, 9 and, through a double reference, in Article 10. These provisions do not repeat the substantive elements but extend the criminalisation of the active bribery to further categories of persons.

The offence of active bribery can only be committed intentionally under Article 2 and the intent has to cover all other substantive elements of the offence. Intent must relate to a future result: the public official acting or refraining from acting as the briber intends. It is, however, immaterial whether the public official actually acted or refrained from acting as intended.

The briber can be anyone, whatever his capacity (businessman, public official, private individual etc). If, however, the briber acts for the account or on behalf of a company, corporate liability may also apply in respect of the company in question (Article 18). Nevertheless, the liability of the company does not exclude in any manner criminal proceedings against the natural person (paragraph 3 of Article 18). The bribed person must be a public official, as defined under Article 1, irrespective of whether the undue advantage is actually for himself or for someone else.

The material components of the offence are promising, offering or giving an undue advantage, directly or indirectly for the official himself or for a third party. The three actions of the briber are slightly different. »Promising« may, for example, cover situations where the briber commits himself to give an undue advantage later (in most cases only once the public official has performed the act requested by the briber) or where there is an agreement between the briber and the bribee that the briber will give the undue advantage later. »Offering« may cover situations where the briber shows his readiness to give the undue advantage at any moment. Finally, »giving« may cover situations where the briber transfers the undue advantage. The undue advantage need not necessarily be given to the public official himself: it can be given also to a third party, such as a relative, an organisation to which the official belongs, the political party of which he is a member. When the offer, promise or gift is addressed to a third party, the public official must at least have knowledge thereof at some point. Irrespective of whether the recipient or the beneficiary of the undue advantage is the public official himself or a third party, the transaction may be performed through intermediaries.

The undue advantages given are usually of an economic nature but may also be of a non-material nature. What is important is that the offender (or any other person, for instance a relative) is placed in a better position than he was before the commission of the offence and that he is not entitled to the benefit. Such advantages may consist in, for instance, money, holidays, loans, food and drink, a case handled within a swifter time, better career prospects, etc.

What constitutes »undue« advantage will be of central importance in the transposition of the Convention into national law. »Undue« for the purposes of the Convention should be interpreted as something that the recipient is not lawfully entitled to accept or receive. For the drafters of the Convention, the adjective »undue« aims at excluding advantages permitted by the law or by administrative rules as well as minimum gifts, gifts of very low value or socially acceptable gifts.

Bribery provisions of certain member States of the Council of Europe make some distinctions, as to whether the act, which is solicited, is a part of the official's duty or whether he is going beyond his duties. In this connection, attention should be drawn to the work currently carried out by the GMC to draft a European model code of conduct for public officials specifying professional duties and standards for public officials in order to prevent corruption. As far as criminal law is concerned, if an official receives a benefit in return for acting in accordance with his duties, this would already constitute a criminal offence. Should the official act in a manner, which is prohibited or arbitrary, he would be liable for a more serious offence. If he should not have handled the case at all, for instance a licence should not have been given, the official would be liable to having committed a more serious form of bribery which usually carries a heavier penalty. Such an extra-element of ›breach of duty‹ was, however, not considered to be necessary for the purposes of this Convention. The drafters of the Convention considered that the decisive element of the offence was not whether the official had any discretion to act as requested by the briber, but whether he had been offered, given or promised a bribe in order to obtain something from him. The briber may not even have known whether the official had discretion or not, this element being, for the purpose of this provision, irrelevant. Thus, the Convention aims at safeguarding the confidence of citizens in the fairness of Public Administration which would be severely undermined, even if the official would have acted in the same way without the bribe. In a democratic State public servants are, as a general rule, remunerated from public budgets and not directly by the citizens or by private companies. In addition, the notion of »breach of duty« adds an element of ambiguity that makes more difficult the prosecution of this offence, by requiring to prove that the public official was expected to act against his duties or was expected to exercise his discretion for the benefit of the briber. States that require such an extra-element for bribery would therefore have to ensure that they could implement the definition of bribery under Article 2 of this Convention without hindering its objective.

Article 3 – Passive bribery of domestic public officials

Article 3 defines passive bribery of public officials. As this offence is closely linked with active bribery, some comments made thereon, e. g. in respect of the mental element and the undue advantage apply accordingly here as well. The »perpetrator« in Article 3 can only be a public official, in the meaning of Article 1. The material elements of his act include requesting or receiving an undue advantage or accepting the offer or the promise thereof.

»Requesting« may for example refer to a unilateral act whereby the public official lets another person know, explicitly or implicitly, that he will have to »pay« to have some official act done or abstained from. It is immaterial whether the request was actually acted upon, the request itself being the core of the offence. Likewise, it does not matter whether the public official requested the undue advantage for himself or for anyone else.

»Receiving« may for example mean the actual taking the benefit, whether by the public official himself or by someone else (spouse, colleague, organisation, political party, etc) for himself or for someone else. The latter case supposes at least some kind of acceptance by the public official. Again, intermediaries can be involved: the fact that an intermediary is involved, which would extend the scope of passive bribery to include indirect action by the official, necessarily entails identifying the criminal nature of the official's conduct, irrespective of the good or bad faith of the intermediary involved.

If there is a unilateral request or a corrupt pact, it is essential that the act or the omission of acting by the public official takes place after the request or the pact, whereas it is immaterial in such a case at what point in time the undue advantage is actually received. Thus, it is not a criminal offence under the Convention to receive a benefit after the act has been performed by the public official, without prior offer, request or acceptance. Moreover, the word »receipt« means keeping the advantage or gift at least for some time so that the official who, having not requested it, immediately returns the gift to the sender would not be committing an offence under Article 3. This provision is not applicable either to benefits unrelated to a specific subsequent act in the exercise of the public official's duties.

Article 4 – Bribery of members of domestic public assemblies

This Article extends the scope of the active and passive bribery offences defined in Articles 2 and 3 to members of domestic public assemblies, at local, regional and national level, whether elected or appointed. This category of persons is also vulnerable to bribery and recent corruption scandals, sometimes combined with illegal financing of political parties, showed that it was important to make it also criminally liable for bribery. Concerning the active bribery-side, the protected legal interest is the same as that protected by Article 2. However, it is different as regards the passive bribery-side, i. e. when a member of a domestic public assembly is bribed: here this provision protects the transparency, the fairness and impartiality of the decision-making process of domestic public assemblies and their members from corrupt manoeuvres. Obviously, the financial support granted to political parties in accordance with national law falls outside the scope of this provision.

Since the definition of »public official« refers to the applicable national definition, it is understood that Contracting Parties would apply, in a similar manner, their own definition of »members of domestic public assemblies«. This category of persons should primarily cover members of Parliament (where applicable, in both houses), members of local and regional assemblies and members of any other public body whose members are elected or appointed and which »exercise legislative or administrative powers« (Article 4, paragraph 1, in fine). As indicated in paragraph 21 above, this broad notion could cover, in some countries, also mayors, as members of local councils, or ministers, as members of Parliament. The expression »administrative powers« is aimed at bringing into the scope of this provision members of public assemblies which do not have legislative powers, as it could be the case with regional or provincial assemblies or local councils. Such public assemblies, although not competent to enact legislation, may have considerable powers, for instance in the planning, licensing or regulatory areas.

Apart from the persons who are bribed, i. e. members of domestic public assemblies, the substance of this bribery offence is identical to the one defined under Articles 2 and 3.

Article 5 – Bribery of foreign public officials

Corruption not only undermines good governance and destroys public trust in the fairness and impartiality of public administrations but it may also seriously distort competition and endanger economic development when foreign public officials are bribed, e. g. by corporations to obtain businesses. With the globalisation of economic and financial structures and the integration of domestic markets into the world-market, decisions taken on capital movements or investments in one country may and do exert effects in others. Multinational corporations and international investors play a determining role in nowadays economy and know of no borders. It is both in their interest and the interest of the global economy in general to keep competition rules fair and transparent.

The international community has for long been considering the introduction of a specific criminal offence of bribery of foreign public officials, e. g. to ensure respect of competition rules in international business transactions. The protected legal interest is twofold in the case of this offence: transparency and fairness of the decision-making process of foreign public administrations, -this was traditionally considered a domestic affair but the globalisation has made this consideration obsolete –, and the protection of fair competition for businesses. The criminalisation of corrupt behaviour occurring outside national territories finds its justification in the common interest of States to protect these interests. The European Union was the first European organisation which succeeded in adopting an international treaty criminalising, inter alia, the corruption of foreign public officials: the Convention on the fight against corruption involving officials of the European Communities or officials of the member States of the EU (adopted on 26 May 1997). After several years, the OECD has also concluded, in November 1997 a landmark agreement on criminalising, in a co-ordinated manner, the bribery of foreign public officials, i. e. to bribe such an official in order to obtain or retain business or other improper advantage.

This Article goes beyond the EU Convention in that it provides for the criminalisation of bribery of foreign public officials of any foreign country. It also goes beyond the OECD provision in two respects. Firstly it deals with both the active and passive sides. Of course, the latter, for Contracting Parties to this Convention, will be already covered by Article 3. However, the inclusion of passive corruption of foreign officials in Article 5 seeks to demonstrate the solidarity of the community of States against corruption, wherever it occurs. The message is clear: corruption is a serious criminal offence that could be prosecuted by all Contracting Parties and not only by the corrupt official's own State. Secondly Article 5 contains no restriction as to the context in which the bribery of the foreign official occurs. Again, the aim is not only to protect free competition but the confidence of citizens in democratic institutions and the rule of law. As regards the definition of ›foreign public official‹, reference is made to paragraph 30 above concerning Article 1.

Apart from the persons who are bribed, i. e. foreign public officials, the substance of this bribery offence is identical to the one defined under Articles 2 and 3.

Article 6 – Bribery of members of foreign public assemblies

This Article criminalises the active and passive bribery of members of foreign public assemblies. The reasons and the protected legal interests are identical to those described under Article 4, but in a foreign context, »in any other State«. It is part of the common effort undertaken by States Parties to ensure respect for democratic institutions, independently of whether they are national or foreign in character. Apart from the persons who are bribed, i. e. members of foreign public assemblies, the substance of this bribery offence is identical to the one defined under Articles 2 and 3. The notion of »member of a public assembly« is to be interpreted in the light of the domestic law of the foreign State.

Article 7 – Active bribery in the private sector

This Article extends criminal responsibility for bribery to the private sector. Corruption in the private sector has, over the last century, been dealt with by civil (e. g. competition), or labour laws or general criminal law provisions. Criminalising private corruption appeared as a pioneering but necessary effort to avoid gaps in a comprehensive strategy to combat corruption. The reasons for introducing criminal law sanctions for corruption in the private sphere are manifold. First of all, because corruption in the private sphere undermines values like trust, confidence or loyalty, which are necessary for the maintenance and development of social and economic relations. Even in the absence of a specific pecuniary damage to the victim, private corruption causes damage to society as a whole. In general, it can be said that there is an increasing tendency towards limiting the differences between the rules applicable to the public and private sectors. This requires redesigning the rules that protect the interests of the private sector and govern its relations with its employees and the public at large. Secondly, criminalisation of private sector corruption was necessary to ensure respect for fair competition. Thirdly, it also has to do with the privatisation process.

Over the years important public functions have been privatised (education, health, transport, telecommunication etc). The transfer of such public functions to the private sector, often related to a massive privatisation process, entails transfers of substantial budgetary allocations and of regulatory powers. It is therefore logical to protect the public from the damaging effects of corruption in businesses as well, particularly since the financial or other powers concentrated in the private sector, necessary for their new functions, are of great social importance.

In general, the comments made on active bribery of public officials (Article 2) apply mutatis mutandis here as well, in particular as regards the corrupt acts performed, the mental element and the briber. There are, nevertheless, several important differences between the provisions on public and private sector bribery. First of all, Article 7 restricts the scope of private bribery to the domain of »business activity«, thus deliberately excluding any non-profit oriented activities carried out by persons or organisations, e. g. by associations or other NGO's. This choice was made to focus on the most vulnerable sector, i. e. the business sector. Of course, this may leave some gaps, which Governments may wish to fill: nothing would prevent a signatory State from implementing this provision without the restriction to »in the course of business activities«. »Business activity« is to be interpreted in a broad sense: it means any kind of commercial activity, in particular trading in goods and delivering services, including services to the public (transport, telecommunication etc).

The second important difference concerns the scope of recipient persons in Article 7. This provision prohibits bribing any persons who »direct or work for, in any capacity, private sector entities«. Again, this a sweeping notion to be interpreted broadly as it covers the employer-employee relationship but also other types of relationships such as partners, lawyer and client and others in which there is no contract of employment. Within private enterprises it should cover not only employees but also the management from the top to the bottom, including members of the board, but not the shareholders. It would also include persons who do not have the status of employee or do not work permanently for the company – for example consultants, commercial agents etc. – but can engage the responsibility of the company. »Private sector entities« refer to companies, enterprises, trusts and other entities, which are entirely or to a determining extent owned by private persons. This of course covers a whole range of entities, notably those engaged »in business activities«. They can be corporations but also entities with no legal personality. For the purpose of this provision, the word »entity« should be understood as meaning also, in this context, an individual. Public entities fall therefore outside the scope of this provision.

The third important difference relates to the behaviour of the bribed person in the private sector. If, in the case of public officials, it was immaterial whether there had been a breach of his duties, given the general expectation of transparency, impartiality and loyalty in this regard, a breach of duty is required for private sector persons. Criminalisation of bribery in the private sector seeks to protect the trust, the confidence and the loyalty that are indispensable for private relationships to exist. Rights and obligations related to those relationships are governed by private law and, to a great extent, determined by contracts. The employee, the agent, the lawyer is expected to perform his functions in accordance with his contract, which will include, expressly or implicitly, a general obligation of loyalty towards his principal, a general obligation not to act to the detriment of his interests. Such an obligation can be laid down, for example, in codes of conduct that private companies are increasingly developing. The expression, »in breach of their duties« does not aim only at ensuring respect for specific contractual obligations but rather to guarantee that there will be no breach of the general duty of loyalty in relation to the principal's affairs or business. The employee, partner, managing director who accepts a bribe to act or refrain from acting in a manner that is contrary to his principal's interest, will be betraying the trust placed upon him, the loyalty owed to his principal. This justifies the inclusion of private sector corruption as a criminal offence. The Convention, in Article 7, retained this philosophy and requires the additional element of »breach of duty« in order to criminalise private sector corruption. The notion of »breach of duty« can also be linked to that of »secrecy«, that is the acceptance of the gift to the detriment of the employer or principal and without obtaining his authorisation or approval. It is the secrecy of the benefit rather than the benefit itself that is the essence of the offence. Such a secret behaviour threatens the interests of the private sector entity and makes it dangerous.

Article 8 – Passive bribery in the private sector

The comments made on passive bribery of domestic public officials (Article 3) apply accordingly here as far as the corrupt acts and the mental element are concerned. So do the comments on active bribery in the private sector (Article 7), as far as the specific context, the persons involved and the extra-condition of »breach of duty« are concerned. The mirror-principle, already referred to in the context of public sector bribery, is also applicable here.

Article 9 – Bribery of officials of international organisations

The necessity of extending the criminalisation of acts of bribery to the international sphere was already highlighted under Article 5 (Bribery of foreign public officials). Recent initiatives in the framework of the EU, which led to the adoption on 27 September 1996 (Official Journal of the European Communities No. C 313 of 23. 10. 96) of the Protocol (on corruption) to the EU Convention on the protection of the European Communities' financial interests and that of the Convention on the fight against corruption involving officials of the European Communities or officials of the member States of the EU (26 May 1997), are evidence that criminal law protection is needed against the corruption of officials of international institutions, which must have the same consequences as the one of national public officials. The need to criminalise bribery is even greater in the case of officials of public international organisations than in the case of foreign public officials, since, as already pointed out above, passive bribery of a foreign public official is already an offence under the officials' own domestic legislation, whereas the laws on bribery only exceptionally cover acts committed by their nationals abroad, in particular when they are permanently employed by public international organisations. The protected legal interest in general is the transparency and impartiality of the decision-making process of public international organisations which, according to their specific mandate, carry out activities on behalf or in the interest of their member States. Some of these organisations do handle large quantities of goods and services. Fair competition in their public procurement procedures is also worth protecting by criminal law.

Since this Article refers back to Articles 2 and 3 for the description of the bribery offences, the comments made thereon apply accordingly. The persons involved as recipients of the bribes are, however, different. It covers the corruption of »any official or other contracted employee within the meaning of the staff regulations, of any public international or supranational organisation or body of which the Party is a member, and any person, whether seconded or not, carrying out functions corresponding to those performed by such officials or agents.«

Two main categories are therefore involved: firstly, officials and other contracted employees who, under the staff regulations, can be either permanent or temporary members of the staff, but irrespective of the duration of their employment by the organisation, have identical duties and responsibilities, governed by contract. Secondly, staff members who are seconded (put at the disposal of the organisation by a government or any public or private body), to carry out functions equivalent to those performed by officials or contracted employees.

Article 9 restricts the obligation of signatories to criminalise only those cases of bribery involving the above-mentioned persons employed by international organisations of which they are members. This restriction is necessary for various practical reasons, for example to avoid problems related to immunity.

Article 9 mentions »public international or supranational organisations«, which means that they are set up by governments and not individuals or private organisations. It also means that international non-governmental organisations (NGOs) fall outside its scope, although in some cases members of NGOs may be covered by other provisions like Articles 7 and 8. There are many regional or global public international organisations, for example the Council of Europe, whereas there's only one supranational, i. e. the European Union.

Article 10 – Bribery of members of international parliamentary assemblies

The comments made on the bribery of members of domestic public assemblies (Article 4) apply here as well, as far as the corrupt acts and the mental element are concerned. These assemblies perform legislative, administrative or advisory functions on the basis of the statute of the international organisation which created them. As far as the specific international context and the restriction of membership of the organisation are concerned, the comments on the bribery of officials of international organisations (Article 9) apply here as well. The persons involved on the passive side are, however, different: members of parliamentary assemblies of international (e. g. the Parliamentary Assembly of the Council of Europe) or supranational organisations (the European Parliament).

Article 11 – Bribery of judges and officials of international courts

The comments made on the bribery of domestic public official (Articles 2 and 3), whose definition, according to Article 1.a, includes »judges«, apply here as well, as far as the corrupt acts and the mental element are concerned. Similarly, the above comments on the bribery of officials of international organisations (Article 9) should be extended to this provision as far as the specific international context and the restriction of membership of the organisation are concerned. The persons involved are, however, different: »any holders of judicial office or officials of any international court«. These persons include not only »judges« in international courts (e. g. at the European Court of Human Rights) but also other officials (for example the Prosecutors of the UN Tribunal on the former Yugoslavia) or members of the clerk's office. Arbitration courts are in principle not included in the notion of »international courts« because they do not perform judicial functions in respect of States. It will be for each Contracting Party to determine whether or not it accepts the jurisdiction of the court.

Article 12 – Trading in influence

This offence is somewhat different from the other – bribery-based – offences defined by the Convention, though the protected legal interests are the same: transparency and impartiality in the decision-making process of public administrations. Its inclusion in the present Convention illustrates the comprehensive approach of the Programme of Action against Corruption, which views corruption, in its various forms, as a threat to the rule of law and the stability of democratic institutions. Criminalising trading in influence seeks to reach the close circle of the official or the political party to which he belongs and to tackle the corrupt behaviour of those persons who are in the neighbourhood of power and try to obtain advantages from their situation, contributing to the atmosphere of corruption. It permits Contracting Parties to tackle the so-called »background corruption«, which undermines the trust placed by citizens on the fairness of public administration. The purpose of the present Convention being to improve the battery of criminal law measures against corruption it appeared essential to introduce this offence of trading in influence, which would be relatively new to some States.

This provision criminalises a corrupt trilateral relationship where a person having real or supposed influence on persons referred to in Articles 2, 4, 5, and 9–11, trades this influence in exchange for an undue advantage from someone seeking this influence. The difference, therefore, between this offence and bribery is that the influence peddler is not required to »act or refrain from acting« as would a public official. The recipient of the undue advantage assists the person providing the undue advantage by exerting or proposing to exert an improper influence over the third person who may perform (or abstain from performing) the requested act. »Improper« influence must contain a corrupt intent by the influence peddler: acknowledged forms of lobbying do not fall under this notion. Article 12 describes both forms of this corrupt relationship: active and passive trading in influence. As has been explained (see document GMC (95) 46), »passive« trading in influence presupposes that a person, taking advantage of real or pretended influence with third persons, requests, receives or accepts the undue advantage, with a view to assisting the person who supplied the undue advantage by exerting the improper influence. »Active« trading in influence presupposes that a person promises, gives or offers an undue advantage to someone who asserts or confirms that he is able to exert an improper over third persons.

States might wish to break down the offence into two different parts: the active and the passive trading in influence. The offence on the active side is quite similar to active bribery, as described in Article 2, with some differences: a person gives an undue advantage to a another person (the ›influence peddler‹) who claims, by virtue of his professional position or social status, to be able exert an improper influence over the decision-making of domestic or foreign public officials (Articles 2 and 5), members of domestic public assemblies (Article 4), officials of international organisations, members of international parliamentary assemblies or judges and officials of international courts (Articles 9–11). The passive trading in influence side resembles to passive bribery, as described in Article 3, but, again the influence peddler is the one who receives the undue advantage, not the public official. What is important to note is the outsider position of the influence peddler: he cannot take decisions himself, but misuses his real or alleged influence on other persons. It is immaterial whether the influence peddler actually exerted his influence on the above persons or not as is whether the influence leads to the intended result.

The comments made on active and passive bribery apply therefore here as well, with the above additions, in particular as regards the corrupt acts and the mental element.

Article 13 – Money laundering of proceeds from corruption offences

This Article provides for the criminalisation of the laundering of proceeds deriving from corruption offences defined under Articles 2–12, i. e. all bribery offences and trading in influence. The technique used by this Article is to make a cross-reference to another Council of Europe Convention (ETS No. 141), which is the Convention on laundering, search, seizure and confiscation of the proceeds from crime (November 1990). The offence of laundering is defined in Article 6, paragraph 1 of the latter convention, whereas certain conditions of application are set out in paragraph 2. The laundering offence, whose objective is to disguise the illicit origin of proceeds, always requires a predicate offence from which the said proceeds originate. For a number of years anti-laundering efforts focused on drug-proceeds but recent international instruments, including above all the Council of Europe Convention No. 141 but also the revised 40 Recommendations of the Financial Action Task Force (FATF), recognise that virtually any offence can generate proceeds which may need to be laundered for subsequent recycling it in legitimate businesses (e. g. fraud, terrorism, trafficking in stolen goods, arms, etc). In principle, therefore, Convention No. 141 already applies to the proceeds of any kind of criminal activity, including corruption, unless a Party has entered a reservation to Article 6 whereby restricting its scope to proceeds form particular offences or categories of offences.

The authors of this Convention felt that given the close links that are proved to exist between corruption and money laundering, it was of primary importance that this Convention also criminalises the laundering of corruption proceeds. Another reason to include this offence was the possibly different circles of States ratifying the two instruments: some non-member States which have participated in the elaboration of this Convention could only ratify Convention No. 141 with the authorisation of the Committee of Ministers of the Council of Europe, while they can do so with the present Convention automatically by virtue of its Article 32, paragraph 1.

This provision lays down the principle that Contracting Parties are obliged to consider corruption offences as predicate offences for the purpose of anti-money laundering legislation. Exceptions to this principle are only allowed to the extent that the Party has made a reservation in relation to the relevant Articles of this Convention. Moreover, if a country does not consider some of these corruption offences as »serious« ones under its money laundering legislation, it will not be obliged to modify its definition of laundering.

Article 14 – Account offences

Account offences may have a twofold relationship to corruption offences: these offences are either preparatory acts to the latter or acts disguising the »predicate« corruption or other corruption-related offences. Article 16 covers both forms of this relationship and, in principle, all corruption-offences defined in Articles 2–12. These account offences do not apply to money laundering of corruption proceeds (Article 13), since the main feature of laundering is precisely to disguise the origin of illicit funds. Disguising money laundering would, therefore, be redundant.

Given that these acts aim at committing, concealing or disguising corruption offences, either by act or by omission, they can also be qualified as preparatory-stage acts. Such acts are usually treated as administrative offences in certain domestic laws. Article 14 allows therefore the Contracting Parties to choose between criminal law or administrative law sanctions. Though the choice offered might facilitate the implementation of the Convention for certain countries it could hamper international co-operation in respect of the present offence.

Account offences can only be committed intentionally. Concerning the material elements of the offence, it is described in two different forms: one relates to a positive action, i. e. the creation or use of invoices or other kinds of accounting documents or records which contain false or incomplete information. This fraud-type behaviour clearly aims at deceiving a person (e. g. an auditor) as to the genuine and reliable nature of the information contained therein, with a view to concealing a corruption offence. The second indent contains an omission-act, i. e. someone fails to record a payment, coupled with a specific qualifying element, i. e. »unlawfully«. The latter indicates that only where a legal duty is placed upon the relevant persons (e. g. company accountants) to record payments, the omission thereof should become a punishable act.

If a Party has made a reservation in respect of any of the corruption offences defined in Articles 2 -12, it is not obliged to extend the application of the account offence to such corruption offence(s). The obligation arising out of this Article to establish certain acts as offences is to be implemented in the framework of the Party's laws and regulations regarding the maintenance of books and records, financial statement disclosures, and accounting and auditing standards. Moreover, this provision does not aim at the establishment of specific accounting offences related to corruption, since general accounting offences would be quite sufficient in this field. It should be further specified that Article 14 does not require a particular branch of the law (fiscal, administrative or criminal) to deal with this matter.

This provision requires Contracting Parties to establish offences »liable to criminal or other sanctions«. The expression »other sanctions« means »non-criminal sanctions« imposed by the courts.

Article 15 – Participatory acts

The purpose of this provision is not the establishment of an additional offence but to criminalise participatory acts in the offences defined in Articles 2 to 14. It therefore provides for the liability of participants in intentional offences established in accordance with the Convention. Though it is not indicated specifically, it flows from the general principles of criminal law that any form of participation (aiding and abetting) needs to be committed intentionally.

Article 16 – Immunity

Article 16 provides that the Convention is without prejudice to provisions laid down in treaties, protocols or statutes governing the withdrawal of immunity. The acknowledgement of customary international law is not excluded in this field. Such provisions may, in particular, concern members of staff in public international or supranational organisations (Article 9), members of international parliamentary assemblies (Article 10) as well as judges and officials of international courts (Article 11). Withdrawal of immunity is thus a prior condition for exercising jurisdiction, according to the particular rules applying to each of the above-mentioned categories of persons. The Convention recognises the obligation of each of the institutions concerned to give effect to the provisions governing privileges and immunities.

Article 17 – Jurisdiction

This Article establishes a series of criteria under which Contracting Parties have to establish their jurisdiction over the criminal offences enumerated in Articles 2–14 of the Convention.

Paragraph 1 littera a. lays down the principle of territoriality. It does not require that a corruption offence as a whole be committed exclusively on the territory of a State to enable it establishing jurisdiction. If only parts of the offence, e. g. the acceptance or the offer of a bribe, were committed on its territory, a State may still do so: the principle of territoriality should thus be interpreted broadly. In many member States, albeit not in all, for the purpose of allowing the exercise of jurisdiction in accordance with the principle of territoriality, the place of commission is determined on the basis of what is known as the doctrine of ubiquity: it means that an offence as a whole may be considered to have been committed in the place where a part of it has been committed. According to one form of the doctrine of ubiquity, an offence may be considered to have been also committed in the place where the consequences or effects of the offence become manifest. The doctrine of effects is accepted in several member states of the Council of Europe (Council of Europe Report on extra-territorial criminal jurisdiction, op. cit. page 8–9). It means that wherever a constituent element of an offence is committed or an effect occurs, that is usually considered as the place of perpetration. In this context, it may be noted that the intention of the offender is irrelevant and does not affect the jurisdiction based on the territorial principle. Likewise, it is immaterial which is the nationality of the briber or of the person who is bribed.

Paragraph 1, littera b. sets out the principle of nationality. The nationality theory is also based upon the State sovereignty: it provides that nationals of a State are obliged to comply with the domestic law even when they are outside its territory. Consequently, if a national commits an offence abroad, the Party has, in principle, to take jurisdiction, particularly if it does not extradite its nationals. The paragraph further specifies that jurisdiction has to be established not only if nationals commit one of the offences defined by the Convention but also when public officials and members of domestic assemblies of the Party commit such an offence. Naturally, in most cases the latter two categories are, at the same time, nationals as well (in some countries nationality is a pre-condition for qualifying for these positions), but exceptions do exist.

Paragraph 1, littera c. is also based on both the principle of protection (of national interests) and of nationality. The difference with the previous paragraph is that here jurisdiction is based on the bribed person's status: either he is a public official or a member of a domestic public assembly of the Party (therefore not necessarily a national) or he is a national who is at the same time an official of an international organisation, a member of an international parliamentary assembly or a judge or an official of an international court.

Paragraph 2 allows States to enter a reservation to the jurisdiction grounds laid down in paragraph 1, litterae b and c. In such cases, however, it stems from the principle of »aut dedere aut iudicare«, »extradite or punish« laid down in paragraph 3 that there is an obligation for the contracting party to establish jurisdiction over cases where extradition of the alleged offender was refused on the basis of his nationality and the offender is present on its territory.

Jurisdiction is traditionally based on territoriality or nationality. In the field of corruption these principles may, however, not always suffice to exercise jurisdiction, for example over cases occurring outside the territory of a Party, not involving its nationals, but still affecting its interests (e. g. national security). Paragraph 4 of this Article allows the Parties to establish, in conformity with their national law, other types of jurisdiction as well. Among them, the universality principle would permit States to establish jurisdiction over serious offences, regardless where and by whom they are committed, because they may be seen as threatening universal values and the interest of mankind. So far, this principle has not yet gained a general international recognition, although some international documents make reference to it.

Article 18 – Corporate liability

Article 18 deals with the liability of legal persons. It is a fact that legal persons are often involved in corruption offences, especially in business transactions, while practice reveals serious difficulties in prosecuting natural persons acting on behalf of these legal persons. For example, in view of the largeness of corporations and the complexity of structures of the organisation, it becomes more and more difficult to identify a natural person who may be held responsible (in a criminal sense) for a bribery offence. Legal persons thus usually escape their liability due to their collective decision-making process. On the other hand, corrupt practices often continue after the arrest of individual members of management, because the company as such is not deterred by individual sanctions.

The international trend at present seems to support the general recognition of corporate liability, even in countries, which only a few years ago, were still applying the principle according to which corporations cannot commit criminal offences. Therefore, the present provision of the Convention is in harmony with these recent tendencies, e. g. in the area of international anti-corruption instruments, such as the OECD Convention on Combating Bribery of Foreign Public Officials in International Business Transactions (Article 2).

Article 18, paragraph 1 does not stipulate the type of liability it requires for legal persons. Therefore this provision does not impose an obligation to establish that legal persons will be held criminally liable for the offences mentioned therein. On the other hand it should be made clear that by virtue of this provision Contracting Parties undertake to establish some form of liability for legal persons engaging in corrupt practices, liability that could be criminal, administrative or civil in nature. Thus, criminal and non-criminal –administrative, civil- sanctions are suitable, provided that they are »effective, proportionate and dissuasive« as specified by paragraph 2 of Article 19. Legal persons shall be held liable if three conditions are met. The first condition is that an active bribery offence, an offence of trading in influence or a money laundering offence must have been committed, as defined in Articles 2, 4, 5, 6, 7, 9, 10, 11, 12 and 13. The second condition is that the offence must have been committed for the benefit or on behalf of the legal person. The third condition, which serves to limit the scope of this form of liability, requires the involvement of »any person who has a leading position«. The leading position can be assumed to exist in the three situations described –a power of representation or an authority to take decisions or to exercise control- which demonstrate that such a physical person is legally or in practice able to engage the liability of the legal person.

Paragraph 2 expressly mentions Parties' obligation to extend corporate liability to cases where the lack of supervision within the legal person makes it possible to commit the corruption offences. It aims at holding legal persons liable for the omission by persons in a leading position to exercise supervision over the acts committed by subordinate persons acting on behalf of the legal person. A similar provision also exists in the Second Protocol to the European Union Convention on the Protection of the financial interest of the European Communities. As paragraph 1, it does not impose an obligation to establish criminal liability in such cases but some form of liability to be decided by the Contracting Party itself.

Paragraph 3 clarifies that corporate liability does not exclude individual liability. In a concrete case, different spheres of liability may be established at the same time, for example the responsibility of an organ etc. separately from the liability of the legal person as a whole. Individual liability may be combined with any of these categories of liability.

Anhang

Article 19 – Sanctions and measures

This Article is closely related to Articles 2–14, which define various corruption offences that should be made, according to this convention, punishable under criminal law. In accordance with the obligations imposed by those articles, this paragraph obliges explicitly the Contracting Parties to draw the consequence from the serious nature of these offences by providing for criminal sanctions that are »effective, proportionate and dissuasive«, expression that can also be found in Article 5 of the European Union Convention of 26 May 1997 and in Article 3, paragraph 1 of the OECD Convention of 20 November 1997. This provision involves the obligation to attach to the commission of these offences by natural persons penalties of imprisonment of a certain duration (»which can give rise to extradition«). This provision does not mean that a prison sentence must be imposed every time that a person is found guilty of having committed a corruption offence established in accordance with this Convention but that the Criminal Code should provide for the possibility of imposing prison sentences of a certain level in such cases.

Because the offences referred to in Article 14 shall be made punishable under either criminal or administrative law, this article is only applicable to those offences in so far as these offences have been established as criminal offences.

Legal persons, whose liability is to be established in accordance with Article 18 shall also be subject to sanctions that are »effective, proportionate and dissuasive«, which can be penal, administrative or civil in nature. Paragraph 2 compels Contracting Parties to provide for the possibility of imposing monetary sanctions of a certain level to legal persons held liable of a corruption offence.

It is obvious that the obligation to make corruption offences punishable under criminal law would lose much of its effect if it was not supplemented by an obligation to provide for adequately severe sanctions. While prescribing that imprisonment and pecuniary sanctions should be the sanctions that can be imposed for the relevant offences, the Article leaves open the possibility that other sanctions reflecting the seriousness of the offences are provided for. It cannot, of course, be the aim of this Convention to give detailed provisions regarding the criminal sanctions to be linked to the different offences mentioned in article 2–14. On this point the Parties inevitably need the discretionary power to create a system of criminal offences and sanctions that is in coherence with their existing national legal systems.

Paragraph 3 of this Article prescribes a general obligation for Contracting Parties to provide for adequate legal instruments to ensure that confiscation, or other forms of legal deprivation (such as civil forfeiture) of instrumentalities and proceeds of corruption, related to the value of offences mentioned in Articles 2–14, is possible thereof. This paragraph must be examined in view of the background of the Council of Europe Convention on Laundering, Search, Seizure and Confiscation of the Proceeds from Crime (Strasbourg, 8 November 1990). The Convention is based on the idea that confiscation of the proceeds is one of the effective methods in combating crime. Taking into account that the undue advantage promised, given, received or accepted in most corruption offence is of material nature, it is clear that measures resulting in the deprivation of property related to or gained by the offence should, in principle, be available in this field too.

Article 1 of the Laundering Convention is instrumental in the interpretation of the terms »confiscate«, »instrumentalities«, »proceeds« and »property«, used in this Article. By the word »confiscate« reference is made to any criminal sanction or measure ordered by a court following proceedings in relation to a criminal offence resulting in the final deprivation of property. »Instrumentalities« cover the broad range of objects that are used or intended to be used, in any way, wholly or in part, to commit the relevant criminal offences established in accordance with Articles 2–14. The term »proceeds« means any economic advantage as well as any savings by means of reduced expenditure derived from such an offence. It may consist of any »property« in the interpretation that the term is being given below. In the wording of this paragraph, it is taken into account that the national legal systems may show differences as to what property can be confiscated in relation to an offence. Confiscation may be possible of objects that (directly) form the proceeds of the offence or of other property belonging to the offender that – although not (directly) gained by the offence – equals the value of the directly gained illegal proceeds, the so called »substitute assets«. »Property« therefore has to be interpreted, in this context, as including property of any description, whether corporal or incorporeal, movable or immovable, and legal documents or instruments evidencing title to or interest in such property. It is to be noted that Contracting Parties are under no obligation to provide for the criminal confiscation of substitute assets as the words »otherwise deprive« allow for their civil forfeiture also.

Article 20 – Specialised authorities

This Article requires States Parties to adopt the necessary measures to ensure that persons or entities be appropriately specialised in the fight against corruption. This provision is inspired, inter alia, by the need of improving both the specialisation and independence of persons or entities in charge of the fight against corruption, which was stated in numerous Council of Europe documents. The requirement of specialisation is not meant to apply to all levels of law enforcement. It does not require in particular that in each prosecutor's office or in each police station there is a special unit or expert for corruption offences. At the same time, this provision implies that wherever it is necessary for combating effectively corruption there are sufficiently trained law-enforcement units or personnel.

In this context, reference should firstly be made to the Conclusions and Recommendations of the 1stConference for law-enforcement officers specialised in the fight against corruption, which took place in Strasbourg in April 1996. In the Recommendations, participants agreed, inter alia, that »corruption is a phenomenon the prevention, investigation and prosecution of which need to be approached on numerous levels, using specific knowledge and skills from a variety of fields (law, finance, economics, accounting, civil engineers, etc.). Each State should therefore have experts specialised in the fight against corruption. They should be of a sufficient number and be given appropriate material resources. Specialisation may take different forms: the specialisation of a number of police officers, judges, prosecutors and administrators or of the bodies or units specially entrusted with (several aspects of) the fight against corruption. The power available to the specialised units or individuals must be relatively broad and include right of access to all information and files which could be of values to the fight against corruption.«

Secondly, it should be noted that the Conclusions and Recommendations of the 2nd European Conference of specialised services in the fight against corruption, which took place in Tallinn in October 1997, also recommended that »judges and prosecutors enjoy independence and impartiality in the exercise of their functions, are properly trained in combating this type of criminal behaviour and have sufficient means and resources to achieve the objective«.

Thirdly, Resolution (97)24 on the 20 Guiding Principles for the fight against corruption, in its Principle n° 3, provides that States should »ensure that those in charge of the prevention, investigation, prosecution and adjudication of corruption offences, enjoy the independence and autonomy appropriate to their functions, are free from improper influence and have effective means for gathering evidence, protecting the persons who help the authorities in combating corruption and preserving the confidentiality of investigations«.

It should be noted that the independence of specialised authorities for the fight against corruption, referred to in this Article, should not be an absolute one. Indeed, their activities should be, as far as possible, integrated and co-ordinated with the work carried out by the police, the administration or the public prosecutors office. The level of independence required for these specialised services is the one that is necessary to perform properly their functions.

Moreover, the entities referred to in Article 20 can either be special bodies created for the purposes of combating corruption, or specialised entities within existing bodies. These entities should have the adequate know-how and legal and material means at least to receive and centralise all information necessary for the prevention of corruption and for the revealing of corruption. In addition, and without prejudice to the role of other national bodies dealing with international co-operation, one of the tasks of such specialised authorities could also be to serve as counterparts for foreign entities in charge of fighting corruption.

Article 21 – Co-operation between authorities

The responsibility for fighting corruption does not lie exclusively with law-enforcement authorities. The 20 Guiding Principles on the fight against corruption already recognised the role that tax authorities can perform in this field (see Principle 8). The drafters of this Convention considered that co-operation with the authorities in charge of investigating and prosecuting criminal offences was an important aspect of a coherent an efficient action against those committing the corruption offences defined therein. This provision introduces a general obligation to ensure co-operation of all public authorities with those investigating and prosecuting criminal offences. Obviously the purpose of this provision can not be to guarantee that a sufficient level of co-operation will be achieved in all cases but to impose on Contracting Parties the adoption of the steps that are necessary to try and ensure an adequate level of co-operation between the national authorities. The authorities responsible for reporting corruption offences are not defined but national legislatures should adopt a broad approach. It could be tax authorities, administrative authorities, public auditors, labour inspectors... whoever in the exercise of his functions comes across information regarding potential corruption offences. Such information, necessary for the law enforcement authorities, is likely to be available, primarily, from those authorities that have a supervisory and controlling competence over the functioning of different aspects of public administration.

This Article provides that the general duty to co-operate with law-enforcement authorities in the investigation and prosecution of corruption offences is to be carried out »in accordance with national law«. The reference to national law means that the extent of the duty to co-operate with law enforcement is to be defined by the provisions of national law applicable to the official or authority concerned (e. g. an authorisation procedure). This provision does not carry an obligation to modify those legal systems, in existence in some Contracting Parties, which do not provide for a general obligation of public officials to report crimes or have established specific procedures for so doing.

This is confirmed by the fact that the means of co-operation, specified in litteras a) and b) are not cumulative but alternative. As a result the obligation to co-operate with the authorities responsible for investigating and prosecuting criminal offences can be fulfilled either by informing them, on the authority's own initiative, of the existence of reasonable grounds to believe that an offence has been committed or by providing them with the information they request. Contracting Parties will be entitled to choose between the available options

Littera a)

The first option is to allow or even compel the authority or official in question to inform law-enforcement authorities whenever it comes across a possible corruption offence. The terms »reasonable grounds« mean that the obligation to inform has to be observed as soon as the authority considers that there is a likelihood that a corruption offence has been committed. The level of likelihood should be the same as the one that is required for starting a police investigation or a prosecutorial investigation.

Littera b)

This paragraph concerns the obligation to inform on request. It lays down that the fundamental principle that authorities must provide the investigating and prosecuting authorities with all necessary information, in accordance with safeguards and procedures established by national law. What is considered as »necessary information« will also be decided in accordance with national law.

Of course, national law might provide for some exceptions to the general principle of providing information, for instance, where the information touches upon secrets relating to the protection of national or other essential interests.

Article 22–Protection of collaborators of justice and witnesses

Article 22 of the Convention requires States to take the necessary measures to provide for an effective and appropriate protection of collaborators of justice and witnesses.

In this context, it should be noted that already in the Conclusions and Recommendations of the 2nd European Conference of specialised services in the fight against corruption (Tallinn, October 1997), participants agreed that, in order to fight corruption effectively, »an appropriate system of protection for witnesses and other persons co-operating with the judicial authorities should be introduced, including not only an appropriate legal framework, but also the financial resources needed to achieve the result.« Moreover, »provisions should be made for the granting of immunity or the adequate reduction of penalties in respect of persons charged with corruption offences who contribute to the investigation, disclosure or prevention of crime«.

However, it is in Recommendation N° R(97)13 on the intimidation of witnesses and the rights of the defence, which has been adopted by the Committee of Ministers of the Council of Europe on 10 September 1997, that the question of the protection of collaborators of justice and witnesses has been addressed in a comprehensive way in the framework of the Council of Europe. This Recommendation establishes a set of principles which could guide national legislation when addressing the problems of witness-intimidation, either in the framework of criminal procedure law or when designing out-of-court protection measures. The Recommendation suggests to Member States a list of measures which may contribute to ensuring efficiently the protection of both the interests of witnesses and that of the criminal justice system, while maintaining appropriate opportunities for the defence to exercise its right in criminal proceedings.

The drafters of this Convention, inspired, inter alia, by the above-mentioned Recommendation, considered that the words »collaborators of justice« refer to persons who face criminal charges, or are convicted, of having taken part in corruption offences, as contained in Articles 2–14 of the Convention, but agree to co-operate with criminal justice authorities, particularly by giving information concerning those corruption offences in which they were involved, in order for the competent law-enforcement authorities to investigate and prosecute them.

Moreover, the word »witnesses« refers to persons who possess information relevant to criminal proceedings concerning corruption offences as contained in Articles 2–14 of the Convention and includes whistleblowers.

Intimidation of witnesses, which may be carried out either directly or indirectly, may occur in a number of ways, but its purpose is the same, i.e. to eliminate evidence against defendants with a view to their acquittal for lack of sufficient evidence, or exceptionally, to provide evidence against defendants with a view to have them convicted.

The terms »effective and appropriate« protection in Article 20, refer to the need to adapt the level of protection granted to the risks that exist for collaborators of justice, witnesses or whistleblowers. In some cases it could be sufficient, for instance, to maintain their name undisclosed during the proceedings, in other cases they would need bodyguards, in extreme cases more far-reaching witnesses' protection measures such as change of identity, work, domicile, etc. might be necessary.

Article 23 – Measures to facilitate the gathering of evidence and the confiscation of proceeds

This provision acknowledges the difficulties that exist to obtain evidence that may lead to the prosecution and punishment of persons having committed those corruption offences defined in accordance with the present Convention. Behind almost every corruption offence lies a pact of silence between the person who pays the bribe and the person who receives it. In normal circumstances none of them will have any interest in disclosing the existence or the modalities of the corrupt agreement concluded between them. In conformity with paragraph 1, States Parties are therefore required to adopt measures, which will facilitate the gathering of evidence in cases related to the commission of one of the offences defined in Articles 2–14. In view of the already mentioned difficulties to obtain evidence, this provision includes an obligation for the Parties to permit the use of »special investigative techniques«. No list of these techniques is included but the drafters of the Convention were referring in particular to the use of under-cover agents, wire-tapping, bugging, interception of telecommunications, access to computer systems and so on. Reference to these special investigative techniques can also be found in previous instruments such as the United Nations Convention of 1988, the Council of Europe Convention on the Laundering, Search, Seizure and Confiscation of the Proceeds from Crime (ETS No. 141, Article 4) or the Forty Recommendations adopted by the Financial Action Task Force (FATF). Most of these techniques are highly intrusive and may give rise to constitutional difficulties as regards their compatibility with fundamental rights and freedoms. Therefore, the Parties are free to decide that some of these techniques will not be admitted in their domestic legal system. Also the reference made by paragraph 1 to »national law« should enable Parties to surround the use of these special investigative techniques with as many safeguards and guarantees as may be required by the imperative of protecting human rights and fundamental freedoms.

The second part of paragraph 1 of this Article is closely related to paragraph 3 of Article 19. It requires, for the implementation of the latter Article, the adoption of legal instruments allowing the Contracting Parties to take the necessary provisional steps, before measures leading to confiscation can be imposed. The effectiveness of confiscation measures depends in practice on the possibilities to carry out the necessary investigations as to the quantity of the proceeds gained or the expenses saved and the way in which profits (openly or not) are deposited. In combination with these investigations, it is necessary to ensure that the investigating authorities have the power to freeze located tangible and intangible property in order to prevent that it disappears before a decision on confiscation has been taken or executed (cf. Articles 3 and 4 in the Money Laundering Convention).

CHAPTER III – MONITORING OF IMPLEMENTATION

Article 24 – Monitoring

The implementation of the Convention will be monitored by the »Group of States against Corruption -GRECO«. The establishment of an efficient and appropriate mechanism to monitor the implementation of international legal instruments against corruption was considered, from the outset, as an essential element for the effectiveness and credibility of the Council of Europe initiative in this field (see, inter alia, the Resolutions adopted at the 19th and 21st Conferences of the European Ministers of Justice, the terms of reference of the Multidisciplinary Group on Corruption, the Programme of Action against Corruption, the Final Declaration and Action Plan of the Second Summit of Heads of State and Government). In Resolution (98) 7 adopted at its 102nd Session (5 May 1998), the Committee of Ministers authorised the establishment of a monitoring body, the GRECO, in the form of a partial and enlarged Agreement under Statutory Resolution (93) 28 (as completed by Resolution (96) 36). Member States and non-member States having participated in the elaboration of the Agreement were invited to notify their intention to participate in GRECO, which would start functioning on the first day of the month following the date on which the 14th notification by a member State would reach the Secretary General of the Council of Europe. Consequently, on ...... 1998, ..[member-States], joined in by [non-member-States included in the constituent Resolution] adopted Resolution (98).. establishing the GRECO and containing its Statute.

The GRECO will monitor the implementation of this Convention in accordance with its Statute, appended to Resolution (98)... The aim of GRECO is to improve the capacity of its members to fight corruption by following up, through a dynamic process of mutual evaluation and peer pressure, compliance with their undertakings in this field. (Article 1 of the Statute). The functions, composition, operation and procedures of GRECO are described in its Statute.

If a State is already a member of GRECO at the time the present Convention enters into force or, subsequently, at the time of ratifying it the consequence will be that the scope of the monitoring carried out by GRECO will be extended to cover the implementation of the present Convention. If a State is not a member of GRECO at the time of entry into force or subsequent ratification of this Convention, this provision combined with Articles 32, paragraphs 3 and 4 or with Article 33, paragraph 2 imposes a compulsory and automatic membership of GRECO. It consequently implies, in particular, an obligation to accept to be monitored in accordance with the procedures detailed in its Statute, as from the date in which the Convention enters into force in respect of that State.

CHAPTER IV – INTERNATIONAL CO-OPERATION

Article 25 – General principles and measures for international co-operation

The Guiding principles for the fight against corruption (Principle 20) contain an undertaking to develop to the widest extent possible international co-operation in all areas of the fight against corruption. The present Chapter IV on measures to be taken at international level was the subject of lengthy and thorough discussions within the Group, which drafted the Convention. These deliberations concentrated upon the question of whether or not the Convention should include a free-standing, substantial and rather detailed section covering several topics in the field of international co-operation in criminal matters, or, whether it should simply make a cross-reference to existing multilateral or bilateral treaties in that field. Some arguments militated in favour of this latter option, such as the risk of confusing practitioners with the multiplication of co-operation rules in conventions dealing with specific offences or a possible reduction in the willingness to accede to general conventions. The usefulness of inserting a chapter that could serve as the legal basis for co-operating in the area of corruption was justified by the particular difficulties encountered to obtain the co-operation required for the prosecution of corruption offences – a problem widely recognised and eloquently stated, inter alia, by the »Appel de Genève»-. Also by the fact that this Convention is an open Convention and some of the Contracting Parties to it would not be – in some cases could not be- Parties to Council of Europe treaties on international co-operation in criminal matters or would not be parties to bilateral treaties in this field with many of the other Contracting Parties. In the absence of treaty provisions, some Parties non-members of the Council of Europe would experience difficulties in co-operating with the other Parties. Thus, non-member countries, which could potentially become Parties to this Convention, underlined that co-operation would be facilitated if the present Convention was self-contained and included provisions on international co-operation that could serve as a legal basis for affording the co-operation demanded by other Contracting Parties. The drafters of the Convention finally agreed to insert this Chapter in the Convention, as a set of subsidiary rules that would be applied in the absence of multilateral or bilateral treaties containing more favourable provisions.

Article 25 has been conceived, therefore, as an introductory provision to the whole Chapter IV. It aims at conciliating the respect for treaties or arrangements on international co-operation in criminal matters with the need to establish a specific legal basis for co-operating under the present Convention. According to paragraph 1, the Parties undertake to grant to each other the widest possible co-operation on the basis of existing international instruments, arrangements agreed on the basis of uniform or reciprocal legislation and their national law for the purpose of investigations and proceedings related to criminal offences established in accordance with the present Convention. The reference made to instruments on international co-operation in criminal matters is formulated in a general way. It includes, of course, the Council of Europe Conventions on Extradition (ETS 24) and its additional Protocols (ETS No. 86 and 98), on Mutual Assistance in Criminal Matters (ETS No. 30) and its Protocol (ETS No. 99), on the Supervision of Conditionally Sentenced or Conditionally Released offenders (ETS No. 51), on the International Validity of Criminal Judgements (ETS 70), on the Transfer of Proceedings in Criminal Matters (ETS No.

73), on the Transfer of Sentenced Persons (ETS No. 112), on the Laundering, Search, Seizure and Confiscation of the Proceeds of Crime (ETS No. 141). It also covers multilateral agreements concluded within other supranational or international organisations as well as bilateral agreements entered upon by the Parties. The reference to international instruments on international co-operation in criminal matters is not limited to those instruments in force at the time of entry into force of the present Convention but also covers instruments that may be adopted in the future.

According to paragraph 1 the co-operation can also be based on »arrangements agreed on the basis of uniform or reciprocal legislation«. This refers, inter alia, to the system of co-operation developed among the Nordic countries, which is also admitted by the European Convention on Extradition (ETS No. 24, Article 28, paragraph 3) and by the European Convention on Mutual Assistance in Criminal Matters (ETS No. 30, Article 26, paragraph 4). Of course, co-operation can also be granted on the basis of the Parties' own national law.

The second paragraph enshrines the subsidiary nature of Chapter IV by providing that Articles 26 to 31 shall apply in the absence of the international instruments or arrangements referred to in the previous paragraph. Obviously no reference is made here to national law, since the Parties can always apply their own law in the absence of international instruments. The purpose of this provision is to provide a legal basis for granting the co-operation required to those Parties which are prevented from so doing in the absence of an international treaty.

Paragraph 3 embodies a derogation to the subsidiary nature of Chapter IV, by providing that in spite of the existence of international instruments or arrangements in force, Articles 26 to 31 shall also apply when they are more favourable. »More favourable« refers to international co-operation. It means that these provisions must be applied if thanks to their application it will be possible to afford a form of co-operation that it would not have been possible to afford otherwise. This will be the case, for instance, with the provisions contained in Articles 26, paragraph 3, Article 27, paragraphs 1 and 3 or with Article 28. It also means that the granting of the co-operation required will be simplified, facilitated or speeded up through the application of Articles 26–31.

Article 26 – Mutual assistance

This provision translates into the specific area of mutual legal assistance the obligation to co-operate to the widest possible extent that is contained in Article 25, paragraph 1. Requests for mutual legal assistance need not be restricted to the gathering of evidence in corruption cases, as they could cover other aspects, such as notifications, restitution of proceeds, transmission of files. This provision incorporates an additional requirement: that the request be processed »promptly«. Experience shows that very often acts that need to be performed outside the territory of the State where the investigation is being conducted require lengthy delays, which become an obstacle to the good course of the investigation and may even jeopardise it.

Paragraph 2 provides for the possibility of refusing requests of mutual legal assistance made on the basis of the present Convention. Refusal of such requests may be based on grounds of prejudice to the sovereignty of the State, security, ordre public and other essential interests of the requested country. The expression »fundamental interests of the country« may be interpreted as allowing the requested state to refuse mutual legal assistance in cases where the fundamental principles of its legal system are at stake, where human rights' consideration should prevail and, more generally, in cases where the requested State has reasonable grounds to believe that the criminal proceedings instituted in the requesting State have been distorted or misused for purposes other than combating corruption.

Paragraph 3 of this provision is drafted along the lines of that of Article 18, paragraph 7 of the Convention on the Laundering, Search, Seizure and Confiscation of the Proceeds of Crime (ETS 141). A similar provision is also to be found in the OECD Convention on Combating Bribery of Foreign Public Officials (Article 9, paragraph 3). Before affording the assistance required involving the lifting of bank secrecy, the requested Party may, if its domestic law so provides, require the authorisation of a judicial authority competent in relation to criminal offences.

Article 27 – Extradition

Drawing all the consequences from their serious nature, paragraphs 1 and 3 provide that corruption offences falling within the scope of the present Convention shall be deemed as extraditable offences. Such an obligation also stems from Article 19, paragraph 1, according to which these offences should have attached a penalty of deprivation of liberty, which can give rise to extradition. This does not mean that extradition must be granted on every occasion that a request is made but rather that the possibility must be available of granting the extradition of persons having committed one of the offences established in accordance with the present Convention. Pursuant to paragraph 1, there is an obligation to include corruption offences in the list of those that can give rise to extradition both in existing or in future extradition treaties. Pursuant to paragraph 3 the extraditable nature of these offences must be recognised among Parties which do not make extradition conditional upon the existence of a treaty.

In accordance with paragraph 2, the Convention can serve as a legal basis for extradition for those Parties that make extradition conditional upon the existence of a treaty. A Party that would not grant the extradition either because it has no extradition treaty with the requesting Party or because the existing treaties would not cover a request made in respect of a corruption offence established in accordance with this Convention, may use the Convention itself as basis for surrendering the person requested.

Paragraph 4 provides for the possibility of refusing an extradition request, because the conditions set up in applicable treaties are not fulfilled. The requested Party can also refuse on the grounds allowed by those treaties. It should be noted in particular that the Convention does not deprive Contracting Parties from the right of refusing extradition if the offence in respect of which it is requested is regarded as a political offence.

Paragraph 5 contains the principle of »aut dedere aut iudicare«, extradite or punish. It is inspired by Article 6, paragraph 2 of the European Convention on Extradition (ETS No. 24). The purpose of this provision is to avoid impunity of corruption offenders. The Party that refuses extradition and institutes proceedings against the offender is under the specific obligations to institute criminal proceedings against him and to inform the requesting Party of the result of such proceedings.

Article 28 – Spontaneous information

It happens more and more frequently, in view of the transnational character of many corruption offences, that an authority investigating a corruption offence in their own territory comes across information showing that an offence might have been committed in the territory of another State. This provision, drafted along the lines of Article 10 of the Convention on the Laundering, Search, Seizure and Confiscation of the Proceeds from Crime (ETS No. 141), eliminates the need of a prior request for the transmission of information that may assist the receiving Party to investigate or institute proceedings concerning criminal offences established in accordance with this Convention. However, the spontaneous disclosure of such an information does not prevent the disclosing Party, if it has jurisdiction, from investigating or instituting proceedings in relation to the facts disclosed.

Article 29 – Central authority

The institution of Central authorities responsible for sending and answering requests is a common feature of modern instruments dealing with international co-operation in criminal matters. It is a means to ensure that such requests are properly and swiftly channelled. In the case of federal or confederal States, the competent authorities of the States, Cantons or entities forming the Federation are sometimes in a better position to deal more swiftly with co-operation requests emanating from other Parties. The reference to the possibility of designating »several central authorities« addresses such particular issue. The Contracting Parties are not obliged, under this provision, to designate a specific central authority for the purpose of international co-operation against offences established in accordance with this Convention. They could designate already existing authorities that are generally competent for dealing with international co-operation.

Each Party is called to provide the Secretary General of the Council of Europe with relevant details on the Central authority or authorities designated under paragraph 1. In accordance with Article 40, the Secretary General will put that information at the disposal of the other Contracting Parties.

Article 30 – Direct Communication

Central authorities designated in accordance with the previous Article shall communicate directly with one another. However, if there is urgency, requests for mutual legal assistance may be sent directly by judges and prosecutors of the Requesting State to the judges and prosecutors of the Requested State. The urgency is to be appreciated by the judge or prosecutor sending the request. The judge or prosecutor following this procedure must address a copy of the request made to his own central authority with a view to its transmission to the central authority of the Requested State. According to paragraph 3 of this Article requests may be channelled through Interpol. In accordance with paragraph 5, they may also be transmitted directly -that is, without channelling them through central authorities – even if there is no urgency, when the authority of the Requested State is able to comply with the request without making use of coercive action. The authorities of the Requested State, which receive a request falling outside their field of competence, are, according to paragraph 4, under a two-fold obligation. Firstly they must transfer the request to the competent authority of the requested State. Secondly they must inform the authorities of the Requesting State of the transfer made. Paragraph 6 of this Article enables a Party to inform the others, through the Secretary General of the Council of Europe, that, for reasons of efficiency, direct communications are to be addressed to the central authority. Indeed, in some countries direct communications between judicial authorities could be the source of longer delays and greater difficulties for providing the co-operation required.

Article 31 – Information

This provision embodies an obligation for the Requested Party to inform the Requesting Party of the result of actions undertaken in pursuance of the request of international co-operation. There is a further requirement that the information be addressed promptly if there are circumstances that make it impossible to carry out the request made or are likely to delay it significantly.

CHAPTER V – FINAL PROVISIONS

With some exceptions, the provisions contained in this Section are, for the most part, based on the »Model final clauses for conventions and agreements concluded within the Council of Europe« which were approved by the Committee of Ministers of the Council of Europe at the 315th meeting of their Deputies in February 1980. Most of these articles do not therefore call for specific comments, but the following points require some explanation.

Article 32, paragraph 1 has been drafted on several precedents established in other Conventions elaborated within the framework of the Council of Europe, for instance the Convention on the Transfer of Sentenced Persons (ETS No. 112) and the Convention on Laundering, Search, Seizure and Confiscation of the Proceeds from Crime (ETS No. 141), which allow for signature, before the Convention's entry into force, not only by member States of the Council of Europe, but also by non-member States which have participated in the elaboration of the Convention. These States are Belarus, Bosnia and Herzegovina, Canada, Georgia, Holy See, Japan, Mexico and the United States of America. Once the Convention enters into force, in accordance with paragraph 3 of this Article, other non-member States not covered by this provision may be invited to accede to the Convention in conformity with Article 33, paragraph 1.

Article 32, paragraph 3, requires 14 ratifications for the entry into force of the Convention. This is an unusually high number of ratifications for a criminal law Convention drafted within the Council of Europe. The reason is that criminalisation of corruption, particularly of international corruption, can only be effective if a high number of States undertake to take the necessary measures at the same time. It is widely recognised that corrupt practices bear an impact on international trade because they hinder the application of competition rules and modify the proper functioning of the market economy. Some countries considered that they would penalise their national companies if they entered into international commitments to criminalise corruption without other countries having assumed similar obligations. In order to avoid becoming a handicap for the national companies of a few Contracting Parties, the present Convention requires that a large number of States undertake to implement it at the same time.

The second sentence of paragraphs 3 and 4 of Article 32 as well as of Article 33, paragraph 2, combined with Article 24, entail an automatic and compulsory membership of GRECO for Contracting Parties, which were not already members of this monitoring body at the time of ratification.

Article 33 has also been drafted on several precedents established in other conventions elaborated within the framework of the Council of Europe. The Committee of Ministers may, on its own initiative or upon request, and after consulting the Parties, invite any non-member State to accede to the Convention. This provision refers only to non-member States not having participated in the elaboration of the Convention.

In conformity with the 1969 Vienna Convention on the law of treaties, Article 35 is intended to ensure the co-existence of the Convention with other treaties – multilateral or bilateral – dealing with matters which are also dealt with in the present Convention. Such matters are characterised in paragraph 1 of Article 35 as »special matters«. Paragraph 2 of Article 35 expresses in a positive way that Parties may, for certain purposes, conclude bilateral or multilateral agreements relating to matters dealt with in the Convention. The drafting permits to deduct, a contrario, that Parties may not conclude agreements which derogate from the Convention. Paragraph 3 of Article 35 safeguards the continued application of agreements, treaties or relations relating to subjects which are dealt with in the present Convention, for instance in the Nordic co-operation.

Article 36 provides Parties with the possibility of declaring that they shall criminalise active bribery of foreign public officials, of officials of international organisations or of judges and officials of international courts only to the extent that the undue advantage offered, promised or given to the bribee induces him or is intended to induce him to act or refrain from acting in breach of his duties as an official or judge. For the drafters of the Convention the notion of »breach of duties« is to be understood in a broad sense and therefore also implies that the public official had a duty to exercise judgement or discretion impartially. In particular this notion does not require a proof of the law allegedly violated by the official.

Article 37 contains, in its paragraphs 1 and 2, for a large number of reservation possibilities. This stems from the fact the present Convention is an ambitious document, which provides for the criminalisation of a broad range of corruption offences, including some which are relatively new to many States. In addition, it provides for far reaching rules on grounds of jurisdiction. It seemed, therefore, appropriate to the drafters of the Convention to include reservation possibilities that may allow future Contracting Parties to bring their anti-corruption legislation progressively in line with the requirements of the Convention. Furthermore, these reservations aim at enabling the largest possible ratification of the Convention, whilst permitting Contracting Parties to preserve some of their fundamental legal concepts. Of course, it appeared necessary to strike a balance between, on the one hand, the interest of Contracting Parties to enjoy as much flexibility as possible in the process of adapting to conventional obligations with the need, on the other hand, to ensure the progressive implementation of this instrument.

Of course, the drafters endeavoured to restrict the possibilities of making reservations in order to secure to the largest possible extent a uniform application of the Convention by the Contracting Parties. Thus, Article 37 contains a number of restrictions to the making of reservations. It indicates, first of all, that reservations or declarations can only be made at the time of ratification in respect of the provisions mentioned in paragraphs 1 and 2, which contain, therefore, a numerus clausus. More importantly paragraph 4 of this provision limits the number of reservations that each Contracting Party may enter.

In addition, in accordance with Article 38, paragraph 1 reservations and declarations have a limited validity of 3 years. After this deadline, they will lapse unless they are expressly renewed. Paragraph 2 of Article 38 contains a procedure for the automatic lapsing of non-renewed reservations or declarations. Finally, pursuant to Article 38, paragraph 3, Contracting Parties will be obliged to justify before the GRECO the continuation of a reservation or reservation. The Parties will have to provide to GRECO, at its request, an explanation on the grounds justifying the continuation of a reservation or declaration made. The GRECO may require such an explanation during the initial or during the subsequent periods of validity of reservations or declarations. In cases of renewal of a reservation or declaration, there shall be no need of a prior request by GRECO, Contracting Parties being under an automatic obligation to provide explanations before the renewal is made. In all cases GRECO will have the possibility of examining the explanations provided by the Party to justify the continuance of its reservations or declarations. The drafters of the Convention expected that the peer-pressure system followed by GRECO would have an influence on decisions by Contracting Parties to maintain or withdraw reservations or declarations.

The amendment procedure provided for by Article 39 is mostly thought to be for minor changes of a procedural character. Indeed, major changes to the Convention could be made in the form of additional protocols. Moreover, in accordance with paragraph 5 of Article 37, any amendment adopted would come into force only when all Parties had informed the Secretary General of their acceptance. The procedure for amending the present Convention involves the consultation of non-member States Parties to it, who are not members of the Committee of Ministers or the CDPC.

Article 40, paragraph 1, provides that the CDPC should be kept informed about the interpretation and application of the provisions of the Convention. Paragraph 2 of this Article imposes an obligation on the Parties to seek a peaceful settlement of any dispute concerning the interpretation or the application of the Convention. Any procedure for solving disputes should be agreed upon by the Parties concerned.

APPEAL

Anhang

BY THE COMMITTEE OF MINISTERS

TO STATES TO LIMIT AS FAR AS POSSIBLE THEIR RESERVATIONS

TO THE CRIMINAL LAW CONVENTION ON CORRUPTION

At this, its 103rd Ministerial Session (4 November 1998), the Committee of Ministers has adopted the Criminal Law Convention on Corruption. In the Committee's view, this is an ambitious text with a broad legal scope which will have a considerable impact on the fight against this phenomenon in Europe.

The text of the Convention provides for a certain number of possible reservations. It has transpired that this is necessary so that Parties can make a progressive adaptation to the undertakings enshrined in this instrument. The Committee of Ministers is convinced that regular examination of reservations by the »Group of States against corruption – GRECO« will make it possible to bring about a rapid reduction of reservations made upon ratification or accession to the Convention.

Nonetheless, in order to maintain the greatest possible uniformity with regard to the undertakings enshrined in the Convention, and to allow full advantage to be taken of this text from the moment it enters into force, the Committee of Ministers appeals to all States wishing to become party to the Convention to reduce as far as possible the number of reservations that they declare, when expressing their consent to be bound by this treaty, and to States which nevertheless find themselves obliged to declare reservations, to use their best endeavours to withdraw them as soon as possible.

These States are the following: Belarus, Bosnia and Herzegovina, Canada, Georgia, Holy See, Japan, Mexico and the United States of America.

CM(98)181

Postal address: Council of Europe – 67075 Strasbourg Cedex, France

Telephone: (+33) 3 88 41 20 00

Telex: Strasbourg 870943 F

Fax: (+33) 3 88 41 37 77

Internet: www.coe.fr/cmline (password access)

Intranet: home/cmline

> **United Nations**
> **CRIME PREVENTION AND CRIMINAL JUSTICE DIVISION**
> **United Nations action against**
> **CORRUPTION and BRIBERY**
> **September 1997**

General Assembly – Resolution 51/59 Action against corruption and International Code of Conduct for Public Officials

Date: 12 December 1996 Meeting: 82

Adopted without a vote Report: A/51/610

The General Assembly,

Concerned at the seriousness of problems posed by corruption, which may endanger the stability and security of societies, undermine the values of democracy and morality and jeopardize social, economic and political development,

Also concerned about the links between corruption and other forms of crime, in particular organized crime and economic crime, including money-laundering,

Convinced that, since corruption is a phenomenon that currently crosses national borders and affects all societies and economies, international cooperation to prevent and control it is essential,

Convinced also of the need to provide, upon request, technical assistance designed to improve public management systems and to enhance accountability and transparency,

Recalling the Inter-American Convention against Corruption, adopted by the Organization of American States at the Specialized Conference for Consideration of the Draft Inter-American Convention against Corruption, held at Caracas from 27 to 29 March 1996,

Recalling also its resolutions 45/121 of 14 December 1990 and 46/152 of 18 December 1991, and Economic and Social Council resolutions 1992/22 of 30 July 1992, 1993/32 of 27 July 1993 and 1994/19 of 25 July 1994,

Recalling in particular its resolution 50/225 of 19 April 1996, adopted at its resumed session on public administration and development,

Recalling Economic and Social Council resolution 1995/14 of 24 July 1995 on action against corruption,

Recalling also the work carried out by other international and regional organizations in this field, including the activities of the Council of Europe, the European Community, the Organisation for Economic Cooperation and Development and the Organization of American States,

1. Takes note of the report of the Secretary-General on action against corruption, (11) submitted to the Commission on Crime Prevention and Criminal Justice at its fifth session;

2. adopts the International Code of Conduct for Public Officials, annexed to the present resolution, and recommends it to Member States as a tool to guide their efforts against corruption;

3. Requests the Secretary-General to distribute the International Code of Conduct to all States and to include it in the manual on practical measures against corruption, to be revised and expanded pursuant to Economic and Social Council resolution 1995/14, with a view to offering both those tools to States in the context of advisory services, training and other technical assistance activities;

4. Also requests the Secretary-General to continue to collect information and legislative and regulatory texts from States and relevant intergovernmental organizations, in the context of his continuing study of the problem of corruption;

5. Further requests the Secretary-General, in consultation with States, relevant intergovernmental and non-governmental organizations, as well as in cooperation with the institutes comprising the United Nations Crime Prevention and Criminal Justice Programme network, to elaborate an implementation plan and submit it to the Commission on Crime Prevention and Criminal Justice at its sixth session, in conjunction with his report to be submitted pursuant to Economic and Social Council resolution 1995/14;

6. Urges States, relevant intergovernmental and non-governmental organizations, as well as the institutes comprising the United Nations Crime Prevention and Criminal Justice Programme network, to extend to the Secretary-General their full support in elaborating the implementation plan and in implementing paragraph 4 above;

7. Urges Member States carefully to consider the problems posed by the international aspects of corrupt practices, especially as regards international economic activities carried out by corporate entities, and to study appropriate legislative and regulatory measures to ensure the transparency and integrity of financial systems and transactions carried out by such corporate entities;

8. Requests the Secretary-General to intensify his efforts to closely cooperate with other entities of the United Nations system and other relevant international organizations and to more effectively coordinate activities undertaken in this area;

9. Also requests the Secretary-General, subject to the availability of extrabudgetary resources, to provide increased advisory services and technical assistance to requesting Member States, in particular in the elaboration of national strategies, the elaboration or improvement of legislative and regulatory measures, the establishment or strengthening of national capacities to prevent and control corruption, as well as in training and upgrading skills of relevant personnel;

10. Calls upon States, relevant international organizations and financing institutions to extend to the Secretary-General their full support and assistance in the implementation of the present resolution;

11. Requests the Commission on Crime Prevention and Criminal Justice to keep the issue of action against corruption under regular review.

ANNEX

International Code of Conduct for Public Officials
I. GENERAL PRINCIPLES

1. A public office, as defined by national law, is a position of trust, implying a duty to act in the public interest. Therefore, the ultimate loyalty of public officials shall be to the public interests of their country as expressed through the democratic institutions of government.

2. Public officials shall ensure that they perform their duties and functions efficiently and effectively, in accordance with laws or administrative policies, and with integrity. They shall at all times seek to ensure that public resources for which they are responsible are administered in the most effective and efficient manner.

3. Public officials shall be attentive, fair and impartial in the performance of their functions and, in particular, in their relations with the public. They shall at no time afford any undue preferential treatment to any group or individual or improperly discriminate against any group or individual, or otherwise abuse the power and authority vested in them.

II. CONFLICTS OF INTEREST AND DISQUALIFICATION

4. Public officials shall not use their official authority for the improper advancement of their own or their family's personal or financial interest. They shall not engage in any transaction, acquire any position or function, or have any financial, commercial or other comparable interest that is incompatible with their office, functions and duties or the discharge thereof.

5. Public officials, to the extent required by the officials' position, shall in accordance with laws or administrative policies, declare business, commercial and financial interests, or activities undertaken for financial gain that may raise a possible conflict of interest. In situations of possible or perceived conflict of interest between the duties and private interests of public officials, they shall comply with the measures established to reduce or eliminate such conflict of interest.

6. Public officials shall at no time improperly use public moneys, property, services or information that is acquired in the performance of, or as a result of, their official duties for activities not related to their official work.

7. Public officials shall comply with measures established by law or administrative policies in order that after leaving their official positions they will not take improper advantage of their previous office.

III. DISCLOSURE OF ASSETS

8. Public officials shall, in accord with their' position and as permitted or required by law and administrative policies, comply with requirements to declare or to disclose personal assets and liabilities, as well as, if possible, those of their spouses and/or dependents.

IV. ACCEPTANCE OF GIFTS OR OTHER FAVOURS

9. Public officials shall not solicit or receive directly or indirectly any gift or other favours that may influence the exercise of their functions, performance of their duties or their judgement.

V. CONFIDENTIAL INFORMATION

10. Matters of a confidential nature in the possession of public officials shall be kept confidential unless national legislation, the performance of duty or the needs of justice strictly require otherwise. Such restrictions shall apply also after separation from service.

VI. POLITICAL ACTIVITY

11. The political or other activity of public officials outside the scope of their office shall, in accordance with laws and administrative policies, not be such as to impair public confidence in the impartial performance of their functions and duties.

General Assembly – Resolution 51/191 United Nations Declaration against Corruption and Bribery in International Commercial Transactions

Date: 16 December 1996 Meeting: 86

Adopted without a vote Report: A/51/601

The General Assembly,

Recalling its resolution 3514 (XXX) of 15 December 1975, in which it, inter alia, condemned all corrupt practices, including bribery, in international commercial transactions, reaffirmed the right of any State to adopt legislation and to investigate and take appropriate legal action, in accordance with its national laws and regulations, against such corrupt practices, and called upon all Governments to cooperate to prevent corrupt practices, including bribery,

Recalling~ also the further work carried out by the General Assembly and the Economic and Social Council on the issue of illicit payments and on elaborating a code of conduct for transnational corporations, (12) consideration of which helped call attention to and raise international awareness of the adverse consequences of bribery in international commercial transactions,

Recalling further its resolution 50/106 of 20 December 1995, in which it recommended that the Economic and Social Council consider the draft international agreement on illicit payments at its substantive session of 1996 and report to the Assembly at its fifty-first session,

Welcoming the steps taken at the national, the regional, and the international level to fight corruption and bribery, as well as recent developments in international forums that have further advanced international understanding and cooperation regarding corruption and bribery in international commercial transactions,

Noting the adoption in March 1996 by States members of the Organization of American States of the Inter-American Convention against Corruption, (13) which includes an article on transnational bribery,

Noting also significant continuing work relevant to and consistent with the objectives of the present resolution in other regional and international forums, such as the continuing work of the Council of Europe and the European Union to combat international bribery, as well as the commitment by the States members of the Organization for Economic Cooperation and Development (14) to criminalize bribery of foreign public officials in international commercial transactions in an effective and coordinated manner and further examine the modalities and appropriate international instruments to facilitate criminalization, and to re-examine the tax deductibility of such bribes with the intention of denying such tax deductibility in the member States that do not already do so,

1. Adopts the United Nations Declaration against Corruption and Bribery in International Commercial Transactions, the text of which is annexed to the present resolution;

2. Notes the work being undertaken by the United Nations and in other international and regional forums to address the problem of corruption and bribery in international commercial transactions, and invites all States concerned to pursue the completion of such work;

3. Invites Member States, in accordance with the Declaration, to take appropriate measures and cooperate at all levels to combat corruption and bribery in international commercial transactions;

4. Requests the Economic and Social Council and its subsidiary bodies, in particular the Commission on Crime Prevention and Criminal Justice:

(a) To examine ways, including through legally binding international instruments, without in any way precluding, impeding or delaying international, regional or national actions, to further the implementation of the present resolution and the annexed Declaration, so as to promote the criminalization of corruption and bribery in international commercial transactions;

(b) To keep the issue of corruption and bribery in international commercial transactions under regular review;

To promote the effective implementation of the present resolution;

5. Invites other bodies of the United Nations system, including the United Nations Conference on Trade and Development, whose competence extends to this matter to take action as appropriate within their mandates to promote the objectives of the present resolution and the Declaration;

6. Encourages private and public corporations, including transnational corporations, and individuals engaged in international commercial transactions to cooperate in the effective implementation of the Declaration;

7. Requests the Secretary-General to inform Member States, the relevant bodies and the specialized agencies of the United Nations system, and international, regional and non-governmental organizations, of the adoption of the present resolution, to encourage action towards making its provisions widely known and to promote its effective implementation;

8. Also requests the Secretary-General to prepare a report, for consideration by the General Assembly at its fifty-third session, on the progress made towards implementation of the present resolution and the steps taken by Member States, international and regional organizations and other relevant institutions to combat corruption and bribery in international commercial transactions; on the results of the work in this regard undertaken by the Commission on Crime Prevention and Criminal Justice and other bodies of the United Nations system; and on measures taken in accordance with the present resolution to promote social responsibility and the elimination of corruption and bribery in international commercial transactions;

9 . Invites Member States and competent international, regional and non-governmental organizations to provide relevant information to assist the Secretary-General in preparing the above-mentioned report;

10. Decides to include in the provisional agenda of its fifty-third session, under the item entitled »Business and development«, a review of the report of the Secretary-General concerning the implementation of the present resolution.

Annex
UNITED NATIONS DECLARATION AGAINST CORRUPTION AND BRIBERY
IN INTERNATIONAL COMMERCIAL TRANSACTIONS

The General Assembly,

Convinced that a stable and transparent environment for international commercial transactions in all countries is essential for the mobilization of investment, finance, technology, skills and other important resources across national borders, in order, inter alia, to promote economic and social development and environmental protection,

Recognizing the need to promote social responsibility and appropriate standards of ethics on the part of private and public corporations, including transnational corporations, and individuals engaged in international commercial transactions, inter alia, through observance of the laws and regulations of the countries in which they conduct business, and taking into account the impact of their activities on economic and social development and environmental protection,

Recognizing also that effective efforts at all levels to combat and avoid corruption and bribery in all countries are essential elements of an improved international business environment, that they enhance fairness and competitiveness in international commercial transactions and form a critical part of promoting transparent and accountable governance, economic and social development and environmental protection in all countries, and that such efforts are especially pressing in the increasingly competitive globalized international economy,

Solemnly proclaims the United Nations Declaration against Corruption and Bribery in International Commercial Transactions as set out below.

Member States, individually and through international and regional organizations, taking actions subject to each State's own constitution and fundamental legal principles and adopted pursuant to national laws and procedures, commit themselves:

1. To take effective and concrete action to combat all forms of corruption, bribery and related illicit practices in international commercial transactions, in particular to pursue effective enforcement of existing laws prohibiting bribery in international commercial transactions, to encourage the adoption of laws for those purposes where they do not exist, and to call upon private and public corporations, including transnational corporations, and individuals within their jurisdiction engaged in international commercial transactions to

promote the objectives of this Declaration;

2. To criminalize such bribery of foreign public officials in an effective and coordinated manner, but without in any way precluding, impeding or delaying international, regional or national actions to further the implementation of this Declaration;

3. Bribery may include, inter alia. the following elements:

(a) The offer, promise or giving of any payment, gift or other advantage, directly or indirectly, by any private or public corporation, including a transnational corporation, or individual from a State to any public official or elected representative of another country as undue consideration for performing or refraining from the performance of that official's or representative's duties in connection with an international commercial transaction;

(b) The soliciting, demanding, accepting or receiving, directly or indirectly, by any public official or elected representative of a State from any private or public corporation, including a transnational corporation, or individual from another country of any payment, gift or other advantage, as undue consideration for performing or refraining from the performance of that official's or representative's duties in connection with an international commercial transaction;

4. To deny, in countries that do not already do so, the tax deductibility of bribes paid by any private or public corporation or individual of a State to any public official or elected representative of another country, and to that end, to examine their respective modalities for doing so;

5. To develop or maintain accounting standards and practices that improve the transparency of international commercial transactions, and that encourage private and public corporations, including transnational corporations, and individuals engaged in international commercial transactions to avoid and combat corruption, bribery and related illicit practices;

6. To develop or to encourage the development, as appropriate, of business codes, standards or best practices that prohibit corruption, bribery and related illicit practices in international commercial transactions;

7. To examine establishing illicit enrichment by public officials or elected representatives as an offence;

8. To cooperate and afford one another the greatest possible assistance in connection with criminal investigations and other legal proceedings brought in respect of corruption and bribery in international commercial transactions. Mutual assistance shall include, as far as permitted under national laws or as provided for in bilateral treaties or other applicable arrangements of the affected countries, and taking into account the need for confidentiality as appropriate:

(a) Production of documents and other information, taking of evidence and service of documents relevant to criminal investigations and other legal proceedings;

(b) Notice of the initiation and outcome of criminal proceedings concerning bribery in international commercial transactions to other States that may have jurisdiction over the same offence;

(c) Extradition proceedings where and as appropriate;

9. To take appropriate action to enhance cooperation to facilitate access to documents and records about transactions and about identities of persons engaged in bribery in international commercial transactions;

10. To ensure that bank secrecy provisions do not impede or hinder criminal investigations or other legal proceedings relating to corruption, bribery or related illicit practices in international commercial transactions, and that full cooperation is extended to Governments that seek information on such transactions;

11. Actions taken in furtherance of this Declaration shall respect fully the national sovereignty and territorial jurisdiction of Member States, as well as the rights and obligations of Member States under existing treaties and international law, and shall be consistent with human rights and fundamental freedoms;

12. Member States agree that actions taken by them to establish jurisdiction over acts of bribery of foreign public officials in international commercial transactions shall be consistent with the principles of international law regarding the extraterritorial application of a State's laws.

Gesetz zu dem Übereinkommen vom 17. Dezember 1997 über die Bekämpfung der Bestechung ausländischer Amtsträger im internationalen Geschäftsverkehr (Gesetz zur Bekämpfung internationaler Bestechung – IntBestG)

Vom 10. September 1998

Der Bundestag hat das folgende Gesetz beschlossen:

Artikel 1
Zustimmung zum Vertrag

Dem in Paris am 17. Dezember 1997 von der Bundesrepublik Deutschland unterzeichneten Übereinkommen über die Bekämpfung der Bestechung ausländischer Amtsträger im internationalen Geschäftsverkehr wird zugestimmt. Das Übereinkommen wird nachstehend mit einer amtlichen deutschen Übersetzung veröffentlicht.

Artikel 2
Durchführungsbestimmungen

§ 1
Gleichstellung von ausländischen mit inländischen Amtsträgern bei Bestechungshandlungen

Für die Anwendung des § 334 des Strafgesetzbuches, auch in Verbindung mit dessen §§ 335, 336, 338 Abs. 2, auf eine Bestechung, die sich auf eine künftige richterliche Handlung oder Diensthandlung bezieht und die begangen wird, um sich oder einem Dritten einen Auftrag oder einen unbilligen Vorteil im internationalen geschäftlichen Verkehr zu verschaffen oder zu sichern, stehen gleich:

1. einem Richter:

    a) ein Richter eines ausländischen Staates,

    b) ein Richter eines internationalen Gerichts;

2. einem sonstigen Amtsträger:

    a) ein Amtsträger eines ausländischen Staates,

    b) eine Person, die beauftragt ist, bei einer oder für eine Behörde eines ausländischen Staates, für ein öffentliches Unternehmen mit Sitz im Ausland oder sonst öffentliche Aufgaben für einen ausländischen Staat wahrzunehmen,

c) ein Amtsträger und ein sonstiger Bediensteter einer internationalen Organisation und eine mit der Wahrnehmung ihrer Aufgaben beauftragte Person;

3. einem Soldaten der Bundeswehr:

    a) ein Soldat eines ausländischen Staates,

    b) ein Soldat, der beauftragt ist, Aufgaben einer internationalen Organisation wahrzunehmen.

§ 2
Bestechung ausländischer Abgeordneter im Zusammenhang mit internationalem geschäftlichen Verkehr

(1) Wer in der Absicht, sich oder einem Dritten einen Auftrag oder einen unbilligen Vorteil im internationalen geschäftlichen Verkehr zu verschaffen oder zu sichern, einem Mitglied eines Gesetzgebungsorgans eines ausländischen Staates oder einem Mitglied einer parlamentarischen Versammlung einer internationalen Organisation einen Vorteil für dieses oder einen Dritten als Gegenleistung dafür anbietet, verspricht oder gewährt, daß es eine mit seinem Mandat oder seinen Aufgaben zusammenhängende Handlung oder Unterlassung künftig vornimmt, wird mit Freiheitsstrafe bis zu fünf Jahren oder mit Geldstrafe bestraft.

(2) Der Versuch ist strafbar.

§ 3
Auslandstaten

Das deutsche Strafrecht gilt, unabhängig vom Recht des Tatorts, für folgende Taten, die von einem Deutschen im Ausland begangen werden:

1. Bestechung ausländischer Amtsträger im Zusammenhang mit internationalem geschäftlichen Verkehr (§§ 334 bis 336 des Strafgesetzbuches in Verbindung mit § 1);2. Bestechung ausländischer Abgeordneter im Zusammenhang mit internationalem geschäftlichen Verkehr (§ 2).

§ 4
Anwendung des § 261 des Strafgesetzbuches

In den Fällen des § 261 Abs. 1 Satz 2 Nr. 2 Buchstabe a des Strafgesetzbuches ist § 334 des Strafgesetzbuches auch in Verbindung mit § 1 anzuwenden.

Artikel 3
Inkrafttreten

(1) Artikel 2 dieses Gesetzes tritt an dem Tage in Kraft, an dem das Übereinkommen für die Bundesrepublik Deutschland in Kraft tritt. Im übrigen tritt dieses Gesetz am Tage nach seiner Verkündung in Kraft.

(2) Der Tag, an dem das Übereinkommen nach seinem Artikel 15 für die Bundesrepublik Deutschland in Kraft tritt, ist im Bundesgesetzblatt bekanntzugeben.

Die verfassungsmäßigen Rechte des Bundesrates sind gewahrt.

Das vorstehende Gesetz wird hiermit ausgefertigt und wird im Bundesgesetzblatt verkündet.

Berlin, den 10. September 1998

Der Bundespräsident
Roman Herzog

Der Bundeskanzler
Dr. Helmut Kohl

Der Bundesminister der Justiz
Schmidt-Jortzig

Der Bundesminister des Auswärtigen
Kinkel

Der Bundesminister für Wirtschaft
Rexrodt

Übereinkommen über die Bekämpfung der Bestechung ausländischer Amtsträger im internationalen Geschäftsverkehr

(Übersetzung)

Präambel

Die Vertragsparteien –

in der Erwägung, daß im internationalen Geschäftsverkehr einschließlich der Bereiche Handel und Investitionen die Bestechung eine weitverbreitete Erscheinung ist, die in moralischer und politischer Hinsicht zu ernster Besorgnis Anlaß gibt, gute Regierungsführung und wirtschaftliche Entwicklung untergräbt und internationale Wettbewerbsbedingungen verzerrt,

in der Erwägung, daß alle Staaten für die Bekämpfung der Bestechung im internationalen Geschäftsverkehr gemeinsam Verantwortung tragen,

unter Bezugnahme auf die überarbeitete Empfehlung über die Bekämpfung der Bestechung im internationalen Geschäftsverkehr, die der Rat der Organisation für wirtschaftliche Zusammenarbeit und Entwicklung (OECD) am 23. Mai 1997 angenommen hat (C(97)123/FINAL) und in der unter anderem dazu aufgerufen wurde, wirksame Maßnahmen zur Abschreckung vor und Vorbeugung gegen Bestechung ausländischer Amtsträger im internationalen Geschäftsverkehr sowie zur Bekämpfung dieser Bestechung zu ergreifen, insbesondere diese Bestechung umgehend in wirksamer und aufeinander abgestimmter Weise sowie im Einklang mit den vereinbarten gemeinsamen Merkmalen, die in dieser Empfehlung enthalten sind, und in Übereinstimmung mit den Grundsätzen über die Gerichtsbarkeit und mit sonstigen Rechtsgrundsätzen des jeweiligen Staates unter Strafe zu stellen,

erfreut über andere Entwicklungen der jüngsten Zeit, welche die internationale Verständigung und Zusammenarbeit bei der Bekämpfung der Bestechung von Amtsträgern weiter voranbringen, einschließlich Maßnahmen der Vereinten Nationen, der Weltbank, des Internationalen Währungsfonds, der Welthandelsorganisation, der Organisation Amerikanischer Staaten, des Europarats und der Europäischen Union,

erfreut über die Anstrengungen von Unternehmen, Wirtschaftsverbänden, Gewerkschaften und anderen nichtstaatlichen Organisationen zur Bekämpfung der Bestechung,

in Anerkennung der Rolle, welche die Regierungen spielen, um der Forderung von Bestechungsgeldern von Einzelpersonen und Unternehmen im internationalen Geschäftsverkehr vorzubeugen,

in der Erkenntnis, daß Fortschritte in diesem Bereich nicht nur Anstrengungen auf nationaler Ebene, sondern auch mehrseitige Zusammenarbeit, Überwachung und Folgemaßnahmen erfordern, in der Erkenntnis, daß die Gleichwertigkeit der von den Vertragsparteien zu ergreifenden Maßnahmen wesentliches Ziel und wesentlicher Zweck des Übereinkommens ist, was erfordert, daß das Übereinkommen ohne Abweichungen, die diese Gleichwertigkeit berühren, ratifiziert wird –

sind wie folgt übereingekommen:

Artikel 1
Straftatbestand der Bestechung ausländischer Amtsträger

(1) Jede Vertragspartei trifft die erforderlichen Maßnahmen, um nach ihrem Recht jede Person mit Strafe zu bedrohen, die unmittelbar oder über Mittelspersonen einem ausländischen Amtsträger vorsätzlich, um im internationalen Geschäftsverkehr einen Auftrag oder einen sonstigen unbilligen Vorteil zu erlangen oder zu behalten, einen ungerechtfertigten geldwerten oder sonstigen Vorteil für diesen Amtsträger oder einen Dritten anbietet, verspricht oder gewährt, damit der Amtsträger in Zusammenhang mit der Ausübung von Dienstpflichten eine Handlung vornimmt oder unterläßt.

(2) Jede Vertragspartei trifft die erforderlichen Maßnahmen, um die Beteiligung an der Bestechung eines ausländischen Amtsträgers einschließlich der Anstiftung, der Beihilfe und der Ermächtigung unter Strafe zu stellen. Der Versuch der Bestechung und die Verabredung zur Bestechung eines ausländischen Amtsträgers stellen in demselben Maß Straftaten dar wie der Versuch der Bestechung und die Verabredung zur Bestechung eines Amtsträgers dieser Vertragspartei.

(3) Die in den Absätzen 1 und 2 genannten Straftaten werden im folgenden als »Bestechung eines ausländischen Amtsträgers« bezeichnet.

(4) Im Sinne dieses Übereinkommens

a) bedeutet der Ausdruck »ausländischer Amtsträger« eine Person, die in einem anderen Staat durch Ernennung oder Wahl ein Amt im Bereich der Gesetzgebung, Verwaltung oder Justiz innehat, eine Person, die für einen anderen Staat einschließlich einer Behörde oder eines öffentlichen Unternehmens öffentliche Aufgaben wahrnimmt, und einen Amtsträger oder Bevollmächtigten einer internationalen Organisation,

b) umfaßt der Ausdruck »anderer Staat« alle staatlichen Bereiche und Untergliederungen von der nationalen bis zur kommunalen Ebene,

c) umfaßt der Ausdruck »im Zusammenhang mit der Ausübung von Dienstpflichten eine Handlung vornehmen oder unterlassen« jede Nutzung der Stellung des Amtsträgers innerhalb oder außerhalb seines ihm übertragenen Zuständigkeitsbereichs.

Artikel 2
Verantwortlichkeit juristischer Personen

Jede Vertragspartei trifft in Übereinstimmung mit ihren Rechtsgrundsätzen die erforderlichen Maßnahmen, um die Verantwortlichkeit juristischer Personen für die Bestechung eines ausländischen Amtsträgers zu begründen.

Artikel 3
Sanktionen

(1) Die Bestechung eines ausländischen Amtsträgers wird mit wirksamen, angemessenen und abschreckenden Strafen bedroht. Strafarten und Strafrahmen sind denen vergleichbar, die bei Bestechung von eigenen Amtsträgern der Vertragspartei zur Anwendung kommen, und schließen bei natürlichen Personen Freiheitsentzug in einem Maß ein, das wirksame Rechtshilfe und Auslieferung ermöglicht.

(2) Sind nach der Rechtsordnung einer Vertragspartei juristische Personen nicht strafrechtlich zur Verantwortung zu ziehen, so stellt diese Vertragspartei sicher, daß juristische Personen wegen Bestechung ausländischer Amtsträger wirksamen, angemessenen und abschreckenden nichtstrafrechtlichen Sanktionen einschließlich Geldsanktionen unterliegen.

(3) Jede Vertragspartei trifft die erforderlichen Maßnahmen, um vorzusehen, daß das Bestechungsgeld und die Erträge aus der Bestechung eines ausländischen Amtsträgers oder Vermögensgegenstände, deren Wert diesen Erträgen entspricht, der Beschlagnahme und Einziehung unterliegen oder daß Geldsanktionen mit vergleichbarer Wirkung verhängt werden können.

(4) Jede Vertragspartei erwägt die Verhängung zusätzlicher zivil- oder verwaltungsrechtlicher Sanktionen gegen eine Person, die wegen Bestechung eines ausländischen Amtsträgers Sanktionen unterliegt.

Artikel 4
Gerichtsbarkeit

(1) Jede Vertragspartei trifft die erforderlichen Maßnahmen, um ihre Gerichtsbarkeit über die Bestechung eines ausländischen Amtsträgers zu begründen, wenn die Straftat ganz oder teilweise in ihrem Hoheitsgebiet begangen wird.

(2) Jede Vertragspartei, die für die Verfolgung ihrer Staatsangehörigen wegen im Ausland begangener Straftaten Gerichtsbarkeit hat, trifft die erforderlichen Maßnahmen, um nach denselben Grundsätzen ihre Gerichtsbarkeit auch für die Verfolgung wegen Bestechung eines ausländischen Amtsträgers zu begründen.

(3) Haben bei Verdacht einer in diesem Übereinkommen beschriebenen Straftat mehrere Vertragsparteien Gerichtsbarkeit, so führen die beteiligten Vertragsparteien auf Ersuchen einer dieser Vertragsparteien Konsultationen mit dem Ziel, die zur Verfolgung am besten geeignete Gerichtsbarkeit zu bestimmen.

(4) Jede Vertragspartei prüft, ob ihre geltende Rechtsgrundlage für die Gerichtsbarkeit bei der Bekämpfung der Bestechung ausländischer Amtsträger wirksam ist, und sorgt, falls dies nicht der Fall ist, für Abhilfe.

Artikel 5
Durchsetzung

Ermittlungsverfahren und Strafverfolgung wegen Bestechung eines ausländischen Amtsträgers unterliegen den geltenden Regeln und Grundsätzen der jeweiligen Vertragspartei. Sie dürfen nicht von Erwägungen nationalen wirtschaftlichen Interesses, der möglichen Wirkung auf Beziehungen zu einem anderen Staat oder der Identität der beteiligten natürlichen oder juristischen Personen beeinflußt werden.

Artikel 6
Verjährung

Die für die Straftat der Bestechung eines ausländischen Amtsträgers geltenden Verjährungsfristen sehen einen angemessenen Zeitraum für die Ermittlung und Verfolgung dieser Straftat vor.

Artikel 7
Geldwäsche

Jede Vertragspartei, welche die Bestechung ihrer eigenen Amtsträger zu einer Vortat für die Anwendung ihrer Rechtsvorschriften in bezug auf die Geldwäsche gemacht hat, verfährt nach den gleichen Bedingungen in bezug auf die Bestechung eines ausländischen Amtsträgers, ungeachtet des Ortes, an welchem die Bestechung stattgefunden hat.

Artikel 8
Buchführung

(1) Zur wirksamen Bekämpfung der Bestechung ausländischer Amtsträger trifft jede Vertragspartei im Rahmen ihrer Gesetze und sonstigen Vorschriften in bezug auf die Führung von Büchern und Aufzeichnungen, die Offenlegung von Jahresabschlüssen und die Grundsätze der Rechnungslegung und -prüfung die erforderlichen Maßnahmen, um Gesellschaften, für die diese Gesetze und sonstigen Vorschriften gelten, zu verbieten, zum Zweck der Bestechung ausländischer Amtsträger oder der Geheimhaltung einer solchen Bestechung Konten einzurichten, die in den Büchern nicht erscheinen, Geschäfte zu tätigen, die in den Büchern nicht oder nur mit unzureichenden Angaben erscheinen, nicht existente Aufwendungen zu verbuchen, das Entstehen von Verbindlichkeiten mit falschen Angaben zu ihrem Grund zu verbuchen sowie falsche Belege zu benutzen.

(2) Jede Vertragspartei sieht für derartige Unterlassungen und Fälschungen in bezug auf Bücher, Aufzeichnungen, Konten und Jahresabschlüsse solcher Gesellschaften wirksame, angemessene und abschreckende zivil-, verwaltungs- oder strafrechtliche Sanktionen vor.

**Artikel 9
Rechtshilfe**

(1) Jede Vertragspartei leistet einer anderen Vertragspartei in dem nach ihren Gesetzen sowie einschlägigen Verträgen und Vereinbarungen größtmöglichen Umfang unverzügliche und wirksame Rechtshilfe in Ermittlungs- und Strafverfahren, die von einer Vertragspartei in bezug auf Straftaten, die unter dieses Übereinkommen fallen, eingeleitet wurden, sowie in nichtstrafrechtlichen Verfahren, die unter dieses Übereinkommen fallen und von einer Vertragspartei gegen eine juristische Person eingeleitet wurden. Die ersuchte Vertragspartei unterrichtet die ersuchende Vertragspartei unverzüglich über gegebenenfalls zur Begründung des Rechtshilfeersuchens benötigte ergänzende Angaben oder Schriftstücke sowie auf Anfrage über den Stand und das Ergebnis des Rechtshilfeersuchens.

(2) Macht eine Vertragspartei die Rechtshilfe vom Vorliegen beiderseitiger Strafbarkeit abhängig, so gilt die beiderseitige Strafbarkeit als gegeben, wenn die Straftat, derentwegen um Rechtshilfe ersucht wird, unter dieses Übereinkommen fällt.

(3) Eine Vertragspartei darf die Rechtshilfe in Strafsachen, die unter dieses Übereinkommen fallen, nicht unter Berufung auf das Bankgeheimnis verweigern.

**Artikel 10
Auslieferung**

(1) Bestechung eines ausländischen Amtsträgers gilt als eine in das Recht der Vertragsparteien und in die zwischen ihnen geschlossenen Auslieferungsverträge einbezogene, der Auslieferung unterliegende Straftat.

(2) Erhält eine Vertragspartei, welche die Auslieferung vom Bestehen eines Auslieferungsvertrags abhängig macht, ein Auslieferungsersuchen von einer anderen Vertragspartei, mit der sie keinen Auslieferungsvertrag hat, so kann sie dieses Übereinkommen als Rechtsgrundlage für die Auslieferung in bezug auf die Straftat der Bestechung eines ausländischen Amtsträgers ansehen.

(3) Jede Vertragspartei trifft die erforderlichen Maßnahmen, um sicherzustellen, daß sie ihre Staatsangehörigen wegen Bestechung eines ausländischen Amtsträgers entweder ausliefern oder strafrechtlich verfolgen kann. Eine Vertragspartei, die ein Ersuchen um Auslieferung einer Person wegen Bestechung eines ausländischen Amtsträgers ausschließlich deswegen ablehnt, weil die Person ihr Staatsangehöriger ist, unterbreitet den Fall ihren zuständigen Behörden zum Zweck der Strafverfolgung.

(4) Die Auslieferung wegen Bestechung eines ausländischen Amtsträgers unterliegt den im innerstaatlichen Recht und in den geltenden Verträgen und Vereinbarungen jeder Vertragspartei vorgesehenen Bedingungen. Macht eine Vertragspartei die Auslieferung vom Vor-

liegen beiderseitiger Strafbarkeit abhängig, so gilt diese Bedingung als erfüllt, wenn die Straftat, derentwegen um Auslieferung ersucht wird, unter Artikel 1 dieses Übereinkommens fällt.

Artikel 11
Zuständige Behörden

Für die Zwecke des Artikels 4 Absatz 3 (über Konsultationen), des Artikels 9 (über Rechtshilfe) und des Artikels 10 (über Auslieferung) notifiziert jede Vertragspartei dem Generalsekretär der OECD eine oder mehrere für die Stellung und Entgegennahme von Ersuchen zuständige Behörden, die unbeschadet anderer Vereinbarungen zwischen den Vertragsparteien in diesen Angelegenheiten als Verbindungsstelle für diese Vertragspartei dienen.

Artikel 12
Überwachung und Folgemaßnahmen

Die Vertragsparteien arbeiten bei der Durchführung eines Programms systematischer Folgemaßnahmen zur Überwachung und Förderung der vollständigen Anwendung dieses Übereinkommens zusammen. Soweit die Vertragsparteien nicht einvernehmlich etwas anderes beschließen, geschieht dies im Rahmen der Arbeitsgruppe der OECD für Bestechungsfragen im internationalen Geschäftsverkehr und entsprechend ihrem Mandat oder im Rahmen und entsprechend dem Mandat eines ihre Aufgaben übernehmenden Nachfolgeorgans; die Vertragsparteien tragen die Kosten des Programms nach den für dieses Organ geltenden Bestimmungen.

Artikel 13
Unterzeichnung und Beitritt

(1) Bis zu seinem Inkrafttreten liegt dieses Übereinkommen für Mitglieder der OECD und für Nichtmitglieder, die zur vollberechtigten Teilnahme an der Arbeitsgruppe der OECD für Bestechungsfragen im internationalen Geschäftsverkehr eingeladen worden sind, zur Unterzeichnung auf.

(2) Nach seinem Inkrafttreten steht dieses Übereinkommen jedem Nichtunterzeichner, der Mitglied der OECD ist oder an der Arbeitsgruppe der OECD für Bestechungsfragen im internationalen Geschäftsverkehr oder einem ihre Funktionen wahrnehmenden Nachfolgeorgan vollberechtigt teilnimmt, zum Beitritt offen. Für jeden dieser Nichtunterzeichner tritt das Übereinkommen am sechzigsten Tag nach der Hinterlegung seiner Beitrittsurkunde in Kraft.

Artikel 14
Ratifikation und Verwahrer

(1) Dieses Übereinkommen bedarf der Annahme, Genehmigung oder Ratifikation durch die Unterzeichner nach Maßgabe ihres jeweiligen Rechts.

(2) Die Annahme-, Genehmigungs-, Ratifikations- oder Beitrittsurkunden werden beim Generalsekretär der OECD hinterlegt, der Verwahrer dieses Übereinkommens ist.

Artikel 15
Inkrafttreten

(1) Dieses Übereinkommen tritt am sechzigsten Tag nach dem Tag in Kraft, an dem fünf der zehn Staaten mit den zehn größten Exportanteilen entsprechend dem in der Anlage beigefügten Dokument, die mindestens sechzig Prozent der zusammengerechneten Gesamtexporte dieser zehn Länder auf sich vereinigen, ihre Annahme-, Genehmigungs- oder Ratifikationsurkunden hinterlegt haben. Für jeden Unterzeichnerstaat, der nach diesem Inkrafttreten seine Urkunde hinterlegt, tritt das Übereinkommen am sechzigsten Tag nach Hinterlegung seiner Urkunde in Kraft.

(2) Ist das Übereinkommen nach dem 31. Dezember 1998 nicht nach Absatz 1 in Kraft getreten, so kann jeder Unterzeichner, der seine Annahme-, Genehmigungs- oder Ratifikationsurkunde hinterlegt hat, gegenüber dem Verwahrer schriftlich seine Bereitschaft erklären, das Inkrafttreten des Übereinkommens nach diesem Absatz anzunehmen. Für diesen Unterzeichner tritt das Übereinkommen am sechzigsten Tag nach dem Tag in Kraft, an dem derartige Erklärungen von mindestens zwei Unterzeichnern hinterlegt worden sind. Für jeden Unterzeichner, der nach diesem Inkrafttreten seine Erklärung hinterlegt, tritt das Übereinkommen am sechzigsten Tag nach dem Tag der Hinterlegung in Kraft.

Artikel 16
Änderung

Jede Vertragspartei kann zu diesem Übereinkommen Änderungen vorschlagen. Ein Änderungsvorschlag wird dem Verwahrer unterbreitet; dieser übermittelt ihn den anderen Vertragsparteien mindestens sechzig Tage vor Einberufung eines Treffens der Vertragsparteien zur Beratung über den Änderungsvorschlag. Eine Änderung, die von den Vertragsparteien einvernehmlich oder auf andere von den Vertragsparteien einvernehmlich festgelegte Weise beschlossen worden ist, tritt sechzig Tage nach Hinterlegung einer Ratifikations-, Annahme- oder Genehmigungsurkunde seitens aller Vertragsparteien oder unter anderen von den Vertragsparteien zum Zeitpunkt der Beschlußfassung über die Änderung genannten Bedingungen in Kraft.

Artikel 17
Rücktritt

Eine Vertragspartei kann durch eine an den Verwahrer gerichtete schriftliche Notifikation von diesem Übereinkommen zurücktreten. Dieser Rücktritt wird ein Jahr nach Eingang der Notifikation wirksam. Nach dem Rücktritt wird die Zusammenarbeit zwischen den Vertragsparteien und der zurückgetretenen Vertragspartei hinsichtlich aller Rechtshilfe- oder Auslieferungsersuchen fortgesetzt, die vor dem Tag, an dem der Rücktritt wirksam geworden ist, gestellt wurden und noch nicht erledigt sind.

Geschehen zu Paris am 17. Dezember 1997 in französischer und englischer Sprache, wobei jeder Wortlaut gleichermaßen verbindlich ist.

Gesetz zu dem Protokoll vom 27. September 1996 zum Übereinkommen über den Schutz der finanziellen Interessen der Europäischen Gemeinschaften (EU-Bestechungsgesetz – EUBestG)

Vom 10. September 1998

Der Bundestag hat das folgende Gesetz beschlossen:

Artikel 1
Zustimmung zum Vertrag

Dem in Brüssel am 27. September 1996 von der Bundesrepublik Deutschland unterzeichneten Protokoll aufgrund von Artikel K.3 des Vertrags über die Europäische Union zum Übereinkommen über den Schutz der finanziellen Interessen der Europäischen Gemeinschaften wird zugestimmt. Das Protokoll wird nachstehend veröffentlicht.

Artikel 2 Durchführungsbestimmungen

§ 1
Gleichstellung von ausländischen mit inländischen Amtsträgern bei Bestechungshandlungen

(1) Für die Anwendung der §§ 332, 334 bis 336, 338 des Strafgesetzbuches auf eine Bestechungshandlung für eine künftige richterliche Handlung oder Diensthandlung stehen gleich:

1. einem Richter:

    a) ein Richter eines anderen Mitgliedstaats der Europäischen Union;

    b) ein Mitglied eines Gerichts der Europäischen Gemeinschaften;

2. einem sonstigen Amtsträger:

    a) ein Amtsträger eines anderen Mitgliedstaats der Europäischen Union, soweit seine Stellung einem Amtsträger im Sinne des § 11 Abs. 1 Nr. 2 des Strafgesetzbuches entspricht;

    b) ein Gemeinschaftsbeamter im Sinne des Artikels 1 des Protokolls vom 27. September 1996 zum Übereinkommen über den Schutz der finanziellen Interessen der Europäischen Gemeinschaften;

    c) ein Mitglied der Kommission und des Rechnungshofes der Europäischen Gemeinschaften.

(2) Für die Anwendung von

1. § 263 Abs. 3 Satz 2 Nr. 4 und § 264 Abs. 2 Satz 2 Nr. 2 und 3 des Strafgesetzbuches und

2. § 370 Abs. 3 Satz 2 Nr. 2 und 3 der Abgabenordnung, auch in Verbindung mit § 12 Abs. 1 Satz 1 des Gesetzes zur Durchführung der Gemeinsamen Marktorganisationen, steht einem Amtsträger ein in Absatz 1 Nr. 2 Buchstabe b bezeichneter Gemeinschaftsbeamter und ein Mitglied der Kommission der Europäischen Gemeinschaften gleich.

§ 2
Auslandstaten

Die §§ 332, 334 bis 336 des Strafgesetzbuches, auch in Verbindung mit § 1 Abs. 1, gelten unabhängig vom Recht des Tatorts auch für eine Tat, die im Ausland begangen wird, wenn

1. der Täter

    a) zur Zeit der Tat Deutscher ist oder

    b) Ausländer ist, der

       aa) als Amtsträger im Sinne des § 11 Abs. 1 Nr. 2 des Strafgesetzbuches oder

       bb) als Gemeinschaftsbeamter im Sinne des § 1 Abs. 1 Nr. 2 Buchstabe b, der einer gemäß den Verträgen zur Gründung der Europäischen Gemeinschaften geschaffenen Einrichtung mit Sitz im Inland angehört, die Tat begeht, oder

2. die Tat gegenüber einem Richter, einem sonstigen Amtsträger oder einer nach § 1 Abs. 1 gleichgestellten Person, soweit sie Deutsche sind, begangen wird.

§ 3
Änderung des Strafgesetzbuches

In § 5 des Strafgesetzbuches in der Fassung der Bekanntmachung vom 10. März 1987 (BGBl. I S. 945, 1160), das zuletzt durch Artikel 2 des Gesetzes vom 10. September 1998 (BGBl. I S. 2322) geändert worden ist, wird folgende Nummer 14 a eingefügt:

»14 a. Abgeordnetenbestechung (§ 108 e), wenn der Täter zur Zeit der Tat Deutscher ist oder die Tat gegenüber einem Deutschen begangen wird,«.

Artikel 3
Neufassung des Strafgesetzbuches

Das Bundesministerium der Justiz kann den Wortlaut des Strafgesetzbuches in der vom 1. Januar 1999 an geltenden Fassung im Bundesgesetzblatt bekanntmachen.

Artikel 4
Inkrafttreten

(1) Dieses Gesetz tritt am Tage nach seiner Verkündung in Kraft.

(2) Der Tag, an dem das Protokoll nach seinem Artikel 9 Abs. 3 für die Bundesrepublik Deutschland in Kraft tritt, ist im Bundesgesetzblatt bekanntzugeben.

Die verfassungsmäßigen Rechte des Bundesrates sind gewahrt.

Das vorstehende Gesetz wird hiermit ausgefertigt und wird im Bundesgesetzblatt verkündet.

Berlin, den 10. September 1998

Der Bundespräsident
Roman Herzog

Der Bundeskanzler
Dr. Helmut Kohl

Der Bundesminister der Justiz
Schmidt-Jortzig

GUIDELINES: Procurement under IBRD Loans and IDA Credits

© 1985, 1986, 1988, 1992, 1995 Fifth edition, revised and expanded 1995 Revised January and August 1996 and September 1997 The International Bank for Reconstruction and Development / THE WORLD BANK 1818 H Street, N.W. Washington, D.C. 20433, U.S.A.

First printing January 1995, Second printing January 1996, Third printing August 1996, Fourth Printing September 1997, All rights reserved ISBN 0-8213-3218-X

II. International Competitive Bidding

A. General

❏ 2.1 ... Introduction

❏ 2.2 ... Type and Size of Contracts

❏ 2.6 ... Two-Stage Bidding

❏ 2.7 ... Notification and Advertising

❏ 2.9 ... Prequalification of Bidders

Introduction

2.1 ... The objective of International Competitive Bidding (ICB), as described in these Guidelines, is to provide all eligible prospective bidders[1] with timely and adequate notification of a Borrower's requirements and an equal opportunity to bid for the required goods and works.

Type and Size of Contracts

2.2 ... The bidding documents shall clearly state the type of contract to be entered into and contain the proposed contract provisions appropriate therefor. The most common types of contracts provide for payments on the basis of a lump sum, unit prices, reimbursable cost plus fees, or combinations thereof. Reimbursable cost contracts are acceptable to the Bank only in exceptional circumstances such as conditions of high risk or where costs cannot be determined in advance with sufficient accuracy. Such contracts shall include appropriate incentives to limit costs.

2.3 ... The size and scope of individual contracts will depend on the magnitude, nature and location of the project. For projects requiring a variety of goods and works, separate contracts generally are awarded for the supply and/or installation of different items of equipment and plant[2] and for the works.

2.4 ... For a project requiring similar but separate items of equipment or works, bids may be invited under alternative contract options that would attract the interest of both small and large firms, which could be allowed, at their option, to bid for individual contracts (slices) or for a group of similar contracts (package). All bids and combinations of bids shall be received by the same deadline and opened and evaluated simultaneously so as to determine the bid or combination of bids offering the lowest evaluated cost to the Borrower.[3]

2.5 ... In certain cases, such as special processes, closely integrated manufacturing, or works of a special nature, the Bank may accept or require a turnkey contract under which the design and engineering, the supply and installation of equipment and the construction of a complete industrial plant or works are provided under one contract. Alternatively, the Borrower may remain responsible for the design and engineering, and invite bids for a single responsibility contract for the supply and installation of all goods and works required for the project component. Design and build, and management contracting[4] contracts are also acceptable where appropriate.

Two-Stage Bidding

2.6 ... Detailed design and engineering of the goods and works to be provided, including the preparation of technical specifications and other bidding documents, normally precede the invitation to bid for major contracts. However, in the case of turnkey contracts or contracts for large complex plants or works of a special nature, it may be undesirable or impractical to prepare complete technical specifications in advance. In such a case, a two-stage bidding procedure may be used, under which first unpriced technical proposals on the basis of a conceptual design or performance specifications are invited, subject to technical as well as commercial clarifications and adjustments, to be followed by amended bidding documents and the submission of final technical proposals and priced bids in the second stage. These procedures are also appropriate in the procurement of equipment which is subject to rapid technological advances, such as major computer and communications systems.[5]

Notification and Advertising

2.7 ... Timely notification of bidding opportunities is essential in competitive bidding. For projects which include procurement on the basis of ICB, the Borrower is required to prepare and submit to the Bank a draft General Procurement Notice. The Bank will arrange for its publication in *Development Business(UNDB)*.[6] The Notice shall contain information concerning the Borrower (or prospective Borrower), amount and purpose of the loan, scope of procurement under ICB, and the name and address of the Borrower's agency responsible for procurement. If known, the scheduled date for availability of prequalification or bidding documents should be indicated. The Borrower shall maintain a list of responses to the notice. The related prequalification or bidding documents, as the case may be, shall not be released to the public earlier than eight weeks after the date of publication of the notice. The General Procurement Notice shall be updated annually for all outstanding procurement.

2.8 ... The international community shall also be notified in a timely manner of the opportunities to bid for specific contracts. To that end, invitations to prequalify or to bid, as the case may be, shall be advertised as Specific Procurement Notices in at least one newspaper of national circulation in the Borrower's country (and in the official gazette, if any). Such invitations shall also be transmitted to those who have expressed interest in bidding in response to the General Procurement Notice. Publication of the invitations in the *Development Business* is also encouraged. Borrowers are also strongly encouraged to transmit such invitations to embassies and trade representatives of countries of likely suppliers and contractors. Additionally, for large, specialized or important contracts, Borrowers shall advertise the invitations in *Development Business* and/or well-known technical magazines, newspapers and trade publications of wide international circulation. Notification shall be given in sufficient time to enable prospective bidders to obtain prequalification or bidding documents and prepare and submit their responses.[7]

Prequalification of Bidders

2.9 ... Prequalification is usually necessary for large or complex works, or in any other circumstances in which the high costs of preparing detailed bids could discourage competition, such as custom-designed equipment, industrial plant, specialized services, and contracts to be let under turnkey, design and build, or management contracting. This also ensures that invitations to bid are extended only to those who have adequate capabilities and resources. Prequalification may also be useful to determine eligibility for preference for domestic contractors where this is allowed.[8] Prequalification shall be based entirely upon the capability and resources of prospective bidders to perform the particular contract satisfactorily, taking into account their (i) experience and past performance on similar contracts, (ii) capabilities with respect to personnel, equipment, and construction or manufacturing facilities, and (iii) financial position.[9]

2.10 ... The invitation to prequalify for bidding on specific contracts or groups of similar contracts shall be advertised and notified as described in paragraphs 2.7 and 2.8 above. The scope of the contract and a clear statement of the requirements for qualification shall be sent to those who responded to the invitation. All such applicants that meet the specified criteria shall be allowed to bid. Borrowers shall inform all applicants of the results of prequalification. As soon as prequalification is completed, the bidding documents shall be made available to the qualified prospective bidders. For prequalification for groups of contracts to be awarded over a period of time, a limit for the number or total value of awards to any one bidder may be made on the basis of the bidder's resources. The list of prequalified firms in such instances shall be updated periodically. Verification of the information provided in the submission for prequalification shall be confirmed at the time of award of contract, and award may be denied to a bidder that is judged to no longer have the capability or resources to successfully perform the contract.

IMF Adopts Guidelines Regarding Governance Issues

The Executive Board of the International Monetary Fund (IMF) has adopted Guidelines covering the role of the IMF in issues of governance.

The IMF has long provided advice and technical assistance that has helped to foster good governance, including by promoting public sector transparency and accountability. Traditionally the IMF's main focus has been on encouraging countries to correct macroeconomic imbalances, reduce inflation, and undertake key trade, exchange, and other market reforms needed to improve efficiency and support sustained economic growth. As the Managing Director of the IMF, Michel Camdessus, noted in **remarks** last month to the Economic Club of New York, »this is still our first order of business in all our member countries. But, increasingly, we find that a much broader range of institutional reforms is needed if countries are to establish and maintain private sector confidence, and thereby lay the basis for sustained growth;« and »every country that hopes to maintain market confidence must come to terms with the issues associated with good governance.«

Reflecting the increased significance the membership of the IMF places on this matter, the Declaration **Partnership for Sustainable Growth** that was adopted by the IMF's Interim Committee at its meeting in Washington D. C. on September 29, 1996 identified »promoting good governance in all its aspects, including ensuring the rule of law, improving the efficiency and accountability of the public sector, and tackling corruption« as an essential element of a framework within whicheconomies can prosper. The IMF's Executive Board has since met a number of times in recent months to develop guidance for the IMF regarding governance issues.

The attached **Guidance Note** that has now been adopted reflects the strong consensus among Executive Directors on the importance of good governance for economic efficiency and growth. The IMF's role in these issues has been evolving pragmatically as more was learned about the contribution that greater attention to governance issues could make to macroeconomic stability and sustainable growth. Executive Directors were strongly supportive of the role the IMF has been playing in this area in recent years. They also emphasized that the IMF's involvement in governance should be limited to its economic aspects.

Building on the IMF's past experience, and taking into account the Executive Board's discussions, the guidelines seek to promote greater attention by the IMF to governance issues, in particular through:

❑ A more comprehensive treatment in the context of both Article IV consultations and IMF-supported programs of those governance issues within the IMF's mandate and expertise;

- A more proactive approach in advocating policies and the development of institutions and administrative systems that eliminate the opportunity for bribery, corruption, and fraudulent activity in the management of public resources;

- An evenhanded treatment of governance issues in all member countries; and

- Enhanced collaboration with other multilateral institutions, in particular the World Bank, to make better use of complementary areas of expertise.

THE ROLE OF THE IMF IN GOVERNANCE ISSUES–GUIDANCE NOTE

I. Introduction

1. Reflecting the increased significance that member countries attach to the promotion of good governance, on January 15, 1997, the Executive Board held a preliminary discussion on the role of the IMF in governance issues, followed by a discussion on May 14, 1997 on guidance to the staff.[1] The discussions revealed a strong consensus among Directors on the importance of good governance for economic efficiency and growth. It was observed that the IMF's role in these issues had been evolving pragmatically as more was learned about the contribution that greater attention to governance issues could make to macroeconomic stability and sustainable growth in member countries. Directors were strongly supportive of the role the IMF has been playing in this area in recent years through its policy advice and technical assistance.

2. The IMF contributes to promoting good governance in member countries through different channels. First, in its policy advice, the IMF has assisted its member countries in creating systems that limit the scope for ad hoc decision making, for rent seeking, and for undesirable preferential treatment of individuals or organizations. To this end, the IMF has encouraged, inter alia, liberalization of the exchange, trade, and price systems, and the elimination of direct credit allocation. Second, IMF technical assistance has helped member countries in enhancing their capacity to design and implement economic policies, in building effective policy-making institutions, and in improving public sector accountability. Third, the IMF has promoted transparency in financial transactions in the government budget, central bank, and the public sector more generally, and has provided assistance to improve accounting, auditing, and statistical systems. In all these ways, the IMF has helped countries to improve governance, to limit the opportunity for corruption and to increase the likelihood of exposing instances of poor governance. In addition, the IMF has addressed specific issues of poor governance, including corruption,[2] when they have been judged to have a significant macroeconomic impact.

---

1 The Interim Committee Declaration of September 26, 1996 on Partnership for Sustainable Global Growth also attached particular importance »to promoting good governance in all its aspects.«

2 Corruption could be defined as the abuse of public office for private gain, a definition also used by the World Bank.

3. Building on the IMF's past experience in dealing with governance issues and taking into account the two Board discussions, the following guidelines seek to provide greater attention to IMF involvement in governance issues, in particular through:

- a more comprehensive treatment in the context of both Article IV consultations and IMF-supported programs of those governance issues that are within the IMF's mandate and expertise;

- a more proactive approach in advocating policies and the development of institutions and administrative systems that aim to eliminate the opportunity for rent seeking, corruption, and fraudulent activity;

- an evenhanded treatment of governance issues in all member countries; and

- enhanced collaboration with other multilateral institutions, in particular the World Bank, to make better use of complementary areas of expertise.

II. Guidance for IMF Involvement

Responsibility for good governance

4. The responsibility for governance issues lies first and foremost with the national authorities. The staff should, wherever possible, build on the national authorities' own willingness and commitment to address governance issues, recognizing that staff involvement is more likely to be successful when it strengthens the hands of those in the government seeking to improve governance. However, there may be instances in which the authorities are not actively addressing governance issues of relevance to the IMF. In such circumstances, the staff should raise their specific concerns in this regard with the authorities and point out the economic consequences of not addressing these issues.

Aspects of governance of relevance to the IMF

5. Many governance issues are integral to the IMF's normal activities. The IMF is primarily concerned with macroeconomic stability, external viability, and orderly economic growth in member countries. Therefore, the IMF's involvement in governance should be limited to economic aspects of governance. The contribution that the IMF can make to good governance (including the avoidance of corrupt practices) through its policy advice and, where relevant, technical assistance, arises principally in two spheres:

- *improving the management of public resources through reforms covering public sector institutions (e. g., the treasury, central bank, public enterprises, civil service, and the official statistics function), including administrative procedures (e. g., expenditure control, budget management, and revenue collection);*

- *supporting the development and maintenance of a transparent and stable economic and regulatory environment conducive to efficient private sector activities (e. g., price systems, exchange and trade regimes, banking systems and their related regulations).*

6. Within these areas of concentration, the IMF should focus its policy advice and technical assistance on areas of the IMF's traditional purview and expertise. Thus, the IMF should be concerned with issues such as institutional reforms of the treasury, budget

preparation and approval procedures, tax administration, accounting, and audit mechanisms, central bank operations, and the official statistics function. Similarly, reforms of market mechanisms would focus primarily on the exchange, trade, and price systems, and aspects of the financial system. In the regulatory and legal areas, IMF advice would focus on taxation, banking sector laws and regulations, and the establishment of free and fair market entry (e. g., tax codes and commercial and central bank laws). In other areas, however, where the IMF does not have a comparative advantage (e. g., public enterprise reform, civil service reform, property rights, contract enforcement, and procurement practices), the IMF would continue to rely on the expertise of other institutions, especially the World Bank. But, consistent with past practice, policies and reforms in these areas could, as appropriate, be part of the IMF staff's policy discussions and conditionality for the IMF's financial support where those measures were necessary for the achievement of program objectives.

7. Although it is difficult to separate economic aspects of governance from political aspects, confining the IMF's involvement in governance issues to the areas outlined above should help establish the boundaries of this involvement. In addition, general principles that are more broadly applicableto the IMF's activities should also guide the IMF's involvement in governance issues. Specifically, the IMF's judgements should not be influenced by the nature of a political regime of a country, nor should it interfere in domestic or foreign politics of any member. The IMF should not act on behalf of a member country in influencing another country's political orientation or behavior. Nevertheless, the IMF needs to take a view on whether the member is able to formulate and implement appropriate policies. This is especially clear in the case of countries implementing economic programs supported by the IMF from the guidelines on conditionality that call on IMF management to judge that »*the program is consistent with the IMF's provisions and policies and that it will be carried out.*«[3] As such, it is legitimate for management to seek information about the political situation in member countries as an essential element in judging the prospects for policy implementation.

The criteria for IMF involvement

8. The IMF's mandate and resources do not allow the institution to adopt the role of an investigative agency or guardian of financial integrity in member countries, and there is no intention to move in this direction. The staff should, however, address governance issues, including instances of corruption, on the basis of economic considerations within its mandate.

9. In considering whether IMF involvement in a governance issue is appropriate, the staff should be guided by an assessment of whether poor governance would have significant current or potential impact on macroeconomic performance in the short and medium term, and on the ability of the government credibly to pursue policies aimed at external

---

3 Guidelines on Conditionality, 6056–79/38, March 2, 1979, *Selected Decisions*, Twenty-First Issue, page 99.

viability and sustainable growth. The staff could draw upon comparisons with broadly agreed best international practices of economic management to assess the need for reforms.

10. As regards possible individual instances of corruption, IMF staff should continue raising these with the authorities in cases where there is a reason to believe they could have significant macroeconomic implications, even if these effects are not precisely measurable. Such implications could arise either because the amounts involved are potentially large, or because the corruption may be symptomatic of a wider governance problem that would require changes in the policy or regulatory framework to correct. Instances could include, for example, the diversion of public funds through misappropriation, tax (including customs) fraud with the connivance of publicofficials, the misuse of official foreign exchange reserves, or abuse of powers by bank supervisors that could entail substantial future costs for the budget and public financial institutions. Corrupt practices could also occur in other government activities, including the regulation of private sector activities that do not have a direct impact on the budget or public finances, such as ad hoc decisions made in relation to the regulation of foreign direct investment. Such practices would be counter to the IMF's general policy advice aimed at providing a level playing field to foster private sector activity.

11. Instances of corruption that do not meet the threshold of having significant macroeconomic implications are best addressed through the IMF's efforts to promote transparency and remove unnecessary regulations and opportunities for rent seeking – consistent with the broad principles that apply to other issues of economic governance. Staff recommendations could include improvements in government management processes and systems that would have the beneficial side effect of preventing a recurrence of corrupt practices, or advice to the authorities to seek the assistance of competent institutions for advice in these areas.

The modalities of IMF involvement in governance issues

12. Governance issues are relevant to all member countries although the problems differ depending on the economic systems, institutions, and the economic situation. The mode of IMF involvement will have implications for the manner in which governance concerns are addressed by staff in different member countries. Nonetheless, whatever the mode of involvement, the IMF's main contribution to improving governance in all countries – both countries receiving financial support from the IMF and other countries – will continue to be through support for policy reforms that remove opportunities for rent-seeking activities and through sustained efforts to help strengthen institutions and the administration capacity in member countries.

Article IV consultation discussions

13. In Article IV consultation discussions, the staff should be alert to the potential benefits of reforms that can contribute to the promotion of good governance (e. g., reduced scope for generalized rent seeking, enhanced transparency in decision making and budgetary processes, reductions in tax exemptions and subsidies, improved accounting and control systems, improvements instatistical dissemination practices, improvements in the compo-

sition of public expenditure, and accelerated civil service reform). The potential risks that poor governance could adversely affect private market confidence and, in turn, reduce private capital inflows and investment – even in countries enjoying relatively strong growth and private capital inflows – should also be brought to the attention of the authorities. IMF policy advice should also make use of the broad experience of countries with different economic systems and institutional practices and be based on the broadly agreed best international practices of economic management, and on the principles of transparency, simplicity, accountability, and fairness. In the case of international transactions that involve corruption, the staff should pay equal attention to both sides of corrupt transactions and recommend that such practices be stopped if they have the potential to significantly distort economic outcomes (e. g., the tax deductibility of bribes in member countries or certain operations of official agencies). Where poor governance with a significant economic impact is evident and brought to the staff's attention in its surveillance activities, the staff should discuss the issue with the authorities.

Use of IMF resources

14. While the policy advice indicated above in relation to Article IV consultations is also relevant in the case of IMF-supported programs, the need to safeguard the IMF's resources must also be taken into account.

15. The use of conditionality related to governance issues emanates from the IMF's concern with macroeconomic policy design and implementation as the main means to safeguard the use of IMF resources. Thus, conditionality, in the form of prior actions, performance criteria, benchmarks, and conditions for completion of a review, should be attached to policy measures including those relating to economic aspects of governance that are required to meet the objectives of the program. This would include policy measures which may have important implications for improving governance, but are covered by the IMF's conditionality primarily because of their direct macroeconomic impact. (e. g., the elimination of tax exemptions or recovery of nonperforming loans). While the IMF staff should rely on other institutions' expertise in areas of their purview (e. g., public enterprise reform by the World Bank), it could nevertheless recommend conditionality in these areas if it considers that measures are critical to the successful implementation of the program.

16. Weak governance should be addressed early in the reform effort. Financial assistance from the IMF in the context of completion of a review under a program or approval of a new IMF arrangement could be suspended or delayed on account of poor governance, if there is reason to believe it could have significant macroeconomic implications that threaten the successful implementation of the program, or if it puts in doubt the purpose of the use of IMF resources. Corrective measures that at least begin to address the governance issue should be prior actions for resumption of IMF support and, if necessary, certain key measures could be structural benchmarks or performance criteria. Examples of such measures include recuperation of foregone revenue and changes in tax or customs administration. The staff would need to exercise judgement in assessing whether the actions adopted by the authorities were adequate to address the governance concerns; as in the case of other policies in which the track record is weak and the commitment of the autho-

rities is in doubt, it may be appropriate in some circumstances to call for a period of monitoring prior to a resumption of financial support. The authorities' policy response could also entail changes in management in public institutions and, as appropriate, the removal of individuals from involvement in particular operations where corruption had occurred, and efforts to recover government funds that have been misappropriated. The staff must, of course, be mindful of the need to avoid action prejudicial to any related domestic legal processes in a particular case.

Technical assistance

17. The IMF's technical assistance programs should continue to contribute to improving economic aspects of governance. This would apply to areas of IMF expertise, including budget management and control, tax and customs administration, central bank laws and organization, foreign exchange laws and regulations, and macroeconomic statistical systems and dissemination practices. In these areas, technical assistance missions should bring to the attention of the authorities areas in which procedures and practices fall short of best international practices.

Identification of governance problems

18. In the context of Article IV consultations, program negotiations, and technical assistance missions, the staff should be alert to aspects of poor governance that would influence the implementation and effectiveness of economic policies and private sector activities. For example, this could be related to a weak and poorly remunerated civil service, which could be addressed through civil service reforms encompassing a restructuring or selective increase in pay scales or the process and transparency of the privatization process. The staff should also pay attention to inconsistencies or improbabilities in the various data and accounts in member countries. For instance, tax collection might fall short of the expected potential yields as a result of weak administration of tax laws, procedural complexities or the widespread abuse of exemptions. The staff should bring data inconsistencies that are not judged to be the result of problems in statistical collection and compilation to the attention of the authorities. The staff should also advise that greater transparency in macroeconomic policy implementation could help build private sector confidence in government policies, for example, the consolidation of all extra budgetary accounts within the budget, the early publication of the budget, and early reporting on the outcome at the end of the fiscal year.

19. It is recognized that there are clear practical limitations to the ability of the staff to identify deficiencies in governance. The availability, quality, and reliability of information are likely to be important factors affecting IMF involvement in corruption cases. The staff should continue to rely on information provided by the authorities. If inconsistencies in public accounts and reports suggest that a problem exists, the staff should, in the first instance, raise the issue with the authorities. In its endeavor to seek information, the staff may need to be prepared to face some tension in the working relationship with country authorities in specific cases potentially involving corrupt practices. The staff may also point out that, in an atmosphere of widespread rumors of corrupt practices, and where the

rumors have some genuine credence, an independent audit may be desirable to address such concerns. If the staff considers that further information is required to resolve an issue that has a significant macroeconomic impact, it may be appropriate to make use of information from third parties, including other international organizations and donors. In view of the confidential nature of the information obtained by the staff from member countries, staff enquiries will need to be handled with due discretion and regard for the sensitive nature of the issue.

Coordination with bilateral donors and other multilateral institutions

20. The IMF should collaborate with other multilateral institutions and donors in addressing economic governance issues. Recognizing that the interests of these bodies are more diverse than the IMF's – ranging from political aspects of governance to specific project-related issues – the IMF staff should exercise independent judgement in formulating policy advice. In addition, the staff should focus its analysis and technical assistance only on those issues that are within its expertise. However, as noted in paragraph 6, conditionality may apply to measures to address governance concerns in areas outside the IMF staff's expertise. IMF staff should also keep abreast of changes in the policies of partner organizations and specific efforts in member countries on governance issues. This should include the activities of partner organizations, particularly the World Bank, in addressing governance issues in areas which are outside IMF staff's competence but nonetheless important for the achievement of the economic policies advocated by the IMF (e. g., the reliable enforcement of contracts).

21. Given the commonality of interest with other multilateral institutions, the IMF should seek to strengthen its collaboration on issues of governance with them, and in particular with the World Bank. This should include, especially when requested by the authorities concerned, coordination of action to improve governance.

22. As regards bilateral donors, it is useful to distinguish two different cases in which donor responses to economic and noneconomic governance issues affect the IMF's relations with its members, although in practice there is seldom a clear separation between such economic and noneconomic aspects:

- ❏ In cases where bilateral donors or creditors withhold or interrupt external support because of concern over political and/or economic aspects of governance, the IMF should have an independent view on the economic implications. The IMF staff should examine whether these issues have a direct and significant impact on macroeconomic developments in the short or medium term. If this is the case, the staff should seek to assist the member country concerned through policy advice and technical assistance in areas of its expertise and coordinate as appropriate with donors with a view to helping to address the governance issues before recommending provision of IMF financial support. If this is not the case, but donors continue to withhold support, the staff should seek to assist the authorities in reformulating a program with greater internal adjustment to compensate for reduced external financing, paying due regard to the medium-term sustainability in the absence of a resumption of external assistance. If this were not feasible because of a lack of financing assurances, i. e., adequate external financing for the reformulated program is not in place, as a last resort, the staff should recommend that the IMF withhold its own financial support but continue to provide technical assistance support.

❑ In cases where governance issues significantly affect short- or medium-term economic developments but donors and creditors continue their financial assistance to the country concerned and do not assist the government in improving governance, IMF staff nevertheless has an independent responsibility for raising the governance issue with the authorities and for reporting to the Board on this issue. There may be occasions when the IMF staff may raise its concerns with donors and creditors, including at consultative group meetings and in round tables. But these instances would need to be addressed with care with the guidance of the Board and due regard to the confidential nature of such information. There are clear limitations to what the IMF's contribution to improvements in governance in member countries can achieve without the active support from the rest of the international community.

Reporting to the Executive Board

23. The Executive Board will be kept informed about developments in significant cases involving governance issues and will have the opportunity to comment on the operation of these guidelines as country cases are brought forward. In addition, there will be a periodic review by the Executive Board of the IMF's experience in governance issues.

Extortion and Bribery in International Business Transactions

Foreword

In 1977, the ICC issued a Report on Extortion and Bribery in business transactions. This broke new ground in calling for complementary and mutually supportive action by governments, intergovernmental bodies, and the business community to combat extortion and bribery in international trade.

The Report aroused interest in intergovernmental fora, such as the OECD and the UN Commission on Transnational Corporations. Moreover, corporations in a number of countries were prompted to establish or strengthen their internal rules of fair practices, taking as a model the Rules of Conduct for enterprises which were set forth in Part III of the 1977 Report.

Today, the importance of effectively combating extortion and bribery is greater than ever. In the early 1990 s, scandals involving extortion and bribery were a significant factor in toppling governments in many parts of the world. This situation, if allowed to continue, could undermine the most promising development of the post Cold-war era, i. e., the spread of democratic governments and of market economies worldwide. It is all the more unacceptable in view of the liberalisation of world trade in goods and services achieved through the Uruguay Round: freer trade must be matched by fair competition, failing which trading relations will be increasingly strained to the common detriment of govern-ments and enterprises. In addition to being a crime, offering or giving bribes may constitute acts of unfair competition, which could give rise to actions for damages.

Against this background, the ICC, as the leading world business organisation, decided in 1994 to review its 1977 Report and set up for this purpose an Ad Hoc Committee under the chairmanship of Mr. François Vincke (Belgium), Secretary General of Petrofina.

The updated Report, which the ICC now presents, confirms the basic approach recommended initially, i. e., the need for action by international organisations, governments and by enterprises, nationally and internationally, to meet the challenging goal of greater transparency in international trade.

Major responsibility in this area undoubtedly rests with governments, as has been recognised by the OECD, the Council of Europe, the Organisation of American States and UNCTAD. Part II of the Report accordingly urges all governments to demonstrate their political will to implement promptly the May 1994 OECD Recommendation on Bribery in International Business Transactions. The ICC considers it particularly important that the OECD Recommendation be implemented by all countries, including the developing countries. To that effect, the ICC recommends that the OECD establish close liaison with the World Trade Organisation (WTO), in order to further the understanding of problems associated with extortion and bribery and encourage acceptance of the principles of the 1994 OECD Recommendation by countries that are not OECD members.

For its part, the international business community has the corresponding responsibility to strengthen its own efforts to combat extortion and bribery. Part II of the Report thus sets forth the Rules of Conduct recommended by the ICC for voluntary application by enterprises. These are in many respects more stringent than those issued in 1977. The 1977 Rules only prohibited extortion and bribery in connection with obtaining or retaining business; the new Rules prohibit extortion and bribery for any purpose. Thus, extortion and bribery in judicial proceedings, in tax matters, in environmental and other regulatory cases or in legislative proceedings are now covered by the Rules. Governments are urged to regulate political contributions by enterprises and to ensure that they are publicly recorded. New emphasis is placed on implementing mechanisms within companies to enforce corporate codes of conduct.

Finally, the ICC itself is alive to its own responsibility to promote and monitor the acceptance and application of the Rules of Conduct. Part III of the Report therefore sets out the priorities of the Standing Committee which the ICC is establishing. Its principal purpose will be to stimulate action by enterprises and business organisations in support of self-regulation, as an important factor in effectively combating extortion and bribery. This approach is more promising and more in line with the responsibilities of a non-governmental organisation than the establishment of a Panel to investigate alleged infringements of the Rules, as envisaged in 1977.

PART I – Recommendations to Governments and International Organisations

Recommendations for international cooperation

Basic criminal statutes of virtually all countries clearly prohibit extortion and bribery. In the interest of developing consistent standards of criminal legislation in this field, each government should review its statutes to ensure that they effectively prohibit, in conformity with its jurisdictional and other basic legal principles, all aspects of both the giving and the taking of bribes including promises and solicitation of bribes. Where no such legislation exists, the governments concerned should introduce it; in those countries where extortion and bribery are already clearly prohibited, the relevant legislation should be perfected.

Each government should take concrete and meaningful steps to enforce vigorously its legislation in this area. The ICC also notes with approval that the OECD has urged governments to re-examine their legislation against extortion and bribery; action relating to the tax deductibility of bribes is of particular urgency. The WTO should involve itself with these issues to support the OECD in the implementation of its Recommen-dations.

National measures

In order to deal with the problem of extortion and bribery, governments should, in conformity with their jurisdictional and other basic legal principles, take the following measures, if they have not already done so.
Preventive measures

1 Disclosure procedures

For the sake of transparency, procedures should be established providing for periodic reports to an authorised government body of measures taken to supervise govern-ment officials involved directly or indirectly in commercial transactions. Such reports should be open to public scrutiny.

For enterprises engaged in transactions with any government or with any enterprise owned or controlled by government, disclosure procedures should provide for access, upon specific request, by the appropriate government authorities to information as to agents dealing directly with public bodies or officials in connection with any particular transaction, and as to the payments to which such agents are entitled. Governments should ensure the confidentiality of any such information received from enterprises and safeguard the trade secrets incorporated therein.

1 Economic regulations

When laying down any economic regulations or legislation, governments should, as far as possible, minimise the use of systems under which the carrying out of business requires the issuance of individual authorisations, permits, etc. Experience shows that such systems offer scope for extortion and bribery. This is because decisions involving the issue of permits or authorisations are frequently taken in ways which make it almost impossible to ensure effective control and supervision. Where individual permits and authorisations remain in place, governments should take appropriate measures to prevent their abuse.

1 Transactions with governments and international organisations

Such transactions should be subject to special safeguards to minimise the opportunities for their being influenced by extortion and bribery. The system for awarding government contracts might include disclosure, to an appropriate government entity independent of the one directly concerned in the transaction, as well as increased public disclosure, whenever feasible, of the criteria and conclusions upon which the award is based. The ICC supports the growing practice of making government contracts dependent on undertakings to refrain from bribery, and recommends that such contracts should include appropriate provisions to ensure compliance with international, national or enterprise codes against extortion and bribery.

1 Political contributions

Undisclosed political contributions can be a source of abuse. Governments should regulate the conditions under which political contributions can be made. Where payments by enterprises to political parties, political committees or individual politicians are permitted by the applicable legislation, governments should enact legislation which ensures that such payments are publicly recorded by the payors and accounted for by the recipients.

Enforcement measures

Governments, in conformity with their jurisdictional and other basic legal principles, should ensure:

i) that adequate mechanisms exist for surveillance and investigation, and

ii) that those who offer, demand, solicit or receive bribes in violation of their laws are subject to prosecution with appropriate penalties.

Governments should periodically publish statistical or other information in respect of such prosecutions.

Auditing

Governments, if they have not already done so, should enact appropriate legislation providing for auditing by independent professional auditors of the accounts of economically signi-ficant enterprises.

International cooperation and judicial assistance

Implementation of the OECD Recommendation

The ICC believes that the May 1994 OECD Recommendation on Bribery in International Business Transactions is essentially sound and that it provides a useful framework for government action. All governments, including non-OECD governments, should promptly take action to implement the steps set forth in the Recommendation.

Cooperation in law enforcement

Governments should agree, under appropriate provisions for confidentiality, and in conformity with the May 1994 OECD Recommendation, to exchange through law enforcement agencies relevant and material information for the purpose of criminal investigation and prosecution of cases of extortion and bribery. They should also continue to cooperate bilaterally on matters involving extortion and bribery, on the basis of treaties providing for assistance in judicial and penal prosecution matters.

Role of international financial institutions

International financial institutions, e. g., the World Bank, the European Bank for Reconstruction and Development, should aim to make a significant contribution to the reduction of extortion and bribery in international business transactions. They should take all reasonable steps to ensure that corrupt practices do not occur in connection with projects which they are financing. Similarly, in negotiating cooperation agreements with non-member countries, whether countries with economies in transition or developing nations, the governing or coordinating bodies of the European Union, NAFTA, ASEAN and other regional institutions, should seek to satisfy themselves that appropriate legislation and administrative machinery to combat extortion and bribery exists in the countries concerned.

PART II – Rules of Conduct to Combat Extortion and Bribery

Introduction

These Rules of Conduct are intended as a method of self-regulation by international business, and they should also be supported by governments. Their voluntary acceptance by business enterprises will not only promote high standards of integrity in business transactions, whether between enterprises and public bodies or between enterprises themselves, but will also form a valuable defensive protection to those enterprises which are subjected to attempts at extortion.

These Rules of Conduct are of a general nature constituting what is considered good commercial practice in the matters to which they relate but are without direct legal effect. They do not derogate from applicable local laws, and since national legal systems are by no means uniform, they must be read *mutatis mutandis* subject to such systems.

The business community objects to all forms of extortion and bribery. It is recognised, however, that under current conditions in some parts of the world, an effective programme against extortion and bribery may have to be implemented in stages. The highest priority should be directed to ending large-scale extortion and bribery involving politicians and senior officials. These represent the greatest threat to demo-cratic institutions and cause the gravest economic distortions. Small payments to low-level officials to expedite routine approvals are not condoned. However, they represent a lesser problem. When extortion and bribery at the top levels is curbed, government leaders can be expected to take steps to clean up petty corruption.

Basic principle

All enterprises should conform to the relevant laws and regulations of the countries in which they are established and in which they operate, and should observe both the letter and the spirit of these Rules of Conduct.

For the purposes of these Rules of Conduct, the term »enterprise« refers to any person or entity engaged in business, whether or not organised for profit, including any entity controlled by a State or a territorial subdivision thereof; it includes, where the context so indicates, a parent or a subsidiary.

Basic Rules

Article 1 : Extortion

No one may, directly or indirectly, demand or accept a bribe.
Article 2 : Bribery and »Kickbacks«
a. No enterprise may, directly or indirectly, offer or give a bribe and any demands for such a bribe must be rejected.
b. Enterprises should not (i) kick back any portion of a contract payment to employees of the other contracting party, or (ii) utilise other techniques, such as subcontracts, purchase orders or consulting agreements, to channel payments to government officials, to employees of the other contracting party, their relatives or business associates.

Article 3 : Agents

Enterprises should take measures reasonably within their power to ensure:

a) that any payment made to any agent represents no more than an appropriate remuneration for legitimate services rendered by such agent;
b) that no part of any such payment is passed on by the agent as a bribe or otherwise in contravention of these Rules of Conduct; and
c) that they maintain a record of the names and terms of employment of all agents who are retained by them in connection with transactions with public bodies or State enterprises. This record should be available for inspection by auditors and, upon specific request, by appropriate, duly-authorised governmental authorities under conditions of confidentiality.

Article 4 : Financial Recording and Auditing

a) All financial transactions must be properly and fairly recorded in appropriate books of account available for inspection by boards of directors, if applicable, or a corresponding body, as well as auditors.
b) There must be no »off the books« or secret accounts, nor may any documents be issued which do not properly and fairly record the transactions to which they relate.
c) Enterprises should take all necessary measures to establish independent systems of auditing in order to bring to light any transactions which contravene the present Rules of Conduct. Appropriate corrective action must then be taken.

Article 5 : Responsibilities of Enterprises

The board of directors or other body with ultimate responsibility for the enterprise should:

a) take reasonable steps, including the establishment and maintenance of proper systems of control aimed at preventing any payments being made by or on behalf of the enterprise which contravene these Rules of Conduct;

b) periodically review compliance with these Rules of Conduct and establish procedures for obtaining appropriate reports for the purposes of such review; and

c) take appropriate action against any director or employee contravening these Rules of Conduct.

Article 6 : Political Contributions

Contributions to political parties or committees or to individual politicians may only be made in accordance with the applicable law, and all requirements for public disclosure of such contributions shall be fully complied with. All such contributions must be reported to senior corporate management.

Article 7 : Company Codes

These Rules of Conduct being of a general nature, enterprises should, where appropriate, draw up their own codes consistent with the ICC Rules and apply them to the particular circumstances in which their business is carried out. Such codes may usefully include examples and should enjoin employees or agents who find themselves subjected to any form of extortion or bribery immediately to report the same to senior corporate management. Companies should develop clear policies, guidelines, and training programmes for implementing and enforcing the provisions of their codes.

PART III – ICC Follow-up and Promotion of the Rules

To promote the widest possible use of the Rules set forth in Part II and to stimulate cooperation between governments and world business, the ICC is establishing a Standing Committee on Extortion and Bribery. The Chairman of that body shall be nominated by the President of the ICC and the Secretary General shall be responsible for ensuring, in conjunction with ICC National Committees, that members of the Committee are representative of both developed and developing countries and that businessmen are adequately represented in the membership.

Among its primary tasks, the Standing Committee shall:

1. Urge ICC National Committees promptly to take all appropriate measures to ensure that enterprises and business organisations in their country – whether multi-disciplinary or sectoral – give strong support to these Rules of Conduct. In particular, interna-

tional business groups shall be encouraged to ensure that their sub-sidiaries endorse the Rules, or other corporate rules having similar effect, and publicise them in their local environment;

2. Collect through National Committees a wide range of company codes of conduct on ethical issues, including extortion and bribery, and serve as an information clearing house for businesses seeking to develop their own codes and requiring advice on the problems involved;

3. Promote the organisation, both by ICC International Headquarters and by National Committees, of seminars designed to stimulate interest in, and discussion of, the Rules among the business community;

4. Encourage National Committees to impress upon their governments the need to include, from the initial stages, the business community – through its representative organisations – in discussions aimed at enacting or strengthening legislation against extortion and bribery.

5. Ensure liaison with the OECD, the WTO and other international organisations to provide the ICC point of view concerning progress at the international level in combating extortion and bribery;

6. Conduct a study within two years on the most appropriate policies and procedures practiced by top management of companies to minimise risks of exposure to extortion of, and bribery by, personnel dealing with sensitive issues (participation in public tenders, privatisations, etc.);

7. Issue at least every two years a report to the ICC's Executive Board and Council on results achieved concerning worldwide recognition of the Rules of Conduct and of progress otherwise made by business in combating extortion and bribery. Decisions concerning the dissemination of the Report shall rest with the Executive Board and the Council;

8. Review these Rules in the light of experience and recommend amendments, as necessary, to the Executive Board and the Council.

1996 Revisions to the ICC Rules of Conduct

The International Chamber of Commerce

The ICC is the world business organisation. It is the only representative body that speaks with authority on behalf of enterprises from all sectors in every part of the world.

The ICC's purpose is to promote an open international trade and investment system and the market economy worldwide. It makes rules that govern the conduct of business across borders. It provides essential services, foremost among them the ICC International Court of Arbitration, the world's leading institution of its kind.

Within a year of the creation of the United Nations, the ICC was granted consultative status at the highest level with the UN and its specialized agencies. Today the ICC is the preferred partner of international and regional organisations whenever decisions have to be made on global issues of importance to business.

Business leaders and experts drawn from the ICC membership establish the business stance on broad issues of trade and investment policy as well as on vital technical or sectoral subjects. These include financial services, information technologies, telecommunications, marketing ethics, the environment, transportation, competition law and intellectual property, among others.

The ICC was founded in 1919 by a handful of far-sighted business leaders. Today it groups thousands of member companies and associations from over 130 countries. National committees in all major capitals coordinate with their membership to address the concerns of the business community and to put across to their governments the business views formulated by the ICC.

The world business organisation
38, Cours Albert 1 er, 75008 Paris, France
Telephone +33 1 49 53 28 28 Fax +33 1 49 53 29 42
Internet www.iccwbo.org E-mail icc@iccwbo.org

First published in 1977 by the
INTERNATIONAL CHAMBER OF COMMERCE
The world business organisation
38, Cours Albert 1 er – 75008 Paris

FIDIC Poliy Statement on Corruption

As agreed at 133 ECM, June 1996. Introduction

The disease of corruption is unfortunately spreading at the very time when world communications are improving, as the economies of nations are becoming more interdependent, and as we move towards the global neighbourhood. Corruption's taint includes the procurement of design and construction.

Corruption, definable as »the misuse of public power for private profit«, is morally and economically damaging. Firstly, it jeopardises the procurement process, is always unfair, and often criminal. It saps money from required development projects and adversely affects their quality. Secondly, and worse than being pragmatically wrong in allowing wasteful procurement, corruption is more basically wrong because it undermines values of society, breeds cynicism, and demeans the individuals involved. It is more than stealing funds, it is stealing trust.

The consulting engineering industry, which has historically been, as it should be, motivated by concern for the needs of society, must seek both to prevent and to react to the blight of corruption. FIDIC and its member associations, representing the leaders of the consulting engineering industry will neither ignore nor acquiesce with the tide of corruption, nor will it consider that local corruption is cultural and unchangeable. The member firms of FIDIC's Member Associations will neither initiate nor accede to corrupt practices.

Where corruption occurs

Corrupt practices can occur at all stages of the procurement process:

- in the marketing of engineering services;
- during the design;
- in preparing tender documents (including specifications);
- in pre-qualifying tenderers,
- in evaluating tenders;
- in supervising the performance of those carrying out the construction;
- issuing of payment certificates to contractors;
- and making decisions on contractors claims.

Business development

The selection of a Consulting Engineer is a most important task and is the basis for the essential and mutual client-consultant trust. The various selection criteria advocated by FIDIC, to be applied in judging an engineer's suitability to carry out a project, are completely undermined if the selection process is tainted by corruption. The preparation of a short list is an important part of the process, and must be carried out openly.

The Consulting Engineer should promote availability and capability to perform consulting services only on the basis of quality considerations and should not seek work which calls for expertise beyond their particular training and experience.

A bribe of whatever form, intended to influence an evaluation committee during the pre-qualification phase, or later during the final retainer discussions, whether directly or indirectly (using mechanisms such as scholarships, actions of agents, or currency exchange facilities) constitutes unethical behaviour.

Design, specification preparation and pre-qualification

In the preparation of designs, and later the specification documents, the Consulting Engineer must pursue the best interests of the Client. The Consulting Engineer must not accept remuneration from suppliers which are under consideration for incorporation into the design, and must avoid references to brand names. The Consulting Engineer must not be influenced to use products or processes because they are owned or promoted by organizations with whom the Consulting Engineer may have an affiliation, except where the Consulting Engineer has a role, known to the Client, as an equity participant in (for example) a design and build project.

The delivery system or contractual approach recommended to the client must be the most appropriate for the project. Similarly, in evaluating potential tenders during a pre-qualification period, the best interest of the client must be paramount. This usually means the fostering of competitive tendering. The use of FIDIC forms of Conditions of Contract, which are balanced documents developed and revised in the light of experience, is recommended. Even more importantly, a tendering and evaluation process conducted with transparency and expedition will make more likely a contract award which will be predicated upon proper factors. As quoted in the FIDIC document »Tendering Procedure«, the key factors and method of evaluation should be established in the introductions to the tenderers, in order that the subsequent evaluation will be objective and fair to all tenderers.

Construction supervision and claims

During the course of the construction, the Consulting Engineer is charged with the responsibility of exercising his discretion in accepting materials, expressing satisfaction or approval, determining quantities and value, and giving opinion, consent or decision. The proper and impartial exercise of that responsibility, in the client's best interests, is at the core of the Consulting Engineer's role and is the essence of the FIDIC system.

Consistent with the objectives of this policy statement, it is noted that the FIDIC Design-Build and Turnkey Conditions of Contract, as with the laws of many countries, provide that bribery by the contractor is a basis for contract termination, much like the more conventional bases for default.

The Consulting Engineer must not offer or accept remuneration of any kind which may be perceived to, or in reality, attempt to influence the selection or compensation procedure or affect the impartial judgement of the Consulting Engineer.

Therefore, FIDIC recommends as follows:

FIDIC Poliy Statement on Corruption

1.
To reduce the opportunities for corruption in the process of procurement of engineering and construction services, qualification-based selection procedures and competitive tendering, respectively, should be used.

2.
In implementing particular projects, Consulting Engineers should recommend to their clients the most appropriate and objective procurement process or delivery system, consistent with the demands of the project.

3.
Funding agencies should be kept fully informed by the Consulting Engineer of the procurement steps as they occur. The Consulting

Engineer shall notify funding agencies of any irregularities, in order that cancellation or other remedies may be exercised, in accordance with the loan agreement.

4.
Consulting Engineers should be aware of local law regarding corruption and should promptly report criminal behaviour to the proper law enforcement authorities.

5.
FIDIC member associations should take prompt disciplinary actions against any member firms found to have violated the FIDIC Code of Ethics. This could include among other actions, expulsion and notification of public agencies. Procedures should be established by member associations to assure that the due process of law is afforded in such cases. The procedure for determining whether the expulsion of a member firm is warranted, should be conducted confidentially but expeditiously.

6.
Member associations and their members (firms and individuals) should internally develop and maintain systems to protect their high ethical standards and codes of conduct. They should co-operate candidly with other organizations which seek to reduce corruption. Member firms should associate themselves only with other member firms who share similar high ethical standards.

7.
Member associations should foster and support the enactment of legislation in their own countries, which is aimed at curbing and penalising corrupt practices.

[Image]

For more information visit the FIDIC website.

[Image]

Return to July/August 1997 index

ACE Journal list

VIII CONFERENCIA INTERNACIONAL ANTICORRUPTION
LIMA, PERU, 7–11 SEPTEMBER 1997
THE LIMA DECLARATION
AGAINST CORRUPTION

WE, over 1000 citizens drawn from 93 countries, coming from all the continents and from countries large and small, in every stage of development, rich and poor, and from varied backgrounds in government, the private sector, and civil society,

AFTER a searching discussion of the means to contain corruption in all its manifestations around the globe and united in our vision of an era of international and national co-operation in the twenty-first century in which the evil of corruption is suppressed,

NOW JOIN TOGETHER in this Declaration of the 8 th International Conference Against Corruption held in Lima, Peru from 7–11 September 1997.

CONVINCED that corruption

- erodes the moral fabric of every society;
- violates the social and economic rights of the poor and the vulnerable;
- undermines democracy;
- subverts the rule of law which is the basis of every civilised society;
- retards development; and,
- denies societies, and particularly the poor, the benefits of free and open competition -

BELIEVING that

- fighting corruption is the business of everyone throughout every society;
- the fight involves the defence and strengthening of the ethical values in all societies;
- it is essential that coalitions be formed between government, civil society and the private sector;
- a willingness to enter into such a coalition is a true test of an individual government's commitment to the elimination of corruption;
- the role of civil society is of special importance to overcome the resistance of those with a stake in the status quo and to mobilise people generally behind meaningful reforms;
- there must be a sustained campaign against corruption within the private sector as, with greater privatisation and deregulation, it assumes a greater role in activities traditionally performed by the state;
- and that top leadership sets the tone in all societies, as »You clean a staircase by starting at the top« –

WE NOW CALL UPON governments, international and regional agencies and citizens around the world to mobilise their efforts and energies to join us in achieving the following actions:

Actions at the International and Regional level

- International institutions must support more fully the creative role civil society has to play in advancing the development of good governance and work with them in partnership to this end. They must work together to emphasise the positive aspects of globalisation, and to contain its negative elements.

- Tax deductibility of bribes by which exporting countries actively subsidise and encourage the corruption of officials in other countries must be ended.

- The OECD should complete a convention to criminalise the bribing of foreign officials by the end of this year, and its member states should implement its provisions before the end of 1998. The OECD must then carry out a strong monitoring programme to ensure strict enforcement of the convention, with participation by civil society to ensure transparency.

- All states of the Americas should ratify the Inter-American Convention Against Corruption before the Summit of the Americas in Santiago in March, 1998. We commend the Treaty as an excellent example of regional co-operation against corruption for consideration by other regions.

- The World Bank and the IMF should accelerate implementation of their new policies against corruption initiated by President Wolfensohn and Managing-Director Camdessus, and particularly the suspension of lending to governments who do not adequately address the corruption issue.

- The European Union should accelerate implementation of its own anti-corruption policies recommended by the Commission of the European Communities in May, 1997; all EU member states should ratify the European Union Convention on Corruption adopted on 26 May 1997; and all member states of the Council of Europe should join in the work of its multi-disciplinary group against corruption to ensure that the CouncilÕs summit in October yields concrete results.

- The work of the United Nations on action against corruption must be supported. States must implement the United Nations Declaration Against Corruption and Bribery and the International Code of Conduct for Public Officials. International funding agencies and donor governments must further support the technical co-operation activities of the UN.

- The World Trade Organisation must itself join in the global struggle and begin to address the serious impact of corruption on world trade.

- All multi-lateral and bilateral aid agencies, together with their development partners, must find practical ways of overcoming corruption in their development programmes.

- Funding agencies should increase the assistance they give to strengthen national integrity system programmes to combat corruption. In particular, the transparency of international and national government procurement programmes must be strengthened.

Governance and civil service reform must have a focus on suppressing corruption as an essential element, and assure the political neutrality of the civil service itself.

- International institutions must realise that their international procurement practices are not yet fully satisfactory, and that they should further develop imaginative and new approaches to procurement in partnership with individual governments and the private sector, including the use of anti-bribery and integrity pacts. Bidders who bribe should be blacklisted. The Global Coalition for Africa should continue its imaginative work with Transparency International and governments in this area.

- International organisations with mandates in the area, including INTERPOL and the World Customs Organisation, should take steps to strengthen international law enforcement co-operation.

- Regulation of the operations of all international banking centres must be improved so as to ensure that assets under their control are governed by agreed international norms and that illicitly gained assets can be traced, frozen and forfeited. This should include exclusion from the international monetary system of off-shore banking centres which fail to meet these standards. Banking secrecy must not provide a shield for criminals and obstruct the exposure of corruption.

- The reform and modernisation of customs systems, with an emphasis on transparency and integrity, is still urgently needed in many countries. Assistance should be increased by the donor community, and particularly through the World Customs Organisation (WCO). Members of the WCO should implement fully the Arusha Declaration of 1993 and the Columbus Declaration of 1994 and co-operate to ensure that transparency and integrity feature in all international trade transactions.

- The International Chamber of Commerce must promote widespread acceptance by companies of codes of conduct and compliance programmes to combat extortion and bribery at home and abroad. We urge the adoption of codes of conduct and effective compliance programmes as a requirement for the right to bid on major projects.

- The International Association of Prosecutors and the International Bar Association should develop model laws whereby the prosecution of corruption cases in each of our various legal systems can be rendered less complex and more expeditious, while being consistent with international human rights norms.

- Shareholders around the world should insist that the companies in which they invest subscribe to the objectives of the corporate governance movement.

- The various international associations of accountants and auditors and the international associations of security regulators must develop clear and universal accounting standards with widespread international recognition. It is particularly important for the fight against corruption that all financial transactions are recorded, and that there are no »off the books« or secret accounts.

- International professional societies should take a much closer interest in their national affiliates and use their influence to ensure that national professional standards are protected, strengthened and raised.

The Lima Declaration

- The international financial and donor agencies should co-operate with civil society in developing world-wide indices of the costs of goods and services to identify anomalies created by bureaucracy and corruption.
- Regional and international institutions must do all they can to advance our Declaration and develop programmes to this end.

Actions at the National and Local Levels

- All governments should operate in a transparent and accountable manner at all levels, with the public having access to information to the maximum extent possible. They should ensure that public accounts are open to public scrutiny. The role of civil society is most crucial at the national and local levels, where participation should be fostered by providing open access to decision-makers and the holding of public hearings on matters of importance.
- Civil society, too, must put its own house in order, with NGOs reforming themselves to ensure that as organs of civil society they practice the same standards of transparency and accountability that they expect from their governments. It must also be vigilant in defence of those who are persecuted for opposing corruption.
- All governments must assure the independence, integrity and de-politicisation of the judicial system as the cornerstone of the rule of law on which the effectiveness of all efforts to combat corruption depends.
- The Office of Ombudsman, as a bridge between the government and the people, can make a major contribution to the elimination of bureaucratic obstruction and corruption, and so countries without this necessary post should examine its adoption as an independent office of its elected congress. The critical Office of the Controller (Auditor General) should be similarly independent.
- Governments, in conjunction with civil society and the private sector, should periodically review the accountability features of all relevant organs of the state and of constitutional office-holders, and at the local level, to ensure that these form an effective bulwark against corruption. Conflict of interest rules must receive special attention.
- Governments who have not already done so must restrict to the minimum remaining economic opportunities for bribery and corruption, such as monopolies, discretionary fees, onerous taxes, and regulations and licences that impede business activity.
- Civil service reform is essential to create an environment to corruption. All participants in the process should give particular attention to enabling proper salaries to be paid.
- Particular attention should be given to the strengthening of financial management systems, and to rendering budget processes transparent and according a role to civil society.
- Countries should improve the effectiveness of their laws dealing with corruption to the maximum extent possible consistent with their constitutions and international human rights norms including:
    - abolishing any requirement to prove that an official who received an illegal gift actually gave favours in return;

- ❏ providing a system for the declaration of assets by persons holding public positions of trust (and their families), and placing on them the obligation to justify increases out of line with legitimate sources of income;
- ❏ introducing the periodic or random monitoring of the assets and lifestyles of significant decision-makers in the public sector (and their families and associates), where appropriate by an independent agency;
- ❏ laws which effectively empower the freezing, seizure and confiscation of the illicitly acquired wealth of officials found guilty of corruption, wherever it may be and by whomsoever it may be held;
- ❏ providing appropriate protection for witnesses (and their families) and protecting whistle-blowers;
- ❏ providing a system for the recording of gifts received by officials;
- ❏ ensuring that officials at all levels cannot hide behind immunities but are fully subject to corruption laws;
- ❏ and, debarring convicted criminals from standing for political office and appointment to positions of public trust.

The foregoing steps would make both prevention and prosecution more effective.

- ❏ Governments should review their national and local administration procurement processes, in co-operation with the private sector and civil society, with a view to ensuring that these are fair, open and competitive, and so yield both value for money for the public and an enabling commercial environment for the private sector.
- ❏ Bidders who bribe officials in efforts to win tenders should be blacklisted from competing for official business for an appropriate period, following a fair investigation.
- ❏ As corruption is a major impediment in the electoral and political processes, urgent action must be taken to implement effective ways in which donations to politicians and political parties are regulated and promptly publicly recorded, and campaign spending limits set and strictly audited. Continuing civic education programmes are essential.
- ❏ National professional associations, in particular of lawyers, accountants, doctors and engineers, must examine the adequacy and effectiveness of their codes of professional conduct and of the means of disciplining those members who facilitate corruption.
- ❏ The role of an independent media is essential, but for it to function effectively there must be freedom from harassment, freedom of information laws (for citizen and journalists alike) and a legal system which cannot be misused to muzzle legitimate expressions of concern. We urge governments, the media itself and civil society to ensure that the conditions exist for the media to play this role.
- ❏ Newspaper editors everywhere should reflect on the roles their publications can play in giving the public a »voice« to counter corruption, and in raising awareness of complaints mechanisms and how the public can use these effectively. They must also consider how they can help foster a climate of public opinion which regards the corrupt, however rich and powerful they may be, with the contempt they deserve. The media itself must guard against accepting bribes and inappropriate hospitality.

❑ As reform efforts will be in vain unless the culture of corruption is reversed, governments, schools and religious institutions should launch education, initiatives designed to raise awareness in the young of the incalculable harm done by corruption, and of the personal risks they run if they are involved in this.

❑ Codes of conduct should be introduced in many spheres of life (including cabinet, parliament, the judiciary and throughout government ministries), and governments should examine arrangements whereby the ethics and integrity of their administrations can be assured.

❑ Governments should encourage the use of independent surveys of public satisfaction with services and institutions as a valuable tool in identifying particular areas of difficulty as well as to monitor progress made in improving services by making them less susceptible to corruption.

❑ Lastly, governments, civil society and the private sector should consider designating annual »anti-corruption days« or »accountability days«, which in several countries has proved to be a focus for awareness raising. This concept could then be extended by the United Nations designating an annual international day of action.

We request the Chair of the Conference together with the Secretariat of the International Anti-Corruption Advisory Council, Transparency International (TI), to take the necessary actions to bring these recommendations to the attention of governments and relevant institutions. We pledge that we, ourselves, will do our part.

We look forward to our meeting again in South Africa, in 1999. We affirm our conviction of the practical usefulness and impact of periodic exchanges of experience and success stories such as have taken place this last week in Lima, and we believe that we have made significant progress in moving forward the international debate on practical steps against corruption. In South Africa in two years' time we will have the opportunity to assess the progress made both in the struggle against corruption itself, and the accomplishment of the actions proposed herein.

Finally, we express our heartfelt thanks to the Organising Committee, the people of Peru, their government, their private sector and their civil society, for the warmth of their welcome, the generosity of their hospitality, the development of a rich and relevant agenda, the promotion or civil society participation in the fight against corruption, and the vision of a new millennium of ethics and integrity.

Autorenprofile

Dr. Marcus Bierich, geboren 1926 in Hamburg, studierte Mathematik, Naturwissenschaften und Philosophie in Hamburg und Münster und promovierte 1951 in Mathematik. Danach Banklehre und Auslandsausbildung in London und New York. Beschäftigt bei Bankhaus Schickler & Co. in Delbrück, Mannesmann AG in Düsseldorf, Allianz Versicherungs-AG Stuttgart und München sowie bei der Robert Bosch GmbH in Stuttgart, wo er seit 1993 Vorsitzender des Aufsichtsrats ist. 1988 wurde er Senator E. h. an der Universität in Tübingen. 1997 Verleihung des Titels Professor durch den Ministerpräsidenten des Landes Baden-Württemberg.

Paolo Bernasconi, geboren am 25. April 1943 in Lugano. 1969–1985 Staatsanwalt in Lugano. Seit 1985 Rechtsanwalt und Notar als Partner in einer Anwaltskanzlei in Lugano. Lehrbeauftragter an den Universitäten in St. Gallen, Zürich, Lugano, Mailand und Lugano-Vezia zu den Themen Bankrevision, Wirtschaftsstrafrecht, Internationales Straf- und Steuerrecht, Wirtschaftsrecht, Ethik sowie internationale Rechts- und Amtshilfe. Zahlreiche Veröffentlichungen zur Wirtschaftskriminalität (Revisions- und Wirtschaftskriminalität, Zürich 1994; Nuovi strumenti giudiziari contro la criminalità economica internazionale, Neapel 1995; Le secret bancaire suisse, Bern 1996; Il segreto bancario svizzero nella cooperazione internazionale in materia penale, fiscale ed amministrativa, Mailand 1997).

Prof. Dr. Silvio Borner ist seit 1978 ordentlicher Professor für Nationalökonomie an der Universität Basel und seit 1997 Dekan der neu gegründeten Wirtschaftswissenschaftlichen Fakultät. In den letzten Jahren befaßte sich Silvio Borner intensiv mit Fragen der Qualität und Glaubwürdigkeit staatlicher Institutionen, insbesondere auf dem Hintergrund lateinamerikanischer Verhältnisse. Dabei führte er auch eigene Befragungen zu Formen und Ausmaßen der Korruption durch.

Jermyn Brooks ist staatlicher geprüfter Bilanzbuchhalter und Wirtschaftsprüfer (Deutscher Rechnungsprüfer und Steuerberater). Die meiste Zeit seines Berufslebens war er bei Price Waterhouse in England und Deutschland tätig und wurde 1989 zum Senoir Partner of Germany ernannt. 1993 wurde Jermyn Brooks zum Chariman von Price Waterhouse Europa und zum Deputy Chairman der Price Waterhouse World Firm gewählt. In diesen Funktionen konzentrierte er sich auf die Förderung einer Integration der unabhängigen Tätigkeiten von Price Waterhouse weltweit. Dies gipfelte 1997 in dem Zusammenschluß der Tätigkeiten von Price Waterhouse in Europa und den USA, sowie seiner Ernennung zm Combination Chairman. Jermyn Brooks hatte eine Schlüsselrolle bei den Fusionsverhandlungen zwischen Price Waterhouse und Coopers & Lybrand, die zu dem Unternehmen PricewaterhouseCoopers führten – dem weltweit größten Dienstleistungsunternehmen. Seit 1998 konzentriert er sich als Global Managing Partner auf die Fusion dieser zwei Firmen in ca. 150 Ländern überall auf der Welt. Jermyn Brooks hat Vorträge auf diversen Seminaren über »bank accounting« und »auditing« gehalten und ist Co-Autor dreier Bücher: German Banking Law, German Law Pertaining to Companies with Limited Liability, New German Accounting Legislations.

Gherardo Colombo ist Staatsanwalt in Mailand. Die Ermittlungen Colombos und seiner Kollegen haben seitdem zur Aufdeckung einer Welle von Korruptionsfällen geführt und haben unter dem Stichwort »mani pulite« eine Umwälzung der Politik in Italien ausgelöst. Colombo ist einer von sieben Untersuchungsrichtern und Staatsanwälten, die 1996 den »Appell von Genf« für die Schaffung einer gemeinsamen europäischen Strafverfolgung unterzeichnet haben.

Dr. iur Erich Diefenbacher, geboren 11. 01. 1928 in Basel/Schweiz, ab 1949 Jura-Studium in Basel/Schweiz. Promotion 1953 an der Uni Basel. Tätigkeit bei Basler Gerichten. 1959–1965 Mitglied des Basler Verfassungsrates. Ab 1957 Anwalt in Basel, Lugano und Bern. Vertrauensanwalt der US-Botschaft in Bern. Experte für Fragen der internationalen Steuer- und Wirtschaftskriminalität beim Europarat, EU-Parlament, der Friedrich-Ebert-Stiftung, der Deutschen Richterakademie und der Hessischen Polizeischule. Er führte zahlreiche Prozesse gegen das Schweizer Polizei-, Banken- und Industrie-Establishment. Aufrund dieser wurde er systematisch durch Schweizer Banken und Staatsorgane verfolgt. Unter anderem aus diesem Grunde lebt er seit 1990 wieder in Wiesbaden. Herr Diefenbacher hat zahlreiche rechtswissenschaftliche und historische Publikationen herausgegeben. Er ist Mitglied des »Business Crime Control« und hält Seminare u. a. an der Hessischen Polizeischule und der Deutschen Richterakademie über Wirtschaftskriminalität.

Peter Eigen war Initiator der Gründung von Transparency International und ist heute Vorsitzender dieser internationalen Organisation. Zuvor war der promovierte Jurist Eigen mehr als zwei Jahrzehnte bei der Weltbank tätig, unter anderem in leitender Funktion in Lateinamerika und zuletzt als Regionaldirektor für Ostafrika in Nairobi. Der 1938 in Erlangen geborene Eigen ist verheiratet und hat drei erwachsene Kinder. Für sein Engagement im Kampf gegen die Korruption wurde Eigen 1998 mit der Theodor-Heuss-Medaille ausgezeichnet.

Autorenprofile

Dieter Frisch, Jahrgang 1931, hat moderne Sprachen und Volkswirtschaft studiert (Dipl. Dolmetscher der Universität Heidelberg, Dipl. Volkswirt der Universität Bonn). Er war von 1958 bis 1993 bei der Europäischen Kommission in Brüssel tätig, davon 24 Jahre in der Entwicklungspolitik und 11 Jahre als Generaldirektor für Entwicklung. Frisch ist Gründungsmitglied von »Transparency International«, Mitglied im internationalen TI-Beirat und stellvertretender Vorsitzender des belgischen Chapters. Er ist weiterhin Sonderberater der Europäischen Kommission und hat zahlreiche Beiträge zu entwicklungspolitischen Themen veröffentlicht. Weiterhin hält er Vorträge zum Thema der Entwicklungspolitik, speziell der europäischen.

Fritz F. Heimann war über 40 Jahre lang Rechtsanwalt bei General Electric. Er arbeitete von 1875–1995 als Associate General Counsel und ist jetzt Counselor des General Counsel. Er ist einer der Gründer von Transparency International (TI) und Mitglied des Vorstandes. Heimann führt bei der »Working Group of Bribery and Corruption« des U. S. Council for International Business den Vorsitz und ist Mitglied des Comittees für Bestechung und Bestechlichkeit der Internationalen Handelskammer (ICC). Er war aktiv an der Ausarbeitung der »Convention on Combating Bribery of Foreign Public Officials« der OECD, sowie der »Rules of Conduct to Combat Extortion and Bribery« der ICC beteiligt. Er ist Autor des Beitrages »Combating International Corruption: The Role of the Business Community«, abgedruckt in »Corruption and the World Economy«, Institute for International Economics, June 1997.

Ernst Hofmann ist Mitgründer der Firma Basler & Hofmann AG, Ingenieure und Planer in Zürich. Mit rund 200 Mitarbeiterinnen und Mitarbeitern ist das Unternehmen in den Bereichen Hoch- und Brückenbau, Grund- und Untertagbau, Verkehr und Infrastruktur, Energie- und Gebäudetechnik, Gebäudemanagement sowie Umwelt und Sicherheit tätig. Von 1988 bis 1995 war der Autor Mitglied des FIDIC-Vorstandes. Als FIDIC-Präsident (1993–1995) hat er große Priorität gelegt auf die Förderung unabhängiger Ingenieurbüros in den Entwicklungsländern, insbesondere in Afrika. Bei dieser Arbeit ist er der Korruption als einem der größten Hindernisse begegnet.

Prof. Dr. iur. Wolfgang Joecks war von 1985–1988 in der Finanzverwaltung tätig. 1989–1992 war er Rechtsanwalt, Fachanwalt für Steuerrecht und Geschäftsführer einer Wirtschaftsprüfungsgesellschaft. Seit Dezember 1992 ist er Inhaber des Lehrstuhls für Strafrecht, insbesondere Wirtschafts- und Steuerstrafrecht der Universität Greifswald. Ebenfalls seit 1992 ist er Schriftleiter der Zeitschrift für Wirtschafts- und Steuerrecht (wistra). Er hat zahlreiche Veröffentlichungen zu steuerlichen und steuerstrafrechtlichen Themen herausgegeben.

Autorenprofile

Hans Küng, geboren 1928 in Sursee/Luzern. Studien: Päpstliche Universität Gregoriana Rom (lic.phil. et theol.; Ordination). 1955–1957 Sorbonne und Institut Catholique Paris (Dr. theol.). 1957–1959 Vikar in Luzern. 1960 Berufung an die Universität Tübingen als ordentlicher Professor für Fundamentaltheologie. 1962 von Papst Johannes XXIII. zum Konzilsberater ernannt. 1963–1966 Professor der dogmatischen und ökumenischen Theologie und Direktor des Instituts für ökumenische Forschung (seit Konflikt mit Rom 1980 fakultätsunabhängig). Seit 1995/96 Professor emeritus und Präsident der Stiftung Weltethos. Gastdozent in vielen Teilen der Welt und Ehrendoktor mehrerer Universitäten. Unter den zahlreichen Veröffentlichungen am wichtigsten: »Rechtfertigung« (1957), »Konzil und Wiedervereinigung« (1960), »Die Kirche« (1967), »Unfehlbar?« (1970), »Menschwerdung Gottes« (1972), »Christ sein« (1974), »Existiert Gott?« (1978), »Ewiges Leben?« (1982), »Christentum und Weltreligionen« (1984), »Projekt Weltethos« (1990), »Das Judentum« (1991), »Credo« (1992), »Das Christentum« (1994), »Weltehos für Weltpolitik und Weltwirtschaft« (1997).

Dr. Johann Graf Lambsdorff ist wissenschaftlicher Mitarbeiter am volkswirtschaftlichen Seminar der Universität Göttingen, wo er neben Studienschwerpunkten in Mathematik und Soziologie 1992 sein Diplom in Volkswirtschaftslehre erhielt. Er ist der akademische Direktor des Transparency International Corruption Perception Index Team. Neben empirischen und institutionenökonomischen Arbeiten zur Korruption erstrecken sich seine Veröffentlichungen auf die Themenbereiche Volkswirtschaftslehre und Institutionenökonomik.

Manuel Lezertua, geboren am 6.2.57 in Bilbao (Spanien), verheiratet, zwei Kinder, studierte an der Deusto Universität in Spanien und am King's College in London. Diplom in Recht in Spanien im Jahre 1980 und Master in Laws (LLM) in England im Jahre 1982. Er arbeitete für das baskische Institut für öffentliche Verwaltung von 1983 bis 1985. 1986 wurde er Mitglied des Europarates, von 1986 bis 1988 als Administrator im Direktorat für soziale Angelegenheiten, von 1988 bis 1992 Rechtsanwalt in der europäischen Kommission für Menschenrechte. 1992 dann Mitglied des Verfassungsgerichts von Spanien in Madrid als Rechtsanwalt. Kehrte zum Europarat im Jahre 1994 zurück, erst als Principal Administrative Officer im Sekretariat der Ministerkonferenz und seit 1996 bis heute als Leiter der Einheit für organisiertes Verbrechen und Wirtschaftskriminalität in der Strafrechtsdivision des Direktorats für Rechtsangelegenheiten. Weitere Aktivitäten: Lecturer am Institut für internationale Menschenrechte an der Straßburger Universität seit 1988; Visiting Lecturer am Institut für europäische Studien (Deusto Universität) seit 1992; Lecturer an der Fakultät für Recht an der Universität von Navarra seit 1994.

Autorenprofile

Dr. Albert Löhr, geboren 1955, ist Akademischer Rat am Betriebswirtschaftlichen Institut der Universität Erlangen-Nürnberg bei Prof. Dr. Dr. h. c. Horst Steinmann. Er studierte Betriebswirtschaftslehre und Soziologie an den Universitäten Nürnberg und Bamberg und arbeitet seit mehr als zehn Jahren auf dem Gebiet der Unternehmensethik. In dieser Zeit ist eine Vielzahl von einschlägigen Publikationen erschienen, so u. a. auch seine Dissertation »Unternehmensethik und Betriebswirtschaftslehre«, die im Jahre 1992 mit dem ersten Max-Weber-Preis für Wirtschaftsethik ausgezeichnet wurde. Der Autor war von Anbeginn aktiv am Aufbau der Netzwerke EBEN und DNWE beteiligt; er ist Mitglied im Vorstand des Deutschen Netzwerks Wirtschaftsethik und wurde im September 1997 zum Vorsitzenden (Chairman) des European Business Ethics Network gewählt. Hervorzuheben sind hier ferner der Vorsitz im Programmkomitee der 9. EBEN-Jahreskonferenz 1996, die sich u. a. schwerpunktmäßig mit Fragen der internationalen Korruption befaßte, sowie die Tätigkeit im Editorial Board der praxisorientierten Zeitschrift »Business Ethics: A European Review« (Blackwell).

Thomas Maak, geboren 1964, ist wissenschaftlicher Mitarbeiter am Institut für Wirtschaftsethik. Letzte Veröffentlichung: Weltwirtschaftsethik. Globalisierung auf dem Prüfstand der Lebensdienlichkeit, Bern/Stuttgart/Wien 1998 (Hrsg. mit Y. Lunau).

Dr. Hans Joachim Marschdorf ist Leiter der Abteilung »Business Integrity and Investigative Services« von PricewaterhouseCoopers für Europa mit Sitz in Zürich/Schweiz. Er ist als Wirtschaftsprüfer in Deutschland und als Certified Fraud Examiner in den USA zugelassen und verfügt über langjährige Erfahrung in der Ermittlung von internationalen Betrugsfällen. Seine Veröffentlichungen befassen sich mit der ökonomischen Analyse des Konkursrechts sowie internationalen rechtsvergleichenden Steuerfragen und fokussierte sich in der jüngeren Vergangenheit auf Techniken der Betrugsermittlung und -prävention.

Carel Mohn, geboren 1969 in Berlin, ist im internationalen Sekretariat von Transparency International für die Presse- & Öffentlichkeitsarbeit sowie für die Programmarbeit in den deutschsprachigen Ländern zuständig. Zuvor war der gelernte Journalist und Diplom-Politologe Assistent des früheren deutschen Bundespräsidenten von Weizsäcker.

Prof. Dr. Mark Pieth, Ordinarius für Strafrecht, Strafprozeßrecht und Kriminologie an der Universität Basel, seit 1991 Präsident der Working Group on Bribery in Commercial Transactions der OECD, Präsident der Expertenkommission des Nationalen Forschungsprogrammes des Schweizerischen Nationalfonds »Gewalt im Alltag – Organisiertes Verbrechen« (NFP 40), ehemaliger Chef der Sektion Wirtschaftsstrafrecht des Bundesamtes für Justiz (verantwortlich für die Gesetzgebung im Bereich Geldwäscherei und organisiertes Verbrechen), ehemaliges Mitglied der Financial Action Task Force on Money Laundering und der Chemical Action Task Force on Precursor Chemicals. Publikationen im Bereich des Strafprozeßrechts, des Sanktionenrechts, der Geldwäsche und der Korruption. Consultant verschiedener internationaler Organisationen und Regierungen im Bereich der Gesetzgebung zu diversen Themen des Strafrechts.

Thomas Pletscher, geboren 1954, war nach den juristischen Studien an der Universität Zürich in einem Revisionsuntnehmen, in einer internationalen Bank, in einer Großhandelsfirma und in einer Exportförderungs-Institution tätig. Seit 1988 ist er als Sekretär und Mitglied des Schweizerischen Handels- und Industrie-Vereins (Vorort), der Spitzenorganisation der Schweizer Wirtschaft, für Fragen des Wirtschaftsrechtes und die Koordination des Europa-Dossiers zuständig. Er ist Mitglied der Ständigen Kommission der Internationalen Handelskammer (ICC) in Paris zu Fragen der Korruption und hat an der Ausarbeitung der ICC-Empfehlungen von 1996 teilgenommen. Ferner ist er Vorsitzender der Kontaktgruppe Korruption des BIAC (Beratender Ausschuss der Wirtschaft bei der OECD) und der Arbeitsgruppe »Internationale Geschäftspraktiken« der UNICE (Dachverband der Wirtschafts- und Arbeitgeber Organisationen in Europa). Seit 1993 befaßt er sich in diesem Rahmen intensiv mit Fagen der Korruption und internationalen Geschäftspraktiken.

Susan Rose-Ackerman, geboren 1942, ist Henry R. Luce, Professor of Law and Political Science an der Yale University und Co-Direktor des Law School's Center for Law, Economics and Public Policy. Sie hat ihren Ph. D. in Wirtschaftswissenschaften an der Yale University gemacht und hat eine Fellowship der Guggenheim Foundation und der Fulbright Commission. Sie war von 1995 bis 1996 Visiting Research Fellow bei der Weltbank, wo sie über Korruption und ökonomische Entwicklungen forschte. Sie ist Autorin der Bücher »Controlling Environmental Policy: The Limits of Public Law in Germany and in the United States«, »Rethinking the Progressiv Agenda: The Reform of the American Regulatory State« sowie »Corruption: A Study in Political Economy« und Co-Autor des Werkes »The Uncertain Search for Environmental Quality« und des Werkes »The Nonprofit Enterprise in Market Economies.« Sie hat darüber hinaus in rechtswissenschaftlichen, wirtschaftswissenschaftlichen und politikwissenschaftlichen Fachzeitschriften publiziert. Ihre Forschungsinteressen liegen ebenso auf den Gebieten der vergleichenden Analyse von Regulierungsrecht und Regulierungspolitik, der politökonomischen Analyse der Korruption, der Staatsaufgaben sowie des Verwaltungsrechts und der ökonomischen Analyse des Rechts. Ihr Werk »Corruption and Government: Causes, Consequences and Reform« erscheint im Jahre 1999.

Autorenprofile

Giorgio Sacerdoti ist ordentlicher Professor für internationales Recht und Recht der europäischen Gemeinschaft an der Wirtschaftsuniversität Bocconi, Mailand. In den letzten Jahren hat sich Professor Sacerdoti vor allem mit Handelsrecht und dem Recht der internationalen Wirtschaft beschäftigt, mit besonderer Aufmerksamkeit auf die WTO und Auslandsinvestitionen. Seit 1989 ist er Delegierter Italiens bei der Arbeitsgruppe der OCDE über Korruption im internationalen Handel, und zwar als Experte des italienischen Außenministeriums. Insbesondere hat er bei den Verhandlungen der OCDE-Konvention von 1997 als Präsident einer Gruppe von Experten zur Kriminalisierung der Korruption im internationalen Handel teilgenommen. Professor Sacerdoti ist Autor verschiedener Bücher und zahlreicher Artikel, die er in Zeitschriften aus verschiedenen Ländern publiziert hat. Er ist ebenso Anwalt in Mailand und wird häufig als Schiedsrichter und Präsident von Schiedsrichterkollegien bei Rechtsstreiten im internationalen Handel hinzugezogen. Er hat sein Diplom in Jurisprudenz an der Universität Mailand im Jahre 1965 abgelegt und den Master of Comparative Law an der Columbia University im Jahre 1967 gemacht.

Wolfgang J. Schaupensteiner war nach dem Studium der Rechtswissenschaften mit den Schwerpunkten Zivil- und Wettbewerbsrecht ab 1976 als Rechtsanwalt in einer wirtschaftlich orientierten Kanzlei tätig. 1977 trat er in den hessischen Staatsdienst ein. Zunächst war er dort als Richter in der Staatsschutzkammer des Landesgerichts Frankfurt am Main tätig. 1978 wechselte er zur Staatsanwaltschaft Frankfurt am Main. Ab 1987 war er als Sonderdezernent ausschließlich mit Korruptionsdelinquenz befaßt. Seit 1993 ist er Leiter der Abteilung »O. K. – Korruption«. Er leitet zahlreiche Veranstaltungen mit Angehörigen der Verwaltung, der freien Wirtschaft, der Justiz und den Polizeibehörden. Weiterhin nimmt er an Sachverständigenanhörungen teil und hat Fachveröffentlichungen zum Thema Korruption herausgebracht. Seit Januar 1995 ist er Korruptionsbeauftragter.

Dr. Christophe Schwyzer war vom 1. Juli 1993 bis 30. April 1997 am Wirtschaftswissenschaftlichen Zentrum der Universität Basel als Assistent von Herrn Professor Dr. Peter Bernholz tätig. In dieser Zeit verfasste er eine Dissertation zu den Ursachen und Bekämpfungsmethoden der Korruption im Lichte der Neuen Politischen Ökonomie.

Rolf Sethe, geboren 1960, studierte 1980–1985 Rechtswissenschaft in Tübingen. 1985 erstes juristisches Examen. 1985–1986 studierte er Geschichte und 1986–1987 studierte er an der London School of Economics mit dem Abschluß Master of Laws-Degree der University of London. 1987–1990 Referendariat am Landgericht Tübingen. 1990 machte er sein zweites juristisches Staatsexamen. Seit 1990 ist er wissenschaftlicher Mitarbeiter an der Universität Tübingen und Leiter des DAAD-Kurses juristische Fachsprache für ausländische Juristen. 1994 promovierte er. Seit 1995 ist er Sekretär der Fachgruppe Grundlagenforschung der Gesellschaft für Rechtsvergleichung. Sethe schreibt Beiträge zu rechtlichen Themen.

Mritunjay Singh ist Direktor der In-Control Services Practice von Coopers & Lybrand L. L. P. USA, wo er Mandanten und Kunden bei Aufgabenstellungen von corporate governance und Management von Unternehmensrisiken berät. Vor seiner Tätigkeit bei C & L arbeitete er 18 Jahre lang in New York in der Finanz-Dienstleistungsindustrie. Er ist häufiger Referent auf Konferenzen und Seminaren zu Themen wie interne Kontrolle, Vermögenstransferbetrug, Kriminalität und Scheckbetrug. Herr Singh war ebenso Experte für interne Kontrolle bei der OECD-Arbeitsgruppe zur Bestechung in internationalen Geschäftstransaktionen. Er unterrichtet Unternehmensethik an der Wharton School of Business sowohl im Undergraduate als auch im M. B. A.-Programm. Er hat ein B. S. in Maschinenbau und ein M. E. in Industrial Management.

Dr. Jürgen Thomas ist Rechtsanwalt, Steuerberater und hat Leitungsfunktionen in der Industrie und in gemeinnützigen Organisationen inne. Außerdem ist er Lehrbeauftragter der Universität Augsburg.

Prof. Dr. Peter Ulrich, geboren 1948, ist seit 1987 Professor für Wirtschaftsethik und Direktor des Instituts für Wirtschaftsethik an der Universität St. Gallen. Buchveröffentlichungen u. a.: Die Grossunternehmung als quasi-öffentliche Institution, Stuttgart 1977; Management. Eine konzentrierte Einführung, 7. Aufl., Bern/Stuttgart/Wien 1995 (mit E. Fluri); Transformation der ökonomischen Vernunft. Fortschrittsperspektiven der modernen Industriegesellschaft, 3. Aufl., Bern/Stuttgart/Wien 1993; Integrative Wirtschaftsethik. Grundlagen einer lebensdienlichen Ökonomie, 2. Aufl., Bern/Stuttgart/Wien 1998.

Dr. rer. pol. Ludolf-Georg von Wartenberg war Mitglied des Niedersächsischen Landtags und später mehrere Legislaturperioden Bundestagsabgeordneter. Er war Mitglied des Finanzausschusses, Obmann der CDU/CSU-Fraktion in diesem Gremium und General Rapporteur for the Economic Committee in the North Atlantic Assembly. Im Anschluß an seine Tätigkeit als Parlamentarischer Staatssekretär im Bundesministerium für Wirtschaft in Bonn wurde er 1990 Hauptgeschäftsführer und Mitglied des Präsidiums des Bundesverbandes der Deutschen Industrie e. V. in Köln.

Dr. Michael H. Wiehen, 1932 in Schlesien geboren, hat nach Ausbildung zum Volljuristen in Deutschland und einem Master of Laws Degree der Harvard Law School über 32 Jahre für die Weltbank in Washington DC, USA, gearbeitet, unterbrochen nur durch eine zweijährige Tätigkeit Mitte der sechziger Jahre in der Konsortialabteilung der Dresdner Bank in Frankfurt. Bei der Weltbank hat Dr.

Autorenprofile

Wiehen zunächst fünf Jahre in der Rechtsabteilung verbracht, wo er unter anderem auch bei der Entwicklung der Procurement Guidelines der Weltbank mitwirkte. Die letzten 27 Jahre arbeitete er in verschiedenen operationellen Positionen, seit 1974 als Direktor, mit Verantwortung für die Geschäfte der Bank in verschiedenen Gebieten Südasiens, Afrikas und Südost-Europas. Zur Zeit seiner Pensionierung im März 1995 war er Direktor der Länderabteilung mit Zuständigkeit für Bulgarien, Mazedonien, Portugal, Rumänien, Türkei und Zypern. Seit April 1995 lebt Dr. Wiehen in München. Er ist dort als Rechtsanwalt zugelassen, arbeitet aber vor allem ehrenamtlich für Transparency International. Er ist auch aktives Vorstandsmitglied des weltweit (Himalayas, Anden und Appalachia) tätigen Mountain Institute mit Sitz in Franklin, West Virginia, USA.

Stichwortverzeichnis

A

Abhängigkeit, gegenseitige 76
Absetzbarkeit, steuerliche 545, 554 f.
– von Schmiergeldzahlungen 532
Absorptionsfähigkeit 48
Abwehranspruch 474 f.
Abzugsfähigkeit
–, steuerliche 285
–, steuerrechtliche 337 f.
Abzugsverbot für Bestechungsgelder 379
Afrikanische Entwicklungsbank (AfDB) 247
Agent Provocateur 63
Agreed Common Elements 216 f.
Agreed Common Elements of Criminal Legislation and Related Action 215
Akteneinsichtsrecht 532
Aktienkapital 368
Aktivbürger 108
Aktivlegitimation 475
Allgemeinwohl 275
American Institute of Certified Public Accountants 433
Amtsträger 384, 493, 496
–, ausländische 220
–, inländische 220
Amtsträgerdefinition 347
Anbieten von Vorteilen 451
Anbieter, konkurrierende 57
Anfechtung 462
Anfüttern 80
Angebotsseite (supply side) 2, 4, 277, 286, 306, 337, 521
Angemessenheit 552
Angestelltenbestechung 144
Anreizstruktur 36 f.
Anscheinsbeweis 463
anti-corruption legislation 407
Antikorruptionsbeauftragte 509
Antikorruptionsbehörde 35
Antikorruptionsgesetz 46
Antikorruptionskampagne 36
Anti-Korruptionsklauseln 498
Anti-Korruptions-Koalition 3
anti-money laundering law 404

anti-money laundering legislation 406 f.
Apathie 1
Äquivalenz, funktionale 345
Arbeit am Freiheitsbegriff 107
Argument, kulturelles 91
Asiatische Entwicklungsbank (ADB) 247
Aufbewahrungspflicht 541
Aufklärung 123
– von Korruption 431
Aufsichtsbehörde 33
Aufsichtssystem 360
Aufträge, öffentliche 496
Auftragsvergabe 494
–, öffentliche 494
–, staatliche 50
Auftragsvergabepolitik 52
Auftragsvergabesystem 99
Aufwandsentschädigung 453
Aufwendungsersatz 480
Aus- und Weiterbildung 116
Ausbildungsmaßnahmen 273
Ausgaben für Erziehung und Bildung 171
Auslandskorruption 542
Auslegung der Bürgschaftserklärung 468
Auslegung, gemeinschaftskonforme 489
Ausnutzung der Vertrauensstellung 455
Aussageverweigerungsrecht 363
Ausschreibung 437 f., 503, 505, 507 f.
– öffentliche 174, 536
Aussperrung 507
Auswahl des Lieferanten/der Baufirma 500
Auswahlverfahren, ausgerichtete 261
Auswirkungen, negative 92

B

back-to-back-Geschäft 149
Bakschisch 135
Bankgeschäfte 449
Bauwirtschaft 138
Bedingung, auflösende 464
Behörden 278
Beihilfe 489
Beratervertrag 45
Beratung 99

725

Stichwortverzeichnis

Bereicherung, ungerechtfertigte 345
Berufsgeheimnisträger 363
Beschaffungsabläufe, transparente 262
Beschaffungsprozeß 500 f.
Beschaffungsregeln 499, 502
Beschaffungswesen, öffentliches 546
Beschleunigungszahlungen 540
Bestechlichkeit 104
Bestechung 25, 152
–, aktive 218, 223, 521
–, internationale 2
–, lokale 338
–, organisierte 29
–, passive 218
–, transnationale 221, 298, 338, 346, 348, 480
– unter Privaten 281 f.
Bestechungsanfälligkeit 28
Bestechungsanreiz 26
Bestechungsfirmen 34 f.
Bestechungsgeld 43, 279
Bestechungsleistung 30 f.
Bestechungssatz 92
Bestechungssumme 42
Bestechungszahlungen, transnationale 218
Bestrafung juristischer Personen 425
Betäubungsmittelhandel 355
Betrachtung, interdisziplinäre 19
Betriebsausgaben 488 f.
Bevorzugung 454
Beweis des ersten Anscheins 458
Beweislast 477, 484
Bewirtung 539
Bewußtseinswandel 121
Bezug von Waren oder gewerblichen Leistungen 453
BGB (§ 138) 68
BIAC 288
Bilanz 224, 365 f.
Bilanzfälschung 357
Bilanzpflicht 361
Bildung und Erziehung zur Freiheit 113
black-listing 285, 507, 510
Bodenschätze 48
Branchen, korruptionsanfällige 136
Branchenvereinbarungen, ethische 116
Bretton-Woods-Institutionen 207
Briefkastenfirmen 157 f., 160
Buchführung 547
Buchhaltung 224, 365, 368
Buchhaltungsregeln 4

Bundesverband der Deutschen Industrie e. V. (BDI) 269, 274, 255, 515
Bürgersinn 113
Bürgertugend 107 f., 111, 113
–, formales Konzept der 111
–, Institutionalisierung der 111
Bürgschaft 467
Bürgschaftsvertrag 468
–, formularmäßiger 470
Business Advisory Committee bei der OECD 288
business ethics 315

C

Caracas-Konvention 307
Caux-Erklärung 122
Central Tender Board 513
Change Order 512
chronique scandaleuse 136
CIA 549
Clearinghouse 52
Code of Business Conduct 419
Codes of Conduct 8, 258, 556
Commentaries 217
Committee of Sponsoring Organizations of the Treadway Commission (COSO) 411, 426
Committee on Corporate Governance 420
Committee on Criteria of Control (CoCo) 421
Compliance-Programm 8, 289, 521
Compliance-Strukturen 337
Components of Control 413
contract enforcement 61
control activities 414 ff.
control environment 413 f.
Corporate Codes of Conduct 521
corporate governance 338, 409 f., 412, 421
corrupt payments 394 ff., 408
Corruption Perception Data Bank 201
Corruption Perception Index (CPI) 94, 177, 182 f., 189, 194, 304
COSO 417 f., 420, 430
COSO Report 412
COSO Study 412
COSO's Integrated Framework of Control (IFC) 416
Council of Europe 228
Criminal Law Convention on Corruption 231

culpa in contrahendo 476

D
Darlehen 48
Datamining 446
Dauerbeziehungen, korrupte 45
Definition von Domizilgesellschaften 366
Deliktische Ansprüche 476
Deliktsrecht 480
demand side 2, 306
Demokratie 89, 96, 213, 299
Demokratisierungsprozeß 98
Denken, modernes republikanisches 113
Denunziation 56
Devisenverkehr 96
Dienstpflichtverletzung 348
Dimension, politische 23
Direktinvestitionen 94, 172
Disziplinarmaßnahmen 263
DNWE 315
Dokumente 446
Domizilgesellschaften 354, 362, 364 ff., 369
–, Off-Shore- 358
Dritte Welt 275, 279
Durchführung des Auftrags 501

E
EBEN 315
Economic Development Institute – EDI 243
Effizienz 502
Ehrenkodex, freiwilliger 265
Eigennutzenmaximierer 20
Eigenwerbung 65
Einschränkung der Handlungsfreiheit 265
Einstellungspraxis 174
Einwand der unzulässigen Rechtsausübung 471, 474
Empfängerländer 280
Empfängerstaaten 4
Empfehlung 214, 216
Entscheidungsträger 504
Enttabuisierung 127
Entwicklungsbanken, regionale 5
Entwicklungsländer 46, 260 f., 264, 329
Entwurf 500
Erfolgsrechnung 365, 368
ergänzende Vertragsauslegung 469
Ermessensentscheidung 96
Erscheinungsformen der Gewährung von Vorteilen 423

Ethik 120
Ethik-Kodizes 115
Ethikgrundsätze (Corporate Ethics Policy) 428
EthikManagementSystem 116
Ethikstandard 551
ethische Grundeinstellung 140
ethisches Minimum 527
Ethos 120
EU 3, 210, 308, 347, 349 f.
EU-Bestechungsgesetz (EUBestG) 385, 485
Europäische Kommission 308
europäische Strafverfolgungsbehörde 344
Europäische Union 212, 308, 496 f., 503
Europarat 3, 8, 209 f., 218, 286, 288, 341, 347, 349 f., 497
Europaratsübereinkommen 342
Europarecht 489
European Bank for Reconstruction and Development (EBRD) 247
European Business Ethics Network (EBEN) 294, 309, 316
European Conference of Specialised Services in the Fight against Corruption 235
European Foundation for Management Development (EFMD) 316
Evaluation 360
Evaluationssystem 209
Evaluierung 504, 511
Extraterritorialität 537

F
facilitation payments 90
fairer Wettbewerb 269
Fairneß 271, 502
false accounting 405
FATF 366
FCPA 543 f.
Fédération International Des Ingénieurs-Conseils 258
Fehlallokation 94
Fehlinvestitionen 1
FIDIC 258, 260 f., 263 ff.
– Code of Ethics 262 f.
– Jahreskonferenz 262
– Mitgliederverbände 263
– Policy Statement on Corruption 262
– Verbände 258
Financial Action Task Force (FATF) 365
financial statements 398 ff., 407

Finanzinstitute, international 264
Finanz-Institutionen 304, 308
Finanzmanagement 2
Firmen, Beschwerden von 50
Fiskalwäsche 158
Fokussierung 2
Folgeaufträge 79
Folgen, strafrechtliche 524
Folgeverträge 463
Foreign Corrupt Practices 208
Foreign Corrupt Practices Act (FCPA) 212, 337, 410, 535, 540, 556
Forschung, empirische 169
Fortbildungsmaßnahmen 273
Frankfurter Flughafen (FAG) 133
Frauen- und Kinderhandel 355
Freiheit
–, öffentliche 108
–, politische 107 f.
–, positive 108
Freiheitssicherung 109
Freiheitsstrafe 425, 433
Führungssystem 116

G

Gallup International Umfrage 185
Geberstaaten 4
Gegenleistungen 437
Gehalt, angemessenes 89
Geheimbünde 75
Geheimhaltung 65
Geisel 71
Geld, schnelles 97
Geldstrafen 425, 433
Geldtransaktionen 153
Geldwäsche 554
–, innerbetriebliche 526
Geldwäscherei 287, 364, 367
Geldwäschereiabwehrsystem 363
Geldwäschereinormen 223
Geldwäschereitransaktion 365
Gemeinschaft, politische 110
Gemeinsinn 113
Gemeinwesen 109
Gerechtigkeit 321
Gerichtsbarkeit 222
Gerichtsbehörde 368
Gerichtswesen 95
Gesamtschuld 477
Geschäftsethik 551

Geschäftsführung
–, moralische 120
–, saubere 265
Geschäftsklima, internationales 260
Geschenk 64, 272, 539
Gesellschaft für Technische Zusammenarbeit (GTZ) 133
Gesellschaft, Off-Shore- 364
Gesellschaftskapital 364
Gesetz zur Bekämpfung der Korruption (KBG) 142
Gesetz zur Bekämpfung internationaler Bestechung 386
gesetzgeberische Maßnahmen 366
gesetzliche Vorschriften 49
Gewähren von Vorteilen 451
Gewährungen
–, direkte 423
–, indirekte 423
Gewaltentrennung 115
Gewinn, Verteilung des 47, 79
Glaubwürdigkeit 74, 121
Global Coalition for Africa (GCA) 245
Globalisierung 117, 551
–, antikorruptive 117
– der Wirtschaft 521
GMC 229
good governance 18, 94, 213, 280, 284, 286, 308, 359
grand corruption 2, 6, 41, 306
Großunternehmen 48
Group of States against Corruption (GRECO) 233 f.
Group on Administrative Law (GMCA) 231
Grundbedürfnisse 95
Grundfragen 124
Grundsatz der Allzuständigkeit 524
Grundsätze, ethische 270 f.

H

Haftung von Unternehmen 349
Haftungsrisiko 524 f.
Handbuch für nationale Integritätssysteme 305, 298
Handel, internationaler 172
Handelskammer, internationale 263, 514
Handelspolitik 50
Handelsrecht 369
Handelsregister 361, 365 f., 368
Handelsregisteramt 361, 368

Handelsregistereintragung 365
Handlung
–, dolose 528
–, unerlaubte 472
–, unilaterale 213
Harmonisierungskonzept, strafrechtliches 341
Heimlichkeit 354
Hemmschwelle der Käuflichkeit 138
Herausgabe des Schmiergelds 478
Hilfeallokation 94
Hilfsorganisation, internationale 46, 48
Hinweis, anonymer 77
Holdinggesellschaft 160
hostage 71

I
IASC 399
ICC 287, 309
– Rules of Conduct 209
– Richtlinien 287
ICSID-Schiedsgericht 51
Idee, republikanische 113
Identifikation der Domizilgesellschaften 367
IFC 417
Independent Commission Against Corruption (ICAC) 532
Industrieländer 275, 280
Ineffizienz 84
Informanten 514
Information 427
Informationspflicht 525
Informationsveranstaltungen 526
Infrastrukturprojekte 261
Ingenieure, beratende 500, 516
Inkohärenz 99
Innenrevision 541
innerbetriebliches Gesetz 527
Inseln der Integrität 7, 258, 266, 555
Insider 57
Insiderinformationen 63
institutionelle Ordnung 151
Institutionenökonomik, neue 59
Instrumente intelligenter Selbstbindung 115
Integrität 427
– der Führungsebene 524
– des Staates 269
Integritäts
– Analyse 297 f., 302

– Pakt 297 f., 304, 308, 310, 507, 509, 555 f.
– System 6 f., 299, 306, 493
– Workshops 311
Integrity Pact 51
Integrity Workshop 297 f., 303, 312
Interamerikanische Entwicklungsbank (IDB) 238, 247
Inter-Amerikanische-Konvention 210, 345
Interdependenz 20
Interessen, schützenswerte 460
Interessenkonflikt 85
Interessenverletzungsansatz 24
Interfaith-Erklärung 122
internal control 409 ff., 413, 415, 417, 421
International Accounting Standards Committee (IASC) 398
International Auditing Guidelines 407
International Competitive Bidding 264
International Federation of Consulting Engineers (FIDIC) 516
International Financial Institutions (IFIs) 200
International tätige Ingenieurfirmen 259
Internationale Amts- und Rechtshilfe 372
Internationale Bar Association 262
Internationale Finanzinstitute 262
Internationale Handelskammer (ICC) 255, 262, 284, 288, 307, 309, 514, 521, 535, 554
internationale Hilfsorganisationen und Kreditinstitute 46
Internationale Koordination 286
Internationale Zusammenarbeit 283
Internationale Anti-Korruptions-Konferenzen (IACC) 298, 305
Internationaler Währungsfonds (IWF) 5, 50, 52, 131
Internationales Bestechungsgesetz (IntBestG) 485
Interne Revision 274, 524, 528
intervening purchaser 68
Investition 47, 169
Investment, ethisches 117
Islands of Integrity 304

J
Jahresabschluß 433
Jahresabschlußprüfung 426, 431, 433 f.
Joint-Venture 75
Justiz 97
Justizbehörde 365

Stichwortverzeichnis

K
kalter Krieg 208
Kapitalakkumulation 90
Kapitalflucht 207
Kapitalismus 122
Kartellgesetze 173
Kasse, schwarze 149
Kavaliersdelikt 523
KBG 145
Koalition, internationale 299
Koalitionsbildung 304
Kohärenz 99
Kollusion 457 ff., 461 f.
Kommunikation 427
Kommunitarismus 108
Kondiktionsanspruch 459, 462, 467, 469
Konkurrenzdruck 260
Konkurs 355
Konten, außerbuchhalterische 148 f.
Kontoeröffnung 363
Kontokorrente 153 f.
Kontokorrenteinlage 153
Kontroll- und Überwachungs-Organe 303
Kontrollaktivitäten 427, 429 f.
Kontrolldelikt 141
Kontrolle 274
–, interne 284, 426 f.
Kontrollingenieur 512
Kontrollmaßnahmen 512
Kontrollmechanismen 279 f., 289
Kontrollorgane, staatliche 513
Kontrollsystem 428
Kontrollumfeld 428
Konvention 216, 553 f.
Konzerne, multinationale 46
korruptes Verhalten 528
Korruptibilität 109
Korruption 428
–, administrative 188
– arten 188
–, Aufklärung von 431
–, endemische 48
–, globale 50
–, große 276, 278, 283, 302
–, hochkarätige 41
–, importierte 45
–, internationale 103, 155
–, kleine 283
–, Kosten der 43, 53
–, »petty« 302

–, politische 188, 302
–, systemische 150, 153
–, transnationale 225, 227, 337
–, unter Privaten 283
–, Wettbewerb der 43
Korruptionsaffären 260
Korruptionsanreiz 27
Korruptionsbeauftragter 132
Korruptionsbekämpfung 19, 146
Korruptionsbekämpfungskampagne 35
Korruptionsbeziehung 423 f.
Korruptionsdelikte 555
Korruptionsdelinquenz 132
Korruptionseindämmung 50
Korruptionsfall, transnationaler 225, 227
Korruptionshilfe 163
Korruptionsindex 169, 311
Korruptionsindizes 7, 128
Korruptionsmakler 83
Korruptionsnehmer 158
Korruptionsniveau 128
Korruptionspraktiken 142
Korruptionsrecht der EU 343
Korruptionsregister 510 f.
Korruptionstypen 21
Korruptionsverhütung 89
Korruptions-Wahrnehmungs-Index (CPI) 298
Kredite 454
Kreditinstitut 46, 48
Kronzeugenregelung 77, 507
Kultur der Korruption 534

L
Länder, Off-Shore- 362, 368
lean administration 5
Legalitätsdimension 23
Legalitätsprinzip 552
Legitimitätsprüfung 108
Leitidee, republikanische 114
Leitplanken, moralische 111
Leitsätze 318
Liberalisierung 5, 96
Liberalismus
–, ökonomischer 108
–, republikanischer 109
Libertinismus 122
Lima Deklaration 305
Liquidation 355
Lizenzen, schwarze 28

Lockheed-Affäre 535
Löhne 174
Loyalität, kritische 116

M

Maastrichter Vertrag 210
Machiavelli 109
Machtmißbrauch 277
Makler 66
Maklerfirma 66
Malta Conference 228
Management 427, 523 f., 529
–, Professionalisierung des 116
Management-Override 430
Manipulation 1
– der Ausschreibungsspezifikationen 438
– der Bieterstruktur 439
– von Abrechnungen 440, 444
– der Submissionen 439
Marcos-Clan 160
market corruption 59
Markt
–, doppelter 154
–, transparenter 57
–, vollkommener 57
Marktausschluß 425, 435
Marktmacht 46, 49
Marktposition 49
Marktstellung, starke 265
Marktwirtschaft 89, 97, 323
Maßnahmen, staatliche 521
Medien, unabhängige 514
Meinung, öffentliche 50
Meldemechanismen 280
Meldepflichten 279, 542
Menschenrechte 94
Mentalitätswechsel 283
Mindestkapital 364
Mindestvorschriften zur Buchführung 6
Mißbrauch-Vorteil-Ansatz 24
Mitgliederverbände der FIDIC 265
Mittelsmänner 32 f.
Mitverantwortung, (ordnungs-)politische 115
Mitverschulden 477
Mitwisser 82
Model Code of Conduct for Public Officials 231
Monitoring 415
Monopol 173

Moral 58, 272
–, zentraler Ort der 114
Moralismus 275
Multidisciplinary Group on Corruption 228 f.
Multikulturalität 112
multinationale Unternehmen 3, 45, 207

N

Nachfrageseite (demand side) 2, 4, 277, 279, 281, 286, 306, 337, 521
Nationalbank 365
Nationale Sektionen (National Chapters) 298 ff., 309 f.
Netzwerk 75
–, korruptes 53
Neue Politische Ökonomie (NPÖ) 17, 20, 35
Nicht-Regierungs-Organisationen (NRO) 7, 293, 295, 297 f., 301
Nichtigkeit 451
non self-executing 220
Normen 369

O

OAS 3, 50, 309
Octopus Project 236
OECD 18, 46, 50, 99, 104, 210, 226, 262, 281, 285 f., 288, 307 f., 338, 341, 347, 349 f., 355, 359, 364, 498, 536, 546, 553 f.
– Entwicklungsausschuß (OECD-DAC) 248
– Guidelines for Multinational Enterprises 208, 553
– Konvention 307, 309, 348
– Strafrechtskonvention 284
– Übereinkommen 212, 218 f., 344
off balance sheet money 395
Offenbarungspflicht 463
Offenheit 552
öffentliche Infrastrukturprojekte in Entwicklungsländern 258
öffentlicher Dienst 95
Öffentlichkeit 114, 281 f.
Öffnung der Angebote 504
Öffnung der Weltmärkte 208
Off-Shore
– Banken 157 f.
– Banking 157
– Domizilgesellschaften 338, 357 f.
– Gesellschaft 153, 364
– Gesellschaftsform 355

731

- Länder 354, 360, 367
- Staaten 160
- Stiftung 159
- Zentren 213
Ökonomie, neoklassische 20
Ombudsman 508, 514
Opposition 97
Optimum, betriebliches 429
Ordnung
–, marktliche 107
–, politische 109
ordre public 487, 489
Organisation Amerikanischer Staaten (OAS) 238, 307
Organisationen, internationale 299, 359 f.
organisierte Bestechung 29

P

Papiertiger-Fallgruppe 484
parochial corruption 59
Parteienfinanzierung 276
–, heimliche 152
Parteispenden 540
Personalitätsprinzip, aktives 351
Personalrotation 273
Perspektive, wirtschaftsethische 103
Perversion, entwicklungspolitische 93
Pest des Schmierens 144
petty-corruption 2, 302
Pfand 71
Phänomen, kulturelles 551
Pocock 110
politische Dimension 23
politische Institution 174
politische Stabilität 48
Polizei 513
Polizeiwesen 28
post-COSO development 417
PPC project 200
Prague Conference 228 f.
Prävention 6, 8, 423
Präventionskonzept 5
Präventionsmaßnahmen 338
Preiserhöhung 92
Presse 96
Preußisches Beamtenethos 135
Prinzip der offenen Hand 132, 135
Prinzip der Wertneutralität 375
Privatbestechung 276
Privatisierung 65

Privatwirtschaft 144, 299, 554
Procurement Guidelines 241, 308
Produkt-Substitutions-Schemata 440, 443
Professionalisierung des Managements 116
Programm, unternehmensweites 507
Programme of Action against Corruption (PAC) 228 ff.
Provisionszahlungen 504, 508
Pseudoreligion, moderne 123
public interest 405
Public Procurement Cost Project (PPC) 198
public virtue 112

Q

Qualität 261
Qualität der Justiz 174
Qualität der resultierenden Infrastruktur 170
Qualitätsmanagement 526
Qualitätsminderung 92
Querschnittsanalyse 169

R

Rahmenbedingungen 17
–, gesetzliche 97
Rechnungen, fiktive 364
Rechnungsabgrenzungsposten 148
Rechnungsprüfung 547
Recht, zwingendes 486
Rechtschaffenheitspakt 51
Rechtsharmonisierung 209
Rechtshilfe 225, 353
– organe 513
–, internationale 225
– recht 362
– verfahren 366
Rechtsstaat 18
Rechtsstaatlichkeit 97, 114 f.
Rechtssystem 40
Reflexion, wirtschaftsethische 105
Reformen 49 f., 53, 96, 553
Regelungsobjekt 358
Reglementierung 358 f.
Reisekosten 540
rent seeking 5, 47
Renten, ökonomische 173
Rentenstreben 47
Repressionsmaßnahmen 338
republikanische Mitverantwortung von Branchen 116
Republikanismus 106, 111

Reputation 73
res publica 108, 110
Reserven, stille 153
Resignation 1
Resolution (97)24 232 f.
Resolution (98)7 233
Resolution 51/59 211
Resolution 51/191 211
Responsible-Care-Programm 116
Ressourcen, natürliche 47
Ressourcenverschleuderung 1
Revision, interne 337 f.
Revisionsregeln 4
Revisor 361
Reziprozität 75
Richtlinienkompetenz 523
Risikoanalyse 428
Risikokomponenten 427
Risikoverteilung 461
Risk Assessment 414, 416
Rolle des Staates 284
Rotation 84, 504
Rückenstütze, institutionelle 111
Rückforderung des Schmiergelds 457
Rückwirkung 44

S
Säkularismus 122
Sand im Getriebe 58, 169
Sanktionen 271 f., 435, 506, 555
–, arbeitsrechtliche 525
–, nichtstrafrechtliche 221 f.
–, strafrechtliche 224, 425
–, verwaltungsrechtliche 224
–, zivilrechtliche 224
Sanktionsbemessung 349
Sanktionsmechanismen 426, 429
Sanktionssystem 360
Schaden 477
–, entwicklungspolitischer 92
–, finanzieller 494
–, immaterieller 139
–, materieller 138
Schadensersatz 510
–, pauschaliert 509
– verpflichtung 507
Scheinverwaltungsräte 363
Schiedsgericht 51
–, internationales 50
Schmierargument 90

Schmiergeld 259 f., 272, 302, 373, 375, 389, 527
Schmiergeldabrede 451, 462
Schmiergeldabsprache 461
–, Schöpfung von 137
Schmiergelder
–, Schöpfung von 137
Schmiergeldforderung, Offenlegung von 49
Schmiergeldzahlungen 276, 312, 525
–, Häufigkeit von 42
Schmiermittel 169
Schulungsveranstaltungen 525, 528
Schwarze Kasse 148, 150, 155 f., 356, 538
Schwarze Liste 510
Schwarzmarkt 25
Schweizerischer Handels- und Industrie-Verein (Vorort) 255, 287
Schwellenländer 46
Securities and Exchange Commission (SEC) 337, 410
Sektor-Richtlinien 496
Selbstkontrolle 360
– der Industrie 514
self-enforcing 71
Sicherungsgeschäfte 449
Sicherungsrechte 461, 467
sittenwidrig 68
Sittenwidrigkeit 455, 459, 482
Sitz-Gesellschaften 160
slush funds 395
soft law 214
Sollbruchstelle 83
Sonderanknüpfung 481
Sorgfaltspflichten 471, 474
speed money 17
Sperrung 510
Staatsanwaltschaft 513
Staatsausgaben 171
Stabilität, politische 48
Standard, ethischer 178
Standesregeln 116
Statements of Auditing Standards (SAS) 432
Status quo 48
Steuerabzugsfähigkeit 214, 553
Steuerhinterziehung 140
steuerrechtliche Behandlung
– von Ausgaben 376
– von Bestechung 373
– von Einnahmen 374
StGB 143

Stichwortverzeichnis

Stiftung 159 ff.
Stiftungszusammenhang 107
Strafandrohung 145
Strafe 58
Strafgesetz 492
Strafrecht 41, 337, 370
–, lückenhaftes 141
Strafrechtsharmonisierung, regionale 350
Strafrechtskonvention 342
Strafrechtssystem 219
Straftaten gegen den Wettbewerb 143
Strafverfahren 366
Strafverfahrensrecht 362
Strafverfolgung 42, 141
Strafvorschriften 544
Strasbourg Summit 230
Streugeschenke 143
Strukturanpassung 95
Suchkosten 61
supply side 2
System, ehrliches 46

T

Tatbestand, subjektiver 454
Tatbestandskonstruktion 349
Tatmerkmale, wesentliche 510
Tauschdimension 23
Tauschlogik 105
Täuschung, arglistige 463
Technologietransfer 94
Teilnichtigkeit 464
TI
– Corruption Perception Index 176, 198, 200
– Index 182, 201
– Integritätspakt 505
Tigerstaaten 534
Transaktion, illegale 17, 36
Transaktionskosten 31 ff., 57
Transfer 158
transfer pricing 207
Transparency International (TI) 3, 7, 19, 200, 211, 258, 262 f., 266, 294, 297 f., 492, 511, 554 f.
Transparenz 46, 65, 114, 213, 284, 299, 302 f., 496, 500, 503, 505
– pflichten 279
– vorschriften 285
Treadway Commission 410
Treuhänder 160

Trittbrettfahrer-Problem 105

U

Übereinkommen 226
Überpreis, korruptionsbedingter 93
Umsetzungs-(compliance-)Programme 4
uncertainty 405
UNDP 50
Union of Industrial and Employers' Confederations of Europe (UNICE) 288
UNO 207 f., 211
Unparteilichkeit 115
Unrechtsbewußtsein 140
Unrechtsvereinbarung 22, 142, 452
Unterlassungsanspruch 475
Unternehmen, multinationale 3, 45, 207
Unternehmenspolitik 289, 507
Unterschlagung 22
Unterschriftsberechtigte 366
Urkundenfälschung 357
Ursachen der Korruption 140
Ursachen und Konsequenzen der Korruption 169
USA 3, 548

V

Veränderung der Weltlage 2
Verantwortlichkeit 504
Verantwortungskultur, republikanische 117
Verbotsgesetz 451, 455
–, ausländisches 482
Verbrechen, organisiertes 277
Verbrechensvorbeugung, nachhaltige 141
Vereinigung, kriminelle 75
Vereinte Nationen 52, 497
Verfahrenstransparenz 52
Verfassungspatriotismus 112
Verfügungsrecht 25
Vergabeentscheidungen 506
Vergütungen 541
Verhalten
–, integres 262
–, opportunistisches 67
Verhaltensgrundsätze für Unternehmen 515
Verhaltenskodex 270 f., 273, 288, 360
Verhaltenskodizes 4
–, freiwillige 50
Verhaltensstandards 270, 535
Verheimlichung 360
Verkehr, geschäftlicher 452

Vermittler (agent) 537, 541
Vermittlungsprovision 453
Vermögensdelikte 355
Vermögenswerte 360, 366 f.
Veröffentlichungspflichten 547
Verschuldung 92
Versicherungsbetrug 140
Versprechen von Vorteilen 451
Verträge 47
Vertrags
- auslegung, ergänzende 469 f.
- freiheit 462
- statut 480
- strafe 506, 509
- verletzung, positive 476
Vertreter 456
Verwaltung 278
Verwaltungs
- befugnis 365
- behörde 365, 368
- recht 370
Vier-Augen-Prinzip 510
Vorauszahlung 71
Vorbildfunktion der Führung 116
Vorhersehbarkeit der Korruption 171
Vorschriften, gesetzliche 49
Vortäuschung von Verlusten 356
Vorteil 452
Vorteilsannahme 142
Vorteilsgewährung 142

W

Wachstum 169
Waffenhandel 355
Wahl der Rechtsordnung 481, 486
Wahlfinanzierung 276
Watergate-Skandal 543
Weltbank 5, 50, 259, 263 f., 298, 301, 308 f., 311, 499, 556
Welthandelsorganisation (WTO) 50, 498
Weltlage, Veränderung der 2
Weltöffentlichkeit 115
-, kritische 114
Weltverband der beratenden Ingenieure (FIDIC) 256
Weltwirtschaftsbürger 115
Werbungskosten 488

Werte, ethische 427
Werteprogramme 270
Wettbewerb 46, 173, 278, 502 f.
- der Korruption 43
-, fairer 271
Wettbewerbs
- beschränkung 84
- hindernis 209
- nachteile 553
- recht 480
- vorteil 172
whistle-blowers 280
Whistleblowing 116
white-collar crime Täter 134
Wiederentdeckung 124
Wiederholungsgefahr 475
Wiener Konvention 217
Wirtschaft 277
Wirtschaften
-, lebensdienliches 114
-, vernünftiges 115
Wirtschafts-Korruption 302
Wirtschaftsbürger 113
Wirtschaftsethik 288
-, politische 106
-, republikanische 112
Wirtschaftspraxis 523
Wirtschaftsstraftaten 435
Wirtschaftsverbände 287 f.
Wolfensohn, James D. 237, 240
Working Group on Civil Law (GMCC) 232
Workshop 302
World Bank 201

Z

Zivilgesellschaft 3, 6 f., 112, 293 f., 297, 299 ff., 311, 554 f.
-, solidarische 107
-, weltbürgerliche 117
Zuliefervertrag 464
Zusammenwirken, synergetisches 521
- kollusives 453
Zwangsstrategien 52
Zweck des Wettbewerbs 452
Zwischenhändler 68
Zwischenperson 83

▣ Erfolg mit E-Commerce

Der Ratgeber informiert gezielt alle, die auf dem elektronischen Marktplatz Erfolg haben wollen.

„Das Werk bietet eine Fülle praktischer Erfahrung für einen schwierigen Geschäftszweig – in professioneller Aufbereitung und Aufmachung."
managermagazin 10/98

Die Kernthemen:

- Knowledge Society und E-Commerce
- Technische Grundbegriffe und Zusammenhänge: So können Sie mitreden
- Märkte, Produkte, Strategien, Businessmodelle
- Nutzerprofile
- Erfolgsfaktoren
- Best Practices im E-Commerce (Access-Providing, Content-Providing, Electronic Malls)
- Digitaler Hörfunk/Digitales Fernsehen
- Checklisten zum Markteintritt in den E-Commerce
- Trends

Gerhard Andreas Schreiber

Electronic Commerce – Business in digitalen Medien
Geschäftsmodelle, Strategien, Umsetzungen

1998, XXIX, 183 Seiten, gebunden
78,- DM/577- ÖS/78,- SFR
ISBN 3-472-03407-6

Luchterhand Verlag
Postfach 2352 · 56513 Neuwied
Tel.: 02631/801-329 · Fax:/801-411
info@luchterhand.de
http://www.luchterhand.de

Pflichtlektüre für Manager

Je höher das Einkommen, desto wichtiger ist ein wirksames Ergänzen der Vorsorge für Alter, Berufsunfähigkeit und Tod. Betrieblich und Privat! Der Ratgeber gibt hierzu eine fachkundige Anleitung. Er erklärt und bewertet die verschiedenen Formen betrieblicher Altersversorgung, Deferred Compensation und privater Vorsorge.

NEU

Peter A. Doetsch
*Altersvorsorge
für Manager*
1998, 299 Seiten, gebunden
98,- DM/714,- ÖS/98,- SFR
ISBN 3-472-02641-3

Die Kernthemen

- Vorsorge-Check: Versorgungslücken identifizieren
- Lebensphasenorientierte Vorsorgeplanung
- Betriebliche Altersversorgung
- Deferred Compensation – betriebliche Zusatzversorgung statt Barvergütung
- Private Vorsorge mit Aktien, Bankeinlagen, Fondsprodukten, Lebensversicherungen
- Wichtige Rechts- und Steuervorschriften

Für Geschäftsführer, Manager und Vorstände ein systematischer Ratgeber mit Verhaltensempfehlungen, Tips

Luchterhand Verlag
Postfach 2352 · 56513 Neuwied
Tel.: 02631/801-329 · Fax: /801-411
E-Mail: info@luchterhand.de
http://www.luchterhand.de